CODE GÉNÉRAL

DES

LOIS SUR LA PRESSE

OUVRAGES DU MÊME AUTEUR.

EN PRÉPARATION :

Science nouvelle des lois, 2 volumes in-8°.

Paris. — Imprimerie de COSSE ET J. DUMAINE, rue Christine, 2.

CODE GÉNÉRAL

DES

LOIS SUR LA PRESSE

ET

AUTRES MOYENS DE PUBLICATION

COMPRENANT

Les Lois réglementaires de l'imprimerie, de la presse périodique
de la librairie, du colportage, de l'affichage, des théâtres, etc.
et les Lois répressives des crimes, délits et contraventions commis
par la parole, l'écriture, la presse, etc., etc.

COMMENTÉES ET ANNOTÉES

PAR

M. Gustave ROUSSET

JUGE A MARSEILLE
ANCIEN RÉDACTEUR AU PREMIER BUREAU DE LA DIRECTION CRIMINELLE DU MINISTÈRE DE LA JUSTICE.

IMPRIMERIE ET LIBRAIRIE GÉNÉRALE DE JURISPRUDENCE
COSSE, MARCHAL et Cie, IMPRIMEURS-ÉDITEURS
LIBRAIRES DE LA COUR DE CASSATION
Place Dauphine, 27.

1869

EXPLICATIONS DES RENVOIS

ET

DES AUTRES SIGNES D'ABRÉVIATIONS.

V.C. Presse (1856), *p.*	signifie :	Voir notre *Code annoté de la Presse* de 1856, page.
J.P. ou J.P. ou J.p.	—	Voir *Journal du Palais*, 3ᵉ édition, où tous les arrêts sont rapportés à leur date, jusqu'en 1837.
D.65.3.25	—	Dalloz, *Recueil périodique*, année 65, 3ᵉ partie, page 25.
Dalloz, vᵒ *Presse*, p.	—	Dalloz, *Répertoire alphabétique de jurisprudence* au mot *Presse*, page.
S.-1866.1.30	—	Sirey, *Recueil périodique des arrêts*, année 1866, 1ʳᵉ partie, page 30.
S. Coll. nouv.	—	Même Recueil, collection nouvelle.
B.	—	*Bulletin criminel* de la Cour de cassation.
G.T.	—	*Gazette des tribunaux.*
L.-D. — ou Déc. ou D. L.	—	Loi. — Décret ou Décret-Loi.
Circ. min. int. ou Min. just.	—	Circulaire du ministère de l'intérieur ou de la justice.
S.-Cons.	—	Sénatus-Consulte.
Arrêt.	—	Arrêté.
Comp.	—	Comparer.
Anal.	—	Par analogie.
Mon.	—	Voir le *Moniteur.*
Décis. min.	—	Décision ministérielle.
Peines access.	—	Peines accessoires.
Impress., affic. du jug.	—	Impression ou affiche du jugement.
Am. contre journ.	—	Amende contre les journaux.
P. ou Pris., 1 j. à 6 m.	—	Prison, 1 jour à 6 mois.
Am.	—	Amende.
Récid. ou Réc.	—	En cas de récidive.
Supp. susp.	—	Suppression, Suspension des journaux.
Circ. att :	—	En cas de circonstances atténuantes déclarées.
Chassan.	—	Voir le *Traité des délits et contraventions de la parole, de l'écriture et de la presse*, par M. Chassan, 2ᵉ édition, 1846.
De Grattier.	—	Voir l'ouvrage de M. de Grattier, intitulé : *Commentaire des lois sur la Presse*, 1839.
Parant.	—	Voir l'ouvrage de M. Parant, intitulé : *Lois sur la Presse.*
Bories et Bonnassies.	—	Voir le *Dictionnaire de la Presse*, par MM. Bories Bonnassies, 1847.

Observations concernant la diversité des caractères employés, les numéros bissés de certaines pages et les titres sommaires des articles de lois.

Nota. — Pour marquer , par l'aspect seul des caractères typographiques, la nature des textes classés dans ce Code, nous avons fait composer en caractère romain du corps nᵒ 8 (en termes d'imprimerie) les *Lois* ainsi que les *Décrets que l'on peut assimiler aux lois*, dits *décrets-lois*, — et, en caractère romain du corps nᵒ 7, plus petit que le précédent, les *décrets ou ordonnances réglementaires rendues en exécution des lois*, ou des *décrets-lois*.

Les parties qui dans les textes sont imprimées en lettres italiques, sont abrogées.

Les pages bissées, telles que 24 *bis*, 24 *ter*, 60 *bis*, 60 *ter* (dans lesquelles les chiffres des notes et le numéro des articles sont toujours les mêmes, avec des lettres pour marquer leur ordre), — sont des pages qui contiennent des dispositions dont l'abrogation a été annoncée comme imminente : — Ces pages ainsi composées pourront, lorsque cette abrogation sera votée, être retranchées sans que leur retranchement modifie en rien la pagination et la série numérique des articles et des notes.

Ajoutons que les petits titres sommaires placés au-dessus de chacune des dispositions contenues dans ce Code n'appartiennent pas à ces dispositions, ce sont des additions que nous nous sommes permis de faire pour indiquer rapidement l'objet de chacune de ces dispositions.

Voir l'erratum à la fin de l'ouvrage.

I

Une des parties les plus embarrassées de notre législation est, sans contredit, celle qui régi la liberté de la pensée et de la presse.

Forêt inextricable où les textes ont poussé, sans ordre, sans plan général, ici comme des buissons d'épines, là comme des lianes, partout avec une désespérante fécondité.

C'est à s'y perdre, et l'on s'y perd.

Aussi a-t-on, plus d'une fois, au palais et dans les livres, émis le vœu de voir, un jour, le législateur reprendre à nouveau, sur ce point, l'œuvre incohérente du passé et former enfin un Code général des lois de la publicité et de la presse.

Ce travail de codification générale, devant lequel on recule parce qu'on ne pourrait l'entreprendre qu'à la condition de le retoucher tous les vingt ans, je l'ai tenté en 1855, d'après la méthode de *la concordance synoptique;* je le tente de nouveau aujourd'hui, sur un autre plan, pour y comprendre les dispositions nouvelles que le législateur a depuis ajoutées aux lignes de défense du passé.

Un mot d'explication à ce sujet.

II

Codifier les lois dites de la presse, ce n'était pas pour moi, en 1855, simplement les réunir; c'était surtout les classer, suivant un ordre scientifique, d'après leur objet et leur date, de manière à présenter, sur chaque point, l'ensemble toujours complet de la législation; c'était encore grouper leurs dispositions dans un même champ visuel et intellectuel, pour en faciliter l'étude comparée et faire saisir ainsi la portée et l'inconciliabilité, en certains cas, de leurs prescriptions.

De toutes les méthodes, celle qui pouvait le mieux répondre aux difficultés d'un tel classement était la méthode de *la concordance synoptique.*

Je me mis à l'œuvre, dans des conditions de temps et de préoccupations qui, pour ceux qui les connaissent, expliquent assez les imperfections de notre premier travail; — il en résulta une série de tableaux dans lesquels Tous *les textes* ABROGÉS ET NON ABROGÉS, ayant entre eux une affinité quelconque, se trouvèrent juxtaposés, sur un même plan horizontal, dans des colonnes chronologiques, de façon à permettre leur examen comparatif au double point de vue de l'exégèse et de l'histoire.

Réunir, suivant un ordre méthodique en des cadres restreints, l'ensemble toujours complet de la législation en chacune de ses parties; — présenter ainsi le *Bulletin des lois* de toutes les époques toujours ouvert à l'endroit voulu sur chaque matière; — faire toucher à l'œil et au doigt leur similitude ou leurs différences; — montrer en même temps à l'esprit l'histoire de leurs transformations successives, en lui permettant de remonter à la *Loi-mère,* pour découvrir les motifs et la portée de chaque modification, le tout annoté des décisions les plus accréditées de la doctrine et de la jurisprudence : tels furent le but et le plan du *Code annoté de la presse* que nous avons publié en 1856.

III

Quels sont la pensée, le plan et la disposition de notre nouveau *Code de la presse?*

I. — LA PENSÉE? La pensée qui l'a inspiré est toujours la même : — Percer d'une voie nouvelle l'inextricable forêt ; — ouvrir d'autres jours dans ses ténèbres ; — préparer encore les éléments de la codification que le législateur tentera peut-être un jour, malgré l'instabilité des lois qui régissent cette partie si mouvante et si encombrée de son mobile domaine.

II. — LE PLAN? Si la pensée est toujours la même, le plan est tout différent, et voici en quoi surtout il diffère de celui de notre premier Code:

1° Le Code de 1856 contient *toutes les lois de* 1723 *à* 1855, — TOUTES : les lois ABROGÉES ainsi que les lois NON ABROGÉES, concernant l'imprimerie, la presse périodique et tous autres moyens de publication ; — *les textes abrogés y sont imprimés en lettres italiques.*

Le présent Code ne contient sur les mêmes matières que les lois NON ABROGÉES, LES TEXTES EN VIGUEUR, de 1723 à 1869, pris dans nos codes, dans la législation spéciale, partout.

2° Le premier de nos deux Codes réunit les dispositions qu'il contient, juxtaposées en des tableaux de *concordance synoptique.*

Dans le second, la méthode synoptique est abandonnée, les textes y sont classés par ordre de date en chacune des divisions de la matière; — mais bien qu'ils ne soient pas soumis à l'ordonnance de la synopsie, leur impression sur quatre colonnes en facilitera toutefois souvent l'étude comparative.

A

Ce dernier Code se rattache cependant au premier et en forme, pour ainsi dire, le complément par plus d'un point.

Il y renvoie d'abord pour la confrontation avec les lois anciennes, au moyen de références imprimées en tête de toutes les pages;

L'ordre suivi pour le classement des matières est ensuite le même que celui du Code de 1856;

Les annotations de l'un continuent et complètent enfin celles de l'autre.

Notre nouveau Code s'en détache néanmoins et constitue une œuvre distincte en ce que :

1° Les articles, bien que groupés dans les mêmes divisions de la matière, y sont placés à la suite les uns des autres comme dans les Codes officiels, suivant l'ordre d'une seule série numérique, en dehors de tout système prémédité de concordance synoptique;

2° Ses annotations (au nombre de près de 3,000), à la différence de celles du Code qui l'a précédé (qui n'en contient que 750), participent du *commentaire* sur toutes les questions nou controversées et sont indépendantes de celles de ce Code.

En conséquence :

Pour ceux qui ne peuvent se passer des *Lois anciennes* dans leur étude et la discussion des *Lois nouvelles*, notre Code de 1856 sera toujours, nous ne disons pas *utile*, mais *indispensable*, et notre **Code général** ne leur apparaîtra que comme son *complément*, —comme une façon de deuxième partie au point de vue de la législation et de la jurisprudence en général.

Pour ceux, au contraire, qui se préoccupent moins des *lois anciennes, abrogées*, qui se contentent d'avoir sous les yeux *toutes les lois en vigueur* et *la jurisprudence la plus récente*, — notre dernier Code est une œuvre distincte et complète, se suffisant à elle-même et pouvant largement suffire à toutes les nécessités pratiques.

III. — La disposition. En ce qui concerne ce que j'appellerai l'arrangement matériel et de détail des textes considérés en eux-mêmes, nous nous sommes permis des innovations pour lesquelles nous devons demander grâce et sur lesquelles nous avons ici à nous expliquer.

Notre codification ne contient, avons-nous dit, que les *articles en vigueur* empruntés soit aux lois spéciales, soit à nos Codes officiels; — chacun de ces articles a reçu un numéro d'ordre déterminant son rang dans la série numérique qui les enchaîne tous, depuis l'art. 1 jusqu'à l'art. 623, qui est le dernier de notre Code. — Nous avons, toutefois, à la suite de ce numéro d'ordre (imprimé en caractère très-apparent) conservé à chaque disposition, et l'indication de la loi dont elle est détachée, et le numéro d'ordre officiel qui lui appartient dans cette loi. Cette indication de la loi et ce numéro officiel ont été imprimés *en caractères italiques*.

Ce n'est pas tout :—il est des lacunes dans cette partie de la législation, comme dans toutes les autres ; — la jurisprudence et la doctrine les ont quelquefois comblées par des solutions passées en force de lois ou d'évidence ; — ces solutions, rédigées en forme de prescriptions législatives, ont été par nous rangées à la suite des textes avec cette mention distinctive, imprimée encore en lettres italiques, — *Dispositions déduites de l'état de la législation* ou *par induction*, —*disposition*, — *résumée* ou *doctrinale*.

Nous avons en outre pris la liberté grande de rédiger *a contrario* certaines dispositions en vigueur, afin d'en mieux faire saisir la portée implicite, — en ayant soin, toutefois, de les faire précéder de cette indication : *Art.... de telle loi, rédigée a contrario.* —Dans d'autres, nous nous sommes permis d'ajouter [entre crochets] à leurs textes quelques mots nécessaires pour l'intelligence de leurs dispositions qui, détachées de leur milieu, isolées des articles qui les expliquaient, eussent été difficilement comprises.

A la suite de chaque texte de lois pénales ont été ensuite ajoutées (en très-petits caractères) toutes les modifications dont la pénalité pouvait être susceptible à raison de certaines circonstances ou situations, expressément prévues par les lois spéciales dites de la presse.

IV

Nous avons ainsi, en vue de faciliter l'application de ces lois, tenté leur *codification générale* ; — puisse ce travail, malgré ses inévitables incorrections, abréger de quelque peu le temps qu'exige l'étude des dispositions que nos révolutions ont si confusément multipliées pour contenir cette ingouvernable, mais si précieuse liberté qui est à la fois le péril et la sauvegarde de toutes les autres, la liberté de publier sa pensée par la parole et l'imprimerie.

Est bien fou du cerveau
Qui prétend contenter tout le monde et...... la Presse!

Telle n'est pas notre prétention. Ce livre est loin d'être parfait ; mais que la critique veuille bien, tel qu'il est, le prendre à merci « *et excuser les fautes de l'auteur* ; » — il a fait de son mieux et n'a voulu qu'être utile aux autres,— sans autre passion que celle du droit et du vrai : *Cercando il vero.*

Gustave ROUSSET.

ORDRE ET DIVISION DES MATIÈRES.

TABLE INDICATIVE

DE

l'intitulé des lois (A) et des diverses dispositions contenues dans ce Code.

Nota.—On trouvera, dans notre *Code de la presse de 1856*, le texte complet de toutes les lois indiquées ci-dessus dans l'ordre officiel des articles.

Règlement du 23 fév. 1723.

Pour la librairie et l'imprimerie de Paris.

Art. 1 à 14 abrogés (1).
15 . . . . . V. art. 212.A.8
Art. 16 à 123 abrogés (2).

Déclaration du 10 mai 1728.

Concernant les imprimeurs.
Art. 1 à 6 abrogés (3).
7 . . . . V. art. 16
Art. 8 à 12 abrogés (4).

Arrêt du Conseil 10 sept. 1735

Concernant le commerce de certains livres.
V. art. 212.

Loi 15-19 janvier 1791.

Sur les spectacles.

Art. 1 . . . . V. art. 266
2 290
3 294
4 292
5 293
6 267
7 268

Loi du 17 mars 1791.

Suppression des droits d'aides, de maîtrises, de jurandes et établissement des patentes.

Art. 1 . . . . V. art. 3

Art. 7 3-15
Les autres articles sont étrangers à la presse.

Loi 18-22 mai 1791.

Concernant le droit de pétition et les affiches.

Art. 12 . . . . V. art. 427
13 428
14 429
15 430

Loi du 12 juin 1791.

Publication des actes de la Cour de Rome.

Art. 1 et 2 . . . . . V. art. 450

D. 22-28 juillet 1791.

Sur la couleur des affiches.

Art. 1 . . . . V. art. 68.

CONSTITUTION du 14 septembre 1791.

Déclaration des droits.

Art. 10 . . . . V. art. 2
11 . . . . 2.A

TITRE I.

Art. 1 . . . . V. art. 2.A.1
17 . . . . 2.A.2

CONSTITUTION du 24 juin 1793.

Déclaration des droits.

Art. 6 . . . . . . V. art. 2.A.3
7 . . . . 2.A.4
17 4

Décret du 19-24 juillet 1793.

Sur la propriété littéraire.

Art. 1 . . . . V. art. 28, 212, 463
2 . . . . 29, 212, 464
3 37
4 et 5 abrogés (5)
6 30
7 abrogé (6).

Décret du 1er septembre 1793.

Concernant les ouvrages dramatiques et les spectacles.

Art. 1 et 2 . . . . . . V. art. 296
3 297

CONSTITUTION du 5 fructidor an III.

Dispositions générales.

Art. 7 . . . . V. art. 2
353 2
355 . . . . 4.A

(A) L'intitulé des lois et les rubriques des sous-titres et subdivisions sont importants à connaître pour apprécier le but général des dispositions qu'ils contiennent.

Il est vrai que ces intitulés et ces rubriques ne sont ni discutés, ni votés séparément dans les séances publiques des assemblées législatives qui votent les lois, mais comme ils sont adoptés sans réclamations, avec l'ensemble de la loi, ils participent comme accessoires du caractère et de l'autorité du principal.

Sous l'ancienne monarchie et pendant la Restauration, c'était la chancellerie du garde des sceaux qui donnait aux lois leurs titres, après la sanction du Roi, cet usage s'est conservé, mais non d'une manière régulière et absolue. — En effet, il est peu de projets de lois, qui ne soient soumis au Corps législatif avec un titre, et le titre, adopté par le conseil d'Etat est toujours conservé à la loi, lorsqu'elle est votée et sanctionnée.

(1-2-3-4) Ces articles, contraires au principe de la liberté de la presse et de l'industrie, ont été abrogés par l'effet des constitutions postérieures qui ont aboli l'ancien régime des jurandes, des maîtrises et de la censure.

(5-6) Abrogés par la loi de 1866 qui a réglementé à nouveau la durée du droit des héritiers des auteurs. — V. art. 36, 307, *infrà*.

Loi vendémiaire an VI.

Relative aux fonds nécessaires pour les dépenses générales.

Art. 56. . . . V. art. 74, 81, 435
57 à 59 abrogés (1)
60. . . . . . V. art. 75, 436
61. . . . . 76, 437

CONSTITUTION du 22 frimaire an VIII.

Art. 70. . . . . . . V. art. 546
71. 547
72 à 74 abrogés.
75. . . . . V. art. 553

Arrêté 27 prairial an IX.

Monopole de l'administration des postes.

Art. 1 à 9. . . V. art. 238 à 243

Décret du 18 germinal an X.

Organisation des cultes.

TITRE I. — RÉGIME DE L'ÉGLISE CATHOLIQUE.
Art. 1 . . . . V. art. 53-454
2 à 5 étrangers à la matière.
6. . . . . . . V. art. 558
8. 558
ARTICLES ORGANIQUES DU CULTE PROTESTANT.
Art. 4. . . . . V. art. 51

Les autres articles sont étrangers à la matière de ce Code.

Décret du 21 germinal an X.

Organisation des écoles de pharmacie.

Art. 36. . . . . . . V. art. 453

Loi du 23 pluviôse an XIII.

Interprétation de l'art. 36 de la loi précédente.

Art. unique . . . . . V. art. 454

Décret du 1 germinal an XIII

Concernant les droits des propriétaires d'ouvrages posthumes.

Art. unique. . . . . V. art. 32

Décret du 7 germinal an XIII

Concernant l'impression des livres d'église, heures et prières.

Art. 1 et 2. . . . . V. art. 50

Loi du 25 prairial an XIII.

Sur l'annonce et la vente des remèdes secrets.

Art. 1 . . . . V. art. 455

Décret du 8 juin 1806.

Concernant les théâtres.

TITRE I. — Art. 1 à 9 abrogés (2).
TITRE II. — DES AUTEURS.
Art. 10. . . . . . V. art. 298
11. 299
12. 300
13 abrogé (3).
14. 270
15. 271

Décret du 20 février 1809.

Concernant les manuscrits des archives et des bibliothèques de l'Etat et autres établissements publics.

Art. 1 et 2. . . V. art. 51 et 52

CODE D'INSTRUCTION CRIMINELLE.

Art. 365. . . . . . V. art. 542
479. 567
483. 568

Décret du 5 février 1810.

Règlement de l'imprimerie et de la librairie.

TITRE I. — Art. 1 et 2 abrogés (4).
TITRE II. — De la profession d'imprimeur.
Art. 3. . . . . V. art. 47
4. . . . . 47.A.
5. . . . . 47.A.1
6. . . . . 47.A.9
7. . . . . 47.A.2
8. . . . . 47.A.3
9. . . . . 47.A.44
TITRE III. — De la censure.
Art. 10 à 28 abrogés.
TITRE IV. — Des libraires.
Art. 29. . . . . . V. art. 212.A.
30. . . . . 212.A.1
31. . . . . . . 135, 212.A.9
32. . . . . . . 135, 212.A.9
33. . . . . 212.A.10
TITRE V. — Livres imprimés à l'étranger.
Art. 34 . . . . . . V. art. 504.A.
35 à 38 abrogés (4).
TITRE VI. — De la propriété des auteurs.
Art. 33. . . . . V. art. 304
40. 302

TITRE VII. — Des délits de presse. — Du mode de les constater et de les punir.

Art. 41 . . . . V. art. 38
42. 39
43. 40
44 abrogé (5).
45. . . . . . . V. art. 47, 126
46. . . . . 48, 127
47 . . . . 49, 128
48 à 50 abrogés (6).

CODE PÉNAL de 1810.

Art. 57. . . . . V. art. 519
58. 520
59. 311
60. 312
86. 335
109. 370
121. 548
129. 555
LIV. III. CHAP. III. § II. — CRITIQUES, CENSURES OU PROVOCATIONS DIRIGÉES CONTRE L'AUTORITÉ PUBLIQUE DANS UN DISCOURS PASTORAL PRONONCÉ PUBLIQUEMENT OU CONTENUES DANS UN ÉCRIT PASTORAL.
Art. 201. . . . . . . V. art. 349
202. . . . . 328, 351
203. 352
204. 350
205. . . . . 329, 353
206. 354
SECT. IV, § 2. — OUTRAGES ET VIOLENCES ENVERS LES DÉPOSITAIRES DE L'AUTORITÉ ET DE LA FORCE PUBLIQUE.
Art. 322. . . . . V. art. 393, 403
223. . . . . 394, 404
224. . . . . 395, 405
225. 406
226. . . . . 406.A.
227. . . . . 406.A.
§ VIII. — ENTRAVES AU LIBRE EXERCICE DES CULTES.
Art. 260. . . . . . . V. art. 377
261. 378
262. . . . . . 379, 396, 410
263. 380
264. 381
SECT. VI. — DÉLITS COMMIS PAR VOIE D'ÉCRITS, IMAGES OU GRAVURES SANS NOM D'AUTEUR, IMPRIMEUR OU GRAVEUR.
Art. 283. . V. art. 213, 433, 474
284. . . . . . 214, 434, 475
285. 344
286. . . . . . 215, 434, 476
287. . . . . . . 387, 505.A.3
288. 388
289. 389
SECT. VII. — RÉUNIONS ILLICITES.
Art. 293. . . . . . V. art. 323
SECT. VIII. — CALOMNIES, INJURES.
Art. 367. . . . . . . V. art. 538
376. . . . . . 402, 420, 505

---

(1) Abrogés par les lois postérieures qui ont modifié la quotité des droits de timbre. — V. art. 79, 83.

(2) Ces articles, qui subordonnaient à l'autorisation administrative la liberté des théâtres, sont abrogés par le décret du 6 janv. 1864. — V. art. 283 à 289.

(3) Interdiction concernant l'ouverture d'un théâtre par des faillis non renouvelée par la réglementation postérieure des théâtres.

(4-5-6) Abrogés par la loi de 1814, qui reprit à nouveau la réglementation de la police de l'imprimerie que réglementaient ces articles.

(1) Ces articles, établissant la censure, n'étaient que temporaires, et se sont trouvés abrogés par l'art. 22 de cette loi. (V. art. 614) en 1816.

(2-3) Ces dispositions, concernant le dépôt des imprimés et leurs publications, ont été abrogées par l'ordonnance de 1829 (art. 113), qui a modifié les conditions de la formalité des dépôts et n'a pas conservé l'obligation de l'annonce dans le *Journal de la librairie*. — V. notre *Code de la presse* de 1856, p. 30, 11.

(4-5) Abrogés par la loi du 25 mars 1822, qui transforma en délits directs d'*attaque* les actes *réputés provocations* par ces deux articles (V. nos 1162, 1284), et par l'art. 6 du décret du 11 août 1848, qui reprit à nouveau la disposition de l'art. 5.

(6) Remplacé par l'art. 2 du décret du 11 août 1848. — V. art. 344.

(7) Remplacé par l'art. 5 de la loi du 25 mars 1822, art. 113, nos 1715.

(8-9-10) Abrogés par l'effet du changement de juridiction du décret du 17 fév. 1852, qui a transféré aux tribunaux correctionnels le jugement des délits de presse. — Ces articles concernaient la procédure à suivre dans la poursuite des délits de presse devant la Cour d'assises. — V. cependant en ce qui concerne l'art. 20, notre *C. de la presse* de 1856, nº 702 et *infrà*, nos 2685 à 2690.

Loi du 9 juin 1819.
*Relative à la publication des jour-
naux ou écrits périodiques.*
—
Art. 1 et 2 abrogés (1).
Art. 3 . . . . . V. art. 146, 600
4 abrogé (2)
5 195
6 abrogé (3).
7 480
8 abrogé (4).
9 . . . . 320, 506
10 . . . . 507, 522
11 . . . . 469, 517
12 . . . . . 170, 481, 517
13 611

Ordonnance du 9 juin 1819.
*Concernant l'exécution de la loi
précédente.*
—
Art. 1, 2 abrogés (5).
3 . . . . V. art. 151
4, 5, 6, 7 et 8 abrogés (6).

De 1819 à 1822, furent rendues de nombreuses lois, intéressant la presse, mais qui sont aujourd'hui abrogées. — V. notre *C. de la presse* de 1856.

Loi du 25 mars 1822.
*Relative à la répression et à la
poursuite des délits commis par
la voie de la presse ou par tout
autre moyen de publication.*
—
TITRE I. — DE LA RÉPRESSION.
Art.1 . . . . V. art. 382, 390.A.
2, 3, 4 abrogés (7).
5 413
6 . . . . . . 383, 398, 409
et 412
7 . . . . . . 345, 414, 426
482, 492 et 522
8 357
9 et 10 abrogés (8).
11 474
12 abrogé (9).
13 . . . . 508, 524
14 . . . . 509, 525
TITRE II. — DE LA POURSUITE.
Art. 15 572
16 573
17 et 18 abrogés (10).

Ordonn. du 8 décembre 1824.
*Organisation des théâtres dans
les départements.*
—
Art. 1 à 8 . . . V. art. 273 à 279

Loi du 18 juillet 1828.
*Sur les journaux et écrits pério-
diques.*
—
Art. 1, 2, 3, abrogés (11).
4 . . . V. art. 456, 456.A.
5 . . . . 460, 464
6 . . . . 452.A.457
7 453
8 . . . . . 66, 465, 196, 321
9 abrogé (transitoire).
10 154
11 155
12 . . . . 447, 458
13 . . . . 448, 601
14 509
15 148
16 493
17 494
18 617

Ordonnance 29 juillet 1828.
Exécution de la loi précédente.
—
Art. 1 . . . V. art. 145 et 155.A.
Art. 2, 3, 4 abrogés (12).

Ordonnance 9 janvier 1828.
*Sur le dépôt légal des écrits et
gravures.*
—
Art. unique . . . . . V. art. 143

Loi du 8 octobre 1830.
*Sur l'application du jury aux
délits de presse.*
—
Art. 1 et 2, abrogés (13).
3 . . . . V. art. 573
4 abrogé (14).
5 618
6 abrogé (15).

Loi du 10 décembre 1830.
Sur les afficheurs et crieurs publics
—
Art. 1 . . . . . . V. art. 445
2 . . . . 227, 434.A.
3 . . . . 228, 477
4 . . . . 363, 447
5 . . . . . . 119, 317, 364
446, 448, 648
6 abrogé (16).
7 . . . . 229, 475
8 529
9 619

Loi du 14 décembre 1830.
Sur le cautionnement des journaux
—
Art. 1, § 6 . . . . . V. art. 461
Art. 2 à 4 abrogés (17).

Loi du 22 juin 1833.
—
Organisation départementale.
—
Art. 19 . . . . V. art. 490
Les autres articles sont étrangers à la matière.

Loi du 16 février 1834.
Sur les crieurs publics.
—
Art. 1 . . . . V. art. 230
2 . . . . 231 et 530

Ordon. du 18 novembre 1825
*Relative au cautionnement des
journaux ou écrits périodiques.*
—
Art. 1 et 2 abrogés.
3 . . . V. art. 151.A.145.A.
4 à 7 abrogés (18).
8 . . . . V. art. 210

Dans ce même mois de novembre 1835 fut rendue la loi du 9 nov. 1835 qui a été abrogée en 1848.
V. notre *Code de la presse* 1816 et *infrà*, n° 2823 ter.

Loi du 21 mai 1826.
Sur les loteries.
—
Art. 1 à 5 . . . V. art. 456 à 458

Loi du 25 mai 1828.
Sur les justices de paix.
—
Art. 5 . . . . V. art. 458

Loi du 6 juillet 1840.
Budget des recettes.
—
Art. 3 . . . . V. art. 95

Loi du 5 juillet 1844.
Brevets d'invention.
—
Art. 33 . . . . V. art. 305

Loi du 15 juillet 1845.
—
*Chemin de fer de Paris en Belgi-
que.*
Art. 13 . . . . V. art. 460

Décret du 6 mars 1848.
Sans titre.
—
Art. 1 et 2 . . . . . V. art. 620

(1-2-3-4-5-6) Ces articles qui concernaient la réglementation de la police de la presse périodique ont été remplacés par les lois postérieures qui ont réglé à nouveau cette réglementation.

(7) Remplacés par les art 1, 3 et 4 du décret du 11 août 1848. — V. art. 341, 384, 347.

(8-9) Remplacés par les art. 6 et 7 du même décret de 1848.— V. art. 358-359.

(10) L'art. 17, concernant la juridiction compétente pour les délits de la presse, a été abrogé par l'art. 5 de la loi du 10 déc. 1830 (art. 618), et l'art. 18 a été remplacé par l'art. 28 du décret du 17 fév. 1852. — V. art. 589.

(11) Ces articles, concernant les cautionnements des journaux périodiques, sont remplacés par les art. 1 à 5 du décret du 17 fév. 1852, qui a réglé à nouveau les conditions des cautionnements des journaux.

(12-13-14-15-16) Ces articles, qui attribuaient au jury la connaissance des délits de presse, sont abrogés par l'art. 25 du décret du 17 fév. 1852, qui en a transféré le jugement aux tribunaux correctionnels. — V. art. 565.

(17-18) Abrogé ainsi qu'il est dit à la note 11.

Décret du 22 mars 1848.

Sans titre.

Et concernant l'action civile des fonctionnaires diffamés.

—

Art. 1 . . . . V. art. 576
2 . . . . 577, 610

—

Décret du 11 août 1848.

Sans titre.

Mais portant en tête ce paragraphe : « Les lois des 17 mai 1819 « et du 25 mars 1822 sont mo- « difiées ainsi qu'il suit : »

—

Art. 1 . . . . V. art. 341, 343.A. 345.B.369
2 344
3 . . . . 384, 391
4 347
5 . . . . 385, 398, 107 et 411
6 358
7 359
8 531

—

Loi du 27 juillet 1849.

Sans titre.

—

CHAP. 1. — DÉLITS COMMIS PAR LA VOIE DE LA PRESSE OU PAR TOUT AUTRE MOYEN DE PUBLICATION.
Art. 1 . . . . V. art. 342
2 332
3 392
4 abrogé (1).
5 462
6 . . . . 232, 465
7 114
CHAP. II. — DISPOSITIONS RELATIVES AUX JOURNAUX ET ÉCRITS PÉRIODIQUES.
Art. 8 abrogé.
9 . . . . V. art. 466
10 495
11 496
12 inutile (2).
13 172
14 159
15 587
CHAP. III. — DE LA POURSUITE.
Art. 16 à 19 abrogés.
20 . . . . V. art. 596
21 597
22 abrogé (3).
23 532

—

Loi du 16 juillet 1850.

Sur le cautionnement des journaux et le timbre des écrits périodiques et non périodiques.

TITRE I. — DU CAUTIONNEMENT.
Art. 1, 2 abrogés (4).

Art. 3 . . . . V. art. 167
4 468
5 201
6 . . . . 202, 602
7 . . . . 203, 603
8 . . . . 204, 604
9 513
10 466
11 621
TITRE II. — DU TIMBRE.
Art. 12 à 19 abrogés (5).
20 . . . . V. art. 87
21 à 23 abrogés (6).
24 99
25 à 27 abrogé (7).
28 111

—

Loi du 30 juillet 1850.

Sur la police du théâtre.

Et loi du 31 juillet 1851.

qui la proroge.

—

Art. 1 et 2. V. art. 279.A. et 280

CONSTITUTION

du 14 janvier 1852.

Art. 1 . . . . V. art. 5, 368, 376
13 549
26 . . . . 6, 376, 386
42 483
56 7
57 8

—

Décret du 31 décembre 1851.

Déférant aux tribunaux correctionnels les délits de presse par la voie de la parole.

Art. unique . . . . . V. art. 564

Décret du 31 décembre 1851.

Attribuant aux tribunaux correctionnels certains délits actuellement soumis aux Cours d'assises.

Art. 1 . . . . V. art. 566
2 et 3 étrangers à notre matière
4 566

—

Décret du 7 février 1852.

—

Organique sur la presse.

—

CHAP. I. — DE L'AUTORISATION PRÉALABLE ET DU CAUTIONNEMENT DES JOURNAUX ET ÉCRITS PÉRIODIQUES.
Art. 1 abrogé (7). . . . . art. 137
2 . . . . . V. art. 170, 501
3 439
4 440
5 . . . . . . 122, 138, 143

CHAP. II. — DU TIMBRE DES JOURNAUX PÉRIODIQUES.
Art. 6 . . . . V. art. 83, 88, 180 et 183
7 484
8 502
9 . . . . 86, 503
10 . . . . . . 400, 191, 504
11 . . . . . . 401, 192, 505
12 . . . . 402, 193
13 transitoire.
CHAP. III. — DÉLITS ET CONTRAVENTIONS NON PRÉVUS PAR LES LOIS ANTÉRIEURES. — JURIDICTION. — EXÉCUTION DES JUGEMENTS. — DROIT DE SUSPENSION ET DE SUPPRESSION DES JOURNAUX.
Art. 14 . . . . V. art. 486
15 . . . . 365, 449
16 487
17 497
18 . . . . 488, 498
19 173
20 . . . . 123, 209
21 . . . . 124, 177
22 471
23 174
24 . . . . 16, 212.A.
25 565
26 593
27 . . . . 561.A. 584 594, 609.A.
28 589
29 . . . . 205, 605
30 . . . . 206, 606
31 . . . . 207, 607
32 abrogé (7).
CHAP. IV. — DISPOSITIONS TRANSITOIRES.
Art. 33 à 35, *transitoires.*
36 . . . . 561.A.1. 622

—

Décret du 2 février 1852.

—

Élection des députés.

—

Art. 1 à 8, étrangers à la matière.
Art. 9 . . . . V. art. 537
11 550
15 518
16 518
39 372
40 366
44 373
45 . . . . 374, 408
50 613
52 375

—

Décret du 1er mars 1852.

Relatif au timbre des journaux et écrits périodiques traitant de matières politiques et d'économie sociale publiés à l'étranger et importés en France.

Art. 1 à 3 . . . . . V. art. 504

---

(1) (Fausses nouvelles), remplacé par l'art. 15 du décret du 17 fév. 1852. — V. art. 365.

(2) Attributions de la connaissance des contraventions aux dispositions des art. 9-10, aux tribunaux correctionnels. — La disposition de l'art. 12 a été absorbée par l'art. 23 du décret du 17 fév. 1852. — V. art. 565.

(3) Cet article, concernant la poursuite des délits de la presse devant la Cour d'assises, est abrogé par le changement de juridiction opéré par le décret du 17 fév. 1852.

(4) Abrogé, mêmes motifs qu'à la note 14 supra.

(5-6-7) Abrogés par le décret du 17 fév. 1852, qui a repris la législation antérieure relativement au timbre des écrits périodiques et non périodiques. — V. art. 180 à 194.

(8) Abrogé par l'art. 10 de la loi du 11 mai 1858. V. art. 625.

A l'exception des tables qui précèdent, le présent Code était imprimé lorsqu'a paru dans le *Moniteur* du 24 décembre 1868, le décret réglementaire du 19 décembre 1868, concernant l'apposition des timbres mobiles sur les journaux. — Nous n'avons pu en conséquence en classer les dispositions dans le chapitre de la matière (p. 73), nous les donnons en *Appendice* à la suite de la loi du 11 mai 1868 à l'art. 3 de laquelle elles se rattachent en partie.

Loi du 11 mai 1868, sur la Presse.

Liberté de la presse.

Art. 1er. Tout Français majeur et jouissant de ses droits civils et politiques peut, sans autorisation préalable, publier un journal ou écrit périodique paraissant soit régulièrement et à jour fixe, soit par livraisons et irrégulièrement. — V. art. 136, *infrà.*

Déclaration préalable des journaux.

Art. 2. Aucun journal ou écrit périodique ne peut être publié s'il n'a été fait à Paris, à la préfecture de police, et dans les départements à la préfecture de police, et quinze jours au moins avant la publication une déclaration contenant :

1° Le titre du journal ou écrit périodique et les époques auxquelles il doit paraître ;

2° Le nom, la demeure et les droits des propriétaires autres que les commanditaires ;

3° Le nom et la demeure du gérant ;

4° L'indication de l'imprimerie où il doit être imprimé.

Toute mutation dans les conditions ci-dessus énumérées est déclarée dans les quinze jours qui la suivent.

Toute contravention aux dispositions du présent article est punie des peines portées dans l'art. 5 du D. du 17 févr. 1852. — V. art. 152.

Du timbre. — Réduction. — Exemption.

Art. 3. Le droit de timbre fixé par l'art. 6 du décret du 17 février 1852 est réduit à 5 centimes dans les départements de la Seine et de S.-et-Oise, et à 2 cent. partout ailleurs.

Le § 3 de l'art. 6 du décret du 17 février 1852 est abrogé.

Sont affranchies du timbre les affiches électorales d'un candidat contenant sa profession de foi, une circulaire signée de lui, ou seulement son nom.

Le nombre de dix feuilles d'impression des écrits non périodiques prévu par l'art. 9 du décret du 17 février 1852 est réduit à six, et le droit de timbre abaissé à 4 centimes par feuille.— V. art. 80, 83, 84, 86 et 441, *infrà.*

Du timbre des suppléments des journaux.

Art. 4. Sont considérées comme supplément et assujetties au timbre, ainsi que le journal lui-même, s'il n'est déjà timbré, les feuilles contenant des annonces, lorsqu'elles servent de couverture au journal ou qu'elles y sont annexées, ou lorsque, publiées séparément, elles sont néanmoins distribuées ou vendues en même temps. V. art. 85-182, *infrà.*

Exemption pour certains suppléments.

Art. 5. Sont exempts du timbre et des droits de poste les suppléments des journaux ou écrits périodiques assujettis au cautionnement, lorsque ces suppléments ne comprennent aucune annonce de quelque nature qu'elle soit et quelque place qu'elle y occupe, et que la moitié au moins de leur superficie est consacrée à la reproduction des documents énumérés en l'art. 1er de la loi du 2 mai 1861.— V. art. 92, 187, 265, *infrà.*

Sanction du timbre. — Réduction des amendes.

Art. 6. Sont applicables, en cas de contravention aux articles précédents, les dispositions des art. 10 et 11, § 1er, du décret du 17 février 1852.

Dans aucun cas l'amende ne peut dépasser le tiers du cautionnement versé par le journal ou de celui auquel il aurait été assujetti s'il eût traité de matières politiques ou d'économie sociale. — V. art. 103, 180, 188, *infrà.*

Double dépôt des journaux.

Art. 7. Au moment de la publication de chaque feuille ou livraison du journal ou écrit périodique, il sera remis à la préfecture pour les chefs-lieux de département, à la sous-préfecture pour ceux d'arrondissement, et pour les autres villes à la mairie deux emplaires signés du gérant responsable ou de l'un d'eux, s'il y a plusieurs gérants responsables.—V. art. 197.

Pareil dépôt sera fait au parquet du procureur impérial ou à la mairie, dans les villes où il n'y a pas de tribunal de première instance. — V. art. 193, *infrà.*

Ces exemplaires sont dispensés du droit de timbre. — V. art. 93, *infrà.*

Les Sénateurs et Députés ne peuvent être gérants.

Art. 8. Aucun journal ou écrit périodique ne pourra être signé par un membre du Sénat ou du Corps législatif en qualité de gérant responsable.

En cas de contravention, le journal sera considéré comme non signé, et la peine de 500 à 3,000 fr. d'amende sera prononcée contre les imprimeurs et propriétaires. — V. art. 67, 166.A., *infrà.*

Les articles des condamnés ou bannis sont interdits.

Art. 9. La publication par un journal ou écrit périodique d'un article signé par une personne privée de ses droits civils et politiques, ou à laquelle le territoire de France est interdit, est punie d'une amende de 1,000 fr. à 5,000 fr., qui sera prononcée contre les éditeurs ou gérants dudit journal ou écrit périodique. — V. art. 178, *infrà.*

Citations directes. — Délais des citations.

Art. 10. En matière de poursuites pour délits et contraventions commis par la voie de la presse, la citation directe devant le tribunal de police correctionnelle ou la Cour impériale sera donnée conformément aux dispositions de l'art. 184 du Code d'instruction criminelle.

Le prévenu qui a comparu devant le tribunal ou devant la Cour ne peut plus faire défaut. — V. art. 582, 584, *infrà.*

Publication de faits de la vie privée.

Art. 11. Toute publication dans un écrit périodique relative à un fait de la vie privée constitue une contravention punie d'une amende de 500 fr.—V. art. 179, 423, 545, *infrà.*

La poursuite ne pourra être exercée que sur la plainte de la partie intéressée.—V. art. 545.

Cas de suppression. — Suspension des Journaux.

Art. 12. Une condamnation pour crime commis par la voie de la presse entraîne de plein droit la suppression du journal dont le gérant a été condamné. — V. art. 510, *infrà*.

Pour le cas de la récidive dans les deux années à partir de la première condamnation pour délit de presse autre que ceux commis contre les particuliers, les tribunaux peuvent, en réprimant un nouveau délit de même nature, prononcer la suspension du journal ou écrit périodique pour un temps qui ne sera pas moindre de quinze jours ni supérieur à deux mois. — V. art. 525, 591, *infrà*.

Une suspension de deux à six mois peut être prononcée pour une troisième condamnation dans le même délai. Elle peut l'être également par un premier jugement ou arrêt de condamnation, si la condamnation est encourue pour provocation à l'un des crimes prévus par les art. 86, 87 et 91 du Code pénal, ou pour délit prévu par l'art. 9 de la loi du 17 mai 1819.—V. art. 510, 525, 591, *infrà*.

Pendant toute la durée de la suspension, le cautionnement demeurera déposé au Trésor et ne pourra recevoir une autre destination. — V. art. 149.A., *infrà*.

Exécution provisoire des jugements ci-dessus.

Art. 13. L'exécution provisoire du jugement ou de l'arrêt qui prononce la suspension ou la suppression d'un journal ou écrit périodique pourra, par une disposition spéciale, être ordonnée nonobstant opposition ou appel en ce qui touche la suspension ou la suppression. — V. art. 511, 526, *infrà*.

Il en sera de même pour la consignation de l'amende, sans préjudice des dispositions des art. 29, 30 et 31 du décret du 17 février 1852. — V. art. 608, *infrà*.

Toutefois l'opposition ou l'appel suspendront l'exécution, s'ils sont formés dans les vingt-quatre heures de la signification des jugement ou arrêt par défaut ou de la prononciation du jugement contradictoire. —V. art. 585, *infrà*.

L'opposition ou l'appel entraîneront de plein droit citation à la plus prochaine audience.

Il sera statué dans les trois jours. — V. art. 595, *infrà*.

Le pourvoi en cassation n'arrêtera en aucun cas les effets des jugements et arrêts ordonnant l'exécution provisoire. —V. art. 599.

Imprimerie spéciale des journaux.

Art. 14. Les gérants des journaux seront autorisés à établir une imprimerie exclusivement destinée à l'impression du journal. — V. art. 17.A.8, 155.B., *infrà*.

Circonstances atténuantes (art. 463).

Art. 15. L'art. 463 est applicable aux crimes, délits et contraventions commis par la voie de la presse, sans que l'amende puisse être inférieure à 50 fr. — V. art. 533, *infrà*.

Abolition du régime discrétionnaire, du décret de 1852.

Art. 16. Sont abrogés les art. 1 et 32 du décret du 17 février 1852, et généralement les dispositions des lois antérieures contraires à la présente loi.—V. art. 625, *infrà*.

La suspension dans le cas prévu par l'art. 9 du décret du 17 février 1852 ne pourra être prononcée que par l'autorité judiciaire.

Décret du 19 décembre 1868 — *Concernant l'emploi des timbres mobiles :*

Art. 1. — Les timbres mobiles, dont l'emploi est autorisé par l'art. 29, de la loi du 31 juillet 1867 (art. 194, *infrà*) pour le paiement des droits de cinq centimes et de deux centimes, établis par l'art. 3, de la loi du 11 mai 1868 (art. 180), sur les journaux et écrits périodiques, seront conformes aux modèles annexés au présent décret.

Ils pourront être employés comme signes d'affranchissement des taxes postales, conformément aux dispositions des règlements en vigueur.

Art. 2. — Les timbres seront apposés par les soins des éditeurs [ou gérants] des journaux ou écrits périodiques, et collés à droite et à l'angle supérieur de la dernière colonne de la première page du journal, de manière qu'ils soient oblitérés par l'impression de quatre lignes au moins de l'article dans cette colonne.

La feuille devra être imprimée et placée de façon que le timbre mobile se trouve sur le pli extérieur ou tout au moins sur le revers de ce pli, de telle sorte que ce timbre puisse être vu sans déplier le journal ni enlever la bande.

Art. 3.— Les éditeurs [ou gérants] de journaux ou écrits périodiques, qui voudront employer des timbres mobiles, devront en faire la déclaration quinze jours à l'avance, au bureau du timbre du lieu de la publication de leur journal ou écrit.

Cette déclaration fera connaître le titre du journal, le nom du gérant [éditeur] et de l'imprimeur, le chiffre moyen du tirage par numéro et le nombre par chaque catégorie des timbres nécessaires pour ce tirage.

Les éditeurs [ou gérants], qui voudront cesser de faire usage des timbres mobiles, devront également en faire la déclaration dans le même délai.

Art. 4. — Les timbres mobiles ne seront vendus que par feuille entière contenant cent-un timbres, les ventes auront lieu au bureau qui aura reçu la déclaration ; elles seront mentionnées par le receveur, sur un état spécial qu'il conservera et sur un carnet que les éditeurs [ou gérants] représenteront à toutes réquisitions des agents de l'administration.

Art. 5. — Le prix des timbres sera payé comptant. Chaque feuille de cent-un timbres sera comptée pour cent timbre seulement. Cette dernière disposition est applicable à la comptabilité, tant en nature qu'en numéraire.

La sanction pénale de ce décret se trouve dans l'art. 194 du présent Code (art. 29, L. du 3 août 1867).

TITRE PRÉLIMINAIRE

DU DROIT

DU DROIT DE LA PENSÉE A SE MANIFESTER LIBREMENT
PAR LA PAROLE, L'ÉCRITURE ET LA PRESSE.

DE LA LIBERTÉ DE LA PENSÉE ET DE LA PRESSE
COMME PRINCIPE CONSTITUTIONNEL.

TITRE PRÉLIMINAIRE : DU DROIT.

DU DROIT DE LA PENSÉE A SE MANIFESTER LIBREMENT PAR LA PAROLE, L'ÉCRITURE ET LA PRESSE.

I

La vie propre et intime de l'esprit humain est de penser.

Si *être* et *penser* sont pour l'*être pensant* une seule et même chose, la pensée participe nécessairement de la nature de l'homme.

L'homme est une activité sensible, intelligente et libre.

Sensible, il subit l'empire des passions.

Intelligent, il les domine et discerne le droit, le bien et le juste.

Libre, il veut, et des actes de sa volonté libre procède son imputabilité morale.

Par son principe, la pensée affirme ainsi sa liberté et sa responsabilité.

La pensée ne serait qu'une opération obscure du cerveau sans un organe pour en manifester les merveilles et la puissance.

La nature lui a donné le geste et la parole.

Elle s'est donné l'écriture et l'imprimerie.

LA PAROLE est la forme, le véhicule de la pensée, son trait d'union entre les intelligences.

L'ÉCRITURE, c'est la parole fixée par des signes, la parole des yeux, le verbe durable ; l'une des plus considérables conquêtes de l'homme sur le temps.

La parole avait des bornes, l'écriture les a reculées ; la pensée a par elle triomphé du temps, il lui reste à vaincre l'espace ; le cercle de son retentissement est encore étroit, elle a besoin de se communiquer à tous et partout à la fois ; comme l'*immortalité*, l'*ubiquité* tente son audace ; le style d'airain ne suffit plus, il lui faut la plume aux mille becs, la parole aux cent voix, la voix aux échos innombrables. — Guttenberg les lui donne en 1440 par l'invention de l'IMPRIMERIE.

De ce jour date le vrai règne de la pensée : en moins de trois siècles et demi ses droits jusqu'alors méconnus sont affirmés, et la France affranchie proclame, en 1789, comme principe constitutionnel, la liberté de la pensée et de la presse.

La parole, l'écriture, la presse et la liberté de la pensée, tel est l'ordre des conquêtes de l'esprit humain dans ses manifestations extérieures, ce sont là ses principaux moyens pour aborder les intelligences et remuer le monde.

II.

LA LIBERTÉ n'est pas seulement le besoin le plus impérieux de notre nature volontaire, elle est une faculté de l'âme ; elle est un *droit*, un droit absolu comme la vie.

La PENSÉE est un acte de l'intelligence ; elle est un fait moral.

La liberté de la pensée est donc à la fois un fait qu'on ne peut supprimer, un droit qu'on ne peut méconnaître, vérité philosophique et politique qui s'énonce et ne se démontre plus, elle est dans toutes les constitutions et mieux encore dans toutes les consciences.

Libre dans son principe, la pensée doit l'être dans ses moyens,—dans la parole qui la communique, dans l'écriture qui l'éternise, ainsi que dans la presse qui la multiplie et la répand. — Liberté de la parole, de l'écriture et de la presse, ce sont les trois côtés différents d'une seule et même liberté : LA LIBERTÉ DE L'HOMME. (V. n° 378.)

Parler, c'est penser ; penser, c'est agir ; agir est le droit naturel de l'activité humaine, est-ce à dire que son exercice ne doive être assujetti qu'à la volonté seule ? Loin de là. — L'activité volontaire et libre dans ses manifestations n'existe, suivant la nature raisonnable de l'homme, qu'à la condition d'être selon la RAISON DE TOUS qui est à la LOI de chacun ; l'homme ne peut, en conséquence, revendiquer pour la pensée plus de liberté que pour ses autres actes ; elle ne peut être un droit que lorsqu'elle est légitime, elle n'est légitime qu'en s'accordant avec la loi et la raison ; hors la loi, hors la raison, c'est-à-dire à la merci des passions, la liberté de la pensée et de la presse serait une monstruosité sociale qui aboutirait à la tyrannie individuelle par l'abus de la force et le mépris des droits ; au désordre moral par le sophisme et la discussion sans foi de tous les principes et à l'anarchie par la négation de toute autorité.

Alors donc qu'elle sort du sanctuaire inviolable où la méditation l'élaborait, et qu'elle entre dans le domaine des faits sociaux, la Pensée doit soumettre sa libre manifestation aux nécessités de la loi sociale : prétendre le contraire, proclamer sa libre expansion illimitée, contester à la Société le droit de veiller contre elle à sa conservation, de l'arrêter dans sa propagande ennemie de l'ordre et de la moralité, de prévenir ses attentats ou ses intrigues, ce serait lui refuser les moyens de la fin qu'on lui impose, lui donner une puissance sans force et la condamner à l'immobilisme en l'obligeant au progrès. — De telles prétentions sont inadmissibles ; — c'est le non-sens.

Veiller à ce que la presse soit « un flambeau de la civilisation et jamais une torche incendiaire ; »

Faire qu'elle avertisse le pouvoir sans attaques, qu'elle parle à la foule sans passions, et qu'elle signale patriotiquement les abus existants et les réformes possibles, en respectant les droits et la dignité de tous ;

Voilà le devoir général, voilà à quelle condition la liberté de la presse sera un véritable bienfait.

Garde vigilante de l'inviolabilité des droits publics, ou sentinelle avancée à l'affût des améliorations et des lumières, qu'elle reste le droit, la liberté vraie, l'organe de la raison et de l'amour du bien public et, comme elle sera sans abus et sans licence, le pouvoir sera pour elle sans arbitraire et sans tyrannie.

La liberté illimitée et sans frein est une impossibilité sociale ; servie par la puissance de la presse, ou l'éloquence de ces tribuns auxquels les foules ne résistent pas, elle serait le renversement de tous les pouvoirs. La liberté de l'homme doit donc être gouvernée ou contenue par des lois qui la rendent compatible avec l'ordre public et les droits des individus. Ainsi s'expliquent à la fois *la légitime liberté de la presse* et *la légitime nécessité d'en réglementer l'exercice* pour en prévenir les écarts et les excès. Ce sont là deux principes incontestables de droit public. Tous les partis sont d'accord sur ces deux points et la discussion n'est plus ouverte que sur l'importance des sacrifices que, suivant les temps et les lieux, réclame la sûreté générale. — (V. notre *Code annoté de la presse* de 1856. — Introduction, p. v et vi.)

III

La liberté de la presse est, avons-nous dit, un droit dont les éléments sont la liberté humaine et la faculté de penser. Essentielle à la nature d'un état libre, elle consiste, suivant Blackstone et suivant tous, dans l'affranchissement de tout obstacle avant la publication et non dans l'absence de toute répression de la faute, après la publication si l'objet en est criminel. La volonté de l'individu reste ainsi libre, l'abus seul de cette liberté tombe sous les coups de la loi.

Il y a abus lorsque, oubliant le respect qui est dû aux droits d'autrui ou aux conditions de la sécurité générale, la liberté individuelle entreprend des actes que chacun ne pourrait se permettre sans compromettre la paix, les progrès ou l'existence de l'état social.

Dans l'intérêt de sa conservation *formelle* et *morale*, dans la nécessité de son but, la société puise donc le droit de prévenir les attaques et de les punir, de se précautionner par *des mesures de restriction* et de se défendre par *des actes de répression*. Ce droit de l'être collectif contre les excès des individualités turbulentes et agressives, se traduit dans la pratique des faits par des lois de police réglementaire de la liberté.

Moins que toute autre la liberté de la presse pouvait rester insoumise à l'action du pouvoir social ; mais si les abus de cette liberté sont à craindre, les révolutions ne nous ont que trop souvent appris que les excès arbitraires du pouvoir contre elle ont aussi de grands dangers. Le droit du pouvoir à régler les conditions de cette liberté ne peut donc avoir pour effet son anéantissement ; la supprimer, ce n'est pas lui donner des règles, puisque lui donner des règles, c'est en consacrer la légitimité, c'est respecter son existence utile : mais la reconnaître, ce n'est pas non plus lui donner droit à la licence.

La supprimer, ce n'est pas lui donner des règles, c'est pourtant ce qui est parfois arrivé en ces matières où la sagesse des gouvernants n'a pas pu toujours se maintenir indépendante des circonstances politiques. — De part et d'autre, d'ailleurs, on a touché aux extrêmes : aussi la liberté de la presse a-t-elle passé par des régimes de faveur et des compressions qui, s'ils s'expliquent par la crainte qu'elle inspire et les services qu'elle rend, disent mieux qu'aucune histoire son irréductible puissance, l'impossibilité pour le Pouvoir en France de la subir et de la proscrire et la difficulté d'en réglementer l'exercice à égale distance de la licence et de l'asservissement.

IV.

Quoi qu'il en soit de l'efficacité des moyens, leur application plus ou moins heureusement combinée constitue les quatre systèmes ou régime de réglementation par lesquels on a jusqu'à ce jour tenté de gouverner cette ingouvernable liberté de la presse. — Ces quatre régimes sont :

1° *Le régime de la censure*, plus facile à établir qu'à exercer : il commença au XVIᵉ siècle avec les premiers abus ou la peur première de l'imprimerie et finit au XVIIIᵉ siècle avec la monarchie, pour reprendre ensuite accidentellement de 1810 à 1819. — La liberté n'existe pas, le Pouvoir lit tout ; rien n'est publié sans son approbation.

2° *Le régime répressif ou judiciaire*, fondé sur la responsabilité pénale ; il implique la Liberté. — Les constitutions de 1789 à 1795 ont proclamé la liberté illimitée de la presse, la presse fut violente, la répression devint outrée ; vingt-cinq journalistes furent condamnés à mort pour crimes de publication ; le Directoire supprima un jour, et par un seul décret, le 16 fructidor an VIII, 54 journaux et transporta 45 de leurs rédacteurs à Cayenne. — Ce régime fut de courte durée, de 1789 à 1810.

3° *Le régime des garanties ou restrictif*. — Les formalités de la *déclaration*, du *dépôt*, pour la surveillance de tous les imprimés, — celles du *cautionnement*, de la *gérance* et du *timbre* pour *les journaux politiques*, constituent les garanties de l'Autorité, — avec le correctif de *l'omnipotence du jury* pour la garantie des prévenus. Ce régime, à la fois libéral et très-efficace, a régi, non sans avantages, la presse de 1819 à 1852. La loi du 11 mai 1868 en a repris l'application avec la juridiction des tribunaux correctionnels substituée à celle du jury.

4° *Le régime discrétionnaire ou administratif*. — *L'autorisation* du Gouvernement comme condition préalable de la création des journaux politiques, avec *le droit de les avertir*, de les *suspendre* et de *les supprimer*, conféré à l'Autorité administrative, en constitue le mécanisme aussi efficace que peu compliqué : — établi par le décret du 17 février 1852 (art. 1 et 32) et appliqué concurremment avec le régime précédent, il a été aboli par la loi du 11 mai 1868.

V

Trois chapitres diviseront ce titre préliminaire :

Le chapitre I contiendra les dispositions constitutionnelles concernant la liberté de la presse et des industries qui s'y rattachent.

Le chapitre II donnera l'indication des restrictions diverses imposées par les lois à l'exercice de cette double liberté.

Le chapitre III contiendra l'indication des lois qui, par des exceptions, des franchises ou des immunités, font retour à la liberté.

DE LA LIBERTÉ DE LA PENSÉE ET DE LA PRESSE.

Chapitre I. — Reconnaissance de la liberté de la pensée, de la presse et de l'industrie, comme principes constitutionnels.

FAIT HISTORIQUE.

1. — La liberté de la pensée, de la presse et des industries a été proclamée par toutes les constitutions depuis 1789, comme un des principes fondamentaux du droit public des Français.

I. DE LA LIBERTÉ DE LA PENSÉE ET DE LA PRESSE.

2. — CONSTITUTION, *3-4 septembre 1791. Déclaration des droits.* Art. 10. Nul ne peut être inquiété pour ses opinions, même religieuses, pourvu que leur manifestation ne trouble pas l'ordre public.

Art. 11.—La libre communication des pensées et des opinions est un des droits les plus précieux pour l'homme.

Tout citoyen peut donc parler, écrire et imprimer librement, sauf à répondre de l'abus de cette liberté dans les cas déterminés par les lois.

TITRE 1. — Garantie des droits.

Art. 1.—La constitution garantit comme droits civils et naturels, la liberté à tout homme.... de parler, d'écrire, d'imprimer et publier ses pensées, sans que ses écrits puissent être soumis à aucune censure, ni inspection, avant leur publication.

Le Corps législatif ne pourra faire aucune loi qui porte atteinte ou mette obstacle à l'exercice de ces droits.

Mais comme la liberté ne consiste qu'à pouvoir faire ce qui ne nuit ni aux droits d'autrui ni à la sûreté publique, la loi peut établir des peines contre les actes qui attaquent ou la sûreté publique ou les droits d'autrui, ou qui seraient nuisibles à la société.

TITRE III. — Du pouvoir judiciaire. — Chap. V.

Art. 17. — Nul ne peut être recherché à raison des écrits qu'il aura fait imprimer ou publier sur quelque matière que ce soit, si ce n'est qu'il ait provoqué à dessein la désobéissance aux lois, l'avilissement des pouvoirs constitués, la résistance à leurs actes ou quelques-unes des actions qualifiées crimes ou délits par la loi.

La censure sur les actes des pouvoirs constitués est permise, mais les calomnies volontaires contre la probité des fonctionnaires publics et la droiture de leurs intentions, dans l'exercice de leurs fonctions, pourront être poursuivies par ceux qui en seront l'objet.

Les calomnies et les injures contre quelques personnes que ce soit, relatives aux actions de la vie privée, seront punies sur leurs poursuites.

CONSTITUTION, *9 juin 1793. — Déclaration des droits.* Art. 6. La liberté de la presse ou de tout autre moyen de publier ses pensées, ne peut être interdite, suspendue ou limitée.

Art. 7. Le droit de manifester sa pensée et ses opinions, soit par la voie de la presse, soit autrement, ne peut être interdit. — La constitution garantit à tous les Français la liberté indéfinie de la presse.

[**1**] = 1. — Cette disposition est l'affirmation pure et simple d'un fait historique.

Ce qui démontre avec le plus de force que la liberté de la pensée et celle des industries de la presse, etc., sont des principes fondamentaux de notre droit public, c'est la persistance de toutes nos constitutions, depuis 1789, à les reconnaître et à les garantir comme droit de tous. (V. n° 12.)

Dans les chartes de 1814 et de 1830, leur garantie figure même sous la rubrique bien significative de *Droits publics des Français.*

[**2**]=2.—La constitution des 3-14 septembre 1791 fut le premier acte qui affirma constitutionnellement les grands principes de liberté acclamés et proclamés dans la célèbre nuit du 4 août 1789, comme bases du nouveau droit public des Français.

3. — La liberté de la pensée, de la presse et de toutes les industries, aussi bien de celles qui s'y rattachent que des autres, figure, dans les cahiers du Tiers-Etat, au premier rang des libertés dont la Nation réclamait la garantie en 1789.

Avant, comme après cette époque, les hommes d'Etat, les publicistes célèbres et les plus grands penseurs, ont tour à tour affirmé avec plus ou moins de vigueur, mais tous avec la plus énergique conviction, la légitimité et les droits naturels de la pensée et de la presse.

L'Eglise seule semble protester contre ce dogme constitutionnel des temps modernes. La législation des Etats pontificaux et les déclarations inquiètes et réservées de l'*Encyclique* du 8 décembre 1864 suffisent à le démontrer.

4.—Au cours de la discussion de la loi du 11 mai 1868, Son Excellence M. le Garde des sceaux, Baroche, a nettement reconnu que la liberté de la presse était un des grands principes de 1789 que confirme l'art. 4 de la constitution de 1852. Voici quelles furent ses paroles dans la séance du 1er février :

« Le gouvernement de l'Empereur a pris dès l'o-« rigine pour base les principes souvent invoqués de « 1789, principes parmi lesquels figure à un degré « éminent la liberté de la presse. Mais dans la dé-« claration des droits de 1791, cette liberté n'est pas « une liberté sans limite, sans règle, sans frein; « voici comment elle y était définie dans l'art. 11. » — « Son Excellence lit l'art. 11. » (*Mon.*, 2 février 1868.)

5. — Cet art. 11 de la constitution de 1791, étant l'expression la plus exacte et la plus modérée de ce principe de droit public, doit en conséquence être considéré comme remis en vigueur par l'art. 4 de la constitution de 1852.

6. — L'art. 17 de cette constitution de 1791 est une de ses dispositions les plus remarquables : — c'est un programme dont la législation a si bien suivi depuis les indications, qu'on doit aussi le considérer comme un exposé de principes encore en vigueur sur la matière.

Si sa disposition eût été, ainsi qu'elle devait l'être, la règle constitutionnelle des législateurs de 1868, son dernier paragraphe se fût opposé à l'adoption de l'art. 11 de la loi du 11 mai 1868 qui interdit à la presse toute publication relative *à la vie privée des personnes.* — La prohibition de cet article eût été inconstitutionnelle en ce sens que ce dernier para-

DÉCLARATION des droits de l'an III. — (24 juin 1793). Art. 7. Le droit de manifester sa pensée et ses opinions, soit par la presse, soit autrement, ne peut être interdit.

La nécessité d'énoncer ce droit suppose la présence ou le souvenir récent du despotisme.

CONSTITUTION, 5 *fructidor an VIII*, titre 14. — *Déclaration*. Art. 353. Nul ne peut être empêché de dire, écrire, imprimer et publier sa pensée.

Les écrits ne peuvent être soumis à aucune censure avant leur publication.

Nul ne peut être responsable de ce qu'il a écrit ou publié, que dans les cas prévus par la loi.

CONSTITUTION *du 8 frimaire an VIII.* — La liberté de la presse est passée sous silence dans cette constitution, ainsi que dans les constitutions de l'Empire.

CHARTE *de 1814. Titre 1.* — *Droits publics des Français.* Art. 8. Les Français ont le droit de publier et de faire imprimer leurs opinions en se conformant aux lois qui doivent réprimer les abus de cette liberté.

ACTE ADDITIONNEL AUX CONSTITUTIONS DE L'EMPIRE, 23 *avril 1815.* Art. 64. Tout citoyen a le droit d'imprimer et de publier ses pensées, en les signant, sans aucune censure préalable, sauf la responsabilité légale après la publication par jugement par jurés, quand même il n'y aurait lieu qu'à l'application d'une peine correctionnelle.

CHARTE *de 1830, § 1.* — *Droit public des Français.* Art. 8. Tous les citoyens ont le droit de publier et de faire imprimer leurs pensées, en se conformant aux lois.

La censure ne pourra jamais être rétablie.

CONSTITUTION *de 1848. Chap. II.* — *Garantie des droits.* Art. 8. Tous les citoyens ont le droit de manifester leurs pensées par la voie de la presse ou autrement.

L'exercice de ce droit n'a pour limites que les droits d'autrui et la sécurité publique.

La presse, en aucun cas, ne pourra être soumise à la censure.

---

graphe de l'art. 17 ne permet de protéger *la vie privée* que contre *l'injure* et la *calomnie* et non contre toute *allégation* ou *publication*.

7. — La constitution de 1793, dont les déclarations en ce qui concerne la liberté de la presse se ressentent, par leurs exagérations, des idées un peu extrêmes de l'époque, n'a jamais été mise à exécution.

8. — Dans les constitutions de l'Empire on ne trouve aucune déclaration protectrice de la liberté de la presse et de l'industrie.

« — De 1789 à 1800, lit-on dans le remarquable « exposé des motifs de la loi du 11 mai 1868, les « constitutions promettent à la pensée toutes les li- « bertés, les lois spéciales donnent aux constitutions « tous les démentis ; et comme si la pratique voulait « se jouer de la théorie, le démenti s'accuse toujours « dans les proportions de la promesse.

« De l'an VIII à la Restauration, la nouvelle so- « ciété s'organise sur un sol rempli des débris du « passé et tremblant encore des commotions de la « veille. A la différence des constitutions antérieu- « res, celles du Consulat et de l'Empire ne débutent « point par des promesses. Celle de l'an VIII se tait « sur la liberté de la presse. Celle de l'an XII ob- « serve à peu près le même silence. Une semblable « réserve était à la fois de la prudence et de la sin- « cérité. Le premier besoin du pays déchiré par tant « de discordes était l'apaisement des partis ; le « calme était indispensable pour fonder à l'intérieur « des institutions durables ; l'accord de toutes les « forces ne l'était pas moins pour nous donner, avec « la victoire, la direction du monde moderne. D'au- « tant plus libre qu'aucune promesse ne le liait, « l'Empire, comme le Consulat, impose au journal « et au livre un silence nécessaire. »

9. — Ce qui est triste, c'est en 1814, après que les armées coalisées de l'Europe eurent, par la trahison, triomphé de la fortune de l'Empire, d'entendre un Sénat avili rompre ce silence pour proclamer, avec la déchéance de l'Empereur, par lui trop adulé, l'inviolabilité des libertés mêmes qu'il lui avait si souvent sacrifiées. — Voici un des considérants de l'acte de déchéance du 3 avril 1814. S'il accuse la bassesse des hommes, il n'en affirme pas moins la grandeur du droit :

« Considérant que la liberté de la presse établie et « consacrée comme un des droits de la nation, a « été constamment soumise à la censure arbitraire « de sa police et qu'en même temps Il s'est toujours « servi de la presse pour remplir la France et l'Eu- « rope de faits controuvés, de maximes fausses, de « doctrines favorables au despotisme et d'outrages « contre les gouvernements étrangers.... »

10. — La charte de 1814 reconnaît, par son art. 8, et sous la rubrique de *Droits publics des Français*, la liberté de la presse. Sa disposition qui, par le mot *réprimer*, substitué à *prévenir*, semblait exclure le régime *préventif* de la censure, fut impuissante à en empêcher le rétablissement temporaire du 21 octobre 1814 à 1816, — puis en 1820, 1821 et 1827. (V. notre *Code de la presse* de 1856.)

11. — Après son retour de l'île d'Elbe, l'empereur Napoléon Ier ne voulut pas être inférieur aux Bourbons sous le rapport des concessions libérales : il élargit par un acte additionnel les constitutions de l'Empire, et la liberté de la presse y prit place avec l'art. 64. Dans la séance du 7 juin 1815, au Corps législatif, il la proclama lui-même comme un droit fondamental.

« La liberté de la presse, dit-il, est inhérente à la « constitution actuelle ; on n'y peut rien changer sans « altérer tout notre système politique. » Quel enseignement que ces paroles d'un tel homme !

12. — La base du droit public ne pouvant se découvrir que dans les constitutions qui l'ont fondé, leur unanimité à reconnaître une liberté, est la preuve que cette liberté est une des bases du droit public. — La liberté de la presse, reconnue comme un droit par toutes nos constitutions, est donc un des principes fondamentaux de notre droit public.

[5] = 13. — Il en est de même *de la liberté du travail et de l'industrie.* — Mais les reconnaissances et les garanties constitutionnelles n'ont pas été sur ce point plus efficaces « et la pratique s'est également ici jouée de la théorie. » (V. n° 8.)

Le décret du 17 mai 1791 prononça l'affranchissement de toutes les industries. Les constitutions de 1793 et du 5 fructidor an III proclamèrent non moins formellement la liberté du commerce et du travail ; les constitutions du Consulat et de l'Empire passèrent cette liberté sous silence ainsi que les chartes de

II. DE LA LIBERTÉ DE L'INDUSTRIE.

3. — *Décret*, 17 *mars* 1791. Art. 1. A compter du 1er avril 1791, les offices....., les brevets, lettres de maîtrises et tous priviléges de profession, sous quelque dénomination que ce soit, sont supprimés.

Art. 7. — Il sera libre à toute personne de faire tel négoce, d'exercer telle profession, art ou métier qu'elle trouvera bon ; mais elle sera tenue de se pourvoir d'une patente et de se conformer aux règlements de police qui sont ou qui pourront être faits.

Reconnaissance constitutionnelle de cette liberté.

4. — CONSTITUTION, 24 *juin* 1793. *Déclaration des droits.* Art. 17. Nul genre de commerce et de travail ne peut être interdit à l'industrie des citoyens.

CONSTITUTION, 5 *fructidor, an III* Tit. 14. — *Déclaration.* Art. 355. Il n'y a ni priviléges, ni maîtrise, ni jurande, ni limitation à la liberté de la presse, du commerce et à l'exercice de l'industrie et des arts de toute espèce.

CONSTITUTION *du Consulat et de l'Empire.* CHARTES de 1815 et de 1830.

Ces actes sont muets au sujet de la liberté du travail, du commerce et de l'industrie.

CONSTITUTION *de 1814.* Art. 13. La constitution garantit à tous les citoyens la liberté du travail et de l'industrie.

Reconnaissance implicite de la liberté de la presse.

5. — CONSTITUTION, 14 *janvier* 1852. Titre I. Art. 1. La constitution reconnaît, confirme et garantit les grands principes proclamés en 1789, et qui sont la base du droit public des Français.

Exception.

6. — *Même constitution.* Art. 26, *rédigé à contrario.* Néanmoins, le Sénat ne pourra pas s'opposer à la promulgation des lois qui seraient contraires ou qui porteraient atteinte à la liberté de la pensée, à la liberté de la presse, à la liberté du commerce et de l'industrie.

Confirmation des lois antérieures.

7. — *Même constitution.* Art. 56. Les dispositions des Codes, lois et règlements qui ne sont pas contraires à la présente constitution, restent en vigueur jusqu'à ce qu'il y soit légalement dérogé.

Décrets ayant force de lois.

8. — Art. 57. Les décrets rendus par le Président de la République à partir du 2 décembre 1851, jusqu'au jour où les grands Corps de l'État seront constitués (ce qui a eu lieu le 29 mars 1852), auront force de loi.

Au nombre de ces décrets, il en est plusieurs qui concernent la réglementation de la liberté de la presse et de l'imprimerie.

—

1814 et de 1830 ; la constitution de 1848 déclara la garantir à tous les citoyens.

14. — Malgré ces reconnaissances et ces solennelles garanties, la liberté de l'imprimerie et de la librairie est encore à se faire. Un décret du premier Empire, du 5 février 1810, en subordonna l'exercice à l'obtention *d'une autorisation en brevet* du Gouvernement, et quelles qu'aient été depuis les tendances des gouvernements qui lui ont succédé et les efforts à diverses reprises tentés, l'imprimerie et la librairie sont restées des monopoles en tutelle administrative dont profitent les bénéficiaires, au grand préjudice quelquefois de l'indépendance des écrivains.

15. — Le projet de loi sur la presse, qui est devenu la loi du 11 mai 1868, se terminait par un article 15 qui affranchissait l'imprimerie et la librairie de l'obligation du brevet. Des scrupules honorables, mais assez peu fondés, en firent ajourner la discussion jusqu'après une enquête préalable sur les droits que pourraient avoir à une indemnité les imprimeurs qui avaient acheté leurs brevets. Voir *infrà*, p. 20.

[**4** à **8**]=16. — « Le second Empire, disait dans son « remarquable exposé des motifs de la loi de 1868, « M. le conseiller d'État E. Pinard, devenu depuis « ministre de l'intérieur, le second Empire, en suc- « cédant à la République de 1848, eut une tâche « analogue à celle du législateur de l'an VIII et de « l'an XII : rendre à l'autorité le respect, au pays la « sécurité. La constitution de 1852 rappelle les « principes de 1789, bases définitives de la société « moderne. Mais, fidèle aux traditions du Consulat, « elle garde le silence sur la liberté de la presse. « Pourquoi promettre avant de réaliser? Pourquoi « tenter deux œuvres à la fois ? Le premier besoin « des nations, c'est l'ordre, et l'ordre ne se concilie « avec la liberté que quand il est inattaquable. » 17. — « La liberté, avait d'ailleurs déjà déclaré « l'auteur de cette constitution, dans son préambule, « ne peut jamais être que le couronnement de l'édifice « social. »

18. — L'art. 1 de la constitution de 1852 est ainsi conçu : « La constitution....., *garantit les grands principes de* 1789.... » Les garantit contre quoi ou contre qui? Sans doute contre les actes ou les entreprises des pouvoirs exécutif ou législatif. Il n'en est pas d'autres, en effet, qui peuvent sérieusement leur porter atteinte. L'art. 25 y pourvoit d'une manière efficace en déclarant qu'aucune loi ne peut être promulguée, ni par suite mise à exécution, sans que le Sénat, pouvoir pondérateur, ait décidé qu'elle ne contenait rien de contraire à la constitution, ni aux principes qu'elle garantit. — L'art. 26 énumère ensuite ceux de ces principes dont la violation par une loi doit empêcher sa promulgation.

19. — La liberté de la presse ne figure pas au nombre des libertés que le Sénat, aux termes de cet art. 26, doit protéger contre les lois nouvelles. Cette omission est-elle involontaire? n'est-elle pas plutôt, comme le donne à entendre le rédacteur de l'exposé des motifs de la loi de 1868, *une réserve prudente* de toute liberté d'action pour l'avenir (V. nos 8 et 16)?

20. — Nous avons rédigé ci-dessus l'art. 26 de la constitution *a contrario* pour en mieux faire comprendre la portée relativement à la liberté de la pensée et de la presse ; sa disposition déclare plus qu'implicitement que le Sénat ne pourrait pas s'opposer au rétablissement de la censure ou de toutes autres mesures restrictives qui pourraient devenir nécessaires.

Mais l'art. 26 ne statue qu'à l'égard *des lois*, il n'y est question que *des lois;* que décider pour *les décrets*? Le Sénat pourrait-il s'opposer à la promulgation d'un décret qui porterait atteinte, non-seulement aux libertés formellement désignées par ledit art. 26, mais à celle que son texte ne place pas aussi explicitement sous sa protection, par exemple à la liberté de la presse?

Chap. II.— Restrictions légales de la liberté de la presse et de l'industrie.

1° Autorisations. — Mesures de police.

9. — *Disposition déduite de l'état de la législation.* — Restent maintenus, les lois, décrets, ordonnances et règlements en vigueur qui subordonnent à l'obtention d'une autorisation générale en brevet ou autrement l'exercice des professions suivantes, savoir :

1° De la profession d'imprimeur typographe. — L. du 21 oct. 1814;

2° De la profession d'imprimeur lithographe et en taille-douce.—Ord. 8 oct. 1817. — D. 22 mars 1852;

3° De la profession de libraire. L. 21 oct. 1814;

4° De la profession de vendeur, crieur et d'afficheur sur la voie publique d'écrits ou d'imprimés. — L. 10 déc. 1830;

5° De chanteurs sur la voie publique.—L. 10 déc. 1830.

2° Autorisations censoriales.

10. — *Disposition déduite de la législation.* Restent également maintenus les lois et règlements qui ont soumis à la condition d'avoir obtenu une autorisation spéciale de l'autorité, ou de lui avoir fait une déclaration, les actes suivants, savoir :

1° La représentation des pièces de théâtres. — D. 30 avril 1850;

2° L'acquisition ou détention de presses ou d'ustensiles d'imprimerie.— D. 18 nov. 1810 (27-30);

3° La vente ou mise en vente ou exposition de dessins, gravures, emblèmes, médailles.— Art. 22. D.-Loi, 17 fév. 1852;

4° La fabrication des médailles. — Arrêté du 5 germinal an XII;

5° Le colportage, vente ou distribution d'écrits, livres, brochures, gravures et lithographies. — Art. 6. L. 27 juill. 1849;

6° L'introduction en France de journaux politiques étrangers.—Art. 2. D. 17 fév. 1852;

7° L'impression ou la publication des bulles, brefs, rescrits et autres actes de la cour de Rome. — Art. 1. L. 16 germ. an X;

8° L'inscription, sur les murs ou sur toile dans un lieu public, des affiches peintes autres que celles sur papier.—Art. 1. D. 23 août 1852.

3° Autorisation dans un intérêt privé ou spécial.

11. — *Disposition déduite de la législation.* Restent maintenus les lois et règlements qui ont soumis à la condition d'avoir obtenu l'autorisation des propriétaires ou de leurs assimilés la publication ou la vente, ou l'impression des objets suivants, savoir :

1° Des manuscrits de l'Etat, des établissements publics ou des bibliothèques publiques. — D. 20 fév. 1809;

2° Des livres d'église, heures et prières. — D. 7 germ. an XIII;

3° Des œuvres de l'esprit, d'art ou de génie, non tombées dans le domaine public.— D. 21 juillet 1791; et art. 425, C. pénal.;

4° Des cartes à jouer. — Art. 166. L. 16 avril 1816;

5° Des discours prononcés dans les séances publiques du Corps législatif, s'ils sont imprimés isolément.— D. 3 fév. 1861, art. 89.

4° Restrictions. — Mesures de police ou fiscales.

12. — *Disposition déduite de la législation.* Restent encore maintenues :

1° Les lois qui imposent aux industries auxiliaires de la liberté de la presse, des formalités ou conditions destinées à en assurer la surveillance;

2° Les lois fiscales concernant le timbre des imprimés et les droits sur les affiches.

5° Restrictions prohibitives pénales.

13. — *Disposition déduite de la législation.* Restent également maintenues les lois répressives des crimes, délits et contraventions commis par la voie de la presse ou tous autres moyens de publication.

Il n'y a pas à en douter : pour porter atteinte à cette liberté, il faudrait imposer à son exercice des restrictions nouvelles, et pour les rendre efficaces, les sanctionner *par des peines*. Mais un décret qui édicterait des *peines* et créerait ainsi des *délits* ou des *contraventions*, n'aurait d'un décret que le nom et serait en réalité une loi véritable. Or, aux termes de l'art. 39 de la constitution et du § 4 du plébiscite du 22 décembre 1851 qui lui sert de base, il n'appartient qu'au *Corps législatif de faire des lois.* Par un décret contre la presse, l'Empereur ferait donc plus que de porter atteinte à *la liberté de la presse*, il violerait en outre le principe constitutionnel de la *séparation des pouvoirs* que lui a imposé le plébiscite de 1851; il ferait ainsi un acte contraire à la constitution même, à la promulgation duquel le Sénat devrait dès lors s'opposer et dont il devrait prononcer l'annulation en exécution de l'art. 29 de la constitution, qui porte : « Le Sénat annule tous les actes qui « lui sont déférés comme inconstitutionnels par le « Gouvernement ou dénoncés pour la même cause « par les pétitions des citoyens. »

D'où cette conclusion qu'il faudrait, pour remettre la liberté de la presse en état de tutelle administrative, par le rétablissement du régime discrétionnaire aboli par la loi du 11 mai 1868, ou en état de siége par le retour au système de la censure, non un simple décret mais une loi, une loi véritable dans le sens constitutionnel du mot.

21. — Ces mesures pourraient toutefois être rétablies en dehors d'une loi, par un sénatus-consulte, mais dans le cas seulement où le Corps législatif ayant été dissous, le Sénat se trouverait, aux termes de l'art. 33 de la constitution qui prévoit cette éventualité, investi des pouvoirs législatifs. — Car le Sénat pourrait alors exceptionnellement faire, par voie de sénatus-consulte, de véritables lois.

[**9** à **13**] = 22. — Le principe de la liberté de la pensée n'est pas le seul qui se trouve engagé dans la législation qui régit la presse, il en est un autre et non moins précieux qui n'a pas été mieux respecté, c'est celui de la liberté de l'industrie et du commerce.

23. — Cette liberté a reçu des restrictions sur tous les points où elle pouvait être un auxiliaire de la liberté de la pensée — La réglementation de l'une exi-

Chap. III. —Exceptions.—Immunités.—Franchises.—Retour à la liberté.

Immunités ou retour à la liberté.

14. — *Disposition déduite de l'état de la législation.* Sont également maintenus :

1° Les art. 21 de la loi du 17 mai 1819 et 9 du décret organique du 2 février 1852, concernant l'immunité des discours et des écrits parlementaires, et l'inviolabilité, en certains cas, des députés pendant la durée des sessions (n°s 27 et 28) ;

2° L'art. 22 de la loi du 17 mai 1819, qui affranchit de toute action, à raison des délits et crimes du contenu, les comptes rendus fidèles et de bonne foi des séances du Corps législatif par les journaux (n° 29);

3° L'art. 23 de la même loi qui affranchit, en certains cas, de toute action en diffamation ou injures, les discours prononcés et les écrits produits devant les tribunaux pour la défense des parties en cause (n° 30) ;

4° Le dernier § de l'art. 367 du Code pénal qui affranchit des mêmes actions les dénonciations et divulgations de faits diffamatoires dans les cas où la loi fait un devoir de ces divulgations ou dénonciations (n° 31);

5° L'art. 4, § 2, du décret du 11 août 1848 qui garantit le droit de censurer et discuter les actes du pouvoir exécutif et des ministres;

6° La loi du 16 juillet 1850, art. 10, qui règle avec le sénatus-consulte du 17 février 1858, les franchises des périodes électorales ;

7° Enfin toutes autres lois, en vigueur, constituant des exceptions aux restrictions réglementaires, censoriales, répressives ou fiscales de la liberté de la presse ou de l'industrie en cette matière.

---

geait ou entraînait, pour être efficace, la réglementation de l'autre.

24. —L'imprimerie, la librairie, les professions de colporteurs, de crieurs, de vendeurs, d'afficheurs, et autres agents de publication, ont été par suite soumises à des formalités qui pour quelques-unes de ces professions ont fait plus que les réglementer; elles ont interdit le libre accès et transformé leur exploitation en monopole. En les subordonnant à l'obtention préalable d'une autorisation, soit générale, soit spéciale que l'autorité restait libre de refuser et maîtresse de retirer, la loi a quelque peu, en effet, méconnu à leur égard le principe de la liberté des industries. — Quand elles sont permissionnées et tolérées, les industries ne sont pas libres.

25. — Quelques-unes de ces autorisations à obtenir ont un caractère de *simples mesures de police* (art. 9), d'autres, *un caractère censorial* très-marqué, à raison de l'examen qu'elles impliquent de la moralité ou des opinions de l'individu ou de l'écrit(art. 10).

26. — Les dispositions des art. 9 à 13, déduites de l'état actuel de la législation, n'ont pas d'autre but que de montrer, dans un cadre restreint, les lignes principales du système des restrictions en vigueur pour contenir, dans des limites convenables, l'exercice de la liberté de la presse, de la parole et de l'écriture.

Ce système peut ainsi se résumer :

1° — Restrictions, par la *condition d'une autorisation* préalable à obtenir de l'autorité pour l'exercice de certaines professions; — simples mesures de police.

2°—Restrictions, par la même condition de l'*autorisation*, pour certains faits ou actes préparatoires de publication; — mesures de police avec caractère censorial.

3° — Restrictions, par la condition *d'une autorisation spéciale à obtenir des propriétaires ou de leurs assimilés* pour la publication, la vente ou l'impression des œuvres d'esprit, d'art, ou de génie, non tombés dans le domaine public; — mesures conservatoires des droits des auteurs et des propriétaires.

4° — Restrictions, par la condition de certaines formalités à remplir, déclaration, dépôt, cautionnement, gérance, signature, etc., ou d'un impôt de timbre à acquitter; — mesures fiscales et de surveillance.

5°—Restrictions, par l'interdiction de certains faits déterminés d'action ou d'inaction, sous la menace d'une peine, — constituant le régime pénal ou de répression des crimes, délits et contraventions par la voie de la presse ou autres moyens de publication.

[14] — L'art. 14, dont la disposition est aussi déduite de l'état actuel de la législation, n'a pas également d'autre but que de présenter, à côté de l'énumération des dispositions restrictives, l'énumération moins étendue de celles qui, par les exceptions, les franchises et les immunités qu'elles accordent, font retour à la liberté.

27. — La première de ces immunités concerne la liberté de la tribune parlementaire. — Les députés représentent le pays, avec la mission de défendre ses intérêts et d'éclairer le pouvoir;— ce mandat, il faut, pour qu'ils puissent le remplir, qu'ils puissent tout dire, sans contrainte pour le présent, sans risques pour l'avenir, à la tribune du parlement;—le principe du gouvernement représentatif réclame sur ce point la plus entière indépendance de leur parole : aussi la loi leur a-t-elle, à toutes les époques, fait cette faveur, de les déclarer irresponsables et inviolables pour les discours et les écrits parlementaires : — pendant la durée des sessions, les députés, en ce qui concerne leur mandat, ne relèvent que du jugement de l'Assemblée législative.

28. — « Si les discours tenus dans la Chambre, « disait en 1819 M. Royer-Collard, étaient soumis à « une action extérieure quelconque, la délibération « des Chambres ne serait pas indépendante, et ne « remplirait pas les conditions de leur existence; « voilà pourquoi c'est un axiome du gouvernement « représentatif que la tribune n'est justiciable que de « la Chambre..... pour tout discours prononcé à la « Chambre sans improbation; il y a un jugement réel « quoique tacite duquel il résulte que ce discours « n'est qu'un exercice légitime des fonctions de dé- « putés. »

29. — L'immunité que l'art. 22 de la loi du 17 mai 1819 accorde aux comptes rendus fidèles et de bonne foi des séances des députés, n'est qu'un corollaire de l'immunité des discours qui s'y prononcent : nous ferons connaître plus loin, sous les art. 479-483, les modifications que la législation de 1858 a apportées au système de 1819.

30. — La défense judiciaire est l'objet d'une troisième immunité.

La condition première de la justice, c'est d'être éclairée, c'est de savoir; — pour qu'elle puisse tout savoir, il faut qu'on puisse tout lui dire. La liberté de la défense devant les tribunaux était ainsi une nécessité même de la justice. — Quiconque est attaqué doit toujours d'ailleurs pouvoir repousser l'attaque : — Les droits de la défense ont toujours été respectés par nos lois. Toutefois, comme les écarts sur ce point eussent été possibles, la liberté qu'elles ont laissée aux parties en instance devant les tribunaux n'est pas sans limites : — l'intérêt privé a été la mesure de la faveur : — l'immunité qui protége les écrits produits et les discours prononcés devant les tribunaux est une prérogative qui a ses règles, mais ce n'est pas ici le moment de les exposer. (V. nᵒˢ 2388 à 2447.)

31. — L'art. 367 du Code pénal a été formellement abrogé par l'art. 26 de la loi du 17 mai 1819. — L'art. 367 ne punissait la diffamation que lorsqu'elle était la *calomnie;* c'est-à-dire lorsque les faits allégués ou imputés étaient *faux;* — La loi de 1819, renonçant à cette dernière condition, a substitué au délit de calomnie le délit de diffamation, pour lequel il suffit que les faits imputés, *vrais ou faux,* portent atteinte à l'honneur ou à la considération; ce changement dans les éléments du délit ayant été l'unique raison de l'abrogation de l'art. 367, ce serait lui donner, ce me semble, une portée qui excéderait cette raison que d'étendre cette abrogation à la partie de cet article qui, loin de concerner le délit de calomnie, s'en détournait par une exception.

« La présente disposition, porte en effet son der- « nier paragraphe, n'est pas applicable aux faits dont « la loi autorise la publicité, ni à ceux que l'auteur de « l'imputation était par la nature de ses fonctions ou « de ses devoirs obligé de révéler. »

Je suis peu porté à considérer cette disposition comme un texte indispensable à l'irresponsabilité de ceux qu'elle concerne, — l'absence de toute intention délictueuse qu'implique la situation qui en fait l'objet suffit largement à les soustraire à toute poursuite. L'accomplissement du devoir exclut le délit, mais le paragraphe qui exprime une pareille règle n'est point

à dédaigner : quelque sûr que soit le raisonnement qui puisse le suppléer, un texte vaut encore mieux pour dissiper toute hésitation et tous les doutes.

32. — Que ce dernier § consacre ainsi l'immunité du devoir accompli, ou l'irresponsabilité résultant de l'absence de toute intention délictueuse, sa disposition se justifie trop bien au double point de vue de la morale et de l'utilité publique, pour qu'il soit nécessaire d'insister plus en faveur du maintien en vigueur de son autorité.

33. — L'art. 4, § 2, du décret du 11 août 1848, dont le texte reproduit intégralement l'art. 4 de la loi du 25 mars 1822, assure à tous le droit de discuter les actes du pouvoir exécutif et des ministres; — l'exercice de ce droit n'est pas sans limites, mais ce n'est pas ici le lieu de les indiquer. (V. notes sous l'art. 347.)

34. — Par exception à la disposition de l'art. 6 de la loi du 27 juillet 1849, qui interdit la distribution ou le colportage de tout écrit sans l'autorisation du préfet du département ou du ministre de l'intérieur, l'art. 10 de la loi du 16 juillet 1850 affranchit de toute autorisation, pendant les 20 jours précédant les élections, la publication et colportage des circulaires, professions de foi et bulletins des candidats qui ont rempli les conditions voulues par cet art. 10 et le sénatus-consulte du 17 février 1858, concernant le *dépôt* et le *serment constitutionnel;* — c'est là encore un retour à la liberté. — L'indépendance du suffrage universel l'exigeait.

35. — D'autres lois auraient peut-être dû trouver place dans l'énumération de notre art. 14, mais leur indication n'aurait rien ajouté au mérite de sa disposition; son but est uniquement de montrer que le système des restrictions n'est pas sans limites et d'indiquer en regard de ses défenses les lois favorables à la liberté.

MOYENS D'EXPRESSION ET DE PUBLICATION

PREMIÈRE PARTIE

I. MOYENS D'EXPRESSION — PAR ÉCRITS IMPRIMÉS

TITRE PREMIER. — DE L'IMPRIMERIE.

RÉGLEMENTATION DE L'IMPRIMERIE.

I

L'imprimerie et la librairie étaient, avant 1789, organisées en *corporations* ou *communautés*. Le côté saillant de leur réglementation était le privilége et le monopole. — Son monument législatif, appelé le *Code des libraires*, fut le célèbre arrêt du Conseil du 23 février 1723. Ce règlement se composait de 123 articles divisés en 16 titres.

L'imprimerie et la librairie y sont placées au-dessus des arts mécaniques : les imprimeurs et libraires, « réputés du corps et des suppôts de « l'université, y sont confirmés en jouissance de « tous les droits, franchises, immunités, préroga-« tives et priviléges attribués à ladite université, » et déclarés à ce titre exempts de toutes contributions imposées sur les arts et métiers.

On ne peut être imprimeur si on n'a été « reçu *maître* en la communauté des imprimeurs. » Pour être admis en ladite maîtrise, il fallait avoir été *apprenti* pendant 4 ans et servi les maîtres comme *compagnon* pendant 3 ans au moins. A chacun de ces grades est attaché un brevet (*Lettres de maîtrise, Brevet d'apprentissage*) dont la délivrance est soumise à des conditions d'épreuves ou d'examen, de *deux heures de durée* au moins, et au paiement de droits fort élevés : 1,000 livres pour les titres de maîtrises.

Aucun ne pouvait être admis, même à l'apprentissage, s'il n'était *congru en langue latine* et s'il ne *savait le grec*. — Inhibition est faite aux imprimeurs d'avoir plus d'un apprenti à la fois, — et d'en garder aucun qui fût marié.

Des certificats de catholicité étaient exigés pour la collation des lettres de maîtrises.

II

Le décret du 17 mars 1791, en abolissant les priviléges des communautés industrielles, en proclamant la *liberté des industries*, affranchit l'imprimerie de ces onéreuses entraves de l'ancien régime.

Les constitutions de 1791 et de l'an III confirmèrent cet affranchissement en déclarant « qu'il « n'y avait ni privilége, ni maîtrise, ni jurande, « ni limitation à la liberté de la presse. »

Les abus qu'entraîna cette liberté illimitée, les dangers qu'il y avait à laisser l'imprimerie sans surveillance, firent bientôt sentir la nécessité d'en réglementer l'exercice à nouveau. — Des lois nouvelles furent à cet effet promulguées.

La loi du 28 germinal, la première, rendit les imprimeurs responsables des ouvrages qui sortiraient de leurs presses et les obligea à indiquer, sur chacun d'eux, leurs noms et leur demeure.— Mais les plus importantes furent sans contredit les dispositions du décret du 5 février 1810 et la loi du 21 octobre 1814 ; le titre 2 de cette dernière loi forme encore aujourd'hui, avec quelques ordonnances postérieures, le Code *de l'imprimerie.*

L'accès et l'exercice de la profession d'imprimeur ne sont pas libres : — Le décret de 1810, la loi de 1814, l'ord. du 8 octobre 1817, la loi du 28 février 1817 sur les saisies d'écrits, l'art. 7 de la loi du 27 juillet 1849, le décret du 2 mars

1852, quelques dispositions des lois de 1819 et du décret du 17 février 1852, ont tour à tour soumis les imprimeurs à l'accomplissement de nombreuses formalités relatives les unes à l'accès de la profession, les autres à son exploitation.

En ce qui concerne l'exercice de la profession, les principales obligations imposées aux imprimeurs, outre la nécessité de se pourvoir d'une patente et de tenir des livres comme commerçants, peuvent se distinguer en formalités, avant, pendant et après l'impression.

AVANT, — Les imprimeurs sont tenus :

1° De se pourvoir *des autorisations des auteurs*, de leurs ayants cause pour les ouvrages non tombés dans le domaine public, ou *des autorisations des assimilés* à ces propriétaires pour les livres d'église, les manuscrits de l'État, des discours des députés à imprimer isolément. V. p. 26-32 ;

2° D'*inscrire* les ouvrages qu'ils ont à imprimer sur un registre spécial ;

3° De *déclarer* à l'autorité *leur intention d'imprimer* ces ouvrages.

PENDANT, — les imprimeurs doivent :

1° Indiquer sur chaque exemplaire des ouvrages qu'ils impriment leurs vrais noms et demeure ;

2° Les tirer sur papier timbré, pour les écrits soumis à l'impôt du timbre ;

3° Et ne pas employer le papier de *couleur blanche* pour les affiches des particuliers.

APRÈS *l'impression* et AVANT *la publication*, les imprimeurs sont soumis à l'obligation de faire *le dépôt d'un nombre déterminé d'exemplaires* :

1° *A la préfecture* ou au *ministère de l'intérieur*, à Paris, de tous imprimés autres que ceux dits de *ville* ou bilboquets. — Art. 14. L. 1814 ;

2° Au parquet pour les brochures politiques de moins de 10 feuilles d'impression. — Art. 7. L. 1849. V. p. 43.

III

On a plus d'une fois tenté, mais sans succès, de rendre à l'imprimerie plus d'indépendance.

En 1829, un projet de loi fut, à cet effet, présenté à la Chambre des pairs, qui le repoussa.

En 1830, M. Benjamin Constant saisit la Chambre des députés d'une proposition tendant à la liberté des imprimeurs qui resta sans suite.

En 1848 et 1850, des amendements furent rejetés contre le monopole de l'imprimerie.

Le projet de loi de 1868 sur la presse contenait une disposition portant que : « Les professions d'imprimeur et de libraire seraient affranchies de l'obligation du brevet. »

Sous l'empire de cette fausse idée que les bénéfices d'un monopole de 50 années, n'ayant pas suffisamment dédommagé les imprimeurs de Paris de l'indemnité de 4,000 fr. qu'ils eurent à payer en 1811 à leurs confrères supprimés, quelques-uns d'entre eux pourraient avoir à souffrir de l'abolition de leur monopole ainsi acheté, la commission du Corps législatif en proposa l'ajournement en demandant une enquête, et la Chambre adopta cette proposition. — V. n°ˢ 15 et 44q.

TITRE I. — RÉGLEMENTATION DES PROFESSIONS D'IMPRIMEUR, FABRICANTS OU MARCHANDS D'USTENSILES D'IMPRIMERIE.

Chapitre Ier. — Conditions de la profession d'imprimeur.

Section 1re. — Conditions concernant le local, — l'enseigne, — l'établissement.

Liberté de l'imprimerie. — Restrictions.

15. — *D.-L.* 17 *mars* 1791. Art. 7. A compter du 1er avril 1791, il sera libre à toute personne de faire tout négoce, d'exercer telle profession, art ou métier qu'elle trouvera bon, mais elle sera tenue de se pourvoir d'une patente et de se conformer aux règlements de police qui sont ou pourront être faits.

Enseignes d'imprimerie. — Portes ouvertes.

16. — *Déclaration.* 10 *mai* 1728. Art. 9. Défendons aux imprimeurs de faire travailler ailleurs que dans la maison où ils demeurent ou dans celles à la porte desquelles sera posée une enseigne publique d'imprimerie.

La porte de l'imprimerie ne sera fermée pendant le temps du travail que par un simple loquet.

Leur défendons d'avoir dans les maisons où ils impriment aucune porte de derrière par laquelle ils puissent faire sortir clandestinement aucun imprimé.

Le tout à peine d'interdiction pendant six mois et de 500 livres d'amende *qui ne pourra être remise ni modérée*, même de déchéance de la maîtrise (ou brevet).

L'imprimerie. — Monopole. — Nombre.

17. — *Décret,* 5 *février* 1810. Art. 3. A dater du 1er janvier 1811, le nombre des imprimeurs dans les départements sera fixé.

Celui des imprimeurs, à Paris, sera réduit à 60 (le 11 février suivant, ce nombre fut porté à 80).

Art. 4. — La réduction dans le nombre des imprimeurs ne pourra être effectuée sans qu'on ait préalablement pourvu à ce que les imprimeurs actuels qui seront supprimés aient reçu une indemnité de ceux qui seront conservés.

Décret, 2 *février* 1811. Art. 4. Cette indemnité est fixée sur le pied de 4,000 fr. par imprimeur supprimé.

Augmentation du nombre des imprimeurs.

17. A. — *Décret,* 14 *décembre* 1859. Art. 1. A dater du 1er janvier 1860, le nombre des imprimeurs en lettres de la ville de Paris est porté de 80 à 85.

[**15**]=36. — Le premier effet du décret du 17 mars 1791 qui proclame la liberté des industries fut, en ce qui concerne la profession de l'imprimerie, d'abroger le règlement du 28 février 1723 dont les 123 articles avaient jusqu'alors formé, avec quelques dispositions postérieures, le Code des imprimeurs et des libraires, et l'édit du mois d'août 1723, qui avait arrêté à 36 le nombre des imprimeurs à Paris. — Cass., 26 juin 1824. J. P.

37. — L'art. 7 (15) de ce décret n'affranchit toutefois l'imprimerie des entraves de l'ancien régime que sous cette très-formelle condition « *de se conformer aux règlements de police faits ou à faire.* » La disposition de l'art. 9 (16) de la déclaration du 10 mai 1728, n'étant, par le but et la nature des mesures qu'elle prescrit aux imprimeurs, qu'un simple *règlement de police*, s'est à ce titre trouvée maintenue par ledit décret de 1791. — Aucune loi n'y ayant depuis dérogé, sa disposition s'impose encore à l'exercice de la profession d'imprimeur, et doit continuer à être observée.

[**16**]=38. — Le maintien de cette disposition doit toutefois être accepté sous cette réserve que celles de ses prescriptions qui n'avaient pour but que d'assurer la surveillance ombrageuse du système préventif de la censure, pour toujours sans doute aboli, ont cessé d'être obligatoires et se trouvent implicitement abrogées. — Tel me paraît être le caractère et le but de la prohibition des *portes de derrière* dans les imprimeries. La sortie clandestine des imprimés effectuerait leur publication ; — si elle avait lieu avant l'accomplissement de la formalité du dépôt prescrit par l'art. 14 de la loi de 1814, l'imprimeur serait en faute et sa contravention, ainsi prévue, est suffisamment réprimée par ladite loi de 1814.

39. — *Une enseigne publique d'imprimerie.* — L'intérêt privé trouve trop bien son compte à l'observation de cette prescription de l'art. 16, pour qu'il y ait à craindre de la voir transgressée.

40. — *La porte ne sera fermée qu'au loquet.* C'est là une mesure encore utile de nos jours : il faut que les commissaires-inspecteurs des imprimeries puissent à toute heure y pénétrer en toute liberté pour y vérifier les registres des déclarations que les imprimeurs sont obligés de tenir à jour en vertu de l'art. 2 de l'ordonnance du 24 oct. 1814. (V. n° 192).

41. — *A peine d'interdiction.* Le refus de laisser pénétrer un inspecteur de l'imprimerie dans les ateliers, aussi bien que le fait d'en tenir les portes fermées à clef, constituerait une contravention ; l'*interdiction* n'étant plus possible dans notre système de sanction pénale, il ne resterait que l'amende de 500 fr. qui pourrait être appliquée à cette contravention.

42. — *La déchéance de la maîtrise* est une peine qui est aujourd'hui remplacée par le retrait du brevet aux termes de l'art. 12. L. 21 oct. 1814 (art. 202. A. 5).

[**17** à **17**.A.] = 43. — 20 ans, presque jour pour jour, après qu'avait été proclamée la liberté de l'imprimerie, l'empereur Napoléon Ier la supprima en transformant cette profession en monopole ; le nombre des imprimeurs fut, à Paris, limité à 60, puis élevé à 80 quelques mois après ; — un décret du 14 décembre 1859, après l'annexion de la banlieue à la ville de Paris, a porté ce nombre à 85.

44. — Bien que la profession de l'imprimerie soit un monopole, le ministère des imprimeurs n'est pas forcé ; comme ils sont responsables de ce qu'ils impriment, ils ne peuvent être contraints à imprimer tout ce qui leur est présenté. — Dijon, 16 janv. 1839, S. V. 39. 2. 89. — Angers, 2 janv. 1851, D. P. 52. 5. 309. V. *infrà,* n° 342.)

Section II. — Conditions de l'accès de la profession, — idonéité. — brevet, — serment.

Brevet et serment.

17.A.1. — *Décret, 5 février* 1810. Art. 5. Les imprimeurs seront brevetés et assermentés.

Capacité et moralité.

17.A.2. — Art. 7. Lorsqu'il viendra à vaquer des places d'imprimeur, soit par décès, soit autrement, ceux qui leur succéderont ne pourront recevoir leur brevet, ni être admis au serment, qu'après avoir justifié de leur capacité, de leur bonnes vie et mœurs et de leur attachement à la patrie et au souverain.

Égards pour les veuves d'imprimeur.

17.A.3. — Art. 8. On aura des égards particuliers lors des remplacements pour les femmes des imprimeurs décédés.

Brevet. — Enregistrement. — Serment.

17.A.4. — Art. 9. Les brevets d'imprimeur seront délivrés par le ministre de l'intérieur.

Ils seront enregistrés au tribunal de la résidence de l'impétrant qui y prêtera serment de ne rien imprimer de contraire aux devoirs envers le souverain et à l'intérêt de l'État.

Brevet et serment.

17.A.5. — *L.* 21 *oct.* 1814. Art. 11. Nul ne sera imprimeur, ni libraire s'il n'est breveté par le roi et assermenté.

Ordonnance, 8 octobre 1817. Art. 1. Nul ne sera imprimeur-lithographe s'il n'est breveté et assermenté.

Art. 2. — Les contrevenants seront punis des peines édictées par l'art. 13, L. 21 oct. 1814.

D.-L. 22 *mars* 1852. Art. 1. Nul ne sera imprimeur en taille-douce, s'il n'est breveté et assermenté.

Art. 3. — Les contrevenants seront punis des peines édictées par l'art. 13 de la loi du 21 octobre 1814.

Formes. — Droits. — Délivrances des brevets.

17.A.6.—*D.* 2 *février* 1811. Art. 1. Les brevets d'imprimeurs seront délivrés sur parchemin.

Art. 2. — Les frais d'expédition sont de 50 fr. pour Paris, et de 25 fr. pour les autres villes.

Art. 3. — Les brevets ne seront remis que sur le vu de la quittance des frais d'expédition.

—

[**17**.A.1.] = 44 *a.* — Le décret du 5 février 1810 sur l'imprimerie n'a été abrogé par aucune loi; quelques-unes de ses dispositions ont été reproduites par la loi du 21 octobre 1814, sans que cette reproduction ait impliqué ou entraîné leur abrogation.

[**17**.A.2.] = 44 *b.* — *Qu'après avoir justifié de leur capacité.* Ces expressions, dans l'art. 8 (17.A.2.), doivent s'entendre de la *capacité professionnelle* en l'art typographique. Les imprimeurs ne sont plus tenus, comme sous l'empire du règlement de 1723, « d'être congru en langue latine, de savoir lire le « grec, etc., de passer un examen et d'en rapporter cer- « tificat du recteur de l'université. » L'administration se borne à exiger pour la délivrance des brevets :

1° Un *certificat de moralité* délivré par le maire de la ville où l'impétrant a son domicile;

2° Un *certificat* signé par un ou quatre imprimeurs ou libraires (suivant l'importance des villes), attestant sa *capacité professionnelle;*

3° Son *acte de naissance.* Aucune loi ne fait pourtant de la question d'âge une condition du brevet; le ministre de l'intérieur est à cet égard juge souverain, sans restriction, pour le cas de minorité; mais comme, exercer la profession d'imprimeur, c'est faire le commerce, le mineur émancipé qui aurait obtenu un brevet d'imprimeur ne pourrait, toutefois, l'exploiter d'une manière régulière sans remplir les conditions prescrites par l'art. 2 du Code de commerce.

44 *c.* — Les femmes mariées, ne pouvant faire le commerce sans l'autorisation de leur mari, doivent justifier de cette autorisation soit pour obtenir, soit pour exploiter un brevet d'imprimeur.

44 *d.* — Quant à la justification « de *l'attachement* « à *la patrie et au souverain,* » l'administration ne l'exige plus.

[**17**.A.3.] = 44 *e.* — La veuve d'un imprimeur breveté peut-elle continuer le commerce de son mari sans un nouveau brevet? Je ne le pense pas.

On se fonde sur l'art. 55 du règlement de 1723 pour soutenir l'opinion contraire; mais la Cour de cassation, — après avoir décidé, par arrêt du 2 juin 1823, que cet article qui « *autorisait les veuves à conti-*

« *nuer le travail de l'imprimerie jusqu'à leur re-* « *mariage,* » n'avait rien de contraire avec les lois postérieures, était resté en vigueur, — a fini par reconnaître que le règlement entier de 1723 avait été virtuellement abrogé par le décret du 17 mars 1791 et tranché la question; Cass., 13 nov. 1836 (V. n° 36). On peut, il est vrai, prétendre que ce décret, n'ayant abrogé le règlement de 1723 qu'en ce qu'il avait de contraire à la liberté de l'imprimerie, a nécessairement respecté l'art. 55 qui lui était favorable, puisqu'il la faisait pour les veuves des imprimeurs. — Mais On peut à cela répliquer qu'il la faisait non comme un droit, mais à titre de tolérance, comme *une exception* qui a dû suivre le sort du régime dont elle dérivait; — que la législation de 1810 et de 1814 ayant d'ailleurs subordonné (V. n° 54) à l'obtention d'un brevet *personnel,* et cela sans exception pour personne, l'exploitation d'une imprimerie, les veuves des imprimeurs ne sauraient se prévaloir d'un brevet qui ne leur est pas personnel pour continuer le travail de leur mari. L'art. 17.A.3 ne leur assure que des égards; — ou ne saurait donc, par voie d'analogie, appliquer aux brevets les exceptions de faveur du régime des maîtrises de 1723. — *Contrà,* Dalloz, v° *Presse,* n° 100.

[**17**.A.4 à **17**.A.6.] = 44 *f.* — *Brevet.—Breveté.* Un brevet est une autorisation délivrée en forme dite *brevet* de *brevis* (court). Conformément à l'art 1 de l'ordonnance du 2 février 1845 (art. 17.A.6.), ces sortes d'autorisations, pour les imprimeurs, sont données sur parchemin, sous la condition préalable de l'acquittement des droits d'expédition.

44 *g.* — Les brevets sont *personnels;* ils sont délivrés à la personne, sur preuves faites de capacité et de moralité (V. n° 46) : — il s'ensuit qu'ils ne peuvent être ni *cédés* ni *succédés;* on ne peut en effet céder ni sa moralité, ni sa capacité, et l'on ne succède pas aux serments ni aux qualités qui ont valu le brevet à son auteur. Les héritiers des imprimeurs doivent donc obtenir à leur tour des brevets personnels et prêter serment pour continuer leur profession; ils peuvent cependant continuer provisoirement l'exploitation, à condition de donner de suite avis au

Exception à la condition du brevet. — Matériel obligé.

17.A.7. — *L.* 21 *oct.* 1814. Art. 13. Les imprimeries clandestines seront détruites, et les possesseurs et dépositaires punis d'une amende de 10,000 fr. et d'un emprisonnement de six mois.

Sera réputée clandestine toute imprimerie non déclarée à la direction générale de l'imprimerie ou pour laquelle il n'aura pas été obtenu de permission [ou brevet].

17.A.8. — *L.* 11 *mai* 1868. Art. 14. Les gérants des journaux seront autorisés à établir (sans brevet) une imprimerie exclusivement destinée à l'impression du journal.

17.A.9. — *Décret*, 5 *février* 1810. Art. 6. Les imprimeurs seront tenus d'avoir à Paris 4 presses, et dans les départements 2 (pas de sanction pénale, n° 44 *y*).

---

préfet du décès du titulaire. — Circ., 16 juin 1850.

44 *h*.— Les brevets sont *à vie*. Chassan, I, p. 510.

44 *i*.— Ils sont cependant *révocables*, mais seulement en cas de contraventions aux lois et règlements, quand il y a eu jugements de condamnation.—Art.12, L. 1814. — V. l'art. 8 de la loi du 18 juillet 1828, pour la seule exception que la loi a admise à cette règle de la révocabilité des brevets en cas de contravention suivie de condamnation (V. art. 66).

44 *j*. — Le non-usage d'un brevet ne saurait en motiver le retrait. Cons. d'Etat, 4 avril 1868.

44 *k*.— L'aliénation mentale du titulaire d'un brevet d'imprimeur est un motif de retrait. Nancy, 23 janv. 1828, J.P.

44 *l*. — Le brevet est *local*, c'est-à-dire pour un lieu déterminé que le titulaire ne peut changer. Chassan, I, p. 511; Nîmes, 31 janv. 1850, D. 50.2.80.

44 *m*.—Le brevet ne peut couvrir *qu'une seule imprimerie*; cependant une lettre du ministre de l'intérieur autorise, à titre de tolérance, l'exploitation d'une seconde imprimerie par le titulaire d'un seul brevet : « On a accordé, dans le temps, aux impri- « meurs d'une moralité éprouvée d'avoir une seconde « imprimerie, à titre de succursale, sous la condition « qu'elle sera toujours ouverte comme les autres aux « agents de l'administration. Circ. min. int. 18 oct. 1822. — Dalloz, v° *Presse*, n° 121.

44 *n*.— Le brevet est-il *spécial* en ce sens que l'imprimeur typographique breveté ne pourrait, sans nouveau brevet, exploiter dans son atelier une presse lithographique?

La difficulté vient ici de ce qu'une ordonnance du 8 août 1817 a spécialement soumis les imprimeurs-lithographes à la condition du brevet; mais la Cour de cassation, par son arrêt du 18 mars 1842, B. cri., a décidé que cette ordonnance n'était qu'un acte interprétatif de l'art. 11, L. 1814; — que les imprimeurs-lithographes étaient soumis à la condition du brevet en vertu de cette loi, et non de l'ordonnance; — que cet art. 11, étant général, régissait toutes les impressions, quels qu'en fussent les modes; — que les brevets d'imprimeurs délivrés en vertu de cet article s'appliquaient par suite aux imprimeries typographiques et aux imprimeries lithographiques, *à fortiori*, car qui peut *le plus* peut *le moins*. Si le brevet, délivré en exécution de l'ordonnance de 1817 ou du décret du 22 mars 1822, portait toutefois en termes exprès limitation de l'autorisation à un genre déterminé d'imprimerie, sa *spécialité* s'opposerait alors à ce qu'il pût couvrir l'exploitation d'une imprimerie typographique, par ce motif d'abord que le moins ne comporte pas le plus, et, en ce qui concerne Paris, que le nombre de ces dernières imprimeries y étant limité, la délivrance des brevets d'imprimeries lithographiques aurait un effet indirect d'augmenter et de dépasser le nombre réglementaire des imprimeries typographiques. V. art. 17. — Dalloz, v° *Presse*, n° 111.

44 *o*. — L'art. 17.A.5 comprend tous les modes, quels qu'ils soient, de reproduction par impression. Cass., 26 avril 1862, B. cri.;

La lithographie. Cass., 31 août 1850, B. cri.;

L'autographie. Cass., 26 avril 1862, B. cri.,

Et les nouveaux procédés d'impression par la photographie. Aix, 28 janvier 1859, S.V. 64.2.225, *Contrà*, Dalloz, v° *Presse*, n° 99.

44 *p*. — Les brevets sont *personnels* et partant *incessibles*; mais il ne s'ensuit pas qu'un imprimeur ne puisse pas prendre un associé pour l'exploitation de son brevet, et même un mandataire ou commis. Cass., 24 sept. 1841, J.P. 41.2.543. — De Grattier, t. I, p. 33. — Chassan, I, p. 511.

44 *q*. — *Assermenté*. — L'obligation pour les imprimeurs de prêter le serment exigé par les art. 17 A.4 et 17.A.5 n'a pas d'autre sanction que le retrait du brevet ou sa nullité.

[**17.A.7.**]=44 *r*.—La sanction de l'art. 11, L.1814 (17 A.5), et de l'ordonnance de 1817 se trouve dans l'art. 13 (17.A 7) de cette loi; — cela ne peut plus aujourd'hui faire question, après l'arrêt de la Cour de cassation du 28 mars 1842.B. et le décret du 22 mars 1852.

[**17.A.8.**]=44 *s*.—Cet article n'existait pas dans le projet de loi de 1868; le Corps législatif en accepta la disposition sur la proposition de la commission chargée de son examen, en remplacement de l'art. 15 du projet qui affranchissait l'imprimerie et la librairie de la condition du brevet; — il fut, pendant la discussion, formellement déclaré que la faculté accordée par cet article aux gérants de journaux était une mesure temporaire en attendant la liberté de l'imprimerie, au sujet de laquelle une enquête était demandée.

44 *t*.—Le but de cette disposition a été « de mettre, autant que possible, les journaux dans des conditions où ils pourront toujours se faire imprimer. » Rapport de la commission.

44 *u*.— Elle n'est ici présentée que comme une exception à la règle des brevets; elle sera, au chapitre des gérants, qu'elle concerne, l'objet d'observations et d'annotations plus étendues. (V. p. 60 *bis*.)

44 *v*. — *Les gérants de journaux*.—Il n'est que les journaux politiques qui soient tenus d'avoir des gérants.

44 *x*. — *Sont autorisés à établir sans brevet une imprimerie exclusivement consacrée*, etc. — Si les restrictions de la liberté doivent être restrictivement interprétées, leurs exceptions doivent, au contraire, être entendues dans le sens le plus large vers la liberté, à laquelle il est alors fait retour, de manière à réaliser le plus possible la pensée libérale de la loi;—nous verrons plus loin jusqu'où les gérants peuvent étendre la liberté de l'imprimerie que leur accorde l'art. 17.A.8; nous nous bornerons à dire ici qu'en dehors de l'impression de leurs journaux et de tout ce qui s'y rattache, ils ne cesseront pas d'être sous le droit commun de l'application des lois antérieures et de l'art. 17.A.7.

[**17.A.9.**]=44*y*.—La contravention de cet article, déclarée par un jugement, pourrait peut-être entraîner le retrait du brevet. De Grattier, I, p. 21.(V. n° 507.)

Section III. — Possession illicite d'ustensiles d'imprimerie. — Imprimeries clandestines.

Détention illicite d'ustensiles d'imprimerie.

18. — *Décret, 18 novembre 1810.* Art. 1. Ceux qui cesseront d'exercer la profession d'imprimeur et généralement tous ceux qui, n'exerçant pas ladite profession, se trouveront possesseurs ou détenteurs de presses, fontes, caractères ou autres ustensiles d'imprimerie devront, dans le délai d'un mois, faire la déclaration de ces objets, dans le département de la Seine, au préfet de police, dans les autres départements, aux préfets.

Sont exceptées de cette disposition les presses à cylindre servant à tirer des copies (abrogé, n° 62).

Demandes d'autorisation pour les conserver.

19. — Art. 2. Le préfet de police et les préfets dans les départements transmettront au ministre de l'intérieur lesdites déclarations avec leur avis sur les demandes d'être autorisés à conserver lesdites presses ou ustensiles pour continuer d'en faire usage, qui pourront être jointes aux déclarations.

Art. 3. — Il sera statué sur le tout sur le rapport du ministre de l'intérieur.

Pas d'exceptions pour les imagiers et tapissiers.

20. — Art. 4. Sont sujets aux dispositions de l'art. 1 les imagiers, dominotiers et tapissiers.

Sanction pénale.

21. — Art. 5. Les contraventions aux art. 1 et 4 seront punies de 6 jours à 6 mois d'emprisonnement et poursuivies conformément aux art. 45 à 47 du décret du 5 fév. 1810 (art. 47 à 49 *infrà*).

Imprimerie clandestine.

22. — *L. 21 oct. 1814.* Art. 13. Les imprimeries clandestines seront détruites, et les possesseurs ou dépositaires punis d'une amende de 10,000 fr. et d'un emprisonnement de six mois.

Sera réputée clandestine toute imprimerie non déclarée à la direction générale de l'imprimerie, et pour laquelle il n'aura pas été obtenu de permission.

Usage et détention de petites presses.

23. — *D.-L. 22 mars 1852.* Art. 2. Nul ne pourra, pour des impressions privées, être possesseur ou faire usage de presses de petites dimensions de quelque nature qu'elles soient, sans l'autorisation préalable du ministre *de la police* (de l'intérieur à Paris), et des préfets dans les départements.

Cette autorisation pourra toujours être révoquée, s'il y a lieu.

Sanction pénale.

24. — Art. 3. Les contrevenants seront punis des peines édictées par l'art. 13 de la loi du 21 oct. 1814 (22 ci-dessus).

Constatation des contraventions.

25. — Art. 5. Les maires et les commissaires-inspecteurs de la librairie, et les commissaires de police constateront les contraventions par des procès-verbaux.

[**18**]= 45. — Le décret du 18 nov. 1810 n'a été abrogé par aucune loi. Il n'y a ni contrariété ni incompatibilité entre ses dispositions et celles de la loi du 21 oct. 1814; — la Cour de Bordeaux, le 22 mars 1832, et la Cour de cassation, le 20 avril 1832 (S.-V. 32.1.83) ont cependant décidé que ce décret avait été abrogé par le système général de la loi de 1814. *Contrà*, Paris, 12 oct. 1837.—Chassan, n° 693. (V. notre *C. de la presse* (1856), n° 17.)

46. — Le but du décret de 1810 a été d'empêcher que les presses et ustensiles d'imprimerie ne passent à l'insu de l'autorité entre les mains de personnes non brevetées. — Nous avons précisé, dans une disposition additionnelle qui forme l'article 27 ci-dessus, les cas d'application de ce décret et ceux de la loi de 1814; —ils se différencient par ce point que si la réunion des ustensiles dont il s'agit constitue une *imprimerie capable de fonctionner*, dans le sens légal du mot, c'est l'art. 13 de la loi de 1814 qui doit être appliqué; dans le cas contraire, c'est l'art. 5 du décret de 1810.

[**19** à **20**]= 47. — *Imagiers, dominotiers, tapissiers.* — Les *imagiers* sont les fabricants d'images ou estampes; on appelle *dominotiers* le fabricants de papiers marbrés, peints et imprimés de diverses couleurs, et dont on se sert pour différents jeux, tels que le jeu de l'oie, de loto, etc. Ils emploient pour leurs impressions des presses dont il serait facile d'abuser si elles n'étaient pas surveillées.

48. — « Il était, par les anciens règlements de « la librairie, enjoint aux syndics des libraires de « visiter les imagiers, dominotiers et tapissiers, et de « veiller à ce qu'ils n'aient à imprimer aucunes pein-« tures ou images dissolues, et ne puissent avoir que « des presses uniquement propres à imprimer des « planches gravées en bois ou en cuivre. »

[**22**]= 49. — *Les imprimeries clandestines.* — Aux termes de l'art. 6, déc. 5 fév. 1810 (17.A.9), les imprimeurs sont tenus d'avoir, à Paris, 4 presses au moins; dans les autres villes, 2. On pourrait se prévaloir de ce texte pour prétendre que dans sa portée *minima* l'expression légale *imprimerie* signifie un *matériel de deux presses au moins;* une pareille interprétation restreindrait trop l'application de l'art. 13, L. 1814 (22); toutefois, et par opposition à l'art. 48 ci-dessus, si la portée de cette expression peut être étendue à la possession même *d'une seule presse,* encore faut-il que ce soit une presse *capable de fonctionner,* complétée par conséquent de tout le matériel de caractère nécessaire pour imprimer: sans cela, ce ne serait plus, à proprement parler, *une imprimerie,* mais *une presse,* ustensile d'imprimerie dont la possession non déclarée placerait le détenteur sous le coup des art. 18 et 24 ci-dessus.

50. — Le *marronage,* c'est-à-dire l'exploitation par des individus non brevetés,—sous le nom d'un imprimeur breveté qui leur sous-loue une partie des lieux occupés par lui et prête son nom à leur labeur,—de presses ou ustensiles d'imprimerie à eux appartenant, ou d'une imprimerie particulière et distincte de celle dudit imprimeur, constitue la contravention d'imprimerie clandestine. Cass., 24 sept. 1844, B. cri. 288. — Ch. réun, 29 avril 1842, B. cri. 105.

51. — Sont imprimeurs clandestins :

Ceux qui, sans être pourvus d'un brevet, font imprimer un journal avec des presses qui leur appartiennent, encore bien qu'elles soient placées dans un local attenant aux ateliers d'un imprimeur breveté et que ce dernier se soit engagé à faire participer les gérants du journal au bénéfice de son privilége. Cass., 14 nov. 1850, B. cri. 383;

52. — Ceux qui, sans être brevetés, sont posses-

Chap. II.— Des fondeurs, clicheurs et fabricants de presses.— Leurs obligations. — Registre à tenir. — Déclarations à faire.

Registres, déclarations des fabricants, etc.

26. — *D.-Loi, 22 mars 1852.* Art. 4. Les fondeurs de caractères, les clicheurs et les stéréotypeurs, les fabricants de presses de tous genres et les marchands d'ustensiles d'imprimerie seront tenus d'avoir un livre coté et paraphé par le maire, sur lequel ils inscriront par ordre de date les ventes par eux effectuées, avec les noms, qualité et domicile des acquéreurs.

Au fur et à mesure de chaque livraison, ils auront à transmettre sous forme de déclaration au ministre *de la police* (de l'intérieur) à Paris, à la préfecture dans les départements, copie de l'inscription faite au registre.

Chaque infraction à l'une de ces dispositions sera punie d'une amende de 50 à 200 fr.

Constatation des contraventions.

26.A. — Art. 5. Les maires, les commissaires-inspecteurs de la librairie et les commissaires de police constateront les contraventions par des procès-verbaux.

seurs d'une presse non déclarée, alors même qu'ils auraient, par un traité, chargé un imprimeur breveté de la direction et de l'exploitation de cette presse. Cass., 11 mai 1853, B. cri. 182;

53. — Ceux qui, après une simple déclaration à la préfecture, et avant d'y avoir été autorisés, ont établi une imprimerie, ou qui l'ont établie dans une localité autre que celle pour laquelle le brevet d'imprimeur leur a été délivré. Nîmes, 31 janv. 1850. — D. 50.2.80;

54. — Ceux qui, cessionnaires d'un imprimeur breveté, exploitent, sous le nom de cet imprimeur, l'imprimerie qu'il leur a cédée, si la transmission du brevet a été refusée par l'autorité ou n'a pas été obtenue. — Cass., 15 fév. 1845 et 11 octobre 1845. B.54 et 320.

55. — Ces cessionnaires ne seront à l'abri des peines de l'art. 22 qu'autant que l'imprimerie aurait continué à être dirigée et exploitée personnellement par l'imprimeur breveté. Cass., 15 fév. 1845.

56. — Les droits que peut avoir un tiers sur le matériel d'une imprimerie ne suffisent pas pour que celui à qui un brevet d'imprimeur a été concédé perde par cela seul le droit d'exploitation que lui confère son brevet et soit considéré comme détenteur d'une imprimerie clandestine. — Cass., 24 sept. 1844. B.288. — 2 janv. 1846. B.2.

57. — Il n'y a pas fait de clandestinité dans le fait de celui qui, acquéreur d'une imprimerie sous la condition suspensive de l'obtention du brevet par lui demandé, exploite, en attendant, cette imprimerie sous le nom, la responsabilité et pour le compte de l'ancien titulaire. — Cass., 15 fév. 1845. B.54. — Chamb. réun., 10 juillet 1846. B.480. — 26 décembre 1846. B.344. — Le cessionnaire a pu alors être considéré comme simple ouvrier du cédant.

58. — La détention et l'usage des presses sans autorisation par un prévenu acquitté de la même contravention ne constitue pas un délit successif qui empêche ce prévenu d'opposer l'exception de la chose jugée; mais s'il n'a été acquitté par les premiers juges que sur le motif que ces presses étaient hors de service, le second tribunal saisi peut valablement repousser l'exception de la chose jugée en déclarant que ces presses ont été réparées et employées. — Cass., 21 fév. 1853. B.182.

Résumé du système de la législation.

27. — *Disposition — résumé.* Quiconque, sans être imprimeur breveté, ou sans y avoir été autorisé par le ministre de l'intérieur ou le préfet, sera détenteur d'ustensiles d'imprimerie par lui non déclarés à l'autorité administrative, sera puni des peines de l'art. 5 du décret du 18 nov. 1810 (art. 21, *suprà*).

Ces objets seront saisis et confisqués.

Si l'ensemble de ces objets constitue un matériel complet pouvant former une imprimerie, le détenteur non autorisé sera puni des peines de l'art. 13, L. 1814 (art. 22). (V. n° 46.)

Si ces objets sont des presses de petites dimensions, le détenteur non autorisé sera puni des mêmes peines (art. 24).

Si les détenteurs de ces objets sont fabricants ou marchands de ces objets, ils seront punis des peines de l'art. 26 ci-dessus s'ils ne se sont point conformés à ses prescriptions pour la tenue du registre des ventes et les déclarations.

59. — Pour donner lieu à l'application de l'art. 22, il n'est pas nécessaire qu'il y ait détention ou possession d'une imprimerie clandestine au moment de la saisie; il suffit qu'il soit constaté que le prévenu a été en possession de cette imprimerie, qu'il l'a mise en œuvre et qu'elle a été saisie chez le tiers qu'il en avait fait lui-même dépositaire. — Cass., 17 juin 1854. B.198.

60. — La contravention à l'art. 22 existe indépendamment de l'usage des presses détenues. — Le fait seul de leur détention suffit pour la constituer (Cass., 27 déc. 1833. J.P.; Chassan, I.p.545), et ne comporte ni le bénéfice des excuses, ni celui de l'application de l'art. 463 : ce n'est pas là un fait de presse.

[**23** à **26**]=61.—Dans un rapport, précédant comme exposé des motifs le décret du 22 mars 1852, M. le ministre de la police générale en justifiait la nécessité en se fondant sur ce que les progrès de l'industrie avaient notablement amélioré et multiplié les presses de petites dimensions et sur l'abus qui pourrait en être fait. — *Mon.* du 26 mars 1852.

62. — Le décret du 18 nov. 1840 exceptait, par le dernier § de son art. 1 (18), de la prohibition de son § 1, les presses à cylindre servant à tirer des copies, dont la possession était ainsi affranchie de toute autorisation ou déclaration; le décret du 22 mars 1852, en prohibant la possession non autorisée des presses de petites dimensions, me semble avoir par sa généralité abrogé l'exception finale dudit art. 18.

63. — Les motifs de l'art. 4 du décret du 22 mars 1852 (26) sont faciles à deviner. — Les déclarations qu'il impose aux fabricants et marchands d'ustensiles d'imprimerie n'ont pas d'autre but que de permettre à l'autorité d'en suivre et surveiller l'usage entre les mains de ceux qui en font l'acquisition.

64. — *Chaque contravention* sera punie. — Par ces expressions l'art. 26, § final, déroge à la règle de l'art. 365 du C. crim. qui interdit le cumul des peines.

[**27**] — V. n° 46. . . . .

Chap. III. — Conditions de l'exercice même de la profession.

Section I. — Avant l'impression. — § 1. Autorisations à obtenir.

I. Autorisation des auteurs. — Droits de la propriété littéraire.

65. — S'ils ne veulent pas s'exposer à être poursuivis comme contrefacteurs ou complices des contrefacteurs, les imprimeurs, avant de commencer l'impression d'un ouvrage ou de s'en charger, feront bien de s'assurer s'il est ou non tombé dans le *domaine public*.

66. — Une œuvre se trouve tombée dans le domaine public dans les deux cas suivants, savoir :

1º — **Si**, son auteur étant décédé, sa succession est dévolue à l'Etat (V. nº 406), — sans préjudice des droits de ses créanciers et de l'exécution de ses traités de cession pendant 50 ans.

2º — **Si**, dans tous les autres cas après le décès dudit auteur, il s'est écoulé un intervalle de *50 années*; — à moins que son conjoint, — non séparé de corps par un jugement prononcé contre lui, — non remarié, et non déshérité de ses droits d'auteur par acte entre-vifs ou par testament, — ne vive encore, auquel cas ce ne sera qu'après le décès de ce conjoint que l'ouvrage tombera dans le domaine public, s'il s'est alors écoulé 50 ans depuis le décès de l'auteur (nº 403).

67. — Dans le cas où l'ouvrage appartient au domaine public, chacun est libre de l'imprimer sans autorisation de qui que ce soit. Dans le cas contraire, son impression sans le consentement formel et par écrit de l'auteur, s'il est vivant, ou de son conjoint survivant jouissant viagèrement de ses droits, ou, après eux, et pendant 50 ans depuis le décès de l'auteur, — de ses héritiers, successeurs, donataires ou légataires, suivant leurs droits, ou de leurs cessionnaires ou ayants droit, — constitue le délit de *contrefaçon*.

68. — Cette autorisation, à laquelle la loi subordonne la régularité des impressions des ouvrages non tombés dans le domaine public, dérive d'un droit dont la légitimité n'est pas contestée, mais sur la nature duquel s'est élevée dans ces derniers temps une assez vive controverse.

69. — Dans son rapport, sur la première loi qui l'ait reconnu, la loi du 24 juillet 1793, M. Lakanal le nomma *le droit du génie*; les dispositions qui en assurèrent alors la garantie l'assimilèrent au *droit de propriété*. La loi du 14 juillet 1866, qui, la dernière, en a réglé à nouveau l'exercice et l'étendue, a préféré à cette qualification, celle de *droit des auteurs*, et ce n'est pas, il faut le dire, sans luttes, sans raisons ni sans réserves.

70. — Cette loi a réalisé sur ce point des modifications considérables : — M. Perras, qui en fut le rapporteur au Corps législatif, en fit connaître comme il suit, dans son très-remarquable rapport, la pensée, le but et la portée :

« On a discuté à grand bruit la *justice* ou la *récompense* due aux enchanteurs du pays des lettres, et l'on n'a pu s'entendre encore sur la dénomination du droit qu'ils réclament et qu'il s'agit d'organiser; les uns l'appellent simplement *droits des auteurs*, les autres pro-
« *priété littéraire et artistique;* un maître éminent du barreau voudrait l'expression plus large de propriété « intellectuelle. »

71. — Après avoir signalé les dissidences qui ont divisé les membres de la commission sur les questions de la *perpétuité* ou de la *temporanéité* du droit et sur sa *nature*, le rapporteur déclare « qu'il a été loyalement entendu que toutes les questions théoriques demeureraient expressément réservées..... « et qu'en ce qui touchait les principes de la *perpétuité* « soit avec le *droit commun*, soit avec un *règlement spé-* « *cial*, l'adoption du projet n'était autre chose qu'une « trêve sous les armes; dans la pensée de la commission, « elle n'est pour personne ni une victoire, ni une défaite. « — Du reste, pour prévenir toute équivoque, il convient « de retenir encore que nul parmi nous n'a contesté au « droit des auteurs, à un moment donné et dans une cer- « taine mesure, les attributs et même la qualification de « propriété. »

RÉSULTAT DE LA LÉGISLATION DE 1791 A 1866.

« **72.** — Quelques motifs suffiront pour préciser les « droits accordés par l'ensemble des lois en vigueur de « 1791 à 1866 à *l'auteur*, à la *veuve*, aux *descendants* et « aux *autres héritiers* ou *ayants cause de l'auteur.* »

« 1º *L'auteur ?* — Il a pendant sa vie un droit absolu « sur la publication de son œuvre; seulement il ne pou- « vait en disposer à *titre gratuit* au préjudice de l'usufruit « de la veuve et de la réserve établie par la loi.

« 2º *La veuve ?* — Si elle n'est pas commune en biens, « elle n'a rien à prétendre; si elle est commune, elle a « droit à un usufruit viager spécial, indépendamment des « avantages résultant du régime de la communauté.

« 3º *Les descendants ?* — Ils jouissent du droit pen- « dant 30 ans qui courent ou du décès de l'auteur ou du « décès de la veuve.

« 4º *Les autres héritiers réguliers ou irréguliers ?* Les « lois jusqu'ici ne leur ont accordé que dix ans de jouis- « sance, et ces dix ans ne courent que du décès de l'au- « teur; si la veuve s'interpose et vit dix ans, leur droit « disparaît et s'évanouit comme une espérance trom- « pée. »

« **73.** — Les inconvénients au moins partiels de cet état de « la législation se produisent au premier aspect. D'abord « les avantages conférés aux héritiers autres que les descen- « dants sont insuffisants et véritablement illusoires... D'un « autre côté, l'insuffisance et l'incertitude de ces droits « réagissaient directement sur l'auteur qui n'avait que des « héritiers collatéraux ; l'auteur exerce presque toujours « son droit de propriété par une vente ou une cession qui « comprend les droits des héritiers, et le prix s'amoindrit « pour lui à cause de leur brièveté et de leur incertitude. « C'est pour faire disparaître ces inconvénients qu'a été « proposé le projet de loi. »

74. — L'idée dominante et caractéristique de ce projet était de substituer à ces durées diverses des droits pour les successeurs de l'auteur un délai unique de 50 ans à partir de son décès, de faire tenir dans ce délai fixé tous les intérêts d'hérédité qui lui survivent, et de supprimer toutes distinctions pour les veuves à raison de leur régime matrimonial (nº 72.2º).

Sa présentation souleva de vives attaques, et par les nombreux amendements dont il fut l'objet se reproduisit la controverse, que n'éteindra pas la loi nouvelle, sur le point de savoir qu'elle est la *nature du droit* des auteurs sur leurs œuvres, si c'est ou non un *droit de propriété*, s'il doit être perpétuel ou temporaire ; — le rapporteur résuma fort bien de la manière suivante l'argumentation des systèmes en opposition sur ces points.

DE LA NATURE DU DROIT DES AUTEURS.

« 75.— Ier *Système.*—*Perpétuité avec le droit commun* .
« L'origine la plus respectable de la propriété, c'est le tra-
« vail : le produit le plus sacré du travail, c'est la *créa-*
« *tion intellectuelle ;* la création intellectuelle constitue
« une propriété primitive de droit naturel, la plus directe
« et la plus personnelle de toutes.—Les autres propriétés
« ont pour principe le fait matériel de l'occupation, la
« propriété intellectuelle a pour principe l'acte supérieur
« de la *création même*..... ni son *origine*, ni sa *nature*, ni
« les difficultés prétendues d'exécution ne s'opposent à ce
« qu'elle rentre dans l'application du droit commun, soit
« qu'on la considère *avant la publication, après la publi-*
« *cation, et après le décès de l'auteur.*

« *Avant la publication ;* — L'auteur est propriétaire de
« son manuscrit comme le cultivateur de son champ, il
« peut en user et abuser librement, le vendre, le donner,
« le détruire.

« *Après la publication ;* — En livrant au public le se-
« cret de son œuvre, il n'a point entendu abandonner le
« droit exclusif de la reproduire et d'en tirer profit : si la
« publication a fait surgir à côté de son droit un intérêt
« social, elle n'a pu entraîner pour l'auteur une abdica-
« tion implicite de son droit particulier contraire à sa
« volonté.

« *Après la mort de l'auteur* et à raison même de la
« personnalité du droit, ce droit et l'intérêt public
« croissent et décroissent en sens inverse : la tâche du
« législateur est de concilier ces droits divers, mais l'in-
« térêt public ne peut se substituer sans restriction à la
« propriété intellectuelle.
« Les art. 544 et 545 du C. Nap. soumettent cette pro-
« priété comme les autres aux restrictions des lois et
« règlements, mais la loi oblige l'Etat, quand il s'empare
« d'une propriété privée, à remplir les conditions de l'ex-
« propriation pour cause d'utilité publique, elle fournit
« ainsi au public le moyen de surmonter dans l'intérêt
« du progrès soit l'incurie, soit le mauvais vouloir des
« héritiers de l'auteur.
« La vulgarisation des livres utiles est aussi facile avec
« la propriété privée qu'avec le domaine public, les livres
« tombés dans ce domaine ne se vendent pas meilleur
« marché que les autres, leur suppression par suite de
« caprice et d'opinions est chimérique ; quant à la transmis-
« sion et à l'exercice de la propriété intellectuelle, les dif-
« ficultés ne sont pas sensiblement supérieures à celles
« qu'entraîne la propriété ordinaire. »

76. — 2e *Système.* — *Temporanéité du droit.* — *Réfu-*
tation du système du droit commun. — « La propriété
« littéraire perpétuelle et soumise au droit commun est
« une nouveauté quant au *mot* et quant à la *chose :* nulle
« part et à aucune époque on n'en trouve la trace, tou-
« jours et partout on a considéré le droit des auteurs
« comme un droit spécial et temporaire né de la civilisation
« et tirant toute sa force de la loi positive : toujours et
« partout on a admis que dans le règlement spécial de
« cette propriété spéciale, la loi positive pouvait et devait
« concilier l'intérêt public et l'intérêt de l'auteur en
« assurant tout à la fois la conservation du patrimoine
« intellectuel de l'humanité et la juste rémunération due
« à l'inventeur.
« La propriété littéraire diffère essentiellement de la
« propriété ordinaire par sa *nature*, son *origine*, sa *desti-*
« *nation.*

« *L'origine :* — L'auteur emprunte les éléments prin-
« cipaux de son œuvre au trésor commun formé avec les
« travaux du passé et s'il accomplit une œuvre qu'il qua-
« lifie de *création*, le plus souvent il ne crée qu'une forme
« nouvelle dont la personnalité est plus ou moins facile à
« reconnaître, il est dès lors naturel et équitable qu'il
« rende à l'avenir ce qu'il doit au passé, sauf une juste
« rémunération pour la découverte de la forme nouvelle
« due au travail de son intelligence.

« *La nature* de la propriété littéraire est spéciale
« comme son origine et ne présente pas les éléments es-
« sentiels de la propriété ordinaire à savoir : *l'appropria-*
« *tion* et *l'exclusion* d'autrui, au contraire, l'usage et
« l'exercice du droit, d'après sa nature, supposent la tra-
« dition au moins partielle, la communication au moins

« obligée au public, de telle sorte que la pleine appro-
« priation du droit s'anéantit sitôt que le droit s'exerce.

« *La destination* essentielle de l'œuvre intellectuelle
« est sa vulgarisation même, cette communication au pu-
« blic sans laquelle elle n'aurait plus sa raison d'être.
« Par la force même des choses il s'établit donc sur
« l'œuvre intellectuelle une sorte de *copropriété* qui com-
« porte la nécessité d'un partage sauvegardant l'intérêt
« privé et l'intérêt de la civilisation. De l'aveu de tous le
« droit personnel s'affaiblit et le droit du public grandit
« à mesure que l'œuvre s'éloigne de son auteur ; il n'en
« est pas ainsi de la propriété ordinaire qui reste toujours
« entière à travers les phases de l'hérédité perpétuelle.

« Quand on prétend que le titre de la propriété ordi-
« naire est *l'occupation*, et celui de la propriété litté-
« raire *la création*, et que les conditions de cette der-
« nière sont *au-dessus* de l'autre, on reconnaît, par là, la
« diversité des origines, des natures et l'impossibilité de
« les soumettre également au droit commun..... et en
« effet la pleine propriété n'existe pour l'œuvre littéraire
« ni *avant*, ni *après* la publication.

« *Avant*, — la possession du manuscrit et le droit même
« de l'anéantir n'entraînent pas une appropriation sérieuse
« puisque la chose ne reçoit pas un emploi conforme à sa
« nature et à sa destination.

Après la publication, — la possession exclusive a cessé et
« elle ne peut revivre que par l'intervention de la loi po-
« sitive.
« Le règlement à faire par la loi positive doit sans
« doute fixer dans une large mesure le droit du travail
« intellectuel, mais c'est à l'intelligence, c'est au progrès
« libéral qu'elle rend hommage quand elle refuse de con-
« sacrer le monopole indéfini, les aristocraties intellec-
« tuelles qui seraient la conséquence de la perpétuité de
« la propriété littéraire sous l'empire du droit commun. Il
« n'est pas sérieux de prétendre que le droit indéfini de
« la famille n'augmenterait pas le prix du livre et ne se-
« rait pas notablement dommageable à la diffusion des
« lumières et au progrès.
« Quant aux difficultés de l'application du droit com-
« mun à la propriété littéraire, elles sont victorieusement
« démontrées par les tentatives infructueuses de 1825,
« 1836 et 1863 ; elles ne sont qu'imparfaitement éludées
« par les expédients proposés ou expérimentés : *la rede-*
« *vance, la déchéance, la prescription, l'expropriation*
« *incorporelle, l'incessibilité, l'insaisissabilité*, exceptions si
« graves et si nombreuses qu'elles anéantissent la règle
« du droit commun. »

77.— Le projet de loi soumis à la Chambre fut après une discussion fort animée renvoyé à la commission pour quelques modifications de détails ; un rapport supplémentaire du rapporteur en résuma comme il suit très-succinctement le but et le système.

BUT ET SYSTÈME DE LA LOI.

« 78. — 1° Améliorer la situation des auteurs, compo-
« siteurs et artistes en rendant à la fois plus fructueuses
« la juste rémunération des travaux de l'intelligence, tel
« est le but de la loi.
« 2° L'organisation spéciale d'un droit spécial et li-
« mité en durée et en étendue dans le cadre des lois an-
« térieures, tel est le milieu qui a servi de base au nou-
« veau travail de la commission. »

79. — Le système de la *perpétuité* des droits des auteurs était ainsi repoussé, celui de la *temporanéité* des lois antérieures était maintenu avec cette modification d'un *délai unique de 50 ans* pour la durée des droits de la quasi-propriété littéraire après le décès des auteurs.

80.—La jouissance viagère des veuves était en outre étendue aux *veufs*, sans distinction à raison du régime matrimonial, mais avec déchéance ou privation dans les trois cas suivants, savoir : — (*V.* 36.)

1° — Si l'auteur a, de son vivant, disposé en entier de ses droits, par acte entre-vifs, ou par testament ;

2° — Si, à son décès, il existe une séparation de corps prononcée contre le conjoint survivant ;

3° — Si ce conjoint survivant contracte un nouveau mariage ; — la jouissance des droits d'auteurs cesse alors pour lui de plein droit.

Chap. III. — Sect. I. § I. Autorisations à obtenir. 1° Des auteurs.
Propriété littéraire et artistique.

Droits des auteurs. Droit de cession.

28. — *D.-L. 19-24 juillet* 1793. Art. 1. Les auteurs d'écrits en tous genres, les compositeurs de musique, les peintres, les dessinateurs qui feront graver des tableaux ou dessins jouiront, pendant leur vie entière, du droit exclusif de vendre, faire vendre, distribuer leurs ouvrages dans le territoire de la République, ou d'en céder la propriété en tout ou en partie.

Droits des héritiers et des cessionnaires.

29. — Art. 2. Leurs héritiers ou cessionnaires jouiront, après la mort des auteurs, du même droit pendant l'espace de 10 *ans* (portés à 50 ans par la loi de 1866, V. art. 36).

Dépôt, condition de la garantie du droit.

30. — Art. 6. Tout citoyen qui mettra au jour un ouvrage soit de littérature ou de gravure, dans quelque genre que ce soit, sera obligé d'en déposer [lui-même ou par son imprimeur] deux exemplaires à la bibliothèque nationale ou au cabinet des estampes de la République, dont il recevra un reçu signé par le bibliothécaire (n°s 89 à 94).

Faute de quoi il ne pourra être admis en justice pour la poursuite des contrefacteurs.

Le dépôt de la loi de 1814 suffit.

31. — *Ordonn.* 24 oct. 1814. Le récépissé détaillé du dépôt des estampes et gravures pour la bibliothèque qui sera délivré à l'auteur formera son titre de propriété conformément à la loi du 24 juillet 1793. — Ci-dessus.

Droits sur les œuvres posthumes des auteurs.

32. — *Décret. I. germinal an XIII.* Article unique. Les propriétaires par succession ou autre titre d'un ouvrage posthume, ont les mêmes droits que l'auteur, et les dispositions des lois sur la propriété exclusive des auteurs et sur sa durée, leur sont applicables à la charge toutefois d'imprimer séparément les œuvres posthumes, et sans les joindre à une nouvelle édition des ouvrages déjà publiés et devenus propriété publique.

Droits des veuves et enfants des auteurs.

33. — *Décret, 5 février* 1810. *Titre* 6. Art. 39. Le droit de propriété est garanti à l'auteur et à sa veuve pendant leur vie *si les conventions matrimoniales de celle-ci lui en donnent le droit* et à leurs enfants pendant 20 ans (ce nombre a été porté à 50 par l'art. 36 ci-après).

Droits de céder. — Droits des cessionnaires.

34. — Art. 40. Les auteurs soit nationaux, soit étrangers de tout ouvrage imprimé ou gravé, peuvent céder leurs droits à un imprimeur ou libraire, ou à toute autre personne qui est alors substituée en leur lieu et place pour eux et leurs ayants cause, comme il est dit en l'article précédent.

---

[23] = 84. — « De toutes les propriétés, disait le « rapporteur de la loi du 24 juillet 1793, M. Lakanal, « la moins susceptible de contestations, celle dont « l'accroissement ne peut ni blesser l'égalité, ni porter « ombrage à la liberté, c'est sans contredit celle des « productions du génie, et si quelque chose doit éton- « ner, c'est qu'il ait fallu reconnaître cette propriété, « assurer son libre exercice par une loi positive.

« L'impression peut d'autant moins faire des pro- « ductions d'un écrivain une propriété publique; dans « le sens où les corsaires littéraires l'entendent, que « l'exercice utile de la propriété de l'auteur ne pou- « vant se faire que par ce moyen, il s'ensuivrait « qu'il ne pourrait en user sans la perdre à l'instant « même. Par quelle fatalité faudrait-il que l'homme de « génie qui consacre ses veilles à l'instruction de ses « concitoyens n'eût à se promettre qu'une gloire sté- « rile et ne pût revendiquer le but légitime d'un si « noble travail ?

« C'est après une délibération réfléchie que votre « comité vous propose de consacrer les dispositions lé- « gislatives qui forment en quelque sorte la déclara- « tion des droits du génie. »

82. — On s'explique difficilement qu'après une déclaration aussi explicite, M. Perras, rapporteur de la loi du 14 juillet 1866, ait pu mettre en doute la pensée de la législation de 1793. — « Proclame-t-elle « résolûment, se demande-t-il dans son rapport, le « principe de la *propriété littéraire;* elle crée des « droits qui lui ressemblent et qu'elle qualifie *droits* « *de propriété;* c'est pour les auteurs le droit exclu- « sif de permettre la représentation de leurs œuvres « dramatiques, ou la réimpression ou la gravure des « œuvres d'art; ils jouissent de ce droit pendant leur « vie et le transmettent à leurs héritiers; mais cette « transmission est limitée à un certain nombre d'an- « nées. La propriété existe, mais elle est temporaire.

« — La perpétuité de la propriété littéraire n'est pas « dans l'inventaire des principes de 1789. »

82 bis. — *Jouiront pendant leur vie entière du droit de vendre, faire vendre, distribuer ; du droit exclusif.* — On trouvera sous les art. 36 à 44 les annotations qui se rapportent à ce droit des auteurs. V. aussi notes sous l'art. 6, L. 1849, n°s 2039 et suiv.

83. — *Ou d'en céder la propriété.* — Le droit de cession, ainsi reconnu aux auteurs peut être par eux exercé d'une manière définitive ou sous condition conformément au droit commun ; ils peuvent en conséquence céder, donner ou vendre leurs œuvres en se réservant le droit entier de reproduction, ou, au contraire, céder ce droit de reproduction sans limite en retenant la propriété de l'œuvre en elle-même ; ils peuvent encore en disposer au profit d'une ou plusieurs personnes sous les mêmes conditions. Il y a toutefois ceci de particulier dans ces sortes de cessions, qu'à moins de stipulations expresses contraires, l'acheteur ou cessionnaire ne devient pas à ce point maître de l'œuvre par lui acquise qu'il puisse la modifier, la corriger ou la détruire ; la vente ou la cession est toujours censée faite sous cette clause tacite, inhérente à la nature de ce contrat spécial, que l'auteur ne cède ou vend que les profits pécuniaires à retirer de la reproduction de son œuvre sous la réserve de sa conservation et de son intégrité dans l'intérêt de son renom (V. n° 86).

84. — La cession, même sans réserve, d'un manuscrit sur lequel l'auteur a mis son nom ne donne pas au cessionnaire le droit de s'en approprier le contenu, il ne peut y faire des changements, additions ou suppressions de nature à en altérer la forme ou valeur ; — il ne pourrait même en changer le titre, ni l'ordre des matières. Bordeaux, 24 août 1863, D.64.2.77. Trib. Seine, 14 déc. 1859, D.60.3.46.

§ 1. (*Suite*). — Droits des auteurs, de leurs conjoints et de leurs successeurs.

Durée des droits d'auteur.

35. — *L.* 8 *avril* 1854. Art. unique. Les veuves des auteurs, des compositeurs et des artistes jouiront pendant leur vie des droits garantis par les lois du 19 juillet 1793, le décret du 5 février 1810, les lois sur les œuvres dramatiques des 13 janvier 1791 et 3 août 1844 et les autres lois sur la matière.

La durée de la jouissance accordée aux enfants par ces mêmes lois et décrets, est portée à 30 *ans* (à 50 ans par l'article suivant), à partir *soit* du décès de l'auteur, compositeur ou artiste, *soit de l'extinction des droits de la veuve.*

Durée des droits. — Nouveau règlement.

36. — *L.* 14 *juillet* 1866. Art. 1. La durée des droits accordés par les lois antérieures aux héritiers, successeurs irréguliers, donataires ou légataires des auteurs, compositeurs ou artistes est portée à 50 ans à partir du décès de l'auteur.

Pendant cette période de 50 ans, le conjoint survivant, quel que soit le régime matrimonial et indépendamment des droits qui peuvent résulter en faveur de ce conjoint du régime de la communauté, a la simple jouissance des droits dont l'auteur prédécédé n'a pas disposé par acte entre-vifs ou par testament.

Toutefois, si l'auteur laisse des héritiers à réserve, cette jouissance est réduite au profit de ces héritiers suivant les proportions et distinctions établies par les art. 913 et 915 du Code Napoléon.

Cette jouissance n'a pas lieu lorsqu'il existe, au moment du décès, une séparation de corps prononcée contre le conjoint; elle cesse au cas où ce conjoint contracte un nouveau mariage.

Les droits des héritiers à réserve et des autres héritiers ou successeurs, pendant cette période de 50 ans, restent d'ailleurs réglés conformément aux prescriptions du Code Napoléon.

Lorsque la succession est dévolue à l'État, le droit exclusif s'éteint sans préjudice des droits des créanciers et de l'exécution des traités de cession qui ont pu être consentis par l'auteur ou par ses représentants.

---

85. — Lorsqu'un ouvrage est indivis par l'effet soit d'une collaboration, soit d'une succession, l'autorisation de chacun des ayants droit est nécessaire pour la régularité de son impression ou réimpression. Le défaut de consentement d'un seul rendrait l'éditeur passible des peines de la contrefaçon.

En cas de désaccord entre les collaborateurs ou copropriétaires pour la publication de l'œuvre indivise, c'est aux tribunaux qu'il appartient de statuer d'après les règles ordinaires en matière de propriété commune. V. n° 404.

86. — L'auteur signataire d'un article destiné à faire partie d'une œuvre collective, est, en l'absence de toute convention contraire, soumis au contrôle du directeur, qui peut, dès lors, pour maintenir à l'œuvre l'unité de vues et de doctrine, modifier les articles qui lui sont remis, supprimer des passages et y ajouter, à la condition de n'altérer ni le fond de la pensée de l'auteur, ni la valeur scientifique ou littéraire de son œuvre et alors que les corrections faites pour réduire la longueur de l'article n'ont porté que sur des passages sans importance. Paris, 20 déc. 1853, D.56.2.70. — 16 mars 1865, D.65.2.214, V. n°° 164, 440.

87. — Le rédacteur d'une œuvre collective a le droit de donner le bon à tirer pour les articles de ses collaborateurs. — V. mêmes décisions.

[**29**]= 88. — Le droit des héritiers et cessionnaires limité à 40 ans par cet article est aujourd'hui fixé pour tous à 50 ans après le décès des auteurs.

[**30** à **51**]=89. — Le droit de propriété des auteurs est, par son principe et sa nature, antérieur et indépendant de la formalité du dépôt à l'accomplissement duquel la loi en subordonne la garantie.

90. — La qualité de détenteur d'un manuscrit suffit pour l'exercice des droits d'auteur et notamment pour la recevabilité de la poursuite en contrefaçon. Paris, 3 février 1857, D.58.1.145.

91. — Le dépôt constitue, sinon la preuve même du droit de propriété, du moins une présomption que le juge doit accueillir en l'absence de preuves ou présomptions contraires. Cass., 19 mars 1858, D.58.1.190.

92. — Le droit de propriété n'est pas opposable aux tiers lorsque la formalité du dépôt ou les formalités substituées au dépôt par les traités internationaux n'ont pas été observées, quand bien même elles auraient été remplies au cours de l'instance.

Le défendeur n'a pu être déclaré non recevable à se prévaloir en appel pour la première fois de l'omission de ces formalités comme s'il s'agissait d'une exception à présenter *in limine litis* et non comme d'un défaut de qualité du demandeur opposable en tout état de cause. Cass , 4 juil. 1868 G. T. des 6 et 7.

93. — Une reproduction ne peut être poursuivie lorsqu'elle est préalable au dépôt. Rouen, 13 déc. 1839.

94. — Les lois postérieures ont réduit à un seul exemplaire le nombre d'exemplaires à déposer. Voir art. 143. Le dépôt prescrit par l'art. 30 se confond aujourd'hui avec celui qui a été imposé aux imprimeurs par l'art. 14, de la loi du 21 oct. 1814.

[**52**] = 95. — Cet article concernant les œuvres posthumes n'exige leur publication séparée que pour le cas où ces œuvres constituent des ouvrages distincts de ceux publiés du vivant de l'auteur, et non quand elles en sont la suite et lorsque surtout leur publication séparée ne pourrait avoir lieu sans grand dommage pour l'ensemble des œuvres complètes. Cass., 31 mars 1858, D.58.1.145.

96. — Celui qui revendique, en qualité d'héritier de l'auteur, une œuvre posthume ne peut être déclaré non recevable sous prétexte qu'il existerait des héritiers plus proches; le tiers actionné n'ayant pas qualité pour exciper du droit de ces derniers. Paris, 3 fév. 1857. D.58.2.143.

[**53** à **54**]=97. — Les étrangers jouissent comme les Français du droit des auteurs sous les mêmes conditions. Cass., 20 août 1852, D.52.1.235.

[**55** à **56**]=98. — V. sur le but et le système de cette loi de 1866, les n°° 69 et suivants.

99. — *La durée des droits accordés par les lois antérieures.* Ces expressions maintiennent en vigueur les lois de 1793, de l'an XIII, du décret de 1810 et la loi de 1854 en ce qui concerne le principe même du droit : le mot *accordé* semble le faire dériver de l'autorité des lois positives seulement.

(*Suite*). Sanction pénale pour la garantie des droits des auteurs. — Contrefaçons. Saisie. — Pénalités.

Confiscation des ouvrages contrefaits.

37. — *D.·L.* 19-21 *juillet* 1793. Art. 3. Les officiers de paix (aujourd'hui les juges de paix et les commissaires de police) seront tenus de faire confisquer, à la réquisition et au profit des auteurs, compositeurs, peintres ou dessinateurs et autres, leurs héritiers ou cessionnaires, tous les exemplaires des éditions imprimées ou gravées sans la permission formelle et par écrit des auteurs.

Les art. 4 et 5, concernant la pénalité, ont été abrogés par l'adoption de la sanction pénale du délit de contrefaçon de l'art. 427, C. pén.

Contrefaçon. — Définition. — Confiscation.

38. — *Décret* 5 *février* 1810. Art. 41. Il y a lieu à confiscation et amende au profit de l'Etat...

1° Si l'ouvrage est une contrefaçon, c'est-à-dire si c'est un ouvrage imprimé sans le consentement et au préjudice de l'auteur ou éditeur ou de leurs ayants cause.

Dommages-intérêts. — Réparation.

39.—Art. 42. Dans ce dernier cas, il y aura en outre lieu à des dommages-intérêts envers l'auteur ou l'éditeur ou leurs ayants cause, et les éditions et les exemplaires seront confisqués à leur profit.

Compétence. — Action publique et civile.

40.—Art. 43. Les peines seront prononcées et les dommages-intérêts arbitrés par le tribunal correctionnel.

Contrefaçon, définition.

41. — *C. Pénal*. art. 425. Toute édition d'écrits, de composition musicale, de dessin, de peinture ou de toute autre production imprimée ou gravée en entier, ou en partie au mépris des lois et règlements relatifs à la propriété des auteurs est une contrefaçon,— et toute contrefaçon est un délit.

Art. 426. — Débit des contrefaçons V. art. 219.A.

Sanction pénale.

42. — Art. 427. La peine contre les contrefacteurs ou contre l'introducteur (en France) d'ouvrages contrefaits à l'étranger, sera une amende de 100 fr. au moins et de 2,000 fr. au plus.

La confiscation de l'édition contrefaite sera prononcée tant contre le contrefacteur que contre l'introducteur et le débitant.

Les planches, moules ou matrices des objets contrefaits seront aussi confisqués.

Art. 428. — Représentations dramatiques. V. art. 303.

Confiscation. — Indemnité.

43. — Art. 429. Dans les cas prévus par les quatre articles précédents, le produit des confiscations ou les recettes confisquées seront remis au propriétaire pour l'indemniser d'autant du préjudice qu'il aura souffert; le surplus de son indemnité, ou son entière indemnité, s'il n'y a eu ni ventes d'objets confisqués, ni saisie de recettes, sera réglé par les voies ordinaires.

---

100. — *Est portée à 50 ans.* — « Ce délai, dit « le rapporteur de la commission du Corps législatif, « dans son rapport, réalise l'uniformité et la fixité « du droit objet des traités entre les auteurs et les « éditeurs ; il écarte ou restreint les chances aléatoires « qui entravaient les cessions au grand préjudice des « auteurs ; il répond à tous les antécédents de la « question, aux travaux des commissions de 1825, « — 1844 et 1863, — aux vœux des congrès de « Bruxelles et d'Anvers ; c'est le délai adopté par la « plupart des législations étrangères. »

101. — *Le conjoint survivant.* — A la différence de la législation antérieure qui limitait à la *veuve* seulement la jouissance viagère des droits d'auteur, la loi de 1866 assimile le *veuf* de la femme auteur à la *veuve* de l'homme auteur ; — le mot *conjoint* est général et comprend le *veuf* et la *veuve*.

102. — *Quel que soit le régime matrimonial.* — La législation antérieure n'accordait qu'à la veuve *commune* l'usufruit légal des droits d'auteur ; la loi nouvelle, plus logique, l'accorde à tous les conjoints survivants communs en biens ou non. V. *suprà*, n° 80.

103. — *Jouissance.* — Cette expression, empruntée à l'art. 543, C. Nap., comprend l'idée d'usufruit et d'usage ; cette jouissance *simple* accordée au conjoint survivant est viagère pour lui et peut s'étendre au delà de la période de 50 années, auquel cas se trouvera absorbé le droit des héritiers sur les œuvres de l'auteur : « les droits des héritiers, dit le rappor-« teur dans la séance du 4 juin 1866, tiendront dans « le délai de 50 ans, sauf l'usufruit de sa nature in-« défini qui appartient au conjoint survivant. »

Cette jouissance n'a pas lieu en cas de séparation de corps prononcée contre ce conjoint, non plus que dans celui où l'auteur l'a destitué, par acte entre-vifs ou par testament, de l'héritage de sa pensée. Elle cesse de son plein droit par le fait de son remariage,

---

104. — *Cette jouissance est réduite* au profit des héritiers à réserve, conformément aux art. 913 et 915 du C. Nap. Dans ce cas les ouvrages de l'auteur décédé ne pourront être régulièrement réédités ou publiés qu'avec le consentement du conjoint usufruitier viager des droits d'auteur et des héritiers à réserve dans la proportion de leurs droits. V. n° 85.

105. — *Lorsque la succession est dévolue à l'Etat.* — Les œuvres de l'auteur tombent alors dans le domaine public.

106. — *Sans préjudice des droits des créanciers et de l'exécution des traités de cession*, — Qui continuera sans que leur durée puisse toutefois être prolongée au delà de 50 années après le décès de l'auteur. « Il suffit à l'intérêt social, dit à ce sujet le « rapporteur de la commission, que ce délai ne soit « jamais dépassé. »

[**57** à **43**] = 107. — Les art. 3 du décret de 1793, 41.7°.42 et 43 du décret de 1810, n'ont été abrogés par aucune loi ; ils prononcent la confiscation des ouvrages contrefaits ; l'art. 427 du C. pénal, qui prononce aussi, ajoute plus qu'il n'enlève à leur autorité ; l'art. 425 du même Code s'en réfère d'ailleurs aux lois antérieures et par conséquent au décret de 1793 en ce qui concerne la définition du délit de contrefaçon.

107*bis*.—Par ces mots : *Et au préjudice de l'auteur...* » qui terminent la définition de l'art. 38 ci-dessus, la loi semble exiger, comme circonstance constitutive du délit de contrefaçon, le fait d'un *préjudice réel*, d'une concurrence, d'une expropriation frauduleuse des auteurs du bénéfice de leurs œuvres. Cass., 12 juill. 1851. J.P.; Chauveau-Hélie, 6, p. 63.

(*Suite*). — Contrefaçon des ouvrages étrangers. — Constatation des délits.

Contrefaçon d'ouvrages étrangers.

44. — *D.-L.* 28 *mars* 1852. Art. **1.** La contrefaçon sur le territoire français d'ouvrages publiés à l'étranger et mentionnés en l'art. 425 du C. pénal (41) constitue un délit. Art. 2.— Débit.— Exportation.— Délit des libraires. art. 222.

Sanction.

45. — Art. 3. Les délits prévus par les articles précédents seront réprimés conformément aux art. 427 et 429 du C. pénal.

L'art. 463 du même Code pourra être appliqué.

Dépôt. — Condition des poursuites.

46. — Art. 4. Néanmoins la poursuite ne sera admise que sous l'accomplissement des conditions exigées relativement aux ouvrages publiés en France et notamment par l'art. 6 de la loi du 19 juillet 1793 (art. 30).

Constatation des délits.

47. — *Décret,* 5 *février* 1810. Art. 45. Les délits et les contraventions en matière d'imprimerie seront constatés par les inspecteurs de l'imprimerie et de la librairie, les officiers de police, et en outre par les préposés des douanes pour les livres venant de l'étranger.

Mesure concernant les objets saisis.

48.—Art. 46. Les objets saisis seront provisoirement déposés à la mairie ou à la sous-préfecture, ou à la préfecture la plus voisine du lieu où le délit ou contravention est constaté.

Poursuite d'office.

49. — Art. 47. Nos procureurs impériaux seront tenus de poursuivre d'office (les délits de contrefaçon) sur la simple remise qui leur sera faite d'une copie de procès-verbaux, dûment affirmés.

— Nous ferons toutefois observer à ce sujet que ce préjudice, n'étant possible que par le fait de la vente ou débit de l'œuvre contrefaite, ne saurait être un élément de la contrefaçon par voie d'impression non autorisée et sans débit. V n° 757.

108. — *Permission formelle et par écrit* : Le texte exige une permission *écrite* afin de prévenir toute difficulté sur la preuve. J'ai peine à croire cependant que les juges se refusassent à considérer comme un équivalent suffisant l'aveu de l'auteur reconnaissant avoir formellement autorisé l'impression ou reproduction de son œuvre.

[44 à 49]=109.—Les tribunaux sont souverains pour décider si les objets prétendus contrefaits constituent une propriété en faveur de leur auteur ou s'ils ne sont pas au contraire tombés dans le domaine public. Cass., 1er août 1850. B.

110. — Celui qui, pour l'exécution d'un dictionnaire dont il a eu l'idée, traite avec des savants pour les articles qui entreront dans sa composition, les contrôle, et les fait contrôler, est à la fois auteur de l'ensemble de l'ouvrage et coauteur des articles, qui ne peuvent dès lors tomber dans le domaine public de son vivant. Cass., 16 juill. 1853. B. Orléans, 10 juill. 1854. J.p., V. n°s 86, 161.

111. — Il ne saurait y avoir délit de contrefaçon sans mauvaise foi ou intention de nuire. — Colmar, 17 août 1857, D. 59.2.43. — Cass., 13 janv. 1866, D. 66.1.235.

112. — La bonne foi ne se présume pas en matière de contrefaçon ; mais, bien que la preuve en soit à la charge du prévenu, les juges peuvent néanmoins l'admettre par des motifs déduits de l'appréciation des faits. — Cass., 24 mai 1855. B.

113. — *Toute édition d'écrits, de dessin, de peinture*, etc. Cette énumération des moyens de reproduction dans cet art. 41 est plutôt démonstrative que limitative. — Chauveau-Hélie, 6, p. 40.

Il y a contrefaçon :

114.—Dans le fait de réunir, sous le titre usurpé d'un ouvrage, des emprunts ou plagiats à ce même ouvrage, lesquels, considérés isolément, n'auraient pas le caractère de la contrefaçon. — Orléans, 10 juillet 1854, D. 55.2.157;

115. — Dans une analyse sommaire et raisonnée d'un système emprunté à un ouvrage et insérée sans autorisation dans un autre ouvrage, si cette analyse constitue un plagiat de nature à nuire au débit de l'œuvre analysée. Il en serait autrement, si cette analyse avait pour but unique de faire apprécier le système auquel on renvoie et dont on suppose l'étude. — Rouen, 7 juin 1849. D. 52.2.24. — Paris, 26 avril 1851. D. 52.2.178.

116. — Dans une traduction non autorisée. — Rouen, 7 novembre 1845. D. 46.2.212.

117. — Dans la transcription en notes ordinaires de musique de morceaux écrits en chiffres par la méthode Galin-Paris-Chevé, lorsqu'elle est faite sans autorisation.— Cass., 14 juillet 1862. D. 63.1.604.

118. — Dans la reproduction d'un portrait photographié, avec des modifications accessoires insignifiantes. — Cass., 28 novembre 1862. D.63.1.52.

119. — Dans l'usurpation d'un titre de pièce ou d'ouvrage, à moins que ce ne soit un titre banal; et fût-il banal, si ce titre est depuis longtemps affecté à un ouvrage connu. Orléans, 10 juill. 1854, D. 52. 2.134.—*Contrà*. Cass., 16 juill. 1853, D. 53.1.309.

Ainsi le titre de *Biographie universelle* ne peut être l'objet d'un droit de propriété. — Cass., 16 juin 1851, B. *Sic* — du titre d'*Encyclopédie catholique*. Paris. 8 oct. 1835. J.p.

120. — Dans la réimpression d'ouvrages tombés dans le domaine public, si elle est faite avec les remaniements ou augmentations qui en ont fait des ouvrages nouveaux. — Cass., 2 fév. 1845. D.45.1.150.

121. — Dans la reproduction d'une compilation faite avec des éléments du domaine public, lorsque leur agencement dénote une conception, un labeur, une création, par l'ordre, le plan ou le choix des matières. — Colmar, 17 août 1858. D. 59.2.43. — Tel serait un catalogue de musée, si le classement des objets, les appréciations dont il est accompagné constituent une œuvre de l'esprit. — Bordeaux, 21 août 1863. — D. 64.2.77.

122. — Dans la reproduction :

Des rôles d'un ouvrage dramatique. — Paris, 29 juin 1827. J.p.

De sermons prononcés en chaire. — Lyon, 17 juillet 1845. D. 45.2.148.

Des leçons d'un professeur. Paris, 18 juin 1840.J.p.

Il y a également contrefaçon :

123. — A prendre le titre d'un ouvrage, à en suivre le plan, à lui emprunter des phrases entières. — Cass., 26 nov. 1853. B.

124. — A faire l'abrégé d'un livre, en conservant son titre, son plan, en supprimant seulement les détails inutiles, les longueurs.Chauveau-Hélie, 6,p.37.

125. — Toute lettre confidentielle contient virtuellement, à défaut d'expressions contraires, la condition qu'elle ne pourra être publiée sans le consente-

§ I. — (Suite). Autorisations à obtenir. — 2° Des assimilés aux auteurs.

A. *Des évêques pour les livres d'église.* — B. *De l'État pour les ouvrages de l'État.*

A. — Livres d'église. — Droit des évêques.

50. — *D. 7 germinal an* XIII. Art. 1. Les livres d'église, les heures et prières ne pourront être imprimés ou réimprimés que d'après la permission donnée par l'évêque diocésain , laquelle permission sera textuellement rapportée en tête de chaque exemplaire.

Art. 2. Les imprimeurs et libraires qui feront imprimer ou réimprimer des livresd'église, des heures ou prières, sans avoir obtenu cette permission, seront poursuivis conformément à la loi du 19 juillet 1793 (modifiée par le Code pénal).

ment de son auteur, eût-il rempli un rôle public, ou de ses héritiers. — Paris, 10 déc. 1851. D. 54.2.1.

126. — Les dépêches télégraphiques portant des nouvelles politiques ne peuvent être considérées comme des œuvres de l'esprit susceptibles de propriété privée; elles tombent dans le domaine public par leur publication. — Cass., 8 août 1861, D. 62.1.136.

127. — Pour qu'il y ait contrefaçon dans un plagiat, il faut que les passages empruntés soient nombreux, importants et significatifs. — Orléans, 10 juillet 1854. D. 55.2.155.

128. — Les juges sont souverains pour apprécier cette question de fait. — Cass., 24 mai 1855.B.

129. — Lorsqu'il n'y a eu ni saisie ni confiscation, il n'y a pas lieu d'ajouter au chiffre de l'indemnité due à l'auteur le produit de la vente opérée par le contrefacteur.— Orléans, 7 fév. 1855. D. 55.2.159. — On ne peut cumuler sans double emploi le produit de la confiscation, qui doit être abandonné à la partie lésée, avec une indemnité équivalente pour le préjudice souffert. — Même arrêt.

130. — Les étrangers ont, comme les Français, le droit de poursuivre en France les contrefacteurs de leurs ouvrages publiés en France en langue étrangère, —Cass., 20 mars 1852, D.52.1.335 , — à la condition toutefois d'avoir effectué le dépôt prescrit par l'art. (30 ci-dessus) 6, L. 1793.—V. n°° 97, 89 à 94.

131. —*Nos procureurs impériaux seront tenus de poursuivre*, porte l'art. 47 du décret 1840 (art. 49). Le ministère public a qualité pour poursuivre d'office les contrefacteurs. —Cass., 27 mars 1835, B. — Toutefois, comme le sort de la poursuite est, en pareille matière, subordonné à la démonstration de l'existence des droits des auteurs ou de leurs héritiers,représentants ou ayants cause, sur l'ouvrage contrefait, les procureurs impériaux devront, par prudence, attendre pour mettre en mouvement l'action publique d'être mis en possession, par les parties intéressées, des titres établissant les droits au préjudice desquels a été faite la contrefaçon. V. n° 158.

[**50**]=132.—« Il n'y aura,porte l'art. 39 du concordat du 16 germinal an x, qu'une liturgie et un « catéchisme pour toutes les églises de France. » C'est pour assurer l'exécution de cette disposition et maintenir *l'unité de la foi catholique*, qu'elle avait en vue, que fut rendu le décret du 7 germinal an xiii, qui confère aux évêques, sur les livres d'église, un droit analogue à celui des auteurs sur leurs œuvres, et d'une nature non moins difficile à caractériser.

133. — Dans le rapport qui précéda ce décret, Portalis en fit, comme il suit, connaître la portée :
« La loi rend les auteurs responsables de leurs « écrits; les évêques le sont de ceux qui traitent de « la doctrine ecclésiastique. Et comment pourraient-« ils l'être, si, comme les auteurs, ils ne sont pas « libres de choisir exclusivement leurs imprimeurs et

B. — Manuscrits de l'État et des communes.

51. — *D. 20 février 1809.* Art. 1. Les manuscrits de nos archives de notre ministère des relations extérieures et ceux des bibliothèques impériales, départementales et communales ou des autres établissements publics, soit que ces manuscrits existent dans les dépôts auxquels ils appartiennent, soit qu'ils en aient été soustraits ou que leurs minutes n'y aient pas été déposées aux termes des anciens règlements, sont la propriété de l'Etat et ne peuvent être imprimés et publiés sans son autorisation.

« libraires, et si ceux-ci peuvent impunément s'ap-« proprier l'impression ou réimpression des livres « d'église? Si cette impression ou réimpression n'est « pas soumise à la surveillance des évêques, les im-« primeurs dénatureront les ouvrages qu'ils publie-« ront, la doctrine sera en péril et les erreurs les « plus graves se propageront. »

134. — Circulaire *du directeur général de la librairie :* « Il est bien entendu que la permission « dont il est question dans le décret du 7 germinal « an xiii n'est point un privilége, et que tout impri-« meur peut imprimer les heures, prières ou livres « d'église permis par l'évêque de son diocèse. » — Circulaire 1840, V. n° 216.

135. — En ce qui concerne les *mandements*, les *catéchismes*, les *instructions* et les *livres de liturgie* qu'ils composent, les évêques ont sur ces ouvrages les mêmes droits que les lois ont garantis à tous leurs auteurs. — Colmar, 26 fév. 1840. Journal crim. de Morin, n° 2609. — Chauveau-Hélie, 6, p. 50. Paris, 25 nov. 1840.—Dalloz, v° *Propr. litt.*, n° 426.

136. — Il en est de même des discours qu'ils prononcent en chaire. Ces discours sont leur propriété exclusive, et celui qui les reproduirait sans leur consentement formel et par écrit se rendrait passible des peines édictées contre les contrefacteurs.—Lyon, 17 juillet 1845. D. 45.2.128.

137. — Quant aux livres dont ils ne sont pas les auteurs et qui servent à l'exercice du culte, le décret de germinal an xiii leur a conféré un droit de surveillance dont la nature a soulevé une assez vive controverse : — « Ce décret, lit-on dans un arrêt de la Cour « de cassation, du 23 juillet 1830, rapporté sous le « n° 137.V. *Propr. litt.*, au recueil de M. Dalloz,donne « véritablement aux évêques un *droit de propriété* « sur ces sortes d'ouvrages. » Sic Edouard Laboulaye, *Revue de législation*, 1852, tome 44, p. 290.

158. — La Cour de cassation ne tarda pas à revenir de cette doctrine un peu trop absolue : par son arrêt du 28 mai 1836 (Dalloz, v° *Propr. litt.*, n° 438), elle décida « que le décret de germinal an xiii n'avait « pas conféré aux évêques la propriété des livres « d'église; qu'il n'avait fait qu'établir, dans l'intérêt « des doctrines religieuses et de leur unité, un droit « de haute censure, duquel il résultait pour les évê-« ques le droit seulement de porter plainte et, pour « le ministère public, le droit et le devoir de pour-« suivre, même d'office, les imprimeurs en contra-« vention. »

159. — Mais, et c'est par là surtout que le droit des évêques diffère du véritable droit des auteurs, il a été jugé que les évêques ne pourront en aucun cas se porter parties civiles, et que l'imprimeur autorisé ne peut prétendre être cessionnaire d'un droit de propriété sur lesdits livres d'église. — Paris, 25 nov. 1845.—Cass., 5 juin 1847. D. 47.1.170.

C. — Du Corps législatif pour les discours parlementaires.

Autorisation des ministres.

51.A. — *Même décret*. Art. 2. Cette autorisation sera donnée par notre ministre des affaires étrangères pour la publication des ouvrages dans lesquels se trouveraient des extraits ou citations de manuscrits qui appartiennent aux archives de son ministère, et par notre ministre de l'intérieur pour celle des ouvrages dans lesquels se trouveraient des copies, extraits ou citations des manuscrits appartenant à l'un des établissements publics mentionnés en l'article précédent.

---

160. — Jugé cependant, par ce dernier arrêt, que les imprimeurs autorisés avaient qualité pour se porter parties civiles contre les imprimeurs coupables d'impression non autorisée des livres d'église. — Cette décision est contraire à la circulaire précitée sous le n° 134.

161. — Les évêques ont un droit de propriété sur les livres d'église composés par une commission qu'ils ont nommée et chargée de leur composition. — Toulouse, 2 juillet 1857. D. 57.2.205. V. n° 86.140. — Et cela encore bien que cette composition ne consistât que dans une compilation, si elle a exigé un travail d'esprit. — Même arrêt.

En conséquence, celui qui réimprimerait un tel ouvrage au mépris de la cession faite par l'évêque à un autre individu du droit exclusif d'imprimer ce livre, se rendrait coupable de contrefaçon; mais il n'en serait pas de même si la cession s'appliquait à un livre d'église dont l'évêque ne serait pas l'auteur. — Le droit conféré aux évêques par le décret de germinal ne concerne que les livres d'église qui ne sont pas leur propriété exclusive comme auteurs. — Même arrêt.

162. — *Livres d'église, heures, prières.* « On doit « par ces expressions entendre les livres à l'usage « ordinaire et public de l'église; on ne peut com- « prendre sous ce titre des ouvrages particuliers com- « posés par des tiers, et qui peuvent, comme tous les « autres livres, être l'objet d'une propriété littéraire. » — Décis. min., 29 nov. 1840.

Un catéchisme est un livre d'église. — Cass., 25 varil 1825, J.P. *Contrà.* — Caen, 11 fév. 1839, J.P.

163. — *Ne pourront être imprimés sans la permission de l'évêque.* — Cette interdiction est générale et absolue; elle implique pour l'évêque le droit d'accorder ou de refuser son autorisation, sous sa seule responsabilité, une décision dont il n'est pas tenu de donner les motifs.—Cass., 5 juin 1847. D. 47.1.170.—Amiens, 14 nov. 1847. D. 47.1.400.

Cette autorisation est personnelle à l'imprimeur et spéciale pour le livre à imprimer; elle doit être renouvelée à chaque impression. — Mêmes arrêts. — Toulouse, 2 juillet 1857. D. 57.2.205.

164. — Le libraire que l'évêque a autorisé à publier seul un livre d'église ne peut être obligé par un autre libraire de lui livrer un certain nombre d'exemplaires, quand même ce dernier offrirait d'en payer le prix comptant. Dijon, 23 mai 1859. D. 60.5.307.

165. — *Seront poursuivis conformément à la loi de 1793.* — L'impression des livres d'église sans permission, ainsi assimilée à un fait de contrefaçon, est en conséquence soumise à l'application des peines des art. 427 et 429 du Code pénal, substituées à celles de la loi de 1793. — Ce n'est point là une déclaration que le droit des évêques est un *droit de propriété*, mais une simple indication de pénalité pour la sanction des dispositions qui leur confèrent le droit d'autoriser la réimpression des livres d'église.

166. — Cette impression sans permission emporte, outre la condamnation à l'amende, la confiscation des

C. — Droit du Corps législatif sur les discours parlementaires.

52 — *D.-L.* 22 mars 1852; 2 fév. 1861. Tout membre du Corps législatif peut faire imprimer et distribuer à ses frais le discours qu'il aura prononcé et qui aura été reproduit par la sténographie officielle, après en avoir obtenu l'autorisation d'une commission composée du président du Corps législatif et des présidents de chaque bureau.

Cette autorisation doit être approuvée par le Corps législatif.

L'impression et la distribution faite en contravention des dispositions qui précèdent seront punies d'une amende de 500 fr. à 5,000 fr. contre l'imprimeur, et de 5 fr. à 500 fr. contre le distributeur.

Circ. att. — Am. 50 à 500 fr. contre imprim. (art. 533).

---

ouvrages illégalement imprimés, bien que le bénéfice de cette confiscation ne puisse être attribué à l'évêque ni aux libraires autorisés. — Cass., 5 juin 1847. D. 47.1.170.

167. — *Contrà.* Cette impression n'est point passible de l'amende de l'art. 427, C.P., mais de confiscation seulement. Toulouse, 2 juill. 1857. D. 57.2.205.

[**51** à **52**]=168. — *Les manuscrits énumérés en l'art.* 51 *appartiennent à l'Etat.* — L'Etat a seul le droit de publier ces manuscrits ou d'autoriser leur publication; leur impression sans autorisation me semblerait devoir entraîner, par voie de conséquence et d'analogie, l'application des dispositions protectrices des droits de la propriété littéraire.

169. — Un fonctionnaire ne saurait se prétendre propriétaire des pièces et documents qui ne sont arrivés dans ses mains qu'à raison de ses fonctions.— Dalloz, v° *Propr. litt.*, n° 278.

170. — Jugé qu'au décès d'un écrivain auquel des pièces originales auraient été confiées par le Gouvernement, il y aurait lieu, en cas de revendication par celui-ci tant des pièces confiées que de la partie des manuscrits du défunt qui pourraient en contenir des copies, d'ordonner les mesures propres à conserver les droits de toutes les parties, et, par exemple, le dépôt chez un notaire des objets litigieux. — Paris, 4 août 1826. — Dalloz, *Propr. lit.t*, n° 279.

171. — Le décret du 20 février 1809 (art. 51-52) ne s'applique qu'aux manuscrits faits pour l'Etat par ses agents dans l'exercice de leurs fonctions, et ne s'applique pas aux manuscrits qu'un agent de l'Etat aurait composés pour lui-même, d'après ses propres inspirations, sur un sujet choisi par lui, quoique les éléments en soient puisés dans les connaissances et l'expérience que pouvaient seules lui donner ses fonctions. — Cass., 31 mars 1858. D.58.1.145.

172. — Spécialement, les Mémoires de Saint-Simon sont demeurés la propriété de ses héritiers, malgré le dépôt du manuscrit aux archives du royaume; et celui des héritiers auquel le roi Louis XVIII l'a restitué, avec autorisation de le publier, est investi de ce droit exclusif. — Même arrêt.

173. — Un manuscrit de l'Etat peut-il être publié par voie de simple autorisation du chef de l'Etat? ou doit-il être préalablement aliéné suivant les formalités voulues pour l'aliénation des biens de l'Etat?— Voir, sur ces questions, le rapport sur l'arrêt qui précède, au recueil de M. Dalloz, 58.1.145.

[**52**]= 174. — L'art. 89 du décret du 3 fév. 1861 n'est que la reproduction de l'art. 76 du décret-loi du

§ I. (*Suite*). — Autorisations — 3°. Du Gouvernement pour certaines impressions ou publications.

Actes de la cour de Rome. — Impression.

53. — *L.* 16 *germinal an X.* Art. 1. Aucune bulle, bref, rescrit, mandat, provision, signature servant de provision, ni autre expédition de la cour de Rome, même ne concernant que les particuliers, ne pourront être reçus, publiés, imprimés, ni autrement mis à exécution sans l'autorisation du Gouvernement. (V. art. 450, 451, *infrà*.)

Actes concernant les réformés.

54. — Art. 4. Aucune décision doctrinale ou dogmatique, aucun formulaire, sous le titre de confession ou sous tout autre titre, ne pourront être publiés ou devenir matière de l'enseignement, avant que le gouvernement en ait autorisé la publication ou promulgation.

Cartes à jouer. — Impression.

55. — *L.* 16 *avril* 1816. Art. 166. Tout individu qui fabriquera des cartes à jouer... sans y être autorisé par la régie (des contributions indirectes), sera puni de la confiscation des objets de fraude, d'une amende de 1,000 à 3,000 fr. et d'un mois d'emprisonnement.

En cas de récidive, l'amende sera toujours de 3,000 fr.

56. — Art. 169 et 223. Les employés des contributions indirectes, des douanes, des octrois, les gendarmes, les préposés forestiers et les gardes champêtres, et généralement tout employé assermenté, pourront constater les contraventions, saisir les objets de fraude et arrêter les fraudeurs et colporteurs.

---

22 mars 1852, sur le règlement du Corps législatif. — Sa prohibition a pour but d'empêcher que, par l'impression isolée d'un discours prononcé dans le sein du Corps législatif, ne fût éludée la disposition de l'art. 42 de la Constitution, qui interdit toute reproduction de ces discours différente de celle que publie le *Moniteur*, d'après la sténographie officielle ou le compte rendu analytique officiel des séances de la Chambre.

175. — La mesure de l'autorisation à laquelle est subordonnée en conséquence l'impression isolée de ces discours, procède quelque peu de cette idée que la Chambre a un droit de copropriété sur les discours prononcés pour elle et devant elle. — V. n° 110.

176. — Les imprimeurs agiront sagement, avant de procéder à l'impression de ces discours, de s'assurer que la Chambre en a autorisé l'impression, conformément à l'art. 52 ci-dessus.

177. — Ces discours appartiennent-ils au domaine public, ou restent-ils la propriété de l'orateur qui les a prononcés ? — Comme partie constituante des comptes rendus officiels des séances des Chambres où ils ont été prononcés, ces discours tombent dans le domaine public ; — mais, pris isolément et détachés de ces comptes rendus, ces discours sont la propriété de l'orateur qui les a prononcés, alors même que la Chambre n'en aurait pas autorisé l'impression, et il n'est pas douteux qu'au point de vue spécial de la question des droits d'auteur, l'orateur seul ait le droit de publier la collection de ses discours, ou d'autoriser leur impression, et de participer aux bénéfices pécuniaires de leur publication. L'imprimeur qui, sans l'autorisation de l'orateur, détacherait des comptes rendus officiels des séances où il a pris la parole, ses discours sur une loi ou une question donnée, et les imprimerait pour en former un recueil, se rendrait passible des peines édictées contre le délit de contrefaçon (art. 42-43), alors même que le Corps législatif aurait autorisé l'impression, réunie ou séparée, de ces discours ; il y aurait en effet dans ce fait une atteinte portée aux droits de l'auteur ou de l'éditeur auquel aurait été cédée ou vendue la publication de ses discours politiques : un véritable délit de contrefaçon.

[**55** à **54**] = 178. — Ces articles sont étrangers à la propriété littéraire : l'autorisation qu'ils exigent est une mesure de police qui n'a rien de commun avec celle qu'exigent les articles précédents pour la régularité des impressions.

179. — Le premier de ces articles consacre une des maximes les plus importantes et les plus certaines de notre droit public ecclésiastique. - Dupin, *Recueil des libertés gallicanes*, art. XLIV et LXXVII, p. 47 et 46.

180. — Depuis la promulgation de cette loi, les bulles qui ont été reçues en France l'ont été avec la clause suivante : « La bulle donnée à Rome le..., « contenant..., sera publiée sans approbation des « clauses, formules ou expressions qu'elle renferme, « et qui sont ou pourraient être contraires aux lois de « l'Etat, aux libertés, franchises et maximes de l'E- « glise gallicane. »

181. — Avant d'imprimer les bulles, brefs, rescrits ou actes de la cour de Rome, les imprimeurs devront s'assurer si leur exécution a été ainsi autorisée.

182. — L'art. 3 de la loi du 16 germinal an x interdit également « *la publication non autorisée des décrets, des synodes étrangers, même ceux des conciles généraux.* » — Cette interdiction de *publier* implique-t-elle à l'égard des imprimeurs une interdiction d'*imprimer* ? Je ne le pense pas : le texte des lois pénales ne doit pas être étendu par voie d'analogie ; — il faut décider de même quant à la prohibition de l'art. 54, concernant les cultes protestants.

183. — La prohibition des art. 53 et 54 n'est sanctionnée à l'égard des imprimeurs par aucune disposition pénale. (V. n°ˢ 1941 à 1945.)

[**55** à **56**] = 184. — Les droits des auteurs et les principes de la propriété littéraire ou artistique sont d'autant plus étrangers à la prohibition de l'art. 166, L. 1816 (art. 55), concernant les cartes à jouer, que les types anciens de ces cartes sont depuis longtemps tombés dans le domaine public. V. n° 486.

185. — Un intérêt surtout fiscal a motivé la disposition de cet art. 55 ; l'interdiction qu'il porte est un moyen d'assurer la perception de l'impôt et des droits qui sont établis et prélevés sur la fabrication des cartes à jouer.

186. — L'autorisation de la régie ne suffirait pas pour mettre l'imprimeur de ces cartes à l'abri de toutes poursuites, s'il s'agissait de cartes dont les figurines, perfectionnées ou modifiées, pourraient constituer une propriété privée. On rentrerait alors sous l'empire du droit commun des lois concernant la propriété artistique, et l'autorisation des auteurs de ces types nouveaux ou de leurs héritiers, représentants ou ayants cause, serait nécessaire pour la régularité de leur impression.

Chap. III. Sect. I. — Conditions avant l'impression (Suite).

§ 2. — Registre d'impression à tenir. — Inscriptions à faire.

Registre des impressions. — Inscriptions.

57. — *Ordonn. 24 octobre 1814. Art. 2.* Chaque imprimeur sera tenu, conformément aux règlements, d'avoir un livre coté et paraphé par le maire de la ville ou il réside, où il inscrira par ordre de dates et avec une seule série de numéros, le titre littéral de tous les ouvrages qu'il se propose d'imprimer, le nombre de feuilles, des volumes et des exemplaires et le format de l'édition

Ce livre sera représenté à toute réquisition aux inspecteurs de la librairie et aux commissaires de police, et visé par eux s'ils le jugent convenable.

---

[57]=487. — Les dispositions, objet des annotations qui précèdent, concernaient uniquement le fait en lui-même de l'impression de certains ouvrages et le droit de les imprimer ; celles dont nous allons nous occuper dans ce § 2° de la section 1re concernent spécialement la police de l'imprimerie ou plutôt la réglementation de l'exercice même de la profession d'imprimeur.

488. — Les obligations qui résultent de cette réglementation pour les imprimeurs ont principalement pour but de faciliter à l'autorité la surveillance de la profession : l'une d'elles, l'obligation d'imprimer, sur chaque exemplaire des journaux politiques, le nom de leur gérant a pour but de fixer à l'avance quel est celui de ces gérants sur qui doit peser la responsabilité du journal. — Quant aux dispositions qui concernent la couleur du papier des affiches et le timbre, ce sont là des prescriptions dont la signification et la portée se comprennent d'elles-mêmes.

189. — Ces obligations sont au nombre de sept et peuvent se répartir, comme il suit, en trois groupes d'après le moment utile de leur exécution, savoir :

I. — Avant l'impression :

1° *Tenue d'un registre* coté et paraphé par les maires (art. 57.)

2° *Inscription* par ordre de dates, sur ce registre, des ouvrages que l'imprimeur se propose d'imprimer avec indication :

a) Du titre de l'ouvrage.

b) Du nombre des feuilles des volumes ou exemplaires.

c) Et du format de l'édition.

3° — *Déclaration*, d'après cette inscription, de chaque ouvrage que l'imprimeur se propose de l'imprimer, à faire au ministère de l'intérieur à Paris, aux préfets dans les départements. — Art. 14, L. 1814 (art. 58).

II. — Pendant l'impression :

1° *Indication des noms et demeure* de l'imprimeur, imprimée sur chaque exemplaire (art. 64) ;

2° *Impression*, au bas de chaque numéro des journaux politiques, de la signature de leurs gérants responsables (art. 68) ;

3° *Emploi de papier de couleur* pour les affiches privées (art. 70) ;

4° *Emploi du papier timbré* pour les journaux et certaines brochures politiques et pour les affiches privées (art. 79 à 100), sauf exceptions.

III. — Après l'impression et avant la publication :

1° Dépôt de tout imprimé, au nombre de deux exemplaires, au ministère de l'intérieur à Paris, à la préfecture dans les départements (art. 107) ;

2° Dépôt au parquet du procureur impérial, de tous écrits politiques, de moins de dix feuilles d'impression autre, que les journaux, et ce 24 heures avant leur publication (art. 114).

490. — La disposition de l'art. 2 de l'ordonnance du 24 octobre 1814 est, à peu de chose près, la reproduction de l'art. 11 du décret du 5 février 1810 qui se trouve ainsi abrogé par voie de remplacement : ce dernier article était ainsi conçu : « art. 11. Chaque « imprimeur sera tenu d'avoir un livre coté et para- « phé par le *préfet du département*, où il inscrira, « par ordre de dates, le titre de chaque ouvrage qu'il « voudra imprimer et le *nom de l'auteur* s'il lui est « connu. Ce livre sera représenté à toute réquisition « et visé, s'il est jugé convenable, par tout officier de « police. »

491. — L'art. 2 de l'ordonnance de 1814 n'ayant pas, comme cet art. 11, maintenu le *nom de l'auteur* au nombre des indications à porter sur le registre des impressions, cette mention n'est plus obligatoire.

492. — *D'avoir un livre.* — Un avis du comité de législation du 3 octobre 1814, rappelé dans une lettre du ministre de l'intérieur du 16 décembre 1822, décide que « les registres des imprimeurs doivent être sur papier timbré, mais que le droit de timbre ne doit être appliqué que d'après la quantité introduite par l'art. 72 de la loi du 28 avril 1816, en faveur des livres de commerce. » Les lois postérieures ont modifié cet art. 72. — (V. art. 9 et 10, L. du 16 juin 1824.)

493. — *Ce livre sera représenté.* — Une circulaire du 16 juin 1830 enjoint aux officiers de police de visiter fréquemment les imprimeurs, afin de constater leur contravention aux lois.

494. — *Et visé.* Ce visa est destiné à constater l'état du registre et le somissions d'inscriptions, au jour du visa.

495. — Quelque intérêt qu'il y ait pour la surveillance des imprimeries à ce que le registre prescrit par l'ordonnance du 24 oct. 1814 soit tenu, et régulièrement tenu, par tous les imprimeurs, il est à remarquer que les dispositions de cette ordonnance sont à cet égard dépourvues de sanction, à moins qu'on n'admette, ainsi que le propose M. de Grattier, 1, p. 109, celle de l'art. 471, n° 15, du C. pén., qui punit les contraventions aux règlements de l'autorité administrative.

496. — Il avait été jugé en 1823 et 1838 que cette ordonnance de 1814 participait du caractère et de l'autorité de la loi du 21 octobre 1814, dont elle avait pour but de procurer l'exécution ; que l'imprimeur qui avait tiré un nombre d'exemplaires supérieur à celui énoncé sur son registre et dans sa déclaration, était en conséquence passible des peines portées en l'art. 16 de cette dernière loi. — Cass., 19 déc. 1823, S.-V. Coll. nouv. 7.1.345. — Paris, 13 sept. 1838.D. 38.2.274. — Chassan, 1, p. 520. — Dalloz, v° *Presse*, n° 154.

497. — Mais il a été décidé depuis que l'infraction à l'art. 2 de l'ordonnance du 24 octobre 1814, qui prescrit aux imprimeurs la tenue d'un registre et des inscriptions qu'aucune loi ne leur impose, n'est passible d'aucune peine. — Cass., 13 décembre 1851, D.52.1.303. *Sic* Bories et Bonnassies, v° *Déclaration*, n° 34.

Ainsi jugé par ce motif que ni la loi du 21 octobre pour l'exécution de laquelle cette ordonnance a été rendue, ni les lois antérieures n'avaient donné au Gouvernement le droit d'imposer aux imprimeurs la tenue d'un registre, et que l'ordonnance a ainsi ajouté à la loi, dont elle devait se borner seulement à assurer l'exécution.

Chap. III. Sect. I. § 2 (Suite).— Déclaration préalable des impressions.

Déclarations préalables des impressions.

58. — *L.* 21 *oct.* 1814. Art. 14. Nul imprimeur ne pourra imprimer un écrit avant d'avoir [déclaré au ministère de l'intérieur à Paris, à la préfecture dans les départements] qu'il se propose de l'imprimer. V. suite p.42.

Ord. 24 *oct.* 1814, *art.* 2, — § 1 *et* 2, *V. art.* 57.

§ 3. — La déclaration prescrite par l'art. 14, L. 21 oct. 1814, sera conforme à l'inscription portée au livre (que les imprimeurs sont tenus d'avoir aux termes du § 1er, art. 57 ci-dessus).

[**58**]=198.—*La déclaration* prescrite par cet article doit précéder l'impression : son but est d'avertir l'autorité et de la mettre en mesure d'arrêter la publication de l'ouvrage, si son contenu est délictueux. — Cass., 29 janv. 1847. D.47.7.148.

199. — *Nul imprimeur ne pourra imprimer.* Ce mot *imprimer* comprend-il *la composition et le tirage* ou cette dernière opération seulement ? — A ne considérer que le but de la *déclaration* qui est de mettre l'autorité à même d'arrêter la *publication*, la portée du terme *imprimer* doit être restreinte au dernier acte de l'imprimerie qui précède la *publication* et permet la *saisie*, c'est-à-dire *le tirage* qui effectue dans le sens rigoureux du mot *le fait de l'impression* ; mais en regard du peu de temps que laisserait à l'autorité la déclaration faite *avant le tirage*, si rapidement opéré aujourd'hui avec les presses à vapeur, l'efficacité finale de la loi exigerait une interprétation plus étendue.— On doit en conséquence entendre ce mot *imprimer* dans ce sens général qui comprend à la fois la *composition* et le *tirage* définitif. — Cass., 29 janv. 1847. B.46. Dalloz, v° *Presse*, n° 160, (V. *infrà*, n°s 427 à 429 et 495 s.)

200.— *Imprimer* et, sous-entendu, *réimprimer*, car réimprimer c'est encore imprimer.—(V. n° 248.)

201. — *Un écrit.* Cette expression, qui doit être prise ici dans son sens le plus général, comprend toute espèce d'écrits quelles que soient leur étendue et leur signification; la tolérance de l'administration en a toutefois excepté les écrits dits : *ouvrages de ville* ou *bilboquets.* — On trouvera dans notre *Code de la presse* de 1856 la circulaire ministérielle du 16 juin 1830 relative aux tempéraments que comporte sur ce point l'exécution de l'art. 14, L. 1814, *infrà*, n° 289.

202. — L'exception en faveur des *bilboquets* n'étant pas dans la loi, doit être renfermée dans les limites que lui a assignées la tolérance de l'administration et se restreindre aux impressions relatives à des convenances de famille, de société ou à des intérêts de la vie privée, telles qu'annonces de mariage, de décès, invitations, etc... sans pouvoir être étendue à des écrits, si courts qu'ils soient, concernant la religion ou la politique. — Cass., 3 juin 1826, B.107.

On doit encore considérer comme *bilboquet,* dont l'impression est affranchie de toute déclaration préalable :

203. — Les circulaires commerciales. — Cass., 5 juillet 1845, J.P;

204. — Les mémoires ou factums d'avocats signés par un jurisconsulte.— Circ. 16 juin 1830, V. n° 290.

205. — C'est aux préfets qu'il appartient de désigner les écrits qui peuvent être considérés comme bilboquets. — Cass., 31 juillet 1833, B.106. — A défaut de cette désignation, il appartient aux tribunaux d'apprécier si l'écrit rentre ou non par sa nature dans la catégorie des bilboquets. Chassan, I, p. 524.

N'ont pas été considérés comme bilboquets :

206. — Des placards pour les élections. — Caen, 27 nov. 1849, D.50.2.52;

Des estampes et planches avec texte.

59. — *Même ordonnance.* Art. 3. Les dispositions dudit art. 14, L. 1814, s'appliquent aux estampes et aux planches gravées accompagnées d'un texte.

Déclarations des impressions lithographiques.

60.—*Ordonn.* 8 *octobre* 1817. Art. 2. Toutes les impressions lithographiques sont soumises à la déclaration et au dépôt comme tous les autres ouvrages d'imprimerie.

207. — Des bulletins électoraux.—Cass., 11 janv. 1856. D.56.1.92.B. cr.

208.—Des circulaires et professions de foi électorales. — Cass., 18 déc. 1863, D.64.1.55.

209. — Une circulaire portant convocation à une réunion politique. — Cass., 22 août 1850. B. 207.

210. — Une pétition imprimée sur un journal de manière à pouvoir en être détachée et former une œuvre distincte. — Cass., 22 fév. 1851, B. 75.

211. — Des morceaux de musique avec paroles. Paris 28 juin 1850, D.50.2.199. — Sans texte ou paroles, les œuvres musicales ne sont pas des *écrits* dont l'impression doive être déclarée. — Cass., 30 mars 1838, J. p. 38.2.6. Dalloz, v° *Presse*, n° 149.

212. — Une notice nécrologique reproduction d'un article de journal. Aix, 22 nov. 1855. D.56.2.257.

213. — *Les journaux et écrits périodiques.* — « Les art. 14 et 15, L. 1814, a décidé la Cour de cassation, s'appliquent à *tous écrits*, et par conséquent « aux journaux ou *écrits* périodiques : — ces articles « ne peuvent, à l'égard des *journaux non cautionnés*, être considérés comme abrogés par les art. 5, « L. 9 juin 1819, et 8, L. 18 juill. 1828, qui ne concernent que les *journaux cautionnés*. » Cass., 17 fév. 1844, B. 56. — *Contrà*, Dalloz, v° *Presse*. n° 371, qui pense que la *déclaration préalable* à laquelle les journaux *non cautionnés* sont également soumis par le § final de l'art. 8 de la loi de 1828, aujourd'hui remplacé par l'art. 2, L. 11 mai 1868, qui maintient cette formalité, suffit amplement aux vœux de la loi, parce qu'elle fait connaître une fois pour toutes quelle doit être la nature de l'écrit.

Conformément à cette opinion, il a été jugé par la Cour de cassation, le 3 avril 1846, B. 86, que l'imprimeur de journaux dispensés du cautionnement n'était pas tenu de faire pour ces journaux la déclaration prescrite par l'art. 14, L. 1814 ; mais qu'il devait, conformément aux dispositions de cet article, effectuer le dépôt de chacun de leurs numéros avant leur publication. V. n° 291.

214. — Quant aux *journaux cautionnés*, les obligations imposées aux imprimeurs par cet art. 14 (58) ont été remplacées par les obligations imposées aux gérants de ces journaux, que les art. 5, L. 9 juin 1819,—8, L. 18 juillet 1828 et 2, L. 11 mai 1868, ont substitués aux imprimeurs, pour la formalité de la déclaration préalable. Chassan, I, p. 630.

215. — *Les mandements des évêques* doivent être, comme tous les autres écrits, *déclarés* par l'imprimeur avant l'impression. — Sous le régime censorial en 1814, les mandements épiscopaux étaient affranchis de la censure; mais on ne saurait, de ce précédent historique, conclure que ces écrits étaient dispensés de la formalité de la déclaration préalable. — L'affranchissement de la censure était un privilége accordé par la loi aux auteurs de ces mandements, dont les imprimeurs n'auraient pu se prévaloir

Sanctions. — Saisies. — Peines. — Restitutions.

Sanction. — Saisie et séquestre.

61. — *L.* 21 *oct.* 1814. Art. 15. Il y a lieu a saisie et séquestre d'un ouvrage :

1° Si l'imprimeur ne représente pas les récépissés de la déclaration... ordonnée en l'article (58) précédent (art. 63.A.).

V. art. 134 pour les formalités spéciales de ces sortes de saisies.

Sanction pénale.

62. — Art. 16. — Le défaut de déclaration avant l'impression... constaté comme il est dit en l'article précédent, sera puni d'une

amende de 1,000 fr. pour la première fois et de 2,000 fr. pour la seconde. (V. n° 230.)

Circ. attén. :— Am., de 50 fr. à 1000 fr. la 1re fois ; de 50 fr. à 2,000 fr. la 2e fois (art. 533).

Restitutions des imprimés saisis.

63. — Art. 18. Les exemplaires saisis pour simple contravention à la présente loi seront restitués après paiement des amendes.

V. en l'art. 134 le texte de la loi du 28 fév. 1817, qui, bien qu'abrogée, régit toujours les saisies pour contraventions d'imprimerie. (V. n° 373.) —

---

sans abus pour se soustraire à l'accomplissement de leurs devoirs professionnels (n° 298).

216. — **Circulaire**, 15 *mars* 1814 : « Si les dé- « clarations sont relatives à des livres de prières « ou de liturgie qui ne peuvent être imprimés « qu'après avoir été revêtus de l'approbation de l'é- « vêque diocésain, cette approbation *en original* « devra toujours accompagner la déclaration de l'im- « primeur ; — son omission arrêterait l'envoi du ré- « cépissé qui seul peut autoriser à commencer l'im- « pression, même après l'approbation épiscopale. »

Cette instruction du directeur général de la librairie a quelque peu perdu de son autorité par ce fait que le décret de 1810, dont elle assurait l'exécution, a été remplacé par la loi de 1814. V. n° 297.

217. — Les tirages d'un écrit au moyen de planches ou clichés photographiques sont soumis aux lois réglementaires de l'imprimerie. Aix, 28 janv. 1859, D.60.2.49. Cass., 26 avril 1862. D.62.1.494.

Sic, pour la reproduction multipliée d'un écrit par des procédés chimiques particuliers. (Mêmes arrêts.)

218. — La prohibition de l'art. 14, L. 1814 (58), s'applique à la réimpression comme à l'impression première de l'écrit. Cass., Ch. réun., 5 août 1834, B. 257. — Paris, 25 nov. 1837, S.38.2.52.

La réimpression d'un article de journal sous un autre format et sous une autre justification ne peut être dispensée de la déclaration sous ce prétexte que le journal a été déposé. Cass., Ch. réun., 5 août 1834, B.257.

219. — *Avant d'avoir été déclarée.* — L'imprimeur est personnellement tenu de faire cette déclaration. Un fondé de *procuration spéciale* pourrait seul le remplacer. — Aix, 2 janv. 1833, (cité par M. de Grattier, I, p. 80). — Son commis ou son fils muni d'une procuration générale ne pourrait le suppléer ; trop de latitude sur ce point compromettrait le système de la loi ; — mais, dit à ce sujet l'auteur du mot *Presse*, dans le recueil de M. Dalloz, n° 152, il faut apprécier humainement les choses humaines et ne pas rendre impossible la profession d'imprimeur, en exigeant son déplacement continuel : au surplus, bien qu'irrégulière en la forme, si la déclaration est admise par l'autorité, son irrégularité sera couverte.

220. — Que doit contenir la déclaration ? Pour ceux qui admettent la force obligatoire de l'art. 2 de l'ordonnance de 1814 (V. n° 496) la déclaration doit contenir toutes les énonciations qu'exige le § 1er de cet article ; mais pour ceux qui pensent que sa disposition a excédé les limites du pouvoir réglementaire (V. n° 497) les énonciations qu'elle exige étant dépourvues de sanction et n'ayant ainsi rien d'obligatoire, la déclaration devrait se borner uniquement à désigner : *un écrit portant tel titre et de tant de pages d'après le manuscrit.*

221. — *Au ministère de l'intérieur ou à la préfecture.* — La déclaration doit être faite au secrétariat de la préfecture et ne peut être remplacée par une déclaration à la sous-préfecture. Cass., 16 août 1834. B.340. D.51.5.317.

222.—**Circulaire**, 18 *juillet* 1846 : « Toutefois, « comme le temps manque souvent aux derniers mo- « ments de l'élection pour accomplir utilement les for- « malités de la déclaration et du dépôt au chef-lieu du « département, j'ai décidé que lorsqu'il s'agira d'une « publication relative aux élections et jusqu'à l'achève- « ment des opérations électorales, la déclaration et « le dépôt pourront, par exception, être reçus au se- « crétariat de la sous-préfecture du lieu où la publi- « cation devra être faite, tous les jours, à toute « heure et même le dimanche.» Circ. de l'intérieur.

La liberté électorale sous le régime du suffrage universel réclame le maintien d'une exception aussi favorable ; le Gouvernement impérial ne saurait sur ce point faire moins que celui auquel il a succédé.

[**59** à **60**] = 223.—Les dispositions générales des art. 14 et 15, L. 1814, n'ont pu être restreintes ni étendues par l'ordonnance du 24 oct. 1814. Cass., 1er juillet 1836. B.246. — Doivent être déclarées, en vertu de cette loi, les gravures avec texte ou paroles. Paris, 28 juin 1850, D.50.2.199, n° 247.

[**61** à **63**] = 224.—*Saisie et séquestre.*—La saisie que prescrit l'art. 61 doit avoir lieu dans les formes et délais de la loi du 28 février 1817, qui, bien qu'abrogée par la loi de 1819, est néanmoins maintenue en vigueur par la Cour de cassation. V. art. 373.

225. — *Si l'imprimeur ne représente pas le récépissé de la déclaration.* — La reproduction de l'original de la déclaration ou même la reconnaissance du préfet peuvent, à défaut de récépissé, prouver la déclaration. Rennes, 27 août 1855, D.57.2.465.

226. — En cas de refus de la part du préfet de recevoir la déclaration ou d'en délivrer récépissé, l'imprimeur peut y suppléer en signifiant la déclaration par ministère d'huissier. (V. n° 344.)

227. — La non-représentation du récépissé n'est ni une contravention additionnelle, au cas où la déclaration n'a pas été faite, ni une contravention spéciale au cas où la déclaration a été effectuée. Cass., 46 nov. 1855, D.56.1.48.

228. — *Constatés comme il est dit en l'article précédent.* — Ces mots de l'art. 62 signifient non pas constatés par la saisie, mais par la non-représentation des récépissés. Cass., 2 fév. 1844. B.29.— Cette non-représentation n'est toutefois qu'une présomption qui, bien que pouvant être détruite par la preuve contraire de l'accomplissement de la déclaration, autorise la saisie des écrits. V. n°s 362 à 367.

229. — Les écrits saisis peuvent être laissés à la garde du saisi, —Circ. min. int. 14 déc. 1814, — à charge par eux d'en donner reconnaissance en forme portant obligation de les représenter à toutes réquisitions. Dalloz, v° *Presse*, n° 500.

230. — *Sera puni.* —La contravention à l'art. 14 ne comporte pas le bénéfice des excuses ; mais, depuis la loi de 1868, l'art. 463 du C. pén. lui est applicable.

Chap. III. — Conditions (Suite). — Sect. II. — Pendant l'impression.

§ 1. — Noms de l'imprimeur sur les imprimés. — Signature du gérant sur les journaux.

I. Nom et demeure des imprimeurs. — Saisie.

63.A. — *L.* 21 *oct.* 1814. Art. 15. Il y a lieu à saisie et séquestre d'un ouvrage :

1°... *V. suprà*, art. 61 ;

2° Si chaque exemplaire ne porte pas le vrai nom et la vraie demeure de l'imprimeur.

Sanction pénale.

64. —Art. 17. Le défaut d'indication, de la part de l'imprimeur, de son nom et de sa demeure, sera puni d'une amende de 3,000 fr.

Circ. att. : — Am., 50 fr. à 300 fr. (art. 533).

L'indication d'un faux nom ou d'une fausse demeure sera punie d'une amende de 6,000 fr., sans préjudice de l'emprisonnement [de 6 jours à 6 mois] prononcé par le Code pénal [dans le cas de publication de l'écrit imprimé prévu par l'art. 283 abrogé].

Circ. att. : —Am., 50 fr. à 6,000 fr. (art. 533).

Restitution des imprimés saisis.

64.A. — Art. 18. Les exemplaires saisis pour simple contravention à la présente loi seront restitués après paiement des amendes.

Pour les formes de la saisie, V. art. 134.

Noms des imprimeurs sur les affiches.

65. — *L.* 25 *mars* 1817. Art. 77, § *final.* L'imprimeur sera toujours tenu d'indiquer son nom et sa demeure au bas des affiches.

II. Signature des gérants à imprimer sur le journal.

66.—*L.* 18 *juillet* 1828. Art. 8. V. p. 64.

§ 3. La signature du gérant sera imprimée au bas de tous les exemplaires du journal à peine de 500 fr. d'amende contre l'imprimeur.

Sans que le retrait du brevet puisse s'ensuivre.

Circ. att. : Am., de 50 fr. à 500 fr. (art. 533).

Signature des députés ou sénateurs nulle.

67. — *L.* 11 *mai* 1868. Art. 8. Aucun journal ou écrit périodique ne pourra être signé par un membre du Sénat ou du Corps législatif en qualité de gérant responsable. En cas de contravention, le journal sera considéré comme non signé, et la peine de 500 fr. à 3,000 fr. d'amende sera prononcée contre les imprimeurs et propriétaires.

Circ. att. : Am., 50 fr. à 500 fr. (art. 533).

[**63** à **64**.A]=231.—Les art. 15 et 17, L. 1814, en obligeant les imprimeurs à indiquer sur tous les ouvrages qui sortent de leurs ateliers « *leur vrai nom et leur vraie demeure* » sans ajouter, comme l'art. 283 du C. pén., « *ou les noms, profession et demeure de l'auteur* » ont virtuellement abrogé ce dernier article, qui permettait de suppléer, par l'indication du nom de l'auteur, celle des noms de l'imprimeur.

232. — L'art. 284 du C. pénal réduisait à des peines de simple police la contravention de l'imprimeur, lorsqu'après la publication de l'imprimé anonyme il faisait connaître le nom de l'auteur. — Cette disposition, qui se liait et se conciliait avec celle de l'art. 283, en a suivi le sort au respect des imprimeurs. — Elle est, quant à eux, également abrogée par le système de la loi de 1814. C'est là un point unanimement admis. Chassan, I, p. 525 ; de Grattier, I, p. 88. V. notre *C. de la presse* de 1856, n° 47.

233. — *Il y a lieu à saisie.* — Cette saisie doit avoir lieu conformément à la loi du 28 fév. 1845, qui, bien qu'abrogée par la loi de 1849, a été maintenue en vigueur par la Cour de cassation en ce qui concerne les contraventions à la loi de 1814 (n° 373).

234. — *Si chaque exemplaire ne porte pas le vrai nom et la vraie demeure.* — *A fortiori*, s'il ne portait ni nom ni demeure.

235. — La contravention n'existe pas, tant qu'il n'est sorti aucun exemplaire de l'imprimerie ; elle est au contraire consommée par la sortie d'un seul exemplaire défectueux. Cass., 24 janv. 1854, D.55.5.251.

236. — Il suffit pour cela de la remise d'un seul exemplaire défectueux à tout autre qu'à l'auteur, fût-ce à titre de communication confidentielle et à charge de restitution. — Cass., 15 sept. 1837, B.274.

237. — Encore bien que l'omission des noms et demeure de l'imprimeur eût été avant la fin du tirage corrigée sur les autres exemplaires.— Cass. 22 déc., 1844, D.45.4.69.

238. — ...Et alors même que l'exemplaire sans nom sorti de l'imprimerie eût été destiné non a être vendu, mais à servir au dépôt à la direction de l'imprimerie. — Cass., 24 janv. 1854, D.55.5.251.

239. — Il a été cependant décidé que l'imprimeur qui a adressé à la préfecture pour le dépôt légal deux exemplaires, ne portant ni son nom, ni sa demeure, a pu être relaxé des poursuites par ce motif que l'envoi de ces exemplaires avait été fait par lettre missive indiquant ce nom et cette demeure, que les autres exemplaires en portaient aussi l'indication et que l'omission sur les deux exemplaires du dépôt était due à la négligence d'un employé. — Cass., 26 nov. 1846, D.46.4.337.

240. — Le dépôt légal effectué au moyen de deux exemplaires sans nom ne constitue point une contravention, s'il est établi que ces exemplaires étaient incomplets et ne comprenaient pas les pages sur lesquelles avaient été imprimés les noms et demeure de l'imprimeur et que c'est par erreur que le dépôt a été ainsi fait. Paris, 28 avril 1853, D.53.2.148.

241. — *Si chaque exemplaire de l'ouvrage.* — Il faut distinguer entre les ouvrages qui paraissent ou non par livraisons.

Dans les publications par livraisons, l'indication des noms et demeure doit bien se trouver sur chaque livraison, mais comme la loi n'en détermine pas la place, comme cela a lieu pour les affiches (art. 65), on peut admettre, avec M. de Grattier, qu'il suffirait que cette indication fût sur la couverture de chaque livraison, I, p. 94, — pourvu, ajoute M. Chassan, I, p. 534, qu'elle se trouve ensuite dans le corps de chaque volume.—Cass., 19 janv. 1849. J.p. 49.1.462.

242. — *Ouvrage.* — Cette expression comprend tout imprimé quels qu'en soient l'étendue, la destination, le but et la signification.—L'obligation des art. 15 et 17, L. 1814, ne comporte pas la distinction que la circulaire du 16 juin 1830 a admise, relativement à la *déclaration* (n°° 201 et 202), entre les *ouvrages* dits *de ville* ou *bilboquets* et les autres : tous, sauf les cartes de visites, doivent porter l'indication prescrite par les art. 15 et 17.—Cass., 5 juill. 1845. D.45.4.351. — Elle doit en conséquence être imprimée :

Sur les bulletins électoraux. — Cass., 14 janv. 1856, D.56.1.92.

Sur les journaux. — Chassan, I, 531.

Sur des partitions musicales avec texte. — Paris, 28 juin 1850. D.50.2.490.

§ 2. — **Papier de couleur pour affiches privées.** — **Papier blanc pour affiches de l'autorité.**

Papier blanc pour les affiches de l'autorité.

68. — *L.* 28 *juillet* 1791. Art. 1. Les affiches des actes émanés de l'autorité publique seront seules imprimées sur papier blanc.

Papier de couleur pour les affiches privées.

69. — *L.* 28 *avril* 1816. Art. 68. Conformément à la loi du 28 juillet 1791, le papier pour les affiches (privées) ne pourra être de couleur blanche.

Liberté du papier blanc pour les annonces.

70. — Art. 66. Les avis et autres annonces (qui se crient et distribuent dans les rues ou que l'on fait circuler de toute autre manière, L. 6 prairial an VII) qui ne sont pas destinés à être affichés pourront être imprimés sur papier blanc.

Sanction pénale.

71. — Art. 69. La contravention d'un imprimeur à ces dispositions sera punie d'une amende de 500 fr., sans préjudice du droit de Sa Majesté de lui retirer sa commission.

Abaissement de la peine ci-dessus.

72. — *L.* 25 *mars* 1817. Art. 77... La contravention à l'art. 65, loi 28 avril 1816 (art. 69 ci-dessus), qui défend de se servir de papier de couleur blanche pour les affiches (privées), sera punie d'une amende de 100 francs à la charge de l'imprimeur, qui sera toujours tenu d'indiquer son nom et sa demeure au bas de l'affiche.

Circ. att. : Am., de 50 fr. à 100 fr. (art. 533).

Maintien de la prohibition.

73. — *L.* 15 *mai* 1818. Art. 76. La disposition de l'art. 77, L. 25 mars 1817 (art. 72), qui défend de se servir de papier blanc pour les affiches, est et demeure maintenue.

---

243. — *Noms* ET *demeure.* L'un *et* l'autre, cumulativement : — par *nom*, il faut entendre *le nom patronymique* ; — par *demeure*, les indications d'usage pour faire connaître la situation de la demeure, c'est-à-dire le nom de la ville avec l'indication de la rue et du numéro de la maison et encore, bien que la loi ne l'exige pas, l'indication de la profession. Chassan, I, p. 528. Cette indication est virtuellement prescrite et sous-entendue dans ces expressions : *demeure de l'imprimeur.*

244. — *Le défaut d'indication.* — C'est le fait matériel de l'omission, indépendamment de toute intention, qui constitue la contravention ; — cette contravention ne comporte ni l'excuse de l'ignorance, ni celle de l'inadvertance, mais il peut être fait à l'imprimeur application de l'art. 463 depuis la loi du 11 mai 1868.

245. — L'omission des noms et demeure ne peut être excusée par la bonne foi. — Cass., 21 janv. 1854. B.15.

246. — Ni sur ce qu'elle serait le fait de la maladresse d'un ouvrier. — Cass., 12 déc. 1844. J.P.

247. — Ni sur ce que quelques exemplaires contenaient l'indication. — Cass., 14 janv. 1833. J.P.

248. — *De la part de l'imprimeur.* — Les photographes doivent, comme les imprimeurs, indiquer leurs noms et leur adresse, sur les écrits qu'ils reproduisent au moyen de leurs clichés. Aix, 28 janv. 1859. D.60.2.19.—Cass., 26 avril 1862. D.62.1.491.

249. — *L'indication d'un faux nom.* — Cette contravention existe par le fait matériel d'un nom autre que celui de l'imprimeur imprimé sur l'écrit sortant de ses presses : mais comme il y a ici un élément spécial qui implique un certain degré de fraude, c'est-à-dire *la fausseté*, — le fait matériel sans intention ne suffirait pas : la contravention pourrait donc être excusée, si le faux nom avait été imprimé par suite d'une erreur ou d'une méprise, ou de l'habitude prise par le compositeur du nom de l'imprimeur depuis peu remplacé.

250. — *Sans préjudice de l'emprisonnement* du Code pénal. — C'est là uniquement une indication de pénalité. Cette référence n'a pour effet que de maintenir en vigueur l'art. 283 du C. pén. qu'abroge virtuellement le système de la loi de 1814. V. n° 231.

[65] = **251**. — *Au bas de l'affiche.* — La loi ne détermine la place de l'indication des noms et demeure de l'imprimeur que pour les affiches : — d'ordinaire et dans l'usage elle est, sur les autres écrits, imprimée au commencement ou à la fin.

[66 à 67] = 252. — Sur le but de ces dispositions, V. n° 188, et sur la pénalité qui d'une amende fixe de 500 fr. dans l'art. 8 de la loi de 1828 est élevée à une amende de 500 fr. à 3,000 fr. dans l'art. 8. L. 1868, V. notre *C. de la presse* (1856), n° 203.

253. — *Signature du gérant.* — Les journaux cautionnés sont seuls tenus d'avoir des gérants. V. *infrà*, n° 505 ; l'art. 8, L. 1828 et l'art. 8, L. 1868 ne concernent donc pas les journaux non cautionnés.

254. — *Au bas de tous les exemplaires.* — C'est-à-dire à la fin de la quatrième page ; on tolère cependant qu'elle soit indiquée avant les annonces, mais cela n'est pas régulier.

256. — *Signé par un député ou un sénateur.* — La connaissance préalable de la qualité de *député* ou de *sénateur* en la personne de celui qui a signé le journal comme gérant, est pour l'imprimeur la condition essentielle de sa contravention à l'art. 67. — V. analog., n° 631.

[68 à 73] = 255. — La loi a réservé le papier de couleur blanche pour les affiches des actes de l'autorité, afin de les distinguer des affiches privées.

256. — *Actes de l'autorité.* — Les affiches des préfets et des maires ne doivent être imprimées sur papier blanc et non timbré que lorsqu'elles contiennent des publications de ces fonctionnaires en qualité de délégués du pouvoir exécutif pour l'exécution des lois et l'administration générale de l'Etat. Circ. de l'enreg. du 24 mars 1866, D.66.3.75.

258. — Ainsi doivent être imprimées sur papier timbré et de couleur les affiches des préfets et des maires qui concernent l'administration des biens, l'exécution des travaux ou de toute entreprise d'une société (exposition, courses, régates, fêtes, comices, etc.)., d'un établissement public, d'une commune ou d'un département. Même circ. V. n° 262.

259. — Il n'est fait exception à cette règle que pour les affiches relatives aux concours régionaux et aux sociétés de secours mutuels autorisées. Même circ.

260. — Dans le recueil périodique de M. Dalloz, qui rapporte cette circulaire, il est avec juste raison observé que cette distinction de la circulaire est peu observée dans la pratique et qu'il est difficile qu'elle le soit : dans les affiches concernant les courses, les fêtes, régates, expositions, il se rencontre toujours à côté d'un intérêt privé des prescriptions ayant pour objet l'ordre public qui suffisent pour donner à l'affiche le caractère d'acte de l'autorité, devant par suite être imprimées sur papier blanc. V. cette circulaire sous le n° 262.

§ 3. — Du timbre. — Obligation. — Ecrits soumis au timbre.

I. Sur les affiches.

Principe de l'impôt. — Règle. — Exception.

74. — *L. 9 vend. an VII.* Art. 56. Toutes les affiches autres que celles d'actes émanés de l'autorité publique, quels que soient leur nature et leur objet, sont assujetties au timbre de dimension. — V. exception, art. 80.

Sanction sur les objets soustraits aux droits.

75. — Art. 60. Les objets soustraits aux droits seront lacérés.

Solidarité pénale.

76. — Art. 61. Les auteurs, afficheurs, distributeurs et imprimeurs desdites affiches... seront solidairement tenus de l'amende, sauf leur recours les uns contre les autres.

Règle générale confirmée.

77. — *L. 28 avril* 1816. Art. 66. Toutes les affiches (privées), quel qu'en soit l'objet, seront sur papier timbré. — V. art. 80.

Sanction pénale. — Solidarité.

78. — Art. 69. La contravention d'un imprimeur à ces dispositions sera punie d'une amende de 500 fr. (réduite à 50 fr., loi du 16 juin 1824), sans préjudice du droit de Sa Majesté de lui retirer sa commission.

Quotité des droits de timbre.

79. — *L. 23 juillet* 1866. Art. 4. Le droit de timbre du papier des affiches est fixé de la manière suivante :

Par feuille de 12 décim. carrés et au-dessus.. 0,05
Au-dessus de 12 1/2 décim. jusqu'à 25 décim.
  carrés 0,10
Au-dessus de 25 jusqu'à 50 décim. carrés. . 0,15
Au delà de cette limite. 0,20

Dans le cas où une affiche contiendrait plusieurs affiches distinctes, le maximum ci-dessus fixé sera toujours exigible. Ce maximum sera double si l'affiche contient plus de cinq annonces.

Les affiches peuvent être imprimées sur papier non timbré, pourvu que le timbre y soit apposé avant l'affichage.

Néanmoins sont maintenues, en cas de contravention aux §§ précédents, les amendes et pénalités édictées par l'art. 69 de la loi du 28 avril 1816, modifiée par l'art. 10 de la loi du 10 juin 1824.

EXCEPTIONS :

1° Pour les actes de l'autorité, V. art. 74 ci-dessus.

2° Pour les affiches électorales.

80. — *L. 11 mai* 1868. Art. 3, § 3. Sont affranchies du timbre les affiches électorales d'un candidat contenant sa profession de foi, une circulaire signée de lui ou portant seulement son nom.

[**74** à **80**] = 261. — Les imprimeurs, étant responsables des contraventions aux lois qui assujettissent au timbre certains imprimés, sont tenus de connaître ces lois et de veiller à leur observation.

262. — *Actes de l'autorité publique.* — Ce sont les seuls dont l'affichage soit exempt du timbre.

II. Sur autres écrits périodiques ou non périodiques.

1° Origine du timbre sur les journaux.

81. — *L. vend. an VI.* Art. 56... (suite, V. art. 74). Les journaux, gazettes, feuilles périodiques, papiers-nouvelles, sont assujettis au timbre de dimension. — V. n° 266.

2° Du timbre sur les revues.

82. — *L. 28 avril* 1816. Art. 70. Les dispositions des lois sur le timbre s'appliquent à tout ouvrage, de quelque étendue qu'il soit, qui paraîtrait soit régulièrement soit irrégulièrement par mois, par semaine, quand même le service n'en serait pas régulier.

3° Sur les journaux, revues, recueils, — quotité.

83. — *D.-L. 17 fév.* 1852, *modifié par l'art.* 3, *L.* 11 *mai* 1868. Art. 6. Les journaux ou écrits périodiques et les recueils périodiques de gravures ou lithographies politiques de moins de 10 feuilles de 25 à 32 décim. carrés ou de moins de 5 feuilles de 50 à 72 décim. carrés seront soumis au timbre.

Ce droit sera de 5 cent. par feuille (*de 7 décim. carrés et au-dessous*) dans les départements de la Seine et de S.-et-Oise; ce droit est de 2 cent. pour les journaux, gravures ou écrits périodiques publiés partout ailleurs.

Pour chaque fraction en sus de 10 *cent. carrés et au-dessous, il sera perçu* 1 *cent.* 1/2 *dans les départements de la Seine et de Seine-et-Oise et* 1 *cent. partout ailleurs* (n. 272).

Abrogation du dernier paragraphe ci-dessus.

84. — *L.* 11 *mai* 1868. Art. 3, § 2. Le § 3 de l'art. 6 du décret du 17 février 1852 est abrogé. — V. n° 292.

4° Sur leurs suppléments, couvertures, annonces.

85. — Art. 4. Sont considérées comme suppléments et assujetties au timbre ainsi que le journal lui-même, s'il n'est déjà timbré, les feuilles contenant des annonces, lorsqu'elles servent de couverture au journal ou qu'elles y sont annexées, ou lorsque, publiées séparément, elles sont néanmoins publiées en même temps.

5° Sur les écrits non périodiques.

86. — *D.-L. 17 fév.* 1852, *modifié par l'art.* 3, *L.* 11 *mai* 1868. Art. 9. Les écrits non périodiques traitant de matières politiques ou d'économie sociale, s'ils sont publiés en une ou plusieurs livraisons ayant moins de 6 feuilles d'impression, de 25 à 32 décimètres carrés, seront soumis à un droit de timbre de 4 centimes par feuille. — Exception, V. art. 97 ci-dessus.

Il sera perçu 1 1/2 cent. par chaque fraction en sus de 10 décim. carrés et au-dessus.

Circulaire : — « Les actes de l'autorité sont les « seuls que la loi exonère de l'impôt; cependant « des magistrats de l'ordre administratif (préfets, « maires, etc.) ont pensé que l'indication de leur « qualité et l'apposition de leur signature au bas « d'une affiche, quel qu'en soit l'objet, suffisaient pour

§ 4. — Exemptions. — Écrits périodiques ou non périodiques exemptés du timbre.

I. Exemption pour les écrits périodiques.

1º Journaux en langue étrangère.

87. — *L.* 16 *juillet* 1850. Art. 20. Sont affranchis du timbre tous journaux ou publications imprimés en France en langue étrangère, mais destinés à être publiés et distribués en pays étranger.

2º Supplément du Journal officiel.

88. — *D.-L.* 17 *fév.* 1852. Art. 6, §§ 1, 2 et 3 (V. ci-dessus art. 83), § 4. Les suppléments du journal officiel, quel que soit leur nombre, sont exempts du timbre.

3º Journaux artistiques, littéraires, scientifiques.

89. — *D.-L.* 28 *mars* 1852. Art. 1. Sont exempts du droit de timbre les journaux et écrits périodiques et non périodiques, exclusivement relatifs aux lettres, aux sciences, aux arts et à l'agriculture. — V. nº 269.

Art. 2. — Ceux de ces journaux ou écrits qui, même accidentellement, s'occuperaient de matières politiques ou d'économie sociale seront considérés comme en contravention au décret du 17 février 1852, et passibles des peines établies aux art. 5 et 11 de ce décret.

4º Suppléments pour comptes rendus des Cchambres.

90.—*L.* 2 *mai* 1861. Art. 1. Sont exempts de timbre et de droits de poste les suppléments des journaux, lorsque ces suppléments sont *exclusivement* consacrés soit à la publication des débats législatifs reproduits [*in extenso*] par la sténographie, ou par le compte rendu [analytique] conformément à l'art. 42 de la constitution, soit à l'insertion des exposés des motifs de projets de loi ou de sénatus-consulte, des rapports de commission ou de documents officiels déposés au nom du Gouvernement sur le bureau du Sénat ou du Corps législatif.

Pour jouir de l'exemption susénoncée, les suppléments doivent être publiés sur feuilles détachées du journal.

La même exemption s'appliquera aux suppléments de journaux non quotidiens des départements autres que ceux de la Seine et de Seine-et-Oise, publiés en dehors des conditions de périodicité déterminées par leur cautionnement.

Extension de l'exemption qui précède.

91. — *Même loi.* Art. 2. Sont exempts du timbre toutes autres publications périodiques consacrées aux matières indiquées en l'article précédent.

Extension de la même exemption.

92. — *L.* 11 *mai* 1868. Art. 5. Sont exempts de timbre et de droits de poste les suppléments de journaux et écrits périodiques assujettis au cautionnement, lorsque ces suppléments ne comprennent aucune annonce de quelque nature qu'elle soit et quelque place qu'elle y occupe et que la moitié au moins de leur superficie est consacrée à la reproduction des documents énumérés en l'art. 1er de la loi du 2 mai 1861.

5º Exemplaire du dépôt légal.

93. — Art. 7, § 3. Les exemplaires (des journaux destinés au dépôt légal) sont dispensés du timbre.

II. Exemptions pour les écrits non périodiques.

1º Annonces de librairie.

94. — *L.* 25 *mars* 1817. Art. 76. Seront exempts de timbre les annonces, prospectus et catalogues de librairie.

2º Œuvres de musique.

95. — *L.* 16 *juillet* 1840. Art. 3. Est abrogé l'art. 4, L. du 2 floréal an VI, qui assujettissait au timbre les œuvres de musique.

3º Écrits politiques de plus de 6 feuilles.

96. — *A contrario de l'art.* 86 *ci-contre*, sont exempts de timbre les écrits politiques ou d'économie sociale, non périodiques, de plus de 6 feuilles d'impression.

4º Écrits agricoles, littéraires, non politiques.

97. *D.-L.* 28 *mars* 1852. Art. 1. Sont exempts de timbre les écrits... non périodiques exclusivement relatifs aux lettres, aux sciences, aux arts et à l'agriculture. — V. art. 89.

5º Avis, circulaires, annonces.

98.—*L.* 23 *juin* 1857. *Budget.* Art. 12. Est abrogé l'art. 1 de la loi du 6 prairial an VI, qui assujettissait au timbre les écrits imprimés qui se crient ou se distribuent dans les rues et lieux publics, ou que l'on fait circuler de toute autre manière.

« donner à cette affiche le caractère de celle que la
« loi affranchit du timbre. Cette opinion n'est pas
« fondée; en effet, parmi les fonctions multiples que
« remplissent les préfets et les maires, il faut dis-
« tinguer celles qu'ils exercent comme délégués du
« pouvoir exécutif pour le maintien de l'ordre, l'exé-
« cution des lois et l'administration générale de l'Etat,
« et, d'autre part, les attributions qui leur sont confé-
« rées dans l'intérêt des départements, des com-
« munes et des établissements publics; considérés
« sous ce dernier point de vue, les actes des préfets
« et des maires sont des actes d'intérêt privé, bien
« que collectif, et les affiches relatives à cet intérêt
« sont soumises à l'impôt. C'est ainsi que les affiches
« concernant l'administration des biens, l'exécution

« des travaux ou de toute entreprise d'une société
« (expositions, courses, régates, comices, etc.), d'un
« établissement public, (hospice, bureau de bienfai-
« sance), d'une commune ou d'un département, doi-
« vent, quoique signées par un magistrat de l'ordre
« administratif, être imprimées sur papier timbré et
« de couleur, parce que la société, la commune et le
« département constituent des personnes civiles ayant
« leurs ressources spéciales et indépendantes de
« l'administration générale de l'Etat.
« « Ces distinctions sont susceptibles de deux excep-
« tions : l'une est relative aux affiches des concours
« régionaux, l'autre aux sociétés de secours mutuels
« autorisées. Ces affiches sont exemptes de timbre;
les premières parce que les concours régionaux em-

§ 5. — Sanction du timbre sur les imprimés autres que les affiches

Solidarité pénale.

99. — *L.* 16 *juillet* 1850. Art. 24, § 3. Les auteurs, éditeurs, gérants, imprimeurs et distributeurs desdits journaux et écrits soumis au timbre seront [en cas de contravention relative au timbre] solidairement tenus de l'amende, sauf leur recours les uns contre les autres.

Saisie des écrits périodiques en contravention.

100. — *D.-L.* 17 *février* 1852. Art. 10. Les préposés de l'enregistrement, les officiers de police judiciaire et les agents de la force publique, sont autorisés à saisir les journaux ou écrits périodiques qui seraient en contravention aux présentes dispositions du timbre.

Ils devront constater cette saisie par des procès-verbaux qui seront signifiés aux contrevenants dans le délai de 3 jours.

Sanctions pénales.

101. — Art. 11. Chaque contravention aux dispositions de la présente loi pour les journaux, gravures ou écrits périodiques, sera punie, indépendamment de la restitution des droits frustrés, d'une amende de 50 fr. par feuille ou fraction de feuille non timbrée.

Elle sera de 100 fr. en cas de récidive.

L'amende ne pourra au total dépasser *le chiffre du cautionnement.* (V. art. 103 ci-après.)

Circ. att. : Am. de 50 fr. au minimum (art. 533).

Pour les autres écrits, chaque contravention sera punie, indépendamment de la restitution des droits frustrés, d'une amende égale au double desdits droits.

Cette amende ne pourra, en aucun cas, être inférieure à 200 fr. ni dépasser au total 50,000 fr.

Circ. att. : Am. de 50 fr. au minimum (art. 533).

Formes des poursuites en recouvrement.

102. — Art. 12. Le recouvrement des droits de timbre et des amendes de contravention sera poursuivi, et les instances seront instruites et jugées conformément à l'art. 76, L. 28 avril 1816 (art. 104 ci-dessus).

Réduction du maximum. — Totalité des amendes.

103. — *L.* 11 *mai* 1868. Art. 6. Seront applicables en cas de contravention aux articles précédents (83, 80, 85, 86 et 92) les dispositions des art. 10 et 11, § 1er, du décret du 17 février 1852 (art. 100 et 101, § 1er).

Dans aucun cas, l'amende ne peut dépasser le tiers du cautionnement versé par le journal ou de celui auquel il aurait été assujetti s'il eût traité de matières politiques ou d'économie sociale.

Poursuites en recouvrement des droits.

104. — *L.* 28 *avril* 1816. Art. 76. Le recouvrement des droits de timbre et des amendes de contraventions y relatives sera poursuivi par voie de contrainte, et en cas d'opposition, les instances seront instruites et jugées selon les formes prescrites par les lois du 22 frimaire et 27 nivôse an IX sur l'enregistrement.

En cas de décès des contrevenants, lesdits droits et amendes seront dus par leurs successeurs et jouiront, soit dans les successions, soit dans les faillites, du privilége des contributions directes.

Prescription.

105. — *L.* 16 *juin* 1824. Art. 14. La prescription de 2 ans de la loi du 22 frimaire an VII s'applique aux amendes pour contraventions aux lois sur le timbre.

« brassant plusieurs départements, leur publicité peut
« être assimilée à une mesure d'administration géné-
« rale ; quant aux secondes, elles restent dans les
« termes de l'art. 11 du décret du 26 mars 1852 qui
« porte « *que tous les actes intéressant les sociétés*
« *de secours mutuels* sont exempts de timbre. » --
Circ. 24 mars 1866. D.66.3.75.

263. — Les mots *actes de l'autorité publique* comprennent tous les actes de l'autorité (judiciaire administrative ou militaire) qui doivent être affichés.

264. — *Les objets soustraits seront lacérés.* — L'art. 60, L. vend. an VI, n'a été abrogé par aucune loi.

265. — Les art. 76 et 78 sont toujours en vigueur. Le § 3 de l'art. 79 semble y avoir dérogé en autorisant le tirage des affiches sur papier non timbré.

[**81** à **85**] = 266. — *Les journaux politiques ou non politiques.* La loi du 9 vendémiaire an VI assujettit, la première, les journaux à l'impôt du timbre. Cette mesure était alors entièrement fiscale.... V. n° 650.

267 — La loi du 28 avril 1816 l'étendit aux revues.

268. — Le décret du 17 fév. 1852 l'a imposé, sans distinction, à *tous les écrits périodiques*, politiques ou non politiques, et *aux écrits non périodiques* politiques de moins de 10 feuilles d'impression.

269. — Un décret-loi du 28 mars de la même année 1852 en exempta les journaux exclusivement consacrés aux lettres, aux arts, aux sciences et à l'agriculture, — avec ce considérant, comme exposé des motifs, « que si des conditions restrictives avaient dû être im-
« posées à la presse politique, il convenait de favo-
« riser le développement des publications consacrées
« aux sciences et aux arts. »

270. — La loi du 11 mai 1868 a sur ce point introduit des modifications sur lesquelles les circulaires suivantes de la direction générale du timbre nous dispensent de plus amples commentaires.

Circulaire, 20 *mars* 1868. « La première modifi-
« cation concerne la réduction des tarifs : — de 6 cen-
« times par feuille le droit est abaissé à 5 cent., dans
« les départements de la Seine et de Seine-et-Oise, et
« de 3 à 2 centimes, partout ailleurs.

« 271. — Le droit supplémentaire établi par le
« § 3 de l'art. 6 du décret du 17 fév. 1852 (art.
« 83), pour les feuilles de grandes dimensions, est
« abrogé. »

272. — **Circulaire,** 11 *mai* 1868. — « A l'avenir
« les droits de 5 et 2 centimes seront seuls exigés par
« chaque feuille, quelle que soit sa dimension. »

En d'autres termes, l'impôt cesse d'être un impôt sur *la dimension*, pour n'être plus que sur le numéro ou la feuille, — les dispositions du décret du 17

§ 6. Des timbres mobiles.

Création des timbres mobiles.

106. — *L. 3 août* 1867. *Budget*. Art. 29. Le droit de timbre établi sur les journaux ou écrits périodiques pourra être acquitté par l'apposition, sur les papiers destinés à leur pu-blication, de timbres mobiles que l'administration est autorisée à vendre et à faire vendre.

Un règlement d'administration publique réglera la forme et les conditions de l'emploi de ces timbres... (V. la suite p. 73, art. 194.)

fév. 1852, imprimées en lettres italiques, sont celles que ces modifications ont abrogées.

273. — *Circulaire du* 20 *mars* 1868. — « Les « journaux exemptés du timbre (déc. 28 mars 1852) « pourront faire des annonces rentrant exclusivement « dans *leur spécialité;* mais ils s'imposent au droit « de timbre lorsqu'ils franchiront cette limite ; ainsi « toutes les insertions d'annonces autres que celles « qui rentrent exclusivement dans la spécialité des « écrits littéraires, scientifiques, artistiques ou agri-« coles, ont pour effet de rendre ces écrits passibles « du timbre. On devra même, d'après la loi nouvelle, « considérer comme des suppléments assujettis au « timbre les feuilles contenant des annonces, lors-« qu'elles servent de couverture dans les conditions « de l'art. 4. — (85 ci-dessus.) »

274. — *La circulaire du* 11 *mai* 1868 revient sur ce dernier point : «—Il a été admis que *les journaux « non soumis au timbre peuvent faire des annonces « rentrant exclusivement dans leur spécialité, mais « qu'ils s'exposent au droit de timbre lorsqu'ils « franchissent cette limite.* Les agents veilleront en conséquence attentivement à ce que cette règle ne soit appliquée qu'aux annonces qui « *par leur spé-« cialité participent elles-mêmes de la nature des « écrits exempts.* »

[86] = 275.— Même circulaire. « Les modifi-« cations de la loi nouvelle sur les écrits non pério-« diques consistent :

« 1° Dans la réduction à 4 cent. du droit de 5 cent. « fixé par l'art. 9 du décret du 17 fév. 1852 ; »

« 2° Dans l'abaissement à 6 feuilles, au lieu de 10, « du nombre de feuilles d'impression nécessaire « pour exempter du timbre.

« Toutes les autres dispositions du décret de 1852 « concernant les écrits non périodiques, et notam-« ment celles relatives au droit supplémentaire de « 1 cent. 1/2 par feuille de grandes dimensions et « aux pénalités, sont maintenues. »

276. *Écrits non périodiques politiques ou d'éco-nomie sociale.*—V., sous les n°ˢ 396 à 413, les nom-breuses décisions par lesquelles la jurisprudence a tenté de préciser la portée de ces expressions, dont la généralité comprend tous les écrits politiques sans exception, même les mandements des évêques, s'ils trai-tent des matières politiques en moins de 10 feuilles.

277. *Circulaire des cultes du* 2 *janv.* 1864. — « La loi existe pour tous : si les mandements épis-« copaux devenaient politiques par leur intention ou « leur objet, il serait difficile de justifier le privilége « qui les affranchit du timbre.—La généralité des ci-« toyens, regardant le timbre comme un impôt, n'y a « jamais vu une prohibition de manifester sa pensée, « et je doute que l'épiscopat puisse appeler prohibi-« tion, humiliation et servitude, ce qui n'est qu'une « condition fiscale applicable à tout le monde. »

278. — Toutefois, pour prévenir les hésitations des imprimeurs sur le caractère des écrits épiscopaux et concilier par une pratique bienveillante les principes de la loi avec les nécessités de l'administration diocé-saine, Son Excellence déclare que le Gouvernement est disposé à des tempéraments favorables sur ce point.

« La dérogation au droit commun des anciennes « circulaires, ajoute Son Excellence, était fondée sur « la présomption que les mandements avaient pour « but exclusif les choses de la religion ; il paraît con-« venable de maintenir cette présomption, avec ses « conséquences favorables aux mandements et lettres « qui gardent la forme habituelle des publications épis-« copales et qui ne recherchent que la publicité ordi-« naire des actes diocésains. »

279. — « Ainsi restent exempts de timbre les let-« tres pastorales et mandements imprimés dans le for-« mat traditionnel, lus en chaire, affichés dans « l'église, envoyés aux curés pour les besoins et dans « les limites du diocèse. »

280. — «Mais si des écrits, aspirant à un reten-« tissement que l'épiscopat n'avait pas coutume de « juger nécessaire à l'accomplissement de ses devoirs, « prennent la forme de brochure, et deviennent des « objets de colportage et d'exposition hors du diocèse, « ils doivent, comme tous autres écrits, être assujettis « aux obligations du droit commun. »

281. — *Livraisons de moins de 6 feuilles, de 25 à 32 décimètres carrés.*—Il s'en fallait d'une demi-feuille que la brochure intitulée : *Titres de la dy-nastie napoléonienne,* eût le nombre de feuilles voulu pour l'exemption du timbre ; elle fut cepen-dant publiée sans être timbrée ; elle avait été impri-mée à l'imprimerie impériale. Son directeur, M. Pel-tetin, accusé par la presse d'avoir, en cette circon-stance, violé la loi sur le timbre, répondit, le 24 mars 1868, par une lettre rendue publique, que d'a-près l'avis de l'administration du timbre :

1° Les pages du titre, du faux titre, leur verso en blanc, doivent entrer en compte pour le calcul du nombre de feuilles et non pas seulement les pages du texte;

2° Que l'éditeur était libre de jeter des blancs où il veut, d'espacer ses lignes comme il l'entend et d'imprimer en caractères énormes si cela lui plaît ;

3° Que l'éditeur pouvait, autant qu'il le voulait, rogner les marges.

On peut, à ce sujet, faire observer qu'avec cette faculté de rogner, d'interligner et de jeter des blancs, on pourra arriver à publier sans timbre des brochures de moins de 5 feuilles de 25 à 32 décimètres carrés.

[87 à 99]=282.— V., sur ces exemptions de timbre concernant les journaux, n°ˢ 223 à 239 de notre *C. de la presse* de 1856.

283. V. sur ces exemptions des écrits non pério-diques, n°ˢ 228 à 232 *bis* du même Code.

284.—L'art. 24, § 3, L. 16 juillet 1850, n'ayant été abrogé par aucune loi et ne rencontrant rien de contraire dans les lois postérieures, est toujours en vigueur.

[100 à 103]=285. — *Circulaire du* 11 *mai* 1868. « Les art. 40 et 41 du décret du 17 février 1852 « sont confirmés par la loi de 1868; néanmoins, le « maximum de l'amende ne pourra, dans aucun cas, « dépasser le tiers du cautionnement versé ou à ver-« ser par le journal. »

286. — Les contraventions aux lois sur le timbre étant commises par la voie de la presse comportent l'application de l'art. 463 du Code pénal, depuis la loi de 1868. V. *infrà,* notes sous l'art. 533.

[104 à 106]... V. n°ˢ 659 et suivants.

Chap. II. — Conditions de l'exercice de l'imprimerie (Suite).

Sect. III. — Après l'impression. — § 1. Du dépôt administratif à la préfecture.

Dépôt des imprimés avant publication.

107. — *L.* 21 *oct.* 1814. Art. 14. Nul imprimeur ne pourra imprimer un écrit avant d'avoir déclaré qu'il se propose de l'imprimer ni le mettre en vente, ou publier de quelque manière que ce soit, avant d'avoir déposé le nombre prescrit (de deux) d'exemplaires, savoir, à Paris au secrétariat de la direction générale [ministère de l'intérieur], et dans les départements, au secrétariat de la préfecture.

Saisie des écrits non déposés.

108. — Art. 15. Il y a lieu à saisie et séquestre d'un ouvrage : 1° si l'imprimeur ne présente pas les récépissés de la déclaration et du dépôt ordonné en l'article précédent.

Sanction pénale.

109. — Art. 16. Le défaut de déclaration avant l'impression et le défaut de dépôt avant la publication, constatés comme il est dit en l'article précédent, seront punis chacun d'une amende de 1,000 francs pour la première fois et de 2,000 fr. pour la seconde.
Circ. attén. : Am., 50 fr. à 1,000 fr. 1re fois ; 50 fr. à 2,000 fr. 2e fois (art. 533).

Restitution des écrits saisis.

110. — Art. 18. Les exemplaires saisis pour simple contravention à la présente loi seront restitués après le paiement des amendes.

Dépôt des estampes avec texte.

111. — *Ordonn.* 24 *octobre* 1814. Art. 3. Les dispositions de l'art. 14, L. 1814, s'appliquent aux estampes et aux planches gravées accompagnées d'un texte.

Art. 10. Toute estampe ou planche gravée, publiée ou mise en vente avant le dépôt de 5 *épreuves* constaté par le récépissé, sera saisie par les inspecteurs de la librairie et les commissaires de police, qui en dresseront procès-verbal.

Dépôt des impressions lithographiques.

112. — *Ordonn. du* 8 *octobre* 1817. Art. 2. Toutes les impressions lithographiques sont soumises à la déclaration et au dépôt avant la publication comme tout autre ouvrage d'imprimerie.

Nombre des exemplaires à déposer.

113. — *Ordonn. du* 9 *janvier* 1828. Art. 1. Le nombre des exemplaires des écrits imprimés et des épreuves des planches et estampes dont le dépôt est exigé par la loi, et qui aurait été fixé à 5 par l'ordonnance du 24 octobre 1814, est réduit, outre l'exemplaire et les deux épreuves destinés à notre bibliothèque, à un seul exemplaire et à une seule épreuve pour la bibliothèque de notre ministre de l'intérieur.
En ce qui concerne le dépôt spécial des dessins, gravures, etc., pour obtenir l'autorisation de les vendre exigée par l'art. 20, déc. 17 fév. 1852, *infrà*, V. (art. 471).

---

§ I. — Dépôt administratif de la loi de 1814.

[**107**] = 287. — La formalité de la *déclaration* et celle du dépôt étant imposées aux imprimeurs, par la même disposition, art. 14, L. 1814, dont nous avons détaché la première partie pour en faire l'art. 58, et qu'ici nous donnons tout entière, les décisions sur la nature des écrits à déclarer s'appliquent également à la nature de ceux qui doivent être déposés. Voir en conséquence nos annotations, nos 204 à 219.

288. — La circulaire du 16 juin 1830, qui distingue entre les imprimés ordinaires et ceux dits *de ville* ou *bilboquets*, est applicable à la formalité du dépôt ; ces derniers imprimés en sont affranchis. V. nos 204 à 212.

289. — Ont été rangés dans cette catégorie par la circulaire : « Les ouvrages imprimés pour le compte « de l'administration ou destinés à des usages pri- « vés ; » tels que cartes de visite, lettres de faire part de mariage, naissance ou de décès, lettres d'invitation pour dîner, bals ou soirées, « enfin tous impri- « més destinés à des usages privés non susceptibles « d'être répandus dans le commerce. »

290. — « Les mémoires ou requêtes sur procès, « signés par un avocat ou un officier ministériel. »

291. — Doivent par contre être déposés : tous ouvrages dont l'impression a été déclarée ou a dû l'être, et notamment les *journaux non cautionnés* (Paris, 20 juin 1855, D.56.5.358. V. nº 213, 214, *suprà*). Quant aux *journaux cautionnés*, la loi de 1828 et celle de 1868, en ayant mis le dépôt à la charge de leurs gérants, en a implicitement déchargé les imprimeurs et a abrogé, quant à eux et pour ces écrits, l'art. 14, L. 1814. V. nº 669.

292. — Les mandements des évêques sont, comme tous les autres imprimés, soumis à la formalité du dépôt avant leur publication.

On en avait un instant douté : certains esprits, plus jaloux de ressusciter les priviléges du passé que d'étendre le principe supérieur de l'égalité, ont tenté de revendiquer sur ce point une exception qui repousse la généralité de l'art. 14, en se fondant sur les prétendues traditionnelles franchises dont les mandements, les lettres pastorales et les livres d'église étaient favorisés sous l'ancienne législation.

Mais ce sont là des prétentions mal fondées ; car les traditionnelles franchises n'ont jamais dispensé ces écrits de la formalité du dépôt. V. nº 295.

293. — L'ancienne législation était même à ce sujet plus rigide que la nouvelle ; elle subordonnait, en effet, la publication et l'impression de tout ouvrage d'imprimerie à des formalités plus étroites, savoir :

1° A l'obtention « *de la permission d'imprimer par lettres scellées du grand sceau,* » lesquelles n'étaient accordées que sur la remise du manuscrit au garde des sceaux pour être examiné et censuré, art. 104, règlement, 23 février 1723. — Ces permissions, conférant, après censure et examen : « *privilége d'imprimer* », étaient pour cette raison appelées *priviléges*.

« Les indulgences et autres ouvrages propres à « chaque diocèse pouvaient, il est vrai, aux termes de « l'art. 110, être *librement* imprimés sur *priviléges* « *spéciaux* qu'en avaient obtenus les évêques ; » mais, bien que spéciaux, ces priviléges n'étaient pas irrévocables. V. nº 297.

2° Au *dépôt* de 9 exemplaires brochés à la chambre syndicale des imprimeurs, dont 3 étaient destinés à la bibliothèque du roi, 1 pour le chancelier, 1 pour le garde des sceaux. V. notre *Code annoté de la Presse* de 1856, p. 17, et *suprà*, nº 309.

294. — L'ordonnance du 24 oct. 1814 avait, à peu de chose près, en ce qui concerne le dépôt, reproduit les dispositions du règlement de 1723. Son art. 4, aujourd'hui abrogé, exigeait aussi le dépôt de 5 exemplaires pour les mêmes autorités.

§ 2. — Dépôt judiciaire de certains écrits au parquet du procureur impérial.

Dépôt des brochures politiques.

114. — *L.* 27 *juillet* 1849, Art. 7. Indépendamment du dépôt prescrit par la loi du 21 octobre 1814 (art. 107-109), tous écrits traitant de matières politiques ou d'économie sociale et ayant moins de 10 feuilles d'impression autres que les journaux et écrits périodiques, devront être déposés par l'imprimeur au parquet du procureur de la République du lieu de l'impression, 24 heures avant toute publication (n°s 326 à 335).

L'imprimeur devra déclarer, au moment du dépôt, le nombre d'exemplaires qu'il a tirés.

Il lui sera donné récépissé de sa déclaration.

Toute contravention aux dispositions du présent article sera punie par le tribunal correctionnel d'une amende de 100 fr. à 500 fr.

Circ. attén., Am. de 50 fr. à 100 fr. (art. 533).

Dépôts des journaux ou écrits périodiques.

114 A. — *Par induction* (*L.* 1814 *et* 1868). Au moment de la publication de chaque numéro ou livraison d'un écrit périodique politique ou d'économie sociale, il sera par leur gérant remis :

1° A la préfecture, pour les journaux du chef-lieu du département;

2° A la sous-préfecture, pour ceux d'arrondissement;

3° A la mairie, pour les autres villes;

4° Et au parquet du procureur impérial,

Deux exemplaires signés du gérant responsable ou de l'un d'eux, s'il y a plusieurs gérants responsables.

Quant aux journaux non politiques, ils continueront, comme par le passé, à être régis, quant au dépôt, par la loi du 21 octobre 1814.

Ce dépôt devra être fait par l'imprimeur.

Il devra déposer deux exemplaires au ministère de l'intérieur à Paris, à la préfecture dans les départements.

Il lui en sera délivré récépissé.

295. — L'obligation du dépôt ne comportait avant 1789 aucune exception ; l'art. 1er de l'arrêt du conseil du 15 avril 1785 y soumettait « toutes personnes de quelque qualité et condition qu'elles soient, même les *archevéques et évéques pour les usages de leur diocèse, ensemble les académies, corps et communautés, maisons religieuses* et autres qui obtiendront *des priviléges*, permission du sceau ou des juges de police ou autres. »

296. — Les priviléges spéciaux qu'obtenaient les évéques pour l'impression des livres liturgiques et de leurs mandements, avaient uniquement pour but de les affranchir de la censure ou examen préalable à l'impression, mais non du dépôt avant la publication.

297. — Ces priviléges étaient révocables, ainsi que cela résulte des passages suivants de la déclaration du 4 juin 1674, qui en limite la portée :

« L'abus que l'on a fait en plusieurs occasions de « la liberté accordée à certaines communautés et à « quelques particuliers d'imprimer des livres dont ils « auraient besoin, ou qu'ils pourraient composer, « nous oblige d'en arrêter le cours...

« Révoquons toutes lettres patentes, arrêts de no« tre conseil et autres données en faveur de toutes « communautés et personnes ecclésiastiques et sécu« lières de quelque qualité et dignité qu'elles soient, « portant permission générale d'imprimer;... voulons « qu'à l'avenir il ne soit expédié aucune permission « générale de faire imprimer.

« N'entendons néanmoins déroger par ces présentes « aux privilèges que nous avons ci-devant accordés « aux archevéques et évéques pour l'impression des missels, « bréviaires et autres livres dont ils ordonnent l'usage « dans leur diocèse et aux ordres et communautés « religieuses qui seront exécutés et pourront être re« nouvelés ou accordés à ceux qui en auront besoin, « ainsi qu'il s'est ci-devant pratiqué pour les livres « d'église seulement. » V. n° 246.

298. — La loi de 1814, par son art. 2, abrogé depuis 1846, affranchissait bien également, comme la législation antérieure à 1789, les mandements, les lettres pastorales, les catéchismes et lettres de prières, de la censure, mais la disposition générale et sans exception de l'art. 14 de cette loi ne permettait pas de les affranchir de la formalité du dépôt ; ils y étaient soumis comme les écrits en langue morte, les mémoires sur procès, ceux des sociétés savantes et tous écrits de plus de 20 feuilles qui « pouvaient être pu-

« bliés librement sans examen préalable des cen« seurs. » (V. notre *C. de la Presse*, (1856); p. 3.4.)

La dispense de la censure était un privilège accordé aux auteurs à raison de leur caractère ou de la longueur de leurs ouvrages, mais dont les imprimeurs n'auraient pu se prévaloir pour se dégager de leurs obligations professionnelles. V. n° 245.

298 *bis*. — Les ouvrages portant permis d'imprimer des censeurs présentaient bien d'autres garanties; ils devaient cependant être *déclarés* et *déposés*; — aucune disposition n'exceptant les mandements et autres écrits des évéques de cette double formalité, les imprimeurs sont tenus de faire la déclaration et le dépôt conformément à l'art. 14, L. 1814; ils devraient même et en outre en effectuer le dépôt spécial au parquet, prescrit par l'art. 7 de la loi du 27 juillet 1849 (art. 114), si ces mandements ou écrits, traitaient de matières politiques ou d'économie sociale, en moins de 10 feuilles d'impression.

299. — Une circulaire du ministre de l'intérieur avait néanmoins fait aux évéques en 1836 cette faveur ou cette concession, qui n'a pas duré, d'affranchir leurs mandements de la formalité du dépôt. — Mais une circulaire du ministre des cultes, du 2 janv. 1861, a, sur ce point, rappelé les imprimeurs à l'exécution de la loi en des termes qui méritent d'être rappelés :

« Beaucoup d'évéques ayant cessé depuis près d'un « an de m'envoyer un double exemplaire de leurs « mandements, il est naturel de rétablir à la charge « des imprimeurs la formalité du dépôt préalable..... « le ministre des cultes n'aura point, ainsi, à récla« mer aux évéques un envoi qu'ils semblent ne plus « considérer comme obligatoire. — Cette formalité du « dépôt doit rester d'ailleurs pour tous les hommes « impartiaux ce qu'elle est en réalité; jamais elle n'a « constitué autre chose qu'un moyen d'assurer à l'au« torité la prompte connaissance des imprimés des« tinés au public. Mais le préfet qui reçoit le dépôt « ne fait en cela aucun acte de censure; il ne limite, « par son intervention, ni la liberté des personnes, « ni celle des écrits, et, s'il y avait jamais lieu de « poursuivre la répression d'un délit, ce serait à la « justice à procéder suivant les formes légales. »

300. — *Nul imprimeur.* Cette expression indique bien qu'il s'agit, dans l'art. 14, d'une obligation imposée à *l'imprimeur*. — Les imprimeurs sont donc seuls et personnellement obligés à faire le dépôt des écrits qu'ils impriment. — Cass., 29 nov. 1849, D. 50.2.32.

301. — Un fondé de pouvoir spécial pourrait néanmoins être admis à suppléer l'imprimeur pour cette formalité ; la force des choses réclame pour le dépôt tout ce que comporte de tolérance la formalité de la déclaration. V. n° 219.

302. — *Ne pourra mettre en vente ou publier.* Le dépôt doit être effectué avant qu'aucun exemplaire soit sorti des mains de l'imprimeur ; — il faut, pour qu'il soit régulier, que tous les exemplaires imprimés puissent être représentés et placés sous la main de la justice sans qu'il en manque un seul au cas où, au moment même du dépôt, une saisie de l'ouvrage viendrait à être pratiquée chez l'imprimeur.

303. — Il y aurait donc lieu de considérer comme un fait de mise en vente ou de publication tout déplacement d'exemplaires ayant pour effet d'en déposséder l'imprimeur, alors même qu'il n'en aurait été en réalité vendu aucun. Tel serait le cas de l'envoi de l'édition entière à un libraire chez qui cette édition entière aurait été saisie. Chassan, I, p. 543.

304. — La remise même d'un seul exemplaire à toute autre personne qu'à l'auteur, fût-ce même à titre de communication et à charge de restitution, constituerait un fait de publication dans le sens de l'art. 14, L. 1814. — Cass., 15 sept. 1837, B.274. Chassan, I, p. 543. V. n° 308.

305. — Mais il n'y aurait pas déplacement au regard de cet article dans l'envoi de tout ou partie de l'édition chez le brocheur, si l'édition entière se retrouvait toutefois, soit dans les magasins de l'imprimeur, soit dans ceux du brocheur, de telle sorte que tous les exemplaires réellement déclarés et réellement imprimés puissent être représentés.

306. — La question du déplacement est laissée à l'appréciation souveraine des juges du fait, qui peuvent en déduire la preuve de l'ensemble des circonstances sans même qu'il ait été directement constaté. Chassan, I, p. 544.

307. — *Un écrit.* V. sur ce mot les n°s 287 et 291. Sa portée comprend les *journaux non cautionnés* ; leur dépôt est à la charge de l'imprimeur, conformément à la loi de 1814. Paris, 20 juin 1855, D.56. 5.358.

308. — *Avant d'avoir déposé.* Le dépôt doit précéder la publication (n° 302) ; effectué après l'émission d'un exemplaire, il ne pourrait arrêter les poursuites. Paris, 2 mai 1849, D.50.5.279, n°s 303 et 304.

309. — *Le nombre prescrit d'exemplaires.* Le règlement du 23 fév. 1723 fixait à 9 le nombre des exemplaires du dépôt, dont 3 étaient destinés à la chambre syndicale des imprimeurs, 3 pour la bibliothèque du roi, 1 pour le censeur et les 2 autres pour le chancelier et le garde des sceaux.

L'ordonnance du 24 oct. 1814, réduisit ce nombre à 5 exemplaires. V. notre *C. de la presse* de 1856 pour la conférence, sur ce point, des lois anciennes avec les lois nouvelles, p. 17.

310. — L'ordonnance du 9 janvier 1828 (art. 113), qui régit seule aujourd'hui cette particularité du dépôt, a abaissé à 2 le nombre des exemplaires à déposer ; 1 de ces exemplaires est destiné à la bibliothèque impériale et l'autre au ministère de l'intérieur.

311. — « Tout citoyen, porte l'art. 6 de la loi du 24 juillet 1793 sur la propriété littéraire, sera obligé de déposer 2 exemplaires à la bibliothèque nationale, dont il recevra un reçu... Faute de quoi, il ne pourra être admis en justice à poursuivre les contrefacteurs. » V. le texte entier, art. 30, *suprà*.

Ce dépôt, destiné à assurer la garantie des droits des auteurs, ne saurait être à la rigueur confondu avec celui qui, dans un but tout spécial de surveillance et comme mesure de police, est prescrit aux imprimeurs par l'art. 14, L. 1814 ; — il a été toutefois décidé, pour sauvegarder les intérêts des auteurs des conséquences de leur négligence, que le dépôt fait par l'imprimeur en exécution de cet art. 14, suffirait pour conserver la propriété d'un ouvrage et suppléerait à celui que l'art. 6 de la loi de 1793 avait imposé aux auteurs. Paris, 26 mai 1833, J. P. Mais le dépôt fait par l'auteur pour conserver son droit de propriété ne dispenserait pas l'imprimeur du dépôt que l'art. 14, L. 1814, a mis à sa charge.

312. — *Au ministère de l'intérieur à Paris ou à la préfecture dans les départements.* Le dépôt à la sous-préfecture ne suffirait donc pas et ne devrait pas être reçu. Cass., 19 avril 1839, B.430.

Une circulaire du 18 juillet 1846, du ministère de l'intérieur (V. n° 222), a toutefois admis qu'aux derniers jours de la période électorale, les écrits concernant les élections pourraient, par exception, être utilement déposés au secrétariat de la sous-préfecture du lieu où la publication devra être faite, tous les jours, à toute heure et même le dimanche. V. n° 222.

313. — Le refus de l'autorité administrative de recevoir le dépôt un jour férié n'autorise pas l'imprimeur à publier l'ouvrage, encore bien qu'il ait demandé au président du tribunal l'autorisation de sommer le préfet de le recevoir, autorisation qui aurait été refusée. Metz, 31 août 1833, D.34.2.221.

314. — Le refus de l'autorité administrative fondé sur le chômage légal d'un jour férié, remarque à ce sujet l'auteur de l'article *Presse* dans le recueil de M. Dalloz, n° 165, « n'a rien que de naturel et légal, « et la loi n'a nullement indiqué, comme pouvant « suppléer au dépôt, un recours à l'autorité judiciaire : « toutefois, dans les cas ordinaires, nous admettons « très-bien que si, par un caprice qui ne peut se « supposer, l'administration se refusait à l'accom- « plissement de la déclaration et du dépôt, son refus « pourrait être constaté par un procès-verbal, et les « huissiers nous semblent être les seuls officiers pu- « blics qui puissent être contraints de prêter leur « ministère à cet effet. »

315. — L'imprimeur qui aurait ainsi, par voie de sommation extrajudiciaire, mis en demeure le préfet ou le ministre à Paris, de recevoir la déclaration et le dépôt, pourrait en conséquence, si, sans motif légal, il n'était pas satisfait à sa sommation, passer outre à l'impression et à la publication ; sans cela il dépendrait de l'autorité administrative d'empêcher ou de retarder l'impression et la publication des ouvrages ; ce serait indirectement le rétablissement de la censure et du régime discrétionnaire de l'autorisation préalable dont l'abolition a été prononcée. *Sic*, de Grattier; I, p. 82. Dalloz, v° *Presse*, n° 488.

[108]=316. — *Il y a lieu à saisie et séquestre.* La saisie doit avoir lieu dans les formes de la loi du 28 fév. 1847, qui, bien qu'abrogée par la loi du 26 mars 1849, a été maintenue en vigueur par la jurisprudence pour la saisie des écrits en cas de contravention à la loi de 1814. V. art. 134 et n° 373.

317. — *Si l'imprimeur ne représente pas le récépissé de dépôt.* Cette non-représentation du récépissé ne crée contre l'imprimeur qu'une présomption qui autorise la saisie, mais qui par elle-même ne constitue pas une contravention. V. n°s 227 et suiv. Tout ce

qui a été décidé à ce sujet relativement à la déclaration est applicable au dépôt.

[109] ⸗ 318. — *Le défaut de dépôt avant la publication* est une contravention matérielle qui ne peut être excusée ni par la bonne foi ni par l'ignorance; mais, depuis la loi du 14 mai 1863, qui a étendu à toutes les contraventions le bénéfice des circonstances atténuantes, l'art. 463 lui est applicable avec le minimum spécial de 50 fr. d'amende.

319. — Le défaut de déclaration et de dépôt constitue deux contraventions distinctes;—chacune d'elles doit être frappée d'une peine distincte et sans confusion.—Cass., 17 mai 1851, B.

[110] = V. n°ˢ 369. **[111]** = V. n° 223.

[112] = V. n° 217. **[113]** = V. n°ˢ 209 à 314.

§ II. Dépôt judiciaire de la loi de 1849.

[114] ⸗ 320. — Le régime de la presse s'applique à trois ordres de publications distinctes :
Les *livres*;
Les *journaux*,
Et les *brochures politiques de moins de dix feuilles d'impression.*

321. — I. « Pour les livres, la loi de 1814 gouverne la matière; aucune condition nouvelle n'a été imposée à leur publication, et l'on peut affirmer que la liberté du *livre* n'a jamais été plus complète et plus incontestée que maintenant.
II. « La presse périodique a ses règles spéciales et son régime propre. »
Ces lignes sont empruntées à un article officiel publié le 16 décembre 1859, dans le *Moniteur*, pour répondre aux attaques dirigées contre la manière dont la législation de la presse était entendue et appliquée. Cet article continuait comme il suit :

322. — III. « La brochure politique tient du journal plus que du livre; elle offre les mêmes périls, la même facilité de diffusion, sans être cependant soumise aux mêmes garanties. Avant la loi du 27 juillet 1849, l'appel à la guerre civile, l'outrage à la religion et aux bonnes mœurs, l'attaque la plus audacieuse au principe de la propriété, pouvaient être répandus à cent mille exemplaires et s'adresser impunément aux passions de la multitude; le mal était irréparable quand la justice intervenait. »

323. — « C'est pour éviter ce péril et pour combler une lacune signalée depuis longtemps que l'Assemblée législative introduisit dans la loi du 27 juillet 1849 l'obligation pour l'imprimeur de déposer au parquet, 24 heures avant toute publication et distribution, tout écrit politique ou d'économie sociale ayant moins de 10 feuilles d'impression : « On a voulu, disait le « rapporteur de la loi, quand il expliquait les motifs « de la loi, on a voulu mettre fin à l'impuissance de « la justice et empêcher que les brochures fussent « distribuées et l'édition épuisée avant que le ma- « gistrat pût invoquer l'action de la loi. »

324. — « C'est donc une garantie exceptionnelle que la loi de 1849 a imposée à la publication des brochures politiques; la saisie n'est soumise à aucune considération de temps, elle est régulière dès qu'elle a été ordonnée par le juge d'instruction; mais elle n'est définitivement maintenue que s'il est établi que le délit qui a motivé la poursuite a été constitué, complété par un fait de publicité. »

325. — « S'il est au contraire justifié qu'aucun acte de distribution ou de mise en vente n'a précédé la saisie, il intervient une ordonnance de mainlevée. L'écrivain reprend alors sa liberté d'action ; mais il

est prévenu, et si l'œuvre un instant interdite est publiée, les poursuites sont reprises et la justice est mise à même d'assurer le respect de la loi. »
« Telle a été depuis dix ans l'exécution régulière et loyale de l'art. 7, L. 1849. »—(*Moniteur,* 1859.)

326. — *Indépendamment du dépôt de la loi de 1814,* qui reste obligatoire et auquel il n'est en rien dérogé. (V. n° 334).

327. — *Tous écrits traitant de matières politiques ou d'économie sociale.* V. dans notre *C. de la presse* de 1856, n° 219, la définition que le rapporteur de la loi de 1849 a donnée de ces expressions indéfinies et indéfinissables. « Elles sont si élastiques, fait à ce sujet remarquer l'auteur de l'article *Presse* dans le recueil de M. Dalloz, qu'à moins qu'il ne s'agisse de publications qui se refusent manifestement à rentrer sous cette désignation, les imprimeurs agiront prudemment en déposant au parquet tous les ouvrages de moins de 10 feuilles qu'ils ont imprimés. » Dalloz, vᵒ *Presse,* n° 159.

328. — Les circulaires électorales et les écrits relatifs aux élections rentrent dans la catégorie des écrits politiques ; ils doivent, en conséquence, indépendamment du dépôt administratif prescrit par la loi de 1814, être déposés au parquet, par l'imprimeur, conformément à l'art. 7, L. 1849. La commission chargée de l'examen de la loi en 1849 rejeta un amendement qui avait demandé que ces écrits fussent exemptés de ce dépôt.

329. — Sont également soumis au double dépôt à la préfecture, L. 1814, et au parquet, en exécution de l'art. 7, L. 1849, les mandements et lettres pastorales des évêques, s'ils traitent de matière politique et d'économie sociale. V. n°ˢ 280 à 298 *bis.*

330. — Il en est de même des journaux non cautionnés, dans lesquels il serait accidentellement inséré des articles politiques ou d'économie sociale. Trib. Carpentras, 24 mai 1855, D.55.1.380.V. n° 333.

331. — Il n'y aurait pas lieu, toutefois, de considérer comme article politique du journal, le soumettant au dépôt de l'art. 7 de la loi de 1849, un communiqué du Gouvernement, ou des documents officiels, dont l'insertion aurait été imposée au journal par l'autorité, en vertu de l'art. 49 du décret du 17 février 1852.

332. — *Ayant moins de 10 feuilles d'impression.* —La loi n'a pas ici déterminé, relativement au dépôt, ainsi qu'elle le fait pour le timbre, la dimension des feuilles d'impression; elle s'en est rapportée à l'usage.
Quant à la *justification* et aux *interlignes* de la matière imprimée, toute liberté est laissée aux auteurs et aux éditeurs, qui peuvent facilement faire tenir en plus de 10 feuilles, et s'affranchir ainsi du dépôt au parquet, des écrits dont l'impression moins interlignée exigerait un nombre moindre de feuilles d'impression. V. n° 284.

333. — *Autres que les journaux et écrits périodiques,* lesquels, s'ils sont politiques, sont, par des dispositions spéciales auxquelles il n'est pas dérogé, soumis à un dépôt spécial à la charge de leurs gérants. Quant aux journaux non cautionnés, ils ne sont soumis qu'au dépôt administratif de la loi de 1814, — à moins que ne sortant du cadre de leur spécialité par des articles politiques, ils ne rentrent dans la catégorie des écrits que prévoit et régit l'art. 7, L. 1849. V. n° 330, *suprà.*

334. — *Doivent être déposés par l'imprimeur.* — Par l'imprimeur personnellement : pour les écrits dont il s'agit, l'imprimeur devra, en conséquence, effectuer un double dépôt, savoir : *le dépôt administratif,* à la préfecture, prescrit par la loi de 1814, et *le dépôt judiciaire,* au parquet, en exécution de l'art.7, L.1849; l'un doit être fait *avant la publication,* sans autre détermination de temps; l'autre, 24 heures

Chap. III. — Abus de l'exercice de la profession. — § 1. — Crimes et délits.

De la responsabilité des imprimeurs. — Leur ministère est-il libre ou forcé?

Crimes et délits. — Droit de refus.

115. — *Disposition déduite de l'état de la législation.* Les imprimeurs doivent se refuser et s'abstenir d'imprimer les écrits ou dessins ci-après qualifiés, savoir :

1° Tous écrits ou dessins contenant des provocations ou excitations criminelles ou délictueuses, des attaques, des offenses, des outrages, des diffamations, des injures, des faux bruits ou fausses nouvelles, ou toute autre manifestation de pensées dont la publication est punie par les dispositions du livre II;

L'impression de ces sortes d'écrits ou dessins constitue, suivant les cas, un crime, un délit ou un acte de complicité.

2° Tout écrit ou dessin qu'ils sauront avoir été condamné (art. 424);

3° Tout écrit ou dessin dont l'impression non autorisée par les auteurs, leurs successeurs, ayants droit ou cessionnaires, conformément aux lois sur la propriété ou droit des auteurs, constituerait un délit de contrefaçon (art. 37 à 46, *suprà*).

Règles de la responsabilité pénale des imprimeurs.

116. — *Résumé doctrinal.* L'auteur principal d'un crime ou délit commis au moyen d'un écrit ou dessin imprimés est celui qui, sciemment, les a rendus publics.

L'imprimeur, lorsqu'il n'en est pas le publicateur, peut être puni comme complice, s'il est contre lui prouvé qu'il a participé sciemment à la publication, conformément à la règle de l'art. 60 du Code pénal.

L'imprimeur sera néanmoins, à raison du fait de l'impression, présumé avoir imprimé sciemment l'écrit ou le dessin délictueux dans les cas suivants, savoir :

1° Si l'écrit ou le dessin par lui imprimé a déjà été condamné par un jugement rendu public, ainsi qu'il est dit en l'art. 27, L. 17 mai 1819 (V. art. 424);

2° Si les formalités légales pour la régularité des impressions n'ont pas été observées ainsi qu'il est dit en l'article suivant ;

Sauf, dans tous ces cas, la preuve contraire contre les effets de la présomption.

Présomption légale de non-culpabilité.

117. — *L.* 17 mai 1819. Art. 24. Les imprimeurs d'écrits dont les auteurs seraient (ou pourraient être) mis en jugement en vertu de la présente loi [du 17 mai 1819 sur les crimes et délits,] et qui auraient rempli les obligations prescrites par la loi du 21 oct. 1814 [pour les déclarations, l'indication des noms et demeure et le dépôt], ne pourront être recherchés pour le simple fait de l'impression de ces écrits, à moins qu'ils n'aient agi sciemment, ainsi qu'il est dit en l'art. 60 du C. pénal, qui définit la complicité.

---

avant la publication. — L'omission de l'un et de l'autre de ces dépôts constituerait, à la charge de l'imprimeur, deux contraventions, dont les peines ne pourraient pas être cumulées. Toulouse, 3 mai 1850, D.52.2.158. V. n°ˢ 2042 à 2046.

335. — 24 *heures avant toute publication.* — Le récépissé qui sera délivré à l'imprimeur devra donc, pour sa garantie, constater l'heure du dépôt.

336. — « Un registre, porte la circulaire du 16 août « 1849, du garde des sceaux, devra être tenu dans « les parquets pour recevoir les déclarations des im- « primeurs et constater leur énonciation. »

337. — *L'imprimeur devra déclarer le nombre d'exemplaires tirés.* — Toute fausse déclaration constitue une contravention.

338. — *Il lui en sera donné récépissé.* — En cas de refus, l'imprimeur pourrait, par le ministère d'un huissier, mettre le magistrat en demeure de lui délivrer le récépissé qui lui est dû. (V. n° 314, par analogie.)

339. — *Toute contravention.* — Contravention matérielle que n'excusent ni l'ignorance, ni la bonne foi, mais à laquelle il peut être fait application de l'art. 463, depuis la loi du 11 mai 1868. V. n° 318.

340. — Le dépôt obligatoire des écrits politiques de l'art. 14 implique le droit de saisie ; c'est pour permettre à l'autorité de saisir que le dépôt est prescrit. La saisie peut-elle précéder la publication ? V. n°ˢ 324 et 325.

[115]=341. — *Les imprimeurs doivent.* — Ce dernier mot n'implique en rien un devoir *fonctionnel* ou *professionnel;* — *doivent* est ici pour dire que les imprimeurs feront bien, qu'ils agiront prudemment...

342. — *Se refuser.* — Ici s'impose l'examen de cette question importante et très-discutée, de savoir si le ministère des imprimeurs est *libre* ou *forcé,* s'ils ont ou non le droit de refuser leurs presses lorsque bon leur semble.

343. — Les raisons en faveur de la liberté des imprimeurs sont les suivantes, savoir :

1° Aucune loi n'impose aux imprimeurs l'obligation de prêter leurs presses à qui les leur demande : leur ministère est donc facultatif;

2° Pas de sanction pénale en cas de refus, ce qui n'est défendu est permis; donc, etc.

3° La responsabilité que la loi fait peser sur eux, en cas d'impression délictueuse, préjuge d'ailleurs la question dans ce sens : pas de responsabilité sans liberté ;

4° Les imprimeurs sont au surplus toujours libres de fermer leur imprimerie; il a été jugé que le non-usage d'un brevet n'en autorisait pas le retrait. Cons. d'État, 4 avril 1868.

344. — Les raisons contre sont les suivantes : Dalloz, v° *Presse,* n° 480.

1° Le nombre des imprimeurs est limité : leur profession est à la fois un monopole et un privilége constitué dans l'intérêt de la société; ce privilége tournerait contre elle si le ministère des imprimeurs était facultatif; leur refus pourrait la priver d'une œuvre de génie... Ce motif disparaîtra après la loi annoncée qui doit affranchir l'imprimerie de la condition du brevet et supprimer la limite du nombre qui en fait un monopole;

2° Si les imprimeurs sont libres d'une manière absolue, ils pourront donc entraver la procédure des ventes judiciaires en refusant l'impression des annonces prescrites par l'art. 696 du Code de procé-

§ 2. — Contraventions par voie d'impression.

Contraventions. — Droit de refus.

118. — *Disposition déduite de l'état de la législation.* Les imprimeurs doivent également se refuser et s'abstenir d'imprimer des écrits dont la publication est interdite par les dispositions suivantes :

L'impression de ces écrits constitue, par elle-même, une contravention.

1o Impression de faux extraits.

119. — L. 10 *déc.* 1830. Art. 5.... L'imprimeur de faux extraits [de journaux, jugements et actes de l'autorité publique, lorsqu'ils auront été vendus ou distribués] sera punie d'une amende de 50 fr. à 100 fr. et de 12 jours à 2 ans d'emprisonnement, cumulativement ou séparément.

Circ. att. : Am. 50 fr. et, ou, Prison, de 1 à 12 jours (art. 533).

Ces peines seront appliquées sans préjudice des autres peines qui pourraient être encourues par suite de crimes ou délits résultant de la nature même de l'écrit.

2o Impression d'actes interdits aux conseils généraux.

120.—L. 22 *juin* 1833, *Conseils généraux.* Art. 19. Tout éditeur, imprimeur ou autre qui rendra publics les actes interdits aux conseils généraux [et d'arrondissement] par les art. 15 [délibération hors réunion légale], art. 16 [correspondances avec d'autres conseils d'arrondissement ou généraux] sera passible des peines de l'art. 123 du C. pénal [prison, 2 à 6 mois et interdiction des droits civiques et de tout emploi pendant 10 ans au plus].

Récidive, prison : 6 mois à 1 an (art. 58, C. pén.).

Circ. att. : prison, 1 jour à 2 mois (art. 563 C. pén.).

3o Impression d'actes interdits aux conseils municipaux.

121. — L. 5 *mars* 1855. Art. 26. Tout éditeur, imprimeur, journaliste ou autre qui rendra publics les actes interdits aux conseils municipaux par l'art. 24 [délibération hors réunion légale] et l'art. 25 [correspondance avec d'autres conseils, proclamations et adresses] sera passible des [mêmes] peines portées en l'art. 123 du Code pénal. Voir ci-dessus.

4o Journal politique non cautionné.

122. — D.-L. 17 *fév.* 1852. Art. 5. Toute publication de journal ou écrit périodique [traitant de matières politiques ou d'économie sociale]... sans cautionnement ou sans que le cautionnement soit complété, sera punie d'une amende de 100 fr. à 2,000 fr. pour chaque numéro ou livraison publiés en contravention et d'un emprisonnement de 1 mois à 2 ans.

Celui qui aura publié le journal ou écrit périodique et l'imprimeur seront solidairement responsables.... V. suite, p. 53, art. 138.

Circ. att. : Am. 50 fr., minimum et, ou, prison 1 jour à 1 mois (art. 533).

---

dure civile; il leur sera encore permis de refuser à l'autorité publique l'impression de ses proclamations dans des temps de troubles, en cas d'extrême urgence, et de paralyser ainsi son action sur les masses et l'efficacité de ses mesures.

Ce sont là des considérations excellentes pour décider le législateur à compléter, sur ce point, les lois réglementaires de l'imprimerie, mais non pour autoriser les tribunaux à y suppléer.

345. — Une opinion intermédiaire a tenté de concilier sur ce point tous les intérêts, en proposant de décider que le ministère des imprimeurs est libre en principe, sous cette double restriction :

1o Qu'ils ne pourront se refuser à imprimer les actes de l'autorité publique ;

2o Et qu'ils ne pourront refuser que l'impression des écrits délictueux, contraires aux bonnes mœurs ou engageant en quoi que ce soit leur responsabilité.

346. — Ce moyen terme peut bien satisfaire les intérêts, mais non les principes.— V. sur cette question : Contre la liberté des imprimeurs. —Trib. Niort, 9 oct. 1829; 28 août 1838. Chartres. 24 déc. 1839. Dalloz, vo *Presse*, no 180. — Pour : Rouen, 1er avril 1830. Dijon, 16 janv. 1839. Angers, 2 juin 1851, D. 52.5.309. Chassan, I, p. 517. De Grattier, I, p. 58. Notre C. de la Presse de 1856, no 9.

347. — Sur la question de savoir si l'imprimeur peut se refuser à imprimer un ouvrage dont il s'est engagé par traité à effectuer l'impression, V. notre C. de la presse de 1856, no 9.

[116]. — Cette disposition résume les règles doctrinales concernant la responsabilité pénale des imprimeurs. Les annotations qu'elle comporte viendront mieux à leur place dans le chapitre consacré à cette question. — V. p. 405 et 414.

[117]. — Il en sera de même de celles que comporte l'art. 24 de la loi du 17 mars 1849.—V. p. 140.

[118]. — V. no 342-344, sur le droit de refus.

[119 à 121]. — Ces dispositions, qui ne figurent ici que pour ordre, seront plus loin rapportées, dans le livre II, à un point de vue plus général, c'est-à-dire, comme prohibitions concernant tous les citoyens. — Elles y seront l'objet alors d'annotations particulières; nous nous bornons à y renvoyer, pour ne pas nous répéter. — V. notes sous les art. 446, 490 et 494.

[122] = 348. — *D'un journal traitant de matières politiques ou d'économie sociale.* — L'art. 5 du décret du 17 février 1852, se rattachant à l'art. 3 (art. 139), dont il est le complément et la sanction, les termes de sa disposition doivent être entendus dans le même sens que dans l'art. 3. Le mot *journal*, dans ce dernier article (art. 139), est accompagné des qualificatifs que nous avons ajoutés entre parenthèses, qui servent à le caractériser; — il ne s'agit dans cet article que des journaux cautionnés, c'est-à-dire politiques ou d'économie sociale.

349. — Quant à la valeur des mots *publication* et *matières politiques ou d'économie sociale*, voir *infrà*, notes sous les art. 139 et 143.

350. — *L'imprimeur et le publicateur seront solidairement responsables.* — L'imprimeur est ici directement responsable comme le publicateur : — c'est là une dérogation à la théorie pénale qui repousse la complicité ou coparticipation en matière de contravention. — On peut, il est vrai, pour concilier cette disposition avec les principes, soutenir que la loi considère ici l'imprimeur, non comme complice, mais comme coauteur du fait de la publication ; — il est, à ce titre, passible des mêmes peines que le publicateur.

351. — La publication, même accidentelle, d'un article politique dans un journal non cautionné, engage

5º Continuation d'un journal supprimé ou suspendu.

123. — *D.-L.* 17 *fév.* 1852. Art. 20. Si la publication d'un journal ou écrit périodique frappé de suppression ou de suspension est continuée sous le même titre ou sous un titre déguisé, les auteurs, gérants ou imprimeurs seront condamnés à la peine de 1 mois à 2 ans d'emprisonnement et solidairement à une amende de 500 fr. à 3,000 fr. par chaque numéro ou livraison publiés en contravention.

Circ. att. : Prison, 1 jour à 1 mois et, ou, Am. 50 fr. au minimum (art. 533).

6º Articles politiques par un condamné.

124. — Art. 21. — La publication de tout article traitant de matières politiques ou d'économie sociale et émanant d'un individu condamné à une peine afflictive et infamante, ou infamante seulement, est interdite.

Les éditeurs, gérants ou imprimeurs qui auront [sciemment, ajoute au texte de cet article qu'il reproduit, l'art. 9 du décret du 28 mars 1852, sur la presse en Algérie], concouru à cette publication seront solidairement condamnés à une amende de 1000 à 5,000 fr.

Circ. att. : Am. de 50 à 1,000 fr. (art. 533).

—

Nota. — Quant aux contraventions que les imprimeurs sont exposés à commettre dans l'exercice même de leur profession, Voir les art. 16, 18, 21, 22, 41, 42, 50, 51, 52, 53, 54, 55, 56, 57, 58, 60, 62, 64, 66, 67, 72, 78, 79, 81 à 86, 101, 107 et 114 ci-dessus.

—

Responsabilité en matière de contravention.

125. — *Disposition déduite de l'état de la législation.* Les imprimeurs sont responsables des contraventions qu'ils commettent personnellement aux lois réglementaires de leur profession et aux lois restrictives de la liberté d'imprimer.

Ils sont également responsables des mêmes contraventions, bien qu'elles aient été commises à leur insu et involontairement par leurs ouvriers ou préposés.

Les éditeurs et les auteurs ne sont responsables, avec les imprimeurs, des contraventions de ces derniers que dans les cas spécifiés par la loi. —

---

la responsabilité de l'imprimeur et le soumet aux mêmes pénalités que le publicateur ; les juges méconnaîtraient la portée de l'art. 5 du décret de 1852, s'ils se bornaient à condamner le publicateur seul aux peines édictées par cet article en déclarant l'imprimeur seulement tenu, avec le publicateur, du paiement de l'amende et des frais. — Cass., 26 juill. 1855, D. 55.1.380.

352. — Et l'imprimeur ne saurait être excusé par ce motif qu'il aurait fait le double dépôt qui lui est imposé par l'art. 14, L. 1844 (art. 407) et par l'art. 7, L. 1849 (art. 444).— Cass., 31 mai 1850, B.

353. — Sur l'application de l'art. 463, V. *infrà*, nº 357 et notes sous l'art. 533.

[**125**] = 354. — *Journal.* Cette expression comprend dans cet article les journaux cautionnés et les journaux non cautionnés. — V. *infrà*, nº 744.

355. — *Frappé de suppression* ou *de suspension.* — L'application de cet article aux imprimeurs blesserait les plus profonds sentiments de la justice si on n'admettait pas comme une de ses premières conditions la connaissance préalable, chez l'imprimeur, des condamnations qui ont frappé le journal de suppression ou de suspension, connaissance d'ailleurs qui peut résulter, soit de la publication qu'ont reçue les jugements de condamnation, soit de la notification qui lui en a été faite, soit de tout autre moyen équivalent.

356. — Il a été en conséquence bien jugé, sous l'empire de l'art. 32, aujourd'hui abrogé, du décret du 17 février 1852, qui prononçait la suppression de plein droit d'un journal deux fois condamné, que l'imprimeur d'un journal, deux fois condamné, qui a ignoré la première condamnation à laquelle il était étranger, n'était passible d'aucune peine à raison de la publication continuée de ce journal par lui imprimé. — Cass., 41 juin 1858. B.

357. — L'art. 15 de la loi du 11 mai 1868 porte : « L'art. 463 du C. pénal est applicable aux contraventions commises par la voie de la presse sans que l'amende puisse être inférieure à 50 fr. »

Ce chiffre de 50 fr. doit-il, en ce qui concerne les amendes prononcées par les art. 122 et 123, être considéré comme la limite de chacune d'elles, par numéro en contravention ou la limite minimum de leur ensemble totalisé ? — Il semble que, bien qu'au regard de la peine de l'emprisonnement, la publication irrégulière effectuée par plusieurs numéros ne constitue qu'une contravention unique, puisqu'une seule peine

d'emprisonnement doit être prononcée, le texte scinde l'infraction (V. nº 439) au regard de la peine pécuniaire et la considère comme constituant une pluralité de contraventions distinctes.— Le chiffre de 50 fr. ne serait donc qu'une limite pour chacune des amendes encourues pour chacune de ces contraventions, dont le total alors ne pourrait descendre à 50 fr. — Nous préférons cependant l'opinion contraire qui s'étaye à la fois du texte de l'art. 15, L. 1868, qui ne distingue pas, et de cette maxime qu'il faut, dans le doute, se prononcer pour l'interprétation la moins rigoureuse : *odiosa restringinda favores ampliandi.* — (V. nº 2365.)

[**124**] = 358. — Le décret du 28 mars 1852, réglementaire de la presse en Algérie, a reproduit la plupart des dispositions du décret du 17 février 1852 et notamment l'art. 21 (125 ci-dessus). Mais en le reproduisant, l'art. 9 du décret du 28 mars y a ajouté un mot, le mot *sciemment* que nous avons porté au texte ci-dessus entre parenthèses. — Ce mot et l'idée qui s'y attache autorisent cette opinion que l'application des peines de cet article ne peut avoir lieu que sous cette condition que l'imprimeur aura imprimé le journal sachant qu'il contenait un article d'un condamné à une peine afflictive et infamante ou infamante seulement. — La preuve de cette connaissance préalable de l'imprimeur incombera au ministère public alors même que l'imprimeur n'aurait pas rempli les formalités professionnelles qui lui sont imposées par la loi de 1844, — car l'art. 24 de la loi du 17 mai 1819 (art. 117), qui, dans ce cas, suppose la mauvaise foi de l'imprimeur, n'est applicable et ne s'impose que lorsqu'il s'agit de crimes ou de délits prévus et punis par ladite loi de 1819, et que le fait ici n'est qu'une simple contravention.

[**125**] = 359. — Les contraventions résultant du fait matériel, indépendamment de toute intention perverse, existent par ce fait seul qui a réalisé l'infraction et ne comportent point le bénéfice des excuses : elles sont punissables, alors même qu'elles sont le résultat de l'ignorance, de la méprise, de l'erreur, de la négligence ou du défaut de surveillance : — il n'y aurait que le cas de force majeure qui pourrait soustraire l'imprimeur à la responsabilité des faits de son imprimerie. — Montpellier, 1er février 1847, D.47.2.55 ; — Cass., 13 mai 1864 (défaut de cautionnement), D.64. 1.393 ; —23 juin 1856 (signature), D.56.1.230 ;—V. Arrêts indiqués sous les nºs 54, 55, 57 et 213 à 248, et 239.

Chap. IV. — Dispositions communes. — Constatation des infractions. — Saisie. — Retrait du brevet. — Poursuites.

Constatation des infractions.

126. — *Déc.* 5 *fév.* 1810. Art. 45. Les délits et contraventions seront constatés par les *inspecteurs de l'imprimerie et de la librairie*, les officiers de police et en outre par les préposés aux douanes pour les livres venant de l'étranger.

Chacun dressera procès-verbal de la nature du délit et contravention, des circonstances et dépendances, et le remettra au préfet.

Dépôt provisoire des objets saisis.

127. — Art. 46. Les objets saisis seront déposés provisoirement au secrétariat de la mairie ou au commissariat général de la préfecture ou de la sous-préfecture la plus voisine du lieu où le délit ou la contravention sont constatés.

Poursuite d'office.

128. — Art. 47. Nos procureurs généraux ou impériaux sont tenus de poursuivre d'office.... sur la simple remise qui leur sera faite d'une copie des procès-verbaux dûment affirmés. (V. art. 129.)

Retrait des brevets.

129. — *L.* 21 *oct.* 1814. Art. 12. Le brevet pourra toujours être retiré à tout imprimeur ou libraire convaincu, par un jugement, de contraventions aux lois et règlements.

Cas de saisie et séquestre.

129.A. — Art. 15. Il y a lieu à saisie et séquestre d'un ouvrage :

1° Si l'imprimeur ne représente pas les récépissés de déclaration et de dépôt ;

2° Si chaque exemplaire ne porte pas les vrais noms et la vraie demeure de l'imprimeur ;

3° Si l'ouvrage est déféré aux tribunaux pour son contenu.

Restitution des écrits saisis.

130. — Art. 18. Les exemplaires saisis pour simple contravention à la présente loi du 21 oct. 1814 seront restitués après le paiement des amendes. (V. n°ˢ 369, 379.)

Constatation des infractions.

131. — *Même loi.* Art. 20. Les contraventions seront constatées par les procès-verbaux des inspecteurs de la librairie et des commissaires de police.

Poursuite d'office.

132. — Art. 21. Le ministère public poursuivra d'office les contrevenants par-devant les tribunaux de police correctionnelle, sur la dénonciation du directeur général de la librairie et la remise d'une copie des procès-verbaux. (V. n°ˢ 371, 372.)

En exécution des 2 articles précédents.

133. — *Ord.* 24 *oct.* 1814. Art. 7. En exécution de l'art. 20 (art. 131), les commissaires de police rechercheront et constateront d'office toutes les contraventions, et ils seront tenus aussi de déférer à toutes les réquisitions qui leur seront adressées à cet effet, par les sous-préfets, les préfets et les maires et par *les inspecteurs de la librairie*.

Ils enverront dans les 24 heures tous les procès-verbaux qu'ils auront dressés à Paris au directeur général de la librairie, et dans les départements aux préfets, qui les feront passer au directeur général seul chargé par l'art. 21 de dénoncer les contrevenants aux tribunaux (n°ˢ 371, 372).

Forme des saisies, péremption.

134. — *L.* 28 *fév.* 1817. Art. unique. Lorsqu'un écrit aura été saisi en vertu de l'art. 15, L.1814 (art. 129 A.), l'ordre de saisie et le procès-verbal seront, sous peine de nullité, notifiés dans les 24 heures à la partie saisie, qui pourra y former opposition.

En cas d'opposition, le procureur du roi fera toute diligence pour que, dans la huitaine à dater du jour de ladite opposition, il soit statué sur la saisie.

Le délai de huitaine expiré, la saisie, si elle n'est maintenue par le tribunal, demeurera de plein droit périmée et sans effet, et tous les dépositaires de l'ouvrage saisi seront tenus de le remettre au propriétaire. (V. n°ˢ 373–377.)

[**126** à **127**] ⚌ Les inspecteurs de la librairie ont été supprimés par décret du 11 mai 1815 et ord. du 13 sept. 1829 ; — les commissaires de police ont été, par cette dernière ordonnance, investis de leurs attributions.—V. notre *C. de la presse* de 1856, p. 30.

[**128**]. ⚌ . . . .

[**129**] ⚌ 360. — *Saisie et séquestre.* — La saisie n'est ici qu'une mesure uniquement destinée à mettre sous la main de la justice un gage pour assurer le paiement des amendes, puisque les écrits saisis doivent être restitués après ce paiement, aux termes de l'art. 130 ; cette saisie n'est donc pas une peine. — Chassan, I, p. 21, — c'est une simple mainmise, un séquestre.

361. — Conformément à une circulaire du directeur général de la librairie, du 1ᵉʳ déc. 1814, les commissaires de police sont « autorisés à laisser les ouvrages « saisis à la garde des imprimeurs ou libraires saisis « après avoir apposé leur cachet sur les objets de la « saisie et avoir obtenu du dépositaire une reconnais- « sance en forme, portant obligation de les repré- « senter à leur première réquisition. »

362. — *Si l'imprimeur ne représente pas les récépissés.* — Cette non-représentation autorise la saisie, mais ne constitue pas une contravention.—V. n° 227.

363. — Si l'on peut en induire le non-accomplissement des formalités qu'ils doivent constater, ce n'est là qu'une présomption qui peut être détruite par la preuve contraire. — Rennes, 27 août 1855, D.57.2. 165 ; Cass., 16 nov. 1855, D.56.1.48.

364. — A défaut de cette preuve contraire, la non-représentation des récépissés devient par elle-même une preuve suffisante de la contravention.—Cass., 16 août 1851, B. 340, encore que la saisie de l'ouvrage n'ait pas été effectuée. — Cass., 2 fév. 1844, B.

365. — L'art.45 ne fait pas aux imprimeurs une obligation de retirer les récépissés.— Cass., 16 nov. 1855, D.56.1.448.

367. — Quant à la preuve de la déclaration et du dépôt en dehors des récépissés, les juges du fait peu-

De l'imprimerie réunie à la librairie.

135. — *D. 5 fév.* 1810. Art. 31. La profession de libraire pourra être exercée concurremment avec celle d'imprimeur.

135.A.—Art. 32. L'imprimeur qui voudra exercer la profession de libraire sera tenu de remplir les formalités qui sont imposées aux libraires. V. p. 23. ___

OBSERVATIONS. — Après avoir réglementé l'exercice de la profession d'imprimeur, le décret de 1810 réglementait à la suite l'exercice de la profession de libraire. — Afin de ne pas trop éloigner les unes des autres les dispositions de ce décret, nous avions, dans notre *Code de la presse* de 1856, fait suivre le titre concernant l'imprimerie, de celui qui réunissait les lois de la librairie. — La composition de nos tableaux synoptiques comprenant les lois abrogées et non abrogées avait été pour beaucoup dans ce classement; les nécessités de la méthode synoptique ne nous imposant pas le même ordre, le classement logique nous oblige de ranger dans le titre qui sera plus loin consacré aux agents de publication, les lois qui régissent les libraires, agents aussi de publication.

---

vent la déduire souverainement des circonstances de la cause; — elle peut résulter même du registre de l'imprimeur visé par le commissaire de police et aussi de la reconnaissance du préfet qui a reçu le dépôt. — Rennes, 16 nov. 1855, Dalloz, v° *Presse*, n° 494.

368. — Le Gouvernement a quelquefois fait opérer la saisie administrative d'un ouvrage. — Sur les réclamations des intéressés, le Conseil d'État a décidé que, dans ce cas, les questions relatives à la validité de la saisie étaient de la compétence exclusive du Conseil d'État au contentieux; que les saisies exécutées par le préfet, sur l'ordre du ministre qui les a confirmés, sont des actes politiques qui ne sont pas de nature à être déférés pour excès de pouvoir au Conseil d'État, par la voie contentieuse. — Cons. d'État, 9 mai 1867.

[**150**] = 369. — Les écrits saisis pour crimes et délits de leur contenu ne doivent pas être restitués, à moins que leur publicateur ne soit acquitté. V. n° 2313 et Cass., 20 juin 1840. — Dalloz, v° *Presse*, n° 1037.

En ce qui concerne les écrits saisis pour *contraventions*, il résulte de l'art. 18, de la loi du 21 oct. 1814, que la restitution qu'il prescrit ne peut avoir lieu pour *contraventions autres* que celles prévues par la loi de 1814.

370. — En cas de contraventions à cette loi, la restitution étant prescrite par la loi elle-même, impérativement, il n'est pas nécessaire qu'elle soit ordonnée par jugement; elle doit être faite sur le vu de la quittance de l'amende. — De Grattier, 1, p. 78; Chassan, I, p. 557.

[**151** à **153**] = 371. — La direction générale de l'imprimerie et de la librairie a été supprimée par décret du 21 mars 1848; les mots : *sur la dénonciation du directeur général de la librairie*, dans l'art. 133, doivent être considérés comme abrogés. — V. notre *Code de la presse*, de 1856, p. 29.

372. — Nonobstant les termes des art. 132 et 133, la remise des procès-verbaux n'a jamais été une condition de la poursuite. Les procureurs impériaux sont en conséquence, sur ce point comme en matières ordinaires, maîtres indépendants de l'exercice de l'action publique. — Paris, 2 mai 1849, D.50.5.278. Chassan, II, p. 34.

[**154**] = 373. — La loi du 28 fév. 1817 a été formellement abrogée par l'art. 34 de la loi du 26 mai 1819, ainsi conçu : « La loi du 28 février 1817 est abrogée.»— Toutefois, comme l'unique motif de cette abrogation a été que la loi du 26 mai 1819, ayant réglé à nouveau les formes de la saisie des écrits, pour le cas où leur contenu constituait des *crimes* ou des *délits*, il n'était pas nécessaire de maintenir deux formes différentes de les saisir, on a pensé que ce serait donner à l'abrogation prononcée par la loi de 1849 une portée qui en excéderait la raison et le but, si on ne la limitait aux cas de saisie pour lesquels elle avait voulu substituer ses formes à celles de la loi de 1847 ; c'est-à-dire aux saisies d'écrits à raison de leur contenu: — il a été, en conséquence, décidé que cette loi de 1847 n'avait rien perdu de son autorité relativement aux écrits défectueux à saisir pour *simples contraventions*. — Cass., 27 mars 1828. Chassan, II, p. 468; Dalloz, v° *Presse*, n° 698.

374. — Lorsqu'il s'agit de *saisir-séquestrer* des imprimés en *contravention* à la loi de 1814, le procureur impérial, s'il prend la voie de la citation directe, a qualité pour ordonner la saisie. Chassan, II. p. 474. Dalloz, v° *Presse*, n° 498.—Quant aux écrits contenant des *délits*, ce droit de saisir ne lui appartient qu'en cas de flagrant délit, ou lorsque l'écrit à saisir constituant le corps et la *preuve du délit*, le magistrat agit dans la limite de ses devoirs d'officier de police judiciaire chargé « de rechercher et rassembler les *preuves des délits* » conformément aux art. 9 et 22 du C. instr. crim. La loi spéciale ne déroge en rien, sur ce dernier point, aux règles du droit commun. V. notre *C. de la Presse* de 1856, n° 698.

375. — Le juge d'instruction, soit d'office, depuis la loi du 17 juillet 1856 qui a supprimé les chambres du conseil, soit sur les réquisitions du procureur impérial, peut également ordonner cette saisie en cas de contraventions à la loi de 1814. — Dalloz, v° *Presse*, n° 499. *Sic*, Chassan, II, p. 474.

376. — La nullité de la saisie n'est pas un obstacle à ce qu'il en soit fait une seconde.—Dalloz, v° *Presse*, n° 504, ni un obstacle à la poursuite.

377. — La péremption de la saisie n'a pas d'autres effets que d'obliger les dépositaires des objets saisis à les restituer sans entraîner la nullité des poursuites. — Chassan, II, p. 90 et 470.

[**155** à **155.**A.]. — . . . .

Quant aux dispositions qui, dans les lois dites de la presse, concernent les écrits imprimés à l'étranger, — Voir le chapitre spécial qui leur est consacré, page 237.

TITRE II. — DE LA PRESSE PÉRIODIQUE.

I

378. — Le mot PRESSE a des sens divers qu'il ne faut pas confondre : il signifie d'abord l'instrument, le mécanisme destiné à reproduire la pensée manuscrite ou *manu-peinte* ; il exprime ensuite, par dérivation ou transposition d'idée, le droit de se servir de l'instrument, c'est-à-dire la liberté (professionnelle ou accidentelle) d'imprimer ou de faire imprimer ses pensées et ses opinions.

C'est dans ce sens que l'on doit entendre, *lato sensu*, les expressions générales de *liberté de la presse*.

Ce n'est pas tout : l'usage de la presse à ce dernier point de vue peut avoir un double résultat :

Le *livre* et le *journal*.

L'un est le produit *ordinaire et définitif* ; l'autre est son produit *périodique*.

De là une distinction importante à faire entre la *presse ordinaire* (imprimerie) et la *presse périodique*, et d'autant plus importante que, par l'extension qu'a prise le journalisme de nos jours, le terme *presse* est devenu, dans l'usage, synonyme du *journal* et désigne aussi ce groupe constitué en quasi-corporation qu'on nomme les *journalistes*.

379. — Le livre est un fait isolé ; il répond de lui-même ; son influence sur la masse est bornée.

Le journal est un fait successif et collectif, dont la puissance, plus considérable par l'énergie de son action quotidienne et périodique sur l'esprit public, doit nécessairement être assujettie à une réglementation spéciale, mais non d'exception, ainsi que le fait avec raison observer M. Chassan.

380. — Il y a plus : une autre distinction a été et devait être faite en 1819.

Entre les journaux, les uns traitent des matières inoffensives, calmes, n'intéressant que des groupes paisibles, sans excitations politiques ; ce sont les journaux consacrés aux *sciences*, aux *lettres*, aux *arts* et à *l'agriculture*, c'est-à-dire *non politiques*.

D'autres, uniquement fondés pour la discussion des actes du pouvoir et des questions les plus brûlantes de la chose publique, sont ce qu'il y a de meilleur et de pire, de plus dangereux et de plus respectable, suivant les convictions de ceux qui en inspirent la rédaction : la loi les a nommés : *journaux politiques* ou *d'économie sociale*. V. n° 414.

381. — Le législateur a donc sagement distingué entre la *presse ordinaire* et la *presse périodique* d'abord, puis entre les *journaux non politiques* et les *journaux politiques*, entre la chaire de l'école et la tribune des premiers Paris. — L'une a été laissée librement responsable de ses écarts ; mais l'autre, dont la liberté était plus à redouter, a été placée dans des conditions particulières de surveillance, par les garanties *réelles* et *personnelles* qui lui ont été successivement demandées à diverses époques dans le triple intérêt de l'ordre, de la morale et de la liberté (*C. de la presse*, de 1856, p. 32.)

II

382. — Le premier journal qui parut en France fut le *Journal des savants*, en 1665 ; il fut inventé, suivant l'*Encyclopédie*, « pour le soulagement de ceux qui sont trop occupés ou trop paresseux pour lire des livres entiers. C'est un moyen de satisfaire sa curiosité et de devenir savant à peu de frais ; comme ce dessein a paru très-commode et très-utile, il a été imité dans la plupart des autres pays sous une infinité de titres différents. »

Avant 1789, l'action du journalisme était trop restreinte pour qu'il eût paru nécessaire de lui tracer des règles spéciales : « Le journal n'est qu'un « enfant au XVIII° siècle ; il s'appelle la *Gazette de* « *France* ou le *Mercure galant* ; œuvre légère à peu « près inoffensive. » (*Motifs de la loi de* 1868.)

La législation ne se préoccupa des moyens de contenir son action qu'en proportion de son accroissement et de son influence sur l'esprit public, par l'extension donnée à la publication des feuilles périodiques. — La liberté de la presse, à peine délivrée de l'oppression de l'ancien régime, fut quelquefois poussée jusqu'à la licence ; — sa réglementation fut aussi, par contre, poussée jusqu'à la négation du droit.

Placés sous l'inspection de la police par la loi du 19 fructidor an V, décimés par la mesure des suppressions administratives en vertu du décret directorial du 28 pluviôse an VIII, — assujettis à la censure préalable par le décret du 5 février 1810, les journaux furent, par un décret du 9 août 1810, pour ainsi dire supprimés et subordonnés à la direction du Gouvernement ; — la presse périodique se trouva d'une manière absolue sous sa main : — c'était une époque de crise et de lutte européennes ; — les indiscrétions du journalisme eussent pu contrarier l'action extérieure du chef de l'État.

A la chute de l'Empire, la presse retrouva un moment de liberté, mais il fut court : — le temps de violer l'art. 8 de la Charte de 1814 pour le rétablissement de la censure. — A la censure, qui opprimait la liberté, succéda le régime de l'*autorisation préalable* qui la supprimait (1817 à 1819), — puis à l'*autorisation*, les garanties réelles et personnelles du *cautionnement* de la *déclaration préalable* et de la gérance (1819 à 1852).

De 1852 à 1868, la presse périodique a été de nouveau replacée sous le régime discrétionnaire de l'autorisation préalable, avec aggravation par le droit donné au Gouvernement d'avertir, de suspendre et de supprimer les journaux. — La loi du 11 mai 1868 a prononcé l'abolition de ce régime et replacé la presse sous la réglementation libérale des lois de 1819, mais sans la garantie de la juridiction du jury.

III

383. — Le titre II se compose de trois chapitres :

Chap. I. — Consacré aux formalités *de la fondation des journaux*.

Sect. I. — Capacité des fondateurs de journaux.

Sect. II. — Du cautionnement.

Sect. III. — De la déclaration préalable.

Chap. II. — Formalités *avant et pendant la publication*.

Sect. I. — Des gérants responsables.

Sect. II. — De leurs droits et devoirs.

Sect. III. — Du dépôt du journal.

Chap. III. — Obligations particulières ; journal supprimé ; cessation de l'entreprise.

TITRE II. — RÉGLEMENTATION DE LA PRESSE PÉRIODIQUE.

Chap. I. — Conditions et formalités de la fondation des journaux.

Sect. I. — Capacité personnelle des fondateurs. — § 1. Liberté de la presse.

Liberté de la presse pour les Français capables.

136. — *L.* 11 *mai* 1868. Art. 1er. Tout Français majeur ET jouissant de ses droits civils et politiques peut, sans autorisation préalable, publier un journal ou écrit périodique paraissant soit régulièrement et à jour fixe, soit par livraison et irrégulièrement.

Mineurs, étrangers, incapables, — autorisation.

136.A. — *Dispositions à contrario*. Les étrangers et les Français non majeurs ou privés de leurs droits civils ou politiques ne peuvent, sans autorisation préalable, publier un journal ou écrit périodique [politique ou d'économie sociale].

Abolition du régime discrétionnaire.

137. — *L.* 11 *mai* 1868. Art. 16. Est abrogé l'art. 1er du décret du 17 février 1852 [ainsi conçu : aucun journal ou écrit périodique traitant de matières politiques ou d'économie sociale ne pourra être créé ou publié sans l'autorisation du Gouvernement.

Cette autorisation ne pourra être accordée qu'à un Français majeur jouissant de ses droits civils et politiques].

Journaux non politiques.

Circulaire, 30 mars 1852. — *Minis. int.* : «Quant aux journaux qui ne traitent pas les matières politiques, ils sont dispensés de toute autorisation et du cautionnement. »

[**136**] = 384. — Avant la loi du 11 mai 1868, la création des journaux politiques ou d'économie sociale était subordonnée à l'autorisation préalable du Gouvernement. — Cette condition, qui faisait du journalisme une profession tolérée, et de la liberté de la presse une faveur ou une concession, était la base de ce qu'on appelait alors le *régime discrétionnaire de la presse.* — (V p. 12, 4°.) — Ce régime a disparu; — la liberté est redevenue le droit.

385. — C'est là un retour ou une récidive de l'histoire : il y a quarante ans qu'après un asservissement de 6 années, l'art. 1er de la loi du 18 juillet 1828 déclara, comme l'art. 1er de la loi de 1868, que « *Tout Français majeur* ET *jouissant de ses droits civils* » seulement, « pouvait fonder un journal politique sans autorisation du Gouvernement. »

386. — « *Tout Français* » — d'origine ou naturalisé. — Cette désignation exclut les *étrangers* du bénéfice de la liberté restituée au journalisme. — Les étrangers, même admis à fixer leur domicile en France, ne pourraient en conséquence y fonder ou publier des journaux politiques sans autorisation; — l'art. 1er du décret du 17 février 1852 reste pour eux maintenu; il n'est abrogé que pour les Français et les étrangers naturalisés. — V. circulaire du min. de l'int., n° 457.

387. — « *Majeur et jouissant de ses droits civils et politiques.* » — La privation de quelques-uns de ces droits n'enlèverait pas aux Français le bénéfice de cette disposition; — il faut entendre le pluriel de cette rédaction avec le sous-entendu de TOUS les droits civils ou politiques. — La copulative ET doit, dans la rédaction *à contrario*, se détourner en alternative ou. Les mineurs, les interdits qui leur sont assimilés (de Grattier, II, p. 128) et les femmes qui ne jouissent pas des droits politiques, ne pourront en conséquence, pas plus que les étrangers, publier en France des journaux politiques sans autorisation : — en ce qui concerne les femmes, la loi de 1828 s'était montrée plus libérale. — V. n° 385. — Quant aux faillis, V. n° 630.

388. — Ce n'est pas à dire cependant que des mineurs, des femmes ou des étrangers ne puissent, très-légalement, se trouver investis de la propriété d'un journal politique. — Les qualités requises par l'article 136 ne sont, bien entendu, exigées des propriétaires fondateurs qu'au moment de la création d'un journal; aucune disposition n'en fait une condition ni de sa durée, ni de sa transmission par succession, donation ou à titre onéreux.

L'héritier du propriétaire fondateur d'un journal po-litique peut être une femme, même étrangère, mineure encore, sans que cette triple incapacité fasse obstacle à la publication du journal fondé. — Les art. 4 et 6 de la loi de 1828, toujours en vigueur, prévoient le cas où, par suite du décès du propriétaire, le journal passe sur la tête de sa veuve ou de tous autres héritiers, et loin d'interrompre la publication, ils règlent au contraire les conditions de sa continuation. Chassan, I, p. 574.

389. — M. Chassan distingue, toutefois, entre les transmissions successorales et les transmissions volontaires à titre gratuit ou onéreux; — ces dernières pouvant fournir de trop faciles moyens d'éluder la loi, il estime qu'elles ne sauraient être faites qu'à des individus ayant la capacité voulue par la loi, et il ajoute que l'autorité trouverait au besoin dans l'art. 6 de la loi de 1828 (art. 152 A.), qui'exige la déclaration de toute mutation dans les conditions du journal avec *affirmation que ses propriétaires réunissent les conditions de capacités prescrites*, un moyen d'arrêter la publication. Avec la loi de 1868, qui n'exige plus cette dernière affirmation pour la régularité de la déclaration, ce serait là aujourd'hui un expédient peu efficace. — V. art. 152, n° 462.

390. — L'incapacité de l'un des propriétaires, survenant après la fondation du journal, ne serait pas toutefois un obstacle à la continuation de sa publication. — Chassan, I, p. 574, 575.

391. — Il y a lieu d'ailleurs de rappeler ici, en ce qui concerne cette condition de la capacité civile et politique, qu'elle n'est pas seulement exigée pour fonder un journal, mais encore pour prendre part à sa rédaction : aux termes des art. 21 du décret. de 1852 et 8 de la loi de 1868, la publication des articles émanés de plumes notées d'infamie, par une condamnation, est interdite et il est également défendu aux gérants et éditeurs de journaux d'insérer dans leurs feuilles des articles signés par des personnes privées, non de quelques-uns, mais de *tous* leurs droits civils et politiques, ou auxquelles le territoire de la France est interdit.

392. — *Un journal*. Bien que la liberté que l'article 136 restitue à la presse ne profite en réalité qu'aux journaux politiques, puisque les autres, sous le régime discrétionnaire, étaient libres de paraître sans autorisation, le terme *journal* est, dans cet article, admis avec son sens le plus général et comprend les journaux politiques et non politiques.

393. — Le caractère distinctif et particulier de cet organe si énergique de publication et de publicité qu'on

§ 2. — Fondateurs, mineurs, étrangers ou incapables. — Autorisation.

138. — *D.-L. du* 17 *février* 1852. Art. 5. Toute publication de journal ou écrit périodique [politique ou d'économie sociale], sans autorisation préalable [par un étranger ou un Français non majeur ou privé de ses droits civils et politiques]... (V. art. 143), sera punie d'une amende de 100 fr. à 2,000 fr. par chaque numéro ou livraison publiés en contravention et d'un emprisonnement de 1 mois à 2 ans.

Celui qui aura publié le journal ou écrit périodique et l'imprimeur seront solidairement responsables.

Le journal ou écrit périodique cessera de paraître (sous la sanction de l'art. 209).

Circ. att. : Am. 50 fr. au minimum et, ou, prison, 1 jour à 1 mois (art. 533).

Nota. La peine de la suppression peut être écartée par l'application de l'art. 463 du C. pénal. V. n. 2366.

---

nomme un journal, c'est la *périodicité :* — elle fait à la fois sa puissance et son péril.

394. — Qu'elle soit *réelle* ou *apparente*, par l'émission successive de feuilles imprimées ou autographiées qui, d'après leur titre, leur plan, leur esprit, forment un tout, ou *déguisée* par des publications irrégulières, sous des titres changeants, des formats variés, se rattachant pourtant les uns aux autres par une certaine unité de vues, cette périodicité suffit pour donner aux écrits ainsi publiés le caractère d'écrits *périodiques* ou *journaux.*—Douai, 23 juin 1854, D.55.2.25;—Dalloz, v° *Presse*, n° 226. — Chassan, I, p. 783, 784.

395. — Contrairement à une décision ministérielle du 15 janvier 1862, au sujet de l'agence Havas, il a été jugé, cependant, que l'envoi de Paris à divers journaux des départements de correspondances traitant de matières politiques, ne pouvait, dans le cas même où cet envoi eût été périodique et où ces correspondances eussent été des exemplaires d'un même écrit obtenu par la polygraphie, être considéré comme un fait de publication d'un journal politique. — Cass., 30 juillet 1864, D.64.1.326; — 27 janv. 1865, D. 65.1.245.

396. — *Traitant de matières politiques.* On a vainement tenté de définir ces expressions ; — leur portée est si vague, si indéterminée, si élastique, que le doute doit plutôt faire étendre que limiter leur extension : la catégorie des *matières politiques* comprend tout, excepté ce que manifestement elle ne comprend pas. —*Contrà*, Dijon, 14 mai 1831. Dalloz, v° *Presse*, n° 374.

I. On a fait rentrer dans la portée de ses termes :

397. — Des extraits de l'exposé de la situation de l'Empire. — Cass., 15 mars 1864. D.64.1.395.

398. — Tout ce qui a trait au gouvernement contemporain des villes et des Etats. — Cass., 11 juillet 1851. D.51.1.234.

399. — Toute nouvelle ou discussion politique; toute polémique sur les actes de l'autorité.— Paris, 11 avril 1851. D.52.2.13.

400. — Un article annonçant une cérémonie commémorative d'un événement politique.—Cass., 11 juill. 1851. D.51.1.234.

401. — Tout ce qui est relatif à des actes même de l'autorité locale ou à des mesures prises dans un intérêt local, si peu grave qu'en soit la discussion : tel que la discussion ou critique des projets d'embellissements.—Cass., 3 déc. 1863.D.64.1.145.—(choix de directeurs de théâtre et de projets de réorganisation administrative des théâtres).Cass., 11 janv. 1855.D.55.1.89, (ou toute autre mesure ou acte de l'autorité). Cass., 9 mai 1856. D.56.1. 372; — 24 fév. 1865. D.65.1.318.

402. — La reproduction d'un discours traitant de matières politiques prononcé par un magistrat en public. — Paris, 10 avril 1851. D.53.2.13.

403.—La discussion d'une question de droit qui renfermerait la discussion d'actes ou procédés de l'administration dans l'exercice d'un de ses droits, par exemple, de son droit de désigner les journaux chargés des annonces judiciaires.—Cass., 11 août 1860. D.60.4.420.

404. — La discussion de la légalité de l'arrestation d'un citoyen, avec critique ou dénonciation des actes des agents du Gouvernement. — Cass., 6 juin 1840. B.

405. — La reproduction des débats judiciaires d'une affaire politique. — Cass., 30 avril 1859. B.

406. — Des satires en vers contre des personnages politiques avec des allusions aux événements politiques du jour. — Cass., 29 déc. 1831. Dalloz, v° *Presse*, n° 272.

II. Ne rentrent pas dans la catégorie des matières politiques :

407. — L'annonce de la vacance d'une chaire à la faculté des sciences et la nomination d'un professeur à une chaire de littérature de la Sorbonne. — Dijon, 27 janv. 1864, D.64 1.393.

Ni la simple reproduction, sans commentaires ni réflexions, ni rapprochement critique des textes, des lois et décrets promulgués. — Montpellier, 22 nov. 1854, D.55.1.547 ; Cass., 1er juillet 1854.

III. — *Economie sociale.* Ces expressions, non moins vagues et non moins indéfinissables que celles de matières politiques, embrassent :

408. — Toute publication ou article se rattachant aux intérêts généraux de la population. — Amiens, 30 avril 1858. D.58.2.203.

409. — Tout article dans lequel, en comparant une industrie à une autre, on signale leurs avantages, leurs inconvénients, leur antagonisme et les réformes qui pourraient rétablir entre elles un équilibre qui paraît troublé. — Même arrêt.

410. — Des articles sur le salaire des femmes au point de vue économique et de la moralité générale. — Carpentras, 24 mai 1855. D.55.1.380.

411. — Des articles sur l'agriculture ou toute autre industrie dans leurs rapports avec l'action gouvernementale et les intérêts généraux ou collectifs. — Cass., 1er juill. 1854. D. 54.1.289.

412. — Il appartient à la Cour de cassation de vérifier si le juge du fait a exactement apprécié le caractère politique de l'écrit incriminé.

413. — La liberté de traiter des matières politiques étant subordonnée au versement préalable d'un cautionnement, les écrits périodiques qui acquièrent ainsi le droit de traiter ces matières sont désignés par le nom de journaux cautionnés; les journaux non politiques dispensés de tout cautionnement sont, par contre, appelés journaux non cautionnés. — V. n° 380.

[**136** A]. — V. n°s 386 et 387.

[**137** à **138**] = 414. — L'interdiction de créer et publier, sans autorisation, des journaux politiques, persiste à l'égard des étrangers, des mineurs et des Français privés de leurs droits civils et politiques; cette interdiction trouve sa sanction dans l'art. 5 du décret du 17 février 1852. — Relativement à l'autorisation, sa disposition reste applicable au cas de l'article 136.A., rappelé par l'addition que nous nous sommes permis de faire entre crochets, dans le texte de l'art. 5. — V. n°s 386 et 387, *suprà.*

En prononçant les peines de cet art. 138, les juges doivent déclarer le journal supprimé. — La sanction de cette suppression est dans l'art. 20. — (Art. 209.) V. notes sous l'art. 122 et n°s 357, 452 et suivants.

Sect. II. — Du cautionnement. — § 1. Journaux soumis. — Conditions et quotité.

Journaux politiques. — Cautionnement.

139. — *D.-L. du 17 fév.* 1852. Art. 3. Les propriétaires de tout journal ou écrit périodique, traitant de matières politiques ou d'économie sociale, seront tenus, avant sa publication, de verser au trésor un cautionnement en numéraire dont l'intérêt sera payé au taux réglé pour les cautionnements. »

Quotité des cautionnements.

140. — Art. 4. Pour les départements de la Seine, de Seine-et-Oise, de Seine-et-Marne et du Rhône, le cautionnement des journaux est fixé ainsi qu'il suit :

Si le journal ou écrit périodique paraît plus de trois fois par semaine, soit à jour fixe, soit par livraisons irrégulières, le cautionnement sera de 50,000 fr.

Si la publication n'a lieu que trois par semaine ou à des intervalles plus éloignés, le cautionnement sera de 30,000 fr.

[Pour les autres départements, le cautionnement est fixé ainsi qu'il suit] :

Dans les villes de 50,000 âmes et au-dessus, le cautionnement des journaux ou écrits périodiques paraissant plus de trois fois par semaine sera de 25,000 fr.

Il sera de 15,000 fr. dans les autres villes.

Et respectivement de moitié de ces deux sommes pour les journaux ou écrits périodiques paraissant trois fois par semaine ou à des intervalles plus éloignés.

[**139**] = 415. — « *Exposé des motifs, L.* 1868. — « Le journal est né, il s'explique sur les affaires du « pays, il doit offrir un garant, le cautionnement. »... « Le cautionnement répond du délit; il permet une « répression sérieuse..., la poursuite désormais cesse « d'être illusoire. »

416. — *Les propriétaires.* — Le versement du cautionnement est à la charge des propriétaires fondateurs de l'entreprise, au nombre desquels sont toujours les futurs gérants du journal, puisque, aux termes de l'art. 1er, L. 14 déc. 1830 (art. 161), ce sont eux qui doivent en faire les fonds : — « Les gérants doivent posséder, en leur propre et privé nom, la totalité du cautionnement. »

417. — L'art. 139 parle des propriétaires et non des gérants, parce qu'avant le versement du cautionnement le journal n'existe pas encore, il est seulement en voie de formation ; il n'y a et il ne peut y avoir alors de gérants ; ce n'est que par la déclaration qui doit suivre et non précéder le versement du cautionnement (art. 115.A.) que se révèle l'existence légale des gérants.

418. — Le cautionnement doit être versé par les propriétaires et non par des tiers. — Metz, 3 juillet 1850. D.51.2.137.

419. — *De tout journal.*—V. dans notre *Code de la presse* de 1856, nos 131 et 132, ce qu'on entend par le mot *journal*, et nos annotations *suprà*, nos 392 à 395.

Traitant de matières politiques ou d'économie sociale. — V. sur la portée de ces expressions nos 396 à 413 et no 428 *in fine.*

420. — *Sont tenus avant sa publication.* — Aux termes de l'ord. du 28 juill. 1828 (art. 115), encore en vigueur, et l'art. 3 de l'ord. du 18 nov. 1835, (art. 115.A), qui, par le caractère de sa disposition, me semble avoir survécu à la loi dont cette ordonnance réglait l'exécution, le versement du cautionnement doit précéder la formalité de la déclaration qui, aux termes de l'art. 6, L. 1828 (art. 152 A.), doit aussi être faite avant toute publication du journal. — V. art. 151 et no 453.

421. — Le mot *publication* signifie ici *publication* première du journal ; en conséquence, un journal qui, après avoir suspendu sa publication pendant moins de trois mois, en reprend le cours, ne doit pas un nouveau cautionnement. — Cass., 30 nov. 1833. J.P. Chassan, I, p. 603.

422. — *De verser au trésor.* — Ce versement doit être fait, à Paris, au ministère des finances, dans les départements chez les receveurs payeurs généraux.

423. — *En numéraire, un cautionnement.* Le cautionnement, avant 1835, devait être fait en titres de rentes sur l'Etat; la loi exige aujourd'hui qu'il soit fait en numéraire.

424. — Il faut un versement effectif et non par équivalent. Ainsi, la cession que l'ancien gérant ferait de son cautionnement à son successeur ne remplacerait pas, au moyen d'une notification au trésor, le versement que la loi exige. (Montpellier, 14 juin 1838, D.38.2.202), à moins toutefois que cette cession ne fût faite après que le remboursement de ce cautionnement, libre de toute charge, n'eût été ordonnancée, auquel cas la cession notifiée pourrait équivaloir à un paiement effectué, puisque rien ne s'opposerait à ce que le cautionnement ainsi libéré ne fût alors inscrit au trésor sur la tête du gérant cessionnaire. V. no 452.

426. — *Circulaire. Int.* 3 *juin* 1868. « Aucune « modification n'est apportée ni dans le taux du cau- « tionnement ni dans les règles de son versement. »

Circulaire. Minist. just. 27 *mars* 1852. « Le « journal assujetti au cautionnement qui paraît régu- « lièrement de deux jours l'un, doit le cautionnement « de 50,000 fr., car pendant une semaine ou deux la « périodicité semi-quotidienne entraîne la publication de « quatre numéros : dimanche, mardi, jeudi et samedi.»

427. — C'est au lieu où le journal s'imprime et non celui qui est le point de départ de sa publication qui détermine le taux du cautionnement ; — un journal imprimé à Paris, pour être publié dans un département, doit le cautionnement fixé pour les journaux de Paris. Décis. min. du 14 mai 1850. — V. nos 475-477.

428. — *Circulaire. Min. just.* 4 *juin* 1868. « Il peut arriver que le journal s'imprime dans une « ville hors de laquelle le journal aura prétendu fixer « son domicile pour réaliser une économie sur le taux « du cautionnement. Au nombre des faits de nature à « éclairer la justice sur le véritable siège du journal, « figure la nécessité du transport par la poste qui « constitue déjà une publication du journal. — La loi « du 25 juin 1856 sur le transport des journaux par « la poste reposant sur la même distinction que celle « de l'art. 3 du décret de 1852, l'application qui en a « été faite servira à résoudre les difficultés qui s'élè- « veraient sur l'exécution de l'art. 4 de ce décret. »

429. — Un journal qui, pour changer le lieu de sa publication, se fait imprimer dans un autre lieu, ne doit pas un nouveau cautionnement, parce qu'il n'y a pas eu en cela création d'un journal nouveau. (Décis. min. 27 mars 1849 et 29 sept. 1851.) Il devrait, toutefois, un supplément de cautionnement, si celui qui a été versé est inférieur au taux exigé pour les journaux de la ville où le journal vient se faire imprimer.

430. — Un seul cautionnement ne peut couvrir qu'un seul journal. Celui qui a été versé pour la publication d'un journal dans un département ne peut servir pour la publication dans un autre département du journal suspendu dans le premier. — Nîmes, 4 avril 1850; Chassan, suppl., p. 103.

§ 2. — Exemption du cautionnement. — Propriété du cautionnement.

1° Exemption. — Journaux étrangers.

141. — *L.* 16 *juillet* 1850. Art. 28. Sont affranchis du cautionnement et du timbre tous journaux et publications imprimés en France, en langue étrangère, mais destinés à être publiés et distribués dans les pays étrangers.

2° Exemption. — Journaux non politiques.

142. — *Circ. min. int.* 30 *mars* 1859. « Les « journaux qui ne traitent pas les matières politi- « ques ou d'économie sociale sont dispensés du « cautionnement conformément à la loi du 16 juil- « let 1850. »

Sanction pénale.

143. — *D.-L.* 17 *fév.* 1852. Art. 5. Toute publication de journal ou écrit périodique [politique ou d'économie sociale]... (V. article 138).... sans cautionnement ou sans que le cautionnement soit complété, sera punie d'une amende de 100 fr. à 2,000 fr. pour chaque numéro ou livraison publiée en contravention et d'un emprisonnement de 1 mois à 2 ans.

Celui qui aura publié le journal ou écrit périodique et l'imprimeur seront solidairement responsables. Le journal cessera de paraître (n° 440).

Circ. att. : Âm. 50 fr. au minimum et, ou, prison : 1 jour à 1 mois (art. 533).

Nota. La suppression peut être écartée par l'art. 463, C. pén. (n. 2366).

Extension.

144. — *D.-L.* 28 *mars* 1852. Art. 2. Ceux des journaux [relatifs aux lettres, aux sciences, aux arts et à l'agriculture] qui même accidentellement s'occuperaient de matières politiques ou d'économie sociale seront considérés comme étant en contravention aux dispositions du décret du 17 fév. 1852 et seront passibles des peines établies par l'art. 5 de ce décret. (Article 143, n° 432).

Les gérants doivent être propriétaires du cautionnement.

144.A. — *Disposition d'ordre.* Le cautionnement que les propriétaires de journaux politiques ou d'économie sociale sont tenus de verser, conformément à l'art. 139, sera, aux termes de l'art. 161 ci-après, possédé, en propre et privé nom, par le ou les gérants qu'ils devront choisir pour la surveillance et la direction de l'entreprise.

Conformément aux art. 202 à 207 ci-après, le cautionnement versé devra toujours être maintenu intact et complété jusqu'à la fin de l'entreprise.

Justification du versement du cautionnement.

145. — *Ord.* 28 *juillet* 1828. Art. 1er. Avant toute publication d'un journal ou écrit soumis au cautionnement, il sera justifié au procureur du roi du lieu de l'impression du versement du cautionnement auquel ce journal ou écrit périodique est soumis et de la déclaration prescrite par l'art. 6 (art. 152.A.) de la loi de 1828.

Le procureur du roi donnera acte sur-le-champ de cette justification et en tiendra registre.

Ordre des formalités à remplir.

145.A. — *Ord. du* 18 *nov.* 1835. Art. 15. Lorsque le cautionnement aura été versé, les propriétaires feront à la *direction de la librairie* à Paris et dans les départements au secrétariat de la préfecture, la déclaration prescrite par l'art. 6, L. 1828.

[**141** à **142**] = 431. — L'art. 28, L. 1850, n'a été abrogé par aucune loi : — le seul article duquel pourrait lui venir l'abrogation serait l'art. 139 si à la suite de ces mots : « *verser un cautionnemsnt avant sa publication* » on sous-entendait « *en France ou à l'étranger* ; » mais comme il n'est pas admissible que le législateur ait eu en vue dans cet article des journaux autres que les journaux à publier en France, il faut reconnaître que l'exception si favorable à l'imprimerie française de l'art. 141 doit être maintenue.

[**143-144**] = 431 *bis.* — *Toute publication.* — Contravention matérielle qui, pour exister, exige la publication de plusieurs numéros : sans cela, il y aura publication d'imprimé, mais non publication d'un écrit périodique. La périodicité, constitutive du journal, ne peut en effet se réaliser que par la réitération du fait de publication, c'est-à-dire d'une publication continuée régulièrement ou irrégulièrement. V. n° 393.

432. — Il a été cependant décidé que l'insertion d'un seul article politique dans un journal non cautionné suffisait pour constituer la contravention. Cass., 22 juin 1826, J.-p.; Paris, 10 juin 1851. Le décret du 28 mars 1852 (art. 144) est venu confirmer cette jurisprudence en ce qui concerne les journaux littéraires, scientifiques, agricoles ou artistiques.

433. — Un cautionnement par journal, telle est la règle : deux cautionnements sont dus si, par des subterfuges de suppléments ou d'éditions successives augmentées, un journal se dédouble et produit un nouveau journal. Dalloz, v° *Presse*, n° 274.

434. — On doit considérer comme un journal nouveau la deuxième édition d'un journal différent de la première non-seulement par le format, le prix, la périodicité, mais encore par la division des matières et sa rédaction. Cass., 13 avril 1852, D.52.1.160.

Il en serait différemment si cette deuxième édition n'était qu'un deuxième tirage avec addition seulement des faits divers et nouvelles survenus depuis. — *Idem.*

435. — La loi n'ayant point, comme pour le timbre, déterminé le taux des cautionnements d'après le format et le nombre de feuilles, et n'ayant pas davantage limité la liberté des éditions successives, on doit décider que le cautionnement couvre non-seulement le journal, mais encore ses suppléments et ses secondes éditions lorsqu'ils ne forment pas un journal nouveau.

436. — On doit considérer comme simples suppléments les feuilles additionnelles dont l'abondance des matières ou la survenance de faits parvenus trop tard à la connaissance du journal exige l'adjonction et qui sont alors livrés sans augmentation de prix. Cass., 27 mai 1843, D.44.1.144.

437. — On doit encore considérer comme tels, aux termes des art. 4, L. 2 mai 1861, et 4, L. 11 mai 1868 (art. 85 et 90), les suppléments consacrés à la reproduction des comptes rendus officiels des séances du Corps législatif ou du Sénat à la publication des projets de loi, rapports, documents officiels, etc.

438. — *Sera puni de.* — Les divers faits de publication d'un journal politique sans cautionnement constituent, non un délit successif, mais autant de faits de publication punissables qu'il y a eu de numéros publiés en contravention. Dalloz, v° *Presse*, n° 524.

439. — En édictant une amende distincte par chaque numéro publié en contravention, l'art. 143 affirme implicitement la *pluralité* des contraventions dans le fait

§ 3. — Affectation du cautionnement. — Ce qu'il garantit.

Affectation du cautionnement.

146. — *L.* 9 *juin* 1819. Art. 3. Le cautionnement sera affecté par privilége :

Aux dépens,

Aux dommages-intérêts

Et amendes,

Auxquels les propriétaires ou éditeurs [gérants aujourd'hui], pourront être condamnés.

Le prélèvement s'opérera dans l'ordre indiqué au présent article.

En cas d'insuffisance, il y aura lieu à recours solidaire sur les biens des propriétaires ou éditeurs [gérants] déclarés responsables du journal ou écrit périodique, et des auteurs et rédacteurs des articles condamnés (n° 446).

Suite.

147. — *L.* 18 *juillet* 1828. Art. 12., §§ 1 et 2. (V. art. 158).

§§ 3 et 4. — Le cautionnement du propriétaire décédé restera affecté à la gestion [du rédacteur responsable que la veuve ou les héritiers sont, dans les 10 jours du décès, admis à présenter jusqu'à l'acceptation d'un nouveau gérant.]

—

L. 27 *juillet* 1849. Art. 14. §§ 1 et 2 (*V. art.* 159).

§ 3. — Le cautionnement demeurera affecté à cette responsabilité [du rédacteur responsable délégué par les propriétaires du journal pour remplacer provisoirement le gérant condamné pendant son emprisonnement.]

—

Suite.

148. — *L.* 18 *juillet* 1828. Art. 13. Les condamnations pécuniaires prononcées, soit contre les signataires responsables, soit contre l'auteur ou les auteurs des passages incriminés, seront prélevées :

1° Sur la portion du cautionnement appartenant en propre aux signataires responsables ;

2° Sur le reste du cautionnement, dans le cas où celle-ci serait insuffisante, sans préjudice pour le surplus des règles établies par l'art. 3 [ci-contre] de la loi du 9 juin 1819, et par l'art. 4 de la même loi [remplacé par les art. 6, 7 et 8, L. 1850 et 29, 30 et 31, décret 17 fév. 1852. — V. art. 202 à 207].

Il demeure affecté pendant la suspension.

149. — Art. 15, § 1. [Le journal peut être suspendu.]

§ 2. — Pendant ce temps [de la suspension], le cautionnement continuera à demeurer en dépôt à la Caisse des consignations ; il ne pourra recevoir une autre destination.

149.A. — *L.* 11 *mai* 1868. Art. 12, § 1. [Le journal peut être suspendu.]

Pendant toute la durée de la suspension, le cautionnement demeurera déposé au trésor et ne pourra recevoir aucune autre destination.

—

---

qu'il prévoit ; mais il n'en affirme pas moins l'*unité* en ne prononçant qu'une seule peine d'emprisonnement.

Sa disposition, en ce qui concerne la peine pécuniaire, déroge à l'art. 365 du C. d'instr. crim. qui prohibe le cumul des peines. — Paris, 25 mars 1868. — G. T. du 26. — Une amende distincte doit en conséquence être prononcée pour chaque numéro en contravention.

Celui qui aura publié et l'imprimeur. V. n° 350.

440. — *Le journal cessera de paraître.* — Et le jugement devra ainsi le déclarer.

Cette injonction, empruntée à l'art. 14, L. 1828 et à l'art. 8, L. 16 juillet 1850 et qu'on retrouve dans l'art. 34, décret 1852 (art. 207), implique-t-elle *la suppression absolue*, peine accessoire que le tribunal doit prononcer même contre le journal non cautionné qui aura accidentellement publié un article politique, ainsi que le décide l'art. 2 du décret du 28 mars 1852, et que l'a jugé la Cour de cassation les 26 juillet et 25 mars 1855 ? D.55.1.183 et 380. — 11 juin 1858, B.

Ou doit-elle être, au contraire, entendue dans ce sens que le journal condamné devra cesser comme *publication politique* jusqu'à ce qu'il ait déposé le cautionnement fixé par la loi, et non comme journal *exclusivement littéraire, scientifique, artistique ou agricole* se maintenant dans la spécialité de son cadre exempté de cautionnement ? — L'auteur de l'art. *Presse*, dans le recueil de M. Dalloz, n° 406, se prononce dans ce dernier sens en se fondant (V. comme analog., n°° 699 et 714) :

1° Sur ce que l'art. 5, déc. 1852, n'ayant pas au fond d'autre but que de contraindre les journaux qui veulent traiter les matières politiques à verser un cautionnement, ce serait étendre la suppression au delà de son but que de la maintenir sur des publications qui, renonçant aux matières politiques et punies pour y avoir touché, n'ont plus de cautionnement à déposer ;

2° Sur la faveur avec laquelle le législateur de 1852 voit la publication des journaux non politiques (V. n° 269),

puisqu'il les a exemptés du timbre, faveur qui s'accorderait mal avec une interprétation qui, pour des écarts presque inévitables, entraînerait la ruine de ces publications.

441. Quoi qu'il en soit, la suppression en vertu de l'art. 143 comporte-t-elle la mesure aggravante de *l'exécution provisoire* de l'art. 13, L. 1868 ? « Les « juges, lit-on dans l'exposé des motifs de cette loi, « n'en doivent user que dans *les cas graves* pour im- « poser silence à de *nouvelles attaques*, » c'est-à-dire en cas *de délits*. Le texte de l'art. 3 ne permet pas cependant le doute sur ce point : si peu en rapport que soit la rigueur de la mesure avec la nature peu grave des faits, l'exécution provisoire, il faut le reconnaître, est applicable aux contraventions de presse qui entraînent encore le peine de la suppression. Il est à espérer que les juges, se conformant à l'esprit de la loi, en feront rarement usage. V. n° 2292.

Quant à la sanction de la suppression, V. n° 709.

442. — En ce qui concerne le bénéfice des circonstances atténuantes, V. n° 357 : l'application de l'article 463 peut faire écarter la peine de la suppression. V. n° 2366.

[145 à 145. A.] = V. n°° 417 et 420.

[146] = 443. — *Le cautionnement sera affecté par privilége.* — La loi crée ici au profit de l'État et des particuliers lésés un privilége spécial qui, si on donne la préférence au système qui donne la priorité aux *priviléges spéciaux* sur les *priviléges généraux*, devra primer, sur le cautionnement versé, le privilége des créances de l'art. 2101 du C. Nap.

444. — *Dépens, dommages-intérêts, amendes.* Cette dernière expression semblerait devoir ne comprendre que les amendes pénales, c'est-à-dire les amendes prononcées par le fait même du délit ou de la contravention dont elles sont la peine ; il a été cependant décidé que la loi ne distinguant pas entre ces amendes et l'amende spéciale encourue aux termes de l'art. 436, C. instr. crim., pour rejet de pourvoi

§ 4. — Remboursement des cautionnements.

Conditions et délais du remboursement.

150. — *Ord.* 18 *nov.* 1835. Art. 8. Les gérants qui renonceront à leurs fonctions et les propriétaires qui cesseront leur entreprise, en feront la déclaration à la direction de la librairie [au ministère de l'intérieur à Paris] et dans les départements au secrétariat de la préfecture.

Il leur sera donné acte de cette déclaration.

Après un délai de trois mois à partir du jour où il y aura eu réellement cessation soit des fonctions de gérants, soit de la publication du journal, — sur le vu de la déclaration périodique et de la demande spéciale qui lui sera adressée par l'ayant droit, le ministre des finances ordonnera le remboursement dudit cautionnement, à moins que, par suite de condamnations ou de poursuites commencées, des oppositions n'aient été faites au Trésor.

——

devant la Cour de cassation, ces amendes rentraient dans les termes de l'art. 3 de la L. de 1819 (art. 146) et devaient être coucurremment payées avec les autres sur le cautionnement. Cass., 21 mars 1851. D.51.5.422.

445. — L'art. 6 de l'ordonnance du 18 nov. 1835 décidait : « qu'il ne serait admis aucune déclaration de « privilége de second ordre sur les cautionnements. » — Bien que cette disposition, conséquence de l'art. 15 de la loi du 9 sept. 1835, ait été emportée par l'abrogation de cette dernière loi, l'interdiction qu'elle édicte est trop bien dans les idées qui ont imposé aux gérants la propriété réelle des cautionnements, pour qu'elle ne soit pas maintenue. — La loi repousse les bailleurs de fonds avec leurs priviléges de second ordre ; elle exige que les gérants soient sérieusement intéressés à la bonne direction du journal, qu'ils en possèdent le cautionnement en leur propre et privé nom. Dalloz, v° *Presse*, n° 290. — V. *infrà*, n° 530.

446. — *En cas d'insuffisance.* — Il y aura recours contre les associés responsables des crimes ou délits dont les pénalités pécuniaires prononcées excéderaient les facultés du cautionnement.

Le dernier § de l'art. 446 ne fait qu'appliquer la règle de l'art. 55, C. pén., qui veut que « tous les individus « condamnés pour un même crime ou délit soient soli- « dairement tenus des amendes, restitutions et dom- « mages-intérêts. »

[**147**.] = V. art. 459. . . . .

[**148**] = 447. — Le système de la loi du 16 juillet 1850, art. 6, 7 et 8 (art. 202 à 204) et celui des art. 29 à 34 du décret du 17 fév. 1852 (art. 205 à 207) qui imposent aux gérants condamnés l'obligation de payer, dans les trois jours de leur condamnation définitive ou exécutoire d'urgence (L. 11 mai 1868, art. 43), les amendes prononcées contre eux, rendra si souvent inutile la règle de l'art. 148 que nous avons émis dans notre *Code annoté de la presse* de 1856 cette opinion sur laquelle nous nous empressons de revenir, que ce dernier article pourrait être considéré comme abrogé : il est en effet des cas où son application est possible et utile ; — la Cour de cassation s'est d'ailleurs prononcée pour son maintien, — le 3 avril 1851, B. crim.

448. — En affectant le cautionnement au paiement des condamnations pécuniaires prononcées contre les rédacteurs des articles délictueux insérés dans le journal, cet art. 148 rend plus sérieux et plus étroit le devoir des gérants de surveiller la rédaction du journal. — En effet les gérants pourraient être acquittés à raison de ces mêmes articles, que leur cautionnement n'en supporterait pas moins le paiement des amendes prononcées contre leurs rédacteurs ; — ils doivent donc ne laisser passer aucun article qui pourrait engager leur responsabilité ou leur cautionnement. —V. n° 995.

[**149** à **149**.A.] = ...

[**150**] = 449. — L'abrogation d'une loi entraîne d'ordinaire et par voie de conséquence celle de l'ordonnance rendue pour son exécution. — Cette règle autant de droit que de logique comporte toutefois cette exception que l'effet ne doit pas excéder la cause ; qu'il faut en conséquence limiter l'abrogation, dans l'ordonnance, à celles de ses dispositions qui avaient uniquement pour base les dispositions mêmes de la loi abrogée ; quant à celles qui, en dehors de cette loi, pourraient se soutenir par elles-mêmes comme des mesures d'ordre intérieur ou comme ayant leur fondement sur le système d'une réglementation restée en vigueur, — leur principe propre les sauve de l'abrogation. L'art. 8 de l'ordonnance du 18 nov. 1835 (art. 150) me semblerait à ce titre avoir survécu à la loi de 1835 ; sa disposition, qui ne repose, en effet, sur aucune des dispositions de cette loi, et qui reproduit l'art. 7 de l'ordonnance du 9 novembre 1819, n'est elle-même qu'une mesure réglementaire et d'ordre intérieur que le pouvoir royal pouvait imposer à son ministre des finances sans excéder les limites de ses attributions constitutionnelles.

450. — Les gérants qui veulent s'affranchir de la responsabilité du journal, ou retirer leur cautionnement, doivent faire *une déclaration*, soit de la cessation de leur fonction, soit de celle de l'entreprise.

451. — *Après un délai de trois mois*, non du jour de cette *déclaration*, mais de la cessation effective de leurs fonctions, leur cautionnement pourra être retiré, si pendant ce délai il n'a pas été absorbé par des condamnations remontant à l'époque de la gestion, et s'il n'y a pas des oppositions formées : — il faut trois mois pour purger leur responsabilité des fautes du passé.

452. — Le gérant successeur devra, nonobstant cession du cautionnement à lui faite par le gérant prédécesseur, verser un nouveau cautionnement. —V. n° 424.

La loi du 9 août 1848 avait, par son art. 2, admis sur ce point un tempérament : — (V. notre *Code de la presse* de 1856, p. 40) la cession notifiée au Trésor dispensait le cessionnaire de verser un cautionnement en duplicata, sauf les droits des tiers et sous toute réserve à raison des délits antérieurs à la cession : — Mais la loi du 16 juillet 1850 ayant abrogé cette disposition, le cessionnaire devra, en entrant en fonction avant l'expiration de trois mois après la retraite de celui qu'il remplace, déposer un cautionnement ; — il en serait autrement si la cession portait sur un cautionnement libéré dont le remboursement aurait été ordonnancé ; — sa notification équivaudrait alors à un versement effectif. — V. n° 424.

Chap. I. (Suite). Sect. III. — De la déclaration préalable. — Mutations à déclarer.

De la déclaration. — Acte à en donner.

151. — *Ord. 9 juin* 1819. Art. 3. Lorsque le cautionnement aura été versé....., l'éditeur, ou le propriétaire, fera, devant le préfet du département, ou à Paris devant le préfet de police, la déclaration prescrite par l'art. 1, n° 1, de la loi [du 9 juin 1819], abrogé et remplacé par l'art. 6, L. 18 juillet 1828, et par l'art. 2, L. 11 mai 1868]. (Art. 152 et 153).

Il représentera le reçu ou l'acte constatant qu'il a fourni son cautionnement.

Le préfet donnera acte, sur-le-champ, de la déclaration et de la justification du cautionnement.

La publication du journal ou écrit périodique pourra commencer immédiatement après.

Le versement du cautionnement la précède.

151.A. — *Ord.* 18 *nov.* 1835. Art. 3. Lorsque le cautionnement aura été versé, les propriétaires feront à la *direction de la librairie*, à Paris, et dans les départements au secrétariat de la préfecture, la déclaration prescrite par l'art. 6 de la loi du 18 juillet 1828.

Il sera justifié du versement du cautionnnement par la reproduction des récépissés, soit du Trésor, soit du receveur des finances.

Déclaration. — Ce qu'elle doit contenir.

152. — *L.* 11 *mai* 1868. Art. 2. Aucun journal ou écrit périodique ne peut être publié s'il n'a été fait, à Paris à la préfecture de police, et dans les départements, à la préfecture, et 15 jours au moins avant la publication, une déclaration (par écrit) contenant :

1° Le titre du journal ou écrit périodique, et les époques auxquelles il doit paraître;

2° Le nom, la demeure et les droits des propriétaires, autres que les commanditaires ;

3° Le nom et la demeure du gérant;

4° L'indication de l'imprimerie où il doit être imprimé.

Toute mutation dans les conditions ci-dessus énumérées est déclarée dans les 15 jours qui la suivent.

Toute contravention aux dispositions du présent article est punie des peines portées en l'art. 5 du décret du 17 fév. 1852 savoir : d'une amende de 100fr. à 2,000 fr. par numéro ou livraison publié en contravention, et d'un emprisonnement de un mois à deux ans. — Le journal cessera de paraître. V. art. 143.

Circ. att. : Am., minimum, 50 fr. et, ou, Prison, 1 jour à 1 mois (art. 533).

Nota. La suppression peut être écartée par l'art. 463 (n° 2866).

[**151** à **151**. A.] = 453. — Aux termes des ordonnances des 9 juin 1819, art. 3, et 18 nov. 1835, art. 3, qui sur ce point spécial sont en parfaite harmonie avec l'ensemble de la législation et n'ont été abrogées par aucune loi (n° 449), c'est après que le cautionnement a été versé, en ce qui concerne, bien entendu, les journaux soumis au cautionnement, que doit être faite la déclaration prescrite, avant toute publication (n° 420).

[**152** à **152**. A.] = 454. — « La déclaration, disait « M. Pinard dans l'exposé des motifs de la loi de 1868, « constitue l'état civil du journal; le Gouvernement ne « lui permet plus de naître, comme dans le système de « l'autorisation préalable, mais il le voit naître. — Il « doit être averti exactement, afin de surveiller; — il « faut qu'il connaisse le nom, le gérant, le proprié- « taire de ce nouvel organe de publicité et de polémique. « La déclaration substituée à l'autorisation constitue « le caractère du projet : l'initiative individuelle est « affranchie, la tutelle disparaît. »

455. — « La déclaration n'est en effet qu'une simple « formalité qui ne limite en rien la liberté de la presse. »

456. — « Pratiqué en 1819, supprimé en 1822, rétabli « en 1828, conservé en 1835 et 1849, le système de la « déclaration devait revivre comme le point de départ « normal de toute législation qui ne soumet les écarts « de la pensée qu'au régime répressif des tribunaux. »

457. — Circulaire *Inter.* 3 *juin* 1868. « La décla- « ration ne donne droit de publier un journal qu'à ceux « qui sont Français, majeurs, et qui jouissent de leurs « droits civils et politiques. » Nos 386 et 387.

458. — Nous avons placé, au texte, en regard de l'art. 2 de la loi du 11 mai 1868 qui le remplace en partie, l'art. 6 de la loi du 18 juillet 1828, afin de mieux faire saisir les différences qui les distinguent et de montrer comment le premier, en prenant la place du second, s'ajuste avec les art. 9, 10 et 11 qui lui faisaient suite et assuraient la sincérité des déclarations.

459. — « Les dispositions de l'art. 6 de la loi de 1828, « dit à ce sujet d'ailleurs la circulaire de M. le garde « des sceaux du 4 juin 1868, seront encore utilement « consultées pour les difficultés de détail. »

460. — L'art. 2 de la loi du 11 mai 1868 me semble avoir abrogé par voie de remplacement les huit premiers paragraphes de l'art. 6 de la loi de 1828. — Les différences qui les distinguent n'en rendent pas, il est vrai, l'exécution simultanée radicalement impossible, mais il y a dans la similitude de rédaction de l'art. 2 une intention si marquée de reprendre sur ce point à nouveau et de remplacer ces huit premiers paragraphes de l'art. 6, L. 1828, qu'il n'y a pas à mettre en doute leur remplacement.

461. — Quant aux §§ 9 et 10 que nous retrouverons plus loin, leurs dispositions étant étrangères à la formalité de la déclaration, demeurent en vigueur.

462. — Sur les cinq parties que la déclaration devait contenir aux termes de l'art. 6, L. 1828, l'art. 2, L. 1868, n'en a conservé que 4. — L'affirmation du n° 4 de l'art. 6 n'est plus exigée. — V. n° 389.

463. — *Aucun journal.* — Ces expressions doivent être entendues dans leur sens le plus général : « Sous la sanction de l'art. 5 du décret 1852, dit « à ce sujet la circulaire du 4 juin 1868 du ministre « de la justice, la déclaration sera désormais la même « pour les journaux cautionnés et non cautionnés. »

464. — *Ne peut être publié.* — Il y a publication dans le sens de l'art. 6, L. 1828, lorsque le journal a été mis à la poste ou remis aux agents qui doivent le distribuer, alors même qu'une saisie en aurait empêché le départ ou la distribution. — Dalloz, v° *Presse*, n° 285.

465. — *S'il n'a été fait à la préfecture de police à Paris.* La loi de 1868 en est revenue sur ce point au système de l'ordonnance du 9 juin 1819 (art. 151).

466. — *Quinze jours au moins avant la publication.* — On ne peut, en conséquence, commencer la publication que le quinzième jour qui suit le jour où la déclaration aura été faite.

467. — *Une déclaration écrite et non verbale.* Cette déclaration doit être faite sur papier timbré, par les propriétaires fondateurs de l'entreprise, et signée par chacun d'eux ou par leurs fondés de pouvoir, ainsi que le dit l'art. 153, *suprà.*

468. — *Contenant le titre.* Avec le titre il faut entendre et le sous-titre : le titre pris par le journal n'est sa propriété qu'après qu'un numéro au moins a paru avec ce titre.

Sect. III (*Suite*). — Piéces justificatives. — Déclarations délictueuses. — Peines.

Ce qu'elle contenait avant 1868.

152.A. — *L.* 18 *juillet* 1828. Art. 6. Aucun journal ou écrit périodique *soumis au cautionnement* ne pourra être publié s'il n'a été fait préalablement une déclaration contenant :

1° Le titre du journal et les époques auxquelles il doit paraître ;

2° Le nom de tous les propriétaires, autres que les commanditaires, leurs demeures, *leur part dans l'entreprise* ;

3° Le nom et la demeure des gérants responsables ;

4° *L'affirmation que ces propriétaires et gérants réunissent les conditions de capacité requises par la loi* ;

5° L'indication de l'imprimerie dans laquelle le journal ou écrit périodique doit être imprimé.

Toutes les fois qu'il surviendra quelques mutations soit dans le titre du journal ou dans les conditions de sa périodicité, soit parmi les propriétaires ou les gérants responsables, il en sera fait déclaration devant l'autorité compétente, dans les 15 jours qui suivront la mutation, à la diligence des gérants responsables. *En cas de négligence, ils seront punis d'une amende de 500 fr.*

Il en sera de même si le journal ou écrit périodique venait à être imprimé dans une imprimerie autre que celle originairement déclarée.

Dans le cas où l'entreprise aurait été formée par une seule personne, le propriétaire, s'il réunit les qualités requises par le § 2 de l'art. 5 (art. 160), sera en même temps le gérant responsable du journal (art. 461).

Dans le cas contraire il sera tenu de présenter un gérant responsable conformément à l'art. 5 (art. 160), (n° 461 et art. 157).

Les journaux exceptés du cautionnement seront tenus de faire la déclaration préalable prescrite par les n°ˢ 1, 2 et 5 du § 1 du présent article.

Des pièces justificatives.

153. —*Même loi*. Art. 7. Ces déclarations seront accompagnées du dépôt des pièces justificatives. Elles seront signées par chacun des propriétaires du journal ou écrit périodique ou par le fondé de pouvoir de chacun d'eux.

Elles seront reçues à Paris à la direction de la librairie [à la préfecture de police] et dans les départements au secrétariat de la préfecture.

Contestation sur la déclaration. — Sursis.

154. — Art. 10. En cas de contestation sur la régularité ou la sincérité des déclarations prescrites par l'art. 6 des pièces à l'appui, il sera statué par les tribunaux [civils] à la diligence du préfet, sur mémoire sommairement et sans frais, la partie ou son défenseur et le ministère public entendus.

Si le journal n'a pas encore paru, il sera sursis à la publication jusqu'au jugement à intervenir, lequel sera exécutoire nonobstant appel. — V. n°ˢ 488, 90 et 503.

Déclaration délictueuse. — Pénalité.

155. — Art. 4. Si la déclaration prescrite est reconnue fausse et frauduleuse en quelques-unes de ses parties, le journal cessera de paraître. — V. n°ˢ 491 à 496.

Les auteurs de la déclaration seront punis d'une amende dont le minimum sera d'une somme égale au 10° et le maximum d'une somme égale à la moitié du cautionnement.

Circ. att. : Am., minimum 50 fr. maximum, 10e du cautionnement (art. 533,.

Justification de la déclaration au parquet.

155.A. — *Ord.* 28 *juillet* 1828. Art. 1er. Avant toute publication il sera justifié au procureur impérial du lieu de l'impression, de la déclaration prescrite par l'art. 6, L. 1828.

Le procureur impérial donnera acte sur-le-champ.

---

469. — *Les noms, demeure et droit des propriétaires.* Si le journal appartient à une société anonyme, faut-il que les noms de tous les actionnaires soient déclarés et que les actions de la société soient nominatives et transmissibles par voie de transfert afin que les mutations puissent être déclarées ? Dans le sens de l'affirmative : Duvergier, *Lois*, 28, p. 226. Chassau, I, p. 576. *Contrà*, Dalloz, v° *Presse*, n° 240.

470. — En cas de société en participation, le nom du chef de l'entreprise, propriétaire unique aux yeux de la loi, devra seul être déclaré. Grattier, II, p. 158.

471. — Lorsque plusieurs propriétaires du même journal se présentent pour la déclaration, ils doivent justifier du contrat qui les lie et ne sauraient s'en dispenser sous prétexte qu'ils ne sont que copropriétaires du cautionnement, sans contrat de société. — Décis. minist., 1er août 1849.

472. Le mot *droit*, dans le n° 2 de l'art. 2, L. 1868, comprend l'idée des « *parts des propriétaires dans l'entreprise,* » du n° 2 de l'art. 6, L. 1828.

473. *Noms et demeures des gérants responsables.* Ces expressions impliquent l'idée d'un journal politique, les *journaux politiques* étant seuls tenus d'avoir des gérants responsables ; elles impliquent, de plus, l'idée d'une société formée pour son exploitation, car si le journal était dirigé par un seul individu qui serait son fondateur unique, on ne pourrait lui appliquer le titre de gérant dans le sens particulier du § 3. — V. § 9 de l'art. 152.A.

474. Quant aux journaux *non politiques*, ce § 3 ne les concerne en rien ; ils n'ont pas de gérants proprement dits. Il faut à leur égard compléter ce paragraphe avec ce sous-entendu : « La déclaration contiendra le nom et la demeure des gérants ou des publicateurs, si le journal n'est pas tenu d'avoir des gérants.» Le publicateur remplace alors le gérant.

On ne saurait admettre que la loi ait voulu, par un paragraphe aussi indirect, obliger les journaux non politiques à avoir des gérants, lorsqu'il a fallu une disposition expresse pour y soumettre les journaux politiques. Il ne nous paraît pas possible de fonder sur un texte aussi peu précis et aussi grave innovation.

475. — *Demeure.* C'est-à-dire l'indication, par le nom de la rue et du numéro de la maison qu'habite le gérant. Quant à la ville, il va de soi que c'est toujours celle dans laquelle le journal est imprimé.

Obligé de surveiller la rédaction du journal, de signer en minute chacun de ses numéros pour être déposés au parquet du lieu de son impression, le gérant ne pourrait satisfaire aux prescriptions de la loi, s'il lui était loisible de résider ailleurs (n°ˢ 427 à 429).

476. — *L'indication de l'imprimerie du journal.* Le lieu normal d'ailleurs de la publication du journal doit être celui où il s'imprime et surtout celui de la résidence du gérant : autrement sa surveillance serait nulle, nulle aussi sa responsabilité morale, qui, par les signatures en blanc qu'il serait alors forcé de donner, retomberait de fait sur son imprimeur. — Décis. min., 19 avril 1850, n° 427, *suprà* et 495 ᵐ.

477. — La loi, en dehors de la responsabilité légale qu'elle impose aux gérants, en fournit aucun moyen spécial de sanction pour les contraindre à faire imprimer leur journal au lieu de leur résidence.

478. — *Toute mutation, etc.* Ce paragraphe de l'art. 2 doit être entendu dans le même sens que les §§ 7 et 8 de l'art. 6, L. 1828. Les décisions auxquelles ils ont donné lieu conservent donc toute leur autorité pour l'interprétation du nouvel article (n° 459).

Doivent être déclarés :

479. — Tout changement dans le titre, consistât-il seulement dans l'addition d'un sous-titre, ou du millésime d'une année. — Cass. ch. réun., 5 août 1854, D.51.1.211 ; 6 août 1834, J.P.

480. — Toute mutation dans les conditions de la périodicité, ne consistât-elle que dans la suppression momentanée de l'un des jours auxquels le journal doit paraître.—Cass., ch. réun., 25 juin 1854. D.51.1.470.

481. — Il appartient d'ailleurs aux juges du fait de décider si le journal qui leur est représenté comme nouveau n'est pas la continuation de celui que publiait précédemment le même gérant, et ils peuvent ainsi le décider encore, bien que les bases financières de l'entreprise aient été changées. — Orléans, 19 nov. 1850. D.55.2.200. Il n'y a dans ce cas aucune mutation à déclarer ; V. cependant n° 483.

482. — Le fait, par un propriétaire gérant d'un journal politique, d'avoir formé une société en commandite pour l'exploitation de son journal et d'avoir accepté l'adjonction d'un conseil de surveillance dont les pouvoirs s'étendent jusque sur la rédaction, constitue, même alors qu'il est dit dans l'acte de société qu'il reste propriétaire, un changement dans la propriété et l'administration du journal qui doit faire l'objet d'une nouvelle déclaration. — Cass., 16 janv. 1863. D.63.1.108.

483. — De même doit être considéré comme un changement dans le personnel des propriétaires du journal, le remaniement des statuts de la société en commandite par actions qui a fait les fonds pour la publication du journal, duquel il résulte que la forme de transmissibilité des actions est changée, que la proportion d'intérêt entre les associés est détruite et que la société prend un caractère autre que celui qu'elle avait dans sa première organisation.—Cass., 21 mars 1861. D.63.5.294.

484. — Les journaux non cautionnés sont, sous la même sanction pénale de l'art. 5 du décret 1852, soumis aux mêmes déclarations de mutation que les journaux cautionnés.

485. — Les déclarations pour les premiers doivent être faites par leurs éditeurs, publicateurs ou propriétaires (n° 474). Elles sont pour les autres à la charge de leurs gérants ou de leur propriétaire, si le journal est dirigé par le propriétaire fondateur unique, lequel remplit et doit remplir alors les devoirs et fonctions de gérant aux termes du § 9 de l'art. 6, L. 1828.

485 *bis.* — Sous l'empire de l'art. 6, L. 1828, la question de savoir quelle peine était applicable, soit à la publication d'un journal sans déclaration préalable, soit à l'omission par le propriétaire de déclarer les mutations survenues dans la publication de son journal, avait donné lieu à des difficultés auxquelles met fin la rédaction du nouvel art. 2, qui sanctionne toutes les contraventions à ses dispositions sans distinction aucune entre les journaux cautionnés et non cautionnés.

486. — *Dans les 15 jours.* Lorsque la déclaration de mutation a été annulée, le gérant n'a point un nou-

veau délai de 15 jours pour réparer l'irrégularité. Dans le cas où le juge lui accorde à cet effet un délai de 8 jours, ce délai court du jour de la prononciation du jugement s'il est contradictoire, et non de celui de la signification.— Cass., 11 juillet 1845. D.45.1.409.

[153] == **487.** — Les pièces justificatives à fournir à l'appui de la déclaration sont :

1° Le reçu du trésor attestant le versement du cautionnement. — V. art. 151, 151.A.;

2° Une expédition de l'acte de société, en cas de société ;

3° L'acte de naissance des propriétaires du journal et leur acte ou lettre de naturalisation s'ils sont étrangers d'origine ;

4° Mêmes pièces pour les gérants ;

5° La justification de la part des uns et des autres dans l'entreprise.

Ces pièces doivent être signées par lesdits propriétaires ou par leurs fondés de pouvoir.

[154] == **488.** — Le préfet a seul qualité pour constater et contester la régularité et la sincérité des déclarations. — Cass., 25 mai 1850. D.50.5.38 ; V. *Code de la presse*, 1856, p. 43.

489. — Les tribunaux civils sont seuls compétents pour statuer sur les difficultés et les contestations relatives aux irrégularités des déclarations ou à leur non-sincérité.—Cass., 31 janv. 1851, B.42.

490. — Le refus du préfet de donner acte de la déclaration en se fondant sur son irrégularité, constitue une contestation dont l'effet, tant qu'elle persiste, est d'empêcher la publication du journal. — Cass., 2 juillet 1847. D.47.4.873.

[155] == **491.** — La nature de la peine qu'édicte l'art. 14, L. 1828, à raison des déclarations fausses et frauduleuses, peines qui se mesurant sur le cautionnement en impliquent l'obligation, s'oppose à ce que la disposition de cet article puisse être appliquée aux journaux *non cautionnés*. Les déclarations fausses ou frauduleuses de la part de ces journaux resteront en conséquence impunies comme avant la loi de 1868, à moins qu'en les assimilant à des *omissions de déclarations vraies* on ne les fasse rentrer dans le cercle d'application du paragraphe final de l'art. 2 de la loi de 1868 (art. 152) ; ce qui serait, ce me semble, peu juridique : c'est là encore une lacune à combler.

492. — Il faut, pour l'application de l'art. 14, L. 1828, la réunion de ces trois conditions, savoir :

1° Une déclaration fausse et frauduleuse ;

2° Une intention de fraude.—De Grattier, II, p. 188;

3° Et le fait de la publication effectuée du journal. Cass., 7 août 1850. D.50.4.253 ; Amiens, 13 mars 1853, S 53.2.243. — V. n°ˢ 431, 393.

493. — Le tribunal correctionnel est seul compétent pour appliquer l'amende. — Cass., 7 août 1850.B.

493 *bis.* —Les tribunaux correctionnels, compétents pour statuer sur le délit de déclaration fausse et frauduleuse, sont également compétents pour apprécier la *sincérité* de la déclaration. — Mêmes arrêts.

494. — Si la contestation ne porte toutefois que sur la régularité de la déclaration, le tribunal correctionnel doit surseoir à statuer jusqu'après la décision *du tribunal civil* sur l'examen des pièces justificatives auquel le juge ne peut se livrer — Cass., 30 août 1850; D.50.5.382 ; 31 janv.1851. D.51.1.32.

495. — *En résumé.* En cas de déclaration irrégulière ou non sincère sans fraude, la juridiction compétente est le tribunal civil.

En cas de déclaration fausse et frauduleuse, il y a délit : la juridiction compétente est le tribunal correctionnel, qui peut exceptionnellement, à raison de la connexité, apprécier la non-sincérité de la déclaration.

Sect. IV. — Des imprimeries spéciales des journaux politiques.

Imprimerie spéciale. — Autorisation.

155.B.—*L.* 11 *mai* 1868. Art. 14.—Les gérants de journaux seront autorisés à établir une imprimerie exclusivement destinée à l'impression du journal.

—

[**155.B.**] = 495 *a*. — Après l'accomplissement des formalités du *cautionnement* à verser, de la *déclaration* préalable et de la nomination des gérants (auxquels sera consacré le chapitre suivant) le journal est constitué. Rien du côté de la loi ne s'oppose plus à sa publication.

Pour que son apparition ne pût être retardée par suite du refus, des mauvaises dispositions ou des prétentions trop élevées des imprimeurs, le Gouvernement avait proposé, par un art. 15 du projet de loi de 1868 sur la presse, d'affranchir la profession d'imprimeur de l'obligation du brevet sous la seule condition d'une déclaration.

Les imprimeurs de Paris réclamèrent et prétendirent avoir droit à une indemnité. — La commission du Corps législatif chargée de l'examen de ce projet de loi demanda au Gouvernement qu'il fût, à ce sujet, procédé à une enquête. — Le Gouvernement ayant adhéré, la liberté de l'imprimerie fut ajournée à la session prochaine, et, au lieu de l'art. 15 rejeté, le Corps législatif, sur l'initiative de la commission, adopta la disposition transitoire de l'art. 14 (art. 155.B.)

495 *b*. — Rapport de la commission : « En supprimant l'autorisation préalable, nous avons voulu « favoriser absolument la fondation et la publication des journaux. Or, il pourrait arriver qu'un « journal ne pût trouver un imprimeur. — Cet art. 14 « a pour but de parer à des inconvénients pratiques « qui, dans certains cas, pourraient diminuer l'effet « de la suppression de l'autorisation préalable. »

495 *c*. — **Circulaire.** 3 *juin* 1868. — « La législation, dit à ce sujet M. le ministre de l'intérieur, « dans sa circulaire, n'a point encore tranché la question du monopole ou de la liberté de l'imprimerie « et de la librairie, mais il a voulu qu'avant cette solution définitive le journaliste fût toujours certain de « trouver un imprimeur.

495 *d*. — Il promet, dès lors, une autorisation, et « le Gouvernement ne saurait la refuser, pas plus « au gérant du journal industriel ou littéraire qu'au « gérant du journal purement politique. »

495 *e*. — « Cette imprimerie ne saurait d'ailleurs « être détournée de son but; elle n'est créée que pour « assurer la libre fondation du journal; elle ne doit « imprimer que ce journal lui-même, ou ce qui est un « élément essentiel de sa publication, comme le prospectus, l'affiche, les bandes d'envoi, les quittances « d'abonnement; elle ne saurait *aller au delà* sans « empiéter sur des établissements actuellement en « exercice et dont le monopole est encore protégé par « les lois existantes. »

495 *f*. — *Les gérants de journaux.* Contrairement à l'opinion exprimée par M. le ministre de l'intérieur dans sa circulaire (n° 495 *d*), la disposition de l'art. 14 ne me paraît faite que pour les *journaux politiques*, par cette raison d'abord que la liberté transitoire qu'elle autorise n'est donnée que comme une conséquence de la « *suppression de l'autorisation préalable* » (n° 495 *b*) de la liberté de la presse. Or, les journaux politiques sont les seuls au profit de qui cette suppression ait été prononcée et cette liberté ait été faite ; — et ensuite par cette autre raison, tirée du texte, que l'art. 14 ne parle que des *gérants*, ne donne cette liberté qu'*aux gérants de journaux* et que les journaux *politiques* sont seuls tenus à avoir des gérants. Les autres n'ont que des éditeurs, publicateurs et propriétaires.

Il faut, dans les lois, peser les mots; c'est avec des mots qu'elles sont faites.

495 *g*. — *Seront autorisés.* Autorisés par qui ? Ces expressions supposent que l'autorisation sera demandée. D'après les précédents de la législation, cette autorisation ne peut émaner que du ministre de l'intérieur; c'est donc à lui, par l'intermédiaire des préfets dans les départements, que les gérants devront s'adresser. — V. n° 495 *n*.

495 *h*. — Ce qui d'ordinaire porte les imprimeurs à refuser l'impression des journaux politiques, c'est la responsabilité qui leur en incombe et qui les expose, en cas de condamnation, à perdre leur brevet. (Art. 129 *suprà*.)

L'art. 14 permettra aux fondateurs de journaux de mettre à l'abri le brevet de leurs imprimeurs en les choisissant pour co-gérants et en louant pour l'impression une presse de leur imprimerie.

Gérant du journal, l'imprimeur, autorisé à établir une imprimerie pour son impression, pourra, au moyen d'un bail très-régulier et très-sincère avec les propriétaires fondateurs du journal, détacher de son imprimerie le matériel et le personnel nécessaires à son impression sous cette condition, que n'interdit aucune loi, que ce matériel fonctionnera dans un local dépendant de son imprimerie; et il arrivera alors ceci que cet imprimeur, gérant nominal, qui, pour ne pas assumer la responsabilité du contenu du journal, devra se garder d'en être le signataire (V. n° 977), ne pourra, couvert qu'il sera par la responsabilité du gérant signataire, être recherché pour les délits de ses publications. — Son brevet, étant ainsi étranger à l'exploitation de l'imprimerie louée au journal, n'aura rien à redouter de ses écarts. *L'imprimeur sera protégé par le gérant*.

495 *i*. — Rien ne nous paraît d'ailleurs s'opposer à ce que des gérants de journaux différents, autorisés chacun à fonder une imprimerie, ne s'associent pour l'établissement d'une seule imprimerie qui leur serait alors commune, ou même ne traitent, séparément ou collectivement, avec un imprimeur breveté pour la location d'une partie de son personnel et de son matériel, à l'effet, soit de composer, soit d'imprimer leurs feuilles respectives. — L'autorisation des gérants couvrirait et garantirait alors, ce me semble, suffisamment *le brevet* de l'imprimeur contre les infractions du journal et des gérants.

495 *j*. — *L'autorisation pourra-t-elle être refusée ?* — Je ne le pense pas : — L'art. 1 de la loi de 1868 ayant affranchi la création des journaux politiques du régime discrétionnaire de l'autorisation préalable et révocable, — ce serait entendre l'art. 14 dans un sens contraire à la pensée de cet art. 1 que d'admettre que la liberté ainsi accordée sur ce point ne fût pas entière.

Ces mots : *seront autorisés*, doivent être en conséquence considérés comme synonymes de *sont autorisés*, à la condition d'informer le Gouvernement, par une demande, de l'établissement de l'imprimerie.

Ainsi comprise, la disposition de l'art. 14 de la loi ne comporte plus, pour l'administration, le droit de refuser; l'autorisation est obligatoire. — Le ministre de l'intérieur s'est prononcé dans ce sens par sa circulaire du 3 juin 1868. — V. n° 495 *d*.

495 *k*. — *Ou retirée ?* Il s'ensuit encore que l'autorisation accordée ne pourra plus être révoquée, ni tomber en déchéance qu'à la suite de la suppression du journal à l'existence duquel l'imprimerie se trouvait liée.

495 *l*. — *A établir une imprimerie*. Les lois doivent s'interpréter par la pensée qui les inspire : — le mot *imprimerie*, dans la disposition libérale de l'art. 14, L. 1868, ne saurait donc s'accommoder du sens que la pensée tout opposée de la loi de 1814 nous a imposé, à l'occasion de son art. 13 (V. n° 49) ; les journalistes s'imprimant eux-mêmes ne sont pas obligés, comme les imprimeurs brevetés, à se munir d'au moins deux presses, ou même d'une seule, avec la quantité de caractères nécessaire pour fonctionner.

495 *m*. — Si le mot *imprimerie* peut, dans l'intérêt de la liberté de la presse, ne comprendre que l'idée du *tirage* du journal et de la *presse à tirer*, — il faudra reconnaître aux gérants qui restreindront le bénéfice de leur autorisation à l'établissement, chez eux, d'une *presse à tirer*, le droit de faire composer leur journal dans une imprimerie située en une autre localité ou local. — V. n°ˢ 199, 476, 477 et 495 *s*.

495 *n*. — Quoi qu'il en soit, les gérants, pour l'établissement de leur imprimerie, devront se conformer aux lois existantes, et notamment aux dispositions du décret du 18 nov. 1810 (art. 18-21), qui exige de tous individus non brevetés une déclaration des ustensiles d'imprimerie dont ils viendront à se trouver détenteurs.

495 *o*. — *Exclusivement destinée à l'impression du journal.*

Ainsi que le déclare la circulaire du ministre de l'intérieur (V. n° 495 *e*), l'imprimerie autorisée du journal pourra être employée à imprimer tout ce qui est nécessaire à son exploitation, tel que ses bandes d'envoi, ses affiches, ses prospectus, ses quittances d'abonnement, mais *rien de plus* ; on ne pourra, dès lors, s'en servir, sauf exception (V. n° 495 *q*), que par subterfuge :

Pour faire des tirages à part des articles ou feuilletons publiés par le journal (V. cependant n° 495 *q*) ;

Ou pour imprimer les primes du journal, ainsi que M. Haentjens, député, le demanda par un discours auquel il ne fut pas répondu (*Monit.* du 19 mars 1868) ;

Ou encore pour imprimer des circulaires, des professions de foi électorales ou des bulletins électoraux malgré la faveur qui, sous le régime du suffrage universel, s'attache à ces sortes d'impressions.

495 *p*. — A bien se pénétrer, néanmoins, de la pensée de la loi qui, par l'adverbe *exclusivement*, a uniquement voulu sauvegarder les droits acquis du monopole des imprimeurs, on pourrait faire, à cet égard, quelques concessions inoffensives, dans les localités où il n'existerait pas d'autre imprimerie que celle du journal. — Il n'y aurait alors ni inconvénient pour la chose publique, ni préjudice pour personne à permettre à cette imprimerie, sans concurrence, l'impression des écrits électoraux urgents et celle même de tous autres écrits. — Puisque c'est vers la liberté que l'on tend, pourquoi ne pas la tolérer lorsqu'elle est utile à tous, qu'elle ne peut nuire à personne et est indispensable à l'existence du journal qui, sans cela, ne pourrait faire ses frais ?

495 *q*. — L'art. 14, avons nous dit (n° 495 *f*), ne concerne que les journaux cautionnés ; il me paraît cependant difficile de refuser au gérant d'un journal politique, autorisé à ʃs'imprimer lui-même, le droit d'employer son imprimerie spéciale à imprimer un journal littéraire non politique en format de brochures. — Comment l'empêcher alors de faire passer dans cet écrit périodique qu'il intitulera, par exemple : *Revue des feuilletons* tous les feuilletons publiés par son journal politique ? ne sera-ce pas là un moyen indirect de « *dépasser cet au delà* » de la circulaire du ministre de l'intérieur, n° 495 *e* ? n'arrivera-t-on pas ainsi à faire ces tirages à part, ces réimpressions de feuilletons, et ces impressions de primes que le mot *exclusivement* semble interdire ?

C'est que la force de choses est ici plus puissante que les prévisions et les prohibitions du législateur, et que sur les limites où les Revues touchent aux Livres, l'ingénieux esprit des abus ne tardera pas à trouver un moyen de devancer l'avénement de la liberté de l'imprimerie ; au mépris de l'art. 14.

495 *r*. — Quelle sera la peine qui pourra, sur ce point, assurer l'efficacité de sa disposition et en réprimer la violation ? L'art. 14 n'a point de sanction directe : la trouvera-t-on dans l'art. 13 de la loi du 21 oct. 1814 (art. 22) qui punit la détention des imprimeries clandestines ? Oui, si l'on pouvait assimiler une imprimerie *déclarée* et *autorisée* à une imprimerie clandestine : mais, *autorisation* et *clandestinité* sont des idées qui s'excluent. — La destruction de l'imprimerie est, d'autre part, l'une des peines que prononce l'art. 13. — L'appliquer serait aller contre le but de la loi, puisque détruire l'imprimerie du journal ce serait détruire le journal lui-même, le supprimer de fait.

Ce n'est pas tout : si le gérant est condamné, l'amende de 10,000 fr., qui devra être prononcée contre lui, grèvera-t-elle le cautionnement ? Cela n'est pas admissible : — le cautionnement n'est versé que pour garantir le paiement des amendes que peut encourir le journal pour faits de publication. — Or, le gérant, en faisant un emploi abusif de son imprimerie, a failli, moins comme *publicateur responsable* du journal, que comme *imprimeur* : son infraction lui est toute personnelle, comme le serait tout délit par lui commis en dehors du journal et de ses fonctions de gérant.

Ajoutons que, pour les écrits dont ils se permettraient abusivement l'impression, les gérants-imprimeurs doivent être assimilés à des imprimeurs véritables et tenus, comme eux, à observer les lois réglementaires de l'imprimerie, avec cette particularité, toutefois, qu'à la différence de ces derniers, pour qui le retrait du brevet est ou peut être la conséquence de tout jugement de condamnation (V. art. 129), les ʃgérants-imprimeurs ne pourront se voir retirer l'autorisation de leur imprimerie spéciale. — Cette autorisation est en effet pour eux un quasi-brevet d'imprimerie irrévocable tant que le journal existe. — V. n° 495 *k*.

A raison de ces impressions abusives les imprimeurs-gérants devront donc, pour diminuer le nombre de leurs contraventions, remplir toutes les formalités imposées aux imprimeurs par la loi de 1814 et les lois spéciales (déclarations, dépôt, etc.) qui s'y rattachent.

495 *s*. — *A l'impression du journal*. Le mot *impression* comprend-il ici la *composition* et le *tirage*, ou seulement cette dernière opération ? — Par les raisons données sous le n° 495 *m*, cette expression comprend et l'acte du *tirage* du journal (comparez n° 495 *l*. et 199) et sa *composition*, avec toute liberté pour les gérants autorisés de réunir les deux opérations dans leur imprimerie ou de les diviser pour s'en tenir au *tirage* en faisant *composer* ailleurs.

Chap. II. — Formalités avant et pendant la publication des journaux.

Sect. I. — Des gérants et rédacteurs et obligations. — § 1. De la nomination des gérants.

Société communale. — Gérants à nommer.

156. — *L.* 18 *juillet* 1828. Art. 4. En cas d'association (pour la création d'un journal politique ou d'économie sociale) la société devra être l'une de celles qui sont définies et régies par le Code de commerce (art. 19 et 47).

§ 2. — Hors le cas où le journal serait publié par une société anonyme, les associés seront tenus de choisir, entre eux, un, deux ou trois gérants qui, aux termes des art. 22 et 24 du C. comm., auront chacun individuellement la signature. — V. n° 510 et art. 160 et 163.

[**156**] = 496. — *En cas d'association.* La loi n'admet que deux situations pour la fondation d'un journal comme entreprise industrielle, savoir : celle où le journal est fondé par un seul individu, propriétaire unique, et celle où il est publié par plusieurs individus qui se réunissent et s'associent à cet effet. — La loi exige, dans ce dernier cas, qu'ils soient liés entre eux par un contrat de société commerciale, afin que leur association se dégage et se constitue l'être moral qui puisse répondre de la publication du journal.

497. — *Pour la création d'un journal politique ou d'économie sociale.* Les dispositions de l'art. 4, comme d'ailleurs la plupart des autres articles de la loi de 1828, ne concernent que les journaux astreints à la garantie du cautionnement, c'est-à-dire les journaux politiques. — V. n° 505.

498. — *La société devra être l'une de celles qui sont définies et régies par le C. de comm.* L'art. 19 de ce Code les énumère comme il suit : « La loi reconnaît trois espèces de sociétés commerciales : — La société en nom collectif, la société en commandite, et la société anonyme. » L'art. 47 ajoute bien ensuite, « qu'indépendamment des trois espèces de sociétés ci-dessus, la loi reconnaît les associations commerciales en participation; » — mais ces associations ne se personnifiant pas dans un être moral ne sont pas, dans le sens juridique du mot, de véritables sociétés commerciales, et il est douteux que le législateur les ait eues en vue lorsqu'il a adopté le § 1 de l'art. 4, L. 1828 : aussi a-t-il été, avec raison selon nous, décidé que les sociétés en participation ne sont pas au nombre de celles auxquelles la loi permet de publier des journaux. — Metz, 3 juillet 1850. D.51.2.437. *Contrà,* Douai, 21 avril 1842. J.p.42.1.570. Dalloz, v° *Presse,* n° 242.

498 *bis.* — Depuis 1862, le cadre un peu trop étroit sur ce point du Code de commerce s'est élargi : à côté des trois formes consacrées d'association, la loi du 22 mai 1863 d'abord, puis, avec plus d'élan, la loi du 24 juillet 1867 en ont admis, je ne dirai pas de nouvelles, mais ont si profondément modifié les anciennes en en dégageant les variétés, que la pratique avait déduites, qu'il y a lieu de se demander si le renvoi que l'art. 4, L. 1828, fait au *Code de commerce* peut s'étendre à la loi spéciale de 1867 qui est venue, sur ce point, ajouter à ses dispositions. Si l'on considère que les formes nouvelles reconnues par cette loi de 1867 sous le nom « de *sociétés en commandite par actions,* — de *sociétés anonymes libres* et de *sociétés à capital variable,* » ne sont après tout que les dégénérescences des modalités développées, mais en germe dans les anciennes formes, on n'hésitera pas à se prononcer pour l'affirmative et à décider que l'esprit du § 1 de l'art. 4, L. 1828, ne repousse aucune des formes nouvelles des sociétés commerciales, pas même celle de la société anonyme libre, car l'autorisation du Gouvernement à laquelle son existence était subordonnée, loin d'avoir été, en 1828, une cause de son admission au nombre de celles qui pourraient se former pour la publication des journaux, avait été au contraire présentée comme une raison de les en écarter, par ce motif que l'art. 1 de la loi affranchissait la création des journaux de toute autorisation préalable

du Gouvernement. Il fut à cela répondu que chacun restant libre de choisir telle ou telle autre forme de société, l'inconvénient signalé n'existait point en réalité.

499. — On pourrait d'ailleurs ajouter que l'abrogation de l'art. 37 du C. comm., qui exigeait l'autorisation du Gouvernement pour la constitution des sociétés anonymes ne fait pas que cette forme de société ne soit pas une de celles du Code de commerce auquel renvoie le § 1 de l'art. 4, L. 1828, — elle n'en est pas moins définie et régie par ce Code, bien qu'à nouveau réglementée par la loi de 1867.

500. — L'acte de société devra être publié au lieu du siége social. Orléans, 8 août 1844, D.45.1.387, sans qu'il soit nécessaire que les délais de publication soient expirés pour que le journal puisse être publié si la déclaration prescrite par la loi a été faite depuis plus de 15 jours. — Cass., 21 mars 1854. D.54.1.126.

501. — Un journal pourrait-il être fondé par une société en nom collectif pour les gérants, et en commandite pour 15,000 actionnaires dont les actions seraient de 5 fr. Les associés en nom collectif ? ont-ils qualité pour nommer les gérants sans le concours des associés en commandite? — Décis. min. nég., du 24 juin 1850 ; Metz, 3 juillet 1850, D.51.2.437.

502. — Toutes les fois que la société n'est pas anonyme, l'universalité des associés doit être convoquée pour le choix des gérants.

503. — Si la forme de la société en nom collectif pour les chefs et en commandite pour les actionnaires dissimulait une société secrète, l'art. 10, L. 1828 (art. 154), qui donne aux préfets le droit de contester la sincérité des déclarations que sont tenus de faire les fondateurs de journaux, fournirait à l'administration le moyen légal de démasquer et d'empêcher une pareille société. — En ce qui concerne la *régularité,* le préfet opposerait aux gérants qu'ils n'ont pas été choisis par tous les associés réunis; — sous le rapport de la sincérité il objecterait qu'il n'y a rien de sérieux dans une société dont les membres, étrangers les uns aux autres, ne peuvent, à raison de leur grand nombre, se réunir et s'entendre pour le choix des gérants et qui d'ailleurs, par sa constitution même, a évidemment un autre but que celui qu'elle annonce.

504. — *Hors le cas des sociétés anonymes,* qui aux termes de l'art. 31 du C. comm. et de l'art. 22, L. 24 juillet 1867, sont dirigées par des administrateurs pris parmi les associés, *les associés sont tenus de choisir 1, 2 ou 3 gérants, entre eux.* — « Les associés, » dit le texte, non pas quelques-uns, mais *tous.* — La Chambre des députés rejeta, lors de la discussion de la loi, un amendement tendant à ce que la nomination des gérants pût être faite par la simple majorité des associés.

505. — Les journaux dispensés du cautionnement ne sont pas tenus de présenter des gérants, — « cela « résulte, disait à ce sujet M. Siméon, rapporteur de « la loi à la Chambre des pairs, de l'art. 5 (art. 196), « qui veut que les gérants possèdent une part du cau« tionnement. L'exemption du cautionnement emporte « donc l'exemption du gérant responsable. » — L'art. 4, L. 1828, ne concerne que les journaux politiques. Dijon, 13 mai 1831. D.31.2.255.

506. — Il n'est qu'un cas où les fondateurs de jour-

§ 2. — Leur remplacement, Conditions. — Rédacteurs provisoires, responsables.

Retraite du gérant. — Remplacement. — Délai.

156.A. — *Suite de l'art. 4, § 3.* — Si l'un des gérants responsables vient à décéder ou à cesser ses fonctions par une cause quelconque, les propriétaires seront tenus, dans le délai de deux mois, de le remplacer ou de réduire, par un acte revêtu des mêmes formalités que celui de la société, le nombre de leurs gérants.

§ 4. — Ils auront aussi, dans les limites ci-dessus déterminées (§ 2), le droit d'augmenter ce nombre en remplissant les mêmes formalités.

§ 5. — S'ils n'en avaient constitué qu'un seul, ils seront tenus de le remplacer dans les quinze jours qui suivront son décès (ou la cessation de ses fonctions). — Faute par eux de le faire, le journal ou écrit périodique cessera de paraître à peine de 1,000 fr. d'amende pour chaque feuille ou livraison qui serait publiée après l'expiration de ce délai.

Circ. att. : Am. 50 fr. minimum (art. 533).

Le propriétaire unique est de droit gérant.

157. — Art. 6, §§ 1, 2, 3, 4, 8. V. art. 152.A.

§ 9. — Dans le cas où l'entreprise aurait été formée par une seule personne, le propriétaire, s'il réunit les qualités requises par le § 2 de l'art. 5 (art. 160), sera en même temps le gérant responsable du journal.

Dans le cas contraire, il sera tenu de présenter un gérant responsable conformément à l'art. 5. (Art. 160.)

Son remplacement en cas de décès. — Délais.

158. — Art. 12. Dans le cas où un journal est établi et publié par un seul propriétaire, si ce propriétaire vient à mourir, sa veuve ou ses héritiers auront un délai de trois mois pour présenter un gérant responsable.

Ce gérant devra être propriétaire d'immeubles libres de toute hypothèque et payant au moins 500 fr. de contributions directes, si le journal est publié dans les départements de la Seine, de Seine-et-Oise et de Seine-et-Marne, et 150 fr. dans les autres départements.

Le gérant que la veuve ou les héritiers seront admis à présenter devra réunir les conditions requises par l'art. 980 du C. civil [être mâle, majeur, Français, jouissant des droits civils].

Dans les dix jours du décès, la veuve ou les héritiers seront tenus de présenter un rédacteur qui sera responsable du journal jusqu'à ce que le gérant soit accepté.

Le cautionnement du propriétaire décédé demeurera affecté à la gestion.

Cas de condamnation. — Remplacement. — Délai.

159. — *L. 27 juillet* 1849. Art. 14. En cas de condamnation du gérant pour crime, délit ou contravention de presse, la publication du journal ou écrit périodique (cautionné) ne pourra avoir lieu pendant toute la durée des peines d'emprisonnement et d'interdiction des droits civiques et civils, que par un autre gérant remplissant toutes les conditions exigées par la loi. V. n° 538.

Si le journal n'a qu'un gérant, les propriétaires auront un mois pour en présenter un nouveau, et dans l'intervalle, ils seront tenus de désigner un rédacteur responsable.

Le cautionnement entier demeurera affecté à cette responsabilité.

---

naux politiques ne sont pas tenus de présenter des gérants : c'est celui où ces journaux sont fondés par une seule personne qui réunit les qualités voulues pour être gérant. — L'art. 6 de la loi de 1828, § 9, le constitue, *ipso facto*, gérant responsable de son journal.

507. — *Chacun aura individuellement la signature.* La gestion des gérants doit être sérieuse ; leur signature oblige la société dans les termes du droit commun.

508. — Le nombre des gérants ne peut dépasser trois. — V. n° 510.

[**156**.A.] = 509. — *Si le gérant décède ou cesse ses fonctions*, un délai de 15 jours ou de 2 mois est accordé pour le remplacer, suivant qu'il était ou non seul gérant. — Ces délais ne sont accordés que pour la nomination et la présentation du gérant successeur, et non pour son acceptation ; s'il est refusé par l'autorité sur la déclaration de la mutation, après l'expiration de ces délais, le journal devra cesser de paraître.

510. — *Ils auront aussi le droit d'augmenter le nombre des gérants....* mais, ajoute la loi, *dans les limites ci-dessus déterminées*, c'est-à-dire dans les limites de « 1, 2 ou 3 *gérants*, » ainsi que porte le § 2 ; — les mots « *nombre des gérants*, » dans ce § 4, doivent être complétés par ce sous-entendu : « *inférieur à trois* ; » — le nombre des gérants ne peut donc dépasser trois.

511. — *Le journal cessera de paraître, à peine de 1,000 fr. d'amende.* Cette peine n'est applicable qu'au fait de négligence dans le cas où le journal n'avait qu'un seul gérant. — Ce non-remplacement du gérant dans les délais, lorsqu'il reste d'autres gérants, n'est frappé d'aucune peine ; — cela résulte d'une explication qui eut lieu lors de la discussion de la loi entre le rapporteur qui réclamait à ce sujet, et M. Richard, député, lequel répondit « qu'une peine dans ce cas était inutile. » — Chassan, I, p. 647.

[**157**] = V. n° 506.

[**158**] = 512. — Cet article ne concerne encore que les journaux cautionnés, seuls tenus à avoir des gérants (n° 505). Le cas qu'il prévoit diffère de celui de l'art. 156. A, en ce que dans ce dernier article il s'agit d'un journal fondé par une association, tandis que dans l'art. 158, il n'y a pas de société formée, mais un propriétaire unique dont le décès enlève à la fois au journal son *gérant* et son *propriétaire*.

513. — *Délai de trois mois.* Ce délai est accordé pour la présentation du successeur et non pour son acceptation par le préfet sur la déclaration de mutation exigée par l'art. 152. — Pendant ce délai le journal pourra paraître, si dans les dix jours à partir du décès un rédacteur responsable a été présenté et agréé.

514. — Pendant ces dix jours, le journal peut continuer à paraître sous la responsabilité de fait de la veuve ou des héritiers, comme publicateurs.

515. — Il n'est pas nécessaire que le rédacteur responsable réunisse toutes les garanties d'idonéité, exigées pour les gérants, il suffit qu'il ait la capacité requise par l'art. 980 du C. Nap., c'est-à-dire qu'il soit mâle, majeur, Français, et jouisse de ses droits civils.

516. — Si, dans le délai de trois mois depuis le décès du propriétaire, un gérant n'est pas présenté, ou

§ 3. — Les gérants doivent être intéressés à la bonne direction du journal.

Idonéité des gérants, leur intérêt dans le journal.

160. — L. 18 *juillet* 1828. Art. 5, § 1. V. art. 164.

§ 2. Chacun des gérants responsables devra avoir les qualités requises par l'art. 980 du C. civil (être mâle, majeur, Français, jouir de ses droits civils), être propriétaire au moins d'une part ou action dans l'entreprise,

Et posséder, en son propre et privé nom, un quart au moins du cautionnement.

Ils doivent posséder la totalité du cautionnement.

161. — L. 14 *déc.* 1830. Art. 1... Le gérant responsable du journal devra posséder, en son propre et privé nom, la totalité du cautionnement.

S'il y a plusieurs gérants responsables, ils devront posséder, en leur propre et privé nom, et par portions égales, la totalité du cautionnement.

162. — *Décret,* 9-12 *août* 1848. Art. 4. Les dispositions des lois des 9 juin 1819, 18 juillet 1828 qui ne seront pas contraires au présent décret, continueront à être exécutées.

—

Les députés et sénateurs ne peuvent être gérants.

163. — *Par induction de l'art.* 8. *L.* 11 *mai* 1868. Les sénateurs et les députés ne peuvent être choisis pour être gérants responsables d'un journal ou écrit périodique politique ou d'économie sociale (art. 166).

---

si le gérant présenté n'est pas accepté, ou si, dans les dix jours, le journal n'est pas placé sous la responsabilité provisoire d'un gérant responsable, le journal devra cesser de paraître. — L'art. 12, L. 1828, est, il est vrai, dépourvu d'une sanction pénale directe; mais la publication du journal, ainsi continué sans gérant, ni rédacteur responsable, peut être alors assimilée à la publication d'un journal en dehors des conditions de l'art. 4 de la loi (art. 156), et application pourra être faite à ses propriétaires de la peine édictée contre ceux qui n'ont pas, dans les délais de la loi, satisfait à ses prescriptions. — V. notre *C. de la presse* de 1856, n° 190.

[**159**] = 547. — Cet article reproduit littéralement l'art. 49 de la loi abrogée du 9 sept. 1835.

548. — « Il n'y a plus, disait sur cet article le rap-
« porteur de la loi, de responsabilité réelle... Quelle
« confiance mérite celui qui subit une peine, pour avoir
« trahi la confiance de la loi?... Nous avons dû cepen-
« dant accorder au journal qui n'a qu'un gérant un
« délai suffisant pour remplacer le gérant condamné :
« la loi doit laisser à chacun le moyen de l'exécuter. »

549. — *Interdiction des droits civils et civiques.*
— Il s'agit ici de l'interdiction légale de *tous* les droits civils et civiques que l'art. 29 du Code pénal impose comme peine accessoire aux condamnés aux travaux forcés, à la détention ou à la réclusion ou à la dégradation civique (art. 34 du C. pénal).

520. — Le gérant qui, pendant son emprisonnement, continue à prendre une part active à la rédaction ou direction du journal, contrevient à l'art. 14, de la L. de 1849. — Metz, 3 juill. 1850. D.54.2.137.

521. — Cet article 14, L. 1849, est, comme l'article qui le précède, dépourvu d'une sanction directe. — V. notre *Code de la presse*, 1856, n° 190 et n°ˢ ci-dessus, 544 et 516, applicables au cas de l'art. 14.

[**160** à **163**] = 522. — *Chacun des gérants devra avoir les qualités requises par l'art.* 980 *du Code civil* [énumérées entre crochets] — et en outre être capable des fonctions qu'il doit remplir. — Un individu illettré, incapable par conséquent de surveiller par lui-même la rédaction du journal, ne peut être agréé pour gérant. — Angers, 7 déc. 1847. D.47.2.245.

523. — Depuis les lois des 27 juill. 1849, art. 9 et 11 mai 1868, art. 8 (art. 166 et 166.A.), les qualités de sénateur et de député sont incompatibles avec les fonctions de gérants signataires. — V. n° 542.

524. — Un étranger cru Français, et agréé comme gérant, n'a pas droit acquis à en conserver les fonctions. — Douai, 17 janv. 1848. D.48.2.164.

525. — Un failli peut être gérant; il n'est pas privé de ses droits civils. — V. n° 630.

526. — *Être propriétaire d'une part ou action de l'entreprise.* Condition toujours en vigueur.

527. — *Et posséder en leur propre et privé nom la totalité du cautionnement, etc.* Pour intéresser plus sérieusement encore les gérants à la bonne direction du journal, la loi exige qu'ils possèdent la totalité du cautionnement en leur propre et privé nom, et par égales parts s'ils sont plusieurs.

528. — Trois lois ont successivement réglé ce point : — la loi de 1828 (art. 160) fixa au quart seulement la quote-part des gérants dans le cautionnement; la loi de 1830 (art. 161) leur imposa l'obligation de le posséder en totalité, et l'art. 15 de la loi du 9 sept. 1835 abaissa au tiers cette quotité.

Le décret du 6 mars 1848 ayant abrogé cette dernière loi (V. art. 620), on s'est demandé quelle était, des deux autres, celle qui se trouvait être maintenue ? L'administration s'est prononcée pour la loi de 1828, parce qu'elle était la moins onéreuse. M. Dalloz estime que ces deux lois sont abrogées et qu'il n'y a plus, sur ce point, de dispositions en vigueur. — Nous croyons, quant à nous, que l'abrogation de la loi de 1835 a seulement fait revivre l'art. 1 de la loi de 1830 (art. 161) et que sa disposition doit être seule observée. Par induction, Metz, 3 juill. 1850, D.54.2.137.

La loi de 1835 n'avait pas formellement abrogé la loi de 1830. — Son art. 28 se bornait à dire que « les « lois non contraires *continueraient à être exécutées.* » Par suite, que l'exécution de l'art. 1ᵉʳ de cette loi, contraire à son art. 15, « *cesserait* d'être *continuée.* » Interrompre l'exécution d'une loi, ce n'est pas l'abroger, la loi de 1835 n'a donc été qu'un empêchement à l'exécution de l'art. 1ᵉʳ, de la L. du 14 décemb. 1830. — Le décret du 6 mars 1848 ayant supprimé cet obstacle, la disposition de cet article s'est trouvée remise à exécution.

On peut, il est vrai, objecter à cela que le décret du 9 août suivant, qui vint régler à nouveau le taux des cautionnements, omit, dans son énumération des lois du passé dont l'existence était reconnue, cette loi de 1830, ce qui prouve que le législateur la tenait pour abrogée. — Cette objection ne touche pas. — Cette loi de 1848 porte, art. 4 (art. 162) que les dispositions non contraires des lois de 1849 et 1828 « continueraient à être exécutées. » — *Continueraient.* Cette expression ne remet rien en vigueur; elle signifie seulement que ce *qui est en cours d'exécution* continuera à être exécuté. — La difficulté se réduit donc au point de savoir si le dernier § de l'art. 5, L. 1828, était ou n'était pas, le 9 août 1848, *en cours d'exécution.* La négative ne saurait être douteuse : — abrogé par le fait de la promulgation de la loi de 1830, ce § de la loi de 1828 n'a pu revivre par l'abrogation de la loi qui remettait en vigueur la loi même qui l'empêchait d'être. La circulaire du garde des sceaux du 6 juillet 1848 était, à cet égard, très-explicite : « Par le « décret du 6 mars 1848, la loi de 1835 est abrogée,

Sect. II.—Droits et devoirs des gérants.—§ 1. Concernant la composition du journal.

1° Surveillance générale. — *2° Signature du journal.*

Devoirs de surveillance et de direction.

164. — *L.* 18 *juillet* 1828. Art. 5. Les gérants responsables, ou l'un, ou deux d'entre eux, surveilleront et dirigeront par eux-mêmes la rédaction du journal ou écrit périodique.

Signature de l'exemplaire-minute.

165. — Art. 8. Chaque numéro de l'écrit périodique sera signé en minute,

Par le propriétaire, s'il est unique;

Par l'un des gérants responsables, si l'écrit périodique est publié par une société en nom collectif ou en commandite;

Et par l'un des administrateurs, s'il est publié par une société anonyme.

L'exemplaire signé par minute sera, au moment de la publication, déposé au parquet... (V. la suite *infrà*, art. 196.)

La signature sera imprimée au bas de tous les exemplaires à peine de 500 fr. d'amende contre l'imprimeur, sans que la révocation du brevet puisse s'ensuivre.

Circ. att.: Am. de 50 fr. à 500 fr. (art. 533).

Les signataires de chaque feuille ou livraison seront responsables de son contenu et passibles de toutes les peines portées par la loi à raison de la publication des articles ou passages incriminés, sans préjudice de la poursuite contre l'auteur ou les auteurs desdits articles ou passages, comme complices.

En conséquence, les poursuites judiciaires pourront être dirigées tant contre les signataires des feuilles ou livraisons que contre l'auteur ou les auteurs des passages incriminés, si ces auteurs peuvent être connus ou mis en cause.

Les députés ne peuvent être gérants.

166. — *L.* 27 *juillet* 1849. Art. Aucun journal ou écrit périodique ne pourra être signé par un représentant du peuple comme gérant responsable.— V. l'article suivant.

En cas de contravention, le journal sera considéré comme non signé et la peine de 500 f. à 3,000 f. d'amende sera prononcé contre les imprimeurs et propriétaires.

Les députés et sénateurs ne peuvent être gérants.

166. A. — *L.* 11 *mai* 1868. Art. 8. Aucun journal ou écrit périodique ne pourra être signé par un membre du Sénat ou du Corps législatif en qualité de gérant responsable.

En cas de contravention, le journal sera considéré comme non signé, et la peine de 500 fr. à 3,000 fr. sera prononcée contre les imprimeurs et propriétaires.

Circ. att.: Am. de 50 à 500 fr. (art. 533).

« les lois de 1828 et du 14 déc. 1830 sur les condi-« tions du cautionnement ont continué de subsister. »

529. — Si l'art. 1er de cette dernière loi, le seul qui eût trait aux conditions du cautionnement, s'est retrouvé en vigueur en 1848, sa disposition a nécessairement empêché de revivre le dernier § de l'art. 5, L. 1828, dont il avait été l'abrogation.

530. — La propriété du cautionnement par les gérants doit être sérieuse; la pensée de la loi est, sur ce point, contraire aux priviléges de second ordre, mais elle ne s'oppose point à ce que les cautionnements soient cessibles et saisissables.— V. n° 445.

[164] = 531. — Le gérant est l'homme et l'âme du journal; il en est le publicateur de droit et de fait.

Il est pour l'entreprise un surveillant imposé par la loi, presque un censeur :— il est pour l'autorité et les tiers un mandataire légal et responsable de l'entreprise.

Par la signature sociale qu'il tient de la loi, le gérant oblige l'entreprise au point de vue commercial ;— par la signature quotidienne qu'il doit apposer sur le numéro-minute du journal, il en assume la responsabilité et s'oblige lui-même. — V. n° 973.

532. — Qui dit *délit de presse*, dit *délit de publication*; l'auteur principal en est le publicateur. — Le publicateur d'un journal, c'est et ce ne peut être que le gérant; sans son consentement sa publication n'aurait pas lieu; « c'est par lui que s'ouvre la porte par « laquelle le délit se répand sur l'empire. »— Comment n'en serait-il pas alors l'auteur principal et responsable ? Chassan, I, p. 426.

533. — Le premier et principal devoir du gérant est en conséquence de surveiller la composition et la rédaction du journal. C'est uniquement et exclusivement à lui que reviennent le droit et le péril de la direction.

534. — Le gérant d'un journal peut cependant, sans cesser d'être un gérant sérieux, être soumis, en ce qui concerne son administration et sa rédaction, au contrôle d'un comité de surveillance. (Cass., 10 juillet 1845, D. 45.1.386), pourvu qu'il ne soit pas sous la dépendance d'un tiers, qui exerce sur lui une pression et lui enlève sa liberté d'action, de décision et d'appréciation. (Même arrêt.)

534 *bis.* — Sur les responsabilités légales qui incombent aux rédacteurs, V. *infrà*, n°s 997 et 1006.

[165] = 535. — *Chaque numéro du journal est signé en minute.* La signature du numéro-minute, qui, au moment de la publication, est déposé au parquet, doit être autographe (Chassan, I, p. 642) et apposée au bas du journal, c'est-à-dire après les annonces, car le gérant est aussi bien responsable du contenu de la quatrième page que du contenu de la première.

536. — L'omission de la signature sur le numéro-minute n'est point, par elle seule, considérée isolément, une contravention: condition de la régularité du dépôt, son omission rentre dans l'inaccomplissement du dépôt prescrit et constitue l'omission du dépôt de l'exemplaire signé, — contravention unique bien que complexe.— L'opinion contraire, émise dans notre *Code de la presse* de 1856, doit, après nouvel examen, être abandonnée. — V. n°s 672 et 676.

537. — La signature qui complète le journal ne doit être apposée qu'après que la rédaction en est achevée et livrée à l'imprimeur.—Elle ne peut être donnée en blanc à l'avance (Cass , 4 avril 1851, D. 51.5. 452), — alors même que le gérant aurait lu et approuvé ensuite les articles imprimés sur la feuille. — Cass., 7 fév. 1852. D.52.1.304.

538.—Circulaire 16 *août* 1849 :—« Les signatures « en blanc sont prohibées, parce qu'elles remplacent la « surveillance réelle par une surveillance fictive, parce « qu'elles ne reportent sur le gérant qu'une responsa-« bilité de convention au lieu d'une responsabilité « personnelle résultant de sa participation directe à la « rédaction du journal. L'art. 14 n'a fait que confir-« mer ce principe (art. 159) en suspendant le gérant « condamné, de sa fonction pendant la durée des peines

3° *Signature des articles par leurs auteurs.*

Signature des auteurs.

167. — *L.* 16 *juillet* 1850. Art. 3. Tout article de discussion politique, philosophique ou religieuse inséré dans un journal devra être signé par son auteur sous peine d'une amende de 500 fr. pour la première condamnation, et de 1,000 fr. en cas de récidive (n° 543 à 563).

Circ. att. : Am. 50 à 500 fr. la 1re fois ; 50 à 1,000 fr. la 2e fois (art. 533).

Fausse signature.

§2. — Toute fausse signature sera punie d'une amende de 1,000 fr. et d'un emprisonnement de six mois tant contre l'auteur de la fausse

signature que contre l'éditeur responsable du journal (n° 565 à 568).

Peine access. : Impression ou affiche du jugement (art. 516).
Récid. : Am. 2000 fr. et prison : un an. (art. 521).
Circ. att. : Am. 50 fr. à 1,000 fr. et, ou, prison 1 jour à 6 mois (art. 533).

Application à tous les journaux.

168. — Art. 4. Les dispositions de l'article précédent seront applicables à tous les articles, quelle que soit leur étendue, publiés dans des feuilles politiques ou non politiques, dans lesquelles seront discutés des actes ou opinions des citoyens, et des intérêts individuels ou collectifs. — N° 546 à 553.

« de l'emprisonnement et de l'interdiction des droits. »

539. — Ce n'est pas à dire cependant qu'il soit pénalement interdit aux gérants de donner des signatures en blanc et que ce fait constitue une contravention; le contraire résulte même du rejet d'un art. 10 qui, dans le projet de la loi du 9 sept. 1835, édictait une peine très-forte contre le gérant pour toute signature en blanc en l'obligeant de signer jour par jour.

Mais la liberté qui leur a été laissée à cet égard ne pourrait être par eux invoquée pour se soustraire à la responsabilité qu'ils assument alors de tous les délits éventuels de la rédaction. — Ils ne sauraient, en conséquence, exciper ni de leur bonne foi, ni de leur ignorance, ni de leur éloignement au cas où les rédacteurs auraient abusé de leur confiance : s'ils ne veulent pas ainsi s'engager aveuglément, les gérants feront bien de ne signer qu'au jour le jour, et en cas d'éloignement ou de maladie, de retirer toutes les signatures en blanc qu'ils auraient pu donner. — V. n° 993.

540. — *La signature sera imprimée au bas du journal et non en tête;* — Circ. 16 août 1840.

541. — *Les signataires seront responsables.* Au sujet de la responsabilité légale des gérants et des rédacteurs, V. notes sous l'art. 320, n° 970 et suiv.

[**166** à **166**.A.] = 542. — Circulaire 4 *juin* 1868. « Par un emprunt à l'art. 9, L. 1849, qu'un décret du 8 mars 1793 avait précédé dans cette voie, « l'art. 8, L. 1868, refuse la qualité et les fonctions « de gérants responsables au sénateur et au député, « dont l'inviolabilité s'opposerait à toute action efficace « du ministère public ou des tiers. » — Circ. just.

543. — La loi leur refuse, non les fonctions de gérants, mais seulement de signer le journal en qualité de gérants. — Chassan, Supplément, p. 103.

544. — Elle ne leur interdit pas, au surplus, de prendre part à la rédaction du journal.

[**167** à **168**] = 545. — *Tout article de discussion politique, philosophique ou religieuse ; — d'actes, d'opinions, d'intérêts.* — On doit comprendre sous ces indéfinissables catégories :

546. — Les articles agressifs ou élogieux d'actes politiques, d'actes ou opinions de particuliers. — Bordeaux, 9 mai 1860. D.60.1.467.

547. — La discussion d'actes de l'autorité municipale. — Cass., 18 juin 1858. B.

548. — La critique d'une dépêche ministérielle, exprimant cette pensée que le ministre n'a pas fait assez. — Cass., 22 janv. 1858, D.58.5.288.

549. — Les articles de chronique locale où sont discutés des intérêts collectifs. — Trib. Niort, 15 nov. 1861. D.61.3.87.

550. — Tout article sur les matières politiques ou religieuses, quelle qu'en soit la forme. — Cass., 19 avril 1862. B.

551. — L'art. 3, L. 1850, ne s'applique pas aux articles nécrologiques. — Cass., 14 juill. 1854. D.54.1.301 ; s'il n'y a pas abus.

552. — Ni à la reproduction d'articles empruntés à des journaux étrangers. Riom, 25 mai 1834. D.31.4.153.

553. — Ni aux petites nouvelles ou entrefilets. — Discours de M. de Tenguy, 10 juillet 1850. *Moniteur.*

554. — *Devra être signé.* Signé en toutes lettres, au bas de l'article, et non par des initiales ou des indications équivalentes.

555. — La signature du gérant pour *copie conforme* de l'article d'un de ses correspondants ne suffit pas. — Trib. Niort, 15 nov. 1861. D.61.3.87.

556. — Les mots : « nous insérons les réflexions suivantes de M. un tel » ne remplacent pas la signature de ce dernier. — Cass., 2 juill. 1852. D.52.1.225.

557. — *Sic* les mots : *pour le comité de rédaction,* suivis d'une signature. — Note du *Moniteur* du 25 sept. 1850.

558. — Il y a contravention à reproduire l'article d'un journal désigné sans mention du nom de l'auteur. — Cass., 17 mai 1851. D.51.1.155 et Circ. du min. just. du 27 mai 1851.

559. — La signature de l'auteur véritable, bien que précédée de ces mots : pour *copie conforme; un de vos abonnés,* est suffisante s'il est établi que le signataire a voulu dire par là que son article avait été composé avec des documents émanés d'une ou plusieurs personnes. — Cass., 17 août 1861. D.62.1.44.

560. — La lettre X, au-dessus de la signature de l'auteur véritable, ne lui enlève pas son caractère de sincérité lorsqu'on l'appose pour indiquer que les éléments de l'article proviennent de sources diverses non indiquées. — Même arrêt.

560 *bis.* — Plusieurs paragraphes, contenant chacun des faits distincts, séparés par des tirets, et publiés sous une seule rubrique, ne forment qu'un seul article auquel suffit une signature à la fin. — Cass., 10 mai 1851.D.51.1.214; Grenoble, 25 avril 1868. D.68.1.487.

561. — La signature au bas de la chronique ne couvre pas l'article politique inséré dans une série de correspondances étrangères à ladite chronique. — Cass., 4 avril 1868. D.68.1.487.

562. — L'insertion des extraits d'une correspondance, suivis de la signature non de l'auteur mais du rédacteur du journal, précédée de ces mots : *pour extraits,* est irrégulière, alors que le rédacteur n'a pas fait de cette correspondance son œuvre personnelle par des modifications dont le juge du fait est appréciateur souverain. — Cass., 19 avril 1862. D.63.5.296.

563. — *Par son auteur.* « La loi a, par ces mots, voulu imposer aux auteurs l'obligation de se faire connaître et de répondre individuellement de leurs œuvres; il n'a pu entendre que cette individualité pût disparaître derrière la signature de l'éditeur responsable ou du fondé de pouvoir d'un comité de rédaction. » — Note du *Moniteur* du 25 sept. 1850.

563 *bis.* — L'auteur d'un article est celui qui l'a ré-

Sect. II. § 1 (Suite). — *4° Insertions obligées*. — *Jugements*. — *Réponses des particuliers*.

1° Extrait du jugement ou arrêt de condamnation.

169. — *L.* 9 *juin* 1819. Art. 11. Les éditeurs du journal ou écrit périodique seront tenus d'insérer dans l'une des feuilles ou des livraisons qui paraîtront dans le mois du jugement ou de l'arrêt intervenu contre eux, extrait contenant les motifs et le dispositif dudit jugement ou arrêt.

Sanction.

170. — Art. 12. La contravention aux articles 7, 8 et 12 de la présente loi sera punie correctionnellement d'une amende de 100 fr. à 1,000 fr.

Circ. att. : Am. 50 à 100 fr. (art. 533.)

2° Réponse des particuliers. — Délais.

171. — *L. du* 25 *mars* 1822. Art. 11, § 1. Les propriétaires ou éditeurs de tout journal ou écrit périodique seront tenus d'y insérer, dans les trois jours de la réception ou dans le plus prochain numéro, s'il n'en était pas publié avant l'expiration des trois jours, la réponse de toute personne nommée ou désignée dans le journal ou écrit périodique sous peine d'une amende de 50 fr. à 500 fr.

Circ. att. : Am. 50 fr. (art. 533.)

§ 2. Sans préjudice des autres peines et dommages-intérêts auxquels l'article incriminé pourrait donner lieu.

---

digé et non celui qui l'a inspiré ou qui en a fourni l'idée ou les éléments. — Chassan, I, p. 431. Cass., 26 juill. 1851. Dalloz, v° *Presse*, n° 362.

564. — Doivent être considérés comme auteurs : Celui qui l'a composé au moyen de passages empruntés à d'autres articles. — Cass., 18 juin 1858. B. Ou au moyen d'une lettre remaniée ou transformée. — Cass., 19 avril 1862. B. Celui qui en donne une analyse ou résumé. — Chassan, 1, p. 129.

565. — *Toute fausse signature*. — La fausseté de la signature est un point de fait laissé à l'appréciation souveraine des juges. — Cass., 6 mars 1862, D. 63. 5.297; 17 août 1861, D. 62.1.44.

566. — La publication d'un article avec fausse signature, constituant un délit, le gérant ne peut être puni que s'il a *su* que la signature était fausse. S'il a ignoré qu'elle fût fausse, le signataire sera seul puni, sauf la complicité de l'auteur de l'article, s'il y a lieu, mais l'amende sera recouvrable sur le journal. Chassan, Supplément, p. 434 et *infrà*, n°s 570 et 995.

567. — Le gérant qui prétend avoir été induit en erreur doit être acquitté s'il est établi qu'il a été en effet trompé et qu'il a procédé aux vérifications qu'il était en son pouvoir de faire pour s'éclairer. Il en serait autrement s'il n'avait pris aucune précaution, aucun renseignement. — Cass., 26 juill. 1851. B.

568. — Lorsque le gérant prétend avoir trouvé, dans la boîte du journal, l'article qu'il a inséré, signé d'un nom banal et qui n'en est pas un, tel que : *Populus* ou *Jacques Bonhomme*, c'est à lui, s'il soutient que c'est là une signature véritable, à prouver que le signataire existe et qu'il est l'auteur de l'article inséré.

569. — *Sera puni*. La publication d'un article non signé est une simple contravention; elle ne comporte pas dès lors le bénéfice des excuses de l'ignorance ou de l'erreur. — Cass., 28 juin 1856. B.

570. — Quant à la publication avec fausse signature, c'est un délit dont la responsabilité s'étend de l'auteur de la fausse signature à l'éditeur, sans qu'elle puisse être étendue à d'autres personnes sous prétexte de complicité. — Cass., 26 juill. 1851. B. *Contrà*, Dalloz, v° *Presse*, n° 363. — V. n° 566.

571. — L'art. 3, L. 1850 (art. 167), ne dérogeant en rien à la règle du non-cumul des peines de l'art. 365, C. d'inst. crim., une seule amende doit être prononcée quoique plusieurs articles aient paru sans signature. — Cass., 13 juill. 1860. B.

572. — L'art. 463 est applicable depuis la loi du 11 mai 1868.

[**169** à **170**] = 573. — Il ne faut pas confondre, avec l'impression ou l'insertion *intégrale* des jugements de condamnation que les juges peuvent ordonner à titre de peine, en vertu de l'art. 26, L. 26 mai 1819

(art. 516), l'insertion *par extrait* que l'art. 11, L. 9 juin 1819, impose aux éditeurs de journaux condamnés, à titre de peine accessoire, il est vrai, mais dont l'exécution rentre dans la ligne de leurs devoirs professionnels : — celle-ci, l'éditeur doit la faire de lui-même, sans qu'elle ait été ordonnée; elle résulte de la loi qui l'impose, tandis que l'autre est et doit être faite à la requête du procureur impérial, en exécution du jugement qui l'ordonne, et qui ne peut l'ordonner qu'en cas de crime ou de délit. — N° 577.

574. — *Les éditeurs du journal y compris* les *gérants*. Cet article s'applique aux journaux cautionnés et non cautionnés.

575. — *Seront tenus d'insérer dans le mois du jugement*. Ce délai ne court que du jour où le jugement est devenu définitif, après avoir été dûment notifié. — Chassan, I, p. 449; de Grattier, II, p. 28.

576. — *Extrait contenant le motif et le dispositif :* — ni plus ni moins. C'est là une peine accessoire; la disposition qui l'édicte doit être entendue dans un sens restreint.

577. — Cette insertion, prescrite par l'art. 11 (art. 169), n'est, toutefois, obligatoire pour l'éditeur que tout autant que son journal n'est ni supprimé ni suspendu et que sa publication est continuée, car à l'impossible nul n'est tenu. — V. n° 613.

577 *bis*. — L'éditeur pourrait donc se soustraire à cette obligation en cessant son entreprise. — V. n° 613.

578. — La contravention à l'art. 169 se prescrit par 3 mois. V. art. 611 *infrà*.

[**171**] = 579. — Le droit de réponse qui reconnaît et réglemente l'art. 11, L. 1822 (art. 171), procède du droit de légitime défense. — Il appartient à toute personne nommée ou seulement désignée; — elle est seule juge de l'opportunité de son exercice, aussi bien que de sa forme; toutefois comme l'intérêt est la mesure des actions et que le droit finit où le délit commence, elle devra, en cas de refus d'insertion de la part du journaliste, justifier de son intérêt à la publicité de sa réponse et de son innocuité au point de vue pénal, moral, et de l'intérêt des tiers. — V. n° 585.

580. — *Les propriétaires ou éditeurs :* — y compris : *les gérants*. L'article est général et s'applique à tous les journaux cautionnés ou non cautionnés.

581. — *De tout journal*. Le droit de réponse n'est admis qu'à l'égard des journaux. — Un catalogue de librairie n'est pas un journal. — Trib. Seine, 11 fév. 1859. D.59.3.80.

582. — *Seront tenus d'y insérer dans les trois jours*. Si, par suite de la cessation du journal, l'insertion de la réponse est impossible, il peut y avoir lieu d'ordonner, aux frais du gérant, l'affiche, tant de la réponse que des motifs et du dispositif du jugement. — Metz, 25 mai 1850. D.51.2.55; ou son impression dans un

Gratuité de l'insertion. — Condition. — Longueur.

§ 3. — Cette insertion sera gratuite et la réponse pourra avoir le double de la longueur de l'article auquel elle sera faite.

Suite.

172. — *L.* 27 *juillet* 1849. Art. 13, § 1, remplacé par l'art. 19 du D. de 1852 (art. 173).

§ 2. L'insertion sera gratuite pour les réponses et rectifications prévues par l'article 11, L. 25 mars 1822 (qui précède), lorsqu'elles ne dépasseront pas le double de la longueur des articles qui les auront provoquées.

Dans le cas contraire le prix d'insertion sera dû pour le surplus seulement [suivant le tarif des annonces].

3º Communiqués des autorités, documents officiels.

173. — *D.-L.* 17 *février* 1852. Art. 19. Tout gérant sera tenu d'insérer, en tête du journal, les documents officiels, relations authentiques, renseignements, réponses et rectifications qui lui seront adressés par un dépositaire de l'autorité publique.

La publication devra avoir lieu dans le plus prochain numéro qui paraîtra après le jour de la réception des pièces.

L'insertion sera gratuite.

---

autre journal. *Quid*, si ce dernier journal refuse de faire cette insertion ? — V. notre *Code de la presse*, 1856, nº 611.612. — V. *infrà*, nº 610.

583. — *Ou dans le plus prochain numéro*. L'insertion d'une réponse a pu être déclarée tardive si elle n'a pas été faite dans le numéro qui suivait sa réception, quand bien même le tirage du journal fût commencé à ce moment, alors que la réponse était de 15 lignes. — Cass., 4 fév. 1847. D.47.1.56.

584. — La loi n'exige pas que la réponse soit notifiée par huissier ; il suffit qu'elle soit déposée au bureau du journal, et ce dépôt peut être prouvé par tous les moyens admissibles. — Chassan, I, p.664. Dalloz, vº *Presse*, nº 342. — Metz, 23 mai 1850. D.51.2.55.

585. — *La réponse, — sa forme*. Celui qui exerce le droit de réponse est seul juge de sa forme ou de la teneur de sa réponse. — L'insertion n'en peut être refusée que si elle est contraire aux lois, aux bonnes mœurs, à l'intérêt légitime des tiers ou à l'honneur du journaliste (Cass., 6 janv. 1865, D.65.1.497. ; Cass., 20 juill. 1854, D.54.1.290) ; ou si, par ses agressions, ses provocations ou insinuations, il excède le droit de légitime défense. Mêmes arrêts. *Junge*, Montpellier, 10 avril 1866. D.66.2.401.

586. — La vivacité de la réponse n'excuserait pas le refus de son insertion, fût-elle même injurieuse pour le journaliste ou des tiers, si cette vivacité a été provoquée par l'article auquel il est répondu. Cass., 17 mars 1865. D.65.5.308. *Contrà*, Seine, 26 févr. 1863. D.63.3.68.

587. — La réponse doit être insérée intégralement sans correction, ni coupure des parties étrangères aux faits. — Douai,16 juin 1845. D.48.2.11. *Contrà*, Paris, 12 déc. 1846. D 47.2.221. Dalloz, vº *Presse*, nº 344.

588. — L'appréciation des juges du fait sur le point de savoir si les termes de la réponse ont pu motiver le refus d'insertion ne constitue qu'une appréciation légale du droit tombant sous le contrôle de la Cour suprême, qui peut vérifier si les limites de la légitime défense n'ont pas été dépassées. Cass., 6 janv. 1865. — 17 mars 1865. D.65.1.497. — et 5.308.

589. — *Place et caractères*. — L'insertion ne doit pas être faite de manière à la soustraire, soit par la petitesse des caractères, soit par sa place, aux yeux des lecteurs, ni d'une manière dérisoire. Il suffit qu'on ait suivi le mode de publication usité dans le journal pour les articles sérieux. Trib. Seine, 7 janv. 1847. D.47.4.389.

590. — *De toute personne nommée ou désignée*. La publication sans critique ni commentaire des délibérations du conseil général ne donne pas aux personnes qui y sont nommées le droit de réponse ; — ce droit n'a lieu que pour répondre aux attaques, aux assertions dont on est l'objet de la part des journalistes. — Montpellier, 10 avril 1866. D.66.2.401.

591. — Le gérant d'un journal a, comme tout autre, le droit de répondre dans le journal qui l'a nommé ou désigné. — Douai, 16 juin 1845. D. 48.2.11.

595. — Il n'est pas nécessaire qu'on ait été nommé en toutes lettres pour avoir droit de répondre. — Il suffit qu'on ait été assez clairement désigné pour se reconnaître. Metz, 25 mai 1850. D.51.2.55.

596. — La publication du compte rendu officiel des débats législatifs n'ouvre pas aux personnes désignées dans ce compte rendu le droit de réponse contre le journal. Cass., 6 janv. 1863. D.63.4.21.

597. — Il en serait autrement de la publication d'un compte rendu non officiel de ces débats, ou du compte rendu des audiences d'un tribunal. Cass., 8 fév. 1850. D.50.1.69. — 8 fév. 1858. B. crim.

598. — Les héritiers d'une personne décédée nommée dans un journal ont le droit de répondre en son lieu et place. Dalloz, vº *Presse*, nº 338.

599. — Le droit de réponse implique le droit de réplique, et les observations du journaliste accompagnant la réponse insérée ouvrent de nouveau le droit de réponse. — Riom, 14 janv. 1844. S.47.2 502.

600. — *Sans préjudice*. Indépendamment du droit de réponse, la partie désignée dans un journal peut exercer, s'il y a lieu, l'action en diffamation ou injure. Dalloz, vº *Presse*, 353. V. notre *C. de la presse* 1856, nº 601 à 619.

601. — *L'insertion sera gratuite*. Lorsqu'un article contient, entre autres choses, une articulation au sujet d'un tiers, il suffit, pour que la réponse de ce dernier doive être insérée sans frais, qu'elle ne dépasse pas le double de la partie de l'article consacré au sujet à l'occasion duquel il a été nommé et non le double des lignes contenant l'articulation à laquelle il a répondu Trib. Seine, 26 fév. 1863, D.63.3.68.

602. — L'insertion n'est pas subordonnée au paiement ou consignation préalable du prix d'insertion pour ce qui dépasse la longueur de l'article d'attaque. — Paris, 16 mai 1860. D. 61.5.430.

[172] — L'art. 13, L. 1849, avait originairement deux paragraphes : — Le premier a été remplacé par l'art. 19 du décret du 17 février 1852 (art. 173).

603. — Le deuxième § qui complète l'art. 11 de la loi de 1822 (art. 471) est la reproduction textuelle de l'art. 17, L. 9 sept. 1835, moins cinq mots. Ce dernier article terminait son § final par ces mots : « pour le surplus seulement et suivant le tarif des annonces. » On est généralement d'accord pour sous-entendre ces mots, à la suite du § final de l'art. 13, L. 1849, et décider que le prix de ce surplus sera payé suivant le tarif des annonces du journal. Dalloz, vº *Presse*, nº 351.

[173] — 604. — Cet article a remplacé le § 1er de l'art. 13, L. 1849, copie littérale lui-même de l'art. 17, L. 9 sept. 1835, abrogée par le décret du 6 mars 1848.

605. — Voici comment le rapporteur de la loi de 1835, M. de Broglie, en justifiait la disposition :

« Des faits évidemment faux sont rapportés, l'auto-
« rité les dément dans d'autres journaux, mais le pre-
« mier publicateur n'en persiste pas moins. La seule
« manière d'éclairer ses propres lecteurs, c'est de don-

Annonces judiciaires.

En cas de contravention, les contrevenants seront punis d'une amende de 50 à 1,000. fr.
Circ. att. : Am. 50 fr. (art. 533.)

En outre, le journal pourra être suspendu *par voie administrative* pendant 15 jours.

Modification du § final de l'article ci-dessus.

173.A—*L.* 11 *mai* 1868. Art. (V. art. 625.)

§ 2. La suspension dans le cas prévu par l'art. 19 du décret du 17 fév. 1852 (qui précède) ne pourra être prononcée que par l'autorité judiciaire. V. n° 614.

Annonces judiciaires.

174. — *D.-L.* 17 *février* 1852. Art. 23. Les annonces judiciaires exigées par les lois pour la validité ou la publicité des procédures ou des contrats seront insérées, à peine de nullité de l'insertion, dans le journal ou les journaux de l'arrondissement, qui seront désignés chaque année par le préfet.

A défaut du journal dans l'arrondissement, le préfet désignera un ou plusieurs journaux du département.

Le préfet réglera en même temps le tarif de l'impression de ces annonces.

« ner à l'autorité le droit de répondre dans le journal « même qui fait et propage le mensonge. Quand on « saura que l'on s'expose à être démenti dans son « propre journal, on sera sans doute plus circonspect. »

606. — Le droit que l'art. 173 confère à l'autorité participe bien en partie, comme le droit de réponse consacré par l'art. 174, de la légitime défense, mais il dérive aussi du droit supérieur qu'elle tient de son institution, de son but, qui est de rétablir l'ordre et la justice partout où ils viennent à être méconnus et troublés. — Le mensonge est le désordre dans le vrai, les agressions, des désordres dans le droit, et comme le droit et la vérité sont des conditions de la paix publique, il est du devoir de l'autorité d'intervenir pour prévenir ces premières et coupables tentatives d'un mal plus grand : *principiis obsta sero medicina paratur.*

607. — On a donné le nom de *communiqué* aux rectifications que l'autorité adresse à cet effet aux journaux.

608.—Circulaire, 22 *sept.* 1865. *Inter* : « Le com« muniqué n'est pour un journal ni une pénalité, ni même « une entrave ; c'est simplement l'exercice par l'admi« nistration du droit de réponse..... Lorsque les actes « de l'autorité sont incriminés ; le préfet ne doit pas « hésiter, après s'être fait rendre compte des faits, à « en rétablir l'exactitude par l'envoi d'un communiqué ; « mais son intervention ne doit dégénérer ni en *publi« cation abusive,* ni en polémique irritante. »

609.—Circulaire *du* 3 *juin* 1868 *Inter.* « Vous avez « pour rectifier les faits erronés et rétablir la vérité, « soit le *communiqué,* réponse directe au journal qui « induit le public en erreur, soit l'*assertion contraire* « insérée dans un autre journal. — Ces deux modes « de rectification n'ont de valeur sérieuse que quand ils « se produisent immédiatement ; ils ne frappent l'es« prit que lorsqu'ils prennent une *forme brève* et « saisissante, qu'ils évitent les ardeurs de la polé« mique et les longueurs de la discussion. »

« ils doivent donc se borner à redresser le chiffre « erroné ou le fait inexact. »

610. — *Documents officiels, relations authentiques,* etc. Il serait difficile de dire ce que cette énumération comprend et plus encore ce qu'elle exclut. — Il a été cependant décidé qu'un journaliste pouvait se refuser à insérer un jugement dans un intérêt privé et dont l'insertion dans son journal avait été ordonnée par le tribunal (V. n° 582). Douai, 9 août 1843, J.P.44.1. 144.—Ordonnée comme peine ou comme dédommagement, cette insertion cessait d'être l'exercice du droit de réponse et de publication que l'autorité tient de l'art. 173 dans l'intérêt de l'ordre public : nous inclinerions toutefois à penser, avec M. Dalloz, v° *Presse,* n° 323, que l'autorité judiciaire pourrait, sans forcer l'exercice de ce droit, se prévaloir des dispositions dudit art. 173 pour imposer aux journaux l'insertion des jugements dont la publication par la voie de la presse aurait été ordonnée par justice, même dans un intérêt privé.

611. — *Adressés par l'autorité.* Ces expressions doivent être entendues dans leur sens le plus général ; elles comprennent tous les dépositaires de l'autorité pu-

blique, quel que soit leur rang dans la hiérarchie de l'ordre auquel ils appartiennent. Grattier, II, p. 351.

612. — Circulaire. 30 *mars* 1852. *Inter.* « Les « insertions officielles, en vertu de l'article 173, doivent « être composées typographiquement avec les caractè« res employés pour les articles généraux de polémique « ou tout semblables, quand il s'agit de réponses offi« cielles, à ceux qui ont été employés pour l'attaque. »

613. — *Dans le plus prochain numéro qui paraîtra,* etc. Si, par suite de suspension, de suppression, ou même de cessation volontaire de la publication du journal, il n'est pas publié de prochain numéro après la réception des pièces, le gérant ou éditeur se trouvera dispensé de l'insertion du communiqué. — V. n° 577.

[**173**.A.] = 614. — Cette suspension ne comporte pas l'aggravation de l'exécution provisoire.—V. n° 441.

[**174**] = 615. — Les arrêtés désignant les journaux d'annonces constituent, non des actes administratifs, mais des mesures réglementaires de la publicité des actes judiciaires complément de la mise à exécution des lois de procédure exigeant cette publicité. Cass., 7 déc. 1859, D.60.1.30 ; — 4 mai 1863. D.63.1.318.

L'autorité judiciaire est par suite compétente pour en fixer le sens et en examiner la légalité relativement à la régularité des actes de la procédure (*idem*).

616. — Néanmoins la question de savoir si un préfet a pu désigner un journal du chef-lieu, lorsqu'il existe un journal local dans l'arrondissement, est une question préjudicielle de la compétence exclusive de l'autorité administrative en présence de laquelle les juges doivent surseoir à statuer sur la demande en nullité à raison d'un vice de publicité. — Conseil d'Etat, 20 juin, 20 déc. 1860. — 26 mai 1864, D.60.3.56 et 57-64.3.83.

617. — Commet dès lors un excès de pouvoir, le juge taxateur des frais d'annonces qui interprète cet arrêté comme étant un tarif général et réglementaire. Caen, 13 août 1861. D.62.2.166.

618. — Les annonces peuvent être attribuées au journal du chef-lieu, alors même qu'il existerait des journaux d'arrondissement. — Conseil d'Etat, 10 mars 1854, D.54.3.42. — Rennes, 23 janv. 1862, D.62.1. 154. — Metz, 15 janv. 1863, D.63.2.171. — *Contrà :* Cass., 4 mai 1863, D.63.1.318.

619. — Quelle est la sanction pénale de cet art. 23, décret 1852, à l'égard des gérants ou éditeurs qui refuseraient les annonces judiciaires ? Le décret du 28 mars 1852 sur la presse en Algérie avait reproduit, dans son art. 9, le texte de l'art. 23 (art. 174) en ajoutant après le mot *Préfet* dans le § 1 ces mots : « *sous les peines portées en l'art.* 10 » qui, dans le décret du 28 mars, était la copie littérale de l'art. 19 du décret du 17 fév. 1852 (art. 173). — S'il arrivait jamais qu'un journal refusât les annonces, il y aurait de sa part contravention passible des peines de l'art. 173. — Le décret du 28 mars 1852 est, sur ce point, interprétatif de celui du 17 fév.

Sect. II. § 1 (Suite). — *5° Publications interdites. — Crimes, délits, contraventions.*

Publications qualifiées crimes ou délits.

175.—*Disposition déduite de la législation.* Les gérants et les éditeurs de journaux ou écrits périodiques devront s'abstenir et refuser d'insérer ou publier dans leurs feuilles :

1° Soit des dessins ou écrits contenant des provocations ou excitations délictueuses, — des attaques, — des offenses, — des outrages, — des diffamations, — des injures, — des faux bruits ou fausses nouvelles, — des comptes rendus délictueux, — ou toute autre manifestation de pensée dont la publication est punie par les dispositions du livre II, titre I.

La publication de ces écrits ou dessins constitue, suivant le cas, un crime ou un délit;

2° Soit des écrits ou dessins qu'ils sauront avoir été déjà condamnés;

3° Soit des écrits ou dessins dont la publication non autorisée par leurs auteurs, leurs héritiers ou ayants droit, conformément aux lois protectrices de la propriété des auteurs, constituerait un délit de contrefaçon (art. 44).

Publications qualifiées contraventions.

176.—*Disposition déduite de la législation.* Lesdits gérants et éditeurs devront également s'abstenir et refuser d'insérer ou publier dans leurs journaux ou écrits périodiques :

I. Tous écrits ou dessins dont la publication constituerait une contravention punie par les dispositions du livre II, titre II, concernant:

1° Les actes de la cour de Rome et les décisions dogmatiques de l'Eglise réformée, dont la publication n'est pas autorisée (art. 451);

2° Les annonces de remèdes secrets ou non approuvés (art. 454);

3° Les annonces de loteries non autorisées (art. 456);

4° Les annonces avec dénomination des anciens poids et mesures (art. 458);

5° Les annonces de brevets sans les mots : sans *garantie du Gouvernement* (art. 459);

6° La publication prématurée de certaines actions industrielles ou valeurs (art. 461-461);

7° L'annonce de souscriptions pour indemniser de condamnations judiciaires (art. 462);

8° L'annonce ou publication de candidatures de candidats qui n'ont pas prêté le serment constitutionnel (art. 467);

9° La publication de dessins, gravures ou lithographies non autorisés (art. 471);

10° Les comptes rendus des débats judiciaires après interdiction (art. 492);

11° Les comptes rendus des séances secrètes des assemblées législatives (art. 480-486);

12° Le compte rendu de leurs séances publiques autrement que par la reproduction du compte rendu officiel *in extenso* ou analytique (art. 483-486);

13° Les comptes rendus des séances du Sénat, autrement que par la reproduction de ces mêmes comptes rendus (art. 483-487);

14° Les comptes rendus des séances non publiques du Conseil d'Etat (art. 487);

15° La publication des actes interdits aux conseils généraux d'arrondissement ou municipaux (art. 490-491);

16° Les comptes rendus de procès de presse, de diffamation ou pour outrages (art. 493-496);

17° Les comptes rendus de tous procès jugés à huis clos ou dont le compte rendu est interdit (art. 493 et 497);

18° La publication prématurée des actes d'accusation et de procédures criminelles ou correctionnelles (art. 495);

19° Les articles de discussion ou de critique ayant pour objet des modifications ou l'interprétation de la constitution (art. 500);

20° La publication de pétitions ayant le même objet (art. 500);

II. — Tous écrits ou dessins dont l'insertion dans les écrits périodiques est spécialement interdite par les dispositions suivantes :

1° Articles politiques de condamnés.

177.—*D.-L.* 17 *février* 1852. Art. 21. La publication de tout article traitant de matières politiques ou d'économie sociale et émanant d'un individu condamné à une peine afflictive et infamante, ou infamante seulement, est interdite.

Les éditeurs, gérants et imprimeurs qui auront concouru à cette publication seront condamnés solidairement à une amende de 1,000 fr. à 5,000 fr.

Circ. att. : Am. 50 fr. à 1,000 fr. (art. 533).

2° Articles politiques par incapables ou bannis.

178. — *L.* 11 *mai* 1868. Art. 9. La publication par un journal ou écrit périodique d'un article signé par une personne privée de ses droits civils et politiques ou à laquelle le territoire de la France est interdit est punie d'une amende de 1,000 fr. à 5,000 fr. qui sera prononcée contre les éditeurs ou gérants dudit journal ou écrit périodique.

Circ. att. : Am. 50 fr. à 1,000 fr. (art. 533).

[**175** à **176**] = 620. — Ces deux dispositions déduites de l'état actuel de la législation n'ont d'autre but que de présenter, dans un cadre restreint, l'ensemble des lignes prohibitives entre lesquelles doivent prudemment se mouvoir les journalistes dans l'exercice de la liberté qui leur est assurée dans ces limites.

L'art. 175 donne l'énumération *des crimes et des délits* et l'art. 476 celle des publications qualifiées *contraventions*, dont ils doivent s'abstenir.

On trouvera, sous les dispositions auxquelles nous renvoyons par cette double énumération, les annotations qui feront connaître la portée des lois répressives qui régissent l'exercice de la liberté de la presse.

[**177** à **178**] = 621. — Après avoir par l'art. 1 (art. 436) réservé aux seuls Français jouissant de leurs droits civils et politiques, la liberté de fonder des journaux politiques, le décret-loi du 17 février 1852 et la loi du 11 mai 1868, par deux autres dispositions (art. 21 et art. 9), interdisent aux plumes notées d'infamie, aux individus privés de leurs droits civils et politiques ou aux bannis de la France, la liberté de publier dans les journaux en ce qui concerne les uns, des articles politiques, et pour les autres n'importe quels articles

6° *Des publications concernant la vie privée.*

179. — *Même loi 11 (mai* 1868, Art. 11.
Toute publication dans un écrit périodique [cautionné ou non cautionné] relative à un fait de la vie privée constitue une contra-

---

signés de leurs noms. — Voici comment, sur ces deux dispositions que la jurisprudence n'a pas eu l'occasion de commenter, s'explique l'exposé des motifs de la loi du 11 mai 1808 :

622. — « La première interdiction de l'art. 8 (art. 178) complète le principe posé dans l'art. 21 du « décret du 17 février 1852. Il est rationnel que l'in-« terdiction qu'il porte s'étende à ceux que la justice « prive de leurs droits civils et politiques; la presse ne « peut que gagner en dignité et par conséquent en in-« fluence, en se séparant de ceux que la justice répres-« sive atteint. Jaloux d'enseigner aux citoyens la na-« ture et la portée de leurs droits, le journal ne saurait « avoir pour organe ceux qui les ont perdus.

623. — « La seconde innovation comble une lacune : « les personnes auxquelles le territoire de la France « est interdit par les lois des 10 avril 1832 et 10 avril « 1848 ne peuvent être, en cas de délits, ni poursui-« vies, ni atteintes par la justice française. Or si l'im-« punité est toujours acquise, pourquoi leur permettre « l'attaque? Là où la répression de l'abus n'est pas « possible, l'exercice du droit n'a plus sa raison d'être; « d'ailleurs la signature seule, quelle que soit la na-« ture de l'article, doit créer la *contravention* parce « qu'elle crée la *prétention.* La même signature, tou-« jours apposée au bas du même journal, aurait « promptement la signification d'un appel et d'un pro-« gramme. Elle serait l'acte public, presque officiel, « d'un prétendant et par conséquent une atteinte indi-« recte aux lois et aux pouvoirs établis. »

624. — *Articles traitant de matières politiques ou d'économie sociale.* V. sur ces expressions n⁰ˢ 396 à 416.

625. — *Émanant d'un condamné,* sous-entendu pendant la durée de sa peine. — Le caractère pénal et partant de droit étroit de cette disposition, doit en faire restreindre l'application aux écrits *composés et publiés* pendant cette période; nous excepterons, par suite, de sa portée :

1° Les publications faites, après l'expiration de la peine, d'articles composés par le condamné pendant sa durée;

2° Et la publication faite, pendant cette durée de la peine, d'articles par lui composés antérieurement.

Mais la preuve à faire que l'écrit a été composé avant la condamnation définitive et sans recours, sera à la charge du publicateur inculpé, comme celle de toute excuse, *Reus excipiendo fit actor.*

626. — *Les éditeurs, gérants et imprimeurs* sont responsables comme co-auteurs de la contravention et passibles également des peines de l'art. 177. — N° 350.

627. — *La publication par un journal.* L'art. 8, L. 1868 (178) est général et, par le but de sa disposition que l'exposé des motifs fait très-explicitement con-naître, doit, pour être efficace être appliqué à tout journal cautionné ou non cautionné, — le texte ne distingue pas.

628. — *D'un article signé :* politique ou non politi-que, le texte ne distingue pas davantage. C'est la signa-ture surtout que la loi entend proscrire. — V. n° 623.

629. — *Par une personne privée de ses droits civils et politiques.* — La loi ne dit pas *privée de quelques-uns de ses droits,* mais *de ses droits,* au pluriel, ce qui doit s'entendre de *tous les droits ;* — c'est là une disposition pénale; sa portée doit être ainsi entendue pour en restreindre l'application, suivant cette règle que les lois pénales sont toujours de droit étroit. — La privation du droit de vote et de l'éligibilité n'entraîne-rait donc pas l'indignité créée par cet art. 178.

630. — RAPPORT *de la commission* : « Les faillis ne sont pas compris dans la disposition de cet article. »
« Il faut, pour être frappé par l'art. 9, *le cumul*

de la privation des *droits civils et des droits politi-ques,* qui ne peut découler que d'une condamnation correctionnelle.

« Le failli, non réhabilité, est bien privé de ses droits « politiques, par l'art. 5, constitution an VIII, par l'art. « 15,17°, L. du 3 février 1852, art. 2, 9°, L. 4 juin 1853; « — mais le failli a l'*exercice de ses droits civils ; il* « peut donc *faire* ou *rédiger* un journal. » V. n° 387.

631. — Bien que les infractions punies par les art. 477 et 178 aient les caractères des *contraventions,* les circonstances qui les constituent impliquent cette condition que la publication interdite aura été faite *sciemment,* c'est-à-dire avec la connaissance de l'*in-capacité,* de l'*indignité,* ou de cette qualité de l'auteur qui est la raison de la prohibition : la justice doit sur ce point faire la part de l'ignorance et de la bonne foi.

[**179**] = 632. — Cet article est dû à l'initiative du Corps législatif : — Sur l'amendement de MM. de Guilloutet, Creuset, Dolfus, de Beauchamp, Gros et Perier, il fut adopté par 430 voix contre 105, dans une assemblée où aucune des autres dispositions de la loi en discussion n'avait obtenu moins de 250 adhésions.

A la proclamation de ce résultat du scrutin, M. Glais-Bizoin répondit : Voilà le cachet de la loi !

Si on appréciait l'excellence des lois par le nombre de voix qu'elles ont obtenues, l'art. 11 serait de tous, je ne dirai pas le moins bon, mais le moins heureux. — Le tout est que l'application ne le rende pas pire, il n'en est pas dont on puisse plus facilement abuser.

633. — Sa disposition procède cependant d'un senti-ment en soi fort respectable, auquel M. Royer-Collard avait, en 1819, donné sa formule par ces mots restés comme une maxime : *La vie privée doit être murée ;* — murée, avait-il ajouté, avec l'art. 17 de la constitu-tion de 1791, non contre toute allégation, mais contre la diffamation et la calomnie, pour conserver hors d'atteinte la considération, la paix domestique, la vie intime du foyer. — V. n° 6.

634. — Cette pensée avait, dans un projet de loi sur la presse présenté en 1827, inspiré une disposition (art. 20) dont l'art. 11 n'est que la reproduction. Après quelques jours de discussion le projet fut retiré.

Il ne paraît pas, — les travaux préparatoires des lois élaborées depuis n'en ont du moins pas conservé la trace, — que de nouvelles tentatives aient été faites pour introduire dans notre législation la restriction nouvelle que la Chambre de 1868 a imposée à la liberté d'écrire, — et que les excès de la *petite presse* n'a-vaient à l'avance que trop justifiées.

635. — « La vie privée, disait à ce sujet M. Josseau « au cours de la discussion, est le domicile moral de « l'homme, il ne peut être permis à un journaliste d'y « pénétrer. »

Et M. Jolibois, commissaire du Gouvernement, ajou-tait : « Je suis propriétaire d'un champ, je le clos, je me « trompe, je n'ai pas besoin de le clore, il suffit de ma « volonté pour en interdire l'accès au public, quand « bien même il n'y aurait à cela pour moi aucun dom-« mage, je le défends en vertu de mon droit, cela suffit.

« Eh bien, quand il s'agit de la vie privée, de la fa-« mille, de l'épouse, des enfants, de ces biens cent fois « préférables à la possession d'une pièce de terre, est-« il admissible qu'un journaliste, sans mission, sans au-« torité, ait le droit, par cela seul qu'il est journaliste, « de franchir le seuil du foyer domestique, de scruter « la vie intime, les actes, les habitudes d'une famille « tout entière, de les livrer à la publicité, de les ex-

vention punie d'une amende de 500 francs.
Circ. att. : Am. de 50 fr. à 500 fr. (art. 533).

La poursuite ne pourra être exercée que sur la plainte de la partie intéressée.

« poser à la malignité publique, en d'autres termes de « s'emparer du bien le plus précieux. »

(*Très-bien, très-bien*), séance du 9 mars 1868.

636. — Présenté et accepté comme une sanction du principe de l'inviolabilité du domicile, l'art. 11 n'est plus ainsi qu'une disposition protectrice, placée au seuil de la vie domestique pour la défendre contre les indiscrètes révélations que sollicite le goût malsain, et jusqu'à ce jour trop excité, des nouvelles scandaleuses.

Il y aura donc de la part de la jurisprudence à bien préciser, dans le sens de ce but et de ces idées morales, ce qu'on entend par la vie privée, afin de ne pas en étendre trop loin les respectables limites.

637. — Circulaire *du 4 juin* 1868. « Le législa-« teur, dit à ce sujet M. le garde des sceaux, n'a rien « changé aux principes consacrés par la pratique et la « jurisprudence en matière de diffamation et d'injures, « les éléments constitutifs de ces délits restent les « mêmes. Mais une protection nouvelle était réclamée « pour la *vie privée* qu'une presse avide de scandales « s'efforçait de dépouiller de son inviolabilité consacrée « par les revendications éloquentes des philosophes « et des législateurs.

638. — « En prohibant l'envahissement du do-« maine de la vie privée, sans qu'il soit nécessaire « d'établir l'intention criminelle, la loi a tenu à inter-« dire toute discussion de la défense sur la vérité des « faits. Le remède eût été pire que le mal si un débat « avait pu s'engager sur ce terrain. Chaque disposition « de l'art. 11 est calculée pour prévenir cette aggrava-« tion de la *contravention* dont la constatation maté-« rielle suffit pour entraîner la répression sur la « plainte de la partie intéressée.

639. — « Mais il importe de ne pas exagérer par « une application inintelligente un principe excellent « en soi, quand on le limite aux nécessités dont la « prévision a touché le législateur. Nos mœurs n'ad-« mettent pas la prétention d'enlever aux investiga-« tions de la publicité les actes qui relèvent de la *vie « publique ;* et ce dernier mot ne doit pas être res-« treint à la vie officielle ou à celle du fonctionnaire. « Tout homme qui appelle sur lui l'attention ou les « regards du public, soit par une mission qu'il a reçue « ou qu'il se donne, soit par le rôle qu'il s'attribue « dans l'industrie, les arts, le théâtre, etc., ne peut « plus invoquer, contre la critique ou l'exposé de sa « conduite, d'autre protection que celle des lois qui ré-« priment la diffamation et l'injure. Celui-là seul a droit « au silence absolu, qui n'a pas expressément ou indi-« rectement provoqué ou autorisé l'attention, l'appro-« bation ou le blâme. »

640. — *Toute publication.* Malveillante ou non ; la *malveillance*, qui dans la première rédaction de l'article 11 caractérisait la publication interdite, fut sur de très-justes observations repoussée de la seconde. La malveillance n'est donc pas une condition constitutive de l'infraction : toute allégation, toute indication, l'éloge même rentrent ainsi dans la portée de sa disposition.

641. — Ce mot *publication* comprend tous les modes graphiques de manifester sa pensée, le dessin comme l'écriture imprimée.

642. — *Dans un écrit périodique.* Il résulte de l'ensemble de la discussion sur l'art. 11 que ce sont là des expressions générales qui comprennent les journaux cautionnés et non cautionnés. Le terme *périodique* en restreint l'application uniquement aux journaux. La vie privée n'est pas murée pour l'histoire, pour les livres et la malignité des brochures.

643. — *Relative à un fait.* La loi semble exiger ici *un fait déterminé.* La critique des façons d'agir *in abstracto*, toute appréciation générale émise sur le compte d'une personne dans un journal ne tomberait donc pas sous les coups de l'art. 11.

644. — *De la vie privée.* D'après les idées exposées au cours de la discussion au Corps législatif, ces ex-pressions me semblent devoir se restreindre aux seuls *actes ou faits de la vie domestique*, de la vie *du do-micile inviolable*, à partir du seuil jusqu'aux choses intimes de la vie de la famille ; *vie privée* est ainsi syno-nyme de *vie intérieure.*

Il s'ensuit que la *vie extérieure*, la vie du monde, appartient à tout le monde comme auparavant.

La rue, les fêtes publiques, les lieux publics, les concerts, les courses, les cirques, les théâtres, les sa-lons à la mode et les temples n'appartiennent point à la vie privée. Ceux qui viennent y produire leurs intrigues ou le luxe tentateur de leur fortune mal acquise, le *Tout Paris* qui s'y presse et sort ainsi de la vie murée ne saurait prétendre à la protection de l'art. 11.

Les artistes, les femmes du grand monde, comme celles du demi-monde, et celles plus bas tombées qui n'ont plus de vie privée, les hommes politiques et les hommes publics, acteurs et actrices de l'éternel tréteau de la comédie humaine, relèvent toujours comme tels du journalisme.

Lorsque Mirabeau viendra afficher au balcon d'un hôtel déshonoré la bonne fortune d'une nuit, Mirabeau sera mal venu à se plaindre des feuilles publiques qui lui auront à ce sujet vertement blâmé son fait.

M. X... s'est donné, dans sa calèche au bois, ou dans sa loge à l'Opéra, en spectacle avec une Laïs en vogue ; ce spectacle, comme celui de la scène livré à la lor-gnette des spectateurs, relève encore de leurs sifflets et de la critique des journaux. Les murs de la vie privée ne s'étendent ni sur les avant-scènes, ni sur les banquettes des voitures à découvert.

645. — La protection de la vie privée ne peut toute-fois profiter qu'aux personnes privées. Les personnages publics, les personnes morales, les sociétés commer-ciales ou autres, ainsi que leurs administrateurs res-tent, comme devant, exposés en leurdite qualité à la discussion des actes de leurs fonctions ou de leur vie publique de la part de la presse : « La discussion des « actes du fonctionnaire, a dit à ce sujet M. le com-« missaire du Gouvernement, du député, du candidat, « continue d'appartenir à la publicité et à la presse. « Mais, devant les actes de la vie privée, sera une bar-« rière infranchissable. » *Monit.* du 6 mars 1868.

646. — La liberté des comptes rendus fidèles des débats judiciaires n'aura d'ailleurs rien à redouter de l'art. 11. M. le commissaire du Gouvernement l'a ainsi déclaré en se fondant sur le grand principe de la publicité de ces débats : « Leur publication, a-t-il « ajouté, est et sera toujours considérée comme la con-« tinuation, le prolongement de la publicité des au-« diences. » *Monit.* du 6 mars 1868.

Circulaire *du 4 juin* 1868. — « Celui qui saisit « les tribunaux, déclare à son tour M. le garde des « sceaux sur ce point, de ses discussions de fortune « ou de famille, ne peut pas non plus interdire une « publicité qu'il a sciemment envisagée, et le compte « rendu d'un procès judiciaire contemporain ne sera « pas un empiétement illicite sur la vie privée, s'il est « loyal et sincère, à moins que les tribunaux n'aient « usé du droit absolu que leur confère l'art. 17 du dé-« cret du 17 février 1852 (art. 497) d'interdire la pu-« blication des débats civils et criminels. »

A moins encore, faut-il ajouter, que le compte rendu ne soit un de ceux dont les lois interdisent la publication.

647. — *Constitue une contravention*—qui ne com-porte dès lors ni le bénéfice des excuses, ni l'aggrava-tion pénale de la récidive.

Sect. II (*Suite*). § II. — Concernant l'impression. — 1° Soumission au timbre; 2° Exemption.

I. SOUMISSION AU TIMBRE.

1° Les journaux.

180.—D.-L. 17 *fév.* 1852, *modifié par l'art.* 3, *L.* 11 *mai* 1868. Art. 6. Les journaux ou écrits périodiques [cautionnés ou non] et les recueils périodiques de gravures ou lithographies politiques de moins de 10 feuilles de 25 à 32 décim. carrés ou de moins de 5 feuilles de 50 à 72 décim. carrés, sont soumis à un droit de timbre.

Ce droit sera de 5 cent. par feuille *de 72 décim. carrés et au-dessous* dans les départements de la Seine et de Seine-et-Oise, et de 2 cent. pour les journaux, gravures ou écrits périodiques publiés partout ailleurs.

Pour chaque fraction en sus de 10 centimètres carrés et au-dessous, il sera perçu 1 cent. 1/2 dans les départements de la Seine et de Seine-et-Oise, et 1 cent. partout ailleurs (Abrogé par L. de 1868. V. art. 84).

Remise pour déchet de maculature.

181.—Art. 7. Une remise de 1 p. 0/0 sur le timbre est accordée pour déchet de maculature aux éditeurs de journaux et écrits périodiques.

2° Leurs suppléments contenant des annonces.

182. — *L.* 11 *mai* 1868. Art. 4. Sont considérées comme suppléments et assujetties au timbre comme le journal lui-même, s'il n'est déjà timbré, les feuilles contenant des annonces, lorsqu'elles servent de couverture au journal ou qu'elles y sont annexées ou, lorsque publiées séparément, elles sont néanmoins distribuées ou vendues en même temps.

II. EXEMPTION DU TIMBRE.

1° Les suppléments du journal officiel.

183. — *D.-L.* 11 *fév.* 1852. Art. 6, § 4. Les suppléments du journal officiel, quel que soit leur nombre, sont exempts du timbre.

2° Certains journaux non politiques.

184. — *D.-L.* 28 *mars* 1852. Art. 1er. Sont exempts du droit de timbre les journaux et écrits périodiques et non périodiques, exclusivement relatifs aux lettres, aux sciences, aux arts et à l'agriculture.

Art. 2. — Ceux de ces journaux qui, même accidentellement, s'occuperaient de matières politiques ou d'économie sociale seront considérés comme étant en contravention aux dispositions du décret du 17 février 1852, et seront passibles des peines établies par l'art. 5 et par l'art. 11 de ce décret. — Art. 138 et 192.

[**180-182**]=648. — Le journal est composé, il ne s'agit plus, avant de le livrer à la publicité, que de l'imprimer par l'opération dite : *le tirage*. La loi intervient encore ici et impose au gérant et à l'imprimeur une condition nouvelle, non de police, mais fiscale. Le journal, suivant qu'il est politique ou non politique, d'une certaine catégorie, doit être tiré sur papier timbré ou non timbré.

649. — *Les journaux et écrits périodiques*, porte l'art. 6, L. 1852. Tous les écrits périodiques, politiques ou non, sont, en règle générale, soumis à l'impôt du timbre, « qui n'est pour eux, dit M. le garde des « sceaux dans sa circulaire du 4 juin 1868, que l'équi-« valent des conditions imposées à l'exercice des au-« tres industries et qui ne peuvent le considérer dès « lors comme une entrave. » — V. n° 266.

3° Suppléments consacrés aux débats parlementaires.

185. — *L.* 2 *mai* 1861. Art. 1. Sont exempts de timbre et de droit de poste les suppléments des journaux lorsque ces suppléments.... sont *exclusivement* (V. art. 187) consacrés soit à la publication des débats législatifs reproduits par la sténographie ou par le compte rendu, conformément à l'art. 42 de la constitution, soit à l'insertion des motifs de projets de loi ou de sénatus-consulte, des rapports de commissions et des documents officiels déposés, au nom du Gouvernement, sur le bureau du Sénat ou du Corps législatif.

Pour jouir de l'exemption susénoncée, les suppléments doivent être publiés sur feuilles détachées du journal.

La même exemption s'appliquera aux suppléments des journaux non quotidiens des départements autres que ceux de la Seine et de S.-et-Oise, publiés en dehors des conditions de périodicité déterminées par leur cautionnement.

Extension.

186. — Art. 2. Sont exempts du timbre toutes autres publications périodiques exclusivement consacrées aux matières indiquées dans l'article précédent.

Condition de l'exemption des suppléments.

187. — *L.* 11 *mai* 1868. Art. 5. Sont exempts du timbre et des droits de postes les suppléments des journaux et écrits périodiques assujettis au cautionnement, lorsque ces suppléments ne comprennent aucune annonce, de quelque nature quelle soit et quelque place qu'elle y occupe et que la moitié au moins de leur superficie est consacrée à la reproduction des documents énumérés en l'art. 1er de la loi du 2 mai 1861. — Art. 185.

Sanction. — Renvoi.

188. — Art. 6. Sont applicables, en cas de contraventions, aux articles précédents les dispositions des art. 10 et 11 [art. 191 et 192], § 1er du décret du 17 février 1852.

Dans aucun cas, l'amende ne peut dépasser le 1/3 du cautionnement versé par le journal ou de celui auquel il aurait été assujetti s'il eût traité de matières politiques ou d'économie sociale.

4° Exemplaires du dépôt légal.

189.—Art. 7, §§ 1 et 2. V. Art. 196, § 3. Les exemplaires [des journaux destinés au dépôt légal] sont dispensés du droit de timbre.

Quant aux journaux étrangers, V. note sous art. 194.A.

---

650. — L'élévation de cet impôt en a fait contester le caractère *fiscal* pour lui attribuer un caractère *prohibitif* de la liberté de la presse. Est-il en effet, a-t-on demandé, un impôt qui puisse être comparé à cette taxe qui prélève sur le produit plus qu'il ne rapporte et ne vaut ? S'il ne fallait qu'une citation pour avoir raison de l'objection, il ne serait pas difficile de trouver des droits même plus élevés sur certains produits de l'industrie. Aux termes des art. 18, L. 20 juillet 1860 ; 8 juillet 1865 et art. 5, L. 14 juillet 1855, les droits d'octroi, d'entrée et de circulation sur les alcools vont jusqu'à 135 0/0 et en surélevant le prix de 75 fr. l'hectolitre à 200 fr. Il n'est pas d'ailleurs que ce point de ressemblance entre les journaux et les spiritueux.

3° Sanctions pénales. — 4° Timbres mobiles.

Solidarité pénale.

190. — *L.* 16 *juillet* 1850. Art. 24, § 3. Les auteurs, éditeurs, gérants, imprimeurs et distributeurs desdits journaux ou écrits soumis au timbre seront solidairement tenus de l'amende, sauf leur recours les uns contre les autres.

———

Saisie des journaux en contravention.

191. — *D.-L.* 17 *fév.* 1852. Art. 10. Les préposés de l'enregistrement, les officiers de police judiciaire et les agents de la force publique sont autorisés à saisir les journaux ou écrits périodiques qui seraient en contravention aux présentes dispositions sur le timbre.

Ils devront constater cette saisie par des procès-verbaux qui seront signifiés aux contrevenants dans le délai de trois jours.

Sanction pénale.

192. — Art. 11. Chaque contravention aux dispositions de la présente loi, pour les journaux, gravures ou écrits périodiques, sera punie, indépendamment de la restitution des droits frustrés, d'une amende de 50 fr. par feuille ou fraction de feuille non timbrée.

Elle sera de 100 fr. en cas de récidive.

L'amende ne pourra, au total, dépasser *le chiffre du cautionnement*; [aujourd'hui le 1/3 du cautionnement.] — V. art. 188.

Circ. attén. : Am. de 50 fr. au minimum (art. 533).

§ 4 et dernier. V. art. 101, *suprà*.

Recouvrement des droits. — Poursuite.

193. — Art. 12. Le recouvrement des droits de timbre et des amendes de contravention sera poursuivi, et les instances seront instruites et jugées conformément à l'art. 76, L. du 28 avril 1816 [art. 104, *suprà*].

Quant aux contraventions à la loi du 11 mai 1868, V. art. 188.

———

651. — Il est peu de règles sans exceptions. Après avoir soumis à l'impôt du timbre tous les journaux par l'art. 6, D. de 1852 (art. 180), le législateur, par un décret du 28 mars 1852 (art. 184), en exempta les journaux exclusivement consacrés aux arts, aux sciences, aux lettres et à l'agriculture. — *V.* n° 269.

652. — La loi du 2 mai 1861 édicte une autre exemption en affranchissant du timbre les suppléments de journaux consacrés à la publication des débats législatifs ou des documents que son art. 1er énumère. (Art. 485). La loi du 11 mai 1868 a maintenu cette exemption en y ajoutant certaines conditions que son art. 5 (art. 487) fait suffisamment connaître.

653. — *Ce droit sera de…* Le décret du 17 février 1852 avait fixé ce droit à 6 centimes, la loi du 11 mai 1868 l'a, par son art. 3, réduit à 5 et à 2 centimes.

« Le timbre, dit à ce sujet M. le garde des sceaux,
« dans sa circulaire précitée, n'est pas seulement réduit,
« il devient fixe au lieu de dépendre des dimensions
« de la feuille politique; l'art. 3 de la loi nouvelle
« abroge le § 3 de l'art. 6 du décret de 1852. »

654. — « L'exemption de timbre dont jouissaient
« autrefois les suppléments du journal officiel est
« étendue aux suppléments de tous les autres jour-
« naux (*cautionnés*) sous les conditions de l'art. 5
« (art. 487). Mais, d'un autre côté, l'art. 4 (art. 182)
« consacre la jurisprudence civile qui faisait rentrer
« avec raison dans la catégorie des journaux et écrits
« soumis à l'impôt ceux qui, sous le nom ou l'apparence

Timbres mobiles.

194. — *L.* 3 *août* 1867. *Budget*, art. 29. Le droit de timbre établi sur les journaux et écrits périodiques peut être acquitté par l'apposition, sur les papiers destinés à leur publication, de timbres mobiles que l'administration du timbre est autorisée à vendre et faire vendre. — V. n°ˢ 659 à 662.

Un règlement d'administration publique déterminera la forme et les conditions d'emploi de ces timbres, ainsi que le mode suivant lequel il sera tenu compte de la remise accordée pour déchet de maculature par l'art. 7, du décret du 17 fév. 1852 [art. 181].

Sont considérés comme non timbrés et soumis aux peines et obligations résultant du § 1er de l'art. 11, décret du 17 février 1852 [art. 192], les journaux et écrits périodiques sur lesquels les timbres mobiles auraient été apposés sans l'accomplissement des conditions prescrites par le règlement d'administration publique, ou sur lequel auraient été apposés des timbres ayant déjà servi.

Chacune des autres contraventions aux dispositions de ce règlement sera punie d'une amende de 50 fr.

Circ. att. : Am. de 1 fr. à 50 fr. (art. 533).

Les dispositions de l'art. 21 de la L. du 11 juin 1859 sont applicables aux timbres mobiles créés en exécution de la présente loi.

Sanction de ce dernier §.

194. A. — *L.* 11 *juin* 1859. *Budget*, art. 21. Ceux qui auront sciemment employé, vendu ou tenté de vendre des timbres mobiles ayant déjà servi, seront poursuivis devant les tribunaux correctionnels et punis d'une amende de 50 fr. à 1,000 fr.

En cas de récidive, la peine sera d'un emprisonnement de cinq jours à un mois, et l'amende sera doublée.

Il pourra être fait application de l'art. 463 du C. pénal.

———

N.B. Les journaux en langue étrangère sont exempts de timbre lorsqu'ils sont imprimés en France pour l'étranger. (V. art. 97.)

« de couvertures, de suppléments ou d'annexes quelcon-
« ques éditent des *annonces* ordinairement lucratives.
« **655.** — L'art. 6 (art. 188) modère cependant, en
« cas de contravention, les pénalités des art. 10 et 11
« de la loi de 1852 (art. 191 et 192)
« **656.** — Le mot *annonce* n'a pas été défini par
« l'art. 4 (art. 182); mais il résulte des discussions et
« de la suppression du mot *réclame*, qui y était
« d'abord joint, que la loi a entendu comprendre, sous
« ce titre, tout appel à la publicité dans un intérêt
« commercial ou professionnel, coté dans les tarifs des
« journaux ou de nature à l'être et distinct des articles
« de fond où une industrie peut être discutée ou re-
« commandée. »

[**193 à 194.A.**] = 657. — *Sont exempts de timbre les journaux consacrés aux lettres*, etc. Ces expressions sont générales et ne comportent aucune distinction : le mot *lettres* comprend non-seulement les belles-lettres, mais toute œuvre d'esprit ou d'érudition ou d'observation, morale ou critique, que la forme en soit sérieuse, légère ou burlesque, même la satire

Sect. II. (*Suite*). — § 3. **Concernant la publication. — Dépôt préalable des journaux.**

Dépôt administratif. — Abrogé.

195. — *L. juin* 1819. Art. 5. Au moment de la publication de chaque feuille ou livraison du journal ou écrit périodique, il en sera remis *à la préfecture pour le chef-lieu du département, à la sous-préfecture pour le chef-lieu d'arrondissement, à la mairie dans les autres villes, un exemplaire signé du propriétaire ou éditeur responsable.*

Cette formalité ne pourra retarder ni suspendre le départ ou la distribution du journal ou écrit périodique.

Dépôt judiciaire des journaux.

196. — *L.* 18 *juillet* 1828. Art. 8, §§ 1 et 2. *V.* art. 165, § 4. L'exemplaire signé en minute sera, au moment de la publication, déposé au parquet du procureur du roi du lieu de l'impression ou à la mairie dans les villes où il n'y a pas de tribunal de première instance, — à peine de 500 fr. d'amende contre les gérants.

Circ. att. : Am. do 50 fr. à 500 fr. (art. 533).

Il sera donné récépissé au dépôt.

Dépôt judiciaire et administratif des journaux.

197. — *L.* 11 *mai* 1868. Art. 7. Au moment de la publication de chaque feuille ou livraison du journal ou écrit périodique, il sera remis :

— A la préfecture pour les chefs-lieux de département,

— A la sous-préfecture pour ceux d'arrondissement,

— Et pour les autres villes à la mairie,

Deux exemplaires signés du gérant responsable ou de l'un d'eux s'il y a plusieurs gérants responsables.

Pareil dépôt sera fait au parquet du procureur impérial ou à la mairie dans les villes où il n'y a pas de tribunal de première instance.

Ces exemplaires sont dispensés du droit de timbre. —

---

contemporaine des hommes, des choses ou actualités facétieuses ou futiles. Cass., 24 juin 1834, B.

657 *bis*. — L'art. 24, § 3, L. 1850, n'ayant été abrogé par aucune loi n'a rien perdu de son autorité.

658. — Les contraventions en matière de timbre se prescrivent par 2 ans, aux termes de l'art. 14, L. du 16 juin 1824. — V. art. 105, *suprà*.

659. — *Timbres mobiles*. La création des timbres mobiles a été inspirée par le désir d'éviter aux imprimeurs des frais de transport de papier et d'argent.

660. — *Circulaire du 2 avril 1868, direction du timbre*. « L'imprimeur qui voudra se servir des tim- « bres mobiles devra déclarer son intention au bureau « de l'enregistrement de sa résidence qui les lui ven- « dra avec la remise allouée pour déchet de maculature.

661. — « Le timbre sera collé avant le tirage de « manière à être placé en haut de la dernière colonne « de droite du journal et oblitéré par l'impression de « l'article contenu dans cette colonne. »

662. — Cette opération du collage des timbres avant le tirage des feuilles, mise ainsi à la charge des imprimeurs, aura le résultat de rejeter sur eux la responsabilité de leur omission.

[**195** à **197**] = 663. — Sous l'empire de la loi du 7 juin 1819 le dépôt des journaux cautionnés était uniquement *administratif;* c'était à la préfecture, à la sous-préfecture ou à la mairie qu'il devait être fait.

La loi de 1828 substitua, à ce dépôt, le dépôt *judiciaire* en transférant au parquet le lieu du dépôt. — V. art. 196.

La loi du 11 mai 1868 (art. 197) a fondu ensemble les deux systèmes : — le dépôt administratif et le dépôt judiciaire seront désormais simultanément obligatoires pour ces mêmes journaux.

664. — **Exposé des motifs, L. 1868.** — « Le dé- « pôt *administratif* et le dépôt *judiciaire* permettra « chaque jour à l'administration et au parquet une sé- « rieuse surveillance : ce double dépôt, qui s'explique « déjà sous le régime de l'autorisation, est plus néces- « saire que jamais avec le système de la déclaration. « Précisément parce que ce dernier système n'impose « la vérification qu'après la production de la pensée, « il doit vouloir cette vérification plus complète et « s'attendre d'ailleurs à bien des hardiesses. Aussi le « projet étend-il à *tous* les journaux l'obligation du « dépôt au parquet qui ne *concernait jusqu'à ce jour*

« *que les feuilles politiques* ; puis il impose le dépôt « administratif dans les mêmes termes que le dépôt « judiciaire, afin de répondre aux esprits qui s'étaient « demandé si la loi qui prescrivait le second dépôt « n'avait point abrogé celle qui imposait le premier. »

665. — Cette conclusion est fort explicite : l'art. 7, L. 11 mai 1868 qui prescrit le dépôt administratif n'a point abrogé l'art. 8, de la loi de 1828 (art. 196), qui impose aux journaux le dépôt judiciaire. Paris, 24 juill. 1868, G. T. du 25.

666. — Si cela est ainsi, l'exécution simultanée de ces deux dépôts n'ayant rien d'impossible (ce qu'exige l'art. 16, L. 1868, pour déterminer l'abrogation), — une lacune imprévue se découvre ici. — Quelle sera la sanction pénale de l'art. 7 de cette nouvelle loi?

Celle de l'art. 8, L. 1828 (art. 196)? on ne saurait y songer. — En matière pénale, il n'est point permis d'étendre, par voie d'interprétation ou d'analogie, les lois à d'autres cas que ceux que leurs textes prévoient. — Autre chose est le dépôt de un *exemplaire au parquet,* autre le dépôt de deux *exemplaires* à la préfecture, ou sous-préfecture ou mairie, et d'un *autre* exemplaire au parquet. — Pourrait-on appliquer à l'omission de ceux-ci la peine uniquement édictée contre l'omission de celui-là?

Je ne le pense pas.

667. — Il y a plus : l'art. 8, L. 1828 (art. 196), et cela ne fait plus aujourd'hui doute pour personne, « ne concerne que les feuilles politiques. » Si le nouvel art. 7 (art. 197), comme il est dit dans l'exposé des motifs, comprend indistinctement les journaux politiques et non politiques, ne serait-ce pas méconnaître d'autre part la portée de l'art. 8 que d'appliquer au dépôt de ces derniers la disposition uniquement faite pour la sanction du dépôt des autres?

668. — Ce n'est pas tout encore. — Est-il bien certain, ainsi, qu'après l'exposé des motifs, l'assure la circulaire d'ailleurs si remarquable du 4 juin 1868, de M. le garde des sceaux, que la disposition de l'art. 7 de la loi de 1868 comprenne sans distinction les journaux *politiques* et *non politiques?* son texte me semble répugner à une pareille extension.

Qu'exige-t-il? Le dépôt de *deux exemplaires signés du gérant responsable ou de l'un d'eux.* — Il s'agit donc ici exclusivement de journaux ayant des *gérants responsables.* — Les journaux *politiques* sont seuls tenus d'en avoir. — Cette condition de la *signature des gérants* indivisiblement liée à la formalité du dépôt fixe la portée de l'art. 7; son texte ne concerne en conséquence, comme celui de l'art. 8, L. 1828 (art. 196), que les feuilles politiques, que les journaux *à gérants, les journaux cautionnés.* — V. n° 505.

Dépôt des journaux non politiques.

Dépôt administratif de tous écrits.

198. — *L*. 21 *octob.* 1814, *art.* 14. Nul imprimeur ne pourra... (V. art. 114) mettre en vente ou publier un écrit de quelque manière que ce soit, avant d'avoir déposé le nombre prescrit (deux) d'exemplaires, savoir : à Paris au secrétariat de la direction générale (du ministère de l'intérieur), et dans les départements, à la préfecture. [Il lui en sera délivré récépissé.] V. l'article ci-après et n°s 287 à 319.)

Sanction par saisie.

199. — *Art.* 15. Il y a lieu à saisie et à séquestre d'un ouvrage, si l'imprimeur ne représente pas le récépissé de la déclaration et du dépôt ordonné en l'article précédent. V. art. 108.

Sanction pénale.

200. — *Art.* 16. Le défaut de (V. art. 109) déclaration... et le défaut de dépôt avant la publication, constaté comme il est dit en l'article précédent, seront punis chacun d'une amende de 1,000 fr. pour la première fois, et de 2,000 fr. pour la seconde.

Circ. att. : Amende de 50 fr. à 1,000 fr. la 1re fois ; de 50 fr. à 2,000 fr. la 2e fois. (art. 533).

---

669. — Ce n'est pas à dire cependant que la publication *des journaux non cautionnés* soit affranchie de toute formalité de dépôt ; — nous avons dit précédemment que l'art. 14, L. 1814 (art. 198), continuait à les régir et à leur imposer le *dépôt administratif* prescrit pour tous les écrits. — Conformément à sa disposition, ils devront être déposés, non pas, comme les journaux cautionnés, *au moment de leur publication et par leurs gérants, au parquet et à la préfecture*, mais *avant leur publication, à la préfecture et par leurs imprimeurs*. C'est à la charge de ces derniers que la loi de 1814, à la différence de la loi de 1828, met la formalité du dépôt qu'elle impose. — Cass., 3 avril 1846, B. (V. n° 300). — Paris, 20 juin 1855, D.56.5.358. — V. n°s 307, 291.

670. — En résumé : l'art. 7 de la loi du 11 mai 1868 est dépourvue de sanction. (Trib. Seine, 14 juill. 1868, G.T. du 15 ; — *Contrà*, Paris, 24 juill. 1868, G.T. du 25). — V. n° 684.

Les seuls dépôts obligatoires dont l'omission puisse, sans conteste, donner lieu à des poursuites, sont :

Pour les *journaux politiques*, — Le dépôt judiciaire d'un seul exemplaire au parquet, en exécution de l'art. 8, L. 1828, qui reste en vigueur, à peine de 500 fr. d'amende.

Pour les *autres journaux*, — Le dépôt administratif à la préfecture, conformément à l'art. 14, L. 1814 (art. 198, ci-dessus), de deux exemplaires, sous la sanction des art. 15 et 16 de la même loi (art. 199 et 200). — V. n°s 294, 300 et 307.

[196] = 671. — *L'exemplaire.* — L'exemplaire du dépôt doit être en tout conforme aux exemplaires livrés au public ; ainsi il y a contravention si, dans l'exemplaire déposé, la place du feuilleton est en blanc, lorsque dans les autres le feuilleton occupe sa place bien que recouvert de maculatures. — Cass., 15 oct. 1834.

672. — *Du journal cautionné.* — L'art. 8, L. 1828, ne concerne que les journaux cautionnés, puisque c'est la signature du gérant responsable qui suivant cet article doit être apposée sur le journal et que sans cette signature le dépôt ne serait ni régulier ni recevable. — Duvergier, *Lois*, 28, p. 227 ; Chassan, I, p. 622 ; — V. n° 536.

673. — *Signé en minute.* — V. n°s 535 à 540 — La signature de la minute et le dépôt au parquet sont deux formalités corrélatives et indivisibles ; l'omission de la signature et du dépôt ne constitue qu'une seule contravention passible de la seule peine de l'art. 8, L. 1828. De Grattier, II, p. 474 ; Chassan, I, p. 645. — L'omission de la signature rend le dépôt irrégulier et partant non recevable.

Nous avions, dans notre *Code de la presse* de 1856, n° 242, décidé qu'il y avait dans le défaut de signature et l'omission du dépôt une double contravention ; après nouvel examen, cette opinion ne nous paraît pas devoir être acceptée. — V. n° 536.

674. — *Sera au moment de la publication.* — Le dépôt peut être fait à toute heure du jour et de la nuit, même les jours fériés : les procureurs impériaux n'ont pas le droit d'en fixer l'heure. — Chassan, I, p. 645.

675. — La remise des numéros d'un journal à une administration chargée de les transporter constitue la publication qui ne peut être faite qu'après le dépôt. — Cass., 29 janv. 1851. D.51.5.429.

676. — « La formalité du dépôt, — porte le § 2 de l'art. 5 de la loi du 9 juin 1819 (art. 193), qui n'est contraire à aucune loi en vigueur, — « ne pourra ni « suspendre, ni retarder la publication du journal. »

677. — *Déposé.* — Sont assujettis à la formalité d'un double dépôt :

Les journaux publiés dans deux départements distincts avec des titres distincts et des matières quelquefois différentes. — Cass., 19 avril 1839, B. — Dalloz, v° *Presse*, n° 375 ;

Les journaux qui se publient par deux éditions même conformes, l'une pour Paris, l'autre pour les départements. De Grattier, II, p. 470 ; — Ceux encore qui se publient en deux parties, une le matin, l'autre le soir. — Rouen, 10 fév. 1842. J.P.42.4.546.

678. — *Au parquet du lieu de l'impression.* Le lieu de l'impression est celui de la publication. — V. n° 199. *Ou à la mairie s'il n'y a pas de tribunal.*

679. — *A peine de 500 fr. d'amende.* L'infraction à l'art. 196 est une contravention qui ne comporte ni le bénéfice des excuses ni l'aggravation de la récidive. — (Cass., 15 avril 1841, B.), mais à laquelle l'art. 463 du C. pénal est applicable depuis la loi de 1868.

680. — La force majeure peut être cependant admise comme excuse ; on ne devrait toutefois accepter comme telle, ni l'absence du gérant, ni l'erreur de son mandataire, ni même le porteur du numéro-minute destiné au dépôt légal. — Cass., 16 avril 1841, B. : Paris, 23 avril 1835, J.P. ; Chassan, I, p. 642.

681. — *Il sera donné récépissé du dépôt.* — Ce récépissé n'est pas la seule preuve du dépôt ; la loi n'exclut pas les autres moyens usités de preuves. Dalloz, v° *Presse*, n° 379. — V. n°s 363 et suiv.

[197 à 200] = *Au moment de la publication* (V. n°s 674 à 676) *du journal.* — (V. n°s 668 et 672). *Il sera remis à la préfecture*, etc. — (V. n° 674.)

682. — *Deux exemplaires.* « Dans les villes qui « n'ont ni parquet, ni sous-préfecture, le dépôt à la « mairie prescrit par le nouvel art. 7 (art. 197) devra « être de quatre exemplaires, deux destinés à la sous- « préfecture voisine, deux au parquet voisin. » (Rapport.)

683. — *Signé des gérants responsables ou de l'un d'eux.* Cette signature du gérant, condition de la régularité et de la recevabilité du dépôt (n° 673), restreint l'application de cet article aux seuls journaux qui sont tenus d'avoir des gérants, c'est-à-dire aux journaux cautionnés. — V. n°s 668 et 505.

684. — *Pareil dépôt.* « Ces mots, lit-on dans les « motifs de l'arrêt de Paris plus haut cité (n° 670) du « 24 juillet 1868, en rappelant le dépôt de l'art. 8, « L. 1828 (art. 196), indiquent que ce dernier article

Sect. III. — Devoirs des gérants pendant la publication du journal.
§ 1. Ils doivent en maintenir le cautionnement complété.

Le cautionnement doit toujours être complet.

200.A. — *Par induction*. Les gérants doivent maintenir complétées les sommes versées au trésor pour le cautionnement de leurs journaux, conformément aux art. 139 et 140.

En cas de double poursuite pour crime ou délit et en cas de condamnation, ils devront, à cet effet, se conformer aux dispositions suivantes :

1er Cas.—Double poursuite.—Consignation.

201.— *L.* 16 *juillet* 1850. Art. 5. Lorsque le gérant d'un journal ou écrit périodique [cautionné], paraissant dans les départements autres que ceux de la Seine, de Seine-et-Oise, de Seine-et-Marne et du Rhône, aura été renvoyé devant la Cour d'assises par un arrêt de mise en accusation pour crime *ou délit de presse* [ou devant le tribunal correctionnel, par ordonnance de renvoi pour délits de presse autres que ceux contre les particuliers], si un nouvel arrêt de mise en accusation [ou si une nouvelle ordonnance de renvoi pour délits de même nature] intervient contre les gérants de la même publication avant la décision définitive de la Cour d'assises [ou du tribunal], une somme égale à la moitié du maximum des amendes édictées par la loi pour le fait nouvellement incriminé devra être consignée dans les trois jours de la justification de chaque arrêt [ou ordonnance], et nonobstant tout pourvoi en cassation.

En aucun cas le montant des consignations ne pourra dépasser un chiffre égal au cautionnement.

2e Cas. — Condamnations pour crimes et délits. — Paiement.

202. — *Même loi*. Art. 6. Dans les trois jours de tout arrêt de condamnation pour crime ou délit de presse le gérant du journal devra acquitter le montant des condamnations qu'il aura encourues. — V. n° 700.

En cas de pourvoi en cassation, le montant des condamnations sera consigné dans le même délai.

Remise des quittances au parquet.

203. — Art. 7. La consignation ou le paiement prescrit par les articles précédents sera constaté par une quittance délivrée en duplicata par le receveur des domaines [de la caisse des consignations, depuis 1853]. — V. art. 207.A.

Cette quittance sera, le quatrième jour, au plus tard, soit de l'arrêt rendu par la Cour d'assises [ou du jugement définitif du tribunal correctionnel], soit de l'arrêt de la chambre des mises en accusation [ou de l'ordonnance de renvoi dans les cas de l'art. 201, ci-dessus], remise au procureur de la république, qui en délivrera récépissé. — V. n° 700.

Sanction pénale.

204. — Art. 8. Faute, par le gérant, d'avoir remis la quittance dans les délais ci-dessus fixés, le journal cessera de paraître sous les peines portées contre tout journal publié sans cautionnement.

N. B. En 1850, ces peines étaient celles de l'art. 6 de la loi du 9 juin 1819, de 1 à 6 mois de prison, et de 200 à 1.200 fr. d'amende. L'art. 5 du décret du 17 fév. 1852 (art. 143) a depuis édicté contre cette contravention des peines plus élevées. (V. l'art. 207.)

« contient la sanction pénale du double dépôt imposé « par l'art. 7 de la nouvelle loi. » — Cette assertion est une erreur ; les mots : « *pareil dépôt* » rappellent non le dépôt de la loi de 1828, mais celui qui fait l'objet des §§ précédents dudit art. 7 de la loi de 1868.

685. — *Au parquet ou à la mairie :* « Le dépôt « sera fait à la mairie, mais pour le compte du parquet « à qui il devra être immédiatement envoyé. » — Circ. du ministre de la justice du 4 juin 1868. — « L'un « des exemplaires déposés à la mairie ou à la sous-pré- « fecture devra être immédiatement adressé au Ministre « de l'intérieur. » Circul. Min. Int. du 3 juin 1868.

686. — *En ce qui concerne la sanction :* n°s 666 à 670.

[**200**.A.] = Disposition d'ordre et de transition.

[**201**] = 687. — L'art. 5, L. 1850, est-il encore en vigueur ? En cas de poursuites pour *crimes* de presse, cela n'est pas douteux. La situation n'a pas changé ; — la Cour d'assises est toujours la seule juridiction compétente pour en connaître.

688. — En cas de *délit*, la question est plus délicate, et on peut s'étonner de la solution par laquelle, sans distinction aucune entres les *crimes* et les *délits*, s'est prononcé M. le garde des sceaux dans sa circulaire du 27 mars 1852.

« L'art. 5, L. 1850, y est-il dit, ordonne des consi- « gnations qui doivent suivre les arrêts de mise en « accusation. Le changement de juridiction [qui enlève « au jury le jugement des délits de presse] laisse dé- « sormais sans application des mesures en harmonie « seulement avec la procédure qui aboutissait à la Cour « d'assises. Cet article se trouve donc abrogé par voie « de conséquence. »

689. — Même relativement *aux délits*, cette décision me semble un peu trop faire dépendre l'obligation que ledit art. 5 impose aux gérants de l'étiquette légale des actes qui lui donnaient ouverture.

690. — Le but de sa disposition est d'exiger des gérants un supplément de cautionnement lorsqu'à raison d'une seconde poursuite dirigée contre eux il est à craindre que leur cautionnement ne soit pas suffisant pour le paiement des amendes qu'ils ont encourues.

691. — Cette obligation, dont l'exécution est plus à côté que dans les involutions et la ligne de procédure, ne saurait avoir, en rien, été modifiée par les lois qui ont, avec la juridiction, changé les formes de la poursuite.

Par suite du changement de juridiction, la dénomination légale des actes qui donnaient naissance à l'obligation du cautionnement supplétif n'est plus, il est vrai, la même ; mais comme ces actes ou d'autres analogues existent toujours, sous d'autres noms, comme en elle-même la mesure n'est pas sans utilité, que rien dans l'état actuel de la législation ne s'oppose à son exécution, il y a lieu de penser, contrairement à l'opinion émise dans la circulaire du 28 mars 1852, que l'art. 5, n'étant abrogé par aucune loi, ni en contradiction avec aucune autre, est toujours en vigueur et continue, *mutatis mutandis*, de s'imposer, dans tous les cas qu'il prévoit, aux gérants sous le coup d'une double poursuite.

692.—Nous avons en conséquence ajouté à son texte, entre crochets, la désignation des actes ou des situations qui, dans la poursuite correctionnelle des délits, ont remplacé ceux de leur poursuite au grand criminel sous l'empire de la loi de 1850.

693. — Lors de la discussion qui s'engagea sur cet article devant l'Assemblée législative en 1850, il fut

§ 2. — Libération du cautionnement grevé par suite de condamnations.

3e Cas. — Condamnation pour contravention. — Paiement.

205. — *D.-L.* 17 *février* 1852. Art. 29. Dans les trois jours de tout jugement ou arrêt définitif de contravention de presse, le gérant du journal devra acquitter le montant des condamnations qu'il aura encourues ou dont il sera responsable. — V. n° 700.

En cas de pourvoi en cassation, le montant des condamnations sera consigné dans le même délai.

Remise de la quittance au parquet.

206. — Art. 30. La consignation ou le paiement prescrit par l'article précédent sera constaté par une quittance délivrée en duplicata par le receveur *des domaines* (la Caisse des consignations depuis 1853. V. art. 207. A.).

Cette quittance sera, le quatrième jour au plus tard, remise au procureur de la république, qui en donnera récépissé. — V. n° 700.

Sanction pénale.

207. — Art. 31. Faute par le gérant d'avoir remis la quittance dans les délais ci-dessus fixés, le journal cessera de paraître, sous les peines portées par l'art. 5 de la présente loi (art. 143, *suprà*), contre les journaux politiques publiés sans cautionnement complété. — savoir : Am. 100 fr. à 2000 fr. par chaque numéro ou livraison publiés en contravention, et un emprisonnement de 1 mois à 2 ans.

[Le publicateur et l'imprimeur sont solidairement responsables.]

[Le journal cessera de paraître.] — V. n° 699.

Circ. att. : Am. de 50 fr. au minimum et, ou, prison, 1 jour à 1 mois (art. 533).

N. B. La peine de la suspension peut être écartée par l'art. 463 (n° 2366).

Réglementation des versements et consignations.

207.A. — *Décret,* 5 *janvier* 1853. Art. 1. Les sommes à acquitter en exécution du § 1er de l'art. 6, loi 16 juillet 1850, et de l'art. 29, décret 17 février 1852, seront versées à l'avenir dans la caisse des consignations.

Elles y seront déposées pendant trois mois avec leur affectation spéciale au profit du Trésor.

Les sommes consignées en cas de pourvoi en cassation, conformément au § 2 de l'article ci-dessus mentionné, resteront également déposées pendant trois mois, à partir de la date soit du désistement, soit du rejet, soit du jugement ou de l'arrêt définitif à intervenir. — V. n° 700.

Art. 2. — A l'expiration du délai de trois mois dans les deux cas prévus en l'article précédent, si le droit de grâce n'a pas été exercé, les sommes consignées seront irrévocablement acquises à l'Etat, et elles seront versées par la caisse des consignations au bureau de l'enregistrement chargé de la recette des amendes et frais de justice dans la ville où se publiait le journal.

Exécution provisoire pour la consignation.

208. — *L.* 10 *mai* 1868. Art. 13. L'exécution provisoire du jugement ou de l'arrêt (V. art. 592) pourra, par une disposition spéciale, être ordonnée nonobstant opposition ou appel... pour la consignation de l'amende, sans préjudice des dispositions des art. 29, 30 et 31 du décret du 17 fév. 1852. — Art. 205 à 207.

Toutefois, l'opposition ou l'appel suspendront l'exécution s'ils sont formés dans les 24 heures de la signification des jugements ou arrêts par défaut, ou de la prononciation du jugement contradictoire. V. la suite, art. 592.

---

bien entendu et très-nettement déclaré, par la commission, que, quel que fût le nombre des délits, « jamais le « montant des consignations accumulées ne pourrait « dépasser l'importance même du cautionnement, en « sorte que jamais un journal ne pût être tenu à verser « une somme plus forte que le double de son cautionne- « ment. *Monit.*, 12 juill. 1850.

[**202** à **204**] = 694. — Détachés dudit titre 1 de la loi du 16 juillet 1850, intitulé « *du cautionnement* », les art. 202 à 204 ne concernent que les journaux cautionnés; le but de leurs dispositions, comme celui des articles qui suivent, est uniquement d'obliger les gérants à maintenir leur cautionnement intact et libéré des condamnations qui pourraient le grever. — V. n° 698.

695. — La consignation que ces articles imposent aux gérants est pour eux obligatoire aussi bien quand les condamnations sont personnellement prononcées contre eux que lorsqu'elles frappent exclusivement les auteurs ou signataires des articles insérés dans le journal. Cass., 3 avril 1851. D.51.4.277.

696. — Au cours de la discussion de l'art. 202, son § 2 fut attaqué comme dérogeant à cette règle de droit criminel, qui veut que le pourvoi en cassation soit suspensif. M. Rouher répondit que la consignation exigée était la mise en état pour l'amende et qu'on se conformait au droit commun que prescrit la mise en état de la personne, c'est-à-dire son incarcération avant le jugement du pourvoi. — Séance du 10 juillet 1850, *Monit.* du 11, 1er supplément.

[**205** à **208**] = 697. Ces trois articles semblent être la reproduction en duplicata de ceux qui les précèdent : il n'en est rien : ceux-ci concernent l'exécution des condamnations pour *crimes* et *délits* de presse, ceux-là l'exécution des condamnations pour *contraventions* — Ils ont complété sur ce point le système de la législation antérieure. — V. n° 2746.

698. — Circulaire *du* 16 *juin* 1850, *Min. just.* « Aux termes de l'art. 4, L. 9 juin 1819, les condam- « nations encourues pour délit de presse devaient être « acquittées dans la quinzaine de la notification de « l'arrêt. Il n'en est plus de même sous la loi du « 16 juillet 1850. L'art. 6 veut que dans les trois « jours de tout arrêt de condamnation pour crime ou « délit de presse, le gérant acquitte le montant des « condamnations qu'il a encourues. — Ainsi, sous « cette nouvelle législation, il n'y a plus à mettre le « gérant en demeure d'acquitter la condamnation « édictée contre lui ; la prononciation de l'arrêt suffit « à elle seule pour l'avertir d'avoir, dans les trois « jours, à acquitter le montant des condamnations. Il « n'est plus besoin de la notification qu'exigeait la loi « de 1819. Toutefois, les arrêts par défaut doivent « être nécessairement modifiés, moins pour faire « courir le délai de l'art. 6, L. 1850, que pour faire « courir ceux d'opposition. »

699. — *Le journal cessera de paraître.* Ces mots n'ont pas, dans l'art. 31 du décr. de 1852, non plus que dans l'art. 8, L. 1850, le sens que la jurisprudence leur a donné dans l'art. 5 du décret du 17 fév. 1852 (art. 143). — Ils impliquent ici, non une suppression absolue du journal, mais une suppression relative qui

Chap. III. — De la suspension et de la suppression des journaux. — Sanction.

Continuation du journal suspendu ou supprimé.

Cas de suspension et de suppression.

208.A. — *Disposition.* — *Résumé.* Les gérants et les propriétaires de journaux ou écrits périodiques doivent, d'eux-mêmes, cesser leur publication dans les cas suivants, savoir :

1° Lorsque l'unique gérant étant décédé, ou ayant cessé ses fonctions, ainsi qu'il est dit en l'art. 156 A, il n'a pas été pourvu à son remplacement dans le délai de 15 jours fixé par cet article ;

2° Lorsqu'en cas d'une double poursuite pour crime ou délit, ainsi qu'il est dit en l'art. 201, les gérants n'ont pas déposé, conformément à sa disposition, le supplément de cautionnement dont elle exige alors la consignation ;

3° Si, conformément aux art. 202 et 205, lesdits gérants n'ont pas, dans les délais qu'ils fixent, acquitté le montant des condamnations par eux encourues, ou dont ils sont responsables à raison de la publication du journal ;

4° Si enfin, par arrêt ou jugement définitif ou exécutoire d'urgence, la suspension du journal ou écrit périodique a été prononcée dans les cas prévus par la loi ;

Ou si aux termes de l'art. 510 est intervenue contre le gérant une condamnation pour crime entraînant de plein droit la suppression définitive du journal.

Lesdits propriétaires et gérants devront cesser la publication du journal ou écrit périodique, le jour même de l'expiration des délais ci-dessus, ou le jour qui rend lesdites condamnations définitives ou exécutoires d'urgence. — V. nᵒˢ 703 et 712.

Continuation des journaux suspendus ou supprimés.

209. — D.-L. 17 *février* 1852. Art. 20. Si la publication d'un journal ou écrit périodique frappé de suppression ou de suspension judiciaire ou *administrative*, est continuée sous le même titre ou sous un autre titre déguisé, les auteurs, gérants ou imprimeurs seront condamnés à la peine de 1 mois à 2 ans d'emprisonnement et solidairement à une amende de 500 fr. à 3,000 fr. pour chaque numéro ou feuille publiée en contravention.

Circ. att. : Prison, de 1 jour à 1 mois et, ou, Am. de 50 fr. au minimum (art. 533).

---

doit durer seulement jusqu'à ce que la libération ait été opérée. Dalloz, vᵒ, *Presse*, nᵒ 1582. — Orléans, 19 nov. 1850, D. 55.2.200.

700. — Pour l'exécution des art. 202 à 204, — le Ministre des finances a rendu, le 10 sept. 1850, un arrêté dont les dispositions, applicables aux art. 205 à 207, doivent encore être observées ; — en voici les règles résumées :

« Le paiement des amendes peut être reçu sur la simple déclaration des gérants, sans attendre l'extrait de l'arrêt ou du jugement.

« Les duplicata des quittances doivent être écrits sur papier timbré, comme les quittances elles-mêmes.

« La restitution des sommes consignées aura lieu sur la quittance de la partie prenante, appuyée de la copie de l'arrêt d'absolution et de la quittance donnée lors de la consignation.

701. — « Pour concilier l'exercice du droit de grâce avec les règlements de la comptabilité qui, aux termes d'un avis du Conseil d'Etat du 3 janvier 1807, veulent que toute amende versée dans les caisses du Trésor lui soit définitivement acquise sans possibilité de restitution, — le décret du 5 janv. 1853 a transféré à la Caisse des consignations le versement des amendes qui, en vertu des art. 203 et 206, devait être effectué à la caisse du receveur de l'enregistrement, pour y rester déposées pendant 3 mois, sans destination

Exécution provisoire ; V. notes sous l'article 608.

[**208**. A.] = 702. — Dans les trois premiers cas de cet article et d'après les termes formels des articles dont il rappelle et résume les dispositions (art. 156A., 201, 202 et 205) « *le journal doit cesser de paraître* » sous la menace directe d'une peine. — La suppression résulte ainsi de la prescription même de la loi.

703. — Dans le quatrième et dernier cas, la peine de la suspension ou de la suppression ne peut résulter que d'une décision judiciaire passée en force de chose jugée ou exécutoire d'urgence, lorsque par application de l'art. 13, L. 11 mai 1868, l'exécution provisoire de la condamnation est ordonnée.

704. — Cette situation d'une suppression judiciaire, à laquelle aboutiront toujours les trois autres cas, depuis que la jurisprudence a décidé que ces mots « *le journal cessera de paraître* » impliquent la peine de la suppression que le tribunal doit prononcer, Cass., 20 mars et 20 juill. 1855, D.55.283 et 380, — cette situation, disons-nous, est la seule qui soit dans les prévisions de l'art. 20 du décret du 17 fév. 1852, en ce qui concerne la suppression. — Cet article est ainsi la sanction dernière de cette rigoureuse sanction.

705. — En dehors des cas rappelés sous les nᵒˢ 1, 2 et 3 de l'art. 208.A., — les cas de suppression prévus par le nᵉ 4 sont les suivants ; savoir :

1° Le cas où un journal non cautionné traite les matières politiques ou d'économie sociale, art. 5 du décret de 1852 (art. 143) ;

2° Le cas où un journal est publié sans la déclaration préalable prescrite par l'art. 2, L. 11 mai 1868. — Application dudit art. 5 du décret 1852 (art. 152) ;

3° Le cas où la déclaration préalable est reconnue fausse et frauduleuse. — Art. 11, L. 1828 (art. 155) ;

4° Le cas où le gérant est condamné pour crime commis par la voie de la presse. Art. 12, L. 1868 (art. 510).

706. — La suspension ne peut plus, sous la loi de 1868, être prononcée que dans trois cas, savoir :

1° Le cas où le journal est convaincu d'avoir refusé l'insertion des communiqués, réponses ou documents qui lui sont adressés pour être insérés par l'autorité publique. — Suspension de 15 jours au plus. Art. 19, décr. de 1852 (art. 173) ;

2° Le cas où le gérant est condamné pour délits de provocation à l'un des crimes prévus par les art. 86, 87 et 91, C. pén., ou pour délit d'offense envers l'Empereur. — Suspension de 2 à 6 mois. — Art. 13, L. 1868 (art. 510) ; V. nᵒ 2287 et 2288.

3° Le cas où le journal est condamné en récidive, par réitération dans les deux années à partir de la première condamnation, pour délits autres que ceux contre les particuliers. — Suspension de 15 jours à 2 mois. — Art. 13, L. 1868 (art. 525).

[209] = 707. — Sous le régime discrétiounaire de l'autorisation préalable aboli par la loi de 1868 (art. 136), — l'application de l'art. 20 du décret du 17 fév. 1852 ne pouvait présenter de sérieuses difficultés pour les journaux politiques. — Il n'en sera pas de même sous la loi nouvelle.

Il était difficile d'éluder sa disposition, lorsque ces journaux ne pouvaient ni être fondés ni continuer leur publication sans l'autorisation du Gouvernement. Mais avec la liberté qu'ils ont aujourd'hui de reparaître, en se transformant, comment empêcher à l'avenir un journal suspendu ou supprimé de reprendre ses publications et ses abonnés?

708. — M. le ministre de l'intérieur semble ne s'être pas fait illusion à ce sujet lorsqu'il disait au cours de la discussion de la loi de 1868, le 30 janvier : « Le cautionnement est la seule garantie efficace et « légitime de répression ; que serait l'amende vis-à-vis « d'un insolvable sans cautionnement ? — Que sera la « suppression avec le système qui permet de fonder « un journal le lendemain du jour où un autre aura « disparu ? » — Et plus loin, à propos de la suspension : « Le jour même où cette suspension du journal est « prononcée, la même presse peut servir à imprimer « un nouveau journal *de la même opinion.* » *Moniteur* du 31 janvier 1868.

709. — *Si la publication.* — Il ne s'agit point ici de la publication première d'un journal, mais de sa publication *continuée.* Cette continuation, résultant uniquement de cette circonstance que sa publication n'aura pas été interrompue, se réalisera par le fait matériel de la publication donnée à un dernier numéro le lendemain du jour où la condamnation sera devenue exécutoire, n'eût-on même livré au public qu'un seul exemplaire de ce dernier numéro. — V. n° 714.

710. — Cette solution qu'impose le sens ordinaire attaché au mot publication ne doit pas toutefois être acceptée sans réserve. — V. n° 864.

Si on admet en effet que l'infraction peut ainsi se réaliser par le fait matériel de l'envoi ou de la remise d'un seul numéro sans tenir compte du caractère et de l'esprit des articles, sera-t-on bien certain alors qu'il y a publication continuée ? La *continuation* implique l'*identité.* A quoi la reconnaîtra-t-on et pourra-t-on la reconnaître ? Ce n'est pas *au titre,* puisque l'art. 20 lui-même déclare que l'identité persiste sous un titre déguisé. Sera-ce au format du journal, à son prix, à sa périodicité ? Ce sont là des conditions extérieures. Il serait trop facile d'éluder la loi, si elles constituaient l'identité du journal. Sera-ce alors à son personnel de rédaction, à la spécialité de ses matières, à son but, à son drapeau ?

Questions délicates pour la solution desquelles les circonstances ne fourniront pas toujours des éléments suffisants de décision. — V. n° 745 et comp., n° 484.

711. — *D'un journal ou écrit périodique.* Ces expressions comprennent sans distinction les journaux cautionnés et non cautionnés.

Quant à ces derniers, lorsqu'ils seront supprimés par application de l'art. 5 du décret de 1852 (art. 143), les conséquences pratiques de l'art. 20 peuvent faire douter de son maintien à leur égard.

Cet art. 5 interdit à ces journaux les matières politiques sous peine d'amende et d'emprisonnement, et se termine par ces mots : « *Le journal cessera de paraître,* » empruntés à l'art. 11 de la loi du 18 juillet 1828 ; l'art. 2 de la loi du 14 mai 1868 le déclare d'autre part applicable aux journaux qui viennent à être publiés sans la déclaration préalable prescrite par cette loi.

Si ces mots : « *Le journal cessera de paraître* » impliquent la peine d'*une suppression absolue,* ainsi que cela a été décidé (V. n° 440), quelle situation étrange fera la suppression de son journal à celui qui, propriétaire-fondateur unique, en était le seul éditeur et le seul *rédacteur* ?

C'était un journal agricole ou artistique, ce qui sera dit des uns le sera également des autres. Cet écrivain pourra-t-il le lendemain fonder un autre journal artistique ou agricole ?

Si non, — la suppression de son journal sera alors plus que la suppression, puisqu'elle emportera ainsi contre lui cette incapacité littéraire, cette indignité que l'art. 23 du décret de 1852 (art. 177) et l'art. 9, L. 11 mai 1868 (art. 178) n'imposent qu'aux plumes notées d'infamie, qu'aux citoyens interdits de leurs droits civils et politiques, et le privera de ce droit que le décret de 1852 a laissé à tous de fonder un de ces journaux dont la création est encouragée par l'exemption du timbre. (V. n° 209). Est-ce bien là ce qu'ont voulu et le législateur de 1852 et ceux qui, par la loi du 11 mai 1868, ont donné aux écrivains une plus large liberté de la presse ? Cela me semble peu admissible et très-contradictoire.

Dans le cas contraire, — comme la suppression du journal n'entraînera, pour son rédacteur, aucune interdiction de reprendre dans un journal nouveau ses thèses de la veille, comme le cadre de sa spécialité sera le même et qu'il n'y a pas plusieurs manières d'être un journal agricole ou artistique, il arrivera forcément ceci que, par la personnalité caractéristique du rédacteur, par le fond de ses idées, car on ne peut pas ne pas être soi, il n'y aura aucune différence réelle entre la feuille nouvelle et la feuille supprimée, et si on admet qu'il ait pu légalement la fonder, l'art. 20 n'a plus de force.

712. — *Frappé de suppression ou de suspension judiciaire.* — Ces expressions disent assez que l'art. 20 n'est applicable qu'aux journaux dont la suppression ou suspension résulte d'un jugement ou arrêt de condamnation passé en force de chose jugée ou exécutoire d'urgence par application de l'art. 13 de la loi du 11 mai 1868 (art. 592).

713. — L'art. 32 du décret du 17 février 1852, qui autorisait la suppression et la suspension des journaux par voie administrative, a été abrogé par l'art. 16, L. 11 mai 1868, art. 624.

En ce qui concerne les cas de suppression ou suspension judiciaire, V. n° 705.

714. — *Est continuée.* Cette expression implique, nous l'avons déjà dit sous le n° 709, l'idée d'une publication persistante et sans interruption qui semble exclure d'application de l'art. 20 le cas de publication du journal reprise après avoir été *discontinuée.*

Quoi qu'il en soit, cette continuation peut résulter de la publication d'un seul et dernier numéro. (V. n° 709), mais à la condition, ajouterons-nous ici, de démontrer que ce numéro est réellement la suite du journal supprimé ou suspendu et n'est pas le premier numéro d'une feuille nouvelle.

715. — Le titre ne sera pas toujours une preuve suffisante, le texte le dit assez. Il se peut en effet que le journal reparaisse *sous un autre titre déguisé.*

A quel signe reconnaître alors son identité ? C'est là une question dont la solution obligera la jurisprudence à rechercher en quoi consiste *la personnalité d'un journal.* Comment le dire *identique* si on ne le connaît pas tel qu'il est ?

Ses conditions extérieures, son format, son titre, sa vignette, ses prix d'abonnement, sa périodicité, ses bases financières même, n'ont, il faut tout d'abord le reconnaître, rien de commun avec la personnalité, il serait trop facile sur ce point de donner le change s'il pouvait en être autrement. — Comp., n° 484.

On ne saurait davantage la voir dans l'idée dont le journal est l'organe, non plus que dans la personnalité de son directeur, car sa suppression frapperait l'idée, d'interdit et l'écrivain, d'incapacité, puisqu'ils ne pourraient l'un et l'autre entrer dans la rédaction d'un journal sans l'exposer à passer pour le continuateur déguisé du journal supprimé.

716. — Il y a plus : si la personnalité des journaux devait jamais se rechercher dans les opinions qu'ils représentent, on aboutirait fatalement à recommencer les procès de tendance interdits par la loi du 18 juillet 1828 ou à constater l'impuissance pratique de l'art. 20.

Il faudrait en effet reconnaître d'abord que l'infraction qu'il prévoit ne peut plus résulter uniquement du fait matériel de la publication au lendemain de sa suppression ; il faudra donc regarder à son contenu, lire et discuter ses articles pour voir s'ils *continuent* les idées, l'exposition du système à la défense desquels le journal était consacré. Quelles difficultés n'attendent pas alors les juges dans une pareille voie !

Le journal *politique*, la *Patrie*, est, je suppose, supprimé, il reparaît le lendemain exclusivement *littéraire* pour le service de ses abonnements, l'œil le plus exercé ne pourrait y découvrir une seule ligne politique. Ce n'est plus le même journal. Son directeur politique traite quelques jours après avec le journal politique la *Liberté*, il en devient le sous-directeur ou le gérant et transmet à ses anciens abonnés, au lieu et place de la *Patrie* littéraire et non politique, son nouveau journal politique, sous ce titre fusionné de *la Patrie et la Liberté*. Le ministère public voit dans cette combinaison une tactique pour éluder la loi et le journal nouveau est poursuivi. Sur quoi fondera-t-il ses réquisitions ?

Sur *la présence du directeur politique du journal supprimé*, à la tête de la rédaction du journal la *Liberté* ? Mais à moins de prétendre que cette suppression a frappé ce directeur d'incapacité, et qu'il est à tout jamais interdit aux journaux d'accepter sa collaboration, il faudra bien convenir que le journal la *Liberté*, n'ayant en rien contrevenu aux lois, n'a en aucune façon encouru leur application.

Sur le *service*, par le journal *Patrie et Liberté*, des *abonnements* de la *Patrie* supprimée ? Mais c'est là un usage traditionnel qu'un journal supprimé se remplace par un autre pour s'éviter les embarras de la restitution des abonnements reçus.

Sur le *titre combiné* qui déguiserait la fusion des deux entreprises ? En présence du texte de l'art. 20, il n'est pas difficile de prévoir que l'autorité judiciaire finira par décider : que le *titre d'un journal*, *ne constituant pas sa personnalité*, *un journal peut joindre à son titre le titre d'un journal supprimé*, *sans en être pour cela le continuateur.*

Un autre pas sera bientôt fait : un nouveau journal démocratique est fondé, il prend pour titre : Le *Peuple*, journal supprimé en 1849 ; on obtiendra sans trop de difficultés, je pense, de la justice, s'il est poursuivi, de reconnaître que le *fait par un journal de prendre, après 10 ans, le titre d'un journal supprimé ne constitue pas un fait de continuation de ce journal.*

Mais de 10 ans à 10 jours, une logique un peu serrée ne tardera pas à faire consacrer cette solution combinée des deux précédentes, que *le lendemain du jour où un journal aura été supprimé, un journal nouveau peut paraître, même avec le titre du journal supprimé pour le service de ses abonnés, sans qu'il en soit nécessairement le continuateur.*

717. — On concédera cela à la condition, dira-t-on, que ce soit un *journal nouveau*, une *autre entreprise*.

Mais quand y aura-t-il journal nouveau ? Nous allons ici entrer dans le domaine indéfini des opinions politiques, des nuances, de l'appréciation discrétionnaire des idées et des hommes qui va, ou peut aller de la loi à l'arbitraire.

Le Monde supprimé, était gallican, il reparaît *ultramontain* : son personnel de rédaction a été changé en tout ou en partie. Y a-t-il continuation, est-ce un journal nouveau ?

L'Avenir national est suspendu ; il reparaît quelques jours après centre gauche et modéré, avec un autre directeur politique. Y a-t-il ou non continuation ?

Le Figaro politique supprimé se transforme et redevient, ce qu'il était auparavant, une feuille non politique, d'agression, de critique littéraire et de personnalité. N'est-ce pas un autre journal ?

748. — Question de fait, répondra-t-on, oui, mais aussi question de ruine et de liberté et question de droit aussi, dont la Cour suprême n'abandonnera certainement pas les solutions à l'appréciation sans contrôle des juges saisis.

749. — Quoi qu'il en soit, ce n'est, à mon sens, ni dans le titre, ni dans le personnel seul de sa rédaction, ni dans l'importance de son directeur, ni dans les idées qu'il représente, qu'il faut voir la *personnalité* du journal, mais dans la *réunion de ces divers éléments;* et la preuve de sa continuation, après suppression, doit par suite se déduire des circonstances constitutives de cette réunion et être telle qu'elle amène les juges à se dire : il n'y a aucune différence entre les éléments de ce journal et les éléments de l'autre.

720. — C'est donc l'entreprise en elle-même, son but, son personnel et ses intérêts réunis et groupés qu'il faut ici considérer. Les journaux sont en effet des entreprises, des groupes de forces et d'intérêts, qui peuvent sous un certain rapport être assimilés à des espèces de corps francs entrant en campagne. Leur personnalité ne réside ni dans le drapeau, ni dans le chef, ni dans leur cadre d'officiers, ni dans les hommes qui les suivent, mais dans tout cela réuni, et encore dans le but en vue duquel ils sont organisés.

Voici quelles seraient en conséquence les principales circonstances de la réunion desquelles pourrait se déduire la preuve de la continuation du journal supprimé.

721. — *Faits antérieurs.* Des annonces sont faites dans le journal menacé de suppression pour avertir ses abonnés que s'il vient à être supprimé, un nouveau journal serait lancé avec le même personnel de rédaction et *tous les éléments qui le constituent corps et biens.* — Trib. Seine, 11 fév. 1868, G.T. du 12. Confirmé par arrêt de Paris du 25 mars 1868, G.T. du 26.

722. — *Faits postérieurs à la suppression.* Après la suppression du journal, le journal annoncé est en effet lancé et adressé aux abonnés du journal supprimé, dont il prend ainsi la suite avec le même personnel de rédaction. Les rédacteurs conservent, dans la prétendue nouvelle entreprise, les mêmes spécialités des matières qu'ils traitaient dans l'ancienne, les articles par eux commencés sont continués. (Même décision).

723. — *Faits accessoires.* On devra tenir compte aussi, mais accessoirement, des circonstances suivantes pour fortifier la signification de celles qui précèdent, à savoir :

1° Que le titre, la vignette et le format du journal ont plus ou moins de ressemblance avec le titre, le format et la vignette du journal supprimé ;

2° Que les *numéros-série* de publication continuent les numéros de publication de ce dernier journal ;

3° Que la nouvelle entreprise a conservé les bureaux de l'ancienne, avec son personnel inférieur ;

4° Qu'enfin, par la division de ses matières, la nouvelle feuille est calquée sur la feuille condamnée.

724.—Quant aux idées, *à la couleur, au drapeau,* il conviendra certainement d'en tenir compte, mais en dernière ligne, avec la plus grande discrétion. Car on risquerait de violer, par des *procès de tendance*, le principe même de la liberté de penser, si l'identité des idées et des opinions d'un journal pouvait, en dehors de tout crime et de tout délit, en compromettre l'existence ou seulement venir en discussion comme indice d'une simple contravention.

725. — Un jugement du tribunal de Marseille, rendu le 29 juin 1868, dans l'affaire du journal *le Peuple*, poursuivi comme étant la continuation du journal supprimé *la Voix du peuple*, a donné aux idées qui précèdent l'appui de la chose jugée. — Ses motifs et sa rédaction justement remarqués, en font une autorité qui s'impose et qu'on doit citer :

« Attendu que les journaux *la Voix du peuple* et
« *le Peuple*, tout en ayant quelques traits de ressem-
« blance, ont cependant une individualité distincte et
« que le second n'est pas, sous un titre déguisé, la
« continuation du premier;

« Attendu que s'il est difficile de déterminer ce qui
« constitue la *personnalité d'un journal*, il faut ad-
« mettre tout d'abord que ce n'est pas l'idée qu'il re-
« présente;

« Que si l'idée, ce qu'on appelle le *drapeau*, dans
« le langage de la matière, donne à la feuille publi-
« que une couleur particulière qui la distingue des
« autres, il est incontestable qu'elle échappe à la sup-
« pression, parce qu'elle ne peut, dans son essence,
« être l'objet d'aucune contrainte et qu'elle se survit
« toujours à elle-même;

« Que la circonstance que *le Peuple* s'est constitué
« l'organe des systèmes matérialistes et positivistes,
« comme *la Voix du Peuple* l'était avant lui, est insuf-
« fisante, pour voir dans l'un, la succession de l'autre;

« Qu'il faut donc rechercher la personnification des
« journaux dans quelque chose de plus saisissable; —
« que l'entreprise, la rédaction paraissent être les
« éléments les plus personnels de son individualité,
« ceux qu'il est le plus facile de suivre et de reconnaître;

« Attendu que l'entreprise du *Peuple* et de *la Voix*
« *du Peuple* n'est pas la même; — Que ni l'une ni
« l'autre ne se rattachent à aucune organisation finan-
« cière; — que pour ces sortes de feuilles plus ou
« moins éphémères, vivant un peu au jour le jour,
« l'entreprise ne repose que sur la tête d'un impri-
« meur qui trouve dans la publication le moyen d'oc-
« cuper ses presses, et sur celle d'un gérant qui doit
« s'estimer heureux de faire ses frais;

« Que l'imprimeur du *Peuple* n'est pas celui qui
« imprimait *la Voix du Peuple* ; — que le gérant
« n'est pas le même ;

« Attendu que Bédarride, gérant du *Peuple*, publiait,
« avant que *la Voix du Peuple* fût frappée, le 3 mars
« dernier, un journal de théâtre intitulé *le Piment*...;
« que c'est le 4 avril suivant qu'il transformait sa
« feuille et publiait *le Peuple*, en donnant à son
« nouveau journal la série des numéros de l'an-
« cien, indiquant par là qu'il était bien, comme il
« l'annonçait, la continuation exclusive du *Piment*;

« Attendu que si l'entreprise n'est pas la même, la
« rédaction du *Peuple*, prise dans son ensemble, est
« aussi différente; — Que l'on retrouve à peine dans
« la dernière feuille deux ou trois noms des rédac-
« teurs de la première, tandis que les nouveaux venus
« sont les plus nombreux;

« Que si la présence de quelques écrivains d'un
« journal supprimé dans une autre feuille devait né-
« cessairement imprimer à celle-ci le cachet d'une
« continuation prohibée, ce serait frapper un rédacteur
« d'une incapacité non prévue par la loi;

« Attendu que, parmi les quelques rédacteurs, trans-

« fuges forcés de *la Voix du Peuple* supprimée, qui
« ont trouvé asile plus tard dans *le Peuple*, se trouve
« Royannez, qui était la personnification de la feuille
« frappée par la justice, mais qu'en examinant com-
« ment il est entré dans la nouvelle rédaction, on voit
« qu'il y est venu non comme fondateur, mais comme
« auxiliaire quelque temps après sa création...; — Que
« Royannez n'a fait, en cette circonstance, qu'user
« d'une occasion qui lui était offerte de publier ses
« pensées, en attendant la réalisation du projet qu'il
« poursuivait et qu'il avait annoncé, de créer et pu-
« blier un journal politique;

« Qu'il est impossible, après ces particularités, de
« voir dans sa présence une preuve de la continuation
« du journal supprimé;

« Attendu qu'on rechercherait aussi vainement la
« même preuve dans deux circonstances sur lesquelles
« la prévention s'est appuyée particulièrement, à savoir :
« 1° Le service des anciens abonnés de *la Voix du*
Peuple par le journal nouveau;
« 2° Et la continuation d'une souscription ouverte
« dans ce journal pour (une œuvre privée de charité);
« Que la première de ces circonstances n'est pas
« concluante; que ce procédé de confraternité est ha-
« bituel dans la presse; qu'on y a principalement re-
« cours par un sentiment de délicatesse facile à com-
« prendre, à cause de l'engagement contracté par la
« réception du montant des abonnements;

« Attendu que, pour ce qui est de la souscription,
« il y a lieu de remarquer que Royannez déclarait,
« le 23 mai dernier, dans le journal *le Petit Marseil-
« lais*, en annonçant qu'il poursuivait toujours son
« projet de créer un journal politique, intitulé *l'Ami*
« *du Peuple*, que ce serait dans cette feuille que la
« souscription serait reprise et continuée;

« Que si plus tard *le Peuple* lui a ouvert l'hospita-
« lité de ses colonnes, c'est parce que la création du
« journal projeté marchait trop lentement vers sa réa-
« lisation;

« Attendu, en définitive, que si *le Peuple* a pris
« quelques-unes des allures de son devancier, si l'on
« trouve en lui quelques traits de ressemblance, il est
« impossible de suivre sa filiation et de dire qu'il est
« ni physiquement, ni moralement la continuation de
« sa personne; — Par ces motifs, acquitte... »

726. — *Sous le même titre ou sous un titre dé-
guisé.* — V. nos 710, 715 et 716. — Le titre ne fait pas le journal.

727. — *Les auteurs, rédacteurs, gérants ou im-
primeurs.* — La peine édictée n'est applicable aux auteurs, gérants et imprimeurs que s'ils ont agi sciem-ment, c'est-à-dire si, avant de participer à la publica-tion du journal, ils ont connu sa suppression ou sa suspension, soit par la publicité ordinaire des décisions qui les ont prononcées ou entraînées, soit par la no-tification qui leur en aurait été faite, soit par tout autre moyen équivalent. Ainsi l'imprimeur qui im-prime un journal, dans l'ignorance de sa situation judiciaire, n'est passible d'aucune peine à raison de la publication continuée de ce journal. — Cass., 11 juin 1858. B.

727 bis. — *Imprimeur.* Par cette expression dans l'art. 5, il faut entendre l'imprimeur breveté, dont le nom est imprimé au bas du journal, et non l'impri-meur de fait qui, en son absence, aurait imprimé le journal. — La loi ne reconnaît pas d'imprimeur de fait, et la contravention qu'elle prévoit ne comporte aucune excuse.

728. — Depuis la loi du 11 mai 1868, l'art. 463 du C. pénal est applicable à la contravention prévue et punie par l'art. 20, sans que l'amende puisse être abaissée au-dessous de 50 fr. — V. notes sous l'art. 533.

Chap. IV. — Cessation de l'entreprise.

210. — *Ordonnance du 18 novembre 1835.* Art. 8. Les gérants qui renonceront à leurs fonctions, et les propriétaires qui cesseront leur entreprise, en feront la déclaration à la direction de la librairie (au ministère de l'intérieur) à Paris, et dans les départements au secrétariat général de la préfecture.

Il leur sera donné acte de cette déclaration.

Après un délai de trois mois à partir du jour où il y aura eu réellement cessation soit des fonctions du gérant, soit de la publication du journal, sur le vu de la déclaration préindiquée, et de la demande spéciale qui lui sera adressée par l'ayant droit, le ministre des finances ordonnera le remboursement du cautionnement, à moins que, par suite de condamnations ou de poursuites commencées, des oppositions n'aient été faites au Trésor.

[**210**]. — Cet art. 8 de l'ordonnance de 1835, est encore en vigueur.—V. ce que nous avons dit à ce sujet, sous le n° 449.

729. — *Les propriétaires qui cesseront leur entreprise* soit volontairement, soit par suite d'une suppression résultant d'une condamnation judiciaire (V. n° 705), sont tenus d'en faire la déclaration.

Si l'entreprise est formée par une association commerciale, sa dissolution volontaire ne peut avoir lieu que conformément aux règles ordinaires de la dissolution des sociétés commerciales.

730. — *Le déclareront.* — Cette déclaration doit être faite sur papier timbré;— elle n'est, quant à ses termes, soumise à aucune forme sacramentelle, il suffit qu'il en résulte bien clairement l'intention de cesser l'entreprise, et qu'il ne puisse y avoir aucune méprise sur l'individualité du journal. Cette déclaration doit être signée par tous les associés propriétaires du journal, en cas d'association.

731. — *Après un délai de trois mois, etc.* Le cautionnement, ou ce qui en restera, après prélèvement opéré des amendes de condamnation, sera, s'il n'est frappé de saisie-arrêt, considéré comme libéré et son remboursement en sera ordonnancé par le ministre des finances.

732. — Les pièces à produire pour obtenir l'autorisation du remboursement du cautionnement sont :

1° Une demande adressée au ministre des finances sur papier timbré ;

2° Le certificat d'inscription du cautionnement au nom du titulaire. — A son défaut, une déclaration de perte dûment légalisée, et s'il n'y a pas eu de certificat d'inscription délivré, les récépissés du versement ou certificat des comptables du trésor public. — Arrêté du Gouvernement du 24 germinal an VIII ;

3° Un consentement au remboursement, donné par le ministre de l'intérieur pour les journaux de Paris et par les préfets pour les journaux des départements, trois mois après la déclaration, suivie de cessation de la publication, ou de la gérance, ainsi qu'il est dit en l'art. 240 ;

4° Un certificat de non-opposition délivré par le greffier et visé par le président du tribunal de première instance de l'arrondissement dans lequel était le siége de l'entreprise. — L. 6 ventôse an XIII.

Ce certificat, qui doit être présenté au payeur pour le paiement, doit être d'une date postérieure à celle du consentement précité.

733. — Outre les pièces détaillées ci-dessus, les héritiers ou légataires produiront un certificat de propriété du cautionnement, conforme au modèle annexé au décret du 18 sept. 1806. — *Bull. des lois,* n° 122, IVe série.

Les créanciers ou ayants droit produiront le jugement ou les actes établissant leur propriété du cautionnement.

Les mandataires, une procuration régulière.

734. Après avoir obtenu l'autorisation ministérielle de remboursement, les titulaires ou ayants droit ne sont pas dispensés, pour être payés, de faire lever les oppositions formées sur les cautionnements, soit au trésor, soit au greffe du tribunal de première instance dans le ressort duquel est le siége de l'entreprise.

734 bis. — Si la cessation de l'entreprise est décidée et a lieu après une condamnation, ayant prononcé contre le journal une suspension de six mois ou de plus de trois mois, ce ne sera qu'après ce temps que le cautionnement sera restitué : aux termes de l'art. 12, L. 11 mai 1868, « il doit rester déposé au trésor pen- « dant la durée de la suspension sans pouvoir rece- « voir une autre destination. » — V. art. 149.A.

Quant aux dispositions qui, dans les lois dites de la Presse, concernent les écrits périodiques imprimés à l'étranger, — Voir le chapitre spécial qui leur est consacré page 227.

LIVRE I.

DEUXIÈME PARTIE. — MOYENS DE TRANSMISSION DE LA PENSÉE.

DES AGENTS DE PUBLICATION.

I

735. — Nous avons vu, dans les deux titres qui précèdent, les conditions que la presse typographique ou lithographique doit observer, en se mettant au service de la pensée, pour préparer la multiplication régulière de ses productions périodiques ou non périodiques.

Leur impression ne fait pas leur publicité; les livres, les journaux, les affiches, les dessins, les gravures, etc., ne se propagent pas seuls. — Inertes par eux-mêmes, ils resteraient enfouis dans les magasins des imprimeurs, ou dans les cartons des auteurs, à l'état de tentative avortée, si, entre l'intelligence qui écrit et l'intelligence qui lit, ou veut lire, ne se plaçaient pas des intermédiaires pour effectuer la publication. — Ces agents propagateurs sont les *libraires,* les *colporteurs,* les *crieurs,* les *afficheurs* et les *distributeurs,* etc.

Après avoir soumis à des mesures préventives la libre expression de la pensée, la loi aurait manqué de prévoyance en ne soumettant à aucune surveillance la publication de la pensée exprimée et imprimée. — Elle a donc, pour être conséquente avec elle-même, subordonné à l'accomplissement de certaines formalités de surveillance l'exercice des diverses professions qui font la publicité.

II.

736. *Libraires.* — L'invention de l'imprimerie donne à la librairie une importance considérable. — Les libraires furent, comme les imprimeurs, du *corps* et des *suppôts de l'Université,* et jouirent des mêmes *franchises, priviléges et immunités.*

Ils étaient, comme eux, tenus de faire mettre leurs noms et leurs demeures au commencement ou à la fin des livres dont ils faisaient faire l'impression pour leur compte et à leurs dépens. (Règlement du 28 février 1723, art. 9), et l'imprimeur était obligé d'imprimer, avec son propre nom, celui du libraire, à peine de confiscation et d'amende, et de plus grande peine s'il y échet. »

Ces obligations ne restent plus, dépourvues qu'elles sont de leurs sanctions aujourd'hui abolies, que comme d'utiles prescriptions à suivre qui s'observent toujours, du reste, dans l'intérêt du libraire éditeur.

L'exercice de la librairie est encore aujourd'hui, ainsi que l'exercice de l'imprimerie, subordonné à l'obtention d'un *brevet* et à *la prestation du serment.* Mais les obligations professionnelles des libraires sont plus restreintes que celles des imprimeurs; elles se réduisent principalement à ne point vendre de livres *sans indication des noms d'imprimeurs,* à tenir certains *registres de vente,* à avoir *une enseigne* et à ne pas *concourir à la publication* des imprimés criminels ou délictueux, et résultent pour eux des anciens règlements et de quelques dispositions particulières du Code pénal et de la loi du 21 octobre 1814.

III.

737. — *Colporteurs, distributeurs, afficheurs,* etc. L'ancienne législation avait senti, comme la législation de nos jours, la nécessité de prévenir les abus du colportage. — Le règlement du 28 février 1723, titre X, en réglementait l'exercice par des dispositions qu'abrogent les lois de liberté promulguées en 1791 pour abolir le régime odieux des jurandes et des maîtrises.

Sous le régime de la liberté sans frein de la première République, une seule loi, du 5 nivose an v, fut rendue pour réglementer l'annonce des écrits par les crieurs publics. — Cette loi, aujourd'hui abrogée, a été remplacée par les lois postérieures qui, suivant les besoins et les abus, sont venues successivement, par des formalités nouvelles, suppléer à l'insuffisance de la législation intermédiaire, et dont les plus importantes sont celles du 10 décembre 1830, du 16 février 1834, et l'art. 6 de la loi du 27 juillet 1849.

La loi de 1830 assujettit les crieurs, vendeurs, afficheurs et distributeurs sur la voie publique, à la *déclaration* préalable, devant l'autorité municipale, de l'écrit à publier, à *l'indication* de leur domicile, fixa les modes d'annonce de certain écrits et prohiba les affiches politiques.

La loi de 1834 soumit ces professions, moins celle des afficheurs, à l'autorisation préalable de l'autorité municipale.

Ce n'était que des crieurs, vendeurs et distributeurs sur la *voie publique* dont la loi de 1834 avait ainsi subordonné les professions; la loi de 1849 a fait plus, elle a, par son art. 6, soumis à l'autorisation des préfets, la circulation des distributeurs d'imprimés et des colporteurs dans *les villes et dans les campagnes,* et, pour mettre un terme à la propagation toujours croissante des mauvais livres, cet art. 6 a été rédigé de manière à comprendre, dans la généralité de ces termes, les distributions habituelles ou accidentelles de toute espèce d'écrits ou imprimés. — V. notre *Code de la presse* de 1856, p. 160 à 168.

Telles sont, avec quelques dispositions éparses du Code pénal, les lois principales qui, concernant les professions d'agents publicateurs, vont se classer dans ce nouveau titre.

IV.

738. — Ce titre sera divisé en trois chapitres, savoir : le chap. Ier réunira les dispositions réglementaires de la profession de libraire ;

Le chap. II sera consacré aux *agents proprement dits de publication.* — Afficheurs, colporteurs, crieurs, chanteurs et distributeurs.

Le chap. III, se détachant des deux autres, contiendra les dispositions relatives à la distribution et au transport des imprimés par la *voie de la poste.*

Le titre II de cette deuxième partie fera connaître la législation spéciale de la police des théâtres.

TITRE Iᵉʳ. — RÉGLEMENTATION DES AGENTS PUBLICATEURS.

Chap. I. — Librairie. — Sect. I. — Monopole. — Exception. — Brevet.

Monopole des libraires, affirmé par une exception.

211. — *Arrêt du conseil, 10 sept. 1735.* Fait Sa Majesté expresses inhibitions et défenses à tous marchands, merciers, grossiers, joailliers, de chacune des villes du royaume, de vendre ni débiter à l'avenir, aucuns livres imprimés à l'exception des A.B.C., des almanachs, des petits livres d'heures, de prières imprimés hors de la ville de leur résidence ordinaire qui n'excéderont pas deux feuilles d'impression du caractère *cicéro*, sous peine de confiscation et de 500 livres d'amende.

Du droit des auteurs d'être libraires de leurs livres.

212. — *D.-L.* 19-21 *juillet* 1793. Art. 1. Les auteurs d'écrits en tout genre, les compositeurs de musique, les peintres et dessinateurs qui feront graver des tableaux ou dessins, jouiront, durant leur vie entière, du droit exclusif de vendre, faire vendre, distribuer leurs ouvrages dans le territoire de la république... (V. suite, art. 28, *suprà*, et comp. art. 212.A.7.)

Art. 2. Leurs héritiers ou cessionnaires jouiront après la mort des auteurs du même droit pendant l'espace de dix ans (portés à 50 ans par la loi de 1866). V. art. 36, *suprà*.

Des brevets de libraires.

212.A. — *Décret, 5 février 1810.* Art. 29. Les libraires seront brevetés et assermentés.

Enregistrement, serment.

212.A.1. — Art. 30. Les brevets de libraires seront délivrés par le ministre de l'intérieur.

Ils seront enregistrés au tribunal civil de la résidence de l'impétrant qui y prêtera serment de ne vendre, débiter ou distribuer aucun ouvrage contraire aux devoirs, envers le souverain et à l'intérêt de l'Etat.

Formes, droits, délivrance des brevets.

212.A.2. — *Décret, 11 juillet 1812.* Art. 1. Le décret du 2 fév. 1811 (qui détermine le montant des frais d'expédition pour les brevets d'imprimeurs. V. art. 17, A.6.) est applicable aux libraires.

Exception pour les bouquinistes.

212.A.3. — Art. 3. Ne sont pas compris dans ces dispositions les libraires étaleurs et bouquinistes.

---

[211] = 739. — Cet arrêt du conseil me semble avoir été abrogé, et dans sa restriction et dans l'exception qu'il fait en faveur des industriels qu'il désigne, par la proclamation, en 1789, du principe de la liberté des industries, qui transforma en un droit, pour tous, les libertés de faveur et de simple tolérance dont l'ancienne législation était si prodigue; ses concessions sur ce point affirmaient d'autant plus les droits du bon plaisir. — Un arrêt de la Cour de cassation du 26 juin 1824, ayant toutefois décidé que cet arrêt du conseil de 1735 n'avait pas été abrogé, nous avons cru devoir en maintenir les dispositions dans notre classement.

[212] = 740. — Si nous n'avons pas également maintenu, comme étant encore en vigueur, l'art. 5 du règlement du 30 août 1777, qui reconnaissait formellement « *à tout auteur le droit de vendre chez lui ses ouvrages,* » c'est que le décret des 19-21 juillet 1793 et le § final du décret du 28 mars 1852 (art. 212. A.7.) ont consacré ce droit en des termes qui dispensent d'avoir recours à la législation antérieure. Dalloz, vᵒ *Presse,* nᵒ 498. — V. nᵒ 772, *infrà.*

741. — Il résulte en effet de leurs dispositions combinées que les auteurs qui vendent leurs œuvres, ne faisant point acte de commerce, mais acte de propriété, n'empiètent en aucune façon sur le monopole et l'exercice de la librairie; — qu'ils ne sont, en conséquence, point tenus de se pourvoir d'un brevet de libraire. — Nous verrons, sous le nᵒ 2039 et suiv., qu'ils ne sont pas davantage tenus d'obtenir l'autorisation préfectorale, à laquelle l'art. 6 de la loi du 27 juillet 1849 a subordonné la distribution et le colportage de tous écrits, livres, brochures, dessins, etc.

742. — Ce même droit de vendre sans brevet ni autorisation les ouvrages non tombés dans le domaine public doit également, aux termes de l'art. 2 du décret précité de 1793, revenir, après le décès des auteurs, à leurs veuves et à leurs héritiers, dans les limites et les conditions des lois protectrices de la propriété littéraire et artistique (V. p. 16, art. 28 et suiv.). — Quant aux *cessionnaires* qui n'achètent que pour revendre, leur situation spéciale ne me semble pas comporter la même prérogative. — *Sic,* Chassan, I, p. 456. Paris, 3 févr. 1836, D.36.2.172. *Contrà,* de Grattier, I, p. 47; Dalloz, vᵒ *Presse,* nᵒ 498 (art. 212. A.7.).

[212. A. à 212. A.5.] = 743. — Avant 1789, le régime de la librairie, comme celui de l'imprimerie et de toutes les autres industries, était la réglementation par le privilége et le monopole, sous le système des jurandes et des maîtrises; tout y était de concession et de tolérance; le droit et la loi procédaient du bon plaisir de la royauté.

L'affranchissement des industries que proclama le célèbre décret du 17 mars 1791 (*V.* art. 15, *suprà*), en abolissant pour jamais les priviléges des communautés industrielles, ouvrit à tous l'accès jusqu'alors fermé de la librairie. Il fut à tous permis d'être libraire.

Cette liberté ne fut pas de longue durée; le 5 février 1810, un décret impérial vint de nouveau soumettre l'exercice de la profession de libraire à la délivrance d'une autorisation en brevet, personnelle, locale, incessible, mais révocable en cas de condamnation. — La loi du 21 octobre 1814 ne fit, sur ce point, que confirmer les errements de l'Empire.

Leurs dispositions, respectées, n'ont rien perdu de leur autorité et sont toujours observées.

744. — *Les libraires.* On donne le nom de libraire à tout individu qui vend, achète et loue des livres ou autres ouvrages d'imprimerie.

745. — Sont réputés libraires :

Les bouquinistes lorsqu'ils tiennent un magasin. — Il en est autrement des bouquinistes ou libraires étaleurs, qui n'ont besoin que d'une simple permission, toujours révocable. Chassan, I, p. 545; D., vᵒ *Presse,* nᵒ 494.

Les colporteurs de livres. — L'autorisation du préfet, en vertu de l'art. 6, L. 1849, supplée toutefois, à leur égard, le brevet de libraire pour la vente des livres estampillés. — V. nᵒˢ 1974 et suivants.

Les gérants des cabinets de lecture. — L'exploitation de ces cabinets rentre dans l'exercice de la librairie et ne peut avoir lieu sans brevet. Cass., 13 mai 1854, D.54.1.244.

Brevets.—Retrait. — Sanctions pénales.— Enseignes.

Brevet et serment.

212.A.4. — *L.* 21 *octobre* 1814. Art. 11. Nul ne sera imprimeur, ni libraire, s'il n'est breveté par le roi et assermenté.

Les brevets sont révocables.

212.A.5.—Art. 12. Le brevet pourra être retiré à tout imprimeur ou libraire qui aura été convaincu, par un jugement, de contravention aux lois et règlements.—V. n° 756.

Sanction pénale.

212.A.6.—*D.-L.* 17 *février* 1852. Art. 24. Tout individu qui exerce le commerce de la librairie sans avoir obtenu le brevet exigé par l'art. 11, L. 21 oct. 1814 (212.A.4), sera puni d'une peine de 1 mois à 2 ans d'emprisonnement, et d'une amende de 100 fr. à 2,000 fr. L'établissement sera fermé.

Les auteurs ne sont point libraires.

212.A.7. — *D.-L.* 28 *mars* 1852.—*Sur la presse en Algérie.* Art. 12, § 1. Copie littérale de l'art. 212.A.6, ci-dessus.

§ 2. Sont considérés comme faisant le commerce de la librairie les éditeurs autres que les auteurs.

Enseigne de librairie.

212.A.8.—*Règlement,* 28 *février* 1723. Art. 15. Ne pourront, les libraires, avoir plus d'une boutique ou d'un magasin ouvert pour la vente de leurs livres, laquelle ne sera faite en aucun autre lieu.

Veut Sa Majesté, qu'au devant de leur boutique ou magasin ouvert, ils soient tenus de mettre un écriteau ou tableau portant le nom du libraire ou autre indication qui désigne qu'il s'y vend des livres.

Des libraires imprimeurs.

212.A.9.—*D.-L. février* 1810. Art. 31. La profession de libraire pourra être exercée concurremment avec celle de libraire.

Art. 32. L'imprimeur qui voudra réunir la profession de libraire, sera tenu de remplir les formalités qui sont imposées aux libraires.

Conditions de moralité.

212.A.10.—Art. 33. Les brevets ne pourront être accordés aux libraires qu'après qu'ils auront justifié de leur bonnes vie et mœurs et de leur attachement à la patrie et au souverain.

---

745 *a.* — Les lois réglementaires de la librairie n'imposent la nécessité d'obtenir un brevet de libraire qu'aux personnes qui font de l'achat et de la revente des livres leur *profession habituelle.* Ces lois ne sont point dès lors applicables aux instituteurs ni aux congrégations religieuses, qui achètent, pour les revendre exclusivement à leurs élèves, même avec bénéfice, les livres destinés à leur instruction. Cass., 24 mars 1864. D.64.1.252.

745 *b.* — Le commerce des estampes, des dessins, des gravures et des partitions ou œuvres de musique ne constitue pas la profession de libraire, à moins qu'ils ne soient accompagnés d'un texte autre que le titre. Cass., 3 mai 1827. Chassan, 1, p. 547.

745 *c.* — *Seront brevetés.* V. notes, sous l'art. 17. A.4. et suiv., au sujet du brevet des imprimeurs.

Le brevet est *local,* c'est-à-dire pour un lieu déterminé ; il ne confère pas, en conséquence, le droit au titulaire d'ouvrir, par l'intermédiaire d'un mandataire ou commis, même temporairement, un magasin ou boutique de libraire dans une ville autre que celle désignée dans le brevet. Metz, 23 avril 1856. S.56.2.405.

745 *d.* — Ni de faire vendre des livres à la criée dans un autre lieu, ni de les faire colporter. — Cass., 28 avril et 10 nov. 1827. J.P.

745 *e.* — Le brevet est *personnel.*

Un libraire peut cependant prendre un associé pour l'exploitation de son brevet. Cass., 24 sept. 1844. J.P. 44.2.543. Mais il ne pourrait lui déléguer d'une manière absolue la surveillance et la gestion de la librairie, ni faire passer son brevet sur sa tête. Cass., 28 juill. 1327.

745 *f.* — Les héritiers ne succèdent pas au brevet de leur auteur. — Cons. d'État, 1er août 1837.

745 *g.* — Le fils d'un libraire ne peut, après que son père, frappé d'aliénation mentale, a été placé en état d'interdiction, continuer l'exercice de la librairie sans avoir obtenu un brevet. — Nancy, 23 janv. 1828.

En ce qui concerne les veuves des libraires, voir n° 44 c et notre *Code de la presse* de 1856, n° 99.

745 *h.* — Les héritiers d'un libraire décédé peuvent néanmoins continuer l'exploitation du brevet de leur auteur, à la condition de donner immédiatement avis à l'autorité du décès du titulaire, et en attendant qu'il soit statué sur leur demande d'un brevet en remplacement. — Circ. min. 16 juin 1830.

745 *i.* — Les brevets sont *incessibles.* — Les brevets étant hors du commerce et personnels ne peuvent être l'objet d'une cession ou d'une vente, mais rien n'empêche de traiter avec un libraire pour qu'il donne sa démission. — Nancy, 29 juin 1859. D.60.2.484.

745 *j.* — L'aspirant au brevet doit joindre à sa demande :

1° Un certificat de moralité délivré par le maire du lieu de son domicile ;

2° Un certificat de capacité professionnelle signé par 1, 2, 3 ou 4 libraires, suivant l'importance des localités ;

3° Un acte de naissance, constatant sa majorité, ou un acte d'émancipation, et les autorisations exigées par le Code de commerce pour se livrer au commerce. — V. n° 44 *a.* 3° et suiv.

[**212.**A.5.] = 745 *k.* — Le droit du Gouvernement de retirer leur brevet aux libraires condamnés n'a pas été aboli par la constitution de 1848, art. 13. — Cons. d'État, 6 janv. 1853. D.53.3.42 (art. 4 *suprà*).

[**212.**A 6.] = 745 *l.* — L'exercice de la librairie sans brevet constitue une contravention matérielle qui ne comporte pas le bénéfice des excuses. — Cass., 12 sept. 1823. J.P.

745 *m.* — Elle constitue, à l'égard des libraires brevetés, un quasi-délit qui leur donne une action en dommages-intérêts (Bourges, 22 déc. 1862. D.64.1.252), que chacun d'eux peut exercer individuellement.

745 *n.* — Le décret du 28 mars 1852 sur la presse en Algérie, dont l'art. 12 reproduisait, en son § 1er, l'art. 24 du décret du 17 février 1852, a été abrogé par un autre décret du 14 mars 1855, non inséré au *Bulletin des lois ;* mais le § 2 qu'il avait ajouté à l'art. 24, et que nous avons reproduit à la suite, était une disposition interprétative, qui doit, ce me semble, rester liée à cet art. 24. — V. n° 1945, § 2.

[**212.**A.8.] = Cette prescription est un simple règlement de police ; l'intérêt privé est le meilleur garant de son observation.

[**212.**A.9. à **212.**A.10.] = Ces dispositions sont toujours en vigueur et observées dans la pratique.

Sect. II. — Conditions de l'exercice de la profession.

§ 1.—Ne vendre et ne mettre en vente que des livres avec noms d'imprimeur.

Imprimés sans noms d'imprimeur.

213.—*Code pénal.* Art. 283. Toute publication ou distribution d'ouvrages, écrits, avis, bulletins, affiches, journaux, feuilles périodiques ou autres imprimés, dans lesquels ne se trouvera pas l'indication vraie des noms, professions, demeure de l'auteur ou de l'imprimeur, sera, pour ce seul fait, punie d'un emprisonnement de 6 jours à 6 mois contre toute personne qui aura sciemment contribué à la publication ou distribution.

Réduction des peines en cas de révélation.

214.—Art. 284. Cette disposition sera réduite à des peines de simple police (de 6 à 10 fr., art. 475, 13°, C. pén.);

1° A l'égard des crieurs, afficheurs, vendeurs ou distributeurs qui auront fait connaître la personne de laquelle ils tiennent l'écrit imprimé;

2° A l'égard de quiconque aura fait connaître l'imprimeur;

3° Abrogé. — V. n° 1883.

Confiscation et saisie.

215.—Art. 286. Dans tous les cas ci-dessus, il y aura confiscation des exemplaires saisis.

Ouvrages sans nom d'imprimeur.

216.—*L.* 21 *octobre* 1814. Art. 19. Tout libraire chez qui il sera trouvé, ou qui sera convaincu d'avoir mis en vente ou distribué un ouvrage sans nom d'imprimeur, sera condamné à une amende de 2,000 fr., à moins qu'il ne prouve qu'il a été imprimé avant la promulgation de la présente loi [de 1814].
Circ. att. : Am. de 50 fr. à 2,000 fr. (art. 533).

L'amende sera réduite à 1,000 fr. si le libraire fait connaître l'imprimeur.
Circ. att. : Am. de 50 fr. à 1,000 fr. (art 533).

Saisie et séquestre.

217.—*Même loi.* Art. 15. Il y aura lieu à saisie et séquestre d'un ouvrage :

1° V. art. 129.A., *suprà*, et art. 61;

2° Si chaque exemplaire ne porte pas le vrai nom et la vraie demeure de l'imprimeur.
(Pour les formes de la saisie, V. art. 134.)

Restitution des objets saisis.

218.—Art. 18. Les exemplaires saisis pour simple contravention à la présente loi seront restitués après le paiement des amendes.

[213 à 215] — 746. — Il y a entre l'art. 283 du Code pénal et l'art. 19 (art. 217) de la loi de 1814 deux différences qui s'opposent à ce que la disposition de ce dernier ait pu abroger celle de l'autre, à savoir :

1° Que l'art. 19 ne prévoit que la publication d'un ouvrage *sans nom d'imprimeur*, tandis que l'art. 283 punit la publication d'un ouvrage avec *fausse indication du nom de l'imprimeur*, ce qui n'est pas précisément la même chose;

2° Que l'infraction qui fait l'objet de l'art. 19 est une *contravention* que constitue le fait matériel, indépendamment de toute intention frauduleuse, tandis que l'infraction à l'art. 283 est un *délit* pour la répression duquel il faut la preuve que le publicateur a agi *sciemment*, c'est-à-dire en connaissance de la *fausseté du nom de l'imprimeur* indiqué sur l'ouvrage. V. n° 754.

747. — En ce qui concerne les libraires, l'application de ces deux articles me semble devoir se régler comme il suit :

Si l'ouvrage que le libraire a mis en vente ou dont il a été trouvé détenteur ne contient aucune indication du nom de l'imprimeur, on appliquera l'art. 216.

Si l'ouvrage porte cette indication et qu'il soit reconnu qu'elle n'est pas une *indication vraie* des noms de l'imprimeur, c'est alors l'art. 283 qui sera applicable, à la condition toutefois qu'il sera établi que le libraire a agi *sciemment*. Dans ce dernier cas, il aura droit au bénéfice de réduction de la peine de l'art. 284, s'il fait connaître le nom vrai de l'imprimeur.

748. — Mais le libraire ne pourra obtenir la réduction de l'amende qu'autant qu'il aura fait connaître cet imprimeur, non par des indices et des renseignements, mais par une déclaration formelle et positive. Cass., 1er août 1823. Chassan, I, p. 556.

749. — Le système de la loi de 1814 a cependant limité la portée de l'art. 283 sur ce point particulier que l'omission de l'indication du *nom de l'auteur* n'est plus, à l'égard des libraires et des imprimeurs, comme à l'égard de tous autres publicateurs, l'élément partiel et spécial d'une infraction.

Si en effet, pour ces derniers, le délit n'existe qu'au-tant que l'écrit est à la fois dépourvu de la mention des noms de *l'auteur* et de *l'imprimeur*, l'omission seule du nom de l'imprimeur suffit pour que les libraires soient en contravention; seulement, dans ce cas, ce sera non l'art. 283 qui leur sera applicable, mais l'art. 19, L. 1814. Cass., 25 juin 1852. D.52.4.190.

750. — Ce n'est pas au ministère public qu'incombe la preuve que le libraire trouvé en contravention a agi sciemment; il y a présomption contre ce dernier, résultant de sa profession et de la nature du délit. — De Grattier, I, p. 99.

751. — Mais à l'égard de tous publicateurs autres que les libraires, l'art. 283 n'ayant rien perdu de son autorité, c'est au ministère public à établir qu'ils ont sciemment participé à la publication de l'écrit *sans noms* d'auteur et d'imprimeur, ou portant de *faux noms* d'auteurs ou d'imprimeurs.

[216 à 218] — 752. — L'art. 19, L. 1814, se réfère à l'art. 17 de la même loi (art. 64, *suprà*), qui exige l'indication tout à la fois du nom et de la demeure de l'imprimeur. — Paris, 28 juin 1850. D.50.2.199.

753. — *Tout libraire.* — V. n°ˢ 744 et suiv.

754. — *Chez qui il sera trouvé.* La détention est ici assimilée à la mise en vente et à la vente, et suffit pour la contravention. L'art. 19 est en cela plus rigoureux que l'art. 283 du Code pénal. — De Grattier, I, p. 101.

755. — *Un ouvrage.* Cette expression comprend tous les imprimés sur lesquels les imprimeurs sont tenus d'indiquer leurs noms et leur demeure, aux termes de l'art. 17 de la loi de 1814. — Voir, en conséquence, nos annotations sous l'article 64 *suprà*.

756. — La seule contravention à la loi de 1814 que les libraires puissent commettre étant celle d'être détenteurs ou vendeurs d'un ouvrage sans nom, ce n'est que pour cette contravention que leur brevet peut leur être retiré, si un jugement de condamnation les en déclare convaincus (art. *suprà*. 242.A.5.).

755 bis. — *A moins qu'il ne prouve qu'il a été imprimé avant le 21 octobre 1814.*—Il faut la preuve, une présomption ne suffirait pas; mais la preuve faite, la contravention disparaît. — De Grattier, I, p. 99.

§ 2. — Abus de la profession. — Crimes, Délits, Contraventions.

Délit de contrefaçon, définition.

219. — *C. pén.* Art. 425. Toute édition d'écrits, de composition musicale, de dessin, de peinture ou de toute autre production, imprimée ou gravée en entier ou en partie au mépris des lois et règlements relatifs à la propriété des auteurs (art. 28-49), est une contrefaçon, et toute contrefaçon est un délit.

Art. 426. Le débit d'ouvrages contrefaits, l'introduction sur le territoire français d'ouvrages qui, après avoir été imprimés en France, ont été contrefaits chez l'étranger, est un délit de la même espèce.

Pénalités.

220. — Art. 427. La peine [V. art. 42]... contre le débitant sera une amende de 25 fr. au moins, et de 500 fr. au plus.

La confiscation de l'édition contrefaite sera prononcée tant contre le contrefacteur que contre.... le débitant (V. suite art. 42).

Indemnité civile.

221. — Art. 429. Dans les cas prévus par les 4 articles précédents, le produit des confiscations.... sera remis au propriétaire pour l'indemniser d'autant du préjudice qu'il aura souffert; le surplus de son indemnité ou l'indemnité entière, s'il y a eu vente d'objets confisqués,... sera réglé par la voie ordinaire.

Contrefaçon des ouvrages étrangers.

222. — *D.-L. 28 mars* 1852. Art. 1er. La contrefaçon sur le territoire français d'ouvrages publiés à l'étranger et mentionnés en l'art. 425 du C. pénal, constitue un délit.

Art. 2. Il en est de même du débit, de l'exportation et de l'expédition des ouvrages contrefaits.

L'exportation et l'expédition de ces ouvrages sont un délit de la même espèce que l'introduction, sur le territoire français, d'ouvrages qui, après avoir été imprimés en France, ont été contrefaits chez l'étranger. (Art. 219, § 2)

Pénalité.

223. — Art. 3. Les délits prévus par les articles précédents seront réprimés conformément aux art. 427 et 429 du C. pénal.

L'art. 463 du même code pourra être appliqué.

Poursuite, condition.

224. — Art. 4. Néanmoins, la poursuite ne sera admise que sous l'accomplissement des conditions exigées relativement aux ouvrages publiés en France, notamment par l'art. 6 de la loi du 19 juillet 1793. (V. *suprà*, art. 30.)

[**219** à **224**] = Sur la contrefaçon, V. nos 407.

757. — Aux termes de l'art. 44 du décret de 1810 (art. 38), et de l'art. 3, L. de 1793 (art. 37), combinés, la contrefaçon se définit : « L'impression ou la vente d'un ouvrage sans le consentement et au préjudice de l'auteur. » Ces derniers mots semblent impliquer, comme élément essentiel du délit, l'existence d'un détournement, par voie de concurrence, du profit des auteurs.—Ce profit ne pouvant se réaliser que par la vente effectuée de l'ouvrage contrefait (V. n° 107),

Crimes et délits.

225. — *Disposition déduite de l'état de la législation.* Les libraires ou éditeurs devront en outre s'abstenir de prendre part, soit par vente, distribution, expédition, échange, soit par mise en vente, exposition ou offre, à la publication des objets suivants, savoir :

1° De tout ouvrage, écrit, dessin, contenant: soit des excitations délictueuses, soit des attaques, des offenses, des outrages, soit des diffamations ou injures, soit de fausses nouvelles ;

Soit toute autre manifestation de pensée dont la publication est punie par les dispositions du livre II, titre I.

Leur publication constitue, suivant les cas, un crime, un délit ou un acte de complicité.

2° De tout écrit, ouvrage, dessin, gravure, qu'ils sauront avoir été condamné (art. 424).

Contraventions.

226. — *Disposition-résumé.* Lesdits libraires devront encore s'abstenir de vendre, mettre en vente, ou offrir tout écrit ou dessin, dont la publication constituerait une contravention punie par les dispositions du titre III du livre II, qui interdisent:

1° La vente ou distribution de faux extraits de journaux, jugements ou actes de l'autorité (art. 445) ;

2° La publication non autorisée des actes de la cour de Rome, des décisions de conciles étrangers ou de l'Eglise réformée (art. 451-452) ;

3° L'annonce de remèdes secrets (art. 454) ;

4° L'annonce de loteries non autorisées (art. 456):

5° L'annonce des souscriptions pour indemniser des condamnations judiciaires (art. 462) ;

6° La publication de dessins, gravures, etc.; non autorisés (art. 474) ;

7° La distribution de discours de députés imprimés isolément sans autorisation (art. 473) ;

8° La vente d'écrits soumis au timbre et non timbrés (art. 437) ;

9° La publication des actes interdits aux conseils généraux et municipaux (art. 490, 491) ;

10° La publication prématurée des actes d'accusation et de procédure (art. 495) ;

11° L'annonce de candidatures de candidats n'ayant point prêté le serment constitutionnel (art. 476);

12° La vente ou publication de brochures de moins de 6 feuilles, contenant soit des discussions, soit des pétitions, ayant pour objets la critique ou des modifications de la constitution (art. 500) ;

13° La vente de journaux politiques étrangers non autorisés à circuler en France (art. 470) ;

---

il s'ensuit que la *mise en vente* seule, sans profit par conséquent, ne constituerait pas le délit de l'art. 425 C.P.

758. — Étant qualifié *délit*, le débit d'un ouvrage contrefait n'est punissable que s'il a lieu *sciemment*.

759.—L'existence dans le magasin d'un libraire d'un ouvrage contrefait, établit contre lui une présomption légale du débit.—Toulouse, 3 et 17 juill. 1835. J.P.

760. — C'est au libraire, acheteur d'une édition contrefaite, à prouver que son vendeur était réellement cessionnaire de l'auteur.—Cass., 18 juin 1847. B.

761.—Le débit de livres d'église sans autorisation de l'évêque, n'est point un délit. Amiens, 14 déc. 1835.

[**225** à **226**] = Résumé des infractions à éviter.

Chap. II.—Des afficheurs, crieurs, chanteurs et vendeurs sur la voie publique.

§ 1er. — Conditions de la profession.—Déclaration.—Autorisation.

Profession d'afficheur. — Déclaration.

227. — *L.* 10 *déc.* 1830. Art. 2. Quiconque voudra exercer, même temporairement, la profession d'afficheur ou *crieur*, de *vendeur* ou *distributeur*, sur la voie publique, d'écrits imprimés, lithographiés, gravés ou à la main, sera tenu d'en faire préalablement la déclaration devant l'autorité municipale et d'indiquer son domicile.

Le crieur ou afficheur devra renouveler cette déclaration chaque fois qu'il changera de domicile.

Mode d'annonce de certains écrits.

228. — Art. 3. Les journaux, feuilles quotidiennes ou périodiques, les jugements et autres actes d'une autorité constituée, ne pourront être annoncés dans les rues, places et autres lieux publics autrement que par leur titre.

Aucun autre écrit, imprimé, lithographié, gravé ou à la main, ne pourra être crié sur la voie publique qu'après que le crieur ou distributeur aura fait connaître à l'autorité municipale le titre sous lequel il veut l'annoncer, et qu'après avoir remis à cette autorité un exemplaire de cet écrit.

Sanction pénale.

229. — Art. 7. Toute infraction aux art. 2 et 3 [ci-dessus] de la présente loi sera punie d'une amende de 25 fr. à 300 fr., et d'un emprisonnement de 6 jours à 1 mois, cumulativement ou séparément.

Récid. : Prison, 1 à 2 mois, et, ou, am. de 300 à 600 fr. (art. 58, C. pén., n° 2329).

Circ. att. : Am. 1 à 25 fr. *et, ou,* Prison, de 1 à 6 jours (art. 529).

Profession de publicateur. — Autorisation.

230. — *L.* 10 *février* 1834. Art. 1. Nul ne pourra exercer, même temporairement, la profession de crieur, de vendeur ou de distributeur sur la voie publique, d'écrits, dessins ou emblèmes imprimés, lithographiés, autographiés, moulés, gravés ou à la main, sans autorisation préalable de l'autorité municipale.

Cette autorisation pourra être retirée.

Les dispositions ci-dessus sont applicables aux chanteurs sur la voie publique.

Sanction pénale.

231. Art. 2. Toute contravention à la disposition ci-dessus sera punie d'un emprisonnement.

De 6 jours à 2 mois pour la première fois,

Et de 2 mois à 1 an en cas de récidive.

Les contrevenants seront traduits devant les tribunaux correctionnels, qui pourront, dans tous les cas, appliquer les dispositions de l'art. 463 du C. pénal.

Circ. att. : 1re fois : Prison, 1 à 6 jours ;— 2e fois : Prison, 4 jours à 2 mois.

[227 à 229] = 762. — *L'autorisation*, comme condition préalable de l'exercice d'une profession, implique la *déclaration*. On ne peut en effet demander à *être autorisé* pour telle profession sans *déclarer* qu'on entend l'exercer. La loi du 10 déc. 1830 avait soumis à la seule formalité d'une *déclaration préalable*, l'accès des professions d'*afficheurs*, de *crieurs*, de *vendeurs* et de *distributeurs* sur la voie publique. —La loi du 16 fév. 1834, ayant plus tard subordonné l'exercice de trois d'entre elles à l'autorisation préalable, a donc implicitement abrogé pour elles, en l'annihilant, l'art. 2 de la loi de 1830.

763. —Cette loi de 1834 a fait passer dans la catégorie des professions autorisées, les professions de *crieur, vendeur, distributeur* et *chanteur* sur la voie publique, mais sans rien statuer à l'égard des *afficheurs;* elle a par suite laissé ces derniers sous l'empire de la loi de 1830, dont l'art. 2 n'a ainsi, quant à eux, rien perdu de son autorité. —L'exercice de la profession d'afficheur n'est en conséquence soumis qu'à la formalité préalable « *de la déclaration avec indication de domicile,* »—conformément à l'art. 227.

764. —Jugé dans ce sens que la loi du 10 déc. 1830 n'avait été abrogée par aucune loi postérieure; et que celui qui affiche publiquement, même pendant les vingt jours qui précèdent les élections, la profession de foi politique d'un candidat est tenu d'en faire la déclaration à l'autorité municipale.—V. Jugement de Beauvais, très-fortement motivé, du 28 mai 1863.G.T. des 8 et 9 juin 1863.— *Contrà*, Amiens, 3 juill.1863.

765. — Pour faire ranger le métier d'afficheur dans la classe des professions autorisées, on a tenté de se prévaloir du décret du 31 août 1852 (art. 234 ci-dessus), qui impose à tout individu qui veut inscrire des affiches peintes directement sur un mur ou une construction, l'obligation de se pourvoir d'une autorisation préalable de l'autorité municipale; mais outre que cette autorisation est moins ici une mesure de police qu'un moyen d'effectuer la perception d'un droit, « *inscrire* n'est pas *apposer*, ainsi que le dit fort bien l'auteur de l'article *Presse* dans le recueil de M. Dalloz, n° 449. »—Il n'y a d'ailleurs rien à induire sur ce point d'un décret qui excède en cette matière quelque peu les limites de la loi pour l'exécution de laquelle il a été rendu.—Il s'agissait en effet, non de réglementer la police de l'affichage, mais d'assurer l'acquittement d'un droit, d'un impôt sur les affiches inscrites. Ce décret ne concerne donc en rien la profession d'afficheurs d'affiches sur papier.—V. n° 1893.

766. — *Quiconque voudra, même temporairement, exercer la profession d'afficheur : .....*Ces expressions disent assez clairement que l'art. 2 a en vue de réglementer, non la liberté individuelle d'afficher, mais l'exercice seul de la *profession* d'afficheur. —Sa disposition ne concerne que ceux qui veulent exercer cette profession; il s'ensuit que ceux qui n'ont pas cette intention d'exercer la profession, c'est-à-dire qui apposent des affiches pour eux-mêmes, ou sur l'ordre de leur maître, ne sont point tenus de faire la déclaration que l'art. 2 n'impose qu'aux aspirants de la profession.—Dalloz, v° *Affiche*, n° 152.

767. —M. Barthe, rapporteur de la loi de 1830, déclara formellement à ce sujet « que la pensée de la « commission n'avait pas été d'assujétir aux conditions de l'art. 2, le propriétaire qui, sans exercer la « profession d'afficheur, appose des affiches pour la « vente de ses bois ou la location d'une ferme. »

768. —Un particulier ne pourrait toutefois apposer librement de semblables affiches, s'il existait un arrêté municipal interdisant d'afficher aucun placard sans la permission du maire et avant d'avoir déposé à la mairie un exemplaire signé des placards ou affiches.—Cass., 12 nov. 1847.B.276 ; 28 déc. 1855.B.447.

769. — Un tel arrêté serait légal et n'excéderait en rien les droits que l'autorité municipale tient des lois, de son institution, et notamment de la loi du 24 août 1790, qui lui font un devoir de prendre toutes les mesures que commande la nécessité d'assurer la tranquillité

§ 2. — Colportage, distribution.—Autorisation.—Exception.—Affiches inscrites.

Colportage et distribution.

232.—*L. du 27 juillet* 1849. Art. 6. Tous distributeurs ou colporteurs de livres, écrits, brochures, gravures et lithographies, devront être pourvus d'une autorisation qui leur sera délivrée, pour le département de la Seine, par le préfet de police, et pour les autres départements par les préfets (V. art. 465).

Ces autorisations pourront toujours être retirées par les autorités qui les auront délivrées.

Les contrevenants seront condamnés par les tribunaux correctionnels, à un emprisonnement de 1 mois à 6 mois et à une amende de 25 fr. à 500 fr., sans préjudice des poursuites qui pourraient être dirigées pour crimes ou délits, soit contre les auteurs ou éditeurs de ces écrits, soit contre les distributeurs ou colporteurs eux-mêmes.

Exceptions.

233. — *Par induction des lois en vigueur.* La disposition ci-dessus n'est point applicable :

1° Aux auteurs, compositeurs, propriétaires desdits écrits ou dessins, non plus qu'à leurs veuves ou héritiers, vendant ou colportant pour la réalisation de leurs droits d'auteur ;

2° Aux libraires et à leurs assimilés brevetés ou autorisés par le ministre de l'intérieur ;

3° Et, pendant les 20 jours précédant les élections : aux distributeurs ou colporteurs de professions de foi, de circulaires ou autres écrits électoraux, préalablement déposés au parquet du procureur impérial, avec la signature des candidats ayant prêté le serment constitutionnel, conformément à l'art. 10. L. du 16 juillet 1850 et au sén.-cons. du 17 fév. 1858 (art. 466-467).

Autorisation pour les affiches inscrites.

234. *D.* 31 *août* 1852. Art. 1. Tout individu qui voudra, au moyen de la peinture ou de tout autre procédé, inscrire des affiches dans un lieu public, sur les murs, sur une construction quelconque ou même sur toile, sera tenu préalablement de payer le droit d'affichage établi par l'art. 30 de la loi du 8 juillet 1852 et d'obtenir de l'autorité municipale dans les départements et, à Paris, du préfet de police, l'autorisation ou permis d'afficher.

Art. 8. Les contraventions à l'art. 1 du présent règlement seront passibles des peines portées par l'art. 3, de la loi du 8 juillet 1852, ci-dessous.— V. n. 776.

V. le texte entier du règlement du 31 août 1852, p. 204.

Sanction.

235. — *L. de finances,* 8 *juillet* 1852. Art. 30. Toute affiche inscrite dans un lieu public, sur les murs, sur une construction quelconque ou même sur toile, au moyen de la peinture ou de tout autre procédé, donnera lieu à un droit d'affichage fixé à 50 centimes pour les affiches de 1 mètre carré et au-dessous, et à 1 fr. pour celles d'une dimension supérieure.

Un règlement d'administration déterminera le mode d'exécution du présent article.

Toute infraction à la présente disposition et toute contravention au règlement à intervenir pourront être punies d'une amende de 100 fr. à 500 fr., ainsi que des peines portées èn l'article 464 du C. pén., [à savoir :

[D'un emprisonnement de 1 à 5 jours (art. 464 et 465, C. pén.]
[Et de la confiscation de certains objets saisis : des choses produites par la contravention et des matières ou des instruments qui ont servi ou étaient destinés à la commettre. — Art. 464 et 470, C. pén.]

---

publique. — (Mêmes arrêts). Dalloz, v° *Affiche*, n° 447, v° *Presse*, n° 449. *Contrà*, Cass., 11 janv. 1834. J.P.

[**250** à **251**].=770. — Cet art. 1er de la loi de 1834 reproduit la disposition de l'art. 290 du C. pénal abrogée par l'art. 9 de la loi du 10 déc. 1830 (voy. art. 619), et déroge, ainsi que nous l'avons dit sous le n° 762, à l'art. 2 de cette loi, mais seulement à l'égard des crieurs, vendeurs ou distributeurs ; — sa disposition ne concerne point les afficheurs. V. n° 763.

L'omission des afficheurs dans l'énumération de l'art. 1. L. 1834, fut reconnue après le vote de la loi par la Chambre des députés, mais trop tard pour qu'il fût possible de la réparer.—De Grattier, II, p. 277 et 278.

771. — *Nul ne pourra exercer, même temporairement, la profession de crieur, de vendeur, de distributeur et de chanteur.*

L'art. 1er, L. 1834, n'a en vue, comme l'art. 2, L. 1830 (art. 227), que la *profession* ; — sa disposition ne régit donc point ceux qui, sans intention de faire le métier, *chanteraient* sur la voie publique, y *vendraient* ou *distribueraient* des écrits, des dessins, des médailles ou des emblèmes. — Nos poètes chansonniers, s'ils ne trouvaient pas de meilleurs moyens de réaliser les profits de leurs droits d'auteur que de vendre, en les chantant, leurs œuvres sur la voie publique, seraient-ils tenus de se pourvoir d'une autorisation préalable de l'autorité ? — Je ne le pense pas, car ce ne serait pas de leur part exercer la profession de chanteur de rue, mais exercer les droits de propriété qui leur sont garantis par les lois protectrices de la propriété intellectuelle et artistique. V. art. 242, et notes 741 et 742.

772. — Au sujet du mot *temporairement,* qui implique la pensée que la loi pourrait être appliquée à un seul fait de criage ou de vente sur la voie publique, il fut cependant déclaré par M. Persil, rapporteur de la loi de 1834, « Qu'elle devrait être appliquée non-seu-« lement à ceux qui feraient du métier leur profession « habituelle, mais à tous ceux qui ne s'y livreraient que « passagèrement ; — l'auteur lui-même qui ne se trans-« porterait sur la place publique que pour crier, ven-« dre et distribuer son propre écrit, devrait se munir « d'une autorisation. »

Les termes de la loi et les principes protestent contre cette déclaration échappée à l'improvisation de l'orateur ; heureusement qu'en matière pénale, c'est la lettre qui fait la loi et non point les opinions plus ou moins réfléchies et plus ou moins personnelles des orateurs qui ont pris part à sa discussion.—L'art. 6 de la loi du 27 juillet 1849 pourrait-il avoir suppléé, à cet égard, à la loi de 1834 ? pas davantage. — V. à ce sujet nos observations, sous les n°* 740, 742 et 2050.

773. — L'autorisation donnée par le préfet pour colporter des imprimés, ne contient pas celle de les crier sur la voie publique. Cass., 3 mars 1851. D.52.2.44.

[**252** à **255**]. = 774. — L'art. 6 de la loi du 27 juillet 1849 ne concerne pas exclusivement les professions de colporteurs ou de distributeurs ; il s'applique aussi bien aux colporteurs et aux distributeurs de profession qu'à des faits accidentels et isolés de colportage et de distribution par toutes autres personnes. Sa dispo-

§ 3. — Abus de la profession. — Crimes, Délits, Contraventions.

Crimes et délits.

236. — *Dispositions déduites de la législation.* Les afficheurs, chanteurs, crieurs, colporteurs, distributeurs, vendeurs ou autres agents de publication, devront s'abstenir de prendre part à la publication d'écrits, chants, et cris, imprimés et dessins, suivants, savoir :

1° De tous chants, cris, écrits, imprimés, dessins ou emblèmes contenant :

Soit des provocations délictueuses ;

Soit des attaques, des offenses, outrages, diffamations ou injures ;

Soit de faux bruits ou fausses nouvelles ;

Soit toute autre manifestation de pensées dont la publication est punie par les dispositions du titre Ier du livre II.

Cette publication constitue, suivant les cas, un crime, un délit ou un acte de complicité ;

2° De tout ouvrage, composition musicale ou artistique non tombé dans le domaine public, dont l'impression ou réédition non autorisée par les auteurs, ou, après eux, par leurs héritiers, ayant droit ou cessionnaires, constituerait un délit de contrefaçon [V. art. 219 à 224.] ;

3° De tous écrits, imprimés ou dessins ou gravures qu'ils sauraient avoir été précédemment condamnés. (Art. 424.)

Contraventions.

237. — *Disposition-Résumé.* Les mêmes agents de publication devront également se refuser et s'abstenir de participer à la publication de tous écrits, imprimés ou dessins dont la publication constituerait une contravention punie par les dispositions du titre II du livre I, qui interdisent :

1° L'apposition des affiches dans les lieux réservés à l'affichage des actes de l'autorité (art. 427) ;

2° L'apposition des affiches sous le titre d'arrêté, de délibération, ou sous forme impérative (art. 428) ;

3° L'apposition d'affiches sous un nom collectif (art. 429) ;

4° L'apposition d'affiches faites en contravention des arrêtés municipaux légalement publiés (art. 431) ;

5° L'apposition sciemment faite d'affiches, ne contenant pas l'indication vraie des noms et demeures de l'auteur et de l'imprimeur (art. 433) ;

6° L'apposition d'affiches privées non timbrées, autres que celles des candidats pendant les 20 jours précédant les élections, et pour lesquelles ont été remplies les formalités exigées par la loi (art. 437) ;

7° L'apposition d'affiches privées traitant d'objets politiques, à l'exception des mêmes affiches électorales et dans les mêmes conditions (art. 445) ;

8° La vente ou distribution de faux extraits de journaux, de jugements et actes de l'autorité (art. 442) ;

9° La publication non autorisée des actes de la Cour de Rome, de décisions de conciles étrangers, etc. (art. 451-452) ;

10° L'annonce ou affiches de remèdes secrets ou non approuvés (art. 454) ;

11° L'annonce ou affiches de loteries non autorisées (art. 454) ;

12° La publication prématurée de la valeur de certaines actions industrielles (art. 460-461) ;

13° L'annonce ou l'affiche de souscriptions pour indemnités de condamnations judiciaires (art. 462) ;

14° La publication par affiches, écrits ou imprimés, d'une candidature électorale, avant que le candidat ait prêté le serment constitutionnel (art. 467) ;

15° La distribution d'écrits électoraux en dehors des conditions de l'art. 10, L. 1850, et de l'art. 2 sén.-cons., de 1858 (art. 465) ;

16° La distribution ou vente de journaux étrangers non autorisés à circuler en France (art. 470) ;

17° La mise en vente, ou exposition de dessins, gravures, médailles, estampes, emblèmes non autorisés (art. 471) ;

18° La vente ou distribution de discours de députés imprimés séparément sans autorisation (art. 473) ;

19° La publication ou distribution sciemment faite d'écrits, avis, affiches, bulletins, journaux ou autres imprimés sans l'indication vraie des noms et demeures des auteurs ou imprimeur (art. 474) ;

20° La vente ou distribution d'imprimés, journaux, soumis au timbre et non timbrés (art. 477) ;

21° La publication des actes interdits aux conseils généraux ou municipaux (art. 490-491) ;

22° La publication prématurée d'actes d'accusation ou de procédure criminelle, etc. (art. 495) ;

23° La publication de brochures de moins de 6 feuilles d'impression, ou l'apposition d'affiches, contenant des discussions, ou des pétitions, ayant pour objet la critique ou la modification de la constitution (art. 500).

---

sition ne figure dans le présent chapitre que pour la confrontation des textes et à cause de ses rapports avec la loi de 1834, — dans le titre II, du livre II, où elle aura de nouveau sa place. (V. art. 465 et nᵒˢ 1949 à 1984.)

775. — L'art. 232 qui suit indique les limites du champ d'application de cet art. 6, L. de 1849. — V. nᵒˢ 1944 à 2054.

776. — L'art. 30 de la loi du 8 juillet 1852 n'a entendu parler que des affiches peintes ou tracées immédiatement sur les murs ; il ne comprend point, par conséquent, les affiches imprimées ou manuscrites sur papier, appliquées ensuite sur les murs, ou collées sur socle pour accrocher en forme de tableaux ou placards mobiles. — (Bourges, 7 avril 1856. D.56.2.98.)

777. — Non plus que les vitrines en forme de tableaux servant d'enseignes aux photographes : ce sont là de simples enseignes affranchies du droit et permis d'affichage. — Cass., 2 sept. 1853. D.53.1.278.

---

778. — Voir, sur le décret du 31 août 1852, nᵒˢ 765 et 1893.

[**236** à **237**.] = 779. — Comme agents de publication, les afficheurs peuvent être, à raison des crimes et délits, dont ils auraient exposé en public l'expression, être poursuivis et punis, en qualité, soit d'auteurs principaux, soit de complices de ces crimes et délits. — V. au sujet de leur responsabilité, nᵒˢ 1008-1012-1018.

780. — Nous en disons autant des crieurs, chanteurs, vendeurs et distributeurs.

781. — Les deux dispositions 236 et 237 n'ont pas d'autre but que de donner la nomenclature de tous les actes punissables à la commission desquels les agents de publication peuvent participer, et qu'ils doivent éviter pour n'avoir rien à redouter de la vindicte des lois dans l'exercice de leur profession.

Chap. III. — Distribution et transport d'imprimés par la voie de la poste.

§ 1. — Monopole de l'administration. — Sanction. — Exceptions.

Monopole des postes. — Interdiction.

238. — *Arrêté* 27 *prairial an* IX. Art. 1... Il est défendu à tous les entrepreneurs de voitures libres, et à toute autre personne étrangère au service des postes, de s'immiscer dans le transport des lettres, journaux, feuilles à la main, et ouvrages périodiques, paquets et papiers du poids d'un kilogramme et au-dessous, dont le port est exclusivement confié à l'administration des postes aux lettres. (V. exception. Art. 248, § final.)

Exception, sacs de procédure, etc.

239. — Art. 2. Les sacs de procédure, les papiers uniquement relatifs au service personnel des entrepreneurs de voitures, et les paquets au-dessus du poids de 1 kilogramme, sont seuls exceptés de la prohibition prononcée en l'article précédent. (V. autre exception, art. 248, *infrà* § final, V. n° 792).

Agents chargés de constater et de saisir.

240. — Art. 3. Les directeurs, contrôleurs et inspecteurs des postes, les employés des douanes aux frontières, et la gendarmerie sont autorisés à faire, ou à faire faire toutes perquisitions et saisies sur les messagers, piétons chargés de porter les dépêches, voitures de massageries et autres de même espèce, afin de constater les contraventions, à l'effet de quoi ils pourront, s'ils le jugent nécessaire, se faire assister de la force armée.

Procès-verbaux. — Transmission. — Pénalité.

241. — Art. 5. Les procès-verbaux seront dressés à l'instant de la saisie; ils contiendront l'énumération des lettres et paquets saisis ainsi que leurs adresses.

Copies en seront remises avec lesdites lettres et paquets saisis en fraude, savoir : à Paris à l'administration des postes; et dans les départements, au bureau de direction des postes du lieu le plus voisin, pour lesdites lettres et paquets être envoyés aussitôt à leur destination avec la taxe ordinaire.

Lesdits procès-verbaux seront de suite adressés au commissaire du Gouvernement près le tribunal civil et correctionnel de l'arrondissement, par les préposés des postes, pour poursuivre contre les contrevenants, la condamnation à l'amende de 150 fr. au moins et de 300 fr. au plus par chaque contravention. (V. art. 245 *infrà*, et 246.)

Poursuite des amendes et exécution.

242. — Le paiement de ladite amende, dont il ne pourra dans aucun cas et sous quelque prétexte que ce soit, être accordé de remise ou de modération, sera poursuivi à la requête des commissaires près les tribunaux et à la diligence des directeurs des postes, contre les contrevenants, par saisie et exécution de leur établissement, voitures et meubles à défaut de paiement dans la décade du jugement qui sera intervenu.

Art. 7 et 8. Inutiles, concernant la répartition du produit des amendes.

Responsabilité des maîtres.

243. — Art. 9. Les maîtres de poste, les entrepreneurs de voitures libres et messageries, sont personnellement responsables des contraventions de leurs postillons, conducteurs, porteurs et courriers, sauf leur recours.

Agents pour constater et saisir.

244. — L. 22 *juin* 1834. *Budget*, art. 20. Les employés et agents des postes assermentés et tous les agents de l'autorité ayant qualité pour constater les délits et les contraventions, pourront, concurremment avec les fonctionnaires dénommés dans l'arrêté du 27 prairial an IX (art. 240), opérer les saisies et les perquisitions et dresser les procès-verbaux autorisés par ledit arrêté.

Peine accessoire, affiche du jugement.

245. — Art. 21. En cas de condamnation, le tribunal pourra ordonner l'affichage du jugement à un nombre d'exemplaires qui ne pourra exéder 50, le tout aux frais du contrevenant.

Peines en cas de récidive.

246. — Art. 22. En cas de récidive, l'amende ne pourra être moindre de 300 fr., ni excéder 3,000 fr.

Il y a récidive lorsque le contrevenant a subi, dans les 3 années qui précèdent, une condamnation pour infraction aux lois concernant le transport des correspondances.

[**258** à **246**] = 782. — Cet arrêté du 27 prairial an IX, qui confirme le monopole de l'administration des Postes établi par la législation antérieure (L. 17-26 août 1791) pour le transport des lettres et imprimés, est toujours en vigueur, avec force de loi. Cass., 30 juillet 1818, Dalloz, v° *Poste*, n° 51.

La loi du 24 juin 1854 en a, en dernier lieu, fortifié l'autorité par des dispositions destinées à assurer son efficacité au point de vue de la répression. (V. art. 244 à 246.)

783. — La disposition prohibitive de l'art. 1er de cet arrêté est générale et absolue et comprend tous les modes que l'on voudrait employer pour transporter. les objets « dont le port est exclusivement confié à l'administration des Postes, » sous les dérogations de la loi de 1856 ci-après ; ainsi il a été jugé :

784. — Que les entrepreneurs d'une voiture publique ne peuvent transporter, sans contravention, des journaux politiques en ballot sous toile. Cass., 17 février 1837, Dalloz, v° *Postes*, n° 78.

785. — Qu'à partir du dépôt d'un écrit ou journal périodique politique, le transport doit en être fait par l'administration des Postes et ne pourrait avoir lieu par les Messageries, les exemplaires fussent-ils dans des ballots, en feuilles, même non pliées, en masse ou dans des boîtes d'un poids de plus de 1 kilogramme. — La loi de 1856 a admis à cet égard une exception en faveur des journaux non politiques. V. art. 248, *infine*, V. n° 792. — Orléans, 7 juillet 1838. J.P.

786. — Encore bien que ces journaux ainsi enfermés fissent partie des bagages d'un voyageur qui les aurait acheté pour son propre compte pour les reven-

§ 2. — Droits de poste sur les journaux et autres imprimés.

I. Sur les journaux.

1° Journaux politiques.

247. — *L.* 25 *juin* 1856, art 1er. Le port des journaux et ouvrages périodiques traitant, en tout ou en partie, de matières politiques ou d'économie sociale, et paraissant au moins une fois par trimestre est de quatre centimes sur chaque exemplaire du poids de quarante grammes et au-dessous (V. exception, art. 164, 165).

Au-dessus de quarante grammes, le port est augmenté d'un centime par chaque dix grammes ou fraction de dix grammes excédant.

2° Journaux non politiques. — Exception.

248. — Art. 2. Le port des journaux, recueils, annales, mémoires et bulletins périodiques, uniquement consacrés aux lettres, aux sciences, aux arts, à l'agriculture et à l'industrie, et paraissant au moins une fois par trimestre, est de deux centimes par chaque exemplaire du poids de vingt grammes et au-dessous.

Au-dessus de vingt grammes, le port est augmenté d'un centime par chaque dix grammes ou fraction de dix grammes excédant.

Les ouvrages périodiques spécifiés dans le présent article sont exceptés de la prohibition établie par l'art. 1er de l'arrêté du 29 prairial an IX, s'ils forment un paquet dont le poids dépasse un kilogramme, ou s'ils font partie d'un paquet de librairie qui dépasse le même poids.

Demi-port dans les limites du département.

249. — Art. 3. Les journaux et ouvrages périodiques destinés pour l'intérieur du département dans lequel ils sont publiés ne paient que la moitié du port fixé par les articles précédents.

Les journaux et ouvrages périodiques publiés dans les départements autres que ceux de la Seine et de Seine-et-Oise, et destinés pour les départements limitrophes de celui où ils sont publiés, ne paient également que la moitié du port fixé par les articles précédents.

Dans le cas où le port comprend une fraction de centime, cette fraction est comptée comme un centime entier.

II. Sur autres imprimés et écrits.

1° Circulaires, prospectus et autres imprimés.

250. — Art. 4. Le port des circulaires, prospectus, catalogues, avis divers et prix courants, avec ou sans échantillons, livres, gravures, lithographies, en feuilles, brochés ou reliés, et en général de tous les imprimés autres que ceux qui sont spécifiés par les articles précédents, est d'un centime par chaque exemplaire du poids de cinq grammes et au-dessous.

Le port des échantillons est également d'un centime par chaque paquet du poids de cinq grammes et au-dessous.

Le port est augmenté d'un centime par chaque cinq grammes ou fraction de cinq grammes excédant.

Lorsque le poids des objets spécifiés au présent article, dépasse cinquante grammes, ou lorsque ces objets sont réunis en un paquet d'un poids excédant cinquante grammes, adressé à un seul destinataire, le port est de dix centimes jusqu'à cent grammes inclusivement.

2° Papiers de commerce ou d'affaires.

251. — Art. 5. Le port des papiers de commerce ou d'affaires est de cinquante centimes pour chaque paquet de cinq cents grammes et au-dessous.

Lorsque le poids dépasse cinq cents grammes, le port est augmenté d'un centime par chaque dix grammes ou fraction de dix grammes excédant.

Forme de pliage.

252. — Art. 6. Les objets compris dans les articles précédents, ne peuvent être expédiés que sous bandes mobiles, couvrant au plus le tiers de la surface.

S'ils sont réunis en paquets, et s'il y a nécessité, ils peuvent être placés sous enveloppe. Cette enveloppe doit être suffisante pour protéger les objets qu'elle recouvre, mais elle doit rester ouverte aux deux extrémités, ou être disposée de manière que la vérification du contenu du paquet puisse avoir lieu facilement.

L'administration n'est, dans aucun cas, responsable des détériorations.

Le poids des bandes, enveloppes, ficelles et cachets, est compris dans le poids soumis à la taxe.

---

dre dans une ville autre que celle où ils avaient été achetés. Rouen, 3 mai 1849, D.50.2.60.

787. — Il a toutefois été formellement décidé que le monopole de l'administration des Postes ne s'étend pas à la distribution des journaux dans l'enceinte des villes où ils sont publiés. Cass., 15 janv. 1836, Dalloz, v° *Presse*, n° 398 et v° *Postes*, n° 110.

788. — Par le but et la nature de son organisation comme service public, l'administration des Postes tient quelque peu de la nature d'un mécanisme ; on peut en abuser, mais au point de vue de la publication qu'elle effectue, par le transport des écrits et des imprimés quelquefois délictueux, sa participation à l'acte ne saurait entraîner aucune responsabilité pour ses agents ; ils ont obéi à la loi de leur institution, le devoir exclut toute faute et toute imputabilité.

Quant à ceux qui ont ainsi fait servir à une fin délictueuse le mécanisme du service public, ils sont seuls

---

responsables du délit ou de la contravention qu'ils ont par ce moyen réalisé.

[**247** à **263**] = 789. — La loi du 25 juin 1856 a complétement changé le système des lois antérieures en ce qui concerne le transport des imprimés par la voie de la poste. — A la taxe de dimension qui était, avant, la règle fort incommode de leur affranchissement, cette loi a substitué la règle plus uniforme de la taxe au poids, d'une application plus facile et plus certaine.

790. — **Journaux politiques.** — L'art. 1er entièrement consacré aux journaux politiques : sa disposition reproduit la distinction de l'art. 1er du dé-

§ 2 *(Suite)*. — Droits de poste sur les imprimés. — Taxes modérées.

3° Avis de naissance, décès, etc.

253. — Art. 7. Les avis imprimés ou lithographiés, de naissance, mariage ou décès, peuvent être expédiés sous forme de lettre et sous enveloppe, mais de manière qu'ils soient facilement vérifiés.

Dans ce cas, le port est de dix centimes pour chaque avis du poids de dix grammes et au-dessous, circulant à l'intérieur, de bureau à bureau, et de cinq centimes pour chaque avis du même poids circulant dans la circonscription d'un bureau.

Au-dessus de dix grammes et par chaque dix grammes ou fraction de dix grammes excédant, le port est augmenté de dix centimes pour chaque avis circulant de bureau à bureau, et de cinq centimes pour chaque avis circulant dans la circonscription d'un bureau.

Ces dispositions peuvent être étendues par des arrêtés du ministre des finances, aux prospectus, catalogues, circulaires, prix courants, avis divers et cartes de visites. — V. ci-après l'arrêté du ministre rendu en exécution de cette disposition. Art. 257 à 263.

III. Dispositions générales.

Condition. — Affranchissement préalable.

254. — Art. 8. Les objets compris dans la présente loi ne sont admis au bénéfice des taxes qu'elle établit qu'autant qu'ils ont été affranchis. S'ils ont été expédiés sans affranchissement, ils sont taxés au prix du tarif des lettres.

S'ils ont été affranchis en timbres-poste, et que l'affranchissement soit insuffisant, ils sont frappés en sus d'une taxe égale au triple de l'insuffisance de l'affranchissement.

Les taxes prévues par les deux paragraphes qui précèdent sont payées par l'expéditeur lorsque, par une cause quelconque, elles n'ont pas été acquittées par le destinataire. En cas de refus de paiement, le recouvrement en est opéré comme il est dit en l'art. 2 de la loi du 20 mai 1854 [c'est-à-dire par voie de contrainte visée et déclarée exécutoire par le juge de paix].

Interdiction d'écrire sur les imprimés.

255. — Art. 9. Les imprimés affranchis en vertu des dispositions de la présente loi, ne doivent contenir, sauf le cas d'autorisation mentionné dans l'art. 10, ni chiffre, ni aucune espèce d'écriture à la main, si ce n'est la date et la signature. — V. art. 259.

Il est en outre défendu d'insérer dans un imprimé, ainsi que dans un paquet d'imprimés, d'échantillons, de papiers de commerce ou d'affaires, aucune lettre ou note ayant le caractère d'une correspondance, ou pouvant en tenir lieu.

En cas de contravention, les imprimés contenant de l'écriture ou un chiffre mis à la main, ainsi que les lettres ou notes insérées en fraude, sont saisis, et le contrevenant est poursuivi conformément aux dispositions de l'arrêté du 27 prairial an ix (V. art. 241) et de la loi du 22 juin 1854. — V. art. 245.

Règlement d'exécution de détail.

256. — Art. 10. Le ministre des finances détermine par des arrêtés, le mode de confection, le maximum du poids et la dimension des paquets confiés au service des postes, ainsi que les délais dans lesquels s'en effectuent le transport et la distribution, soit à domicile, soit au guichet du bureau.

Il peut autoriser l'inscription sur certaines classes d'imprimés, de mots ou de chiffres écrits à la main, autres que la date et la signature.

Lois abrogées.

256. A. — Art. 11. Les lois du 4 thermidor an iv, ordonnance du 5 mars 1823, les lois des 15 mars 1827, 14 décembre 1830, 16 juillet 1850, et l'art. 13 du décret du 17 fév. 1852, concernant le port des imprimés sont abrogés.

---

cret du 17 février 1852, « des journaux traitant de matières politiques ou d'économie sociale »; la jurisprudence fournit sur la portée de ces expressions des décisions que nous avons indiquées sous l'art. 136 n°° 396 à 443.

791. — La progression presque insensible des droits de poste sur ces écrits périodiques permettra de donner à ces feuilles, moyennant un prix modéré, toute l'extension que pourrait exiger le besoin d'une publicité plus étendue ou que pourra suggérer l'esprit de spéculation et de concurrence (V. n° 793).

792. — **Journaux non politiques.** — Aux journaux littéraires, scientifiques, artistiques et agricoles, que le décret du 28 mars 1852 exempte de tout droit de timbre, la loi de 1856 fait une nouvelle faveur; son art. 2 les excepte de la prohibition établie par l'art. 1er de l'arrêté du 27 prairial an ix (art. 258) s'ils sont réunis en paquets, d'un poids de plus de 1 kilog. ou joints à un paquet d'imprimés excédant ce poids : — au-dessus du poids de 1 kilog. ces journaux peuvent être en conséquence transportés par toute autre voie que celle de la poste dont le monopole reçoit ainsi une atteinte dans l'intérêt d'une industrie dont la taxe postale aurait paralysé le développement. — Cette atteinte d'ailleurs n'est pas considérable, le service des postes continuera à conserver le transport exclusif de toutes celles de ces publications qui sont adressées par les éditeurs à leurs abonnés.

793. — L'art. 3 reproduit une disposition de la loi du 15 mars 1827 en vertu de laquelle les journaux politiques n'étaient assujettis qu'à un demi-port dans l'intérieur du département ou ils étaient publiés. Cette faveur est étendue aux écrits périodiques non politiques, avec extension pour l'intérieur des départements limitrophes.

794. — *Livres et autres imprimés, gravures.* « Quant aux livres, gravures et lithographies, en « feuilles, brochés et reliés et tous les autres imprimés « compris dans la troisième catégorie et aux échantil- « lons, l'administration des Postes sera tenue de s'en « charger, si on les lui confie, mais on conservera tou- « jours le droit de les expédier par une autre voie..... « C'est un avantage considérable offert à la librairie « que celui qui lui permettra d'expédier pas la poste « dans des conditions peu onéreuses non-seulement les « ouvrages en feuilles, mais même les livres reliés

§ 3 (*Suite*). — Modération et faveur de taxes pour certains écrits.

Extension du bénéfice de l'art. 7.

257. — *Arrêté du ministre des finances du 9 juillet* 1856. Art. 1er. Le bénéfice des dispositions de l'art. 7 de la loi du 25 juin 1856, aux termes duquel les avis, imprimés ou lithographiés, de naissance, de mariage ou de décès, peuvent être expédiés sous forme de lettres ou sous enveloppes, moyennant un port spécial fixé par cet article, est étendu aux prospectus, catalogues, circulaires, prix courants, avis divers et cartes de visite.— V. art. 253.

Conditions d'enveloppe.

258. — Art. 2. Les objets désignés dans l'article qui précède, ainsi que les avis imprimés ou lithographiés, de naissance, mariage ou décès expédiés sous forme de lettres ou sous enveloppes, ne peuvent profiter de la réduction de port autorisée par l'art. 7 de la loi du 25 juin 1856 que sous les conditions suivantes :

1° Lorsqu'ils sont expédiés sous forme de lettres, ils doivent être pliés de manière que les deux extrémités restent ouvertes des deux côtés et que leur contenu puisse être facilement vérifié ;

2° Lorsqu'ils sont expédiés sous enveloppes, les enveloppes doivent avoir été coupées et rester ouvertes du côté droit ou ne pas être cachetées ;

3° Les enveloppes renfermant des cartes de visite ne seront pas cachetées.

Signes, chiffres, écritures tolérés sur imprimés.

259. — Art. 3. Sont admis à jouir du bénéfice de la modération de taxe accordée pour le transport des imprimés, les objets ci-après désignés :

1° Les circulaires sur lesquelles il est ajouté après le tirage, soit au moyen d'un procédé typographique ou d'un timbre, soit à la main, des chiffres ou des mots qui ne leur ôtent pas leur caractère de circulaires et ne présentent aucun indice de correspondance personnelle ;

2° Les prix courants et mercuriales sur lesquels sont portés, par les moyens ci-dessus énoncés, les chiffres destinés à indiquer le prix des marchandises et des denrées ;

3° Les livres et brochures sur la couverture ou l'une des feuilles desquelles est placée une dédicace manuscrite consistant en un simple hommage ;

4° Les premiers avertissements, les sommations sans frais et les avis officieux, adressés par les percepteurs des contributions directes aux contribuables de leur circonscription, contenant les indications manuscrites de leur texte ;

5° Les échantillons portant une marque de fabrique ou de marchand, et sur lesquels sont inscrits, à la main, des numéros d'ordre et des prix, auxquels sont jointes des étiquettes contenant ces indications.

Extension pour les épreuves d'imprimerie.

260. — Art. 4. Sont également admis à jouir du bénéfice de la modération de taxe accordée pour le transport des imprimés dans l'intérieur de l'Empire, sous la condition d'une autorisation spéciale pour chaque ouvrage, les épreuves d'impression contenant des corrections typographiques et les manuscrits joints à ces épreuves et s'y rapportant.

La demande, pour chaque ouvrage, sera présentée sur papier timbré et adressée au directeur général des postes.

Formation des paquets.

261. — Art. 5. Les paquets confiés à la poste seront confectionnés solidement et, en même temps, de manière que le contenu de chaque paquet puisse toujours être facilement et promptement vérifié.

Les cartes, plans et gravures, peuvent être expédiés sous forme de rouleau ou placés à plat entre deux cartons. Ces objets ne seront pas fermés par des cachets, mais seulement maintenus extérieurement par des ficelles qui puissent être facilement dénouées.

Poids et dimensions des paquets.

262. — Art. 6. Les paquets ne doivent pas dépasser un poids maximum de 3 kilog. — Ils ne peuvent avoir, sur aucune de leurs faces, longueur, largeur ou hauteur, une dimension supérieure à $0^m,45$.

Division de l'expédition en cas de plusieurs paquets.

263. — Art. 7. Lorsque plusieurs paquets, à l'adresse du même destinataire et dépassant ensemble le maximum de poids déterminé par l'article précédent, seront présentés simultanément à un bureau de poste, le directeur de ce bureau pourra en répartir l'expédition entre plusieurs courriers successifs et invitera à cet effet l'expéditeur à faire connaître l'ordre dans lequel ces paquets devront être expédiés.

Art. 8 et 9... [relatifs à des mesures de règlement intérieur concernant le retard et la conservation des paquets trop volumineux, sans utilité ici.]

« dont l'administration avait jusqu'à ce jour refusé de « se charger. » Rapport fait au nom de la commission chargée d'examiner le projet de loi de 1856.

795. — *Papiers de commerce ou d'affaires.* L'arrêté du 27 prairial an IX a soustrait au monopole de l'administration des Postes le transport des sacs de procédure, c'est-à-dire de tous les papiers ayant trait à un procès pendant, lorsque leur poids excédait un kilog., mais sans les taxer. — La loi de 1856 maintient cette exception, et tarife à un prix modéré leur transport par la voie de la poste, afin de les enlever à la concurrence licite de tous autres agents ou entreprise de transport.

796. — Quant aux actes de tous genres, dressés par les avoués, les notaires, les commissaires-priseurs, que l'on avait à tort élevé la prétention de faire assimiler aux pièces de procédure, ils tombent sous le monopole de l'administration dans des conditions de tarif excessivement favorables.

797. — Il en est de même des pièces de comptabilité, bordereaux des compagnies d'assurances et des lettres de voiture lorsqu'elles n'accompagnent pas les marchandises transportées.

798. — *Affranchissement obligé.* — L'affranchissement préalable est la condition de la taxe modérée établie par la loi : — Les expéditeurs pourront affranchir dans les bureaux ; dans ce cas l'administration perd tout recours pour insuffisance d'affranchisse-

§ 3 *(Suite)*. — Exemptions des droits de poste.

Suppléments des journaux consacrés aux débats du Corps législatif, et à la publication d'écrits officiels.

264. — *L. 2 mai* 1861. Art. 1. Sont exempts de timbre et de droits de poste les suppléments des journaux, lorsque ces suppléments sont *exclusivement* consacrés soit à la publication des débats législatifs reproduits *in extenso* par la sténographie ou par le compte rendu analytique, conformément à l'art. 42 de la Constitution, soit à l'insertion des exposé des motifs de projets de lois ou de sénatus-consultes, des rapports de commissions ou des documents officiels déposés au nom du gouvernement sur le bureau du Sénat ou du Corps législatif.

Pour jouir de l'exemption sus-énoncée, les suppléments doivent être publiés sur feuilles détachées du journal.

La même exemption s'appliquera aux suppléments de journaux non quotidiens des départements autres que ceux de la Seine et de Seine-et-Oise, publiés en dehors des conditions de périodicité déterminées par leur cautionnement.

Art. 2. Sont exempts de timbre toutes autres publications périodiques consacrées aux matières indiquées en l'article précédent.

Extension de cette exception.

265. — *L. mai* 1868. Art. 5. Sont exempts de timbre et de droits de poste les suppléments des journaux ou écrits périodiques assujettis au cautionnement, lorsque ces suppléments ne comprennent aucune annonce de quelque nature qu'elle soit et quelque place qu'elle y occupe et que la moitié au moins de leur superficie est consacrée à la reproduction des documents énumérés en l'art. 1er loi du 2 mai 1861.

---

ment et reste responsable de l'erreur de ses agents.

799. — Si l'affranchissement a lieu en dehors du bureau par l'envoyeur au moyen de timbres-poste, l'insuffisance d'affranchissement donne lieu à une surtaxe égale au triple de l'insuffisance.

800. — **Les imprimés ne doivent contenir ni chiffres ni écritures.** — Plus une loi est libérale, plus elle doit veiller à ce qu'on n'abuse pas de ses dispositions : de là la défense absolue d'ajouter aux imprimés expédiés par la voie de la poste quoique ce soit qui puisse dispenser l'expéditeur d'écrire au destinataire, ni chiffres, ni signes, ni écriture; la loi ne tolère que la signature et la date, à moins d'autorisation, sauf les exceptions suivantes, admises par l'art. 256 :

Un arrêté du Ministre des finances en date du 9 juillet 1856 a étendu en effet les tolérances de l'administration, sur ce point, aux dédicaces manuscrites consistant en un simple hommage et à certains signes ou chiffres qu'il est d'usage dans le commerce d'ajouter sur les imprimés qu'énumère son art. 3 (art. 259) et encore aux corrections manuscrites sur les épreuves d'imprimerie, mais sous la condition d'en avoir obtenu l'autorisation du directeur général.

Les manuscrits joints aux épreuves typographiques sont également admis au bénéfice de la taxe modérée, sous la même condition. — Art. 4 de l'arrêté de 1856 (art. 260).

801. — **Pénalité.** — Le législateur, pour la sanction de ces dispositions, s'en est référé à l'arrêté de prairial an IX et à la loi du 21 juin 1854 (art. 244 et 246).

802. — Aucun imprimé soumis au timbre ne peut être admis à la poste s'il n'est timbré ou visé pour timbre.

803. — Les journaux ou imprimés trouvés dans les boîtes aux lettres sans affranchissement sont taxés comme lettres.

[**264** à **265**] — La loi, dans le but de déterminer les gérants de journaux à transmettre à leurs abonnés les comptes rendus officiels des séances parlementaires et les documents officiels qui se rattachent à la discussion des lois, a exempté des droits de poste les suppléments qui contiendraient ces comptes rendus et ces documents sous les conditions spécifiées par les art. 2 loi du 2 mai 1861 et l'art. 5 de la loi du 11 mai 1868, dont les dispositions ne paraissent pas pouvoir donner lieu à des difficultés.

L'effet de cette dernière loi, par rapport à la précédente, a été d'affranchir l'exemption, de l'obligation que les suppléments fussent *exclusivement consacrés aux comptes rendus ou documents officiels.* — Cela n'est plus aujourd'hui nécessaire : le mot *exclusivement* se trouve ainsi effacé de l'art. 2 de la loi de 1861 ; — il suffit que la moitié des suppléments, sans annonces, soit consacrée à ces documents.

TITRE II. — DES THÉÂTRES ET DES REPRÉSENTATIONS SCÉNIQUES.

804. — Pour la publication de leurs œuvres, les auteurs dramatiques ont, de plus que les autres auteurs, un moyen spécial et d'une puissance considérable : le théâtre.

Le théâtre peut être considéré sous trois points de vue différents, savoir :

1° Comme moyen de publication ;

2° Comme entreprise industrielle ;

3° Au point de vue, enfin, de l'ordre public.

I

805. — Au point de vue de la publication, — les théâtres sont des établissements où le public se réunit à jours fixes, régulièrement ou irrégulièrement, pour y entendre la récitation passionnée et vivante d'une œuvre dramatique, par des intermédiaires appelés acteurs ou comédiens, aux gages et sous la dépendance d'un directeur.

806. — Le directeur, qui peut, sous plus d'un rapport, être assimilé *aux gérants des journaux cautionnés* doit être tenu pour *responsable* des crimes et délits dont la représentation scénique viendrait à effectuer la publication. Aucun ouvrage ne pouvant, en effet, être représenté par la troupe qu'il dirige sans son ordre ou sans sa permission, il en devient par là même le publicateur de fait.

L'auteur de l'ouvrage représenté ne saurait jamais être alors annexé à la poursuite que comme *complice* du directeur, *auteur principal*.

807. — Quant aux *acteurs*, — à moins que le passage délictueux de la pièce ne soit leur œuvre personnelle par addition spontanée, ou par l'effet de leur jeu ou de leur imitation, et sauf encore le cas d'une association sans chef qui les rendrait tous responsables ; — les *acteurs*, disons-nous, doivent, ainsi que les ouvriers compositeurs vis-à-vis de leur imprimeur, être considérés comme des agents passifs et irresponsables des délits dont ils ont été cependant les instruments immédiats et directs.

II

808. — Au point de vue commercial ou industriel, — les théâtres sont des entreprises dont la gérance et l'exploitation sont soumises aux règles concernant les sociétés, lorsque leur création est le résultat d'une association de capitaux et de fondateurs.

III

809. — Au point de vue de l'ordre public, — le théâtre, c'est la foule assemblée, c'est la passion émue en présence du jeu émouvant des acteurs. — Là où est la foule et la foule impressionnable, là doit intervenir la loi et l'autorité, car là peut être le désordre.

Comme moyen d'action sur les masses, comme source d'émotions pour les sens, comme organisme de publication de la pensée, le théâtre ne pouvait demeurer sans surveillance ni réglementation.

La loi n'est point restée à l'écart de cette institution, et de même qu'elle avait soumis à des mesures préventives les autres modes connus de publication et de transmission de la pensée, elle a soumis l'ouverture et la tenue des théâtres à des formalités et à des règlements très-sages de police. Ici, comme ailleurs, en ce qui concerne cependant la pensée en elle-même, l'intervention du pouvoir a commencé par la censure.

La Révolution de 1789, ayant aboli le régime censorial dont le génie dramatique avait jusqu'alors subi la compression et la tolérance, la liberté des théâtres se dégagea, elle fut proclamée. — Ses abus furent rapides, son règne fut court.

Dès l'an VIII, la censure, par l'autorisation préalable, redevient la condition des représentations théâtrales. — La fondation et l'ouverture des théâtres furent, d'autre part, également subordonnées à l'*autorisation* discrétionnaire du Gouvernement.

Cette situation s'est prolongée jusqu'à nos jours en ce qui concerne la censure des pièces dramatiques.

Quant à la fondation, à l'ouverture et à l'exploitation des salles de spectacles, le décret du 6 janvier 1864, les a affranchies de l'*autorisation préalable*. — Son premier article proclame la liberté des théâtres sous cette unique condition, qui n'est qu'une simple mesure d'ordre, de faire connaître à l'autorité l'intention d'en user, de provoquer ainsi son attention, et au besoin sa surveillance du théâtre que l'on veut exploiter ou fonder.

Cette formalité n'est pas nouvelle dans nos lois, la presse périodique et la plupart des industries qui s'y rattachent, y sont soumises; elle se nomme : *La formalité de la déclaration préalable.*

La *déclaration* par les fondateurs;

L'*autorisation* ministérielle pour la représentation des pièces ;

Telles sont, avec quelques mesures de police intérieure, les conditions de la liberté des théâtres et la base de sa réglementation.

810. — L'autorisation du ministre de l'intérieur n'est toutefois pas la seule dont les directeurs de théâtres doivent se pourvoir, la législation protectrice du droit des auteurs punit, des peines édictées contre les contrefacteurs, la représentation des ouvrages dramatiques non tombés dans le domaine public, lorsqu'elle n'a pas été autorisée formellement et par écrit par leurs auteurs ou après leur décès par leurs veuves, leurs héritiers ou ayants cause.

Ajoutons que si l'obligation d'obtenir l'autorisation des auteurs est sanctionnée par des peines sérieuses, la sanction pénale de l'obligation d'obtenir celle du Gouvernement se trouve aujourd'hui réduite à des peines insuffisantes de simple police depuis qu'a pris fin la durée légale de la loi du 30 juillet 1850.

On trouvera dans notre *Code annoté de la presse de 1850*, d'autres indications au sujet de la législation concernant les théâtres.

TITRE II. — DES THÉATRES ET DES REPRÉSENTATIONS DRAMATIQUES.

Chap. I. — Police et surveillance. Droits des autorités. Troupes dramatiques.

Liberté des théâtres. — Déclaration.

266. — *L.* 13-19 *janvier* 1791. Art. 1er. Tout citoyen pourra élever un théâtre public et y faire représenter des pièces de tous les genres, en faisant, préalablement à l'établissement de son théâtre, sa déclaration à la municipalité des lieux.

Des droits des autorités locales.

267. — Art. 6. Les entrepreneurs ou les membres des différents théâtres seront, à raison de leur état, sous l'inspection des municipalités.

Ils ne recevront les ordres que des officiers municipaux, qui ne pourront pas arrêter ni défendre la représentation d'une pièce, sauf la responsabilité des auteurs et des comédiens et qui ne pourront rien enjoindre aux comédiens que conformément aux lois et règlements de police.

Emploi de la force armée.

268. — Art. 7. Il n'y aura au spectacle qu'une garde extérieure, dont les troupes de ligne ne seront point chargées, si ce n'est dans le cas où les officiers municipaux leur en feraient la réquisition formelle.

Il y aura toujours un ou plusieurs officiers civils dans l'intérieur des salles, et la garde n'y pénétrera que dans le cas où la sûreté publique serait compromise et sur la réquisition expresse de l'officier civil, lequel se conformera aux lois et règlements.

Tout citoyen sera tenu d'obéir provisoirement à l'officier civil.

De la police des théâtres.

269. — *L.* 21 *frim.* an XIV. Art. 1er. Les commissaires généraux de police sont chargés de la police des théâtres en ce qui concerne les ouvrages qui y sont représentés.

Art. 2. Les maires sont chargés, sous tous les autres rapports, de la police des théâtres et du maintien de l'ordre et de la sûreté.

De l'autorisation censoriale.

270. — *D.* 8 *juin* 1806. Art. 14. Aucune pièce ne pourra être jouée sans l'autorisation du ministre de la police.

Spectacles de curiosité.

271. — Art. 15. Les spectacles de curiosité seront soumis à des règlements particuliers et ne porteront plus le titre de théâtre.

Sanction pénale des art. 266 et 283.

272. — *D.* 13 *avril* 1811. Art. 12. Toute contravention en ce qui touche l'ouverture d'un théâtre ou spectacle, sans déclaration ou *sans permission*, sera poursuivie devant nos cours et tribunaux par voie de police correctionnelle, et punie des peines de l'art. 410 du Code pénal, savoir :

Prison, 2 mois à 6 mois, et amende de 100 fr. à 1,000 fr. — Interdiction facultative des droits civils et civiques, confiscation des meubles garnissant et décorant les lieux.

Organisation des compagnies théâtrales.

273. — *Ordonn. du 8 déc.* 1824. Art. 1er. Il y aura dans les départements, des troupes de comédiens sédentaires, des troupes de comédiens d'arrondissement et des troupes de comédiens ambulants.

Elles sont sous les ordres d'un directeur.

274. — Art. 2. Toutes ces troupes ne peuvent exister que sous la conduite de directeurs *nommés pour 3 ans, par le ministre de l'intérieur.*

Un directeur peut avoir plusieurs troupes.

275. — Art. 3. *Un directeur ne pourra avoir qu'une seule troupe qu'il devra diriger en personne.* (Cet article a été abrogé par l'ordonnance du 15 mai 1831, qui décide que les entreprises théâtrales ne sont plus assujetties à n'avoir qu'une seule troupe dirigée par le directeur en personne.)

Incessibilité des brevets de directeur.

276. — Art. 4. Le directeur ne pourra vendre ni céder son brevet, sous peine de destitution.

Art. 5. Les directions de ces troupes ne pourront être confiées à des femmes.

Surveillance des préfets.

277. — Art. 6. Deux directeurs de troupe d'arrondissement et ambulants pourront changer de circonscription avec l'autorisation du préfet.

Répertoire. — Tableau de la troupe.

278. — Art. 7. Au commencement de chaque année, le directeur enverra au ministre, par l'intermédiaire du préfet du chef-lieu où il débutera, le tableau de sa troupe contenant les noms et prénoms des acteurs, actrices et employés à ses gages, ainsi que son répertoire.

Autorisation censoriale.

279. — Art. 8. Les pièces nouvelles et celles qui sont représentées à Paris, ne pourront être jouées dans les départements que d'après le manuscrit ou exemplaire visé au ministère de l'intérieur. — Le titre sous lequel elles auront été jouées ne pourra être changé.

[**266** à **279**] = 811. — Cette loi du 19 janvier 1791 n'a pas été abrogée ; la déclaration qu'exige son art. 1er doit être faite à l'autorité municipale pour la mettre à même de prendre les mesures que la surveillance du spectacle pourrait comporter.

842. — L'interdiction de l'art. 6 a pour but de soustraire les directeurs de théâtre aux exigences des autorités locales qui tenteraient de leur imposer des modifications dans les œuvres dramatiques autorisées.

On ne pourrait, par suite, l'opposer à l'autorité municipale qui, en cas de troubles graves, ordonnerait l'évacuation d'une salle trop surexcitée et interdirait la pièce dont la représentation serait de nature à compromettre l'ordre public. — Les maires, aux termes de l'art. 1er du décret du 21 frimaire an XIV, sont chargés de la police des théâtres, et doivent, en conséquence, prendre toutes les mesures que réclament le maintien de l'ordre et la sécurité.

843. — Le fait de siffler n'est pas une contravention si un arrêté ne l'interdit pas. — Cass., 25 juill. 1846. D.46.4.39.

844. — Les pièces interdites à Paris sont, par cela même, interdites dans toute la France ; mais un préfet peut interdire dans son département la représenta-

Autorisation. — Examen censorial. — Liberté des théâtres. — Déclaration.

De l'autorisation censoriale.

279. A. — *L.* 30 *juillet* 1850. *Art.* 1er. *Jusqu'à ce qu'une loi générale qui devra être présentée dans le délai d'une année ait définitivement statué sur la police des théâtres, aucun ouvrage dramatique ne pourra être représenté sans l'autorisation préalable du ministre de l'intérieur, à Paris, et des préfets dans les départements.*

Cette autorisation pourra toujours être retirée pour des motifs d'ordre public.

Art. 2. — *Toute contravention aux dispositions qui précédent sera punie, par les tribunaux correctionnels, d'une amende de 100 fr. à 1,000 fr., sans préjudice des poursuites auxquelles pourraient donner lieu les pièces représentées.* Abrogés. V. art. 280.

280. — *L.* 30 *juillet* 1851. *Article unique.* La loi du 30 juillet 1850 sur la police des théâtres est prorogée jusqu'au 31 décembre 1851.

De l'autorisation censoriale.

281.—*D.* 30 *déc.* 1852. *Art.* 1er. Les ouvrages dramatiques continueront à être soumis, avant leur représentation, à l'autorisation *de notre ministre de l'intérieur* à Paris, et des préfets dans les départements (V. art. 282).

Art. 2. Cette autorisation pourra toujours être retirée pour des motifs d'ordre public (art. 285).

Sanction pénale.

Art. 471, n° 15, *C. pén.* — Seront punis d'une amende de 1 fr. à 5 fr. ceux qui auront contrevenu aux règlements faits par l'autorité administrative.

Ouvrage dramatique, examen, censure.

282. — *D.* 6 *juillet* 1853. *Art.* 1er. L'autorisation préalable, sans laquelle un ouvrage dramatique ne peut être représenté sera désormais délivrée par notre ministre d'Etat pour les théâtres impériaux subventionnés.

Art. 2. La commission chargée d'examiner les ouvrages dramatiques, sera désormais saisie par le ministre d'Etat de l'examen des pièces à représenter sur les théâtres impériaux subventionnés et lui adressera directement les rapports et observations auxquels cet examen aura donné lieu.

Liberté des théâtres. — Déclaration.

283. — *D.* 6 *janv.* 1864. *Art.* 1er. Tout individu peut faire construire et exploiter un théâtre, à charge de faire une déclaration au ministre de notre maison et des Beaux-Arts, et à la préfecture de police pour Paris, à la préfecture dans les départements. (Sanction, V. art. 272.)

Les théâtres qui paraîtront plus particulièrement dignes d'encouragements pourront être subventionnés, soit par l'Etat, soit par les communes.

Ce qui est maintenu des lois antérieures.

284. — Art. 2. Les entrepreneurs de théâtres devront se conformer aux ordonnances, décrets et règlements pour tout ce qui concerne l'ordre, la sécurité et la salubrité publique.

Continueront d'être exécutées les lois existantes sur la police et la fermeture des théâtres, ainsi que sur la redevance établie au profit des pauvres et des hospices.

De l'autorisation censoriale.

285. — Art. 3. Toute œuvre dramatique, avant d'être représentée, devra, aux termes du décret du 30 déc. 1852 (art. 281), être examinée et autorisée par le ministre de notre maison et des Beaux-Arts, pour les théâtres de Paris, par les préfets pour les théâtres des départements.

Cette autorisation pourra toujours être retirée pour des motifs d'ordre public.

Liberté des genres sur tous les théâtres.

286. — Art. 4. Les ouvrages dramatiques de tous les genres, y compris les pièces entrées dans le domaine public, pourront être représentés sur tous les théâtres.

Théâtres d'enfants. — Interdiction.

287. — Art. 5. Les théâtres d'enfants acteurs continueront d'être interdits.

Cafés concerts, etc.

288. — Art. 6. Les spectacles de curiosités, de marionnettes, les cafés dits cafés chantants, cafés concerts et autres établissements du même genre, restent soumis aux règlements présentement en vigueur.

.... Ils n'auront à supporter aucun prélèvement autre que la redevance au profit des pauvres ou des hospices.

Art. 7. Transitoire et sans intérêt ici.

Abrogation.

289. — Art. 8. Sont abrogées toutes les dispositions des décrets, ordonnances et règlements dans ce qu'elles ont de contraire au présent décret.

---

tion d'une pièce autorisée à Paris.—Circul. du Ministre des Beaux-Arts. — 28 avril 1864. D.64.3.94.

815. — Les œuvres des maîtres, tombées dans le domaine public, doivent être représentées sans altération du texte (même circulaire).

817. — Le spectateur qui a assisté à la représentation d'une pièce qui n'a éprouvé d'autres mutilations que celles qu'elle avait subies dès l'origine, ne peut cependant, à raison de ce fait, lors même que l'affiche aurait promis l'œuvre intacte, réclamer aucune indemnité. —Trib. Seine, 7 déc. 1853. D.54.3.7.

818.—L'article 272 n'a pas cessé d'être en vigueur; —sa disposition qui sanctionne l'obligation imposée par l'art. 1er du décret de 1864 aux fondateurs de nouveaux théâtres, d'en faire la déclaration est modifiée en ce sens que l'autorisation n'étant plus une condition de l'ouverture de ces nouveaux théâtres, les mots, *ou sans permission*, imprimés en lettres italiques, doivent être tenus pour supprimés.

819. — La liberté des théâtres que proclame l'art. 1 du décret de 1864, étant incompatible avec le système de l'ordonnance de 1824, qui subordonnait la nomination des troupes théâtrales à l'agrément de l'autorité supérieure, l'art. 2. de cette ordonnance se trouve abrogé dans sa partie imprimée en lettres italiques.

[**279 à 289.**]=820.— Les lois du 30 juillet 1850 et 30 juillet 1851, ayant cessé d'être en vigueur à partir du jour où expira le délai fixé par la dernière de ces lois (art. 280), et le décret du 30 déc. 1852, (art. 281) n'ayant édicté aucune pénalité, les tribunaux ne peuvent punir la représentation d'une pièce non autorisée des peines de la loi du 30 juillet 1850. Mais le

Chap. II. — Droits des auteurs.—Autorisation des auteurs pour jouer leurs pièces.

Œuvres dramatiques du domaine public.

290.—*L.* 13–19 *janv.* 1791. *Art.* 2. Les ouvrages des auteurs morts depuis cinq ans et plus, sont une propriété publique et peuvent, nonobstant tous anciens priviléges qui sont abolis, être représentés sur tous les théâtres indistinctement.

Œuvres propriété des auteurs. — Autorisation.

291. — Art. 3. Les ouvrages des auteurs vivants ne pourront être représentés sur aucun théâtre public, dans toute l'étendue de la France, sans le consentement formel et par écrit des auteurs; sous peine de confiscation du produit total des représentations au profit des auteurs.

Extension. — Respect des traités.

292. — Art. 4. L'art. 3 s'applique aux ouvrages déjà représentés, quels que soient les anciens réglements; néanmoins, les actes qui auraient été passés entre des comédiens et des auteurs, ou des auteurs morts depuis moins de cinq ans, seront exécutés.

Droits des héritiers et cessionnaires.

293.—Art. 5 .Les héritiers ou les cessionnaires des auteurs seront propriétaires de leurs ouvrages durant l'espace *de cinq années* (V. art. 29-36) après la mort de l'auteur.

Extension du décret ci–dessus.

294. — *L.* 6 *août* 1791. *Art.* 1er. Conformément aux art. 3 et 4, décret du 13 janvier dernier, concernant les spectacles, les ouvrages des auteurs vivants, même ceux qui étaient représentés avant cette époque, soit qu'ils fussent ou non gravés ou imprimés, ne pourront être représentés sur aucun théâtre public, dans toute l'étendue du royaume, sans le consentement formel et par écrit des auteurs ou sans celui de leurs *héritiers ou cessionnaires pour les ouvrages des auteurs morts* depuis moins de cinq ans, sous peine de confiscation du produit total des représentations au profit de l'auteur, ou de ses héritiers ou cessionnaires.

Liberté et respect des traités.

295.-Art. 2. La convention entre les auteurs et les entrepreneurs de spectacles sera parfaitement libre, et les officiers municipaux, ni aucuns autres fonctionnaires publics ne pourront taxer lesdits ouvrages, ni modérer ou augmenter le prix convenu; et la rétribution des auteurs convenue entre eux ou leurs ayants cause et les entrepreneurs de spectacles ne pourra être ni saisie ni arrêtée par les créanciers des entrepreneurs de spectacles.

Droits des auteurs.

296. — *D.* 1er *septembre* 1793. *Art.* 1er. La Convention nationale rapporte la loi du 30 août 1792 relative aux spectacles.

Art. 2.—Les lois du 13 janvier 1791 et du 19 juill. 1793 [art. 290, 266 et 37, *suprà*] leur sont applicables dans toutes leurs dispositions.

Police. — Registre des représentations.

297. — Art. 3. La police des spectacles continuera d'appartenir exclusivement aux municipalités.

Les entrepreneurs ou associés seront tenus d'avoir un registre sur lequel ils inscriront et feront viser par l'officier de police de service à chaque représentation les pièces qui seront jouées pour constater le nombre de représentations de chacune.

Droits des auteurs. — Liberté de leurs traités.

298. — *Décret* 8 *juin* 1806. *Art.* 10. Les auteurs et les entrepreneurs seront libres de déterminer entre eux, par des conventions mutuelles, les rétributions dues aux premiers par somme fixe ou autrement.

Surveillance de leurs conventions.

299. — *Art.* 11. Les autorités locales veilleront strictement à l'exécution de ces conventions.

Œuvres posthumes.

300. — *Art.* 12. Les propriétaires d'ouvrages dramatiques posthumes ont les mêmes droits que l'auteur, et la disposition sur la propriété des auteurs, et sa durée, leur sont applicables, ainsi qu'il est dit au décret du 1er germinal an XIII (art. 32, *suprà*).

Droit des veuves et des enfants des auteurs.

301. — *D.* 5 *février* 1810. Art. 39. Le droit de propriété est garanti à l'auteur et à sa veuve pendant leur vie *si les conventions matrimoniales de celle-ci lui en donnent le droit*, et à leurs enfants pendant 20 ans [ce nombre a été porté à 50 ans par l'art. 307 ci-après].

Droit de céder. —Droit des cessionnaires.

302. — Art. 40. — Les auteurs, soit nationaux, soit étrangers, de tout ouvrage imprimé ou gravé, peuvent céder leurs droits......, à toute personne qui leur est alors substituée en leurs lieu et place pour eux et leurs ayant-causes comme il est dit en l'article précédent.

---

décret du 30 déc. 1852, ayant le caractère d'un règlement général de police, puisqu'il a été rendu dans les limites du pouvoir réglementaire (L. 16 août 1790, art. 3 et 4), l'infraction à ses dispositions tombe sous application de l'art. 471, n° 15, du C. pén. (art. 281). —Cass., 17 avril 1856. D.56.4.499, V. n° 810, *suprà*).

821. — Le décret du 6 janvier 1864 a fait la liberté des théâtres, l'autorisation préfectorale n'est plus nécessaire pour ouvrir un théâtre, une simple déclaration dont le but est uniquement de provoquer la surveillance de l'autorité, suffit. — Circ. min. des Beaux-Arts, 28 avril 1864. D.64.3.94.

[**290** à **300**.]==822.—Les droits des auteurs dramatiques sont exposés à deux sortes de violations, savoir:

A la violation par l'impression et la vente, non autorisées, de leurs œuvres qui constitue le délit de contrefaçon.

A la violation par leur représentation, non autorisée également, qui est assimilée au délit de contrefaçon.

Représentations illicites. — Pénalités. — Durée des droits des héritiers des auteurs.

Sanction des lois protectrices des droits des auteurs.

303. — *Code pénal*. Art. 428. Tout directeur, tout entrepreneur de spectacles, toute association d'artistes qui aura fait représenter sur son théâtre, des ouvrages dramatiques au mépris des lois et règlements relatifs à la propriété des auteurs, sera puni d'une amende de 50 fr. au moins, et de 500 fr. au plus, et de la confiscation des recettes (nos 837 à 842).

Confiscation. — Indemnité.

304. — Art. 429. Dans les cas prévus par l'article précédent, le produit... des recettes confisquées sera remis au propriétaire pour l'indemniser d'autant du préjudice qu'il aura souffert; le surplus de son indemnité ou l'entière indemnité, s'il n'y a eu saisie de recettes... sera réglé par les voies ordinaires (V. le texte entier de cet article, *suprà*, art. 43).

Droits de la veuve et des enfants.

305. — *L.* 3 *août* 1844. Art. unique. Les veuves et les enfants des auteurs d'ouvrages dramatiques, auront à l'avenir le droit d'en autoriser les représentations et d'en conférer la jouissance pendant 20 *ans* (50 ans L. 1866, art. 307), conformément aux dispositions du décret du 5 février 1810 (art. 301, 302).

Durée des droits de la veuve et des enfants.

306. — *L.* 8 *avril* 1854. Art. unique. Les veuves des auteurs, des compositeurs et des artistes, jouiront pendant toute leur vie des droits garantis par les lois des 19 janvier 1791 (art. 290-293), des 19, 21 juillet 1793 (art. 28 à 30 *suprà*); par le décret du 5 février 1810 (art. 301-302), la loi du 30 août 1844 (art. 305) et les autres lois sur la matière.

La durée de la jouissance accordée aux enfants par ces mêmes lois et décrets, est portée à 30 *ans* (à 50 ans, V. art. 307) à partir soit du décès de l'auteur, compositeur ou artiste, soit de l'extinction des droits de la veuve.

Durée du droit des héritiers. — Nouveau règlement.

307. — *L.* 14 *juillet* 1866. Art. 1er. La durée des droits accordés par les lois antérieures aux héritiers successeurs irréguliers, donataires ou légataires des auteurs, compositeurs ou artistes, est portée à 50 ans à partir du décès de l'auteur.

Pendant cette période de 50 ans, le conjoint survivant, quel que soit le régime matrimonial et indépendamment des droits qui peuvent résulter en faveur de ce conjoint, du régime de la communauté, a la simple jouissance des droits dont l'auteur prédécédé n'a pas disposé par acte entre-vifs ou par testament.

Toutefois, si l'auteur laisse des héritiers à réserve, cette jouissance est réduite au profit de ces héritiers suivant les proportions et distinctions établies par les art. 913 et 915 du Code Napoléon.

Cette jouissance n'a pas lieu lorsqu'il existe au moment du décès une séparation de corps prononcée contre ce conjoint; elle cesse au cas où le conjoint contracte un nouveau mariage.

Les droits des héritiers à réserve, et des autres héritiers ou successeurs pendant cette période de 50 ans, restent d'ailleurs réglés conformément aux prescriptions du Code Napoléon.

Lorsque la succession est dévolue à l'Etat, le droit exclusif s'éteint sans préjudice des droits des créanciers et de l'exécution des traités de cession qui ont pu être consentis par l'auteur ou par ses représentants.

Les lois qui protégent les auteurs contre les premières ont été rapportées et classées dans le titre consacré aux lois réglementaires de l'imprimerie et de la librairie (V. p. 26, 29 et 87), nous ne réunissons ici que les dispositions qui les protégent contre les représentations scéniques non autorisées, illicites.

823. — Un ouvrage dramatique peut, sans l'autorisation des successeurs ou ayants cause de son auteur, être représenté sur toutes les scènes, lorsqu'il est tombé dans le domaine public; dans le cas contraire, il faut l'autorisation formelle et par écrit de ceux qui ont la jouissance des droits d'auteur. (V. p. 24 à 29.)

824. — Le décret du 19 janv. 1791, dont les dispositions, au point de vue des droits mêmes qu'elles reconnaissent aux auteurs dramatiques, sont encore en vigueur, a été profondément modifié par les lois postérieures, en ce qui concerne la durée des droits garantis à leurs héritiers ou cessionnaires (V. *infrà*, nº 833).

825. — La disposition de l'art. 2 de ce décret eut pour effet de faire entrer, un peu arbitrairement, dans le domaine public, les ouvrages des auteurs morts avant 1786 dont les priviléges étaient cependant perpétuels d'après l'arrêt du conseil du 30 juillet 1778.

Quant aux droits des héritiers ou cessionnaires des auteurs morts après 1786, ils furent reconnus et réglés par l'art. 2 du décret du 6 août 1791 (art. 295).

826. — Les mots *ouvrage, ouvrages dramatiques,* employés par ces lois et les lois postérieures comprennent les compositions musicales, les ballets, les pantomimes, les cantates, les chansonnettes, aussi bien que les compositions dramatiques ou scéniques d'un ordre plus relevé, telles que les tragédies, les comédies, les drames, les opéras, les vaudevilles, les opérettes, etc. (V. nº 833).

827. — Le bénéfice des lois protectrices des droits des auteurs n'est pas, au regard de la représentation illicite de leurs œuvres, subordonné à la condition préalable du dépôt de deux exemplaires que l'art. 6 de la loi du 19 juillet 1793 (art. 37, *suprà*), exige pour la poursuite du délit de contrefaçon. — Paris, 15 fév. 1828 et 18 fév. 1836. J.p.

828. — La formalité du dépôt prescrit par cet art. 6 ne peut être étendue aux représentations sur un théâtre public, lesquelles ne peuvent avoir lieu sans le consentement *formel et par écrit* des auteurs, encore bien que ceux-ci aient perdu le droit exclusif de les faire graver et imprimer. — Lyon, 2 janv. 1852. — Cass., 24 juin 1852. J.p.

[301 à 507] = 829. — La durée des droits d'auteur pour les veuves des auteurs, leurs héritiers, cessionnaires ou ayants cause, a été en dernier lieu réglée par la loi du 14 juillet 1866 (art. 307 ci-dessus), dont la pensée, le but et le système ont été, au titre

Constatation des délits.— Saisie. — Poursuite.

808. — *Disposition déduite de l'état de la législation.*

La saisie des recettes ou des produits des représentations dramatiques faites au mépris des lois et règlements relatifs aux droits des auteurs ou de leur veuve, ou, après eux, de leurs héritiers ou ayants cause, ou de leurs cessionnaires, ainsi que la constatation des délits et leur poursuite auront lieu, conformément aux lois qui règlent la poursuite, la constatation, les saisies et confiscations prescrites au sujet des délits de contrefaçon.

Il n'est pas dérogé, par les lois spéciales, aux règles concernant l'action civile en cette matière.

———

des imprimeurs (p. 24-25) l'objet d'annotations auxquelles nous devons ici nous borner à renvoyer.

830. — Quant à la part des auteurs sur les recettes des représentations, elle a été l'objet de divers ordonnances et décrets dont les dispositions ne présentent pas assez d'intérêt pour trouver leur place dans cette codification des lois générales de la matière. — Cette part, qui peut toujours être particulièrement réglée par des stipulations spéciales entre les auteurs et les directeurs de théâtre, a été, en ce qui concerne l'opéra, fixée par un décret du 10 déc. 1860.

831. — Pour les représentations dramatiques non autorisées par les auteurs, le paiement des droits d'auteur peut être exigé.—Paris, 26 janv. 1852.D.52. 2.184. — Lorsque l'ouvrage appartient à plusieurs auteurs, les droits sont dus aussi bien à celui qui a refusé qu'à celui qui a donné ou n'a pas donné l'autorisation.

832. — Un opéra ne doit pas être considéré comme la réunion des deux œuvres distinctes; savoir : un poëme et des airs de musique, dont chacune serait la propriété séparée des auteurs, mais comme une œuvre collective dont on ne peut rien distraire sans l'autorisation, non-seulement du compositeur, mais encore de l'auteur du poëme : il faut par suite leur double autorisation pour exécuter soit l'ouverture, soit la musique seule des morceaux détachés, ou même un quadrille composé avec des motifs de l'opéra. — Paris, 12 juillet 1855 ; deux arrêts. D.55.2.256 et 257.

833. — La loi du 19 janv. 1791 est applicable à tous ouvrages susceptibles d'être représentés, exécutés, déclamés ou chantés en public quelles qu'en soient d'ailleurs la nature, la forme et l'importance, et notamment aux paroles accompagnant un ouvrage musical. —Paris, 19 avril 1845.D.45.2.85.—Aux airs même de romances, de chansonnettes ou de vaudevilles.—Paris, 11 avril 1853.D.53.2.430.

834. — Un ouvrage dramatique français, traduit en langue étrangère, ne peut être représenté en France, dans cette dernière langue sans l'autorisation de l'auteur. — Paris, 26 janv. 1852. D.52.2.184 ; Cass., 12 janv. 1853.D.53.4.419.

835. —L'exécution d'une œuvre musicale sans l'autorisation de l'auteur, par une société d'amateurs, devant des abonnés se cotisant pour faire les frais du concert et un public ou des invités payant ou non une rétribution, constitue le délit de contrefaçon passible des peines de l'art. 428 du Code pénal (art. 303), encore bien que le montant des cotisations et des perceptions n'eût pour but que de pourvoir aux frais du concert.—Cass., 16 déc. 1854.D.55.445 ; 11 mai 1860. D.60.4.293; Toulouse, 17 nov. 1862. D.63.2.128. *Contrà*, Cass., 7 août 1863. D.63.4.484.

836. — Un cafetier qui a laissé des musiciens ambulants exécuter des œuvres musicales devant la porte de son établissement et en dehors, sans rien demander ni rien recevoir pour cette exécution, est à tort actionné comme ayant fait exécuter ces œuvres musicales sans autorisation des auteurs. — Cass., 17 janv. 1863. D.63.5.307.

837. — L'expression *théâtre*, dans l'art. 428 du Code pénal (art. 303), ne doit pas s'entendre seulement d'une scène où se donnent des représentations périodiques, mais de tout local destiné à des représentations publiques même accidentelles :—Une salle de concert ou café où s'exécutent des compositions musicales ou dramatiques, doit être assimilée à un théâtre lorsque cette exécution a été organisée par le maître de l'établissement et dans son intérêt.—Trib. Toulon, 16 juin 1866 ; Cass., 11 mai 1860.B.

Cette assimilation avait déjà été faite par l'art. 60 du décret du 6 janvier 1864 (art. 288, *suprà*).

838. — La prohibition de l'art. 428 du Code pénal (art. 303) est applicable à toute exécution publique, cette exécution eût-elle lieu dans des concerts publics organisés dans un établissement d'eaux thermales.—Riom, 23 fév. 1859. D.59.2.430 et 893.—Ou dans un bal public.—Paris, 12 juill. 1855. D.55.2.256.

839. — Ou dans un cirque (mêmes arrêts).

840. — Ou, en certains cas, dans une maison particulière.—Cass., 7 août 1863.D.63.4.484.

841. —Toutes personnes peuvent représenter les ouvrages dramatiques d'autrui, si les représentations ont lieu sur des théâtres de société dans des lieux où le public n'est pas admis et si aucun prix n'est exigé.—Chauveau-Hélie, VI, p. 74.

842. — Le prévenu poursuivi pour le délit prévu par l'art. 428 du Code pénal (art. 303), ne peut être acquitté sous le prétexte qu'il avait exprimé l'intention de payer les droits dus aux auteurs.—Cass., 11 mars 1860. B.

843. — Le décret du 28 mars 1852 (art. 222-224), concernant la contrefaçon des ouvrages publiés à l'étranger, ne protége que le droit exclusif d'éditer et de publier et ne s'applique point aux représentations non autorisées des œuvres dramatiques ou théâtrales étrangères.—Paris, 26 janv. 1852. D.52.2.184 ; Cass., 12 janv. 1853. D.53.4.199.

[808] — V. les textes des art. 37 à 47 *suprà*, et notes sous ces articles.

LIVRE DEUXIÈME

ABUS DU DROIT ET DES MOYENS DE PUBLICATION

LOIS RÉPRESSIVES

DES CRIMES, DÉLITS ET CONTRAVENTIONS

PREMIÈRE PARTIE.—CRIMES ET DÉLITS.

AVERTISSEMENT

I

844. — Les abus du droit de manifester sa pensée, en d'autres termes, les infractions qui peuvent se commettre par la voie de la presse, de l'écriture, de la parole ou de tout autre moyen de publication, ont été divisées par le législateur lui-même en trois classes, conformément au système consacré par le Code pénal de 1810, sous les qualifications de *crimes, délits, contraventions.*

Cette division qui repose, dans le droit commun, sur la nature de la peine applicable, en ce sens qu'une infraction est qualifiée *crime, délit* ou *contravention*, selon que la peine édictée pour sa répression est *criminelle, correctionnelle* ou de *simple police*; cette division, disons-nous, présente dans la législation spéciale qui régit la presse et les autres moyens de publication, une anomalie qu'il importe de signaler et d'expliquer.

II

.**845** — Le législateur n'a pas, en cette matière, accepté aveuglément le système de 1810. — Ce système, à tort critiqué comme étant l'expression d'une théorie trop matérialiste, a dû nécessairement fléchir devant les exigences pratiques d'une bonne police; en effet:

Pour contenir d'une manière efficace l'action si énergique et si grosse de débordements de la liberté de la presse, les lois, au risque d'être impuissantes, ont dû lui opposer des moyens non moins énergiques et prépondérants de répression.— Les peines de *simple police* eussent été évidemment dérisoires et insuffisantes, c'est pourquoi les violations matérielles de la plupart des lois réglementaires de la presse et des professions qui s'y rattachent ont été frappées de la *peine des délits*, alors que ces violations n'ont pas cessé d'être qualifiées par la loi même de *contraventions.*

846. — Nous avons, en conséquence, considéré comme *contraventions* et rangé dans la classe des *contraventions*, sans égard pour la nature de la peine applicable, tous les faits prévus et punis par les lois, dont la commission ou l'omission réalisait, indépendamment de toute intention méchante, une violation matérielle d'une formalité ou d'une interdiction édictée par la loi comme une mesure de police.

Mais lorsque, indépendamment de toute réglementation de police, l'acte prévu et puni présente en lui-même l'expression agressive ou frauduleuse d'une pensée méchante ou nuisible au point de vue des intérêts individuels et sociaux, la théorie du droit commun a repris son empire, et l'infraction a été par nous classée dans la catégorie des crimes ou des délits, d'après la nature criminelle ou correctionnelle de la peine encourue.

Nous avons toutefois admis une classe intermédiaire pour deux infractions qui, à raison de leurs conditions spéciales, participent de la nature des délits et des contraventions.— V. art. 424 et 426.

III

Le livre II sera d'abord divisé en trois parties :
Dans la première, seront contenues les lois répressives des crimes et des délits;
Dans la seconde, les lois répressives des contraventions ;
Dans la troisième, les lois d'aggravation ou d'atténuation des peines.

La première partie sera ensuite subdivisée en trois titres, composés de chapitres avec les désignations suivantes, savoir :

Titre Ier. — Dispositions générales et communes à toutes les infractions.
CHAP. 1er. — Moyens de publication, — publicité, — intention délictueuse.
CHAP. II. — Des coparticipants aux délits.
§ 1er.— De la complicité en général ;
§ 2. — De la provocation-complicité.
§ 3. — De la responsabilité des coparticipants.
Titre II. — Ce titre contiendra les lois répressives des crimes et délits *contre la chose publique* avec deux chapitres divisés en sections :
CHAP. 1er. — Des provocations-délits.
§ 1er. — Provocations à crimes.
§ 2. — Provocations à délits.
CHAP. II. — Des attaques et offenses.
§ 1er. — Contre le Souverain, sa famille, le pouvoir législatif et les souverains étrangers.
§ 2. — Contre le Gouvernement.
§ 3. — Contre la paix publique.
§ 4. — Contre les institutions.
§ 5. — Contre la morale, la religion, les mœurs.
§ 6. — Contre les lois, la famille, etc.
Titre III.—Ce titre, intitulé des délits *contre les personnes*, sera divisé en trois chapitres traitant :
CHAP. 1er. — Des diffamations, des injures et des outrages en général.
CHAP. II. — Des diffamations, des injures, des outrages contre les fonctionnaires et personnes publiques.
CHAP. III. — Des diffamations et injures contre les particuliers.

Une division spéciale aux infractions que nous avons signalées comme participant des délits et des contraventions terminera cette première partie.

Les subdivisions de la deuxième partie concernant les contraventions seront indiquées dans l'avertissement préliminaire placé en tête de cette division.

La troisième partie, sous le titre d'aggravation et d'atténuation des peines, contiendra quatre chapitres.
CHAP. Ier. — Des peines accessoires.
CHAP. II. — Des peines de la récidive, circonstances aggravantes.
CHAP. III. — Des circonstances atténuantes.
CHAP. IV. — Des immunités légales.

Tel a été l'ordre suivi pour le classement des lois que contiendra le livre II.

TITRE I. DISPOSITIONS GÉNÉRALES. — ÉLÉMENTS DES INFRACTIONS.

Chap. I. — Des moyens de publication. — De la publicité.
De l'intention délictueuse.

1° Moyens déterminés de publication.

309. — *L.* 17 *mai* 1819. Art. 1. Quiconque, —soit par des discours, des cris ou menaces proférés dans des lieux ou des réunions publics;

— Soit par des écrits, des imprimés, des dessins, des gravures, des peintures ou emblèmes vendus ou distribués, mis en vente ou exposés dans les lieux ou réunions publics;

— Soit par des placards ou affiches exposés aux regards du public.... Voir la suite, *infrà.* —Art. 315.

[**309** à **309**.A.] = 847. — Toute manifestation de pensée dont la publication, avec intention de nuire, est punie par la loi, est un *délit.*

On donne à ces sortes de délits la qualification de délits de *publication* ou de *presse;* le mot *presse,* qui désigne le plus puissant des moyens de faire la publicité, étant pris pour synonyme de publication.

848. — Cette définition des délits de presse exige, pour l'application des peines, la double condition :
1° Du *fait de publication* de la pensée incriminée;
2° Et de *l'intention délictueuse.*

I. — 1ʳᵉ Condition : publication, publicité.

849. — Il ne faut pas confondre la *publication* avec la *publicité;* l'une est le point de départ, l'autre le but ou l'effet dans ses rapports avec l'être collectif, le public.

850. — Dégagé de toute idée de publicité, le *fait matériel de la publication* est la condition constitutive de la plupart des contraventions de presse. La *publicité* est l'élément essentiel des crimes et délits commis par la voie de la presse, de l'écriture, de la parole, etc., sauf dans certains cas, en ce qui concerne certains délits d'outrages ou d'injures que la loi punit, qu'ils aient été publiquement ou non publiquement commis (art. 222-262 C. pénal).

851. — S'il ne peut jamais y avoir de *publicité sans publication,* il peut y avoir *publication sans publicité.* Ainsi le dépôt des journaux cautionnés, fait conformément à l'art. 8, L. 18 juillet 1828, constitue le fait de leur publication légale si des numéros en ont été envoyés à la poste, alors même que, par suite d'une saisie, aucun exemplaire ne se serait répandu dans le public. — Cass., 30 avril 1832. B.

852. — Du rapprochement de l'art. 1ᵉʳ, L. 17 mai 1849 [art. 309], avec l'art. 6, L. 25 mars 1825, et avec les art. 5, décr. 11 mai 1848 et 15, décr. 17 févr. 1852 [art. 309 A.], il résulte que les *moyens de publication* incriminés par le législateur peuvent se diviser en deux classes, savoir :
1° Les moyens déterminés de publication;
2° Et les moyens indéterminés de publication.

1° Moyens déterminés de publication.

853. — Ces moyens, dont l'énonciation se trouvait éparpillée dans diverses dispositions du Code pénal (art. 102, 247, 222, 225, 262, 267, 293; comparez encore sur notre *C. de la presse* de 1836, avec l'art. 1ᵉʳ, décr. 18 juill. 1791), ont été avec soin et ensemble énumérés par l'art. 1ᵉʳ de la loi du 17 mai 1819 [art. 309]. Sa disposition peut être considérée comme une définition légale de ces modes déterminés de publication. Presque toutes les lois postérieures se sont

2° Moyens indéterminés de publication.

309.A. — *Par induction.* Les moyens indéterminés de publication sont, dans la législation, exprimés par les termes suivants, savoir :
1° « Publiquement et d'une manière quelconque »; art. 6, L. du 25 mars 1825 (art. 383), et art. 5, D. 11 août 1848.—Art. 385 ;
2° «Publication ou reproduction»; D. 17 fév. 1852, art. 15. — Art. 365 ;
3° « Publication, reproduction ou propagation »; L. 7-13 août 1850, sur la presse aux colonies.—Art. 3, § 6.

référées à cet article, quant à l'énonciation de ces moyens.

854. — Si, au point de vue de l'énumération en elle-même, on doit appliquer restrictivement la disposition de cet article, en ce sens que ce serait en méconnaître le caractère pénal que d'en étendre la portée à d'autres moyens de publication ou de manifestation de pensée, aux *gestes* par exemple, ce n'est pas à dire cependant que chacun des termes de cette énumération doive être entendu de même, *sensu stricto;* loin de là, c'est, au contraire, avec toute la généralité qu'ils comportent qu'il faut les appliquer, car autre chose est la portée d'une nomenclature, et autre le sens des mots qui désignent ses catégories.

855. — *Discours.* Cette expression comprend depuis le discours en quatre points jusqu'à un simple mot, même les discours à demi-mots, et ce, quels qu'en soient les formes et le ton, prose, vers, chants, chansons, discours à haute voix ou à voix basse, à mots couverts, les *aparté,* les monologues, les dialogues, etc.; en plus bref, toute parole parlée.

856. — *Cris.* Ce terme s'applique à tout ce qui de la voix humaine cesse d'être la parole articulée : huées, hurlements, grognements, coassements, glapissements, vociférations, sifflets, etc.; mais on excéderait, ce me semble, la portée de son sens naturel si on l'étendait à toute espèce de bruit ou sons autres que ceux produits directement avec la voix ou la bouche.

857. — *Menaces.* L'énumération de l'art. 1, L. 1849 passe ici du domaine matériel des sons sur le domaine de la pensée. Le mot menace manifeste, en effet, un sentiment, une intention, un acte intellectuel; mais comme le terme *proféré* qui suit en borne l'expression à la parole, on ne pourrait, ce me semble l'appliquer aux *menaces par gestes,* à moins que le geste n'expliquât, dans le sens d'une menace, des mots inarticulés prononcés entre les dents, qui sans cela seraient inintelligibles.

859. — *Proférés.* Pour qu'il y ait délit dans la manifestation d'une pensée ou d'un sentiment par la parole ou la voix humaine, il faut plus que son émission ou articulation, il faut que cette émission ou articulation se soit produite dans le sens de la publication, avec l'intention de la faire. C'est pour exprimer cette idée que, dans l'art. 1ᵉʳ, L. 1819, un amendement accueilli fit substituer le mot *proféré* au mot *tenu* qui se trouvait dans la rédaction première.

860. — Proférer ne doit cependant pas s'entendre dans le sens de *vociférer, crier à tue-tête;* il faut, en tout, tenir compte des circonstances et du milieu. Une injure pourrait être aussi bien *proférée à voix basse* qu'à *haute voix.* — Proféré a été inséré dans la

loi pour exprimer non-seulement l'idée d'émission de nature à rendre public, mais surtout de porter avec force et intention la parole émise vers autrui, de manière à pouvoir être entendue de lui et des autres. Proférer une parole à demi-voix ou à voix basse au milieu d'une assemblée silencieuse, ce serait faire plus, sous le rapport de la publicité, que de la vociférer dans une réunion tumultueuse où l'on ne s'entendrait pas.

861. — *Écrits, imprimés.* Le mot *écrit*, qui, isolé dans certaines dispositions législatives [n° 201], est accepté comme synonyme d'*imprimé*, ne s'applique ici, par suite de son opposition avec ce dernier terme, qu'aux expressions *manuscrites* de la pensée ; qu'elles soient fixées sur le papier, sur un mur ou toute autre substance, la matière importe peu.

Quant aux productions de la presse périodique ou non périodique, elles se trouvent toutes comprises dans le terme général et générique d'*imprimé* (n° 217).

862. — *Dessins, gravures, peintures ou emblèmes.* Voir, sous l'art. 22 du décret du 17 février 1852 [art. 471], nos annotations concernant ces expressions. — L'énumération que fait cet article des modes artistiques, des manifestations de la pensée, est encore plus complète ; elle contient en plus les *lithographies*, les *estampes*, les *médailles ;* mais la généralité des termes *dessins, gravures* et *peintures* les comprend suffisamment dans l'art. 1er, L. 1849. — Cass., 6 sept. 1851. B.

863. — *Vendus ou distribués.* La vente et la distribution sont des modes de publication, indépendamment des lieux où elles viennent à s'effectuer. Ce membre de phrase n'est point lié aux mots : *dans les lieux ou réunions publics,* qui ne se rapportent qu'à *l'exposition* ou *mise en vente.*

864. — La vente ou distribution d'un seul exemplaire à une seule personne suffit pour qu'il y ait publication (Cass., 15 sept. 1837. J.P. ; Chassan, I, p. 40), bien qu'elle ait été faite clandestinement. — Cass., 17 août 1839. B. ; Dalloz, v° *Presse,* n° 536.

865. — Il faut toutefois que cette vente ou distribution ait été faite dans le but et avec l'intention de livrer l'écrit au public. La vente ou la remise d'un manuscrit ou d'un ouvrage, même condamné, ne constituerait pas un fait de publication si elle avait lieu non comme un acte de commerce de la librairie, mais avec l'unique pensée de disposer de sa propriété. Tel serait le cas de l'ignorant de la fable ou du bibliophile qui vend ou donne des livres de sa bibliothèque à un amateur comme lui de livres rares ou les échange contre d'autres avec un libraire. Jugé que la remise confidentielle d'un seul exemplaire d'un écrit délictueux ne peut constituer un fait de publication, alors que cet écrit n'a pas circulé et n'a reçu aucune espèce de publicité. — Cass., 11 mai 1851. B.

866. — De la part de l'auteur, la remise d'un seul exemplaire peut, en certain cas, d'autant mieux constituer un acte de publication, que le fait d'avoir fait imprimer l'ouvrage indique son intention de le publier. — Chassan, I, p. 44 ; Cass., 15 sept. 1837. J.P. 38.4. 282. — Mais la remise d'un ou plusieurs exemplaires faite par l'imprimeur à l'auteur constituerait plus l'exécution du contrat d'impression qu'un acte de publication. Quant aux envois ou remises d'un livre à titre d'hommage, voir n° 2044.

867. — Les faits de distribution ou de vente peuvent être prouvés par tous moyens juridiques de preuves, même par lettres missives. — Chassan, I, p. 46.

868. — *Mis en vente ou exposés.* Les juges du fait sont souverains pour déterminer les circonstances desquelles il résulte que les écrits, etc., ont été mis en vente ou exposés ; mais ici encore, comme précédemment, il faut, pour que la mise en vente ou l'exposition soit délictueuse, qu'elle soit le résultat d'une intention délictueuse. Le fait matériel sans intention ne serait par lui seul punissable que s'il s'agissait de la mise en vente ou exposition de dessins, gravures, emblèmes, etc., non autorisée, qui, aux termes de l'art. 22 du décret du 17 février 1852, constitue une contravention, indépendamment de toute intention coupable. (Cass., 26 août 1837. J.P. 37.2.200).

869. — *Placards, affiches.* — Ces expressions désignent aussi bien les affiches manuscrites, imprimées sur papier ou étoffe, que les affiches inscrites ou peintes sur toile ou sur les murs, dont l'art. 30 de la loi du 8 juillet 1852 a fait une catégorie à part, au point de vue fiscal d'un droit d'affichage. — V. art. 442.

2° Moyens indéterminés de publication.

870. — *Publiquement et d'une manière quelconque.* Ces expressions comprennent indistinctement les modes de publication de l'art. 1er, L. 1849, et tous autres modes, quels qu'ils soient ou puissent être, de manifester publiquement sa pensée. Les *gestes,* les *bruits* produits autrement que par la voix humaine, un coup de pistolet, par exemple, qu'exclut l'énumération de cet art. 1er (n° 856), rentrent dans la portée indéterminée de ces expressions élastiques de l'art. 6, L. du 25 mars 1822 (art. 383).

871. — *Publication, reproduction, propagation.* Ces expressions, également fort élastiques, des art. 15, décr. 17 févr. 1852, et 3 d'une loi du 13 août 1850 sur la presse aux colonies, me semblent devoir être aussi interprétées dans leur acception la plus large (n° 854). Nous ferons toutefois observer que, opposés au mot *propagation,* dont le sens spécial se restreint exclusivement à l'émission ou mise en circulation *par la parole,* les termes *publication* ou *reproduction* paraîtraient devoir, au cas des faux bruits et fausses nouvelles auxquels ils se rapportent, ne comprendre que les faits de publication par la voie de la presse ou de l'écriture. — V. n°s 1340 et suivants.

3° Publicité résultant des lieux et du public.

872. — Les écrits tenus secrets, les lettres confidentielles, les confidences par écrit ou de vive voix, les conversations intimes, les causeries intérieures de la famille, les propos de table ou de soirée, même devant les domestiques de la maison, appartiennent à la vie privée. Il n'y a dans ces manifestations de pensées, d'opinions ou de sentiments ni publication, ni publicité, ni rien que la loi pénale puisse atteindre ; le huis clos et l'inviolabilité du domicile les protègent ; la vie privée doit être murée.

873. — La condition essentielle et constitutive des délits dits de publication, nous l'avons dit déjà, c'est leur publication avec publicité.

L'art. 1er, L. 1849, place sur la même ligne la *publicité résultant des lieux* et la *publicité résultant des réunions publiques.*

Que faut-il entendre par *lieux publics ?*

874. — M. Chassan distingue trois catégories de lieux publics.

1° Les lieux publics par *leur nature,* comme les rues, places, chemins publics ; ces lieux ne cessent pas d'être publics, même quand il ne s'y trouve personne.

2° Les lieux publics par *leur destination,* quand cette destination est permanente ; tels sont les temples, les bibliothèques publiques, salles de spectacles, les auberges, les cafés, etc. Aux heures où ils cessent d'être accessibles au public, ces lieux *deviennent lieux privés ;* mais pendant qu'ils sont au public, ils demeurent publics, suivant M. Chassan, en l'absence même de toute personne au moment du délit.

3° Les lieux publics *par accident,* tels, par exemple, qu'une maison particulière louée accidentellement pour un spectacle, des lieux privés temporairement ouverts au public. Une réunion publique pouvant ainsi se tenir dans un lieu non public, il ne suffirait pas, au dire du même auteur, de déclarer, pour établir la non-publicité des discours incriminés, qu'ils n'ont pas été proférés dans un lieu public; il doit, en outre, être constaté qu'ils ne l'ont pas été dans une réunion publique.

875. — Cette doctrine de M. Chassan, fait avec beaucoup de raison observer l'auteur de l'article *Presse*, dans le recueil de M. Dalloz, n° 535, n'est pas de tous points conforme au dernier état de la jusrisprudence, et il faut décider, contrairement à son opinion, que, « soit que le lieu où les discours, cris, etc., auront été proférés ait été public par sa nature, par destination ou par accident, il est, dans tous les cas, nécessaire qu'ils aient été proférés en présence de plusieurs personnes, ou de manière à être entendus par elles pour constituer la circonstance essentielle de la publicité. » — Cette pensée est juste, et nous la partageons.

876. — Ce qui fait la gravité et le danger des délits de publication, c'est *leur publicité* effective et réelle.— Or, ce serait matérialiser et fausser la loi que de faire résulter cette publicité du caractère seul des lieux où ils se sont produits, ou de cette circonstance que ces lieux étaient en ce moment accessibles à tous; — proférée sur le bord de la mer, ou au milieu du Champ-de-Mars désert, une injure ne serait que fictivement publique.

877. — Le caractère public des lieux suppose bien la publicité, mais il ne la fait pas; il faut plus, il faut, ce qui seul peut réellement la faire, *le public*; les mots : *lieux publics* doivent, dans l'art. 4, L. 1819, se compléter par le sous-entendu : *lieux publics avec public*, et *publicité réelle*.

878. —Mais quand y a-t-il *public* et *publicité réelle* en un lieu? — Le public implique la pluralité; — le public, c'est *tous* et par conséquent *plus d'un*; — la présence d'une seule personne au milieu d'une place immense ne suffirait donc pas pour qu'il y eût publicité. Le mot et l'idée impliquant ainsi la *pluralité de personnes*, la question de la publicité aboutit à une question de nombre, — du nombre qui fait la pluralité.

C'est à ce même point qu'aboutit aussi l'analyse sur la portée des mots : *réunions publiques*.

879. — *Pluralité de personnes*. Quel nombre en faudra-t-il pour faire *un public*, et combien pour qu'il y ait *réunion publique*?

L'art. 214 du Code pénal est ainsi conçu : « Toute réunion.... est réputée *réunion* armée lorsque PLUS de DEUX personnes portent des armes. »

Plus de deux, c'est au moins *trois*; il faut donc au moins *trois* personnes pour qu'il y ait *réunion*.

Dans l'art. 381 du même Code, le § 2 porte : « Si le vol a été commis par *deux* ou *plusieurs* personnes. »

La *pluralité légale* commence ainsi *au-dessus* du *nombre deux*.

A défaut d'un texte formel, ces données suffisent pour autoriser cette conclusion, que si le terme *public* implique *réunion* et *pluralité*, s'il n'y a *réunion* et *pluralité* qu'au-dessus de *deux personnes*, c'est donc à *trois* qu'il faut fixer le nombre minimum d'auditeurs ou de spectateurs pour faire un public ou constituer une réunion.—Cass., 1er août 1845. D.45.5.415. Dalloz, v° *Presse*, n° 862.

880. —Mais ce n'est là qu'un minimum et la loi exige plus. Son texte veut une *réunion publique*, et nous avons dit qu'il fallait, pour la *publicité*, le *public* dans *un lieu public*. — L'idée qui, au point de vue du nombre, se dégage des mots *lieu public*, n'est et ne peut être que celle de la possibilité extérieure de l'accroissement au-dessus du nombre minimum, par l'accès laissé libre et ouvert à tous. — Bourges, 22 juillet 1836, J.P. Dalloz, v° *Presse*, n° 862.

881. — On pourrait en conséquence définir :

Lieux publics.—Les lieux réellement accessibles au public où trois personnes au moins se trouvent déjà

comme auditeurs ou spectateurs avec possibilité d'entendre et de voir, mais sans s'être pour cela réunies.

Réunion publique. — Toute réunion d'au moins trois personnes en un lieu où d'autres peuvent s'introduire librement, sans invitation ni permission du propriétaire, quand bien même le droit d'entrée fût subordonnée à une condition déterminée.—N°s 894, 895.

882. — Quoi qu'il en soit, comme en cette matière tout dépend des circonstances, il appartient au juge d'en faire la part, et voici, pour lui servir de guide, les plus récentes décisions sur cette délicate question.

I. — On doit considérer comme lieux publics :

883. — Le bureau d'un receveur d'enregistrement pendant le temps où il est ouvert au public.—Poitiers, 17 février 1858. D.58.2.171.

884.—Un dépôt de mendicité dont la population se renouvelle chaque jour.—Bordeaux, 20 mars 1851. D. 53.2.159.

885. — Les maisons particulières, telles que les auberges, les cafés, des bureaux, pendant qu'elles sont accessibles aux étrangers. — Caen, 8 janvier 1849. D.51.2.417.

886. — Le cabinet d'un juge de paix communiquant avec la salle d'audience, lorsque la porte de ce cabinet est ouverte. Il en eût été autrement si la porte en avait été fermée, bien que les propos outrageants prononcés dans le cabinet eussent pu être entendus des personnes réunies dans la salle d'audience, à moins qu'ils n'eussent été proférés à très-haute voix pour les faire entendre de ces personnes. — Poitiers, 17 février 1858. D.58.2.75.

V. dans notre *Code de la presse* de 1856, nos annotations n°s 359-364 au sujet des rues,—des cours intérieures et communes à plusieurs maisons, — des toits des maisons, — des salles de spectacle, — d'audience, — des prisons, — des écoles, — des casernes. — Au sujet encore des champs, des forêts, des voitures publiques, des salles de bains; des études de notaires, des stations de chemins de fer, et celles aussi sous les art. 400-402 *infrà*.

887. — Le pont et les salles communes d'un paquebot sont des lieux publics.— Dalloz, v° *Presse*, n° 515.

888. — La publicité d'une imputation diffamatoire résulte suffisamment de ce qu'elle est contenue dans un acte déposé au greffe, c'est-à-dire dans un dépôt public, alors surtout que, signifié aux parties en cause, cet acte est destiné à être l'objet d'une discussion publique à l'audience. — Cass., 20 mai 1865. D. 65.1.407.

889. — La désignation des lieux en matière de délits, dont la publicité est un élément constitutif, doit être mentionnée dans le jugement pour permettre à la Cour de cassation d'apprécier le bien-jugé de la décision. — Cass., 1er mars 1851. B. 82.

II.—On doit considérer comme réunions publiques :

890. — La réunion de plusieurs personnes dans une maison particulière dont l'entrée est ouverte, sans invitation nominale aux amis, voisins et connaissances sans autre désignation, lorsque ces derniers s'y trouvent en nombre assez considérable. — Cass., 26 mars 1859. D.59.1.240.

891. — Un cercle dans lequel peut être admis tout individu qui satisfait aux conditions de son règlement. — Cass., 14 août 1857. D. 63.5.398.

892. — La réunion des agents de la force publique et du maire qu'ils ont accompagné dans le domicile d'un citoyen pour y rétablir l'ordre. Leur présence accidentelle dans ce domicile y opère une réunion publique. — Nancy, 31 déc. 1844. D.44.5.324.— Cass., 26 janv. 1826. J. P.

III.—On ne doit pas considérer comme publiques :

893. — Les réunions de famille ou d'amis, ou de connaissances qui, sur invitation du maître de la maison, ont lieu dans les dépendances de son domicile. Chassan, I, p. 47. — Dalloz, v° *Presse*, n° 536. — Il faut ajouter : *dans les dépendances closes* : car une réunion d'amis ou d'invités, dans un jardin, devrait être considérée comme tenue dans un lieu public si les propos ou les discours des invités pouvaient parvenir aux oreilles des voisins ou des passants.

894. — La réunion, dans une boutique, de trois personnes, dont une seule est étrangère. — Cass., 45 mars 4832. De Grattier, 4, p. 449.

895. — La réunion de trois personnes dans la salle commune d'une auberge. — Cass., 4er août 4845. D. 45.5.445.

V. notre *Code de la presse*, 4856, n° 359, au sujet de la salle d'un collége, et notes sous les art. 400-402.

896. — Les séances d'un conseil municipal n'étant pas publiques, les paroles outrageantes prononcées pendant la délibération peuvent bien constituer le délit d'outrage non public prévu par l'art. 222, C. pén., ou des injures simples punies par l'art. 474, n° 44, C. pén., — mais non le délit d'injures, de diffamation ou d'outrages publics. — Cass., 8 nov. 4844. D. 45.4.34. — Cass., 25 juillet 4864. D. 64.4.456.

897. — Ces séances pourraient cependant être considérées comme publiques si les propriétaires les plus imposés sont réunis aux membres du conseil. — Orléans, 48 juillet 4835. J. P. Dalloz, v° *Presse*, n° 88.

4° Publicité résultant d'un fait légal.

898. — L'accomplissement de la formalité du dépôt pour les journaux cautionnés qui doit avoir lieu, aux termes de l'art. 8, L. 4828 (art. 496) « *au moment de leur publication,* » prouve et réalise le fait de leur publication, ou du moins implique, sous ce rapport, une présomption *juris* qui ne peut être détruite que par la preuve contraire à la charge du journaliste, pour le cas où il serait possible d'établir que, malgré le dépôt, aucun autre exemplaire du journal n'est sorti de l'imprimerie. — Chassan, I, p. 38 et note. Orléans, 7 juillet 4838. J.P. 38.2.499.

899. — Le dépôt des autres imprimés n'implique pas la même présomption, par ce motif qu'aux termes de la loi, le dépôt des journaux doit être fait *au moment de leur publication*, tandis que celui des autres imprimés doit être effectué avant leur publication. — Cass., 8 sept. 4824. J. p. Ce dépôt ne prouve que l'intention de publier.

II. — 2° CONDITION : L'INTENTION.

900. — Pour les délits de publication comme pour tous les autres délits, l'intention délictueuse est un élément essentiel, la condition constitutive et *sine quá non* de la culpabilité.

« Il faut, disait à ce sujet Portalis (le père), que la « volonté de nuire soit jointe au fait matériel de l'action. « Point d'injure sans esprit d'injure. On peut se tromper au préjudice du public comme au sien propre : « donc point de délit lorsqu'on n'aperçoit que la simple « erreur sans intention de manquer aux lois ou de « porter un dommage à la société. » Rapp. au conseil des Anciens, choix de rapports, t. 46, p. 99.

« Quand les écrits sont vicieux, ajoutait-il, touchant « la preuve, vicieux et dommageables par leur nature, « c'est à celui qui les publie à justifier de son inten« tion : alors la volonté de nuire est présumée jusqu'à « preuve évidente du contraire. » Même rapport.

900 bis. — Il faut pour la culpabilité, en matière de délits de publication, une double intention que les juges doivent constater, savoir :

4° L'intention délictueuse relativement à l'*aggression,* c'est-à-dire : l'*esprit d'injure,* la volonté agressive ;

2° Et l'intention *de publier* l'aggresion ou l'injure.

904. — Le ministère public peut déduire la preuve de cette double intention délictueuse de tous les faits, de tous les écrits de nature à la rendre manifeste, de la différence même des caractères employés pour l'impression de certains mots, de l'écrit incriminé ; et la meilleure preuve sera celle qui convaincra le mieux.

902. — C'est en conséquence à bon droit qu'il a été décidé qu'en matière de délits de presse, le ministère public pouvait rechercher la preuve de l'intention criminelle du prévenu ailleurs que dans l'article poursuivi et par exemple citer, nonobstant l'opposition de ce dernier, d'autres écrits postérieurs ou antérieurs, par lui publiés, étrangers à cet article, et que ce n'est pas là renouveler les procès de tendance interdits par la loi du 48 juillet 4828. — Cass., 4er juill. 4847. D. 47.4.246. — Cass., 25 nov. 4834. J.P.

903. — Les juges du fait sont d'ailleurs souverains pour reconnaître et constater l'intention délictueuse du prévenu. Ils peuvent la déduire des ménagements mêmes de l'article, de ses sous-entendus, de ses insinuations, des mots soulignés, des points de suspension… et autres artifices de style, et de cette présomption que l'écrivain a toujours la pensée que ses mots ou ses écrits expriment.

Chap. II. — De la participation aux délits de presse. — Complicité.

§ 1. — De la complicité en général.

Auteurs, coauteurs, complices.

310. — *Résumé doctrinal*. L'auteur principal d'un crime ou délit de publication par parole, ou par voie d'écrits, d'imprimés ou dessins est celui qui, sciemment, les a rendus publics.—V. art. 322 *infrà*.

L'auteur de l'écrit ou du dessin, s'il n'en est pas ainsi le publicateur, peut être puni comme complice dans les cas de l'art. 60 du C. pénal auquel il n'est pas dérogé.

L'imprimeur dudit dessin ou écrit, s'il n'en est pas le publicateur, peut également être puni comme complice s'il est contre lui prouvé qu'il a agi sciemment.

Toutefois, l'imprimeur sera, à raison de l'impression, présumé avoir participé sciemment à la publication dans les cas suivants, savoir :

1° Si l'écrit ou dessin par lui réimprimé a déjà été condamné par un jugement publié ainsi qu'il est dit en l'art. 27 de la loi du 26 mai 1819.—Art. 424.

2° Si les formalités légales de l'impression n'ont pas été remplies, ainsi qu'il sera dit dans l'art. 319 [art. 24, L. 1819] ci-après.

Sauf, dans tous les cas, la preuve contraire contre les effets de la présomption.

Règle de la pénalité en cas de complicité.

311. — *C. pén.*, art. 59. Les complices d'un crime ou d'un délit seront punis de la même peine que les auteurs mêmes de ce crime ou de ce délit, sauf les cas où la loi en aurait disposé autrement.—V. n° 919.

Circonstances et conditions de la complicité.

312. — Art. 60. Seront punis comme complices d'une action qualifiée crime ou délit ceux qui, par dons, promesses, menaces, abus d'autorité ou de pouvoir, machinations ou artifices coupables, auront provoqué à cette action ou donné des instructions pour la commettre.

Ceux qui auront procuré..... des instruments ou tout autre moyen qui aura servi à l'action, sachant qu'ils devaient y servir.

Ceux qui, avec connaissance, auront aidé ou assisté l'auteur ou les auteurs de l'action dans les faits qui l'auront préparée ou facilitée, ou dans ceux qui l'auront consommée, sans préjudice des peines qui seront spécialement portées par le présent Code contre les auteurs de complots ou de provocation attentatoire à la sûreté intérieure ou extérieure de l'Etat, même dans le cas où le crime qui était l'objet des conspirateurs ou des provocateurs n'aurait pas été commis.— V. n°ˢ 919, 929 et suivants.

[**310**]=904.—« Le but de la loi, disait en 1819 « M. le garde des sceaux, de Serre, est de punir la « *publication* dans laquelle elle fait résider le délit. »

905. — En cas de délit de publication par voie d'écrit, d'imprimé ou de dessin, c'est le publicateur qui commet le délit, et non l'auteur de l'écrit ou du dessin. — N° 1004.

906. — L'auteur n'en peut être déclaré responsable que s'il a consenti ou participé à la publication, et dans ce cas, suivant le degré de sa participation, il se trouvera annexé au délit comme *coauteur* ou comme *complice*.

907. — La disposition de l'art. 310 résume en ce point la théorie légale et les règles les mieux consacrées par la doctrine et la jurisprudence.

Les *auteurs principaux des crimes et délits* de publication sont ceux qui effectuent la publication ou concourent directement à la faire réellement; tels sont :

1° Ceux qui profèrent les discours, cris ou menaces renfermant le crime ou le délit;

2° Ceux qui vendent, distribuent, mettent en vente ou exposent les objets, écrits ou dessins, délictueux dans des lieux ou réunions publics. Exception.—V. n° 1004, *infrà*.

908. — La condition première de la complicité est que celui qui a participé comme complice au fait incriminé, ait agi *sciemment*, c'est-à-dire en connaissance du caractère délictueux du contenu des écrits, imprimés ou dessins à la publication desquels ils ont concouru.

909. — A l'égard des imprimeurs qui sont d'ordinaire complices des publicateurs, en ce qu'ils *leur procurent les moyens du délit*, c'est-à-dire les imprimés contenant le délit, la loi les place sous la présomption *qu'ils ont agi sciemment* dans deux cas. — C'est-à-dire, met dans deux cas à leur charge l'obligation de prouver qu'ils n'ont pas agi sciemment. —V. n° 1017.

910. — L'impression n'est pas un fait de publication, mais seulement un moyen de publication, un acte préparatoire.

[**311**]=910 *bis*.—Les dispositions du Code pénal sur la complicité forment le droit commun et sont applicables aux crimes et délits par la voie de la presse.—Cass., 25 avril 1844. B.

911. — L'unité ou l'égalité de châtiment à l'égard de tous ceux qui ont coopéré au délit, tel est, en matière de complicité, le système pénal du Code de 1810, dont l'art. 59 est la formule. — Cette règle, aux termes de cet article, comporte des exceptions. — L'art. 5 de la loi du 10 déc. 1830 (art. 317 *infrà*) nous offre dans la législation de la presse un cas où la loi n'a pas frappé de la même peine les auteurs et les complices.

[**312**] = 912. — Les dispositions de l'art. 60 du C. pén., qui déterminent les circonstances constitutives de la complicité, sont essentiellement limitatives. — Chauveau-Hélie, I, p. 442.

913. — La complicité est un fait moral qui ne peut exister que par les faits matériels et positifs énumérés en cet article. — Cass., 28 juin 1816.

914. — Les circonstances constitutives de la complicité doivent être déclarées par le jugement.

915. — Sont complices : — Ceux qui ont fourni des notes à l'auteur d'un écrit diffamatoire pour le composer, — Cass., 25 avril 1844, — ou qui ont fourni les éléments qui ont servi à la rédaction de l'article délictueux, — Cass., 12 juin 1839. — Trib. Seine, 29 mars 1843, G. T. du 30.

Ceux qui par dons ou promesses ont provoqué la rédaction ou la publication de l'écrit délictueux, — et ceux qui ont donné mandat de l'écrire.

916. — Les complices peuvent être poursuivis sépa-

§ 2. — De la provocation-complicité.

Provocations par ministres du culte. —Dérogation.

313.—*C. pénal.* Art. 203 *et* 206 *combinés.*
La provocation [directe] à la désobéissance
aux lois ou autres actes de l'autorité, ou tendant à la révolte ou sédition,—de la part d'un
ministre du culte dans l'exercice de son ministère, au moyen de discours prononcés dans
une assemblée publique ou d'écrits contenant
des instructions pastorales [V. art. 328, 329],
lorsqu'elle aura été suivie d'une sédition ou
révolte dont la nature donnera lieu contre l'un
ou plusieurs des coupables à une peine plus
forte que celle du bannissement ou de la déportation — [sera considérée comme un acte de
complicité et], cette peine, quelle qu'elle soit,
sera appliquée au ministre coupable de la provocation.

V. les textes des art. 203 et 206 C. pén., *infrà.* Art. 351,354.

Dérogation à la règle du droit commun. — Excuse.

314. — *C. pénal.* Art. 285. — Si l'écrit
imprimé [et publié sans les noms, et les vrais
noms et demeure de l'imprimeur, art. 213]
contient quelques provocations à des crimes
ou délits, les crieurs, afficheurs, vendeurs et
distributeurs seront punis comme complices des
provocateurs, à moins qu'ils n'aient fait connaître ceux dont ils tiennent l'écrit contenant la provocation.

En cas de révélation ils n'encourront qu'un
emprisonnement de six jours à trois mois, et
la peine de la complicité ne restera applicable qu'à ceux qui n'auront point fait connaître les personnes dont ils auront reçu l'écri
imprimé et à l'imprimeur s'il est connu.

Art. 286. Dans tous les cas ci-dessus il y
aura confiscation des exemplaires saisis.

---

rément et même malgré l'acquittement de l'auteur
principal.—C'est là un point hors de controverse.

947: — L'action publique, à l'égard des complices,
n'est ni arrêtée, ni atteinte par le décès de l'auteur
principal, ni par son absence. — Cass., 4 juin 1835.
B. n° 222; 24 septembre 1854. B. n° 314.

948. —Si l'auteur principal ne peut être poursuivi
à raison de quelque privilége personnel, le complice
peut néanmoins être poursuivi; il peut même se faire
que l'auteur principal mis en cause avec ses complices,
soit déclaré non coupable à raison de sa bonne foi et
de son ignorance ou pour toute autre cause, et que les
complices qui l'ont poussé à agir soient condamnés.—
Chauveau et Hélie, I, p. 423. — Cass., 8 sept 1837.
—Paris, 15 oct. 1825, 46 août 1826.—Dalloz, v° *Presse,*
n° 1132.

949. — Le texte des articles 59 et 60 du C. pén.,
qui limite aux seuls *crimes* et *délits* la portée de
leurs prévisions, s'oppose à ce que leurs dispositions
soient étendues aux *contraventions.*—Cass., 14 avril
1856. D.56.4.498. —18 janv. 1867. D. 67.4.233. —
26 juillet 1851. D. 51. 4. 230.

[313.] — Les art. 203 et 206 du C. pénal dont
cet art. 313 résume les dispositions combinées, prévoient deux cas de complicité par *provocation,* en
dehors des conditions des art. 59 et 60 du C. pénal.
— C'est une dérogation, nous nous bornons à la signaler ici. — V. *infrà,* n° 923.

L'identité des peines prononcées contre les provocateurs et ceux qui ont cédé à leurs excitations, montre
assez que, dans la pensée de la loi, il s'agit ici d'une
provocation-complicité.

[314] = 920. — L'art. 285 n'a été abrogé par
aucune loi, et doit toujours être appliqué aux cas spéciaux qu'il prévoit d'une provocation au moyen d'imprimés sans noms et publiés.

921. — Par la rubrique de la section sous laquelle
il est placé et qui porte : « *Délits par voie d'écrits
sans nom d'auteur ou d'imprimeur* » — et par son
intime relation avec l'art. 283 où il n'est question que
d'imprimés « *sans nom,* » —l'art. 285 ne concerne
que des imprimés sans vrais noms d'auteurs ou d'imprimeurs publiés ou distribués.

922. — *Provocation à des crimes ou délits,* même
à des crimes et délits prévus par une loi postérieure au
Code pénal. — Dans le système de ce Code, la provocation, même directe, n'est incriminée comme un
acte de complicité (art. 60) qu'autant qu'elle a été
suivie d'effet, qu'autant que le crime ou le délit a été
commis ou tenté (Chauveau-Hélie, I, p. 407), et le
provocateur est alors complice de l'auteur qui l'a com-

mis ou tenté. — L'art. 285 me semble déroger à cette
règle, en ce sens que les agents de publication qui
ont répandu l'écrit provocateur sont réputés complices,
non *de l'auteur du crime ou délit* qui peut n'avoir été
ni commis, ni tenté, mais *des provocateurs,* ce qui
suppose un degré secondaire et particulier de complicité. — V. n°s 924, 952.

923. — L'art. 285 s'éloigne en outre du système
du Code pénal sous cet autre rapport que la provocation de l'article 60 doit, pour constituer un acte de
complicité, s'exercer par les moyens déterminés que
sa disposition énumère : *dons, promesses, menaces,* etc.,
tandis que l'art. 285, comme les art. 204 et 206 combinés en l'art. 313 ci-dessus, n'exige pas les mêmes
conditions. — Sa disposition, en ne distinguant pas,
se rapprocherait du système de la loi du 17 mai 1849,
dont l'art. 4 me semblerait l'avoir quelque peu absorbé
sur ce point.

924. — *Les crieurs, afficheurs,* etc., *seront punis
comme complices des provocateurs.* — Complices *des
provocateurs* seulement, V. n° 922. — Les lois postérieures au Code pénal de 1840 ont consacré un système opposé à celui qui paraît avoir inspiré cette disposition. — Dans les délits de publication, le publicateur est toujours l'*auteur principal,* et l'auteur de
l'écrit n'est que complice. — V. n° 907 (art. 322).

925. — Pour que les agents publicateurs de l'art.
285 puissent d'ailleurs être condamnés comme complices, il faudra qu'il soit établi *qu'ils ont agi sciemment, malo animo.* — « Le bénéfice de cette condi-
« tion, fait à ce sujet observer M. Chassan, I, p. 244,
« n'est acquis aux publicateurs qu'autant que l'im-
« primé porte le nom de l'auteur ou de l'imprimeur;
« s'il ne contient pas ce nom, ils sont présumés avoir
« agi *sciemment,* » — et la preuve de leur ignorance,
ou bonne foi, reste alors à leur charge, ce qui est un
désavantage.

« Que si l'écrit porte le nom de l'imprimeur, la pré-
« somption qu'ils ont agi sciemment cesse, mais ils
« peuvent encore être condamnés comme complices
« (soit qu'ils désignent ou non ceux dont ils tiennent
« l'écrit), si le ministère public prouve qu'ils ont agi
« sciemment. »

926. — *A moins qu'ils n'aient fait connaître... etc.*
« De cela seul qu'ils n'ont pas fait connaître ceux
« dont ils tiennent l'imprimé, disent les auteurs de la
« *Théorie du Code pénal,* 5, p. 90-91, on ne saurait
« induire la preuve de la complicité des publicateurs.
« — Cette complicité n'est encore qu'une présomption.
« Cette présomption seulement les place en état de
« prévention. Cette présomption suppose nécessaire-

Système de la loi de 1819, en matière de provocation.

315. — *L.* 17 *mai* 1819. Art. 1er. Quiconque, soit par des discours, des cris ou menaces proférés dans des lieux ou réunions publics, —soit par des écrits, des imprimés, des dessins, des gravures, des peintures ou emblèmes vendus ou distribués, mis en vente ou exposés dans des lieux ou réunions publics,—soit par des placards et affiches exposés aux regards du public, aura provoqué l'auteur ou les auteurs de toute action qualifiée crime ou délit à la commettre, sera réputé complice et puni comme tel [si la provocation a, toutefois, été suivie d'effet.—V. art. 324-330].

Contre journal : Peines pécuniaires doubles (art. 509), et en cas de condamnation pour crimes, suppression. — Art. 510.

Peines access.: Impression ou affiches du jugement.—Art. 516.

RÉCIDIVE : Application des art. 56 à 58 du C. pén. — Art. 522).

CIRC. ATT. : Application de l'art. 463.—Art. 533.

La provocation sans effet n'est qu'un délit spécial.— Art. 324.

Confirmation de la règle du droit commun.

316. — *Même loi.* Art. 7. Il n'est point dérogé aux lois qui punissent la provocation et la complicité résultant de tous actes autres que les faits de publication prévus par la présente loi.

Dérogation à la règle de l'égalité pénale.

317. — *L.* 10 *déc.* 1830. Art. 5, § 1.—V. art. 364, *infrà.*

§ 2. L'auteur ou l'imprimeur des faux extraits (de journaux, jugements et actes de l'autorité publique), défendus par l'art. 4 (art. 363), sera puni du double de la peine (de 25 à 500 fr. d'amende et, ou, de six jours à un mois d'emprisonnement) infligée au crieur, vendeur ou distributeur de faux extraits.— V. n° 944.

CIRC. ATT.: Am., 1 à 50 fr. et, ou, prison, 1 à 12 jours.—Art.529.

Les peines prononcées par le présent article seront appliquées sans préjudice des autres peines qui pourraient être encourues par suite des crimes et délits résultant de la nature même de l'écrit.—V. n° 944.

« ment la connaissance de la provocation et l'*intention* « *de la propager ;* il ne suffit donc pas, pour que le « publicateur soit responsable du contenu de l'écrit, « qu'il l'ait répandu et distribué ou vendu, il faut « qu'en le distribuant, il ait agi avec connaissance de « cause. »

927. — *En cas de révélation.* Ce n'est point là une simple circonstance atténuante déterminée, mais une excuse légale dont le bénéfice n'exclurait pas l'application par surcroît de l'art. 463.

[315] = 928. — L'art. 1, L. 1849, rentre dans la pensée de l'art. 60 du Code pénal (art. 312), en ce qu'il considère la provocation comme un acte de complicité et le complète.

929. — Entre la *provocation-complicité* de cet art. 1er et celle de l'art. 60, il y a les différences suivantes, savoir :

1° La provocation, dans ce dernier article, est punissable, qu'elle soit *clandestine* ou *publique*, tandis que la *publicité* est la condition essentielle de la provocation punie par l'art. 1er, L. 1849.

2° La provocation du Code pénal n'est un acte de complicité que si elle s'est exercée sur la pensée de l'agent par « dons, promesses, menaces, machinations ou artifices, etc. » (V. art. 312), tandis que pour la loi de 1849, il suffit d'une provocation quelconque pourvu qu'elle se soit manifestée par les moyens de publication énoncés en son art. 1er.

930. — A la différence encore de l'art. 60 qui punit le provocateur comme complice réel, l'art. 1er, L. 1849, porte seulement « *qu'il sera réputé complice.* » Ne faut-il pas en induire que ce dernier article n'élève contre le provocateur qu'une présomption de complicité qui pourrait être combattue par la preuve contraire ?

931. — « La complicité de l'art. 60, dit à ce sujet « M. Chassan, I, p. 336, est une complicité réelle, « parce que l'auteur de la provocation a eu l'intention « de provoquer au fait qui a été commis. »

« La complicité de l'art. 1er, L. 1849, n'est qu'une « complicité de plein droit, une complicité exception- « nelle, fictive, parce que l'effet qui a suivi la provo- « cation a pu ne pas être dans la pensée de l'écrivain ; « la loi l'assimile à un complice, mais il n'est pas un « complice effectif. »

932. — Si l'écrivain n'est ainsi « *qu'un réputé complice,* » s'il n'est pas un complice *effectif*, si sa complicité n'est que fictive et *présumée*, M. Chassan aurait dû, ce me semble, pousser plus loin sur cette voie de délicate et juste analyse et conclure que le présumé complice pourra se soustraire à la responsabilité pénale du crime commis, en démontrant que sa provocation

n'en a suggéré, ni encouragé la pensée chez celui qui l'a accompli ou tenté, que ce crime était déjà dans ses intentions bien avant la publication de l'article provocateur que ce dernier n'a ni lu ni connu ; qu'aucun lien de *co-intention criminelle* ne rattache enfin, ses visées ou ses arrière-pensées à la volonté de l'agent coupable avec lequel d'ailleurs il n'a jamais eu aucune espèce de rapport.

Cette conclusion semble être dans les idées de M. Chassan, I, p. 335, mais elle ne s'en dégage pas d'une manière bien précise.

« Si la provocation, ajoute-t-il, *a poussé au crime,* « *si elle l'a provoqué,* l'auteur de la provocation est « responsable..... Il n'est pas nécessaire que le crime « ou le délit qui a suivi fût dans la pensée de l'auteur « de la publication : son but a pu seulement être « d'exciter les passions ; il se peut même qu'il n'ait « pas eu l'intention que la provocation fût suivie « d'effet ; il n'en sera pas moins réputé complice et « puni comme tel, alors même que le crime ou le « délit réalisé n'aura pas été présent à son esprit, « pourvu qu'il soit démontré que la publication, quoique « faite seulement dans le but d'exciter les passions, « a été cependant le véhicule du crime ou du délit. »

934. — Lorsque par ses modes d'excitation et de publication, la provocation au crime ou délit rentre aussi bien dans les termes de l'art. 60 du Code pénal que dans ceux de l'art. 1 de la loi de 1849, quelle doit être la règle des qualifications et de la poursuite ?

La question s'est par deux fois posée, en 1834 et en 1841, devant la Cour des pairs, dans les célèbres procès contre MM. Marrast et Dupoty poursuivis comme complices de complots et d'attentats.

Des provocations, par promesses et machinations accompagnées d'instructions pour l'exécution (*moyens de l'art.* 60 du Code pénal), avaient été adressées à des sociétés secrètes, à un parti d'action connu, par la voie de *presse* (*moyen de l'art.* 1er, L. 1849).— Fallait-il les qualifier d'après ces derniers *moyens extrinsèques* de manifestations extérieures ou d'après les *moyens intrinsèques* d'actions et d'excitations, sur la pensée des agents, de l'art. 60 ?

La provocation n'étant réellement un acte de complicité, c'est-à-dire de coparticipation au crime ou délit que par les effets de suggestion et de détermination qu'elle produit dans la pensée de l'agent, c'est par ce côté psychologique qui fait le fond de l'art. 60 du

318. — *L. 7 juin* 1848. Art. 6. Toute provocation directe à un attroupement armé ou non armé par des discours proférés publiquement et par des écrits ou des imprimés, affichés ou distribués, sera punie comme le crime et le délit selon les distinctions ci-dessus établies.— Art. 4 et 5.

[Attroupement de jour, dissipé sur première sommation sans emploi d'armes. Délit : Prison, 1 mois à 2 ans.

[Même délit la nuit : Prison, 1 à 3 ans.]

[Même cas, après deux sommations. Délit : Prison, 1 à 3 ans.

[Même cas, pendant la nuit. Délit : Prison, 2 à 5 ans.

[Attroupement dissipé par force, après avoir fait usage de ses armes. Crime : détention, de 5 à 10 ans, 1er cas ; — 2e cas, de 5 à 10 ans, réclusion.]

Les imprimeurs, graveurs, lithographes, afficheurs et distributeurs, seront punis comme complices lorsqu'ils auront agi sciemment.

V. ci-après art. 326, la suite concernant les mêmes provocations non suivies d'effet.

Code pénal, que le fait doit uniquement s'apprécier et se qualifier.

L'art. 1er de la loi de 1819 n'est qu'une loi de supplément, à laquelle il ne convient de recourir que lorsque les règles du droit commun sont insuffisantes.—C'est d'ailleurs pour ce cas qu'elle a été faite ; le droit commun doit donc prévaloir toutes les fois que la spécialité de la situation ne range pas l'infraction d'une manière absolue sous les coups de la loi spéciale de 1819.

Voici comment, dans son réquisitoire devant la Cour des pairs. s'expliqua M. le procureur général Hébert :

« — Nous trouvons Dupoty enseignant, à tous ceux
« qui y sont disposés, à conspirer, à se rallier, à
« s'unir,—les exaltant dans des banquets ;—si nous
« le trouvons égarant leurs esprits, les excitant par
« des provocations jusqu'à la veille même du jour où
« devait éclater l'attentat... alors, messieurs les pairs,
« il y a complicité par des moyens que la loi commune,
« *la loi commune*, entendez-vous ? qualifie et carac-
« térise ; et celui contre lequel cette complicité sera
« établie devra en subir la peine. »

« C'est vous dire assez qu'il ne s'agit pas ici d'un
« procès de presse, non certainement qu'il n'en existe
« pas la matière.....

« Ce n'est pas un délit de presse que nous pour-
« suivons.

« Nous disons qu'il n'y a pas eu un délit de presse ;
« et pourquoi n'y a-t-il pas de délit de presse ?.....
« parce que le délit de presse existe là où il s'agit
« de faire condamner seulement quelque théorie sub-
« versive ou de pernicieuses doctrines.

« Mais il y a ici autre chose : ce n'est pas seulement
« une théorie, ce ne sont pas de pernicieuses doctrines
« qu'il s'agit de condamner.—Ce que nous vous avons
« dénoncé, c'est une complicité, une participation à
« un crime, et ce crime s'appelle un complot. Dans ce
« complot la participation de Dupoty s'établit d'abord
« par la lettre de Launois, en second lieu par une
« provocation directe, positive, immédiate à l'attaque
« du Gouvernement résultant des articles de son jour-
« nal ; en troisième lieu, par les manœuvres et les
« machinations que Dupoty a employées.....

« Cette provocation directe par la voie du journal à
« un complot qui s'est formé, qui s'est manifesté par
« un attentat, est-ce un procès de presse ? Non. »
— Cette doctrine était juridique.

935.— *Quiconque*, porte l'art. 1er, L. 1819, *soit par.....* (V. pour les moyens de publication, note sous l'art. 309), *aura provoqué.* Que doit-on entendre par cette dernière expression? quelle en est la portée ? Le législateur a pris le mot avec toute la généralité que comporte son sens usuel.— V. art. 323.

936. — *Provoquer*, de *pro* en avant et *vocare* appeler, est un verbe dont la portée se sent mieux qu'elle ne peut se préciser.—Ses synonymes ne manifestent qu'en partie l'idée complexe qu'il exprime : il y a provocation dans le fait de tenter, de séduire, d'exciter, d'inciter, de stimuler, de pousser, d'embaucher, d'engager, de disposer, de prédisposer, d'encourager, d'inviter, de convier, de presser, d'exhorter, de supplier, de persuader, de fanatiser, d'exalter et même de piquer d'honneur.....

937. — Cette expression comprend, en ne pas distinguant, aussi bien la provocation *directe* que la provocation *indirecte* (V. n° 945) ; il faut néanmoins que des termes employés et de l'intention qu'ils manifestent se dégage très-nettement la provocation et la volonté coupable de provoquer ; — les provocations embryonnaires que l'ingénieux acharnement de l'esprit d'analyse finit par créer et croit découvrir sur l'arrière-plan des tendances ou des demi-mots de la pensée, ne sont point celles que comprennent les prévisions du législateur.—V. n° 945).

938. — *L'auteur ou les auteurs d'une action qualifiée.* Est-il nécessaire que le provocateur ait directement agi sur l'auteur ? — Ces termes de la loi impliquent-ils l'existence préalable de rapports personnels entre eux ? Je ne le pense pas : — Il suffit, pour qu'il y ait *provocation-complicité*, conformément à l'art. 1, L. 1849, que la provocation par les moyens de publication qu'il énumère ait suggéré, fait germer ou même éveillé dans la pensée de l'agent, l'idée, l'intention ou la volonté du crime ou délit. (*Sic*, Chassan, *passim*, I, p. 334 et suiv.). — N° 934, *suprà*.

939. — *D'une action qualifiée crime ou délit.* Ces expressions excluent les *contraventions*.

La provocation à une action qualifiée contravention, dit à ce sujet M. Chassan, I, p. 344, pourrait, suivant les cas, constituer un délit de provocation à la désobéissance aux lois prévu et puni par l'art. 6 de la loi du 17 mars 1849 (art. *infrà*). La peine dans ce cas ne devrait, conformément au principe posé en l'art. 3 de la même loi (art. 330), ne jamais être plus forte que celle qui serait applicable à l'auteur de la contravention.

940. — *Sera réputé complice.* — V. n°s 930 et 934.

941. — *Et puni comme tel,* sous-entendu : conformément à l'art. 59 du Code pénal (art. 311), c'est-à-dire des mêmes peines que les auteurs du crime ou du délit commis.

942. — [*Si la provocation a toutefois été suivie d'effet.*] Du rapprochement des art. 1, 2 et 3 de la loi du 17 mai 1819 [art. 315, 324 et 330 *infrà*], il résulte que la provocation du premier de ces articles ne peut être considérée comme un acte de complicité que dans le cas où elle a été suivie d'effet ; c'est-à-dire suivie du crime ou délit, ou de leur tentative assimilée au crime ou au délit même.

Lorsqu'elles ne sont point suivies d'effet, les provocations au crime ou délit par les moyens de l'art. 1er de la loi de 1819 constituent des délits particuliers prévus et punis par les art. 2 et 3 [art. 324 et 331].

943. — L'art. 1er doit en conséquence être entendu comme si, après les mots « punis comme tels », le législateur avait ajouté : *Si la provocation a toutefois été suivie d'effet.*—Comparez surnotre *C. de la presse* 1856, l'art. 1er, L. 1819, avec l'art. 1er de la loi du 9 septembre 1835.

[**317**]=944. — Nous avons signalé, sous le n° 911, l'art. 5 de la loi du 10 décembre 1830, comme une exception à la règle de l'identité des peines édictées par l'art. 59 du C. pénal contre les auteurs et les complices.— On trouvera rapportés, sous le n° 1330, les motifs que fit valoir M. Barthe, rapporteur de la loi.

pour justifier cette exception que nous ne rapprochons ici de l'art. 1er de la loi de 1819 que pour ne pas éloigner l'exception de son principe.

[**548**] = 945. — A la différence de l'art. 1er, L. 1819, dont la généralité comprend les *provocations même indirectes* (n° 937), l'art. 6 de la loi du 7 juin 1848, sur les attroupements, ne considère comme constituant un acte de complicité du crime ou délit d'attroupement que les *provocations directes* à cet attroupement.

« Il y aurait, dit à ce sujet M. Babaud-Larribière, « lors de la discussion de la loi, un danger immense s'il « ne résultait pa des termes de l'art. 6 l'idée de pro- « vocation *directe*.

« Prenez-y garde, nous sommes ici en matière pé- « nale et en matière de presse; il s'agit de choses dé- « licates qui ont excité sous le régime déchu tant de « choses inqualifiables. — On vous parlait tout à « l'heure du procès Dupoty; on aurait pu encore vous « citer tel journal, tel discours, dont on avait extrait « une phrase, pour dire que cette phrase avait une « intention, un but coupable, alors que cette intention « et ce but ne ressortaient pas réellement de la pensée « de l'article ou du discours. — Il faut être sévère « contre les provocateurs aux crimes et aux délits, « mais il faut que la provocation soit manifeste, « qu'elle soit patente, qu'elle soit flagrante : il faut « que la loi disc que la provocation soit expresse et « ressorte manifestement, non pas de l'esprit seule- « ment, mais des termes mêmes, de la lettre même « de l'article, sans cela vous vous jetteriez dans une « voie où il n'y a pas un journal, pas une publication, « pas un discours qui ne puisse devenir l'objet d'un « procès, et vous verriez recommencer cette série inqua- « fiable de procès de tendance qui, avec le gouverne- « ment déchu, a heureusement disparu. »

946. — *Toute provocation.* Ce terme dans l'art. 6, L. 1848, doit être entendu dans le même sens que le verbe *provoqué* dans l'art. 1er, L. 1819 (n° 936) dont l'art. 6 n'est qu'un dérivé.

Directe. V. n° 945.

947. — *A un attroupement.* — Le mot attroupe- ment dans la loi du 7 juin 1848 n'a pas été défini ; mais comme le fait d'attroupement n'est punissa- ble que par suite de sa persistance sur la voie pu- blique après les sommations qu'aux termes de l'art. 3 de cette loi, les maires, les commissaires de police ou tout autre agent dépositaire de la force publique sont tenus de faire à ceux qui font partie de l'attroupement « *de se retirer et de se dissoudre* », — les juges du fait n'auront jamais à se préoccuper du point de savoir combien il faut d'individus pour constituer un attroupe- ment; cette question a été laissée à l'appréciation dis- crétionnaire des agents chargés de le dissiper; il y aura donc rassemblement, quel que soit le nombre de ceux qui en auront fait partie, du moment où ils ne se seront pas dissipés au roulement du tambour qui doit précéder la première sommation, suivant l'art. 3.

—La constatation du fait de cette sommation, réunie à celle du fait constaté que les attroupements ne se seront retirés qu'après la sommation, suffira à établir l'existence d'un attroupement.

948. — *Par des cris, discours, proférés publique- ment et par des écrits imprimés, affichés ou distri- bués.* — L'art. 6, L. 1848, par cette énumération et la condition de publicité qu'il exige, rentre dans les cas d'application de l'art. 1er, L. 1819. — Voir en conséquence nos annotations sous ces différentes ex- pressions (discours, n° 855, — cris, n° 856, proférés, n° 860, publiquement, n° 870, écrits imprimés, n° 861, affichés, distribués (V. n°s 869, 863 et suiv.).

949. — *Sera puni comme le crime ou le délit.* — Ces expressions visent l'auteur principal de la provoca- tion. — Le provocateur sera puni comme ceux qui ont fait partie ou sont cause de l'attroupement; il y a, dans la pensée de la loi, l'intention de l'annexer au délit d'attroupement comme complice et sous les con- ditions ordinaires de la complicité, c'est-à-dire d'avoir agi sciemment. C'est une application de la loi de 1819. — N°s 908-944.

950. — *Selon les distinctions ci-dessus.* — Le fait d'attroupement est un crime ou un délit suivant sa persistance, et suivant que l'attroupement a lieu de jour ou de nuit, et que les attroupés font ou non usage de leurs armes. — Voir le texte des art. 3 et 4, qui, étrangers à la législation spéciale de la presse, n'ont pu trouver ici leur place.

951.—*Les imprimeurs, graveurs, etc. seront punis comme complices lorsqu'ils auront agi sciemment.*

Ce paragraphe de l'art. 6 rentre dans l'esprit du système du Code pénal en matière de complicité sans déroger à la disposition de l'art. 24 de la loi du 17 mai 1819 (art. 349 ci-après) en ce qui concerne les imprimeurs qui seront présumés avoir agi sciemment si pour l'impression des écrits provocateurs ils n'ont pas rempli toutes les formalités que la loi de 1814 leur impose.

952.— Quant aux distributeurs et afficheurs, rien ne s'oppose à ce qu'il leur soit fait application du dernier § de l'art. 285 du C. pén. (art. 314), si la provocation à l'attroupement, étant contenue dans un imprimé sans nom d'auteur ou d'imprimeur, ils ont révélé les noms de ceux de qui ils le tenaient. — La disposition de l'art. 285 est aussi générale que possible, et sa géné- ralité permet de l'étendre même à des faits qui n'ont été qualifiés et punis comme crimes et délits qu'a- près la promulgation du Code pénal.—V. n° 922.

953. — *De l'intention.* La provocation-complicité étant assimilée au crime ou au délit même, il faut, pour qu'elle soit punissable, que l'auteur ait agi avec cette intention perverse sans laquelle il n'est ni crime ni délit.

Lorsque la provocation coupable est manifeste, la preuve de l'intention résulte des paroles, des écrits et des faits mêmes qui constituent la provocation; la preuve contraire est alors à la charge de l'accusé. —Chassan, I, p. 23; de Grattier, 1, p. 435.

§ 3.— De la responsabilité pénale des coparticipants ou des divers agents de publication et des délits.

Présomption de non-culpabilité des imprimeurs.

319.— *L.* 17 *mai* 1819. Art. 24. — Les imprimeurs d'écrits dont les auteurs seraient [ou pourraient être] mis en jugement en vertu de la présente loi [du 17 mai 1819], et qui auraient rempli les obligations prescrites par la loi du 21 oct. 1814 [pour les déclarations, l'indication du nom et demeure et le dépôt] ne pourront être recherchés pour le simple fait de l'impression de ces écrits, à moins qu'ils n'aient agi sciemment, ainsi qu'il est dit en l'art. 60 du Code pénal, qui définit la complicité [art. 312, *suprà*].

Responsabilité des journalistes.

320.— *L.* 9 *juin* 1819. Art. 9. — Les propriétaires ou éditeurs d'un journal ou écrit périodique, ou auteurs ou rédacteurs d'articles imprimés dans ledit journal ou écrit, prévenus de crimes ou délits pour faits de publication, seront poursuivis et jugés dans les formes et suivant les distinctions prescrites à l'égard de toutes les autres publications.

---

[319] = 954. — Lors de la discussion de la loi du 17 mai 1819, M. Benjamin Constant demanda que les imprimeurs ne pussent en aucun cas être poursuivis comme complices lorsque les auteurs seraient connus.

M. le garde des sceaux répondit : « Ce n'est pas une « garantie que l'on demande, mais bien un privilége « pour la culpabilité, le droit de commettre impuné-« ment un délit, car l'imprimeur peut se rendre réel-« lement complice par le seul fait de l'impression de « l'ouvrage renfermant un délit. »

MM. de Chauvelin et Courvoisier, députés, proposèrent alors des modifications qui se résumèrent dans la disposition de l'art. 24 ci-dessus de la loi de 1819.

955. — La responsabilité pénale qui pèse sur les imprimeurs, comme complices, à raison des écrits délictueux qui sortent de leurs presses, fut vivement attaquée au cours de la discussion de la loi du 11 mai 1868. — M. Jules Simon la qualifia : « *La plus détestable forme de la censure* ». La majorité refusa cependant de s'associer aux vues un peu trop exagérées de l'opposition qui, pour affranchir la liberté de la presse de la responsabilité embarrassante des imprimeurs, réclamait pour eux encore, comme Benjamin Constant en 1819, le privilége de l'impunité.—V. n° 954.

956. — La présomption particulière de bonne foi et d'ignorance dont l'art. 24, L. 1819, couvre les imprimeurs lorsqu'ils ont rempli toutes les conditions voulues par la loi pour la régularité des impressions, semble donner sur ce point une satisfaction suffisante aux principes de la théorie pénale et de l'équité ; elle se justifie mieux que le privilége de l'irresponsabilité et aboutit, en cas de doute, au même résultat, c'est-à-dire à l'acquittement.—V. n°ˢ 964 à 966.

957. — *Les imprimeurs d'écrits.* — Les imprimeurs peuvent seuls se prévaloir des dispositions de l'art. 24, L. 1819. Le bénéfice qui en résulte leur est exclusivement personnel et ne saurait être étendu aux libraires, éditeurs, aux crieurs ou distributeurs. Dalloz, v° *Presse*, n° 1147. — Le terme *écrit* comprend les journaux.—Cass., 20 oct. 1832; Dalloz, v° *Presse*, n° 1146.

958. — *Dont les auteurs seraient mis en jugement.* — En se fondant sur le caractère favorable de cette disposition et sur ce que le législateur n'avait en rien voulu déroger au droit commun qui permet de poursuivre les complices sans les auteurs principaux (V. n°ˢ 916 à 948), la jurisprudence a étendu la portée de l'art. 24 non-seulement aux cas de crimes et délits autres que ceux prévus par la loi de 1819, mais aux cas mêmes où les auteurs ne sont pas mis en jugement. — Le texte doit en conséquence être entendu comme s'il y avait : « seraient *ou pourraient être mis* en jugement.

959. — Jugé que l'imprimeur peut être poursuivi comme complice quoique l'auteur principal ne soit pas mis en jugement. Cass., 15 oct. 1825, J.P. Chassan, I, p. 158.

960. — A plus forte raison doit-il être seul poursuivi lorsque l'auteur est inconnu, car, à défaut d'éditeur, la responsabilité entière de l'impression pèse sur lui; il peut même alors être considéré comme auteur principal. Chassan, I, p. 135 et 155.

961.—*En vertu de la présente loi de 1819*, et des lois postérieures qui en ont été le développement et qui, à la suite des changements de régime, en ont mis les dispositions en harmonie avec le système et les principes politiques du gouvernement en exercice.—V. n° 958).

962 — *Qui auraient rempli les obligations prescrites par le titre II de la loi du 21 oct. 1814.*—Ces obligations consistent à faire la déclaration préalable de l'écrit à imprimer; à indiquer sur ledit écrit imprimé leurs vrais noms et demeure, et à en déposer deux exemplaires au ministère de l'intérieur ou à la préfecture avant toute publication.— V. liv. I°ʳ, tit. I.

963.—*Ne pourront être recherchés pour le simple fait de l'impression de ces écrits.* — La stricte observation des devoirs professionnels place les imprimeurs dans cette situation exceptionnellement favorable qu'ils sont censés n'avoir ni compris, ni connu les délits contenus dans les écrits qu'ils ont imprimés : mais faute par eux d'avoir rempli les formalités légales en matière d'impression, la présomption d'ignorance et de bonne foi s'évanouit, la présomption contraire l'emporte et le fait seul de l'impression irrégulière les expose à être poursuivis comme auteurs principaux ou complices, à moins qu'ils ne prouvent, ce qui n'est pas toujours facile, qu'ils n'ont pas agi sciemment; le fardeau de la preuve, au lieu d'être à la charge du ministère public, est alors à leur charge.

964. — *A moins qu'ils n'aient agi sciemment.* — C'est-à-dire avec la connaissance du crime ou du délit contenu dans l'écrit imprimé. Les imprimeurs qui ont rempli les obligations prescrites par la loi de 1814 étant légalement présumés ne pas avoir eu connaissance de ces crimes ou délits, ce sera donc au ministère public à combattre cette présomption et à prouver contre elle que lesdits imprimeurs *ont agi sciemment*. — Cette preuve ne sera pas également toujours facile.

Aux termes des art. 189 et 154, C. d'instr. crim., les délits « se prouvent par *témoins* ou par *procès-verbaux*. »

La circonstance que l'imprimeur a su... a *connu* le délit de l'écrit est un fait tout *intellectuel* et de *conscience*, pour la constatation duquel il n'est ni témoins ni procès-verbaux.

La jurisprudence élargissant, il est vrai, le cercle d'application de l'art. 154, a autorisé les juges du fait, en ce point jurés souverains, à puiser des éléments de leur conviction dans les circonstances de la cause; mais ces circonstances ne seront jamais ici d'un bien grand secours : l'imprimeur est couvert par une présomption lé-

321.—*L.* 18 *juillet* 1828. Art. 8, §§ 1.2.3. —V. art. 165, *suprà.*

§ 4. Les (gérants) signataires de chaque feuille ou livraison (du journal ou écrit périodique) seront responsables de son contenu et passibles de toutes les peines portées par la loi à raison de la publication des articles ou des passages incriminés, sans préjudice de la poursuite contre l'auteur ou les auteurs desdits articles ou passages comme complices.

En conséquence, les poursuites judiciaires pourront être dirigées tant contre les signataires des feuilles ou livraisons, que contre l'auteur ou les auteurs des passages incriminés, si ces auteurs peuvent être connus ou mis en cause.

322. — *Disposition déduite de la législation.* Les afficheurs, les vendeurs et distributeurs sont, à titre d'auteurs principaux, responsables des crimes et délits contenus dans les écrits, imprimés ou dessins dont ils effectuent sciemment la publication, à l'exception, toutefois, des seuls cas suivants où ils ne sont considérés que comme complices, savoir (V, n° 1004) :

1° Dans le cas de l'art. 285 du Code pénal, de publication d'imprimés sans nom ou sans les vrais noms et demeures des auteurs ou imprimeurs, et contenant des provocations à des crimes ou délits.—Art. 314 ;

2° Dans le cas de la publication des journaux à l'égard desquels ils ne sont que les auxiliaires des gérants, seuls publicateurs légaux.

---

gale d'ignorance contre laquelle une autre présomption, déduite des circonstances du fait, ne suffirait pas ; — il faut la preuve ; elle seule peut prévaloir ; où la prendre ?

Si l'imprimeur a lu, dira-t-on, il a connu le délit : — Mais a-t-il lu ? — il a dû lire : donc.....

Triple erreur ; — aucun texte de loi ne fait d'abord un devoir aux imprimeurs de lire les ouvrages qu'ils impriment ; matériellement ils ne le pourraient pas ; — n'en est-il pas dont les presses tirent par jour de 50 à 100 feuilles ?

En droit donc l'imprimeur n'a pas dû lire ;

En fait, on démontrera rarement qu'il ait pu.

Mais eût-il lu, et cela fût-il prouvé, que cela ne suffirait pas encore : lire un écrit, n'est pas le comprendre ; — or il faut ici, pour qu'il soit complice, non-seulement qu'il ait lu, mais qu'il ait compris, et il n'est pas donné à tous de saisir les traits déliés et les perfides allusions qui constituent les délits de presse ; leur intelligence suppose et exige des connaissances politiques ou locales que les imprimeurs ne sont pas tenus d'avoir, et qu'on ne pourra pas prouver qu'ils ont ou ont eues.

Quand on dit l'imprimeur a dû lire, quand on en induit qu'il a lu, pour conclure qu'il a compris, on fait précisément ce que la loi défend de faire, on va d'une supposition à une induction, on attire l'imprimeur sous une présomption à laquelle il s'est soustrait par l'accomplissement de ses obligations professionnelles.

965. — La preuve de sa complicité sera donc toujours impossible ? toujours, non ; souvent, oui ; il faut distinguer.

Le délit de l'écrit est-il à ce point caractérisé, et à ce point manifeste qu'il se révèle par la seule lecture à l'intelligence la plus ordinaire, la complicité de l'imprimeur pourra être établie, s'il est prouvé, par témoins, par procès-verbal, par lettres ou par l'aveu de l'imprimeur qu'il a lu l'écrit.

Dans le cas contraire où le délit plus subtil est moins facile à saisir, ce que les juges du fait auront à apprécier, l'imprimeur ne pourrait en avoir acquis la connaissance que par un trait de son intelligence, ce qu'il peut dire seul, ou par la révélation d'un tiers, — la preuve de sa complicité ne pourra, dans le premier cas, résulter que d'un aveu, chose rare, et des preuves ordinaires dans le second. — V. n° 968.

C'est bien restreindre, j'en conviens, le champ de la poursuite ; mais le mal n'est pas grand si l'on veut bien considérer que, par l'accomplissement des formalités légales de l'impression, l'autorité a été mise en mesure de prévenir la publication ; — le délit a pu, il est vrai, passer inaperçu sous ses yeux, mais ne serait-ce pas alors être trop exigeant que d'imputer à faute à l'im-

primeur de n'avoir pas été plus clairvoyant que ceux qui doivent l'être plus que lui ?

966. — On voit par là combien les imprimeurs ont intérêt à remplir les obligations que leur impose la loi de 1814. — Faute de les avoir remplies, ils seront présumés complices des auteurs des écrits délictueux, à moins qu'ils neprouvent ne pas avoir agi sciemment, et dans ce cas même il restera toujours à leur charge les contraventions à leurs devoirs professionnels.

967. — La loi n'ayant point distingué entre l'impression des journaux et celle des autres écrits, l'imprimeur d'un journal peut être poursuivi comme complice des délits qu'il renferme, Cass., 20 oct. 1832, à la condition, bien entendu, qu'il ait agi sciemment. — Dalloz, v° *Presse*, n° 1146.

968. — Il a été aussi décidé qu'un imprimeur peut être déclaré coupable comme auteur principal en qualité de gérant d'un journal, et comme complice, en qualité d'imprimeur dudit journal, du même délit. — Cass., 20 juin 1851. D.51.5.425.

[**320**] = 969. — L'art. 9 de la loi du 9 juin 1819 est une redondance, suivant M. de Grattier, II, p. 22. —Sa disposition ne dit en effet rien de plus que ceci : Les lois des 17 et 26 mars 1819 sont applicables à la presse périodique ; les journalistes, comme tous les autres écrivains, sont responsables de leurs délits ; il eût suffi que la loi ne dît pas le contraire pour qu'il en fût ainsi.

[**321**] = 970. — L'auteur principal d'un délit de publication, nous l'avons déjà dit, n° 907, c'est le publicateur.

971. — Le publicateur d'un journal cautionné, c'est et ce ne peut être que son *gérant ;* — qui dit gérant dit publicateur de droit et de fait du journal ; les gérants sont en conséquence les *auteurs principaux* des délits que renferment les feuilles qu'ils publient.

972. — Les *auteurs-rédacteurs* des articles délictueux ne sont jamais que leurs complices, lorsqu'ils les ont *sciemment* fournis au gérant pour être publiés.

973. — Cette théorie, dont l'art. 8, § 4, de la loi de 1828 est la formule légale, est juste, logique et en parfait accord non-seulement avec la réalité des choses, mais avec l'intention contractuelle des gérants qui ont, en acceptant leurs fonctions, volontairement accepté la responsabilité des publications qu'ils font, et qu'ils sont, seuls, en droit d'effectuer.—V. n° 531 et 532.

974. — Les propriétaires ou éditeurs des journaux non cautionnés sont, en ce qui concerne leur publication, soumis à la même responsabilité ; ils sont assimilés aux gérants, avec cette différence quê ces derniers sont responsables parce qu'ils sont publicateurs *de*

droit, et les autres parce qu'ils sont publicateurs *de fait*, et dans la limite seulement de leur participation intentionnelle à ce fait de publication.

§ 1°. Responsabilité des journaux cautionnés

975. — Les [*gérants*]. Ce § de l'art. 8, L. du 18 juillet 1828 (art. 324), est le quatrième de l'article; sa relation avec ceux qui le précèdent justifie l'addition du mot *gérant* entre crochets dans le texte; les expressions qui suivent se rapportent en effet uniquement aux gérants auxquels ces §§ imposent l'obligation de signer en minute chaque numéro du journal. — V. art. 165.

976. — *Signataires* du journal. — L'art. 4 de la même loi oblige les propriétaires des journaux politiques à en confier la surveillance et la rédaction à un, deux ou trois gérants qui seront responsables de leur contenu et de leur publication. — Art. 5. — V. art. 456 et 464, *suprà*.

977. — Lorsque le journal a plusieurs gérants, la surveillance en appartient à tous; mais comme la responsabilité ne pèse individuellement sur eux qu'à raison du fait seul de la surveillance qu'ils doivent exercer, c'est sur celui qui, par sa signature mise au bas du numéro du journal, atteste en avoir lu le contenu et exercé ainsi sa surveillance que devait en retomber la responsabilité exclusive. C'est cette conclusion fort logique de la situation légale des gérants que consacre le § 4 de l'art. 8, L. 1828, en déclarant seul responsable le gérant signataire de la feuille ou de la livraison.— Orléans, 19 novembre 1850.— D.35.2.200.

978. — Le gérant responsable d'un journal ne peut être mis en prévention pour les numéros délictueux qu'il n'a point signés, et à la rédaction desquels il n'a pas coopéré, bien qu'il déclare en accepter la responsabilité. Celui qui a signé en son absence peut seul en être responsable. — Douai, 24 mars 1831. J. p. — Caen, 23 janv. 1850. D.52.2.260.

979. — Mais tous les gérants seraient indivisément responsables de la feuille du journal si elle avait été publiée sans signature d'aucun d'eux. La surveillance ne cesse d'être le devoir général de tous que lorsque l'un d'eux en prend l'exercice à sa charge. Hors ce cas, la responsabilité pèse indistinctement sur tous. Le journal n'est pas signé, sa rédaction n'a pas été surveillée, ils sont tous en faute, leur contravention ne saurait les excuser du délit du contenu.

980. — « Lorsqu'ils veulent se soustraire à cette « responsabilité, conseille M. Chassan, I, p. 131, les « gérants ne doivent pas seulement se borner à refuser leur signature, ils doivent aussi s'opposer à « la publication en donnant à l'imprimeur avis de leur « opposition; ils devraient faire plus. — conformément à l'art. 6, § 5, de la loi de 1828, leur précaution devrait aller jusqu'à déclarer à l'autorité qu'ils « renoncent à rester gérants responsables. »

981. — Faute d'avoir fait cette déclaration à l'autorité et s'être opposés à l'impression du journal, les gérants resteront responsables de ses numéros publiés sans être signés; — « quant à l'imprimeur, ajoute « M. Chassan, tant qu'aucune mutation n'est survenue dans la gérance, le publicateur, aux yeux de la « loi et aux yeux de l'imprimeur, c'est le gérant désigné par la déclaration préalable; on ne pourrait donc « poursuivre l'imprimeur comme étant l'auteur de la « publication. »

Mais il pourrait être recherché comme complice s'il avait sciemment participé à cette irrégulière publication du numéro délictueux : *sciemment*, c'est-à-dire avec la connaissance du délit du contenu, sous le bénéfice de la présomption de bonne foi de l'art. 24, L. 1819 (art. 349), si, quant à lui, l'impression du numéro du journal non signé n'est entachée d'aucune irrégularité au point de vue des lois de l'imprimerie.—N° 963.

982. — Les gérants seraient encore responsables des numéros du journal publié sous la seule signature d'un individu reconnu plus tard par le jugement n'avoir pas eu à ce moment la qualité de gérant. — Chassan, I, p. 132.

983. — C'est la signature autographe sur la minute du journal, et non la signature imprimée au bas des numéros qui détermine le gérant signataire individuellement responsable.

984. — Si, après la retraite des gérants, le journal continue à paraître, signé ou non, par le publicateur de fait, ce sera le publicateur qui sera alors responsable du fait de la publication. — V. n°s 1010 et 1011.

985. — *Seront responsables de son contenu.* — Responsables comme *auteurs principaux.* — V. 970 et suivants.

La responsabilité des gérants est une responsabilité légale qui pèse sur eux en dehors de toute participation effective et directe à la rédaction du journal; — elle implique contre eux une présomption légale d'intention coupable et de connaissance préalable du caractère délictueux de l'écrit, à laquelle ils pourront bien se soustraire par la preuve de leur ignorance et de leur bonne foi, sous cette restriction particulière, toutefois, que cette preuve ne sera pas déduite de l'inaccomplissement du devoir de surveillance que la loi leur impose, car ce serait alors vouloir excuser le délit par la contravention de la négligence ou de l'incapacité. —V. n°s 1005 et 1003.

986. — En conséquence, s'il a *été matériellement impossible* au gérant de lire l'article incriminé, et d'empêcher son insertion ou sa publication; — s'il lui a été *intellectuellement impossible* d'en saisir la portée agressive et cachée; — si par suite des manœuvres du rédacteur et de ses intelligences avec l'atelier du tirage, le trait envenimé qui a empoisonné l'article d'abord inoffensif a été ajouté après coup, sous la presse, à son insu; — s'il n'y a enfin à lui reprocher aucun défaut de surveillance, il n'est pas douteux que dans ces cas de *quasi* force majeure, comme dans les cas où par violence on l'aurait contraint à signer l'article incriminé, la présomption de culpabilité ne saurait persister, et que le gérant ne dût être absous d'un délit qu'il n'a pas voulu, et qu'il n'a pu ni connaître, ni empêcher.— V. n°s 1003 et 1005.

987. — Mais hors ces cas aussi rares qu'imprévus, le gérant doit être déclaré responsable et ne peut, autrement qu'en vue du bénéfice des circonstances atténuantes, être admis à établir le peu de part qu'il a prise à la publication de l'article poursuivi. Ainsi il a été jugé :

988. — Qu'à la différence des imprimeurs, les gérants ne sont jamais recevables à exciper de leur ignorance à raison du contenu des articles insérés dans le numéro publié sous leur signature. — Cass. 29 nov. 1860. D.64.1.45.

989. — Ni de leur absence ou de leur éloignement pour cause de maladie. — Chassan, I, p. 127.

990. — Ni de l'impossibilité où ils se sont trouvés, à raison de la distance, de vérifier l'exactitude du compte rendu infidèle publié par leur journal.—Rennes, 10 oct. 1850. D.52.5.456.

991. — Ils ne sauraient non plus être admis à prouver qu'ils n'ont pas eu le temps de lire l'article incriminé, car leur devoir est de tout lire et de tout revoir, et moins encore à prétendre que l'article, ayant été inséré par mégarde, ils s'en sont aperçus trop tard pour faire recomposer cette partie du journal.

992. — Le gérant est, d'autre part, censé être l'auteur des articles sans nom ou d'auteurs inconnus. Sous ce rapport il est doublement responsable, comme publicateur et comme auteur présumé.

993. — La loi n'a pas interdit aux gérants de donner à l'avance leur signature en blanc pour le numéro-minute qui doit être déposé (V. n° 539). Ces signatures en blanc engagent aussi bien la responsabilité des signataires que les autres. Le gérant qui s'absente ou que la maladie empêche de surveiller la rédaction du journal, doit, s'il ne veut pas assumer tous les écarts éventuels de la rédaction, retirer les signatures en blanc qu'il aurait pu donner. La liberté qui lui est à cet égard laissée et la confiance que lui inspirent ses rédacteurs ne sauraient ni le dispenser de surveiller, ni diminuer les garanties de la loi.

994. — *Est passible de toutes les peines portées par la loi.* — Le mot *passible*, ainsi que le fit remarquer M. Jacquinot de Pampelune, lors de la discussion de la loi, signifie *susceptible d'être puni*. MM. les ministres déclarèrent à leur tour qu'ils entendaient par cette expression « laisser aux tribunaux la faculté d'acquitter. »

995. — « Le sens de l'article, dit M. le comte Siméon « à la Chambre des pairs, est que le gérant, toujours « responsable principal de la publication et devant en « porter toutes les peines, lorsque l'auteur de l'article « incriminé n'est pas connu, peut, si cet auteur est mis « en cause, être moins puni que lui quand il apparaîtra « qu'il n'a pas effectué la publication avec une inten- « tion aussi coupable ; il sera alors ou tout à fait, ou « plus ou moins exempt des peines corporelles… sui- « vant que les juges en décideront. » Quant aux *peines pécuniaires*, l'acquittement du gérant n'en affranchirait pas le cautionnement. L'art. 13, L. 1828 (art. 148) l'affecte en effet au paiement des condamnations pécuniaires prononcées contre les auteurs-rédacteurs des articles incriminés. — N° 448. Chassan, I, p. 130.

996. — Les gérants sont passibles des peines édictées par la loi, alors même qu'il y a poursuite contre les auteurs des articles incriminés. — Rennes, 14 oct. 1850, D.52.5.456.

997. — *Sans préjudice de la poursuite contre l'auteur ou les auteurs… comme complices.* — Comme *complices*, s'ils n'ont fait que fournir *sciemment*, pour être inséré dans le journal, l'article délictueux, sans prendre autrement part à sa publication ;

998. — Mais comme *coauteurs* si, rédacteurs moins réservés, ils ont participé directement et réellement au fait de la publication du journal, en concourant à son émission extérieure par leur ingérence dans sa propagation. — De Grattier, II, p. 174. V. n°ˢ 984 et 1010.

999. — Le rédacteur de l'article délictueux peut être poursuivi, bien que le gérant ne soit pas mis en cause et alors même que, poursuivi, il aurait été acquitté. — Paris, 26 août 1828; Chassan, I, p. 161; Cass., 8 sept. 1837, J.p. 37.2.586.

1000. — Il peut être encore poursuivi comme complice même des infractions matérielles que constituerait le fait de la publication de l'article délictueux. — Cass., 16 juin 1837; de Grattier, II, p. 181.

1001. — Quant à la responsabilité des *rédacteurs en chef* des journaux, elle n'est pas différente de celle des autres rédacteurs ou co-participants aux délits.

« La loi, dit M. de Girardin, cité en l'article *Presse* « du recueil de M. Dalloz, n° 1142, ne connaît pas le « personnage que nous appelons le *rédacteur en chef* « d'un journal. Il ne peut être ni poursuivi ni puni en « cette qualité ; mais on nierait tous les principes en « disant que la poursuite du gérant et de l'auteur « épuise tous les droits de l'action publique et de l'ac- « tion privée, et qu'à aucun titre le rédacteur en chef « ne peut être appelé comme eux et avec eux devant « les tribunaux… Les lois de la presse ne l'ont pas

« affranchi des règles de la complicité du droit com- « mun… S'il est complice, le rédacteur en chef peut « être, comme le gérant et comme l'auteur, appelé de- « vant les tribunaux; mais il faut qu'on prouve sa com- « plicité, la loi pénale à la main. Toute poursuite, toute « condamnation basées sur ses fonctions seules, sur « une vague présomption de son concours au délit, à « raison de son autorité de fait, serait une violation « flagrante de la loi. » Cette doctrine est juridique et ne peut être qu'approuvée.

2° Responsabilité des journaux non cautionnés.

1002. — Les journaux non cautionnés n'ont pas de gérants légalement responsables; leurs propriétaires sont toutefois tenus, comme les fondateurs des journaux soumis au cautionnement, de déclarer leurs noms à la préfecture de police à Paris, ou à la préfecture en province. — Art. 152.

« Or, de deux choses l'une, dit à ce sujet M. Chas- « san (1, p. 133), ou ces journaux sont signés, ou ils « paraissent sans signature. Dans le premier cas, le « signataire sera responsable; — dans le second, ce sont « les propriétaires ou celui d'entre eux qui a été chargé « de la publication du numéro incriminé. » En un mot, c'est le publicateur de fait qui est responsable, parce que c'est le fait de la publication qui constitue le délit. — V. n°ˢ 847, 904, 907 et 974.

1003. — Comme ces publicateurs ne sont pas astreints à des devoirs aussi rigoureux de surveillance que les gérants proprement dits, leur responsabilité pénale comporte un cercle plus étendu d'excuses. Les propriétaires de ces journaux pourront en conséquence, en cas de délit, exciper de leur ignorance du contenu des numéros poursuivis, de leur bonne foi, de l'impossibilité où ils se seront trouvés de vérifier les assertions délictueuses, de lire ou de comprendre la portée des articles incriminés. — V. n°ˢ 985 et 986.

[322] = 1004. — Le fait de la publication étant la condition constitutive des crimes et délits de publication, les agents publicateurs en sont nécessairement les auteurs principaux, et c'est en cette qualité qu'ils en sont responsables lorsqu'au fait se joint l'intention, sans laquelle il n'est ni crime ni délit. — N°ˢ 1008 et 1012.

Cette règle de logique et de droit qui, depuis 1849, est la base de notre législation en cette matière, rencontre dans les lois antérieures une exception que nous avons déjà signalée (n° 924), celle de l'art. 285 du Code pénal, qui considère les publicateurs des objets délictueux qu'il incrimine comme complices seulement, sous des conditions, même spéciales, d'excuses. — V. art. 314, *suprà*.

Ils ne seront encore que complices dans le cas de la publication des journaux cautionnés, délictueux ; — les gérants, en étant les publicateurs légaux, les vendeurs et distributeurs ne sont que ses instruments auxiliaires. — N° 1008.

Quoi qu'il en soit, dans le cas où il s'agit de rechercher si lesdits agents publicateurs ont, ou non, agi *sciemment*, — le fait par eux d'avoir vendu ou distribué les écrits sans l'autorisation préfectorale, dans les cas où elle est exigée (art. 6, L. 27 juillet 1849), constituerait contre eux, sinon une présomption *légale* de complicité, du moins une présomption de *fait* ou un indice qu'ils n'ont pas été aussi étrangers au délit qu'ils veulent bien le prétendre.

TABLEAU DE LA SITUATION RESPECTIVE DES COPARTICIPANTS A DES DÉLITS
DE PUBLICATION, SOUS LE RAPPORT DE LA RESPONSABILITÉ PÉNALE.

I. Journaux cautionnés. — Numéros signés contenant des articles délictueux.

Qui responsable et à quel titre?

Numéros signés. Qui responsable et à quel titre?	
1005. 1° Celui des gérants qui a signé le numéro-minute est *auteur principal* du délit.	A moins qu'il ne prouve, — Paris, 18 janvier 1842.—N° 986, *suprà* : Soit qu'il lui ait été tout à fait *impossible* de comprendre la portée agressive de l'article incriminé ; Soit que sans négligence aucune de sa part, cet article ait été, à son insu ou malgré lui, inséré dans le journal, *sans qu'il lui ait été possible* d'empêcher sa publication. —N° 986 ; Soit qu'on a profité d'un moment d'absence d'esprit pour obtenir son adhésion à l'insertion ; Soit qu'on l'ait, par force, par menaces ou violences, contraint à le publier. Dans ces cas et autres semblables, où l'absence de toute intention délictueuse exclut toute imputabilité pénale, le gérant devra être acquitté. — Le cautionnement n'en supportera pas moins, aux termes de l'art. 14, L. 1828 (art. 148 *suprà*), le paiement des condamnations pécuniaires prononcées contre l'auteur de l'article condamné. — N°ˢ 995, 996.
1006. 2° L'auteur ou rédacteur de l'article incriminé n'est que *complice*.	A moins qu'il ne prouve que c'est malgré lui et à son insu que son article a été inséré dans le journal. Faute de protestation immédiate de sa part après la publication desdits articles sous son nom, il sera présumé avoir sciemment consenti à cette insertion ; Si, par suite des manœuvres mêmes de l'auteur ou rédacteur, l'article incriminé avait été inséré et publié par le journal à l'insu et malgré le gérant, ainsi qu'il est dit ci-dessus (V. n° 986), ce dernier pourrait être acquitté comme *auteur principal*. Mais le rédacteur de l'article n'en devrait pas moins être retenu et condamné comme *complice*; le publicateur est toujours l'*auteur principal* du délit de publication et les gérants sont les publicateurs de droit des journaux.—V. n°ˢ 970 et suivants.
1007. 3° L'imprimeur *aussi complice*.	L'imprimeur sera *complice*, s'il *a sciemment* participé, par l'impression, à la publication des numéros délictueux. — Il sera toutefois présumé ne pas avoir agi sciemment, si les formalités légales pour l'*impression régulière* du journal ont été par lui observées aux termes de l'art. 24 de la loi du 17 mai 1849; art. 319. — V. n° 984. En ce qui concerne la réimpression dans le journal d'un article ou écrit précédemment condamné, l'imprimeur, s'il a agi sciemment, sera *coauteur* et non plus complice, dans le système de ceux qui réputent ce fait une simple *contravention*.— V. n°ˢ 1021 et 1790.
1008. 4° Les crieurs, vendeurs et distributeurs et autres publicateurs également *complices*.	A moins qu'ils ne prouvent *ne pas avoir agi sciemment* en concourant à la publication du journal (art. 60 du C. pén.). Les gérants, étant les publicateurs de droit des journaux qu'ils dirigent, sont les seuls *auteurs principaux*, par conséquent, des délits qu'ils contiennent; les vendeurs et distributeurs de ces journaux ne sont et ne peuvent être que ses instruments, auxiliaires et irresponsables, en cas d'ignorance de leur contenu. — Il y aura toutefois contre eux présomption qu'ils ont agi sciemment s'ils ont contrevenu aux lois qui subordonnent à une autorisation la vente, la distribution et le criage des imprimés.— V. n° 1004. Si l'article poursuivi a déjà été condamné, sa vente ou distribution constitue en outre une infraction spéciale à raison de laquelle les publicateurs seront considérés comme *auteurs principaux*, si le fait n'est qu'une simple *contravention*. — V. art. 1021 et 1790.

II. Mêmes journaux. — Numéros non signés contenant des articles délictueux.

Qui responsable et à quel titre?

Numéros non signés. Qui responsable et à quel titre?	
1009. 1° Tous les gérants sont responsables comme *auteurs principaux*.	A moins que pour se soustraire à la responsabilité légale qui leur incombait, ils n'aient, avant la publication du numéro délictueux, déclaré à l'autorité qu'ils se retiraient de la gérance, et notifié à l'imprimeur qu'ils cessaient leurs fonctions en déclarant s'opposer à l'impression du journal. — N°ˢ 980, 984. A moins encore — au cas où ils n'ont point renoncé à la gérance, — qu'ils ne parviennent à se disculper en prouvant, ainsi qu'il est dit sous le n° 1005 ci-dessus, qu'ils sont restés, sans faute de leur part (n° 985), complétement étrangers à la publication incriminée. — En l'absence établie de toute faute et de toute intention délictueuse, ils devront être acquittés.—Paris, 18 janv. 1842.—Le cautionnement n'en répondra pas moins de la condamnation pécuniaire prononcée contre l'auteur.— N°ˢ 995, 996.
1010. 2° Le rédacteur est, suivant les cas, *auteur principal* ou *complice*.	Le rédacteur sera *auteur responsable*, dans le cas où, en présence de la retraite des gérants, il aura pris sur lui la responsabilité de continuer la publication du journal. Publicateur de fait, il sera alors responsable du délit de publication n° 984, ci-après. Le rédacteur restera complice, dans tous les autres cas, à côté des gérants ou du publicateur, sous les conditions spécifiées sous le n° 1006 du tableau précédent.

Numéros non signés.
Qui responsable ?
Et à quel titre ?
—

L'imprimeur sera *auteur principal*, dans le cas où, les gérants s'étant retirés, il aura pris sur lui de continuer la publication du journal : — Qui publie le délit, en est responsable comme auteur principal (n° 905); le rédacteur de l'article sera alors *complice ou coauteur*, suivant le degré de sa participation à la publication effectuée du journal.

Il y aura de plus, dans ce fait, la contravention de la publication d'un journal politique sans gérant. — V. art. 156. A. § 3.

1011.
3° L'imprimeur sera, suivant les cas, *auteur principal ou complice.*
—

L'imprimeur ne sera que *complice*, au cas où — les gérants ou les rédacteurs, ayant assumé la responsabilité de la publication, les premiers en restant en fonctions, les seconds en publiant le journal (V. le n° précédent), — il aura *sciemment* participé à cette publication, mais il sera présumé ne pas avoir agi sciemment s'il a, quant à l'impression du journal, rempli toutes les conditions de la loi. — V. n°° 981 et 1047.

En cas de réimpression d'articles déjà condamnés, même observation que sous le n° 4007.

1012.
4° Les agents publicateurs seront, suivant les cas, *auteurs principaux ou complices.*
—

Les publicateurs sont *auteurs principaux* si, en cas de retraite des gérants, ils ont, sans ordre et de leur propre mouvement, distribué et vendu sciemment les numéros délictueux du journal; — qui publie le délit en est l'auteur.

Il y aura de plus, dans ce fait, la contravention de la publication d'un journal politique sans gérant, et peut-être sans dépôt.

Ils ne seront que complices dans tous les autres cas, lorsqu'ils auront *sciemment* participé à la publication et sous les mêmes conditions d'excuses qu'au n° 4008 ci-dessus.

En cas de vente et de distribution d'articles déjà condamnés, — V. sous le n° 4008.

III. Journaux non cautionnés; numéros délictueux, signés ou non.

Qui responsable et à quel titre ?

1013. — En ce qui concerne *les auteurs-rédacteurs* des articles délictueux, les *imprimeurs* et les *agents publicateurs,* il n'y a aucune différence à faire entre les journaux cautionnés et non cautionnés; leur responsabilité est la même dans les mêmes cas et sous les mêmes conditions. — V. ci-dessus n° 1005 à 1012.

1014. — Quant aux *propriétaires* ou *éditeurs* des journaux non cautionnés, ils doivent être, relativement à la responsabilité pénale, assimilés aux gérants avec cette différence que ceux-ci sont responsables du contenu de leurs journaux, même lorsqu'ils sont restés étrangers à leur rédaction (n° 985), tandis que ceux-là n'en sont responsables que dans la mesure de leur participation intentionnelle et réelle à la publication de leurs feuilles (n°° 974 à 1003); le cercle de leurs moyens d'excuse sera donc plus étendu, ils pourront exciper de leur ignorance et de leur bonne foi dans tous les cas (n° 1003), et lorsqu'ils ne seront pas déclarés irresponsables, ce sera toujours comme auteurs principaux qu'ils devront être condamnés.

IV. Imprimés non périodiques, délictueux, signés ou non.

Qui responsable et à quel titre ?

Qui responsable ?
—

1015.
1° L'auteur de l'écrit est, suivant les cas, *auteur principal ou complice.*
—

Il est *auteur principal*, si l'impression est son fait, s'il l'a voulue et commandée, car c'est alors pour lui et par lui que la publication se sera effectuée.

Il est *complice*, s'il a laissé faire ou passivement consenti la publication de son écrit : celui qui en a pris l'initiative est alors l'auteur principal.

Il n'est ni *auteur principal* ni *complice*, si l'éditeur ou l'imprimeur, prenant l'initiative et la responsabilité de la publication, l'ont faite à son insu ou malgré lui. — V. n° 4047.

Mais il y aurait présomption que l'auteur a consenti, s'il n'a pas protesté contre la publication faite sous son nom du moment où il en aura eu connaissance — V. n° 1006.

1016.
2° L'éditeur; il est, suivant les cas, *auteur principal ou complice.*
—

Il est *auteur principal*, s'il a fait *proprio motu* et sous sa responsabilité l'impression ou la réimpression de l'ouvrage, à l'insu ou malgré l'auteur, qui serait alors complétement étranger à sa publication (V. n° ci-dessus, § 2); — il pourrait même y avoir, à son préjudice, dans ce cas un délit de contrefaçon de la part de l'éditeur.

A *fortiori*, sera-t-il *auteur principal* si l'ouvrage réimprimé a été précédemment condamné. — V. n° 1008, § 2.

Il est *complice*, dans le cas où l'auteur ou l'imprimeur ayant pris l'initiative de la publication, il s'est borné à les aider, ou assister sciemment pour le débit de l'édition (art. 60, C. pén.), sciemment, c'est-à-dire en connaissance du délit.

Toutefois, et dans ce cas, il pourrait être plus que complice et devrait être condamné comme *auteur principal*, s'il s'agit d'un ouvrage déjà condamné. L'art. 26, L. 4819 (art. 424) semble punir, dans ce cas, comme une infraction spéciale, le fait matériel de la vente et de la distribution. — V. notes sous cet article.

8

Qui responsable ?
Et à quel titre ?
—

4017.
3° L'imprimeur ; il est, suivant les *cas, auteur principal ou complice.*
—

I. — Il est *auteur principal* s'il a pris, *proprio motu*, à l'insu de l'auteur ou malgré lui, l'initiative et la responsabilité de la publication de son ouvrage, — ou si l'ouvrage par lui imprimé est sans nom d'auteur ou d'éditeur. Dans ces deux cas, il pourrait même y avoir au préjudice de ces derniers un délit de contrefaçon.

L'imprimeur ne devra pas moins être condamné comme *auteur principal* pour le fait de l'impression, alors même qu'il y aurait procédé avec l'agrément ou même sur la demande de l'auteur, s'il s'agissait de la réimpression d'un ouvrage déjà condamné ; car aux termes de l'art. 26, L. 1849 (art. 424), le fait de sa réimpression est ou peut être une infraction spéciale à la charge de l'imprimeur.

L'imprimeur sera considéré comme *coauteur* avec l'éditeur ou l'auteur, si c'est de concert avec eux ou à frais communs ou à bénéfices partagés qu'il a fait l'impression et participé ainsi à la publication de l'écrit.

II. — Il sera *complice* dans tous les autres cas, si toutefois il a agi *sciemment* aux termes de l'art. 60 du C. pénal, et sous ce dernier rapport l'art. 24, L. 1849 (art. 349) prévoit et règle une double situation, savoir :

1° Il ne sera pas *présumé avoir agi sciemment* si, pour l'impression de l'écrit, l'imprimeur s'est conformé aux prescriptions de la loi du 21 oct. 1814 (art. 58, 64 et 107, *suprà*).

C'est au ministère public qu'incombera alors le fardeau de la preuve que l'imprimeur a agi sciemment, et devant cette preuve faite, la présomption disparaîtra. — N° 963-967.

2° Il sera *présumé avoir agi sciemment* si, pour l'impression de l'écrit, il ne s'est pas conformé à ces prescriptions (n° 963). — Exposé à la présomption légale de complicité, c'est à lui qu'incombe alors la charge de la combattre en faisant la preuve de sa bonne foi et de son ignorance du délit contenu dans l'écrit.

4048.
4° Les libraires, les colporteurs, les vendeurs distributeurs, crieurs et autres agents de publication ; ils sont, suivant les cas, *auteurs principaux ou complices*

I. — Ils sont *auteurs principaux* ou *coauteurs*, si de concert avec l'auteur ou l'éditeur ils ont avec eux ou pour eux effectué la publication, ou si, à leur insu ou même malgré eux, ils en ont pris l'initiative ; — il se peut alors qu'il y ait dans ce dernier cas à leur préjudice un délit de contrefaçon.

S'il s'agit d'un ouvrage déjà condamné, les vendeurs et distributeurs seront, en outre, à raison du fait de sa vente ou distribution, punissables comme auteurs principaux de l'infraction spéciale punie par l'art. 26, L. 1849. (art. 424).

Telle est la règle. — Cette règle souffre une exception, dans les cas ci-après :

II. Mais ils ne sont que *complices* dans les cas suivants à savoir : — lorsque l'écrit distribué ou publié est un imprimé contenant des provocations *suivies d'effets*, à quelques crimes ou délits, — et qu'il a été par eux publié *sciemment* —(art. 285 du C. pén.), sous les distinctions suivantes ;

Quant à la peine par eux alors encourue, il faut, par dérogation à la règle de l'égalité des peines de l'art. 59 du C. pénal, distinguer aussi plusieurs cas (art. 284 et 285 du Code pénal) à savoir : —

1° L'écrit porte-t-il les *vrais noms et demeure* de l'*auteur ou de l'imprimeur*, — ils seront considérés comme *auteurs principaux*, si la provocation *est restée sans effets* et comme *complices* dans le cas contraire, conformément à la règle générale ; ce n'est point le cas de l'exception de l'art. 285, C. pénal.

Il sera puni comme complice s'il est contre lui prouvé qu'il a connu la fausseté des noms d'auteur ou d'imprimeur, portés sur l'imprimé, ou, dans le cas contraire, qu'il a sciemment participé à sa publication.

Au cas où il serait acquitté faute d'intention délictueuse, il restera contre lui :

(a) S'il est *le libraire*, la contravention d'avoir mis en vente un écrit sans nom d'imprimeur. — Art. 19, L. 1844 (art. 247, *suprà*).

(b) S'il est *simple agent publicateur*, la même contravention, punie par l'art. 284 du C. pén. (art. 244, *suprà*).

2° L'écrit ne porte pas l'indication des vrais noms et demeures de l'auteur ou de l'imprimeur. Il y a fausse indication. Il faut distinguer deux cas, savoir :

1er *Cas* : L'agent publicateur ne fait pas connaître celui de qui il a reçu l'écrit provocateur. Art. 285, C. pén.
—

N.-B. — Il y aurait encore à distinguer si la provocation a été ou non suivie d'effet. — V. sur ce point *C. de la presse de 1856*, n° 81.

2e *Cas* : En cas de révélation. Art. 285 C. pén.

Il sera toujours complice, mais puni seulement des peines de l'art. 285 (art. 314, *suprà*), de six jours à trois mois de prison, à moins qu'il ne prouve avoir agi sans intention délictueuse, auquel cas il restera à sa charge en outre :

(a) S'il est *le libraire*, la contravention d'avoir mis en vente ou

(*Voir suite 5e colonne de la page suivante.*)

Suite.

Des agents publica-teurs.

Suite.

—Suite des cas à distinguer en ce qui concerne la pénalité du délit de publication des écrits provoca-teurs ci-dessus désignés :

N. B. Si l'écrit ne contient au-cune provocation à crimes ou à dé-lits, il n'y a pas à distinguer s'il porte ou ne porte pas les noms des auteurs ou des imprimeurs. L'art. 285 du C. pén. ne tient compte de l'omis-sion de ces noms que relativement aux imprimés provocateurs.

Suite.

2ᵐᵉ cas de l'imprimé avec faux noms d'auteur ou d'imprimeur.

N.-B.—V. dans notre *C. de la presse de 1886*, pour le cas où la provocation n'a pas été sui-vie d'effets. — Nº 81.

3° L'impri-mé ne porte ni le nom de l'auteur, ni l'indication des noms et demeure de l'imprimeur. C'est un im-primé sans nom. Art. 285, C. pén.

Suite.

En cas de révé-lation.

1ᵉʳ *Cas* : L'a-gent publicateur ne révèle pas le nom de celui qui lui a remis l'im-primé sans nom. —Il est présumé avoir agi sciem-ment. Art. 285, C. pén.

2ᵉ *Cas* : En cas de révélation. Art. 285, § 2.

Suite.

vendre un écrit sans indication des vrais noms et demeure de l'imprimeur, punie par l'art.19, L. 1814 (art. 217, *supra*).

(b) *S'il est simple publica-teur*, la même contravention qui n'est à son égard punie que des peines de simple police par l'art. 284 du C. pén. (art. 214, *supra*).

Il sera puni comme complice à moins qu'il ne prouve ne pas avoir agi sciemment, auquel cas faute d'intention délictueuse il devra être acquitté du chef de la complicité, mais il restera néanmoins encore à sa charge :

(a) *S'il est libraire*, la con-travention d'avoir vendu un écrit sans nom d'imprimeur (art. 19, L. 1814).

(b) *S'il est simple publica-teur*, la même contravention punie des peines de simple po-lice, quant à lui, par l'art. 284, C. pén. (art. 214).

Il sera encore puni comme complice, mais des peines moin-dres, de trois jours à six mois de prison, de l'art. 285 du C.pén., — à moins qu'il ne prouve ne pas avoir agi sciemment, auquel cas, faute d'intention délic-tueuse, il devra être acquitté, sans préjudice des peines en outre encourues par lui :

(a) *S'il est libraire*, pour la contravention d'avoir vendu un écrit sans nom (Art. 19, L. 1849).

(b) *S'il est simple publica-teur*, pour la même contraven-tion punie quant à lui de peines de simple police par l'art. 284 du C. pén.

Observation générale.

1019. — Si l'article de l'écrit imprimé, contenant des provocations à des crimes ou à des délits, et ensuite publié, a été suivi d'effet et peut être considéré comme la cause immédiate et directe du crime ou du délit commis. — Les *auteurs principaux*, au point de vue du délit de publica-tion, et leurs *complices* seront indistinctement *complices du crime ou délit* commis ou tenté, auquel incitait l'écrit pro-vocateur.

V. — Responsabilité pénale en matière de contravention,

1620. — Les règles de la complicité ne régissent pas les faits qualifiés *contravention* et ne constituant que des infractions matérielles existant indépen-damment de toute intention agressive ou perverse. — Chacun en pareille matière est responsable de son pro-pre fait; il est toutefois certaines de ces infractions dont la responsabilité pénale est par la loi étendue à d'autres qu'aux auteurs mêmes du fait. Tels sont les cas de :

1° Publication de journaux politiques sans cautionne-ments complétés; — le publicateur et l'imprimeur dont le nom figure ou doit figurer au bas du journal sont solidairement responsables, art. 5, décr. 17 févr. 1852. (art. 122 *supra*.)

2° Publication continuée d'un journal suspendu ou supprimé. Le publicateur et l'imprimeur dont le nom figure ou doit figurer au bas du journal sont responsa-bles. — Art. 20. Même décret (art. 123 *supra*).

3° Publication d'articles politiques émanant d'un condamné à des peines infamantes, le gérant et l'im-primeur dont le nom figure ou doit figurer sur le jour-nal sont responsables. — Art. 21. Même décret (ar-ticle 124 *supra*).

4° Contraventions en matière de timbre. Même res-ponsabilité étendue aux publicateurs et à l'imprimeur dont le nom figure ou doit figurer sur le journal ou écrit. — Art. 24, § de L. 1850 (art. 99 *supra*).

1021. — Le terme *complice*, qui implique l'existence comme élément essentiel d'une intention délictueuse, serait ici impropre. En matière de contraventions, il ne peut y avoir que des auteurs ou des coauteurs.

TITRE II. — DES CRIMES ET DES DÉLITS CONTRE LA CHOSE PUBLIQUE.

Chap. I. — Des provocations-délits. — § 1. Provocations à crimes.

Provocation à crime. — En réunion illicite.

323. — *Code pénal.* Art. 293. Si par discours, exhortations, invocations ou prières, en quelque langue que ce soit, ou par lecture, affiche, publication ou distributions d'écrits quelconques, il a été fait dans ces assemblées quelque provocation à des crimes ou à des délits, la peine sera de 100 à 300 fr. d'amende, et de trois mois à deux ans d'emprisonnement, contre les chefs, directeurs et administrateurs de ces associations.

Sans préjudice des peines plus fortes qui seraient portées par la loi contre les individus personnellement coupables de la provocation, lesquels, en aucun cas, ne pourront être punis d'une peine moindre que celle infligée aux chefs directeurs et administrateurs de l'association.

Provocations-délits.

1022. — *La provocation-complicité* a fait l'objet du chapitre qui précède; nous allons maintenant nous occuper de la provocation constituant par elle-même non plus un acte de complicité, mais un délit spécial.

1023. — La première disposition en vigueur que l'on rencontre dans notre législation répressive incriminant textuellement « *La provocation à crime* » comme un délit, est l'art. 293 du C. pénal qu'aucune loi postérieure n'a ni abrogé ni modifié.

1024. — Les art. 202 et 205 du C. pénal prévoient bien, par leurs expressions de « *Provocation directe à la désobéissance aux lois ou autres actes de l'autorité* » — des provocations à *des crimes* et à *des délits,* puisqu'on ne peut commettre un crime ou un délit que par des actes de désobéissance aux lois ou aux autres actes de l'autorité, — ils auraient dû à ce titre trouver place à côté de l'art. 293. Nous les avons, néanmoins, rejetés plus loin en conférence avec l'art. 3 de la loi de 1819 qui prévoit aussi la provocation *à la désobéissance aux lois* par la raison que ces art. 203 et 205, ne pouvant se détacher des art. 204, 202 et 204, du C. P. auraient sans utilité absorbé plus d'espace que ne leur en laissait l'ordonnance de la matière ; — car il aurait fallu non-seulement les reproduire ici en confrontation avec les textes concernant les provocations à crimes, mais avec ceux encore qui prévoient les provocations à délits, — et qu'il n'y avait aucun inconvénient à les classer à côté des textes dont les incriminations se rapprochaient le plus de la leur. — V. en conséquence ces articles *infrà,* p. 126 et n° 1060.

[323] = La section de laquelle cet art. 323 est détaché porte pour rubrique dans le Code pénal : *des associations ou réunions illicites.* — L'art. 292 qui le précède prévoit et punit la formation d'une association de plus de vingt personnes, sans autorisation de l'autorité.

1025. — *Si par des discours,* etc... Par cette énumération de moyens de provocation, cette disposition de l'art. 293 du C. pénal se rattache à la législation dite *de la presse* : ce sont des modes de publication ; — les termes qui les expriment doivent, comme ceux de l'art. 1er de la loi du 17 mai 1819 (art. 309), être entendus dans un sens très-général. — V. n° 854.

1026. — *Dans ces assemblées* : L'art. 293, faisant suite aux art. 291 et 292, qui subordonnent à une autorisation préalable du Gouvernement les réunions ou associations de plus de 20 personnes, on doit par ces mots : « ces assemblées, » sous-entendre des assemblées de plus de 20 personnes.

Provocation publique à crime en général.

324. — *L.* 17 *mai* 1819. Art. 2. Quiconque aura par l'un des moyens énoncés en l'art. 1er (de la loi de 1819, art. 309), provoqué à commettre un ou plusieurs crimes, sans que ladite provocation ait été suivie d'aucun effet, sera puni d'un emprisonnement qui ne pourra être de moins de trois mois ni excéder cinq années et d'une amende qui ne pourra être au-dessous de 50 fr. ni excéder 6,000 fr.

Contre journal : L'amende sera de 100 fr. à 12,000 fr. (art. 309).
Peines access. : Impression ou affiche du jugement (art. 516). Suspension du journal de 2 à 6 mois, en cas de provocation aux crimes des art. 86, 87 et 91 du C. pén. (art. 510), (comp. art. 327).
Récid. : Prison, 5 à 10 ans et amende 6,000 à 12,000 fr. — Contre journal, Am. 12,000 à 24,000 fr. — Suspension, de 15 jours à 2 mois. la 1re fois : — de 2 à 6 mois la 2e fois, (art. 525-522).
Circ. att. : Prison, 1 jour à 3 mois et, ou, amende de 50 fr. (art. 533).

1027. — *Quelques provocations.* — Il ne s'agit plus ici de provocations par dons, promesses, menaces de l'art. 60 du C. pénal. Le législateur devançait, par la disposition de cet article, le système de la loi de 1819, au sujet des provocations par moyens quelconques d'influence. — Le mot *provocation* doit donc être entendu avec le sens qu'il a dans la loi de 1819. — V. n°s 955 et suiv.

1028. — *Contre les chefs, directeurs,* etc. — Les chefs de ces associations sont responsables des délits qui se commettent dans leurs réunions, alors même qu'ils n'auraient pas été présents ou qu'ils auraient fait tous leurs efforts pour empêcher les provocations. — Carnot sur l'art. 293.

1029. — *Sans préjudice de peines plus fortes, contre les provocateurs.* — Cette disposition avait sans doute en vue ici les peines plus fortes que le Code pénal édicte à raison des provocations qualifiées attentats, dans les art. 87, 91 et 102. — Ce dernier article est aujourd'hui abrogé. — En dehors de ces cas de provocations, on ne trouve pas d'autres dispositions répressives édictant de plus fortes peines que celles des art. 2 et 3 de L. 1819. Seraient-elles applicables au cas spécial ? Leur texte n'y répugnerait pas, car, ainsi que le fait observer M. Carnot, on peut considérer les provocations faites dans ces assemblées comme faites dans un lieu public ; — lorsque toutefois les circonstances permettent de les caractériser ainsi. — V. n°s 872 et suiv. et 890 et suiv.

[324] = 1030. — *Si la provocation,* disait au sujet de cet art. 2 de la loi de 1819, M. le garde des sceaux, de Serre, dans son exposé des motifs, « n'a « été suivie d'aucun résultat, elle n'est plus qu'une « tentative qu'il faut réprimer suivant la gravité du « crime ou du délit qu'elle avait pour but. Une telle « provocation, bien qu'elle soit demeurée stérile, offre « en effet deux caractères auxquels les lois reconnais- « sent la tentative. D'une part elle manifeste l'inten- « tion de produire le crime ou le délit, de l'autre, si « cette intention n'est pas accomplie, ce n'est pas par « le fait, c'est même contre le gré du provocateur. Car « en effectuant la publication où la provocation est « contenue, il a consommé la tentative autant qu'il « était en son pouvoir. »

Provocation au crime de rassemblement.

325. — *L. 24 mai 1834. Sur la détention des armes de guerre.* Art. 9. Seront punis de la détention...., ceux qui auront provoqué ou facilité le rassemblement des insurgés, soit par la distribution d'ordres ou de proclamations, soit par tout autre moyen d'appel.

Récid. : Détention de 20 à 40 ans (art. 59, C. pén.).

Circ. att. : Prison, de 1 à 5 ans et Am. : 16 à 500 fr. (art. 11, L. 24 mai 1834).

Provocation publique à attroupement.

326. — *L. 7-9 juin 1848. Art. 6, § 1er.* (V. art. 318, *supra*).

§ 2. Si la provocation (directe à un attroupement), faite par les moyens ci-dessus (de publication, V. art. 318, *supra*), n'a pas été suivie d'effet, elle sera punie, s'il s'agit d'une provocation à un attroupement nocturne et armé, d'un emprisonnement de 6 mois à un an.

S'il s'agit d'un attroupement non armé, l'emprisonnement sera de un mois à trois mois.

Récidive : Prison, de 1 à 2 ans, pour le 1er cas ; — de 3 à 6 mois ; pour le 2e cas (art. 58, 59, C. pén.).

Circ. att. : Prison, de 1 jour à 6 mois, pour le 1er cas ; — de 1 jour à 1 mois, pour le 2e cas (art. 531).

Provocation publique à des attentats.

327. — *L. 27 février 1858. Sûreté générale.* Art. 1er. Est puni d'un emprisonnement de deux ans à cinq ans et d'une amende de 500 fr à 10,000 fr., tout individu qui a provoqué publiquement, d'une manière quelconque (par les moyens énoncés en l'art. 1er de la loi du 17 mai 1819 (V. art. 309), aux crimes prévus par les art. 86 et 87 du C. pénal, lorsque cette provocation n'a pas été suivie d'effet.

Peines access. : Impression ou affiche du jugement (art. 516).

Suspension du journal, de 2 à 6 mois (art. 510, et comp. art. 324).

Récidive : Prison, de 5 à 10 ans. — Am., 10,000 à 20,000 fr. (art. 57, 58, C. pén.).

Cir. att. : Prison, de 6 jours à 2 ans. et, ou, Am. de 50 à 500 fr. (art. 533).

Pénalité accessoire.

327.A. — Art. 4. Les individus condamnés par application des articles précédents, peuvent être interdits en tout ou en partie des droits mentionnés en l'art. 42 du C. pénal pendant un temps égal à la durée de l'emprisonnement prononcé.

Les art. 5 et 8 qui autorisaient l'internement en Algérie et l'expulsion des condamnés sont abrogés depuis 1865.

Quiconque par l'un des moyens de l'art. 1er. — V. art. 309 et notes ; — *aura provoqué.* — V. n°s 935, 936, 939.

1031. — *Sans que ladite provocation ait été suivie d'aucun effet :* — Il faut à la suite du mot effet sous-entendre *coupable* ou *punissable*. — Il n'est que deux effets punissables d'une provocation, à savoir : le crime auquel pousse la provocation ou sa tentative dans le sens de l'art. 2 du C. pénal; — c'est-à-dire cette tentative avancée qui est assimilée à l'acte consommé.

1032. — Lorsqu'elle est suivie de son effet, la provocation constitue un acte de complicité aux termes de l'art. 1, L. 17 mai 1819. (V. art. 315 *supra*).

1033. — L'art. 102 du Code pénal, abrogé formellement par l'art. 26, L. 1819 (art.645), punissait comme coupable de complots contre la sûreté intérieure de l'Etat « *ceux qui auraient directement excité à ces complots* » que ces excitations fussent ou non suivies d'effets. — Le texte de l'art. 2 comprenant par le mot *provocation* les excitations directes a rendu inutile l'art. 102, c'est pourquoi son abrogation a été prononcée.

[**325**] = 1034. — L'art. 9, L. 1834, prévoit un cas de provocation à un crime qui est puni comme crime spécial, indépendamment de l'effet dont il peut être suivi. — Il est vrai que l'art. 10 ajoute, après, que les peines édictées par les dispositions qui le précèdent seront appliquées sans préjudice de celles que les coupables auraient pu encourir comme complices des crimes commis ; — cette disposition trouvera plus loin une place plus conforme au but et au caractère de l'acte qu'elle incrimine (V. *infrà*, art. 356), elle devait figurer ici tout au moins pour ordre, à raison de la qualification de *provocation* à un crime qu'elle donne à cet acte.

[**326**] = 1035. — Les manifestations tumultueuses accompagnées de cris séditieux, de menaces et d'attaques contre la société et le Gouvernement étaient devenues si fréquentes et mettaient la paix publique en si grand péril, en 1848 qu'une loi parut nécessaire pour les empêcher. Telles furent l'origine et la cause de la loi des 7-9 juin 1848.

1036. — On trouvera à la page 112, le § 1er de cet art. 6 qui, par les moyens de publications dont il incrimine l'emploi et la nature de l'acte prévu, appartient à la législation de la presse.

Sur les mots *provocation directe*, V. n° 946. — *Attroupements.* V. 947. — Sur les moyens, V. n° 948.

[**327** à **327** A.] = 1037. — Toute loi naît d'un abus, a dit Portalis, ajoutons ou d'un danger. — A tout acte violent correspond d'ordinaire une loi violente. — La législation à ce point de vue fait l'histoire des excès ou des attentats de la liberté : le crime de Louvel provoque la loi du 25 mars 1822; la machine infernale de Fieschi justifie les rigueurs des lois de septembre 1835; — c'est aux bombes d'Orsini que nous devons la loi du 27 février 1858 dont l'art. 1er a reproduit en partie le 1er article de cette dernière loi.

1038. — Si à tort ou à raison on peut attribuer aux provocations de la presse le premier de ces trois attentats, il faut reconnaître que le journalisme de 1857 fut bien étranger au troisième; — à aucune époque, les journaux ne furent en effet plus calmes, plus dynastiques et moins factieux. Le régime discrétionnaire, aboli par l'art. 16 de la loi du 11 mai 1868, les avait disciplinés jusqu'au silence.

1039. — L'exposé des motifs déclare que « cette loi du 27 février 1858 est née et élaborée sous l'influence de l'attentat du 14 janvier; — que les vœux et les excitations des sociétés secrètes l'ont seuls provoquée et attirée, mais nulle part n'est dénoncée, comme en étant la cause prochaine ou éloignée, cette action de la presse dont les uns sentent partout l'influence, et que les autres ne voient nulle part.

1040. — « L'art. 1er se borne à dire à ce sujet M. de Morny dans l'exposé des motifs, — a pour but de combler une lacune créée par l'abrogation pure et simple des lois de septembre 1835. » On ne pouvait plus discrètement avouer que ces lois, abrogées un peu trop à la légère, et trop *ab irrato* en 1848, contenaient cependant des dispositions utiles dont la disparition avait fait lacune dans notre législation. A défaut d'autres, cette raison peut bien suffire.

1041. — L'art. 1er de la loi de 1858 est à très-peu de chose près la reproduction littérale de l'art. 1er, L. du 9 sept. 1835. — Voir notre *C. de la presse*, 1856, pour la confrontation des textes, p. 86.

Ce sont les mêmes provocations, non suivies d'effets, aux mêmes attentats qui sont incriminées comme *délit ;*

Si elles sont suivies d'effets, ces provocations constitueront, aux termes de l'art. 1er, L. 1819 (art. 315

des actes de complicité, l'art. 1 de la loi du 9 septembre 1835, le déclarait ainsi formellement, l'art. 1 de la loi de 1858 le laisse entendre.

1042. — Ces deux dispositions diffèrent surtout par la pénalité, la qualification légale des faits et par la juridiction qui, en certains cas, pouvait en connaître.

Les peines édictées par l'art. 1er, L. 1835, étaient la détention et une amende exorbitante de 10,000 fr. à 50,000 fr.; celles de l'art. 1er, L. 1858, bornent leurs rigueurs à un emprisonnement de 2 à 5 ans, à une amende de 500 à 10,000 fr., et à l'interdiction des droits civils et civiques; — quant aux mesures spéciales de sûreté, telles que l'internement en Algérie, l'expulsion du territoire, etc., qu'autorisaient les art. 5, 6 et 7, l'abrogation de ces articles en 1865 les a fait disparaître de notre législation.

1043. — Dans la loi de 1835, les provocations dont il s'agit étaient qualifiées d'*attentat à la sûreté intérieure de l'Etat*, avec la *Cour des pairs* pour juridiction facultative; — il faut rendre à la loi de 1858 cette justice qu'elle a mieux apprécié le caractère de ces faits, et davantage respecté les théories pénales du droit commun. Ce sont de simples *délits* avec les tribunaux correctionnels pour juges.

1044. — *Est puni de.... tout individu qui a provoqué.* — Voir sur la signification de ce dernier mot nos 935 et 936.

1045. — *Publiquement, et d'une manière quelconque :* — Ces expressions sont d'ordinaire employées, dans notre législation, en opposition avec cette formule si usitée depuis 1819 « *par l'un des moyens de publication énoncés en l'art.* 1er, *L.* 1819, » et pour dire plus qu'elle; — mais si les déclarations des commissaires du Gouvernement qui ont fait et défendu l'art. 1er de la loi de 1858, si les explications du journal officiel peuvent prévaloir sur le texte même de la loi, il faudra sur ce point reconnaître que la formule de la *publicité générale et indéterminée* est synonyme ici de celle de la *publicité spéciale* et restreinte de la loi de 1819 (V. n° 852), et que les mots « *publiquement, et d'une manière quelconque* » doivent être entendus comme équivalents de ceux-ci « *par un des moyens de publication de l'art.* 1er, *L.* 1819. » — Voici en effet ce qui s'est passé au sujet de l'art. 1er lors de la discussion de la loi de 1858.

M. Legrand, député du Nord, préoccupé de ce qu'il y avait de dangereux dans ces mots, selon lui trop vagues, « *publiquement, et d'une manière quelconque,* » avait, par voie d'amendement, demandé qu'on leur substituât les termes plus précis employés par la loi de 1819. — La commission s'y refusa; — dans la discussion qui s'engagea devant le Corps législatif, le député, après avoir signalé ce qu'avaient de fondées les inquiétudes qu'avait fait naître la rédaction de l'art. 1er, déclara que « quant à lui il n'admettait pas, par exemple, « que des propos tenus *dans le monde* pussent conduire en police correctionnelle. » (*Monit.* 24 fév. 1858.)

M. Langlois, commissaire du Gouvernement, répondit : « l'expression *publiquement* n'est pas nouvelle, « c'est celle de toutes les lois sur la presse, sauf la loi « de 1819; elle se retrouve dans la loi de 1822 et dans « celle de 1835, il ne pouvait y avoir de l'hésitation sur « sa portée. — Jamais on n'a confondu ce qui était « du domaine de la vie privée et confidentiel avec des « attaques publiques..... » quant aux mots « *et d'une manière quelconque* » le commissaire du gouvernement reconnut que cela signifiait « *la provocation faite publiquement par un des moyens énoncés en l'art.* 1er *L.* 1819. » On a cru inutile, ajouta-t-il, de reproduire « la longue énumération de ces moyens, il suffit de sa- « voir que par les mots : « *et d'une manière quel-* « *conque* » le Gouvernement entend *les moyens énumérés dans la loi de* 1819 *et d'autres qui sont laissés* « *à l'appréciation des juges.* »

M. Legrand. — Je prends acte de cette déclaration.

La dernière phrase en était dangereuse — un *erratum* du *Moniteur* vint heureusement l'effacer le lendemain 22 février 1858. — On peut y lire en effet ce qui suit, page 231, 4e colonne : « au compte rendu de la « séance de vendredi 19 février (*Moniteur* du 21, « p. 224, 1re colonne) un des paragraphes du discours « de M. Langlois doit être rétabli dans les termes sui- « vants : — suit le dernier § ci-dessus textuellement « reproduit » mais sans les neuf derniers mots qui le terminent, savoir :«*et d'autres qui sont laissés à l'appréciation des juges,* » lesquels avaient été sans doute par erreur ajoutés après coup.

1046. — On doit de tout cela conclure que par les expressions « publiquement et d'une manière quelconque, » il faut entendre : Les moyens énoncés en l'art. 1er L. 1819, et non d'autres laissés à l'appréciation des juges. Cette interprétation ressortait déjà d'ailleurs du sommaire de la séance du 19 février 1858 donné au *Moniteur* du 20 comme il suit : « M. le commissaire du « gouvernement soutient qu'il y a *une clarté parfaite* « *dans les termes de l'art.* 1er. — Il faut avoir commis « une provocation déterminée, il faut l'avoir commise « publiquement, lorsque l'article ajoute et d'une ma- « nière quelconque; cela veut dire par un des moyens « énumérés dans la loi de 1819. »

1047. — Ces déclarations serviront sans doute à faire interpréter dans ce sens la disposition de l'art. 1er; mais ne vaudrait-il pas mieux que le texte, par une rédaction *d'une clarté un peu plus parfaite*, se suffît à lui-même sans qu'il fût besoin, pour l'expliquer, d'un erratum du *Moniteur* sur l'autorité légale duquel la jurisprudence pourrait bien hésiter un jour?

1048. — *Aux crimes prévus par les art.* 86 *et* 87 *du C. pénal;* — *aux crimes* seulement : — L'offense à l'Empereur qui fait l'objet des deux derniers paragraphes de l'art. 86 n'étant *qu'un délit* (art. 355), les provocations qui y inciteraient rentreraient dans les prévisions non de notre art. 2, mais de l'art. 3 (art. 330) de la même loi qui punit les provocations à des délits.

I. — Provocations aux attentats de l'art. 86, C. pén.

1049. — L'art. 86 est ainsi conçu: *L'attentat contre la vie ou la personne de l'Empereur est puni de la peine du parricide.*

Ces expressions « attentat *contre la personne* » mis en opposition avec celles d'attentats *contre la vie* doivent s'entendre seulement « *des blessures et violences graves sur la personne de l'Empereur*, commises sans intention de le tuer.— Chauveau et Hélie, 2, p. 94, 3e édit.

1050. — « Ce serait encore un attentat dans le sens de ce §, dit M. Chassan sur l'art. 1er, L. de 1835, dont notre article a reproduit les expressions, que de se saisir par force « de la personne du chef de l'Etat, pour « le faire sortir de son empire, l'emprisonner, le dé- « poser ou pour le livrer à ses ennemis, ou pour obte- « nir de lui un acte quelconque, I., p. 274. »

Directes ou indirectes des provocations à des attentats de cette nature, constitueraient les délits prévus par notre art. 1er.

II. — Provocations aux attentats de l'art. 87, C. pén.

1051. — « Art. 87. L'attentat dont le but est, soit de détruire ou de changer le gouvernement ou l'ordre de successibilité au trône, soit d'exciter les citoyens ou habitants à s'armer contre l'autorité impériale, est puni de la déportation dans une enceinte fortifiée. »

Par ces mots « *attentat dont le but est d'exciter,* » l'art. 87 a en vue des *actes matériels* d'incitation, c'est-à-dire dont la perpétration est de nature à exciter par voie d'exemple à suivre, et non *des actes immatériels*, tels que des excitations orales ou écrites. « Pour « qu'il y ait attentat, disait à ce sujet M. de la Guéronnière « dans son rapport sur le projet de loi modifiant cet « article en 1853, il faut un acte extérieur; — les dis

« cours et les écrits ne constituent pas un attentat. »
Ils ne sont et ne peuvent jamais être que des moyens
de provoquer aux attentats. — Les actes matériels d'incitation qui nous paraissent, en conséquence, être dans
les prévisions de l'art. 87 sont tous les actes de la force
brutale.

L'édification d'une barricade, l'envahissement du
palais impérial, le fait d'arborer un drapeau de révolte,
de battre le rappel, l'incendie d'un poste, le pillage de
ses armes, l'occupation d'une place forte, la séques-
tration des officiers d'une garnison, des autorités d'une
ville, tous ces actes, crimes d'ailleurs par eux-mêmes,
sont de nature à déterminer les habitants à s'armer
contre l'autorité impériale, ce sont là plus ou moins
des actes de sédition, de révolte ou d'insurrection.

C'est à des actes de cette nature, et en vue d'exciter
les habitants à s'armer que doit pousser la provocation pour tomber sous le coup de l'art. 1er de la loi
de 1858.

1052. — L'attaque par la voie de la presse contre
l'ordre de successibilité au trône, contre l'autorité de
l'Empereur ou la forme du Gouvernement était par
l'art. 4, aujourd'hui abrogé, de la loi du 17 mars 1819,
assimilé à une provocation au crime; la loi du 25 mars
1822 a transformé ces sortes d'excitations en délits spéciaux et directs *d'attaque*, qui tombent aujourd'hui, par
suite des modifications de cette dernière loi en 1848,
sous l'application de l'art. 1er du décret du 11 août
1848 qui a remplacé sur ce point l'art. 2 de la loi de
1822 (art. 341).

1053. — Que faut-il entendre par ces expressions :
autorité impériale, dans l'art. 87, C. pén.?... elles
me paraissent pouvoir se définir, suivant les idées de
M. Chassan, « cette puissance de fait en possession de
« la force offensive et défensive de l'Etat contre la-
« quelle on ne peut agir et réagir que par voie de
« sédition, de révolte ou d'insurrection.»—V. n° 1103.

1054. — *L'autorité constitutionnelle*, par opposition à l'autorité impériale, ne serait plus alors que la
puissance morale et sociale qui prenant son fondement
dans le principe même de l'autorité, élève le chef de
l'Etat au-dessus de tous et met en sa possession la
force effective qui constitue et réalise l'autorité impériale. — V. n° 1005.

L'une impose le respect, l'autre contraint à l'obéissance. — Chassan, II, p. 220 (V. *infrà*, nos développements à ce sujet, n° 1094 à 1106).

1055. — *Lorsque cette provocation n'aura pas été
suivie d'effet.* — Suivie d'effet, la provocation ren-

trant dans les termes de l'art. 1er, L. 1849 (art. 315),
constituera un acte de complicité et sera un crime.

1056. — Que faut-il entendre par ce mot *effet* ? Ce
mot comprend *l'attentat* et la *tentative* (n° 1031).
Mais la tentative a été en cette matière autrefois
étendue au delà des actes par lesquels la définit l'article 2, du C. pénal.

« L'exécution ou la tentative, porte l'art. 88 du C.
pén., modifié en 1853, constituent seules l'attentat. »

Suivie d'une tentative de l'attentat, la provocation à
cet attentat constituera donc une provocation suivie
d'effet et partant un acte de complicité.

Mais jusqu'à quels actes l'agent doit-il avoir poussé
l'exécution de ses projets pour qu'il y ait tentative ?
Faut-il qu'il soit allé, comme l'exige l'art. 2, C. pén.,
jusqu'à un commencement d'exécution ?

L'ancien art. 88 était ainsi conçu : Il y a attentat
lorsqu'un acte est commis ou commencé pour parvenir
à l'exécution du crime bien qu'il n'ait pas été consommé.

La rédaction du nouvel art. 88, en renonçant à la
distinction des actes *commis* ou *commencés* pour
l'exécution, en plaçant sur la même ligne la tentative
et l'exécution, montre suffisamment l'intention de rentrer dans les cas d'application de l'art. 2, en ce qui
concerne les circonstances constitutives de la tentative.

1057. — Si la provocation à un des attentats des
art. 86 ou 87 avait eu seulement pour effet la formation d'un complot dans le but de l'exécuter plus sûrement, et si, comme le prévoit l'art. 89, ce complot
avait été suivi d'un acte *commis* ou *commencé pour
en préparer l'exécution*, la provocation devrait être
considérée non comme un délit, mais comme un acte
de complicité du crime de complot puni par ledit article 89, aux termes de l'art. 1er, L. 1849.

1058. — Il ne faudrait pas autrement décider pour
le cas où la provocation, ayant eu cet effet de suggérer
à un individu la résolution de commettre seul l'un des
attentats de l'art. 86, ce dernier aura été surpris et
arrêté au moment où il aurait commis seul et sans
assistance un acte pour en préparer l'exécution.

1059. — L'art. 1er, L. 1858, en détachant de l'article 3, L. 1849, dont la généralité les comprenait, les
provocations aux attentats des art. 86 et 87, a restreint
d'autant le cercle de son application et substitué, pour
ces provocations, à sa pénalité qui comportait l'élévation de l'amende au quadruple pour les journaux, une
pénalité qui ne comporte pas cette aggravation. —
V. n° 2276.

§ 2. -- Provocation à des délits ou à des contraventions. —Droit de résistance.

Provocation à délit par ministres du culte.

328. — *Code pénal.* Art. 202. Si le discours [prononcé par un ministre du culte dans l'exercice de ses fonctions et en assemblée publique], contient une provocation directe à la désobéissance aux lois ou autres actes de l'autorité, ou s'il tend à soulever ou à armer une partie des citoyens contre les autres, le ministre du culte qui l'aura prononcé sera puni d'un emprisonnement de deux à cinq ans, si la provocation n'a été suivie d'aucun effet, et du bannissement, si elle a donné lieu à la désobéissance, autre toutefois que celle qui aurait dégénéré en sédition ou révolte.

Art. 203.— Provocation suivie de sédition ou révolte. — V. art. 313.

Mêmes provocations par lettres pastorales.

329. — *Code pénal.* Art. 205. Si l'écrit mentionné en l'article précédent, art. 204 (écrit contenant des instructions pastorales sous quelque forme que ce soit), contient une provocation directe à la désobéissance aux lois ou autres actes de l'autorité publique, ou s'il tend à soulever ou armer une partie des citoyens les uns contre les autres, le ministre qui l'aura publié sera puni de la détention.

Art. 206. — Provocation suivie de sédition ou révolte, V. art. 313.—V. *infrà* le texte des articles réunis, 201 à 206, p. 147,148.

Provocation à délit en général.

330.—*L. 17 mai* 1819. Art. 3. Quiconque aura, par l'un des mêmes moyens énoncés en l'art. 1er (art. 309), provoqué à commettre un ou plusieurs délits sans que ladite provocation ait été suivie d'aucun effet, sera puni d'un emprisonnement de trois jours à deux années et d'une amende de 30 fr. à 4,000 fr. ou de l'une de ces deux peines seulement, selon les circonstances, sauf les cas dans lesquels la loi prononcerait une peine moins grave contre l'auteur même du délit, laquelle sera alors appliquée au provocateur.

Contre journal : L'amende sera de 60 fr. à 8.000 fr. (art. 509).
Peines access. : Impression ou affiche du jugement (art. 516).
RÉCIDIVE : Prison, de 2 à 4 ans et, ou, Am., de 4,000 à 8,000 fr. Contre journal : de 4,000 à 16,000 fr. — Suspension, de 15 jours à 2 mois, la 1re fois et de 2 à 6 mois, la 2e fois (art. 522 à 525).
CIRC. ATT. : Prison, de 1 à 3 jours et, ou, amende, de 1 à 30 fr. (art. 333.)

Art. 4 et 5. — Abrogés et remplacés par les art. 1 et 6, décrets du 11 mars 1848. — Délits d'attaques. — V. art. 341, 343.A. 358-359.

Provocation à des contraventions.

331.— *Même loi.* Art. 6. La provocation, par l'un des mêmes moyens, à la désobéissance aux lois, sera punie des peines portées en l'art. 3 ci-dessus (art. 330).

[528-529] = 1060. — Par leurs dispositions combinées, les art. 202, 203, 205, 206, prévoient et punissent :

1° Les délits spéciaux *de provocations à la désobéissance aux lois.* V. ci-dessus, art. 202 et 205 ; — La généralité de ces expressions comprenant à la fois les actes de désobéissance qualifiés *crimes* et ceux qualifiés délits, ces deux dispositions auraient pu être classées dans le paragraphe qui précède à côté des autres dispositions concernant les provocations aux crimes ; nous nous sommes expliqué à ce sujet. — V. n° 1024.

2° Les *provocations-complicité,* lorsque les excitations ont eu ce terrible effet de soulever la guerre civile ; — nous avons, en l'art. 313 *suprà,* réuni en les fusionnant les dispositions des art. 203 et 206 qui prévoient ce cas.

3° Et enfin des délits d'excitations et d'attaques contre la paix publique avec tendance à des actes séditieux ; — ces dernières incriminations nous imposeront plus loin l'obligation de reproduire les dispositions des art. 202 et 205 dans le chapitre consacré aux excitations et attaques contre la paix publique.

Pour ne pas disperser les annotations et les observations qui concernent ces articles, nous les avons réunies et reportées dans ce chapitre auquel en conséquence nous n'avons qu'à renvoyer.—V. 1264-1277.

1061. — Nous nous bornerons seulement ici à appeler l'attention sur la portée des mots : « *provocation à la désobéissance aux lois,* » qui se retrouvent dans l'art. 6 de la loi du 17 mai 1849 (art. 334), mais avec une signification bien plus restreinte, car si leur portée comprend, dans les art. 202 et 205, C. pén., les actes qualifiés crimes et délits, la portée de ces mêmes termes dans l'art. 6 est restreinte aux actes de désobéissance qualifiés *contravention.* V. n° 1064-1071.

1062. — *Si le discours.... si l'écrit....* Ces expressions rattachent les art. 202 et 205 à ceux qui les précèdent, c'est pourquoi nous avons ajouté entre crochets les parties des art. 201 et 204 qui caractérisent ces écrits et ces discours. ⮞ V. d'ailleurs *infrà,* p. 147-148, les textes de ces articles.

[530]. = *Par les mêmes moyens...,* V. art. 309..., *aura provoqué,* V. n° 935 à 939. — *Non suivie d'effet.* — V. n° 1031-1032.—Suivie d'effet la provocation rentrerait dans les cas de la complicité, art. 1er, L. 1849. — V. n° 928 et suivants.

1063. — *Sauf les cas de peines moins graves.* — Il y aurait un excès de sévérité et presque injustice à punir la provocation d'une peine plus élevée que celle édictée par la loi contre le fait même objet de la provocation.

[531] = 1064. — L'art. 6 fut introduit dans la loi de 1849 sur l'amendement de M. Jacquinot de Pampelune. M. le garde des sceaux, de Serre, dit à ce sujet : « Les rédacteurs du projet n'ont pas cru « cette disposition nécessaire, parce que, — ou les lois « ont qualifié la désobéissance de *crimes* ou de *délits,* « et alors celui qui provoque à leur désobéissance pro- « voque au crime ou au délit, fait qui rentre dans les « termes des articles déjà adoptés, — ou bien il arrive- « rait que les lois criminelles n'auraient pas qualifié « l'infraction crime ou délit, et alors si elle n'est ni « crime ni délit, il ne serait pas juste de punir la pro- « vocation. »

1065. — L'amendement de M. Jacquinot de Pampelune ne se bornait pas à prévoir la désobéissance aux lois, sa rédaction avait reproduit les art. 203 et 205 du C. pénal, et comprenait « *la désobéissance* « *aux lois et autres actes de l'autorité.* » M. le garde des sceaux finit par adhérer à la première partie en demandant le retranchement des mots « *et autres actes de l'autorité.* » — « Si les actes de l'autorité, dit-il, « sont faits en exécution des lois, désobéir, résister à « ces actes, c'est résister et désobéir à ces lois elles- « mêmes; mais si ces actes n'étaient pas en exécution « des lois, si même ils étaient contraires à la loi, il « ne faut pas alors en prescrire l'exécution. »

Conformément à ces très-justes observations, la seconde partie de l'amendement fut retranchée, et le législateur reconnut ainsi, non-seulement qu'on n'était pas tenu d'obéir à un acte manifestement illégal et arbitraire, bien qu'émané de l'autorité publique, « mais « qu'il était même quelquefois permis, suivant les « circonstances, de résister à l'exécution de pareils « actes. » — Chassan, I, n° 415. — « Contre un acte « illégal, lit-on, dans un arrêt de Riom, du 4 janvier 1827, la résistance cesse d'être un délit. » G.T. du 14 janvier. Cass., 7 avril 1837. J. p. 1838.1.428

4066. — Le droit de résistance aux actes arbitraires n'est pas une conquête de la Révolution. Les jurisconsultes de l'ancienne monarchie l'avaient affirmé en des termes qui peuvent aujourd'hui être entièrement acceptés.

« Il est des cas, dit Jousse, *Traité de l'instr. crim.* « part. 4, titre 45, n° 8, où il est permis à celui qu'on « veut emprisonner de faire résistance, et cela a lieu « principalement lorsque celui qui veut arrêter est sans « caractère, ou lorsqu'ayant ce caractère il n'a point « de marques de son ministère, ou bien lorsqu'il est « porteur d'un mandat ou décret d'un juge sans caractère » (c'est-à-dire incompétent ou excédant ses attributions).

4067. — La Cour de cassation, fait à ce sujet remarquer M. Chassan, I, p. 324, a toujours évité de se prononcer sur la doctrine de la résistance; il lui est même arrivé de déclarer qu'il y avait délit de rébellion à résister, avec voies de fait, à des actes irréguliers, faits sans ordre ou sans mandat légal. — Mais ces arrêts, dit-il, ont été vivement critiqués par les arrêtistes qui les ont rapportés. — Cass., 5 janv. 1821. S. 21.1.122. — Cass., 10 mars 1842. J. p. 42.2.356.

4068. — « Dans cette question, ajoute M. Chassan, « il faut distinguer entre la *désobéissance* et la *résis-* « *tance* et distinguer aussi entre l'*ordre irrégulier en* « *la forme* ou émané d'une autorité incompétente, et « l'*ordre illégal* au fond, mais *régulier en la forme.* »

« La *désobéissance* est, dit-il, licite dans l'un et « l'autre cas, — il en est de même de la provocation « à désobéir...

« Quant à la *résistance*, elle ne serait, selon lui, « permise qu'autant que l'ordre serait irrégulier ou « intimé par un homme sans pouvoir; elle pourrait « cependant être excusée, malgré la régularité de l'ordre ou du mandat, si l'acte à exécuter blessait les « préceptes de la nature, et violait nos lois écrites de « manière à dégénérer en délit..., s'il s'agissait, par « exemple, d'un acte de torture..; dans ce cas, non- « seulement la victime pourrait résister avec violence, « mais les autres citoyens auraient le droit de l'y provo- « quer et de venir à son secours selon les circonstances. »

4069. — *La provocation.* — V. sur la signification de ce mot, notes 935 à 939. — *Par l'un des mêmes moyens*, de l'art. 1, L. 1819. — V. art. 309 et notes.

4070. — *A la désobéissance.* — Désobéir c'est non-seulement refuser de faire un acte commandé, mais encore commettre un acte interdit par la loi. — En ce qui concerne les *fonctionnaires*, leur refus de conformer leurs actes aux lois *impératives* qui les régissent peut constituer des infractions qualifiées crimes ou délits ; quant aux *citoyens*, la loi s'adresse très-rarement à eux autrement que par des *lois prohibitives*, dont la violation constitue des actes positifs qualifiés crimes et délits. — V. notre ouvrage : *Science nouvelle des lois*, et *infrà* n° 1547 et suiv.

La provocation aux *crimes* ou aux *délits* a été spécialement prévue et punie par les art. 1, 2 et 3, L. 1819 (art. 313, 324 et 330 ci-dessus).

4071. — Quant à la provocation aux faits qualifiés *contraventions*, la généralité des expressions de l'art. 6 la comprend sans effort, car une contravention ne peut jamais être qu'un acte commis en désobéissance à la loi. — V. n° 1064.

4072. — Les discussions, les dissertations critiques d'une loi tendantes à en démontrer les vices et la nécessité de la modifier ne sauraient être considérées comme des provocations à sa désobéissance ni comme des délits d'attaque au respect qui lui est dû, aux termes de l'art. 3 , L. 27 juillet 1849 (art. 392), n°ˢ 1554, 1555.

4073. — « Contester la justice et même la convenance d'une loi, disait, en 1849, M. le garde des sceaux, de Serre, est une chose permise. »

« Nous n'avons jamais entendu dire, ajoutait, en « 1835, M. de Salvandy, au nom de la commission « chargée de l'examen de la loi du 9 septembre, dont « l'art. 8 punissait aussi le respect dû aux lois, que « les citoyens ne pourraient pas discuter les lois, qu'ils « ne pourraient pas dire que telle loi devrait être « modifiée. » — V. n° 1551.

4074. — Il ne faudrait pas toutefois que l'exercice de ce droit dégénérât en abus, car autre chose est discuter les lois pour provoquer leur amélioration, autre chose de s'attaquer au principe de leur autorité de manière à les rendre odieuses et de provoquer leur violation ; — quelque injuste que soit une loi, on doit s'incliner devant elle ; — qu'il soit permis d'en demander la révision ou l'abrogation, cela est incontestable, pourvu que ce soit avec convenance et respect et sans tendre à affaiblir le principe d'autorité qui est toujours en elle.

4075. — Ce droit de discuter et de critiquer les lois a subi une importante restriction en 1866 ; un sénatus-consulte du 18 juillet de cette année, a interdit d'une manière générale la discussion de la constitution aux pouvoirs publics autres que le Sénat et aux simples citoyens par la voie de la presse périodique ou des brochures qui lui sont assimilées. — V. art. 500.

4076. — L'art. 6 de la loi de 1819 n'a d'ailleurs en rien dérogé aux dispositions des art. 204 et 202 du C. pénal (art. 349 et 350) qui interdisent aux ministres du culte de critiquer ou censurer, dans l'exercice de leur ministère, les lois, les décrets ou les actes de l'autorité, — dans l'exercice de leur ministère seulement; hors de là, ils peuvent, comme tous les autres citoyens, discuter ces lois et ces actes sous les mêmes conditions de convenances, dans les mêmes limites et sous la menace des mêmes sanctions. — V. notes, *infrà*, n° 1264.

4077. — Jugé que la proclamation du droit de résistance contre les agents de la force publique dans un journal, si elle a été faite sans intention de provoquer à la rébellion ou à la désobéissance aux lois, ne constitue pas un délit. — Paris, 27 mars 1827, Chassan, I, p. 20 et 326. — Dalloz, v° *Presse*, n° 603.

4078. — *Aux lois.* — Le mot *loi* est une expression générique dont la portée comprend ici non-seulement les lois proprement dites, mais les ordonnances ou décrets rendus pour leur exécution et encore les dispositions des constitutions et chartes anciennes qui n'ont pas été abrogées par la constitution existante.

4079. — Cette expression comprend encore les actes des fonctionnaires qui ont reçu une délégation de l'autorité impériale et qui sont conformes aux lois. Ils sont alors des dérivés de la loi, ayant également force de loi; tels sont les arrêtés légaux des préfets et des maires, et encore les arrêts et les jugements. De Grattier, I, p. 446; Chassan, I, p. 322. *Contrà* Parant, p. 73.

4080. — L'art. 6 ne réprime pas moins les provocations à la désobéissance d'une loi promulguée que les provocations à la désobéissance d'une loi sur le point de l'être. — Douai, 2 mai 1834. J. p. Cette décision a été critiquée. M. de Grattier concède qu'il pourrait y avoir, dans un pareil cas, une attaque au respect dû aux lois.—Dalloz, v° *Presse*, n° 599, et *infrà*, n° 1548.

§ 3. — Provocations contraires aux devoirs et à la discipline militaires.

Provocations coupables adressées aux militaires.

332. — *L.* 27 *juillet* 1849. Art. 2. Toute provocation, par l'un des moyens énoncés en l'art. 1ᵉʳ de la loi du 17 mai 1819 (art. 309), adressée aux militaires des armées de terre et de mer, dans le but de les détourner de leurs devoirs militaires et de l'obéissance qu'ils doivent à leurs chefs, sera punie d'un emprisonnement de un mois à deux ans et d'une amende de 25 fr. à 4,000 fr.

Sans préjudice des peines plus graves prononcées par la loi, lorsque le fait constituera une tentative d'embauchage (art. 333), ou une provocation à une action qualifiée crime ou délit. — V. *suprà*, art. 315, 324, 330.

Contre journal : L'amende sera de 50 fr. à 8,000 fr. (art. 509).

Peines access. : Impression ou affiche du jugement (art. 516.)

Récidive : Prison, de 2 à 4 ans et amende 4,000 à 8,000 fr. Suspension du journal, de 15 jours à 2 mois la 1ʳᵉ fois ; — et de 2 à 6 mois, la 2ᵉ fois (art. 522, 525).

Circ. att. : Prison, de 1 jour à 1 mois et, ou, amende, de 1 à 25 fr. (art. 533).

Provocation. — Embauchage.

333. — *Codes militaires. Armée de terre,* art. 208. *Armée de mer,* art. 265. Est considéré comme embaucheur et puni de mort, tout individu convaincu d'avoir provoqué des militaires à passer à l'ennemi ou aux rebelles, armés, de leur en avoir sciemment facilité les moyens ou d'avoir fait des enrôlements pour une puissance en guerre avec la France.

Si le coupable est militaire, il est en outre puni de la dégradation militaire.

Provocation à la désertion.

334. — Art. 242, *armée de terre,* et 321, *armée de mer.* Tout individu ou militaire ou assimilé aux militaires qui, sans être embaucheur pour l'ennemi ou les rebelles, provoque ou favorise la désertion, est puni par le tribunal compétent d'un emprisonnement de deux mois à cinq ans.

L'art. 463 du C. pénal est applicable. Art. 198, C. militaire, armée de terre.

1081. — *Sera puni des peines de l'art.* 3, sous la même réserve, si la peine édictée contre le fait même est moins élevée que celle de l'art. 3, — en cas de provocation à une contravention, la peine de la provocation sera donc toujours celle portée contre la contravention.

[352] = 1082. — Le but de l'art. 2, L. de 1849, est facile à comprendre: l'histoire de la première année de la République de 1848 en a justifié la disposition; des provocations coupables dans la pensée d'affaiblir le lien de la discipline militaire, étaient trop souvent adressées aux militaires de nos armées, il devint urgent d'y mettre un terme.

1083. — *Circulaire de l'intérieur,* 1ᵉʳ août 1849 : « Il importe de soustraire les citoyens armés pour la « défense du pays à l'influence d'une propagande per- « nicieuse. — Les provocations que l'art. 2 a pour « but de réprimer ne sont pas seulement des faits « de presse ; — la loi actuelle s'en réfère à l'art. 1, « L. 1819, et atteint par là les tentatives d'embau- « chage politique à l'égard des troupes, non-seulement « au moyen d'écrits ou d'emblèmes vendus ou distri- « bués, mais encore à l'aide de discours, de cris, ou « menaces proférés dans les lieux publics. »

1084. — « *Toute provocation* » directe ou indirecte suivie ou non d'effet ; — le terme est général et ne distingue pas, V. nᵒˢ 935 à 939. — L'art. 2 n'exige pas que le provocateur excite le militaire à un acte déterminé qualifié crime, délit ou contravention, il suffit que sa provocation manifeste l'intention d'affaiblir en lui le sentiment et le respect de la discipline militaire. C'est aux juges du fait qu'il appartient d'apprécier souverainement cette intention et cette tendance.

1085. — *Dans le but de les détourner de leurs devoirs, etc.*

Le mot « devoirs » doit ici s'entendre non-seulement des obligations militaires qu'imposent aux militaires les lois réglementaires de l'armée, mais de celles encore qui résultent des ordres ou des consignes qui leur viennent de leurs chefs hiérarchiques.

1086. — *Ou de l'obéissance qu'ils doivent à leurs chefs.* Ce membre de phrase complète l'idée que ma-

nifestait déjà le précédent, et ne laisse sur ce point aucune hésitation.

1087. — *Sans préjudice des peines encourues en cas d'embauchage.*

Au moment où fut voté l'art. 2, L. 1849, le législateur ne pouvait avoir en vue, relativement à l'embauchage, que les dispositions qui le prévoyaient alors, c'est-à-dire les art. 1, 2 et 3 de la loi de nivôse an IV, mais les dispositions de cette loi ayant été insérées dans les codes militaires de 1857 et 1859, pour former les art. 208 et 240, c'est à ces articles que se réfère aujourd'hui la disposition finale de l'art 2, L. 1849, lorsque la provocation non suivie d'effet a eu pour but l'embauchage.

[353 à 334] = 1088. — « *Tout individu* » militaire ou non militaire :

1089. — *Convaincu d'avoir provoqué.* L'art. 2 de la loi du 4 nivôse an IV exigeait que la provocation se fût exercée par offres d'argent, emploi de liqueurs enivrantes ; — les art. 208 et 265 des codes de l'armée rejettent cette restriction et répriment l'acte de provocation quels que soient les moyens employés.

Le même art. 2 de la même loi considérait comme constituant le crime d'embauchage « le fait de chercher « à éloigner le militaire pour le faire passer aux re- « belles. » Ce fait rentre évidemment dans la portée de la rédaction nouvelle des articles ci-dessus.

1090. — *Sera puni de mort.* L'embauchage étant un crime, la simple tentative, c'est-à-dire la provocation non suivie d'effet, si elle réunit les caractères de l'art. 2 du C. pénal, devra être punie comme le crime même.

1091. — L'art. 2 de la loi de nivôse punissait, comme fait d'embauchage, la provocation tendant à faire passer les militaires à l'étranger ; ce fait avec la rédaction de l'art. 208, ne constituerait qu'une provocation à la désertion.

1092. — Le Code militaire a tranché la question autrefois controversée au sujet de la juridiction compétente, pour juger les tentatives ou provocations pour l'embauchage. — V. art. 56 et suiv. C. militaire.

Chap. II. — Délits d'offenses et délits d'attaques envers les grands pouvoirs de l'État, le Gouvernement, la paix publique et les mœurs.

Explications préliminaires et définitions.

1093. — Division de ce chapitre. Dans ce chapitre divisé en six sections, nous avons classé toutes les dispositions en vigueur qui ont pour objets la protection du souverain, de sa famille, des grands pouvoirs de l'Etat, du Gouvernement établi, des institutions, de la paix publique, du respect des lois et de la morale, dans l'ordre suivant :

Section I. — Offenses et attaques envers le souverain, sa famille et les souverains étrangers.

Sect. II. — Offenses et attaques contre le pouvoir législatif.

Sect. III. — Attaques contre la constitution et le Gouvernement.

Sect. IV. — Attaques contre la paix publique.

Sect. V. — Attaques contre les libertés électorales et les cultes.

Sect. VI. — Attaques contre la religion, la morale, les mœurs, la propriété, les lois, la famille, etc.

Les principales lois, dont les dispositions d'âges divers et de caractères différents, vont se trouver réunies et juxtaposées dans cette division, sont :

1° — Le Code pénal, art. 86, 201 à 205, 262 à 265, 419 et 420.

2° — La loi du 17 mai 1819, sur les crimes et délits commis par voie de publication.

3° — La loi du 25 mars 1822, concernant les mêmes délits.

4° — Le décret du 11 août 1848, qui fit subir à ces deux lois une révision grammaticale.

5° — La loi du 27 juillet 1849, qui combla quelques lacunes de la législation en cette matière.

6° — Enfin quelques articles des lois impériales et des sénatus-consultes de 1852 à 1868.

I

Explications préliminaires. Quelques explications sont ici indispensables pour l'intelligence de certaines expressions de droit public employées par le législateur en cette matière.

1094. De l'autorité impériale et de son principe. — L'Empereur tient son pouvoir et son autorité, non de Dieu, comme nos anciens rois, mais de la volonté nationale.

Par l'intitulé des lois, des décrets et des jugements, le chef de l'Etat se reconnaît tous les jours le mandataire souverain du peuple. « Napoléon, *par la volonté nationale, Empereur des Français.* »

Cette volonté s'est exprimée en trois fois par plus de 20 millions de suffrages, savoir :

En 1848, 10 décembre, pour le nommer président de la République, avec 5,587,759 voix sur 8,151,689, votants ;

En 1851, 21 décembre, pour proroger ses pouvoirs de 10 ans, et faire une constitution nouvelle, avec 7,473,431 voix.

Le 22 novembre 1852 enfin, pour faire le second empire et relever, en Napoléon III et sa race, le dogme dynastique de l'hérédité de la couronne, avec 7,824,189 voix, sur 8,140,600 votants.

La souveraineté du peuple pour base, — *trois* plébiscites pour l'exprimer : Tels sont *le principe, le fondement* et *les titres de l'autorité constitutionnelle du chef de l'État.*

Il n'en est pas, en Europe, de plus juridiques.

1095. Du Gouvernement impérial, ses formes. — Aux termes du plébiscite du 20 décembre 1851, et de la constitution du 14 janvier 1852, qui en fut l'exécution (art. 6) : « *L'Empereur est le chef de l'État.*

Art. 2. — *Il en a le gouvernement.*

Gouvernement. — L'idée que ce terme exprime est une idée synthétique qui d'un côté implique un but, une direction, avec leurs moyens, — et de l'autre, un certain *ensemble d'actes* qui, par ces moyens mêmes et cette direction, atteignent ou tendent à atteindre ce but.

Qui dit *actes* dit *pouvoir* de réaliser ces actes.

Le mot gouvernement renferme ainsi et nécessairement avec l'idée *du pouvoir, la volonté* régulatrice ou gouvernementale de *direction.*

1096. — Entrevue au point culminant de notre organisation politique dans le chef de l'État, cette *puissance d'action* et de *direction* est ce qui constitue son *autorité souveraine,* laquelle pourrait ici se définir : — *Le principe initial des pouvoirs au moyen desquels gouverne le chef de l'Etat.*

1097. — Mais si énergique qu'on puisse concevoir l'activité individuelle de l'élu de la nation, pourrait-elle jamais suffire seule à ce que sa direction exige, sur tous les points du territoire, de fermeté, de surveillance et de coercition ? De là, pour elle et pour son chef, la nécessité de déléguer à des activités auxiliaires le *pouvoir subordonné* de réaliser les actes divers que cette direction comporte.

Ce n'est point là démembrer *l'autorité souveraine,* c'est au contraire lui donner *des organes*; c'est moins encore diminuer ses pouvoirs, puisque c'est les étendre, c'est seulement *en diviser l'exercice* en des *fonctions* à tous les degrés de la hiérarchie sociale.

1098. — Cette *division des pouvoirs* était trop dans la force même des choses pour ne pas être, virtuellement au moins, dans le pacte fondamental et la constitution. — Elle y est et plus que virtuellement, elle y est comme *un principe de liberté et d'ordre public,* dans l'art. 1er, et comme une *condition* expresse de l'autorité déléguée au chef de l'Etat, dans le titre II. Aux termes des §§ 2 et 3 du plébiscite du 20 décembre, le gouvernement lui est, en effet, confié sous cette condition formelle de l'exercer comme il suit :

1° *Le pouvoir législatif,* au moyen « d'un Corps « législatif nommé par le suffrage universel et « d'un Conseil d'État ;... »

2° *Le pouvoir exécutif,* au moyen de ministres dépendants et nommés par lui ;

3° *Le pouvoir conservateur* de cette division constitutionnelle, au moyen d'un Sénat chargé d'empêcher la violation de la Constitution qui l'a établi.

*8

1099.— Cette division organique de ces *grands pouvoirs*, leur coopération constitutionnelle au Gouvernement ainsi réglée, c'est ce que, d'après la rubrique du titre II de la constitution qui les détermine, on doit entendre par *les formes* du Gouvernement : — *Formes* signifiant : *la structure, le mécanisme, la conformation organique* de cette puissance politique qui se nomme *l'État*, par opposition à cette puissance plus réelle qui s'appelle la *Nation*. — Aussi les pouvoirs qui concentrent la première dans les sphères élevées se nomment-ils *les grands pouvoirs de l'État*.

II

DÉFINITIONS. Sous le mérite de ces explications il nous sera possible de préciser la portée des expressions suivantes que l'on rencontre dans la législation qui régit la liberté de la parole et de la presse.

1100. — Les expressions **Formes du Gouvernement**, se peuvent définir : *L'organisation constitutionnelle des pouvoirs ainsi divisés :*

1° *L'Empereur*,—chef responsable, nommé à vie, investi de la dignité impériale, héréditaire et du principe de tous les pouvoirs.

2° *Le pouvoir législatif*, — ayant pour principe initial et d'initiative l'Empereur, et pour organes le *Corps législatif* et le *Conseil d'État*.

3° *Le pouvoir exécutif*,—ayant pour principe initial encore l'Empereur, pour organes des *ministres responsables* et, sous eux, *toutes les fonctions* qui réalisent l'exécution des lois et des actes du Gouvernement.

4° *Le Sénat*, gardien du pacte fondamental et des libertés publiques.

1101.—Par **Principes du Gouvernement**, il faut entendre,

En droit : — *Le principe de la souveraineté de la Nation* et le *pouvoir délégant* de sa volonté ;

En fait : La délégation qu'elle a faite de ses pouvoirs par les plébiscites de 1851 et 1852, et l'expression souveraine de sa volonté à cet égard par les votes qui l'ont manifestée. — V. n° 1094.

1102.—Par **Gouvernement**,— mais ce terme est susceptible de plusieurs sens suivant la nature du pouvoir en regard duquel on se place ; il faut donc en diviser la définition et l'envisager sous les trois aspects de l'idée qu'il exprime, savoir :

1° — Le **Gouvernement personnel** du souverain : ces expressions doivent s'entendre de la *direction supérieure que la volonté du chef de l'État imprime à la politique générale et encore de l'usage de ses prérogatives souveraines.* — V. le n° 1102.

2°—**Gouvernement impersonnel ou collectif** : on pourrait, par ces mots, distinguer : — Le *système* ou *l'esprit politique qui*, dans la pratique des faits ou le choix des moyens, *réalise la direction politique adoptée par le souverain ;* —en d'autres termes, l'ensemble des lois, actes, mesures ou moyens mis en œuvre avec le concours des grands pouvoirs de l'État dans la conduite générale des affaires.

3°— **Gouvernement ministériel**. Envisagé sur le plan inférieur de l'action ministérielle, le mot Gouvernement peut se définir : — *L'esprit général qui préside au choix des personnes, des moyens ou mesures mis en œuvre par les ministres pour l'exécution des lois ou décrets, l'expédition des affaires ou pour la réalisation des buts divers affectés ou départis à leur département respectif.*

1103. — **Droits et autorité de l'Empereur.** — Qui dit *droit* dit *pouvoir*. — La définition de ce terme appliqué à l'Empereur doit en conséquence se déduire de l'ensemble des pouvoirs ou prérogatives qui lui sont conférés, soit par la constitution, soit par les sénatus-consultes qui l'ont modifiée ou complétée. — Ces pouvoirs sont les suivants :

I. — Droits de souveraineté :

1° — Le pouvoir ou droit de gouverner. C^{on}, art. 2 et 6.

2° — Le droit de commander les armées. C^{on}, art. 6.

3° — Le droit de déclarer la guerre. C^{on}, art. 6.

4° — Le droit de faire les traités de paix et de commerce. C^{on}, art. 6.

5° — Le droit de nommer à tous les emplois, art. 6.

6° — Le droit d'initiative pour la confection des lois. C^{on}, art. 8.

7° — Le droit de sanctionner et promulguer les lois. C^{on}, art. 10.

8° — Le droit de décrets pour leur exécution, art. 6.

9° — Le droit de grâce et d'amnistie. — Sén.-cons., 25 déc. 1852, art. 1er.

10°—Le droit de déclarer l'état de siége. C^{on}, art. 12.

11°—Le droit de déclarer l'utilité publique de l'expropriation des propriétés privées. — Sén.-cons. du 26 déc. 1852, art. 4.

12° — Le droit de faire appel au peuple pour faire ratifier ses actes, ou proposer des modifications aux bases fondamentales de la constitution. C^{on}, art. 5 et 32.

II. — Droits dynastiques ou de famille.

13°—Le droit à la dignité impériale.—Sén.-cons. du 7 nov. 1852, art. 1er et plébiscite des 21, 22 nov. 1852.

14° — Le droit héréditaire de la dignité impériale dans la descendance directe de l'Empereur Napoléon III.

15° — Le droit de régler l'ordre de successibilité au trône dans la famille Bonaparte au cas où il ne laisserait aucun héritier direct, *idem*.

16° — Le droit d'adopter, pour lui succéder après ses enfants légitimes, les enfants ou descendants des frères de l'Empereur Napoléon 1er. — Sén.-cons. du 22 nov. 1852, art. 3.

17° — Le droit d'autoriser le mariage des membres de sa famille. Même sén.-cons., art. 6.

1103 *bis*. — Cette énumération des principaux droits du chef de l'État conduit sans effort à cette division toute naturelle indiquée ci-dessus : Des droits de souveraineté, des n°s 1 à 12 et des droits dynastiques ou de famille des n°s 13 à 17.

1104. — Par ces mots, **Droits de l'Empereur**, il y a donc lieu de comprendre à la fois *ses droits constitutionnels de souveraineté*, et *ses droits dynastiques* et inséparablement *les titres* qui les constituent et les lui ont conférés.

Ces titres sont :

1° Le plébiscite des 20-21 décembre 1851.

2° La constitution du 14 janvier 1852.

3° Le plébiscite des 21 et 22 novembre 1852 qui, transformant le pouvoir décennal du président de la République en un droit immanent et transmissible dans sa race, l'investit du *titre d'Empereur* et fonda son droit dynastique.

1105. — **Autorité constitutionnelle de l'Empereur**. Nous l'avons déjà définie, dans notre *C. de la presse* de 1856, n° 401, d'après M. Chassan, *la force morale qui commande le respect des actes du Souverain, comme expression du grand principe d'autorité.*

Nous définirons encore avec lui **l'autorité impériale** de l'art. 87 du C. pénal (n°s 1051 à 1053), et par opposition à l'autorité constitutionnelle : *Cette force ou puissance extérieure et physique qui, par la contrainte légale, maintient l'ordre public, assure la protection des droits de chacun et de tous, fait que force reste à la loi et réalise, dans la vie nationale, l'exercice du pouvoir exécutif, administratif et judiciaire.*

III.

1106. — De l'inviolabilité du Chef de l'État. Sous l'empire des chartes de 1814 et 1830, et des lois de 1819 et 1835, qui en sanctionnaient les dispositions, il était deux formules devant lesquelles on s'inclinait comme devant des dogmes sacro-saints, et dont la constitution de 1852 n'a pas même rappelé les expressions ; nous voulons parler de l'*inviolabilité de la personne du roi* et de *l'irresponsabilité royale.*

1107.—C'étaient là, aux termes de l'art. 12 des chartes de 1830 et de 1814, deux principes constitutionnels. — Le premier figurait, en dernier lieu, à côté « *des droits de la royauté et de son autorité constitutionnelle,* » dans l'art. 1er, aujourd'hui abrogé, de la loi du 29 nov. 1830, l'autre faisait l'objet de l'art. 4 de la loi aussi abrogée du 9 septembre 1835.

Les formules qui les manifestaient n'étaient-elles que des mots : *verba et voces,* ou exprimaient-elles des réalités qui, sous le régime impérial, mériteraient, comme avant, la protection des lois ?

Je ne le pense pas, surtout en ce qui concerne l'*irresponsabilité,* car, à la différence des chartes précitées, la constitution du 14 janv. 1852 déclare « le Chef de l'État responsable des actes de son gouvernement. »

1108. — Quant à l'*inviolabilité de la personne du Souverain,* plus facile à comprendre au point de vue des idées traditionnelles de la monarchie qu'à définir, les lois qui répriment les offenses envers sa personne et les attaques contre son autorité, suffisent à l'assurer sans qu'il soit nécessaire d'en faire un dogme indéfinissable ; dans tous les cas, si elle peut se concevoir encore comme une prérogative, elle fera partie de ses droits et se trouvera, à ce titre, placée sous la protection de l'art. 1 de la loi du 27 juillet 1849.—V. n° 1149.

1109. — De la responsabilité du Chef de l'État. Le Chef de l'État s'est, dans l'art. 5 de la constitution, déclaré « *responsable des actes de son gouvernement.* »

En assumant cette responsabilité, l'Empereur s'est-il soumis à la discussion qu'elle suppose ? Quant au blâme qui pourrait en être la conséquence, à qui appartient-il de lui en infliger l'expression ?

L'art. 5 le dit : — C'est au peuple et « *au peuple seul* » lorsque l'Empereur lui fait appel, soit *directement* s'il s'agit de soumettre, par voie plébiscitaire, ses actes à sa souveraine appréciation, soit *indirectement* lorsqu'il lui demande de lui faire connaître son opinion, par la voie du scrutin, à l'occasion de l'élection des hommes qui ont prêté leur appui à la direction politique du pays ou qui l'ont combattue.

La Nation est le juge de l'Empereur.

Dans sa proclamation du 14 janvier 1852, l'auteur de la constitution le comprenait ainsi :

« Dans un pays de centralisation, disait-il, où « l'opinion publique rapporte tout au Chef de l'État, le bien comme le mal, écrire en tête d'une « Charte que ce Chef est irresponsable, c'est mentir au sentiment public, c'est vouloir établir une « fiction trois fois évanouie.

« La constitution proclame, au contraire, que « le Chef élu est responsable, qu'il a toujours droit « de faire appel au *jugement souverain du peuple,* « afin que, dans les circonstances solennelles, il « puisse lui continuer ou lui retirer sa confiance. »

« *Lui retirer sa confiance,* » cela ne se pourrait plus depuis que l'Empire est héréditaire ; le blâme seul resterait possible.

1110. — L'Empereur a ainsi reconnu au-dessus de lui un juge souverain, le Peuple ; — il n'est responsable que devant lui. Mais s'il relève ainsi de *l'opinion publique* et de ses *jugements,* — si la Nation est justicière de sa politique et de ses actes, ne faut-il pas lui reconnaître le droit, sans lequel il n'est ni jugement ni bonne justice, le droit de peser et de discuter les actes sur lesquels il aura à se prononcer ?

1111. — Le peuple, c'est Tous et Chacun. — Donc, chacun des membres de ce corps politique qu'on nomme la nation et, plus encore, leurs représentants ont, en eux, le principe indiscutable du droit de discuter, — non pas l'*existence et la légalité* du pouvoir souverain et des grands pouvoirs, ses organes (la nation en ayant accepté et consacré l'institution, nul n'a plus à les mettre en question), — mais ceux de leurs actes seuls qui sont discutables, à la condition de se conformer aux lois qui interdisent à la discussion de dégénérer en délits d'offenses, d'attaques, d'outrages, de diffamation ou de provocations ou excitations coupables. — V. n° 1136.

Ces limites légales du droit de discussion se préciseront mieux plus loin. — V. p. 144.

IV.

1112. — Nous terminerons ces explications par une définition qui aurait dû tout précéder, parce que si les mots n'en sont pas souvent dans les lois de la presse, l'idée qu'ils expriment est au fond de toutes les lois : *La souveraineté du peuple.*

La souveraineté du peuple — Il faut entendre par là *le droit supérieur* qu'une nation conserve de disposer d'elle-même de déléguer à un chef unique ou à une assemblée les pouvoirs de son gouvernement, de faire connaître, par voie de plébiscite, lorsqu'il lui est fait appel, ou par voie électorale en cas d'élection, — son opinion sur les actes du pouvoir, sur sa direction politique, sur le concours que lui ont prêté ses représentants, sur les opinions qu'ils ont manifestées par leurs votes ou leurs discours [dans le sein du Corps législatif ou dans les assemblées locales, lors de la discussion des actes des agents du pouvoir], et sur l'usage qu'ils ont fait de leur droit de discussion et de contrôle pour la gestion de ses intérêts. — Plus en bref, — *le droit supérieur de la nation, d'être, de se gouverner, de vouloir et de pouvoir ce qu'elle veut pour le plus grand mieux matériel et moral du plus grand nombre*

Chap. II. — Offenses et attaques. — Sect. I. § 1. Offenses envers le Souverain.

Offenses envers le souverain par moyens indéterminés.

335. — *C. pén.*, art. 86. Toute offense commise publiquement envers la personne [*du roi*], de l'Empereur (depuis la loi du 10 juin 1853), est punie d'un emprisonnement de six mois à cinq ans et d'une amende de 500 fr. à 10,000 fr.

Le coupable peut, en outre, être interdit de tout ou partie des droits mentionnés en l'art. 42 pendant un temps égal à celui de l'emprisonnement auquel il a été condamné. — Ce temps court à partir du jour où il a subi sa peine. — V. n° 1124.

Mêmes offenses envers la Famille Impériale.

[*Paragraphe ajouté à l'art. 86 par la loi du 10 juin 1853.*] — Toute offense commise publiquement envers les membres de la famille impériale est punie d'un emprisonnement de un mois à trois ans, et d'une amende de 100 fr. à 5,000 fr. (V. Art. 337 ci-après).

N. B. L'art. 463 étant applicable sans restriction aux cas de cet article, les amendes peuvent être abaissées au minimum de 16 fr. pour le 1er cas, — et de 1 fr. pour le 2e cas. — V. les articles suivants.

Mêmes offenses par moyens déterminés.

336. — *L. mai* 1819. Art. 9. Quiconque, par l'un des moyens énoncés en l'art. 1er (art. 309), se sera rendu coupable d'offense envers la personne du *roi* [souverain] sera puni d'un emprisonnement qui ne pourra être de moins de 6 mois ni excéder 5 années et d'une amende qui ne pourra être au-dessous de 500 fr. ni excéder 10,000 fr.

Le coupable pourra encore être interdit de tout ou partie des droits mentionnés dans l'art. 42 du C. pénal pendant un temps égal à celui de l'emprisonnement auquel il aura été condamné : ce temps courra à compter du jour où il aura subi sa peine.

Contre journal: L'amende sera de 1,000 à 20,000 fr. (art. 509).
Peines access. : Impression ou affiche du jugement (art. 516).
Suspension du journal, de 2 mois à 6 mois (art. 10).
RÉCIDIVE: Prison, de 5 ans à 10 ans et Am. 10,000 à 20,000 fr.
Contre journal : Am., de 10,000 à 40,000 fr. avec suspension facultative, de 15 jours à 6 mois (art. 522, 523).
CIRC. ATT.: Pris. 1 jour à 6 mois et, ou, am. de 50 à 500 fr. (art. 533).

[**335** à **536**] = 1443. — L'art. 86 du C. pénal (rédaction de 1832), et l'art. 9, L. 17 mai 1849, ont été jusqu'en 1849 les seules dispositions applicables au délit d'offense envers le souverain. L'art. 1er de la loi du 27 juillet 1849 les avait un instant occultées, en édictant contre le délit d'offense envers le chef de l'Etat (comp. cet art. 1er avec l'art. 2 du décret du 11 août 1848, dans notre *Code de la presse*, p. 90) des peines qui excluaient l'application de l'art. 9, L. 1849. Mais cet art. 1er, L. 1849, a été à son tour effacé en 1853 par la loi du 10 juin, modificative de l'art. 86 du Code pénal. En revenant à des pénalités qui repoussaient le système pénal de la loi de 1849, la loi du 10 juin 1853 a ainsi implicitement fait revivre, au dépens de cette dernière loi, l'art. 9 de la loi de 1849, que la jurisprudence avait jusqu'alors maintenu en vigueur à côté de l'art. 86 du C. pénal. — V. notre *C. de la presse* de 1856, n° 406, et *infrà*, n° 1132.

Le § 3 de l'art. 12 de la loi du 11 mai 1868 est d'ailleurs venu sur ce point dissiper toute hésitation, en se référant à cet art. 9, L. 1849, par un texte qui affirme législativement son existence... « *La suspension*, y est-il dit, *pourra être prononcée... pour le délit prévu par l'art. 9 de la loi du 17 mai 1819.* »

1114. — Cet art. 9 et l'art. 86 du C. pénal ne forment pas un double emploi; l'un punit les offenses publiques par des moyens déterminés de publication; l'autre par des moyens indéterminés et atteint ainsi les offenses publiques par gestes, qui échappaient à la rédaction restreinte de la loi de 1849. — V. n° 1124.

1115. — Le mot *roi*, dans le texte de cette dernière loi, doit être entendu dans son sens synonyme de *souverain*, comme sont entendus dans leurs sens synonymes les termes de *Président de la république*, de *Gouvernement de la république*, des art. 1er, L. 27 juillet 1849, et 4, D. 11 août 1848, que la jurisprudence, malgré la distance qui, dans l'ordre des idées, sépare le régime républicain du régime impérial, a déclaré être applicable à l'Empire et à l'Empereur.

Le chef de l'Etat, à bien saisir en lui d'ailleurs les pouvoirs qu'il a successivement réunis, n'est-il pas à la fois le Président de la république investi par la volonté nationale du titre d'Empereur souverain et roi? — V. n°⁵ 1137, 1147, 1148, 1158 et 1254.

1146. — *Toute offense... coupable d'offense.* — La loi n'a donné aucune définition de l'offense. Les juges sont souverains pour la constater et décider. En résumant les idées générales émises à ce sujet, on peut dire que toute expression de haine ou de mépris envers la personne du souverain, tout ce qui tendrait à diminuer dans l'esprit des autres son autorité morale ou l'idée qu'on se fait de sa valeur ou de son mérite personnel, ou qui porterait atteinte au respect qui lui est dû, est une offense.

1117. — Circulaire *du* 16 *août* 1849 (Justice). — « Le « mot *offense* comprend, dans sa généralité, toutes les « attaques personnelles, mais il ne porte aucune atteinte « au droit de critique et de libre discussion. Le droit « d'attaquer, de critiquer, d'accuser même, est écrit « dans la constitution; mais la personne du premier « magistrat de la république ne peut rester exposée aux « outrages et aux injures. Elu par le suffrage universel, « il a droit au respect de tous les citoyens; représen- « tant la nation entière, la nation doit l'honorer après « l'avoir choisi. Il est donc nécessaire qu'une disposi- « tion spéciale lui assure la considération qui lui est « indispensable pour accomplir sa haute mission. »

1118. — « La portée légale du mot *offense*, dit « M. Rouher, lors de la discussion de l'art. 1er, « L. 27 juillet 1849, c'est que la preuve de la vérité « des faits allégués ou imputés (pour blesser le chef « de l'Etat), de quelque nature qu'ils soient, est inad- « missible et n'excuse pas. »

1119. — Il fut, au cours de la même discussion, dé- claré à diverses reprises que le mot *offense*, emprunté aux lois protectrices de la responsabilité royale, ne l'impliquait en aucune façon, qu'il était accepté avec ce sens plus vrai de prévoir plus l'outrage et l'injure et d'atteindre ces insinuations et ces attaques qui, bien qu'entourées de formes polies, n'en sont que plus per- fides et déconsidèrent non moins sûrement le pouvoir qui en est l'objet (séance du 25 juillet 1849).

1120. — Bien que l'offense diffère, par une gravité particulière, de la diffamation, de l'outrage et de l'in- jure, il ne s'ensuit pas que ce ne puisse être là des moyens très-coupables d'offense; au contraire, la juris- prudence et la doctrine ont été même unanimes pour étendre la portée légale de cette expression aux me- naces, aux marques de mépris ou de dérision, aux écarts de langage sans importance politique, et encore aux simples irrévérences.

1121. — Cette généralité ainsi consacrée de ce terme permet de ranger, dans les prévisions des

§ 2. — Envers les membres de sa famille, Le Régent et les souverains étrangers.

Mêmes offenses envers la famille du souverain.

337. — L. 17 *mai* 1819. Art. 10. L'offense, par un des mêmes moyens énoncés en l'art. 1er (art. 309) envers les membres de la famille *royale* [du souverain] sera punie d'un emprisonnement de un mois à trois ans, et d'une amende de 100 à 5.000 fr. (V. art. 335, § *fin.*).

Contre journal : L'amende sera de 200 à 10,000 fr. (art. 509).
Peines access. : Impression ou affiche du jugement (art. 516).
Récidive : Prison, de 3 ans à 6 ans et am. de 5,000 à 10,000 fr.
Contre journal : Am., de 5,000 à 20,000 fr. avec suspension facultative de 15 jours à 2 mois, la 1re fois ; — et de 2 à 6 mois, la 2e fois (art. 522, 525.)
Circ. att. : Pris, 1 jour à 1 mois et, ou, am. de 50 fr. à 100 fr. (art. 533).

Membres de la famille impériale.

338. — *Sén.-cons.* 7 *nov.* 1852. Art. 6. Les membres de la famille de Louis-Napoléon Bonaparte appelés éventuellement à l'hérédité [de la couronne], et leur descendance des deux sexes, font partie de la famille impériale.

Héritiers éventuels au Trône.

338.A. — *Décret* 18 *déc.* 1852. Art. 1er. Dans le cas où nous ne laisserions aucun héritier direct, légitime ou adoptif, notre oncle Jérôme Napoléon Bonaparte et sa descendance directe naturelle et légitime provenant de son mariage avec la princesse de Wurtemberg, de mâle en mâle, par ordre de primogéniture, à l'exclusion perpétuelle des femmes, sont appelés à nous succéder.

art. 86 du C. pén. et 9, L. 1819, les faits suivants dont les lois abrogées du 9 nov. 1815 et 9 sept. 1835 avaient fait des délits particuliers, d'attaques ou d'actes séditieux.

Il y aurait en conséquence délits d'offense :

1° A calomnier ou diffamer le souverain. — Art 5, L. 1815;

2° A lui imputer des lettres de nature à le déconsidérer ; V. notre *C. de la presse* 1856, n° 407. — Si les lettres étaient fausses ou fabriquées, leur publication tomberait en outre sous les coups de l'art. 45, décret du 17 février 1852.

3° A faire entendre sous ses fenêtres, dans son palais ou sur son passage des cris séditieux, ou blessants, soit pour lui, soit pour les hôtes illustres auxquels il ferait les honneurs de sa capitale ; — ces cris fussent-ils même proférés, en son absence, sur le passage de ces souverains étrangers ;

4° Dans le fait de fouler aux pieds le portrait du chef de l'Etat. V. *Code de la presse* de 1856, n° 405.

5° Dans le fait de faire remonter au souverain le blâme d'un acte de son gouvernement, si la critique en est faite en termes inconvenants, injurieux ou violents. — Art. 4, L. 9 septembre 1835;

6° Dans la critique dérisoire des discours ou des écrits du souverain, leur parodie, — en faire le sujet de plaisanteries de mauvais goût, ou de les tourner en ridicule;

7e Dans la diffamation de la mémoire des ascendants ou des descendants du chef de l'Etat, en dehors de tout sentiment historique et pour atteindre sa considération. — N° 1128;

8° Dans l'excitation à la haine et au mépris de l'Empereur, n° 1238; expression de pareils sentiments constituant l'offense, leur excitation serait *à fortiori* une offense, car il y a plus de culpabilité à faire naître ces sentiments chez autrui, qu'à manifester ceux que l'on porte en soi-même; une pareille excitation pourrait d'autre part constituer un délit de provocation au délit d'offense, punissable alors par l'art. 3, L. 1819. — Art. 330.

Offenses envers le Régent ou la Régente.

339. — *Sén.-cons.* 17 *juillet* 1856. *Art.* 9. Toutes les lois qui protégent la personne de l'Empereur sont applicables à l'Impératrice régente et au régent.

Offenses envers les souverains étrangers.

340. — L. 17 *mai* 1819. Art. 12. L'offense par l'un des mêmes moyens [de l'art. 1er, art. 309] envers la personne des souverains ou envers celle des chefs des gouvernements étrangers sera punie d'un emprisonnement de un mois à trois ans, et d'une amende de 100 fr. à 5,000 fr. (nos 1129 à 1131).

Contre journal : L'amende sera de 100 fr. à 10,000 fr. (art. 509).
Peines access. : Impression ou affiche du jugement (art. 516).
Récidive : Prison, 3 à 6 ans, et am. 5,000 à 10,000 fr. — Contre journal : Am., 5,000 à 20,000 fr. — Suspension facultative, de 15 jours à 2 mois, la 1re fois, et de 2 mois à 6 mois la 2e fois (art. 522, 525).
Circ. att. : Prison, de 1 jour à 1 mois et, ou, am., de 50 à 100 fr. (art. 533).

1122. — *Publiquement* : Art. 86; — *Par les moyens de l'art.* 1, Art. 9. L. 1819. V. n° 849 à 903.
La condition *sine quâ non* de l'application des art. 86, C. pén., et 9 L. de 1819, est que l'offense ait été publique. Aussi a-t-il été décidé à bon droit que des discours séditieux et offensants pour le chef de l'Etat, tenus dans un dîner de société, n'étaient pas délictueux lorsque le dîner avait été servi dans un lieu non public. — Colmar, 24 janvier 1846.

1123. — Jugé encore que l'individu trouvé possesseur d'un écrit offensant pour l'Empereur ne peut être poursuivi par cela seul qu'il a remis l'écrit à un tiers, si cette remise a été confidentielle, et s'il n'en est résulté aucune publicité. — Cass., 11 mai 1854. D. 54, 5.591.

1124. — *Sera puni de.* — L'impression et l'affiche des jugements (art. 516), le doublement des amendes contre les journaux (art. 509), — leur suppression (art. 522, 525) étant des peines accessoires des peines de la loi de 1819, ne peuvent être prononcées que dans le cas où il est fait application de l'art. 9, pour la répression des délits d'offense. — L'art. 86 du C. pénal, n'est point applicable à ce délit lorsqu'il est commis par la voie de la presse.

[**337** à **339**] = **1125.** — Le § final de l'art. 86 du C. pénal, et l'art. 10 L. de 1819, prévoient le délit d'offense envers la famille impériale, l'un, par les moyens déterminés de la loi de 1819, l'autre, par tous autres moyens. — V. n° 1114.

1126. — Suivant l'art. 3 du décret 30 juin 1853, — et le sén.-cons. du 7 novembre 1852, et le décret du 18 décembre 1852, la famille impériale se compose :
1° De la descendance légitime ou adoptive de l'Empereur ;
2° Des autres princes appelés éventuellement à l'hérédité de la couronne, de leurs épouses et de leurs descendants.

1127. — L'Impératrice fait incontestablement partie de la famille de l'Empereur.

1128. — Il a été jugé que l'art. 10, L. 1819, comprenait l'offense à la mémoire d'un membre de la famille royale décédé. — Cass., 24 avril 1823. — *Sic* Chassan, 1, p. 354; « mais, ajoute cet auteur, il ne « faudrait pas confondre, avec l'offense, le jugement de « l'histoire toujours licite, alors même qu'il est empreint d'amertume et d'injustice. »

[**340**] = *Offenses envers les souverains étran-*

Sect. I (*Suite*).—§ 3. Attaques contre les droits et l'autorité du Souverain.

Attaques aux droits et autorité du souverain.

341. — *D.* 11 août 1848. Art. 1er. Toute attaque par l'un des moyens énoncés en l'art. 1er, L. 17 mai 1819 (art. 309), contre les droits et l'autorité de l'Assemblée nationale, contre les droits et l'autorité que les membres du pouvoir exécutif tiennent des décrets de l'Assemblée....., etc. [V. suite, art. 343.A.], sera punie d'un emprisonnement de trois mois à cinq ans, et de 300 fr. à 6,000 fr. d'amende.

Contre journal : L'amende sera de 600 à 12,000 fr. (art. 509). Peines access. : Impression ou affiche du jugement (art. 516). Récidive : Prison, de 5 à 10 ans et am., de 6,000 à 12,000 fr. Contre journal : Am., de 6,000 à 24,000 fr. — Suspension facultative de 15 jours à 2 mois, la 1re fois; de 2 à 6 mois, la 2e fois (art. 522, 525).

Circ. att.: Prison, 1 jour à 3 mois et, ou am., de 50 à 300 fr. (art. 533).

Mêmes attaques.

342. — L. 27 *juillet* 1849. Art. 1er. L'art. 1er du décret du 11 août 1848 (art. 341) est applicable aux attaques contre les droits et l'autorité que le président de la République [investi de la dignité impériale par le sénatus-consulte du 7 novembre 1852] tient de la constitution.

La poursuite sera exercée d'office par le ministère public.

Mêmes attaques contre la Régente et le Régent.

343. — *Sén.-cons.* 17 *juillet* 1856. Art. 9. Toutes les dispositions législatives qui protégent la personne de l'Empereur sont applicables à l'Impératrice régente et au régent.

---

gers : — V. sur les caractères des faits constitutifs du délit d'offense n° 1116.

1129. — L'art. 12, L. 1849, n'est pas applicable aux offenses envers un souverain déchu, à raison même d'un acte de sa souveraineté antérieure à sa déchéance. — Paris, 12 septembre 1834.

Ni aux offenses envers un chef d'un gouvernement étranger, après que ses pouvoirs sont expirés.

C'est le pouvoir souverain que la loi a voulu protéger.

1130. — Un souverain déchu et rentré dans la vie privée peut poursuivre devant les tribunaux français les diffamations et les injures dirigées contre lui pendant son séjour en France. — Paris, 12 sept. 1834.

Mais on ne peut pas considérer comme diffamatoires les écrits politiques qui n'attaquent le prince déchu que dans les actes de son gouvernement qui ont entraîné sa déchéance : ce sont là en effet des actes et des faits politiques qui sont du domaine de l'histoire, et dont l'appréciation ne relève pas de la compétence des juges correctionnels.

1131. — Aux termes de l'art. 5 de la loi du 26 mai 1849, la poursuite des offenses contre les souverains étrangers ne peut avoir lieu que sur la plainte du souverain offensé. V. n° 2463.

En ce qui concerne la forme de cette plainte, V. n° 2463.

[**341 à 342**] = *Attaque contre les droits et l'autorité de l'Empereur.* — V. notre *Code annoté de la presse*, de 1856, pour la concordance des lois abrogées sur la matière avec les textes maintenus en vigueur, — p. 90.

1132. — Nous ne donnons pas ci-dessus le texte intégral de l'art. 1er du décret du 11 août 1848 (art. 341), ni de l'art. 1er de la loi du 27 juillet 1849 (art. 342). — Le premier de ces deux articles prévoit, outre les délits d'attaques contre les droits et l'autorité du pouvoir exécutif, des délits d'attaques contre la constitution et les institutions constitutionnelles, etc.; sa disposition complétée reviendra plus loin dans le chapitre consacré à ces délits : — Quant à l'art. 1er de la loi de 1849, il était ainsi conçu : « *Les art. 1 et 2 du décret du 11 août 1848 sont applicables aux attaques contre les droits et l'autorité du Président dent de la République.... et aux offenses contre sa personne.* » — Nous n'avons rien à ajouter aux motifs exposés sous le n° 405 de notre *C. de la presse* de 1856 qui nous portent à considérer comme abrogé tout ce qui, dans cet article, concerne le délit d'offense envers le chef de l'Etat. (V. *suprà*, n° 1113.) Nous avons en conséquence retranché de son texte la mention de l'art. 2 du décret de 1848, et les mots : *et aux offenses contre sa personne.*

1134. — *Toute attaque :* directe ou indirecte; il n'y a pas à distinguer comme sous l'empire de l'art. 4 de la loi du 17 mai 1819, aujourd'hui abrogé, qui restreignait ses prévisions « aux attaques *formelles.* »

1135. — *Attaque :* La loi ne donne aucune définition de ce terme : — quels en sont le sens et la portée?

Le mot attaque emporte avec lui cette double idée :

Au fond, — d'une pensée hostile dont le but est plus ou moins le renversement, la destruction ou l'avilissement de la chose attaquée.

En la forme, — d'une aggression plus ou moins violente participant de la brutalité et de l'irrévérence, n° 1191.

1136. — Ce terme exclut-il les discussions calmes et mesurées des droits du chef de l'Etat?

La question est brûlante, mais l'hésitation est impossible ; — en une matière où effleurer serait une inconvenance, et toucher une quasi-brutalité, la controverse la plus modérée serait une attaque.

Que l'on distingue entre l'attaque et la discussion, lorsqu'il s'agit d'actes, d'opinions et de systèmes discutables, cela se comprend, mais nous sommes ici en présence de ce qui ne peut ne pas être, de *l'irresponsable*, de l'existence et de la légalité du pouvoir, — nécessité constitutionnelle, — des droits et de l'autorité du souverain, — volonté personnifiée de la nation, qui ne peut être ni méconnue, ni amoindrie, ni discutée, sans qu'il y ait *attaque.* — V. *infrà*, n° 2250.

Qu'est-ce en effet que mettre en discussion les droits indiscutables de l'indiscutable autorité? Mais les mots le disent assez : c'est plus ou moins tendre à les nier ou méconnaître, c'est en reconnaître de plus respectables et de plus légitimes, c'est à la fois crier et ne pas dire : inclinons-nous devant les uns, à bas les autres ; — « au fond de semblables polémiques, disait « M. le ministre d'Etat Rouher, au Sénat, au sujet « des discussions sur la constitution, séance du 6 juil- « let 1866, il y a toujours des attaques que tout le « monde entend, même lorsqu'elles ne sont pas expri- « mées. » Quand elle implique ainsi, par la force des choses, de pareils serpents sous ses fleurs, la discussion est une *forme d'attaque* qui rentre dans les prévisions légales de l'art. 1 de la loi du 27 juillet. — La question d'ailleurs n'en est plus une aujourd'hui depuis le sénatus-consulte du 17 juillet 1866 qui, en interdisant toute discussion sur la constitution, interdit par cela même la discussion des droits et de l'autorité dont elle a investi le souverain. — V. *infrà*, art. 346, n° 1192, et n° 2233 et suivants.

1137. — *Droits et autorité que le Président de la République tient de la Constitution.* — S'il fallait interpréter ce texte au pied de sa lettre avec la passion des partis on risquerait de conclure à son abrogation. Mais dans les lois qui sont ou doivent être faites au-dessus des passions des hommes, il faut surtout voir leur but et ce que les pensées de sage prévoyance et la conscience des grands devoirs ont pu y déposer d'utilité pratique pour le présent et l'avenir.

Le but de l'art. 4er, L. 27 juillet 1849, a été de protéger la personne et l'autorité du chef de l'Etat, quel qu'en fut le *titre*, contre les incessantes attaques dont il était alors l'objet;— On allait vite en besogne à cette époque, le chef du pouvoir avait pour *titre légal* celui de *Président de la république;* son autorité, il la tenait de la *Constitution*, ce qui était moins vrai après les cinq millions de suffrages qui l'avaient élu, et l'on mit dans la loi, sans regarder plus loin, les mots : *Droits et autorité que le Président tient de la Constitution*, n° 1145.

A ne voir au fond, en écartant les mots, que l'idée qu'il exprime, ce texte ne dit rien de plus, ni rien de moins que ceci : *Droits constitutionnels et autorité constitutionnelle du chef de l'Etat* qui, investi depuis de la dignité impériale, a changé de titre et s'appelle l'Empereur. — C'est dans le sens de ces équivalents qu'il faut entendre aujourd'hui les termes de cet article, qu'aucun texte n'a abrogé, dont rien dans les institutions actuelles ne repousse l'application et qui, pour être utile et protecteur, doit être interprété suivant les synonymes de son intime pensée. — N° 1448.

1138. — *Droits du chef de l'Etat.* — Ces expressions comprennent les droits constitutionnels *de souveraineté* (V. n° 1102), et ses *droits dynastiques* énumérés précédemment sous ce n° 1402.

1139. — *Autorité de l'Empereur :* V. sous les n° 1051, 1053 et 1105, ce qu'il faut entendre par *autorité constitutionnelle* et par *autorité impériale* du souverain. — Nous nous bornerons à rappeler ici que : — la souveraineté nationale, la constitution et les sénatus-consultes qui en ont été la suite, sont tout à la fois l'origine, le principe et les fondements de l'autorité et des droits de l'Empereur. — V. ci-devant nos explications préliminaires, n° 4094 et suivants.

1140. — Dénier, par affirmation, discussion ou insinuation, que l'élévation du chef de l'Etat au trône ait été un acte de la volonté libre et éclairée de la nation, constituerait donc, mieux encore aujourd'hui qu'à l'époque où cette question fut jugée, une attaque contre les droits du souverain. Cass., 21 oct. 1834, B. n° 268.

1141. — Il en serait de même de toute discussion ayant pour effet de mettre en question le rétablissement constitutionnel de l'Empire, de la dignité impériale et de l'hérédité de la couronne. — Ainsi l'avait déclaré M. Thiers, ministre de l'intérieur, lors de la discussion de la loi du 9 sept. 1835, au sujet de ces mêmes expressions : *Droits du roi.*

1142. — Le fait d'avoir dans un journal émis cette pensée : — « que la révolution de juillet avait été le « triomphe de la révolte armée sur l'ordre social et les « lois fondamentales, » fut considéré contre la *Gazette de France*, en 1839, comme constituant le délit d'attaques contre les droits du roi. — (C. d'assises de la Seine, 10 août 1839, G.T. du 11 août.) — Il n'est pas douteux qu'une semblable assertion, à propos du coup d'Etat du 2 décembre 1851, ne dût encourir aujourd'hui l'application de l'art. 4er, L. 27 juillet 1849 (art. 342).

1143. — Prêter au chef de l'Etat l'intention supposée de se soumettre à une réélection, de déposer sa couronne en faveur d'un plus digne que lui, en ajoutant « que sa réélection, si toutefois elle avait lieu, « lui donnerait une force qui lui manque, » consti-

tuerait, aujourd'hui comme en 1841, une attaque contre la dignité et les droits du souverain. Cass., 10 juillet 1844.

I. Questions.

1144. — L'art. 4er de la loi du 29 novembre 1830, et l'art. 7 de la loi du 9 septembre 1835, avaient prévu dans les mêmes termes que l'art. 4er de la loi de 1849, les *attaques contre les droits et l'autorité du roi;* — V. notre *Code de la presse* de 1856, pour la conférence des textes, p. 90.

Ces expressions n'avaient pas toutefois dans leurs dispositions toute la généralité qu'elles comportaient, et ce, par ce motif qu'elles s'y trouvaient restreintes par des incriminations de détail qui, spécifiant à la suite certaines variétés détachées de ce même délit d'attaque, en avaient d'autant diminué la portée.

Ces lois sont aujourd'hui abrogées, mais il surgit de leur rédaction comparée la question de savoir si cette formule « *attaques contre les droits,* » qui leur a été empruntée, comprend, dans la loi de 1849, précisément ces modes détachés d'agression qu'elle ne comprenait pas dans les lois antérieures et qui formaient une catégorie à part de délits d'attaques, a savoir : les *attaques contre l'inviolabilité* du roi, contre sa *dignité royale* ou *l'ordre de successibilité au trône*, etc.

C'est demander en définitive si les quatre lignes de l'art. 4er, loi de 1849, valent, pour le même but, autant que les vingt-cinq lignes des dispositions abrogées des lois de 1830 et 1835.

Cela ne nous paraît pas douteux.

1145. — Il faut d'abord admettre ce point incontestable que le législateur de 1849 n'a pas dû moins vouloir et n'a pas moins voulu que les législateurs de 1830 et 1835 faire une loi efficace atteignant complétement son but.

Ce but, quel était-il ? — de protéger le chef de l'Etat contre les attaques dont il était alors l'objet dans ses droits et son autorité. — V. n° 1137.

Par la pensée qui l'a inspiré et dans les idées de ceux qui l'ont voté, on peut donc affirmer que l'art. 4er, L. 1849, devait suffire à réaliser très-efficacement cette protection, non-seulement contre les agressions connues et depuis longtemps signalées par les lois du passé, mais encore contre celles plus perfectionnées que les progrès du mal étaient parvenus à glisser au travers des défauts de leurs cuirasses; l'expérience acquise facilitant et imposant, d'autre part, le mieux sur ce point, il faut reconnaître que la disposition de cet art. 4er ne pouvait pas dire moins que les articles auxquels il succédait. — V. n° 1457.

1146. — Si ces expressions : « *Attaques contre les droits et l'autorité,* » ont en conséquence paru au législateur suffire et suffire seules au but qu'il avait en vue, c'est qu'isolées des incriminations de détail qui en bornaient l'étendue dans les lois antérieures, elles ont été insérées dans la loi de 1849 avec toute la portée et la généralité dont elles étaient susceptibles et que rendait nécessaire l'ingénieux perfectionnement des moyens possibles d'attaque.

1147. — Il y a plus : — Les lois sont surtout faites pour l'avenir; ç'a donc été pour couvrir les droits et l'autorité du chef de l'Etat *dans l'avenir* qu'a été voté cet art. 4er, L. 1849. — Mais si tel encore a été son but, ne faudra-t-il pas en conclure que ce ne sont pas seulement ceux de ces droits qu'il tenait de la *Constitution et du suffrage universel de* 1848 qui sont placés sous la sanction de sa disposition, mais tous ceux encore qui pouvaient plus tard lui advenir des modifications de cette Constitution, modifications que l'Assemblée constituante avait elle-même reconnues possibles par l'art. 111 qui prévoyait sa révision ? — Il est vrai que c'est la volonté nationale qui les a réalisées; n'en avait-elle pas plus le droit que personne ?

1148. — Ce n'est donc pas excéder la pensée utile de cet art. 1er, L. 1849, que d'en étendre l'application aux *attaques contre les droits et l'autorité de l'Empereur* (n° 1437). — Ce n'est pas davantage exagérer la portée de ses termes et de sa disposition, que de ranger sous leur généralité toutes les variétés d'attaques spécifiées dans l'art. 1er de la loi du 29 novembre 1830 et l'art. 7 de la loi du 9 septembre 1835.

1149. — On peut, en tenant compte des divisions précédemment admises des droits de l'Empereur (n°s 1003 et 1005), classer ces différents faits d'attaques de la manière suivante sous les qualifications générales de la loi de 1849, savoir :

I. — Sous la qualification *d'attaques contre l'autorité constitutionnelle* de l'Empereur (n°s 1438, 1439) :

1° « L'attaque ayant pour but d'exciter à la haine « ou au mépris de cette autorité, que la loi de 1835 « avait par son art. 2 qualifiée : Offense. »

2° Toute autre attaque même dans un autre but.

II. — Sous la qualification *d'attaques contre les droits constitutionnels* de l'Empereur, comme chef de l'Etat :

1° Toute attaque contre sa dignité (art. 1er, L. 1830).

2° Toute attaque contre l'inviolabilité de sa personne. Même art. 1er, L. 29 nov. 1830.

III. — Sous la qualification *d'attaques contre ses droits dynastiques*, n° 1103 :

1° Toute attaque contre la légalité, l'origine ou le principe de son avénement au trône de France.

« Soit par attribution des droits à ce trône à d'autres « qu'à lui et à sa descendance. —Art. 7, L. du 9 septembre 1835. »

« Soit par adhésion à toute autre forme de gou-« vernement, » ainsi que disait le même article.

« Soit par prise de qualifications incompatibles avec « la constitution et ses actes modificatifs. » (Même article).

« Soit par l'expression du vœu, de l'espoir ou de la « menace de la destruction du régime impérial ou de « la restauration des dynasties déchues. » (Même article.)

2° « Toute attaque contre l'ordre de successibilité au trône. » — Art. 1er, L. 29 nov. 1830.

Un mot sur chacun de ces actes :

1450. — *Attaque publique ayant pour but d'exciter à la haine et au mépris de l'autorité de l'Empereur.* — Sous le titre assez peu exact *d'offense*, car cette expression doit, ce me semble, être réservée aux agressions qui visent la *personnalité* du souverain plutôt que son autorité, — l'art. 2 de la loi du 9 septembre 1835 qualifiait cette attaque *d'attentat*, de la compétence de la Cour des Pairs. — Ce n'est plus aujourd'hui qu'un simple délit qui, par ses effets, son but et ses éléments, tombe sans effort sous les coups de l'art. 1er de la loi de 1849, lorsqu'elle se produit toutefois par un des moyens de publication de l'art. 1er de la loi de 1819 (art. 309).

1451. — *Attaque publique contre cette même autorité dans tout autre but.* — Le but de l'attaque, qui ne peut d'ailleurs que varier de la haine au mépris, n'est pas une condition du délit. Du moment où l'autorité est atteinte, fût-ce même sans haine ni mépris, si le cas est possible, il y a délit.

1451 *bis*. — Si elle se manifestait par voie d'enlèvement ou de destruction des signes de cette autorité, l'attaque constituerait un délit spécial prévu et puni par l'art. 6 du décret du 14 août 1848. — Art. 358.

Sans publicité toutefois, pas de délit d'attaque.

1452. — *Attaque publique contre la dignité impériale.* — Nous avons dit dans notre *Code de la presse* de 1856, n° 402, que la dignité impériale étant dans les *droits* de l'Empereur, s'attaquer à sa dignité serait *attaquer ses droits*.

1453. — *Attaque publique contre l'inviolabilité.*

—Cette attaque prévue, sans être définie, par l'art. 1er de la loi du 29 novembre 1830, est difficile à comprendre sous le régime impérial (V. n° 1106). Les juges seraient encore aujourd'hui, comme avant 1848, appréciateurs souverains de son caractère, mais leur décision à cet égard n'échapperait plus à la censure de la Cour suprême, ainsi que cela a été décidé le 15 octobre 1825 (S.27.1.34); par cette raison que la Cour, modifiant sa jurisprudence, a, depuis, étendu son droit de contrôle sur l'appréciation des faits dans tous leurs rapports avec la loi pénale.

1454. — *Attaques publiques contre le principe, l'origine ou la légalité de l'avènement de l'Empereur au trône, soit par voie de négation, soit par attribution à d'autres qu'à lui et à sa descendance des droits au trône de France.* — Ces modalités du délit d'attaques faisaient l'objet d'une incrimination spéciale dans l'art. 7 de la loi du 9 septembre 1835.

Droits au trône. — Ces expressions suffisent pour démontrer que les faits qu'avaient en vue cet art. 7 rentrent sans difficulté dans les prévisions de l'art. 1er, L. 1849, et constituent des attaques directes contre les *droits* de l'Empereur. — V. n° 1402.

A la différence de la loi anglaise qui prévoit des attaques de cette nature et les punit des peines les plus graves, qu'elles se soient produites par écrit, publiquement ou non publiquement, ou par des conversations particulières, ces sortes d'attaques ne tombent sous l'application de l'art. 1er, L. 1849, que si elles se sont manifestées par l'un des moyens de publication énoncés en l'art. 1er, L. 1849 (art. 309).

Non publique, la négation directe ou indirecte des droits du chef de l'Etat au trône ne constituerait ni crime ni délit.—V. n° 1258, 5°.

1455. — *Attaque par adhésion publique à une autre forme de gouvernement, ou par le fait de prendre des qualifications hostiles au régime impérial.* — Art. 7, loi du 9 septembre 1835. — Ce sont là encore des modalités du délit d'attaque contre les droits.

« La perfectibilité de la Constitution, disait le « 6 juillet 1866, au Sénat, M. Rouher, en lui pré-« sentant le projet de sénatus-consulte qui interdit la « discussion de la constitution, ne saurait autoriser « ces controverses de périlleuse instabilité servant « de prétexte à l'évocation audacieuse ou voilée des « formes du Gouvernement éteintes ou brisées. »

1456. — Crier « Vive la république! » ou « Vive Henri VI » ou « Vive les d'Orléans! » se dire « montagnard pur sang, » ajouter « Il faut revenir à 93 et que la guillotine marche! » adhérer aux formes monarchiques ou républicaines des régimes disparus ou se glorifier d'être royaliste, socialiste, ou pis encore, constituerait le délit d'attaque indirecte contre les droits de l'Empereur.

1457. — Suivant leurs circonstances, ces faits pourraient également rentrer dans la classe des *attaques contre la Constitution* ou des *cris séditieux* prévus et punis par les art. 6 du décr. 11 août 1848, et 8, L. 25 mars 1822.—Art. 357-356.

Mais sans publicité, encore pas de délit.

1458. — *Attaque publique contre l'ordre de successibilité au trône.* — Art. 1er, L. 29 nov. 1830; V. notre *C. de la presse*, 1856, p. 90

Les mots : *droits du Président de la république*, de l'art. 1er, L. 1849, ne comprenaient certainement pas, dans les idées de l'assemblée qui l'a voté, le dogme monarchique de l'hérédité de la couronne; le régime républicain l'excluait absolument. Comment admettre qu'après coup la portée naturelle de cet article ait pu s'étendre jusqu'à lui et le contenir?

Nous l'avons déjà dit : le législateur a, dans le principe, donné à ces expressions la plus large étendue possible; leur généralité, que les illusions individuel de l'époque avaient laissé entière, ouvrant sur l'avenir politique, n'a pu que s'élargir devant l'extension des droits du Président de la république. Ceux qui lui vinrent de la constitution de 1852 entrèrent sans effort dans les termes de son application; après le vote qui rétablit l'Empire, s'est placé à leur suite, sous la sauvegarde de sa disposition, le dogme monarchique. Sur la tête du *Président* ainsi fait *Empereur*, ce dogme constitue en effet *un droit* transmissible qui de lui s'étend sur ses descendants; c'est là un des droits de sa couronne, et partant un de *ses droits*.

« La perfectibilité de la constitution, disait encore au « Sénat, dans la séance du 6 juillet 1866, M. Rouher, « ne saurait donner le droit de discuter non-seulement « les attributions du pouvoir, mais les formes du gou- « vernement, le Prince, *l'hérédité.* »

1459. — Ainsi la discussion de ces points *vitaux*, même mesurée, interdite comme simple discussion par le sénatus-consulte du 17 juillet 1866, pourrait, si peu agressive qu'elle fût, constituer le *délit d'attaque* punissable par notre art. 342 et tout au moins, au cas où ferait défaut l'intention délictueuse, la *contravention* (V. n° 1255) de discussion interdite de la constitution, que prévoit et punit ledit sénatus-consulte du 17 juillet; mais sans publicité, toujours pas de délit.

1460. — A qui ferait observer ici que puisqu'il avait fallu des dispositions particulières pour atteindre les faits ci-dessus énumérés, c'est que l'incrimination isolée *d'attaques contre les droits* était impuissante à les comprendre et ne les comprenait pas, il sera facile de répondre, et ce sera là notre dernier mot sur ce point, que le vrai motif de ces dispositions particulières des lois de 1830 et 1835 n'a pas été l'insuffisance des expressions, mais celle des juridictions qui avaient à les interpréter et à les appliquer. Il suffit, en effet, de se reporter aux agitations juridiques de 1829, 1830 et 1848 pour se convaincre que le législateur a bien moins voulu, par ses lois de 1830 et 1835, combler des lacunes, suppléer à l'impuissance des textes que prévenir les controverses trop hardies que leur généralité faisait naître, et enlever aux Cours d'assises l'appréciation légale des faits dont il s'agit. C'est pour cela qu'il se décida à fixer législativement des solutions trop attaquées devant elles; mais la logique des textes antérieurs eût certainement suffi à les fixer dans le même sens.

1461. — *Faire remonter au Roi la responsabilité ou le blâme des actes du Gouvernement* constituait, aux termes de l'art. 4 de la loi du 9 septembre 1835, une attaque contre le principe constitutionnel de l'irresponsabilité royale, punie de l'amende et de la prison.

Sous le régime impérial et le principe inverse de la *responsabilité impériale*, le fait prévu par cet art. 4, aujourd'hui abrogé, est rentré dans la catégorie des actes indifférents; il ne faudrait pas toutefois que ces imputations, non interdites en elles-mêmes, eussent pour but ou pour effet d'offenser l'Empereur ou d'exciter à la haine ou au mépris de son gouvernement, car elles constitueraient alors les délits punis par les art. 9, L. 1849, et 4, décr. 11 août 1848. — Nous dirons mieux, sous ce dernier article (art. 347) quelles sont les limites du droit de discussion et de censure des actes du Gouvernement.

1462. — L'auteur de l'article *Presse*, dans le recueil de M. Dalloz, n° 550, rappelant, *ad exemplum*, les différents faits qui, dans les lois de 1830 et 1835, formaient une classe à part de délits, les présente, non comme des variétés du délit d'attaque contre les droits et l'autorité du souverain, mais comme des actes de provocation à crime ou à délit, que les dispositions seules de l'art. 4 de la loi du 17 mai 1849 pourraient atteindre.

Nous ne saurions partager cette manière de voir, par les raisons ci-dessus exposées et par cette autre qui suffirait seule, c'est que cet art. 4 est abrogé depuis que la loi du 25 mars 1822 et les lois postérieures ont eu transformé en délits directs d'attaque les actes que cet article qualifiait de « *délit réputé de provocation à crime ou à délit.* » C'est là un point hors de toute controverse. — Voir, pour la conférence des textes, notre *C. de la presse* de 1856, p. 89.

1463. — *Les poursuites*, déclare en terminant l'art. 1er, L. 1849, *auront lieu d'office*, c'est-à-dire sans plainte préalable (V. n° 2431). Une circulaire du ministre de la justice, du 16 avril 1849, recommande aux magistrats du ministère public de ne mettre, en cette matière, l'action publique en mouvement qu'avec beaucoup de prudence et à la suite pour ainsi dire de l'opinion publique indignée.

Sect. II. — Offenses et attaques envers le Pouvoir législatif. — § 1. Par voie ordinaire.

Attaques contre le pouvoir législatif.

343.A. — *D. 11 août* 1848. Art. 1. Toute attaque par l'un des moyens énoncés en l'art. 1er de la loi du 17 mai 1819 (art. 309), contre les droits et l'autorité de l'Assemblée nationale [nommée Corps législatif en 1852], *contre les droits et l'autorité que les membres du pouvoir exécutif tiennent des décrets de l'Assemblée nationale* [V. *la suite en l'art.* 345.B]... sera punie d'un emprisonnement de 3 mois à 5 ans et d'une amende de 300 fr. à 6,000 fr.

Contre journal : L'amende sera de 600 à 12,000 fr. (art. 509).
Peines access.: Impression ou affiche du jugement (art. 516).
Récid. : Prison, de 5 à à 10 ans et am., de 6,000 à 12,000 fr.
Contre journal : Am., de 6,000 à 24,000 fr. Suspension facultative de 15 jours à 2 mois, la 1re fois et de 2 à 6 mois la 2e fois (art. 522, 525).
Circ. att. : Prison, 1 jour à 3 mois et, ou, am. de 50 à 300 fr. (art. 533).

Offenses envers le Corps législatif.

344. — *Même décret.* Art. 2. L'offense par l'un des moyens énoncés en l'art. 1 de la loi du 17 mai 1819 (art. 309) envers l'Assemblée nationale [nommée Corps législatif en 1852], sera punie d'un emprisonnement de 1 mois à 3 ans et d'une amende de 100 fr. à 5,000 fr.

Contre journal. — L'amende sera de 200 fr. à 10,000 fr. (art. 509).
Peines access.: Impression ou affiche du jugement (art. 516).
Récidive : Prison, de 3 à 6 ans et Am. de 5,000 à 10,000 fr., Contre journal . Am. de 10,000 à 20,000 fr.— Suspension facultative de 15 jours à 2 mois, la 1re fois ; de 2 à 6 mois la 2e fois (art. 522, 525).
Circ. att. : Prison, 1 jour à 1 mois et, ou, am., de 50 à 100 fr. (art. 533).

— V. notes sous l'art. 309; V., *infrà*, la définition du terme *attaque*, nos 1173 et 1191.

[**343**.A.] = 1164. — L'auteur de l'article *Presse*, du recueil de M. Dalloz, no 574, se pose cette question : « L'art. 2 du décret du 11 août 1848 est-il applicable au Sénat et au Corps législatif créés par la constitution de 1852? Nous ne le pensons pas. »

Cette réponse a d'autant plus lieu de nous surprendre, qu'on trouve au *verso* même de la même colonne les raisons qui auraient dû décider l'auteur à répondre affirmativement.

1165. — Il y est question de l'art. 1er du même décret, dont les idées génératrices et les termes semblent, au premier abord, se concilier peu avec le régime impérial de 1856. « Rien dans nos institutions actuelles, « lit-on cependant sous le no 574, ne répugne à l'application de cet art. 1er. » Sa disposition s'accommode d'autant mieux à la protection des institutions impériales et de la constitution de 1852 qu'elles ont les mêmes principes fondamentaux que les institutions républicaines. Mais il n'y a pas à dire autre chose pour démontrer que l'art. 2 de ce même décret n'a rien d'irréconciliable avec la forme du gouvernement impérial, en ce qui concerne la protection de son pouvoir législatif; les noms ont changé, mais la chose est toujours la même. Qu'importe le plus ou le moins d'étendue des attributions! Est-ce que le Corps législatif de 1868 n'est pas, comme l'Assemblée de 1848, issu du suffrage universel? Son autorité et ses droits ne sont-ils pas, comme l'étaient ceux de son aînée, fondés sur le même principe de la souveraineté nationale? — V. no 1170.

1166. — L'organisation à nouveau d'un pouvoir n'implique pas l'abrogation de son régime protecteur. Tant que le pouvoir en soi existe dans son but et ses prérogatives essentielles, la loi protectrice du passé le sauvegarde, nonobstant le changement de forme et de nom. — Cass., 15 nov. 1849. D.49.4.300.

Ces motifs, détachés de la jurisprudence de la Cour de cassation, décideront sans doute les tribunaux à repousser l'opinion admise dans le recueil de M. Dalloz.

1167. — Les art. 1er et 2 du décret du 11 août 1848, n'ayant été abrogés ni expressément ni tacitement par aucune loi, sont restés en vigueur et doivent, en conséquence, être appliqués aux attaques contre les droits et l'autorité, non-seulement du Corps législatif, mais aussi du Sénat, en tant qu'il serait attaqué à raison de ses attributions législatives, c'est-à-dire de son droit de discuter, d'approuver ou de rejeter les lois votées ou de les renvoyer au Corps législatif pour y être soumises à un nouvel examen, en vertu du sénatus-consulte du 14 mars 1867.

1168. — *Attaque* (Voir, sur la portée de ce mot, nos 1135 et suiv.) *par les moyens de l'art.* 1er, *L.* 1819.

[**344**] = 1169. — « Nous avons de la peine à admettre, dit l'auteur déjà cité de l'article *Presse*, « dans le recueil de M. Dalloz, no 655, que l'art. 2 du « décret du 11 août 1848 soit en harmonie avec notre « nouvel état politique. Ceux qui se rendraient coupables d'outrages envers le Sénat ou le Corps législatif « ne pourraient, à notre sens, être poursuivis que comme « s'il s'agissait d'un corps constitué ordinaire, c'est-à-« dire qu'il faudrait que l'outrage offrît les caractères « de la diffamation ou de l'injure, ce qui n'est point « exigé pour *l'offense.* »

1170.—Nous avons ci-dessus, no 1165, suffisamment réfuté cette opinion; nous persistons, en conséquence, à penser que l'art. 2 n'a été abrogé par aucune loi; que sa disposition, n'ayant rien d'inconciliable avec la législation impériale, peut, sans inconvénient, être appliquée pour la répression des offenses envers le Corps législatif et le Sénat.

1171. — *Offense.* Tout ce qui, manifestant l'intention de diminuer aux yeux du pays l'autorité morale ou la considération des assemblées qui le représentent, de nier l'intelligence politique ou le patriotisme de la majorité de leurs membres ou d'une minorité, blesse ceux qui en font partie dans le sentiment qu'ils ont de leur dignité, du respect qui leur est dû ou de leur situation politique, est une *offense.* — V. no 1146.

Les juges du fait sont d'ailleurs en cette matière jurés souverains pour apprécier la gravité des agressions, leur criminalité et décider.

1172. — Les diffamations, les injures, les insinuations blessantes, l'irrévérence même, rentrent ainsi dans la portée du mot *offense.* La preuve de la vérité des faits constituant l'imputation outrageante ne saurait excuser l'auteur.

1173. — Si la pensée agressive avait pour but de contester au Corps législatif son origine légale, de saper son autorité, si elle se manifestait par des excitations ou des conseils adressés soit au peuple, soit au souverain, dans le but de les décider à dissoudre le Corps législatif, en se fondant sur les tendances de la majorité ou sur ce motif que l'Assemblée est au-dessous de sa mission, il y aurait dans une pareille agression le double délit *d'offense et d'attaque contre ses droits et son autorité.*

1174. — *Par les mêmes moyens.* La publicité par l'un des moyens de la loi de 1819 (art. 309), est un élément essentiel du délit et la condition de l'application de l'art. 2 du décret de 1848.

1175. — Le Corps législatif n'étant un pouvoir politique que dans le lieu de ses réunions, ou par l'accomplissement du mandat de la représentation nationale,

§ 2. — Offenses envers le Pouvoir législatif par voie de compte rendu de ses séances.

Offenses par voie de comptes rendus.

345.—L. 25 mars 1822. Art. 7, § 1. L'infidélité et la mauvaise foi dans le compte que rendent les journaux et écrits périodiques des séances des chambres..... seront punis de (V. *infrà*, le texte complet en l'art. 426) une amende de 1,000 à 6,000 fr.

§ 2..... Lorsque le compte rendu sera offensant pour l'une ou l'autre des chambres, ou pour *l'un des pairs* ou des députés....., les éditeurs du journal seront, en outre [de l'amende de 1,000 à 6,000 fr., édictée au § 1er], condamnés à un emprisonnement de un mois à trois ans.

§ 3. Dans le même cas, il pourra être interdit, pour un temps limité ou pour toujours, aux propriétaires et éditeurs du journal ou écrit périodique condamné, de rendre compte des débats législatifs.... [V. suite, art. 426).

§ 4. La violation de cette défense sera punie de peines doubles de celles portées au présent article [c'est-à-dire de deux ans à six ans d'emprisonnement et de 2,000 à 12,000 fr. d'amende].

Peines access. : Impression ou affiche du jugement (art. 516).

Récip. : pour le 1er cas, § 2. — Prison, de 3 à 6 ans et am., de 6,000 à 24,000 fr. Suspension facultative de 15 jours à 2 mois la 1re fois et de 2 à 6 mois, la 2e fois (art. 525 et n° 1862).

Pour le 2e cas, § 4, pas d'aggravation en récidive.—N° 1867.

Circ. att. : 1er cas. Prison, 1 jour à 1 mois et, ou, am., de 50 à 1,000 fr. ;—2e cas. Prison, 1 jour à 2 mois et, ou, am., 50 fr. à 2,000 fr. (art. 528 et 533).

Outrage envers les députés, renvoi.

345.A. — *Règle de jurisprudence.* L'outrage envers un ou plusieurs membres du Corps législatif, à raison même de leur qualité, ne rejaillit pas en offense contre le corps dont ils font partie, à moins que l'outrage dirigé contre eux n'ait été qu'un moyen du délit d'offense envers le Corps législatif lui-même.

Voir, pour les outrages envers les députés, art. 407.

---

n'ayant ainsi comme corps d'autre contact possible avec le public que par ses séances publiques, ou la publication de ses travaux, il s'ensuit qu'il ne peut être offensé que dans le lieu de ses séances, ou par la presse ou par la parole qu'à l'occasion de ses travaux ou de ses actes.

Hors de ces conditions, quelque nombreux que fussent les députés réunis dans un local privé ou public, et quelque rapport que leurs délibérations ou leurs résolutions auraient avec leur mandat politique, les critiques ou offenses dont ils pourraient, à raison de ce, être l'objet, ne réjailliraient pas sur la Chambre.

1176. — Si ces attaques étaient néanmoins personnellement dirigées contre eux à raison de leur qualité, elles constitueraient, suivant les circonstances, des outrages qui, s'ils étaient publiquement commis, encourraient l'application de l'art. 6, L.25 mars 1822 (art.409).

1177. — Cet art. 6, qui punit l'outrage public d'une manière quelconque contre un député, à raison de sa qualité, doit être considéré comme un prolongement de la protection que la loi accorde aux Chambres contre les passions politiques.

1178. — Si un député était l'objet d'une offense publique à raison des opinions par lui émises dans l'exercice de son mandat législatif, il y aurait lieu, pour la Chambre, en dehors de la question de savoir si l'outrage ne tombe pas sous les coups de l'art. 6, L. 1822, de voir si elle n'a pas à prendre fait et cause pour le membre offensé, si l'attaque, en un mot, ne remonte pas jusqu'à elle par la solidarité de dignité qui lie chacun des membres à l'assemblée.

1179. — Il y a offense envers la Chambre entière alors même que l'offense n'en atteint qu'une fraction. Chassan, 1, p. 247.

1180. — Il y a encore offense envers le Corps entier, bien qu'elle ne soit dirigée contre lui qu'à raison de l'exercice de ses fonctions judiciaires. — Chassan, I, p. 247, n° 1183.

1181. — Pendant l'intervalle des sessions les Chambres n'en conservent pas moins leur existence constitutionnelle ; elles ont droit par conséquent à la même protection que lorsqu'elles sont réunies.

1182. — Mais après leur dissolution, leur personnalité évanouie appartient, avec leurs actes, au jugement des contemporains et de l'histoire ; — les offenses dirigées contre une Chambre dissoute ne pourraient d'ailleurs être poursuivies *d'office*, puisqu'il faut l'autorisation de la Chambre pour mettre l'action publique en mouvement, ni *sur l'autorisation de la Chambre nouvelle*, puisque la loi (art. 3 de la L. de 1849) exige l'autorisation de la Chambre offensée qui ne peut plus la donner. —Cass., 7 déc. 1827, B. 296. V. notre *C. de la presse* 1856, n° 418. — *Contrà*, Chassan, II, p. 22.

1183. — La loi a donné aux Chambres le droit de venger leurs injures : elles ont non-seulement le droit de se constituer en Cour de justice pour en juger les auteurs, mais la poursuite de ces derniers devant les juridictions ordinaires ne peut même avoir lieu sans l'autorisation du Corps politique offensé qui refuse de les juger lui-même. (V. art. 544 et 572).

[545] = 1184. — La loi du 25 mars 1822 punit plus sévèrement que l'art. 2 du décret de 1848 un mode spécial du délit qu'il prévoit, à savoir : *L'offense par voie de compte rendu des séances du Corps législatif*, qui pour être punissable n'en exige pas moins la publicité par l'un des moyens de la loi de 1819.

Il faut à ce sujet faire observer qu'un pareil compte rendu, s'il était offensant, ne serait plus le compte rendu officiel des débats dont la reproduction est seule permise aux journaux, et il y aurait lieu à l'application de deux lois au lieu d'une. — V. *infrà*, art. 486.

1185. — Le délit d'offense par voie de compte rendu ne saurait être puni des peines de l'art. 346 ci-dessus, qu'à la condition d'être contenu dans un compte rendu infidèle et de mauvaise foi ; — l'offense n'est alors qu'une circonstance aggravante de l'infidélité et de la mauvaise foi. — Cass., 2 août 1839.

1186. — Un compte rendu infidèle et de mauvaise foi est même, en dehors de toute offense caractérisée, une offense indirecte envers les Chambres : « c'est un « manquement envers l'autorité parlementaire qu'on « expose au mépris, à la haine ou à la deconsidération « par l'infidélité du récit de ses séances. » — Chassan, I, n° 337.

1187. — Les journaux que cet art. 7 a en vue dans son § 1er, sont les journaux cautionnés en ce qui concerne les comptes rendus législatifs;—eux seuls peuvent les reproduire.

[545. A.] = 1188. — L'outrage non public envers un député n'est punissable que comme injure simple envers un simple particulier. — V. *infrà*, notes sous les art. 407 et 409.

Sect. III. — Attaques contre les institutions. — § 1. Contre la constitution et ses principes.

Attaques contre la constitution et ses principes.

345.B. — *D.* 11 *août* 1848. Art. 1er. Toute attaque par l'un des moyens énoncés en l'art. 1er de la loi du 17 mai 1819 (art. 309) contre... [V. art. 341 et 343 A. pour les premières incriminations de cet article]... les institutions républicaines et la constitution, contre le principe de la souveraineté du peuple et du suffrage universel sera punie d'un emprisonnement de trois mois à cinq ans et d'une amende de 300 fr. à 6,000 fr.

Contre journal : Pas de doublement de l'amende, (V. n° 2277).
Peines access.: Impression ou affiche du jugement, (art. 516).
Récid. : Prison, 5 à 10 ans et am., 600 à 12,000 fr. —Contre journal :— Suspension facultative, de 15 jours à 2 mois, la 1re fois ; de 2 à 6 mois, la 2e fois, (art. 525, 521).
Circ. Attén. : Prison, 1 jour à 3 mois et, ou, am., de 50 fr. à 300 fr., (art. 531, 533).

[**145**.B.] = Nous l'avons dit déjà sous le n° 1465 : l'art. 1er du décret du 11 août 1848 n'a été abrogé expressément par aucune loi, rien dans nos institutions ne répugne à son application, il est par conséquent toujours en vigueur.

1189. — La répression des attaques qu'il prévoit est aussi bien une nécessité sous le régime impérial que sous celui de la République. La souveraineté du peuple et le suffrage universel sont également les principes fondamentaux du Gouvernement sous l'un et sous l'autre. Dalloz, v° *Presse*, n° 574. Les mots : *institutions républicaines* ne sauraient donc faire obstacle à l'application de cet art. 1er *aux institutions impériales*. Les noms ont changé, mais le fond est toujours le même.

1190. — *L'attaque contre les institutions républicaines et la constitution* qui n'était pas dans le projet qui devint le décret du 11 août, y fut inséré sur la proposition de M. Jules Favre ; le délit d'*attaque contre la souveraineté du peuple et le suffrage universel* est une incrimination due à l'initiative de M. Lagrange. (V. n° 1412).

1191. — L'idée de ces deux incriminations semble avoir été puisée dans l'art. 5 de la loi abrogée du 9 sept. 1835 qui prévoyait l'attaque contre les *principes et la forme du Gouvernement*. Mais à la différence de cette disposition dans laquelle le mot *attaque*, par la portée exorbitante qui lui avait été attribuée en 1835, comprenait *la discussion même sans attaque*, cette dernière expression dans notre article n'atteint que *l'agression violente et brutale* au fond de laquelle s'entrevoit le désir de saper, de détruire et de démigrer. « Par « le mot *attaque*, dit à ce sujet le rapporteur de la loi, « M. de Biéville, nous n'avons pas entendu prohiber « la discussion, mais seulement les choses qui auraient « un caractère agressif. » — En ce qui concerne les droits et l'autorité du Chef de l'Etat, nous avons soutenu qu'il fallait donner à cette expression une ampleur plus considérable (V. n°s 1435 et suiv.) pour la rendre efficace.

1192. — Quoi qu'il en soit, cette question a beaucoup perdu de son importance depuis que l'art. 2 du sén.-cons. du 18 juillet 1866 (art. 346) est venu interdire « *toute discussion* », quelle qu'elle fût, de la constitution et de tout ce qui s'y rattache, c'est-à-dire aussi bien des *institutions* qu'elle a fondées que des *principes* qui la fondent. — L'exposé de ses motifs est très-explicite sur ce point. V. n°s 1198 et suivants.

1193. — En ne prohibant la discussion de la constitution que par la voie de la presse périodique et des brochures de 6 feuilles d'impression qui lui sont assimilées, ce sénatus-consulte laisse intact le droit de la discuter par la voie de la parole et des livres de plus de

Toute discussion de la constitution est interdite.

346. — *Sén.-cons.* 18 *juillet* 1866. Art. 2. Est interdite toute discussion ayant pour objet la critique ou la modification de la constitution, et publiée ou reproduite soit par la presse périodique, soit par des affiches, soit par des écrits non périodiques, des dimensions déterminées par le § 1er de l'art. 9 du décret du 17 fév. 1852 (art. 89) [c'est-à-dire ayant moins de six feuilles d'impression de 25 à 32 décim. carrés].

Les pétitions ayant pour objet une modification ou une interprétation de la constitution ne peuvent être rendues publiques que par la publication du compte rendu officiel de la séance dans laquelle elles ont été rapportées.

Toute infraction aux prescriptions du présent article constitue une contravention punie d'une amende de 500 fr. à 10,000 fr.

Circ. Attén. : Am., 50 à 500 fr., (art. 533).

6 feuilles, à la condition que la discussion même ne soit pas une attaque, chose difficile « si au fond de toute polémique il y a une attaque ». V. n° 1436 et n° 1202.

1194. — Le sénatus-consulte n'abroge rien d'ailleurs de l'art. 1er du décret de 1848. — La discussion de la constitution par la presse ou les brochures pourrait, si elle était agressive et violente, tomber sous les coups de l'art. 1er, décret 1848, comme *attaque* ou *discussion-délit* et sous ceux du sénatus-consulte comme *discussion-contravention*, —discussion interdite, ainsi que l'a déclaré M. Rouher, Ministre d'Etat. V. n° 1203.

1195. — Voir, pour la définition des mots *institutions impériales*, notre *Code la presse*, 1856. — L'université, la croix de la Légion d'honneur, la magistrature, sont des institutions impériales.

1196. — *Par l'un des moyens de la loi de* 1819. — (V. art. 309.) L'art. 1er du décret de 1848 ne punit que *les attaques publiques ; les attaques non publiques* sont en dehors de ses prévisions et partant impunies.

1197. — Le fait d'avoir dit de la constitution de 1848, dans un club : « C'est le monde renversé, on « nous a envoyé une constitution bâtarde avec 100 coups « de canon pour la faire digérer », a été à bon droit considéré comme une attaque publique envers la constitution.—Cour d'assises, Seine, 26 déc. 1848. G. T. du 27 déc.

[**346**] = *Discussion interdite de la constitution.* Les observations suivantes que M. le ministre d'Etat Rouher présenta au Sénat à l'appui de l'art. 2 du sén.-cons. du 18 juillet 1866 en sont le meilleur commentaire.

1198. — « La constitution d'un pays ne peut être « un sujet de controverse, la stabilité est à ce prix. « Tout gouvernement qui accepte ou subit la discus- « sion de son principe s'expose à d'inévitables attaques « et laisse s'altérer graduellement le prestige légitime « et la solidité nécessaire à ses institutions. »

1199. — « En France la constitution a toujours été « placée sous la protection de lois nombreuses parmi « lesquelles il me suffira de citer les lois de 1819, 1830, « et le décret du 11 août 1848. »

1200. — « Ces législations étaient-elles ou ont-elles « été suffisantes ? — Nous ne voulons pas le recher- « cher. Il nous suffit de constater que l'esprit de con- « troverse, timide d'abord, mais chaque jour moins « réservé, a attaqué hardiment les principes sur les- « quels reposent les pouvoirs publics..... C'est là un « incontestable péril, et nous avons le devoir d'en pré-

§ 2. — Contre le Gouvernement par excitation à la haine et au mépris. — Droit de discussion.

1º Par moyens déterminés de publication.

347. — *D.* 11 *août* 1848. Art. 4, § 1. Quiconque, par l'un des moyens énoncés en l'art. 1ᵉʳ de la loi du 17 mai 1819 (art. 309), aura excité à la haine ou au mépris du Gouvernement de la République [devenue l'empire] sera puni d'un emprisonnement de un mois à quatre ans et d'une amende de 150 fr. à 5,000 fr.

Contre journal: L'amende sera de 300 à 10,000 fr. (art. 509).
Peines access.: Impression ou affiche du jugement (art. 546).
Récidive : Prison, 4 à 8 ans et am. de 300 à 10,000 fr.
Contre journal : Am. de 300 à 20,000 fr. — Suspension facultative de 15 jours à 2 mois, la 1ʳᵉ fois ; de 2 à 6 mois, la 2ᵉ fois (art. 522, 525).
Circ. atten. : Prison, 1 jour à 1 mois et, ou, am. de 50 à 150 fr. (art. 531, 533).

Droit de discussion et de censure.

§ 2. — La présente disposition ne peut porter atteinte au droit de discussion et de censure des actes du pouvoir exécutif et des ministres.

—

« server la constitution qui, consacrée par le suffrage
« de la nation entière, peut revendiquer le nom de
« Grande Charte ou de Loi des Lois. »

1201. — « L'art. 2 défend la discussion de la consti-
« tution et la publication anticipée d'une pétition qui
« en proposerait la réforme.

« Les lois, depuis 1819, punissaient la *provocation*
« *à la désobéissance... l'attaque ;* sous ces termes, elles
« voulaient certainement atteindre *la discussion*, avec
« la pensée de l'interdire, de la rendre impossible par
« l'énormité des peines.

1202. — « Nous poursuivons le même dessein par
« une formule plus nette, plus précise, moins élastique
« et plus franche. Sans la confondre ni *avec l'explica-*
« *tion*, ni *avec le simple commentaire*, l'art. 2 défend
« la discussion qui met en controverse ce qui ne sau-
« rait être un objet de débat. Toute discussion est
« au moins une provocation implicite au changement,
« car, au fond d'une semblable polémique, il y a tou-
« jours une attaque ; l'une est la conséquence, la con-
« clusion de l'autre, conclusion inévitable, que tout le
« monde entend, lors même qu'elle n'est pas exprimée.

1203. — « La violation de cette interdiction constitue
« non un *délit*, mais une *contravention*. Cette quali-
« fication nouvelle n'a d'ailleurs ni pour but ni pour
« effet de répudier les armes que contient la législa-
« tion actuelle et d'abroger les dispositions pénales ré-
« pressives des délits caractérisés contre la constitution,
« le chef de l'Etat et les pouvoirs publics.

1204. — « Il est inutile d'ajouter que le terme géné-
« rique de *constitution* comprend sous la même sauve-
« garde la constitution du 14 janvier 1852, les sénatus-
« consultes qui l'ont interprétée et modifiée et ceux
« qui pourraient la modifier encore. »

1205. — Il résulte du § nº 1202 ci-dessus de cet
exposé des motifs que « *l'explication* et le *simple commentaire* » de la constitution restent permis à la presse
périodique, et du texte de l'art. 2 du sénatus-consulte
que le droit plus large de la *discuter sans attaque*, si
cela est possible, en dehors du simple commentaire et
de la simple explication, reste entier, comme avant,
pour le professeur, l'orateur, les hommes de paroles
enfin, et pour les écrivains dans les livres de plus de
96 pages d'impression *in-octavo*. — V. nº 1193 ; V.
nᵒˢ 2330 à 2631.

2º Par autres moyens d'actes ou faits indéterminés.

348. — *L.* 27 *fév.* 1858. *Sûreté générale.*
Art. 2. Est puni d'un emprisonnement de 1 mois à 2 ans et d'une amende de 100 fr. à 2,000 fr. tout individu qui, dans le but de troubler la paix publique ou d'exciter à la haine ou au mépris du Gouvernement de l'Empereur, a pratiqué des manœuvres ou entretenu des intelligences soit à l'intérieur, soit à l'étranger (nº 1256 à 1260).

Peine access. : Interdict. des droits civils et civiques (art. 327.A).
Récidive : Prison, 2 à 4 ans et am. 200 à 4,000 f. (art. 58, C. p.)
L'art. 463 du C. pénal n'est pas applicable. (V. nº 1317 *bis*.)

Droit de discussion et de censure.

348.A. — *Par induction.* L'art. 347, qui punit l'excitation, par certains moyens de publication, à la haine ou au mépris du Gouvernement ne portant pas atteinte au droit de discussion et de censure de ses actes, l'article précédent, qui ne punit que certains autres moyens du même délit, porte moins encore atteinte à ce même droit de discussion (nº 1261).

—

[**347** à **548**] = 1206. — *Excitation à la haine et au mépris du Gouvernement.* — L'art. 4 du décret du 11 août 1848 et l'art. 2 de la loi du 27 février 1858 prévoient le délit d'excitation à la haine et au mépris du Gouvernement dans des conditions très-différentes. Nous allons en diviser l'examen et le commentaire en deux paragraphes correspondant à chacun des modes caractéristiques de la perpétration du délit.

I. Excitations par moyens déterminés de publication.

1207. — De toutes les lois restrictives de la liberté politique de la pensée, il n'en est point qui aient mérité plus de légitimes critiques que l'art. 4 du décret de 1848.

On a été jusques à qualifier le délit qu'il prévoit de *délit facultatif*, *sentimental* ou *mystique*.

1208. — C'est au législateur de 1822 que revient l'honneur de son invention ; il fit l'objet de l'art. 4 de cette loi du 25 mars, qui fut votée dans un moment de crise ; sa disposition est issue des mêmes idées passionnées qui, quelques jours auparavant, avaient provoqué la trop célèbre *loi des tendances*. Cette origine la dévouait à l'abrogation au lendemain de la révolution de février 1848. Il n'en fut rien.

Six mois après, sous l'empire d'une réaction énergique et des tristes souvenirs des sanglantes journées de juin 1848, cette incrimination royaliste de 1822 reçut le baptême républicain ; il eût suffi d'effacer le mot *Roi*, on le remplaça par celui de *République*, et dans le paragraphe final « *les actes du pouvoir exécutif* » furent, à côté des actes des ministres, livrés à la liberté de la discussion.

1209. — M. Jules Favre avait proposé la rédaction suivante : « *Quiconque, par l'un des moyens de l'art. 1ᵉʳ de la loi de 1819, aura méchamment dénaturé les actes ou calomnié les intentions d'un membre ou d'un agent du Gouvernement républicain, sera puni de... »*

Sa proposition ne fut pas accueillie.

1210. — En 1868, au cours de la discussion du projet de loi sur la presse, du 11 mai, l'art. 4 du décret du 11 août 1848 fut vivement attaqué par l'opposition, qui en demanda l'abrogation ; sa disposition fut néanmoins maintenue en vigueur, moins à cause de son excellence que par la crainte qu'éprouvait la majorité de voir s'élargir, si l'on cédait en quoi que ce fût aux idées libérales, le cercle déjà trop étendu, selon elle, des concessions dont l'Empereur avait pris l'initiative.

1211.— Le vote du Corps législatif le 20 février 1868, sur l'amendement de MM. Marie, Jules Favre, Bethmont, Hénon et Pelletan, me paraît avoir législativement tranché la question de savoir si cet art. 4, que ses termes semblent affecter exclusivement à la protection du Gouvernement républicain de 1848-1852, est applicable sous le régime impérial. La jurisprudence n'avait pas d'ailleurs hésité à se prononcer dans le même sens. — Nous donnerons plus loin, sous les n°° 1251-1253, les motifs de ses décisions sur ce point.

1212. — *Par l'un des moyens de publication de la loi de 1819* (V. art. 309). — La publicité est une condition essentielle de l'application de l'art. 4, décr. 1848; la seule excitation à la haine et au mépris du Gouvernement pour la punition de laquelle la loi n'exige pas la publicité est celle qui fait l'objet de l'art. 2 de la loi du 27 févr. 1858 (art. 348. V. n° 1257).

1213. — *Aura excité.*— A la différence de ce dernier article qui n'incrimine que la tendance à l'excitation, l'art 4 du décret du 11 août punit l'*excitation* même, mais sans en spécifier les *modes intellectuels* (comp. n° 1258, n° 4).

Quels faits faudra-t-il donc comprendre sous la portée de ce verbe *exciter?* Quels sont dans ses vues les modes de l'excitation qu'il incrimine? Est-ce la calomnie ou la médisance? Des imputations vraies aux imputations fausses, la marge est grande. Le législateur, plus embarrassé de définir le délit que de le créer, a, sur ce point comme sur beaucoup d'autres, laissé à la jurisprudence le soin d'achever son œuvre.

1214. — *Des moyens coupables de l'excitation.* — Il ne s'agit pas ici, comme pour l'art. 10 de la même loi du 25 mars 1822, ou l'art. 7 de la loi abrogée du 9 septembre 1835, de la haine ou du mépris de telle ou telle classe de la société, mais d'une certaine moyenne de haine ou de mépris, ou plutôt d'une certaine possibilité de haine ou de mépris plus facile à concevoir *in abstracto* qu'à préciser dans la réalité pratique des faits. C'est à ce point de vue sans doute que, dans la séance du 20 février 1868, se plaçait M. Pelletan pour qualifier ce délit de délit *métaphysique* ou d'opinion « dont le corps ne pourrait se saisir au fond du cerveau des excités. » Ce n'est pas en ces profondeurs qu'il faut l'analyser pour en déterminer les caractères.

1215. — La pensée de la loi en révélera mieux le sens et la portée. Quel a été son but?

Faut-il avec la haine aveugle et injuste confondre ici la haine méritée? D'où naît la haine, d'où le mépris? Parfois d'une impression irréfléchie, plus souvent des arrêts de la conscience. La protection de la loi suppose son estime. Est-ce que s'il eût admis que le Gouvernement vînt jamais à tomber en des mains avilies ou incapables, le législateur l'eût armé d'une disposition dont il aurait pu abuser pour opprimer la conscience publique? Non. Ce n'est pas pour soustraire les gouvernements à la juste réprobation de leurs vices ou de leurs fautes, ce n'est pas pour les protéger

Contre ces haines vigoureuses
Que doit donner le vice aux âmes vertueuses,

que l'art. 4 a été fait, car la haine du mal est l'amour du bien, mais seulement contre ces haines et ces mépris de surprise sans fondement, que les indifférents et les simples peuvent concevoir sur les assertions ou les accusations mensongères et réitérées des ennemis du pouvoir ou à la suite de leur souvent trop habiles manœuvres.

1216. — Une autorité à l'appui de ces inductions : « Il n'est que trop vrai, disait au cours de la discussion « de 1822 M. le Garde des sceaux, que les lois peu-« vent être mauvaises, funestes même; il est vrai en-« core que de bonnes lois peuvent être mal exécutées

« et, ce, qui est pis, enfreintes. *Il est de notre droit* « *public que ces erreurs ou d'autres semblables* « *puissent être librement critiquées.* Mais il sera fa-« cile de distinguer du vil libelliste, qui ne respire « qu'anarchie et destruction, le citoyen courageux, le « sujet fidèle qui ne blâme que par des motifs de de-« voir et d'intérêt, et, tout en blâmant, prouve son « respect et sa loyauté. »

1217. — Si telle est la pensée de la loi, et cela n'est pas douteux, au dire de ceux qui l'ont voulue, il sera facile de déterminer les conditions et les moyens du délit d'excitation qu'elle incrimine.

Au point de vue de l'imputabilité pénale, ce sera d'abord une *intention hostile* et *la mauvaise foi.*

Au point de vue des procédés, *le travestissement de la vérité* ou les *affirmations sans preuves.*

Et au point de vue des résultats, *la possibilité d'inspirer contre le Gouvernement des haines injustes ou des mépris immérités.*

1218.— Il ne suffirait donc pas de représenter le chef de l'Etat ou plutôt ses ministres, comme aimant l'arbitraire, redoutant la vérité, la vertu et les sentiments virils qui font les grands peuples, ou comme ennemis du pays, sans souci de son honneur, de sa richesse ou de sa gloire, et incapables de gouverner, pour qu'il y eût délit; il faudrait de plus que cela eût été tenté ou insinué méchamment, contrairement à la vérité et par des moyens que réprouve la saine morale (n° 1254).

1219.—Les faux bruits, les affirmations sans preuves, les allégations mensongères, les insinuations calomnieuses, les sophismes qui dénaturent les intentions, les imputations exagérées de faits vrais, les suppositions odieuses qui en grossissent la gravité ou les suites possibles... tels nous paraissent être en conséquence, avec le ton déclamatoire, ironique ou violent comme forme, les modes d'excitation qui se trouvent dans les prévisions de l'art. 4 du décret du 11 août 1848. — Poitiers, 12 août 1858, D.59 1.93; Trib. Seine, 24 juin 1865, D.67.1.505; Cass., 24 juin 1867. D. 67.1.509.. V. *infrà,* n° 1245, 1336 et 1356.

1220. — Il s'ensuit, par contre, que la publication sans exagération de faits vrais, l'histoire impartiale d'une situation politique ou financière mauvaise, l'exposé raisonné de leurs conséquences probables, la dénonciation plus patriotique qu'hostile des fautes du pouvoir ou de l'incapacité des ministres, la discussion, même amère de leurs actes, quelle qu'en puisse être l'impression sur la foule, l'indication des dangers de la voie suivie, sont, comme moyens d'excitation, en dehors des prévisions de ce même art. 4, car plus un gouvernement marche à l'abîme, plus est impérieux le devoir de le dire, de l'arrêter et de le prouver.—N° 1230.

1221. — Mais, et c'est ici que se montrent bien les vices de la loi, mais si de tous les sentiments de haine et de mépris les plus à redouter sont ceux que la conviction inspire et les faits ou le raisonnement justifient, ne s'ensuit-il pas encore et forcément ceci, que plus les faits dénoncés seront vrais, plus les fautes signalées seront graves, plus leur discussion sérieuse sera pressante, plus seront honnêtes et patriotiques les intentions de l'écrivain, plus la vérité sera de son côté et l'incapacité de l'autre, mieux enfin il aura démontré l'abjection, la folie, les prodigalités d'un Néron ou d'un Louis XV et les dangers de sa ligne politique, et plus il aura excité contre lui la haine et le mépris; et l'on aboutit alors à ce contre-sens étrange que plus on sort des prévisions de l'art. 4, *par les moyens d'excitation,* plus on y rentre *par les résultats;* que moins enfin il y aura de culpabilité dans l'excitation et plus il y aura de délit.

1222. — C'est que notre article porte en lui un vice radical sur lequel sa rédaction a trop fait illusion; — il ne dit pas ce qu'il veut dire, — sa rédaction suivante *à contrario* le dit mieux et le démasque :

Quiconque, en discutant, censurant ou dénonçant,

sans attaque, les actes du Gouvernement, n'aura pas excité à son amour ou à son estime, ou n'aura pas tout au moins laissé indifférent, sera puni de...

Est-il une assemblée qui n'eût pas à l'unanimité repoussé une aussi dangereuse proposition? Du plus au moins, le § 1 de l'art. 4 ne dit cependant au fond guère autre chose. — C'est donc là une disposition à corriger, à corriger par la loi ou par la pratique : — on ne saurait en conséquence l'appliquer avec trop de circonspection, c'est la seule conclusion que nous voulions en tirer et justifier.

1223. — *Haine et mépris du Gouvernement.* — La question de savoir ce que comprenait ou ne comprenait pas ce dernier terme a donné lieu à de graves controverses : nos explications préliminaires et les définitions que nous en avons proposées sous le n° 1104 nous permettent de dire sans plus de préambule que cette expression doit être ici entendue dans le sens complexe de *gouvernement personnel* et du *gouvernement collectif* considérés dans l'unité d'action et de direction des pouvoirs qui les constituent.

Quant aux actes du *gouvernement ministériel* et du pouvoir exécutif et de ses agents, ils restent en dehors de la protection du § 1 de l'art. 4 : leur discussion, excitât-elle à la haine ou au mépris de ces actes, ne tomberait pas sous les coups de ce § 1 de l'art. 4; nous nous expliquerons mieux plus loin à ce sujet. V. n° 1242.

1224. — La discussion de cet article, en 1848, ne laisse aucune place au doute sur ce point que son § 1 ne concerne que la personnalité morale du gouvernement collectif. — M. Jules Favre avait proposé les mots de « *gouvernement de la République.* »

« Il ne faut pas, dit-il à ce sujet, qu'on puisse croire « que c'est au principe théorique du gouvernement ré- « publicain que ces attaques font allusion, mais bien « au gouvernement en action, c'est-à-dire à l'ensemble « des forces vives qui forment le gouvernement de la « république. »

Le ministre de l'intérieur ajouta : « Dans l'ancienne « législation que nous modifions, on avait distingué la « *monarchie et le gouvernement du roi.* La monar- « chie, c'était le principe du gouvernement; le gouver- « nement du roi, c'étaient toutes les forces vives du « gouvernement en action ; avec l'expression du *gou-* « *vernement de la république*, on reproduit la même « pensée qu'il y avait dans l'expression : gouverne- « ment du roi, c'est-à-dire toutes les forces vives du « gouvernement en action. »

1225. — Il n'était pas possible, fait observer à cet égard M. Chassan dans le supplément qu'il a publié, en 1850, des lois sur la presse, de dire plus catégoriquement que la lettre et l'esprit de l'art. 4. de la loi du 25 mars 1822, sont adoptés et consacrés par l'art. 4 du décret du 11 août 1843. V. n° 1233, *infrà.*

1226. — En 1868, à l'occasion de la discussion de la loi sur la presse, dans la séance du 20 février, M. le garde des sceaux Baroche, et M. Rouher, ministre d'État, furent d'accord pour demander, contre l'amendement qui en proposait l'abrogation, que cet art. 4 fût maintenu « avec le sens dans lequel il avait été élaboré et modifié « par M. Jules Favre lui-même, » un des signataires de l'amendement. — Le Corps législatif repoussa cet amendement. V. n° 1211.

1227. — § 2 DE L'ART. 4. — *Droit de discussion et de censure des actes du pouvoir exécutif et des ministres.* Dans la même séance du 20 février 1868, les mêmes orateurs du gouvernement eurent à s'expliquer sur le maintien du § 2 de l'art. 4 du décret de 1848, — et voici, d'après le *Moniteur*, le récit de l'incident :

M. E. Picard : — L'art. 4 déclare par son § final que le § 1 ne porte aucune atteinte au droit de discussion et de censure des actes des ministres et du pouvoir exécutif.

Ce droit, le gouvernement veut-il le reconnaître?

M. Rouher : — Sans doute.

M. E. Picard : — Veut-il nous en laisser la libre disposition?

M. Baroche : — N'est-ce pas ce que vous faites tous les jours?

M. E. Picard : — Je recueille des signes d'assentiment au banc des ministres et suis d'autant plus heureux de les recueillir qu'ils sont plus rares quand je parle à cette tribune. »

1228. — « La discussion loyale des actes du pou- « voir, avait précédemment dit dans sa circulaire du « 27 mars 1852, M. le garde des sceaux, Abbatucci, « l'examen consciencieux des matières soumises à « l'élaboration publique du Corps législatif seront tou- « jours acceptés par le gouvernement qui doit vouloir « et qui veut en effet être éclairé. »

1229. — Et dans la séance du 9 janvier 1868, répondant à M. Thiers, qui avait très-éloquemment soutenu « qu'il était de droit public en France que tous les actes de tous les pouvoirs étaient discutables, » M. Rouher monta à la tribune, et dit :

« Je ne monte pas à cette tribune pour combattre « l'opinion de M. Thiers, je n'admets en aucune façon « que les pouvoirs publics ne puissent être discutés « en France; je suis complétement de son avis. — Le « Corps législatif et le Sénat doivent accepter dans un « pays libre la discussion de leurs actes. »

« Le droit de discussion, le gouvernement le recon- « naît entier; il ne le reconnaît pas seulement aujour- « d'hui, il ne l'a pas seulement reconnu hier, il l'a « reconnu d'une façon permanente depuis le moment « où la question a été résolue par la Constitution. » *Moniteur* du 10 janvier 1868.

1230. — Circulaire du 4 juin 1868. « La critique « et la discussion des actes politiques ou administra- « tifs, déclare à son tour M. le garde des sceaux dans « sa circulaire concernant l'exécution de la loi du « 11 mai 1868, ne doivent pas subir d'entraves. Ni « l'injustice des appréciations, ni l'irritation des ad- « ministrateurs ne sont des motifs suffisants pour sai- « sir les tribunaux quand l'écrivain n'a pas eu l'inten- « tion de dépasser les limites du droit de contrôle, « attribué par nos mœurs et par nos lois même à ceux « qui n'ont reçu aucune mission de leurs concitoyens. »

1231. — Le droit de discussion et de censure ainsi affirmé, serait-il de tous nos droits le seul dont l'exercice fût sans limite et sans règles? — Ce n'est certainement pas ce que M. Picard et M. Thiers demandaient, et ce n'est point là ce qu'ont reconnu les ministres. — Quelle est à cet égard l'étendue du droit que consacre le § 2 de notre article 4?

1232 — Au premier abord ce § 2 paraît être une exception vis-à-vis du § 1 : — Ce titre d'exception le soumettrait-il à l'interprétation restrictive? — ce serait une erreur de le croire.

Les lois pénales ne sont de droit étroit que parce qu'elles imposent des limites à la liberté. — La liberté, c'est le principe, la *loi-limite*, l'exception; — quant aux lois qui, contre cette exception, font retour vers le principe, soit pour l'affirmer, soit pour restreindre la *loi-limite*, ce sont, non des exceptions, mais des lois contre l'exception ; — tels sont le caractère et le but du § 2 de l'art. 4; il doit donc être interprété largement en faveur de la liberté dont il protége alors les franchises.

1233. — Ce §, au dire de M. Chassan (V. n° 1225, ci-dessus), consacrerait la lettre et l'esprit de l'art. 4 de la loi de 1822. Cette affirmative est trop absolue ; on risquerait de s'égarer si l'on ne tenait pas compte ici de la différence des temps et du changement constitutionnel surtout qui, au dogme de l'irresponsabilité du roi, a substitué le principe moins fictif de la responsabilité impériale; — n° 1109. — Il importe de se bien fixer sur ce point important.

1234. — En quoi consiste cette responsabilité du chef de l'Etat qui circonscrit aujourd'hui le droit de discussion et de censure des actes du gouvernement?

Aux termes de l'art. 5 de la Constitution, « *Le chef de l'Etat n'est responsable que devant le peuple français, auquel il a toujours le droit de faire appel.* »

C'est donc seulement devant le peuple français, *et lorsqu'il lui est fait appel,* que le chef de l'Etat doit répondre de ses actes.

1235. — *Lorsqu'il lui est fait appel:* C'est-à-dire lorsque le peuple est légalement convoqué pour voter, soit sur un plébiscite, soit sur le choix de ses représentants, et alors, par la voie du scrutin qui fond en une seule les opinions diverses de chacun, se manifeste la grande opinion nationale sur la ligne politique et les actes du gouvernement.

Ce droit du peuple de se prononcer ainsi dérive du principe de la souveraineté nationale, laquelle, aux termes de la Constitution de 1791, est tellement inaliénable et indivisible, « qu'il n'est permis à aucun individu ni à aucune fraction du peuple de s'en attribuer l'exercice. »

1236. — Est-ce à dire par là que le gouvernement ne relève pas autrement de l'opinion publique? Réduite à la discussion confuse du scrutin, la responsabilité impériale redeviendrait une fiction, et l'Empereur, qui l'a acceptée réelle, a certainement voulu plus. — La circulaire déjà citée de M. le garde des sceaux a sur ce point interprété sa pensée en reconnaissant « le droit de contrôle attribué par nos mœurs et nos « lois même à ceux qui n'ont reçu aucune mission de « leurs concitoyens. » (N° 1230) — Par ces mots de la constitution : « *devant le peuple français,* » il faut donc entendre : *tous et chacun des membres qui composent le grand corps politique qui s'appelle le peuple et la nation.* — V. n° 1444.

1237. — La responsabilité suppose la discussion, — mais non la discussion violente, sans règle, haineuse ou offensante : c'est donc dans les limites des lois répressives des écarts et des excès que le § 2 de l'art. 1 décr. de 1848 et le principe constitutionnel de la responsabilité impériale ont dû accepter le droit de discussion et de censure des actes du gouvernement. — Pour en déterminer les conditions et l'étendue, il convient de l'envisager au triple point de vue : (V. n° 1101)

Du gouvernement personnel du souverain;

De son gouvernement collectif avec les grands pouvoirs de l'Etat;

Et du gouvernement ministériel.

1238. — Actes du gouvernement personnel. Dans le cercle des droits personnels du souverain et de ses prérogatives, n° 1102, ses actes échappent, par la force même des choses, à toute discussion; — ce sont en effet moins des actes qu'un ensemble enchaîné de résolutions d'ordre supérieur dont la discussion sérieuse exigerait d'abord la connaissance de tous les motifs qui les ont inspirés ou imposés, — motifs qui sont et doivent rester secrets, — et ensuite quelque chose de plus nécessaire et qui manque à tous : — la perspective et l'impartialité de l'histoire.

On peut bien, jusqu'à un certain point, apprécier l'utilité spéciale ou les conséquences immédiates d'une loi, d'un traité, d'une mesure, mais qui peut en entrevoir l'action dans l'avenir? — Quelle intelligence peut se faire juge des raisons d'Etat, des nécessités politiques qui ont commandé telle ou telle résolution, et des inspirations par lesquelles doit se déterminer un chef d'Empire; — qui peut même les connaître?

Suspecter ses intentions serait une offense et un non-sens : — Qui plus que lui a à risquer aux abîmes?

Discuter ses résolutions, dans l'ignorance de ses motifs, serait une impossibilité pour la raison ;

Les censurer, — le pourrait-on sans injustice et sans attaques de ses prérogatives?

Ainsi réduit à n'être plus que le droit à l'apologie, pour ne pas être punissable, le droit de discussion n'est rien ou n'existe pas vis-à-vis du gouvernement personnel de l'Empereur. On ne saurait en conséquence se prévaloir du principe constitutionnel de la responsabilité pour en censurer les actes. — Les raisons d'Etat, les nécessités et les inspirations politiques de ses résolutions ne sont pas matières de discussions contemporaines. — On ne peut les bien juger que de haut et de loin, c'est-à-dire par le scrutin national et par l'histoire.

1239. — **Actes du gouvernement impersonnel ou collectif :** — Le droit de discussion a pour mesure ici l'étendue de la responsabilité des organes qui réalisent les actes du gouvernement en action; — ces organes sont :

Pour le pouvoir législatif, l'Empereur; il a l'initiative et la sanction des lois, — le Conseil d'Etat, le Corps législatif et le Sénat, qui les préparent, les discutent et les adoptent. — V. n° 1400.

Pour le pouvoir exécutif : l'Empereur et son Conseil d'Etat, en ce qui concerne les décrets d'exécution, et les ministres pour l'exécution de ces lois et de ces décrets.

1240. — **L'initiative impériale :** — L'initiative des lois est un des droits souverains et personnels de l'Empereur qui par les motifs ci-dessus exposés échappe, à ce titre, à toute discussion et à toute censure; son refus de provoquer telle ou telle modification législative y échappe *à fortiori* par les mêmes raisons. — Il en est de même du droit qu'il a seul de sanctionner les lois votées.

1241. — Quant au Conseil d'Etat, au Corps législatif et au Sénat : — Ceux de leurs travaux et de leurs actes que la loi, par la publicité officielle, soumet au jugement de tous, appartiennent au droit politique de discussion et de censure. — La publication des comptes rendus de leurs séances, des exposés des motifs et des rapports n'a pas eu d'effet d'autre but.

Ce n'est pas à dire pour cela que les lois et les projets de loi appartiennent sans discrétion ni mesure et d'une manière absolue à la critique, mais seulement que les écarts et les excès qui entacheraient la censure fondée qui en serait faite ne pourraient donner lieu à l'application du § 1er de l'art. 4, décr. 1848, contre lequel le § 2 protége le droit de discussion ; d'autres dispositions leurs seraient bien mieux applicables. — Entre la Cour de cassation qui, le 6 juillet 1850, a jugé le contraire à propos de la critique d'un projet de loi et les décisions qu'elle a cassées, le bienjugé me semble être du côté de ces dernières.

Quoi qu'il en soit, nous devons nous borner ici à tracer l'enceinte du droit de discussion relativement aux actes discutables du pouvoir, nous dirons plus loin les conditions de son exercice. N° 1244.

1242. — **Actes du Gouvernement ministériel et du pouvoir exécutif.** — Les termes de la loi sont formels; —ces actes rentrent dans le cercle légal du droit de discussion, le § 2 le dit très-expressément par une disposition qu'il convient d'interpréter *lato sensu* en faveur de la liberté (N° 1232). — Sous la désignation : « *Actes du pouvoir exécutif et des ministres,* » on doit non-seulement ranger les actes administratifs de chaque ministère en particulier et du ministère en général, mais encore les mesures d'exécution dont la responsabilité remonterait à l'initiative de l'Empereur considéré comme organe et agent du *pouvoir exécutif;* c'est uniquement par ce côté spécial que le chef de l'Etat est exposé à la discussion et à la censure, et il a plus d'une fois déclaré qu'il ne la craignait ni ne la déclinait pas.

1243. — En ce qui concerne le *Sénat* : Les actes du Sénat, comme pouvoir pondérateur chargé d'assurer la marche et le développement de la constitution, se rattachent d'une manière trop indivisible à la constitution pour ne pas échapper au droit de discussion depuis que l'art. 2 du sénatus-consulte du 18 juillet 1866 a interdit d'une manière absolue toute discussion du pacte fondamental « et des sénatus-consultes qui l'ont interprétée « et modifiée et de tous ceux qui pourraient l'inter- « préter et la modifier encore. »—V. nº 1204.

1244.—Conditions de l'exercice en lui-même du droit de discussion et de censure.—L'immunité qui résulte du § 2 de l'art. 4 du décret de 1848 protége la libre discussion et la censure des actes ci-dessus énumérés contre l'application du § 1er qui le domine, mais non contre les autres lois pénales dont la liberté viendrait à cette occasion à méconnaître les dispositions par des attaques délictueuses, des outrages, des diffamations ou des injures caractérisées ou par émission de faux bruits ou de fausses nouvelles.

1245. — « Le jour, disait M. le ministre d'Etat « Rouher dans sa réponse à M. Picard au sujet de « l'art. 4 (séance du 20 février 1868), le jour où au « lieu d'employer des moyens de discussion on fait « appel aux sentiments violents, on dépasse les limites « de la discussion même et on encourt la responsabi- « lité d'un délit caractérisé. »

1246. — M. Thiers, ministre de l'intérieur, faisait en 1835, dans la séance du 25 août, de plus larges concessions à la critique. — Le roi ne pouvait être discuté, mais, son inviolabilité assurée, liberté absolue et sans responsabilité contre ses ministres : — « Ce « que nous demandons, disait-il, est-ce la liberté de « discuter les actes des ministres sans mesure? — « Oui. — La liberté de nous calomnier ? — Oui en- « core. — La liberté de nous imputer des faits vrais ou « faux et plus souvent faux que vrais ? Oui, encore. — « La liberté d'exciter contre nos personnes la haine et « le mépris, tous les sentiments injustes? Oui encore. « — Cette liberté nous l'acceptons franchement et « sans réserve comme condition du gouvernement « représentatif. »

M. Odilon Barrot, en adversaire loyal, protesta contre cette doctrine plus généreuse que juridique. — « Je ne reconnais pas, répondit-il, le droit de diffa- « mation et de calomnie contre les ministres, c'est « toujours un délit très-grand...» Et il avait raison.

1247. — « La censure sur les actes des pouvoirs « constitués, déclarait la constitution du 14 septembre « 1791, par son art. 17, n'est un droit qu'à la condi- « tion de ne pas dégénérer en calomnies, » — en diffamation, en outrage, en attaque et en offense. — Nous ne disons rien de plus.

1248. — Pour qu'elle soit un droit, il faut donc que la discussion ne soit pas un prétexte *d'attaques;* pour qu'elle soit ensuite un droit inviolable et respecté, il faut que son exercice se maintienne dans les limites respectables des lignes ci-dessus indi- quées (nºˢ 1218 à 1244), et que le ministre de la justice signalait, comme suit, aux magistrats le 16 août 1849.

Circulaire. « La discussion doit être entièrement « libre : tous les actes du gouvernement lui appar- « tiennent; elle a le droit de les apprécier avec l'indé- « pendance la plus complète et de déverser sur eux la « critique et le blâme. Mais en usant de ce droit de « discussion dans toute son étendue, la presse doit en « même temps rester pure de ces outrages et de ces « violences qui changent son caractère et sa mission. « La loi veut maintenir et protéger le droit de dis- « cussion, elle ne veut punir, elle ne veut réprimer que « les attaques, les injures ou les provocations qui dé-

« considèrent les pouvoirs, inquiètent la sécurité pu- « blique et préparent les commotions sociales. Tout « l'esprit de la loi est dans cette distinction. » — Et cette distinction est juste; la circulaire, la loi étant la même, n'a rien perdu de son autorité.

1249. — Relativement aux ministres du culte, le droit de discussion et de censure a subi, par les ar- ticles 201 et 202 du C. pén., des limites particulières. —Ces articles sont toujours en vigueur.— V. *infrà* leurs dispositions (art. 349 et 350) et les annotations qui leur correspondent.

1250. — *Sera puni de :* — Dans le recueil de M. Dalloz, au mot *Presse*, nº 569, se trouve posée cette question : — Quelle peine est applicable au délit d'excitation à la haine ou au mépris du Gouverne- ment ? — Est-ce la pénalité des art. 2 et 3 de la loi de 1819, en considérant ce fait comme une provocation au crime ou au délit. — ou bien celle de l'art. 4 de la loi du 25 mars 1822 ? — Ne doit-on pas au contraire, par suite des révolutions de 1848 et 1852 qui ont abrogé ces dispositions, et du rétablissement de l'em- pire qui repousse la protection de l'art. 2, du décret de 1848, uniquement fait pour le gouvernement de la répu- blique, supposer qu'il n'existe plus de peines contre le délit qu'il prévoyait?

1251. — La meilleure réponse à cette question est fournie par les motifs suivants de deux décisions qui en 1866 et 1867 ont fait application de l'art. 4 du décret de 1848 à l'auteur d'un *Dialogue des morts aux Enfers* et à M. de Girardin pour un article d'excitation publié dans son journal *la Liberté.*

« — Attendu, porte la première de ces décisions « émanée du tribunal correctionnel de la Seine, que « la constitution de 1852 a déclaré par son art. 56 que « les lois non contraires à ses dispositions resteraient « en vigueur; — que l'art. 4, décret 1848, est, par « suite, demeuré en vigueur et applicable aux délits « commis contre le Gouvernement établi par l'art. 3 « de cette constitution, » qui était républicaine encore en 1852.

« Attendu que le sénatus-consulte du 7 novembre « 1852 n'a rien changé à ce qui formait les éléments « essentiels et caractéristiques du Gouvernement éta- « bli conformément à cette constitution; et que l'ar- « ticle 4 dudit décret est applicable sous le régime « actuel : — Jugem. 24 juin 1865. — D.67.4.505.

1252. — Et la Cour de cassation en dernier lieu : « Attendu que la première nécessité pour tous « les gouvernements est de se défendre contre les « attaques qui les mettraient dans l'impossibilité de « remplir leur mission de conservation et de protec- « tion; — Que l'Empire aussi bien que la République « était soumis à cette nécessité impérieuse et que les « lois faites pour protéger l'un n'ont à ce point de vue « rien d'inconciliable avec l'autre quelles que soient « les différences qui les distinguent;

« Attendu que si chacun des régimes qui se sont « succédé a dû faire des lois nouvelles pour protéger « ses formes et ses principes, il n'en a pas été ainsi « des lois qui, ayant pour objet de protéger les gou- « vernements en eux-mêmes dans leur action, s'ap- « pliquent à tous les régimes; — Que si, à la diffé- « rence des législateurs de 1830, celui de 1848 a édicté « à nouveau l'art. 4, L. 1822, il a été déterminé à « cette reproduction non parce que cet article était « inapplicable sous la république, mais parce qu'il était « nécessaire d'introduire une réserve pour le droit de « discuter les actes du pouvoir exécutif qui avait cessé « d'être inviolable. » — Cass., 19 janvier 1866. D.67. 4.509.

1253. — « Attendu, ajoutait la Cour, dans son « arrêt du 21 juin 1867, — que le § 1er de l'art. 4 de « la loi de 1822 est devenu par la force même des « choses une règle générale et que depuis sa promul-

« gation, il a été appliqué sous tous les régimes et par
« tous les gouvernements qui se sont succédé quels
« qu'en fussent d'ailleurs le principe et la forme; —
« Qu'il est resté en vigueur après la révolution de
« juillet 1830, quoique l'origine et la base du gouver-
« nement eussent été modifiées par la Charte du
« 14 août; — Qu'il en a été de même sous le Gouver-
« nement provisoire de la république de 1848, lequel, par
« un décret du 6 mars 1848, après avoir abrogé la loi
« du 9 septembre 1835, a maintenu expressément par
« son art. 2, toutes les lois antérieures de la presse;
« que cet état de choses s'est prolongé jusqu'à la date
« du 11 août 1848; — Que si à cette date l'art. 4 de
« ce décret a été substitué à l'art. 4 de la loi de 1822,
« cette modification toute de forme n'a eu pour but
« que de faire disparaître une qualification contre la-
« quelle s'élevaient des susceptibilités et d'introduire
« en outre une réserve pour le droit de discuter les
« actes du pouvoir exécutif qui avait cessé d'être in-
« violable, mais qu'elle n'a pas atteint la partie sub-
« stantielle de l'article et l'a au contraire reproduit
« dans son entier.» — (V. nos 1211 et 1226, *suprà*.)
« Attendu que l'art. 56 de la constitution ayant
« conservé en vigueur des lois non abrogées au nombre
« desquelles est compris le décret du 11 août 1848,
« son art. 4 a conservé toute sa force.... » — Cass.,
21 juin 1867. D.67.1.509.

1254. — Le même arrêt décide en terminant que le
fait de la part d'un journaliste condamné « d'affirmer
« qu'il a été condamné pour avoir dit la vérité.... que
« la vérité n'est pas en faveur sous le Gouvernement
« impérial.... que le soldat de la vérité n'encourt que
« rigueurs, défiances, calomnies, persécution, condam-
« nations, flétrissures, prison, amende et exil, » constituait l'excitation prévue et punie par l'art. 4 du
décret du 11 août 1848.

1255. — L'art. 14, L. 1828 (art. 509), qui double
à l'égard des journaux les amendes édictées contre les
délits prévus par les lois de 1819 et 1822 est applicable au cas de l'art. 4 du décret de 1848, parce que
sa disposition n'est au fond que la disposition post-
datée de l'art. 4 de la loi de 1822.—N° 1225.

II. Excitations par actes ou faits indéterminés.

1256. — Nous avons fait connaître sous l'art. 1er de
la loi du 27 févr. 1858 (art. 327) les circonstances de
son origine, nous n'avons pas à y revenir ici sous son
art. 2.

1257. — Entre l'excitation à la haine et au mépris
que prévoit cet article, et la même excitation coupable
qui fait l'objet de l'art. 4 du décret de 1848, il y a
les différences suivantes :

1° Que la publicité qui est pour celui-ci une condition essentielle de l'incrimination est indifférente pour
l'autre;

2° Que les moyens du délit de l'art. 4 consistent
en des expressions écrites, orales ou imprimées de
pensées ou opinions, tandis que l'art. 2 exige tous autres faits ou actes constituant « *des manœuvres pratiquées, des intelligences entretenues;* »

3° Que bien que l'excitation à la haine et au mépris
soit, dans l'un et l'autre article, l'élément grave du
délit, ce qu'il importe de prévenir, ce n'est pas, cependant, ce qui, dans les vues de l'art. 2 de la loi de 1858,
serait au premier rang.—Les manœuvres et les intelligences qu'il prévoit, comme germes, tentatives, actes
préparatoires de complots ou de manifestations hostiles, semblent avoir été, plus que leurs effets, ce que
le législateur a entendu empêcher et réprimer.—Paris,
30 nov. 1861 (Affaire du marquis de Flers);

4° Que l'*excitation* qui dans l'art. 4 (347) est le
fait délictueux, le *corps même du délit*, n'est plus dans
l'art. 2 (348) qu'un but, un élément intentionnel, une

tendance coupable de la pensée, dont la démonstration risquera quelquefois de rouvrir la porte aux procès
de tendance interdits depuis 1828 (art. 617).

Cette tendance qui, dans le système de la loi de 1858,
criminalisera les actes indéterminés qu'elle indique par
les mots : « *manœuvres et intelligences* » permettra d'atteindre, comme dans l'art. 205 du C. pénal (V. n° 1273),
les excitations *directes* et *indirectes* à la haine et au
mépris du gouvernement.

La disposition de l'art. 2 de cette loi est à ces derniers points de vue redoutable par le sens indéfini des
expressions qui la caractérisent; il est vrai que le doute
qui pourra quelquefois s'élever sur l'étendue de leur
portée légale devra tourner contre la loi et entraîner
l'acquittement des prévenus. Mais n'eût-il pas mieux
valu moins laisser, sur ce point, à l'arbitraire des juges,
suivant le sage précepte du chancelier Bacon : *Optima
lex quæ minimum relinquit arbitrio judicis, optimus
judex qui minimum sibi ?*

1257 bis. —*Manœuvres et intelligences* (au pluriel) :
Ces expressions *au pluriel* impliquent une *pluralité*,
un ensemble de faits ou d'actes positifs, un concours ou
accord de volontés, dont le but et la tendance coupable
constitueront la criminalité. — Cass., 11 déc. 1858, D.
59.1.93.—16 août 1862. D.65.5.374. V. *infrà*, n° 1258.
5°.—Un fait isolé ne suffirait donc pas pour constituer
le délit de manœuvres de l'art. 2 de la loi de 1858.

1258. — De la discussion à laquelle donna lieu la
disposition de cet article, le 19 février, au sein du Corps
législatif (*Monit.* du 20, p. 218), il résulte :

1° Que les mots *manœuvres* et *intelligences* dont
le sens vague et indéterminé effrayait un peu et contre
lesquels on avait protesté en 1810, « ont été em-
« pruntés au Code pénal de 1791 et se trouvent dans
« les art. 76 et 77, C. pén.; qu'ils seront entendus
« et interprétés par les tribunaux dans le même sens
« que par le passé. » (Discours de M. Baroche.)

2° Qu'au ministère public incombera le devoir « de
« démontrer que ces manœuvres et intelligences sont
« coupables, et il le prouvera en établissant que *leur
« but était soit de troubler la paix publique*, soit
« d'exciter à la haine et au mépris du Gouvernement
« de l'Empereur. » (Même discours.)

3° « Que la loi n'est pas faite pour ces hommes
« qui, sous l'empire de regrets, de souvenirs ou même
« d'espérances futiles et déraisonnables, ont à les
« échanger ou à témoigner leur affection et leur re-
« connaissance à ceux qu'ils ont aimés et servis. »
(Même discours).

4° « Que la loi n'est pas davantage faite contre ceux
« qui émettent une opinion plus ou moins vive, plus
« ou moins hostile sur le Gouvernement. Le Gouver-
« nement sait bien qu'en France on n'empêchera ja-
« mais les épigrammes ou les allusions plus ou moins
« historiques. » (Même discours.)

« Ceux qui se complaisent à de pareils passe-temps,
« ajoutait M. le président du Conseil d'Etat, pourront
« continuer, pourvu qu'ils s'abstiennent des manœuvres
« et intelligences que le projet tend à réprimer. »
5° « Qu'*une lettre saisie renfermant un blâme,
« une critique, une attaque même contre le Gouver-
« nement ne constitue pas une manœuvre* dans le
« sens de la loi. — Ce qui caractérise les *manœuvres*,
« c'est L'HABITUDE et le *but coupable*. » (Même discours.)

1259. — Il s'ensuit qu'il n'est pas défendu de blâ-
mer les actes du Gouvernement dans une lettre à un
ami, ainsi que semblait en douter M. Emile Olivier,
lorsqu'il posait à ce sujet la question à laquelle il fut
répondu par les mots ci-dessus soulignés de M. le président du Conseil d'Etat, Baroche.

1260. — Il s'ensuit encore, comme le demandait le
même député, que la critique des actes du Gouvernement reste libre entre amis en dehors de toutes *ma-*

§ 3. — Critique ou censure des actes du Gouvernement par ministres du culte.

1° Au moyen de discours.

349. — *Code pénal.* Art. 201. Les ministres des cultes qui prononceront, dans l'exercice de leur ministère, et en assemblée publique, un discours contenant la critique ou censure du Gouvernement, d'une loi, d'un décret impérial ou de tout autre acte de l'autorité publique, seront punis d'un emprisonnement de 3 mois à 2 ans.

2° Par écrits pastoraux.

350. — *Code pénal.* Art. 204. Tout écrit contenant des instructions pastorales, en quelque forme que ce soit, et dans lequel un ministre du culte se sera ingéré de critiquer ou censurer, soit le Gouvernement, soit un acte de l'autorité publique, emportera la peine du bannissement contre le ministre qui l'aura publié.

---

nœuvres et intelligences trahissant des menées hostiles et menaçantes pour l'ordre public.

1261. — Quoi qu'il en soit de la pensée première des mots *intelligences* et *manœuvres*, la science du commentaire ne sera pas embarrassée pour en étendre au besoin la portée : Ce sont là en effet des termes fort larges qui peuvent comprendre bien des agissements dont on ne se doutait pas en 1858 ; ainsi : — des colportages d'écrits (pétitions, lettres, projets de société), — des correspondances, — des banquets, — des ovations, (même par simples envois de cartes de visite, d'inscriptions ou de députations à domicile), pour féliciter des hommes d'opposition ou des condamnés à raison de leurs discours, de leur conduite ou de leur condamnation, — des ouvertures de souscriptions, — des organisations de *réunions privées*, des démarches ou menées pour obtenir des adhésions aux unes ou aux autres, — des visites isolées ou par députations à des princes bannis ou à des proscrits à l'étranger, — des organisations de services ou honneurs funèbres en commémoration d'hommes ou d'événements d'une signification hostile pour le Gouvernement, — la simple manifestation même d'en porter le deuil concerté, — tous ces faits et bien d'autres peuvent, suivant les cas, être considérés comme constituant des *manœuvres pratiquées et des intelligences entretenues;* — il faut se garder des expressions indéfinies dans la rédaction des lois, si l'on ne veut pas tant de latitude dans leur application.

1262. — A la différence de l'art. 4 du décret de 1848 (art. 347), l'art. 2 de la loi du 27 février 1858 (art. 348) ne contient aucune réserve du droit de discuter et censurer les actes du pouvoir exécutif et des ministres; — l'analyse, ci-dessus, des déclarations faites au nom du gouvernement prouve suffisamment que ce droit n'a reçu aucune atteinte et est resté intact; — ce qui n'est pas défendu est permis.

La discussion et la censure des actes énoncés dans le § 2 de l'art. 4 du déc. de 1848 (art. 347) ne pouvant dès lors être qualifiées délit dans les limites de la discussion sérieuse, — une correspondance suivie qui ne contiendrait que la censure permise des actes du pouvoir exécutif (n° 1248) ne saurait être considérée, en conséquence, comme *intelligences entretenues* dans le but d'exciter à la haine ou au mépris du gouvernement.

1263. L'art. 348, prévoyant les manœuvres dans le but de *troubler la paix publique*, reviendra plus loin; c'est là un autre délit. — V. art. 360.

[**349-350**] = **1264**. — Si des opinions des simples particuliers sur les actes du pouvoir, on peut dire : tant vaut l'homme, tant sa critique, et si le Gouvernement a peu à les redouter, il n'en est pas de même de celles que, dans l'exercice de leur ministère, les ministres du culte viennent à se permettre. — Le caractère dont ils sont investis, l'autorité que la foi des fidèles leur attribue sur les consciences donnent à leurs censures une force qui, suivant les temps et la disposition des esprits, risquerait de troubler la paix publique.

Instruit par l'expérience de notre histoire, le législateur a dû y pourvoir : tels sont les motifs qui justifient les art. 201 et 204, C. pén.

1265. — On les avait crus abrogés par la législation de 1819 et 1822 (Carnot, I, p. 518), ou tout au moins tombés en désuétude; voici comment M. le garde des sceaux en a rappelé les dispositions à MM. les procureurs généraux par une circulaire publiée au *Moniteur* le 9 avril 1861.

1266. — « Depuis quelque temps on me signale « divers membres du clergé qui verbalement et par « écrits traitent publiquement et dans l'exercice de « leurs fonctions des matières que la loi leur interdit « de discuter.

« Les uns, oubliant leur mission, se livrent à la « critique des actes du Gouvernement et s'efforcent « d'appeler sur la politique de l'Empereur la défiance « et la réprobation; — les autres, cédant à l'entraî-« nement d'un zèle aveugle, prennent à partie la per-« sonne même du Souverain et sous un voile plus ou « moins transparent l'accablent d'outrages ; d'autres, « exploitant la faiblesse d'esprit et la crédulité, se plai-« sent à troubler les consciences par l'annonce de mal-« heurs imaginaires.

« De tels abus sont prévus par la loi. Les art. 201 « et 204, C. pén., n'ont pas cessé d'être en vigueur « …. le Gouvernement manquerait à son devoir, s'il « n'employait contre l'hostilité systématique les armes « que la loi lui donne pour maintenir la paix et le bon « ordre. »

« Quand les infractions seront constatées, vous les « déférerez aux juridictions compétentes ; il est temps « que la légalité reprenne son empire. »

1267. — Une pétition fut, en 1861, adressée au Sénat pour demander l'abrogation des art. 201 et 204. Sur le rapport de cette pétition, le 31 mai 1861, le Sénat passa à l'ordre du jour et consacra ainsi l'autorité maintenue de leurs dispositions.

1268. — Les conditions de l'application de l'art. 201 sont :

1° Que la censure ou critique du Gouvernement ou de ses actes ait eu lieu par un discours prononcé en assemblée publique dans ou hors un édifice consacré au culte ;

2° Et que le ministre du culte l'ait prononcé dans l'exercice de son ministère.

1269. — Pour l'application de l'art. 204, il faut :

1° Que l'écrit contenant la censure ou la critique soit un écrit pastoral quelle qu'en soit la forme ;

2° Qu'il ait été publié, manuscrit ou imprimé ;

3° Et publié par le ministre lui-même, c'est-à-dire par son ordre ou avec son agrément. — Chauveau et Hélie, t. 3, p. 72. — 3° édition.

1270. — Voir, pour les conditions de la poursuite, *infrà*, notes sous l'art. 559. — L'autorisation du Conseil d'Etat n'est pas nécessaire pour diriger des poursuites contre les ministres du culte inculpés de délits punis par les art. 204 à 206 du C. pénal. — V. n° 1277.

Sect. IV.—Attaques et actes tendant à troubler la paix publique.

§ 1. — Par excitations séditieuses des ministres du culte.

Excitation à la révolte par discours.

351.—*Code pénal.* Art. 202. Si les discours [prononcés en assemblée publique par un ministre du culte dans l'exercice de son ministère [V. art. 349 *suprà*] contiennent une provocation directe à la désobéissance aux lois ou autres actes de l'autorité, ou s'ils tendent à soulever ou armer une partie des citoyens contre les autres, le ministre du culte qui l'aura prononcé sera puni d'un emprisonnement de 2 à 5 ans, si la provocation n'a été suivie d'aucun effet, et du bannissement, si elle a donné lieu à la désobéissance, autre toutefois que celle qui aurait dégénéré en sédition ou révolte.

Si la révolte ou sédition a suivi.

352. — Art. 203. Lorsque la provocation aura été suivie d'une sédition ou révolte dont la nature donnera lieu contre l'un ou plusieurs des coupables à une peine plus forte que celle du bannissement, cette peine, quelle qu'elle soit, sera appliquée au ministre coupable de la provocation.

Mêmes excitations par écrit pastoral.

353. — *Code pénal.* Art. 205. Si l'écrit mentionné en l'article précédent [art. 204. V. art. 350, instructions pastorales] contient une provocation directe à la désobéissance aux lois ou autres actes de l'autorité publique, ou s'il tend à soulever ou armer une partie des citoyens contre les autres, le ministre [du culte] qui l'aura publié sera puni de la détention.

Si la révolte ou sédition a suivi.

354. — Art. 206. Lorsque la provocation contenue dans l'écrit pastoral aura été suivie d'une sédition ou révolte, dont la nature donnera lieu contre l'un ou plusieurs des coupables à une peine plus forte que celle de la déportation, cette peine, quelle qu'elle soit, sera appliquée au ministre coupable de la provocation.

Conférez les articles 351 à 354 ci-dessus, avec les art. 1, 2, 3 et 6 de la loi de 1819 (art. 315, 324, 330 et 331), qui prévoient d'une manière générale des provocations à des crimes et à des délits.

[351-354] = 1271. — Les art. 202 et 205, C. pén., qui, par leur but et le caractère des faits qu'ils incriminent, ont plus d'un rapport avec les dispositions qui suivent, devaient ici trouver leur place : — les délits qu'ils ont en vue ont en effet la plus grande analogie avec les délits dits de la presse et de la parole, qui font l'objet de cette section IV ; toutefois, comme dans le chapitre consacré aux provocations à crime et à délit et à la désobéissance aux lois, ces articles ont été l'objet d'annotations suffisantes (V. n°° 1060 à 1062), nous n'en retiendrons ici que ce qui concerne les excitations tendant à troubler la paix publique.

1272. — *Si les discours :* La relation de l'art. 202 avec l'art. 201 (art. 349) est indiquée par la rédaction même : « Si le discours..., » le moyen du délit est donc un discours prononcé, « *prononcé dans une assemblée publique*, » peu importe que ce soit dans un édifice consacré au culte ou non, ou ailleurs (V. n° 1268). Mais il faut toujours qu'il ait été prononcé par un ministre du culte « dans l'exercice de son ministère. » — Si ces conditions multiples ne se trouvaient pas réunies et si la provocation avait néanmoins été publique, le fait se trouverait placé, non plus sous le coup de l'art. 202, mais sous celui des autres dispositions de la loi de 1819 qui prévoient et punissent les provocations publiques à crimes ou à délits. — (articles 324-330).

1273. — *Contient une provocation directe :* — A la différence des art. 1, 2, 3 et 6, L. 1819 (art. 315, 324, 330 et 331), qui prévoient des provocations de la nature de celles qui font l'objet de l'art. 202, C. pén., ce dernier article exige que la provocation soit *directe*, pour la *désobéissance aux lois.* M. Rauter fait justement observer à ce sujet que « si la provocation « était *indirecte*, elle pourrait rentrer dans les délits « communs de publication. » — Mais « la *tendance* « suffirait, ajoute M. Chassan, I, p. 331, si la provo-« cation excitait à la guerre civile. » — « Si le discours tend, » est-il dit en effet dans l'article : — l'excitation serait dans ce cas punissable des peines de cet article, bien qu'indirecte.

1274. — Même observation à faire sur l'art. 205. Pour l'application de sa disposition, il faut :

1° Qu'il y ait *excitation :* V. n°° 1214 à 1221.

2° Que cette excitation *tende* au soulèvement ou à la sédition : —les juges sont jurés souverains pour reconnaître cette tendance intentionnelle. —V. n° 1257, 4°.

3° Que ladite excitation soit contenue dans un écrit pastoral.

4° Que cet écrit ait été publié par le ministre du culte lui-même ou livré par lui à des tiers dont il n'ignorait pas que les intentions fussent de le publier.

1275. — *Si les provocations ont été suivies d'effet,* — le ministre du culte sera réputé complice et puni des mêmes peines que les coupables de sédition ou révolte, si les peines par eux encourues sont plus fortes que le bannissement ou la détention. — V. art. 313.

1276. — M. Carnot met en doute si l'art. 202, C. pén., n'a pas été abrogé par la loi de 1819. MM. Bourguignon, Chauveau-Hélie, Rauter et Chassan n'ont point partagé ce doute de M. Carnot et tiennent les art. 202 à 206 comme étant toujours en vigueur. — Le Sénat s'est prononcé dans ce sens le 31 mars 1861 (n° 1267).

1277. — Les délits prévus par ces articles ne constituant pas des cas d'abus peuvent être poursuivis directement sans autorisation préalable du Conseil d'Etat. V. *infrà,* sous l'art. 559.

§ 2. — Par actes insurrectionnels. — Cris ou actes séditieux.

Actes insurrectionnels.

355. — *L.* 24 *mai* 1834. *Détenteurs d'armes de guerre.* Art. 5. Seront punis de la détention les individus qui, dans un mouvement insurrectionnel, auront porté.... soit des armes...., soit un uniforme ou costume ou autres insignes civils ou militaires.

RÉCIDIVE : Détention de 20 ans à 40 ans (art. 56, C. pén.).
CIRC. ATT. : Prison, 1 à 5 ans et 5 ans de surveillance (art. 11 même loi).
N.B. Cette loi punit par ses art. 6, 7 et 8 des faits insurrectionnels qui n'ont avec les faits prévus par les lois sur la presse rien de cette analogie qui nous détermine à mettre ici à côté de l'art 8, L. 1822, les art. 5 et 9, L. 1834.— Les actes des art. 6, 7 et 8, ne sont que des faits de pillage d'armes et d'envahissement.

Provocations insurrectionnelles.

356. — *Même loi.* Art. 9. Seront punis de la détention.... ceux qui auront provoqué ou facilité le rassemblement des insurgés, soit par la distribution d'ordres ou de proclamations, soit par le port de drapeaux ou autres signes de ralliement, soit par tout autre moyen d'appel. — V. art. 325 et note.

RÉCIDIVE : Détention de 20 à 40 ans (art. 56, C. pén.).
CIRC. ATT. : Prison, 1 à 5 ans et 5 ans de surveillance (art. 11 même loi).
V. l'art. 2 de la loi du 9 juin 1848, sur les provocations à attroupement (art. 318).

Cris séditieux.

357. —*L.* 25 *mars* 1822. Art. 8. Seront punis d'un emprisonnement de 6 jours à 2 ans et d'une amende de 16 fr. à 4,000 fr. tous cris séditieux publiquement proférés.

Peines access. . Impression ou affiche du jugement (art. 516).
RÉCIDIVE : Prison, 2 à 4 ans et am., 4,000 à 8,000 fr. (521).
CIRC. ATT. : Prison, de 1 à 6 jours et, ou, Am., 1 à 15 fr. (art. 531).

Actes séditieux.

358. — *D.* 11 *août* 1848. Art. 6. Seront punis d'un emprisonnement de 15 jours à 2 ans et d'une amende de 100 à 4,000 fr. :

1° L'enlèvement ou la dégradation des signes publics de l'autorité du gouvernement républicain [impérial] opéré en haine ou mépris de cette autorité ;

2° Le port public de tous signes extérieurs de ralliement non autorisés par la loi ou par des règlements de police ;

3° L'exposition dans les lieux ou réunions publics, la distribution ou la mise en vente de tous signes ou symboles propres à propager l'esprit de rébellion ou à troubler la paix publique.

Peines access.: Impression ou affiche du jugement (art. 516).
RÉCID. : Prison, 2 à 4 ans et am. 4,000 à 8,000 fr. (art. 521).
CIRC. ATT. : Prison, 1 à 6 jours et, ou, am., 1 à 15 fr. (art. 8 même loi, art. 531).

[**355-356**]. = 1278. — Le rapport de M. Dumon à la Chambre des députés sur la loi du 24 mai 1834 en est le meilleur commentaire : — « Nous avons « assimilé, dit-il, au port d'armes dans un mouve- « ment insurrectionnel le port d'un uniforme ou d'un « insigne civil ou militaire. — C'est une trahison, si « le costume appartient à juste titre à celui qui le « porte ; — c'est la simulation d'une trahison, si le « costume était usurpé ; dans les deux cas, c'est un « encouragement un appui donné à la révolte, c'est « un moyen de persuader que la garde nationale ou « l'armée, que l'autorité ou la force publique sont du « côté des insurgés. »

1279. — Il ne s'agit dans l'art. 5 que des costumes ou uniformes affectés aux autorités civiles ou militaires.
« L'usage d'un costume de convention rentre dans « les prévisions de l'art. 9, qui a en vue ceux qui, au « moyen de signes ou insignes quelconques, facilite- « raient la réunion des forces de l'insurrection. » — Dalloz, v° *Armes,* n° 94.

1280. — Le costume de garde national, une écharpe d'officier public, sont des insignes prohibés par l'art. 5. — La croix d'honneur, non, suivant M. Dumon. — « Je la comprendrais, moi, » lui répondit M. Charles Dupin.

1281. *Provoqué.* — Ce terme, dans l'art. 9, L. 1834, doit être entendu avec le sens qu'il a dans la loi du 17 mai 1849. V. n° 936.

1282. — Cet art. 9 punit la provocation au rassemblement des insurgés ; — le mouvement insurrectionnel a commencé.—Nous avons rapporté, sous l'art. 348, la disposition de l'art. 6 de la loi du 9 juin 1848, qui a pour but de le prévenir en réprimant les attroupements sur la voie publique et les provocations à ces attroupements, préludes ordinaires des insurrections.

1283. — Aux termes de l'art. 11 de la loi de 1834, l'art. 463 du Code pénal est applicable aux faits qu'elle prévoit.

[**557.**] = 1284. — Cet art. 8 de la loi de 1822 a remplacé la disposition du § 1er de l'art. 5, L. 17 mai 1849, dans lequel les cris séditieux étaient punis comme « provocation au délit. » — V. notre *C. de la presse* pour la conférence des textes, p. 95.

1285. — La loi ne dit pas ce qu'il faut entendre par cris séditieux. — La loi aujourd'hui abrogée du 9 novembre 1815 en avait donné une énumération qui pourrait encore aujourd'hui être utilement consultée. - Voir à cet effet notre *C. de la presse* de 1856, où se trouvent réunies en concordance sur ce point toutes les lois de la matière. N. 95-96.

1286. — Jugé que le cri de : vive la république démocratique et sociale, ou de « vive la république sociale » était un cri séditieux sous le régime républicain. Circ. min. justice, 22 juin 1849. D. 49.3.60. — Paris, 18 août 1849. D. 49.2.223.

1287. — « A bas l'Empereur ! »—serait aujourd'hui un cri séditieux comme celui de vive la république ; — ils pourraient même l'un et l'autre être considérés comme des délits d'attaques contre les droits de l'Empereur ou une offense envers sa personne. — Le fait est sur la limite des prévisions des art. 9, L. 1849, 1 décr. du 11 août 1848, et 8, L. 1822, et rentre également sous la portée des uns et des autres, suivant les circonstances.

1288. — *Publiquement proférés :* — Ces deux expressions indiquent qu'il faut comme condition du délit que le cri ait été *lancé avec force,* et dans un lieu public ou dans une réunion publique. (V. n°s 874 à 897.) —La *publicité* et la *profération* sont les deux formes extérieures du délit.

[**586.**] = 1289. — *Enlèvement ou dégradation :* Conférez cet article avec l'art. 257 du C. pénal, qui punit les dégradations de monuments publics.
Nonobstant le mot *républicain,* le § 1er de l'art. 6 du décret du 11 août 1848 est applicable sous le gouvernement impérial. — V. n°s 1137 à 1165.

1290. — *Signes de l'autorité.* — Ces signes doivent s'entendre de ceux que le Gouvernement en exercice a pris pour symboles :
Les fleurs de lys, sous les Bourbons, le coq gaulois,

§ 3. — **Mêmes attaques.** — Par voie d'excitations coupables à la haine et au mépris des citoyens les uns contre les autres.

Par moyens déterminés de publication.

359. — *D.* 11 *août* 1848. Art. 7. Quiconque, par l'un des moyens de l'art. 1 de la loi du 17 mai 1819 [art. 309 *suprà*], aura cherché à troubler la paix publique en excitant le mépris ou la haine des citoyens les uns contre les autres, sera puni des peines portées en l'article précédent (V. art. 358), savoir :

d'un emprisonnement de 15 jours à 2 ans et d'une amende de 100 à 4,000 fr.

Contre journal : L'amende sera de 200 à 8,000 fr. (art. 509). Peines access : Impression, affiche du jugement (art. 516). Récidive : Prison, 2 à 4 ans et am., de 4,000 à 8,000 fr. — Suspension des journaux, de 15 jours à 2 mois, la 1re fois ; de 2 à 6 mois, la 2e fois (art. 522, 525). Circ. att. : Prison, 1 à 15 jours et, ou, am. de 1 à 100 fr. (art. 531, 533).

après 1830, l'aigle sous l'empire avec le drapeau tricolore.

1291. — Faut-il, comme l'enseigne M. Dalloz, v° *Presse*, n° 579, pour que le délit soit, qu'il se soit accompli sur les signes mêmes appartenant à l'autorité et sur les lieux où ils avaient été placés par elle ? — Nous partagerions cette manière de penser si nous pouvions voir sans indignation un drapeau français traîné dans la boue, foulé aux pieds avec des gestes et des intentions non équivoques de vouloir insulter aux couleurs de la patrie. — Est-ce que la propriété privée du drapeau ferait disparaître l'outrage ?

1292. — Point de règles absolues sur ce point : aux juges le soin d'apprécier d'après les circonstances. Quoi qu'il en soit, une des premières conditions du délit est que le fait soit *intentionnel*, — Si l'enlèvement ou la dégradation étaient le résultat d'un accident ou d'une surprise, il n'y aurait pas de délit ; il faut en outre, la loi l'exige expressément, que le fait ait été commis en haine et mépris de l'autorité.

1293. — *Port public de signes de ralliement.* — Ces signes, toujours de convention, sont essentiellement variables : — une violette, la forme d'un chapeau, la coupe d'un habit, des foulards, ont été tour à tour acceptés et choisis par les partis comme des signes de ralliement : — un drapeau, des médailles et des cocardes présentent des caractères plus déterminés encore des signes de ralliement interdit par la loi.

1294. — *Exposition, vente… des signes ou symboles séditieux :* — En reproduisant textuellement le § 3 de l'art. 9 de la loi du 25 mars 1822, le législateur du 11 août 1848 n'y a changé, dans sa rédaction, qu'un seul mot ; au lieu des expressions : *destinés à propager*, il a mis *propres à propager*, qui donnent à la disposition nouvelle une portée plus étendue.

1295. — *L'intention* criminelle est une condition du délit, — Cass., 1er fév. 1861. D. 64.1.137, ainsi que la *publicité* en ce qui concerne l'*exposition ;* — mais non point pour les faits de vente ou distribution qui, fussent-ils clandestins, n'en constitueraient pas moins le délit. — Cass., 16 août 1833. S.33.4.875. L'exposition ou mise en vente, sans autorisation, de dessins ou d'emblèmes quelconques constitue d'ailleurs une contravention. Art. 22 du décret du 17 février 1852. V. art. 474.

1296. — « L'exhibition du drapeau rouge constitue un délit. »—Circ. minist. (justice) 22 juin 1849. D.49. 3.60. — « Le niveau triangulaire, emblème socialiste, est séditieux. » — Cir. min. police, en 1849.

1297. — Une fleur de lys est un emblème. — Cass., 1er fév. 1861 (n° 1290).

1298. — Le fait d'avoir placé 3 fleurs de lys de grande dimension sur un arc de triomphe et d'avoir été au-devant d'un évêque avec des étendards ayant à la hampe des fleurs de lys dorées constitue le délit prévu par l'art. 6, décr. 11 août 1848, bien que la présence du préfet dût préserver de tout trouble la paix publique. — Cass., 18 nov. 1853. — D. 53.5.309.

[**559**]. = 1299. — Cet art. 7 est la reproduction à peu près textuelle de l'art. 10 de la loi du 25 mars 1822.

La seule différence qui existe entre le texte primitif et celui du décret qui l'a modifié en 1848 consiste en ce que les mots « *une ou plusieurs classes de personnes,* » contre lesquels avaient protesté les susceptibilités des esprits égalitaires en 1822 et 1848, ont été, dans le décret du 11 août 1848, remplacés par les termes plus généraux de « *les citoyens les uns contre les autres.* » — Le texte nouveau a ainsi gagné en étendue et peut aujourd'hui comprendre sans difficulté, non-seulement les cas que comprenait le texte originaire, mais ceux encore que l'expression limitée de *classe* l'empêchait de contenir.

1300. — *Quiconque par l'un des moyens de la loi de* 1819. V. notes sous l'art. 309 qui reproduit l'art. 1, L. de 1819.

1301. — *Aura cherché à troubler la paix publique.* — A la différence de l'art. 4 (art. 347) du même décret qui punit uniquement « *l'excitation au mépris et à la haine du gouvernement,* » l'art. 7, en réprimant une excitation de même nature envers les citoyens, exige de plus l'élément intentionnel d'*avoir,* par cette excitation, *cherché à troubler la paix publique,* — ce qui prouve bien que ce n'est pas là un élément indifférent du délit. — Le pas que le législateur donne ensuite à l'expression de cet élément dans sa rédaction sur l'élément d'*excitation* le prouve d'ailleurs mieux encore.

1302. — On pourrait, dans cet ordre d'idées, découvrir la preuve que le délit prévu par cet art. 7 est bien plus un délit de *tentative de trouble de la paix publique* qu'un délit proprement dit d'*excitation à la haine et au mépris.* — Là est le but, ici le moyen.

1303. — « La loi, disait, sur l'art. 10 de la loi « de 1822 qui prévoyait le même délit, M. le garde « des sceaux de Serres, — la loi qui punit les attaques « individuelles, ne doit pas moins punir les attaques « collectives qui ont la tendance et qui peuvent avoir « le résultat de troubler la paix publique. »

1304. — Ces mots : « Troubler la paix publique, » doivent être entendus non-seulement dans le sens d'une perturbation *réelle,* mais encore dans le sens plus élevé d'un trouble *moral* de nature à dégénérer en un trouble dans l'ordre *matériel* : les passions dirigent les hommes, la révolte dans la rue est toujours précédée de la révolte dans les idées.

1305. — La preuve à établir de cette arrière-pensée de perturbation rend la démonstration du délit de l'art. 7 extrêmement difficile.

Cette preuve peut bien résulter de la nature des sentiments dont l'écrit ou le discours incriminés tendent à provoquer la manifestation extérieure, et des actes surtout de violence ou d'agression auxquels ils incitent, mais il y aurait paralogisme ou cercle vicieux à déduire cette intention constitutive du délit, de ce que le délit ou le discours excite au mépris ou à la haine pour en conclure ensuite que le prévenu a, par cela même, excité aux désordres que ces sentiments peuvent produire, — ce serait là, en effet, interpréter

§ IV.—**Mêmes attaques au moyen de manœuvres coupables soit à l'intérieur, soit à l'étranger.**

Par moyens d'actes ou faits indéterminés.

360.—*L. 17 février 1858. Sûreté générale·* Art. 2. Est puni d'un emprisonnement de 1 mois à 2 ans et d'une amende de 100 fr. à 2,000 fr. tout individu qui, dans le but de troubler la paix publique, ... [V. la suite, *suprà*, art. 348] a pratiqué des manœuvres ou entretenu des intelligences soit à l'intérieur, soit à l'étranger.

Peines access.: Interdiction des droits de l'art. 42 du C. pénal). (art. 327.A.)

Récip. : Prison, de 2 à 4 ans et am. 200 à 400 fr. (art. 58 C. pén.) L'art. 463 du C. pénal n'est pas applicable.—V. nº 1317 (bis).

l'intention de l'écrit par son texte et le texte par l'intention ainsi présumée de l'écrit.

En excitant la haine ou le mépris. — Pas plus à l'égard des simples particuliers qu'à l'égard des représentants du pouvoir, la loi n'a voulu interdire la juste réprobation des vices, la critique méritée des mauvaises mœurs et des doctrines funestes, et « condamner au repos le fouet de la satire » (nºˢ 1245 et suiv.). Non, — les excitations que repousse l'art. 7 ne sont point ces excitations bienfaisantes à la haine ou au mépris des types méprisables en vue de relever le niveau abaissé des mœurs ou des idées, d'éclairer, avec une conviction sincère, les esprits égarés hors des bonnes voies ou de les mettre en garde contre des menées ou des croyances à tort ou à raison jugées dangereuses, — mais l'excitation factieuse dans l'unique but de semer entre les citoyens des causes de divisions, de défiance et d'irritations, avec l'arrière-pensée de les soulever les uns contre les autres.

Le moraliste, comme le fait très-judicieusement remarquer M. Chassan, I, p. 345, n'est pas ici en cause, il ne s'agit que de protéger la paix publique contre ceux qui espèrent la troubler par l'exploitation des sourdes colères et des mauvaises passions.

1306. — Les mots : « en excitant à la haine et au mépris » doivent donc être entendus avec le même sens que ces expressions ont dans l'art. 4 du décret de 1848. — Voir en conséquence nos annotations sous cet article, nºˢ 1215 et suivants.

1307. — Quant aux moyens de l'excitation coupable, voir également ce qui en a été dit sous les nºˢ 1213 et 1247.

L'excitation délictueuse peut se réaliser non-seulement par des imputations diffamatoires, des suppositions d'intentions, des mots et des dires vrais ou faux, colportés et propagés entre ceux qu'ils peuvent irriter, mais aussi par des attributions de tendances, de pratiques ou de doctrines de nature à soulever l'indignation, la haine et le mépris publics.

1308. — *Des citoyens les uns contre les autres.* Ces expressions, substituées aux termes « *de classes de personnes* » du texte primitif de l'art. 10, L. 1822 (V. nº 1299), disent plus qu'elles. D'après les déclarations faites par le rapporteur de cette dernière loi et en résumant les décisions antérieures à 1848, on peut décider que l'art. 7 du décret de 1848 est applicable aux cris : à l'eau les Jésuites; — à la lanterne les nobles; — à bas les boulangers...., etc.

1309. — « Les journalistes, d'après l'opinion de M. de Peyronnet, seraient compris sous la protection de cet article » (Discussion de la loi de 1822 au *Moniteur*).

1310. — « De même, les gardes nationaux, le corps des officiers, et même l'armée » (Même discussion).

1311. — Les cris ou excitations contre « les patriotes, les libéraux, les doctrinaires » manqueraient peut-être de précision.

1312. — Il a été jugé dans ce sens que « déclarer dans un article dirigé contre les rouges, les socialistes et les républicains de février, qu'on entend par ceux-à les héritiers et les imitateurs de ceux qui, en 1793, imposèrent à la France leur niveau stupide et sanglant, et par les derniers, les républicains de 1848 qui se proclament socialistes, ce n'était pas commettre le délit prévu par l'art. 7 du décret de 1848. »

1313. — Mais dire ensuite aux populations des campagnes que les socialistes et les rouges sont des loups politiques contre lesquels il faut s'armer et courir sus, et leur conseiller de se rallier *au cri de guerre aux rouges !* comme on se rallie au cri : *au loup!* en s'armant de fusils et de fourches, c'est incontestablement réaliser toutes les conditions du délit dont il s'agit. — L'auteur d'une pareille excitation a pu cependant être renvoyé des fins de la poursuite par ce motif que son intention avait été non de troubler la paix publique, mais de la sauvegarder, non de conseiller l'agression, mais la résistance. — Limoges, 30 mars 1850. D.50.2.108.

1314. — Il y aurait lieu, toutefois, à l'application dudit article 7 si, avec l'arrière-pensée de troubler la paix publique, on a excité à la haine ou au mépris contre « les riches privilégiés, contre les bourgeois, contre la classe égoïste des riches ou la classe parasite « des banquiers, capitalistes, fabricants, » de manière à provoquer des violences ou des manifestations hostiles contre eux. — Cass., 27 fév. 1832. S.32.1.162. — Aix, 6 mai 1833. J.P.

1315. — Ajoutons, en terminant sur cet article, que sans publicité et sans intention délictueuse il n'y aurait pas de délit.

1316. — *Seront punis.* Le décret de 1848 n'ayant modifié ni la pénalité, ni les éléments de l'incrimination de l'art. 10 de la loi de 1822 dont la disposition n'a fait presque que changer de date et de numéro pour devenir l'art. 7 de ce décret,—le délit qu'il prévoit est resté sous toutes ses conditions antérieures d'aggravation pénale.—L'art. 14 (art. 509) de la loi de 1828 qui en double l'amende lorsqu'il est commis par la voie de la presse périodique, lui sera en conséquence applicable comme avant 1848. — V. nº 2275.

[**560**] — 1317. — *Manœuvres et intelligences pour troubler la paix publique.* L'art. 2 de la loi du 27 février 1858, relative aux mesures de sûreté générale, a figuré plus haut (art. 348) dans la section consacrée aux faits d'excitation à la haine ou au mépris du Gouvernement, parce que son texte incrimine les manœuvres qu'il indique au double point de vue de *l'excitation* contre le Gouvernement et du *trouble* qu'elles peuvent produire sur la paix publique. A ce titre, sa disposition devait encore trouver sa place dans la présente section; — comme elle a toutefois été précédemment l'objet d'annotations suffisamment développées applicables à sa double incrimination, nous nous bornons ici à y renvoyer, afin de ne pas nous répéter. — V. notes sous l'art. 348, nºˢ 1256 à 1263.

1317 *bis.*— **Circonstances atténuantes.** La loi du 27 février 1858, en n'autorisant pas l'application de l'art. 463 du C. pénal aux délits qu'elle prévoit, leur en refuse par cela même le bénéfice. — Si nous avons à cet égard admis une exception en faveur du délit puni par l'art. 1 de cette loi (art. 327), c'est que, les conditions légales de son existence le plaçant dans la catégorie des *délits de presse*, il se trouve par cela même bénéficier des dispositions de l'art. 15 de la loi du 11 mai 1868 (art. 533) qui a étendu, sans distinction, l'application de l'art. 463 du C. pénal à tous les délits de presse.

Sect. IV (*Suite*). — Actes tendant à troubler la paix publique.

---

§ 5. — Par faux bruits ou fausses nouvelles.

1° Faux bruits de bourse et de marchés. — 2° Vente de faux extraits.

1° Faux bruits de bourse et de marché.

361. — *Code pénal.* Art. 419. Tous ceux qui, par des faits faux ou calomnieux semés à dessein dans le public.... ou qui, par des voies ou moyens frauduleux quelconques auront opéré la hausse ou la baisse du prix des denrées ou marchandises ou des papiers ou effets publics au-dessus ou au-dessous des prix qu'aurait déterminés la concurrence naturelle et libre du commerce, seront punis d'un emprisonnement d'un mois au moins, d'un an au plus et d'une amende de 500 fr. à 10,000 fr.

Les coupables pourront de plus être mis, par l'arrêt ou le jugement, sous la surveillance de la haute police pendant 2 ans au moins et 5 ans au plus.

Au sujet des substances alimentaires.

362. — Art. 420. — La peine sera d'un emprisonnement de 2 mois au moins et de 2 ans au plus, et d'une amende de 1,000 fr. à 20,000 fr., si ces manœuvres ont été pratiquées sur grains, grenailles, farines, substances farineuses, pain, vin ou toute autre boisson.

La mise en surveillance qui pourra être prononcée sera de 5 ans au moins et de 10 ans au plus.

2° Vente de faux extraits.

363. — *L.* 10 *déc.* 1830. *Afficheurs et crieurs publics.* Art. 4. La vente ou distribution de faux extraits de journaux, jugements et actes de l'autorité publique, est défendue et sera punie des peines ci-après :

Sanction pénale.

364. — Art. 5. L'infraction aux dispositions de l'art. 4 [ci-dessus] sera punie d'une amende de 25 fr. à 500 fr. et d'un emprisonnement de 6 jours à un mois, cumulativement ou séparément.

L'auteur ou l'imprimeur de faux extraits défendus par l'article ci-dessus sera puni du double de la peine infligée au crieur, vendeur ou distributeur des faux extraits (art. 317 *suprà*).

Les peines prononcées par le présent article seront appliquées sans préjudice des autres peines qui pourraient être encourues par suite des crimes et délits résultant de la nature même de l'écrit.

RÉCIDIVE : Prison, de 1 mois à 2 mois et, ou, am. de 500 à 1,000 fr. (art. 521).

CONTRE auteur ou imprimeur : Prison, 2 à 4 mois et, ou, am. 1,000 à 2,000 fr.

CIRC. ATTÉN. : Prison, de 1 à 6 jours et, ou, am. de 1 à 25 fr. (art. 529).

[**561** à **562**] = 1318. — *Faits faux ou calomnieux ayant opéré la hausse ou la baisse.* Dans cet art. 419 du C. pénal se découvre l'idée première du délit de fausses nouvelles que la loi abrogée du 9 nov. 1815 avait prévue avec trop de détail et de rigueur, et dont l'incrimination a été, dans ces derniers temps, amenée à son plus haut degré de perfection par l'art. 15 du décret du 17 fév. 1852. — V. *C. de la presse*, 1856, pour la conférence des textes tant anciens que nouveaux sur ce point, p. 95, 96.

1319. — On s'est demandé si la disposition de cet art. 15 n'avait point, par sa généralité (art. 365), absorbé les dispositions de l'art. 419 et de l'art. 420 du C. pénal. — La négative ne nous paraît pas douteuse.

1320. — Par l'élévation des peines portées en ces deux articles, il est facile de voir que les faits qu'ils ont en vue sont bien autrement graves que ceux prévus par l'art. 15 du décret de 1852. — Cette gravité s'accentue encore et se démontre par la comparaison des textes. — Si l'art. 15 exige pour condition de son incrimination le plus grave « qu'elle soit *de nature à troubler la paix publique,* » c'est-à-dire, non qu'elle l'ait troublée, mais qu'elle *ait pu* seulement la troubler, alors qu'elle n'aurait pas eu ce résultat, — l'application de l'art. 419 exige que ce résultat ait été obtenu et se soit réalisé. — Son texte le veut ainsi et le dit expressément : « Faits faux semés à dessein dans le public, qui *auront opéré* la hausse ou la baisse, » n° 1325.

1321. — Mais alors même qu'il y aurait identité de nature entre les faits matériels de ces articles et même entre leur influence sur la paix publique, la situation spéciale à raison de laquelle les art. 419 et 420 incriminent les fausses nouvelles commerciales qu'ils prévoient, la spécialité, en un mot, de leurs dispositions les maintiendrait encore en vigueur, en vertu de cette règle consacrée que les *lois spéciales* dérogent aux lois générales même postérieures. — Dalloz, v° *Presse,* n° 979.

1322. — *Faits faux.* Il ne s'agit pas ici d'appréciations fausses, de prédictions ou de prévisions inquiétantes. — V. n° 1354 : l'art. 419 exige et dit des *faits faux.* — *Des faits....* V. n° 1382.

1323. — « *Semés à dessein dans le public.* » « A dessein » : ce mot dit clairement que l'intention criminelle est la condition du délit.

1324. — La publicité qui en est également la condition, est une publicité effectuée n'importe par quels moyens, par la presse, l'écriture, la parole, fût-ce même par la parole de tiers trop crédules qui se seraient faits les colporteurs complaisants des faux bruits; mais il y aurait à avoir grandement égard aux circonstances, en ce point délicat. — V. n°° 1343-1347.

1325. — *Auront opéré la hausse ou la baisse.* L'article exige ainsi le fait accompli. — La tentative ne suffirait pas. — *Contrà,* Cass., 17 janvier 1848, S. 18.1.463 ; et Cass. chamb. réun. (cité *infrà,* n° 1343) 13 mars 1855. D. 55.1.65.

[**563** à **564**] = 1326. — *Vente ou distribution de faux extraits.* De simples inexactitudes dans les extraits vendus ne suffiraient pas pour l'application de l'art. 4, L. 1830. — « Il est nécessaire, disait au sujet de cet article M. de Vatimesnil, qu'il y ait *faux,* « c'est-à-dire dessein de nuire, de porter la perturbation « dans la société par la publication de fausses nou- « velles ou de faux écrits. — Voilà pourquoi on s'est « servi du mot *faux,* »

3° *Faux bruits et fausses nouvelles de toute nature.*

3° Fausses nouvelles de toute nature.

365. — *D.* 17 *fév.* 1852. Art. 15. § 1. La publication ou la reproduction de nouvelles fausses, de pièces fabriquées, falsifiées ou mensongèrement attribuées à des tiers, sera punie d'une amende de 50 fr. à 1.000 fr.

Récid. : Am. de 1,000 à 2,000 fr. (art. 58 , C. pén.). V. n° 2329.
Circ. att. : Am. de 50 fr. (art. 533).

§ 2. Si la publication ou reproduction est faite de mauvaise foi, ou si elle est de nature à troubler la paix publique, la peine sera de 1 mois à 1 an d'emprisonnement et d'une amende de 500 fr. à 1,000 fr.

Contre journal : Pas de doublement de l'amende. (V. n° 2277).
Peines access. : Impression ou affiche du jugement. (art. 516).

Récid. : Prison, 1 à 2 ans et am. 1,000 à 2.000 fr. Contre journal. — Suspension facultative, de 15 jours à 2 mois, la 1re fois et de 2 à 6 mois, la 2e fois. (art. 525).
Circ. att. : Prison, de 1 jour à 1 mois et, ou, Am. 50 à 500 fr. (art. 533).

§ 3. Le maximum de la peine [c'est-à-dire l'emprisonnement d'un an et l'amende de 1,000 fr.] sera appliqué si la publication ou reproduction est tout à la fois de nature à troubler la paix publique et faite de mauvaise foi.

Contre journal : Pas de doublement de l'amende. (V. n° 2277).
Peines acces. : Impression, affiche du jugement. (art. 516).
Récid. : Prison, 1 à 2 ans et am. 1,000 à 2,000 fr. Contre journal : — Suspension facultative de 15 jours à 2 mois la 1re fois ; de 2 à 6 mois, la 2e fois. (art. 521, 525).
Circ. att. : Prison, 1 jour à 1 mois et, ou, am. de 50 à 500 fr. (art. 533).

1327. — L'infraction à l'art. 4 L. 1830 constitue par suite *un délit* et non *une contravention.* — L'art. 6 de la loi le déférait pour ce motif à la juridiction seule compétente alors pour juger les délits de publication, c'est-à-dire aux cours d'assises.

1328. — Pour qu'il soit punissable, il faut que le vendeur ou distributeur ait agi *sciemment,* en d'autres termes, avec la connaissance de la fausseté des extraits. — Cette connaissance préalable, fait intellectuel, sera quelquefois difficile à établir; — les procès-verbaux et les témoins seront souvent impuissants pour en faire la preuve (V. n° 964); — les présomptions sont dangereuses; — les aveux et les indiscrétions des vendeurs, leurs propos et leurs cris pour décider les acheteurs seront, pour les juges du fait, des éléments plus certains de conviction. — V. *suprà,* notes au sujet de la preuve des faits de conscience (n° 964 à 967 et *infrà,* n° 1344 § 2).

1329. — *L'auteur et l'imprimeur seront punis de peines doubles.* Le § 2 de l'art. 5 de la loi du 10 déc. 1830 formule une exception, la seule d'ailleurs, à la règle consacrée qui, réputant les auteurs et les imprimeurs complices des publicateurs, les soumet *à la même pénalité* (n° 944). Mais pour que l'auteur puisse être dans ce cas responsable du fait de la publication, il faut qu'il soit convaincu d'avoir destiné l'écrit à la publicité et consenti à ce qu'il fût publié. — V. n° 1045.

1330. — « L'auteur, dit à ce sujet M. Barthe, rap- « porteur de la loi, est alors plus coupable que le dis- « tributeur. — Ainsi, un individu fabrique un faux « extrait, il trouve un autre individu qui, pour un sa- « laire, se charge de le distribuer dans les rues, il est « évident que le plus coupable est le fabricateur du « faux extrait. — Dans toutes les lois sur la presse, « loin d'écarter la responsabilité des auteurs on l'a tou- « jours réservée; ainsi, pour ce qui regarde les jour- « naux, un article de la loi porte que les gérants sont « responsables, sans préjudice des poursuites à diri- « ger contre l'auteur de l'article quand il est connu. » (Art. 324 *suprà.*

M. **Voyer d'Argenson** lui répond : « L'auteur est « alors regardé comme complice, mais il s'agit ici « d'extraits écrits à la main, qu'un particulier pourra « avoir écrit sur une feuille de papier, — des pensées « indifférentes, — qu'il aura écrit un article de mé- « moire...., etc. »

M. **Barthe** : « L'auteur d'un écrit soustrait dans son « cabinet et qui n'était pas destiné à la publicité ne « sera jamais coupable.... Le jury ne le jugera cou- « pable que si l'écrit était alors par son auteur destiné « à la publicité. » (*Moniteur.*)

1331. — Dans les idées qui ont inspiré l'art. 5. L. de 1830, les vendeurs et distributeurs sembleraient être des complices de second degré, puisque la loi édicte contre eux des peines moitié moindre.

1332. — L'art. 4 L. 1830 n'est pas absorbé par la généralité du § 1 de l'art. 15 du décret du 17 février 1852, ci-dessus; — l'art. 4 *est spécial* aux crieurs et distributeurs sur la voie publique, il est à ce titre maintenu en vigueur par cette règle de jurisprudence déjà rappelée (n° 1321) que les lois spéciales dérogent aux lois générales mêmes postérieures.

[565] = 1333. — L'art. 15 du décret du 17 février 1852, dont l'idée première peut se découvrir dans l'art. 419 du C. pénal (art. 364, *suprà*) et dans l'art. 8 de la loi abrogée du 9 nov. 1815, divise en quatre chefs d'incriminations les faits de publication de faux bruits et fausses nouvelles qu'il prévoit, savoir :

1° Publication, *sans mauvaise foi,* de faits indifférents à la paix publique, § 1.

2° Publication des mêmes faits, *avec mauvaise foi,* § 2.

3° Publication de faits *inquiétants, mais sans mauvaise foi,* § 2.

4° Publication des mêmes faits *avec mauvaise foi,* § 3.

1334. — Les 1er et 2° cas sont contestés et rejetés par quelques auteurs; mais l'examen comparatif des §§ 1 et 2, avec la disjonctive *ou,* ne permet pas l'hésitation. Le bon sens répugne à admettre, il est vrai, que le législateur ait jamais eu la pensée d'atteindre et de punir l'inoffensive publication de faits insignifiants, et proteste comme de juste. — Mais le texte est formel, la distinction est dans la loi, nous la signalons en faisant des vœux pour qu'on n'en abuse jamais. — V. *infrà,* une circulaire du ministre du commerce du 25 avril 1859, N° 1386 et *contrà,* n° 1379.

1335. — L'art. 4, aujourd'hui abrogé, de la loi du 27 juillet 1849, avait aussi prévu, mais moins largement, le délit des fausses nouvelles; il ne punissait que le dernier des quatre cas ci-dessus distingués; — c'est la presse périodique de 1849 qui, par ses reproductions d'absurdes et odieuses nouvelles à l'occasion de l'expédition de Rome, provoqua cette disposition.

1336. — M. Dufaure, ministre de l'intérieur, en indiqua, comme il suit, l'origine historique dans sa circulaire du 1er août 1849.

Circulaire. — « On a publié ou reproduit de pré- « tendues dépêches télégraphiques, des lettres fausses « ne renfermant que des détails mensongers et ca- « lomnieux et cherchant ainsi à soulever la haine contre « le gouvernement et à fomenter des séditions. — Vous « veillerez à ce que ces actes, si dangereux, ne se pro- « duisent pas impunément. — Sous la dénomination « de correspondances particulières, les journaux des « départements publient fréquemment des nouvelles

« fausses ou controuvées, dont les journaux de Paris
« n'oseraient assumer la responsabilité et qui presque
« toujours ne sont l'objet d'aucun démenti; dans les
« moments où l'ordre est menacé, ce moyen est un de
« ceux auxquels la malveillance a le plus souvent re-
« cours. L'art. 4 de la loi vous permettra de déjouer
« de semblables manœuvres. »

1337. — Le ministre de l'intérieur, en 1852, M. de
Maupas, fit connaître à son tour de la manière suivante
la portée et la signification de l'art. 15 du décret de
1852 qui, par sa généralité, a remplacé l'art. 4 de la
loi de 1849.

Circulaire. — « La pensée du décret organique ne
« saurait être méconnue... le gouvernement a voulu
« sauvegarder la société contre les abus et les excès
« qui, tant de fois, l'avaient mise en péril; — il a
« considéré la mission de la presse comme une haute
« fonction qui ne devait s'exercer qu'au profit des in-
« térêts sérieux et qui, si l'on voulait en abuser, devait
« rencontrer dans la loi des obstacles insurmontables. »
Et plus loin. — « L'article 15 établit une distinction
« importante entre la reproduction simple et la repro-
« duction de mauvaise foi, et de nature à troubler la
« paix publique. Dans le 1er cas, une peine doit tou-
« jours être prononcée; cette disposition a pour but de
« commander *aux journaux* la prudence, la réserve,
« la circonspection qui doivent être la règle essentielle
« des organes de la publicité. » — Circ. du 30 mars
1852.

Il résulte de ces explications ou exposé, après coup,
des motifs du décret, que son art. 15 n'aurait eu en
vue que *la presse périodique.*

1338. — M. le ministre de la justice était sur ce
point plus réservé, dans sa circulaire du 28 mars.

« Les art. 14 à 24, y était-il dit, s'appliquent non-
« seulement *aux journaux,* mais aussi à *tout autre*
« *moyen de publication.* — ... L'art. 15 contient des
« dispositions complètes qui ont abrogé l'art. 4 de la
« loi de 1849. »

1339. — On oppose l'une à l'autre ces deux circulaires, sur la question controversée de savoir si notre
article 15 s'applique ou non exclusivement aux publications par la voie de la presse.

1340. — *Publication ou reproduction.* La portée
de ces expressions embrasse-t-elle tous les moyens possibles de publication et notamment *la parole,* ou seulement, comme le donne à entendre M. le ministre de
l'intérieur, la publication par *la voie de la presse ?*

1341. — Pour la première opinion on invoque uniquement *la généralité* des termes de la loi qui ne
comportent, dit-on, aucune distinction.

1342. — En faveur de la seconde on se prévaut :

1° De la rubrique de la loi, — « *Loi sur la presse,* »
qui semble restreindre à la réglementation de la presse
périodique le but de toutes ses dispositions ;

2° De la particule *ou* qui, dans les premiers mots
de l'art. 15, paraît donner comme synonyme explicatif
du terme *publication,* celui de *reproduction* qui implique un acte de presse;

3° De ce que l'idée de publication ou reproduction
par la parole a, dans la langue, une expression tech-
nique et propre: le mot *propagation* qui, employé à la
suite des termes *publication ou reproduction* dans
l'art. 3 de la loi du 13 août 1850, sur la presse coloniale,
pour suppléer à leur insuffisance et atteindre les fausses
nouvelles par la voie de la parole, indique clairement
que ces dernières expressions ne vont pas jusque-là. —
L'absence de ce troisième terme dans l'art. 15 en restreindrait, par suite, la portée à la seule publication
par la voie de la presse.

1343. — Quelque graves que soient ces considérations, elles n'ont point prévalu ; — il a été, en effet,
décidé, non sans quelques hésitations, il est vrai, que

l'application de cet art. 15 exigeait uniquement qu'il
y eût *publicité effectuée,* quel que fût le moyen employé : la presse, l'écriture, les affiches, le dessin, la
voie de la poste, (Paris, 28 mai 1853., Am. Vente,
Délits des fausses nouvelles, n° 29), la parole; — la
parole même d'un tiers auquel on aurait, en causant,
fourni la fausse nouvelle. — Cass., ch. réun., 13 mars
1854, D.55.1.65. — Nos 1365, 1369, 1375.

1344. — Cette dernière décision, loin de résoudre
toutes les difficultés, soulève des questions fort délicates
sur le point de savoir :

1° Si les modes employés auront suffisamment effectué
cette publicité *réelle* qu'exige l'application de l'art. 15.
— Une nouvelle fausse est donnée *mezzo voce* dans une
rue, à un ami, et ce confidentiellement; — la possibilité de son audition par les voisins ou les passants
vaudra-t-elle ou non publication, et y aura-t-il publicité?
— Ou faudra-t-il compter ceux qui réellement l'ont entendue? — A quel nombre de ces derniers commen-
cera la publicité ? — Cass., 25 juin 1858. D.58.1.339.

2° Si la propagation insensible et successive, par voie
de commérage, mettra à la charge de l'auteur de la
fausse nouvelle les broderies et les aggravations que sa
circulation lui aura values : *fama crescit eundo.* —
Nos 1366, 1378.

3° Si enfin le tiers de bonne foi qui propage la nouvelle et effectue sa publicité n'est pas l'unique publicateur, le seul responsable de sa publication; — ou s'il
pourra être assimilé à un instrument sonore et passif
de transmission dont la bonne foi laissera à la charge
exclusive de l'inventeur de la nouvelle, la responsabilité
d'une publication à laquelle il sera ainsi resté complète-
ment étranger, et ce contrairement à tous les principes
de la législation et de la théorie en matière de délits de
publication.—Trib. correct., Seine, 27 oct. 1837. G.T.
du 28.

1344 *bis.*—Ce dernier point mérite quelque attention.
Le principe initial du délit sera ici dans un fait inoffensif, sans relation avec l'idée de publication, — c'est
une conversation toute intime, exclusive de toute publicité; comment en déduire, à la charge de l'auteur
qui a ainsi communiqué la fausse nouvelle de son invention, un fait de publication auquel il n'a point participé?
— N° 1373.

Par l'intention, dira-t-on, de la rendre publique.

L'intention? — Mais comment l'établir? comment
administrer la preuve légale de ce phénomène intellectuel ? — L'art. 154 du C. d'instr. criminelle veut
des procès-verbaux ou des témoins; en est-il pour le
for intérieur?— Il ne restera que l'aveu de l'inculpé et
à défaut la ressource si dangereuse des inductions et
des présomptions. — Quelle ne devra pas être la prudence des juges pour ne pas glisser sur cette pente facile au delà des limites de l'imputabilité pénale ! —
Heureusement que la Cour de cassation a, sur ce point,
déjà fort atténué ce que son interprétation de 1855 avait
de dangereux, par un excellent arrêt en date du 25 juin
1858. D.58.1.339. — N° 1375.

1345. — Ce n'est pas tout encore. — Cette intention
fût-elle prouvée à la charge de l'auteur n'absoudra point
le publicateur; — la bonne foi, aux termes des §§ 1 et
2 de l'art. 15, n'est pas une excuse. — N'a-t-il été, ce
publicateur, qu'un instrument, que le porte-voix trop
sonore du faux bruit? — Son initiative en sous-ordre,
son entrain et sa satisfaction à le répandre ne l'ont-ils
pas, au contraire, plus intimement annexé au délit? —
Quels embarras pour les juges en présence de cet auteur qui, sans penser à plus, a fourni la fausse nouvelle et sera resté étranger *à sa publication,* et celui
qui a fait la publication en restant étranger à la *fausseté* de la nouvelle, lorsqu'ils auront à décider le point
de savoir combien l'action de celui-ci a pu engager celui-
là ! — Est-ce que l'intention sans le fait est punissable?
— Nos 1373, 1374.

1346. — Cet aperçu des difficultés que pourrait soulever, dans la pratique, le système de la Cour suprême, nous porterait à lui préférer le système plus simple de ceux qui, étendant à tous les modes possibles de publication la portée de l'art. 15, en restreindraient l'application au seul publicateur effectif, en considérant comme tel, non celui qui a fourni la nouvelle fausse, mais ceux qui volontairement et par eux-mêmes ont effectué la publication, sauf à poursuivre avec eux celui ou ceux qui pourraient être complices, conformément à l'art. 60 du C. pénal, concernant la complicité.

1347. — Entre autres moyens employés pour accréditer les fausses nouvelles, il faut citer la télégraphie électrique. — Pour en prévenir les dangereux abus, le Gouvernement, tout en repoussant la responsabilité des nouvelles transmises par le télégraphe privé, prescrivit en 1854 aux directeurs de télégraphes d'adresser à l'avenir aux préfets une copie certifiée de toutes les dépêches privées qui n'auraient pas un intérêt exclusivement privé ; — et M. le garde des sceaux appela sur ce point l'attention de MM. les magistrats par une circulaire du 3 mars 1854.

Circulaire : « L'emploi du télégraphe pour propager « une nouvelle fausse en augmente beaucoup l'impor- « tance et le danger. »

« ... Je vous prie, Monsieur le Procureur général, de « veiller à ce que toutes les dépêches privées qui seront « renvoyées par MM. les préfets aux magistrats comme « contenant des nouvelles fausses, soient immédiate- « ment l'objet d'un examen attentif et, s'il y a lieu, « d'une poursuite judiciaire. »

1348. — *Publication sans mauvaise foi*. La publication d'une nouvelle fausse ne peut être de bonne foi que si elle est faite dans l'ignorance de sa fausseté. On ne saurait d'autre part concevoir un acte de publication sans la participation de la volonté ; — s'ensuit-il que les §§ 1 et 2 aient voulu atteindre l'acte volontaire et tout matériel de la publication, une quasi-contravention ? Je ne le pense pas. — Mais s'il faut plus qu'un acte volontaire dans le fait de la publication et moins que la connaissance de la fausseté de la nouvelle, où prendre l'élément caractéristique de l'infraction ? Nous l'avons dit sous le n° 449 de notre *Code de la presse*, de 1856, dans le *doute* ou plutôt dans l'absence de certitude acquise de la vérité des faits annoncés et dans le fait de les avoir annoncés comme vrais, sans réserve, ni indication de leur origine, alors qu'on ne pouvait en *garantir* ni l'exactitude ni la réalité ; — en résumé :

Publier une nouvelle, sans réserve, comme vraie ;

La publier ainsi de très-bonne foi, mais sans pouvoir la garantir vraie ;

La nouvelle venant plus tard à être reconnue fausse ;

Telles sont les conditions de la publication de bonne foi que punissent les §§ 1 et 2 de l'art. 15. — N° 1373.

1349. — Si vraisemblable que soit la nouvelle, si digne de foi qu'en soit la source, si sérieux qu'aient été les renseignements obtenus pour s'assurer de son exactitude, il y aura délit à la publier si, sa fausseté venant à être reconnue, le publicateur n'a pas pu dire avant de la mettre en circulation : c'était là une nouvelle vraie, j'étais certain qu'elle était vraie.

1350. — Il peut arriver que vraie au moment de son émission, la nouvelle se trouve après coup chimérique, par suite d'un cas fortuit ou d'une force majeure qui aura empêché la réalisation des faits ou projets annoncés : dans ces deux cas pas de délit. *Sic*, M. Amable. Vente, *sur les fausses nouvelles*. — N°* 47 à 50.

1351. — Échapperait-on à toute responsabilité si en cas de doute on lançait la nouvelle précédée de ces mots : *on dit... on rapporte... on nous écrit... on nous apprend à l'instant..., il résulte des rumeurs en circulation que...?*

Nous ne le pensons pas. — Sur la foi d'un *on dit* ou d'un correspondant ne peut se fonder la certitude ; quand on n'est pas *certain* de la vérité d'une nouvelle, le devoir du publicateur est de la dire, de ne pas l'accréditer, et pour mettre à couvert sa responsabilité, la meilleure formule est encore la franchise et la loyauté. — V. *infrà*, n°* 1362, 1390.

1352. — Que penser des précautions oratoires suivantes : *on lit dans telle feuille... nous publions sous toutes réserves... nous rapportons sans en prendre la responsabilité...?*

M. Am. Vente, dans son *Traité des fausses nouvelles*, n°* 42 à 44, les considère comme suffisantes pour tenir le public en garde et mettre par suite à couvert la responsabilité du publicateur ; — mais, ajouterons-nous, à la condition de ne pas en mésuser et de ne pas éluder la loi par de pareils subterfuges. — N° 1390.

1353. — *Publication avec mauvaise foi*. La mauvaise foi en cette matière consiste à publier une nouvelle comme vraie sachant qu'elle était fausse ; — l'absence de certitude absolue sur *la vérité* des faits est la condition des cas qui précèdent ; — la certitude *de leur fausseté* est la condition de la mauvaise foi.

1354. — *Fausseté des bruits et nouvelles*. Il ne faut pas confondre l'appréciation d'un fait avec l'annonce de ce fait :

« La nouvelle, dit M. Faustin Hélie, est l'annonce, « la narration d'un fait ; l'appréciation est le commen- « taire ou la critique de ce fait ; — la loi qui s'applique « à l'un ne s'applique pas nécessairement à l'autre. » *Rev. de législation*, 1854, p. 242.

1355. — Mais il est si facile avec des finesses de langage, des tours de phrases et des réticences, d'annoncer un fait faux au moyen d'inductions ou d'appréciations tirées des circonstances d'un fait vrai qu'il est impossible de tracer en ces matières des règles absolues pour discerner les limites du permis. — Les juges ne sauraient en conséquence, sur des points aussi délicats et aussi nuancés, faire une part trop large aux intentions et aux habitudes locales qui excusent les écarts.

1356. — Quoi qu'il en soit, si les fausses appréciations des faits, si les exagérations qui les ont contournés jusqu'à en faire des nouvelles fausses, les avaient en même temps dénaturés au point d'en faire des délits caractérisés de diffamation ou d'outrages, ou en avaient dégagé des attaques plus graves, soit contre le chef de l'État, soit contre le Gouvernement, il va sans dire que la décision dont elles pourraient être l'objet au regard de l'art. 15 du décret du 17 février 1852, ne saurait les soustraire aux coups des lois spéciales dont l'application aurait été ainsi encourue. La spécialité de ces lois les maintient en vigueur et prévaudrait sur la généralité des dispositions de l'art. 15 : — En ce qui concerne la simultanéité des incriminations dont un même fait pourrait ainsi être l'objet, nous nous bornerons à dire avec M. Faustin Hélie : « l'accusation peut sur un « même fait multiplier les chefs, pourvu qu'ils soient « contenus dans la même action. » *Instr. crim.*, III, p. 615. — Cass., 30 janv. 1858. D. 58.4.379. — N° 1388 et suiv.

1357. — *Pièces fausses, ou fabriquées, ou mensongèrement attribuées à des tiers*. On appelle *pièce fausse* un écrit dont la fabrication constitue en elle-même une altération de la vérité. — Une *pièce falsifiée* : on doit, par ces expressions, entendre, avec M. Am. Vente (*loc. cit.*, n° 57), une pièce qui vraie en elle-même a été seulement altérée en quelques-unes de ses parties,... et *volontairement* altérée, ajouterons-nous, pour faire la part des fautes typographiques et des accidents si communs dans certaines imprimeries.

« L'attribution mensongère d'une pièce à un tiers, « n'implique en rien son altération partielle ou totale. « C'est un mensonge qui porte, non sur la sincérité

« de la pièce, mais sur l'indication de son auteur. » Am. Vente, *loc. cit.* — N° 57.

1358. — L'art. 4 de la loi du 10 décembre 1830 (art. 363), qui prévoit également, mais dans des conditions toutes particulières, l'émission dans le public de certaines pièces fausses ou falsifiées qu'il énumère (faux extraits de journaux, de jugements, etc.), n'est pas abrogé par l'art. 15 du décret du 17 févr. 1852. — — V. n° 1332.

1359. — *Nouvelles de nature à troubler la paix publique.* Le § 1 de l'art. 15 punit la publication des nouvelles fausses ou des pièces fausses, si insignifiantes ou inoffensives qu'elles soient. « La loi est ab-
« solue, déclare à cet égard le jugement du tribunal de
« Nancy du 26 mars 1853, D.53.3.47, et son inter-
« diction ne comporte pas de limites. » — V. *contrà*, Tr'b. de Nantes du 28 mars 1855 et M. Am. Vente, *loc. cit.*, n° 63. — Nous avons à cet égard fait connaître notre sentiment sous le n° 1334. — V. aussi Cass., 5 août 1853.

1360. — Le § 3 prévoit le cas où la nouvelle fausse est *de nature* à troubler la paix publique. — L'intention seule ne suffirait donc pas si la nouvelle n'était pas, soit par elle-même; soit à raison des circonstances, au moment où elle est émise, assez grave pour *pouvoir* troubler la paix publique. « Nous disons *pouvoir*,
« parce que le délit existerait alors même que la paix
« n'aurait pas été troublée, si elle a *pu* l'être. » Chassan, Supplém., p. 93.

1361. — *Troubler la paix publique.* Il faut par ces expressions comprendre non-seulement le trouble que ressent l'esprit public par l'effet d'une nouvelle intéressant la politique générale ou l'ordre public, mais encore le trouble apporté par une nouvelle étrangère à la politique, dans des groupes considérables d'intérêts privés.

1362. — C'est dans ce sens que le Gouvernement a compris la portée de l'art. 15, ainsi que cela résulte de la note suivante qui fut publiée au *Moniteur* le 30 mars 1854 : « Le Gouvernement fait rechercher, pour les li-
« vrer aux poursuites de la justice, les auteurs et pro-
« pagateurs des bruits calomnieux répandus ces jours-ci
« à la Bourse et qui ont pu nuire à la réputation de
« maisons de banque honorables. »

1363. — La Cour de Paris ne l'a pas entendu autrement lorsqu'elle a consacré l'application qui avait été faite du § 2 de l'art. 15 à la publication de faits inexacts et de nature à inquiéter la corporation des notaires sur la conservation de leurs offices. — Paris, 6 août 1853. G. T. du 7.

1364. — Quant aux faux bruits et fausses nouvelles électorales (V. art. 366, *infrà*). — En ce qui concerne certaines fausses publications commerciales, V. art. 367 et notes sous ces articles.

<hr>

JURISPRUDENCE.

Moyens du délit. — Ceux de la loi de 1819.

1365. — Pour être punissable, la publication des fausses nouvelles doit avoir été commise par quelqu'un des moyens énoncés en l'art. 4 de la loi du 17 mai 1819 (art. 309), c'est-à-dire qu'elles doivent avoir été proférées publiquement. — Orléans, 23 janv. 1854, J p.54.2.289. — Cass. 29 sept. 1854. B. — Nos 1340, 1344, 1371.

1re Condition. — Qu'il y ait eu publication.

1366. — Une fausse nouvelle racontée dans un appartement en présence de plusieurs personnes, dans une conversation particulière, ne donne lieu à aucune peine, encore bien qu'elle ait été reproduite au dehors par l'indiscrétion réitérée de l'un des auditeurs. — Orléans, même arrêt cité ci-dessus.

Lieux publics. — Paroles à voix basse.

1367. — Une simple conversation sur la voie publique, entre personnes de connaissance, lorsqu'elle n'a pas eu lieu à voix assez haute pour être entendue, ne constitue pas un délit. — Cass., 29 sept., 1854. B. (*Suprà*, n° 1344, 1°.)

La parole est un moyen du délit.

1368. — La publication de fausses nouvelles par la voie de la parole est punie par l'art. 15 du décret du 17 févr. 1852, aussi bien que leur publication par la voie de la presse. — Cass., cham. réun., 13 mars 1855. D.55.1.65.

La parole n'est pas un moyen du délit.

1369. — L'art. 15 de ce décret n'est applicable qu'aux publications de fausses nouvelles par la voie de la presse. — Trib. de Nancy. — Jugement fortement motivé, du 26 mars 1853. D.53.3.47. (V. *suprà*, nos 1340 à 1344.)

Publicité du lieu indifférente.

1370. — Cet article n'exige pas, comme condition essentielle du délit, la publicité du lieu où les nouvelles auraient été données. — Cass. 8 déc., 1854. B.

2e Condition. — Volonté de publier et publicité réelle.

1371. — Pour qu'il y ait publication ou reproduction punissable d'une nouvelle fausse, il faut que, d'une part, l'inculpé ait eu l'intention ou volonté de la publier, sachant qu'elle était fausse, et que, d'autre part, il y ait eu publication réellement effectuée par quelques moyens que ce soit. — Colmar, 31 mars 1857. D.58.2.67. — Cass. 29 avril 1858. S.58.1.496. — Nos 1343, 1344, 1365 et 1378.

Conséquences. — Exemple.

1372. — Ainsi le fait de conter une nouvelle fausse sous la forme d'une simple conversation, dans une maison, en présence de trois personnes, ne constitue aucun délit, si cette fausse nouvelle n'a reçu au dehors aucune publicité. — Cass., cham. réunies, 13 mars 1855. B.

Autre exemple.

1373. — De même la simple volonté de conter une fausse nouvelle par forme de conversation, suivie de publication, ne suffit pas pour constituer le délit; il faut que le prévenu ait eu l'intention de lui donner de la publicité. — Mêmes arrêts.

La parole d'un tiers. — Moyen de publication.

1374. — Celui qui fournit la fausse nouvelle à un tiers, auquel il l'a confiée en particulier, est coupable du délit de publication effectuée par ce tiers, lorsqu'il est établi qu'il a fait part à ce tiers de la nouvelle fausse pour que ce dernier la mît en circulation. — Mêmes arrêts, nos 1343-1344.

De l'intention de publier et du fait.

1375. — Si la simple émission ou reproduction d'une nouvelle fausse dans une conversation particulière suffit pour constituer le délit puni par l'art. 15 du décret du 17 février 1852, ce n'est toutefois qu'à la double condition que cette émission ait été faite dans l'intention de publier la nouvelle et que le résultat. c'est-à-dire la publicité, ait répondu à cette intention. — Cass., 25 juin 1858. D.58.1.339, nos 1343-1344.

1376. — La volonté de raconter une nouvelle n'implique pas nécessairement la volonté de la publier; par suite, l'individu prévenu d'avoir raconté dans une conversation particulière une nouvelle fausse qui depuis a circulé dans le public est, avec raison, renvoyé des fins de la plainte, lorsqu'il n'est pas établi que cette publicité ait été dans son intention. — Même arrêt.

1377. — Et l'appréciation de cette dernière circonstance appartient souverainement aux juges du fait. — *Eodem.*

Publicité par confidences successives.

1378. — Une nouvelle fausse successivement reproduite dans diverses conversations particulières ne peut être considérée comme publiée qu'autant que le juge du fait reconnaît, par appréciation des circonstances, que cette série de reproductions constitue une publicité effective. — Même arrêt.

Fausse nouvelle inoffensive. — Pas de délit.

1379. — L'art. 15 du décret du 17 février 1852 n'est pas applicable à une nouvelle fausse, entièrement inoffensive et indifférente, qui ne porte et ne peut porter ni directement ni indirectement aucun préjudice matériel ou moral à la chose publique ni aux intérêts privés. — Cass., 8 nov. 1861.D.62.1.385. — Dalloz, v° *Presse*, n° 985; Colmar, 26 août 1862. D.62.1.489. *Nullum falsum nisi nocivum.*

Le texte comparé du § 1 avec les §§ suivants dudit art. 15 conduirait cependant à une solution opposée. — N°s 1333, 1334 et 1386 ci-dessus.

Fausses annonces de liquidation.

1380.—Les annonces mensongères de liquidation au rabais, avec perte de 50 p. 0/0, devenues si communes pour attirer les acheteurs dans un magasin ne constituent pas le délit de fausse nouvelle. — Décis. minist. du 13 mars 1862.

Prédictions d'almanach non interdites.

1381. — L'annonce de faits à titre de pronostics ou de prédictions, alors que le prévenu n'a pas annoncé ou laissé entendre qu'il fondait ses prédictions sur des données actuelles ou déterminées, ne présente pas le caractère de fausse nouvelle.—Cass., 28 juin 1860.B.

Une opinion n'est pas une nouvelle.

1382. — Un propos ne renfermant que l'expression d'une opinion erronée ou un simple mensonge ne constitue pas une fausse nouvelle dans le sens de l'art. 15 du décret du 17 fév. 1852. — Cass., 15 déc. 1855.D.66.1.137.—Ch. réun., 15 mars 1854.D.55.1.65.

Mais si ce mensonge avait, par sa publication, eu ce résultat, comme il avait eu pour but, de faire hausser ou abaisser le prix de certaines denrées, il aurait pu donner lieu à l'application de l'art. 419 du C. pénal (art. 364).

Une appréciation n'est pas une nouvelle.

1383. — L'appréciation morale d'un fait par un journaliste qui le publie ne peut, lorsque ce fait est vrai en lui-même et que d'ailleurs cette appréciation n'est pas de nature à en changer le caractère, constituer une fausse nouvelle. — Cass., 8 juillet 1853.B.

1384. — Mais il y aurait délit de fausse nouvelle à attribuer faussement à un fonctionnaire public des instructions, des paroles et des mesures qu'il n'a ni données, ni dites, ni ordonnées.—Cass., 24 fév. 1854.B.

Accessoires faux d'un fait vrai.

1385. — En supposant vrai au fond l'article d'un journal qui a publié la nouvelle, cet article peut être condamné si une circonstance dénaturée, présentée comme accessoire sans conséquence de la nouvelle vraie, constitue un fait principal et grave reconnu faux et de nature à porter préjudice à autrui. — Cass., 8 novembre 1861.B.

Annonces fausse de remèdes approuvés.

1386. — **Circulaire** du ministre du commerce. — « Certains remèdes non inscrits au Codex et sur lesquels l'Académie de médecine ne s'est pas prononcée, « ou qu'elle a repoussés, sont présentés dans les « prospectus et annonces, en des termes propres à « faire croire à l'approbation de cette académie et à la « légalité de l'annonce et de la vente desdits remèdes.

« — L'art. 15, par son *premier paragraphe*, est « applicable à ces annonces qui participent alors des « fausses nouvelles, sans préjudice de l'application de « l'art. 26 de la loi du 26 germinal an XI, car tous les « remèdes non approuvés sont des remèdes secrets. — « Opinion partagée par la Chancellerie. » — Circ. du « 25 avril 1859.—V. n° 1919.

Fausse plainte est fausse nouvelle.

1387. — Il y a délit de publication de fausse nouvelle dans le fait de déclarer mensongèrement à des magistrats un vol, à l'aide de violence, dont on se prétendrait avoir été victime lorsque cette déclaration est de nature à répandre l'alarme dans le public.—Colmar, 31 mars 1857. D.58.2.67.

Fausse nouvelle diffamatoire.

1388. — La publication d'imputations fausses à l'égard d'un tiers, bien que constituant pour lui le délit de diffamation, n'en est pas moins un délit de fausse nouvelle que le ministère public peut poursuivre d'office, sans plainte préalable de la partie lésée.— Cass., 30 janv. 1858.D.58.1.379; — 11 fév. 1861. D.64.1. 493. — Il y a dans un pareil fait un double délit (n° 1336).

1389. — Et si, à raison de l'absence d'intention délictueuse au point de vue de la diffamation, la fausse imputation ne présente pas le caractère du délit de diffamation, la circonstance qu'elle constitue le délit de fausse nouvelle justifie le choix que, pour l'exercice de l'action civile, le plaignant a fait de la juridiction correctionnelle, laquelle peut à bon droit, s'il a été lésé par la fausse nouvelle, lui accorder des dommages-intérêts. — Cass., 29 avril 1858.D.58.5.282; — 8 nov. 1861.D.62.1.385.

Des on dit.

1390.—**Communiqué du Gouvernement.** « Plu- « sieurs journaux, dans l'espoir de se soustraire aux « peines prononcées contre les auteurs de fausses nou- « velles, emploient des périphrases ou des formes du- « bitatives telles que : *on dit, on annonce*, pour ré- « pandre des bruits de diverses natures qui ne repo- « sent sur aucun fondement. — Ces formes, quelles « qu'elles soient, ne laissant pas que d'accréditer de « fausses nouvelles et n'étant qu'un subterfuge qui « tend à rendre illusoire l'art. 15 du décret du 17 fé- « vrier 1852, ne sauraient mettre les journaux qui les « emploient à l'abri des peines portées par ce décret. » G. des Trib. du 19 mai 1852.

Bruits publics.

1391. — La publication d'une nouvelle reconnue fausse et de nature à troubler la paix publique est punissable quand bien même elle a été puisée, par le journaliste, dans les rumeurs du moment, si c'est comme nouvelle de la journée et non comme rumeur qu'il a présenté au public le fait raconté.

1392. — Et il en est ainsi, bien que, d'après les constatations des juges du fait, l'article contenant la fausse nouvelle aurait été rédigé de bonne foi, non pour troubler la paix publique, mais pour éclairer la situation et l'opinion publique. — Cass., 9 janv. 1864. D.64.1.49.

1393. — La publication d'une nouvelle reconnue fausse, lorsqu'elle est présentée comme un bruit qui s'est répandu et qui circule, circonstance qui a été reconnue conforme à la vérité, peut ne pas être punissable. — Cass. 9 janv. 1864. D.64.1.49. — Colmar, 26 août 1862. D.62.1.489.

Contrôle de la Cour de cassation.

1394. — Si le juge correctionnel est souverain pour apprécier l'écrit incriminé dans ses rapports avec les circonstances extrinsèques de la cause, il n'en est pas de même de son contenu: il appartient à la Cour de

4° Fausses nouvelles spéciales concernant les élections et le commerce.

4° Fausses nouvelles électorales.

366. — *Loi électorale, 2 fév.* 1852. Art. 40. Ceux qui, à l'aide de fausses nouvelles, bruits calomnieux ou autres manœuvres frauduleuses, auront surpris ou détourné des suffrages, déterminé un ou plusieurs électeurs à s'abstenir de voter, seront punis d'un emprisonnement de 1 mois à 1 an, et d'une amende de 100 fr. à 2,000 fr. (V. art. 371).

Contre journal : Pas de doublement de l'amende. (V. n° 2277).

Peines access. : Impression ou affiche du jugement, si le fait constitue en lui-même un délit de publication. (art. 516).

Récid. : Prison, de 1 à 2 ans et am. de 2,000 à 4,000 fr. (art. 158, C. pén.). Contre journal, s'il y a délit de publication : Suppression, de 15 jours à 2 mois, la 1re fois et de 2 à 6 mois la 2e fois. (art. 525).

Circ. att. : Prison, de 1 jour à 1 mois et, ou, Am. de 1 fr. à 100 fr. (art. 48, même loi).

Art. 50. L'action publique et l'action civile seront prescrites après 3 mois, à partir du jour de la proclamation du résultat du scrutin.

————

cassation de vérifier si, tout en admettant l'appréciation du juge sur les circonstances extrinsèques du fait, l'article renferme tous les éléments légaux du délit de fausse nouvelle. — Cass., 9 janv. 1864. D.64.1.49.

[566] — Les dispositions de cet article et du suivant se rattachent aux précédents par l'analogue des faits. C'est pour cela que nous les plaçons à leur suite, dans une section où leur but ne les rangeait pas.

1395. — *Faux bruits et fausses nouvelles portant atteinte à la liberté des élections.* Par son but, en ce sens qu'il ne tend pas à prévenir une attaque contre la paix publique, l'art. 40 de la loi électorale de 1852 n'aurait pas dû, en effet, trouver place dans une section consacrée aux dispositions préventives de ces sortes d'attaques, mais la similitude des faits prévus, faux bruits et fausses nouvelles, nous a déterminé à le classer à la suite de l'art. 15 du décret du 17 février 1852 tout en nous réservant de l'indiquer dans la section ci-contre, où son but le destinait mieux, concernant les attaques contre la liberté des votes.

1396. — A la différence de l'art. 15 (art. 365), qui ne punit les fausses nouvelles que si elles ont été publiées, l'art. 40 les prévoit et les atteint, à raison de leur but, sans égard au moyen : — *publiées ou non,* — données oralement ou par écrit, confidentiellement ou non, ces fausses nouvelles tombent sous le coup de la loi du moment où elles sont de nature à porter atteinte à la liberté des électeurs.

1397. — L'annonce dans des lettres circulaires émanées d'un comité électoral que la candidature de M. X., candidat de l'opposition, est *officiellement* posée, constitue-t-elle une fausse nouvelle ou une manœuvre de nature à surprendre les votes ? Question douteuse qui, lors-

5° Fausses nouvelles industrielles.

367. — *L. 24 juillet* 1867. *Sociétés.* Art. 15. Seront punis des peines portées par l'art. 405 du C. pénal (contre l'escroquerie : Prison. 1 an à 5 ans et amende de 50 à 3,000 fr. et surveillance de la haute police), sans préjudice de l'application de cet article à tous les faits constitutifs du délit d'escroquerie :

1° Ceux qui, par simulation de souscriptions ou de versements, ou par publication, faite de mauvaise foi, de souscriptions ou de versements qui n'existent pas, ou de tous autres faits faux, ont obtenu ou tenté d'obtenir des souscriptions ou des versements ;

2° Ceux qui, pour provoquer des souscriptions ou des versements ont, de mauvaise foi, publié les noms de personnes désignées, contrairement à la vérité, comme étant ou devant être attachées à la société à un titre quelconque.

Récid. et Circ. att. — Art. 58 et 463, C. pén. (art. 520, 527).

Les membres du conseil de surveillance ne sont pas civilement responsables des délits commis par le gérant.

————

qu'elle fut soulevée en 1863, ne fut point soumise aux tribunaux à cause du peu de chance qu'il y avait à la voir résoudre affirmativement.

1398. — En cas de délit commis par fonctionnaires, publics et pour les conditions de la poursuite, voir notes sous l'art. 371.

[567] — *Fausses nouvelles commerciales.* — Voir sur le classement de cet article n° 1395 et la note qui le précède.

1399. — Les faits prévus par cet art. 15 L. de 1867 sont des faits d'escroquerie et punis d'ailleurs comme tels ; la publication peut être un moyen du délit, mais ce n'en est pas une condition.

1399 *bis.* — Cet article reproduit littéralement l'art. 13 de la loi du 17 juillet 1856 aujourd'hui abrogé ; — le dernier § qui y a été ajouté résout la question controversée de savoir si le devoir de surveiller que la loi impose aux membres des conseils de surveillance, des sociétés industrielles ou commerciales les rendait responsables des délits des gérants. — La négative a été consacrée par le § final de l'art. 15 de la loi du 24 juillet 1867 sous la réserve (la discussion de la loi et le rapport sont à cet égard très-explicites) de l'application des règles de l'art. 60 du C. pénal en cas de complicité. — (V. la discussion de la loi au *Moniteur*).

Publication de mauvaise foi. — V. n°s 1348 et 1353.

Sect. V. — Attaques contre les libertés électorales et des cultes.
§ 1. — Attaques contre la liberté électorale et le suffrage universel.

Principes de la liberté des votes.

368. — *Constit.* 14 *janv.* 1852. Art. 1er. La constitution reconnaît, confirme et garantit les grands principes [de la liberté électorale et du suffrage universel] proclamés en 1789, et qui sont la base du droit public des Français :

Art. 36. — Les députés sont élus par le suffrage universel sans scrutin de liste [qui fausse l'élection, ajoutait en plus le § 4° du plébiscite des 21-22 déc. 1851, base de la constitution].

Attaque contre le principe du suffrage universel.

369. — *D.* 11 *août* 1848. Art. 1er. Toute attaque par l'un des moyens de l'art. 1 de la loi du 17 mai 1819 [art. 309] contre… [V. art. 341, 343 A et 345 B.]… le principe de souveraineté du peuple et du suffrage universel, sera punie d'un emprisonnement de 3 mois à 5 ans, et d'une amende de 300 à fr. à 6,000 fr.

Contre journal : Pas de doublement de l'amende. (V. n° 2277).
Peines acces. : Impression, affiche du jugement. (art. 516).
Récid. : Prison, de 5 à 10 ans et am. de 6,000 à 12,000 fr. — Contre journal : Suspension, de 15 jours à 2 mois, la 1re fois ; de 2 à 6 mois, la 2e fois. (art. 521-525).
Circ. att. : Prison, 1 jour à 3 mois et, ou, am. de 50 à 300 fr. (art. 533).

Attaques par actes ou voies de fait.

370. — *C. pénal.* Art. 109. Lorsque, par attroupement, voies de fait ou menaces, on aura empêché un ou plusieurs citoyens d'exercer leurs droits civiques, chacun des coupables sera puni d'un emprisonnement de 6 mois au moins et de 2 ans au plus, et de l'interdiction du droit de voter et d'être éligible pendant 5 ans au moins et 10 ans au plus.

Fonctionnaires coupables. — Poursuites libres.

371. — *Loi électorale du* 18 *mars* 1849. Art. 119. — Si le crime ou le délit [en matière d'élection, punis par les art. 106 à 117, reproduits par les art. 39 à 45, L. 1852, ci-contre] est imputé à un agent du Gouvernement, la poursuite aura lieu sans qu'il y soit besoin d'une autorisation préalable [par exception à l'art. 75, constitution de l'an VIII, V. art. 553].

La loi de 1852 n'a pas reproduit cette disposition.

Voies de fait et menaces contre les électeurs.

372. — *Loi électorale du* 2 *fév.* 1852. Art. 39. — Ceux qui, par voies de fait, violences ou menaces contre un électeur, soit en lui faisant craindre de perdre son emploi ou d'exposer à un dommage sa personne, sa famille ou sa fortune, l'auront déterminé à s'abstenir de voter ou auront influencé son vote, seront punis d'un emprisonnement de 1 mois à 1 an, et d'une amende de 100 fr. à 1,000 fr. La peine sera double si le coupable est fonctionnaire.

Récid. : Prison, de 2 à 4 ans et am. 1,000 à 2,000 fr. (art. 58, C. p.)
Circ. att. : Prison, de 1 jour à 1 mois et, ou, am. 1 à 100 fr. (art. 48, même loi).

Art. 40. — Fausses nouvelles. V. art. 366.

Attaques par clameurs et menaces.

373. — Art. 41. Lorsque, par attroupements, clameurs ou démonstrations menaçantes, on aura troublé les opérations d'un collége électoral, porté atteinte à l'exercice du droit électoral ou à la liberté des votes, les coupables seront punis d'un emprisonnement de 3 mois à 2 ans, et d'une amende de 100 fr. à 2,000 fr.

Récid. : Prison, 2 à 4 ans et Am. 2,000 à 4,000 fr. (art. 58, C. p.)
Circ. att. : Prison, de 1 jour à 3 mois et, ou, Am. de 1 à 100 fr. (art. 48, même loi).

Art. 42, 43 et 44. — (Étrangers aux lois de la presse).

Outrages, voies de fait, menaces.

374. — Art. 45. Les membres d'un collége électoral qui se seront rendus coupables, pendant la réunion, d'outrages ou de violences, soit envers le bureau, soit envers l'un de ses membres, ou qui, par voie de fait ou menaces, auront retardé ou empêché les opérations électorales, seront punis d'un emprisonnement de 1 mois à 1 an et d'une amende de 100 fr. à 2,000 fr. (V. art. 408).

Si le scrutin a été violé, l'emprisonnement sera de 1 à 5 ans et l'am. de 1,000 à 5,000 fr.

Récid. : 1er cas. V. art. 373 ; 2e cas : Prison, de 5 à 10 ans et Am. 5 à 10,000 fr.
Circ. att. : 1er cas : V. art. 372 ; — 2e cas : Prison, de 1 jour à 1 an et, ou, am., de 25 fr. à 1,000 fr. (art. 48, même loi).

Abrogation des lois contraires.

375. — Art. 52. Les lois antérieures sont abrogées en ce qu'elles ont de contraire à la présente loi.

[**368** à **570**] — Les mots *clameurs, menaces, outrages,* etc., qui depuis longtemps appartiennent à la législation répressive des excès de la parole, justifient le classement des articles ci-dessus dans le cadre de notre codification.

1400. — La constitution affirme le principe de la liberté électorale, la loi du 2 février 1852 en réglemente l'exercice, et l'art. 1, L. 1849, le protége contre toute attaque par la voie de la presse, de l'écriture ou de la parole. V. note, sous les art. 341, 343. A, et 345, B.

1401. — L'art. 109 du C. pénal, qui s'appliquait à toutes les élections avant les lois de 1849 et 1852, n'est plus applicable qu'aux élections communales et départementales par suite de la loi du 2 fév. 1852, dont les dispositions plus amples absorbent sa disposition en ce qui concerne les élections des députés.

[**571** à **575**] = 1402. — La loi du 2 févr. 1852 n'est applicable qu'aux élections des députés au Corps législatif. Ses art 39, 40 et 45 reproduisent mot pour mot les art. 106, 107 et 112 de la loi du 18 mars 1849, avec cette seule différence que le mot *tenté* qui, dans cette dernière loi, prévoyait la tentative des délits électoraux a disparu du texte des art. 39 à 45. — Il s'ensuit que la tentative n'est point punie. — L'acte effectué sera toujours ainsi la condition du délit.

1403. — La seule question importante ici est celle de savoir si l'art. 119 (art. 374) est ou non abrogé.

La Cour de Poitiers (13 mars 1862. D.62.2.153) et la Cour de cassation (9 août 1862. D.63.4.49. — 14 avril 1863. D.63.4.384) se sont prononcées pour l'abrogation sur les motifs suivants :

1° Que la constitution de 1852 a remis en vigueur l'art. 75 de la constitution de l'an VIII et que l'art. 119, L. 1849, est en opposition avec cet article : — cercle vicieux : — L'art. 75 était en vigueur avant la constitution de 1852, et c'est très-volontairement qu'en 1849 le législateur y a dérogé par l'art. 119. — L'exception confirme la règle, mais la règle ne l'abroge pas.

2° Que cet art. 119 est aussi en opposition avec la loi

§ 2.—Attaques contre la liberté des cultes.—1° *Par voies de fait ou menaces.*

Principe de la liberté des cultes.

376.—*Constit. de* 1852. Art. 1er. La constitution reconnaît, confirme et garantit les grands principes proclamés en 1789, et qui sont la base du droit public des Français.

Art. 26.—Le Sénat s'oppose à la promulgation des lois qui seraient contraires ou porteraient atteinte à la religion, à la morale et à la liberté des cultes...

§ VIII. Entraves au libre exercice du culte.

377.—*C. pénal.* Art. 260. Tout particulier qui, par des voies de fait ou des menaces, aura contraint ou empêché une ou plusieurs personnes d'exercer l'un des cultes autorisés, d'assister à l'exercice de ce culte, de célébrer certaines fêtes, d'observer certains jours de repos, et, en conséquence, d'ouvrir ou de fermer leurs ateliers ou boutiques, ou magasins, et de faire ou quitter certains travaux, sera puni, par ce seul fait, d'une amende de 16 à 200 fr. et d'un emprisonnement de 6 jours à 2 mois.

Interruptions par troubles et menaces.

378.—Art. 261. Ceux qui auront empêché, retardé ou interrompu les exercices d'un culte par des troubles ou désordres causés dans le temple ou autre lieu destiné ou servant actuellement à ces exercices, seront punis d'une amende de 16 à 300 fr. et d'un emprisonnement de 6 jours à 3 mois.

Outrages contre les objets du culte.

379.—Art. 262. Toute personne qui aura, par paroles ou gestes, outragé les objets d'un culte dans les lieux destinés ou servant actuellement à son exercice, ou les ministres de ce culte pendant leurs fonctions, sera puni d'une amende de 16 fr. à 500 fr. et d'un emprisonnement de 15 jours à 6 mois.

Violences envers le ministre du culte.

380. — Art. 263. Quiconque aura frappé le ministre d'un culte dans ses fonctions, sera puni de la dégradation civique.

Disposition d'ordre.

381. — Art. 264. Les dispositions ci-dessus ne s'appliquent qu'aux troubles, outrages ou voies de fait, dont la nature ou les circonstances ne donneront pas lieu à des peines plus fortes, d'après les autres dispositions du Code.

---

du 2 févr. 1852.—C'est une erreur, le contraire est plus vrai. — L'art. 75 est une exception; en y dérogeant, l'art. 119 a replacé sous l'empire du droit commun la poursuite des actions qui dérivent des délits des fonctionnaires en matière électorale. C'est là une disposition excellente sous un régime de suffrage universel, elle assure la liberté des élections contre les abus de zèle et les excès d'influence des autorités locales. — En quoi sa disposition s'est-elle trouvée en opposition avec l'esprit de la législation par la promulgation de la loi du 2 février 1852 ? — Le Gouvernement et la législation n'étaient-ils pas, le lendemain, républicains comme la veille, sous un régime de suffrage universel comme en 1849 ? — Est-ce que le pays était, en 1852, moins intéressé qu'avant à ce que la loi assurât le libre exercice de son droit souverain d'élire contre les excès des partis ou les abus du pouvoir ? — Républicaine, comme les institutions de 1852, la disposition de l'article 119 ne s'est trouvée à ce moment en opposition ni avec leurs principes, ni avec leurs tendances : or, si son abrogation ne s'est pas réalisée à cette époque, si à cette époque il s'est trouvé maintenu, le rétablissement de l'Empire quelques mois après n'a pu l'abroger.

3° Que l'art. 119 est, enfin, dit-on, en opposition virtuelle avec la lettre de la loi du 2 février qui, en reproduisant les art. 98 à 122 de la loi de 1849, sauf les art. 119 et 120, a, très-clairement, manifesté son intention de les abroger.—Ce n'est pas là les omettre, mais les rejeter.

Réponse :—Les lois ne s'abrogent pas par prétérition, c'est une règle consacrée par la meilleure jurisprudence (nos 2813, 2820). L'intention seule du législateur d'abroger une loi, se fût-elle même manifestée par une déclaration écrite dans un exposé des motifs, ne suffirait pas pour l'abroger si, le texte de la loi nouvelle ne le disant pas, ses dispositions n'avaient rien d'inconciliable avec la loi ancienne, et on voudrait ici attribuer à une intention non exprimée, que l'on est réduit à deviner, plus de force abrogative qu'à une déclaration expresse et écrite à côté de la loi.—L'art. 55 (art. 375) de la loi du 2 février s'étant borné à abroger des lois anciennes ce qui seulement était contraire à ses dispositions et rien dans son texte et son esprit ne révélant cette contrariété abrogative de l'art. 119, cet article me semble être, en conséquence, encore en vigueur. Le doute en cette matière devrait d'ailleurs tourner contre l'opinion contraire. — Il était si facile au législateur de 1852 de le prévenir en ajoutant à son art. 55 ces mots : « et notamment la loi du 18 mars 1849. »—S'il ne l'a pas dit, c'est qu'il n'a pas voulu le dire ; ce n'est pas à la jurisprudence à ajouter au texte ce que le législateur n'a pas voulu y ajouter. En résumé : point d'abrogation expresse, pas d'incompatibilité de texte, cela suffit pour que l'art. 119, d'une application toujours possible, soit par là même déclaré être toujours en vigueur. — *Sic,* Dalloz, note sous l'arrêt du 9 août 1862. D.62.1.49.

[**376** à **377**] = 1404. — L'art. 26 de la constitution désigne la liberté des cultes comme un principe constitutionnel.

1405. — Les art. 260 à 264 du C. pén., toujours en vigueur, protègent le libre exercice des cultes reconnus contre *les voies de fait, les menaces, les troubles* qui pourraient l'entraver, et contre les *outrages* qui viendraient à violer les objets du culte ou insulter les ministres. — Ces actes rattachent ces articles aux art. 4 et 6 de la loi du 25 mars 1822, et aux art. 3 et 5 du décret du 11 août 1848 qui ont complété la protection de la religion et de ses ministres.

1406. — La loi du 18 nov. 1814 sur la célébration des fêtes et dimanches est abrogée. — Chauveau, Hélie, 3, p. 240.—Vuillefroy, *Culte catholique,* p. 390 ; Devilleneuve, 38.1.502.—Trib. de police, Laon, 3 mars 1831. S.31.2.93.— *Contrà,* Cass., 24 déc. 1850. S.51. 1.459.—2 juin 1854, B.

Les art. 261 à 264 ne concernent que les cultes autorisés. — Chauveau-Hélie, 3, p. 248.

1407.—L'art. 260 n'a en vue que des actes exercés par des particuliers, c'est-à-dire des attentats privés. — Les vexations des officiers publics constitueraient des excès de pouvoir ou des actes arbitraires et appartiendraient à un autre ordre de faits. — Chauveau-Hélie, 4, p. 543.

[**578**] — 1408. — L'art. 261 comprend aussi bien les actes qui produisent le désordre, par un tapage extérieur, que ceux qui l'occasionnent par bruits faits à l'intérieur. — Metz, 24 déc. 1853, J.P. 1853.

2° *Attaques contre les religions par outrage ou dérision.*

Droit de discussion en matière religieuse.

Outrage et dérision contre la religion.

382. — *L.* 25 *mars* 1822. Art. 1. Quiconque, par l'un des moyens énoncés en l'art. 1 de la loi du 17 mai 1819 (art. 309), aura outragé ou tourné en dérision la religion *de l'État* sera puni d'un emprisonnement de 3 mois à 5 ans et d'une amende de 300 à 6,000 fr.

Les mêmes peines seront prononcées contre quiconque aura outragé ou tourné en dérision toute autre religion dont l'établissement est légalement reconnu en France.

Contre journal: L'amende sera de 600 fr. à 12,000 fr. (art. 509).
Peines access.: Impression ou affiche du jugement. (art. 516).
Récid. : Prison, 5 ans et am., de 6,000 à 12,000 fr — Contre journal, am., de 12,000 à 24,000 fr. — Suspension de 15 jours à 2 mois, la 1re fois ; de 2 à 6 mois, la 2e fois. (art. 522, 525).
Circ. att. : Prison, de 1 jour à 3 mois et, ou, am., de 50 à 300 fr. (art. 528, 533).

Outrages envers un ministre du culte.

383. — Art. 6. § 1. L'outrage fait publiquement, d'une manière quelconque, à raison de leurs fonctions ou de leur qualité (V. art. 407).... à un ministre *de la religion de l'État* ou de l'une des religions dont l'établissement est légalement reconnu en France, sera puni d'un emprisonnement de 15 jours à 2 ans et d'une amende de 100 à 4,000 fr.

Ce § 1 est remplacé par l'article 5 ci-contre art. 385) du décret de 1848.

§ 2. Outrages envers jurés et témoins. — V. art. 409.

§ 3. L'outrage fait à un ministre de la religion de l'État ou de l'une des religions légalement reconnues en France, dans l'exercice de ses fonctions, sera puni des peines portées en l'art. 1 de la présente loi. [V. art. 382.]

§§ 4 et 5. Outrages accompagnés de violences, coups avec effusion de sang. — V. art. 409.

Attaque contre le principe de la liberté des cultes.

384. — *D.* 11 *août* 1848. Art. 3. L'attaque par l'un des moyens énoncés en l'art. 1, L. du 17 mai 1819 (art. 309), contre la liberté des cultes.... (V. pour la suite, art. 391, infrà), sera punie d'un emprisonnement de 1 mois à 3 ans et d'une amende de 100 fr. à 4,000 fr.

Contre journal : L'amende sera de 200 à 8,000 fr. (art. 509).
Peines access. : Impression, affiche du jugement. (art. 516).
Récid. : Prison, de 3 ans à 6 ans et am. de 4,000 à 8,000 fr.
Contre journal : Am., de 8,000 à 16,000 fr. — Suspension de 15 jours à 2 mois, la 1re fois ; de 2 à 6 mois, la 2e fois. (art. 522, 525).
Circ. att. : Prison, de 1 jour à 1 mois, et, ou, am., de 50 fr. à 100 fr. Contre journal, am. de 100 fr. (art. 531, 533).

Outrage envers un ministre du culte.

385. — *Même décret.* Art. 5. L'outrage fait publiquement, d'une manière quelconque, à raison de leurs fonctions ou qualité soit... (V. pour les autres personnes protégées, art. 411)... soit à un ministre de l'un des cultes qui reçoivent un salaire de l'État, sera puni d'un emprisonnement de 15 jours à 2 ans et d'une amende de 100 fr. à 4,000 fr. — V. art. 407.

Contre journal : L'amende sera de 200 à 8,000 fr. (art. 509).
Peines access. : Impression, affiche du jugement. (art. 516).
Récid. : Prison, de 2 à 4 ans et am., de 4,000 à 8,000 fr.
Contre journal: Am., de 4,000 à 16,000 fr. — Suspension, de 15 jours à 2 mois, la 1re fois et de 2 à 6 mois, la 2e fois. (art. 522, 525).
Circ. att.: Prison, de 1 jour à 15 jours et, ou, am., de 50 à 100 fr. (art. 531–533).

La présente disposition modifie le § 1 de l'art. 6 de la loi du 25 mars 1822, sans déroger aux dispositions des autres §§ de ce même article.

Cela fut ainsi entendu au cours de la discussion en 1848.

1409 à 1419. — Il est applicable à celui qui ayant autorité sur un enfant l'enlève de l'église, pendant le catéchisme, du lieu où le curé l'avait mis en punition. — Cass., 19 mai 1827.

1420. — A celui qui trouble un prêtre confessant un fidèle dans l'église. — Cass., 9 oct. 1824. S.25.1.76.

1421. — A celui qui traverse une procession en marche, de manière à interrompre la cérémonie. — Paris, 28 août 1836, J. P.

1422. — Mais il n'est pas applicable à celui qui profère des cris dans une église au moment où le prêtre, dans la sacristie, se dispose à célébrer l'office. — Montpellier, 19 mai 1851. S.51.2.350.

1423. — Regarder passer une procession sans se découvrir ne constitue pas par lui-même un outrage à la religion ; mais il en serait différemment si ce fait était accompagné de circonstances indiquant une intention marquée de bravade et de scandale ; le fait, dans ce cas, ne constituant pas un outrage par gestes serait atteint par l'art. 264. Nîmes, 18 janv. 1855. D.55.2.103.

[**579**] = 1424. — Dans l'esprit de l'art. 262, le mot *geste*, par opposition au mot *parole*, doit s'entendre de toute voie de fait sur un objet du culte dans un but coupable. — Nîmes, 7 nov. 1851. D.54.2.27.

1425. — Toucher à un tableau dans une église et le maculer de sang pour faire croire à un miracle, — enlever dans le même but des hosties de la custode d'une

église, sans constituer le délit d'outrage, sont des faits qui tombent sous le coup de l'art. 262 (même arrêt).

1426. — Commet un outrage envers la religion :
Celui qui, au refus du prêtre, célèbre lui-même une cérémonie funèbre dans une église. — Cass. 5 fév. 1852. B. *Contra*, Carnot.

Celui qui apporte une bouteille de vin dans une église, la boit et la fait boire pendant la messe. — Paris, 27 mai 1851. D.54.5.226.

1427. — L'art. 262 n'est point applicable aux outrages à la cendre des morts dans un cimetière, en dehors de toute cérémonie religieuse ; — son objet est uniquement de protéger les cérémonies religieuses. — Cass. 22 août 1839.

1428. — Cet art. 262 a été en partie abrogé par l'art. 6. L. 25 mars 1822 (art. 383), mais il est maintenu pour les outrages non publics.

[**580** à **581**] = 1429. — L'art. 263 a été également abrogé par le même article en ce qui concerne les coups donnés publiquement avec intention d'outrager, mais il continue d'être applicable aux coups portés non publiquement dans la même intention. — Chauveau-Hélie, 3, p. 252.

1430. — Les outrages punis par l'art. 262 peuvent être poursuivis d'office sans plainte préalable. — Cass., 10 janv. 1833, J. P. — 25 juin 1846, B. *Contra*, pour les outrages de la loi de 1822. — Metz, 30 janv. 1856.

[**582** à **585**] = 1431. — L'art. 3 du décret du 11 août 1848 (art. 384) protège le principe même de la liberté des cultes et remplace sous ce rapport la disposition de l'art. 3 de la loi du 25 mars 1822.

1432. — L'art. 1, de cette loi de 1822 (art. 382), avait déjà mis le principe à l'abri en réprimant les outrages et les dérisions qui tendraient à affaiblir le prestige ou le respect des rites et des dogmes des religions établies.

1433. — Il ne faut pas confondre, avec les outrages envers les religions établies, les outrages envers la morale publique et religieuse que punit, ainsi que nous le verrons au chapitre suivant, l'art. 8, de la loi du 17 mai 1819 (art. 390); ce sont là des faits parfaitement distincts. — L'art. 1, L. 1822 est bien il est vrai, ainsi que cela a été déclaré dans son exposé des motifs, *un développement* de cet art. 8, mais il ne l'absorbe pas, il s'en distingue comme une conséquence se distingue de son principe et le confirme.

1434. — « L'art. 1, disait M. le Garde des sceaux « de Serres, dans cet exposé des motifs, est un *dévelop-* « *pement* de l'art. 8 de la loi de 1819 qui punit tout « outrage à la morale publique et *religieuse*. On se rap- « pelle que ce dernier mot fut ajouté par amendement « à l'article, après une discussion qui divisa cette cham- « bre en deux parts presque égales. Cet amendement « n'empêcha pas que la même division ne se reproduisît « dans la Chambre des pairs. Après de mûres réflexions « nous nous sommes rangés à l'avis de ceux qui deman- « daient une rédaction plus explicite du sens que tout « le monde avouait exister dans l'article et nous vous « proposons l'art. 1er qui punit l'outrage et la dérision « contre les religions reconnues. »

1435. — Il nous paraît résulter de là, ajoute l'auteur de l'article *Presse* dans le recueil de M. Dalloz, n° 620, que cet art. 1 n'est pas le développement de l'art. 8 de la loi de 1819 tout entier, mais l'interprétation du mot *et religieuse* introduit dans sa disposition par amendement.

1436. — Leurs dispositions se confinent par ce point, mais ne se confondent ni ne s'absorbent ; — elles sont juxta-posées comme la *religion* et la *morale*, et par ce qu'elles respectent de la *liberté* de *discussion*, leur portée et leurs limites se détermineront toutes seules.

DU DROIT OU LIBERTÉ DES DISCUSSIONS THÉOLOGIQUES.

I

1437. — Du principe de la liberté des cultes affirmé et garanti par l'art. 26 de la Constitution (art. 376, *su-* *prà*) dérivent dans ses conséquences pratiques les droits suivants qu'on ne saurait contester, à savoir :

1° Le droit de professer sa religion, de la propager et défendre, en un mot le droit de *propagande reli-* *gieuse;*

2° Le droit de discuter les autres religions, d'en démontrer les erreurs ou les abus, en d'autres termes : *la liberté des controverses théologiques et des discussions philosophiques.*

1438. — « Prohiber ou restreindre les controverses, « dit à ce sujet M. Chassan, I, n° 283, ce serait res- « treindre la liberté des cultes. — Le catholique serait « gêné si, avec la liberté de démontrer la vérité de son « culte, il n'avait pas celle d'établir l'erreur des cultes « dissidents... de même le protestant, qui doit avoir la « faculté d'attaquer les abus du culte catholique, de « parler contre la papauté et de nier la vérité de tel « ou tel dogme catholique. »

1439. — Ce droit de négation et de critique, M. Chas- san l'accorde, non-seulement aux fidèles du culte dissi- dents au regard du culte primitif, mais encore aux croyants d'un culte entièrement opposé, et encore à ceux qui n'appartiennent à aucune secte positive. « Le déisme « pur, dit-il, dégagé de tout culte, est aussi bien une « religion que le protestantisme, le judaïsme et le ca- « tholicisme. — La liberté de controverse est illimitée ; « elle appartient à chaque secte, à chaque opinion re- « ligieuse quelle qu'elle soit ou n'appartient à per-

« sonne. » — Nous partageons entièrement cette opi- nion.

1440. — C'était celle des commissaires du roi en 1819. — « Oui, disait M. Cuvier, répondant à M. Lainé, « oui, nous voulons laisser toute liberté de discussion « philosophique. Les orateurs qui veulent dans la loi le « mot de *religion* et ceux qui ne le veulent pas en sont « tous convenus. »

1441. — Après une longue discussion sur ce point, M. le Garde des sceaux finit par déclarer que l'amen- dement pouvait être adopté du moment où le vœu de la Chambre maintenait pleine et entière la liberté de toutes les religions et de tous les cultes, soit dans l'expression de leurs croyances, soit dans la discussion des autres croyances.

1442. — A la tribune de la Chambre des pairs, M. de Broglie, rapporteur de la loi, exprima le même senti- ment :

« Dans un pays où la liberté des cultes est un droit « constitutionnel et où la liberté des discussions philo- « sophiques est un droit acquis par une prescription « plus que centenaire, si une loi était rendue qui permît « à quiconque se verrait contester avec quelque vivacité « soit un sentiment qu'il trouve bon, soit une opinion « qu'il trouve juste, soit un dogme qu'il estime vrai, de « porter plainte en justice et de voir sa plainte accueillie, « les tribunaux retentiraient incessamment des cris de « l'école, leurs arrêts deviendraient des décisions de « théologie et de métaphysique... Les rédacteurs ont « reconnu d'une part que tout ce qui se produit dans « un *langage modeste et conforme aux bienséances* « *méritait confiance et protection sur quelque sujet* « *que ce fût;* — ensuite que ce serait violer la liberté « que d'interdire à telle ou à telle religion *le droit de* « *lancer l'anathéme sur toute autre*, et de se proclamer « exclusivement vérité. » — V. l'arrêt de Colmar cité sous le n° 1447.

1443. — Malgré les tendances réactionnaires du côté droit de la Chambre qui était au pouvoir, en 1822, la même doctrine triompha lors de la discussion de la loi du 25 mars.

Dans son rapport, M. Chiflet s'était hasardé de dire que NIER ou seulement METTRE EN DOUTE les dogmes catholiques, tels que : *l'existence de Dieu, la vie future* et la *divinité de Jésus-Christ* était un outrage, — cette opinion rencontra dans la Chambre une telle op- position, que M. Chiflet fut obligé dans son résumé de désavouer la doctrine émise dans son rapport — Séance du 25 janvier 1822. (*Moniteur* du 22).

1444. — Au cours de la même discussion, plusieurs orateurs, au nombre desquels figuraient M. de la Bour- donnaie et M. le Garde des sceaux de Serres, vinrent à diverses reprises rassurer les esprits alarmés, en dé- clarant « que l'art. 1er ne portait aucune atteinte à la libre discussion des dogmes. »

1445. — M. le comte Portalis, rapporteur de la com- mission à la Chambre des pairs, se prononça dans le même sens :

« Les controverses philosophiques ou théologiques, dit- « il, doivent être libres tant qu'elles ne sortent pas des « *bornes de la décence* et *qu'elles ne troublent pas la* « *paix publique*... Il suffit d'exposer ainsi nettement « le système du projet de loi pour faire tomber le re- « proche qu'on lui fait d'entreprendre de venger Dieu « et de chercher à punir les outrages qui lui sont « adressés. » — Séance du 20 février 1822. *Moniteur* du 27.

1446. — Et M. de Corbière, ministre de l'intérieur, ajouta : — « L'art. 1 ne punit que L'OUTRAGE et la « DÉRISION, *ce serait bien mal interpréter ces deux* « *mots que de les appliquer* à LA CONTROVERSE. Elle « *demeure donc* PERMISE ET ELLE L'EST POUR TOUTES « LES RELIGIONS. »

II

1447. — Conformément à ces déclarations de principes, la Cour de Colmar jugea, le 26 avril 1826, « qu'il « n'y avait pas outrage contre la religion à enseigner « qu'il est inutile de fréquenter les temples et de se « servir des prêtres, que le baptême et les autres sacrements sont choses dont on doit se dispenser ; « ... que les doctrines particulières ou dogmes spéciaux « que chaque religion enseigne ne sauraient constituer « envers la religion de l'Etat pas plus qu'entre elles un « outrage quelconque. » Arrêt dans l'affaire dite des Piétistes. — J. p. 1827. 2.12. — S.26.1.338.

1448. — Appelée à s'expliquer à son tour sur la portée de l'art. 1er de la loi de 1822, la Cour de cassation, à l'occasion d'une falsification de l'Evangile, déclara :

« Que les croyants de toutes les religions dont l'éta-« blissement est légalement reconnu en France, pro-« fessent librement leur culte et peuvent publier, con-« formément à leurs croyances, les livres qui en sont « la base, sans pouvoir être accusés d'outrages envers « la religion de l'Etat.... qu'autant les magistrats « doivent de protection à la plus précieuse des libertés « publiques, celle de manifester avec décence, modé-« ration et gravité ses opinions religieuses et de dis-« cuter celle des autres, autant ils doivent d'appui à « la religion.

« Mais que la liberté de discuter les dogmes reli-« gieux n'emporte pas celle de falsifier ou de mutiler « les livres qui les renferment..., puisque de telles « publications devraient être plutôt considérées comme « des piéges tendus à l'ignorance que comme des ou-« vrages de controverse philosophique ou religieuse. » — Cass., 17 mars 1827, J.P., 1827.3.375.

1449. — Il fut ensuite décidé, en 1828, par la Cour de Paris, sur la poursuite dirigée contre M. de Senancourt, à raison de certains passages de son histoire des traditions civiles et religieuses, dans lesquels la divinité du christianisme et de Jésus-Christ était niée, — Le Christ y était en effet représenté comme *un jeune sage, un respectable moraliste* auquel après sa mort ou aurait prêté les attributs d'un personnage allégorique : — « Que ces passages ne renfermaient ni l'outrage, ni « la dérision caractérisés par la loi pour constituer un « délit. » — Paris, 23 janv. 1828, J. p. 1829, 1.516.

1450. — En 1829 et 1830, il fut également jugé qu'il n'y avait pas délit d'outrage à nier la perpétuité de la foi chrétienne. — Paris, 17 nov. 1829, J. p. 1830,1.566; Aix, 3 déc. 1829, J. p. 30.1.562; Cass., 15 janv. 1830, J. p. 1830,1.562.

1451. — Sous le titre de *Vie de Jésus*, deux publications retentissantes, par le nom de leurs auteurs et l'importance du sujet traité, parurent en 1839 et 1863 ; — dans l'une, œuvre immense d'érudition, le docteur Strauss présentait l'Evangile comme une légende et la personnalité du Christ comme un mythe ; — sa divinité et ses miracles y étaient absolument niés ; — Dans l'autre, M. Renan, membre de l'Institut, considérant Jésus comme un sectaire enthousiaste et quelque peu fourbe, niait également ses miracles et sa divinité ; — il y niait même l'existence de Dieu : « *Dieu*, avait-il « écrit, est un bon vieux mot, un peu lourd peut-être... » — Peu de livres ont soulevé plus de colères ; — aucune poursuite ne vint cependant donner satisfaction à l'Eglise indignée.

1452. — L'inaction du Gouvernement et des magistrats n'affirma-t-elle pas hautement en ces deux circonstances les droits de la discussion théologique sur les dogmes des cultes reconnus, — sur la divinité du Christ et sur l'existence même de Dieu ?

1453. — Tels sont les titres de la liberté de discussion en matières religieuses et l'étendue de ses droits en présence des restrictions de l'art. 1er de la loi de 1822.

Ce qui lui est refusé, ce n'est point la mission d'éclairer, de persuader, de convaincre et d'élever les esprits vers des vérités nouvelles, mais la violence brutale qui, sans foi, sans conviction, ne fait appel aux passions que pour que la force lui réponde, en deux mots : *le droit à l'outrage* et à la *dérision*.

III

1454. — Par ce mot : *outrage*, dit M. Chassan, I, n° 386, il faut entendre, « une attaque brutale, gros-« sière, indécente, une voie de fait par la parole ou « sur le papier..... »

« L'exposition d'une opinion, ajoute-t-il, son énon-« ciation dogmatique, sont la manifestation d'une pen-« sée, d'une doctrine ; il peut y avoir dans cette expo-« sition plus ou moins de vivacité ou de chaleur, mais « cette vivacité ou cette chaleur, l'emportement même « ne sauraient alors être un outrage. — V. *infrà*, n° 1503, 1507 et 1544, et sur l'intention, notes sous l'art. 309. — V. n° 900.

1455. — *Dérision*. Ce terme exprime une autre forme de l'outrage : « la dérision est l'arme des esprits lé-« gers, elle annonce moins de conviction et, par con-« séquent, une intention moins excusable. » Elle est l'outrage inspiré par le mépris et provoquant le mépris.

1456. — L'outrage et la dérision ne constituent pas des délits différents : — comme ils procèdent l'un de l'autre et l'un et l'autre de la même pensée, le prévenu poursuivi pour *outrage* seulement à la religion peut être cependant condamné pour l'avoir *tournée en déri-sion*. — Cass., 15 janv. 1830. D.30.1.77; de Grattier, 2, p. 38.

1457. — Le pasteur protestant qui, dans une réunion publique, se livre contre la religion catholique et ses prêtres à des propos de nature à froisser les croyances des Catholiques présents, en sortant par leurs violences des bornes d'une controverse licite, commet le délit prévu par l'art. 1, L. 1822. — Poitiers, 26 juin 1857. D.57.2.240.

1458. — Il y a outrage à porter la croix en tête d'une mascarade en simulant un enterrement ;—Cass., 26 juin 1852. B.

1458 bis. — A s'opposer à la célébration d'une cérémonie funèbre par le prêtre et à la célébrer soi-même ; — N° 1426.

1459. — A publier, mutilés et falsifiés, les livres saints d'une religion. — N° 1448.

1460. — Mais il n'y a pas délit d'outrage dans la simple négation d'un dogme de la religion ou de la divinité de son fondateur et de la révélation de ses vérités fondamentales ; — il en serait autrement si cette négation était accompagnée de sarcasmes et d'ironie. — Aix, 3 déc. 1829. J. p. 1830.1.562. — Sérieuse, raisonnée et convaincue, une pareille négation n'excède pas en conséquence les limites du droit de discussion.

Attaque. — V. pour la définition et la portée de cette expression : n°s 1435 et suiv., et 1491 *in fine*, et n° 1544. Les mots *liberté du culte* n'ont pas besoin d'explications. — V. ci-après *sur les outrages contre la morale religieuse*, n°s 1491, 1500, 1513.

1460 bis. — *Sera puni*. — Le délit puni par l'art. 3 du décret du 11 août 1848 (art. 384) n'étant au fond que le délit qui serait l'objet des prévisions de l'art. 3 de la loi du 25 mars 1822, (V. notre *C. de la presse* de 1856, p. 101-102) reste placé sous toutes les conditions antérieures d'aggravations pénales. L'art. 14 de la loi de 1828 (art. 509) qui en double l'amende lorsqu'il est commis par la voie de la presse périodique lui est par conséquent applicable comme avant 1848. — (V. n° 2275).

Sect. VI.— Attaques envers la morale publique et religieuse, les bonnes mœurs, les lois, la famille, la propriété, les droits.

Observations préliminaires.

1461.—Après avoir protégé le prince, l'autorité du législateur, la constitution, ses principes, le Gouvernement, la paix publique, le suffrage universel et la liberté des cultes, contre les attaques de la pensée et de la presse, le législateur s'occupe de protéger, contre elles, la morale publique et religieuse, ainsi que les habitudes, les idées sociales et de droit qui s'y rattachent.

1462.—Celles de ses dispositions qui concernent exclusivement la *morale religieuse* ont été vivement critiquées, moins peut-être en elles-mêmes qu'à raison de l'esprit qui les avait inspirées. Les philosophes et les publicistes se sont, pour les juger, divisés en deux camps.

Les uns ont vivement applaudi au système protecteur de la loi ;

Les autres ont, non moins vivement, contesté au législateur le droit de protéger Dieu et la morale et d'élever ainsi au rang des vérités inattaquables des idées et des notions qui ne sont peut-être au fond que des erreurs ou des chimères.

1463.— Ne fût-ce que pour protester contre les critiques qui, par leurs exagérations ou leurs sophismes, tendent plus ou moins à diminuer l'autorité des lois, nous croyons devoir, après tant d'autres, tenter leur réfutation.

I

1464. — L'art. 8 de la loi du 17 mai 1819 punit « *l'outrage contre la morale publique et religieuse.* » — Dans la séance du Corps législatif du 20 février 1868, M. Jules Simon proposa l'abrogation de cette disposition.... « En pareille « matière, dit-il, les lois étant toujours impuissantes, leurs prohibitions sont odieuses. Il n'y « a qu'à regarder l'histoire :

1465. — « Rappelez-vous, Messieurs, l'âge héroïque « du christianisme..... On prit en foule les apôtres et « les fidèles ; on les jeta aux bêtes, au feu ; on déchira leurs membres avec des ongles de fer. La terre « qui buvait chaque jour ce sang généreux produisait « chaque jour de nouvelles légions de martyrs. Non, « la dent du tigre, le fouet du bourreau, le glaive, le « bûcher, la faim, la croix, rien ne prévaut en vérité « contre une doctrine quand elle est juste. (*Approbation.*)

« La scène change. — Les chrétiens persécutés deviennent en une heure les maîtres du monde. Que « font-ils de leur pouvoir nouveau ? Je ne le leur reproche pas, je le reproche à leur temps.— Si j'ouvre « l'Evangile, j'y vois à toutes les pages l'amour ; si je « lis l'histoire du christianisme, je vois les victimes à « peine échappées au bûcher en ramasser les charbons « mal éteints pour rallumer le bûcher de leurs ennemis. — Cette persécution de la pensée par l'Eglise « dura des siècles ; elle enfanta les guerres religieuses ; « elle s'incarna dans l'inquisition. Notre France elle-« même eut ses gibets et ses brûlements. Il n'y a pas « une place encore subsistante du vieux Paris qui ne « raconte sa tragédie. Est-ce que cela a empêché la « France d'être le pays de Montaigne, de Descartes, « de Pascal, le pays de Voltaire, de Rousseau et des

« encyclopédistes ? — Regardez encore, regardez plus « près de nous au siècle passé.

« La société était-elle désarmée au XVIII° siècle, « contre les ennemis de la morale publique et reli-« gieuse ? — Vous aviez un arsenal formidable, de « quoi faire vaillamment la guerre à la pensée humaine, vous aviez la toute-puissance absolue du roi, « vous aviez les lettres de cachet, vous aviez la Bastille, vous aviez l'exil, vous aviez le lieutenant de « police, vous aviez le parlement, vous aviez le Châtelet, vous aviez le pilori, vous aviez le pilon et le « feu contre les livres et la mort contre les auteurs. Si « on n'osait plus, dans les derniers temps, pendre et « brûler les philosophes autrement qu'en effigie, on « leur appliquait encore ce que les juges appelaient en « leur langage, *omnia citra mortem*, c'est-à-dire la « marque, le fouet, le bannissement, les galères.

« Eh bien ! vous aviez tout cela et avec tout cela est-« ce que vous arrêtiez l'encyclopédie ? Est-ce qu'elle « n'était pas dans toutes les mains ? Voltaire n'était-il « pas le roi du siècle ? Rousseau ne fondait-il pas la « révolution ?

« Ainsi vous n'y pouvez rien ; non rien. Et c'est « avec ces souvenirs sous les yeux que vous voulez « prendre Dieu et la morale sous votre protection ? « Vous croyez honorer vos lois en y laissant des prescriptions ridicules, et moi je vous dis que vous les « déshonorez et que vous manquez comme à plaisir au « principe de liberté de conscience, qui est votre principe et sur lequel notre société repose....

« On ne protège pas la morale, on l'enseigne !... »

1466.—Pour des motifs que nous n'avons pas à exposer ici, l'Assemblée ne céda point aux entraînements de cette merveilleuse éloquence. — M. Jules Simon avait tort et avait raison :

Lorsque, des profondeurs de l'histoire, montent ces terribles clameurs : mort aux chrétiens, ils ont nié nos dieux : — Sus aux juifs, ils ont crucifié notre Dieu ! —Au feu le sorcier qui l'outrage ! — Guerre aux huguenots qui le discutent !.... Et qu'on voit les bûchers succéder aux bûchers, les persécutés devenir les persécuteurs et les motifs des édits de persécutions de Rome païenne s'inscrire, en changeant les noms, dans les arrêts de persécutions de Rome chrétienne.... — lorsqu'on entend toutes les religions se dire le salut, leurs martyrs ennemis confesser, avec une égale foi, des dogmes contraires, — on peut, en effet, se demander s'il est bien du devoir du législateur d'intervenir en de pareilles luttes ; — si son autorité n'a pas plus à gagner à proscrire la proscription qu'à protéger contre la liberté telle ou telle croyance ; — si enfin il n'a pas à répondre à celles qui réclament l'appui des lois, ce que disait je ne sais quel encyclopédiste du siècle dernier :— « Les vérités scientifiques s'en passent bien..., celles qui n'ont pas comme elles le pouvoir de se défendre et de s'imposer, que sont-elles ? — Qu'elles deviennent l'axiome et la lumière, et elles n'auront ni les erreurs, ni la discussion, ni l'outrage, ni la dérision des hommes à redouter... La géométrie n'a ni ennemis, ni incrédules.

1467.— Une pareille réponse dépasse notre époque d'un siècle encore ; — que le législateur soit un jour en position de la faire, cela se peut, — mais la question est autre, aujourd'hui, en présence des lois de 1819 et 1822, dont on discute l'autorité et l'utilité. — Il s'agit uniquement de savoir s'il était, en 1819 et 1822, DU DEVOIR du législateur de les imposer, et s'il ne serait pas du DEVOIR du législateur, en 1879, de les abroger...?

1468. — Nous disons : DU DEVOIR, pour nous placer en dehors des traditions historiques et des considérations politiques, et nous mettre en présence *des principes* seuls de la science législative, sur ce point.

II

1469. — Le temps est passé des législations théocratiques ; — ce n'est plus des hauteurs du Sinaï que les lois s'imposent aux peuples ; — leur origine est toute humaine, elles surgissent de leurs consciences sous l'empire du sentiment profond de la justice et de l'intérêt général.

1470.— *La loi*, nous l'avons, ailleurs, suffisamment démontré, n'est et ne peut être « *qu'une règle d'action, formulée par le pouvoir législatif, pour commander aux fonctionnaires les actes utiles et défendre aux citoyens les actes contraires au but social.* » (V. notre volume 1er de la science nouvelle des lois)

Ce but est surtout de réaliser « *le plus grand* MIEUX *du plus grand nombre* », — de protéger et conserver, par conséquent, ce dont le plus grand nombre désire ou réclame la protection et la conservation, en d'autres termes, les *droits et les biens* de chacun et de tous.

1471. — *Les biens :* — La *morale publique* est-elle un bien ? — La *morale religieuse*, un autre ? — Toute la question était là : elle n'a pas été abordée : — prenons ces expressions dans leur acception usuelle, elles vont se définir et se préciser.

1472.—L'homme ne vit pas seulement de pain; — la terre n'est pas le seul point d'appui de son travail et de son activité, toutes ses moissons ne sont pas au soleil : dans les champs infinis de la pensée, le dur labeur des intelligences a creusé d'inappréciables sillons et mis à découvert des trésors bien autrement précieux que les métaux et les fruits de la terre.

Serai-je démenti si j'ajoute que le travail des siècles, conquêtes sur conquêtes, a constitué sur ce domaine comme un capital d'idées générales, un fonds commun de règles de conduite, un patrimoine traditionnel de croyances dont l'humanité s'enorgueillit chaque jour davantage, et que les générations se transmettent avec respect en y ajoutant toujours ?

1473.— C'est cet ensemble d'idées générales, de règles et de croyances qui se sont dégagées de la fusion des opinions, des intérêts, des aspirations, des pratiques et des usages que nous désignons par ces mots : *morale publique* et *morale religieuse*; — et nous demandons : sont-ce là des biens ?

1474.— Il n'est personne qui ne réponde : les plus précieux de tous : — La science et la conscience des peuples ! —La sagesse même des nations ! n'est-ce pas la chose sacrée par excellence ?

Le législateur, à ce titre, nous en doit la protection et la conservation, c'est-à-dire le respect.

1475. — Précisons plus encore, il ne faut fuir aucune des difficultés du débat.

La croyance en la Divinité,—la vie future : — Il se peut, comme on a osé le dire, que Dieu ne soit qu'un mot (n° 1451) et la vie future une hypothèse — et que ceux qui les nient aient raison contre le sentiment universel ; —qu'est-ce que cela prouve ? — En sont-ils moins dans nos mœurs et nos habitudes? — Dans l'inventaire de notre avoir intellectuel, ces croyances ne sont-elles pas comptées ? — Ne sont-elles pas encore des biens pour ceux qu'elles consolent et fortifient, et qui y voient la sanction suprême de toute moralité.

Chimère, direz-vous.... Ma chimère m'est chère, répondra la foule ?

Il en sera de ses illusions à cet égard comme des autres.—Soit, mais jusqu'au jour où elles s'évanouiront, elles seront des biens et auront, à ce titre, droit à la protection des lois.

Les attaquer, les avilir pour les détruire sans compensation, ce serait violer les droits des croyants à leur jouissance ; — tenter de leur ravir ce jour de souffrance avant d'avoir fait en eux la lumière d'un plus grand jour, ce serait cruellement opprimer leur conscience. — Le pire des attentats pour un peuple encore imbu de la foi de ses pères, c'est de la méconnaître et de l'outrager.

1476.—Socrate, niant les dieux olympiens, méritait donc la ciguë, et les chrétiens brisant les idoles, la mort ?

Voici qui est plus haut :

Le législateur doit protéger les droits et les biens de chacun et de tous par des lois, et celui qui enfreint ces lois mérite le châtiment qui les sanctionne. — Il n'est pas d'ordre social sans cela.

1477.—Mais si les meilleures lois sont les plus efficaces, si les plus efficaces en ce point sont celles qui maintiendront le mieux intactes la religion et la morale des ancêtres, — les meilleures seront donc celles qui condamneront pour toujours le monde au culte, peut-être absurde, du passé, et lui fermeront tout accès à la vérité de l'avenir?

1478. — N'exagérons rien, et pas d'équivoque, — en tout il est une mesure : le législateur se doit de protéger le patrimoine de l'humanité, mais non contre le progrès qui veut l'accroître, non contre les idées qui épurent les mœurs, non contre ceux qui sapent les vieilles croyances pour leur en substituer de meilleures, et qui arrivent, sans *brutalité* ni *violence*, à la conviction par l'éclat des vérités qu'ils enseignent.

Voilà pourquoi Socrate, niant les dieux d'Homère en démontrant le dieu de Platon, fut l'innocente victime de la superstition et de l'ignorance, sinon de l'envie ; — voilà pourquoi saint Paul, triomphant des erreurs de l'aréopage avec la puissance de Démosthène, trouva grâce devant lui ; —

voilà enfin pourquoi les exaltés, qui brisaient les idoles de Rome au lieu de les laisser s'effondrer aux paisibles prédications de l'Evangile, méritaient l'application des faits antiques qui punissaient *la violence* contre les statues et les monuments publics ; — car il faut par-dessus tout que les lois soient respectées.

1479. — Pour la saine et régulière protection des croyances religieuses et de la morale, le législateur qui doit encore sa protection à la *liberté* du *mieux* et du *meilleur* c'est-à-dire aux progrès, —doit, en conséquence, distinguer entre les *attaques qui blessent* et les *attaques qui convertissent et améliorent*, et faire ainsi la part du passé et de l'avenir, de la foi et de la science, en conciliant, dans la liberté philosophique, le respect des dogmes consacrés et la légitime aspiration vers des vérités plus élevées.

1480. — Et c'est ce qu'a fait le législateur de 1819 et de 1822 en édictant des peines seulement contre l'*outrage* et la *dérision* des religions établies, et l'*outrage* contre la morale publique et religieuse, et en laissant entière la *liberté des discussions* sérieuses, dignes et convaincues, des *vérités philosophiques, morales et théologiques*. — ainsi que cela a été suffisamment démontré dans le chapitre précédent (n°s 1437 à 1446).

1481. — « Quand le besoin de rétablir les principes « moraux, disait à cette époque M. le garde des sceaux, « de Serres, est universellement senti et proclamé, « c'est un *devoir pour le législateur de prêter son « appui à la nécessité du temps.* »

Un DEVOIR pour le législateur de céder à la *nécessité des temps.* — On ne pouvait ni dire plus vrai, ni mieux dire.— La raison de l'art. 8 de la loi de 1819 est là tout entière.

1482.—Le devoir du législateur de cette époque ainsi démontré, sa législation ainsi justifiée au point de vue des principes et des idées qui l'ont imposée, il nous reste à examiner si le moment est ou non venu de renoncer à ses dispositions, — s'il y a DEVOIR enfin pour le législateur de 1870 de les abroger, comme le prétendaient M. Jules Simon et d'autres.

III

1483. — Dans nos sociétés modernes, constitutionnellement organisées, les lois sont le triple produit des mœurs, des besoins et des tendances ; — elles se font plus qu'on ne les fait, et comme leur puissance intime est tout entière dans les idées qui les ont voulues ou les nécessités qui les ont imposées, une nation n'a jamais que la législation qu'elle mérite : — Ses lois n'ont par suite, et forcément, qu'une utilité de temps et de relations.

1484. — De toutes les lois qui sont ainsi légiférées par l'opinion publique, celles qui portent le plus le signe des idées de leur jour et le moins de cette utilité de tous les temps qui fait les lois séculaires, sont les lois protectrices des croyances et des mœurs de l'époque qui les a vues naître.

Telles sont les dispositions de l'art. 8 de la loi du 17 mai 1819 et des art. 1 et 6 de la loi du 25 mars 1822.—Elles portent les unes et les autres l'empreinte de la réaction et de l'influence catholique qui les ont voulues, — et qui les amendèrent, l'art. 8, par les mots « *et religieuse* » ajoutés à « *morale publique* » du projet de loi, et les art. 1 et 6, par ceux de « *religion de l'Etat,* »

L'opinion publique, par ses représentants en 1848, a rayé ces derniers mots des art 1 et 6. — Elle saura bien, le moment venu, s'il en est besoin, corriger l'autre, l'art. 8.

1485.—On en demande l'abrogation : — à quoi bon? — La meilleure abrogation n'est-elle pas celle du temps ? — Si la disposition de l'art. 8 est encore bonne et utile, il faut la maintenir ; elle tombera bien toute seule si elle est inutile.

1486. — Elle est le produit des idées prédominantes de l'opinion, en 1819. — L'opinion a fait cette loi, c'est à l'opinion à la défaire : *ejus est tollere leges cujus est condere.*

Laissons donc le temps et l'opinion y pourvoir : —à devancer leur action on risquerait de la compromettre ; pourquoi s'exposer à une réaction? tout ce qui est prématuré est violent, et ce qui est violent est éphémère.

1487. — « Vous êtes impatients, vous revendi- « quez, dites-vous, le droit de libre discussion, les « droits même de la science. » — Mais qu'ont-ils donc tant à redouter des lois que vous attaquez comme un attentat au progrès et à la philosophie, ces droits? Vous savez bien, vous l'avez vous-même démontré en un magnifique langage, vous savez bien, « qu'elles sont impuissantes à empê- « cher l'expansion de la pensée; » — n'a-t-on pas, sous leur empire, impunément nié Dieu et professé le matérialisme? —V. n° 1449-1451.

Laissez donc au progrès faire son œuvre, l'irrésistible mouvement des idées transformera les mœurs, les mœurs, la loi, et l'art. 8 de la loi de 1819 s'effacera de lui-même, peu à peu, de nos Codes, «car l'avenir est aux patients et à la raison.»

1488. — Que la doctrine spiritualiste soit la vérité et le matérialisme un mensonge, là n'est pas la question pour nous : — la nation croit à Dieu, à l'Empereur et à l'immortalité de l'âme. — Eh bien, tant que cela sera, il sera bon à ses yeux que Dieu protége l'Empereur, et il lui paraîtra juste, comme le disait, en 1819, M. de Marcellus, « que le législateur le lui rende en protégeant la « morale et la religion, » et ce patrimoine saint et sacré des croyances pieuses de nos pères, c'est donc à bon droit que l'art. 26 de la constitution de 1852 a fait de cette protection un devoir constitutionnel.—(V. art. 376 *suprà*).

1489.— Quant à l'initiative du *mieux*, ce n'est pas au législateur qu'en revient le périlleux ou glorieux devoir : — Il suffit que ses lois n'y soient pas un obstacle; sa mission n'est ni de diriger les idées, ni de les convertir, mais seulement de régler l'exercice de la liberté individuelle et du pouvoir des fonctions dans l'enceinte du groupe social qui s'améliore et se transforme chaque jour sous l'impulsion de la conscience et de la science. Du moment où il laisse à celle-ci toute liberté d'éclairer l'autre, et à cette autre le droit de défendre son erreur ou sa vérité, il a fait tout ce qu'il avait à faire ; —son œuvre est achevée: aux philosophes, aux initiateurs, aux savants, aux apôtres des croyances nouvelles à faire la leur sans violence, par la discussion, et sans sophismes par la lumière.

1490.—Or, ils n'ont pas encore suffisamment fait dans les esprits l'abrogation des art. 8 de la loi de 1819 et 1 de la loi de 1822.—Le législateur ne DOIT donc pas *les abroger encore :*—Il y a plus, comme l'art. 26 de la constitution a placé la morale et la religion sous la sauvegarde du Sénat, ce gardien de nos droits publics devrait au besoin s'opposer à la promulgation d'une loi qui, en abrogeant prématurément ces lois, porterait atteinte à la religion et à la morale.

IV

Il nous faut maintenant étudier cet art. 8, le seul important de ce chapitre, dans son esprit et dans sa lettre.

1491.—Sa disposition reconnaît deux morales : *la morale publique* et *la morale religieuse,* et comme elles peuvent, sur certains points, se trouver en opposition, l'histoire en fournit plus d'un exemple, la loi ne les protége que sur les points qui leur sont communs. Le texte, en effet, ne dit pas *morale publique* ou *religieuse* mais ET *religieuse;* — ces derniers mots furent ajoutés au projet de loi par voie d'amendement; — leur discussion souleva des tempêtes et divisa, en 1819, la Chambre des députés en deux parts presque égales. V. n° 1434.

1492.—Quelle est la portée de ces expressions; quel est le sens légal du mot *outrage?* — La loi n'en donne nulle part la définition; — les travaux préparatoires et sa discussion ne fournissent, à cet égard, que des opinions et des armes à toutes les opinions.

1493. — « *La morale publique,* disait M. le garde « des sceaux de Serres, est celle que la conscience et « la raison révèlent à tous les peuples comme à tous « les hommes, parce que tous l'ont reçue de leur divin « auteur en même temps que l'existence. Morale con- « temporaine de toutes les sociétés que sans elle nous « ne pouvons pas comprendre, parce que nous ne sau- « rions les comprendre sans les notions *d'un Dieu* « *vengeur et rémunérateur du juste et de l'injuste,* « *du vice et de la vertu, sans le respect pour les* « *auteurs de nos jours, sans la tendresse pour les* « *enfants,* sans *le dévouement au prince,* sans « *l'amour de la patrie,* sans *toutes les vertus* enfin « qu'on trouve chez tous les peuples et sans lesquelles « tous les peuples sont condamnés à périr. ». . . . .

1494. — « Quant à *la morale religieuse,* ajoutait- « il, je suis encore à chercher quel sens on attache à « ces mots. »

1495.—M. Royer-Collard s'opposait, avec M. le garde des sceaux, à l'introduction de ces expressions dans la loi.

« Le sentiment religieux, disait-il, est le principe « des devoirs réciproques et la sanction de la morale « publique. — La *morale publique* diffère-t-elle du « *sentiment religieux?*—oui; mais comme l'effet, de « la cause, la conséquence, du principe, ou le précepte « de la sanction; c'est-à-dire que bien qu'elle en dif- « fère, elle en est inséparable. Mais si le sentiment « religieux est inséparable de la morale publique, il « ne peut être outragé que celle-ci ne le soit point en « même temps ; par conséquent, la protection ac- « cordée par l'art. 8 à la morale publique embrasse le « sentiment religieux..... Partout où il est outragé, la « morale publique s'indigne et le venge. »

1496. — Et M. Cuvier, commissaire du roi, qui repoussait aussi l'addition des mots « *et religieuse* » ajoutait :

« La *morale publique,* seule base de l'ordre social, « consiste dans ce sentiment religieux qui porte chacun « *à rendre au Créateur le culte qu'il croit lui de-* « *voir,* — qui fait chercher à chacun, dans l'existence « de la Divinité et d'une vie à venir, la sanction des de- « voirs qu'il a à remplir dans ce monde... Voilà ce que « nous entendons par morale publique. »

1497.— M. le duc de Broglie, rapporteur de la loi devant la Chambre des pairs, ne fut pas moins embarrassé pour donner la définition de ces indéfinissables expressions :

« Les mots de *morale publique* étaient nouveaux, « ils pouvaient être critiqués, mais ils avaient cet « avantage de ne rien exclure et de ne rien désigner, « de remettre seulement entre les mains de la société « représentée par plusieurs jurys successifs une arme « pour se défendre précisément sur le point où elle « se sentirait blessée. »

1498.—Cela revenait à dire que la loi, ne pouvant pas être plus claire sur des points aussi nuageux, s'en rapportait aux juges du fait du soin de la définir et de l'approprier aux circonstances : —L'addition des mots « *et religieuse* » est loin d'en avoir éclairé la disposition : — La conscience et l'impression des magistrats restent ainsi la mesure de la portée légale des termes de la loi.... quelle réserve ne leur impose pas un tel arbitraire !

1499.—Quoi qu'il en soit de cette liberté d'appréciation qui ne pouvait pas ne pas leur être laissée, — voici quels nous paraissent être, en résumant les idées les plus accréditées émises sur ce point, les croyances, les préceptes, les sentiments ou les vertus qui peuvent invoquer la protection de notre art. 8, non contre les droits de la discussion, mais contre la violence des outrages ; ce sont :

1° La croyance en l'existence de Dieu. — *Sic,* Chassan, 1, n° 400. — Rauter, 1, n° 416. — M. de Serres, n° 1493 *suprà ;*

2° La croyance en l'immortalité de l'âme et en une vie future où chacun sera traité selon ses œuvres. — *Sic,* Chassan, Rauter, de Serres et Cuvier. V. *suprà,* n° 1496;

3° La liberté humaine et la responsabilité morale et pénale qui en dérive. — Tous les criminalistes sont unanimes sur ce point ;

4° La maxime : *Ne fais pas à autrui ce que tu ne voudrais pas qu'il te fût fait :* — Tous les moralistes depuis Platon ont fait de ce précepte un des fondements de la morale sociale ;

5° Le sentiment inné *de la justice* et celui non moins inné *du bien et du mal,* du *vice* et de la *vertu.* — Il n'est pas un législateur qui n'ait affirmé ces sentiments comme bases et principes de ses prescriptions : *Principium* et *fons ;*

6° L'autorité des lois, le respect des pouvoirs constitués, de la dignité humaine et des droits acquis :— ce sont là les conditions mêmes de l'ordre, d'où dérive pour tous le devoir de les respecter, devoir sans lequel il ne serait pas de société possible ;

7° Le patriotisme :— Tous les citoyens l'attestent ;

8° Le respect du serment et de la foi jurée, — on le trouve chez tous les peuples à des degrés divers;

9° Le respect de l'autorité paternelle, de la vieillesse

et de la famille.—Discours de M. de Serres, n° 1493, *suprà ;*

40° La punition des méfaits, — l'horreur des crimes, — le mépris et l'aversion des méchants. — Sentiment général dont chacun porte en soi le principe.

Nous verrons plus loin des textes particuliers réprimer spécialement des attaques contre quelques-uns des points compris dans cette énumération. — V. articles 392 et 395, *infrà.*

1500.— *Outrage, outrager : ultrà agere,* aller au delà, au delà de ce qui est convenable ou permis. Ce terme implique à la fois la reconnaissance du droit de discussion et le sentiment de ses limites ; le difficile est ici de déterminer l'étendue de l'un et le tracé des autres.

1501.—Ce qu'au-dessus de tout droit, de toute religion et de toute liberté, il importe de maintenir, car c'est la sauvegarde même des droits, de la religion et de la liberté,— c'est l'ordre, la sécurité, la paix. (V. n°s 1437 à 1446).

1502.— La violence qui appelle la violence, la brutalité qui repousse toute discussion, la grossièreté qui l'irrite, tout ce qui enfin provoque à la lutte, aux voies de fait, c'est le désordre. — Voilà ce que la loi doit prévenir et réprimer : — Où commence l'emportement finit le droit de discussion.— « L'outrage est une voie de fait par la parole ou sur le papier » — suivant l'heureuse expression de M. Chassan, n° 1454.

1503. — Est-ce à dire, cependant, qu'une attaque violente, un mot *outrageant* et même plusieurs, échappés à l'emportement d'une conviction passionnée dans la défense d'une doctrine sérieuse seront toujours punissables? — Non : — Ce serait là du *summum jus,* et partant presque l'injustice.

1504. — « En matières philosophiques ou reli-
« gieuses, disait M. Jules Simon, dans la séance du
« 20 février 1868, au sujet de notre art. 8, lorsqu'on
« a une de ces convictions qui font partie de la vie
« d'un homme, ce n'est pas un peu de passion qu'on y
« apporte, c'est une passion véhémente.... Ce n'est pas
« avec douceur qu'on la prêche, ce n'est pas en respec-
« tant les erreurs de ses adversaires qu'on la défend,
« c'est en les heurtant de front, en les accablant, en
« les outrageant; c'est en mettant dans ses paroles et
« ses maximes cette âpreté, cette verve d'ironie et de
« sarcasme qui disparaissent sans doute quand la raison
« a repris tout son empire, mais qui donnent à la dis-
« cussion, il faut bien le dire, cette force et cet éclat
« sans lesquels la vérité toute nue serait trop souvent
« impuissante. » *Moniteur* du 24.

1505. — M. le garde des sceaux de Serres avait déjà dit, en 1819, en parlant des prédicateurs catholiques : « Les empêcherez-vous, dans leur conviction
« inflexible et les entraînements de leurs controverses,
« d'appeler les *cultes* étrangers, des *cultes adultères,*
« de les traiter *d'impies, de sacriléges, d'attaquer les*
« *dogmes et les rites étrangers,* de les qualifier
« *d'abominables erreurs ou d'infâmes profanations?* »

1506.— Non. — L'intention outrageante, sans laquelle il n'est pas de délit, faillirait alors à ces outrages ; — la pensée, pour qui ces expressions échappées ont été, non le but, mais un accident de la discussion, la pensée, qui ne les a ni préméditées, ni voulues, ne saurait en être responsable. — Voir cependant ci-dessus cité, sous le n° 1457, un arrêt de Poitiers, du 26 juin 1857, qui semble-

rait décider le contraire. Mais voir aussi dans un sens opposé, sous le n° 1454, l'opinion de M. Chassan qui vaut bien un arrêt en cette matière.

1507.—Il y aura donc, en matière d'outrage, à tenir compte des intentions et à distinguer entre ceux qui ont pour excuse la violence d'une conviction respectable qui veut éclairer et convertir et ceux qui, uniquement inspirés par une haine sans foi ou des passions sans principes, outragent pour outrager, irriter, avilir et détruire sans avoir mieux, ni même aussi bien, à mettre à la place des doctrines qu'ils conspuent.

1508.— Les magistrats du ministère public ne sauraient donc agir avec trop de ménagements à l'égard surtout de ces apôtres trop souvent surexcités des doctrines nouvelles, afin de ne pas leur fournir l'occasion ou le prétexte de crier à l'intolérance et de se poser en martyrs.

Ils procéderont, en conséquence, très-sagement, après avoir épuisé les moyens gracieux d'arrêter le scandale, de consulter leurs chefs, les circulaires le leur recommandent, et de ne se décider à mettre l'action publique en mouvement qu'à la suite de l'opinion publique indignée.

V

1509.—Nous avons déjà dit(V. n°s 1498 et 1499) que la loi, n'ayant point défini les caractères extérieurs du délit d'outrage, avait, par cela même, abandonné aux juges du fait le droit souverain de décider si l'attaque déférée à leur appréciation rentrait, par l'intention et son caractère offensant, sous la portée légale du mot outrage ; — leur jugement sur ce point spécial, participant de la nature des verdicts du jury, leurs impressions personnelles et leurs consciences seront les seules règles de leurs décisions ; ils liront l'écrit, si c'est un écrit, ils écouteront les témoins auditeurs des paroles, dans les cas contraires, et ils se poseront cette question :

« Cette attaque révolte-t-elle? — N'y a-t-il pas
« de doute à avoir? Dépasse-t-elle toutes les
« bornes avec l'intention d'outrager? Si oui, *ultra*
aget, elle rentre évidemment dans les prévisions de l'art. 8 et constitue un outrage ; — Si non, c'est de la véhémence, de la chaleur, de la conviction en mots trop énergiques, violents même, mais sans délits.

1510. — Et dans les motifs de leurs jugements, les juges pourront, en conséquence, se borner à dire, sans autre justification ni analyse, que
« l'impression qui est résultée pour eux de la lec-
« ture de l'écrit ou de l'audition des paroles incri-
« minées, ne leur laisse aucun doute sur leur
« caractère outrageant et l'intention de leur au-
« teur. » V. *infrà* au sujet des pouvoirs d'appréciation de la Cour de cassation, n°s 1540 et 2842.

1511.—Mais, objection grave, si les impressions des juges sont la règle de leur décision, la condamnation ou l'acquittement du prévenu dépendra de leurs principes religieux; leur sévérité sera d'autant plus grande qu'ils seront plus alarmés par les attaques qui en ébranlent l'autorité, comme ils pourront d'autre part être plus indulgents si, pénétrés de l'excellence des doctrines nouvelles, ils considèrent comme une superstition qui a fait son temps la croyance jusqu'alors honorée de leurs premières années.

Cela est vrai : — et il arrivera même ceci, que dans le for intérieur de leurs consciences agitées ils seront quelquefois amenés à reconnaître que plus ils seront attachés à la foi du passé et moins ils seront impartiaux, plus ils seront juges et parties en présence des apôtres de la foi nouvelle ennemie de la leur.

Ce n'est pas la première fois que les ministres de la justice auront subi ces rudes et pénibles épreuves : — elles se renouvellent pour eux à toutes les époques de rénovation religieuse ou morale; cela n'a rien qui doive nous surprendre, c'est la conséquence de cette situation transitoire où, en désaccord avec les progrès des mœurs et des idées, la loi du passé continue à s'imposer, toujours la même à tous, aux derniers jours de son autorité.

1512. — Il se peut que l'Olympe soit vide et le Tartare une fantasmagorie de la superstition, mais la loi qui punit ceux qui nient la providence de Jupiter et la justice de Pluton existe encore : — L'aréopage lui-même n'y croit plus, n'importe. Les juges se mettront au-dessus d'eux-mêmes par le *sentiment du devoir et de la loi*, ils se feront autres et impartiaux, et ils appliqueront aux athées et aux incrédules, traduits devant eux, et dont ils partagent peut-être au fond les convictions, cette loi qui les commande encore et dont la protection déplacée s'étendra peut-être demain sur les dogmes et les principes triomphants de la foi nouvelle.

VI

1513. — Question : *La simple négation de la morale, la profession d'athéisme et de matérialisme constitueraient-ils le délit prévu et puni par l'art. 8 de la loi du 17 mai 1819 ?*
Ce point est discutable, il a été discuté.

1514. — Dans le Répertoire de M. Favard de Langlade, au mot *Culte* on trouve rapportées les paroles suivantes de M. le comte de Portalis, qui se prononça pour l'affirmative :

« La religion, dit-il, est du droit des gens, sans elle
« la bonne foi et la justice seraient bannies de la so-
« ciété du genre humain; — la profession publique
« *d'irréligion* et *d'athéisme* est une atteinte à l'ordre
« public et aux bonnes mœurs contre tous les ci-
« toyens. »

1515. — « Il est bien entendu, avait dit M. Royer-
« Collard, lors de la discussion de la loi de 1819, que
« *les opinions* ne sont l'objet de la loi ni comme
« *vraies* ni comme *fausses*, ni comme salutaires, ni
« comme nuisibles. — Aussi ne s'agit-il pas ici *de
« simples opinions : la loi ne punit que l'OUTRAGE.* »

1516. — Contrairement à cette manière de voir du député qui prit une si large part à l'élaboration de la loi de 1819, la Cour d'assises de la Seine condamna comme outrage à la morale publique, le 28 mars 1844 (G.T. du 29), les passages suivants de l'*Almanach de l'organisation sociale* : « Nous n'espérons pas un
« bonheur d'outre-tombe..... le bonheur est sur la
« terre, dans cette vie, proclamons-le hautement; au

« delà il n'est plus rien.... — Le monde peut être con-
« sidéré comme une intelligente machine...., tout être
« vivant est un organisme. »

1517. — La profession d'athéisme ou de matérialisme, sans outrage ni dérision contre la morale publique, ne paraît pas cependant à MM. Rauter (*Traité de droit crim.*, I, n° 416, et Chassan, *loc. cit.*, I, n° 401) constituer le délit puni par l'art. 8, L. 1819. —(V. *sup.*, n°° 1443 et suivants, au sujet de la négation de la divinité du Christ).

1518. — Dans la séance du 20 février 1868, M. le ministre d'État Rouher a hautement exprimé une opinion contraire.

M. Rouher : « Il n'y a plus, dites-vous, de délit
« d'opinion, la discussion n'a pas de limites ; eh bien !
« permettez-moi un exemple : voici un homme qui,
« dans un journal, pose en principe la doctrine du ma-
« térialisme, il discute vivement... »

M. Jules Simon : — « Vous ne pouvez pas dire
« qu'il est interdit de se déclarer matérialiste. »

M. Rouher : « Le matérialisme, savez-vous, Mes-
« sieurs, ce que c'est? — c'est l'irresponsabilité ; —
« si le matérialisme est vrai, nous sommes irrespon-
« sables, et si nous sommes irresponsables, les tribu-
« naux, les cours d'assises, leurs discussions, les con-
« damnations prononcées contre les criminels, contre
« les assassins sont d'odieuses comédies qu'aucun droit
« ne justifie. » (*C'est cela, c'est cela, applaudisse-
« ments.*)

« Prétendre que la discussion peut aller jusque-
« là....., c'est une hérésie. » — (*Moniteur*, 24 févr.
1868.)

1518 *bis.*—La solution de cette question me semble devoir se puiser dans une distinction. Celui qui se dit athée ou qui fait profession de matérialisme parle-t-il sincèrement, manifeste-t-il une opinion de conviction sérieuse, sans *arrière-pensée d'outrage* contre qui que ce soit ou quoi que ce soit? — Il faut le plaindre, ou l'éclairer ; mais voilà tout. — Il n'y a pas de délit dans cette manifestation de sa croyance et de ses opinions : — Il y en aurait dans le cas contraire.

1519. — Si la religion est du droit des gens, si le spiritualisme est une doctrine respectable et d'ordre public, la liberté de conscience et de conviction ne l'est pas moins,— et ne doit pas être moins respectée. — La manifestation, sans abus, sans violence, sans attaque, de ce que la loi n'interdit pas, est un droit et non un délit.

1520. — Quoi qu'il en soit et dans le doute sur le caractère de l'attaque ou sur l'inviolabilité de l'idée ou des doctrines attaquées, les juges devront se prononcer en faveur du prévenu et l'acquitter, suivant cette sage maxime: *In dubio libertas.*

Le vague et l'obscurité des lois seraient des piéges, s'ils ne devaient pas tourner contre elles : il est si facile au législateur d'être plus clair, et il en coûtera si peu au Gouvernement de les corriger ou compléter, que les tribunaux ne doivent pas craindre, en acquittant, de montrer les vices ou l'insuffisance de leurs disposi-tions ; ils provoqueront ainsi leur perfectionnement, ce qui vaut mieux que de suppléer arbitrairement à leurs lacunes sous prétexte de faire bonne justice et de perpétuer ce mal des lois en dispensant, par de tels expédients, le législateur d'y remédier régulièrement.

Sect. VI. — Attaques contre les bonnes mœurs et la morale publique.

§ 1. — Outrages aux bonnes mœurs.

La protection de la morale, devoir constitutionnel.

386. — *Constit.* 14 *janv.* 1852. Art. 26. Le Sénat s'oppose à la promulgation des lois qui seraient contraires ou qui porteraient atteinte à la religion, à la morale...

Publications contraires aux mœurs.

387. — *Code pénal.* Art. 287. Toute exposition ou distribution de chansons, pamphlets, figures ou images contraires aux bonnes mœurs, sera punie d'une amende de 16 fr. à 500 fr., d'un emprisonnement de 1 mois à 1 an, et de la confiscation des planches et des exemplaires imprimés ou gravés, de chansons, figures ou autres objets du délit.

Atténuation en cas de révélation.

388. — Art. 288. La peine de l'emprisonnement et l'amende prononcée par l'article précédent, seront réduites à des peines de simple police :

1° A l'égard des crieurs, vendeurs, ou distributeurs qui auront fait connaître la personne qui leur aura remis l'objet du délit ;

2° A l'égard de quiconque aura fait connaître l'imprimeur ou le graveur;

3° Abrogé. (V. n° 1883).

Sanction de police.

389. — Art. 475. Seront punis d'amende depuis 6 fr. jusqu'à 10 fr. inclusivement:

13° Les personnes désignées en l'art. 288 ci-dessus du présent Code.

Art. 477. Seront saisis et confisqués.....

3° les écrits ou gravures contraires aux mœurs: ces objets seront mis au pilon.

---

[586] = 1521. — La morale est d'ordre public. — C'est un bien à la conservation duquel chacun a droit : — sa protection est pour le Sénat un devoir constitutionnel. — V. n°ˢ 1471 et suiv. et 1490.

[587 à 589]. = 1522. — *Outrage aux bonnes mœurs.* — Cet outrage que la loi particularise par ces expressions dans l'art. 8 de la loi du 17 mai 1849 (art. 390) semble devoir être restreint « aux actes ou aux écrits qui blessent la pudeur et qui s'adressent à l'esprit de licence et de débauche. » — Chassan, 1, n° 402.

1523. — L'art. 287 du C. pénal n'a été formellement abrogé par aucune loi, mais le délit qu'il prévoit se trouvant compris dans les prévisions plus larges de l'art. 8, L. 1849, la plupart des auteurs ont considéré sa disposition non comme abrogée, mais comme inutile. — Chassan, I, n° 404 ; Chauveau-Hélie, V, p. 404 ; Paris, 7 avril 1853 ; de Grattier, I, 160.

1524. — Ces mêmes auteurs étant, d'autre part, d'accord pour reconnaître que l'art. 288 n'a été ni abrogé ni absorbé par cet art. 8, L. 1849, et que sa disposition cesserait d'être intelligible si elle était isolée de celle qui la précède, il me semble que l'art. 287 doit être conservé tout au moins pour l'intelligence et l'application de l'art. 288.

1525. — Contre l'opinion de ceux qui pensent que l'art. 8, L. 1849, a absorbé dans sa disposition plus générale la disposition restreinte de l'art. 287, on pourrait encore objecter que si cette dernière déroge en quoi que ce soit à l'art. 8 et s'en détache par une particularité, cette spécialité la sauve de l'abrogation, en vertu de cette règle consacrée que les lois spéciales ne sont pas abrogées implicitement par les lois générales, et si elles n'y dérogent point, c'est une disposition en *duplicata* qui se trouvera dans notre législation, et ce n'est pas la seule.

1526. — L'art. 288, C. pén., n'est pas abrogé. — Mais la délation à laquelle est subordonné le bénéfice de son application, pour les crieurs, les vendeurs et les distributeurs, ne les excuserait pas de la contravention qu'ils auraient commise en publiant l'écrit sur la voie publique sans l'autorisation exigée par l'art. 4 de la loi du 16 février 1834 et l'art. 6, L. 27 juillet 1849; *Sic* Chauveau-Hélie, III, p. 330. — Les agents de publication qui ne font pas connaître ceux dont ils tiennent l'écrit ou celui qui l'a imprimé, car il ne s'agit ici que d'imprimés sans nom, sont considérés comme *auteurs principaux* du délit. (V. n° 1018).

1527. — De l'enchaînement de l'art. 287 avec l'article 288 et de leurs relations avec les articles du Code qui les précèdent (art. 283, 284 et 285. — V. *suprà*, art. 213, 214 et 314), il résulte que les imprimés que leurs dispositions ont en vue sont uniquement des imprimés sans noms d'auteur et d'imprimeur; la rubrique d'ailleurs de la section qui comprend ces articles ne permet pas d'en douter ; elle est ainsi conçue : — SECTION VI. — *Écrits, images ou gravures distribués sans nom d'imprimeur, d'auteur ou de graveur.*

1528. — En cas de révélation de la part des agents publicateurs, — on appliquera aux crieurs et distributeurs les peines des art. 475, n° 13, du C. pénal (art. 389) et de l'art. 477, — sans préjudice de leur solidarité, pour le paiement de l'amende prononcée contre l'imprimeur, les afficheurs et ceux qui auraient fait afficher ou distribuer ledit imprimé. — Dalloz, v° *Presse,* n° 484.

1529. — Le § 3 de l'art. 288 et l'art. 289 qui édictait contre les auteurs le maximum de la peine sont abrogés. — V. notre *C. de la presse* de 1856 à ce sujet, n° 478.

1530. — *Confiscation.* A la différence de la loi du 17 mai 1819, dont l'art. 26 autorise les juges à prononcer la confiscation et la destruction des imprimés délictueux saisis ou à saisir, — (V. *infrà,* art. 516), l'art. 287, C. pénal, prononce la confiscation même *des planches* qui ont servi à l'impression des écrits ou des dessins délictueux.

§ 2. — Outrages aux bonnes mœurs et à la morale publique et religieuse.

Outrage à la morale et aux bonnes mœurs.

390. — *L.* 17 *mai* 1819. Art. 8. Tout outrage à la morale publique et religieuse ou aux bonnes mœurs, par l'un des moyens énoncés en l'art. 1 (art. 309), sera puni d'un emprisonnement de 1 mois à 1 an et d'une amende de 16 fr. à 500 fr. (V. art. 518).

Contre journal : L'amende sera de 500 à 1,000 fr. (art. 509.)
Peines acces.: Impression, affiche du jugement. (art. 510.)
Récip.: Prison, de 1 à 2 ans et amende de 500 à 1,000 fr.—Contre journal . Amende, de 1,000 à 2,000 fr.—Suspension de 15 jours à 2 mois, la 1re fois; de 2 à 6 mois, la 2e fois. (art. 522-525(.
Circ. att.: Prison, de 1 jour à 1 mois et, ou, amende de 1 fr. à 16 fr. (art. 531.)

[590 à 590 A] = 1531. — L'art. 8 de la loi de 1819 n'a pas été abrogé par l'art. 1er de la loi du 25 mars 1822 (art. 390 A) qui ne punit que l'outrage contre la foi et les rites de la religion catholique et des autres religions légalement reconnues : — Cass., 18 sept. 1829, J.P., Dalloz, v° *Presse*, n° 620. — Chassan, I, n° 399. — Voir d'ailleurs *suprà*, n° 1433, un passage de l'exposé des motifs de la loi de 1822 où l'art. 1er de cette loi est signalé comme un développement de l'art. 8, L. 1819.

1532. — *Tout outrage :* — Voir, pour la définition et la portée de cette expression, *suprà*, n°s 1500 à 1508.

1533. — *A la morale publique et religieuse.* — L'art. 26 de la constitution (art. 386) fait de la protection de la morale un devoir constitutionnel. — Voir sur la portée de ces expressions, non définies par la loi, (n° 1490) les opinions ci-après, savoir :

Opinion de M. de Serres. — N°s 1493, 1494.
Opinion de M. Royer-Collard. — N°s 1495 et 1515.
Opinion de M. Cuvier. — N° 1496.
Opinion de M. de Broglie. — N° 1497.
Opinion de M. Rouher. — N° 1518.

Voir encore la définition que nous avons donnée de la morale publique sous le n° 1472 et les observations qui précèdent et suivent. — N°s 1472, 1475 et 1491.

1534. — Par morale publique ET *religieuse*, il faut entendre, indépendamment des préceptes de morale que chacun sent, les principes et les croyances qui en constituent la sanction et forment la base de toutes les religions ; telles sont la croyance en l'existence de Dieu, celle en l'immortalité de l'âme, avec la justice divine après la mort ; voir d'ailleurs sous le n° 1499 l'énumération que nous avons ci-dessus donnée des sentiments, des dogmes, des préceptes et des croyances qui peuvent invoquer la protection de l'art. 8.

1535. — La négation brutale, injurieuse et méprisante de ces dogmes, comme la dérision et l'insulte ironique de ces croyances constituerait l'outrage puni par l'art. 8, — (Chassan, n°s 399, 400 et 314 et note) — quant à leur discussion digne, sérieuse et philosophique, voir ce qui en a été dit ci-dessus, sous les n°s 1443, 1456.

1536. — La profession d'athéisme et de matérialisme est-elle un outrage ? — Cet outrage est-il punissable ? — Pour l'affirmative : — V. l'opinion de M. Portalis, n° 1514, — et la déclaration de M. Rouher, n° 1518. — Pour la négative : — V. MM. Rauter, Chassan et Dalloz, v° *Presse*, n° 623, — M. Royer-Collard, n° 1515, — Le sentiment de la Chambre des députés en 1822, sur le rapport de M. Chiflet, n° 1443. — Voir encore sur cette question *suprà*, n°s 1447 à 1453.

1537. — Les juremens et les blasphèmes pourraient,

Outrage et dérision des religions établies.

390 A. — *L.* 25 *mars* 1822. Art. 1er. Quiconque, par l'un des moyens énoncés en l'art. 1er de la loi du 17 mai 1819 (art. 309), aura outragé ou tourné en dérision *la religion de l'État*, sera puni d'un emprisonnement de 3 mois à 5 ans et d'une amende de 300 fr. à 1,000 fr.

Les mêmes peines seront prononcées contre quiconque aura outragé ou tourné en dérision toute autre religion dont l'établissement est légalement reconnu en France.

Cet article ne figurant ici que pour la conférence avec l'art. 390, nous ne reproduirons pas les peines accessoires indiquées sous sa disposition déjà classée.—V. art. 382.

suivant leur gravité et les circonstances, constituer soit un outrage à la morale, soit un outrage à la religion. — Chassan, I, n° 398.

1538. — L'étalage dans la montre d'une boutique et la mise en vente de photographies obscènes constitue le délit d'outrage à la morale publique et aux bonnes mœurs non-seulement de la part du mari qui fait le commerce, mais encore de la part de la femme préposée à la vente. — Trib. Nantes, 16 mars 1864. D.64.3.24.

1539. — L'achat en France et l'expédition à l'étranger de photographies obscènes constituent le fait de mise en vente en France passible des peines de l'art. 8, L. 1819. — Cass., 11 août 1864, D.65.1.320. — Alors même qu'au lieu de destination à l'étranger, il se trouve une maison de commerce, si ces photographies ont été adressées non à cette maison, mais à des tiers qui lui sont étrangers.

1540. — Les tribunaux sont souverains pour apprécier les caractères des faits qualifiés d'outrages; leur décision ne peut être déférée à la Cour de cassation. — Cass., 15 oct. 1825. — La Cour est revenue plus tard sur cette jurisprudence : Cass., 19 juill. 1838, J.P.38. 2.494. — Il s'agissait de savoir si la distribution de cartes, annonçant l'ouverture d'une maison de tolérance, sans expressions obscènes, constituait l'outrage aux bonnes mœurs ; la Cour d'Amiens avait décidé le contraire; la Cour de cassation cassa sa décision.

1541. — Le jugement doit en conséquence, afin que la Cour suprême puisse apprécier le bien-jugé de la décision, faire connaître les discours et les expressions caractéristiques constitutives du délit. — Cass., 14 mai 1857. B.

1542. — *Attaque contre le serment :* — L'art. 8 de la loi abrogée du 9 septembre 1835 punissait toute attaque contre la sainteté du serment. — Sa disposition n'a pas été reprise par les lois postérieures, mais l'article 8, L. 1819, suffirait encore à réprimer les faits qui avaient provoqué ledit art. 8 de la loi de 1835, — tant ils portent atteinte à la morale publique et religieuse :—« Nous n'empêchons pas, dit à ce sujet M. de « Salvandy, ministre, de discuter la question du serment, « comme condition de l'exercice des droits politiques ; » « — mais ce qui ne peut être toléré, c'est de laisser la « presse dire chaque jour aux citoyens : Levez la main, « levez-la hardiment, le serment n'oblige pas.... Eh « bien, messieurs, je dis que vous ne pouvez pas tolérer « un pareil scandale, il outrage Dieu et les hommes. » — M. de Salvandy avait raison. — C'est là un outrage à la morale publique et religieuse, — et il n'était pas besoin d'une disposition spéciale pour l'atteindre.

Par les moyens de l'art. 1er, *L.* 1819. — V. notes sous l'art. 309.

§ 3. — Attaques contre la propriété, la famille, les lois et les droits.

Attaques contre la propriété et la famille.

391. — *D.* 11 *août* 1848. Art. 3. L'attaque par l'un des moyens énoncés en l'art. 1 de la loi du 17 mai 1819 [art. 309] contre............

[Voir pour la première incrimination de cet article, l'art. 384.]

...le principe de la propriété et les droits de la famille, sera puni d'un emprisonnement de 1 mois à 3 ans et d'une amende de 100 fr. à 4,000 fr. [V. art. 518].

Contre journal : Pas de doublement de l'amende. (V. n° 1584 *bis*).
Peines access. : Impression, affiche du jugement. (art. 516.)
Récin. : Prison, de 3 à 6 ans et amende de 4,000 à 8,000 fr. — Contre journal : Suspension de 15 jours à 2 mois, la 1re fois ; de 2 à 6 mois, la 2e fois. (art. 521-525.)
Circ. att. : Prison de 1 jour à 1 mois et, ou, amende de 50 à 100 fr. (art. 531-533.)

———

[591] = 1543. — *Attaque* [V. sur ce mot n°s 1435 et suiv., et n° 1544 ci-dessus] *contre le principe de la propriété et les droits de la famille.* — La disposition de l'art. 1er du décret du 11 août a été empruntée aux lois antérieures et notamment à l'art 8 de la loi du 9 sept. 1835 aujourd'hui abrogée (V. notre *C. de la presse* de 1856, p. 404). — L'art. 8 de la loi de 1819 (article 390) aurait à la rigueur suffi à protéger les principes que protége cet art. 3 du décret de 1848. Il n'eût pas été en effet difficile d'établir que les attaques qu'il prévoit portaient atteinte à la morale publique et religieuse. — Le respect de la propriété et des droits de la famille est un sentiment que, chez tous les peuples, les lois, expressions de la morale publique, et les religions, expressions de la morale religieuse, ont affirmé, consacré et sanctionné.

1544. — A l'occasion de l'incrimination identique de la loi de 1835, M. de Salvandy avait fait une distinction qui mérite d'être signalée :

« La loi, dit-il, a voulu proscrire les théories subver-
« sives par lesquelles la presse ne cesse de saper l'ordre
« social en attaquant tout ce qui est saint et respec-
« table ; mais elle n'a point entendu anéantir la dis-
« cussion qui reste permise : — l'attaque seule est
« prohibée. Le caractère de l'attaque est de pousser à
« la violence, elle parle aux passions pour que la force
« lui réponde : — Le juge fera cette distinction entre
« la polémique légitime et la polémique criminelle. »

1545. — « Nous ne voulons pas, dit, en 1848,
« M. Jules Favre, un des auteurs de l'amendement
« relatif au principe de la propriété, porter atteinte à
« la discussion philosophique ; — nous entendons
« qu'elle demeure entière, qu'aucune loi ne la puisse
« empêcher de se produire librement.... Toute espèce
« de théorie pourra être développée sur la législation
« civile et criminelle. Mais lorsque dans la polémique
« descendront des attaques ardentes s'adressant aux
« passions, nous voulons que les bases de la société
« soient respectées et que des novateurs du genre de
« ceux que vous avez entendus (M. Proudhon) ne puis-
« sent pas impunément soulever dans leur pays le
« fléau de la guerre civile. »

« Par le mot *attaque*, ajouta le rapporteur, M. Ber-
« ville, on n'a pas entendu prohiber la liberté de
« discussion, mais uniquement ce qui a un caractère
« agressif. »

1546. — *Principes de la propriété.* — On comprend mieux qu'on ne peut les définir les idées que ces termes expriment, il en est de même des mots : *droits de la famille,* — dont l'attaque a été pour la première fois incriminée par cet art. 3 du décret de 1848.

Contre les lois, les droits. — Apologie de délits.

392. — *L.* 27 *juillet* 1849. Art. 3. Toute attaque par l'un des moyens énoncés en l'art. 1 de la loi du 17 mai 1819 [art. 309] contre le respect dû aux lois, et l'inviolabilité des droits qu'elles ont consacrés ;

Toute apologie de faits qualifiés crimes ou délits par la loi pénale,

Sera punie d'un emprisonnement de 1 mois à 2 ans et d'une amende de 16 fr. à 1,000 fr.

Contre journal : Pas de doublement de l'amende. (V. n° 1584 *bis*).
Peines access. : Impression et affiche du jugement. (art. 516.)
Récin. : Prison, de 2 à 4 ans et amende de 1,000 à 2,000 fr. — Contre journal : Suspension, de 15 jours à 2 mois, la 1re fois ; de 2 à 6 mois, la 2e fois. (art. 521-525.)
Circ. att. : Prison, 1 jour à 1 mois et, ou, amende de 1 à 15 fr. (art. 23, même loi, art. 531.)

———

Par les moyens de l'art. 1er, *L.* 1849. — V. notes sous l'art. 309.

[392] = 1547. — *Toute attaque.* — V. sur la portée de ce mot, n°s 1435 et suiv., et n°s 1544 et 1545.

Contre le respect dû aux lois. — Il ne faut pas confondre l'attaque au respect dû aux lois avec cette autre attaque à ce même respect par voie de provocation à la désobéissance que prévoit l'art. 6, L. 1819 (art. 334) ; car autre chose est nier la légitimité et l'équité d'une loi, autre chose dire qu'on doive lui désobéir. — Il est vrai que l'attaque qui affaiblit le respect dû à la loi porte à sa désobéissance, mais il y a entre cette provocation et l'autre une différence ; — celle-ci est moins directe que celle-là.

1548. — L'art. 3 de la loi du 27 juillet 1849 serait applicable aussi bien aux attaques contre une loi sur le point d'être promulguée que contre une loi déjà promulguée. — Douai, 2 mai 1834. — N° 1080.

L'attaque qui précède la promulgation présente, pour l'ordre public et l'autorité des lois, les mêmes dangers que celle qui suit leur promulgation :. — L'attaque qui précède est même plus coupable puisqu'elle renferme tout à la fois une menace contre le législateur et une excitation au mépris de son autorité, c'est-à-dire à l'anarchie. *Contrà,* de Grattier, I, p. 443.

1549. — Les décrets de l'Empereur à la promulgation desquels le Sénat ne s'oppose pas, ayant dans leur sphère force de loi, l'art. 3, L. 1849, serait également applicable aux attaques contre le respect qui à ce titre leur est dû : Dalloz, v° *Presse*, n° 600.

1550. — Les actes de l'autorité, lorsqu'ils sont l'exécution des lois, doivent leur être assimilés. — De Grattier, I, p. 445 ; Chassan, I, 444.

1551. — Cet art. 3, L. 1849, ne déroge pas plus que le précédent au droit et à la liberté de la discussion :

« On nie, disait M. de Salvandy, à propos de l'ar-
« ticle 8, L. 1835, qui réprimait aussi l'attaque contre
« le respect des lois, — on nie l'ordre politique, la
« constitution, le prince, les lois, tout ce qui doit être
« obéi et respecté de tous. — Le but que nous nous
« proposons, c'est de faire respecter les lois du pays,
« c'est que l'on ne conteste pas leur caractère de légi-
« timité universelle, que l'on n'établisse plus qu'elles
« ne sont pas obligatoires.... mais assurément l'on
« n'a pas voulu dire que les citoyens ne pourraient pas
« discuter les lois, qu'ils ne pourraient pas dire que
« telle loi devrait être modifiée ou abolie. »

En ce qui concerne la constitution, dont la discussion même est interdite, voir *infrà* le rapport de M. le premier président Troplong, sur le sén.-cons. du

§ 4. — Attaque contre le respect des lois par provocations coupables.

Attaques contre les lois par provocation. — Renvoi.

392. A. — *Disposition déduite de l'état de la législation*. La disposition de l'article 18 juillet 1866, p. 237, et *suprà*, les déclarations de M. Rouher, lors de la présentation au Sénat. — N°ˢ 1198, 1205.

1552. — M. de Barante faisait également devant la Chambre des pairs la distinction entre l'attaque et la discussion :

« Si des discussions abstraites ou philosophiques qui « ne s'adressent pas aux passions, qui n'ont pas un « caractère d'excitations pouvaient être poursuivies, ce « serait une extension erronée et vexatoire qui n'est « pas dans l'intention de la loi. — Attaquer le respect « dû aux lois, c'est contester leur légitimité, nier leur « force obligatoire, les flétrir de qualifications offen- « santes. » *Moniteur*, Discussion de la loi du 9 sept. 1835.

1553. — Un journal fut condamné pour avoir attaqué le respect dû à cette même loi du 9 sept. 1835, en la nommant : *Loi Fieschi*. — On s'exposerait aujourd'hui aux coups de l'art. 3, L. 1819, si on se permettait de donner publiquement et dans le dessein d'en affaiblir l'autorité, le nom de *loi Soliveau*, à la loi du 11 mai 1868 sur la presse, ainsi que la qualifia très-injustement M. Granier de Cassagnac, en pleine séance du Corps législatif.

1554. — Les discussions ou dissertations tendant à démontrer les vices d'une loi et la nécessité soit de l'abroger, soit de la modifier, ne constituent donc pas, lorsqu'elles sont faites avec convenances, le délit d'at- taque au respect qui leur est dû. — Chassan, I, p. 329; Dalloz, v° *Presse*, n° 600; V. notes sur l'art. 6, L. 1819 (art. 334 *sup.*).

1555. — Ce n'est pas davantage commettre ce délit que d'attaquer l'apparente légalité d'un acte illégal d'un agent de l'autorité et de provoquer la résistance à son exécution. — Dalloz, v° *Presse*, n° 603; Chassan, I, n°ˢ 329 et suiv.; Cour d'assises, Seine, 13 mars 1832, D.32.2.99 et note 1. V. *suprà*, n°ˢ 1066, 1069.

1556. — *Inviolabilité des droits consacrés par les lois*. — Ces expressions de l'art. 3, L. 1819, furent ajoutées au projet du Gouvernement pour « *développer le sens et le but* » de la loi qui, par la seule formule du « *respect dû aux lois*, » ne semblait pas pouvoir suffisamment atteindre les attaques journellement diri- gées contre ce qu'il y a de plus saint parmi les hommes : l'autorité des lois et le respect des droits qu'elles con- sacrent.

1557. — L'attaque contre *ces droits* est un délit nouveau; il se distingue de l'attaque contre les lois comme une conséquence se distingue de son principe, par sa spécialité.

1558. — La discussion des arrêts passés en force de chose jugée, des réquisitoires, rapports ou plaidoyers qui les ont préparés ou provoqués, constituerait-elle le délit de l'art. 3, L. 1819? — Il faudrait pour qu'il en fût ainsi deux conditions, savoir :

1° Que la discussion portât, non sur l'exercice du droit des magistrats ou des défenseurs, sur la manière dont il a été exercé, mais sur le principe même de leur droit de juger, de requérir ou de plaider; — la presse, sur- veillante autorisée des abus, doit pouvoir les discuter et les attaquer partout; elle pourra en conséquence dis- cuter l'argumentation d'un arrêt, d'un réquisitoire, d'un plaidoyer, d'un rapport, mais en respectant le droit de son auteur;

2° Que cette discussion constituât ensuite en la forme et au fond *une attaque*, c'est-à-dire, une agression violente, brutale ou grossière, dans le but de ravaler la loi qui consacre de tels droits ou de rendre odieux

précédent qui punit l'attaque au respect dû aux lois ne modifie en rien l'application des dispositions légales qui prévoient les atta- l'exercice même de ces droits. — Si cette attaque dégé- nérait d'autre part en outrage, en diffamation ou en injure, elle tomberait sous l'application des lois spé- ciales répressives de ces délits.

1559. — *Apologie des crimes ou des délits*. — Cette incrimination reproduite de l'art. 8, L. 1835, aurait pu se passer, comme les précédentes, d'un texte spécial pour être punie. — L'apologie d'un crime est par elle- même un outrage très-caractérisé à la morale publique et religieuse, auquel se fût appliqué sans efforts l'art. 8 de la loi de 1819 (art. 390).

1560. — « Cette interdiction de l'apologie des crimes, « disait en 1835 M. de Salvandy, au nom de la com- « mission, est justifiée par les écarts fréquents de la « presse à cet égard. — Ne voit-on pas les journaux « établir que la révolte est légitime, que chacun, en « outre de mille sophismes, a le droit de se révolter « sans cesse, — que chacun peut descendre dans la rue « les armes à la main, tirer sur la milice civique, sur « l'armée, sur la loi vivante? On établit tous les jours « que des actions abominables, que les massacres de « septembre, par exemple, sont un digne modèle à « imiter. — Nous voulons qu'il soit établi par la loi « que ce qui est un crime en action, est aussi un crime « en discussion, que le panégyrique n'est pas permis « des actes défendus par la loi, condamnés par la mo- « rale publique, flétris par l'indignation publique. »

1561. — « *Flétris par l'indignation publique.* » Cette dernière pensée fournit la règle et la solution à cette question qui pourrait encore se poser de savoir s'il y aurait délit à faire l'apologie d'un assassinat ou de tout autre attentat qui, ayant perdu l'odieux du crime, aurait pris dans l'histoire les proportions nouvelles d'un acte d'héroïsme et de salut public?

C'est à l'opinion publique à répondre. C'est elle qui doit ici faire l'autorité de la loi et en déterminer la saine portée; — c'est elle en conséquence que les magistrats devront consulter pour savoir si le sentiment général secondera ou désapprouvera la poursuite. — L'arme est dangereuse, il ne faut pas en abuser, le plus sage sera de n'en faire usage que dans ces cas exceptionnels où, en dehors de toute étude historique ou morale, sérieuse, l'apologie d'un crime ou délit ne serait qu'un moyen de faire l'anarchie et la démoralisation dans les esprits pour aboutir à l'anarchie de la révolte et du crime dans la rue.

1562. — *Autre question*. Ne serait-ce pas faire l'a- pologie indirecte d'un crime ou délit que de discuter les lois pénales et de soutenir que tels faits qu'elles ont érigés en crime ou délit ne devraient pas être punis?

« Pour bien saisir le sens de cette question, dit l'au- « teur de l'article *Presse*, dans le recueil de M. Dalloz, « n° 608, il faut considérer que tous les faits punis par « le Code pénal ne sont pas également réprouvés par « la morale; — plusieurs des dispositions de ce Code « ont été supprimées en 1832; supposons que les ré- « formes dont il a été l'objet n'aient pas eu lieu; — ne « serait-il pas permis d'appeler l'attention du législa- « teur sur la nécessité de l'opérer, d'en démontrer l'op- « portunité, la moralité même, en dégageant le fait « réprimé de tout caractère de criminalité? »

« Pour nous, ajoute le collaborateur de M. Dalloz, « nous ne saurions voir dans une telle dissertation le « fait que la loi de 1819 a voulu atteindre; — ce « qu'elle a voulu proscrire, c'est l'appel à la violence « et non la discussion calme et mesurée. »

1563. — Nous partageons entièrement cette ma- nière de voir, en faisant toutefois observer que pour se

ques au même respect des lois par voie de provocation à leur désobéissance ou à des faits qualifiés crimes ou délits par la loi, provocations qui font l'objet des art. 1, 2, 3 et 6 de la loi du 17 mai 1819 [art. 315, 324, 330 et 331 *suprà*] des art. 201 et 202 du *C. pénal* [art. 349 et 350 *suprà*] en ce qui concerne ces provocations par des ministres du culte, et de l'art. 2 de la loi du 27 juillet 1849, pour les provocations contre la discipline militaire adressées à des militaires [art. 332 *suprà*].

---

tenir dans les lignes de la discussion permise, l'argumentation devrait se garder de contester la moralité, l'équité ou la légalité des lois pénales, — car en portant ainsi atteinte au respect qui leur est dû, la chaleur de la discussion risquerait parfois de transformer la dissertation en une attaque caractérisée, — si surtout les opinions connues et les tendances de l'écrivain ne laissaient à cet égard aucun doute sur l'hostilité de ses intentions ; — pour ces sortes de délits, comme pour tous les autres, d'ailleurs, sans intention délictueuse, pas de culpabilité.

1584. — *Apologie d'une contravention.* Tous les auteurs sont d'accord pour reconnaître que l'apologie d'une contravention ne rentre pas dans les prévisions de l'art. 3 de la loi de 1849, — son texte est à cet égard suffisamment explicite ; — Il ne faudrait pas toutefois que l'apologie d'une contravention s'écartât au point de constituer une attaque au respect dû aux lois, car elle tomberait alors à ce titre sous les prévisions de la première partie de l'article. — Chassan, I, p. 343 ; Dalloz, v° *Presse*, n° 609 ; de Grattier, I, p. 318.

Par *contravention*, il faut ici entendre les contraventions de simple police et non point les contraventions correctionnelles assimilées à des délits.

1584 *bis.* — **Contre les journaux pas de doublement des amendes :** — Les délits punis par les art. 3 du décret de 1848 (art. 391) et de la loi de 1849 (art. 392), n'étant point reproduits des incriminations des lois de 1819, 1822 ou 1828, ne comportent point l'aggravation du doublement des amendes édictées par les art. 40 de la loi du 9 juin 1819 (article 507) et 14, loi de 1828 (art. 509), contre les journaux à raison des *seuls délits* prévus par les lois antérieures à 1828.

Les délits qui font l'objet des art. 391 et 392 sont des délits de création postérieure. — La pensée première de leur incrimination se retrouve bien, il est vrai, dans les dispositions de l'art. 8 de la loi du 9 sept. 1835 qui avait étendu aux délits qu'elle prévoyait les dispositions de l'art. 40 de la loi de 1819, mais l'abrogation absolue de cette loi de 1835 a affranchi de leur aggravation pénale les faits prévus par elle que les lois postérieures ont repris et replacés dans la catégorie des délits. (V. n°ˢ 2277 et 2278).

L'opinion contraire que nous avions adoptée dans notre *C. de la presse* de 1856 doit en conséquence être abandonnée.

[1592. A.] — Les articles énumérés dans cette disposition d'ordre, que nous ajoutons pour compléter les lignes de la législation sur la matière, auraient pu à un certain point de vue se ranger tout aussi bien à la suite de l'art. 3, L. 1849, que dans la section des provocations où nous les avons classées.

1585. — Ces articles prévoient des provocations qui ne tendent à rien moins qu'à affaiblir le respect dû aux lois, ainsi que les attaques qui font l'objet de l'art. 3, L. 1849. — Leurs incriminations se distinguent toutefois de celles de cet article, au point de vue des atteintes à la morale publique, auxquelles les prévisions de cedit article confinent plus intimement et dont elles participent.

1586. — Les attaques au respect dû aux lois, aux droits, au principe de la propriété et de la famille, aboutissent *directement au mépris des lois*, avec tendance à leur désobéissance ; — la morale est affaiblie, tandis que les provocations coupables des articles susvisés en l'art. 392 A, ci-dessus, portent *directement à la violation des lois*, non point comme conséquence du mépris qu'elles inspirent, mais par la volonté qu'elles donnent de les braver, sans mépris aucun de leur autorité ; — la satisfaction des passions surexcitées l'emporte alors sur le sentiment persistant du respect qu'elles méritent. — Ce n'est plus ici la morale qui est attaquée, c'est la puissance effective des lois, c'est la paix publique qui peut l'être.

1587. — C'est pourquoi nous avons fait un chapitre à part à ces sortes d'attaques. — Comme les dispositions qui les prévoient touchent par le côté moral ci-dessus signalé aux dispositions qui précèdent, nous avons cru devoir indiquer la relation qui les rapproche à la suite et pour ordre dans une disposition additionnelle afin de faciliter les recherches de ceux qui aiment à saisir la secrète filiation des idées.

TITRE II. CRIMES ET DÉLITS CONTRE FONCTIONNAIRES ET PARTICULIERS.
Par outrages, diffamations, injures.

1588.— Ce titre se divisera en trois chapitres :

Le CHAPITRE I, sous la rubrique : *Généralités*, contiendra tout ce qui, dans les textes en vigueur, se rapporte à la définition des délits d'outrages, de diffamation et d'injure et à leurs éléments constitutifs.

Le CHAPITRE II, intitulé : *Délits d'outrage, de diffamation et d'injure envers les personnes publiques*, comprendra les lois répressives de ces sortes de délits et de crimes.

Le CHAPITRE III, sous le titre : *Diffamations et injures envers les simples particuliers*, réunira les lois concernant ces délits contre les simples particuliers et les agents diplomatiques.

1589. — Trois législations, d'âges différents, ont en cette matière assez mal ajusté leur ligne de défenses ; ce sont :

1° **Le Code pénal :** —Ses art. 222 à 225 répriment les outrages *publics* ou *non publics* envers les magistrats, les jurés, les officiers ministériels, etc., dans l'exercice de leurs fonctions,—son art. 262 prévoit *certains outrages publics ou non* envers les ministres d'un culte ; — ses art. 376 et 471, n° 11, les *injures simples* contre toutes personnes.

2° **La loi du 17 mai 1819 :** — Ses art. 16 et 19 prévoient les *diffamations* et les *injures publiques* contre tout dépositaire ou agent de l'autorité publique, et ses art. 18, 19 et 20, les mêmes délits contre les agents diplomatiques et les simples particuliers.

3° **La loi du 25 mars 1822 :** — Son art. 5, qui a remplacé l'art. 15 de la loi précédente, punit les *délits de diffamation et d'injures publiques* contre les Cours, tribunaux, les corps constitués et les administrations publiques ; son art. 6, modifié par l'art. 5 du décret du 11 août 1848, réprime *l'outrage commis publiquement et d'une manière quelconque*, contre les députés, les fonctionnaires, les ministres d'un culte, à raison de leurs fonctions ou qualité, les jurés à raison de leurs fonctions, et les témoins à raison de leurs dépositions : —son art. 7 interdit enfin les comptes rendus injurieux ou offensants des séances législatives et des audiences des Cours et tribunaux.

i

1590. — Par une loi du 13 mai 1863, le Code pénal a subi des modifications importantes dans ses articles 222 à 225.—Les plus significatives ont porté sur l'art. 222, et méritent d'être ici signalées.

La disposition originaire de cet article prévoyait d'une manière générale *les outrages publics ou non publics*, par *paroles* seulement contre les *magistrats*.

1° Sa protection a été étendue aux *jurés*. On a ainsi comblé une lacune de la législation ;—l'art. 6 de la loi du 25 mars 1822 ne punissait en effet que les *outrages publics* envers les jurés.

2° Ses prévisions se bornaient aux *outrages par paroles* ; son texte élargi comprend aujourd'hui les outrages par *écrit ou dessins même non rendus publics*, dont la jurisprudence avait jusqu'alors refusé la répression.

3° Le minimum de la peine a été enfin abaissé.

1591. — Le texte de l'art. 223 n'a été modifié que par l'addition des mots : *à un juré*, pour continuer l'assimilation faite dans l'art. 222 entre les magistrats et les jurés.

1592. — Les mots : *et à tous citoyens chargés d'un ministère de service public*, empruntés à l'art. 230 et introduits dans l'art. 224, donneront à sa disposition une portée nécessaire que lui avait refusée la jurisprudence.

1593. — Dans l'art. 225, le minimum de la peine a été élevé.

II

Voici en quels termes M. le garde des sceaux, par sa circulaire du 30 mai 1863, a fait connaître à MM. les procureurs généraux, son opinion au sujet des modifications de ces articles :

1594. — **Circulaire :** « Art. 222. Complété « par une disposition qui rend la répression plus « efficace dans les cas où l'art. 376 du C. pénal « n'offrait pas des garanties suffisantes, l'article « nouveau maintient, en faveur des magistrats « *auxquels il assimile les jurés*, la protection de la « loi contre *tous les outrages par paroles, publics* « *ou non publics*, et y ajoute une répression néces- « saire contre *les outrages par écrit ou par dessins* « *non publics*, mais reçus dans l'exercice ou à l'oc- « casion de l'exercice des fonctions officielles.

« Des scrupules qui n'ont jamais eu rien de « fondé ont entraîné des remaniements successifs « qui ont fait disparaître l'harmonie entre cet « article et l'art. 223, quant au minimum de la « peine, mais qui du moins ne laissent aucun « doute sur les intentions du législateur.

« L'outrage sera puni de quelque manière qu'il « ait été adressé au fonctionnaire, et le défaut de « publicité ne protégera plus celui qu'une *inten-* « *tion criminelle* aura conduit à inculper l'honneur « et la délicatesse du délégué de l'autorité publi- « que, attaqué à raison de l'accomplissement de « son mandat. Il est évident que le coupable ne « peut trouver une protection dans l'habileté des « moyens détournés à l'aide desquels il atteint la « victime de son agression anonyme ou avouée ; « mais il serait difficile de prévoir comment des « magistrats intelligents pourraient abuser de la « loi. — La manifestation même passionnée et ré- « prouvée par la morale, de ressentiments politi- « ques ou judiciaires, ne sera pas reprochée à « l'écrivain ou à l'artiste qui l'auraient confiée à « des mémoires secrets ou à des feuilles dont la « révélation ne serait pas leur œuvre.

« Dans les cas de non-publicité, vous devez « considérer la plainte préalable de l'offensé comme « une condition indispensable que la prudence, à « défaut de la loi, impose à l'exercice de l'action « publique dont vous restez toujours maîtres d'ap- « précier l'opportunité. »

Comme les annotations de notre *Code de la presse* de 1856 sont assez étendues sur la diffamation et les outrages, nous nous bornerons à ne rapporter dans ce Code que les décisions les plus importantes rendues depuis 1856.

Chap. I.—Outrages, diffamations, injures. Généralités. Définitions.

§ 4. — Outrages publics ou non publics. — Définitions, — Eléments, — Caractères.

Outrages publics ou non publics. — Définition.

393. — *Disposition tirée de l'art.* 222 *du C. pénal.* Toute parole, tout écrit ou dessin tendant à inculper l'honneur ou la délicatesse sont des outrages pour les magistrats et les jurés qui les ont reçus dans l'exercice ou à l'occasion de l'exercice de leurs fonctions.

Ces outrages sont des délits, que les paroles aient été ou non prononcées publiquement et que l'écrit ou le dessin ait ou non été rendu public. — Nº 1615.

Autre mode du délit.

394.—*Disposition tirée de l'art.* 223, *du C. pénal.* Ce délit d'outrage peut également se produire « par gestes ou menaces » orales ou écrites, dans le même cas, envers les mêmes magistrats ou jurés, publiquement ou non publiquement.—Nº 1615.

Autres modes du délit.

395. *Disposition tirée des art.* 224 et 225 *du C. pénal.* Le délit d'outrage peut aussi être commis, « par paroles, gestes ou menaces », orales ou écrites, sans tendance à inculper l'honneur ou la délicatesse, envers certaines personnes publiques désignées par la loi, dans l'exercice ou à l'occasion de l'exercice de leurs fonctions.

Ce délit est puni, qu'il ait été commis publiquement ou non publiquement.—Nº 1615.

Autre mode du délit.

396. — *Disposition tirée de l'art.* 262 *du C. pénal.* Le délit d'outrage peut encore être commis par paroles ou gestes envers les ministres d'un culte dans leurs fonctions.

Ce délit est punissable, qu'il ait été ou non publiquement commis.

I. Définition du mot : **Outrage.**

[**593** à **598**] = 1596. — Les faits prévus par les lois de ce titre II sont d'une tout autre nature que ceux qui, sous la qualification d'*outrage*, ont fait l'objet de quelques articles du chapitre précédent (art. 390-390.A.). Le législateur leur a cependant, faute de mieux, appliqué cette même qualification d'outrage. — Employé ainsi dans deux acceptions différentes, ce terme, qui n'avait pas déjà un sens bien arrêté, méritait bien une définition; il n'en a été donné aucune.

1597. — Il résulte de l'examen comparatif des dispositions ci-dessus dont tous les termes sont empruntés aux textes dont elles portent l'indication, que le mot *outrage* est exclusivement réservé par le législateur pour exprimer les agressions blessantes dirigées contre *les représentants de l'autorité dans l'exercice* ou *à l'occasion de l'exercice de leurs fonctions, ou à raison de leur qualité.* — Une seule exception, qui d'ailleurs s'explique et se justifie, est faite pour *les témoins* à raison de leurs dépositions et les *ministres du culte* dans ou à raison de leurs fonctions ; — bien qu'ils ne soient pas des représentants de l'autorité proprement dits, les agressions insultantes dont ils pourraient être alors l'objet sont également qualifiées *outrages.* — V. art. 6, L. 1822 (art. 409).

1598. — L'outrage, dit l'abbé Girard, dans son *Dictionnaire des synonymes*, est une *insulte avec excès de violence.* La jurisprudence ayant étendu la portée du mot aux irrévérences légères, on pourrait le définir : — *Toute manifestation d'un sentiment de nature à humilier ou blesser la dignité, l'honneur, la délicatesse ou la considération d'un représentant de l'autorité à raison de ses fonctions ou de sa qualité, ou méprisant pour sa personne ou ses actes fonctionnels.* — Cass., 8 sept. 1850.B.295; 22 fév. 1851; 17 mars 1851. S.54.1.223, 224. — Cass., 25 juin 1855. S.55. 1.853.

II. Conditions du délit : **Intention d'outrager.**

1599. — L'intention d'outrager, de diffamer ou d'injurier est un des éléments constitutifs du délit d'outrage. — Chassan, I, nº 529. Cette intention est présumée de droit lorsque les propos, écrits ou dessins la manifestent. — Quelque manifeste qu'elle fût par l'agression du mot, il n'y aurait pourtant pas intention délictueuse prouvée s'il y avait lieu de penser que le mot blessant a été étourdiment prononcé, par faute de tact ou de goût, par pure plaisanterie ou dans l'ignorance de sa portée relativement offensante par suite d'un mauvais sens qu'on lui a donné ou qui lui est donné. — Chassan, I, nº 508.534. Dalloz, vº *Presse*, nº 684.

III. Modes du délit : 1º Modes matériels.

1600. — La connaissance du caractère public ou de la qualité de la personne est nécessaire pour transformer en *outrages* les injures ou propos blessants qu'on lui adresse. — Trib. de Tarbes. D.58.2.209,240. — V. nº 4738.

1601. — Au point de vue matériel, les modes ou moyens de la pensée outrageante sont : la parole, l'écriture, le dessin, les gestes, les menaces ou tous autres moyens quelconques (art. 393 à 396-398). Les *menaces* pouvant se produire par l'un de ces moyens, il n'y avait pas à les distinguer, comme l'ont fait les art. 222, 224 et 262, C. pén., à moins de voir dans ce terme l'intention de compter le *ton menaçant* comme un mode extérieur, matériel.

1602. — Pour que ces manifestations outrageantes portent coup et soient des délits, il faut qu'elles atteignent plus ou moins directement celui que l'intention veut atteindre. La loi (art. 222, C. pén.) n'incrimine que *l'outrage reçu* et ne punit que *celui qui l'a adressé.*

1603. — Il n'est pas nécessaire qu'il ait été proféré en présence de celui qui en est l'objet, ni que ce dernier ait entendu l'outrage, pourvu qu'il ait pu l'entendre. —Déclaration de M. de Parieu. Discussion sur l'art. 222, C. pén., *Monit.* du 18 avril 1863, p. 584.—Cass., 20 décembre 1850. D.50.5.420; 30 nov. 1864.S.62.1.324.

1604. — Un écrit ou dessin outrageant doit être tenu pour *adressé et reçu*, lorsqu'il a été publié ou affiché quand bien même la personne outragée n'en aurait pas eu connaissance. — Ce qui est adressé à tous lui est adressé, et l'outrage est reçu lorsqu'il est su de tout le monde.

1605.—L'outrage par lettres missives, par écrits ou dessins *non rendus publics* ne tombe sous l'application de l'art. 222 C. pénal qu'autant qu'il a été adressé à la personne qui en est l'objet, soit directement, soit par l'intermédiaire d'un tiers chargé de le lui transmettre ou qui est avec elle en de tels rapports d'intimité, d'affection ou de solidarité qu'il ne peut man-

§ 2.— Outrages publics, — Caractères, — Éléments.

Outrages par diffamation et injures.

397.— *Disposition tirée des art.* 16 *et* 18, *L.* 1819 *et de l'art.* 5, *L.* 1822. L'outrage peut également, à l'égard de certaines personnes publiques désignées par la loi, être commis par voie de diffamation ou d'injure, par l'un des moyens de publication énoncés en l'art. 1 de la loi du 17 mars 1819 et par voies encore de comptes rendus infidèles, offensants ou injurieux.— Art. 7, L. 1822.

(V. articles ci-après pour la définition de la diffamation et de l'injure.)

---

quer de lui en donner connaissance, soit par l'intermédiaire d'un pouvoir ou d'une autorité dont la mission est de rendre public l'écrit outrageant. — Disc. sur l'art. 222 en 1863. — Douai, 3 février et 14 juin 1864. — Rennes, 3 mai 1865. — Arrêts cités par le journal le *Ministère public*, t. 7, p. 188; t. 8, p. 115 et 202.— V. pour les pétitions au Sénat, *infrà*, n° 2381.

1606. — Mais cet art. 222, C. pénal, n'atteindrait pas celui dont un écrit ou dessin outrageant pour des magistrats n'est parvenu à ceux-ci que contre sa volonté ou à son insu par l'indiscrétion d'un tiers auquel il aurait été très-discrètement confié.—G. Datruc, *Code pénal modifié*, art. 222, n° 47, — à moins cependant que ledit écrit ou dessin n'eût été ainsi adressé à plusieurs par lettres missives de manière à effectuer une quasi-publicité; — on rentrerait alors dans le cas des outrages publics.

2. Modes expressifs ou termes des outrages.

1607. — Au point de vue de l'expression même de l'outrage, la loi ne dit que dans les seuls art. 222 et 223, C. pén., qu'il faut que l'écrit, la parole ou le dessin renferment une pensée « *tendant à inculper l'honneur ou la délicatesse.* » — Dans les autres cas, le législateur s'en est rapporté à l'impression des juges en présence de la signification usuelle des mots : — La parole, l'écrit ou le dessin ne seront punissables que s'ils manifestent le mépris ou la haine pour la personne, le caractère ou les actes du fonctionnaire, ou blessant pour sa dignité et sa considération. — N° 1598.

1608. — Mais qu'est-ce que l'honneur, la délicatesse et la considération, etc. ? — (V. ce qui est dit à ce sujet dans notre *Code de la presse de* 1856, n°ˢ 491, 499).—La loi a, sur ce point, abandonné à la sagesse des juges du fait le soin de répondre à ces délicates questions sur chaque espèce.

1609. — Ont été considérés comme outrage portant atteinte à l'honneur et à la délicatesse des magistrats :

4° Une imputation de mensonge par ces mots : « *Vous en avez menti.* » — « *C'est faux,* » ou « *Il n'est pas permis de mentir ainsi.* » — Cass., 8 déc. 1849, D.50.1.252. — Dalloz, v° *Presse*, n° 782, *in fine*.

2° Des paroles ironiques ou méprisantes pour leurs actes ou leur caractère : Ex. : « *Voilà un jugement qui mérite d'être encadré;* » — ou « *Il n'y a jamais eu jugement plus mal rendu;* — ou à l'égard du juge* : « *C'est un lâche, un capon, il n'a pas voulu se battre.* » — Cass., 25 juin 1855. D.55.1.429. — 28 mars 1856. B. 127. — 26 janv. 1854. D.53.1.431.

3° Les mots : *Je vous emmer....* Cass., 17 mars 1855. B. 187.

4° Les mots : *polisson* ou *à bas.* — Dalloz, v° *Presse*, n° 782.

5° Une caricature représentant un magistrat tendant la main à un justiciable qui l'aurait gagné.—Discussion

Outrages d'une manière quelconque.

398.—*Disposition tirée de l'art.* 6, *L.* 1822 *et du décret du* 11 *août* 1848. L'outrage peut même, à l'égard des fonctionnaires publics, des députés, des jurés et des ministres d'un culte, à raison de leurs fonctions ou qualité et des témoins à raison de leurs dépositions, — être commis d'une manière quelconque.—N° 1614.

L'outrage ne sera dans ce cas punissable que s'il a été commis publiquement.—N° 1616.

---

de la loi du 13 mai 1863, déclaration de M. de Parieu. — *Moniteur*, 14 avril 1863, p. 560.

6° Des injures ou des diffamations publiques ou non. — V. *infrà* d'autres décisions.

1610. — Quoi qu'il en soit, il résulte de la jurisprudence générale sur ce point que les expressions *honneur* et *délicatesse* doivent être prises dans leur sens le plus étendu et non dans le sens restreint d'imputer au magistrat un acte contraire à l'honneur ou à la délicatesse — Dalloz, v° *Presse*, n° 784. — Cass., 23 nov. 1861. D.62.1.53.

1611. — *Outrages par diffamation ou injure.* — La diffamation verbale qui a pour objet un fonctionnaire public dans l'exercice de ses fonctions constitue envers lui un *outrage* puni par l'art. 222, C. pén. ; — Cass., 7 déc. 1837. B. — pourvu que la diffamation ait été accompagnée d'expressions ou gestes outrageants. — Chauveau-Hélie, III, p. 128.

1612. — Les injures prennent le caractère d'outrages lorsqu'elles s'adressent à des fonctionnaires. — Cass., 15 juin 1837. J. P.

1613. — La dénonciation calomnieuse contre un fonctionnaire public adressée à l'autorité compétente peut être, à raison des circonstances, considérée comme un outrage. — Cass., 18 juillet 1828. S.9.1.436. — Décision de la commission du Corps législatif qui sur l'art. 222, en 1863, a rejeté un amendement de M. Darimon portant que la dénonciation calomnieuse ne constituerait jamais un outrage.—Rapport de M. Debelleyme.

1614. — *Outrages d'une manière quelconque.* — Elever la voix, faire un mouvement de tête ou d'épaule insultant, rire d'une manière bruyante et moqueuse, pousser des clameurs inarticulées ou des huées, imiter des cris d'oiseaux ou d'animaux, — jeter des ordures, siffler — sont des actes qui, suivant les circonstances, peuvent constituer des outrages. — Dalloz, v° *Presse*, n°ˢ 684, 800, 676. Chassan, 1, p. 446.

IV. Conditions extérieures du délit.

1615. — La généralité des termes de l'art. 222, C. pén., sa discussion en 1863 et la circulaire de M. le garde des sceaux ci-dessus rapportée, n° 1594, ne laissent aucun doute sur la portée de cette disposition au point de vue de la publicité des outrages. — Ils sont punissables, qu'ils aient été *commis publiquement ou non publiquement* : la publicité n'est pas une condition constitutive des outrages des art. 222, 223 et 262, C. pén. (Opinion de tous les auteurs).

1616. — Il en est autrement du délit d'outrage que prévoit l'art. 6, L. 1822 : — indifférent au mode de manifestation de l'outrage en lui-même, le législateur exige seulement qu'il ait été commis « *publiquement.*» — C'est le mot employé sans restriction ; il doit en conséquence être entendu dans son sens le plus large. — *Contrà*, Dalloz, v° *Presse*, n° 707.

1617. — La publicité est un élément du délit de diffamation et de l'injure ; mais comme, en l'absence de cet élément, les imputations diffamatoires et les insultes n'en constituent pas moins des manifestations d'une pensée offensante pour l'honneur, la considération, la délicatesse ou la dignité (n° 1598), il s'ensuit qu'elles

Chap. II. — Généralités (Suite). — § 2. Sur les délits de diffamations et d'injures.

1° Diffamations et injures publiques. — Définitions. — Éléments.

Définition de la diffamation.

399. —*Loi du 17 mai 1819. Art. 13, § 1er.* Toute allégation ou imputation d'un fait qui porte atteinte à l'honneur ou à la considération de la personne ou du corps auquel le fait est imputé, est une diffamation.

Définition de l'injure.—1re espèce.

§ 2. Toute expression outrageante, terme de mépris ou invective qui ne renferme l'imputation d'aucun fait est une injure. (V. art. 401).

Définition de l'injure. — 2e espèce.

399.A.—*Disposition à contrario de l'art. 20, L. 17 mai 1819, ci-dessus.* Toute expression renfermant seulement l'imputation d'un vice déterminé est également une injure.

Condition essentielle. — La publicité.

400. — *L. 17 mai 1819. Art. 14.* La diffamation et l'injure commises par l'un des moyens de publication énoncés en l'art. 1, L. du 17 mai 1819 (art. 309), seront punies d'après les distinctions suivantes. (V. ci-après, art. 413 à 422.)

---

peuvent dans ce cas constituer le délit d'outrage non public prévu et puni dans les cas des art. 222 à 225, C. pén. Ces mêmes articles seraient applicables à ces mêmes outrages en cas de publicité, dans les conditions spéciales de leurs dispositions : — Les lois de 1819 et de 1822 ne les ont pas abrogés. — V. art. 400 A.

I. Définition de la diffamation.

[**599** § 1er] = 1618. — Par son art. 13, la loi du 17 mai 1819 a donné de la diffamation une définition dont il n'y a qu'à commenter les termes.

1619. — *Allégation, imputation.* — « L'allégation, « disait, en 1819, M. Courvoisier, rapporteur de la loi, « c'est l'énonciation d'un fait sur la foi d'autrui ou « l'assertion qui se produit sous l'ombre du doute : — « l'imputation, c'est l'affirmation personnelle de celui « qui parle ou écrit. »

1620. — Quel que soit le tour de phrase ou la forme de langage, la chose importe peu ; — directe ou indirecte, hypocrite ou franche, nette ou dubitative, il suffit que l'allégation ou l'imputation se sente pour qu'elle soit ; il appartient aux juges de la dégager des formes souvent très-habiles de sa manifestation. — N° 1652.

1621. — *D'un fait :* vrai ou faux, car la vérité n'excuse pas, *veritas convicii non excusat :* la loi exige l'imputation ou l'allégation *d'un fait,* sans qu'il soit nécessaire que sa date et ses circonstances soient indiquées, mais il faut *un fait.* — Une qualification malveillante, si précise que fût la nature des faits qu'elle impliquât, telle que celle de brigand, filou, coquin, ne suffirait pas, ce ne seraient là que des injures. — Il importe peu que le fait soit ou non *directement personnel* à celui qui se prétend diffamé ; — l'honneur et la considération d'une personne peuvent être aussi sûrement atteints par l'imputation d'un fait personnel que par celle d'un fait commis par une autre personne : — du fils la diffamation peut rejaillir sur le père, de la femme sur le mari, d'un membre sur le corps tout entier. (V. n°s 1748 et 1749).

1622. — *Portant atteinte à l'honneur* ou *à la considération.* — La loi n'a pas défini ces dernières expressions : l'*honneur,* c'est l'estime de soi ; la *considération,* l'estime des autres. « Ce qui touche à la « probité, disait M. Courvoisier, en 1819, touche à « l'honneur, et l'on peut, sans blesser l'honneur, por« ter atteinte à la considération. — Dire qu'un négo« ciant a éprouvé des pertes, qu'il est inhabile dans « son négoce, annoncer tel ou tel fait à l'appui, c'est « laisser son honneur intact, c'est nuire pourtant à sa « considération. »

1623. — *D'une personne.* — Si la diffamation n'était un délit qu'à l'égard des personnes nommées en toutes lettres, rien ne serait plus facile que d'éluder la loi. — Mais on est généralement d'accord pour reconnaître qu'une désignation indirecte par des initiales ou des allusions transparentes suffit pourvu qu'elle ne laisse aucun doute sur l'identité de la personne et l'intention du diffamateur. — N° 1748.

1624. — La portée du mot *personne* a été étendue aux personnes morales des associations particulières et jusqu'à la mémoire des morts. — N°s 1750 et 1753.

1625. — *Corps :* — La loi entend par là les personnes morales désignées en l'art. 5 de la loi du 25 mars 1822 (art. 443), à savoir les cours, tribunaux, administrations et en outre toute agglomération ou groupe d'intérêts constituant des êtres moraux, tels que société de crédit public, de bienfaisance ou autres régulièrement organisés et autorisés.

II. Conditions du délit. — Intention de diffamer.

1626. — L'intention est un élément constitutif du délit de diffamation ; tout ce qui a été dit pour l'outrage est ici applicable : — la bonne foi et l'erreur sont des excuses péremptoires du délit : — Cass., 29 avril 1858. D.58.5.283. — 17 mai 1858. D.58.1.248. — Montpellier, 4 juin 1861. D.62.2.385.

1627. — Les tribunaux ont par conséquent le droit de rechercher si la diffamation s'est ou non produite avec l'intention de nuire. — Cass., 29 août 1846. J.P. 47.4.92. — Ils peuvent par suite acquitter le prévenu s'il résulte pour eux que sa publication diffamatoire a été faite sans mauvaise intention. — Cass., 24 août 1862. B.

1628. — Les juges du fait sont souverains pour prononcer sur l'intention constitutive du délit de diffamation et d'injure : — Cass., 17 mars 1858. D.58. 1.248. — 24 nov. 1862. D.62.1.489. — 17 mars 1864. D.64.1.104.

1629. — En matière de diffamation la déclaration de l'intention de nuire résulte suffisamment de la déclaration de culpabilité, du moment où le prévenu ne la dénie pas. — Cass., 4 août 1865. D.66.5.368. — Elle est encore suffisamment constatée si le tribunal déclare simplement atténuantes les circonstances du fait. — Cass., 18 juillet 1851. D.51.5.448.

1630. — Si pour qu'une injure soit, il faut une injure, pour qu'il y ait délit, il faut l'intention : « Point « d'injures sans esprit d'injures, » disait Portalis : *Actus non facit reum nisi mens sit rea.*

L'esprit d'injure ou de diffamation doit se prendre non dans le fait, mais dans l'intention, non exclusivement dans ce qui a été dit, mais dans ce qu'on a voulu dire, par le sens soit naturel, soit conventionnel ou tout local des paroles : « Ce n'est point par le sens que « des lecteurs ou des auditeurs, prévenus ou subju« gués par des préjugés, ont saisi, dit M. Isambert, « qu'il faut juger l'outrage et les paroles, mais par le « sens que l'auteur y a attaché. » — Chassan, 1, p. 20.

1631. — C'est moins encore par les événements qui ont suivi la publication d'un écrit qu'il faut le juger, à moins d'établir que l'un est cause de l'autre et que

2° Diffamations et injures non publiques, — Définitions, — Éléments.

La diffamation non publique peut être un outrage.

400.A.—*Disposition déduite de l'ensemble de la législation*. La diffamation qui ne serait pas publique n'en constituerait pas moins un délit d'outrage envers les personnes publiques dans les cas des art. 222 et 224 du C. pénal [art. 403 à 405] ou une injure simple dans les autres cas et passible des peines de police.

Injure non publique ou sans gravité.

401. — *L*. 17 *mai* 1819. Art. 20. Néanmoins, l'injure qui ne renfermerait pas l'imputation d'un vice déterminé ou qui ne serait pas publique, continuera d'être punie des peines de simple police. (V. n° 1663).

Injure, sans gravité, ni publicité.

402.— *C. pénal*. Art. 376. Toutes autres injures ou expressions outrageantes qui n'auront pas eu ce double caractère de gravité [de renfermer l'imputation d'un vice déterminé, ainsi qu'il était dit en l'art. 375 aujourd'hui abrogé] et de publicité, ne donneront lieu qu'à des peines de simple police.

Ces injures sont dites : Injures simples.

402.A.— *Disposition d'ordre*. Les injures spécifiées dans les deux dispositions qui précèdent constituent des injures simples.

———

c'est pour l'effet obtenu que l'auteur a produit la cause.

1632. — Les juges peuvent néanmoins se fonder sur des lettres confidentielles que le prévenu aurait postérieurement écrites au plaignant et relever dans leurs termes injurieux l'indice de ses intentions malveillantes contre celui qu'il a diffamé, sans qu'on puisse en induire qu'ils ont entendu faire résulter de ces éléments eux-mêmes le délit qu'ils ont condamné. — Cass., 1er juin 1866. D.66.1.510.

1633. — La preuve de l'intention, si elle ne résulte pas manifestement de l'écrit ou de l'aveu du prévenu, est, comme toujours, à la charge du ministère public qui peut aussi bien la déduire des circonstances de la cause et des antécédents du prévenu que d'un fait postérieur au délit qui lui est imputé.

1634. — Cette preuve peut résulter des paroles ou de l'écrit, mais il faut tout lire et ne séparer ni l'écrit, ni les paroles des circonstances extérieures de la publication ; — elle peut résulter encore du souligné des mots, de la nature des caractères employés, des suspensions, des lignes de points.—V. n°ˢ 903, 900.

1635.—Dans le doute, dit Jousse, *Inst. crim.*, III, 618, « le dessein d'offenser se présume toujours, « lorsque les écrits ou les paroles sont par elles-« mêmes offensantes ; —dans ce cas, c'est au prévenu « à prouver qu'il n'a pas eu intention de nuire. » — N° 1599.

« Voici un libelle ; à moins qu'on ne le justifie, ce « sera toujours un libelle ; » (Barreau-Anglois, III. p. 179) et cette preuve, le prévenu est libre de la puiser partout où il pourra la trouver ; la meilleure sera celle qui convaincra le mieux ses juges qui, sur ce point, sont jurés souverains.— N° 2684.

1636. — Il faut, en cette matière, distinguer entre l'intention relativement *au fait délictueux* en lui-même, et l'intention relativement *à la publication*; — on ne saurait se disculper d'avoir colporté des imputations diffamatoires, en prouvant ne pas en être l'auteur ; il faudrait établir, de plus, qu'on les a colportées sans intention de nuire, dans l'ignorance absolue de leur portée ou signification ; — quand l'écho propage volontairement le mal, l'écho est alors responsable ; la seconde édition d'un mot séditieux ou calomnieux n'est pas moins séditieuse ou calomnieuse que la première. — N° 904-907.

1637. — Le journaliste, dont la profession est de publier tout ce qui peut intéresser le public, depuis la satisfaction de sa curiosité jusqu'à celle de ses intérêts les plus élevés, pourrait trouver dans ce but général de son entreprise une présomption de bonne foi pour la publication des nouvelles qu'il reproduit à la hâte, lorsque surtout rien n'a pu l'avertir du délit contenu dans les faits par lui réédités. —Rouen, 5 nov. 1846. D.46.4.445. (V. n°ˢ 1643 et 1769). — *Contrà*· Paris. 4 mars 1837 ; J.p. 37.1.223.

1638.— Celui qui, sur la foi de procès-verbaux réguliers, annonce les faits qu'ils constatent contre plusieurs individus, ne saurait être puni comme diffamateur, lorsqu'il est par lui établi que c'est sans intention de nuire qu'il a propagé la nouvelle, résultant de ces procès-verbaux. — Chassan, I, p. 379 ; — Dalloz, v° *Presse*, n° 848.

1639.— Les franchises des périodes électorales ne donnent à personne le droit à la diffamation et à l'injure. — En se livrant à la discussion de leurs concurrents, les candidats ne se placent pas pour cela en dehors des lois protectrices de leur considération. — On pourra discuter leur caractère, leurs actes, leurs intentions, leurs tendances ; — que leur vie politique et publique soit percée à jour, que la critique en soit vive, ardente, passionnée, injuste même, ce sont là les conditions forcées de la lutte acceptée, l'intérêt public n'a qu'à y gagner ; il faut éclairer les électeurs ; — il n'y aura rien à redire, à la condition, toutefois, que la vie privée sera respectée, et que les attaques ne dégénéreront pas en diffamations ou en injures ; l'excellence des intentions et les licences que comportent ces sortes de compétitions ne seraient pas toujours des excuses suffisantes. - Rouen, 5 nov. 1846. D.46.4.446. —Cass., 31 déc. 1863. D.64.4.103. Chassan, I, n°476. —Dalloz, v° *Presse*, n° 888 (n° 2006).

1640.—L'absence de l'intention de nuire excuserait mieux, à la condition encore de rester dans les limites du bon ton et de la vérité, celui qui, pour mettre le public en garde contre les trompeuses promesses d'une entreprise d'aigrefins, ferait connaître les faits de nature à prémunir contre les séductions de ses réclames.—Chassan, I, n° 474.—La preuve de la vérité des faits ainsi dévoilés ayant, dans ce cas, pour but de prouver l'absence de l'intention de diffamer, pourrait être admise, nonobstant la prohibition de l'art. 28 du décret du 17 févr. 1852 (art. 589).

1641. — Il n'y a pas diffamation à donner *à qui vient les demander* de mauvais renseignements sur un domestique ou employé qu'on aurait eu à son service.— Chassan, J, n° 486.— Mais il y aurait délit à dire, à qui voudrait les entendre, les raisons graves qui ont obligé à chasser ce domestique ou cet employé, ou les reproches même fondés que l'on serait en droit de lui adresser : — En dehors du cas des renseignements donnés à qui vient les demander, il y aurait diffamation à divulguer ce que l'on sait de l'inconduite ou des méfaits d'autrui.

1642. — L'absence de l'élément intentionnel excuse de toute diffamation les personnes ci-après, savoir :

1° Les témoins à raison des faits diffamatoires qu'ils révèlent à l'autorité judiciaire, en audience publique, sur les interpellations du président. — Dalloz, v° *Presse*, n° 887, et *suprà*, n° 31.

2° L'électeur qui, sans mauvaise foi, fait consigner sur le procès-verbal un fait de manœuvres frauduleuses qui seraient de nature à influer sur la validité de l'élection.—Cass., 29 août 1846. D.46.1.382.

3° Celui qui, également de bonne foi, et sur des indices suffisants pour motiver ses soupçons, signale à tort un individu comme auteur d'un délit commis à son préjudice.—Dalloz, v° *Presse*, n° 882. — Chassan, I, p. 29—Cass., 25 août 1864. D.65.1.319.

4° Le ministère public qui révèle à l'audience des faits diffamatoires ou dont le réquisitoire renferme des paroles injurieuses pour l'inculpé, un témoin ou un tiers, lorsque ses révélations et ses appréciations lui sont inspirées par le sentiment de ses devoirs, sans aucune intention privée d'injurier ou de diffamer. — Le magistrat pourrait encore, en pareille circonstance, se prévaloir de la partie finale de l'art. 367 du C. pénal, dont la disposition survit comme principe supérieur à l'abrogation qui, en 1819, a frappé cet article. — Cass., 27 juin 1851. B. V. n°° 34, 1646 et 2484.

1643. — La conviction qu'aurait eue l'inculpé de la vérité des faits par lui publiés, ne suffirait pas pour le disculper; il faut encore qu'il ait agi sans intention malveillante et uniquement dans un intérêt public. — Rouen, 5 nov. 1846. D.46.4.415.

1644. — Le prévenu de diffamation ne peut être excusé sous prétexte que le fait par lui allégué et répété était de notoriété publique. — Chassan, I, p. 30. *Contrà*, Parant, p. 437; de Grattier, 1, p. 478.

1645.—L'écrit dans lequel une personne est signalée comme ayant, sur une montagne de *La Salette*, joué le rôle de la mère de Dieu pour surprendre la crédulité de deux jeunes pâtres, peut être considéré comme n'ayant pas un caractère diffamatoire, à raison de la bonne foi de son auteur qui était prêtre ; le fait par lui allégué ayant été rendu vraisemblable par les actes et les propos de Mlle de Lamerlière, à laquelle il était imputé. — Cass., rej., 17 mai 1838. D.58.1.248.

1646. — Le créancier qui, dans une réunion pour arriver à un règlement amiable, a articulé pour faire rejeter une créance des faits diffamatoires, a pu être considéré comme non coupable de diffamation, après qu'il a été constaté qu'il n'avait pas ainsi agi dans l'intention de porter atteinte à la réputation de son adversaire, et que les propos par lui tenus ont été prononcés au milieu d'un échange d'explications fort vives tendant au rejet de leurs créances respectives. —Cass., 24 avril 1864. D.65.5.305.

1646 *bis*.—C'est au plaignant en diffamation à prouver la mauvaise foi de l'imputation et l'intention de nuire, lorsque le publicateur était, par la nature de ses fonctions, obligé de révéler les faits, objet de l'imputation. —Cass., 27 juin 1851. B. Dalloz, v° *Presse* n° 887.

1647. — La provocation n'excuse ni la diffamation, ni les injures publiques.—Cass., 25 mars 1847. B.— Poitiers, 10 fév. 1855 et 5 mars 1858. S.58.2.358.— Dalloz, v° *Presse*, n° 1332. Chassan, I, p. 430. — La rétractation ne l'excuse pas davantage, à moins qu'elle n'ait eu lieu sur-le-champ et ait, pour ainsi dire, effacé le mal de l'imputation, en présence de ceux qui l'avaient entendue. — Chassan, I, p. 428.

III. Modes du délit : 1° Modes matériels.

1648. — Les modes matériels dont la loi exige l'emploi pour que l'intention de diffamer se manifeste avec un caractère délictueux, sont énumérés par l'art. 1er de la loi du 17 mai 1819 (art. 309 ci-dessus) à savoir : *la parole* (par discours, cris ou menaces *proférés*) — *l'écriture* (écrits, dessins à la main, sur papier, sur les murs, etc.) ; *l'imprimerie*, avec tous ses dérivés jusqu'à la photographie ; *la gravure*, *la peinture*, emblèmes, placards, etc. — V. notes sous l'art. 309.

1649.— A la différence de l'outrage qui, pour être punissable, doit avoir été *adressé* plus ou moins directement à la personne et *reçu* par elle (n° 1602). La loi en matière de diffamation ou d'injure n'exige pas la même condition. — Que la diffamation ou l'injure ait été ou non *proférée* en présence de la personne, cela importe peu : — Après l'intention délictueuse et sa manifestation par les moyens de publication énoncés en l'art. 1er, L. 1819, la loi n'exige pas d'autres conditions que sa *publicité réelle* (V. n°° 873 à 883), avec le caractère diffamatoire ou injurieux.

2° Modes expressifs. — Caractère des expressions.

1650.—La définition de la diffamation et de l'injure indique les conditions que doit réunir la manifestation de la pensée, pour avoir un caractère injurieux ou diffamatoire. — Voici quelques exemples tirés des espèces soumises à l'appréciation des tribunaux.

1651.—Il y a allégation ou imputation diffamatoire dans les faits suivants, savoir :

1° Dans le fait de dire à un individu : tu as été marqué des lettres T. V. T. F.—Cass., 30 nov. 1854. D.54.5.500.— « Voleur, coquin, homme de mauvaise « foi, tu prends le chemin du bagne. »—Cass., 4 nov. 1861. D.66.1.364. V. néanmoins n° 1621.

2° Dans cette allégation, portée dans un acte de récusation « que le juge récusé est lié avec l'adversaire par une amitié si intime, qu'il ne craint pas de l'accompagner chez sa concubine, pour s'y livrer à sa passion pour le jeu. » —Cass., 20 mai 1865. D.65.1. 407, — ou que « l'arbitre choisi est récusé pour avoir donné des conseils à l'adversaire, bu et mangé dans sa maison. » —Nîmes, 14 déc. 1848. D.50.5.373.

3° Dans cette allégation « qu'un individu porté sur la liste électorale doit être radié pour cause de déchéance, à raison d'une contravention correctionnelle », lorsque cette demande en radiation, ainsi motivée, est faite moins pour accomplir un devoir civique que pour nuire à l'électeur qui en est l'objet, et lorsque dans ce but il lui a donné une publicité inutile. — Cass., 27 janv. 1866. D.66.1.237.

4° Dans le fait d'avoir publié dans un journal qu'une compagnie fermière d'un établissement thermal trompe le public sur la nature des produits qu'elle lui livre, qu'elle reçoit dans ses salons des personnes d'une immoralité notoire, et qu'elle se livre à des spéculations immorales.— Cass., 10 août 1865. D.66.1.364.

5° Dans le fait de lire méchamment dans un cabaret et de livrer ainsi à la malignité publique, une lettre d'une jeune fille à son amant.— Cass., 15 déc. 1859. D.59.5.299.

6° Dans le fait de représenter un auteur dont on critique l'œuvre comme un échappé d'un hospice d'aliénés.—Cass., 29 nov. 1845. D.46.1.48.—Mais il n'y a pas diffamation à faire la critique, même acerbe, d'une œuvre littéraire ou scientifique, tant qu'elle se renferme dans les limites des droits de la critique et de l'appréciation.—Chassan, I, p. 381 ; de Grattier, I, p. 185.

7° Dans le fait d'avoir, dans un mémoire sur procès, allégué contre un magistrat des faits relatifs à ses fonctions de nature à porter atteinte à sa considération. — Cass., 8 mars 1861. D.61.5.375.

8° Dans le fait d'avoir donné à entendre de quelqu'un qu'il avait employé des moyens *déloyaux* et *malhonnêtes*, alors même que ces mots n'eussent pas été employés. — Cass., 1er juin 1866. D.66.1.510.

1652. — Il appartient aux tribunaux de dégager les imputations voilées par des réticences et des habiletés de plume, et le jugement qui précise ainsi la pensée de l'écrivain ne donne pas ouverture à cassation s'il est démontré que le juge, loin de détourner les allégations de l'écrit de leur sens, en a fait au contraire une saine interprétation — Même arrêt.

1653. — L'intention de dénigrer ne suffirait pas

cependant pour faire considérer un écrit comme diffamatoire, si les expressions employées ne sont ni injurieuses ni blessantes et ne contiennent l'imputation d'aucun fait de nature à déshonorer ou déconsidérer. — Cass., 24 nov. 1861. D.62.4.489; 31 déc. 1863. D.64.1.103; 17 mars 1864. D.64.1.404.

1654. — Il n'y a pas diffamation dans le fait d'un historien de rendre compte de faits diffamatoires envers une personne, si ces faits sont constatés et divulgués dans des documents publics et si, se rattachant à l'histoire du pays, le compte rendu en est fait avec convenance et mesure et avec des intentions d'historien. — Chassan, 1, p. 375.

1655. — Bien que les juges du fait soient souverains pour constater l'intention diffamatoire constitutive du délit, la Cour de cassation a le droit d'apprécier les passages incriminés, les paroles proférées, les dessins, dans leurs rapports avec la loi pénale afin de vérifier si ces paroles, écrits ou dessins réunissent les caractères et les conditions voulus par elle.—N° 2742.

1656. — Les juges du fait doivent en conséquence, pour mettre la Cour suprême à même d'exercer son contrôle, constater dans leurs jugements les passages, les paroles ou les dessins qui leur ont paru réunir ces caractères.

IV. Circonstances extérieures : Publicité.

[**400** à **402**] = 1657. — Sans publicité, pas de délit de diffamation. — Cass., 17 mai 1845.B. — Lorsqu'elle n'est pas publique la diffamation constitue une injure simple.—Cass., 25 juillet 1864. B. —Chassan, 1, p. 119.

Il n'y a pas de publicité lorsque l'outrage a été commis dans un lieu où ne se trouvaient que le plaignant et le prévenu et un tiers trop éloigné pour entendre. — Cass., 30 juill. 1852; B. *Contrà*, Chassan, p. 48. — V. n°ˢ 876 à 899.

1658. — Comme c'est par leur publicité effective que les délits de publication réalisent leurs effets préjudiciables, il ne suffit pas qu'une imputation diffamatoire ait été proférée dans un lieu public; il faut de plus qu'elle ait été entendue d'au moins trois personnes (V. n°ˢ 879 et 880) et ait obtenu publicité ainsi.

1659. — La publicité existe si l'écrit diffamatoire a été répandu par voie de lettres missives qu'il était recommandé aux destinataires de communiquer le plus possible. — Cass., 29 juillet 1858. D.58.5.284.

1660. — La publicité n'est pas suffisamment établie lorsque d'une part le jugement se borne à constater que le prévenu a *tenu* les propos qui lui sont imputés, la loi exigeant qu'ils aient été *proférés* (art.1, L. 1849, art. 309), et que d'autre part il ne désigne pas *le lieu où* les propos ont été tenus et ne statue pas sur *la publicité* de ce lieu.—Cass., 1ᵉʳ mars 1851. D.51.5.417.

1661. — On doit considérer comme lieux publics :

L'intérieur d'un dépôt de mendicité. — Bordeaux, 20 mars 1851. D.52.2.159;

Un lieu attenant à la voie publique. — Alby, 1ᵉʳ juin 1857. D.58.3.64;

Un cercle dans lequel on peut être admis en satisfaisant à certaines conditions. — Cass., 14 août 1857. D.63.5.298 ;

Un greffe. — Cass., 20 mai 1865. D.65.1.407 ;

Une boutique, avec porte ouverte sur la rue, dans laquelle se trouvent plusieurs personnes qui ont entendu la diffamation. — Cass., 27 sept. 1851. B.

1661 *bis*. — La publicité que le Sénat est tenu de donner, par la loi de son institution, aux pétitions qui lui sont adressées, réalise à la charge des pétitionnaires la publicité des offenses, des outrages, diffamations ou injures qu'elles peuvent contenir. (V. n° 2381).

Quant aux lettres ou dénonciations qui seraient lues à la tribune du Corps législatif, V. n° 2381, § 3.

1662. — Il n'y a pas publicité dans la dictée d'une lettre ou d'un acte par un patron à son employé dans une étude non plus que dans la communication qui en a été donnée à un tiers à titre de confidence. — Cass., 8 mars 1856.B.; 15 nov. 1859. D.59.4.513.

L'appréciation du juge, relativement aux circonstances constitutives de la publicité, relève du contrôle de la Cour de cassation. — Cass., 15 nov. 1859. D.59.4.513.

§ II. De l'injure.

[**599** § 2 à **400**.A.]=*Des injures*. Sur l'intention d'injurier,—V. n°ˢ 1626 et suivants.—Sur *les moyens du délit*,—V. n°ˢ 1648 et suivants.

1663. — La condition première, ou plutôt le *corps* même du délit d'injure est « *une expression outrageante, un terme de mépris ou invective.* »

Mais la loi n'ayant point donné et n'ayant pu donner l'énumération des mots *injurieux*, ni dire à quel signe on reconnaîtrait l'*invective* ou l'*outrage* dans un propos, les juges du fait sont souverains pour décider si l'expression mal sonnante présente suffisamment les caractères combinés de l'*offense* et du *gros mot* pour être rangée dans la catégorie des *termes de mépris*, des *invectives* ou *propos outrageants*.

1663 *bis*. — Du rapprochement des art 13 et 20 L. 1849 (art. 399 et 401), il résulte que le législateur reconnaît trois sortes d'injures :

1° L'injure par l'*imputation publique d'un vice déterminé*;

2° L'injure par expressions outrageantes, termes de mépris, sans imputation d'aucune sorte, *mais publiques*;

3° Et les injures *non publiques* si graves qu'elles soient au fond et en la forme, telles que des diffamations *non publiques* en termes outrageants. — V. n° 1657.

1664. — Il y a injure *avec vice déterminé* dans le fait de dire à quelqu'un qu'il est *sans foi, sans honneur* : Cass., 15 déc. 1864 .D.64.5.258; ou de le traiter *de voleur, brigand, scélérat, faussaire*. — Riom, 13 nov. 1846. D.47.2.37.

1665. — Il y a injure simple

Dans ces mots : *B... de sot, B... d'animal; —crois-tu m'en remontrer ?* — Angers, 22 juin 1863. D.63. 2.219. — Ou *oiseau galeux*, Colmar, 12 juin 1866. D.66.1.139.

Sic les termes de *canaille, vaurien, crapule*, proférés publiquement, suivant les circonstances et la personne à qui on les adresse. — Nimes, 23 fév. 1863. D.63.2.43.

Sic dans le même cas l'épithète de *vagabond*. — Colmar, 12 juin 1866. D.66.2.139.

Quant aux mots fripon, polisson, insolent, drôle, renégat, vénal, sans cœur, V. notre *C. de la presse de* 1856, n°ˢ 561 à 563.

En ce qui concerne les conditions de la publicité,— V. n°ˢ 1657 à 1662 et notes sous l'art. 309.

Chap. II. — Outrages, diffamations, injures contre personnes publiques.

Sect. I. — Outrages publics ou non publics envers les magistrats et les jurés.

Outrages (oraux ou écrits) envers magistrats et jurés.

403. — *C. pénal.* Art. 222. Lorsqu'un ou plusieurs magistrats de l'ordre administratif ou judiciaire, lorsqu'un ou plusieurs jurés auront reçu, dans l'exercice de leurs fonctions ou à l'occasion de cet exercice, quelque outrage par paroles, par écrits ou dessins non rendus publics tendant, dans ces divers cas, à inculper leur honneur ou leur délicatesse, celui qui leur aura adressé cet outrage sera puni d'un emprisonnement de 15 jours à 2 ans [Comparez art. 7, L. 1822, art. 414].

Si l'outrage par paroles a eu lieu à l'audience d'une cour ou d'un tribunal, l'emprisonnement sera de 2 à 5 ans.

Peine access.: Réparation d'honneur. (art. 226, C. pénal.)

Outrages par gestes ou menaces envers les mêmes.

404. — L'outrage fait par gestes ou menaces à un magistrat ou à un juré dans l'exercice ou à l'occasion de l'exercice de ses fonctions, sera puni d'un mois à six mois d'emprisonnement. — V. n° 1686.

Et si l'outrage a eu lieu à l'audience d'une cour ou d'un tribunal, il sera puni d'un emprisonnement de 1 mois à 2 ans.

Peine access.: Réparation d'honneur (art. 226, C. pénal).

[**403** à **404**] = 1665 *bis.* — Les art. 222 et 223 du C. pénal ont été modifiés par la loi du 13 mai 1863, — c'est leur texte modifié que nous avons reproduit ci-dessus. — En ce qui concerne les modifications qu'il ont subies, voir ce qui en a été dit *suprà*, n° 1590, et la circulaire du garde des sceaux, n° 1594.

1665 B. — *Outrage.* — V. sur ce mot, sur sa définition, sa portée et les éléments constitutifs du délit, n°s 1595 et suiv.

1666. — *Un ou plusieurs magistrats de l'ordre administratif ou judiciaire.* Que comprennent ces expressions?

I. Quels fonctionnaires sont magistrats.

1667. — Doivent être considérés comme magistrats pour l'application de l'art. 222 du C. pénal :

1° Les magistrats proprement dits de l'ordre administratif depuis les ministres jusqu'au dernier degré de la hiérarchie administrative *des agents dépositaires de l'autorité publique*, tels que : les préfets, conseillers de préfecture, sous-préfets, maires, adjoints, et ces derniers, alors même qu'à raison de la présence du maire ils n'exercent aucun acte de leurs fonctions. — Cass., 10 mai 1845. D.45.4.440.

2° Les magistrats proprement dits de l'ordre judiciaire tels que les membres des Cours, tribunaux, justices de paix et des parquets.

3° Les membres des tribunaux de commerce, des juridictions instituées par le décret du 24 mars 1852, pour la répression des délits et fautes de la marine marchande.

4° Les membres des conseils de guerre permanents pendant qu'ils rendent la justice. — Cass., 31 janv. 1845. B.

5° Les membres des conseils de prud'hommes depuis surtout que leurs présidents et vice-présidents sont nommés par l'Empereur (L. 1 juin 1853), et que leurs commissaires sont nommés et révoqués par les préfets (même loi). Dalloz, v° *Presse*, n° 776.

6° Les commissaires de police, soit qu'ils agissent comme appartenant à la police administrative, soit comme remplissant les fonctions du ministère public dans les tribunaux de police, soit comme officiers de police judiciaire. — Cass., 22 févr. 1851. D.51.4.302; Amiens, 4 déc. 1863. S.64.2.68.

1668. — On ne saurait considérer comme magistrats:

Les présidents d'une société de secours mutuels nommés à vie par l'Empereur. — Cass., 13 mai 1859. D.59.1.432.

Ni les ingénieurs des mines dans les visites qu'ils font avec les préfets en exécution du décret du 14 déc. 1851. — Douai, 10 mai 1853. D.53 2.227.

1669. — *Adressé et reçu.* L'outrage, pour être punissable, doit avoir été adressé directement à la personne qui en est l'objet, sans pourtant que sa présence soit nécessaire. — Cass., 15 déc. 1865. D.66.1.137. — Circulaire du ministre de la justice, n° 1594 et n°s 1602 et suivants.

II. Dans l'exercice ou a l'occasion de l'exercice des fonctions.

1670. — L'outrage commis à l'audience envers l'officier du ministère public d'un tribunal de police est passible des peines de l'art. 222, C. pén., et non de celles portées en l'art. 11 du C. de proc. civile. — Cass., 22 août 1862. B.218.

1671. — *Sic* pour l'outrage envers le juge de paix dans les mêmes circonstances. — Cass., 26 janv. 1854 et 3 août 1854. D.55.1.434. S.54.1.745.

1672. — Dans tous ses rapports officiels avec le public et les particuliers, un fonctionnaire ou un magistrat est dans l'exercice de ses fonctions même dans l'intérieur de son domicile. — Cass., 11 octob. 1850. B. Chauveau-Hélie, III, p. 318-349.

1673. — Le fait par un conseiller municipal d'avoir donné au maire un démenti en pleine séance du conseil municipal constitue un outrage à l'occasion de l'exercice de ses fonctions. — Cass., 20 juillet 1866. D.66.5.374.

1674. — Reprocher à un chef militaire qui avait tué un de ses camarades en duel de l'avoir assassiné, ne constitue pas une imputation relative à ses fonctions. — Lyon, 5 mars 1849. D.49.5.320.

1675. — Des imputations diffamatoires contre un fonctionnaire en sa qualité d'électeur sont étrangères à ses fonctions.

III. Outrage tendant a inculper l'honneur et la délicatesse.

1676. — Il y a outrage dans toute expression d'un sentiment de haine ou de mépris pour le caractère personnel ou les actes du magistrat. — V. n° 1598.

Il en est ainsi dans le fait de dire :

A un président devant qui l'affaire a été plaidée : « Si j'ai perdu, c'est que M. X. vous a fait un cadeau. » — Cass., 17 août 1865. D.65.1.504.

A un commissaire de police. — Ministère public : « Pour un dîner que Monsieur vous paierait, vous feriez rendre des jugements tant qu'il voudrait. » — Cass., 22 août 1862. D.62.5.258.

A des coprévenus à l'audience : « Il est inutile de nous défendre, nous sommes condamnés d'avance. » — Cass., 15 avril 1853. D.53.5.375.

A un commissaire de police : Vous êtes venu chez moi, violer mon domicile; je ne me serais pas abaissé à vous faire appeler. » — Cass., 7 nov. 1856. D.56. 5.357.

Sect. II. — Mêmes outrages envers officiers ministériels ou dépositaires de la force publique.

Officiers ministériels ou agents de la force publique.

405. — *C. pénal.* Art. 224. L'outrage fait par paroles, gestes ou menaces à tout officier ministériel ou agent dépositaire de la force publique et à tout citoyen chargé d'un ministère de service public, dans l'exercice ou à l'occasion de l'exercice de ses fonctions, sera puni d'un emprisonnement de 6 jours à 1 mois et d'une amende de 16 fr. à 200 fr., ou de l'une de ces deux peines seulement.

Peine acces.: Réparation d'honneur (art. 227, C. pénal).

Outrage envers commandant de la force publique.

406. — Art. 225. L'outrage mentionné en l'article précédent, lorsqu'il sera dirigé contre un commandant de la force publique, sera puni d'un emprisonnement de 15 jours à 3 mois et pourra l'être aussi d'une amende de 16 fr. à 500 fr. — V. art. 518.

Peine access. : Réparation d'honneur (art. 226, C. pénal).

Peines accessoires : Réparation d'honneur.

406.A. — Art. 226. Dans les cas des art. 222, 223 et 225, l'offenseur pourra être, outre l'emprisonnement, condamné à faire réparation, soit à la première audience, soit par écrit, et le temps de l'emprisonnement prononcé contre lui ne sera compté qu'à partir du jour où la réparation sera faite.

Art. 227. — Dans le cas de l'art. 224 l'offenseur pourra de même, outre l'amende, être condamné à faire réparation à l'offensé, et s'il retarde ou refuse il y sera contraint par corps.

A un commissaire de police : « Je vous emm...... vous et vos procès-verbaux. » — Cass., ch. réunies, 17 mars 1851. D.51.1.99 et 103.

1677. — Une imputation diffamatoire dirigée contre un magistrat ou un fonctionnaire dans l'exercice de ses fonctions constitue un outrage. — N° 1611.

1678. — Une imputation injurieuse, dans les conclusions lues à l'audience, si elle est dirigée contre un magistrat présent, constitue un outrage par paroles et non par écrit. — Cass., 11 janv. 1851. D.51.5.436.

1679. — L'aggravation de peines prononcée par le § 2 de l'art. 222, C. pén., ne peut toutefois s'appliquer à l'outrage adressé à un magistrat présent à l'audience en dehors de son service. — Amiens, 4 déc. 1863. D. 64.5.288.

1680. — La proposition d'une récompense adressée secrètement à un fonctionnaire pour un acte contraire à ses devoirs ne peut, bien qu'elle ait blessé sa délicatesse, être qualifiée outrage alors que celui qui l'a faite n'a eu d'autre but que de se rendre ce fonctionnaire favorable et qu'il n'en est résulté aucune atteinte à son honneur. — Cass., 25 janv. 1866. D.66.1.235.

1680 bis. — *Sera puni :* L'outrage adressé à un magistrat ne peut être excusé sous prétexte qu'il n'a pas prêté serment; le citoyen promu à un emploi public qu'il exerce ostensiblement étant légalement réputé investi d'un caractère public. — Cass., 26 juin 1851. D.51.1.240.

Sur les excuses, V. ci-dessus n°s 1679, 1647 et 1763 et suivants.

IV. Quels fonctionnaires comprend le texte de l'art. 224 du C. pénal.

[**405** à **406.**A]. = 1681. — *Officiers ministériels :* Cette désignation comprend les avoués, les huissiers, les commissaires-priseurs, même les notaires. — Dalloz, v° *Presse,* n°s 745 et 746. — Mais elle ne comprend ni les employés des bureaux de garantie pour les matières d'or et d'argent, ni les avocats, ni les porteurs de contraintes, bien que le contraire ait été jugé. — Chauveau-Hélie, III, n° 850.

1682. — *Agents dépositaires de la force publique :* Il faut ranger dans cette catégorie :

1° Les agents de police lorsqu'en vertu du décret du 18 juin 1811 ils prêtent main-forte aux officiers ministériels pour l'exécution des jugements ou qu'ils exécutent eux-mêmes les mandements de justice. — Cass., 17 déc. 1844. S.42.1.454, ou lorsqu'ils agissent pour l'exécution des lois et règlements. — Cass., 2 oct. 1847.B. — Mais ils cessent d'être *agents dépositaires de l'autorité* et ne sont plus que des *agents de l'autorité* que l'art. 19, L. 1819, protège seul alors contre les injures, lorsqu'ils agissent par les ordres de l'autorité qui les a institués et exercent la surveillance dont cette autorité les a chargés. — Cass., 27 mai 1837. S.37.1.627. — Pau, 31 juillet 1857, J.P.

2° Les gardes champêtres et forestiers, lorsqu'ils agissent en vertu de l'art. 16 du C. d'instr. crim. comme agents de police, pour l'exécution des lois ou jugements. — Cass., 2 oct. 1847. S.48.1.454. — Dalloz, v° *Presse,* n° 754.

3° Les préposés des douanes. — Chassan, I, p. 461.

4° Les simples gardes particuliers commissionnés par le sous-préfet. — Cass., 2 juillet 1846.B.

5° Un chef de poste de la garde nationale pendant la durée de son service. — Cass., 9 sept. 1851.

1683. — *Citoyens chargés d'un service public :* — Cette catégorie comprend : Les préposés des contributions indirectes. — (Discuss. et rapport, L. 13 mai 1863). Les surveillants des halles (*id*) ; les gardiens des maisons centrales. — Cass., 11 févr. 1842, J.P. — Les membres d'une association syndicale pour le curage d'une rivière. — Trib. Châtillon, 29 mars 1866. D.66.3.48.

V. Des commandants de la force publique.

1684. — Cette qualification s'applique à un brigadier de gendarmerie, ne fût-il accompagné que d'un seul gendarme, ou même fût-il seul, s'il se trouve sur le territoire de sa brigade. — Rennes, 15 mars 1853. D.53.2.238 ; Colmar, 27 avril 1858. D.59.2.27. *Contrà :* S'il est seul ce n'est plus qu'un agent de la force publique. — Pau, 31 juillet 1857. D.58.2.209. — Limoges, 25 nov. 1851. D.51.2.247.

1685. — Ne peut être considéré comme agent ou commandant de la force publique un ingénieur des mines ; les injures qui lui seraient adressées dans l'accomplissement de ses missions ne sont que des injures simples si elles ne sont pas publiques. — Douai, 10 mai 1853. D.53.2.227.

VI. Outrages sans inculpation de l'honneur et de la délicatesse.

1686. — Les mots « *tendant à inculper l'honneur et la délicatesse* » qui caractérisent les outrages de l'art. 222 du C. pénal ne doivent pas être sous-entendus après les mots « *gestes et menaces* » dans les art. 223 et 224. — Cass., ch. réunies, 17 mars 1851. D.51.1.99 et notes ; 7 mai 1853. D.53.1.250. *Contrà,* Chassan, I, n° 531; Chauveau-Hélie, III, p. 456.

Outrage : — Sur la définition de ce mot, les modes et les caractères du délit, — V. n° 1596 et suiv.

Exercice des fonctions. — V. n°s 1670 et 1675.

Au sujet des modifications que la loi du 13 juin 1863 a fait subir à ces articles, — V. n°s 1590-1591.

Sect. III.— Outrages publics envers les députés, les fonctionnaires, les jurés, les témoins et les membres des bureaux électoraux.

Envers députés à raison des fonctions ou qualité.

407. — *D.* 11 *août* 1848. Art. 5 (*modifiant l'art.* 6, L. 1822). L'outrage fait publiquement d'une manière quelconque, à raison de leurs fonctions ou de leur qualité soit à un ou plusieurs membres de l'Assemblée nationale (Corps législatif), soit à... [V. ci-dessus, art. 411, la suite].....
..... sera puni d'un emprisonnement de 15 jours à 2 ans et d'une amende de 100 fr. à 4000 fr.
(V. pour les outrages avec violences l'art. 409.)

Contre journal : L'amende sera de 200 à 8,000 fr.— (Art. 509.)
Peines access. : Impression, affiche du jugement.— (Art. 510.)
Récid.: Prison, de 2 à 4 ans et amende de 4,000 à 8,000 fr. Contre journal : amende de 4,000 à 16,000 fr.—Suspension de 15 jours à 2 mois, la 1re fois ; de 2 à 6 mois, la 2e fois.— (Art. 522-525.)
Circ. att. : Prison, de 1 jour à 15 jours et, ou, amende de 50 à 100 fr. — (Art. 528-533.)

Pour les offenses et injures envers les députés par comptes rendus de leurs séances, V. art. 345.

Envers membres d'un bureau électoral.

408. — *L. électorale*, 2 *févr.* 1852. Art. 43. Les membres d'un collège électoral qui, pendant la réunion, se seront rendus coupables d'outrages ou de violences, soit envers le bureau, soit envers l'un de ses membres .....
(La suite est étrangère aux outrages, V. art. 374.) seront punis d'un emprisonnement de 1 mois à 1 an et d'une amende de 100 fr. à 2000 fr.

Récid. : Prison, de 2 à 4 ans et amende de 1,000 à 2,000 fr. — (Art. 58, C. pénal.)
Circ. att. : Prison, de 1 jour à 1 mois et, ou, amende de 1 à 100 fr. — (Art. 48, même loi.)

Envers fonctionnaires publics.

409. — *L.* 25 *mars* 1822. Art. 6, § 1er. L'outrage fait publiquement et d'une manière quelconque à raison de leurs fonctions ou qualité, soit à un ou plusieurs membres de l'une des deux Chambres [remplacé à leur égard par l'art. 5 du décret de 1848, ci-contre], soit à un fonctionnaire public.... [V. pour les ministres du culte, la suite en l'art. 412]
.....sera puni d'un emprisonnement de 15 jours à 2 ans et d'une amende de 100 fr. à 4000 fr.
Mêmes pénalités accessoires que sous l'art. 407 ci-contre.

Envers les jurés et les témoins.

§ 2. — Le même délit envers un juré à raison de ses fonctions ou envers un témoin à raison de sa déposition, sera puni d'un emprisonnement de 10 jours à 1 an et d'une amende de 50 fr. à 3000 fr. — V. art. 414, § 2.

Contre journal : L'amende sera de 100 fr. à 6,000 fr.—Art.509.
Peines access.: Impression, affiche du jugement. — Art. 510.
Récid.: Prison, de 1 à 2 ans et amende de 3,000 à 6,000 fr.
Contre journal:Amende de 3,000 à 12,000 fr.—Suspension, de 15 jours à 2 mois, la 1re fois et de 2 à 6 mois, la 2e fois. Art. 522-525.
Circ. att.: Prison, de 1 à 10 jours et, ou, amende de 50 fr.—Art. 528-533.

§ 3. — Outrages envers ministres du culte. — Voir art. 412.

§ 4. — Si l'outrage dans les différents cas prévus par le présent article est accompagné des excès ou violences prévus par le § 1er de l'art. 228 du C. pénal, il sera puni des peines portées audit § et en l'art. 229, et en outre de l'amende portée au § 1er du présent article.

§ 5. — Si l'outrage est accompagné des excès prévus par le § 2 de l'art. 228 du C. pénal et par les art. 231 à 233, le coupable sera puni conformément audit Code.

---

[407] = 1687. — L'art. 5 du décret du 11 août 1848 n'a pas eu d'autre but que de mettre le texte du § 1er de l'art. 6 de la loi du 22 mars 1822 en harmonie avec la terminologie républicaine.—Il n'y fut changé que les mots, le fonds est resté le même ; d'où cette conséquence que l'art. 5, décr. 1848, est applicable aux députés sous le régime impérial et que les autres §§ de l'art. 6 qui n'ont pas été modifiés ont été maintenus en vigueur et font suite à l'art. 5 du décret de 1848, qui remplace seulement le § 1er de l'art. 6, L. 1822.

1688. — Nous n'avons point classé dans cette section la partie de l'art. 7, L. 1822, qui punit les injures contre les députés au moyen du compte rendu de leurs séances, parce que ces sortes d'agressions atteignent bien plus la personnalité même de la Chambre que celle des membres que vise l'injure ; — en présence d'un compte rendu infidèle et injurieux pour un député, la Chambre doit se sentir offensée et prendre fait et cause pour venger son injure. — La place de l'art. 7 nous a paru en conséquence être plus dans la section des offenses envers le Corps législatif que dans celle consacrée aux outrages personnels envers les députés à raison de leur qualité.— Voir en conséquence nos annotations sous l'art. 345.

1689. — L'outrage doit avoir été commis à raison de la fonction ou qualité de député. — V. sur le délit d'outrage, ses moyens, son caractère, nos 1596 et suiv.

[408] = 1690. — Le mot *outrage* dans cet article est très-général et comprend tous les modes quelconques de l'art. 6, L. 1822, et comme les art. 224 et 225 du C. pén. les outrages publics et non publics.

Lorsque le délit est commis par un fonctionnaire ou agent de l'autorité, la poursuite peut avoir lieu sans l'autorisation du Conseil d'Etat. (V .no 1403).

[409]. = 1691. — L'art. 6, L. 1822, n'a pas été abrogé par l'art. 1er du décret du 11 août 1848 en ce qui concerne l'outrage envers les fonctionnaires, passé sous silence dans l'art. 5 de ce décret. — V. no 2820.

1692. — A la différence de l'art. 222 du C. pénal, l'art. 6, L. 1822, n'exige ni la présence, ni la quasi-présence des personnes, objets de l'outrage. — Cass., 18 juillet 1828, J.P.

1693. — Cet art. 6 a sur certains points restreint la portée des art. 16 et 17, L. 1819. — Le délit d'outrage absorbe le délit de diffamation et d'injure envers les fonctionnaires, commis à raison de leurs fonctions. — Cass., 18 juillet 1828. J.P.

1694. — L'outrage public adressé à un fonctionnaire à raison de ses fonctions est puni par l'art. 6, L. 1822, alors même qu'il n'inculpe ni son honneur ni sa délicatesse ; cette dernière condition n'est nécessaire que dans le cas de l'art. 222 du C. pén. — Cass., 8 mai 1856. D.56.1.272.

1695. — Entre l'art. 222, C. pén. et l'art. 6, L. 1822, il y a ces deux différences, savoir :
1° Que l'outrage de l'un est spécifié dans ses modes, dans sa portée agressive, tandis que l'autre est indéterminé. L'art. 222 est spécial et l'art. 6 est général.
2° Que l'art. 222 exige que l'outrage ait eu lieu *dans l'exercice* ou à *raison de l'exercice* des fonctions ; l'art. 6 n'exige qu'une chose, c'est qu'il ait eu lieu à *raison des fonctions* ou de la *qualité*, en dehors de l'exercice ou de ce qui s'y rattache.

1696. — Empêcher par des huées, des vociférations ou d'un bruit quelconque un professeur de continuer

Sect. IV.— Outrages publics ou non publics envers les ministres d'un culte dans leurs fonctions dans l'exercice ou à raison de ces fonctions et de leur qualité.

Outrage public ou non dans les fonctions.

410. — *C. pénal.* Art. 262. Toute personne qui aura par paroles ou gestes outragé les... [En ce qui concerne les objets du culte, V. l'art. 379] ou les ministres de ce culte dans leurs fonctions, sera puni d'une amende de 16 fr. à 500 fr. et d'un emprisonnement de 15 jours à 6 mois. — V. § 3 de l'art. 6, L. 1822, ci-contre (art. 412).

Outrage à raison des fonctions ou qualité.

411. — *D.* 11 *août* 1848. Art. 5 (*modifiant l'art.* 6, L. 1822). L'outrage fait publiquement d'une manière quelconque à raison de leurs fonctions ou qualité, soit... [en ce qui concerne les députés, V. art. 407] ... soit à un ministre de l'un des cultes qui reçoivent un salaire de l'Etat, sera puni d'un emprisonnement de 15 jours à 2 ans et d'une amende de 100 fr. à 4000 fr. V. art. 385.

Contre journal : L'amende sera de 200 à 8,000 fr. (art. 509).
Peines access. ' Impression et affiche du jugement (art. 510).
Récidive : Prison, de 2 à 4 ans et amende de 4,000 à 8,000 fr.
Contre journal : Amende de 4,000 à 16,000 fr.—Suspension de 15 jours à 2 mois, la 1re fois ; de 2 à 6 mois, la 2e fois (art. 522, 525).
Circ. att. : Prison, de 1 à 15 jours et,ou, amende de 50 à 100 fr. (art. 531, 533).

son cours, constitue un outrage. — Art. 6, L. 1822; Paris, 8 mars 1856. D.56.2.148.

1697. — Le fait d'un individu expulsé de l'audience par l'ordre du président d'avoir, après l'audience, adressé à ce magistrat des interpellations agressives au sujet de son expulsion et de lui avoir barré le passage pour l'obliger à donner des explications, est un outrage à un fonctionnaire à raison de ses fonctions. — Cass., 16 déc. 1859. D.59.4.300.

1698.—Le refus de se tenir découvert dans le bureau d'un fonctionnaire, et le fait de répondre à ses observations : « qu'il est trop garçon, qu'il se fout de son procès-verbal et qu'il restera couvert, » constituent un outrage. — Poitiers, 17 fév. 1858. D.55.2.171.

1699. — Une déclaration mensongère de vol sans intention de se jouer du fonctionnaire à qui elle est faite n'est pas un outrage. — Colmar, 31 mars 1857. D.58.2.67. — V. n° 4387.

1700. — L'outrage public fait à un ancien fonctionnaire à raison de ses fonctions passées est comme l'outrage au fonctionnaire en exercice réprimé par l'art. 6, L. 1822. Cass., 23 mars 1860. D.64.5.379.

1701. — *Fonctionnaires publics.* — On doit, par cette qualification, entendre non-seulement les agents protégés par la garantie constitutionnelle de l'art. 75 de la Constitution de l'an VIII, mais encore les agents qui par la nature et l'étendue de leurs fonctions sont des délégués directs de l'autorité publique quel que soit d'ailleurs le mode de leur nomination : « Depuis le premier magistrat, avait dit M. Courvoisier, rapporteur de la loi, jusqu'au garde champêtre. » — Cass., 28 juillet 1859. D.59.4.543.

1702. — Ainsi sont fonctionnaires publics :
Les agents voyers assermentés (Même arrêt).
Les employés des contributions directes et indirectes. — Bordeaux, 4 août 1853. D.53.2.248.
Les professeurs des facultés.—Cass., 31 mai 1856.B.
Les magistrats de l'ordre administratif ou de l'ordre judiciaire, en dehors de l'exercice de leurs fonctions, et des cas d'outrages à l'occasion de cet exercice des art. 222 à 225, C. pén. — Cass., 10 janv. 1834. J.P.
Les contrôleurs, les percepteurs. — Poitiers, 19 janv. 1842.

Outrage public dans les fonctions.

412. — *L.* 25 *mars* 1822. Art. 6, § 1er. L'outrage fait publiquement et d'une manière quelconque à raison de leurs fonctions ou de leur qualité, soit... [En ce qui concerne les députés, V. art. 407 et 409, ... soit *à un ministre de la religion de l'Etat ou de l'une des religions dont l'établissement est légalement reconnu en France* [remplacé en ce point par l'art. 5 du décret de 1848, ci-contre], sera puni... [V. art. 411, ci-contre.]

§ 2. — Le même délit envers un juré..., etc., V. art. 409, § 2.

§ 3. — *L'outrage fait à un ministre de la religion de l'Etat ou de l'une des religions légalement reconnues en France, dans l'exercice de ses fonctions, sera puni des peines portées en l'art. 1er de la présente loi* [savoir : d'un emprisonnement de 3 mois à 5 ans et d'une amende de 300 fr. à 6000 fr.].

V. art. 382 ci-dessus, pour les peines accessoires, celles de la récidive et leur atténuation.

§ 4.—Si l'outrage dans les différents cas ci-dessus est accompagné des excès ou violences prévus par le § 1er de l'art. 228 du C. pénal, il sera puni des peines portées audit § et en l'art. 229, et en outre de l'amende portée au § 1er du présent article.

§ 5. — Si l'outrage est accompagné des excès prévus par le § 2 de l'art. 228, C. pénal, et par les art. 231, 232 et 233, le coupable sera puni conformément audit Code.

Les gardes champêtres. — Cass., 9 janv. 1838. S.58.4.335. — V. notre *Code de la presse* de 1856.

1703. — Ne sont point fonctionnaires publics :
Les gendarmes. Limoges, 23 nov. 1854. S.52.2.25.
Les agents de police ou sergents de ville. — Cass., 5 avril 1860. S.60.1.586 et note. — Les outrages envers eux ne sont punissables que dans les cas des art. 46 et 49, L. 1849.
Les notaires (Bordeaux, 24 mars 1860. D.60.5. 448), bien qu'au regard de l'art. 258, C. pén., de l'art. 1er, L. 25 ventôse an XI, sur l'usurpation des fonctions notariales, il ait été jugé que les notaires étaient fonctionnaires. Cass., 7 mars 1858. D.58.4.260.
Les membres des commissions des hospices. — Cass., 23 mai 1862. D.62.4.392.
Le directeur d'un dépôt de mendicité. — Bordeaux, 20 mars 1851, D.53.2.159. — Non plus que celui d'un mont-de-piété. Douai, 7 août 1856. D.57.2.203. — Ni leurs commissionnaires. Cass., 15 janv. 1853. D.53.4.345.
Les ecclésiastiques ou ministres d'un culte. — Cass., 23 août 1850. D.50.5.379 (V. infrà, art. 450).

1704. — *Outrages envers les témoins.* Il faut que l'outrage ait eu lieu à raison d'une déposition faite sous la foi du serment pour être punissable. — Montpellier, 2 avril 1855. D.55.5.550.

1705. — Il y a diffamation à traiter un témoin de calomniateur, de brigand, de faux, et non outrage (Même arrêt). — *Contrà.* — Ce n'est pas excéder les bornes de la légitime défense, que dire à un témoin : C'est faux, c'est une invention. — Cass., 5 mars 1858. D.58.5.290.

[**410-412**] = 1706. — *Outrages envers les ministres d'un culte.* L'art. 6, L. 1822, n'a point abrogé l'art. 262, C. pén., qui continue de subsister pour les outrages non publics. Dalloz, v° *Presse*, n° 704 et 758.

Sect. V. — Diffamations ou injures envers Cours, Tribunaux, Corps constitués, etc., et comptes rendus injurieux pour les magistrats, les jurés, les témoins, etc.

Diffamation envers Cours, Tribunaux, etc.

413. — *L. 25 mars* 1822. Art. 5. La diffamation ou l'injure par l'un des moyens de l'art. 1er de la loi du 17 mai 1819 [art. 309], envers les cours, tribunaux, corps constitués, autorités ou administrations publiques, sera punie d'un emprisonnement de 15 jours à 2 ans et d'une amende de 150 fr. à 5000 fr.

Contre journal: L'amende sera de 300 à 10,000 fr. (art. 509).

Peines access. : Impression ou affiche du jugement (art. 516).

Récid. : Prison, de 2 ans à 4 ans et Amende de 5,000 à 10,000 fr. Contre journal : Amende de 10,000 à 20,000 fr Suspension, de 15 jours à 2 mois la 1re fois et de 2 à 6 mois, la 2e fois (art. 522, 525).

Circ. att. : Prison, de 1 à 15 jours et, ou, amende de 50 fr. à 100 fr. (art. 528, 533).

———

1707. — En ce qui concerne l'outrage envers les ministres d'un culte *à raison de leurs fonctions ou qualité*, l'art. 1er, décr. du 11 août 1848, a complétement remplacé le § 1er de l'art. 6, L. 1822. C'est par inadvertance que le législateur de 1848 a laissé dans le § 3 les mots anti-constitutionnels de *religion de l'Etat* qui ont été effacés du § 1er.

1708. — Entre l'outrage envers les ministres d'un culte qui fait l'objet de ce § 3 et l'outrage prévu par l'art. 1er, décr. 11 août 1848, il y a cette différence que l'un est l'outrage dans *l'exercice même* des fonctions et l'autre l'outrage seulement *à raison* des fonctions ou de la qualité.

1709. — L'outrage non public à raison des fonctions n'est plus qu'une injure de simple police. — Chassan, I, p. 448.

1710. — Si l'outrage est public et ne consiste que dans des coups portés publiquement, l'art. 6 combiné avec les art. 228 et 229, C. pén., reste applicable. — Cass., 21 mars 1839, J.P. Chassan, I. p. 448.

1711. — Les §§ 3 et 4 de l'art. 6, L. 1822, font suite et s'ajustent à l'art. 5 du décret de 1848, comme ils faisaient suite au § 1er de cet art. 6, que l'art. 5 de ce décret a purement et simplement remplacé. V. n° 1687.
— Cela fut ainsi entendu lors de la discussion de ce décret.

1712. — La plainte du ministre outragé à raison de ses fonctions ou de sa qualité n'est pas, comme en matière de diffamation ou d'injures publiques envers les particuliers, une condition indispensable à l'exercice de l'action publique ; — Metz, 30 janv. 1856. D.57.2.20.
— *Contrà.* Cass., 25 juin 1846. B. — A moins que l'outrage n'ait eu lieu par voie de diffamation ou d'injure publique. V. notre *C. de la presse*, n° 695.

1713. — Sur les modes et le caractère des outrages, V. n° 1604 et suiv., — en ce qui concerne les outrages complexes ou indivisibles. V. n° 1762, et pour les outrages par diffamations indirectes, V. n° 1747 et suiv.

[**415**]—1714.—Aux termes des art. 222 et 223 du C. pénal, qui ne distinguent pas, les diffamations ou injures proférées contre des magistrats dans l'exercice ou à l'occasion de l'exercice de leurs fonctions, constituent des outrages; l'art. 5, L. 1822, qui n'a point dérogé à leurs dispositions, n'est par suite applicable qu'aux diffamations et injures envers les cours et tribunaux qui se sont produites dans d'autres cas que ceux des art. 222 et 223, du C. pénal.

1715. — Cet art. 5, L. 1822, a abrogé et remplacé l'art. 15 de la loi du 17 mai 1819 dont le texte insuffisant ne protégeait que les tribunaux, les corps constitués, sans extension possible aux autorités et administrations. — V. notre *Code de la presse* de 1856.

1716. — *Diffamations, injures.* — V. notes sous

Comptes rendus offensants ou injurieux.

414. — *Même loi.* Art. 7. L'infidélité et la mauvaise foi dans le compte que rendent les journaux et écrits périodiques des séances des chambres et des audiences des cours et tribunaux, seront punies d'une amende de 1000 fr. à 6000 fr.

§ 2. — ... Lorsque le compte rendu sera...
[En ce qui concerne les députés, V. l'art. 345.] ... injurieux pour la Cour, le tribunal, ou l'un des magistrats, des jurés ou des témoins, les éditeurs du journal seront en outre [de l'amende de 1000 fr. à 6000 fr. du § 1er], condamnés à un emprisonnement de 1 mois à 3 ans.

Voir n° 1862, pour la récidive.

§ 3. — Dans les mêmes cas, il pourra être interdit, pour un temps limité ou pour toujours aux propriétaires et éditeurs du journal ou écrit périodique condamné de rendre compte des débats... judiciaires. — La violation de cette défense sera punie de peines doubles de celles portées au présent article. [2 ans à 6 ans de prison et 2000 à 12,000 fr. d'amende.] — V. d'ailleurs sur ce dernier point l'art. 492 et ses annotations.

———

l'art. 399-400, relativement aux moyens du délit, à ses éléments constitutifs; — en ce qui concerne les excuses, V. n° 1647, — et pour les conditions de la poursuite, V. *infrà*, art. 543.

1717. — *Envers les cours, tribunaux.* Ces expressions comprennent même les juridictions spéciales, telles que les conseils de préfecture, les tribunaux militaires, conseils de guerre, cours maritimes, les justices de paix, les tribunaux de commerce, la Cour des comptes, la haute Cour, etc.

1718. — *Corps constitués.* Aux termes de l'art. 4, L. 26 mai 1819 (art. 543), la poursuite des délits de diffamation et d'injure envers les corps constitués ne pouvant avoir lieu qu'après une délibération de ces corps prise en *assemblée générale*, il s'ensuit que la qualification légale de *corps constitués* dans l'art. 5, L. 1822, ne peut s'appliquer qu'à des corps d'une existence permanente, dont la réunion est toujours possible en *assemblée générale* et auxquels la Constitution ou les lois ont dévolu une portion quelconque de l'autorité ou de l'administration publique : — On doit en conséquence considérer comme *corps constitués* : le Sénat, le Conseil d'Etat, les Conseils généraux, d'arrondissement et municipaux, les Conseils de prud'hommes, les Facultés de droit, de médecine et de théologie.

1719. — Ne paraissent pas pouvoir rentrer dans cette catégorie des *corps constitués* :
Le Corps législatif : les diffamations et les injures constituant *toujours* envers lui des *offenses* spécialement punies par l'art. 2 du décret du 11 août 1848 (art. 344), le présent art. 5, L. 1822, ne leur serait pas applicable.
Les Chambres des notaires. — Cass., 9 septembre 1831, J.P.
Les Chambres des avoués. — Douai, 1er mars 1831, J.P.
Un collège électoral. — Rennes, 15 févr. 1838, J.P.
Des gendarmes réunis pour le service d'une localité. — Dalloz, v° *Presse*, n° 897.
La garde nationale, les régiments de l'armée. — Chassan, II, p. 29.

1720. — *Autorités.* — Les commentateurs se sont

Sect. VI. — Diffamations et injures envers des personnes publiques.

Contre dépositaires ou agents de l'autorité.

415. — *L. 17 mai* 1819. Art. 16. La diffamation envers tout dépositaire ou agent de l'autorité publique pour des faits relatifs à ses fonctions, sera punie d'un emprisonnement de 8 jours à 18 mois et d'une amende de 50 fr. à 3000 fr.

L'emprisonnement et l'amende pourront, dans ce cas, être infligés cumulativement ou séparément suivant les circonstances.

Contre journal : L'amende sera de 100 fr. à 6,000 fr. (art. 509).
Peines access. : Impression ou affiche du jugement (art. 516).
Récid. : Prison, de 18 mois à 3 ans et, ou, Amende de 3,000 a 6,000 fr. Contre journal : Amende de 3,000 à 12,000 fr. — Suspension, de 15 jours à 2 mois, la 1re fois et de 2 à 6 mois, la 2e fois (art. 522 à 525).
Circ. att. : Prison, de 1 à 8 jours et, ou, amende de 50 fr. (art. 531, 633.)

Injures contre les mêmes personnes.

416. — *Même loi.* Art. 19. L'injure contre les personnes désignées par les art. 16 et 17 [ci-après] de la présente loi, sera punie d'un emprisonnement de 5 jours à 1 an et d'une amende de 25 fr. à 2000 fr., ou de l'une de ces deux peines seulement suivant les circonstances.

Contre journal : L'amende sera de 50 fr. à 4.000 fr. (art. 509).
Peines access. : Impression ou affiche du jugement (art. 516).
Récid. : Prison, 1 à 2 ans et amende de 2,000 à 4,000 fr. — Contre journal : Amende de 2,000 à 8,000 fr. Suspens. de 15 jours à 2 mois, la 1re fois, et de 2 à 6 mois la 2e fois (art. 522-525).
Cir. att. : Prison, de 1 à 5 jours et, ou, Amende de 1 à 25 fr. (art. 531).

fort divisés sur la portée de cette expression qui semble être une superfétation entre les termes où elle est placée : il est évident, d'après le sens général de l'article, qu'elle doit s'appliquer à de certaines agrégations d'hommes revêtus de fonctions publiques qui ne rentrent ni dans la catégorie précédente, ni dans celle des *administrations publiques* qui suit ; — où les voir alors ? — Est-ce dans les conseils d'administration, les parquets, les chambres de discipline des notaires, avoués, avocats, huissiers ? — Cela est fort contestable. — V. Chassan, I, p. 505. Dalloz, v° *Presse*, n° 900.

1721. — *Administrations publiques.* Cette expression comprend la réunion hiérarchique des fonctionnaires chargés de la régie des biens et des droits de l'État et de tous les établissements utiles au service public, tels que : l'administration des contributions indirectes, des douanes, des postes, de l'enregistrement, des forêts, la caisse d'amortissement, la Banque de France, les institutions de crédit public, les intendances sanitaires, les bureaux de bienfaisance, les administrations des hospices, etc. — Chassan, I, p. 406.
Au sujet des injures *ad universos* ou *complexes*, — V. n° 1762.

[414]=1723. — *Comptes rendus :* La loi n'a pas défini ce qu'elle entend par comptes rendus, et la jurisprudence a considéré comme tel, tout récit, quelle qu'en fût la forme, avec ou sans observations entremêlées, de ce qui s'était passé dans une audience. — V. *infrà,* n° 1836 et 1837.

1724. — *Par les journaux ou écrits périodiques,* cautionnés ou non cautionnés : — la loi est générale et ne distingue pas. — Au regard, d'ailleurs, des audiences des Cours et tribunaux, il n'y aurait pas à distinguer, les comptes rendus des débats judiciaires, n'ayant rien de politique, ne sont point interdits aux journaux non cautionnés.

1725. — *Injurieux :* le sens de cette expression se rapprocherait plutôt ici de celui du mot *outrage* que du sens légal que la loi de 1819 a attaché aux termes *injure* ou *diffamation.* — V. notes sous les art. 393 et 399.

1726. — L'irrévérence du style, le ton général et peu bienveillant, lorsque le compte rendu est infidèle et de mauvaise foi, pourraient, suivant les circonstances, présenter ce caractère injurieux que la loi semble avoir laissé aux juges du fait le pouvoir souverain de constater et de reconnaître d'après leurs impressions personnelles, puisque c'est aux juges mêmes du débat dont il est rendu compte que l'art. 46, L. 1822 (art. 572), en a attribué l'appréciation et la répression.

1727. — C'est commettre une injure que de dire à un président qu'il entrave la défense : — un compte rendu qui impliquerait cette imputation envers le président, comme résultant des débats et qui la formulerait, constituerait un compte rendu injurieux.

1728. — L'infidélité seule dans le compte rendu pourrait même, suivant les cas, le rendre injurieux si, par exemple, les omissions ou les inexactitudes avaient pour but et pour effet de déconsidérer le tribunal en le représentant comme ignorant ses devoirs, n'exécutant pas la loi et procédant arbitrairement.

1729. — Le compte rendu *injurieux* peut-il être puni comme tel, bien qu'il ne soit ni *infidèle*, ni de *mauvaise foi ?*
Pour la négative, V. M. de Grattier, II, p. 22. — L'injure n'est pour lui qu'une circonstance aggravante du délit d'*infidélité* puni par le § 1er de l'art. 7, et non un deuxième délit. Cette opinion est adoptée dans le recueil de M. Dalloz, v° *Presse*, n° 1003 : elle nous paraît devoir être préférée. — Cass., 2 août 1839. B.
Pour l'affirmative, M. Chassan présente des raisons tirées de l'esprit de la loi et de sa rédaction dont l'importance ne saurait, il est vrai, être mise en doute, mais qui tendraient à faire du § 2 de l'art. 7, L. 1822, un duplicata des dispositions qui répriment déjà très-efficacement les délits d'offense et d'injure, t. I, p. 441. — V. *suprà*, n° 1485, 1486.

1730. — Au sujet de la récidive et de la violation de l'interdiction de rendre compte du § final, nous renvoyons l'examen de ces divers points sous l'art. 426, où l'article 7 sera l'objet d'une étude d'ensemble qui ne peut trouver ici sa place. (V. n° 1853 et suivants).

[415-416]=1731. — L'art. 6, L. 1822 (art. 409), s'il n'a pas abrogé par absorption l'art. 46, L. 1819, lui a laissé un champ si restreint d'application qu'il est extrêmement difficile de le délimiter dans la pratique. — Les diffamations et les injures pour faits *relatifs aux fonctions* rentrent, en effet, sans effort, dans la catégorie si générale et si vaste des *outrages d'une manière quelconque* dudit art. 6. — La publicité si générale aussi qu'indique ce terme indéterminé « *publiquement* » absorbe et dépasse la *publicité* restreinte et déterminée de l'art. 1er, L. 1819, attachée par l'art. 14 à l'application de l'art. 46 (V. art. 400), et quant aux personnes protégées par ce dernier article, elles ne sont pas autres que celles comprises sous la qualification de *fonctionnaires publics* dans l'art. 6, L. 1822, qui comprend, au dire de M. Courvoisier, rapporteur de la loi, et de M. le garde des sceaux de Serres, « *toutes les personnes publiques, depuis le premier magistrat jusqu'aux gardes champêtres.* »

1732. — Quoi qu'il en soit, il résulte de la discussion et des travaux préparatoires de la loi de 1822, que l'intention formelle du législateur a été de maintenir l'art. 16, L. 1819, en vigueur à côté de l'art. 6, L. 1822 ; — on pourrait donc, en se fondant sur cette intention, décider que la disposition de l'art. 46 doit, par *sa spécialité même,* prévaloir sur l'art. 6, L. 1822,

Chap. III.—Diffamations et injures envers des personnes non publiques.

Sect. I.—Diffamations envers agents diplomatiques et les simples particuliers.

Diffamation envers agents diplomatiques.

417. — *L.* 17 *mai* 1819. Art. 17. La diffamation envers les ambassadeurs, ministres plénipotentiaires, envoyés, chargés d'affaires ou autres agents diplomatiques accrédités près du roi [chef de l'Etat], sera punie d'un emprisonnement de 8 jours à 18 mois et d'une amende de 50 fr. à 3000 fr., ou de l'une de ces deux peines seulement, selon les circonstances.

Contre journal : L'amende sera de 100 à 6,000 fr. (art. 509). Peines access. : Impression ou affiche du jugement (art. 516). Récid.: Prison, de 18 mois à 3 ans et amende de 3,000 à 6,000 fr. Contre journal : Amende de 3,000 à 12,000 fr.—Suspension de 15 jours à 2 mois, la 1re fois ; et de 2 à 6 mois, la 2e fois (art. 522, 525). Circ. att.: Prison, de 1 à 8 jours et, ou, Amende de 1 à 50 fr. (art. 531).

Envers les simples particuliers.

418. — *Même loi.* Art. 18. La diffamation envers les particuliers sera punie d'un emprisonnement de 5 jours à un an et d'une amende de 25 fr. à 2000 fr., ou de l'une de ces deux peines seulement, selon les circonstances.

Contre journal : L'amende sera de 50 fr. à 4,000 fr. (art. 509). Peines access. : Impression ou affiche du jugement (art. 516). Récid: Prison, de 1 à 2 ans, et amende de 2,000 à 4,000 fr. Contre journal : Amende de 2,000 à 8,000 fr. Pas de suspension (art. 521). Circ. att.: Prison, de 1 à 5 jours et, ou, Amende de 1 à 25 fr. (art. 531).

---

lorsque les outrages envers les *fonctionnaires, dépositaires* ou *agents de l'autorité*, auront lieu par voie de *diffamation ou d'injures* par les *moyens de publication de l'art.* 1, *L.* 1819, car c'est un principe consacré que les lois spéciales, et tel est par rapport à l'art. 6, *L.* 1822, le caractère de l'art. 16, *L.* 1819, prévalent sur les lois générales, même postérieures. — Dalloz, v° *Presse,* n°s 908 et 909.

4733. — Jugé que l'art. 6, *L.* 1822, n'a point abrogé l'art. 16, *L.* 1819 : — ces deux dispositions sont susceptibles d'une application simultanée : la qualification du fait comme outrage peut être écartée et le fait retenu comme diffamation ou dépositaire de l'autorité. —Cass., 17 juillet 1845. D.45.1.346.

4734. — Le juge doit, d'office, rechercher si le fait, à défaut du délit d'outrage, ne constitue pas un autre délit ou infraction. — Cass., 5 déc. 1865. D.66.1.137. —Les juges ne sont pas liés par les qualifications de la citation ou de l'ordonnance de renvoi, quand il ne s'agit que de saisir le fait dans celles de ses dégénérescences qui n'ajoutent aucun élément nouveau d'inculpation pour l'application de la peine.

4735. — *Qui sont dépositaires ou agents de l'autorité ?* On doit considérer comme investis d'un caractère public, dépositaires de l'autorité publique, tous ceux qui, par délégation médiate ou immédiate du gouvernement, exercent, dans un intérêt public, une portion de son autorité ou font exécuter ses ordres. —Paris, 31 mai 1843. Dalloz, v° *Presse,* n° 903.

4736. —Doivent être considérés comme tels : Les appariteurs et agents de police.—Cass., 5 avril 1860. D.60.1.247. —V. sous le n° 1682, le cas où ils reçoivent de leur mission légale le caractère d'agents de la force publique.

Les gardes préposés pour la perception d'un droit de péage.—Orléans, 12 mars 1845. D. 45.2.175.

Les agents des chemins de fer.—Paris, 17 fév. 1855. D.55.2.283.—Grenoble, 7 nov. 1862. D.63.2.66.

Les médecins inspecteurs des eaux thermales privées.—Cass., 19 mai 1860. D.60.1.363.

Les porteurs de contraintes.—C., 14 août 1843. J.P. Les gardes champêtres. — Metz, 4 déc. 1826. J.P.

4737.—Ne sont point agents de l'autorité : Les membres des commissions des hospices. — Cass., 7 nov. 1840.

Les médecins d'hôpitaux. — Orléans, 16 août 1836.

Les directeurs de dépôt de mendicité : V. arrêts sous le n° 1703.

Les prêtres.—Cass., 23 août 1850. D.50.5.550. Les avoués, les notaires. — Cass., 23 mai 1862. D. 62.1.392, ni les secrétaires des mairies. — Agen, 10 mai 1850. D. 50.2.126. — Voir d'ailleurs les arrêts cités sous l'art. 6, *L.* 1822 (art. 409). — Les mots

fonctionnaires publics comprennent les agents ou dépositaires de l'autorité.—Déclaration de M. le garde des sceaux en 1822. V. n° 1731. Dalloz, v° *Presse,* n° 903.

1738. — La qualité de la personne étant la raison de l'élévation des peines édictées contre la diffamation dans les cas de l'art. 16, *L.* 1819; — cet article n'est applicable qu'autant que cette qualité était préalablement connue de l'auteur du délit. — Trib. de Tarbes. D.58.2.209.210. V. n° 1600.

1739.—*Injure :* L'injure envers les dépositaires de l'autorité tombe sous l'application de l'art. 19, *L.* 1819, sans qu'il soit besoin qu'elle renferme l'imputation d'un vice déterminé, du moment où elle concerne ses fonctions.—Cass., 5 avril 1860. D.60.1.247.

1740. — L'imputation ne concerne pas la fonction lorsqu'elle ne s'attaque pas à un fait légal et régulier de l'agent, mais porte seulement sur la corrélation de ce fait avec la position personnelle de l'agent. Il n'y a alors qu'une diffamation envers une personne privée.—Cass., 19 sept. 1850. B.

1741. — Sur les modes et éléments du délit, V. n°s 1618 et suivants ; sur les diffamations complexes ou *ad universos,* V. n° 1762.—La provocation n'est pas une excuse : V. n° 1647.—V. sur l'excuse de la vérité des faits diffamatoires n°s 2684 à 2690, — sur l'exception du sursis, n° 2676, et les excuses, n°s 1763 suivants.

[**417**] = 1742. — A la différence des articles concernant la diffamation et l'injure envers les personnes publiques, l'art. 17, *L.* 1819, n'exige pas, pour être applicable, que ces délits, commis envers les agents diplomatiques, aient pour objets *des faits relatifs à leurs fonctions :* sa disposition est générale et protège ces personnages aussi bien au point de vue de leur vie publique qu'au point de vue de leur vie privée. *Sic* tous les auteurs.—Dalloz, v° *Presse,* n° 943.—Cass., 27 janv. 1843. S.43.1.239.

1743. — L'énumération de l'art. 17, *L.* 1819, est énonciative et non restrictive; elle doit être, en conséquence, étendue aux *consuls généraux* aux *consuls accrédités,* et à tous agents diplomatiques accrédités, quel que soit leur titre.

1744. — *Accrédités :* — Cette expression doit être entendue dans le sens d'*actuellement accrédités.* L'art. 17 ne serait, par conséquent, point applicable aux diffamations ou injures envers un agent diplomatique qui aurait cessé d'être accrédité, alors même que la diffamation eût trait à ses fonctions diplomatiques ou ses missions passées.

1745.— Le texte repousse encore de sa portée les agents diplomatiques français; il ne concerne que les étrangers.

1745 *bis*.—Même renvoi que sous le n° 1744.

I. DE LA DIFFAMATION ET DE L'INJURE.

[**418**] = 1746. — *La diffamation et l'injure :* Sur la portée de ces expressions, les éléments des délits, leurs modes, leurs conditions de publicité, nous

Sect. II. — Injures envers les agents diplomatiques et les simples particuliers.

Injures contre agents diplomatiques.

418. A. — *Même loi.* Art. 19. L'injure contre les personnes désignées par les art. 16 et 17 de la présente loi sera punie d'un emprisonnement de 5 jours à 1 an et d'une amende de 25 fr. à 2000 fr., ou de l'une de ces deux peines seulement, suivant les circonstances. (V. nᵒˢ 1663, 1665).

Contre journal : L'amende sera de 50 fr. à 4,000 fr. (art. 509).
Peines access. : Impression ou affiche du jugement (art. 516).
Récid. : Prison, de 1 à 2 ans et amende de 1,000 à 4,000 fr. : Contre journal : Amende de 4,000 à 8,000 fr. — Suspension, de 15 jours à 2 mois la 1ʳᵉ fois ; et de 2 à 6 mois, la 2ᵉ fois (art. 522, 523).
Circ. att. : Prison, de 1 à 5 jours et, ou, Amende de 1 à 25 fr. (art. 531).

Injures contre les particuliers.

§ 2. — L'injure contre les particuliers sera punie d'une amende de 16 fr. à 500 fr.

Contre journal : L'amende sera de 32 à 1,000 fr. (art. 509).
Peines access. : Impression ou affiche du jugement (art. 516).
Récid. : Pas de prison, amende de 1,000 à 2,000 fr. Contre journal : Amende de 1,000 à 4,000 fr — Pas de suspension (art. 521).
Circ. att. : Amende de 1 à 16 fr. (art. 531).

Injures simples.

419. — *Même loi.* Art. 20. — Néanmoins, l'injure qui ne renfermerait pas l'imputation d'un vice déterminé ou qui ne serait pas publique, continuera d'être punie des peines de simple police. [Prison 1 à 5 jours et am. 1 à 15 fr., art. 465, C. p.]

Circ. att. : Prison, de 1 à 5 jours, et, ou amende de 1 fr. (art. 464, C. pén.). — V. nᵒ 1775 et s.

Injures simples.

420. — *C. pénal.* Art. 376. Toutes autres injures ou expressions outrageantes qui n'auront pas ce double caractère de gravité [de renfermer l'imputation d'un vice déterminé, art. 402] ou de publicité, ne donneront lieu qu'à des peines de simple police... — V. nᵒ 1775.

Autres injures simples.

421. — Art. 471. Seront punis de 1 à 5 fr. d'amende.....
11ᵒ Ceux qui, sans avoir été provoqués, auront proféré contre quelqu'un des injures autres que celles de l'art. 376 ci-dessus.

Bruits injurieux.

422. — Art. 479. Seront punis de 11 à 15 fr. d'amende.....
8ᵒ Les auteurs ou complices de bruits ou tapages injurieux troublant la tranquillité des habitants.

---

n'avons rien à ajouter aux annotations des art. 399 à 402.

1747. — *Directe ou indirecte*, la diffamation tombe sous les coups de la loi, ses dispositions ne distinguent pas : — La diffamation peut être indirecte quant à la *désignation de la personne* ou quant à l'*imputation du fait*. (V. nᵒ 1621).

1748. — En ce qui concerne la diffamation *indirecte* quant à la *désignation de la personne*, nous avons dit, sous le nᵒ 1623, que la désignation *nominale* n'était pas une condition nécessaire du délit, que rien n'était plus facile que de désigner quelqu'un sans le nommer ; la loi aurait été frappée d'impuissance si la jurisprudence s'était prêtée aux subterfuges des diffamations indirectes ; — qu'elle avait, au contraire, décidé qu'un écrit peut être poursuivi comme diffamatoire, bien que la personne diffamée n'y soit pas nommée en toutes lettres si elle est désignée de manière qu'un doute raisonnable ne soit pas possible, ce qu'il appartient aux juges de décider souverainement. — Cass., 19 août 1844. Dalloz, vᵒ *Presse*, nᵒ 839. — Chassan, I, p. 343.

1749. — La diffamation indirecte quant à l'*imputation du fait* consiste dans l'imputation d'un fait non directement personnel à celui dont cette imputation atteint le plus l'honneur et la considération. Ce sont là les diffamations les plus perfides, celles auxquelles on est d'ordinaire le plus sensible, parce que rejaillissant d'une personne sur une autre elles font deux victimes au lieu d'une. — La loi ne distingue pas, et il n'y a pas à distinguer sur ce point : que le fait imputé soit ou non personnel à l'individu diffamé, cela est indifférent si l'imputation en réalité le diffame. — Ne serait-ce pas diffamer le mari que de dire que : « le ruban qu'il porte à la boutonnière est une faveur de sa femme qui, tel jour, l'obtint après un tête-à-tête d'une heure avec tel grand personnage ? » Ne serait-ce pas diffamer le père que d'affirmer « qu'il profite de l'argent que son fils mineur emprunte avec l'intention de se prévaloir de sa minorité pour repousser ses créanciers ? » — Dalloz, vᵒ *Presse*, nᵒ 842 ; Chassan, I, nᵒ 491. (V. nᵒ 2649.)

1750. — *Particulier.* De la combinaison de l'art. 13, L. 1819, qui définit la diffamation (art. 399) et de l'art. 18 qui la punit contre les *particuliers*, il résulte que ce dernier terme doit être pris avec ce sous-entendu : « la personne des particuliers. » La jurisprudence a donné à cette expression une extension que semblait ne pas comporter le sens naturel des termes, et l'art. 18,

qui ne punit la diffamation que contre la *personne* des particuliers, a été appliqué :

1ᵒ A la diffamation envers des administrations particulières ; — des sociétés commerciales, Paris, 27 avril 1835, G. T. du 28 ; — des directions de théâtre, Paris, 24 déc. 1836, G. T. du 24 ; — Envers même l'exploitation industrielle d'un journal en dehors de la personnalité des gérants et du personnel de la rédaction, Trib. Seine, 11 mai 1842, G. T. du 12 ; Chassan, I, nᵒˢ 483, 496, 594 et 595 ; Dalloz, vᵒ *Presse*, nᵒ 843 ; — Et envers les congrégations religieuses, même non autorisées, Angers, 24 mars 1842. — L'idée de la *personnalité morale* et la qualification de *personnes morales* les ont fait admettre et entrer dans la généralité du mot *personne* de l'art. 13, L. 1819, V. nᵒ 2353 ;

2ᵒ A la diffamation envers *la mémoire des morts*. La Cour de cassation, le 24 mars 1860, S.60.1.657 et le 23 mars 1866, en chambres réunies, S.66.1.344, a, par deux fois, jugé que l'art. 18, L. 1819, était applicable à la diffamation envers les morts.

1751. — Cette question, fort controversée entre les auteurs, a été résolue dans un sens contraire à celui de la Cour de cassation par les Cours de Rennes, 22 nov. 1865, cassé le 23 mars 1866, S.66.2.54 ; — et d'Angers, 26 mai 1866, S.66.2.242 ; V. dans le même sens, Chassan, I, nᵒ 493 ; Trébutien, 2, p. 30 ; Bonnier, *Revue de législation.* 1863, p. 108 ; Grellet-Dumazeau, I, nᵒ 64 ; Sourdat, *Resp. civ.*, 1, nᵒ 65 ; Grand, *Rev. prat.*, t. IX, p. 305 ; Hérold, *Rev. crit.*, IX, p. 573 ; Dutruc, *Journal du min. publ.*, art. 2, 56 ; Paillard, *Franchises de l'histoire*, p. 12 et 15.

1752. — La discussion sur cette question est épuisée, les motifs de la Cour suprême sont connus. Dans le silence de la discussion de la loi qui ne révèle rien à cet égard des intentions du législateur, deux opinions bien tranchées s'étaient formées sur la portée légale de ces expressions : « *Personne des particuliers.* »

Elles ne pouvaient comprendre et ne comprenaient que des individus vivants, selon les uns.

Rien ne s'opposait, suivant les autres, à ce qu'elles fussent étendues jusqu'à l'idée de *la personnalité humaine*, envisagée sous tous ses aspects, même au delà du tombeau.

1753. — La Cour de cassation a jugé que cette dernière opinion était, dans le doute même, plus digne d'une législation qui est plutôt pieuse qu'indifférente pour la mémoire des morts. (V. l'art. 447 du C. d'instr. crim. qui permet de réhabiliter la mémoire des morts, et l'art. 360 du C. pénal qui protège leur sépulture.)

1754. — Cette décision a soulevé des objections graves tirées :

1° *Des franchises de l'histoire* dont l'impartialité et l'indépendance ne sauraient se concilier avec une interprétation qui, lui enlevant l'appréciation et la révélation des faits diffamatoires, ne lui laisserait qu'un côté de la vie des hommes avec le droit à l'apologie seulement. — N° 1760.

2° *De la lettre de l'art. 5, L. 26 mai 1819* (art. 544), et de l'art. 17, aujourd'hui abrogé, de la loi du 25 mars 1822, qui semblent subordonner à la plainte, non de la partie *lésée*, mais de la *personne même diffamée*, l'exercice de l'action publique en matière de diffamation.

3° *Du sens des mots : Honneur et considération.* La diffamation n'est un délit que parce qu'elle porte atteinte à la *considération* et empêche d'en jouir : or, la première condition pour être *considéré* et jouir de sa considération, est d'*être*. C'est ainsi que l'on raisonne dans les cas des arrêts cités, cas dans lesquels la diffamation envers le mort ne rejaillit pas sur les vivants. — N° 1756.

4° *Du sens du mot « personne »* qui exclut l'idée d'une personne décédée. — Si l'on réduit la difficulté à une question grammaticale, ne peut-on pas faire observer ici qu'on ne dit pas d'un mort : c'est *une personne* déloyale, malhonnête, mais *c'était une personne*... or, puisque *c'était, ce n'est donc plus une personne*.

5° *Des difficultés pratiques* que l'interprétation de la Cour suprême pourra soulever. — Après avoir décidé que la diffamation des morts est punissable, ne faudrait-il pas en venir à décider qu'elle est punissable comme celle envers les vivants, suivant les distinctions établies par la loi et à distinguer entre les morts diffamés comme *fonctionnaires* et les morts diffamés comme *simples particuliers*, pour appliquer aux diffamations envers les premiers les dispositions de l'art. 46 et aux diffamations envers les autres les peines de l'art. 18? Quelle dérision alors!

6° *De cette autre difficulté* que si l'on reconnaît aux héritiers, non personnellement lésés par la diffamation, le droit de porter plainte, il faudra le leur reconnaître encore dans le cas même ou le diffamé aurait refusé ou se serait abstenu de porter plainte pendant sa vie, car la loi sur ce point ne permet pas de distinguer ; — en auront-ils chacun alors l'exercice *indivis* ou *divisé*? Quels embarras en cas de désaccord! Le refus d'un héritier à porter plainte ne paralysera-t-il pas l'exercice du droit des autres ?

1755. — Ces objections sont graves, mais ce ne sont là que des considérations ; nous ne pouvons toutefois nous empêcher de reconnaître qu'il vaudrait mieux en cette matière une solution imposée par une loi nouvelle que par des arrêts ainsi discutés et combattus.

1756. — Quoi qu'il en soit relativement à la poursuite des diffamations envers les morts, il faut distinguer deux choses : ou le délit n'atteint que la mémoire des morts, sans avoir ni pour but ni pour effet de blesser sa famille, c'est l'hypothèse des espèces sur lesquelles la question a été si vivement controversée ; — ou bien, tout en paraissant dirigée contre le défunt, c'est l'honneur ou la considération d'une autre personne encore vivante, d'un ami, d'un associé, d'un parent solidaires d'honneur avec ledit défunt, qu'on a voulu atteindre et que la diffamation atteint. — Dans ce dernier cas il y a réellement diffamation à leur égard et l'on rentre sous l'application normale de l'art. 18, L. 1849. — Chassan, I, 494 ; Helie, *Inst. crim.*, II, p. 365.

1757. — La diffamation contre la mémoire d'une personne décédée peut être poursuivie par ses héritiers ; — Cass., 24 avril 1823, J. p. ; 24 mai 1860, B. et arrêts cités sous le n° 1750, n° 2 ; — *contrà*, arrêts de Rennes et d'Angers, cités sous le n° 1751. — Les héritiers ont surtout ce droit, si la diffamation les atteint en même temps, et les frappe dans leur considération personnelle ou leur fortune. — Paris, 9 juillet 1836, J. p. ; Metz, 11 août 1859, J. p.

1758. — Les attaques contre la mémoire des morts peuvent donner lieu à une action civile en dommages-intérêts de la part des héritiers lésés. — Paris, Trib. civ., 25 juillet 1857, confirmé sur appel, 17 avril 1858 ; G. T. du 25 juillet 1857 et pour les plaidoiries, G. T. des 25 juin, 3 et 18 juillet 1858.

1759. — Un historien peut néanmoins rendre compte des faits de nature à porter atteinte à l'honneur et à la considération d'un citoyen, si ces faits sont constatés ou divulgués dans des documents publiés et se rattachent à l'histoire du pays, et si le compte rendu est fait avec mesure et sans intention de nuire ou de diffamer. — Chassan, I, p. 375. « Car, dit M. Valette, dans un « article publié dans le journal *le Droit*, du 27 déc. « 1862, autre chose est l'histoire, autres choses les li-« belles et les pamphlets. » — Dalloz, v° *Presse*, n° 846.

1760. — « Tout ce qui est de la *vie publique*, dit « à ce sujet M. Batbie, dans son *Traité de droit pu-« blic*, II, p. 439, rentre dans le domaine de l'his-« toire; tout ce qui est de *la vie privée* lui serait in-« terdit. » Cette opinion est plus tranchante que fondée. — Où finit, pour certains hommes, la vie publique et où commence la vie privée ? — Est-ce que l'histoire serait possible dans de telles limites ? — il ne saurait y avoir de vie murée pour l'historien qui juge un homme ; la postérité, pour lui dresser des statues ou le vouer à l'exécration, a droit de le connaître à fond ; c'est la plus haute et la plus impartiale des justices; il vaut mieux l'éclairer que l'amoindrir.

1761. — En ce qui concerne la présence de la personne diffamée ou injuriée comme condition du délit, elle n'est pas nécessaire. V. n° 1649. — Après l'intention de nuire et le caractère injurieux ou diffamatoire des moyens employés, la loi n'exige pas d'autre condition que la publicité, et sur ce point nous nous sommes suffisamment expliqué sous les n° 1657 à 1662.

[418 A.] — *Des injures :* V. n° 1663-1665 et les annotations ci-dessus qui sont communes à la diffamation et aux injures.

II. DIFFAMATIONS ET INJURES COLLECTIVES OU AD
UNIVERSOS.

1762. — Quel délit commet celui qui injurie ou diffame sans désignations spéciales une réunion composée de *simples particuliers*, de *fonctionnaires* et de *magistrats*? « Ils sont là un tas d'ânes et de fripons, les « uns conduisant les autres pour exploiter le pauvre « monde et le gruger... Ils s'entendent pour avoir nos « terres pour un morceau de pain... etc. » En admettant que l'injure et l'outrage ainsi proférés *generaliter* et d'une manière collective ait porté contre les *personnes publiques* assistant à cette réunion *en leurdite qualité de fonctionnaires*, se divise-t-elle pour constituer une *injure* à l'égard des uns, un délit d'*outrage* à l'égard des autres? — Question de fait et d'intention délicate à résoudre. — J'inclinerais pour la solution qui ne verrait là qu'un délit d'injure ou de diffamation contre *les particuliers* si leur nombre n'était pas trop inférieur à celui des fonctionnaires et dans le cas où il ne résulterait pas des circonstances que l'intention du prévenu a été uniquement d'injurier ou diffamer les fonctionnaires. Dans le doute, comme on ne peut scinder un fait aussi complexe, le plus sage parti me semblerait être de se prononcer pour la qualification la moins élevée. —

Sur l'action civile, V. n° 2553.

III. DES EXCUSES.

1763. — 1° **Des excuses tirées de la vérité des faits diffamatoires** : — La diffamation ne peut être excusée sous le prétexte que le fait allégué a été dénoncé à la justice. — Cass., 12 juin 1818, Chassan, I, p. 409.

Ni qu'il est de notoriété publique. — Chassan, I, p. 30.

Ni qu'il a été judiciairement constaté. — Dalloz, v° *Presse*, n° 643.

Ni que le prévenu ait cru que par cela qu'il était contenu dans un écrit publié pendant la période électorale et au sujet d'un candidat, sa réédition était couverte par une immunité légale. — Douai, 21 août 1861. S.61.2.524.

1764. — La vérité des faits diffamatoires ou injurieux n'excuse ni la diffamation ni l'injure :—L'art. 20 de la loi du 26 mai 1849, dérogeant au système des art. 366 à 377, C. pén., qui furent alors abrogés, porte en termes formels que *« nul ne peut être admis à prouver la vérité des faits diffamatoires contre les particuliers. »* (V. sur l'exception du sursis, n° 2717).

1765. — En ce qui concerne la diffamation contre les fonctionnaires, les §§ suivants de cet art. 20 autorisaient par exception cette preuve des faits diffamatoires pour en déduire, si elle était faite, une excuse péremptoire du délit; mais nous verrons au chapitre de la poursuite que ces dispositions exorbitantes du droit commun ont été abrogées par le changement de juridiction opérée par le décret du 17 févr. 1852 relativement aux délits de publication et par le retour aux formes du droit commun pour la poursuite.

1766. — Qu'elle se produise par une imputation de faits vrais ou faux, la diffamation est punissable du moment où elle s'est produite publiquement par l'un des moyens de l'art. 1er, L. 1849 (art. 309) avec une intention méchante de porter atteinte à l'honneur et à la considération de la personne. — Le législateur de 1849 a condamné le système du Code pénal qui ne punissait que la *calomnie*, c'est-à-dire l'imputation de *faits faux*.

1767. — Il a été décidé cependant qu'il n'y avait pas diffamation à faire connaître, sur la foi de procès-verbaux réguliers, les faits imputés à un individu par ces procès-verbaux et à annoncer son arrestation, alors même qu'il serait plus tard renvoyé des poursuites. — N° 1638. — Cette solution, fait avec raison observer l'auteur du mot *Presse*, dans le recueil de M. Dalloz, n° 848, ne peut être justifiée que par ce motif que dans ces circonstances l'intention du prévenu n'avait pas été de commettre le délit de diffamation; ce n'est pas la vérité des faits qui l'a excusé, c'est sa bonne foi.

1768. — Il a été en conséquence bien jugé qu'il y avait diffamation dans le fait de celui qui, ayant obtenu contre un tiers une condamnation correctionnelle, publie cette condamnation au moyen d'une affiche manuscrite du jugement apposée à la porte de l'église, lorsque le jugement ne porte pas qu'il sera affiché. — Trib. de Grenoble, 7 déc. 1826; Dalloz, v° *Presse*, n° 848.

1769. — La publication que font des jugements et arrêts les journaux de jurisprudence et autres, quelque diffamatoires que soient les faits qui y sont relatés, ne constituerait pas le délit de diffamation, ou plutôt ces journaux n'encourraient aucune peine à raison de leur bonne foi, car le but de l'entreprise exclut de la part de l'éditeur toute intention de nuire. — La publicité des débats judiciaires par la voie de la presse n'est d'ailleurs qu'un prolongement de la publicité légale des jugements et des audiences. — V. n° 646 et 2229 *bis*.

1770. — L'auteur de l'imputation ne pourrait pas s'excuser en faisant connaître le nom de celui de qui il tient le fait allégué : — Si cependant il était prouvé que celui qui a publié le fait diffamatoire n'a été que le porte-voix de bonne foi d'un tiers qui, dans ce cas, n'aurait fait qu'utiliser, pour la satisfaction d'une haine secrète, les habitudes d'indiscrétion et de commérage de la gazette vivante qu'il a habilement lancée dans le public, la Cour de cassation fournirait, par son arrêt des chambres réunies du 13 mars 1855 (D.55.1.65), sur la publication de fausses nouvelles, des motifs de nature à justifier une condamnation contre l'auteur de la diffamation resté dans l'ombre et un acquittement contre son agent publicateur de bonne foi. — V. n°° 1343 et 1344.

1771. — 2° **Des excuses tirées de la provocation** :— La provocation n'excuse ni le délit d'injure ni le délit de diffamation. — Cass., 25 mars 1847. D. 47.1.344; Poitiers, 10 fév. 1855. D.55.2.409. — Les injures d'ailleurs ne se compensent pas. — V. notre *C. de la presse*, 1856.

1772. — Néanmoins celui qui repousse avec une violente énergie une accusation violente n'excède pas son droit de légitime défense. — Paris, 19 mars 1860. D. 60.2.206.

1773. — L'excuse de la provocation est inadmissible en matière d'injures simples à l'égard d'un agent de l'autorité. — Pau, 31 juillet 1857. D.58.2.209.

1774. — 3° **Des excuses du regret** : — Le regret immédiatement exprimé ne fait pas disparaître le délit d'outrage. —Cass., 4 janv. 1862. D.62.1.197.— V. cependant n° 1647.

1774 *bis*. — 4° **Excuses tirées de la bonne foi, — du devoir accompli, — de l'intérêt public ou privé.** — V. n°° 1637, 1640 à 1646.

1774 *ter*. — Les diffamations et les injures ne peuvent être poursuivies que sur la plainte des parties diffamées ou injuriées. — V. art. 544.

IV. DES INJURES SIMPLES.

[**419** à **421**] = 1775. —L'art. 20, L. 1849, ne se réfère pas seulement au § 2 de l'art. 19, relatif aux injures contre les particuliers, — il s'étend encore aux injures contre les personnes publiques du § 1er de cet article. Grattier, I, p. 220. — La commission de la Chambre des députés avait, en 1849, proposé d'ajouter à l'art. 20 ces mots destinés à restreindre son application aux injures envers les particuliers : « *si elle est commise envers les particuliers.* » Le rapporteur ayant toutefois déclaré que la commission n'insistait pas, ces mots ne furent pas ajoutés. — Pau, 31 juillet 1857. D.58.2.210.

1776. — La jurisprudence n'a pas consacré cette opinion : — Avant 1849, la seule disposition qui édictait des peines de simple police contre l'injure non publique ou sans gravité, était l'art. 375, C. pén., qui n'avait bien évidemment en vue que les injures envers les particuliers en disant « que *l'injure non publique continuerait à être punie des peines de simple police,* » le texte dit assez clairement que sa disposition ne concerne que les injures précédemment punies de ces mêmes peines, c'est-à-dire les injures contre les particuliers. — Cass., 6 août 1852.B ; Dalloz, v° *Presse*, n° 939.

On pourrait, à cet argument déduit de la signification du mot *continuera*, répondre que ce terme a moins pour but de restreindre la portée très-générale de la disposition que d'assimiler les injures qu'elle prévoit aux injures antérieurement punies de peines de simple police et de les ranger dans la même catégorie.

L'article doit être entendu comme s'il portait : « L'in-« jure sans gravité ni publicité n'est qu'une injure de « simple police de la nature de celle de l'art. 375 qui

Sect. IV. — Publications sur la vie privée, — renvoi.

Publication sur la vie privée.

423. — *L.* 11 *mai* 1868. Art. 11. Toute publication dans un écrit périodique relative à un fait de la vie privée, constitue une contravention punie d'une amende de 500 fr.

Cinc. att. : Amende de 50 à 500 fr. (art. 533).

La poursuite ne pourra être exercée que sur la plainte de la partie intéressée.

Cette contravention est spéciale à la presse périodique et ne figure ici que comme indication. — V. p. 70, 71.

« à ce titre continuera à être punie des peines de « simple police. »

4777. — Contrairement à cette opinion, il a été décidé que l'art. 19, L. 1819, était applicable aux injures envers les agents de police, encore bien que les injures ne renfermassent pas l'imputation d'un vice déterminé et que l'agent n'eût pas prêté serment. — Cass., 5 févr. 1860. B. ; *Contrà*, Pau, 31 juillet 1857. D.58.2.240.

4778. — L'art. 471, n° 11, du C. pénal dit en termes formels que la peine qu'il édicte n'est pas applicable aux injures de l'art. 376 ; les injures que prévoit cet art. 376 sont toutes injures *autres que celles qui manquent de gravité et de publicité*, c'est-à-dire les *injures graves* mais *non publiques*, telles que les diffamations non publiques qui cessent alors d'être des délits, ou les *injures publiques* mais *sans gravité*.

4779. — Si l'art. 471 n'est par suite applicable qu'aux injures verbales qui ne sont *ni graves, ni publiques*, quelle peine appliquera-t-on aux autres que prévoit l'art. 20, L. 1819 ? — Cet article, ainsi que l'art. 376 du C. pénal, se bornant à dire « *ces injures seront punies de peines de simple police*, » ne semble les soumettre à l'application des art. 465 et 466 du C. pénal, qui déterminent le taux des peines de simple police.

4780. — Il a été cependant décidé que la diffamation non publique est assimilée à l'injure et passible des peines de l'art. 471. — Cass., 4 juillet 1856.B. 244. — 23 juillet 1861. S.62.2.214. — 22 janv. 1863. S.63.1.274.

4781. — Les injures adressées à un agent de l'autorité sont punissables, bien que cet agent les ait provoquées par des injures. — Arrêt de Pau, cité sous le n° 4777.

4782. — La loi n'ayant pas défini le caractère de l'excuse de la provocation, il appartient aux juges du fait d'apprécier souverainement les faits qui la constituent et de la reconnaitre dans des injures préalables proférées par le plaignant. — Cass., 18 août 1864. B.216.

4783. — L'action en répression d'injures simples peut être intentée d'office par le ministère public sans plainte préalable de la partie lésée. — Cass., 19 sept. 1856. S.56.1.923.

4784. — L'affiche du jugement de condamnation qui ne peut être ordonnée à titre de peine, peut l'être à titre de réparations civiles, lorsqu'il y a été conclu par la partie civile. — Cass., 3 juin 1858. B.162. Cette décision nous paraît contestable et sera discutée sous le chapitre de l'action civile. (V. n°° 2543 et 2307).

4785. — Le tribunal ne pourrait, dans tous les cas, condamner le coupable à faire une réparation d'honneur. — Cass., 28 mars 1812; 8 juillet 1813, J.P; Ni à rétracter ses propos injurieux, ni à faire des excuses publiques. — Cass., 6 pluviôse an xii, J.P.

V. Bruits et tapages injurieux.

[422] — 4786. — Le juge du fait est souverain pour déterminer, d'après l'intention de leurs auteurs et les circonstances, le caractère injurieux des bruits et tapages que punit le § 4 de l'art. 479 du C. pén. — V. dans les Codes annotés de Sirey et Rolland de Villargue, les nombreuses décisions dont cet article a été l'objet.

[425] — 4787. — Le fait puni par l'art. 11, L. 1868, est un fait de journalisme, une contravention, qui ne peut être commise que par la voie de la presse périodique ; sa disposition, ne concernant ainsi que les journaux, a été classée dans le chapitre des lois répressives des contraventions de la presse périodique. — Toutefois, la protection qu'elle accorde à la vie privée contre les indiscrètes attaques du journalisme la rapproche si intimement des dispositions protectrices qui précèdent, que nous ne pouvions pas sans manquer à notre méthode ne pas clore par cet art. 11 le chapitre des lois concernant les attaques contre les personnes.

Quant aux annotations qu'il comporte, elles ont leur place mieux marquée dans le chapitre de la presse périodique que dans le chapitre où sa disposition ne figure que pour ordre et indication. — V. p. 70 et 71.

OBSERVATION.

4788. — L'art. 6 du décret du 18 germinal an x prévoit le cas où les ministres d'un culte se permettent des injures et des diffamations dans l'exercice de leurs fonctions. V. art. 558, Ce sont là des cas d'abus pour la poursuite desquels l'autorisation du Conseil d'Etat est nécessaire .(V. n° 2518).

Section spéciale : Infractions mixtes.

Réimpression des écrits condamnés. — Infidélité dans certains comptes rendus.

Dans les chapitres qui précèdent se sont, avec plus ou moins de bonheur, classées les dispositions concernant les *crimes* et les *délits*. — Le titre suivant sera consacré aux lois répressives des *contraventions*.

Ce classement ne présenterait aucun embarras sans l'art. 27 de la loi du 26 mai 1819, punissant la *reproduction* par impression des écrits délictueux déjà condamnés ou leur distribution et l'art. 7 de la loi du 25 mars 1822 qui réprime l'*infidélité* dans certains comptes rendus.

Par la nature de leurs éléments constitutifs, ces faits présentent des caractères indécis entre les délits proprement dits, les délits *intentionnels* et les *contraventions*.

« Il existe deux sortes de délits : — les uns, « incriminés à raison de l'intention 'qui les veut, « les autres à raison du préjudice qu'ils causent ; « — pour les premiers, il faut la volonté d'agir et « la conscience du mal commis ou à commettre : « ce sont les délits *avec intention de nuire* et « mauvaise foi ; pour les autres, la loi exige seu- « lement la volonté de l'acte en lui-même, *sans* « *intention de nuire*. » (Am. Vente, *Traité des fausses nouvelles*). — C'est dans cette dernière catégorie qui confine les contraventions, que nous rangeons les faits prévus par les deux articles 27, L. de 1819 et 7, L. de 1822 précités.

Et pour mieux appeler l'attention sur le caractère spécial de ces infractions, nous croyons devoir les classer à part, dans une section hors rang, pour ainsi dire, sous la rubrique un peu hardie peut-être : **d'infractions mixtes**, entre le titre des délits et celui des contraventions.

§ 1er. Réimpression et publication d'écrits ou dessins condamnés.

Réimpression et publication d'écrits condamnés.

424. — *L. 26 mai* 1819. Art. 27. Quiconque, après que la condamnation d'un écrit, de dessins ou gravures sera réputée connue par la publication dans les formes prescrites par l'art. 26 [ci-contre], les réimprimera, vendra ou distribuera, subira le maximum de la peine qu'aurait pu encourir l'auteur.

Dont la condamnation a été publiée.

425. — *Même loi.* Art. 26. Tous arrêts de condamnation contre les auteurs ou complices des crimes et délits, commis par voie de publication... seront rendus publics dans la même forme que les jugements portant déclaration d'absence [par leur insertion par extraits dans le journal officiel *le Moniteur*, sur l'ordre du ministre de la justice, conformément à l'art. 118 du Code Napoléon].

[**424** à **425**] — 1789. — Les arrêts ne sont bons que pour ceux qui les obtiennent ; ils ne devraient, par contre, être onéreux que pour les parties qui les subissent ; l'art. 27, L. 26 mai 1819, en a décidé autrement : les antécédents judiciaires des écrits délictueux peuvent aggraver la situation de ceux qui les réimpriment ou qui concourent à l'émission de leur édition nouvelle.

I. Du caratère des infractions a l'art. 27.

1790. — Une controverse qui, avant le décret du 17 fév. 1852, avait une grande importance, parce que la compétence du jury en dépendait, — il était alors le juge ordinaire des *délits de la presse*, — s'était élevée sur le point de savoir si l'infraction à l'art. 27, L. 26 mai 1819, constituait un *délit* ou une *contravention*.

Contravention. — Les tribunaux correctionnels devaient en connaître seuls et prononcer, *sans nouvelle appréciation du contenu* de l'écrit remis en publication, sur la seule constatation du fait matériel alors même que le publicateur aurait agi sans intention coupable.

Délit : — Sa répression serait au contraire subordonnée à un nouvel examen, à de nouveaux débats et à un jugement nouveau *sur la criminalité du contenu* de l'ouvrage, et sur *l'intention* coupable du publicateur.

A ce dernier point de vue, la question a toujours son intérêt.

1791. — Premier système. — C'est une contravention ; cela résulte, d'après M. de Grattier, qui le soutient, I, p. 517 :

1° Du texte même de l'article qui par ces mots : « quiconque *réimprimera, vendra* ou *distribuera*, « *subira le maximum* de la peine, » semble uniquement incriminer *le fait matériel* de la réimpression, de la vente ou distribution, et faire seulement dépendre de sa constatation l'application de la peine.

2° De cette considération que si ces faits constituaient des délits nouveaux de publication, l'examen et l'appréciation à nouveau que les juges auraient alors à faire du contenu de l'écrit pourraient aboutir à un acquittement et donner ce spectacle affligeant d'une décision proclamant son innocuité et le droit de le vendre et publier, en présence d'une décision qui en aurait déjà ordonné la destruction ou suppression comme délictueux. — Conflit aussi préjudiciable pour l'autorité judiciaire que pour le principe même de l'autorité de la chose jugée.

1792. — Deuxième système. — C'est un délit ; — cette opinion, défendue par M. Chassan, 1, p. 193, se fonde sur les motifs suivants :

1° Le caractère variable de la peine qui sera criminelle, correctionnelle ou de simple police, suivant que le contenu de l'écrit sera criminel ou réunira les éléments d'un délit ou d'une injure simple, — son assimilation avec « celle qu'aurait pu encourir l'auteur, » — tout indique qu'il s'agit ici d'un fait ayant le même caractère que celui de cet auteur, c'est-à-dire un caractère délictueux.

2° Si c'était une contravention, les juges, sur la constatation du fait matériel, subissant la qualification que l'arrêt de condamnation aurait imposé à l'écrit, devraient, sans appréciation nouvelle de son contenu, punir les yeux fermés le fait nouveau de sa publication, alors même que le temps et le progrès des idées auraient effacé sa criminalité originaire pour en faire une œuvre du plus grand mérite, en parfaite harmonie avec les idées politiques ou morales les plus en faveur ; de telle sorte que l'opposition que le système contraire évite sous le rapport des lieux, on l'aura sous le rapport du temps, car ce ne sont plus alors deux jugements sur deux points différents de la France qui seront contemporainement en contradiction, ce sera la loi et l'opinion publique, celle-ci condamnant celle-là : ce ne sera pas l'autorité de la chose jugée qui sera affaiblie, mais l'autorité de la chose votée, le principe même de la justice, la loi.

4793. — Ce sont là des considérations fort graves, entre lesquelles on ne peut pas cependant rester en suspens, il faut se prononcer et pour cela remonter aux principes supérieurs.

4794. — Il n'est pas de délits dont l'appréciation soit plus ondoyante, plus dépendante des circonstances des temps et des lieux que les délits de presse : inoffensive à Marseille, telle attaque peut être grave à Paris ; tel pamphlet séditieux il y a trente ans est aujourd'hui un écrit classiquement dynastique.

4795. — Les décisions judiciaires ne manifestant ainsi sur ce point que les impressions et les appréciations unanimes du jour du jugement ne pourraient avoir l'autorité *absolue* de la chose jugée jugée, sans subordonner les appréciations de l'avenir aux décisions du passé, sans risquer de maintenir à l'index des œuvres de génie que l'ignorance, les passions ou les préjugés du temps ont fait condamner ou dont la situation politique avait seule fait la criminalité, sans s'exposer d'autre part à voir librement circuler et publier des écrits dangereux ou immoraux dont les juges trop faciles auraient autrefois prononcé l'acquittement. — Nᵒˢ 4806, 4807.

4796. — On admet d'après cela, généralement, que l'acquittement d'un ouvrage ne lui confère pas l'innocuité s'il est dangereux, ni une libre pratique sans limite, qu'il peut dès lors être, à sa seconde apparition, l'objet d'une nouvelle poursuite et condamné ; et l'on voudrait que sa condamnation lui imprimât un caractère indélébile de criminalité si au fond il était inoffensif ? — Non : à parité de situation, parité de solution. Soyons logiques ou plutôt justes : — il n'y a pas à distinguer entre les jugements, mêmes conditions pour les uns et pour les autres. — *L'autorité absolue, absolue*, disons-nous, de la chose jugée que l'on refuse à celui-ci doit en conséquence être refusée à celui-là.

Que leur restera-t-il ? *L'autorité relative* de la chose jugée ; — ils ne seront la vérité qu'à l'égard de l'édition qu'ils concernent ; — quant aux autres : à fait nouveau, nouveau conseil : — les décisions du passé ne sauraient être à leur égard plus que des précédents judiciaires ni émettre plus que des présomptions :

Présomption d'innocuité si l'écrit a été acquitté ;
Présomption de criminalité s'il a été condamné.

4797. — Mais est-il admissible que le législateur ait entendu faire *d'une présomption* la loi tellement inflexible de l'avenir, que le fait seul de ne pas en avoir tenu compte entraîne les peines les plus graves élevées à leur maximum et tellement absolues pour les juges qu'ils dussent condamner alors même qu'ils seraient convaincus que le prévenu a agi sans intention coupable et que l'écrit par lui réédité ou colporté a cessé d'être délictueux ? Non, cela n'est pas admissible ; aussi la jurisprudence ne l'a-t-elle pas admis. — Nᵒˢ 4806, 4807, 4845.

4798. — Le fait prévu par l'art. 27 ne nous paraît être en conséquence qu'un délit réitéré de publication participant de la récidive, ce qui explique l'élévation de la peine au maximum, et la condamnation antérieure de l'écrit une circonstance purement aggravante : — cet article doit par suite être entendu comme s'il était rédigé ainsi qu'il suit :

« Le maximum des peines encourues pour crimes ou délits de publication, sera toujours appliqué dans les cas suivants, savoir :

1° Si ledit crime ou délit résulte d'un écrit, d'un dessin ou gravure précédemment condamnés ;

2° Si cette condamnation a été rendue publique dans les formes prescrites par l'art. 26 ;

3° Et si la publication nouvelle a été sciemment faite ou tentée par voie de réimpression, de vente ou de distribution desdits écrits, dessins ou gravures.

Ce maximum sera appliqué aux prévenus qui auront ainsi réimprimé, vendu ou distribué ces écrits, dessins ou gravures reconnus délictueux. »

II. Jurisprudence et doctrine.

4799. — *Quiconque, après la condamnation, etc.* — La loi exige que l'ouvrage ait été condamné : l'acquittement de l'auteur ou du publicateur ne rendrait pas toutefois licite la réimpression ou la publication de l'écrit reconnu délictueux et condamné. — Chassan, I, nᵒ 499.

4800. — Un livre doit être réputé condamné bien que le prévenu poursuivi pour l'avoir publié ait été acquitté, lorsque la destruction de l'ouvrage a été ordonnée. — Trib. Seine, 8 août 4829. Dalloz, vᵒ *Presse*, nᵒ 972.

4804. — Il a été cependant décidé que lorsqu'un tribunal ordonne d'office la destruction d'un ouvrage, le jugement ne doit pas être considéré comme renfermant une condamnation dans le sens de l'art. 27, L. 26 mai 4849. — Paris, 44 janv. 4830 (Affaire Langlois) cité par Dalloz, vᵒ *Presse*, nᵒ 972.

4802. — *Réputée connue par la publication, etc.* : — Ces expressions se rencontrent dans l'art. 4ᵉʳ du Code Napoléon qui a bien soin de fixer un délai après lequel les lois publiées sont réputées connues ou plutôt ne sont plus censées ignorées ; — à la différence de cette disposition, l'art. 27, L. 27 mai 4849, ne fixe aucun délai. La publication de la condamnation par voie d'insertion au *Moniteur* est donc censée en imposer, le jour même, la connaissance à tous. Mais on comprend que cette rigueur serait une injustice si elle n'était dans la pratique tempérée par la sagesse des magistrats.

4803. — Cette publication de la condamnation dans le *Moniteur* est une condition *sine quâ non* de l'application de la peine, la preuve en incombe aux magistrats du ministère public.

4804. — Cette preuve n'élève contre le prévenu qu'une *présomption de la connaissance de la condamnation*, — présomption à laquelle il pourrait se soustraire en établissant d'une manière irréfragable, par exemple, que le *Moniteur* n'a pas été distribué dans la localité qu'il habite, qu'il n'y a jamais été reçu ; — comme, d'autre part, la rigueur de la peine édictée par l'art. 27 ne s'explique que par l'intention qu'il suppose chez le prévenu d'avoir voulu braver la loi et la justice, sa condamnation ne sera régulièrement motivée que si le jugement constate qu'il a réimprimé ou publié *sciemment* l'écrit déjà condamné, — *sciemment*, c'est-à-dire avec la connaissance préalablement acquise de la condamnation dudit écrit.

4805. — L'application de l'art. 27 exige ainsi trois conditions :

1° Une condamnation antérieure de l'écrit ;

2° La publication de cette condamnation par le *Moniteur*, — preuve à faire par le ministère public ;

3° La preuve que le prévenu en a eu connaissance. Comme après l'insertion de la condamnation au *Moniteur* la présomption existera contre lui, c'est à lui qu'incombera alors la preuve de sa bonne foi ou de son ignorance.

1806. — *Réimprimera, vendra, distribuera* : la réimpression et la publication nouvelle d'un ouvrage déjà condamné, *à fortiori*, l'émission ou la vente de ses exemplaires non saisis, sont des faits qui n'ont pas, à l'avance, un caractère bien déterminé ; ils constituent un crime ou un délit selon que le contenu de l'écrit constituera par lui-même un délit ou un crime.— Cass., 13 octobre 1837 et 8 déc. 1837, cités par M. Dalloz, vᵒ *Presse*, nᵒ 963, et Cass., 12 janv. 1839 (*eodem*).

1807. — Le contenu de l'ouvrage ainsi réimprimé doit, en conséquence, être l'objet d'un nouvel examen, d'un nouveau débat et d'une appréciation nouvelle ; sa réimpression est en effet un fait nouveau à l'égard duquel la première condamnation n'a d'autre effet que d'établir une circonstance aggravante, mais il n'y a pas chose jugée. — Cass., 20 juin 1840.B. 13 oct. 1837, 8 déc. 1837. D.38.1.33 et 180 ; 12 janv. 1839.B. ; 10 nov. 1826.B.27.1.330. — Chassan, I, p. 554 ; *Contrà* de Grattier, I, p. 519.

1808. — Les tribunaux pourront, par suite, apprécier à nouveau les circonstances de moralité, examiner l'intention et la bonne foi du prévenu.—Mêmes arrêts de cass. des 13 oct. et 8 déc. 1837.

1809. — La réimpression prévue par l'art. 27, L. 26 mai 1819, doit uniquement s'entendre de celle qui a maintenu dans l'ouvrage réédité *les passages condamnés*. Expurgée de ces passages, l'édition nouvelle serait à l'abri des poursuites ; il en serait de même si les exemplaires non saisis de l'édition condamnée étaient mis en vente après retranchement de ces mêmes passages. — C'est ce qui fut très-nettement déclaré par M. Guizot au sujet d'un amendement de M. Manuel en 1819 sur cet art. 27.— Chassan, I, nᵒ 197. Dalloz, vᵒ *Presse*, nᵒ 967.

1810. — Ce ne serait pas toutefois faire une réimpression répréhensible de ces passages condamnés que d'imprimer le réquisitoire du ministère public qui les cite ou l'arrêt qui les contient. Il y a alors non réimpression d'un écrit condamné, mais impression d'un arrêt ou d'un réquisitoire dont l'immunité couvre tout ce qu'il renferme ; nous devons toutefois faire observer ici que le décret de 1852 ayant interdit d'une manière absolue les comptes rendus des débats pour délit de presse, il y aurait contravention aux journaux à reproduire le réquisitoire du magistrat du ministère public sur un délit de presse (art. 17 du décret du 17 fév. 1852). La publication du jugement est alors seule permise et n'entraînerait aucune responsabilité. (V. art. 497).

1811. — Une différence à noter, la seule, entre le fait délictueux qui a motivé la condamnation première de l'écrit et le fait de sa reproduction par voie de réimpression, de vente ou de distribution, c'est que le premier fait n'a pu être puni que s'il y a eu publication effectuée ou commencée, tandis que cette circonstance est indifférente pour la répression du second ; mais comme aux termes de l'intitulé de la loi du 26 mai 1819 toutes ses dispositions ont en vue des délits de *publication*, les faits prévus par son art. 27 ne sont punissables que si, par l'intention tout au moins des prévenus, ils participent des faits *de publication*, c'est-à-dire si le but de la vente, par exemple, a été de mettre uniquement ou indirectement l'écrit en circulation. — Chassan, I, p. 449. V. *infrà* nᵒ 865.

1812. — Il s'ensuit que la vente ou remise de l'ouvrage condamné est l'exercice pur et simple du droit de propriété et non un fait de négoce ou de distribution, en dehors de tout but de publication, l'art. 27 ne serait pas applicable, les propriétaires d'ouvrages condamnés restent libres d'en disposer, de les vendre ou échanger et de les donner dans ces limites. Dalloz, vᵒ *Presse*, nᵒ 964. — V. *infrà*, nᵒ 865.

1813. — L'exposition ou la mise en vente dans un magasin de librairie d'un ouvrage condamné constitue l'infraction, si le magasin est ouvert au public, sans qu'il y ait eu en réalité distribution, ni vente d'exemplaires de cet ouvrage. La mise en vente est dans ce cas assimilée à la vente, parce qu'un négociant est présumé vendre tout ce qu'il expose en vente dans ses magasins.— Cass., 10 nov. 1826, J.P. ; 14 nov. 1851. B. D.55.5.369 ; Chassan, I, p. 149.

1814. — Jugé que la mention de la vente d'un livre condamné, sur le livre-journal d'un libraire, n'est pas une preuve suffisante qu'il a effectué la vente.—Paris, 14 janv. 1830, J.P. « Il est pourtant impossible de « trouver une preuve plus décisive de la vente, » fait observer M. Dalloz, vᵒ *Presse*, nᵒ 965.—Le libraire ne pourrait, ce semble, en combattre les effets qu'en établissant que cette mention sur son livre est inexacte et le résultat d'une méprise.

1815.—Nous avons dit, sous le nᵒ 1795, que l'acquittement d'un écrit poursuivi ne lui confère pas l'innocuité s'il est délictueux et que le bénéfice de la chose jugée n'est relative qu'à l'édition acquittée et ne peut profiter qu'au débit ou à l'écoulement des exemplaires ; « Mais, fait à ce sujet remarquer M. Chassan, I, « nᵒ 486, l'autorité de la chose jugée qui permettra à « l'auteur de vendre et distribuer, sur toute l'étendue « de l'Empire, les exemplaires de cette édition sans être « inquiété, cesse d'exister si le même individu ou tout « autre fait une nouvelle édition du même ouvrage :— « Dès qu'il y a nouvelle édition, il y a fait nouveau ; « à fait nouveau, nouvel examen, nouvelle poursuite « s'il y a lieu ; la règle *non bis in idem* n'est dès lors « plus applicable. »

1816. — L'acquittement d'un ouvrage dont la réimpression est plus tard l'objet d'une poursuite est un précédent qui peut, suivant le cas, être admis comme une circonstance atténuante et jusqu'à un certain point comme une preuve de bonne foi. — *Contrà*, Chassan, I, nᵒ 487.

1817. — « Le silence et l'abstention du ministère « public au sujet d'une précédente publication ne peu- « vent être considérés ni comme preuve de la bonne « foi, ni comme une autorisation d'en faire une réédi- « tion : chacun reste juge à ses risques et périls de ce « qu'il doit imprimer et publier, » Chassan , I, nᵒ 488. — Et le ministère public reste de son côté juge du point de savoir s'il doit, sur une publication réitérée, mettre ou non l'action publique en mouvement. — Cass., 22 avril 1824. S. Coll. nouv. 7.1.440.

1819.—**Prescription.** Du principe que chaque édition nouvelle constitue un fait de nouvelle publication, il suit que la prescription qui protège contre toute poursuite l'impression ou publication première ne protége ses réimpressions que lorsque pour chacune d'elles se sont écoulés, à partir du fait nouveau, les délais de la prescription.—*Sic*, de Grattier, I, 324 ; Chassan, I ; Dalloz, vᵒ *Presse*, nᵒ 1245.

1820. — Jugé que la réimpression d'un écrit diffamatoire constitue un renouvellement du délit qui donne lieu à une poursuite correctionnelle de la part de la partie lésée, encore bien que le temps fixé pour la prescription se soit écoulé depuis la première publication. — Toulouse, 30 déc. 1836. J.P.

1821. — Jugé encore que bien que la prescription se soit accomplie depuis le jour de la publication première d'un écrit contraire aux mœurs au jour de sa condamnation, la vente des exemplaires de cette même édition après la publication de sa condamnation, constitue le délit prévu par l'art. 27, L. 26 mai 1819.— Cass., 23 avril 1830 ; 19 nov. 1852.B. 377.

1822. — *Subira le maximum de la peine* : — Ce maximum obligatoire ne s'oppose pas à ce que, par l'admission des circonstances atténuantes, les juges, par l'application de l'art. 463 du C. pén., n'abaissent la peine au-dessous du maximum. — V. art. 553.

1823. — *Publication au Moniteur* : L'art. 27, L.

§ 2. — Infidélité dans les comptes rendus des débats législatifs et judiciaires.

426.—*L.* 25 *mars* 1822. Art. 7, § 1. L'infidélité et la mauvaise foi dans le compte que rendent les journaux et écrits périodiques des séances des Chambres et des audiences des Cours et tribunaux, seront punies d'une amende de 1000 à 6000 fr.

§ 2. En cas de récidive, ou lorsque le compte rendu sera offensant pour l'une ou l'autre des Chambres ou pour l'un des pairs ou députés, ou injurieux pour la Cour, le tribunal ou l'un des magistrats, des jurés ou des témoins, les éditeurs du journal ou écrit périodique seront en outre [de l'amende de 1000 fr. à 6000 fr.] condamnés à un emprisonnement de 1 mois à 3 ans.

§ 3. Dans les mêmes cas, il pourra être interdit, pour un temps limité ou pour toujours, aux propriétaires et éditeurs du journal ou écrit périodique condamné, de rendre compte des débats législatifs ou judiciaires.

§ 4. La violation de cette défense sera punie de peines doubles de celles portées au présent article [c'est-à-dire d'un emprisonnement de 2 mois à 6 ans et d'une amende de 2000 fr. à 12,000 fr.]

Peines access.: Impression ou affiche du jugement.— Art. 516.

Récip.: 1er cas, § 1, Amende de 1,000 à 6,000 fr. et Prison, de 1 mois à 3 ans;—2e cas, § 2, Prison, de 3 à 6 ans et amende de 6,000 à 12,000 fr.—Suspension dans l'un et l'autre cas de 15 jours à 2 mois, — 1re fois, de 2 à 6 mois, la 2e fois (art. 525).— Pour le 3e cas, § 4, Prison, de 6 ans à 12 ans et Amende de 12,000 à 24,000 fr. C. pénal (art. 58, no 2329).

Circ. att. : 1er cas, amende de 50 à 1,000 fr.—Pour les autres cas, Prison, 1 jour à 1 ou 2 mois et Amende de 50 à 1,000 fr. ou 2,000 fr. (art. 528-523).

———

26 mai 1849, se rattache à l'art. 26 dont la disposition ne saurait présenter aucune difficulté d'application. Le mot *arrêt* doit être entendu dans le sens de toute décision devenue définitive. La loi suppose que ces décisions seront la plupart du temps des arrêts et statue de *eo quod plerumque fit*.

1824. — **Nota** : Pour éviter aux imprimeurs et aux libraires des méprises qui pourraient les exposer à l'application dudit art. 27, nous avons donné à la suite de notre *C. de la presse* de 1856, auquel nous renvoyons, la liste de tous les ouvrages condamnés.

I. Caractère de l'infraction.

[**426**] = 1825. — L'*infidélité* dans les comptes rendus des débats législatifs ou judiciaires, lorsqu'elle n'est pas involontaire, trahit souvent une arrière-pensée de porter atteinte à la considération et à l'estime de l'autorité dont les travaux font l'objet du compte rendu. « Je considère de pareils comptes rendus, « dit M. Chassan, I, p. 337, comme des offenses in-« directes..... C'est là un manquement envers l'au-« torité parlementaire ou judiciaire qu'on expose au « mépris, à la haine ou à la déconsidération par l'in-« fidèle récit de ses séances. »

Unie à la *mauvaise foi* cette infidélité présente alors tous les caractères des délits.

1826. — Il peut arriver néanmoins que ce *compte rendu* soit *infidèle* sans être blessant, ni ne trompe personne et qu'aucune secrète pensée de nuire ou d'attenter à la considération de qui que ce soit ne l'ait inspiré : — On l'aura *voulu* tel cependant. Un incident a été omis, un autre a été un peu laissé dans l'ombre, et celui-ci mis en pleine lumière. Le rapporteur s'est complu à ses détails, ils se prêtaient mieux que les autres au jeu de son esprit. — Cet avocat est peu sympathique, quatre lignes ont suffi à l'analyse de sa plaidoirie, tandis qu'on a en entier rapporté celle de son adversaire, un peu même aux dépens du réquisitoire du ministère public.... L'espace manquait, son argumentation s'en est trouvée affaiblie. — Le tableau est infidèle en ce sens qu'un côté est resté à l'état d'ébauche et que l'autre a reçu avec profusion la vie et la couleur. Du tribunal pas un mot ou peu de chose; son jugement est donné sans ses motifs. — L'écrivain est connu, aucune intention hostile n'a dirigé sa plume. — La raison de cette partialité n'est un mystère pour personne, l'avocat auquel il a tout sacrifié, ses confrères et le tribunal, est un personnage; — il a voulu ainsi se concilier sa protection et sa faveur; — ou c'est un ami, ou un coreligionnaire politique.... Quoi qu'il en soit, le journaliste a subi l'empire d'une secrète prédilection, il a eu des préférences.

On peut fort bien avoir des préférences pour l'un, sans haine ni mépris pour personne; — la prédilection n'est pas une intention délictueuse. Le compte rendu *infidèle* et *volontairement infidèle*, ainsi privé de la caractéristique des délits, ne saurait alors être qualifié délit. — N° 1447.

Il n'en sera pas moins punissable, car il réunit les deux conditions voulues pour l'application de l'art. 7 : — l'*infidélité* et *la mauvaise foi*, c'est-à-dire la volonté bien arrêtée de raconter contrairement à la vérité.

1827. — On peut, en conséquence, ici conclure et reconnaître que les comptes rendus volontairement infidèles étant punissables, qu'ils soient ou non inspirés par l'*intention de nuire* ou de porter atteinte à l'honneur, à la considération ou à la dignité des pouvoirs, des autorités ou des personnes, peuvent, suivant le cas, se ranger dans la catégorie *des délits* ou dans celle des infractions *non intentionnelles* qualifiées *contraventions*.—La disposition qui les punit, se rapprochant ainsi de la nature mixte des faits prévus par l'art. 424 précédent, avait, par suite, sa place marquée à côté de lui dans ce chapitre. — (V. Am. Vente, *Fausses nouvelles*, n° 32).

1828.—Le paragraphe final de l'art. 7, L. 1822, eût dans tous les cas justifié ce classement : — L'acte qu'il prévoit est un fait tout matériel participant des délits et des contraventions : — Il a été interdit à un journaliste de rendre compte des audiences d'un tribunal; — il viole cette défense, son infraction ne sera qu'une contravention : une contravention matérielle.

1829. — Supposons qu'elle se réalise par un compte rendu, encore une fois infidèle, présentant tous les caractères des délits, — le fait n'en constituera pas moins une contravention dont la nature eût, avant la loi de 1848, repoussé le bénéfice des circonstances atténuantes, applicables alors aux seuls délits; —Une contravention qui se produit par un fait délictueux (V. n° 1867) et qui est absorbée par elle, — ce point méritait d'être signalé.

1830.— Ajoutons que, contravention ou délit, l'infraction par voie de comptes rendus infidèles et de mauvaise foi ne saurait en aucun cas comporter l'excuse de la bonne foi, puisque la mauvaise foi qui l'exclut est un de ses éléments constitutifs; — mais, ainsi que la vertu, la mauvaise foi a ses degrés, les juges du fait en tiendront compte, et si la légèreté d'esprit, l'irréflexion, n'effacent pas la faute, elles pourront, du moins, fournir des motifs d'atténuation.

II. Jurisprudence et doctrine.

1831. — La législation de 1852 à 1861, en ce qui concerne les comptes rendus parlementaires, et ceux des débats pour procès de presse, ont imposé à l'art. 7, L. 1822, des restrictions dont l'examen viendra plus loin au sujet de la réglementation qui régit aujourd'hui ces comptes rendus. (V. art. 483 à 487).

1832. — L'*infidélité* : — Un compte rendu est infidèle lorsqu'il manque à la vérité ou de vérité.

Au cours de la discussion de cet art. 7, en 1822, M. Guizot, commissaire du roi, après avoir reconnu qu'il ne pouvait y avoir délit à rendre public ce qui était public de droit, ajouta : « Mais une condition est évidemment attachée à ce principe, c'est « la fidélité du journaliste ; je ne parle pas ici d'une « fidélité matérielle, c'est d'une fidélité morale qu'il « s'agit, c'est la seule qu'il soit équitable et possible « de demander aux journalistes ; — si le porte-voix « est infidèle, s'il porte jusqu'aux extrémités de la « France d'autres paroles ou d'autres impressions que « celles qui résultent des débats, alors il peut être « poursuivi. »

1833. — Le législateur n'a pas autrement défini l'infidélité ; mais en attribuant, par les art. 45 et 46 de la loi de 1822 aux Chambres et aux juges mêmes dont les travaux et les audiences ont été inexactement rapportés, le droit exclusif de statuer sur les comptes rendus qui les concernent, la loi a paré à l'insuffisance de son texte et à tous les inconvénients : — Ces juges seront souverains pour apprécier, constater et déclarer si, d'après leurs souvenirs et leurs impressions, le compte rendu qui leur est déféré est ou non infidèle ; — il n'en était pas d'autres qui fussent mieux qu'eux en position de répondre à cette question. — V. n° 1849.

1834. — *Et la mauvaise foi :* — Considéré dans le principe déterminant de la pensée chez l'agent, ce terme est synonyme de *volonté* : au point de vue du but, il exprime *l'intention d'induire en erreur,* ou tout au moins de dissimuler une partie de la vérité.

1835. — L'infidélité seule, dans un compte rendu, ne suffirait pas pour le rendre punissable ; la loi ne dit pas *l'infidélité ou la mauvaise foi,* mais ET la mauvaise foi ; — il faut ces deux conditions réunies, car l'infidélité pourrait être le résultat d'une erreur involontaire : — l'infidélité que punit la loi est donc l'*infidélité intentionnelle, volontaire.*

1836. — *Dans les comptes rendus :* qu'est-ce qu'un compte rendu ? Rendre compte, c'est raconter ; tout récit est un compte-rendu.

1837. — La jurisprudence a appliqué cette qualification :

A tout récit, quels qu'en soient la forme, la longueur, les ornements, les réflexions accessoires et le but, fût-il fait en manière d'appréciations critiques au lieu d'être un exposé pur et simple et sans réflexion des faits. — Haute Cour, 26 oct. 1849. D.49.1.266.

— A un récit dénaturé et tronqué pour donner le change sur l'affaire qui en est l'objet. — Rennes, 11 oct. 1850. D.52.5.246.

— A un article qui, au sujet d'un arrêt rendu, contient le nom du prévenu, la qualification du fait, l'indication des témoins entendus, l'appréciation de leurs dépositions, en substance le dispositif de la décision, peu importe que l'auteur ait introduit de la polémique dans le récit des faits. — Orléans, 17 mai 1851. D.52. 2.87.

— A des articles faisant connaître le nom des orateurs, le sujet de leurs discours à la Chambre, l'impression qu'ils ont produite, leur opinion, alors même que cet exposé n'aurait pour but que d'arriver à la critique de cette opinion, alors même encore que le journal aurait publié *in extenso* le compte rendu officiel de la séance de la Chambre. — Trib. Seine, 25 janv. 1868. G.T. du 26.

Il appartient d'ailleurs à la Cour de cassation de contrôler à cet égard les décisions des juges du fait. — V. n° 1846, V. encore n°° 1843-1849.

1838. — *Des journaux ou écrits périodiques :* — cautionnés ou non cautionnés, la loi ne distingue pas et devait d'autant moins distinguer qu'aucune de ses dispositions n'interdit aux journaux non cautionnés de rendre compte des audiences des Cours et tribunaux ; mais comme elle leur interdit, par suite de la défense de traiter les matières politiques, les comptes rendus, toujours politiques, des séances parlementaires, il y a lieu de reconnaître que, relativement à ces séances, les expressions ci-dessus, non plus que l'article lui-même, ne sauraient s'appliquer à ces journaux non cautionnés : l'insertion dans leurs colonnes d'un compte rendu des Chambres les exposerait en effet aux coups de l'art. 5 du décret du 17 février 1852, dont la disposition, par sa pénalité plus élevée, absorbant celle de l'art. 7, L. 1822, en prédomine alors l'application.

1839. — *Des séances des Chambres :* — Les lois sont faites pour l'avenir ; — cet avenir leur serait enlevé si on devait toujours entendre les désignations techniques de leurs textes suivant le sens de leur premier jour au lieu de les comprendre suivant la chose même. — Bien qu'ils eussent en vue une organisation différente de celle de l'Empire, les législateurs de 1822 n'en ont pas moins voulu, par ces expressions « *séances des Chambres,* » désigner les séances des assemblées législatives ; — les noms ont changé, mais la chose, c'est-à-dire le pouvoir législatif exercé par des *assemblées* ou *chambres,* existe encore ; ce n'est donc pas détourner l'art. 7 de son but que de l'appliquer aux comptes rendus des séances du Corps législatif et du Sénat dans les cas rares où sa disposition se trouvera être applicable.

Dans les *cas rares,* disons-nous, la législation impériale a en effet apporté sur ce point des modifications telles qu'il est difficile de croire que la presse périodique puisse s'exposer souvent à l'application de cet art. 7, L. 1822. — V. n°° 1831 et 2100.

1840. — *Et des audiences [publiques] :* l'art. 11 de la loi du 27 juillet 1849 (art. 496) interdit de rendre compte des délibérations intérieures des jurés des Cours et tribunaux ; — l'art. 16, L. 18 juillet 1828, (art. 493), prohibe les comptes rendus des audiences tenues à huis clos : — Il ne peut donc être ici question que des *audiences publiques,* et encore sous cette restriction qu'elles n'ont pas été consacrées à des procès de presse ou à des causes dont le tribunal a interdit le compte rendu. — V. *infrà,* art. 17 du décret du 17 février 1852, art. 497.

1841. — *Des Cours et tribunaux :* — Toutes les juridictions : les tribunaux ordinaires, civils ou de commerce, les Cours impériales, les tribunaux spéciaux, les conseils de guerre, de préfecture, les justices de paix, etc., se rangent sans effort sous cette désignation générale de *Cours et tribunaux ;* mais si générale qu'elle soit, elle ne saurait être appliquée aux séances des corps constitués en dehors du cercle judiciaire. — Dalloz, v° *Presse,* n° 992. — Elle s'applique aux audiences publiques du Conseil d'Etat ; l'art. 16 du décret de 1852 interdit de rendre compte de ses séances secrètes.

1842. — Quant au mot *audience,* il ne faut pas l'entendre dans le sens d'une audience entière : les comptes rendus infidèles d'un incident particulier tomberaient aussi bien sous le coup de l'art. 7 que l'exposé infidèle de l'audience entière.

1843. —Il a été dans ce sens jugé que le récit, sous forme de *réflexions critiques de quelques-uns des faits* qui se sont passés dans une audience, est un compte rendu d'audience, encore bien qu'un récit détaillé et complet de l'audience entière eût été donné dans une autre partie du journal. — Cass., 19 oct. 1833. B.

1844.—Cette qualification a été encore maintenue :

A un récit ironique et burlesque de *quelques-uns des faits* qui ont eu lieu dans une audience (*idem*).

Au récit d'un incident (*idem*).

A une discussion générale qui, sans avoir pour objet les débats d'une audience, renfermerait des phrases qui auraient ces débats pour objet. — Cass., 22 avril 1837. B. — 6 juin 1834. Dalloz, v° *Presse* n° 994.

1845. — Il a été cependant jugé qu'il n'y avait pas compte rendu dans l'article d'un journal qui, sans faire un nouveau récit des débats judiciaires consignés dans un article précédent et sans reproduire en aucune sorte cet article, se borne à faire des réflexions sur son contenu, en assurant que les faits y sont présentés avec exactitude.—Cass., 2 août 1839. Chassan, I, p. 410, 3°; de Grattier, II, p. 78.

1846. — Quoiqu'il en soit de l'appréciation et de la solution de ces délicates questions de fait, il a été décidé que les caractères légaux d'un compte rendu d'audience, dans un article de journal, pouvaient être appréciés par la Cour de cassation et que, sous ce rapport spécial, les juges du fait relevaient de son contrôle.—Cass., 12 mai 1837. B. crim., n° 1849.

1846 *bis.* — **Circulaire** *du 4 juin 1868 du min. de la justice.* « En général de fâcheuses habitudes « tendent à s'introduire dans les comptes rendus des « affaires criminelles ou correctionnelles qu'offrent à « la curiosité publique la plupart des journaux. Je « pourrais citer de nombreux exemples de comptes « rendus écourtés ou défigurés par une partialité ou « une légèreté coupable, où les dépositions d'experts, « de médecins, de fonctionnaires, les réquisitoires du « parquet, les paroles du président sont altérées, tra- « vesties et tellement rendues méconnaissables, qu'on « prête parfois à l'accusation les raisonnements de la « défense. Des protestations indignées me sont plus « d'une fois parvenues. Il importe à la dignité de la « justice et à la vérité que vous exerciez une surveil- « lance attentive sur les comptes rendus des débats « qui se sont déroulés dans votre ressort. L'art. 7, L. « 1822, vous offre un moyen efficace de protéger les « magistrats, les jurés et les témoins par une pour- « suite d'office. »

1847. — *Seront punies :* La pénalité du premier § de l'art. 7, L. 1822, restreinte à une amende semble indiquer que dans la pensée du législateur le fait est en lui-même peu grave et participe plus de la nature des contraventions que de celle des délits que la morale réprouve et contre lesquels d'ordinaire la peine de l'amende est jointe à l'emprisonnement. — V. les lois de cette période de 1819 à 1830.

1848. — *L'infidélité et la mauvaise foi seront punies .* Cette rédaction manifeste d'autre part tous les éléments des délits.

1849. — Les juges des audiences desquelles il a été rendu compte étant seuls compétents, aux termes des art. 45 et 46, L. 1822 (art. 572), pour décider si, d'après leurs souvenirs, le compte rendu est conforme à la vérité, ont par cela même le pouvoir souverain de prononcer sur la question d'infidélité et de mauvaise foi.—Cass., 14 nov. 1833.B. ; Chassan, I, n° 654; *sup.,* n° 1833.

1850. — Il suffit que l'arrêt à cet égard énonce que e compte rendu est infidèle et qu'il fasse résulter cette infidélité du rapprochement du contenu de l'article et des enquêtes faites. — La mention des circonstances établissant l'infidélité n'est pas exigée à peine de nullité; il en est de même de celles concernant la mauvaise foi. (Même arrêt).

1851. — L'infidélité d'un compte rendu ne peut être excusée sous prétexte qu'à raison des distances le gérant, dans le journal duquel il a été inséré, n'a pu vérifier l'exactitude dudit compte rendu transmis par un correspondant, lorsque surtout le récit était écrit dans un style passionné et injurieux.—Rennes, 14 oct. 1850. D.52.5.436.

1852. — Le délit de compte rendu dans un compte rendu d'audience peut être poursuivi d'office. — V. art. 46, L. 25 mars 1822 (art. 572).

III.

[**426** § 2] = 1853. — *En cas de récidive :* Il ne s'agit pas ici de la récidive légale des art. 57 et 58 du C. pénal; la condition de la récidive légale est que la première condamnation ait été de plus d'une année d'emprisonnement, et le § 1er de l'art. 7 ne prononce que la peine de l'amende; — le terme *récidive* ne peut donc être, dans son § 2, que synonyme de *réitération* ou *répétition* du même fait du § 1er, quelle qu'ait été la peine encourue; il y a sur ce point dérogation à la théorie du Code pénal. — (N° 2339).

1854. — Ce § 2 punit en même temps et par les mêmes peines le cas où le compte rendu infidèle et de mauvaise foi est offensant ou injurieux; ce sont là deux circonstances aggravantes qui n'en changent dès lors pas la nature; il y aura par conséquent récidive, que la seconde infraction ait eu lieu par un compte rendu infidèle et de mauvaise foi seulement ou qu'il soit en même temps entaché d'injure ou d'offense, et *vice versâ.* — Chassan, I, n° 266; Dalloz, v° *Presse,* n° 1004; *Contrà,* de Grattier, II, p. 86.

1855. — Il importe peu pour la récidive de l'art. 7 que le premier compte rendu condamné ait été consacré aux débats législatifs et que le second ait pour objet ces mêmes débats ou des débats judiciaires ou réciproquement. — Chassan, I, n° 244.

1856. — *Les éditeurs du journal seront en outre condamnés* [*en outre,* sous-entendu des peines édictées au § 1er] *à un emprisonnement de :* — En cas de récidive la peine de l'emprisonnement est ainsi obligatoire comme l'amende. Le texte porte *seront* condamnés; mais les juges ne sont tenus de prononcer ni le maximum de l'amende ni celui de l'emprisonnement. — Chassan, I, n° 243.

1857. — Quant à la peine accessoire et facultative de l'interdiction de rendre compte, — V. n° 1864 à 1870.

1858. — L'art. 14, L. 18 juillet 1828 (art. 509), qui permet le doublement des amendes contre les journaux, n'autorise cette aggravation que pour les délits qui pourraient être commis par d'autres moyens de publication, son but étant de distinguer entre ces moyens de publication et la presse périodique —Mais les délits prévus par l'art. 7, L. 1822, ne pouvant être commis que par les journaux, l'aggravation pénale de l'art. 14, L. 1828, n'est pas applicable dans ce cas.

IV.

1859. — *Lorsque le compte rendu sera offensant ou injurieux.* L'offense et l'injure qui peuvent entacher les comptes rendus constituent-elles des *délits spéciaux d'offense et d'injure,* ou ne sont-elles, au contraire, *que des circonstances aggravantes* du délit d'infidélité et de mauvaise foi ?

Cette question a soulevé une controverse.

M. Chassan a fait valoir de très-sérieuses raisons à l'appui de la spécialité des délits d'offense et d'injure par voie de comptes rendus infidèles et de mauvaise foi. — I, n° 656.

M. de Grattier s'est, au contraire, prononcé pour l'opinion qui les considère comme des circonstances aggravantes du délit prévu par le § 4 de l'art. 7,—II, p. 82. Cette manière de voir à laquelle s'est rallié l'auteur de l'article *Presse*, dans le recueil de M. Dalloz, n° 1003, me semble devoir être préférée par ce motif surtout « que les comptes rendus injurieux et offensants, indé- « pendamment de l'infidélité et de la mauvaise foi, ne « seraient pas autre chose que des délits ordinaires « d'injures ou d'offenses punis par la loi de 1819 et « qu'on ne verrait pas de raison pour que les injures et « les offenses qui seraient commises dans un compte « rendu fidèle et de bonne foi, fussent autrement pu- « nies que celles qui résulteraient d'un autre article du « journal, » et que, puisque la loi a édicté contre les comptes rendus injurieux et offensants des peines plus fortes, c'est qu'il y a un élément d'aggravation dans le délit même du compte rendu.

1860. — En ce qui concerne les circonstances constitutives du caractère injurieux ou offensant d'un compte rendu, — V. nos annotations relatives aux injures et aux délits d'offenses, sous les art. 414 et 345, n° 1171. — La loi n'exige pas cependant que le compte rendu renferme une injure ou une offense caractérisée, il suffit qu'il soit *offensant* ou *injurieux*, (Dalloz, v° *Presse*, n° 1004) et les juges du fait en sont sous ce rapport les appréciateurs souverains.—V. n° 1725 et suiv.; Cass., 2 août 1839,B. — 11 octobre 1843,B.

1861. — *Peine*, même pénalité que pour le cas de récidive de simple compte rendu infidèle. — V. en conséquence ce qui est dit sous les n°ˢ 1856 et 1858.

1862.—**Récidive de comptes rendus injurieux et offensants.** Le § 2 de l'art. 7, L. 1822, cesse dans ce cas d'être applicable; sa disposition ne prévoit que la *récidive simple* des comptes rendus infidèles et de mauvaise foi, et non la *récidive complexe* de la réitération de ces comptes rendus entachés, la première et la deuxième fois, d'offenses ou d'injures. Pour cette dernière hypothèse, il n'y aura récidive que dans les termes de la récidive légale en matière de délits de presse, conformément aux art. 25, L. 1819, art. 10, L. 9 juin 1819 et 13, L. 1828 (art. 520, 521 et 524) combinés, et la condition, *sine quâ non*, de l'application des peines de la récidive sera, en conséquence, que la condamnation première ait prononcé plus d'une année d'emprisonnement; dans ce cas les tribunaux devront *obligatoirement* prononcer le maximum de l'amende et de l'emprisonnement, et pourront *facultativement* quadrupler l'amende (art. 14, L. 1828) et prononcer l'interdiction du § 3. Chassan, I, n° 247 (V. n° 2340 *infrà*).

1863. — Il y a lieu aux peines de la récidive lors même que le deuxième compte rendu ne porterait pas une offense contre la même autorité que la première fois. — Chassan, I, n° 245.

V

[**426** § 3.] — 1864. — *Il pourra être interdit... de rendre compte des débats législatifs ou judiciaires.* Quant aux débats judiciaires, le pouvoir que le § final de l'art. 7 donne aux juges d'en interdire le compte rendu n'a subi aucune atteinte; la disposition de ce paragraphe est toujours en vigueur à cet égard; — mais il en est autrement en ce qui concerne les débats législatifs : cette interdiction, qui se comprend et qui était faite pour les comptes rendus *libres*, ne saurait comprendre les comptes rendus *officiels* que la Constitution de 1852 a imposés à la presse, en supprimant sur ce point son ancienne et trop large liberté. — C'est donc uniquement pour les comptes rendus *libres*, c'est-à-dire

pour les comptes rendus judiciaires qui, seuls, le sont toujours, qu'il faut retenir les décisions auxquelles a donné lieu l'application du dernier § de l'art. 7.

1865. — La peine de l'interdiction est facultative, même pour le cas de récidive ; le texte porte *pourra* et non le *sera* impératif. — Chassan, I, n° 246.

1866. — Elle ne s'applique jamais qu'aux débats du tribunal ou de la Cour dont les audiences ont été rapportées avec infidélité et mauvaise foi, et non point à ceux de tous les tribunaux et de toutes les cours de l'Empire, (Cass., 14 déc. 1833; Chassan, I, p. 495; Dalloz, v° *Presse*, n° 1008) et ce, alors même que, par suite d'un renvoi après cassation, l'interdiction serait prononcée par un autre tribunal. — Chassan, *loc. cit ;* de Grattier, II, p. 87.

1867.—*La violation de cette défense...* Cette violation constituera une contravention, qu'elle vienne à se réaliser par un compte rendu fidèle et de bonne foi ou par un compte rendu tout contraire, c'est-à-dire présentant les caractères d'un délit, fût-il même offensant ou injurieux (n° 1829). — La loi semble avoir prévu cette réunion de circonstances aggravantes pour le cas de la contravention, en édictant contre elle une peine dont le maximum, porté au double du maximum de la peine édictée à raison de la récidive simple, peut ainsi faire la part d'un acte doublement punissable.

1868. — La prohibition de rendre compte commence à courir à partir du jour où la décision qui l'a prononcée est devenue définitive, c'est-à-dire du jour où elle ne sera susceptible ni d'opposition, ni d'appel, ni de recours en cassation. — En cas de pourvoi en cassation elle est exécutoire le jour même de son rejet, sans qu'il soit nécessaire que l'arrêt soit notifié. — Cass., 31 mai 1834, D.34.1.267.

1869. — Lorsqu'il est interdit à un journal de rendre compte des débats, la question de savoir si un autre journal fondé par les mêmes propriétaires est soumis à l'interdiction est subordonnée à la question de savoir si le prétendu nouveau journal est réellement un journal nouveau ou s'il n'est pas plutôt la continuation du journal condamné; — et c'est là une question qu'il appartient aux juges du fait de résoudre d'après les circonstances. — V. notes sous l'art. 209; Cass., ch. réunies, 6 août 1834. — Dans le cas même où cette seconde feuille n'aurait été créée que pour éluder la peine de l'interdiction, M. Dalloz émet l'opinion que les effets de la prohibition ne pourraient s'étendre sur elles, — v° *Presse*, n° 1011.

1870. — *Peines doubles.* Au minimum la peine ne pourra être au-dessous de 2000 fr. d'amende et 2 mois d'emprisonnement, ni dépasser 12,000 fr. d'amende et 6 ans d'emprisonnement, double du maximum. — Chassan, I, p. 225; Dalloz, v° *Presse*, n° 1012, sauf le cas du n° 1862.

1871. — **Complicité.** La publication par un journal d'un compte rendu infidèle et de mauvaise foi d'une audience judiciaire est un *délit;* — les art. 59 et 60 du C. pénal formant le droit commun en matière de complicité de *délit*, il n'est pas douteux que celui qui aurait fourni le compte rendu délictueux ne pût être poursuivi comme complice aux termes de ces articles et puni comme tel.

1872. — Mais dans le cas où ce *compte rendu-délit* serait publié par un journal placé sous une interdiction de rendre compte, si la publication de ce compte rendu effectuait la violation de cette défense, comme ce fait ne serait plus alors qu'une contravention et que les dispositions du Code pénal sur la complicité ne sont applicables que si le fait principal est un crime ou un délit, — l'auteur du compte rendu infidèle et de mauvaise foi ne pourrait être alors poursuivi comme complice du journaliste qui l'a publié **en contravention.** — Comparez comme analogie, avec l'arrêt de cassation du 18 janv. 1867. D.67.1.233.

OBSERVATIONS.

1873. — Il est dans la législation répressive des délits de la parole, de l'écriture et de la presse, une autre disposition qui, par la nature particulière du fait qu'elle prévoit, aurait également pu prendre place dans cette section spéciale des infractions mixtes : —C'est la disposition du § 1 de l'art. 15 du décret du 17 févr. 1852, qui punit « *la publication ou reproduction sans mauvaise foi des nouvelles fausses, de pièces fabriquées, falsifiées ou mensongèrement attribuées à des tiers.* »

Est-ce là un délit? N'est-ce pas plutôt une contravention ?

Faute de la mauvaise foi qui est l'élément caractéristique et distinctif des *délits*, il est difficile de classer cette infraction dans la catégorie des délits.—V. n° 1909 sous l'art. 449 et n° 1348.

Mais l'élément intentionnel et volontaire que l'on est généralement d'accord pour reconnaître nécessaire à la constitution de l'infraction prévue par le § 1 de l'art. 15 dudit décret s'oppose, d'un autre côté, à ce qu'elle soit assimilée d'une manière absolue aux *contraventions* que constitue la commission matérielle seule du fait interdit par la loi.—V. n° 1348.

M. Am. Vente, dans son *Traité des fausses nouvelles*, range cette infraction dans une situation intermédiaire entre les véritables contraventions et les délits que caractérisent l'intention de nuire et la mauvaise foi, et la qualifie de *délit d'imprudence.*

Si nous ne reproduisons pas ci-dessus la disposition qui la prévoit, c'est qu'elle a été précédemment l'objet d'annotations détaillées auxquelles nous renvoyons, (V. n°s 1333, 1334 et 1348) nous bornant à la signaler ici pour ordre seulement comme étant sur la limite entre les lois répressives des délits et les lois répressives des contraventions, qui vont se classer dans la deuxième partie du livre II. —V. art. 449.

LIVRE II.

DEUXIÈME PARTIE. — LOIS RÉPRESSIVES DES CONTRAVENTIONS.

1874. — Cette deuxième partie du livre II contient les dispositions dont les violations sont punissables, indépendamment de cette intention agressive et au fond méchante ou nuisible qui caractérise les crimes et les délits. — La commission ou l'omission du fait matériel interdit ou prescrit par la loi suffit seule à constituer l'infraction et expose son auteur aux peines édictées pour la prévenir ; — la loi qualifie de *contravention* ces sortes de violations de ses prescriptions.

Les dispositions par lesquelles le législateur s'est efforcé d'assurer l'ordre et de faciliter la surveillance des divers moyens au service de la pensée pour sa publication, sont nombreuses : une partie a déjà trouvé sa place dans les livres précédents : —Elles se distinguent ou peuvent se distinguer en deux catégories bien tranchées, savoir :

1° *Les dispositions spéciales ou techniques* réglementaires des professions qui fournissent à la pensée des moyens particuliers de se manifester et de se propager : — elles ont été classées dans les chapitres consacrés à chacune de ces professions.

2° *Les dispositions générales* qui, plus ou moins restrictives de la liberté individuelle, en dehors de la *réglementation proprement dite d'une profession*, concernent par leur généralité tous les citoyens ; telles sont les lois restrictives de la liberté d'afficher, d'annoncer, de distribuer des écrits, celle de rendre compte, etc.

Ce sont ces dernières dispositions que nous avons réunies dans cette deuxième partie du Livre II, en les divisant sous le titre premier, intitulé : RESTRICTIONS GÉNÉRALES DE LA LIBERTÉ DE PUBLICATION, en cinq chapitres, subdivisés eux-mêmes en sections, de la manière suivante :

TITRE I. — Restrictions générales de la liberté de publication par affiches, annonces, ventes, etc.

CHAP. I. — Restrictions de la liberté d'afficher.

Sect. 1.—Restrictions extérieures et matérielles concernant l'emplacement, la forme des affiches, etc.

Sect. 2. — Restrictions fiscales, timbre, droit d'affichage.

Sect. 3. — Restrictions de police par interdiction d'afficher certains objets, ou de certains actes ou faits.

CHAP. II.—Restrictions de la liberté d'annoncer, de distribuer, de vendre ou publier.

Sect. 1.— Par voie d'interdiction à raison de la nature des objets.

Sect. 2. — Par la condition d'une autorisation préalable de l'autorité.

Sect. 3. — Par interdiction ou conditions préventives et de police.

CHAP. III.— Restrictions de la liberté des comptes rendus.

Sect. 1.— Comptes rendus parlementaires.

Sect. 2. — Comptes rendus d'actes administratifs, etc.

Sect. 3.— Comptes rendus judiciaires.

CHAP. IV.—Restrictions de la liberté de discuter la Constitution.

CHAP. V. — Restrictions concernant les écrits étrangers.

TITRE II. — Restrictions spéciales ou réglementaires de certaines professions. Renvoi au Livre I.

OBSERVATION.

1875. — Pour satisfaire ce désir bien légitime des esprits pratiques, de trouver toujours rapprochées les dispositions qui ont entre elles soit des points communs, soit de la connexité, ou dont les prévisions ont des buts analogues ou qui se confinent, afin d'avoir sous les yeux, jusque dans ses ramifications extrêmes, l'ensemble des lignes de défense de la loi sur chaque matière, nous n'avons pas craint de reproduire *en duplicata* des textes déjà classés dans une autre partie de notre codification, textes qui, à raison de la diversité de leurs prohibitions, pourraient aussi bien se classer ici que là ; nous avons pensé qu'il valait mieux s'exposer au reproche de se répéter qu'à celui de ne pas assez dire, et de méconnaître la logique des idées en matière de classement.

TITRE I. — RESTRICTIONS GÉNÉRALES DE LA LIBERTÉ DE PUBLICATION.

Chap. I. — Restrictions de la liberté d'afficher. — Sect. I. Restrictions de police.

1º Emplacement des affiches.

427. — *D.* 22 *mai* 1791. Art. 12. Dans les villes et dans chaque municipalité, il sera, par les officiers municipaux, désigné des lieux pour les affiches des lois et des actes de l'autorité.

Aucun citoyen ne pourra faire des affiches particulières dans lesdits lieux, à peine d'une amende de 100 fr. qui sera prononcée par voie de police.

2º De la forme et des titres des affiches privées.

428. — Art. 13. Aucun citoyen et aucune réunion de citoyens ne pourront rien afficher sous le titre d'arrêté, de délibération, ni sous aucune autre forme impérative ou obligatoire.

3º Les affiches en nom collectif sont interdites.

429. — Art. 14. Aucune affiche ne pourra être faite sous un nom collectif. Tous les citoyens qui auront coopéré à une affiche seront tenus de la signer.

Sanction pénale.

430. — Art. 15. Les contraventions aux deux articles ci-dessus seront punies d'une amende de 100 livres, laquelle ne pourra être modérée et dont la condamnation sera prononcée par voie de police.

Réglementation municipale de l'affichage

431. — *C. pénal.* Art. 471. Seront punis d'une amende de 1 à 15 fr. inclusivement : ....

15º Ceux qui auront contrevenu aux règlements légalement faits par l'autorité administrative et ceux qui ne se seront pas conformés aux arrêtés publiés par l'autorité municipale en vertu des art. 3, 4, titre XI, L. 24 août 1790 et art. 46, L. 22 juillet 1791 [concernant la police des lieux publics].

Lacération d'affiches de l'autorité.

432. — *C. pénal.* Art. 479. Seront punis d'une amende de 1 à 15 fr. inclusivement : ....

9º Ceux qui auront méchamment enlevé ou déchiré les affiches apposées par ordre de l'administration.

Affiches sans nom d'imprimeur.

433. — *C. pénal.* Art. 283. Toute publication ou distribution..... [V. art. 213.] .... d'affiches..... dans lesquelles ne se trouverait pas l'indication vraie des nom, profession et demeure de l'auteur ou de l'imprimeur, sera par ce seul fait punie d'un emprisonnement de 6 jours à 6 mois, contre toute personne qui aura sciemment contribué à la publication ou distribution.

Réduction des peines en cas de révélation.

434. — Art. 284. Cette disposition sera réduite à des peines de simple police (de 6 à 10 fr., art. 475, 13º du C. pénal) ;

1º A l'égard des crieurs, afficheurs, vendeurs et distributeurs qui auront fait connaître la personne dont ils tiennent l'écrit imprimé ;

2º A l'égard de quiconque aura fait connaître l'imprimeur ;

3º Abrogé. (V. nº 1883).

Art. 286. — Dans tous les cas des articles précédents [art. 283-284] il y aura confiscation des exemplaires saisis.

Condition de la profession d'afficheur.

434.A. — *L.* 10 *déc.* 1830. Art. 2. Quiconque voudra exercer, même temporairement, la profession d'afficheur [Art. 227.] sera tenu d'en faire préalablement la déclaration à l'autorité municipale et d'indiquer son domicile [sous peine de 25 fr. à 300 fr. d'amende et, ou, de 6 jours à 1 mois d'emprisonnement]. (V. p. 88).

[**428** à **450**]. ⇒ 1876. — Ces art. 12 à 15, décr. 1791 n'ont été expressément abrogés par aucune loi, ils sont toujours en vigueur ; mais le cercle de leur application a été sur certains points restreint par la législation postérieure. La loi du 10 déc. 1830 et l'article 444 du C. pénal, pour ne citer que ces exemples, en ont détaché les faits d'apposition d'affiches politiques sous un nom collectif qui sont absolument interdites (art. 445) et celles qui sous cette même forme constitueraient des manœuvres ou moyens de coalition.

1876 *bis.* — Le système du C. d'inst. crim. a d'autre part modifié, quant à la compétence, les dispositions des art. 12 et 15. Le taux des amendes qu'ils prononcent excéderait la compétence des tribunaux de police, les art. 139 et 479 du C. d'inst. criminelle en ont déféré l'application aux juges correctionnels.

1877. — Par affiches *sous nom collectif* il faut entendre celles qui seraient par exemple signées : *Le comité des... Les frères et amis... Les ouvriers de telle profession...* Les mots « *tous les citoyens qui ont coopéré* » ne comprennent pas l'imprimeur, mais les auteurs seuls qui ont fait ou voulu l'affiche.

[**431**]. — 1878. — De l'art. 471-15º la jurisprudence fait dériver le droit qu'elle reconnaît aux maires de réglementer dans leurs communes l'exercice de la liberté d'afficher et de la subordonner à une autorisation préalable, ce qui est peut-être aller un peu loin,

car subordonner la liberté à une autorisation, c'est plutôt la supprimer que régler son exercice. — Nº 1896.

1879. — La loi du 10 déc. 1830 sur les afficheurs et celle du 16 fév. 1834 sur les crieurs, n'ont ni restreint, ni modifié le pouvoir de l'autorité municipale de subordonner à son autorisation ou visa préalable la publication ou l'affiche de tout placard ou annonce quelconque non politique et d'interdire ces publications et affiches à tous autres qu'aux crieurs ou afficheurs commissionnés par elle. — Cass., 3 janv. et 13 fév. 1834.B. 5. et 51 ; — 12 nov. 1847.B. 270.

1879 *bis.* — Est légal et obligatoire l'arrêté municipal qui règle les modes d'affichage, et s'il est général, il s'applique à toutes les affiches à l'exception de celles qui sont prescrites soit par la loi, soit par l'autorité administrative. — Cass., 28 déc. 1855.B. 447. En dehors de ces derniers cas, les officiers ministériels doivent, même pour l'annonce d'une vente volontaire de meubles, se conformer à l'arrêté qui exige le visa du maire sur les affiches et le dépôt d'un exemplaire signé par l'afficheur, (même arrêt) mais un pareil arrêté ne serait pas applicable, pendant la période électorale, à l'égard des candidats pour l'affichage de leurs circulaires et professions de foi. — L'art. 10, L. 1850 (art. 466) les a affranchies de toute autorisation municipale.

[**432**]. — 1880. — L'art. 479 du C. pénal ne pourrait être étendu aux affiches privées, l'action en dom-

Sect. II.— **Restrictions fiscales.** — § 1ᵉʳ. Par l'impôt du timbre sur les affiches manuscrites ou imprimées.

Origine de l'impôt du timbre.

435. — *L. 9 vendémiaire an VI.* Art. 56. Toutes les affiches autres que celles d'actes émanés de l'autorité publique, quels que soient leur nature ou leur objet, sont assujetties au timbre de dimension [exception, V. art. 441].

Sanction sur les objets imposés.

436. — Art. 60. Les objets soustraits aux droits seront lacérés.

Solidarité pénale.

437. — Art. 61. Les auteurs, afficheurs, distributeurs et imprimeurs, desdits écrits ou affiches, seront solidairement tenus de l'amende, sauf leurs recours les uns contre les autres.

Règle générale confirmée.

438. — *L. 18 avril 1816.* Art. 66. Toutes les affiches [privées], quel qu'en soit l'objet, seront sur papier timbré.

Sanction.

439. — Art. 69, § 1ᵉʳ..... V. art. 78.

§ 2. — Ceux qui seront convaincus d'avoir fait afficher ou distribuer des imprimés non timbrés, seront condamnés à une amende de 100fr. [réduite à 20fr. par la loi du 16 juin 1824].

§ 3. — Les afficheurs et distributeurs seront en outre condamnés aux peines de simple police de l'art. 464 du C. pénal.

L'amende sera solidaire et emportera contrainte par corps.

Quotité des droits.

440. — *L. 25 juillet 1866. Budget.* Art. 4 Le droit du timbre du papier des affiches est fixé de la manière suivante :

Par feuilles de 12 décim. carrés et au-dessous. . 0,05
Au-dessus de 12 déc. 1/2 jusqu'à 25 déc. carrés. 0,10
Au-dessus de 25 décim. jusqu'à 50 décim. carrés. 0,15
Au-dessus de cette limite.. 0,20

Dans le cas où une affiche contiendrait plusieurs affiches distinctes, le maximum ci-dessus fixé sera toujours exigible. Ce maximum sera double si l'affiche contient plus de cinq annonces.

Les affiches peuvent être imprimées sur papier non timbré, pourvu que le timbre y soit apposé avant l'affichage.

Néanmoins, sont maintenues en cas de contravention aux §§ qui précèdent, les amendes et pénalités édictées par l'art. 69, L. 28 avril 1816 [art. 439], modifié par l'art. 10 de la loi du 16 juin 1824.

EXCEPTIONS.

1º Pour les actes de l'autorité. — V. art. 435, ci-dessus.

2º Pour les affiches électorales.

441. — *L. 11 mai 1868.* Art. 3, § 3. Sont affranchies du timbre les affiches électorales d'un candidat contenant sa profession de foi, une circulaire signée de lui ou seulement son nom. — V. nº 1886.

---

mages-intérêts serait la seule ressource des particuliers pour faire respecter leurs affiches.

1884. — Cet art. 479 exige pour son application que le lacérateur ait agi avec une intention méchante ; cette condition des délits est une anomalie en matière de contravention.

[**433** à **434**]. == 1882.—L'art. 283 du C. pénal exige également pour la répression de la contravention qu'il prévoit qu'elle ait eu lieu *sciemment*, c'est-à-dire en connaissance de la fausseté en cas d'indication fausse du nom de l'imprimeur sur les affiches; la loi du 21 oct. 1844 a quelque peu sur ce point modifié le système du C. pénal relativement aux imprimeurs et aux libraires, mais ses dispositions n'ont reçu aucune atteinte relativement aux afficheurs et aux distributeurs. — V. nᵒˢ 234, 232, 746 et suiv.

1883. — L'indication du nom de l'auteur n'est plus une condition de la régularité des impressions ; aussi est-on généralement d'accord pour reconnaître que la révélation du nom de l'auteur par l'imprimeur ne lui vaudrait pas, comme aux publicateurs, le bénéfice de l'atténuation de l'art. 284. — Le § 3, qui concernait les imprimeurs, se trouve par suite abrogé.

[**434.A.**]. == V. art. 227 et notes, et nº 1895.

[**435** à **441**]. == 1884. — Le législateur a imposé plusieurs restrictions à la liberté de l'affichage : après celle du décret du 22 mai 1791, concernant l'emplacement et la forme des affiches, est venue celle qui a interdit l'emploi du papier de couleur blanche pour les affiches des particuliers, cette couleur étant réservée pour celles de l'autorité.—L. 28 juillet 1791, V. art. 68. Mais la disposition de cette loi ne concernant que les imprimeurs a été classée dans le titre qui les concerne. — Faisons toutefois observer que le papier de couleur blanche étant seulement interdit aux particuliers pour les affiches *imprimées*, il s'ensuit que l'emploi du papier de cette couleur leur reste permis pour les affiches manuscrites ou manu-peintes.

1885. — La loi du 9 vendémiaire an ix, la loi du 18 avril 1816 et celle du 25 juillet 1866 ont en outre soumis les affiches imprimées ou non à l'impôt du timbre, autre restriction.

1866. — Il n'est fait exception à la règle fiscale sur ce point que pour les affiches de l'autorité et, depuis la loi du 11 mai 1868, pour les écrits et les affiches des candidats.

1887. — « En dehors de la personnalité du candidat, dit à ce sujet, dans son 3ᵉ rapport supplémentaire, le rapporteur de la loi, l'affiche qui n'émane « pas du candidat reste soumise au timbre, fût-elle « signée d'un tiers ou d'un comité qui soutiendrait sa « candidature. — La franchise du timbre s'applique « non-seulement aux affiches des candidats à la dépu-« tation, mais encore à celles des candidats aux élec-« tions des conseils généraux, d'arrondissement et « municipaux et à leurs circulaires. » — V. dans le même sens la circulaire du 4 juin 1868, *in fine*.

1888.—La solidarité pénale prononcée par l'art. 61, L. 9 vendémiaire an vi, est maintenue par l'art. 69, L. 1816 en cas de contravention.—Le silence de cette dernière loi en ce qui concerne la lacération des objets soustraits aux droits (art. 436) maintient plus qu'il ne repousse cette sanction de l'art. 60 de ladite loi de vendémiaire qui l'ordonnait. (V. nᵒˢ 2813-2820).

1889. — L'art. 31 de la loi du 12 frimaire an vii et l'art. 76, L. 18 avril 1816 (V. art. 104), attribuent exclusivement aux préposés de l'enregistrement la constatation et la *poursuite* en matière de contravention aux lois sur le timbre. — Ces dispositions n'ont été ni abrogées ni modifiées par la législation postérieure, et sont toujours en vigueur. — Nº 1890, *Circ. min. just.* du 6 avril 1859.

§ 2. Par le droit d'affichage sur les affiches peintes ou inscrites.

Droit d'affichage, affiches inscrites.

442. — *L. 8 juillet* 1852. *Budget.* Art. 30. Toute affiche inscrite dans un lieu public, sur les murs, sur une construction quelconque ou même sur toile au moyen de la peinture ou de tout autre procédé, donnera lieu à un droit d'affichage de 0,50 cent. pour les affiches de 1 mètre carré et de 1 fr. pour celles d'une dimension supérieure.

Un règlement d'administration publique réglera le mode d'exécution du présent article.

Toute infraction à la présente disposition et toute contravention au règlement à intervenir pourront être punies d'une amende de 100 fr. à 500 fr., ainsi que des peines portées en l'art. 464 du C. pénal [Prison, 1 à 5 jours.]

[Autorisation, formalités, emplacement.

443. — *D. 25 août* 1852. Art. 1. Tout individu qui voudra, au moyen de la peinture ou de tout autre procédé, inscrire des affiches dans un lieu public, sur les murs, sur une construction quelconque et même sur toile, sera préalablement tenu de payer le droit d'affichage fixé par l'art. 30 de la loi du 8 juillet 1852 et d'obtenir de l'autorité municipale dans les départements et, à Paris, du préfet de police, l'autorisation ou permis d'afficher. —Le paiement du droit se fera au bureau de l'enregistrement dans l'arrondissement duquel se trouvent les communes où les affiches doivent être placées. — Dans le département de la Seine il se fera à des bureaux désignés à cet effet.

Art. 2. — Le droit sera perçu sur la présentation, pour chaque commune, d'une déclaration en double minute datée et signée comprenant : 1° le texte de l'affiche ; 2° les noms, prénoms, profession et domicile de ceux dans l'intérêt desquels l'affiche doit être inscrite et de l'entrepreneur de l'affichage ; 3° la dimension de l'affiche; 4° le nombre total des exemplaires à inscrire ; 5° la désignation précise des rues et places où chaque exemplaire devra être inscrit ; 6° et le nombre d'exemplaires à inscrire dans chacun de ces emplacements.

Un double de la déclaration restera au bureau pour servir de contrôle à la perception ; l'autre, revêtu de la quittance du receveur, sera rendu au déclarant. — Les droits régulièrement perçus ne seront point restitués, lors même que par le fait des tiers l'affichage ne pourrait avoir lieu ; mais ces droits seront restitués si l'autorisation d'affichage est refusée par l'administration.

Art. 3. — Le permis d'affichage ne sera délivré qu'au vu et sur le dépôt de la déclaration portant quittance spécifiée en l'art. 2.

Chaque permis sera enregistré sur un registre spécial, par ordre de date et de numéro, — le numéro du permis devra être lisiblement indiqué au bas de chaque exemplaire de l'affiche qui devra, en outre, porter son numéro d'ordre.

Art. 4. — Aucun exemplaire de l'affiche ne pourra être d'une dimension supérieure à celle pour laquelle le droit a été payé.

Art. 5. — Les contraventions seront constatées par procès-verbaux des préposés de l'administration de l'enregistrement et des domaines, des commissaires, gendarmes, gardes champêtres et autres agents de la force publique.

Art. 6. — (Indemnités aux agents).

Art. 7. — Les poursuites seront d'office portées devant le tribunal de police correctionnelle.

Art. 8.—Les contraventions à l'art. 1, au dernier alinéa de l'art. 3 et à l'art. 4, seront passibles des peines portées en l'art. 30 de la L. du 8 juillet 1852.

Il sera dû une amende pour chaque exemplaire d'affiche inscrit sans paiement du droit ou d'une dimension supérieure à celle pour laquelle le droit est payé, et pour chaque exemplaire posé dans un emplacement autre que celui indiqué par la déclaration.

Dans tous les cas, les contrevenants devront rembourser les droits dont le Trésor aura été frustré.

Art. 9. — Ces droits, amendes et frais, seront recouvrés par l'administration de l'enregistrement et des domaines.

Des affiches inscrites

[**442** à **443**]. = 1890. — Par l'inscription directe des affiches, au moyen de la peinture, sur des toiles ou des murs, on était parvenu à éluder l'impôt du timbre qui frappait les affiches sur papier. La loi du 8 juillet 1852 a complété à cet égard les dispositions fiscales de la législation : — elle a établi, sous le nom de *droit d'affichage*, un impôt nouveau destiné à tenir lieu, à l'égard des *affiches peintes ou inscrites*, du droit de timbre auquel étaient assujetties *les affiches sur papier*, et les contraventions à ses dispositions, punies de 100 fr. à 500 fr. d'amende, peuvent être poursuivies d'office par les procureurs impériaux, à la différence des contraventions aux lois sur le timbre pour les affiches imprimées—N° 1889. — Circ. du min. de la justice du 6 avril 1859.

1891. — Cette loi du 8 juillet 1852 concernant un ordre tout particulier de faits et de choses n'a donc en rien dérogé ni modifié la législation antérieure relativement à ces dernières affiches ; sa rédaction ainsi que celle de son règlement d'exécution du 25 août 1852 ne laissent aucun doute à ce sujet et ne paraissent pas pouvoir donner lieu à de sérieuses difficultés.

1892. — A la différence des *affiches* non politiques, *sur papier* qui, dans les localités où aucun arrêté ne les soumet au visa des maires, peuvent être librement affichées, les affiches peintes dont il s'agit ne peuvent être inscrites dans un lieu public sans avoir été autorisées; c'est ce que déclare l'art. 1er du décret du 25 août.

1893. — Ce décret semble avoir, sous ce rapport, quelque peu ajouté à la loi dont il devait se borner à régler les modes d'exécution, c'est-à-dire les modes de la perception de l'impôt qu'elle établissait et qui n'impliquait aucune autre restriction de la liberté d'afficher.

Comme condition de l'exercice d'un droit ou d'une profession, l'*autorisation préfectorale ou municipale* est un asservissement ou formalité qu'il appartient au législateur seul d'imposer sous une sanction pénale : en assujettissant les affiches à inscrire à cette condition, le décret me paraît avoir d'autre part empiété sur les attributions législatives et excédé les limites du droit réglementaire, et, en étendant à l'apposition non autorisée des affiches une pénalité qui, dans la pensée de la loi, devait être uniquement restreinte à la contravention du non-acquittement du droit d'affichage, ce décret a détourné la loi de son vrai but. — Le Sénat

Sect. III. Restrictions de police préventive.

§ 1er. — Interdiction à raison du contenu des affiches. — Condition de l'affichage.

1° Autorisation préalable ; — 2° Interdiction des affiches politiques.

Autorisation préalable pour affiches.

444. — *Disposition résumée déduite de la législation en cette matière.* L'apposition dans un lieu public d'affiches autres que celles sur papier, est subordonnée à l'autorisation municipale dans les départements et du préfet à Paris (art. 1er, décret du 25 août 1852).

L'apposition publique d'affiches privées, non politiques, est libre, excepté dans les communes où l'affichage a été soumis à l'autorisation municipale par un arrêté légalement publié.

Dans le 1er cas. — L'apposition non autorisée des affiches inscrites sera punie d'une amende de 100 fr. à 500 fr. et d'un emprisonnement de 1 à 5 jours (art. 441, art. 8).

Dans le 2° cas. — L'apposition des affiches sur papier et non politiques sera punie de 1 fr. à 15 fr. d'amende (art. 431, *suprà*).

En ce qui concerne les obligations des afficheurs de profession, V. art. 227 et suivants.

---

aurait pu, en conséquence, s'opposer à la promulgation de ses art. 4 et 8 comme entachés d'inconstitutionnalité.

4893 *bis*. — Il ne faut pas confondre avec les affiches inscrites ou peintes, les enseignes placées sur les maisons ou magasins des artistes, des commerçants ou des industriels : le but de la loi a été de rétablir l'égalité entre les divers modes d'affichage ; ce motif est inapplicable aux enseignes. — Dalloz, n° 450.

4893 *ter*. — L'art. 30, L. 1852, ne s'applique ni aux affiches imprimées ou écrites sur papier timbré collées sur toile et accrochées ensuite en forme de tableau, ou placard mobile, ni aux vitrines-tableaux servant d'enseignes. — Cass., 2 sept. 1853. D.53.4.278 ; Bourges, 17 avril 1856. D.56.2.298.

[444]. ⹀ 1894. — Au point de vue de la liberté de l'affichage on peut comme il suit préciser le système de la législation.

1° *Liberté des affiches non politiques sur papier*, sous les restrictions — du décret de 1791 en ce qui concerne leur forme et leur titre, — de l'art. 283 du C. pénal quant à la régularité de leur impression, — de la loi de 1816, relativement au timbre, — et des arrêtés municipaux qui pourraient en subordonner l'apposition au visa ou permis des maires, sous la très-légère sanction de l'art. 471 du C. pénal ;

2° *Subordination des affiches peintes, autres que sur papier, à l'autorisation préfectorale à Paris, et à l'autorisation municipale dans les départements,* sous la sanction plus grave de l'art. 30, L. 8 juillet 1852, différence difficile à expliquer autrement que par l'extension excessive que le décret d'exécution a donnée à la loi. — N° 1893.

3° *Interdiction absolue des affiches politiques,* à l'exception des actes de l'autorité et des écrits électoraux pendant la période électorale et sous certaines conditions. — Art. 4, L. 10 déc. 1830 (art. 445).

4895. — Les individus qui affichent ou qui veulent afficher, sans exercer la profession d'afficheur (car en vue d'une tendance à la profession il faudrait décider autrement) ne sont soumis, en dehors des arrêtés municipaux, à aucune formalité, pas même à une déclaration préalable de l'écrit à afficher qui n'est imposée qu'aux afficheurs de profession par la loi du 10 déc. 1830 (V. art. 227 et suiv.). — Les juges du fait sont toutefois souverains pour décider si, d'après les circonstances, il n'y a

Affiches politiques interdites, — exception.

445. — *L.* 10 déc. 1830. Art. 1er. Aucun écrit, soit à la main, soit imprimé, gravé ou lithographié, contenant des nouvelles politiques ou traitant d'objets politiques, ne pourra être affiché ou placardé dans les rues, places ou autres lieux publics.

Sont exceptés de la présente disposition les actes de l'autorité publique [et les écrits électoraux, pendant la période électorale, sous les conditions des art. 10 de la loi du 16 juillet 1830 [art. 466] et art. 2 du *sén.-cons.* du 17 févr. 1858 (art. 467)].

Sanction pénale.

446. — *Même loi.* Art. 5. L'infraction aux dispositions de l'art 1er... sera punie d'une amende de 25 fr. à 500 fr., et d'un emprisonnement de 6 jours à 1 mois cumulativement ou séparément.

§ 2. — Etranger à la section. — V. l'art. 448, ci-après.

§ 3. — Les peines prononcées par le présent article seront appliquées sans préjudice des autres peines qui pourraient être encourues par suite de crimes et délits résultant de la nature même de l'écrit.

Circ. Attén. : Amende de 1 à 25 fr., et, ou, Prison, 1 à 6 jours (art. 529).

pas eu de la part de celui qui a affiché, *exercice temporaire de la profession d'afficheur.* — Il ne faudrait toutefois pas confondre avec cet exercice temporaire le fait accidentel d'apposer gratuitement, pour soi ou un ami, quelques affiches dans un moment urgent où les afficheurs feraient défaut ou refuseraient de les apposer ; on ne saurait en conséquence considérer comme acte de profession, le fait d'un domestique ou d'un tiers qui, sur l'ordre ou la prière d'un candidat à la députation ou d'un propriétaire, apposerait gratuitement les affiches qu'il en aurait reçues.

[445 à 446]. ⹀ 1896. — Affiches politiques, interdiction absolue : — En interdisant d'une manière absolue les affiches politiques, l'art. 4, L. 1830, reconnaît *a contrario* la liberté, sans *autorisation préalable*, des affiches non politiques.

Sans *autorisation préalable*, disons-nous, cela résulte non-seulement de l'art. 1er, mais encore de l'art. 9 de la même loi qui déclare abroger l'art. 290 du C. pénal, lequel était ainsi conçu : « *Quiconque, sans y avoir été autorisé par la police, fera le métier d'afficheur sera puni de....* » N'est-il pas évident qu'en affranchissant le métier même de toute autorisation, le législateur a, par à *fortiori*, entendu en affranchir tout le monde ? La jurisprudence a cependant admis que l'autorité municipale avait, en vertu des droits qu'elle tient de la loi du 24 août 1790 qui n'est rien moins qu'explicite à cet égard, le droit de faire revivre, par voie d'arrêté, une condition formellement abrogée par une loi, et imposer ainsi à la liberté une restriction qui ne lui a jamais été imposée que par le législateur. — L'affichage des écrits non politiques n'est donc pas libre d'une manière absolue dans les localités où l'autorité municipale en a réglementé l'exercice : ces arrêtés sont obligatoires, il faut s'y soumettre sous peine d'amende de simple police, nous l'avons dit sous le n° 1894.

4897. — Sous l'observation de ces arrêtés, chacun est libre de publier par voie d'affiche tous avis intéres-

Chap. II. — Restrictions de la liberté d'annoncer, vendre, distribuer.

Sect. I. — Restrictions par interdiction à raison de la nature des objets.

1° Faux extraits ; — 2° Fausses pièces, fausses nouvelles ou bruits.

1° Faux extraits.

447. — *L.* 10 *déc.* 1830. Art. 4. La vente ou distribution de faux extraits de journaux, jugements et actes de l'autorité est défendue et sera punie des peines ci-après :

2° Sanction pénale.

448. — Art. 5. L'infraction aux dispositions des art. 1 et 4 ci-dessus, sera punie d'une amende de 25 fr. à 500 fr. et d'un emprisonnement de 6 jours à un mois cumulativement ou séparément.

L'auteur ou l'imprimeur des faux extraits défendus par l'article ci-dessus, sera puni du double de la peine infligée au crieur, vendeur ou distributeur de faux extraits ;

Les peines prononcées par le présent article seront appliquées sans préjudice des autres peines qui pourront être encourues par suite de crimes et délits résultant de la nature même de l'écrit.

Circ. att. : Amende de 1 à 25 fr. et, ou, Prison 1 à 6 jours art. 529).

2° Faux bruits inoffensifs.

449. — *D.* 17 *févr.* 1852. Art. 15, § 1. La publication ou reproduction [sans mauvaise foi] de nouvelles fausses, de pièces fabriquées, falsifiées ou mensongèrement attribuées à des tiers, sera punie d'une amende de 50 fr. à 1000 fr.

Récid. : Amende de 1,000 à 2,000 fr. (art. 58, C. pén., n° 2429). Circ. att. : Amende de 50 fr. (art. 533).

§ 2. — Si la publication ou reproduction est faite de mauvaise foi... [V. la suite art. 365. C'est alors un délit.]

§ 3. [Fausse nouvelle *de mauvaise foi* et *de nature à troubler la paix publique*. V. art. 365.]

N. B. En ce qui concerne les fausses nouvelles électorales et commerciales, — V. art. 361, 366 et 367.

---

sant le commerce. l'agriculture, l'industrie, les ventes, les locations, les demandes de remplaçants, de domestiques, d'associés, d'emploi, etc.

1898. — *Aucun écrit :* Ces mots sont assez clairs.

1899. — *Nouvelles, objets politiques :* V. sur la portée de ces expressions, qui n'ont pas un sens bien défini, — N°ˢ 396 à 443.

1900. — « La disposition de l'art. 1ᵉʳ, L. 10 déc. 1830, est applicable à l'affiche de toute annonce de livre ou brochure qui contiendrait quelques extraits ayant trait à la politique. » Déclaration de M. Malleville, rapporteur de la loi.—Dalloz, vᵒ *Affiche,* n° 120.

1901. — *Sic* aux affiches électorales , avant la loi de 1849. — Cass., 17 févr. 1849. D.49.1.136. V. n°ˢ 2026-2027.

1902. — La disposition de l'art. 1ᵉʳ, L. 1830, est tellement absolue qu'elle devrait même être appliquée à l'affichage d'écrits politiques dont l'autorité municipale, par suite d'une fausse appréciation, aurait permis l'affichage. — Cette autorisation ne serait pas une excuse. — Chassan, I, n °1037 et ci-après. V. n° 1906.

1903. — *Lieux publics.* V. sur ces mots, n°ˢ 874 à 889. Sous le rapport de la publicité, il a été jugé que l'art. 1ᵉʳ, L. 1830, était applicable à celui qui appose au vitrage de sa boutique, à l'intérieur, un écrit contenant une propagande électorale.— Cass., 17 fév. 1849. D.49.1.136.

1904. — *Exceptions, actes de l'autorité :* Ces expressions comprennent tous les actes à afficher des représentants de l'autorité sous leur responsabilité et sous leur signature.—Par représentants de l'autorité, il faut entendre les ministres, les préfets, les maires, les commandants militaires pendant l'état de siége, etc.

1905. — L'art. 10, L. 16 juillet 1850 (art. 466) et l'art. 2 du sén.-cons. du 17 fév. 1858 (art. 467) ont formellement affranchi de toute autorisation municipale l'affichage, pendant les vingt jours de la période électorale, des professions de foi, circulaires et écrits électoraux des candidats qui ont prêté le serment constitutionnel et déposé lesdits écrits par eux signés au parquet du procureur impérial, — ces écrits ne pouvant pas ne pas être des écrits politiques, puisque leur but est politique, les articles précités de la loi de 1850 et du S.-C. de 1858 ont par suite dérogé à l'art. 1ᵉʳ de la loi de 1830 et ajouté à son exception.

1906. — Nous verrons plus loin que l'accomplissement de la formalité du dépôt au parquet de ces écrits, ayant uniquement pour objet d'affranchir leur distribution de l'autorisation préalable exigée par l'art. 6, L. 1849 (art. 465), pourrait être suppléé par l'obtention de cette autorisation ; mais cette autorisation ne pourrait suppléer ces formalités, en ce qui concerne l'affichage par ce motif que l'affichage des écrits politiques est puni, alors même qu'il aurait lieu avec l'agrément de l'autorité. — N°ˢ 1902, 2026, 2027.

1907. — *L'infraction à l'art.* 1ᵉʳ. — L'art. 6 de la loi du 10 déc. 1830 en avait déféré le jugement à la Cour d'assises ; — s'ensuit-il qu'on doive la considérer comme un *délit?* — Ne constitue-t-elle pas plutôt une contravention ? M. Chassan, dont M. de Grattier adopte l'opinion, estime que, malgré l'appréciation du caractère de l'écrit que l'application de la loi exige, l'infraction à l'art. 1ᵉʳ n'est qu'une contravention qui existe par le fait matériel, sans qu'il soit nécessaire de tenir compte de l'intention, et que par suite la bonne foi n'excuserait pas.

1908. — Les peines de l'art. 5 devront être appliquées indépendamment, c'est-à-dire sans confusion, avec les peines encourues à raison du contenu.

[**447** à **449**]. — 1909. — Le fait que prévoit l'art. 4 de la loi du 10 déc. 1830 étant un *délit* (V. n° 1327), pourquoi avons-nous placé la disposition qui le concerne dans le titre des *contraventions?* C'est d'abord, quoi qu'on en ait dit, parce que la question sur ce point est susceptible de controverse, Chassan, I, n° 1039 ; en second lieu, c'est pour maintenir l'art. 4 à côté de l'art. 15 du décret du 17 févr. 1852, qui prévoit un fait de même nature, dans des conditions qui en font une *contravention.* — C'est donc une reproduction en duplicata et pour ordre seulement. — V. notes sous leurs dispositions déjà classées, art. 363 et 365. — Voir encore n° 1873 et 1875.

1910. — Bien que l'art. 4, L. 1830, ne spécifie rien quant à l'affichage des faux extraits qu'il énumère, comme c'est là le mode le plus large de distribution qu'il soit possible d'en faire, ce ne serait pas en étendre la portée au delà de son objet que de l'appliquer à ce fait d'affichage. — Dans tous les cas, si on ne jugeait pas que son texte pût le comprendre, — le mot publication de l'art. 15, décr. 1852, le comprendrait et y suppléerait en cas de *pièces fabriquées,* etc.

Sect. I (*Suite*). — 3° *Bulles, brefs, actes de Rome* ; — 4° *Remèdes secrets non approuvés.*

3° Actes de la Cour de Rome. — Autorisation.

450. — *D.* 9-17 *juin* 1791. Art. 1er. Aucuns brefs, bulles, rescrits, constitutions, décrets et aucunes expéditions de la cour de Rome, sous quelque dénomination que ce soit, ne pourront être reconnus pour tels, reçus, publiés, imprimés, affichés, ni autrement mis à exécution dans le royaume, mais y seront nuls et de nul effet, s'ils n'ont été présentés au *Corps législatif, vus et vérifiés par lui*, et si leur exécution ou publication n'ont été autorisées par un décret sanctionné par le roi et promulgué.

Art. 2. — Les évêques, curés et tous autres fonctionnaires, soit ecclésiastiques, soit laïques, qui, par contravention au précédent article, liront, distribueront, feront lire, distribuer, imprimer, afficher, ou autrement donneront publicité ou exécution aux actes non autorisés spécifiés ci-dessus, ainsi qu'il y est dit, seront poursuivis criminellement comme perturbateurs de l'ordre public et punis de la dégradation civique, sans préjudice d'autres peines...

Autorisation pour les actes de la Cour de Rome.

451. — *L.* 16 *germinal an X.* Art. 1er. Aucune bulle, bref, rescrit, mandat, provision, signature servant de provision, ni autre expédition de la cour de Rome, même ne concernant que les particuliers, ne pourront être reçus, publiés, imprimés, ni autrement mis à exécution sans l'autorisation du Gouvernement.

D. 18 *fév.* 1810. Art. 1. — Les brefs de la pénitencerie pour le for intérieur pourront être exécutés sans aucune autorisation.

Autorisation pour les actes de l'Eglise réformée.

452. — *L.* 16 *germinal an X.* Titre Ier, Art. 4. Aucune décision doctrinale ou dogmatique, aucun formulaire, sous le titre de confession ou sous tout autre titre, ne pourront être publiés ou devenir la matière de l'enseignement avant que le Gouvernement en ait autorisé la publication ou promulgation.

4° Annonces de remèdes secrets.

453. — *L.* 21 *germinal, an XI* (11 *avril* 1803). Art. 36. Toutes annonces ou affiches imprimées qui indiqueraient des remèdes secrets, sous quelque dénomination qu'ils soient présentés, sont sévèrement prohibées.

Les individus qui se rendraient coupables de ce délit seront poursuivis par mesure correctionnelle et punis conformément au Code des délits et des peines.

Loi interprétative et sanction de l'article ci-dessus.

454. — *L.* 29 *pluviôse an XIII* (18 *fév.* 1806). Art. unique. Ceux qui contreviendront aux dispositions de l'art. 36 de la loi du 21 germinal an XI, seront poursuivis par mesure de police correctionnelle et punis d'une amende de 25 fr. à 600 fr., et en outre, en cas de récidive, d'une détention de 3 jours à 10 jours.

Exception.

455. — *L.* 25 *prairial an XIII.* Art. 1er. La défense d'annoncer et vendre des remèdes secrets, portée par l'art. 36, L. 21 germinal an XI, ne concerne pas les préparations et remèdes qui, avant la publication de ladite loi, avaient été approuvés et dont la distribution avait été permise dans les formes alors usitées; elle ne concerne pas non plus les préparations et remèdes qui, d'après l'avis des écoles ou sociétés de médecine ou de médecins commis à cet effet depuis ladite loi, ont été ou seront approuvés et dont la distribution a été ou sera permise par le Gouvernement, quoique leur composition ne soit pas divulguée.

[**450** à **452**]. = 1911. — Le préambule de ce décret de 1791 porte : « Considérant qu'il importe à la « souveraineté nationale et au maintien de l'ordre pu- « blic de fixer constitutionnellement les formes con- « servatrices des antiques et salutaires maximes par « lesquelles la nation s'est toujours garantie des entre- « prises de la Cour de Rome, sans manquer au respect « dû au chef de l'Eglise, décrète : »

1912. — A part les modifications apportées par les constitutions postérieures aux attributions du Corps législatif, les art. 1 et 2 de ce décret n'ont rien de contraire à la législation actuelle.

La loi du 16 germinal an X a d'ailleurs confirmé sous ce rapport les dispositions de ces articles ; — si elle n'en a pas reproduit l'énergique sanction, c'est qu'elle eût été déplacée dans une loi plus organisatrice et disciplinaire que pénale ; mais il n'y a pas à en conclure que son silence ait eu pour effet d'abolir les moyens que la législation antérieure fournissait pour en assurer l'exécution. Le régime impérial était trop jaloux de son autorité en l'an x pour renoncer à aucune des lois répressives qui pouvaient la fortifier.

1913. — L'art. 2 prononce la peine de la dégradation civique pour la contravention qu'il prévoit ; —il y a lieu de faire remarquer qu'il ne l'édicte point contre les particuliers. — L'art. 60 du C. pénal qui punit la complicité pourrait, suivant M. de Grattier, I, p. 231, permettre de les atteindre si leur concours à la publication s'était effectué par des actes rentrant dans les prévisions de l'art. 60 et qui en ferait alors les complices des personnes désignées par le décret, à la différence toutefois de ces dernières qui seraient punissables comme auteurs principaux par le fait seul de la contravention, indépendamment de toute intention criminelle, les complices ne seraient punissables que s'ils avaient agi *sciemment*. Mais peut-on être complice à raison d'une infraction qualifiée *contravention* ? L'art. 60 ne statue que pour les *crimes* et les *délits*.

1914. — Quoi qu'il en soit, nous croyons qu'il n'y aurait à cet égard aucun doute à avoir si lesdits actes de la Cour de Rome contenaient des attaques, des offenses, etc. ; —mais si l'on est en présence du fait de publication isolé de tout crime ou délit à raison du contenu que la question offre quelque difficulté. A ce point de vue l'opinion de M. de Grattier ne saurait être accueillie par ce motif que l'infraction à l'art. 2 ne constituerait alors qu'une *contravention* nonobstant la nature de la peine applicable, contravention qui, suivant les circonstances, devrait plutôt relever du Conseil d'Etat que de la Cour d'assises. — C'est aussi au Conseil d'Etat que ces faits sont ordinairement déférés.

1915. — Jugé qu'il y avait abus dans le fait d'un évêque d'avoir donné en chaire lecture d'une partie de la lettre encyclique du Pape dont la publication n'avait pas été autorisée. Cons. d'Etat., 8 févr. 1865. D.65.3.7.

[**453** à **455**]. = 1916. — L'art. 1er, L. 29 plu-

Sect. I. Restrictions à raison de l'objet (*Suite*). — 5° *Loteries* ; 6° *Faux poids* ; 7° *Faux brevets*.

5° Prohibition des Loteries.

456. — *L.* 21 *mai* 1836. [*Loteries.*] Art. 1er. Les loteries de toute espèce sont prohibées.

Art. 2. — Sont réputées loteries. (V. n° 1923).

Art. 3. — La contravention à ces prohibitions sera punie des peines de l'art. 410 du C. pénal.

En cas de seconde et ultérieure condamnation, l'emprisonnement et l'amende pourront être élevés au double du maximum.

Il pourra dans tous les cas être fait application de l'art. 463.

Prohibition des annonces de loteries, etc.

457. — Art. 4. Ceux qui auront colporté ou distribué des billets, — ceux qui, par des avis, annonces, affiches, ou par tout autre moyen de publication, auront fait connaître l'existence de ces loteries, ou facilité l'émission des billets, seront punis des peines portées en l'art. 410 du C. pénal ; — il pourra être fait application, s'il y a lieu, des deux dernières dispositions de l'article précédent.

Art. 5. — Sont exceptées des dispositions de l'art. 1 et 2, les loteries d'objets mobiliers exclusivement destinées à des actes de bienfaisance ou à l'encouragement des arts lorsqu'elles auront été autorisées dans les formes qui seront déterminées.

Ces formes ont été déterminés par l'ordonnance du 29 mai 1844.

6° Dénomination d'anciens poids dans les annonces.

458. — *L.* 4 *juillet* 1837 (*poids et mesures*). Art. 5. A partir du 1er janvier 1840, toutes dénominations de poids et mesures, autres que celles portées dans le tableau annexé à la présente loi et établies par la loi du 18 germinal an III, sont interdites dans les actes publics, dans les affiches et les annonces, dans les actes sous seing privé, les registres de commerce et autres écritures privées produites en justice.

L'amende sera de 20 fr. pour les officiers publics, de 10 fr. pour tous autres.

7° Fausse ou irrégulière annonce de brevet.

459. — *L.* 5 *juillet* 1844 (*Brevets d'invention*). Art. 33. Quiconque, dans des enseignes, annonces, prospectus, affiches, marques ou estampilles, prendra la qualité de breveté sans posséder un brevet délivré conformément aux lois, ou après l'expiration d'un brevet antérieur, ou qui étant breveté mentionnera sa qualité de breveté sans y ajouter ces mots : sans garantie du Gouvernement (s. g. d. g.), sera puni d'une amende de 50 fr. à 1000 fr.

En cas de récidive l'amende pourra être portée au double.

L'art. 463 du C. pénal n'est pas applicable.

---

viose an XIII, est applicable aux pharmaciens, aux charlatans et aux médecins contrevenants à l'art. 36, L. du 21 germinal an XIII. — Cass., 20 janv. 1855. D.55.1.87, — 12 juin 1852. D.52.5.36.

1917. — La contravention existe par cela seul que des annonces imprimées de remèdes secrets ont été trouvées chez un individu pharmacien ou non, alors même qu'il ne serait pas établi que les détenteurs de ces imprimés ont distribué ou affiché ces annonces. — Cass., 16 fév. 1844, G.T. du 17 ; Paris, 9 mars et 13 juillet 1844. J.P. 44.2.81 et 174.

1918. — L'art. 365, C. d'inst. crim., sur le non-cumul des peines n'est pas applicable. Cass., 16 fév. 1844. G.T.

1919. — Lorsque des remèdes non approuvés sont annoncés comme ayant été approuvés, ce fait peut constituer la publication d'une fausse nouvelle punie par l'art. 15 du décret de 1852. — Circ. min. comm. du 25 avril 1859. V. n° 1386.

1920. — Si les annonces imprimées de remèdes secrets ne contiennent pas le nom de l'imprimeur, ou si elles sont distribuées sans autorisations préfectorales, elles constitueront des contraventions aux articles 283 du C. pén. et 6, L. 27 juillet 1849.

1921. — Les maires doivent exiger que les affiches d'annonces de remèdes secrets leur soient préalablement soumises ; et s'il y a un arrêté qui subordonne les affiches à leur autorisation, cette autorisation doit être refusée aux annonces de remèdes secrets, si cette annonce présente des inconvénients. — Circ. min. 6 juin 1859. D.60.3.15.

1922. — Le fait prévu par la loi du 21 germ. an XIII n'étant qu'une contravention, l'imprimeur ne pourrait être poursuivi que s'il était l'auteur de l'annonce.

[**456** à **457**]. = 1923. — « L'art. 2 de la loi du « 21 mai 1836 répute *loteries* et interdit comme « telles, les ventes d'immeubles, de meubles ou de « marchandises effectuées par la voie du sort ou aux- « quelles auraient été réunies des primes ou autres bé- « néfices dus au hasard et généralement toutes opéra- « tions offertes au public pour faire naître l'espérance « d'un gain qui serait acquis par la voie du sort. »

1924. — Les prohibitions de la loi s'appliquent indistinctement aux loteries françaises et étrangères.

1925. — Les peines de l'art. 4 sont applicables aux auteurs, entrepreneurs ou agents de loteries françaises ou étrangères, ou d'opérations qui leur sont assimilées.

1926. — Les peines de l'art. 410 qui sanctionnent l'interdiction de l'art. 4, sont de 2 à 6 mois d'emprisonnement et d'une amende de 100 fr. à 6,000 fr. et en outre de l'interdiction des droits de l'art. 42 du C. pénal.

1927. — L'art. 4 de la loi du 21 mai 1836 est applicable :

A la simple annonce en termes indirects de la vente d'un domaine moyennant des actions de 20 fr. sans dire qu'elle serait faite par forme de loterie. — Riom, 10 juin 1840. J.P. 40.2.60.

1928. — Mais il n'y a pas annonce illicite dans le fait d'un libraire offrant en prime aux acheteurs de ses livres des billets d'une loterie autorisée. — Cass., 9 août 1850. S.50.1.689.

1929. — L'infraction à l'art. 4 est toute matérielle, la bonne foi ne l'excuserait pas. Chassan, I, n° 997.

1930. — Une circulaire du ministre de la justice, du 14 août 1863, a recommandé aux magistrats de tenir la main à l'exécution de la loi de 1836.

[**458**]. = 1931. — *Anciens poids et mesures :* L'emploi des dénominations *pièces, feuillettes, demi-pièces,* ne constitue pas la contravention lorsqu'elles désignent des vases et non des mesures sans contenance déterminée et sans garantie. — Trib. Châtellerault, 14 nov. 1844, G.T. du 16 janv. 1845.

1932. — La contravention existerait dans le fait d'un marchand de placer à la porte de son magasin des étiquettes annonçant le prix de ses marchandises d'après l'ancien système monétaire. Chassan, I, n° 4009.

[**459**]. = 1933. — *Annonce de la qualité de*

Sect. I. (*Suite*). — 8° *Annonces prématurées d'actions* ; 9° *Annonces de souscriptions illicites.*

8° Annonce prématurée d'actions industrielles.

460. — *L.* 15 *juillet* 1845. (*Chemins de fer.*) Art. 13. Toute publication quelconque de la valeur des actions avant l'homologation de l'adjudication, sera punie d'une amende de 500 fr. à 3000 fr.

———

Publication prohibée de la valeur de certaines actions.

461. — *L.* 24 *juillet* 1867. (*Sociétés.*) Art. 14. ..... La négociation d'actions ou de coupons d'actions dont la valeur ou la forme seraient contraires aux dispositions des art. 1, 2 et 3, ou pour lesquels le versement du quart n'aurait pas été effectué, est punie d'une amende de 500 fr. à 10,000 fr.

Est punie des mêmes peines, toute publication de la valeur desdites actions [des sociétés en commandite].

Circ. Att. : Amende de 15 à 500 fr. (art. 16 même loi).

———

breveté. Cet article est venu mettre un terme à l'abus de la prise de la qualité de *breveté* pour tromper le public qui pouvait s'imaginer que le brevet était de la part du Gouvernement une attestation de l'excellence de la chose du procédé ou du produit breveté.

1934. — Bien qu'elle se rapproche des manœuvres constitutives des délits de tromperie, l'infraction à l'article 33 de la loi de 1844 n'est qu'une contravention pour la répression de laquelle le fait matériel suffit, indépendamment de toute intention de fraude.

[460-461]=1935. — *Publication de la valeur de certaines actions industrielles* : — L'art. 14 de la loi du 24 juillet 1867 reproduit textuellement l'art. 12 de la loi du 17 juillet 1856 qu'il a remplacée.—Lors de la discussion de ce dernier article, on demanda lequel, à raison de la publication qu'il interdisait, serait punissable, du gérant du journal qui l'avait faite ou du gérant de la société qui l'avait fait faire ? M. Dalloz répondit : que la peine lui paraissait devoir être appliquée au gérant de la société et non au gérant du journal qui n'a pu vérifier la régularité des annonces qu'on lui a fait insérer. — M. Duvergier, conseiller d'État, ajouta que l'art. 13 était emprunté à la loi du 15 juillet 1845 où le mot *publication* est employé dans le même sens.—« Ce mot dans la loi nouvelle aura donc « la même signification. Lors de la discussion de la « loi de 1845, la même question fut adressée au gou- « vernement par M. d'Argout, le ministre des travaux « publics. M. Teste, répondit que tout dépendait des « circonstances et que l'intention de ceux qui auraient « fait la publication serait appréciée par les tribunaux; « le gouvernement fait aujourd'hui la même réponse. »

M. Duvergier me semble avoir fait erreur en adoptant cette opinion : en matière de contravention, et tel est le cas, les tribunaux n'ont pas à tenir compte de l'intention, le fait matériel est tout et suffit ; — celui qui est responsable d'une publication interdite, c'est celui qui l'a effectuée, c'est le publicateur : le gérant du journal.

[462] = 1936. — L'art. 5 de la loi du 27 juillet 1849 est la reproduction littérale de l'art. 11 de la loi abrogée du 9 sept. 1835. M. Sauzet, garde des sceaux, en fit connaître comme il suit, le but dans l'exposé des motifs de cette dernière loi. « On signale « depuis longtemps le scandale des souscriptions pu- « bliques destinées à l'indemnité ou plutôt au triom- « phe des condamnés politiques; ainsi la condamnation « devenait impuissante et le châtiment des lois un

9° Annonce interdite de souscription illicite.

462. — *L.* 27 *juillet* 1849. Art. 5. Il est interdit d'ouvrir ou d'annoncer publiquement des souscriptions ayant pour objet d'indemniser des amendes, frais, dommages et intérêts, prononcés par des condamnations judiciaires.

La contravention sera punie par le tribunal correctionnel d'un emprisonnement de 1 mois à 1 an et d'une amende de 500 fr. à 1000 fr.

Récid.: Amende de 1,000 à 2,000 fr. (art. 58, C. pén.) n° 2829.
Circ. Attén. : Prison, 1 jour à 1 mois et, ou, amende de 50 à 500 fr. (art. 532, 533).

———

« titre de gloire. Le projet met un terme à ces ova- « tions anti-sociales. Le législateur ne peut interdire « les souscriptions particulières, chacun reste maître « de ses sympathies, mais on ne triomphera pas du « moins publiquement des lois et des magistrats. »

1937.—Dans une circulaire aux préfets, du 1er août 1849, M. Dufaure, ministre de l'intérieur, disait au sujet de l'art. 5, L. de 1849 : « Sa prohibition ne « concerne pas seulement les journaux, mais bien tout « acte patent et notoire provoquant à une souscrip- « tion. — L'annonce indirecte d'une souscription con- « stitue la contravention aussi bien que l'annonce « directe, mais l'art. 5 ne prohibe pas les souscrip- « tions particulières auxquelles il *n'est donné aucune* « *publicité.* » — Paris, 9 mai 1862. D.62.2.446.

1938. — Cet art. 5 est applicable aux souscriptions déguisées, par exemple :

A une quête si elle présente les caractères suffisants de publicité.—Chassan, I, p. 674.—Dalloz, v° *Presse*, n° 314.

A l'ouverture d'une souscription pour la publication d'un livre contenant le compte rendu d'un procès avec déclaration que la loi défendant l'ouverture d'une souscription le journal acceptait les offres qui lui seraient faites pour la publication du livre annoncé dont la vente lui permettrait de payer l'amende à laquelle il avait été condamné. Paris, 14 juillet 1836. J.p.36.3.48.

Au fait d'un journal qui, après avoir publié une condamnation qu'il a encourue, cite immédiatement l'article de la loi qui défend la souscription et donne ainsi à entendre que sans cet article il en ouvrirait une. — Bordeaux, 25 déc. 1836.—Chassan, I, n° 985.

Au fait d'un journal qui offre au prix de 5 fr. la relation de son procès, en une brochure de 75 c. valeur réelle, en ajoutant un bulletin avec ces mots : « c'est le bulletin de la campagne, inutile d'ajouter un mot; » et au fait d'un autre journal qui, en reproduisant l'annonce, ajoutait : « En vous abonnant, vous ven- « gerez le journal des rigueurs du pouvoir; en ache- « tant son compte rendu vous lui viendrez en aide. » —Paris, 28 avril 1842. G.T. du 29.— Montauban, 18 mars 1842. G.T. du 25. Chassan, I, p. 986.

1939.—L'art. 5 s'applique aux condamnations étrangères à la presse, mais non aux condamnations civiles étrangères à la politique.— Dalloz, v° *Presse*, n° 318.

1940.—Il ne s'applique pas aux souscriptions ayant réellement pour but de faciliter aux inculpés les moyens d'interjeter appel ou de se pourvoir en cassation. — Douai, 23 août 1847. D.47.2.215.

1941.— Les annonces d'une souscription prohibée ne constituent pas un délit continu, mais autant de contraventions qu'il y a de faits d'annonces. — Cass., 1er sept. 1836. La contravention est acquise par le fait seul d'une annonce publique. — Chassan, I, p. 988.

1942.—L'infraction dont il s'agit ne constitue qu'une contravention, ne comportant pas le bénéfice des excuses.

Sect. II. — Restrictions préventives par la condition d'une autorisation préalable.

§ 1. — Droits des auteurs pour distribuer leurs écrits. — § 2. Autorisation nécessaire pour tous autres.

1º Droit de vendre et de distribuer des auteurs.

463. — *D*. 19-24 *juillet* 1793. (*Droits des auteurs.*) Art. 1ᵉʳ. Les auteurs d'écrits en tous genres, les compositeurs de musique, les peintres et les dessinateurs qui feront graver des tableaux ou dessins jouiront durant leur vie entière du DROIT exclusif de VENDRE, FAIRE VENDRE, DISTRIBUER, leurs ouvrages dans tout le territoire de la République et d'en céder la propriété en tout ou en partie.

Même droit pour les héritiers et cessionnaires.

464. — Art. 2. Leurs héritiers ou cessionnaires jouiront DES MÊMES DROITS après la mort des auteurs, pendant l'espace de...

V. p. 17, les lois qui postérieurement ont réglementé les conditions et la durée des droits des héritiers et successeurs des auteurs.

N. B. L'art. 6 de la loi du 27 juillet 1849, ci-contre, a-t-il subordonné ce droit des auteurs de vendre et distribuer leurs écrits à l'autorisation préfectorale ? Solution négative. V. nᵒ 2039 à 2054.

Quant à l'autorisation pour vendre des dessins, — V. art. 471.

[463-464] = 1943. — Dans une section consacrée aux restrictions de la liberté du colportage et de la distribution des écrits et dessins, la première place revenait à l'art. 1ᵉʳ du décret du 24 juillet 1793 qui. dans la personne des écrivains et des artistes, consacre cette liberté comme une conséquence ou plutôt comme l'exercice même du droit de propriété.

Ainsi fondée sur ce principe supérieur, cette liberté a été si peu considérée comme une *concession* des lois positives qu'elle s'est toujours maintenue au-dessus de celles qui, à toutes les époques, ont réglementé autour d'elle les professions qui lui servaient d'auxiliaires et de moyens.

1944. — Sous l'empire du règlement de 1723, « *Nul « autre que les libraires ne pouvaient vendre ni « débiter aucun livre.* » — A cette règle trop absolue le droit des auteurs imposa cependant cette restriction que formula l'arrêt du conseil du 5 août 1777, en ces termes : « *Tout auteur aura le droit de vendre chez « lui ses ouvrages sans qu'il puisse en vendre ou « négocier aucun autre.* »

La loi du 21 octobre 1814 subordonna à l'obtention d'un brevet l'exercice de la librairie ; — la doctrine et la jurisprudence, dégageant de cette obligation les droits de la propriété littéraire, furent d'accord pour reconnaître que l'auteur qui vend lui-même son livre, ainsi que ses héritiers, n'exercent pas la profession de libraire, qu'ils ne sont pas tenus pour cela de se pourvoir d'un brevet ; — ils ne font point actes de commerce, mais actes de propriété ; — ils n'ont besoin, dit à ce sujet M. Chassan, I, nᵒ 756, ni de brevet, ni d'autorisation ; — ce serait faire la loi moderne plus sévère que l'ancienne législation que de décider autrement. — Parant, p. 36. De Grattier, I, p. 46. — Paris, 3 février 1836. D.36.1.172.

1945. — Cette question a d'ailleurs été résolue dans ce sens par l'art. 12 du décret du 28 mars 1852 qui, bien que spécial à la presse de l'Algérie, peut être considéré comme une copie *cum commento* du décret du 17 fév. 1852 dont il a reproduit presque textuellement toutes les dispositions en y ajoutant par des dispositions explicatives sur les points omis par son aîné. — Voici cet art. 12 : « Tout individu qui exerce

2º Autorisation préfectorale pour distribuer.

465. — *L*. 27 *juillet* 1849. Art. 6. Tous distributeurs ou colporteurs de livres, écrits, brochures, gravures et lithographies, devront être pourvus d'une autorisation qui leur sera délivrée, pour le département de la Seine par le préfet de police, et par le préfet dans les autres départements.

Cette autorisation pourra toujours être retirée.

Les contrevenants seront condamnés par les tribunaux correctionnels à un emprisonnement de 1 à 6 mois et à une amende de 25 fr. à 500 fr. (V. art. 518, § 2.)

Sans préjudice des poursuites qui pourraient être dirigées pour crimes ou délits, soit contre les auteurs ou éditeurs de ces écrits, soit contre les distributeurs ou colporteurs eux-mêmes.

RÉCID. : Prison, 6 mois à 1 an et Am., de 500 à 1,000 fr. (art. 58, C. pén., 3429).

CIRC. ATTÉN. : Prison, 1 jour à 1 mois et, ou, Am., de 1 fr. à 25 fr. (art. 532).

NOTA. — Exception : V. l'art. 10 de la loi du 16 juillet 1850 (art. 466) et l'art. 2 du Sén.-Cons. du 17 février 1858, art. 467.

« le commerce de la librairie sans brevet, sera puni « de... » Jusqu'ici c'est la reproduction mot pour mot « de l'art. 24 du décret du 17 février : mais le décret du 28 mars ajoute : « Sont considérés comme faisant « le commerce de la librairie *les éditeurs autres que « les auteurs de la publication.* »

Ce décret promulgué en France a été, il est vrai, abrogé le 14 mars 1855 par un décret non encore inséré au *Bulletin des lois* ; mais cela peut-il faire qu'il n'ait pas été dans le principe l'expression d'une décision législative qui reste acquise à la France, à l'appui de cette proposition que le droit de la propriété échappe, par sa nature propre, aux restrictions des lois de police réglementaires de la liberté du colportage?

1946. — Quant aux cessionnaires des droits d'auteurs qui achètent pour revendre, comme ils font plus ou moins des actes de commerce de la librairie, ils doivent se soumettre aux lois de la librairie.

1947. — L'auteur d'un ouvrage non encore tombé dans le domaine public peut-il également le colporter et le distribuer sans l'*autorisation préfectorale* exigée par l'art. 6 de la loi du 27 juillet 1849 pour la distribution de tout ouvrage ou écrit imprimé? Cette question, qui met en présence de cet article le droit consacré par l'article qui le précède ci-dessus exige, des développements qui trouveront leur place plus loin sous les nᵒˢ 2039 à 2054.

1948. — Nous nous bornerons seulement à faire observer ici que si la décision résultant de l'art. 12 du décret du 28 mars 1852 (nᵒ 1945) n'est pas admise, il faudra décider que l'auteur qui vend et distribue son livre sans autorisation ni brevet, commet en même temps la contravention à l'art. 6, L. 1849 ci-dessus, et à l'art. 24 du décret du 17 février 1852 et se trouve ainsi exposé à une double pénalité, ce qui sera rigoureux jusqu'à l'injustice. — Nᵒ 2052.

[465]. = 1949. — Les dispositions qui concernent le colportage et la distribution des imprimés sont : L'art. 2 de la loi du 10 déc. 1830 (art. 227), —

L'art. 1er, L. 16 fév. 1834 (art. 230), — L'art. 6, L. 1849 ci-dessus, — L'art. 10, L. 16 juillet 1850 (art. 466, ci-après), — L'art. 2 du sén.-cons. du 17 fév. 1858 (art. 467), — Les art. 283-285 du C. pén. (art. 243-245), — L'art. 83 du décret du 3 fév. 1861 (art. 473) et l'art. 22 du décr. du 17 fév. 1852 (art. 471).

À l'exception des deux articles des lois de 1830 et 1834 qui, concernant la profession de distributeur, ont été classés dans la section des lois réglementaires de cette profession, tous les autres appartiennent à cette section et y ont trouvé leur place.

1950.—L'art. 6, L. 1849, est général ; il régit non-seulement la profession, mais l'exercice pour tous de la liberté de vendre et de distribuer des imprimés, c'est-à-dire, les actes en eux-mêmes de distribution et de colportage, qu'ils soient accomplis par des hommes du métier ou par tous autres.—Cass., 25 avril 1850.B.

1951. — Cet article n'a cependant apporté aucune atteinte à la loi du 16 fév. 1834, non plus qu'à l'art. 2 de la loi du 10 déc. 1830, lesquels conservent par suite toute leur autorité. — Circ. du 16 août 1849 du min. de la justice. — Caen, 13 mars 1851. D.52. 2.41.—La spécialité de leurs dispositions les a maintenues en vigueur ; elles s'appliquent aux distributeurs *sur la voie publique*, et l'art. 6, L. 1849 au colportage et à la distribution *hors la voie publique dans les campagnes, dans les maisons*, ainsi que dans les lieux et réunions publiques. — Chassan, *Supplément*, p. 95.

1952. — Il n'a d'ailleurs été dérogé aux dispositions absolues de cet art. 6 ni par les différentes lois sur les élections de 1849 et 1852 ni par la constitution de 1852 qui ont proclamé ou maintenu le principe du suffrage universel.—Cass., ch. réunies, 26 mars 1856; —28 mars 1858. D.56.1.137 et 58.5.353.

I. Causes et motifs de l'art. 6, L. 1849.

1953. — *Tous distributeurs ou colporteurs.* Ces expressions doivent être entendues dans leur sens le plus large, au risque de méconnaître la pensée de la loi et de compromettre son efficacité.

1954. — Historique. En 1848 et 1849, les campagnes avaient été inondées de brochures, de manifestes et d'écrits de toute nature, aussi dangereux pour l'ordre public que pour la moralité des masses ; — les colporteurs de profession étaient bien les agents ordinaires de ces publications, mais les partis politiques ne manquaient pas de propagateurs de bonne volonté, le prosélytisme révolutionnaire en recrutait partout et pour tout. — La circulation croissante des mauvais livres et des écrits plus mauvais encore, tel était le mal auquel il fallait remédier.

Plusieurs propositions furent faites ; — soumettrait-on les *colporteurs de profession* à la condition des brevets, comme les libraires, ou de l'autorisation préalable des préfets ? — Ou assujettirait-on à cette dernière formalité *tous distributeurs et colporteurs quelconques ?*—Il n'était pas d'autre alternative.

Soumettre les *seuls colporteurs de profession* à l'autorisation préalable, — borner à une classe particulière de propagateurs l'application d'une mesure préventive dont on ne contestait point, d'ailleurs, l'excellence, c'était n'atteindre qu'en partie le mal qu'il s'agissait d'arrêter et de prévenir dans tous ses modes et dans tous ses agents.

1955. — Pour être efficace, la loi devait donc être générale et embrasser, dans des expressions larges et absolues, les moyens connus et inconnus, déterminés et indéterminés de distribution : la profession et l'accident ; solution forcée et logique : le but à atteindre le voulait ainsi, il s'imposa. — *Toute distribution, tous distributeurs*, dira la loi, elle devait le dire, elle l'a dit.

1956. — Que dans l'esprit des législateurs l'idée de la propagation excessive des mauvais livres ne fût point

séparée de ses agents ordinaires *les colporteurs de profession* et que leur intention de réprimer l'abus en général ait entrevu comme premier moyen la réglementation de la profession du colportage par voie de brevet, cela peut être, mais cette intention excluait-elle la volonté plus générale d'atteindre plus radicalement encore tous les abus dans tous leurs moyens, dans tous leurs agents ? — Non certainement, et, d'ailleurs, quand bien même cette volonté intérieure et prédominante ou qui devait prédominer dans la pensée collective, ce *mens legis*, n'eût pas été partagée par quelques-unes des membres de l'Assemblée législative, cela importe peu ; l'esprit de la loi est plus dans les causes qui la font, dans la nature des faits à prévenir, dans le but à atteindre, que dans l'esprit d'une commission. — Il doit plutôt se rechercher dans la conscience de la majorité qui veut la loi efficace que dans un exposé des motifs, les propositions faites ou dans les déclarations des orateurs applaudis.

Or, la fin que se proposait le législateur était de mettre un terme à la propagation croissante et sans contrôle des écrits. — Le moyen adopté ayant été la *formalité préalable de l'autorisation préfectorale*, l'application du moyen à sa fin imposait cette conséquence forcée de soumettre à cette mesure de surveillance le fait même de la distribution des écrits, sans exception, par quelque personne que ce fût et non pas seulement les *colporteurs de profession* qui n'étaient alors en cause et en évidence que parce qu'ils avaient été les agents les plus actifs de l'abus.

1957. — *Tous distributeurs, tous colporteurs, toute distribution* accidentelle ou professionnelle (sauf pourtant une seule exception en faveur de la propriété littéraire qui n'était pour rien dans l'abus, ainsi que nous l'établirons plus loin), doivent en conséquence être autorisés pour ne pas être punissables ; telle est la loi.

La jurisprudence et les auteurs ne s'y sont point trompés.

II. Distribution en général.

1958. — Sont colporteurs ou distributeurs dans le sens de la loi :

1° Les facteurs d'une association d'imprimeurs qui portent des livraisons aux domiciles des abonnés, alors surtout qu'ils portent avec eux un nombre d'exemplaires supérieur à celui des abonnés. — Bordeaux, 15 février 1850. D.52.2.40.

2° Les agents des libraires qui portent à domicile, chez des particuliers non abonnés, des livraisons, livres ou gravures. — Paris, 25 avril 1850. D.52.2.40; Cass., 2 sept. 1852. D.52.5.425.

3° Les électeurs qui remettent à d'autres électeurs des écrits électoraux non déposés au parquet ni autorisés, et le candidat lui-même qui en remet à qui lui en demande.—Cass., 16 nov. 1855; — 16 mars 1856; — 30 janv. 1857. D.56.4.34 et 137 et 57.1.40.

4° L'auteur qui fait distribuer ses écrits dans le public. — Douai, 1er déc. 1862. D.63.1.377 (V. notre discussion sur ce point, n° 2039); Cass., 6 juin 1850. D.50.4.208; V. cependant jugement trib. de Corbeil, 15 févr. 1850. D.50.3.30. — Mais non l'auteur qui distribue son livre à titre d'hommage. — Cass., 15 oct. 1852. D.54.1.46; — 17 avril 1850. B. 262.

1959. — Doivent être considérés comme faits punissables de distributions non autorisées :

1° La distribution d'un écrit à deux personnes seulement, si les circonstances donnent à cette remise le caractère de distribution, (Bourges, 24 mars 1850, D.50.2.121; Cass., 29 avril 1859. D.59.1.235) et non celui d'une communication officieuse et bienveillante. —Même arrêt, et Cass., 11 mai 1854. 5,588; Bourges, 4 juin 1854. D.54.5.588.

2° Les distributions à domicile ainsi que celles faites

en public.— Circ. min. intér, 30 nov. 1849. D.50.5.28; Cass., 25 avril 1850. D.50.1.128.

3° Les distributions gratuites ou non. — Jurisprudence unanime. Circ. min. intér., 30 nov. 1849.

1960. — On ne doit pas considérer comme faits punissables de distribution ou de colportage :

1° Le fait d'un libraire qui, patenté mais non pourvu d'un brevet, vend des journaux à domicile. — Cass., 28 mars 1851. B.124.

2° Le fait de porter et mettre à la poste pour être distribués des écrits sous enveloppes cachetées. — Cass., 17 août 1850. D.50.5.370; —8 avril 1853. D.53.1.221; *contrà*, Douai, 25 janv. 1853. D.53.2.129, cassé par le précédent; Cass., 2 juin 1852. B.208; —2 juillet 1853. B.343. — Le préfet ne pourrait légalement faire saisir à la poste des lettres renfermant des écrits; ce droit de saisir n'appartient qu'au juge d'instruction. — Cass., 23 juin 1853. D.53.1.222.

1961. — Mais on ne saurait induire de la liberté de distribuer des écrits par la voie de la poste que, lorsqu'elle ne serait que la continuation de la distribution postale, toute distribution autre serait licite, car rien ne serait alors plus facile que d'éluder la loi. — Toutefois si, comme cela a été jugé dans l'espèce, il s'agissait de la remise d'un seul exemplaire faite manuellement par l'auteur, il n'est pas douteux qu'il n'y ait là un fait licite, non point parce que la distribution ainsi faite continue celle de la poste, mais parce que l'art. 6 n'est pas applicable à la distribution que les auteurs font eux-mêmes de leurs ouvrages. — Cass., 17 août 1850. B.; — 25 juin 1852. B.208; Chassan, suppl., page 99.

1962. — Le fait de posséder des livres, des brochures et des écrits, de la part d'un individu qui ne fait pas habituellement le métier de colporteur, ne constitue pas la contravention à l'art. 6, L. 1849. — Douai, 23 juin 1854. D.55.2.25.

1963. — Non plus que le fait d'apporter de l'étranger dans sa malle des écrits séditieux, alors qu'ils ont été saisis à l'entrée en France, sans démarches faites pour en distribuer aucun (même arrêt). Mais dans ce cas leur destruction doit être prononcée. — Colmar. 1er oct. 1861; affaire Chassin. V. Notes sous l'art. 473.

III. Distributeurs et distributions accidentels.

1964. — L'art. 6, loi 1849, est applicable non-seulement aux distributions d'écrits par distributeurs de profession, mais à la distribution accidentelle par toute personne. — Cass., ch. réunies, 30 janv. 1857. B. ; — 1er déc. 1862. D.63.1.377; — 12 déc. 1862. D.62. 1.156. — Il s'applique encore :

1° A la distribution même d'un seul exemplaire. — Cass., 15 févr. 1850. D.50.1.172, suivant les circonstances.

2° A la distribution par un fermier d'un écrit composé par son propriétaire. — Cass., 12 déc. 1862. D. 62.1.156.

3° Même à la communication d'un livre lorsqu'il est constaté que cette remise se rattache à des faits antérieurs de même nature et n'est qu'une manière de propagande dont le prévenu s'est constitué l'agent. — Cass., 29 avril 1859. B.

4° A la distribution ou au colportage que l'auteur lui-même fait de son propre écrit (Cass., 6 juin 1850) et qui, à cet effet, le remet ou le transmet par différentes voies à diverses personnes. — Poitiers, 2 juin 1860. S.60.2.329. Ces décisions nous paraissent méconnaître la vraie pensée de la loi et violer sur ce point un droit qui prédomine.—V. plus loin la discussion sur cette question n° 2039.—L'art. 6 ne serait toutefois pas applicable à l'auteur qui distribuerait son propre ouvrage à un petit nombre de personnes à titre d'hommage.—Cass., 15 oct. 1852. D.54.4.46; Chassan, suppl., p. 100; Dalloz, v° *Presse*, n° 427.

5° A la remise que fait au domicile de plusieurs personnes, un commerçant, d'une circulaire relative à ses affaires commerciales, encore qu'elle soit cachetée et porte l'adresse des destinataires, si cette remise n'est pas l'exécution d'une convention antérieure, ni la conséquence de relations personnelles du signataire avec les destinataires. — Cass., 26 avril 1862. B.

1965. — L'article 6 n'est pas applicable :

A la communication confidentielle d'un écrit à une seule personne, lorsqu'il n'a pas circulé.—Cass., 11 mai 1854. D.54.5.588. — Encore bien que cette personne l'ait communiqué à une autre. — Bourges, 4 janv. 1854. D.54.5.588.

Sic des communications faites du même écrit à d'autres personnes par celle qui l'aurait la première reçue en communication. (Même arrêt.) A moins que ces actes de communications successives répétés n'aient lieu par suite d'un concert arrêté pour la propagande de l'écrit. (*Idem.*)

Au colportage de maison en maison d'une pétition pour obtenir des signatures, non plus qu'au fait de la confier à un tiers pour la faire signer par d'autres. — Cass., 7 févr. et 11 avril 1851. B.;—10 mai 1851. D. 51.5.438.

IV. Distributions a domicile.

1966. — L'art. 6 est applicable :

1° A ceux qui font dans leur propre domicile des distributions d'imprimés. — Orléans, 18 juin 1850. D.51.5.413; Montpellier, 7 mai 1850. D.50.2 85.

2° A toute distribution à domicile. — Cass., 25 avril 1850. B.

3° Au fait d'exposer en vente devant ses fenêtres des brochures. — Paris, 16 janv. 1850. D.50.2.122.

4° A la vente de journaux qu'un individu fait dans son domicile; — Paris, 26 juin 1850. D.52.5.453 ; à moins que cette vente ne soit faite dans les bureaux du journal où la vente au numéro peut être faite sans autorisation, comme conséquence de la liberté de publier le journal. — Cass., 3 juillet 1851. D.51.1.476.

1967. — L'art. 6 n'est pas applicable :

1° A la remise dans son domicile par un associé à ses coassociés d'une brochure contenant les statuts de leur association. — Cass., 11 avril 1851. B.

2° Aux libraires, qui ne se livrent point à la distribution des imprimés en dehors de leur commerce. — Cass., 28 mars et 28 août 1851. B. « Le commerce de « la librairie, dit le rapporteur de la loi, n'a pas à se « préoccuper de l'art. 6, sa disposition ne le concerne « pas. »

V. Imprimés et écrits compris en l'art. 6.

1968. — *Livres, écrits, brochures, dessins*, etc. Ces expressions, par les motifs donnés sous les n° 1953 et suivants, doivent être entendues dans le sens le plus étendu. Cette énumération de la loi est énonciative et n'a rien de limitatif.

1969.— L'art. 22 du décret du 17 févr. 1852 qui subordonne à l'autorisation des préfets la publication des dessins et gravures, n'a porté aucune atteinte à la portée de l'art. 6, L. 1849. L'éditeur ou vendeur de dessins et gravures doit se faire autoriser avant de les exposer ou publier, et les distributeurs et colporteurs doivent à leur tour se faire autoriser pour les colporter et distribuer.

1970. — L'art. 6 comprend dans son énumération :

1° Les journaux. — Circ. min. du 30 nov. 1849. D.49.3.89.

2° Les circulaires commerciales sous enveloppes même cachetées. — Cass., 26 avril 1862. D.62.1.494.

3° Les bulletins électoraux portant sans commentaire le nom seul des candidats. — Cass., ch. réun., 11 juill. 1862. D.63.1.156, et autres nombreux arrêts qu'on trouvera cités dans tous les recueils sous le précédent. V. aussi dans notre *C. de la presse* de 1856, une longue dissertation sur ce point désormais fixé. — N° 1985.

4° Les mémoires sur procès distribués à d'autres qu'aux juges, aux parties et au ministère public, en dehors de l'exercice même et sans abus du droit de défense. — Douai, 1er déc. 1862. D.63.1.377; Cass., 7 mars 1863. D.63.1.377. Surtout si la distribution est faite avant l'instance ou après que le procès a été définitivement jugé. — Cass., 25 juin 1852. D.52.1.190; *contrà*, Dalloz, v° *Presse*, n° 430 et n°ˢ ci-après 2055-2057.

5° Les médailles avec inscriptions et effigies; l'énumération de l'art. 6 n'est pas limitative. — Cass., 6 sept. 1851. D.51.5.444.

6° Enfin, tous écrits quels qu'en soient le but, l'étendue, l'usage et la signification, et aussi tous dessins depuis les plus grossières estampes jusqu'aux dessins photographiques microscopiques dans des lentilles grossissantes; et encore les cartes dites tarots ou autres qui ne rentreraient pas dans les termes de l'art. 166 de la loi de 1816 ci-après, sur les cartes à jouer.

VI. De l'autorisation et de l'estampille.

1971. — **Circulaire** du 1er août 1849, du ministre de l'intérieur :

« Par l'art. 6, L. 1849, et dans l'esprit de la loi, « l'autorité administrative se trouve investie d'un pou- « voir en quelque sorte discrétionnaire.

1972. — « Ce ne serait pas comprendre le sens de « la loi et le vœu du législateur que d'interdire seule- « ment le colportage des écrits ou des emblèmes sédi- « tieux ou immoraux que les tribunaux auraient déjà « condamnés. Pour en venir là il n'était pas besoin « d'une loi nouvelle, le droit ordinaire suffisait; vous « reconnaîtrez que des écrits dangereux peuvent échap- « per à la loi au moyen de certains artifices de rédac- « tion et cependant produire les plus pernicieux effets « sur l'esprit des habitants des campagnes s'ils sont « colportés et distribués à vil prix. »

1973. — « Selon la loi la faculté de colporter ne « s'exerce pas *comme un droit, mais comme une con-* « *cession;* l'autorité, responsable de l'ordre et protec- « trice de la morale, ne peut accorder de telles con- « cessions aux dépens de l'ordre et de la morale. »

1974. — « *La faculté de colporter n'est plus un* « *droit, mais une concession.* » Toute la loi est là; il n'y a plus à réclamer contre ses restrictions au nom de la liberté du colportage; cette liberté a été supprimée par la loi qui, en subordonnant son exercice à l'autorisation préfectorale, l'a transformé en *tolérance*, en une *concession.*

1975. — Faveur ou tolérance, l'autorité a pu, dès lors, mettre à ses concessions les conditions de temps, de lieu, de durée et de modes, que le maintien de l'ordre lui a paru exiger. Deux circulaires, l'une du 28 juillet 1852, l'autre du 12 sept. 1852, ont fait connaître aux préfets les moyens qui ont été reconnus les plus efficaces pour assurer et régulariser l'exécution de la loi; en voici l'analyse sommaire :

1° La demande d'autorisation peut être faite par écrit, il n'est pas nécessaire que le colporteur se présente à la préfecture.

2° Tous les renseignements recueillis sur les colporteurs seront centralisés au ministère de l'intérieur. — Circ., 28 juillet.

3° Le préfet pourra autoriser les colporteurs domiciliés dans le département sans qu'il soit besoin d'attendre les renseignements demandés au ministère de l'intérieur; ils devront être attendus à l'égard des colporteurs non domiciliés dans le département. — Circ. du 12 sept.

4° L'autorisation ayant pour objet non-seulement l'exercice de la profession, mais la détermination de la nature des ouvrages à colporter, le préfet a le droit de limiter l'autorisation à certains ouvrages, et le fait de colporter des livres non désignés dans le catalogue au-torisé ou les livres *non estampillés*, constitue la contravention de colportage non autorisé. — Circ., 28 juillet.

5° **L'estampille.** — Chaque exemplaire des ouvrages dont la vente aura été autorisée par le préfet, doit être frappé d'un timbre spécial ou *estampille* apposé dans les bureaux et dont l'empreinte doit être envoyée à tous les parquets et à toutes les mairies. (Même circulaire.)

6° Le permis de distribution reste toujours nécessaire; il est délivré comme par le passé. (Même circulaire.)

7° Tout individu ayant l'intention de soumettre un ouvrage à l'estampille est tenu de présenter à la préfecture un exemplaire de cet ouvrage que le préfet transmettra au ministère pour qu'il soit examiné par la commission d'examen du colportage. Le ministre décide ensuite s'il convient d'accorder l'estampille. — Circ., 12 sept.

8° Le préfet peut accorder l'estampille sans en référer au ministre à l'égard des ouvrages inscrits sur le catalogue des livres autorisés par la commission d'examen. (*Idem.*)

9° Le timbre rouge de la préfecture n'est valable que pour le département; le timbre bleu apposé par la direction de la presse permet la circulation du volume estampillé dans toute la France. (*Idem.*)

10° L'estampille placée sur les livres mis en vente par voie de colportage ne dispense pas les colporteurs de l'autorisation personnelle exigée par l'art. 6, L. 1849. (Même circ.)

1976. — En ce qui concerne les dessins et les lithographies, l'art. 6, L. 1849, combiné avec l'art. 22 du décret du 17 févr. 1852 (art. 474), autorise la solution et la distinction que fait à ce sujet l'auteur de l'article *Presse*, dans le recueil de M. Dalloz, n° 432.

Pour les *colporteurs non autorisés* à se livrer au colportage, ils doivent se pourvoir d'une autorisation spéciale et personnelle pour vendre ou distribuer les dessins dont la publication a été autorisée conformément à l'art. 22 du décret du 17 févr. 1852.

Quant aux *colporteurs ou distributeurs autorisés,* il n'est pas nécessaire que ces dessins, dont la publication a été autorisée par le ministre dans toute la France, soient soumis à l'estampille préfectorale dans chaque département.

1977. — Des causes qui ont rendu l'art. 6 nécessaire, de la pensée et de son but, se déduit cette conséquence que l'autorisation n'est donnée ni à la personne, ni à la profession, ni même à l'écrit, mais à l'acte, à l'acte de propagation en lui-même dans son rapport avec l'écrit. — V. dans notre *C. de la presse* de 1856, une longue dissertation sur l'art. 6, p. 467.

1978. — Tout fait de distribution en dehors des conditions de l'autorisation constitue une contravention à cet art. 6; ainsi sont passibles des peines de cet article :

Ceux qui distribuent des livres autres que ceux mentionnés dans leur autorisation. — Trib. Saint-Omer, 9 janv. 1850. D.50.2.214.

Ceux qui vendent un écrit avant l'heure fixée par l'autorisation. — Trib. Seine, 23 avril 1850. G.T. du 24.

Ceux qui, autorisés à vendre dans un lieu, vendent dans un autre...

1979. — L'autorisation de colporter et distribuer ne renferme pas celle de crier les imprimés autorisés sur la voie publique et ne dispense pas de l'autorisation municipale exigée par l'art. 1er, L. 16 février 1834. — Caen, 13 mars 1851. D.52.2.41.

VII. Nature de l'infraction.

1980. — *Les contrevenants seront,* etc. L'infraction à l'art. 6 est ainsi qualifiée par la loi elle-même : *contravention.*

Contravention : elle existe par le fait matériel indépendamment de toute intention de l'agent et du caractère des écrits, et ne comporte par suite ni l'excuse de

§ 3.—Exception à la disposition de l'art. 6 de la loi du 27 juillet 1849.

1. Liberté de distribution des écrits électoraux.

Liberté de distribution en temps d'élection.

466. — *L.* 16 *juillet* 1850. Art. 10. Pendant les 20 jours qui précéderont les élections, les circulaires et professions de foi signées des candidats pourront, après dépôt au parquet du procureur de la République [impérial] être affichées et distribuées sans autorisation de l'autorité municipale (n⁰ˢ 1985 à 2030).

la bonne foi ni l'application des règles de la complicité. — Cass., 44 avril 1856. D.56.1.198.

1981. — Il a été toutefois jugé que l'individu qui, ayant reçu chez lui des colporteurs de livres non autorisés, les aide, les assiste sciemment, dans le but de favoriser leur trafic clandestin, y prend une part telle, qu'il se rend complice du délit de colportage non autorisé. — Metz, 9 févr. 1854. D.55.5.340.

1982. — La Cour de cassation nous paraît avoir mieux respecté les principes en décidant que la loi n'atteignait que l'auteur direct du fait matériel et non celui pour le compte ou par les ordres duquel il agissait. — 11 avril 1856. B. 149.

1983. — Mais celui qui remet des écrits à des distributeurs pour les distribuer en leur disant qu'ils n'ont aucune formalité à remplir, se rend complice de l'infraction de ces derniers, en ce qui concerne l'omission du dépôt de ces écrits au parquet; il s'agissait d'écrits électoraux. — Cass., 18 août 1849. D.49.1.264.

1984. — En déclarant l'existence du fait de distribution non autorisée, le juge n'est pas tenu de spécifier les preuves sur lesquelles se fonde sa conviction. — Cass., 25 juin 1852. B. 208.

VIII. De l'art. 6, L. 1849 dans ses rapports avec la liberté électorale.

[**466**] = 1985. — Sur la question de savoir si l'art. 6 était applicable à la distribution des écrits électoraux et des bulletins de vote, une controverse s'était élevée en 1854 et avait divisé les Cours et les tribunaux; — la Cour de cassation l'a tranchée dans le sens de l'affirmative par son arrêt de toutes les chambres réunies du 30 janv. 1857. — Nous avons longuement traité ce point dans notre *C. de la presse* de 1856, p. 461 à 468; nous avons d'autant moins à y revenir, que le sén.-cons. du 17 févr. 1858 a, d'autre part, définitivement consacré la solution de la Cour de cassation et complété la disposition, sous ce rapport, insuffisante de l'art. 10 de la loi du 16 juillet 1850, ci-dessus.

1986. — *Pendant les 20 jours précédant les élections.* La loi du 21 avril 1849 qui, la première, inaugura par son art. 2 cette période de liberté relative qu'on a désignée du nom de *période des franchises électorales*, a été abrogée formellement par l'art. 11 de la loi du 15 juillet 1850, dont l'art. 10 n'a accepté que sous bénéfice d'inventaire et de restrictions le système de la loi qu'il remplaçait; — on en avait, il est vrai, abusé. — Cette dernière loi n'était applicable « *qu'aux élections générales.* » L'art. 10 a, sous ce rapport, une portée plus étendue, les mots : « *les élections,* » privés du qualificatif *générales,* permettent d'appliquer sa disposition à toutes les élections; — la Cour de cassation l'a ainsi compris en décidant, par l'arrêt ci-dessus cité des chambres réunies, qu'elle régissait les élections municipales et départementales aussi bien que les élections générales. — D.56.1.437; *contrà,* Dalloz, v° *Presse,* n° 444.

1987. — La loi accorde 20 *jours* de franchises électorales, l'art. 2 de la loi de 1849 en accordait 40; — par ces 20 jours il faut entendre 20 jours pleins avant le jour de l'ouverture du scrutin; l'art. 10 dit : « *précédant les élections.* » 20 jours sans compter les 2 jours pendant lesquels le scrutin, dont l'ouverture *ouvre l'élection,* peut rester ouvert.—Si le jour de son ouverture est, par exemple, fixé au 21 juin, la période des 20 jours commence le 31 mai après l'heure sonnée de minuit, pour finir le 21 ou le 22 juin au moment de la clôture du scrutin; il va sans dire que cette période continue ou plutôt recommence à partir de la proclamation des résultats de l'élection, lorsque les candidats n'ayant pas obtenu un nombre suffisant de suffrages, l'élection est continuée au deuxième dimanche qui suit, aux termes de l'art. 36 du décret électoral du 2 févr. 1852; cette nouvelle période finit alors à la clôture du nouveau scrutin.

1988. — *Les circulaires et les professions de foi : circulaire,* écrit, lettre destinée à circuler, à passer de mains en mains; — *profession de foi,* — déclaration publique des principes et des opinions politiques que l'on entend professer et soutenir et par contre de ceux dont on s'affirme l'adversaire, — telle est la définition des dictionnaires.

1989. — La loi ne dit pas ce qu'il faut comprendre sous ces expressions, ni ce que doivent contenir ou ne pas contenir les professions de foi et les circulaires, ni quelle doit en être la forme;—mais comme la disposition de l'art. 10 a été inspirée par une évidente pensée de faveur pour la liberté électorale, l'esprit de la loi commande d'en interpréter le texte dans le sens le plus favorable à cette favorable liberté.

1990. — La première franchise à laquelle sous ce rapport les candidats semblent en droit de prétendre, c'est qu'on les laisse seuls juges de ce que peut exiger le succès de leurs candidatures, et libres sur le choix des moyens.

Il faut ici mieux préciser. *L'intérêt des candidatures* est la raison des franchises de la loi, la liberté qu'elle donne n'est pas donnée jusqu'à l'abus; on doit, en conséquence, comprendre les unes dans les limites de cet intérêt; sans cet intérêt pas de franchises, pas d'action, et l'autre dans les limites que les lois imposent à la liberté des opinions politiques. *Sub lege libertas.* — Hors de ces limites, il y aura délit.

1991. — Quant au contenu des circulaires, — les candidats ne peuvent par suite prétendre à plus de droits que n'en a la presse cautionnée qui viendra les discuter et les combattre; — pour la défense et pour l'attaque la liberté doit être égale; — entre les feuilles volantes des écrits électoraux et les feuilles non moins volantes de la presse politique, il n'y aura sous ce rapport aucune différence à faire : Assimilation. Depuis le simple nom des candidats sur un simple bulletin, jusqu'aux discussions les plus élevées ou les plus délicates des choses de la politique, tout en conséquence devra leur être permis, comme aux journaux, dans les limites de leur intérêt électoral et des lois répressives des délits de publication.

1992. — **Quant à la forme des circulaires et à leur nombre;** Le silence de la loi profite à la liberté. — Les exigences et les incidents d'une lutte où la passion a toujours l'empire, excuseront certainement beaucoup d'écarts et beaucoup d'abus. — Mais plus l'autorité sera tolérante, moins les prétendants doivent oublier que le mépris des lois et des convenances, qui sont aussi des lois, est aux yeux de l'opinion publique un détestable et dangereux moyen de succès.

2° — Conditions. — Serment constitutionnel. — Signature. — Dépôt.

Serment.— Dépôt.

467.—*Sén.-cons. du 17 fév. 1858. Art. 2.*
La publication d'une candidature, la distribution et l'affichage des circulaires et des bulletins électoraux pour lesquels le dépôt au parquet du procureur impérial aura été effectué, ne peuvent avoir lieu qu'après que le candidat s'est conformé aux dispositions de l'art. 1er (ci-après).

Toute publication, distribution ou tout affichage antérieur, seront punis des peines portées en l'art. 6 de la loi du 27 juillet 1849. [V. art. 465 et nos 2026, 2027, 2031 à 2038].

1993. — En ce qui concerne le mode de publication, la loi accorde aux candidats plus de latitude qu'à la presse politique; — ils ont en plus une liberté à peu près absolue de l'*affichage*, de la *distribution* sur la voie publique, dans les campagnes et à domicile, et du *criage*. — Ils pourront en conséquence user de tous les modes connus de publication, par la voie de la poste, de la presse, par l'emploi de distributeurs et d'afficheurs de profession, ou d'autres autorisés ou non autorisés, si les écrits à propager sont signés des candidats et ont été régulièrement déposés.

1994. — Question : Les candidats pourraient-ils adresser chaque jour à leurs électeurs une circulaire nouvelle ?

L'art. 10 de la loi de 1850 et l'art. 2 du sén.-cons. de 1858 ci-dessus, parlent de *circulaires* au pluriel et n'en limitent pas le nombre; — seuls juges de ce qu'exige le succès de leurs élections, les candidats restent libres d'en publier aussi souvent que cela leur paraîtra nécessaire ou utile.

1995. — Ces circulaires quotidiennes pourraient-elles être livrées à la publicité sous la forme de journaux périodiques dont les feuilles distribuées gratuitement seraient consacrées soit à éclairer les électeurs sur leurs droits et leurs devoirs, sur l'importance particulière des élections, sur les opinions et les intentions de tous ceux qui se proposent à leurs suffrages, sur les menées de leurs amis ou des partis, soit à leur exposer la ligne politique qu'ils comptent suivre, les idées et les théories qu'ils ne cesseront de soutenir ou de combattre, soit à discuter le mérite, la capacité ou les tendances de leurs adversaires, soit à repousser leurs attaques ? V. nos 1999, 2000, 2004, 2006.

L'affirmative n'est pas douteuse : mais cela ne sera permis aux candidats que tout autant que l'exigera l'intérêt de leur candidature, ce dont ils seront seuls juges, et toujours dans les limites des lois répressives des délits d'attaque, d'offense, d'injure (n° 1639), etc. et des discussions inconstitutionnelles... L'assimilation que nous avons admise entre les écrits électoraux et la presse politique justifie et nous impose cette solution. — V. n° 2029.

Il y aura toutefois cette différence entre les feuilles des journalistes et celles des candidats que ces dernières circuleront en toute franchise du timbre qui grèvera les autres. — V. art. 444 et n° 1886.

1996. — Autre question : Est-il interdit au propriétaire-éditeur d'un journal non politique de joindre, aux numéros qu'il adresse à ses abonnés, des exemplaires sur feuilles détachées des circulaires et professions de foi des candidats de la circonscription ?

Je ne le pense pas : — La loi laissant aux candidats et à toute personne liberté entière pour la propagation de leurs circulaires signées et déposées (n° 1993), rien ne s'oppose à ce qu'il soit fait usage dans ce but de ce mode combiné de la voie de la poste et de la presse sous la même bande avec le numéro du journal.

1997. — Mais y aurait-il contravention à l'art. 5 du décret du 17 fév. 1852, qui interdit les articles politiques aux journaux non cautionnés, si l'éditeur d'un de ces journaux, au lieu de transmettre à ses abonnés des circulaires électorales sur feuilles détachées en manière de supplément, les insérait dans ses colonnes sous la garantie du dépôt et de la signature du candidat ?

J'ai peine à le croire : — sous le rapport du résultat, c'est-à-dire de la transmission aux abonnés du journal, l'adhérence ou la non-adhérence de la circulaire au numéro est chose parfaitement indifférente. Comment pourrait-elle modifier le caractère du journal ? Quel abus serait à craindre ? — Aucun. — Refuser aux candidats cette facilité de publication serait une vexation sans utilité, à laquelle ils pourraient se soustraire en faisant l'acquisition du journal et en le publiant gratuitement sous leur nom et leur responsabilité en manière de circulaire quotidienne (n° 1994).

1998.—Le contraire a été cependant décidé en 1863 à l'occasion de la circulaire d'un candidat dont l'autorité voulait imposer l'insertion à un journal non cautionné.

« La circulaire d'un candidat recommandé, fut-il
« répondu, ne saurait être considérée comme un do-
« cument officiel dont l'insertion peut être requise par
« un dépositaire de l'autorité publique, et qu'un *jour-*
« *nal* non cautionné pourrait publier sans encourir
« l'application de l'art. 5 du décret du 17 fév. 1852.
« L'art. 19 de ce décret (art. 173) n'est pas dans ce
« cas applicable. » Décision du 24 mai 1863.

Décisions : Voici maintenant quelques autres décisions qui, sur le point de savoir ce qu'on doit entendre par *circulaire*, furent transmises aux magistrats pendant la période électorale de 1863.

1999. — On ne doit pas considérer comme une *profession de foi* d'un candidat un écrit de six pages contenant des théories sur telle ou telle loi. Ce genre de publication rentre dans la règle commune et doit être soumis à toutes les formalités ordinaires. — Décision du 24 mai 1863. — V. n° 995.

2000. — On ne doit pas davantage considérer comme une *circulaire* ou *profession de foi* un écrit dans lequel un candidat, dans le but d'inspirer aux électeurs des défiances sur la sincérité des élections et les mettre en garde contre les tentatives d'influence ou les abus présumés des agents de l'autorité, adresse aux électeurs des observations au sujet de leurs droits et de leurs devoirs et relate les dispositions de la loi qui punit les manœuvres électorales, en soulignant des passages et faisant imprimer en caractère spécial et apparent les parties qui concernent les fonctionnaires. Le refus des magistrats de recevoir le dépôt d'un pareil écrit signé par M. Charamaule fut approuvé. — Décision, 28 mai 1863.

2001. — Le parquet de Paris refusa à la même époque de considérer comme une *circulaire* « une instruction aux électeurs », dont M. Pelletan avait voulu faire le dépôt; cette décision fut approuvée « comme conforme à celle qui, en pareil cas, avait été adoptée dans plusieurs ressorts. » — « Si une véritable circulaire, était-il dit à ce sujet, peut contenir, sous forme de conseil, des passages dans lesquels on rappelle aux électeurs leurs droits et leurs devoirs, on ne peut assimiler à une circulaire l'instruction dont il s'agit et au bas de laquelle se trouve le nom du candidat sans l'apparence extérieure d'une signature. » — Décis. 28 mai 1863.

14

Conditions (Suite). — *Serment constitutionnel des candidats.*

468.—*Même sénat.-cons. du 17 fév.* 1858. Art. 1er. Nul ne peut être élu au Corps législatif si, huit jours au moins avant l'ouverture du scrutin, il n'a déposé, soit en personne, soit par un fondé de pouvoir en forme authentique, au secrétariat de la préfecture du département dans lequel se fait l'élection, un écrit signé de lui contenant le serment for-

---

2002. — Un manifeste politique émanant d'un comité électoral, bien que signé par un candidat et par lui déposé au parquet, ne peut jouir de l'immunité que l'art. 10, L. 1850, accorde aux circulaires et professions de foi, par la raison qu'il n'est pas l'œuvre personnelle du candidat et ne constitue pas dès lors une circulaire dans le sens de la loi précitée. — Décisions des 29 mai et 1er juin 1863.

Ce manifeste, destiné à être affiché, fut distribué, et les distributeurs, non autorisés, poursuivis, furent condamnés par application de l'art. 6, L. 1849.

2003. — S'il eût été affiché, le fait de l'affichage sans autorisation municipale aurait constitué une triple contravention, savoir :

1° L'infraction à l'art. 1 de la loi du 10 déc. 1830 (art. 445), qui défend d'afficher des écrits politiques. — Cass., 17 fév. 1849. D.49.1.136 ;

2° La contravention à l'art. 14 du décret du 22 mai 1791 (art. 429), qui interdit les affiches sous un nom collectif ou sous le titre de délibération : le manifeste d'un comité n'est pas autre chose. — N° 1877 ;

3° La contravention à l'arrêté municipal interdisant l'apposition des affiches sans le permis du maire au cas où pareil arrêté eût existé. — N° 1879.

2004. — Un candidat expédie par la poste des placards injurieux pour un préfet ; — le préfet, en vertu de l'art. 10 du C. d'inst. crim., les fait saisir à la poste : ordre est immédiatement donné par télégramme du ministère de l'intérieur de lever la saisie ; la saisie est levée, et le procureur impérial est autorisé à poursuivre si le préfet injurié le demandait. — Décisions des 23, 24 et 25 mai 1863.

2005. — Il a été jugé que les juges d'instruction ont seuls le droit de faire saisir à la poste des lettres renfermant des écrits dont la circulation ne serait pas autorisée. — Cass., 23 juin 1853. D.53.1.222.

2006.—Un candidat n'excède pas son droit électoral « en matière de circulaires, lorsqu'après avoir rappelé « les votes de son adversaire, député sortant, et sa « profession de foi, il attaque le système qu'ils révèlent « et cherche à détourner les électeurs en énumérant ses « conséquences comparées aux avantages du système « contraire ; — il importe peu que cette énumération « soit empreinte d'exagération, si elles sont attribuées « uniquement au système et à l'opinion à laquelle « l'adversaire s'est rallié. » — « C'est là, dit l'arrêt « auquel ces lignes sont empruntées, une critique théorique et abstraite, — une lutte de système à système qui s'explique vis-à-vis de citoyens soumettant « publiquement leurs opinions et leur conduite poli- « tique à l'appréciation et aux suffrages des électeurs, « et n'excédant pas les limites du droit d'examen et « de libre discussion » lorsqu'elle n'a pas dégénéré en diffamations ou injures. — Cass., 31 déc. 1863. D. 64.1.103. (V. n° 1639.)

2007. — *Signées des candidats :* — Cette signature, la loi n'exige pas qu'elle soit légalisée, doit être apposée sur tous les écrits dont les candidats veulent assurer la libre publication au moyen de la formalité du dépôt au parquet ; — elle doit être apposée même sur les simples bulletins de votes à faire distribuer.— Sur tous ces écrits doit aussi être indiquée l'élection en vue de laquelle ils seront livrés à la circulation.

Candidats : — Quand est-on candidat ? V. n° 2031.

2008. — *Pourront après dépôt au parquet :* — L'accomplissement de cette condition toute matérielle du dépôt au parquet a pour effet de conférer à toute personne la liberté de distribuer, afficher et faire circuler l'écrit signé par le candidat : — pour cet écrit, dès ce moment, l'art. 6 de la loi de 1849 n'existe plus.

2009. — Cette exception à la disposition de cet article n'a été admise qu'en faveur des candidatures dont la réalité est garantie et la responsabilité publiquement acceptée par le dépôt préalable du serment prescrit par le sén.-cons. de 1858 ; il n'est plus alors à craindre qu'elle profite aux distributeurs anonymes de bulletins portant le nom de personnes qui n'ont point rempli les conditions pour être candidats. Toute distribution en dehors de ces conditions serait punissable si elle avait lieu sans autorisation. Décis. 23 janv. 1861.

2010. — « Le dépôt d'un bulletin électoral et d'une « affiche signée du candidat, bien que manuscrite, « suffit à la loi. — Recevez le dépôt fait au nom de « M. L... » —Décision 21 mai 1862.

2011. — Les candidats ne sont pas astreints à faire en personne le dépôt de leurs écrits électoraux ; — par analogie avec le dépôt du serment que l'art. 2 du sén.-cons. du 17 fév. 1858 ci-dessus les autorise à faire par un *fondé de pouvoir*, il y a lieu de décider que le dépôt de leurs circulaires signées d'eux peut être fait également en leur nom par un fondé de pouvoir en forme authentique. — L'identité du fondé de pouvoir garantirait alors l'identité du candidat et l'authenticité des circulaires déposées en son nom.

2012. — Il ne faut pas confondre le dépôt électoral de l'art. 10, L. 1850, avec le dépôt imposé aux imprimeurs pour les écrits politiques de moins de 10 feuilles d'impression par l'art. 7, L. 27 juillet 1849 (art. 414).

Pour l'un, le récépissé est obligatoire, et, faute d'un délai accordé pour sa délivrance, doit être délivré à l'instant même, — et ce n'est que 24 heures après que l'imprimeur peut délivrer et laisser sortir de ses ateliers les exemplaires imprimés (n° 334).

Quant à l'autre dépôt, l'art. 10, L. 1850, ne fixant pas, comme l'art. 7, L. 1849, un délai à courir entre le moment du dépôt et le moment de la publication, la distribution et l'affichage des écrits électoraux régulièrement déposés peuvent avoir lieu immédiatement après leur dépôt au parquet. Cet art. 10 n'oblige pas les procureurs impériaux à donner récépissé du dépôt, mais l'usage y a suppléé : aucun d'eux ne s'y refuse lorsque le dépôt est régulièrement effectué. — V. n° 2014 à 2035.

2013. — En cas de refus du procureur impérial de délivrer récépissé ou de recevoir le dépôt des circulaires signées d'un candidat, le déposant agira prudemment en faisant constater le refus par huissier ou, à défaut, par témoins, et il sera, en conséquence, sage de sa part de se faire accompagner par des amis auprès de ce magistrat. — Manuel électoral, p. 24.

2014. — « Les bulletins de vote ne peuvent être « distribués et colportés que par ceux qui en ont obtenu l'autorisation conformément à l'art. 6, L. 1849 ; « et cette autorisation ne cesse d'être obligatoire que « si un exemplaire de ce bulletin signé du candidat a « été par lui déposé au parquet en exécution de l'art. « 10, L. 1850. »—Décis. 23 janv. 1861. (V. n° 2008).

2015. — Le dépôt qu'un candidat se propose de faire d'une circulaire imprimée ne dispense pas l'imprimeur de l'obligation de la déposer au parquet vingt-quatre heures avant sa publication, conformément à l'art. 7, L. 1849 (art. 414). — Décis. 24 mai 1863.

mulé dans l'art. 16 du sénatus-consulte du 25 décembre 1852.

L'écrit déposé ne peut, à peine de nullité, contenir que ces mots : Je jure obéissance à la constitution et fidélité à l'Empereur. (V. n°s 2031 à 2036).

2016. — « Les procureurs impériaux ne sauraient « refuser le dépôt des circulaires d'un candidat sous le « prétexte qu'il ne s'est pas encore écoulé vingt-quatre « heures depuis que l'imprimeur en a effectué le dépôt « prescrit par l'art. 7, L. 27 juillet 1849. — L'impri- « meur seulement pourrait être poursuivi pour avoir « remis au candidat un exemplaire imprimé de sa cir- « culaire avant l'expiration du délai de vingt-quatre « heures. » Décis. 1er juin 1863.

2017. — Il a été cependant décidé que lorsque le préfet a autorisé la distribution dans son département d'un bulletin de vote ou de tout autre écrit politique, l'imprimeur peut être dispensé du dépôt au parquet vingt-quatre heures avant la publication et peut, en conséquence, ne pas attendre l'expiration de ce délai pour les délivrer aux distributeurs. — Décision con- testable du 18 sept. 1860.

2018. — Le dépôt de la circulaire d'un candidat n'est pas nécessaire pour une insertion dans un journal politique, lorsqu'elle ne doit être ni affichée ni distri- buée séparément. — Décis. 18 et 28 mai 1863.

2019. — Mais le double dépôt au parquet par l'im- primeur et le candidat sera nécessaire pour qu'elle puisse être affichée ou distribuée séparément du jour- nal qui l'a rendue publique. — Décis. 18 mai 1863.

2020. — Le dépôt prescrit par l'art. 10, L. 1850, doit être fait à tous les parquets des chefs-lieux d'ar- rondissement compris en tout ou en partie dans la circonscription électorale où les écrits doivent être dis- tribués ou affichés. Cette solution est indiquée par le rapprochement de la loi du 21 avril 1849, aujourd'hui abrogée, qui le décidait ainsi, par la nécessité d'assurer la surveillance judiciaire de la distribution des écrits dans chaque arrondissement et par l'impossibilité où seraient les chefs de parquets, s'il en était autrement, de pouvoir quelquefois informer à temps leurs collègues du dépôt fait à leur parquet. — Décis. 18 mai 1863.

2021. — La dispense d'autorisation accordée à la distribution des circulaires et professions de foi signées et déposées, s'étend au bulletin de vote portant le nom des candidats qui ont déposé leurs circulaires ou pro- fessions de foi signées et même aux bulletins collectifs comprenant le nom de tous les candidats, lorsqu'un exemplaire de ces bulletins signés de tous ces candidats a été déposé au parquet avant la distribution. — Cass., ch. réunies, 30 janv. 1857, B. 38.

2021 bis. —Circulaire : Au sujet des listes collec- tives, M. le ministre de l'intérieur déclare dans sa circu- laire du 17 juill. 1865 : « Qu'il suffit qu'un candidat ait « effectué au parquet le dépôt de sa signature pour « que son nom, sans aucune adhésion, puisse figurer « indistinctement sur toutes les listes... Le candidat « conserve néanmoins le droit de réclamer contre son « inscription sur telle ou telle liste, et en cas de protes- « tation de sa part le colportage de ces listes doit être « interdit. » D.65.5.304.

2022. — Ajoutons que les dépôts dont il s'agit ne peuvent être régulièrement effectués que par les can- didats ayant, en temps opportun, prêté le serment constitutionnel qui les investit de la qualité légale de candidat (n° 2034). Le dépôt serait irrégulier et devrait être refusé s'il était fait par un candidat qui n'aurait pas prêté ce serment huit jours avant l'ouverture du scrutin, — et eût-il été accepté, qu'il ne procurerait pas aux écrits ainsi irrégulièrement déposés l'immunité que la loi attache seulement à l'accomplissement régu- lier de cette formalité. — Décis. 26 mai 1863, n° 2035.

2023. — Être affichées et distribuées. Dans la pen- sée de ceux qui l'ont voté, l'art. 10, L. 1850, était une dérogation, non à l'art. 6, L. 1849, mais aux art. 2, L., 10 déc. 1830 et 1, L. 16 févr. 1834, qui avaient subordonné à l'autorisation municipale l'exercice de la profession d'afficheurs et de distributeurs sur la voie publique : les observations du rapporteur de la loi ne laissent aucun doute à cet égard. La jurisprudence lui a donné plus d'extension.

2025. — Toutefois, comme l'art. 6, L. 1849, ne con- cerne en rien les afficheurs, qui n'y sont pas nommés, la disposition de cet article n'aurait pu, avant le sén.- cons. du 17 févr. 1858, être appliquée aux afficheurs non autorisés d'écrits électoraux non déposés au par- quet; la seule loi qui leur eût été dans ce cas applicable était l'art. 1er de la loi précitée de 1830, qui interdit d'une manière absolue l'affichage des écrits politiques.

2026. — Nous avons fait sous le n° 1906 une ob- servation qui doit être rappelée ici : c'est que même, avec l'autorisation préfectorale, ces afficheurs n'en se- raient pas moins exposés aux coups de cet art. 1er, par ce motif que l'interdiction de la loi est absolue et s'ap- plique à l'affichage des écrits politiques même autorisés; — il n'en est pas de l'affichage de ces écrits comme de leur distribution, — et ils ne peuvent être aujour- d'hui affichés pendant la période électorale que s'ils émanent d'un candidat, et si les formalités du serment, de la signature et du dépôt ont été régulièrement rem- plies, conformément à l'art. 10, L. 1850, et au sén.- cons. de 1858; l'autorisation préfectorale ne pourrait à cet égard leur conférer la même immunité.

2027. — Depuis que par le § final de son art. 2, ce sénatus-consulte a décidé que l'affichage des écrits élec- toraux non déposés dans les conditions qu'il indique serait puni par l'art. 6 de la loi de 1849, toutes les diffi- cultés sont tranchées relativement à la sanction pénale; — c'est ce dernier article qui sera appliqué à l'affichage, pendant la période électorale, d'écrits politiques des candidats non signés ni déposés par eux; mais après cette période ou pour des écrits politiques affichés par d'autres que les candidats, l'art. 1er de la loi du 10 déc. 1830 devra seul être appliqué. — V. n° 2037.

2028. — Sans autorisation municipale. Si ces ex- pressions étaient entendues dans ce sens étroit que l'accomplissement des formalités de la signature et du dépôt n'affranchit la distribution et l'affichage des écrits électoraux que de l'autorisation de l'autorité munici- pale, en les laissant soumis à l'autorisation préfecto- rale, l'art. 10 de la loi du 16 juillet 1850 perdrait toute signification libérale. Nous avons, dans notre C. de la presse de 1856, suffisamment démontré que ces mots d'autorisation municipale, dans l'art. 10, sont syno- nymes de ceux-ci : sans aucune autorisation admi- nistrative, p. 164 à 167. — En donnant d'ailleurs pour sanction à cet art. 10, l'art. 6 de la loi de 1849, le sén.- cons. de 1858 a, par son art. 2, implicitement décidé que l'art. 10 dérogeait à la condition de l'autorisation préfectorale, dont il est question dans cet article 6.

2029. — L'accomplissement des formalités prescrites par cet art. 10, L. 1850, n'affranchit les écrits électo- raux que de la condition de cette autorisation; leur pu- blication reste pour le surplus soumise à toutes les autres conditions des lois en vigueur, telles que celles de l'art. 283 du C. pén., pour l'indication des noms de l'imprimeur sur les imprimés, celles de la loi de 1814 pour la régularité des impressions, celles des art. 11 à 15, décr. 1791, pour la forme et l'emplacement des af- fiches (art. 428-430); celles de l'art. 65, L. 28 avril 1816, sur la couleur du papier des affiches (art. 68-73); celles de l'art. 2 du sén.-cons. du 18 juillet 1866, qui interdit toute discussion de la constitution, et celles enfin de toutes les dispositions en vigueur qui répriment les écarts ou les agressions de la pensée.

2030. — Les imprimeurs restent tenus d'indiquer leurs noms et leurs demeures même sur les bulletins électoraux. — Cass., 11 avril 1856, B. 14.

[467] = V. n°s 2009, 2022, 2027, 2028, 2031 et suivants.

IX. — SERMENT CONSTITUTIONNEL DES CANDIDATS.

[468] = 2031. — **Quand est-on candidat?** On n'est et on ne peut être candidat que pendant la période des vingt jours électoraux (art. 10, L. 1850), et qu'à la condition d'avoir prêté, *par écrit signé*, le serment constitutionnel formulé par l'art. 16 du sén.-cons. du 25 déc. 1852, et ce huit jours au moins avant l'ouverture du scrutin. — Art. 1er sén.-cons. de 1858.

2032. — Aux termes de cet art. 1er du sén.-cons. de 1858, il n'est pas nécessaire que ce serment soit écrit de la main du candidat; l'article porte : « *un écrit,* » mais sa disposition exige que le candidat l'ait signé, « *signé de lui.* »

2033. — Est-il nécessaire que sa signature soit légalisée? — Je ne le pense pas; en effet, si le candidat dépose lui-même son serment, son assertion ou sa démarche équivalent à une affirmation personnelle de sa signature; s'il dépose par un fondé de pouvoir, le fait de la procuration authentique attestant son intention et sa volonté de prêter serment, suivi du dépôt de ce serment écrit portant son nom, ne permettent pas de suspecter la sincérité et l'authenticité de la signature; — quoi qu'il en soit, s'il y avait faux matériel, la loi ne serait pas désarmée.

2034. — Si par accident le candidat se trouvait ne pouvoir pas signer, il pourrait être suppléé à sa signature, soit par un acte notarié portant attestation de l'impuissance du candidat de signer et de son intention, ou par la déclaration du préfet mise au bas du serment écrit, attestant que le dépositaire a déclaré ne pouvoir signer malgré son intention de signer et l'a prié de tenir pour sa signature telle marque qu'il aurait apposée au bas de l'écrit.

2035. — Les préfets peuvent refuser le dépôt de serments des candidats lorsque cette formalité n'est pas remplie huit jours entiers avant l'ouverture du scrutin, c'est-à-dire le neuvième jour avant cette ouverture; — le dépôt est alors tardif : les candidats ne pouvant plus à ce moment se prévaloir de la *qualité légale de candidat*, qui seule donne droit au bénéfice de l'article 10, L. 1850, les procureurs impériaux peuvent refuser le dépôt de leurs circulaires et bulletins : — Mais alors même qu'il serait accepté, le dépôt, irrégulièrement effectué, ne saurait procurer l'immunité que la loi n'a attachée qu'à sa régularité. — N° 2022.

2036. — *La publication d'une candidature*, porte l'art. 2 du sén.-cons. de 1858. Le terme *publication* doit être restreint au seul fait de publication par *voie d'écrits ou d'imprimés*, à l'exclusion des faits de *publication orale*. Le choix de la pénalité de l'art. 6, L. 1849, pour sanction de cet art. 2, indique assez que les faits que le législateur avait en vue étaient de la même nature que ceux en prévision dans l'art. 6, c'est-à-dire des publications par voie d'écrits et d'imprimés.

2037. — *Toute publication, toute distribution ou tout affichage antérieur.* Il faut entendre ces expressions du § final de ce même art. 2, *secundum subjectam materiam,* c'est-à-dire en vue de la situation spéciale qu'il régit; ce serait en conséquence lui donner une étendue que sa pensée ne comporte pas, que d'appliquer l'art. 6 de la loi de 1849 aux afficheurs qui, *antérieurement* à la période électorale, aflicheraient des circulaires de candidats éventuels aux élections plus ou moins prochaines. Comme de pareils écrits ne pourraient encore être qualifiés écrits *de candidats* ou élec-

toraux, puisqu'il n'y aurait encore légalement pas de *candidats,* le § 2 de l'art. 2 du sénatus-consulte, qui ne concerne que les écrits des *candidats,* ne pourrait être appliqué. — Mais comme ces écrits auraient un caractère politique et traiteraient d'objets politiques, leur apposition dans un lieu public constituerait l'infraction prévue et punie par l'art. 1er, L. 10 déc. 1830, qui interdit l'affichage de tous écrits politiques; — elle constituerait encore la contravention à l'art. 65 de la loi du 25 avril 1816, si les exemplaires n'en étaient pas timbrés, l'exemption du timbre n'étant accordée qu'aux affiches des candidats pendant la période électorale par la loi du 11 mai 1868.

2038. — Le terme *antérieur* de cet art. 2 veut dire : dans les jours de la période électorale précédant la prestation de serment; la période électorale s'ouvre le 1er juin, le candidat ne prête serment que le 10, la publication de sa candidature du 1er au 10, c'est là le fait compris et prévu par le mot *antérieur;* il ne faut donc pas l'appliquer au temps antérieur à la période électorale, car il ne peut y avoir alors ni candidats ni candidatures légales; — la publication d'une candidature éventuelle pourrait alors constituer une fausse nouvelle. —Art. 15, § 1er, décret de 1852 (Art. 365, V. n° 1397).

X. — DE L'ART. 6, L. 1849, DANS SES RAPPORTS AVEC LES DROITS DES AUTEURS.

2039. — L'auteur d'un ouvrage non encore tombé dans le domaine public peut-il le distribuer, en toute sécurité, sans être tenu de se pourvoir de l'autorisation préfectorale qu'exige l'art. 6 de la loi du 27 juill. 1849?

2040. — La Cour de cassation s'est prononcée pour la négative par deux arrêts d'espèce qui ne me paraissent pas appelés à fixer la jurisprudence sur ce point. « La disposition de l'art. 6, dit-elle dans le premier « de ces arrêts, étant générale et absolue, s'applique « aussi bien à l'auteur qui colporte son propre écrit « qu'à l'individu qui ne répand que l'écrit d'autrui. » — 6 juin 1850. S.50.1.633.

Le deuxième arrêt décide que la distribution manuelle faite par l'auteur d'un écrit d'un seul exemplaire ne constitue pas une distribution illicite, lorsqu'elle n'est que la continuation de la distribution par la voie de la poste, bien que l'auteur n'ait pas obtenu l'autorisation de le distribuer. — 17 août 1850. D.54.4.304.

2041. — La Cour fit toutefois en 1852 cette concession d'admettre que l'art. 6 n'est pas applicable à l'auteur qui distribue son livre à un petit nombre de personnes à titre d'hommage, « parce qu'un pareil fait « ne présentait pas le caractère d'une *contravention* « faute d'*intention coupable* de la part de l'auteur. » — Cass. 15 oct. 1852. D.54.1.46.

2042. — La doctrine qui tiendrait à considérer comme illicite la distribution d'un écrit par son auteur, en admettant que cet écrit ait par lui-même une valeur utile et réelle quelconque, paraît ne pas faire une part assez large à cette propriété littéraire dont tout homme qui pense et écrit doit défendre les droits légitimes.

2043. — Aux termes de l'art. 1er de la loi du 24 juillet 1793 (art. 463), la propriété littéraire a pour éléments deux droits distincts, savoir :

1° Le droit exclusif de vendre, faire vendre et *distribuer* l'ouvrage, *usus* et *fructus;*

2° Le droit d'en céder la propriété : *abusus.*

Depuis cette loi, les efforts du législateur ont constamment tendu à consacrer et garantir les droits des auteurs. — Peut-on admettre que sa faveur à leur égard ait pu être sans raison traversée par la pensée d'asservir la propriété littéraire au point d'en enlever le libre usage à ceux dont il était si attentif à défendre les droits contre les entreprises privées ? — Nous ne le croyons pas et nous inclinons à penser que la Cour suprême, dans son arrêt du 6 juin 1850, s'est laissé trop entraîner par l'habitude d'un motif qui devait, en présence d'un droit spécial, subir une exception spéciale, rationnelle et légitime, car son principe se trouve dans la raison et dans la loi.

2044. — Dans l'ensemble des faits et des personnes sur lesquels eut à statuer le législateur de 1849 se distinguent trois catégories de distributeurs vis-à-vis desquelles il faut apprécier les droits de la législation ; ce sont :

1° Les distributeurs de profession ;

2° Les distributeurs accidentels des écrits d'autrui ;

3° Les distributeurs-auteurs distribuant leurs propres œuvres.

2045. — Les deux premières catégories réclament ou peuvent réclamer l'affranchissement de toute mesure préventive au nom de la liberté du commerce, de l'industrie ou de la publication de la pensée ; mais le droit du pouvoir à restreindre l'exercice de ces libertés dans l'intérêt de la police générale de l'État étant incontesté et incontestable, ces deux classes de distributeurs doivent se soumettre aux restrictions de police de l'art. 6, L. 1849.

Quant à la troisième, elle a pour elle quelque chose de plus que les deux autres. La loi ne saurait ne pas faire une différence : un privilége spécial la protège.— Ce n'est point comme citoyens jaloux ou désireux de la liberté que les auteurs repoussent la condition de l'autorisation préfectorale, c'est comme propriétaires : pour eux, l'art. 6 n'est pas seulement une restriction de la liberté individuelle, c'est la violation et la suppression d'un droit reconnu et garanti expressément par les constitutions et les lois civiles, — une véritable expropriation sans cause d'utilité publique et sans indemnité, une spoliation arbitraire, une odieuse confiscation. — Pour avoir une pareille portée, la loi aurait dû être plus formelle : il est de jurisprudence que les *lois spéciales* dérogent aux *lois générales*, même postérieures, — et tel est le caractère de la loi de 1793 au regard de l'art. 6 de la loi de 1849.

2046.— Que la faculté de colporter des livres ne soit pas un *droit*, mais une *concession*, comme le dit une circulaire du 1er août 1849 (n° 1973), cela peut être vrai pour le *colportage-profession*, mais non pour le *colportage-propriété*. Le droit des auteurs n'est certes pas une concession, puisque l'intelligence n'est pas en puissance de la loi : c'est le droit même de la pensée ; — que pour celui qui fait du commerce des livres d'autrui un métier, le colportage soit une tolérance, cela se comprend dans l'intérêt de l'ordre et de la morale, en face surtout des abus auxquels cette industrie a donné lieu ; qu'elle soit en conséquence subordonnée à une autorisation préalable et même à la formalité d'un brevet, rien de mieux ; mais il n'en saurait être ainsi de l'auteur qui, faute d'un *éditeur* qui ne soit pas trop *léonin* ou d'un libraire *raisonnable* dans la localité qu'il habite, fait imprimer à ses frais et vend lui-même sans abus le produit très-onéreux de son génie ou de ses veilles.

2047. — Bon ou mauvais, il a le droit incontestable de le vendre, manuscrit ou imprimé, à un ou plusieurs libraires d'abord ; — exigerez-vous de lui une autorisation préfectorale pour cette première distribution ?

Comme marque d'amitié ou de déférence, il le distribuera à ses parents, à ses amis, à ses supérieurs, à son préfet peut-être qui accepte l'hommage sans l'avoir pourtant autorisé, etc., cette distribution sera-t-elle licite ?

2048. — Mais faisant exception pour ces cas, vous direz encore, ainsi que dans l'arrêt ci-dessus rappelé, que « faute d'intention coupable, ces distributions ne présentent pas le caractère d'une infraction, — mais vous oubliez donc que l'infraction à l'art. 6, L. 1849, n'est qu'une *contravention* qui se réalise par la commission matérielle du fait qu'il interdit, et qu'en ma-

tière de contravention, la bonne foi, c'est-à-dire l'absence d'intention coupable, n'est pas une excuse.

2049. — Reconnaissons donc, ce sera plus légal et plus logique, que la distribution d'un écrit par l'auteur lui-même est l'exercice le plus légitime du droit de la propriété artistique ou littéraire, et que, s'il n'y a pas identité de situation entre le colporteur et l'auteur, la loi n'a pas entendu les confondre ; que le texte général de l'art. 6 de la loi de 1849 qui régit l'un ne régit pas l'autre, lorsque cet autre se trouve sous la protection exceptionnelle d'une loi non abrogée aux dispositions de laquelle les auteurs de cet art. 6 n'ont certainement pas voulu porter atteinte.

2050.— Mais on nous opposera peut-être ici la déclaration du rapporteur de la loi du 16 février 1834 qui, au sujet de l'art. 1er, subordonnant aussi à une autorisation la profession de distributeur sur la voie publique, dit ceci : « La loi devra être appliquée à « ceux qui feront du métier de vendeur leur profession « habituelle comme à tout individu qui ne s'y livrerait « que passagèrement. — L'auteur lui-même qui ne se « transporterait sur la place publique que pour vendre, « crier et distribuer son propre écrit devra se munir « d'une autorisation. » Et l'on ajoutera : Pourquoi serait-on tenu de faire sous la législation de 1849 une distinction que pour une situation identique repoussait le législateur de 1834 ?

La réponse est facile : C'est que la loi de 1849 supprime le droit dont la loi de 1834 se bornait à restreindre l'exercice. Le législateur de cette dernière époque, réglementant la police des rues, interdit aux auteurs (en admettant que le rapporteur n'ait pas forcé le sens de la loi) *la vente sur la voie publique*, c'était son droit ; mais l'art. 6 de la loi de 1849 va plus loin : il interdit ce qu'avait respecté la loi de 1834, la vente, *la distribution à domicile*. Où voulez-vous que l'auteur puisse vendre son œuvre s'il ne peut plus la débiter, même chez lui ? — Son droit de propriété est supprimé. — Il n'y a donc aucune identité entre l'art. 6 de la loi de 1849 et la loi de 1834, et il n'y a, par suite, aucun argument à se faire de l'opinion un peu exagérée de son rapporteur sur ce point. — N° 772.

2051. — Voyez d'ailleurs à quelle contradiction ou plutôt à quelle conséquence aboutirait l'interprétation opposée.

L'art. 12 du décret du 28 mars 1852, sur la presse en Algérie, qui reproduit l'art. 24 du décret du 17 février 1852 sur la presse en France, ajoute, pour en expliquer la pensée (n° 1943), que « *les auteurs qui vendent leurs livres ne doivent pas être considérés comme faisant le commerce de la librairie et ne sont par conséquent pas tenus de se pourvoir de l'autorisation en brevet.*

2052. — Qu'en faut-il conclure, sinon que l'auteur qui vend ses œuvres est, par rapport à ces œuvres, sur la même ligne que le libraire vis-à-vis des livres d'autrui, avec cette différence que l'un est *autorisé breveté* par son *droit d'auteur* et l'autre par le Gouvernement ?—Voilà donc, par cette assimilation légale, deux situations bien identiques, — voilà deux *vendeurs de livres* avec des droits égaux à la faveur de la loi. L'assimilation est complète ; mais si vous l'acceptez, j'ai gagné ma cause, puisqu'il a été jugé et il est généralement reconnu que les libraires ne sont pas tenus de se pourvoir de l'autorisation préfectorale ; et si vous ne l'acceptez pas, il faudra décider, au mépris de l'art. 12 du décret du 28 mars 1852, que *l'auteur qui vend ses œuvres fait illicitement le commerce de la librairie*, et ce ne sera plus alors la peine de six mois d'emprisonnement et d'une amende de 25 à 500 fr. qu'il s'agira de lui appliquer, mais bien celle de un mois à deux ans d'emprisonnement et d'une amende de 100 à 2,000 fr., par application de l'art. 24 du décret du 17 février

1852; — ce qui serait, je crois, sévère. — La logique de votre interprétation ne vous laisse pas d'autre alternative. — Ira-t-on jusque-là? — Nous ne le pensons pas.

2053. — Placé sur la même ligne que le libraire, l'auteur qui vend ses œuvres doit être, comme lui, affranchi de l'autorisation préfectorale; — l'art. 6 de la loi de 1849 ne l'a point compris, et n'a pu le comprendre dans ses légitimes prévisions. — La propriété littéraire est donc fondée à protester contre les décisions qui tendent à la déposséder sans indemnité de son plus précieux privilége; nous osons espérer que la jurisprudence ne s'engagera pas plus avant dans une voie qui aboutirait à de si étranges résultats.

2054. — En concluant à la libre distribution des écrits par leurs auteurs, nous ferons toutefois observer que cette exception ne doit profiter qu'aux écrits susceptibles d'une propriété privée, ayant une valeur intrinsèque appréciable au point de vue commercial ou littéraire, et que les distributeurs de bulletins électoraux ne pourraient pour leur défense, en cas de contravention, se prévaloir de leurs droits d'auteur.

XI. — Distribution des mémoires sur procès.

2055. — S'il est vrai que l'art. 6 de la loi du 27 juillet 1849 n'a pas d'autre effet que de transformer en *concession* (n° 1973) l'exercice de la liberté individuelle de colporter; — si, lorsqu'il s'y joint un droit spécial et garanti par la loi, cette liberté par la faveur et la force de ce droit échappe à la disposition de cet art. 6, ainsi que nous venons de le démontrer ci-dessus, il faudra décider encore que l'immunité ou plutôt le droit que revendique la propriété littéraire doit également être accordée aux écrits dont la distribution est l'exercice légitime et sans abus du droit de défense judiciaire.

2056. — Les mémoires sur procès ont de tout temps été l'objet d'une immunité particulière : — sous le régime de la censure, en 1814, ils y échappaient par la garantie de la signature d'un avocat; — cette même garantie me semble devoir les soustraire à la mesure préventive et quelque peu censoriale de l'art. 6 (V. n° 25).

2057. — La Cour de cassation a cependant jugé que cette garantie ne suffisait pas, — et que sa disposition s'appliquait aux mémoires sur procès distribués sans autorisation à d'autres qu'aux juges et aux parties, si cette distribution surtout était faite avant l'introduction de l'instance (n° 1970 4°). — Cette décision, fait remarquer l'auteur de l'article *Presse* dans le recueil de M. Dalloz, consacre implicitement une exception pour ces écrits *après l'introduction de l'instance*, et cette interprétation est conforme à la pensée de la loi, car elle ne peut avoir voulu faire dépendre les décisions de la justice de la volonté d'un préfet qui, en refusant son autorisation à la distribution d'un mémoire, pourrait la priver des moyens de s'éclairer. — N° 430.

« Le temps, ajoute-t-il, manquerait d'ailleurs sou-
« vent pour obtenir cette autorisation. C'est quelquefois
« entre deux audiences du soir au lendemain que les
« parties éprouvent le besoin de compléter leur défense
« par un mémoire. Faudra-t-il leur faire perdre un
« temps devenu si précieux en démarches auprès de
« l'administration? — Lorsque le procès s'agite devant
« un tribunal éloigné du chef-lieu de préfecture, la
« nécessité de l'autorisation équivaudrait à une néga-
« tion absolue de distribuer des mémoires judi-
« ciaires. »

Il y a donc lieu de conclure de ces raisons décisives qu'il n'a pu entrer dans la pensée du législateur de comprendre ce genre d'écrits sous la portée de l'art. 6 de la loi de 1849.

Sect. II (*Suite*). — Restrictions préventives par la condition d'une autorisation préalable.

§ 3 (*Suite*). — Autorisation spéciale à l'objet, écrit ou dessin.

1° Cartes à jouer. — Autorisation de la Régie.

469. — *L.* 28 *avril* 1816. Art. 166. Tout individu qui fabriquera des cartes à jouer ou qui en introduira dans le royaume, ou qui en distribuera, vendra ou colportera sans y être autorisé par la régie [des contributions indirectes], sera puni de la confiscation des objets de fraude, d'une amende de 1,000 fr. à 3,000 fr., et d'un mois d'emprisonnement. (V. art. 55).

En cas de récidive, l'amende sera toujours de 3,000 fr.

Art. 167. — Les mêmes peines seront appliquées à ceux qui tiennent des cafés, des auberges, des débits de boissons, et en général des établissements où le public est admis s'ils permettent que l'on se serve chez eux de cartes prohibées, lors même qu'elles auraient été apportées par les joueurs. — Les personnes désignées au présent article seront tenues de souffrir les visites des préposés de la régie.

[**469**]. = 2058. — C'est dans un intérêt fiscal, qui n'exclut pas la pensée de prévenir l'emploi dans les jeux de fausses cartes ou de cartes préparées, que la fabrication et la vente des cartes à jouer a été soumise à l'autorisation préalable de la régie des contributions indirectes. (V. art. 55.)

2059. — Le but fiscal de cette condition et de la pénalité qui l'a sanctionnée a été d'assurer :

1° La perception du droit de 15 c. par jeu de cartes dont l'art. 160 de la loi de 1846 a imposé la passion ou la distraction du jeu ;

2° Et l'acquittement d'un droit de licence établi par l'art. 164 sur leur fabrication.

2060. — Les cartes à jouer rentrent bien à un certain point de vue dans la catégorie des dessins pour la publication et la vente desquels l'art. 22 du décret du 17 février 1852 (art. 474) exige l'autorisation ministérielle ou préfectorale; mais la disposition *spéciale* de l'art. 166 me semble prévaloir et les affranchir de l'autorisation de la disposition *générale* dudit art. 22. — Il en serait toutefois autrement si l'industrie, abandonnant les types consacrés, en modifiait les figurines ou les dispositions, et les transformait en dessins politiques ou immoraux. — (N° 1970,6°.)

2061. — *En cas de récidive :* — Il ne s'agit pas de la récidive légale spécifiée par l'art. 58 du C. pénal. Le terme récidive est synonyme ici de réitération de la même contravention.

2062. — *S'ils permettent :* — La disposition de l'art. 167 impose aux cafetiers, aubergistes et débitants une complicité d'un ordre tout exceptionnel qui les oblige à suppléer à la surveillance des agents de l'autorité. — Son application est toutefois subordonnée à cette condition que l'usage chez eux des cartes de fraude doit avoir été *permis :* « *s'ils permettent,* » dit la loi, ce qui exclut l'idée qu'ils peuvent être responsables dans le cas où il serait fait usage de ces cartes à leur insu. — Mais il n'est pas nécessaire qu'il y ait permission expresse; elle peut s'induire de leur inaction et de leur tolérance, en présence des joueurs se servant de cartes prohibées.

2063. — Aux termes de l'art. 168 de la loi de 1846, les préposés de l'administration, des douanes, des octrois, les gendarmes et les gardes champêtres et tout employé assermenté peuvent constater et saisir les cartes introduites en fraude.

2° Journaux étrangers. — Autorisation ministérielle.

470. — *D.* 17 *fév.* 1852. Art. 2. Les journaux politiques ou d'économie sociale, publiés à l'étranger, ne pourront circuler en France qu'en vertu de l'autorisation du Gouvernement.

Les introducteurs ou distributeurs d'un journal étranger dont la circulation n'aura pas été autorisée, seront punis d'un emprisonnement de 1 mois à 1 an et d'une amende de 100 fr. à 5,000 fr.

Récid. : Prison de 1 à 2 ans, et amende de 5,000 à 10,000 fr. (art. 58, C. pén., n° 2429).

Circ. att. : Prison, de 1 jour à 1 mois et, ou, Amende 1 à 100 fr. (art. 533).

N. B. Sans préjudice des peines encourues à raison de l'introduction en France d'imprimés étrangers, sans acquitter les droits imposés par le décret du 1er mars 1852. V. art. 504.

[**470**.] = 2064. — Les idées libérales qui ont fait abolir le régime de l'autorisation pour les journaux français auraient aussi bien justifié son abolition pour les journaux étrangers et déterminé l'abrogation de l'art. 2 ci-dessus du décret du 17 février 1852.

La civilisation n'a qu'à gagner à l'échange international des opinions de peuple à peuple; c'est de tous les côtés que leur viennent la lumière et le progrès. — Un amendement demanda en 1868 l'abrogation de cet art. 2. — Le rapporteur fit valoir, pour le repousser, l'inégalité de situation que cette abrogation ferait à la presse étrangère qui, à l'abri des poursuites, aurait le privilége de tout dire et de tout oser. — M. le rapporteur oublia, en cette circonstance, la loi du 27 juin 1867, dont il avait approuvé les principes et les effets : *l'émancipation rationnelle du droit de punir les délits commis à l'étranger.* — Il eût suffi, pour prévenir tous les abus, de donner aux juges français le droit d'interdire le sol français aux journaux étrangers condamnés en France pour délits préjudiciables à des intérêts français.

Le Corps législatif repoussa l'amendement.

2064 bis. — *Journaux politiques,* etc. — V. sur la portée de ces mots, n°s 392 à 442.

2065. — *Publiés à l'étranger :* — C'est-à-dire ayant leur siége de publication à l'étranger, bien qu'imprimés en France. — V. art. 20 de la loi du 16 juillet 1850, *infrà,* art. 87. — « La loi ne fait aucune distinction entre les journaux publiés en langue étrangère et en langue française..... Vous me signalerez « ceux de ces journaux qui, à raison de leur polémique, « devraient être l'objet d'un retrait d'autorisation. » Circ. aux préfets du 30 mars 1852. — V. n° 2265.

2066. — Il importe peu que les journaux introduits aient perdu leur caractère d'actualité et qu'ils aient été publiés avant le décret du 17 février 1852. — Douai, 23 juin 1854. D.55.2.25.

2067. — *Les introducteurs ou distributeurs... seront punis :* — L'infraction à l'art. 2 est une contravention matérielle qui ne comporte pas le bénéfice des excuses. — Le fait suffit à la constituer. — Cass., ch. réunies, 22 déc. 1859. B. — Elle comporte, depuis la loi de 1868, le bénéfice de l'art. 463 du C. pénal.

« La loi, dit à ce sujet le rapporteur, a assimilé les « contraventions aux délits; l'art. 463 du C. pénal « sera désormais applicable à la contravention matérielle de l'art. 2. » — *Moniteur,* 19 février.

2068. — L'introduction de brochures étrangères, non périodiques, en France, sans autorisation, ne constitue ni contravention, ni délit, en dehors de tout fait de distribution. — Colmar, 1er oct. 1861. — V. *in fine,* notes 2263-2265.

§ 3 *(Suite)*. — Autorisation spéciale à l'objet : Ecrit ou dessin.

3° Dessins, gravures, etc. — Autorisation.

471. — *D.* 17 *fév.* 1852. Art. 22. Aucuns dessins, aucunes gravures, lithographies, médailles, estampes ou emblèmes, de quelque nature ou espèce qu'ils soient, ne pourront être publiés, exposés ou mis en vente sans l'autorisation préalable du ministre de la police [de l'intérieur] à Paris, ou des préfets dans les départements [« alors même que l'impression ou la publication seraient antérieures au présent décret, » ajoute à cet article, qu'il reproduit, l'art. 7 du décret du 28 mars 1852, sur la presse en Algérie].

En cas de contravention, les dessins, gravures, lithographies, médailles, estampes ou emblèmes, pourront être confisqués, et ceux qui les auront publiés seront condamnés à un emprisonnement de 1 mois à **1** an et à une amende de 100 fr. à 1,000 fr.

Récid. : Prison, de 1 à 2 ans et amende de 1,000 à 2.000 fr. (art. 58, C. pén., n° 2329).
Circ. att. : Prison, de 1 jour à 1 mois et, ou, Amende de 1 à 100 fr. (art. 533).

Ordonnance d'exécution.

472. — *Ordonn.* 9 *sept.* 1835. Art. 1ᵉʳ. L'autorisation préalable exigée par l'art. 20 de la loi du 9 sept. 1835 [reproduit par l'art. ci-dessus] contiendra la désignation sommaire du dessin, de la gravure, lithographie, estampe ou emblème qu'on voudra publier et le titre qui lui aura été donné. L'auteur ou l'éditeur sera tenu de la représenter à toute réquisition.

Lorsqu'il s'agira de gravures, lithographies, estampes ou emblèmes se multipliant par le tirage, l'auteur ou l'éditeur, en recevant l'autorisation, déposera au ministère de l'intérieur ou au secrétariat de la préfecture, une épreuve destinée à servir de pièce de comparaison ; il certifiera la conformité de cette épreuve avec celle qu'il se propose de publier.

Art. 2. Les autorisations délivrées seront insérées dans le journal général de la librairie.

———

[**471-472.**] = 2069. — « L'art. 22 du décret « du 17 février 1852, dit la circulaire du ministre de « la justice du 28 mars 1852, est la reproduction exacte « et littérale de l'art. 20 de la loi du 9 sept. 1835, « abrogée en 1848. » — Cette reproduction a eu implicitement pour effet de remettre en vigueur l'ordonnance du 9 sept. 1835 rendue pour l'exécution de cet art. 20, et de restituer toute leur autorité aux décisions judiciaires qui en avaient interprété la portée et le sens.—Nous les avons en grande partie rapportées dans notre *Code de la presse* de 1856. V. n°ˢ 254 à 265. Il suffira d'indiquer ici les plus récentes, rendues depuis.

2070. — *Dessins, gravures, lithographies*, etc. — Cette énumération n'a rien de restrictif dans le sens des produits du dessin ou de l'imagerie. — Tous ces termes doivent être entendus *sensu lato*, afin de comprendre tous les modes possibles de ce genre d'expression de la pensée. — Douai, 12 août 1844, J. p. 44.2.522. — Ils s'appliquent en conséquence :

1° Aux dessins sur étoffes, — aux planches explicatives gravées ou lithographiées des ouvrages scientifiques. Un amendement de M. Auguis, qui demandait une exemption pour ces dessins, fut rejeté en 1835. — Chassan, I, p. 695 ;

2° Aux épreuves photographiques. — Nantes, 16

4° Discours des députés, autorisation du Corps législatif.

473. — *D.* 22 *mars* 1852, 2 *fév.* 1861. Art. 89. Tout membre du Corps législatif peut faire imprimer et distribuer à ses frais le discours qu'il aura prononcé et qui aura été reproduit par la sténographie officielle, après en avoir obtenu l'autorisation d'une commission composée du président du Corps législatif et des présidents de chaque bureau.

Cette autorisation doit être approuvée par le Corps législatif.

L'impression et la distribution faite en contravention des dispositions qui précèdent, seront punies d'une amende de 500 fr. à 5,000 fr. contre l'imprimeur, et de 5 fr. à 500 fr. contre le distributeur.

Récid. : Amende de 5,000 à 10,000 fr. (500 à 1,000 fr. Art. 58, C. pén., n° 2329).
Circ. att. : Amende de 50 à 500 fr. 1 à 5 fr. (art. 533).

———

mars 1864. D.64 3.24. — Aux cartes dites tarots. — N°ˢ 1790, 6°, et 2060 ;

3° A des savons portant, figurés dans leur pâte et sur le papier qui leur sert d'enveloppe, des portraits et emblèmes. — Cass., 22 avril 1854. D.54.4.464. — L'art. 22 est absolu et ne distingue pas à raison de la matière ;

4° A des bijoux fleurdelisés, accompagnés ou non d'une légende. — Cass., 1ᵉʳ février 1864. D.64.4.137 ;

5° Aux statuettes avec épigraphes ou emblèmes et allusions. — Douai, 26 août 1847. D.47.4.367. — Il y a lieu de faire observer ici que la mise en vente de ces statuettes n'a pu rentrer sous la portée de l'art. 22 qu'à raison des caractères emblématiques qu'elles portaient, que les statuettes ou bustes sans emblèmes ou épigraphes peuvent être vendus sans autorisation. — Dalloz, v° *Presse*, n° 445. — V. n° 2070.

2071. — L'art. 22 s'applique à la vente ou mise en vente des objets qu'il énumère, alors même qu'ils eussent été régulièrement publiés avant le décret de 1852. — Cass., 10 mars 1847. B. Chassan, I, p. 696. — Dalloz, v° *Presse*, n° 446. « Cette jurisprudence, « dit à ce sujet la circulaire précitée de M. le garde « des sceaux, ne doit point toutefois s'appliquer aux « anciens dessins ou gravures qui ne présentent aucun « inconvénient au triple point de vue politique, moral « ou religieux. »

En reproduisant littéralement cet art. 22, le décret du 28 mars 1852, sur la presse en Algérie, a ajouté à la suite de son premier § les mots que nous avons entre crochets ajoutés au texte de l'art. 471.

2072. — *Publiés, exposés, mis en vente* : Ces expressions comprennent même la détention non publique de la part des marchands d'estampes et s'appliquent :

1° Au fait de l'étalage non autorisé ; — à la détention en portefeuille desdits dessins dans la boutique d'un marchand. — Trib. Nantes, 16 mars 1864. D.64. 3.24 ; — Bordeaux, 24 nov. 1852. D.52.5.440 ;

2° A l'achat en France et à l'expédition à l'étranger. — Cass., 11 août 1864. D.65.1.320 ;

3° A une distribution d'emblèmes ou médailles faites chez soi à des amis réunis pour une fête. — Cass., 2 janv. 1845. B.

2073. — *Sans autorisation :* — L'autorisation du ministre vaut pour toute la France, celle des préfets pour leur département seulement ; elle est personnelle et ne profite qu'à celui qui l'a obtenue; mais comme elle est aussi attachée à l'objet, elle profite au cessionnaire ou successeur du publicateur autorisé.—Chassan, I, p. 692.

2074. — *En cas de contravention :* — Contraven-

Sect. III. — Restrictions par voie de conditions imposées comme mesure d'ordre et de police.

1o Imprimés sans nom. — 2° Modes des annonces dans les rues.

Imprimés sans nom d'imprimeur.

474.—*Code pénal.* Art. 283. Toute publication ou distribution d'ouvrages, écrits, avis, bulletins, affiches, journaux, feuilles périodiques ou autres imprimés dans lesquels ne se trouvera pas l'indication vraie des noms, profession et demeure de l'auteur ou de l'imprimeur sera, pour ce seul fait, punie d'un emprisonnement de 6 jours à 6 mois contre toute personne qui aura sciemment contribué à la publication ou distribution. (V. n°s 746 à 756).

Réduction des peines en cas de révélation.

475. — Art. 284. Cette disposition sera réduite à des peines de simple police [de 6 à 10 fr., art. 475, n° 15, C. pénal]:

1° A l'égard des crieurs, afficheurs, vendeurs ou distributeurs qui auront fait connaître la personne de laquelle ils tiennent l'écrit imprimé;

2° A l'égard de quiconque aura fait connaître l'imprimeur ;

3° Abrogé. (V. n° 2086).

Confiscation et saisie.

476.— Art. 286. Dans tous les cas ci-dessus, il y aura confiscation des exemplaires saisis.

Modes d'annonces de certains écrits.

477. — *L.* 10 *déc.* 1830. Art. 3. Les journaux, feuilles quotidiennes ou périodiques, les jugements et autres actes d'une autorité constituée, ne pourront être annoncés dans les rues, places et autres lieux publics autrement que par leur titre.

Aucun autre écrit imprimé, lithographié, gravé ou à la main, ne pourra être crié sur la voie publique qu'après que le crieur ou distributeur aura fait connaître à l'autorité municipale le titre sous lequel il veut l'annoncer et qu'après avoir remis à cette autorité un exemplaire de cet écrit.

478.—Art. 7. *Même loi.* Toute infraction à l'art. 3 [ci-dessus] de la présente loi, sera punie par la voie ordinaire de la police correctionnelle, d'une amende de 25 fr. à 300 fr. et d'un emprisonnement de 6 jours à 1 mois cumulativement ou séparément.

Circ. att. : Prison, de 1 à 6 jours, et, ou, Amende de 1 à 25 fr. (art. 529).

---

tion matérielle qui ne comporte pas le bénéfice des excuses et que le fait matériel suffit à constituer.

2075. — L'imprimeur ou le graveur ne sont responsables qu'en cas de délit joint à la contravention. — Chassan, 1, p. 699.

2076. — La contravention à l'art. 22 n'est passible d'aucune aggravation de peine, lorsqu'elle est compliquée d'un délit d'outrage public aux bonnes mœurs; la peine de la contravention étant plus forte que celle du délit est seule applicable en vertu du principe de l'art. 365 du C. d'instr. crim.; — Trib. correct. de Nantes, 16 mars 1864. D.64.3.21.

2077. — L'excuse de la bonne foi n'est pas admise en matière de contravention ; mais si la vente d'un dessin non autorisé constitue un délit d'excitation coupable, la non-recevabilité de l'excuse pour la contravention ne fait pas obstacle à ce qu'il en soit tenu compte pour le délit. Cass., 22 avril 1854. D.54.4.164.

[**475**]. = Cette prohibition procède de cette idée que le Corps législatif est maître des discours de ses séances, et de la nécessité d'empêcher ainsi qu'on n'éludât l'art. 42 de la constitution qui a supprimé la liberté des comptes rendus des séances législatives. — (V. n°s 174 à 477.)

[**474**]. = 2078. — *Toute publication :* Expression générale qui comprend tous moyens de publication : Cris, étalage en public, annonces, offres... Un seul fait suffirait. — *Toute distribution.* La distribution suppose la remise de plusieurs exemplaires avec intention de les répandre. — Chauveau, 3, p. 324.

2079. — *Ouvrages, écrits, imprimés....* Cette énumération plus énonciative que restrictive ne s'applique cependant qu'aux imprimés, et comprend les imprimés lithographiques, photographiques. — Cass., 9 nov. 1849, J. p. — les bulletins électoraux, — Cass., 14 janv. 1856. B. 14, — et tous écrits en n'importe quelle langue. — Cass., 14 nov. 1845. J. p. (V. n° 242).

2080. — *Sans l'indication vraie des noms de l'au-*

teur ou de l'imprimeur. V. quant aux libraires, n°s 746 à 751. — L'art. 283 s'applique aussi bien à l'absence de toute indication qu'à l'indication fausse des noms.

2081. — L'omission seule du nom de l'imprimeur ne suffit pas à l'égard des distributeurs, autres que les libraires, pour les rendre passibles des peines de l'art. 283, C. pén.; il faut pour eux la double omission des noms de l'auteur et de l'imprimeur. — Cass., 25 juin 1852. D.52.4.490. (V. n°s 749 et 754.)

2082. — L'art. 283 serait-il applicable à la distribution d'exemplaires desquels aurait été arrachée la page portant l'indication des noms ou sur lesquels cette indication aurait été effacée ? Il faut distinguer si la formalité du dépôt a été remplie et si les exemplaires du dépôt contiennent l'indication voulue par la loi ; s'il en est ainsi, la lacération ou maculation de la page contenant cette indication est indifférente, l'ouvrage distribué n'est plus un imprimé sans nom ou avec faux nom, et l'art. 283 n'est pas applicable. Dans le cas contraire, ce sera au distributeur à établir, contre la preuve faite qu'il connaissait l'irrégularité, que les exemplaires complets de l'ouvrage portent les noms qui manquaient au sien.

2083. — *Contre toute personne qui aura contribué :* — Ces personnes seront également punissables comme complices ou plutôt comme coauteurs.

2084. — *Sciemment.* La preuve que les inculpés ont contribué à la publication en connaissance soit de la fausseté de l'indication des noms, soit de l'absence de toute indication, incombe au ministère public.

2085. — *Les peines sont réduites en cas de révélation.* La loi de 1814 a dérogé, à l'égard des libraires, à l'art. 284 en ce que l'amende de 2000 fr. prononcée contre eux par l'art. 49, L. 1844, n'est réductible qu'à 1000 fr. en cas de révélation. V. sous l'art. 243 et 245, n° 747. Sauf le cas indiqué sous ce n° 747.

2086. — L'art. 284 du Code pénal est en son entier applicable aux distributeurs qui ne sont pas libraires, et aux libraires dans le cas indiqué sous le n° 747 *supra.* Le § 3 de cet article a été abrogé par la loi de 1814 qui a renoncé à l'indication du nom des auteurs comme condition de la régularité des impressions.

[**477** à **478**.] = 2087. — L'obligation de remettre à l'autorité municipale un exemplaire de l'écrit à pu-

Chap. III. — Restrictions de la liberté de faire des comptes rendus.

Sect. I. — Restrictions concernant les comptes rendus des séances parlementaires.

§ 1. — Régime des comptes rendus libres de 1819 à 1852.

1° Comptes rendus fidèles et de bonne foi. — Immunité. — Modification.

Comptes rendus fidèles. — Immunités.

479. — *L. 17 mai* 1819. Art. 22. Ne donnera lieu à aucune action [à raison du contenu] le compte fidèle des séances publiques de la Chambre des députés rendu de bonne foi par les journaux.

[*Addition déduite des modifications résultant de la constitution de* 1852 : sans préjudice de l'application de l'art. 14 du décret du 17 fév. 1852 (art. 486) au cas où le compte rendu fidèle et de bonne foi sera autre que l'un des comptes rendus officiels voulu par l'art. 42 de la constitution (art. 483).]

Séances secrètes. — Interdiction de rendre compte.

480. — *L. 9 juin* 1819. Art. 7. Les éditeurs de tout journal ou écrit périodique ne pourront rendre compte des séances secrètes des Chambres ou de l'une d'elles, sans leur autorisation.

Sanction.

481. — Art. 12. *Même loi.* La contravention à l'art. 7 [ci-dessus] de la présente loi sera punie correctionnellement d'une amende de 100 fr. à 1,000 fr.

Récid. : Amende de 1,000 à 2,000 fr. (art. 58, C. pén. n° 2329).
Circ. att. : Amende de 50 à 100 fr. (art. 533).
Prescription : par trois mois. (art. 611).

blier sur la voie publique, en lui faisant connaître le titre sous lequel on entend l'annoncer, ne s'applique pas aux écrits indiqués dans le § 1er, mais à ceux du § 2 seulement.

2088. — Le fait de cette remise et déclaration peut être prouvé par tous les moyens de preuve admis devant les tribunaux. — Cass., 22 nov. 1833. J. P ; Dalloz, v° *Presse*, 467.

2089. — Les mots *actes d'une autorité constituée*, comprennent les *lois.* C'est sous le titre qui leur est donné dans le Bulletin des lois qu'elles doivent être annoncées. Les jugements ont pour titres : le nom de la juridiction, les noms des parties en cause et la qualification légale et sommaire de leur objet. — V. Notes sous les art. 230 à 234.

[**479.**] = 2090. — L'art. 22 de la loi du 17 mai 1819 dont l'art. 7 de la loi du 25 mars 1822 fut le complément impuissant, nous allons le voir, a été en partie abrogé par la disposition de l'art. 42 de la constitution de 1852 qui au régime des comptes rendus *libres* des séances du Corps législatif a substitué le régime réglementé des comptes rendus *officiels.* L'immunité en effet que cet art. 22 assurait aux comptes rendus fidèles et de bonne foi a été restreinte dans une proportion considérable. Ces comptes rendus seront punissables et donneront *lieu à une action* au moment où ils seront *autres* que la reproduction littérale, sans retranchement ni addition, du compte rendu officiel.

2091. — Mais si la fidélité et la bonne foi sont impuissantes désormais à protéger ces comptes rendus contre la sanction du nouveau régime, contre l'art. 14 du décret du 17 fév. 1852 (art. 486) qui ne distingue pas et atteint tout compte rendu en dehors de la reproduction fidèle du procès-verbal officiel des séances, en est-il de même en ce qui concerne l'*action publique* ou l'*action civile*, à raison du contenu des discours parlementaires fidèlement reproduits ? Nous ne le pensons pas. Si le discours ou les passages fidèlement reproduits de ces discours par un journal dans un compte rendu de bonne foi, contiennent des délits d'attaques, de provocation, d'offense, de diffamation ou d'injure, le journal ne pourra être poursuivi à raison de ces délits. L'art. 22, L. 1819, n'étant pas sous ce rapport inconciliable avec l'art. 42 de la constitution, les protégerait encore de son immunité.

2092. — *Le compte rendu fidèle et de bonne foi ne donnera lieu à aucune action.* Toutefois, comme ce compte rendu n'est pas la reproduction du procès-verbal officiel, il y aura lieu à l'application de l'art. 14 du décret de 1852. Objecterait-on qu'il ne peut plus y avoir de comptes rendus *fidèles* sous l'empire de ce décret en dehors de cette reproduction littérale ? Mais s'il en était ainsi, il faudrait aller plus loin et reconnaître qu'il n'y aurait jamais lieu à appliquer l'art. 14, puisque les comptes rendus étant alors dans tous les cas infidèles et de mauvaise foi, on se trouverait toujours sous l'application de l'art. 7 de la loi du 25 mars 1822 dont la pénalité est plus forte que celle de l'art. 14. La sanction de cet article deviendrait ainsi inutile. Le législateur n'a pas prévu une situation impossible : il existe ou du moins il pourra se présenter des cas où le compte rendu sera fidèle, et d'autres cas où il ne le sera pas. Dans le premier cas on appliquera cet art. 14 du décret de 1852, et dans le second, l'art. 7 de la loi de 1822, mais dans le premier cas encore, puisque le compte rendu est fidèle, il sera protégé par l'immunité de l'art. 22, L. 1819, contre toute action à raison des *délits du contenu* des discours fidèlement reproduits ou rapportés.

Compte rendu. — V. sur la portée de ce mot, n°* 1836 et suivants.

Fidèle et de bonne foi. — V. p. 183 nos annotations concernant l'infidélité et la mauvaise foi, n° 1825 à 1836.

2093. — *Par les journaux.* Ces expressions, en ce qui concerne les séances du Corps législatif, ne se rapportent qu'aux journaux cautionnés, les seuls qui peuvent régulièrement rendre compte des séances de nos assemblées politiques. — V. n° 1838.

2094. — La publication par extrait d'un ou de plusieurs discours ne serait pas à l'abri des poursuites si ce ou ces discours renfermaient quelques délits. — Chassan, I, p. 123. V. au chapitre des immunités.

[**480** à **481**]. = 2095. — L'art. 7 de la loi du 9 juin 1819 semble avoir été implicitement abrogé par l'art. 42 de la constitution de 1852 (art. 483) qui porte d'une manière générale et absolue que le *compte rendu des séances publiques* ou *secrètes*, l'article ne distingue pas, du Sénat et du Corps législatif, ne *consistera* que dans la reproduction du procès-verbal officiel; il s'ensuit que lorsqu'il n'y aura pas eu de procès-verbal officiel, et il n'en est pas rédigé pour les séances secrètes, on pourra moins encore donner un compte rendu de ces séances.

2096. — En cas d'infraction, sera-ce la sanction de l'art. 12, L. 9 juin 1819 (art. 481), qui devra prévaloir

2° *Répression des comptes rendus libres, infidèles et de mauvaise foi.*

Comptes rendus infidèles. — Répression.

482. — *L.* 25 *mars* 1822. Art. 7 *en abrégé.*
§ 1. L'infidélité et la mauvaise foi dans le compte que rendent les journaux et écrits périodiques des séances des Chambres... seront punies d'une amende de 1,000 fr. à 6,000 fr.
[V. art. 18, Décret du 17 février 1852, *in fine*, art. 488].

§ 2. — En cas de récidive.., les éditeurs du journal seront, en outre [de l'amende de 1,000 fr. à 6,000 fr.], condamnés à un emprisonnement de 1 mois à 3 ans.

§ 3. — V. *infrà*, art. 492, pour la contravention de rendre compte.

Voir le texte entier de cet article avec l'énumération des pénalités accessoires et aggravantes qu'il comporte, *suprà*, art. 426.

ou celle de l'art. 14, décr. 1852 (art. 486)? Nous nous étions prononcé pour ce dernier article dans notre *Code de la presse* de 1856, n° 620. La Cour de Douai s'est prononcée pour l'art. 12, par un arrêt sur le pourvoi duquel la Cour de cassation a évité de s'expliquer à ce sujet (Cassation, 4 avril 1868, D.68.1.183), et sans s'expliquer davantage sur le maintien en vigueur de l'art. 7 de la loi du 9 juin 1849. Ce point pouvant faire question, nous portons ces deux articles comme non abrogés au texte, en laissant la jurisprudence à décider la question.

[**482**]. — 2097. — L'art. 7 de la loi du 25 mars 1822, la variété des faits qu'il punit le voulait ainsi, a déjà figuré dans trois sections différentes :
Dans la section des offenses envers le pouvoir législatif, par son § 2. (V. art. 345).
Dans la section des injures envers les Cours, tribunaux, etc., par ce même § 2. (V. art. 414).
Enfin, dans la section des infractions mixtes à raison de l'*infidélité* dans les comptes rendus, qui présente à la fois les éléments des délits et des contraventions.
L'ordre des idées nous oblige d'en rapporter ici pour la quatrième fois la disposition à raison de son affinité avec les articles qui suivent et l'art. 22 de la loi de 1822 qui le précède et dont il est le complément, et aussi, afin de présenter réunies toutes les parties de la législation qui ont des points communs sur la même matière.

2098. — HISTORIQUE. — Avant 1852, dès 1819, les rédacteurs des journaux politiques de Paris rédigeaient chaque jour, concurremment avec le journal officiel du Gouvernement, mais par des sténographes particuliers, les procès-verbaux des séances de nos assemblées parlementaires. La loi ne s'y opposant pas, c'était leur droit, ils prétendaient l'exercer comme une mission dans l'intérêt du pays, ils en abusèrent.
Leurs comptes rendus se ressemblaient si peu et différaient à tel point de celui que publiait en même temps le *Moniteur*, qu'on se demandait si c'était bien de la même séance qu'ils rapportaient, d'une façon si diverse, les incidents, les discours et les impressions.
Les volontaires éclaireurs de l'opinion publique l'égaraient à qui mieux mieux par les ténèbres de leur infidélité que l'art. 7 de la loi de 1822 fut impuissant à prévenir et à empêcher. La jurisprudence a conservé les traces de leurs impudences, et l'exposé des motifs de la législation qui en a, pour jamais sans doute, proscrit le retour, mérite d'être rapporté. On le trouvera ci-après sous le n° 2102.
La constitution de 1852 mit fin par son art. 42 à cette mystification de trente ans de durée.

2099. — La France a droit au récit exact et fidèle de ce qui se dit et se fait dans les assemblées de ses représentants; elle l'aura chaque jour, et pour cela, il n'y aura plus à l'avenir qu'un procès-verbal unique de leurs séances, les agents sténographes de l'assemblée elle-même le rédigeront pour être le lendemain inséré dans le journal officiel.
Des comptes rendus analytiques mais exacts de chaque séance, seront en outre mis à la disposition des journaux auxquels leur format ne permettrait pas de donner le compte rendu *in extenso*.

Tel est le système de l'art. 42 de la constitution qui a substitué au régime plein d'abus des comptes rendus *libres*, le régime un peu gênant peut-être des comptes rendus *officiels*.
Les journaux seront libres de les reproduire ou de ne les reproduire pas; mais à quoi qu'ils se décident, il leur est désormais interdit d'une manière absolue d'y suppléer par un compte rendu quelconque. La liberté qu'ils avaient eue jusqu'alors est supprimée.
L'art. 7 de la loi de 1822 impliquait cette liberté.

2100. — L'art. 42 de la constitution a par suite, sous ce rapport, modifié sa disposition; il a abrogé en elle cette implicite pensée de la liberté des comptes rendus sans limiter autrement sa portée première, sauf en ceci que la suppression de la liberté dont elle atteignait les abus a rendu son application plus rare.

2101. — En résumé, et sur ce point capital du maintien en vigueur de l'art. 7, L. 1822 au regard de l'article 42 de la constitution qui ne pouvait être logiquement examiné que dans ce chapitre, voici quel sera le champ de son application.
I. *En ce qui concerne les débats législatifs*, — Le compte rendu est-il la reproduction littérale du procès-verbal officiel, il est légalement *fidèle*, à l'abri de toute poursuite;
S'il n'en est pas la reproduction pure et simple, il faut distinguer :
Ou le récit de la séance, plus succinct ou plus étendu, est cependant le tableau fidèle et de bonne foi de tout ce qui s'y est passé,
Ou non;
Dans le premier cas, il y aura contravention unique à l'art. 42 de la constitution;
Dans le second cas, il y aura en outre infraction à l'art. 7, sa disposition sera partant applicable. — (V. art. 488 ci-après.)
II. *En ce qui concerne les débats judiciaires*, les délits d'offense envers les Chambres, les Cours, les tribunaux, magistrats, etc..., la législation postérieure n'ayant en rien dérogé à sa disposition, l'art. 7 a conservé toute sa force et doit être, comme avant 1852, appliqué à tous les cas qu'elle prévoit.

2102. — Le système des comptes rendus libres a été aboli. Voici le tableau que fit de ses abus M. le premier président Troplong dans son rapport au Sénat sur le sén.-cons. du 3 fév. 1861 qui élargit sur ce point l'art. 42 de la constitution dont la disposition dans le principe n'admettait point le compte rendu sténographique *in extenso* des séances du Corps législatif et du Sénat. (N° 2106.)
« Les journaux, s'ils se décident à insérer le compte
« rendu officiel, devront faire cette insertion *in extenso*
« sans retranchement arbitraire qui tronquerait la discussion. Le Gouvernement n'en aura pas le droit; il
« serait étrange que les journaux eussent ce privilège,
« à moins que vous ne vouliez voir reparaître ces discussions agencées dont l'esprit de parti avait jadis
« introduit l'usage. Un journal, par des coupures adroites
« et un arrangement arbitraire, referait, pour ainsi
« dire, la séance, et plierait toutes les discussions au
« point de vue de son parti. On aurait beaucoup de
« place pour ses amis; on en aurait toujours trop peu
« pour ses adversaires. On laisserait le journal officiel

§ 2. — Régime des comptes rendus officiels depuis 1852.

Ces comptes rendus sont les seuls qu'il soit permis de publier.

Comptes rendus officiels — Publication.

483. — *Constit. du 14 janv. 1852. Art. 42, modifié par le sén.-cons. du 2 fév. 1861.* Les débats des séances du Sénat et du Corps législatif sont reproduits par la sténographie et insérés *in extenso* dans le journal officiel du lendemain.

En outre, les comptes rendus de ces séances, rédigés par des secrétaires-rédacteurs placés sous l'autorité du président de chaque assemblée, sont mis chaque soir à la disposition de tous les journaux.

Les comptes rendus des séances du Sénat et du Corps législatif, par les journaux ou tout autre moyen de publication, ne consisteront que dans la reproduction des débats insérés *in extenso* dans le journal officiel ou du compte rendu [analytique], rédigé sous l'autorité du président, conformément aux §§ précédents.

Néanmoins, lorsque plusieurs projets ou pétitions auront été discutés dans une séance, il sera permis de ne reproduire que les débats relatifs à un seul de ces projets ou à une seule de ces pétitions. Dans ce cas, si la discussion se prolonge pendant plusieurs séances, la publication devra être continuée jusqu'au vote et y compris le vote.

Le Sénat, sur la demande de cinq membres, pourra décider qu'il se forme en comité secret.

Séances publiques et secrètes des Chambres.

Art. 41. — Les séances du Corps législatif sont publiques, mais la demande de cinq membres suffit pour qu'il se forme en comité secret.

V. art. 480 pour l'interdiction du compte rendu dés séances secrètes.

———

Rédaction des comptes rendus analytiques.

484. — *D. 5 fév. 1867. Art. 94.* Les comptes rendus prescrits par le sénatus-consulte du 2 fév. 1861 contiennent les noms des membres qui ont pris la parole dans la séance et le résumé de leurs opinions.

V. sous l'art. 473, l'art. 89 de ce même décret qui interdit l'impression et la publication des discours -isolés des députés sans l'autorisation du Corps législatif.

———

« planer dans les froides régions de l'impartialité ; on
« se donnerait le plaisir d'amuser, d'intéresser, de
« passionner ses lecteurs par des fragments choisis
« avec art et dont on ferait un tableau de fantaisie
« où les uns seraient sacrifiés sans justice et les autres
« exaltés avec exagération. Ces abus ont été vus,
« vous n'en admettrez pas le retour.

« A plus forte raison, le projet de sénatus-consulte
« condamne-t-il ces comptes rendus indirects et dissi-
« mulés qui, jadis, sous prétexte de faire apprécier la
« séance, n'étaient qu'une caricature insultante et la
« satire des personnes. Les actes de la politique sont
« l'accomplissement souvent pénible d'un devoir so-
« cial ; ils ne sont pas faits pour être tournés, chaque
« matin, en parodie, comme s'il s'agissait des scènes
« imaginaires du théâtre. Un pays ne gagne rien à voir
« ses représentants livrés au ridicule, et ses bons ci-
« toyens avilis et travestis. Ces hommes ont leur con-
« sidération, leur honneur, leur liberté ; or, tous ces
« biens précieux, qui sont le droit commun, n'appar-
« tiennent pas au caprice des élèves frivoles d'Aristo-
« phane et de Pétrone. Si les partis se réjouissent à
« ce jeu, la patrie s'en afflige, et un journal, qui a la
« prétention d'être l'organe ou la lumière d'une opi-
« nion, ne ferait pas une œuvre civique, en dépouillant
« à ce point la politique de sa gravité et de sa di-
« gnité.

2104. — « ... Puis, à côté de l'abus du dénigrement
« vient l'abus des apothéoses, qui n'est pas une moindre
« surprise faite à l'opinion publique. N'est-ce pas une
« violence faite à la vérité que ces panégyriques men-
« songers où se complait le sophiste, et qui sont tout
« juste le contraire du compte rendu attendu par la
« nation pour porter son verdict sur ceux qui la repré-
« sentent ? Il ne faut tromper le pays ni par les dé-
« tours de la critique, ni par les subterfuges de l'éloge.
« Tout écrivain qui prend la plume lui doit la vérité.
« Or, ici, il n'y en a pas de plus vraie que la sténogra-
« phie du *Moniteur*. »

2105. — « C'est pourquoi nous concluons avec le
« projet que cette sténographie devra rester intacte en
« passant dans les colonnes des journaux politiques. »
— V. la suite n° 2114.

———

[**485** à **485**.] = 2106. — Avant le sénatus-consulte du 2 fév. 1861, qui en a libéralement modifié les dispositions, l'art. 42 de la constitution réduisait aux proportions d'une analyse froide et toujours à la troisième personne le compte rendu des discours des séances du Corps législatif.

M. le garde des sceaux en apprécia, comme il suit, les dispositions dans sa circulaire du 28 mars 1852 :

2107. — Circulaire. — « De la combinaison de ces
« deux articles (42 de la constitution et 14 du décret du
« 17 fév. 1852), il résulte que le procès-verbal officiel
« des séances ne pourrait être changé, altéré ou mu-
« tilé... Aucune difficulté ne peut s'élever sur le sens
« et la portée de la constitution et de la loi qui dé-
« fendent cette infraction matérielle ; mais on peut se
« demander si, en dehors de ce procès-verbal, il sera
« permis, suivant un procédé déjà employé, d'insérer
« dans une autre partie du journal soit la *relation*,
« soit l'*appréciation* plus ou moins hostile, plus ou
« moins sérieuse de l'ensemble des séances ou même
« de quelque accident particulier. »

2108. — « Il faut que la *pensée* des art. 42 de la
« constitution et du décret du 17 février vous soit net-
« tement révélée afin d'éviter les erreurs, de déjouer
« les calculs et de prévenir les surprises. La *discus-*
« *sion loyale* des actes du pouvoir, l'*examen conscien-*
« *cieux* des matières soumises à l'*élaboration* PUBLIQUE
« *du Corps législatif*, seront toujours acceptées par
« le Gouvernement qui doit vouloir et qui veut en
« effet être éclairé. »

« Mais ni les passions politiques, ni la haine ou l'af-
« fection envers les personnes qui participent à l'ac-
« tion du pouvoir et à la confection des lois, ne
« peuvent se produire sous un prétexte plus ou moins
« spécieux. »

2109. — « Si le compte rendu était remplacé ou
« commenté par des *discussions*, des *appréciations*
« *qui enlèveraient en tout ou en partie à une séance*
« *du Corps législatif sa* VÉRITABLE PHYSIONOMIE ; si la

§ 2 (*Suite*).—Interdiction de rendre compte des séances secrètes du Sénat et du Conseil d'Etat. Sanctions pénales.

Sanction de l'art. 42 de la constitution.

486.—*D.* 17 *fév.* 1852. Art. 14. Toute contravention à l'art. 42 de la Constitution sur la publication des comptes rendus officiels des séances du Corps législatif, sera punie d'une amende de 1,000 fr. à 5,000 fr. (V. nos 2137 à 2148).

Récid.: Amende de 5,000 à 10,000 fr. (Art. 58, C. pén. no 2329).
Circ. att. : Amende de 50 à 1,000 fr. (art. 533).

Séances du Sénat et du Conseil d'Etat.

487.—*Même décret.* Art. 16. Il est interdit de rendre compte des séances du Sénat, autrement que par la reproduction des articles insérés au journal officiel. (V. nos 2137, etc.)

Il est interdit de rendre compte des séances non publiques du Conseil d'Etat.

Sanction pénale.

488. — *Même décret.* Art. 18. Toute contravention aux dispositions des art. 16 et 17 de la présente loi sera punie d'une amende de 50 fr. à 5000 fr., sans préjudice des peines prononcées par la loi (art. 7, loi 1822, art. 482, ci-dessus) si le compte rendu est infidèle et de mauvaise foi. (Nos 2137 à 2148).

Récid. : Amende de 5,000 à 10,000 fr. (art. 58, C. pén., no 2329).
Circ. att. . Amende de 1 à 50 fr. (art. 523).

—————

« force des raisons données était *exagérée* ou *amoin-*
« *drie*, si l'impression produite était *dénaturée ;* si on
« attribuait aux délégués du pouvoir ou à quelques
« membres de l'assemblée, un langage, une attitude,
« des *intentions témérairement supposées ou inter-*
« *prétés*, et à plus forte raison si le mensonge et l'in-
« jure, instruments des passions, qui nuisent à la presse
« elle-même lorsqu'elle s'en sert, exploitaient le ter-
« rain des séances, alors les sévérités de la justice
« seraient encourues. »

2110.—« En un mot, Monsieur le procureur général,
« on ne peut faire indirectement ce que l'art. 42 de la
« constitution empêche de faire directement. — *On ne*
« *peut se mettre en contravention* avec le procès-
« verbal officiel. »

2111. — « La liberté de discussion et d'appréciation
« a pour limites L'EXACTITUDE ET LA LOYAUTE
« *à l'égard des personnes et des choses;* s'il pouvait
« en être autrement, l'art. 42 deviendrait une dispo-
« sition illusoire. »

2112. — Circulaire. M. le ministre de l'intérieur
recommanda à son tour aux préfets « de tenir la main
« à ce que la disposition de l'art. 14 du décret de
« 1852 ne fût point éludée, comme on pourrait le faire,
« sous prétexte de publier des correspondances parti-
« culières ou des articles extraits des journaux étran-
« gers. » — 30 mars 1852.

2113. — Le 24 novembre 1860, l'Empereur, « dans
« le but de rendre plus prompte et plus complète la
« reproduction des débats parlementaires, » décréta
que ces débats seraient chaque jour à l'avenir reproduits *in extenso* dans le *Moniteur* du lendemain, au lieu
et place du compte rendu analytique, mort et froid qui
y était donné, et qu'un autre « compte rendu analytique, mais « vivant, » serait chaque soir adressé à
tous les journaux. » — Conformément à ce *motu pro-*
prio, un projet de sénatus-consulte fut proposé au Sénat
pour modifier l'art. 42 de la constitution.

2114. — Le rapport que présenta à ce sujet M. le
premier président Troplong est le meilleur commentaire du nouvel art. 42; en voici les passages les plus
importants pour son application (V. sous les nos 2102
à 2105, d'autres passages).

2115. — Dans l'une et l'autre assemblée la sténographie fera la peinture vraie et complète de la séance.
« Cette sténographie devra paraître dans le *Moniteur*
« du lendemain, car les impressions se succèdent avec
« tant de rapidité sur notre scène politique, qu'il faut
« les recueillir jour par jour pour tenir l'esprit public
« au courant... Puisque la *publicité* devient un nou-
« veau principe de notre constitution, elle doit avoir
« pour double conséquence *l'exactitude et la célérité.* »

2116. — « Ajoutons que l'insertion de cette sténogra-
« phie dans le journal officiel est obligatoire pour le

« Gouvernement. Il ne lui serait pas permis de la re-
« fuser en tout ou en partie ni d'en corriger ni tron-
« quer le texte. »

2117. — « Quant aux journaux autres que le *Moni-*
« *teur,* rien ne les oblige à insérer la sténographie du
« journal officiel. Mais s'ils se décident à l'insertion,
« le projet établit, conformément à la législation pré-
« cédente, que cette insertion se fera *in extenso.* »
(V. la suite no 2102.)

2118. — « Et néanmoins le projet, voulant à tout
« événement alléger autant que possible les feuilles
« quotidiennes, tout en maintenant les droits d'une
« scrupuleuse exactitude, vous propose un compte rendu
« plus restreint, moins encombrant pour les feuilles
« quotidiennes, qui sera mis à la disposition des jour-
« naux et pourra dans bien des cas remplacer la sté-
« nographie... Mais il est bien entendu que ce compte
« rendu analytique, toujours facultatif pour les jour-
« naux, devient obligatoire dès l'instant que, sans
« adopter la sténographie officielle, ils veulent que
« ces débats aient place dans leurs colonnes. »

2119. — « Alors c'est ce compte rendu seul et non
« un autre qu'ils doivent insérer ; — en un mot, tout
« compte rendu qui ne sera pas la sténographie offi-
« cielle ou le compte rendu officiel, sera considéré
« comme une atteinte à la loi... »

2120. — M. le sénateur Bonjean avait proposé un
amendement tendant à faire décider que tout discours
reproduit intégralement dans un journal, conformément
à l'édition officielle du *Moniteur*, pourrait être de la
part de ce journal un objet de critique et de discussion.

2121. — « Cet amendement, dit M. le président
« Troplong, semble supposer d'abord qu'un discours
« pourra être choisi dans le procès-verbal et reproduit
« isolément, pourvu que ce soit *in extenso.* Cette pro-
« position s'écarte d'une manière fondamentale du pro-
« jet. Ce projet repousse les reproductions fragmentées.
« Il exclut tout ce qui n'est pas un compte rendu com-
« plet, il n'admet pas une tactique insidieuse qui sé-
« pare l'orateur du milieu qui le soutient et lui livre
« à l'écart un combat singulier. » — V. no 2148.

2122. — « En second lieu l'amendement tend à vous
« faire décider législativement une question dont la so-
« lution dépend uniquement des faits et des circon-
« stances ; nous nous expliquons.

« Le sénatus-consulte proposé en remplacement de
« l'article 42 de la constitution, n'a d'autre objet que
« de tracer les règles du compte rendu; il se liera, par
« conséquent, aux art. 14, 16 et 18 du décret de 1852,
« qui ne s'occupent que des contraventions aux pres-
« criptions relatives à ce même compte rendu et ne
« prononcent de peines que sur un point unique. Quant
« au droit de discussion, la loi sur la presse garde le
« silence comme la constitution , et M. Bonjean vou-

« drait qu'il fût suppléé à ce silence par une disposition « expresse. »

2123. — « Mais comment donner *à priori* une dé- « finition assez large et assez exacte pour marquer la « limite qui sépare le compte rendu de la discussion ? « Il n'y a rien de si facile que de faire dégénérer la « discussion en compte rendu; il suffit de quelques ar- « tifices de rédaction et de quelques couleurs habiles. « L'esprit comprend la différence, mais la formule lé- « gale ne pourra jamais arriver à prévoir, à caractériser, « à embrasser les nuances si diverses de la pensée qui, « ici, veut se borner à une simple controverse, là, ca- « cher sous un déguisement un compte rendu fraudu- « leux ou contenant des attaques interdites. Tout reste « donc subordonné aux circonstances. Ce sont des ap- « préciations de fait, du domaine du juge.

« Nous avons donc repoussé l'amendement de M. Bon- « jean, nous avons craint qu'il ne devienne une source « de difficultés, de malentendus et même d'embarras « pour la presse quotidienne. La raison et la bonne « foi disent mieux ce qui est permis que des définitions « ordinairement périlleuses. »

2124. — Il semblait qu'une loi ainsi commentée ne pouvait présenter de difficultés sérieuses; mais la presse n'accepte jamais, sans réagir, les restrictions qu'on lui impose; — celles-ci confinaient un droit reconnu, le droit de discussion; — par l'extension donnée au mot *compte rendu* que la jurisprudence avait appliqué à l'exposé préparatoire des faits à discuter, c'est-à-dire à la position même de la question, les franchises tradi- tionnelles de ce droit parurent menacées; — vive émo- tion dans la presse, un communiqué du Gouvernement, le 8 février 1863, suivi d'un autre le 12, vinrent y ajouter :

2125. — « La discussion et l'appréciation des dis- « cours parlementaires, y était-il dit, sont permises, « mais il n'est pas permis, sous forme de discussion, « de rendre compte des séances du Sénat ou du Corps « législatif. »

2126. — Dans l'intervalle, M. Darimon, député, de- mande au Sénat, par voie de pétition, d'interpréter l'art. 42 de la Constitution au regard du droit de dis- cussion.

La pétition fut écartée par la question préalable à la suite du rapport de M. de la Guéronnière qui pro- clama comme il suit le droit de discussion, dont les limites étaient en question :

« Ce droit exercé avec équité, réglé et contenu par les « lois, fait partie désormais de nos prérogatives législa- « tives, et la commission le reconnaît avec d'autant plus « de confiance qu'elle est d'accord sur ce point avec la « pensée toujours si libérale du Gouvernement. »

2127. — En 1868, à l'occasion d'une poursuite diri- gée contre dix-sept journaux pour comptes rendus illi- cites, la question fut portée le 9 janvier à la tribune du Corps législatif par M. Picard qui accusa le Gou- vernement de vouloir confisquer le droit de discussion.

M. Rouher, ministre d'Etat, répondit : « Je pro- « teste d'une manière absolue contre cette accusation... « le droit de discussion appartient aux journaux... ils « peuvent discuter les opinions du Gouvernement, celles « émises dans cette enceinte, apprécier les votes du « Sénat et du Corps législatif; — ce qui leur est in- « terdit, c'est de faire *un compte rendu parallèle* au « compte rendu officiel... Des journaux, en publiant le « compte rendu officiel, avaient fait eux-mêmes de vrais « comptes rendus analytiques... l'autorité judiciaire est « saisie, il ne m'appartient pas de préjuger son opi- « nion. » (V. n° 2137).

« Je me résume en un mot : *comptes rendus para- « sites défendus; — discussion libre et entière.* » (Mon., 10 janv. 1868.)

2128. — La controverse se déplaça : lorsqu'ils ont inséré l'un des deux comptes rendus officiels, les jour- naux ne sont-ils pas libres de discuter, d'analyser, d'apprécier les discours, les incidents, les impressions de la séance, sans que le résumé qu'ils donneront des faits et des opinions qu'exige leur discussion et leur ap- préciation puisse être qualifié compte rendu illicite?

2129. — Pour l'affirmative. Une consultation si- gnée par dix-neuf avocats de Paris fut, le 16 janvier 1868, publiée dans les principaux journaux de l'oppo- sition, et décidait :

1° Que conformément à la circulaire du garde des sceaux précitée, il n'y a infraction à l'art. 42 de la Constitution que lorsque l'écrivain *s'est mis en contra- diction textuelle avec* le compte rendu officiel. — N° 2140;

2° Que l'appréciation des journaux qui reproduisent le compte rendu officiel doit être complétement libre, quelle que soit la limite dans laquelle ils exposent ou relatent ce qui s'est passé au Corps législatif;

3° Que le droit de discussion n'est cependant nulle- ment subordonné à la publication du compte rendu of- ciel;

4° Qu'un article de journal ne peut avoir le caractère d'un compte rendu à moins de présenter des conditions de forme et d'étendue qui l'assimilent plus ou moins complétement à une sorte de procès-verbal de la séance. V. cette consultation dans le *Manuel de la presse* de M. Hatin, II p. 67.

2130. — Deux amendements aux cours de la discus- sion de la loi sur la presse de 1868, vinrent proposer au Corps législatif de résoudre législativement la ques- tion dans le sens de ces conclusions. Leur discussion dans les séances des 22 et 23 février 1868 ne dura pas moins de dix heures pour aboutir au rejet des amen- dements.

2131. — Pour la négative, voici ce qui fut dit par M. le ministre d'Etat Rouher, dont l'argumentation entraîna la résolution de l'assemblée :

« Un compte rendu de fantaisie en tête du journal, « dans ses dernières colonnes, le compte rendu offi- « ciel, en caractères microscopiques : cela fait deux « comptes rendus au lieu d'un..; c'est violer la cons- « titution qui n'en veut qu'un.

« Ah discutez! emparez-vous du sujet que nous « traitons, faites une discussion résolue du discours « que je prononce.

M. Guéroult. C'est impossible.

M. Rouher. « Impossible! mais que faisons-nous « tous les jours? Est-ce que l'orateur qui monte à « cette tribune fait un compte rendu de la séance ? « Non, il discute le discours entendu, il l'examine, le « combat; que dans le journal s'établisse la lutte, se « produise la discussion et l'appréciation du discours « que j'ai prononcé, rien de mieux, pas d'objection, « pas de difficulté..., j'admets même que la *discussion, « par la nécessité des choses, puisse entrer dans « l'indication des faits, la mention des événements, « des particularités du discours* ou *d'une partie du « discours* pour être vraie et complète, nous ne nous « y opposons pas.

2132. « Vous dites qu'on ne peut pas discuter sans « rendre compte ? Je vous réponds par ce qui, tous « les jours, se pratique dans cette enceinte : l'orateur « résume le discours de son adversaire, il en déter- « mine les faits principaux, il les combat, il conclut, il « émet son opinion.

« Eh bien, faites de même dans la presse, et je « n'aurai pas peur des travestissements et des violences « de langage quand vous serez engagé dans un débat « sérieux topique, précis, qui nécessite l'examen et la « méditation.

« 2133. « Il n'y a qu'un compte rendu officiel, la « constitution n'en a pas voulu d'autres... Mais elle a re-

« connu le droit de discussion. Prenez le discours
« d'un orateur, prenez la question soulevée, discutez-
« la avec nous, apportez-y la lumière, les arguments
« du droit et de la raison, que ce soit une controverse
« sérieuse, invoquez même les impressions de la
« séance pour marquer la gravité de la situation soit,
« mais pas de comptes rendus... par l'analyse ou
« l'exposé des incidents de la séance.

2134. « Pesez les conséquences : lorsque vous aurez
« permis *les premiers Paris* commençant ainsi :
« La séance s'est ouverte à telle heure, tels ou tels
« orateurs ont parlé, ils ont discuté bien ou mal,
« d'une manière violente ou déraisonnable, on a voté
« telle chose. » Le jour où vous auriez permis cette
« analyse, vous verriez bien vite arriver le dénigre-
« ment systématique et l'abandon surtout du tableau
« exact de tous les débats de la Chambre que la con-
« stitution a voulu mettre en face du pays au lieu d'y
« mettre les élucubrations des journalistes.

2135. — « On va plus loin, on nous dit : Mais enfin
« cette limite (entre le droit de discussion et les
« comptes rendus), elle n'est pas suffisamment tracée;
« il faut la fixer d'une manière plus énergique.

« Messieurs, on a déjà répondu devant le Sénat et
« on a dit : la tracer d'une manière plus énergique,
« vous n'y parviendrez pas; c'est de l'application de
« la vérification des faits, c'est de la lecture même de
« l'article que peut naître la conviction sur la question
« de savoir s'il y a discussion ou simple compte rendu.
« Vous voulez arriver à l'interprétation de l'art. 42 :
« — Ah! permettez-moi de vous signaler l'écueil. Je
« ne sais ce qui adviendra de ce signal; je ne sais si
« le Sénat voudra un jour remanier l'art. 42, le rendre
« plus explicite, plus complet s'il n'avait pas suffisam-
« ment ce caractère, je ne l'examine point. Mais ce
« qu'on vous demande à l'heure actuelle, c'est d'exer-
« cer une véritable attribution constitutionnelle.

« Que dit l'amendement ? Il dit : « Quand on aura
« inséré le compte rendu officiel, on aura le droit ou
« de tout discuter ou de rendre compte de tout. »

« Quand on aura inséré le compte rendu ! »

« Messieurs, nous reconnaissons *le droit de dis-
« cussion sans condition*... seulement vous voulez en
« même temps *le droit de compte rendu sous une
« condition*. Vous voulez avoir le droit d'apprécier, de
« discuter, d'analyser et de faire un compte rendu
« après publication du compte rendu officiel.

« Eh bien !... vous reprendriez, sinon dans ses
« termes, du moins dans son esprit, l'amendement de
« M. Bonjean (repoussé par le Sénat, n° 2422-2424);
« vous modifieriez, vous compléteriez, vous interpréte-
« riez ainsi l'art. 42 de la Constitution.

« Ne nous laissons pas entraîner sur une pente aussi
« dangereuse....... » — *Moniteur* des 23 et 24 fév.
1868.

Le Corps législatif rejeta les amendements en discussion de MM. de Janzé, Ollivier, Richard et Darimon,
par 155 voix contre 66.

2436. — Il résulte de cette discussion qu'on doit distinguer entre le *droit de discuter les opinions, les
discours et les résolutions du Corps législatif et le
droit de discuter ses séances* : — On ne *discute pas
une séance, on en rend compte*, et c'est ce qui est interdit.

[486-488.] — *Compte rendu*, V. sur le sens
de ce mot, n° 1836 et suivants.

2437. — Sur la poursuite dont il a été parlé sous le
n° 2127, il a été décidé par jugement du tribunal de
la Seine, confirmé par la Cour de Paris, que c'était
faire un compte rendu illicite d'une séance du Corps
législatif que de faire connaître dans un article séparé,
inséré dans le numéro même qui a reproduit le compte

rendu officiel, le nom des orateurs qui ont pris part à
la discussion, le sujet de leur discours, l'impression
qu'ils ont produite et leur opinion, alors même que cet
exposé n'aurait pour but que d'arriver à la critique de
cette opinion. — 25 janvier 1868. - G. T. du 26. —
Paris, 3 avril 1868. - G. T. du 4.

2438. — En rejetant le pourvoi des journaux condamnés, la Cour de cassation a décidé cependant :
que le droit de discussion qui existe incontestablement
pour la presse entraîne nécessairement le droit d'exposer en substance l'opinion émise par l'orateur dans ce
qui est indispensable à la discussion à laquelle le journaliste veut se livrer. — Cass., 2-3 juillet 1868,
G. T. du 10.

2439. — La limite de ce droit réside dans l'interdiction absolue de rapporter avec plus ou moins d'étendue la narration des faits, c'est-à-dire tout ce qui n'est
pas nécessaire à l'exercice du droit de discussion. —
(Même arrêt.)

2440. — *Par les journaux ou tous autres moyens
de publication.* (Art. 42, Constitution.) — L'article
14, décr. de 1852, s'applique même à la presse non périodique : « Il en devait être ainsi pour assurer l'efficacité de l'art. 42 de la Constitution. » — Circ. min.
de la just., 28 mars 1852.

2441. — *Des séances :* — Secrètes ou publiques, cette
expression de l'art. 14 du décret de 1852 et de l'art.
42 de la Constitution, est générale et comprend les
unes et les autres.

2442. — En interdisant tous comptes rendus autres
que les comptes rendus officiels, l'art. 42 de la Constitution défend virtuellement tout compte rendu des
séances dont il n'est pas publié de comptes rendus
officiels et conséquemment des séances tenues à huis
clos. — Cass., 4 avril 1868 D. 68.1.183. V. n°s 2095
et 2096 sur la question de savoir quelle peine est applicable dans ce cas.

2443. — Cette prohibition s'étend à toute séance à
huis clos, soit qu'il s'agisse d'une séance générale en
comité secret, soit que le Corps législatif procède, suivant les formes constitutionnelles, par une commission
choisie dans son sein et tenant, sur sa délégation, des
séances qui, de leur nature, ne sont pas publiques. —
Même arrêt.

2444. — *Ne consistera que dans la reproduction.*
— Sans addition ni retranchement; mais il n'y aurait
pas contravention à discuter les comptes rendus officiels reproduits, au bas de la page et à la note au moyen
de numéros de renvoi insérés dans le texte des discours ou en marge; ce ne serait pas là, à proprement
parler, des additions au procès-verbal officiel.

2445. — *Des débats insérés in extenso ou du
compte rendu analytique.* » — Pourrait-on licitement,
après avoir commencé la publication d'une discussion
par le procès-verbal officiel *in extenso*, la continuer,
pour abréger par le compte rendu officiel analytique, et
même entremêler les passages de l'un avec les passages
de l'autre? Je ne le pense pas : le texte est formel. —
V. n° 2117-2119.

2446. — *Toute contravention à l'article 42 de la
Constitution.* — La publication d'un *compte rendu
autre* que les comptes rendus officiels constitue une
contravention matérielle qui ne comporte le bénéfice
d'aucune excuse, ni celle de la surprise, ni celle de la
bonne foi; les gérants sont tenus à une surveillance
sévère et continue des articles insérés dans leurs
feuilles. (V. n°s 985-992).

2447. — Les contraventions n'admettant pas les
règles de la complicité, celui qui a fourni le *compte
rendu autre* au journal qui l'a publié ne pourrait être
puni comme complice de la contravention. — Cass.,
18 janvier 1867. D.67.1.233. — Mais il pourrait, en
cas *d'infidélité* et *de mauvaise foi* dans le compte

Sect. II. — Comptes rendus des opérations militaires en Algérie et des actes interdits aux conseils généraux et municipaux.

Compte rendu interdit dés opérations militaires.

489. — *D.* 14 *mars* 1855. Sur le régime de la presse en Algérie. Art. 1er.

§ 1. Ce § rend exécutoire en Algérie le décret du 17 février 1852.

§ 2... L'interdiction portée par l'art. 16 du décret du 17 février 1852 [art. 487 ci-dessus] est [en Algérie] étendue à toute publication ou article ayant pour objet les opérations militaires, les mouvements de troupes ou les travaux de défense des places de terre et de mer, en ce qui concerne la colonie.

Cette interdiction n'est applicable ni à la reproduction pure et simple des articles insérés dans les journaux officiels de la métropole ou de l'Algérie, ni aux publications préalablement autorisées par l'administration.

Peine de l'art. 18 du décret du 17 fév. 1852 (art. 488), Amende de 50 à 5000 fr. (no 2152).
Récid. : Amende de 500 à 10,000 fr. (art. 58, C. pén.), no 2329.
Circ. att. : Amende de 1 à 50 fr. (art. 533).

rendu, être retenu comme complice à raison de ce délit particulier, prévu et puni par l'art. 7, L. 1822, auquel renvoie l'art. 18 du décret du 17 fév. 1852. — V. *notes* sous l'art. 426.

2148. — La publication, par un journal cautionné, des discours isolés de députés qui auraient obtenu, conformément à l'art. 84 (art. 473) du décret du 5 fév. 1867, l'autorisation de les faire imprimer séparément constituerait-elle une contravention ? Je ne le pense pas ; — elle ne serait passible d'aucune peine, si cette insertion dans le journal avait été faite avec le consentement de l'auteur du discours. (V. nos 177-2121.)

V. sur cet art. 84 du décret précité nos annotations sous les art. 52 et 473.

[489.] — 2149. — Le décret du 14 mars 1855 n'a pas été inséré au Bulletin des lois ; il est spécial à l'Algérie. Le § 1 de son art. 1 y rend exécutoire le décret du 17 février 1852 sur la *presse*. — La disposition additionnelle de son deuxième § s'explique et se justifie suffisamment par la situation d'un pays à peine soumis, où les indiscrétions de la presse pourraient n'être pas sans dangers pour la sécurité de nos habitants et le succès de nos armes.

2150. — L'interdiction de ce paragraphe ne concerne pas les journaux de la métropole ; je ne serais toutefois pas éloigné de penser que leur publication en Algérie pourrait y être arrêtée s'ils contrevenaient à sa disposition. Le terme *publication* est large et comprend l'introduction et l'émission en Algérie.

2151. — Les comptes rendus ou articles ayant pour objet les opérations militaires pourraient d'ailleurs, en cas d'annonces fausses de ces opérations, constituer plus qu'une simple contravention à l'art. 1 du décret de 1855, mais un délit de fausses nouvelles auquel serait applicable l'art. 15 du décret du 17 février 1852 exécutoire en Algérie.

2152. — En étendant la prohibition de l'art. 16 de ce décret aux comptes rendus des opérations militaires, etc..., le décret de 1855 a implicitement sanctionné son interdiction par la disposition pénale qui sanctionne cet art. 16, c'est-à-dire par l'art. 18 du décret du 17 février 1852. — V. art. 488.

[490] = 2153. — L'infraction à la prohibition de l'art. 19, L. 22 juin 1833, ne peut être en elle-même qu'une contravention ; — Le fait matériel de la publication qu'il interdit suffira seul, indépendamment de

Actes interdits aux conseils généraux, etc.

496. — *L.* 22 *juin* 1833. *Organisation des conseils généraux.* Art. 19. Tout éditeur, imprimeur, journaliste ou autre, qui rendra publics les actes interdits aux conseils généraux [et d'arrondissement, art. 28] par les art. 15 [délibération pure hors réunion légale] art. 16 [correspondances avec d'autres conseils d'arrondissement ou de département] et art. 17 [proclamation et adresses], sera passible des peines portées en l'art. 123 du Code pénal.

Prison, de 2 à 6 mois et interdiction des droits civiques et de tout emploi pendant 10 ans au plus.
Récid. : Prison, de 6 mois à 1 an (art. 58, C. pén., no 2329).
Circ. att. : Prison, de 1 jour à 2 mois (art. 463, C. pén.).

toute intention délictueuse, à motiver l'application des peines qu'il édicte. Mais le renvoi que, pour la sanction, le législateur a fait à l'art. 123 du C. pénal, donne lieu de penser que, dans ses prévisions, la publication qu'il réprime si énergiquement se rattache au délit prévu par l'art. 123 sous la qualification *de concert de mesures illégales* ou *correspondances illégales des dépositaires de l'autorité :* — Il ne serait pas douteux, s'il en était ainsi, que la publication dont il s'agit ne fût plus qu'une contravention et que l'intention délictueuse ne fût alors un de ses éléments constitutifs. — Cette intention jointe au fait pourrait d'ailleurs, en cas de délit principal, annexer le publicateur à ce délit comme complice.

2154. — Les actes interdits sont spécifiés comme il suit :

Art. 15. Toute délibération prise hors de la réunion légale du conseil est nulle de droit. — Le préfet, par un arrêté pris en conseil de préfecture, déclare la réunion illégale.

Art. 16. Il est interdit au conseil... de se mettre en correspondance avec un ou plusieurs autres conseils...

Art. 17. Il est interdit à tout conseil... de faire ou de publier aucune proclamation ni adresse.

2155. — *Tout éditeur... ou autre.* — Par ces expressions, l'art. 19 comprend tout individu qui a pris l'initiative de la publication ou de l'impression, mais non *les distributeurs et les colporteurs.* La législation qui régit ces derniers suffit amplement à prévenir et réprimer le concours qu'ils pourraient prêter à la publication sans y avoir été autorisés. — V. art. 6, L. 1849 (465).

2156. — Quant aux *afficheurs,* si les actes dont il s'agit rentrent dans la catégorie des actes politiques, leur publication par voie d'affiche tombera sous les coups de l'art. 1, L. 10 déc. 1830 (art. 445) ; dans le cas contraire, si l'écrit affiché n'a rien de politique, son affichage se trouvera régi soit par la législation municipale des arrêtés locaux, et donnera lieu à des peines de simple police, soit par la loi précitée de 1830, art. 2, s'il est irrégulièrement affiché par un afficheur de profession.

2157. — Si les actes du conseil qui auraient été publiés se trouvaient être mensongers et mensongèrement attribués au conseil, ou s'ils avaient été si inexactement rapportés ou dénaturés que les écrits qui en rendraient compte pussent être considérés comme de faux extraits d'actes de l'autorité ou comme des pièces fabriquées, ou mensongèrement attribuées à des tiers, l'art. 5 de la loi de 1830 et l'art. 45 du décret du 17 février 1852 permettraient de n'en pas laisser les auteurs impunis. — V. art. 447 et 448.

Liberté de rendre compte des délibérations régulières de ces conseils.

Actes interdits aux Conseils municipaux.	*Liberté pour les débats réguliers de ces conseils.*

491. — *L.* 5 *mars* 1855. *Organisation municipale.* Art. 26. Tout éditeur, imprimeur, journaliste ou autre qui rendra publics les actes interdits aux conseils municipaux par les art. 24 [délibération hors réunion légale] et l'art. 25 [correspondances avec d'autres conseils. — Proclamations et adresses], sera passible des peines portées en l'art. 123 du Code pénal [indiquées en l'article précédent].

V. ci-contre pour la pénalité.

491.A. — *Par induction.* La publication des autres actes des conseils généraux, d'arrondissement et municipaux n'est, par conséquent, pas interdite.

Le compte rendu de leurs séances, bien que non publiques, n'est pas davantage interdit.

Sans préjudice, toutefois, des peines qui pourraient être encourues si le contenu de ces comptes rendus était par lui-même ou par les actes, écrits ou discours qu'il rapporte, criminel ou délictueux.

[**491.491** A] = 2458. — L'art. 26 de la loi municipale du 5 mars 1855 est à peu de chose près la reproduction de l'art. 19 de la loi de 1833 : — les annotations précédentes s'appliquent aussi bien à l'un qu'à l'autre. — Le texte des art. 24 et 25 auquel renvoie cet art. 26 diffère peu également du texte des art. 15, 16 et 17 ci-dessus rapportés sous le n° 2454. Ils prévoient et interdisent aux conseils municipaux des actes complétement identiques.

2459. — **Question.** — Une question qui aurait pu aussi bien se produire relativement aux séances des conseils généraux a été sur ce point soulevée au sujet de la publication du compte rendu des séances des conseils municipaux. — On a demandé si, par cela seul que ces séances n'étaient pas publiques, il était interdit d'en faire connaître, par la voie de la presse ou autrement, les discussions et résolutions sans autorisation.

La négative ne nous semble pas douteuse :

L'art. 29 de la loi du 18 juillet 1837, non abrogée, porte : *les séances des conseils municipaux ne sont pas publiques.* (sic, art. 13, L. 22 juin 1833 pour les conseils généraux.)

« Leurs débats ne peuvent être publiés OFFICIELLEMENT qu'avec l'autorisation de l'autorité supérieure. »

« Il est voté au scrutin secret si trois membres le réclament. »

Cet article termine le chapitre II intitulé : *Des attributions des conseils municipaux,* composé de treize articles dont les six derniers sont plus spécialement consacrés à réglementer la tenue et les séances des conseils.

La loi du 5 mars 1855, art. 22, déclare à son tour :

« Les séances des conseils municipaux ne sont pas pu-
« bliques. Les délibérations sont inscrites par ordre de
« date sur un registre ; — elles sont signées par tous
« les membres présents.

« Copie en est adressée au préfet et au sous-préfet. »

« Tout habitant contribuable de la commune a droit
« de demander communication sans déplacement, et
« de prendre copie des délibérations du conseil muni-
« cipal de la commune. »

Cet article fait partie du chapitre II, qui de l'art. 15 à l'art. 29 réglemente la convocation et la tenue des conseils municipaux et complète sous ce rapport, sans l'abroger, la législation antérieure.

Le rapprochement de ces textes suffit pour résoudre la question de savoir si la publication des débats de ces conseils est ou non subordonnée à une autorisation.

En reproduisant le § 1 de l'art. 29 de la loi de 1837, avec prétérition du § 2 et en reconnaissant à tout habitant le droit *de prendre communication et copie des délibérations,* l'art. 22 de la loi de 1855 pourrait jusqu'à un certain point donner à penser qu'en ce qui concerne la publication de leurs débats, la loi de 1837 a été absorbée par les dispositions plus détaillées de la loi de 1855 et que le § 2 de l'art. 29 se trouvant ainsi abrogé par absorption, ces débats peuvent être *officiellement publiés* par les maires sans autorisation du préfet. — Mais quand bien même cela ne serait pas, — notre solution n'en devrait pas moins être la même par la raison que ce § 2 ne subordonnant à l'autorisation préfectorale que la *publication officielle* des débats, c'est-à-dire la publication que pourraient en faire officiellement les maires, laisse entièrement libre leur publication non officielle par tout autre.

L'art. 26 ci-dessus transcrit, qui ne défend la publication que « *des délibérations sur objets étrangers aux attributions du conseil, ou par eux prises hors réunions légales,* art. 24, n'implique-t-il pas d'autre part, *a contrario,* toute liberté de publier ce qui ne leur est pas défendu, soit les débats, soit des délibérations régulières et régulièrement tenues ? Le paragraphe final de l'art. 22 de la loi de 1855 ne dit-il pas enfin très-explicitement que les délibérations du conseil appartiennent à tous les habitants, c'est-à-dire au *public* ? Les délibérations emportent comme accessoires les débats qui les motivent du moment où, comme pour certains débats, leur publication n'est pas expressément défendue.

2460. — La prescription de l'art. 29 de la loi de 1833 et de l'art. 22, L. 1855, qui refusent toute publicité aux séances des conseils municipaux, n'est d'ailleurs pas aussi absolue qu'elle le paraît ; — elle n'a point de sanction directe ; cette omission n'est pas involontaire, la discussion ne laisse aucun doute à cet égard ; — ce que la loi a voulu par cette interdiction de publicité, ce n'est pas le silence, le secret absolu des délibérations, mais seulement refuser tout caractère officiel aux comptes rendus des séances dont la publication aurait lieu sans autorisation.

Décis. du 17 sept. 1861.

2461. — Il y a lieu de faire observer ici que l'art. 7 L. 1822 (art. 426) n'étant pas applicable aux séances des conseils municipaux, les comptes rendus qui en seraient publiés ne pourraient être incriminés à raison de l'*infidélité* et de la *mauvaise foi* qui les entacheraient : — Ils ne seraient susceptibles de poursuites que dans le cas où ils contiendraient un délit caractérisé soit par eux-mêmes, soit par les discours ou paroles prononcés dans le sein du conseil municipal, s'ils étaient offensants, injurieux ou autrement délictueux.

2462. — **Circulaire.** — « Les conseils municipaux
« ne peuvent faire aucune communication aux journaux
« pour la *publication officielle* de leurs débats qu'avec
« l'autorisation du préfet. » — Art. 2, L. 1837, circ. min. intér., 16 sept. 1865, D.65.3.75.

2463. — « *Cette publication officielle* ne peut con-
« sister qu'en une reproduction du texte même de ces
« délibérations, tel qu'il existe sur les registres du
« conseil et non dans l'insertion d'un compte rendu
« spécial et analytique des séances distinct du procès-
« verbal. » — L. 1855, art. 19, 22, 26 (même circ.).

2464. — « L'autorisation du préfet ne peut être préa-
« lable, générale et indéfinie ; elle doit être demandée
« et accordée spécialement pour chaque délibération

Sect. III. — Compte rendu des audiences et de certains procès, etc.

1.° Procès en diffamation et outrages. — Procès jugés à huis clos. — Interdiction.

Compte rendu en violation d'une interdiction.

492. — *L.* 25 *mars* 1825. Art. 7. L'infidélité et la mauvaise foi dans les comptes que rendent les journaux ou écrits périodiques des séances parlementaires ou des audiences des Cours et tribunaux, sont punies de 1,000 à 6,000 fr. d'amende.

En cas de récidive, ou lorsque le compte rendu sera offensant pour les Chambres ou leurs membres, ou injurieux pour la Cour, le tribunal ou l'un des magistrats, des jurés ou des témoins, la peine sera de... (V. art. 426).

Dans les mêmes cas, il pourra être interdit, pour un temps limité ou pour toujours, aux propriétaires et éditeur du journal ou écrit périodique condamné, de rendre compte des débats législatifs ou judiciaires.

La violation de cette défense sera punie des peines doubles de celles portées au présent article [c'est-à-dire d'un emprisonnement de 2 mois à 6 ans et d'une amende de 2,000 fr. à 12,000 fr. [V. art. 426 *suprà*].

Récid. : Prison, de 6 mois à 1 an, et Amende de 12,000 à 24,000 fr. (art. 58, C. pén., n° 2329). Circ. att. : Prison, de 1 jour à 2 mois et, ou, Amende de 50 à 2000 fr. (art. 538). — Comparez avec l'art. 497, § 4, ci-dessus.

Procès en diffamation ou jugé à huis clos.

493. — *L.* 18 *juillet* 1828. Art. 16. Dans les procès qui ont pour objet la diffamation, si les tribunaux ordonnent, aux termes de l'art. 55 de la charte [art. 81, const. 1848] que les débats auront lieu à huis clos, les journaux ne pourront, à peine de 2,000 fr. d'amende, publier les faits de diffamation, ni donner l'extrait des mémoires ou écrits quelconques qui les contiendraient.

Récid.: Amende de 2,000 à 4,000 fr. (art. 58, C. pén., n° 2329). Circ. att. : Am., de 50 à 2,000 fr. (art. 538).

Dans toutes les affaires civiles ou criminelles où un huis clos aura été ordonné, ils ne pourront, sous les mêmes peines, publier que le prononcé du jugement.

(Suite).

494. — Art. 17. Lorsqu'aux termes du dernier § de l'art. 23 de la loi du 17 mai 1819 [art. 539] les tribunaux auront, pour les faits diffamatoires étrangers à la cause, réservé, soit l'action publique, soit l'action civile des parties, les journaux ne pourront, sous les mêmes peines, publier ces faits ni donner l'extrait des mémoires qui les contiendraient.

« qu'il s'agit de publier. — Cette autorisation doit « être refusée pour des délibérations qui, lors même « qu'elles seraient régulières d'ailleurs, contiendraient « le nom des membres qui ont pris part à la discus- « sion. » — Même circulaire.

2165. — Ces instructions ne concernent que les publications *officielles* des délibérations, — et non point les publications privées et libres.

[**492**.] = 2166. — Cet art. 7 n'est ici reproduit qu'à raison de la contravention matérielle que punit sa disposition finale et sur laquelle nous nous sommes déjà suffisamment expliqué. — V. n° 4864 à 4872. — Cette contravention est d'une nature identique à celle que prévoit l'art. 498 ci-après relativement à l'art. 497.

[**493** à **494**.] = 2167. — Les art. 46 et 17 de la loi du 18 juillet 1828 « sont maintenus, » porte la circulaire du ministre de la justice du 28 mars 1852.

2168. — L'art. 44 de la loi du 27 juillet 1849 (article 496), par son interdiction plus absolue et plus générale, me semble avoir cependant quelque peu diminué sur certains points l'application de l'art. 46 de la loi de 1828. — Que le huis clos soit ou non ordonné, il est en effet interdit par cet art. 44 de rendre compte des procès en diffamation contre les simples particuliers et les agents accrédités des puissances étrangères pour lesquelles la preuve des faits diffamatoires n'est pas admise.

2169. — Au cas où le huis clos aura été prononcé, la plainte pourra, conformément audit art. 44, L. 1849, être publiée, sur la demande du plaignant, à la condition toutefois, si cette publication est demandée après le jugement, de respecter la prohibition de l'art. 46, L. 1828, c'est-à-dire que l'annonce de cette plainte ne devra alors rien faire connaître des faits diffamatoires.

2169 bis. — *Dans toute affaire où le huis clos aura été ordonné :* — La publicité des débats en matière civile, criminelle et correctionnelle est un principe de droit public depuis 1789, que toutes nos constitutions ont proclamé jusqu'en 1848.

Une restriction a toutefois été apportée à ce principe, dans l'intérêt de la morale et de l'ordre public, par les dispositions des art. 87 du C. de procédure civile, 64 de la charte de 1814, 55 de la charte de 1830 et 84 de la constitution de 1848. Voici le texte de la première et de la dernière de ces dispositions.

Art. 87, *C. proc. civ.* « Les plaidoiries sont publiques « excepté dans le cas où la loi ordonne qu'elles seront « secrètes. Pourra cependant le tribunal ordonner qu'elles « se fassent à huis clos, si la discussion publique devait « entraîner ou scandale ou des inconvénients graves; « mais dans ce cas, le tribunal sera tenu d'en délibé- « rer, et de rendre compte de la délibération au pro- « cureur général... »

Art. 84 *de la constitution de* 1848, — que n'a point abrogé la constitution de 1852 : — « Les débats « sont publics, à moins que leur publicité ne soit dan- « gereuse pour l'ordre public et les mœurs, et dans ce « cas, le tribunal le déclarera par un jugement. »

2170. — La prohibition de l'art. 46, L. 1828, est, dans son sens particulier, générale et absolue. Dans toutes les affaires jugées à huis clos, les journaux ne pourront, sous aucun prétexte, publier que les jugements; l'interdiction de rendre compte porte non-seulement sur les débats de chaque audience, mais sur toutes les pièces, documents et rapports produits aux débats, et encore sur les plaidoiries et les réquisitions du ministère public. Autour des procès dont la publicité est jugée malsaine, la loi veut faire le silence et protéger le huis clos contre toutes les indiscrétions. — Chassan, I, n° 939 ; Dalloz, v° *Presse*, n° 299.

2171. — Nous ne saurions par cette raison admettre une distinction que M. de Grattier propose de faire entre les procès en diffamation jugés à huis clos et les autres procès également jugés à huis clos; — il induit du rapprochement des §§ 1 et 2 de l'art. 46 que ce n'est que pour les premiers qu'est *interdite la publication des faits de la cause*; quant aux seconds, l'interdiction

2° Interdiction de publier les actes d'accusation, les noms des jurés prématurément et de rendre compte des procès de presse ou des procès dont le compte rendu est interdit.

Actes d'accusation et de procédure criminelle.

495. — *L.* 27 *juillet* 1849. Art. 10. Il est interdit de publier les actes d'accusation et aucun acte de procédure criminelle avant qu'ils aient été lus en audience publique, sous peine d'une amende de 100 fr. à 2,000 fr.

En cas de récidive commise dans l'année, l'amende pourra être portée au double, et le coupable condamné à un emprisonnement de 10 jours à 6 mois.

Circ. att. : Prison, de 1 à 10 jours et, ou, Amende de 1 à 100 fr. (art. 532).

Procès en diffamation. — Nom des jurés. — Délibérations.

496. — Art. 11. Il est interdit de rendre compte des procès pour outrages ou injures et des procès en diffamation où la preuve des faits diffamatoires n'est pas admise par la loi (V. nos 2193 à 2202).

La plainte pourra seulement être annoncée sur la demande du plaignant. Dans tous les cas, le jugement pourra être publié.

Il est interdit de publier le nom des jurés, excepté dans le compte rendu de l'audience où le jury aura été constitué (V. nos 2203 à 2205).

Il est interdit de rendre compte des délibérations intérieures soit des jurés, soit des Cours et tribunaux (V. nos 2206-2207).

L'infraction à ces dispositions sera punie d'une amende de 200 fr. à 3,000 fr.

En cas de récidive commise dans l'année, la peine pourra être portée au double. [Amende de 400 fr. à 6,000 fr.].

Circ. att. : Amende de 50 à 200 fr. (art. 533).

Comptes rendus de procès de presse.

497. — *D.* 17 *fév.* 1852. Art. 17. Il est interdit de rendre compte des procès pour délits de presse. « [pour délits commis par la voie de la presse, — « porte l'art. 16 du décret du 28 mars 1852 sur la presse en Algérie.] — N° 2210-2214.

La poursuite pourra seulement être annoncée.

Dans tous les cas, le jugement pourra être publié.

Compte rendu interdit par jugement.

Dans toutes les affaires civiles, correctionnelles ou criminelles, les Cours ou tribunaux pourront interdire le compte rendu du procès (V. nos 2222-2227).

Cette interdiction ne pourra s'appliquer au jugement, qui pourra toujours être publié.

Comparez avec l'art. 492, § dernier ci-dessus.

Sanction pénale.

498. — Art. 18. Toute contravention aux dispositions de l'art. 17 [ci-dessus] de la présente loi, sera punie d'une amende de 50 fr. à 5,000 fr. (V. 2228 à 2220).

Sans préjudice des peines prononcées par la loi [du 25 mars 1822, art. 7 ci-dessus. V. art. 492] si le compte rendu est infidèle et de mauvaise foi.

Récid. : Amende de 5,000 à 10,000 fr. (art 58, C. pén., nc 2329. Circ. att. : Amende de 1 à 50 fr. (art. 533).

---

ne portant que sur *les débats*, les faits du procès peuvent être livrés à la publicité. — De Grattier, II, p. 204.

2172. — « L'interdiction ne s'impose qu'à partir du moment où le huis clos est ordonné; — le compte rendu des audiences *publiques* antérieures n'est pas interdit; ces audiences sont tombées dans le domaine public; ce n'est pas violer le secret du huis clos que d'en rendre compte. »—Dalloz, v° *Presse*, n° 304 ; — mais, comme le champ de la liberté sur ce point a été encore restreint par le décret de 1852, ceci doit être entendu sous cette réserve qu'il ne s'agira pas d'un procès pour délit de presse, car bien que jugé en audience publique, tout compte rendu de délit de presse en est interdit par l'art. 17 de ce décret (art. 497).

[**495**] = 2173. — Voici comment M. Labordère, rapporteur du comité de législation en 1848, sur la proposition de qui l'art. 10 fut introduit dans la loi du 27 juillet 1849, en fit connaître le sens et la portée :

« Notre droit criminel veut que les instructions cri-« minelles soient secrètes. La divulgation de leurs « actes en entraverait souvent la marche et pourrait « prêter à la malveillance des moyens de tromper la « vigilante attention des magistrats...

« C'est surtout par respect pour le droit sacré de la « défense qu'il est indispensable d'en empêcher la « publication : les inculpés n'auraient aucun refuge, « aucun appui contre les divulgations à l'aide desquelles « pourraient se produire la diffamation et la calomnie ; « ils n'auraient même pas en certains cas, contre de « pareilles attaques, la tardive et insuffisante ressource « de l'audience; l'interdiction de publier les actes d'ac-« cusation n'aurait dans tous les cas qu'une incom-

« plète efficacité, si elle ne s'étendait pas sur les actes « de la procédure qui y a donné lieu... Cette publi-« cation anticipée nuirait d'ailleurs à la défense en ce « qu'elle propagerait d'avance une espèce d'opinion « commune qui avant les débats flétrirait les accusés « et les désignerait au jury comme coupables. » — G.T. du 17 sept. 1848.

2174. — *Il est interdit de publier.* Cette prohibition est générale et absolue et semble s'appliquer à la presse ordinaire aussi bien qu'à la presse périodique, et comprendre encore les modes de publication par l'écriture ; mais, fait observer M. Chassan, dans son supplément, p. 406, le chapitre sous lequel l'art. 10 est placé porte pour rubrique : *dispositions relatives aux journaux et écrits périodiques*, ne peut-on pas dire que la prohibition ne concerne que les journaux périodiques? Il faudrait ainsi le décider si la spécialité d'une rubrique, non votée, pouvait prévaloir sur la généralité d'une disposition discutée et spécialement votée. — V. n° 2176.

2175. — Bien que la prohibition de l'art. 10 ait été édictée en partie dans l'intérêt de la défense des accusés, V. n° 2173, il ne s'ensuit pas que l'accusé puisse se permettre la publication des actes de procédure le concernant. La loi est générale, et l'opinion d'un orateur ou d'un rapporteur ne saurait permettre de distinguer là où elle distingue pas. — Dalloz, v° *Presse*, n° 988.

2176. — Cette prohibition s'applique aussi bien au cas où la publication est faite dans l'intérêt de la défense que dans celui où elle pourrait lui préjudicier, et encore au cas où elle est faite par toute autre voie que celle des journaux, au moyen, par exemple, d'un mémoire en défense. — Trib. Lyon, 24 février 1858, D.58.3.40.

2177. — *Actes de procédure criminelle.* Ces expressions semblent exclure *les actes de procédure correctionnelle*. Si cette restriction était dans la pensée de la loi comme elle est dans ses termes, elle s'expliquerait par cette particularité que les abus de publications des actes de procédure correctionnelle ne sont pas à craindre, leur communication et la copie des pièces n'en étant pas de droit pour les prévenus, comme est de droit pour les accusés la communication et la copie des pièces des procédures criminelles, et ne pouvant avoir lieu, aux termes de l'art. 56 du décret du 18 juin 1811, qu'avec l'autorisation du procureur général. — Quoi qu'il en soit, il a été jugé que l'art. 40 s'appliquait non-seulement aux actes de procédure criminelle, mais encore à ceux concernant de simples délits et notamment à l'arrêt qui après l'exposé des faits renvoie divers négociants devant le tribunal correctionnel sous prévention de délit de coalition. — Cass., 18 juin 1851. D.51.4.468.

2478. — La prohibition de l'art. 40 doit être étendue à la publication de la relation du contenu des actes, faite en forme de résumé, le texte n'en fût-il reproduit que partiellement, en quelques passages ou même par extraits. — Cass., 34 mars 1851. D.51.4.466.

2479. — *Lus en audience publique.* Si le huis clos avait été ordonné, on se trouverait sous l'application de l'art. 16, L. 1828 (art. 493).

2480. — *En cas de récidive.* Il ne s'agit pas ici de la récidive ordinaire; cette expression est, dans l'art. 40 comme dans l'art. 7, L. 1822 (art. 426), synonyme de *réitération* de la même infraction; c'est pour cela que l'aggravation de peine qu'elle entraîne reste facultative; tandis que la récidive légale rend toujours obligatoire le doublement des peines ou leur aggravation (art. 58, C. pén.).

2481. — Nous ne saurions partager l'opinion émise dans le recueil de M. Dalloz, v° *Presse,* n° 987, où l'infraction à l'art. 40 est considérée comme constituant un délit. — On ne peut y découvrir que les éléments ordinaires *des contraventions correctionnelles* que réalise le fait matériel indépendamment de toute intention délictueuse et qui ne comporte ni l'excuse de la surprise ou de l'ignorance. — Si la publication toutefois présentait en même temps les caractères de la diffamation, on se trouverait alors dans les prévisions des art. 13 et 14 et suiv. de la loi du 17 mai 1849, et ce seraient leurs dispositions qui seraient applicables et non celles de l'art. 40 de la loi de 1849.

2482. — L'imprimeur qui, sur l'ordre du défenseur, aurait de bonne foi imprimé un mémoire contenant la copie d'actes de procédure criminelle, ne pourrait être considéré comme complice de leur publication interdite. Lyon, trib. corr. du 24 fév. 1858. D.58.3.40.

§ I. Comptes rendus de procès de diffamation, etc.

[496] — 2483. — L'art. 44 de la loi du 27 juillet 1849 a reproduit mot pour mot l'art. 40 de la loi abrogée du 9 sept. 1835. — Le rapporteur de cette dernière loi en motiva comme il suit la disposition :

2484. — « Quand la preuve des faits diffamatoires « est admise, la publicité doit rester, car il s'agit de « la vie publique des dépositaires de l'autorité. Mais « le récit des procès en diffamation privée n'est qu'une « prime au scandale ; il paralyse le droit de plainte, « par la crainte d'une plus grande diffamation, et anéan- « tit parfois d'avance jusqu'aux effets du jugement « même et de la peine infligée aux diffamateurs. »

2485. — En ce qui concerne la publication des noms des jurés, le rapporteur de la loi ajouta : — « On ne « se contentait pas de porter le condamné en triomphe, « on outrageait et l'on menaçait les juges; les jurés « consciencieux voyaient leurs noms livrés à la publi- « cité tous les jours et pendant plusieurs mois avec une « affectation menaçante; rien n'y manquait, pas même « la demeure écrite en gros caractère, comme pour « mieux montrer le chemin au crime. »

2486. — « Le tirage du jury est un incident du débat « et peut lui-même donner lieu à d'autres accidents. La « publicité des débats nous a paru s'opposer à la mu- « tilation du compte rendu de l'audience; la loi pré- « sume que toute autre publication est affectée et me- « naçante. Mais elle n'interdit pas la première par « respect pour la charte. »

2487. — « Nous avons étendu l'interdiction de rendre « compte aux délibérations intérieures des Cours et des « tribunaux; là où la loi veut le secret, nul n'a le droit « de le révéler. »

2488. — L'art. 17 (497) du décret du 17 fév. 1852, en prohibant d'une manière générale et absolue *les comptes rendus pour délits de presse,* n'a ni abrogé ni absorbé l'art. 44, L. 1849, spécial aux comptes rendus des *procès pour outrage, injure et certains délits de diffamation,* mais il supplée à son insuffisance en étendant la défense plus loin ; *les lois générales,* on le sait, ne dérogent pas aux *lois spéciales.* Le but des deux lois, du reste, est bien différent : l'une veut arrêter pour les particuliers ce que peut avoir de pénible la publicité des débats qui plus ou moins mettent en discussion leur honorabilité, et l'autre prévenir les effets fâcheux, sur la tranquillité et l'esprit public, de la publicité des procès de presse pour attaques, offenses, excitations, etc., qui ont toujours plus ou moins un caractère politique et dont le récit ne ferait que réitérer ou prolonger le délit.

2489. — *Il est interdit de..., etc.* Voir, sur la généralité de cette formule et la portée de son application, l'observation de la note 2174 qui s'applique également à la disposition de l'art. 44.

2490. — *De rendre compte.* Rendre compte, c'est raconter. — Cette expression, nous l'avons dit déjà sous les n°⁵ 1836 et 1838, comprend tout récit quels qu'en soient la forme, burlesque ou sérieuse, la longueur ou la concision, les ornements, les réflexions et le but. — Ce n'est ici ni le récit de ce qui s'est dit, fait ou passé, dans une audience qui est interdit, c'est le récit du procès.

2491. — *Des procès.* Ce mot dit plus et moins que le terme *audience;* il dit *plus* en ce sens qu'il comprend tout acte de procédure dont l'audience n'est jamais qu'une phase; il dit *moins,* parce que le compte rendu de l'audience, pendant laquelle le procès dont il est interdit de rendre compte a été plaidé avec d'autres procès, n'est pas interdit relativement à ces procès ; l'écrivain pourra en publier les incidents à la condition de passer sous silence le procès dont il est défendu de parler. — Cass., 2 mars 1838. S.38.4.939.

2492. — Il n'y a pas à distinguer entre les *procès* portés devant la juridiction *civile* et ceux déférés à la juridiction correctionnelle. L'esprit de la loi qui veut protéger les citoyens contre la publication des faits diffamatoires, repousse les inductions que peuvent autoriser les mots assez mal choisis de *plainte* et de *plaignant,* qui semblent restreindre les prévisions du § 1 de l'art. 41 aux procès exclusivement engagés devant la juridiction correctionnelle. — Chassan, I, n° 927; Versailles, 20 août 1868. G. T. 22 août 68.

2493. — L'interdiction de rendre compte des procès étant générale et absolue s'applique aussi bien aux rapports, mémoires ou pièces produites, qu'aux actes signifiés, aux justifications faites ou proposées, aux dépositions des témoins, aux réquisitions du ministère public et aux plaidoiries des défenseurs. Trib. Seine, 13 et 20 octobre 1868. G. T. du 24. L'exorde ou la péroraison même n'en pourraient être publiées, encore bien que l'extrait qui viendrait à en être donné ne contiendrait ni l'exposé de l'affaire ni l'indication de la défense du prévenu. — Chassan, I, n° 928; de Grattier, II, p. 322.

2494. — Des réflexions générales sur le procès sont également interdites, alors même qu'elles ne reproduiraient pas les faits diffamatoires. De Grattier, II, p. 322; *contrà,* Paris, 17 janvier 1838.

2495. — *Pour outrages ou injures,* Quels qu'en

aient été les moyens, la parole, l'écriture ou la presse, et les circonstances relativement aux fonctions.

2196. — On s'était demandé, avant 1852, si la généralité de ces expressions ne comprenait pas les procès pour délits *d'offense* envers le souverain et sa famille ; la question n'a plus aujourd'hui ni importance ni intérêt, le texte de l'art. 17 du décr. de 1852 (art. 497) l'a législativement tranchée, pour la presse, en interdisant d'une manière générale le compte rendu des délits de presse et suppléé ainsi à l'énumération restreinte de l'art. 11. — En ce qui concerne les procès pour offenses par *la voie de la presse*, ce sera donc de cet art. 17 et non de l'art. 11, L. 1849, que viendrait l'interdiction de rendre compte ; quant aux délits d'offenses *par la voie de la parole* ou *tout moyen autre que la presse*, la solution dépend du point de savoir si la portée de cet art. 17 peut être ou non étendue hors du cercle des procès pour délits commis par la voie de la presse. — V. n° 2248.

2197. — *Et des procès pour diffamation où la preuve des faits diffamataires n'est pas admise par la loi.* Aux termes de l'art. 20 de la loi du 26 mai 1849 (art. 589.A), les seules diffamations à raison desquelles étaient admises l'excuse de la réalité des faits diffamatoires et la preuve étaient « les diffamations *par la voie de la presse* contre des dépositaires ou agents de l'autorité ou contre toutes personnes ayant agi dans un caractère public à raison des *faits relatifs à leurs fonctions.* »

2197 bis. — Cet art. 20 est-il encore en vigueur ? il est permis d'en douter, la question sera traitée plus loin. (V. n°s 2684 à 2690). Tout ce qu'il y a à en retenir ici, c'est que ces expressions de l'art. 11, L. 1849 : « *diffamations où la preuve n'est pas admise* » sont synonymes de « *diffamations verbales ou non, contre personnes privées et diffamations verbales contre personnes publiques,*» (qui n'admettaient pas la preuve de la vérité des faits), d'où cette conséquence que sa disposition, ne concernant que les procès pour ces diffamations, laissait par *a contrario* libres et permis les comptes rendus des procès pour toutes autres diffamations, c'est-à-dire pour les diffamations par la presse ou l'écriture contre les personnes publiques à raison de leurs fonctions, comme elle laissait libre d'ailleurs les comptes rendus pour tous autres délits de publication.

2198. — Mais si, au point de vue des restrictions qu'il a imposées, l'art. 11, L. 1849, se maintient, par sa spécialité, en vigueur à côté de l'art. 17 du décret du 17 février 1852 (art. 497), conserve-t-il encore à la liberté de la presse ce que sa disposition *a contrario* lui avait laissé ? Je ne le pense pas.

L'art. 17 du décret de 1852, ayant porté plus loin l'interdiction des comptes rendus, a dérogé à la pensée implicite de la loi antérieure, et enlevé à la presse cette liberté de rendre compte des procès qui résultait pour elle de la disposition de l'art. 11 de la loi du 27 juillet 1849.

2199. — Il en est donc aujourd'hui des procès en diffamation *par la presse,* envers les personnes publiques, de l'art. 20 de la loi du 26 mai 1849, comme des procès de presse pour offense envers le souverain, comme d'ailleurs de tous les procès pour tous les *délits de la presse,* leur compte rendu est absolument interdit sous la sanction pénale de l'art. 17 du décret de 1852.

C'est donc à tort que, par arrêt du 24 janvier 1868, D.68.4.15, la Cour de Montpellier a décidé « que, en « matière de procès pour diffamation, c'est seulement « lorsque la preuve des faits diffamatoires est admise « que les journaux peuvent en rendre compte ; — que « le compte rendu de ces contestations non-seulement « n'est pas interdit, mais est au contraire formellement « autorisé. »

Nous ne saurions en conséquence, en regard d'une affirmation aussi générale, approuver l'arrêt de la Cour de cassation qui n'a cassé l'arrêt de Montpellier que pour avoir décidé que « la preuve des faits étant admissible en cas de *diffamation verbale,* » l'art. 11 de la loi de 1849 n'était pas applicable au compte rendu qu'un journal avait publié du procès intenté à l'auteur de cette diffamation. — Cass., 29 fév. 1868. D.68.1.189.

2200. — *La plainte seulement pourra être annoncée* à la condition toutefois que cette annonce ne reproduira pas les faits diffamatoires, objets de la plainte, dont la loi, art. 46, L. 18 juillet 1828 (art. 493), veut surtout empêcher la divulgation.

2201. — *Sur la demande du plaignant* ou de son conseil autorisé à cet effet expressément ou tacitement, ou de son procureur fondé, c'est au journal qui a fait l'annonce, à établir, par toutes les voies de droit à sa disposition, qu'il ne l'a faite que sur la demande du plaignant, — sur la demande formelle, bien entendu.

2202. — *Dans tous les cas le jugement pourra être publié.* — Le terme *jugement* comprend non-seulement le jugement sur le fond, mais aussi les jugements préparatoires ou les décisions statuant sur la compétence ou sur des incidents. — Chassan, 1, p. 642.

§ 2. Noms des jurés, publication prématurée.

2203. — *Il est interdit de publier.* V. sur la généralité de ces expressions reproduites de l'art. 10 (art. 493) et la portée de leur application, nos annotations sous cet art. 10, n° 2174, relativement à la question de savoir si elles s'appliquent à la presse périodique seulement ou à tous autres moyens de publication. — Sur les motifs de la loi, V. n° 2185.

2204. — *Les noms des jurés.*—La prohibition s'étend à tous les noms et à chacun des noms des jurés qui ont siégé.

2205. — Quant à la liste entière des jurés tirés au sort par le président de la Cour impériale, elle peut être, avant l'ouverture des assises, publiée sans violation de l'art. 11. — L'intimidation ou la menace indirecte des jurés est la raison de l'interdiction du § 2 ; une pareille publication ne saurait, avant l'ouverture des assises, avoir cette signification.—Chassan, 1, n° 967. Dalloz, v° *Presse*, n° 313.

§ 3. Délibérations intérieures, publications.

2206. — L'interdiction du § 3 est absolument comme celles des paragraphes précédents ; elle s'applique non-seulement aux délibérations elles-mêmes, mais encore à tout ce qui les précède, accompagne et suit. — Paris, 13 août et 24 déc. 1847. D.47.4.391, et ce quels que soient l'objet et le résultat de ces délibérations ; par exemple aux délibérations sur des matières d'ordre intérieur, de discipline, sur l'examen d'un projet de loi, d'une adresse, etc. — Chassan, 1, p. 670 ; de Grattier, II, p. 327.

2207. — La publication ou reproduction, dans un journal, de la lettre d'un juré révélant les raisons pour lesquelles le jury, dans une affaire, avait accordé le bénéfice des circonstances atténuantes, constitue de la part du journaliste la publication de rendre compte d'une délibération intérieure du jury. — Trib. Seine, 24 juin 1864. D.64.3.92.

§ 4 et 5. Sanction pénale.

2208. — *L'infraction à ces dispositions :* — Ces infractions constituent non des délits, mais des contraventions pour la répression desquelles la commission matérielle du fait interdit suffit indépendamment de toute intention coupable ; elles ne comportent dès lors ni l'excuse de la surprise ni celle de la bonne foi, ni l'application des dispositions concernant la complicité.

2209. — *En cas de récidive.* Ces expressions, reproduites de l'art. 10 qui précède, signifient, dans l'art. 11 comme dans l'art. 10, *réitération de la même contravention.* — V. n° 2180.

§ 1.

[**497**] = 2210. — L'art. 17 du décret du 17 fév. 1852 n'a abrogé aucune des dispositions des lois antérieures en matière de compte rendu; il a seulement complété leurs lignes de défense sur ce point.

2211. — *Il est interdit de rendre compte.* Voir sur la généralité de cette formule empruntée au § 4 de l'article précédent et à l'art. 40 de la loi du 27 juillet 1849, nos annotations sous ce dernier article n° 2474. — Aux termes de la circulaire du 28 mars 1852, la disposition de l'art. 17 s'applique non-seulement aux journaux, mais à tous autres moyens de publication.

2212. — Circulaire. — « L'interdiction de rendre « compte est absolue pour les procès de presse... la dis- « position de l'art. 14 s'applique non-seulement aux « journaux, mais aussi à tout autre moyen de publica- « tion ; il devait en être ainsi pour en assurer l'effi- « cacité... les art. 16, 17 et 18 contiennent des dis- « positions de la même nature que l'art. 14. »

Rendre compte. Sur ce qu'on entend par compte rendu, V. notes sous l'art. 426, n°s 1836, 1838 et 2193.

2213. — L'interdiction de l'art. 17 comprend l'annonce des divers actes de l'information et de la marche de la procédure, ainsi que le compte rendu des débats de l'audience, — Cass., 27 avril 1854. D.54.4. 166, — et la publication isolée du réquisitoire du ministère public et des plaidoiries des défenseurs. — Trib. Seine, 13 et 20 oct. 1868. G.T. du 24.

2214. — *Des procès pour délits de presse.* — L'article 16 du décret du 28 mars 1852, sur la presse en Algérie, en reproduisant littéralement le texte de l'article 17 du décret du 17 fév. 1852, a ajouté quatre mots à sa disposition : — au lieu de « *pour délit de la presse,* « l'art. 16 du décret du 28 mars porte : « *pour délits commis par la voie de la presse.* »

2215. — Ces mots « *délits de la presse* » sont-ils synonymes de ceux-ci : « *délits punis par les lois dites de la presse* » ou désignent-ils seulement les *délits commis par la voie de la presse ?*

Par le premier sens l'interdiction de l'art. 17 s'étendrait aux procès de sens *les délits commis par un moyen quelconque de publication;* la parole, l'écriture, la presse, etc.; elle se trouverait restreinte, par le second, *aux seuls délits commis par le moyen de la presse.*

2216. — En faveur de l'opinion qui préférerait le premier sens on peut faire valoir que dans l'art. 1 du décret du 31 déc. 1851, ces mots *délits de presse* sont synonymes de *délits de publication.* Il y est en effet fait mention des « *délits prévus par les lois sur la presse* et commis *au moyen de la parole.* » — Cass., 28 avril 1854. D.54.4.245.

2217. — En faveur de l'opinion opposée on peut répondre que le meilleur commentaire de l'art. 17 du décret de 1852, sur la question dont il s'agit, est le décret du 28 mars 1852, sur la presse en Algérie qui émané de la pensée même qui a fait le décret du 17 février, en a pris l'art. 47, pour en faire l'art. 16 avec cette rectification, bien significative, de substituer aux termes très-indéterminés de *délits de presse* ceux plus précis de *délits commis par la voie de la presse,* — Cass., 15 mars 1855. D.55.4.126, et qu'il est difficile d'admettre que l'auteur de ces deux décrets ait entendu que la prohibition de l'art. 17 s'appliquât dans un sens en Algérie et dans un autre sens dans la métropole, le plus libéral des deux sens n'étant pas ce dernier.

2218. — Quoi qu'il en soit, il a été jugé que l'interdiction de notre art. 17 s'appliquait au compte rendu d'un procès pour délit de publication, commis soit par la voie de l'écriture ou de la parole ou par un mode quelconque de publication alors même qu'il serait intervenu un arrêt déclarant que le fait incriminé, considéré dès le principe comme délit de presse ou de publication, n'était pas contraire aux lois sur la presse. — Cass., 30 juillet 1864. D.64.4.326 et notes de l'arrêtiste.

2219. — La qualification légale de *procès pour délit de presse,* doit-elle se déduire de la nature du fait en lui-même et de ses caractères dans leurs rapports avec la législation spéciale ou de la qualification qui lui est donnée par l'arrêt de renvoi ou par la citation qui saisit le tribunal ? — Nonobstant l'autorité de l'arrêt ci-dessus cité qui se prononce pour cette dernière opinion, il me semble que c'est la vraie qualification légale du fait, celle qui lui est maintenue par le jugement définitif de condamnation, et non celle qui peut lui être à tort attribuée par la citation ou l'arrêt de renvoi, qui doit prévaloir et s'imposer sur ce point.

2220. — Les expressions *délits de presse* ne sauraient d'ailleurs en aucun cas être étendues au point de comprendre *les contraventions* en matière de presse; les comptes rendus des procès pour ces sortes de contraventions ne nous paraissent pas en conséquence être interdits. — Dalloz, v° *Presse,* n° 307. V. aussi arrêt du 30 juillet 1864. D.64.4.326 et la note.

2220 *bis.* — La rubrique du chapitre III du décret du 17 fév. 1852, qui comprend les art. 44 à 31, porte : « *Délits et contraventions non prévus par les lois antérieures.* » — Les infractions que prévoient ces articles étant toutes frappées de *peines correctionnelles,* les termes de la rubrique signifient plus qu'implicitement que la règle et la terminologie du Code pénal sont repoussées par la législation spéciale, et qu'il n'y a pas à tenir compte de la nature de la peine applicable pour déterminer la qualification légale de ces infractions; — l'art. 18 qualifie d'ailleurs *in terminis* de « *contravention* » la publication des comptes rendus interdits, d'où cette conséquence que cet article, ne punissant que les comptes rendus des procès pour *délits de presse,* n'est point applicable aux comptes rendus des procès pour *contraventions* de presse et que le compte rendu du procès intenté à un journal pour la *contravention de comptes rendus interdits* n'est pas lui-même interdit.

2221. — Lorsqu'un journal est à la fois poursuivi pour un *délit* de presse et une *contravention* de presse, l'interdiction de rendre compte des débats concernant le *délit* s'opposerait-elle à ce que le compte rendu des débats, en ce qu'ils ont de spécial à la *contravention,* pûtêtre publié? — Je ne le pense pas,à la condition toutefois que le compte rendu resterait entièrement étranger à ce qui des débats se rapporte au délit. N° 2494.

§ 2.

2222. — *Dans toutes les affaires civiles :* — Par leur opposition avec ces expressions, « affaires correctionnelles et criminelles, » les mots « *affaires civiles* » me paraissent pouvoir s'appliquer aux *affaires commerciales,* devant les tribunaux de commerce et la juridiction civile.

2223. — La faculté accordée aux tribunaux d'interdire, sans ordonner le huis clos, le compte rendu des affaires qui se débattent devant eux est une mesure d'ordre public dont l'initiative leur appartient et à laquelle ils peuvent recourir sans avoir préalablement entendu le ministère public (Cass., 23 avril 1857; D.57.4.200) ou interpellé l'accusé ou son conseil; Cass., 24 févr. 1860. D.60.4.369.

2224. — Circulaire. — M. le ministre de la justice a fait connaître comme il suit, le 12 avril 1853, aux magistrats les cas dans lesquels ils doivent en user : « Toutes les fois que dans un procès, soit civil, soit « criminel, se rencontreront des détails qui, sans rendre « nécessaire le huis clos de l'audience, seraient cepen- « dant susceptibles de produire au dehors de fâcheux « effets ou de funestes impressions, le ministère pu- « blic doit requérir à l'ouverture ou au cours des dé- « bats et les tribunaux doivent prononcer l'interdic- « tion de la publication du compte rendu par la voie « de la presse. Cette disposition de l'art. 47, décret « 1852, est entièrement indépendante du droit con-

« féré aux tribunaux par l'art. 81 de la constitution
« de 1848 et par l'art. 87 du C. de proc. civ.

2225. — « Cette mesure doit être prise particulière-
« ment lorsqu'il s'agit, par exemple, de juger des af-
« faires de séparation de corps, d'adultères, d'attentats
« à la pudeur, etc., soit dans les procès où certaines
« révélations pourraient inquiéter l'opinion ou égarer
« les esprits.

2226. — « De même il peut y avoir lieu à interdiction
« du compte rendu lorsque le crime ou le délit a été
« commis à l'aide de moyens qu'il serait dangereux
« de divulguer ou lorsque la publication des débats
« aurait pour conséquence de provoquer des luttes,
« d'envenimer des haines, d'empêcher des réconcilia-
« tions; les décisions des magistrats doivent, dans tous
« les cas, mentionner sommairement les considéra-
« tions sur lesquelles elles sont fondées.

2227. — « Toute infraction à la prohibition du
« compte rendu prononcée par un jugement dont la
« publicité avertit suffisamment les organes de la
« presse, doit être immédiatement poursuivie. Le pro-
« cureur impérial devra informer sans délai le mi-
« nistre de la justice des réquisitions prises et des
« décisions intervenues. »

[498]. = 2228. — *Toute contravention à l'article 17.* L'art. 18 qualifie ainsi de *contravention* les
infractions à l'art. 17 qu'il sanctionne. — Ces contraventions existeront en conséquence par le fait seul de
la publication du compte rendu interdit, sans égard
aucun à l'intention de son auteur et ne comporteront
pas le bénéfice des excuses. — (V. n° 2220 *bis*.)

2229. — *Sans préjudice de plus fortes peines en
cas d'infidélité et de mauvaise foi.* — « L'art. 18,
« lit-on dans la circulaire du ministre de la justice du
« 28 mars 1852, qui contient des sanctions pénales, se
« réfère à l'art. 7 de la loi du 25 mars 1822 pour le
« cas où le compte rendu serait infidèle et de mau-
« vaise foi; il est évident que tout autre délit qui en
« résulterait devrait également être poursuivi. » — V.
n° 2628.

2229 bis. — Au cours de la discussion de la loi du
11 mai 1868, MM. Marie, Jules Favre, Bethmont,
Picard et autres demandèrent l'abrogation de l'art. 17
du décret du 17 février 1852, en se fondant sur ce que
la disposition de cet article était en opposition avec le
principe constitutionnel de la *publicité des audiences*,
la liberté de publier les comptes rendus des débats
judiciaires étant, selon eux, la conséquence nécessaire
de leur *publicité*, le seul moyen de la faire réelle et
complète pour les parties et le public. « Le compte
rendu, dit à ce sujet M. Emile Ollivier, n'est pas en
effet autre chose que l'enceinte du prétoire agrandie.»
— V. n° 646.

MM. Picard, Jules Favre et Emile Ollivier dévelop-
pèrent avec une grande force les considérations que
comportait la défense de l'amendement, dans la séance
du 19 février 1868. — Mais il leur fut répondu avec
non moins d'énergie, par Son Excellence M. Pinard,
ministre de l'intérieur, qu'il ne fallait pas confondre
la *publicité du débat*, la *publicité du prétoire*, principe constitutionnel et garantie nécessaire des prévenus,
des parties et de la justice, avec *la publication du
compte rendu des débats* qui, par la manière dont
elle avait été comprise de 1819 à 1852, était bien plus
la liberté de dénaturer et fausser les débats judiciaires
que d'en effectuer la publicité avec impartialité. — *Publicité* ne veut pas dire droit de publier les débats,

mais droit d'exiger seulement que les *débats aient lieu
dans un lieu public, portes ouvertes et où le public
ait un libre accès.*

« Qu'est-ce que la publicité de l'audience ? dit à ce
« sujet Son Excellence. Je n'hésite pas à le dire, c'est
« une garantie nécessaire. Qu'est-ce que la publica-
« tion du compte rendu ? Un péril sans compensation.

« Garantie nécessaire de la libre défense et du
« prévenu, garantie pour le ministère public et pour
« le juge qui rechercheront plus vigoureusement la
« vérité en présence du public, la publicité de l'au-
« dience produit la modération dans la poursuite et
« la liberté dans la défense... Elle éclaire le juge jus-
« qu'au moment où il prononce la sentence... Mais
« quand une fois le juge a prononcé, quand il s'est
« dessaisi, quand il ne peut plus rien ni pour l'acquit-
« tement ni pour la condamnation, la publication du
« compte rendu ne servira plus à éclairer le juge, elle
« ne peut avoir qu'un but : parler à un autre qu'à lui.
« Elle n'est plus, comme la publicité de l'audience, la
« garantie de la libre défense, la garantie du ministère
« public qui recherche mieux ses preuves, la garantie
« du juge qui peut mieux s'éclairer; tout est terminé à
« ce point de vue, puisque la sentence est rendue.

« Le compte rendu, continue M. le ministre, est alors
« *inutile*... il sera probablement *infidèle*. En une ma-
« tière où la passion politique a une si large part...
« on ne pourrait le permettre qu'en créant près des
« tribunaux une sténographie officielle.

« Les comptes rendus des procès de presse seront
« *infidèles*, parce qu'ils seront toujours faits par des
« parties intéressées...

« Ce n'est pas tout : le compte rendu en matière de
« presse a nécessairement un caractère *délictueux*.

« Je m'explique : en toute autre matière on rend
« compte d'un délit, sans commettre ce délit lui-même,
« on rend compte d'un abus de confiance sans com-
« mettre ce fait délictueux; mais on ne peut rendre
« compte d'un procès de presse sans reproduire, tout
« d'abord, l'article qui constitue la criminalité. — Le
« délit, ce n'est pas d'avoir pensé sa pensée, ce n'est
« pas de l'avoir écrite, c'est de l'avoir *publiée*. C'est la
« *publication* seule qui fait la culpabilité. — Sans ce
« fait matériel de la publication il n'y aurait jamais de
« procès, parce qu'il n'y aurait jamais de délit.

« Eh bien, par cela seul que le compte rendu doit
« commencer (sans cela il serait infidèle) par la re-
« production de l'article incriminé, vous avez le délit
« multiplié... »

Le compte rendu n'est pas seulement le délit multiplié, ajoute M. le ministre, ce sera souvent encore le
délit aggravé... commenté qu'il sera par la défense et
par l'inculpé, — justifié peut-être et même exalté...

Nonobstant les très-justes observations en réplique
de M. Emile Ollivier, qui proposa, pour remédier à l'infidélité des comptes rendus judiciaires, d'établir près de
chaque tribunal des sténographes officiels, pour la reproduction impartiale des débats en matière de délits
de la presse, — le Corps législatif repoussa l'amendement qui demandait l'abrogation de l'art. 17 du décret
de 1852, par 204 voix contre 30.

Un autre amendement, signé de MM. de Tillancourt,
Garnier, Pouyer-Quertier, etc., et à peu près dans le
même sens, n'eut pas un meilleur sort dans la séance
du 20 février; le Corps législatif, sur les explications
de LL. Exc. MM. Baroche, garde des sceaux, et Pinard, ministre de l'intérieur, le repoussa par 464 voix
contre 58, et consacra ainsi l'utilité de la disposition
de cet art. 17.

Chap. IV. — Restrictions du droit de discussion.

Défense de discuter la constitution.

Discussion interdite aux pouvoirs publics.

499.—*Sén.-cons.*, 18 *juillet* 1866. Art. 1er. La constitution ne peut être discutée par aucun pouvoir public autre que le Sénat, procédant dans les formes qu'elle détermine.

Une pétition ayant pour objet une modification quelconque de la constitution, ne peut être rapportée en séance générale que si l'examen en a été autorisé par trois au moins des cinq bureaux du Sénat.

Interdiction aux écrivains.

500. — Art. 2. Est interdite toute discussion ayant pour objet la critique ou la modification de la constitution et publiée ou reproduite soit par la presse périodique, soit par des affiches, soit par des écrits non périodiques des dimensions déterminées par le paragraphe 1er de l'art. 9 du décret du 17 février 1852. [C'est-à-dire de moins de 6 feuilles d'impression de 25 à 32 décimètres carrés. — V. art. 86, *supra*.] (Comp. art. 445 et V. n° 2256 *bis*).

[499 à 500] = 2230. — Le projet de sénatus-consulte qui fut voté le 18 juillet 1866 fut présenté au Sénat le 6 juillet par M. le ministre d'Etat Rouher.

Les observations par lesquelles il en justifia les dispositions peuvent en être considérées, avec le rapport de M. le premier président Troplong, comme son exposé des motifs et son meilleur commentaire :

2231. — M. le président : La parole est à M. le ministre d'Etat. (Mouvement d'attention.)

M. Rouher, ministre d'Etat.—« Messieurs les sénateurs, le projet de sénatus-consulte soumis à votre appréciation par le Gouvernement se propose plusieurs objets distincts.

2232. — « Il a pour but :

1° D'assurer d'une manière plus efficace le respect de la constitution.

2° De fixer des règles précises pour l'examen des pétitions tendantes à la modification de la constitution.

. . . .

« Permettez-nous d'expliquer et de justifier chacune de ces dispositions par de rapides observations. »

Article Premier.

2233. — « La constitution d'un pays ne peut être un sujet de controverse; la stabilité est à ce prix. Tout gouvernement qui accepte ou subit la discussion de son principe, s'expose à d'inévitables attaques et laisse s'altérer graduellement le prestige légitime et la solidité nécessaire à ses institutions. (Assentiment.)

« Ce respect de la loi fondamentale, ce besoin de la mettre au-dessus de toute atteinte ont été compris par tous les hommes d'Etat en tout temps et en tout lieu. » (C'est vrai.)

2234. — « La vénération séculaire des Anglais pour leur grande charte, qui protége encore aujourd'hui les lois les plus rigoureuses, a puissamment contribué à la formation de ces habitudes politiques calmes et fortes, de ces mœurs publiques qui sont la véritable sauvegarde de leur Gouvernement et la condition essentielle de sa stabilité.

2235. — « En France, la constitution a toujours été placée sous la protection de lois nombreuses, parmi lesquelles il suffira de citer celles de 1819, de 1830 et du 11 août 1848.

« Ces législations, dont quelques-unes subsistent encore, étaient-elles assez énergiques? ont-elles été assez religieusement observées? Nous ne voulons pas le rechercher; il nous suffit de constater que l'esprit de controverse, timide d'abord, mais chaque jour moins réservé, a attaqué hardiment les principes sur lesquels reposent les pouvoirs publics. Or c'est là un incontestable péril, et nous avons le devoir d'en préserver une constitution qui scelle dans une alliance féconde et les conquêtes de nos pères, et les règles d'ordre et d'autorité en dehors desquelles toute liberté est illusoire et impuissante, d'une constitution qui a pour base et pour consécration le suffrage de la nation entière et qui, à ce

titre, plus que toute autre, peut revendiquer le nom de grande charte ou de loi des lois. (Approbation marquée.)

2236. — « Donc, l'art. 1er du projet proclame que « la constitution ne peut être discutée par aucun pouvoir public autre que le Sénat. » (Vive adhésion.)

« Cette proclamation ne dit pas en réalité une chose nouvelle; elle se borne à expliquer plus clairement une vérité contenue explicitement dans notre droit constitutionnel et à dégager avec plus de précision un haut principe de compétence.

2237. — « Le Sénat seul est, en effet, appelé, conjointement avec l'Empereur, à apporter des modifications à la constitution et, sauf dans certains cas, l'approbation du peuple. Cette haute juridiction est exclusive et souveraine, dans sa puissance d'initiative comme dans son droit de décision. Elle n'est partagée à un degré quelconque par aucune autre autorité. Aucun pouvoir constitué ou dérivé ne saurait la mettre en mouvement ou même provoquer son exercice sans porter une certaine atteinte à sa dignité ou à son indépendance. Le Corps législatif même ne pourrait demander une réforme constitutionnelle sans méconnaître ses attributions. Or, les corps politiques n'ont une force et une influence régulières et vraies, ne contribuent utilement à la marche des institutions que par le double respect de leur compétence et de celle des autres pouvoirs. (C'est vrai! très-bien!)

2238. — « Vainement on objecte que la constitution a posé elle-même le principe de sa perfectibilité, que dès lors il doit être permis d'en signaler les défauts et d'émettre des vœux pour son amélioration.

« Sans doute la constitution n'est pas immuable; l'Empereur déclare dans sa proclamation « qu'elle n'a pas enfermé dans un cercle infranchissable les destinées d'un grand peuple. » Mais est-ce à dire que cet hommage rendu aux progrès du temps et de la civilisation puisse être converti en un élément de controverse quotidienne ou de périlleuse instabilité; qu'il puisse servir de prétexte à l'évocation audacieuse ou voilée des formes du Gouvernement éteintes ou brisées? Ne voit-on pas que, placé sur cette pente, on se voit entraîné aux abus les plus déplorables et qu'on s'arrogerait bientôt le prétendu droit de discuter non-seulement les attributions des pouvoirs, mais les formes du Gouvernement, mais le prince, mais l'hérédité? (C'est vrai.) La théorie de la perfectibilité ainsi entendue serait un non-sens et un danger permanent. Le législateur souverain de 1852 n'a pas commis une telle faute. Perfectible par l'action libre, spontanée, exclusive de l'Empereur et du Sénat, la constitution demeure au-dessus de toute controverse pour chacun; elle commande tous les respects, elle impose toutes les soumissions.

2239. — « Ces doctrines, que l'expérience et la raison ont sanctionnées, que le souvenir des révolutions pas-

Discussion indirecte interdite.

§ 2. Les pétitions ayant pour objet une modification ou une interprétation de la constitution ne peuvent être rendues publiques que par la publication du compte rendu officiel de la séance dans laquelle elles ont été rapportées.

Sanction pénale.

§ 3. Toute infraction aux prescriptions du présent article constitue une contravention punie d'une amende de 500 fr. à 10,000 fr. (comp. art. 464).

Récip.: Amende de 10,000 à 20,000 fr. (art. 58, C. pén., n° 2329). Circ. att. : Amende de 50 à 500 fr. (art. 533).

---

sées doit rendre encore plus sacrées pour nous, devaient-elles nous conduire à vous proposer de restreindre l'étendue du droit de pétition, et notamment de repousser de vos délibérations toutes les pétitions ayant pour objet une modification de la constitution?

2240. — « Le Gouvernement ne l'a pas pensé; il n'a pas cru qu'il fût utile de changer un état de choses qui existe depuis quatorze années. Il croit même bon que le Sénat se maintienne en communication avec l'opinion publique, en laissant parvenir jusqu'à lui l'expression des convictions et des vœux de chaque citoyen. (Approbation.)

2241. — « Toutefois, le passé a révélé la nécessité de poser certaines règles, de constituer certaines garanties propres à éviter au Sénat l'obligation d'accepter une publicité et des discussions sans but sérieux, intempestives, quelquefois même non exemptes d'inconvénients graves ou de certains périls. Nous vous proposons donc de placer les pétitions qui ont pour objet une réforme de la constitution sous le contrôle préalable des bureaux du Sénat. Comment cette garantie pourrait-elle paraître une gêne, alors qu'elle est exigée comme une précaution légitime à l'égard des propositions émanées de l'initiative des membres du Sénat, et comme une condition de la lecture de ces propositions en séance générale ? (C'est juste ! très-bien.)

Article 2.

2242. — « L'article 2 est une conséquence nécessaire des dispositions que nous venons d'analyser. Il interdit, sous des peines purement pécuniaires, à la presse militante, toute discussion ayant pour objet la modification de la constitution et défend toute publication anticipée d'une pétition relative à la réforme du pacte fondamental. (Très-bien ! très-bien !)

2243. — « Les lois promulguées depuis 1819 punissaient la *provocation à la désobéissance, l'attaque*. Sous ces termes, elles voulaient certainement atteindre la pensée de l'interdire ou de la rendre impossible par l'énormité des peines.

2244. — « Nous poursuivons le même dessein par une formule plus nette, plus précise, moins élastique et plus franche. Sans la confondre ni avec l'explication ni avec le simple commentaire, l'art. 2 défend toute discussion qui met en controverse ce qui ne saurait être un objet de débats, toute discussion qui est au moins une provocation implicite au changement, car au fond d'une semblable polémique il y a toujours une attaque. L'une est la conséquence, la conclusion de l'autre, conclusion inévitable, que tout le monde entend lors même qu'elle n'est pas exprimée. (C'est vrai ! c'est vrai !)

2245. — « La violation de cette interdiction constitue, selon le projet, non un délit, mais une contravention. Cette qualification nouvelle n'a, d'ailleurs, ni pour but ni pour résultat de répudier les armes que contient la législation actuelle et d'abroger les dispositions pénales édictées pour la répression de délits caractérisés contre la constitution, le chef de l'État et les pouvoirs publics. Il est utile d'ajouter que le terme générique de constitution employé par le projet comprend sous la même sauvegarde la constitution du 14 janvier 1852, les sénatus-consultes qui l'ont interprétée et modifiée et ceux qui pourront la modifier ultérieurement.

2246. — « Si les pétitions ayant pour objet la modification de la constitution pouvaient être publiées avant ou après l'envoi par les signataires au Sénat, il serait bien facile d'éluder et de rendre vaine l'interdiction prononcée contre la presse périodique et les écrits non périodiques qui en sont l'accessoire et le complément. On pourrait, en effet, donner à chaque controverse, à chaque attaque déguisée, la forme et le caractère d'une pétition au Sénat. La disposition qui ne donne à ces pétitions, comme moyen de publicité, que la publication officielle de la séance du Sénat, conjure tout danger de fraude, et assure à l'article 2 son entière exécution. »

Rapport de M. le P. Prés. Troplong au nom de la Commission.

2247. — « L'art. 1er ne prohibe pas les pétitions « ayant pour objet de modifier la constitution ; il veut « que l'opinion publique puisse se faire jour sur ce « point par ses manifestations légales et habituelles; « mais il exige que le Sénat veille à ce que ce droit ne « dégénère pas en abus et qu'on ne soit pas admis dans « son enceinte comme dans une arène pour y porter « des passions hostiles ou des paroles irréfléchies et « inopportunes. »

. . . .

2248. — « L'art. 2 n'a pas pour but de proscrire « les attaques contre la constitution, caractérisées délit « par la loi; le droit commun y pourvoit. Ce qu'il « prohibe, c'est la discussion pure et simple de la « constitution par des écrits périodiques ou autres « analogues, et cela quand même cette discussion « n'irait pas jusqu'à l'outrage, au dénigrement, à la dé- « rision, pourvu qu'elle contienne une critique ou « qu'elle tende à une modification ou qu'elle soit de « nature à affaiblir l'autorité du pacte fondamental. « Ces sortes de discussions par ces feuilles légères et « faites exprès pour le combat ont un caractère mili- « tant que ne comporte pas le respect dû à un acte « aussi grand qu'une constitution ; leur polémique « renferme implicitement une attaque véritable de la « pensée individuelle contre la pensée sociale, une « contradiction blessante pour l'ordre public, du senti- « ment général par le sentiment privé qui se préfère et « veut être préféré.

2249. — « Sans doute, il est permis à une critique « modérée de soumettre les lois ordinaires au creuset « d'un libre examen; c'est le droit de l'indépendance de « l'esprit. Mais quand il s'agit de la loi des lois, quand « il s'agit de cet ordre fondamental qui fait que la « société existe sous une forme contraire, la discussion « critique de ce qui en est le soutien et la vie est une « attaque de plein droit qui vole jusqu'au cœur et qu'on « ne saurait admettre.

2250. — « Ceci est un point de doctrine incontes- « table, et permettez-moi de citer à l'appui les paroles « suivantes que prononça M. Thiers, ministre de l'in- « térieur, à l'occasion de la loi du 9 sept. 1835 :

« J'imiterai l'exemple de haute franchise que nous a donné M. de Broglie et je vous dirai qu'à l'égard du prince et de la constitution *nous ne voulons pas gêner la discussion, mais la supprimer absolument...* Il y a des esprits qui pensent que sous un gouvernement représentatif on peut tout discuter. Évidemment discuter c'est proposer de faire ou de ne pas faire. On présente une loi aux Chambres, on la discute ; que signifie la discussion? Ce sont les motifs apportés pour l'adopter ou la rejeter. On présente une loi de crédit pour une guerre; discuter, c'est dire : ne faites pas la guerre ou faites-la. Discuter une institution signifie : changez-la, modifiez-la ou maintenez-la. Eh bien! discuter le prince, la constitution, est un non-sens, une folie, ou c'est dire : il faut modifier la constitution, changer le prince. Eh bien! demander aujourd'hui qu'on puisse tout discuter, la constitution et le prince, c'est demander quoi? le droit de révolution..... Or, dans aucun pays, dans aucun lieu, dans aucun temps, il n'y a eu un peuple assez insensé pour écrire que tous les jours on pourrait travailler au renversement de la constitution et du prince. » (Très-bien! très-bien! Sourires.)

« Ces paroles pressantes et sensées nous dispensent « d'insister davantage....

2251. — Quant aux inquiétudes que l'on avait conçues pour la liberté des études critiques, M. le P. Prés. Troplong les dissipa en ajoutant : « le sénatus-con- « sulte ne renferme dans le cercle de ses prohibitions « que les écrits périodiques ou autres non périodiques « que le projet met sur la même ligne..... Mais en « dehors de ces feuilles, il y a les livres; le sénatus- « consulte n'atteint pas ces dépositaires des véritables « richesses de l'intelligence.....

2252. — Que la presse aux armes légères et tou- « jours aiguisées conscute donc à faire autour de la « constitution un silence respectueux ou pour mieux « dire qu'elle en parle comme d'un *palladium* sorti « de l'urne populaire pour assurer à la France les « libertés vraies...... »

2253. — *Toute discussion :* — Cette expression ne comprend pas «*l'explication* et *le simple commentaire.*» Il résulte des déclarations ci-dessus rapportées de M. Rouher et du rapport de M. le P. Prés. Troplong que l'art. 2 n'entend prohiber que la discussion qui cache au fond une secrète pensée d'affaiblir l'autorité du pacte fondamental, de tendre à sa modification, de provoquer enfin dans les idées le désir de son changement.

2254. — « Dans le mot *discuter*, l'*éloge* est-il compris? » demanda M. le marquis de Boissy, sénateur.

« La définition a été donnée dans le rapport, » lui répondit M. le P. Prés. Troplong.

2255. — *Ayant pour objet la critique :* — Ce dernier terme doit être pris ici dans le sens de *censure*, de *satire* de toute tendance à signaler ou à faire ressortir les vices, les défauts, les inconvénients de la constitution, et il doit recevoir dans cet ordre d'idées la plus grande extension. — La critique indirecte est aussi bien interdite que la critique directe; l'éloge ironique n'est plus de l'éloge, mais de la satire. — Il appartient aux juges du fait, sous le contrôle de la Cour suprême, de décider si l'écrit déféré à leur appréciation contient une discussion de la constitution et si cette discussion a pour objet sa *critique ou sa modification*.

2256. — *Publiées ou reproduites par la presse périodique ou les brochures qui lui sont assimilées...* « L'interdiction de l'art. 2 n'atteint pas les livres de plus de 6 feuilles d'impression dont l'objet serait la meilleure forme du gouvernement, et qui ferait ainsi par apposition la critique de la constitution... » Rapport de M. le P. Prés. Troplong.

2256 *bis*. — *Soit par des affiches.* — L'apposition d'affiches ayant pour objet la critique ou la modification de la constitution aurait, avant le sénatus-consulte du 18 juillet 1866, effectué la contravention prévue par

l'art. 1 de la loi du 10 décembre 1830 (art. 445) et encourt les peines de son art. 5 (art. 446), supérieures, sous un certain rapport, à celles de l'art. 2 du sénatus-consulte, qui n'édicte pas la peine de l'emprisonnement. Ce sénatus-consulte, en détachant ce fait des prévisions de la loi de 1830, l'a, par suite, soustrait à l'application dudit art. 5. La loi *spéciale* du Sénat a dérogé à cet égard à la loi générale antérieure.

2257. — En 1866, l'art. 9 du décret du 17 février 1852, auquel renvoie le § 1er de l'art. 2 du sénatus-consulte, fixait à 10 le nombre des feuilles d'impression des brochures assimilées aux journaux et soumises comme eux au timbre; l'art. 3 de la loi du 11 mars 1868 a abaissé ce nombre à 6; — la portée de l'art. 2 du sénatus-consulte dépendant sous ce rapport de l'art. 9 du décret de 1852 en a suivi la fortune, et s'est trouvée, par suite, modifiée par la modification que lui a imposée la loi de 1868.

2258. — *Les pétitions ayant pour objet, etc., ne peuvent être publiées que par la reproduction du compte rendu officiel :* — Voir, sous l'art. 42 (art. 483) de la constitution qui concerne ces comptes rendus officiels, nos annotations nos 2406 et suivants *

2259. — *Toute infraction constitue une contravention :* — Le fait matériel de la publication ou de la reproduction suffira donc pour l'application de la peine qui sanctionne l'interdiction de l'art. 2 sans que le publicateur puisse utilement opposer l'excuse de la surprise ou de sa bonne foi.

La disposition prohibant seulement la *publication* ou *reproduction* n'atteindrait pas le fait isolé et matériel de l'*impression*; la contravention est uniquement dans la publication.

2260. — L'art. 15 de la L. du 11 mai 1868 porte que l'art. 463 du C. pén. sera applicable aux contraventions de la presse : — Dans ses rapports avec le § 3 de l'art. 2 du sén.-cons. de 1866 qui, par son silence, refuse à la contravention qu'il punit le bénéfice de l'art. 463, la disposition dudit art. 15, L. de 1868, soulève la question de savoir si une loi peut modifier la portée d'un sénatus-consulte? Nous n'hésitons pas à répondre négativement en ce qui concerne *les sénatus-consultes organiques* participant de la nature même de la constitution; — mais quant à ceux qui sont plus *réglementaires* que constitutionnels, quant à celles de leurs dispositions qui tiennent plus *d'une loi* que du pacte et des principes fondamentaux, elles doivent subir le destin de leur nature législative. C'est pourquoi nous pensons que la peine édictée par l'art. 2 du sénatus-consulte peut être abaissée en cas de circonstances atténuantes, conformément à l'art. 15 de la loi de 1868.

2261. — **Complicité.** — La publication d'une discussion critique de la constitution n'étant qu'une contravention, celui qui aurait fourni l'article, c'est-à-dire l'auteur, ne pourrait être poursuivi comme complice du publicateur. Les règles de la complicité ne régissent pas les contraventions. — Si, néanmoins, l'article critique contenait un délit d'attaque ou tout autre délit, l'auteur pourrait et devrait être alors annexé à la poursuite soit comme auteur principal ou complice, suivant les circonstances. — V. à ce sujet notes 1005 et suivantes.

Chap. V. — Restrictions de la liberté des écrits étrangers.

§ 1. — Journaux et brochures. — Restrictions préventives et fiscales.

Autorisation pour entrer en France les journaux.

501. — *D.* 17 *fév.* 1852. Art. 2. Les journaux politiques ou d'économie sociale publiés à l'étranger, ne pourront circuler en France qu'en vertu d'une autorisation du Gouvernement.

Les introducteurs ou distributeurs d'un journal étranger dont la circulation n'aura pas été autorisée, seront punis d'un emprisonnement de 1 mois à 1 an et d'une amende de 100 fr. à 5,000 fr.

Récip.. Prison, de 1 à 2 ans et Amende de 5,000 à 10,000 fr. (art. 58, C. pén., n° 2329).

Circ. att. : Prison, de 1 jour à 1 mois, et, ou, Amende de 30 à 100 fr. (art. 533).

Les journaux étrangers sont soumis au timbre.

502. — Art. 8. Les droits de timbre imposés par la présente loi [aux journaux français, art. 180] seront applicables aux journaux et écrits périodiques publiés à l'étranger, sauf conventions diplomatiques contraires.

Un règlement d'administration publique déterminera le mode de perception de ce droit.

Les brochures politiques de moins de six feuilles.

503. — Art. 9, *modifié par la loi du* 11 *mai* 1868. Les écrits non périodiques, traitant de matières politiques ou d'économie sociale... s'ils sont publiés en une ou plusieurs livraisons ayant moins de 6 feuilles d'impression de 25 à 32 décim. carrés, seront soumis à un droit de timbre de 4 cent. par feuille.

Il sera perçu 1 cent. 1/2 par chaque fraction en sus de 10 décim. carrés et au-dessous.

Cette disposition est applicable aux écrits non périodiques publiés à l'étranger; ils seront, à l'importation, soumis aux droits de timbre fixés pour ceux publiés en France.

Saisie des écrits en contravention.

503.A. — Art. 10. Les préposés de l'enregistrement, les officiers de police judiciaire et les agents de la force publique sont autorisés à saisir les journaux et écrits périodiques qui seraient en contravention... V. art. 100.

Sanction pénale.

503.A.1. — Art. 11. Chaque contravention pour les journaux, gravures ou écrits périodiques, sera punie, indépendamment de la restitution des droits, d'une amende de 50 fr. par feuille ou fraction de feuille non timbrée; elle sera de 100 fr. en cas de récidive...(V. art. 101).

Pour les autres écrits, l'amende, par chaque contravention, sera égale au double des droits frustrés.. (V. pour la suite, p. 40 et 73).

Circ. att. : Amende, de 50 fr. au minimum (art. 533).

Règlement pour la perception des droits de timbre.

504. — *D.* 1er *mars* 1852. Art. 1er. Les journaux et écrits périodiques et les écrits non périodiques, traitant de matières politiques ou d'économie sociale, désignés dans les art. 8 et 9 décr. 17 fév. 1852, publiés à l'étranger et importés en France par la voie de la poste, seront frappés par les agents de l'administration des postes d'un timbre spécial à date, portant à l'encre rouge le nom du bureau de poste par lequel ils sont entrés sur le territoire français.

Les droits de timbre exigibles, sauf conventions diplomatiques contraires, seront perçus par addition aux droits de poste.

Déclaration à faire en certains cas.

Art. 2. — Les expéditeurs, introducteurs ou destinataires d'écrits de ces catégories, adressés en France par une autre voie que celle de la poste, devront faire à un des bureaux de douanes désignés pour l'importation des livres et écrits publiés à l'étranger, une déclaration des quantités et dimensions des écrits assujettis au timbre. L'exactitude de cette déclaration sera vérifiée par les vérificateurs inspecteurs de la librairie, ou à défaut de ces agents par les employés délégués à cet effet par les préfets.

Les écrits ainsi importés seront, après acquittement ou consignation des droits de douane, dirigés sous plomb et par acquit-à-caution, aux frais des déclarants, sur le chef-lieu du département le plus voisin ou sur tout autre chef-lieu que les redevables auront indiqué, pour y recevoir l'application du timbre, moyennant le paiement des droits dus.

Sanction pénale, saisie, amende.

Art. 3. — A défaut de la déclaration exigée par l'article précédent, les écrits et imprimés passibles du timbre qui seront importés en France seront retenus, selon le cas, au bureau des douanes ou à la préfecture : la saisie en sera opérée, conformément à l'art. 10 du décret du 17 févr. 1852, par les préposés de l'administration de l'enregistrement, et des poursuites seront exercées pour le recouvrement des droits de timbre, et, s'il y a lieu, des droits de douanes, ainsi que des amendes contre les introducteurs ou distributeurs. Les mêmes pénalités sont encourues, à défaut de décharge régulière et du rapport, dans les délais fixés, des acquits-à-caution délivrés en vertu de l'article précédent; le tout sans préjudice de l'action qui pourrait être intentée en vertu de l'art. 2 du décret du 17 févr. 1852, contre les introductions non autorisées de journaux politiques étrangers. — V. ci-dessus, art. 501.

---

naux ou extraits de journaux étrangers non autorisés à circuler en France. — Même arrêt.

2264. — Le préfet n'aurait qualité ni pour l'ordonner, ni pour l'effectuer, et les lettres et paquets par lui saisis à la poste sans mandat du juge d'instruction ne sauraient faire preuve de la contravention ni servir de base à une condamnation. — Même arrêt.

2265. — L'infraction à l'art. 2 du décret de 1852 est une contravention pour laquelle la matérialité du fait suffit; elle ne comporte l'excuse ni de l'ignorance ni de la bonne foi. — Jurisprudence unanime.

[**502-504.**] = V. sur ces articles déjà classés les n°s 264 à 275 et 648 à 657.

[**501.**] = V. sur cette disposition, qui a dû figurer dans le chapitre du colportage, les n°s 2064 à 2068.

2262. — Les journaux désignés en l'art. 2 du décret de 1852 ne peuvent être introduits ni par extrait, ni en entier, ni ouvertement, ni dans des enveloppes par la voie de la poste, si leur circulation en France n'a pas été autorisée. Cass., 23 juin 1853. D. 53.1.222.

2263. — Mais il n'appartient qu'au juge d'instruction d'ordonner la saisie et l'ouverture des lettres et paquets contenant ou soupçonnés de contenir des jour-

§ 2. — Écrits non périodiques. — Livres. — Droits d'entrée.

Droits d'entrée. — Principe.

504.A. — *D. du 5 fév.* 1810. Art. 34. Aucun livre en langue française ou latine imprimé à l'étranger ne pourra entrer en France sans payer un droit d'entrée.

Les art. 35, 36, 37 et 38 de ce décret ont été abrogés par la législation postérieure.

504.A.1. — *Déduit de l'état de la législation.* Les droits d'entrée sur les livres imprimés à l'étranger, autres que ceux désignés en l'article 503, sont fixés par des lois spéciales ou les traités auxquels il n'est pas dérogé par les lois dites de la presse.

[**504.A. 504.**A.1.] = 2266. — L'art. 35 du décret de 1810, qui avait fixé sur les livres venant de l'étranger un droit d'entrée de 50 p. 0|0 au moins de la valeur des ouvrages, a été abrogé par la législation postérieure, qui a transformé en droit, à raison du *poids*, l'ancien droit *ad valorem*.

Ces droits sont variables suivant les nécessités du commerce et des relations internationales. — Nous ne pouvons ici en faire connaître les tarifs trop compliqués. — Les lois en vertu desquelles ils sont établis sont les lois du 27 mai 1817, du 6 mai 1841 et 1er mai 1867.

2267. — **Circulaire** des douanes du 16 mars 1867, au sujet des écrits dangereux régulièrement présentés à l'importation ou au transit.

« Toutes les fois que des livres arrivant de l'étran-
« ger et régulièrement déclarés sous les dénomina-
« tions consacrées par le tarif seront présentés dans
« un bureau de douanes, soit pour le transit, soit pour
« l'acquittement des droits d'entrée, et que l'inspec-
« teur de la librairie aura constaté que ces livres
« offrent des dangers pour l'ordre ou la morale ou
« sont hostiles au Gouvernement, le receveur des
« douanes en donnera immédiatement avis, soit au
« procureur impérial si le lieu de sa résidence se
« trouve être le siége d'un tribunal, soit à l'officier de
« police judiciaire le plus rapproché de son poste.
« Ainsi mis en demeure, ces magistrats procéderont,
« s'il y a lieu, selon les formes et dans le but de la
« législation spéciale qui régit cette branche de police.
« Le receveur aura soin, d'ailleurs, de les prévenir que
« la douane n'ayant aucun droit légal de retenir une
« marchandise déclarée sous sa véritable dénomination
« pour une opération licite au point de vue des règle-
« ments qui la régissent, l'action de la justice devrait
« s'exercer incontinent sous peine de voir échapper le
« corps même du délit, à moins que l'agent local de la
« librairie ne se fût cru autorisé à le mettre pour son
« compte sous le séquestre.
« Ces dispositions ont été notifiées par le départe-
« ment de la justice aux chefs des parquets et par
« celui de l'intérieur aux inspecteurs de la librairie ; —
« je vous invite à en assurer l'exacte application. »

Chap. VI. — Des contraventions de simple police.

Injures simples.

505. — *C. pénal.* Art. 376. Toutes injures ou expressions outrageantes qui n'auront pas ce double caractère de gravité [de renfermer l'imputation d'un vice déterminé, V. art. 402] ou de publicité, ne donneront lieu qu'à des peines de simple police. V. nos 1775.

Art. 471. Seront punis de 1 fr. à 5 fr. d'amende inclusivement... ceux qui, sans y avoir été provoqués, auront proféré contre quelqu'un des injures autres que celles de l'art. 376.

L. 17 *mai* 1819. Art. 20. L'injure qui ne renfermerait pas l'imputation d'un vice déterminé ou qui ne serait pas publique, continuera d'être punie des peines de simple police. (V. art. 419).

Bruits et tapages injurieux.

505.A. — *C. pénal.* Art. 479. Seront punis d'une amende de 11 fr. à 15 fr. inclusivement...
8° Les auteurs ou complices de bruits ou tapages injurieux... troublant la tranquillité des habitants.

Publication d'écrits sans noms, — contraires ou non aux bonnes mœurs.

505.A.1. — Art. 475. Seront punis d'une amende depuis 6 fr. jusqu'à 10 fr. inclusivement... 13° les personnes désignées aux art. 284 [publicateurs d'écrits sans noms ayant fait connaître l'auteur] et 288 [publicateurs d'écrits sans noms contraires aux bonnes mœurs, ayant fait connaître celui de qui ils tenaient l'écrit] du présent Code (V. notes sous art. 213, 433, 404 et 388).

[**505** à **505**. A.1.] = Les dispositions ci-dessus ont été déjà l'objet de nombreuses observations dans les divisions de la première partie du livre II, par suite de leurs relations avec des dispositions prévoyant des faits analogues qualifiés *délits*. — Nous nous bornons à y renvoyer. — Voir en conséquence les annotations sous les art. 402, 420, 419, 424, 213, 433, 474 et 388, — et en ce qui concerne l'art. 505. A. les annotations sous l'art. 479 du C. pénal dans les Codes annotés de MM. Sirey et Rolland de Villargues.

TITRE II. — RESTRICTIONS SPÉCIALES DE LA LIBERTÉ DES PROFESSIONS DE PUBLICATEURS.

TROISIÈME PARTIE

AGGRAVATION ET ATTÉNUATION DES PEINES

PEINES ACCESSOIRES. — CUMUL

RÉCIDIVE. — CIRCONSTANCES ATTÉNUANTES

EXCUSES. — IMMUNITÉS

DE L'AGGRAVATION ET DE L'ATTÉNUATION DES PEINES.

OBSERVATION.

Au nombre des dispositions répressives des crimes, des délits et des contraventions par la voie de la presse ou tous autres moyens de publication, il en est qui, à raison des moyens employés ou de la situation personnelle des inculpés, ajoutent aux peines directement édictées par la loi, contre chaque infraction, tandis que d'autres, faisant la part des circonstances plus favorables, permettent d'en atténuer la rigueur.

Ce sont ces dispositions communes à ces différentes infractions que nous avons rangées dans cette troisième partie du Livre II, en les divisant en huit chapitres, sous les deux seuls titres que comportait cette matière.

TITRE I. — AGGRAVATIONS PÉNALES.—PEINES ACCESSOIRES. —RÉCIDIVE.

Chap. I.— Amendes doubles pour les journaux. — Suppression. Exécution provisoire.

Pas de faveur pour les journalistes.

506. — *L.* 9 *juin* 1819. Art. 9. Les propriétaires ou éditeurs responsables d'un journal ou écrit périodique, ou auteurs, ou rédacteurs d'articles imprimés dans ledit journal ou écrit, prévenus de crimes ou délits pour fait de publication, seront poursuivis et jugés dans les formes et suivant les distinctions prescrites à l'égard de toutes les autres publications.

Au contraire, les peines pécuniaires seront doublées.

507. — Art. 10. En cas de condamnation, les mêmes peines leur seront appliquées ; toutefois, les amendes pourront être élevées au double, et en cas de récidive portées au quadruple, sans préjudice des peines de la récidive portées par le Code pénal.

L'art. 10, L. 1819, étendu aux délits de la loi de 1822.

508.—*L.* 25 *mars* 1822. Art. 13. L'art. 10 de la loi du 9 juin 1819 [ci-contre] est commun à toutes les dispositions du présent titre en tant qu'elles s'appliquent aux propriétaires ou éditeurs d'un journal ou écrit périodique.

Obligation de doubler les amendes des journalistes.

509. — *L.* 18 *juillet* 1828. Art. 14. Les amendes autres que celles portées par la présente loi qui auront été encourues pour délit de publication par la voie d'un journal ou écrit périodique, ne seront jamais moindres du double du minimum fixé par les lois relatives à la répression des délits de la presse.

L'art. 13, L. 1868, permet de prononcer en outre l'exécution provisoire pour la consignation des amendes encourues. V. art. 608

[**506** à **507**] = 2268. — Nous avons eu déjà occasion de dire que l'art. 9 de loi du 9 juin 1849 était à peu près inutile ; il ne figure ici qu'à raison de son enchaînement avec l'article qui le suit et pour l'intelligence de sa disposition.

2369. — Faut-il s'expliquer l'aggravation pénale de l'art. 10 par le regret qu'aurait pu éprouver le législateur de n'avoir pas, dans la loi du 17 mai 1819, édicté des peines assez élevées contre les journalistes et a-t-il voulu ainsi y suppléer ? — ou ne voir dans le renvoi de cette aggravation à la loi du 9 juin que le parti pris de réserver à cette loi tout ce qui concernerait spécialement la presse périodique ? C'est ce qu'il est difficile de décider. (V. nº 2277-2278.)

La première explication restreindrait *aux seuls crimes et délits de la loi du 17 mai 1819* l'application de l'art. 10. — Sa disposition deviendrait au contraire, par la seconde, une *règle générale* pour TOUS *les délits de la presse,* quelle que fût la date de la loi qui les aurait prévus. — La Cour de cassation semble avoir préféré cette dernière explication en décidant que l'art. 10 était applicable aux amendes prononcées par la loi du 27 juill. 1849. Cass., 6 déc. 1850. D.51.1.258.

2270. — Voici ce qui fut dit en 1819 pour motiver la rigueur un peu après coup de cette disposition :

« La répression doit être proportionnée au mal « causé par la publication ; le délit s'aggrave par « l'étendue et la rapidité de cette publication ; les jour-« naux ont un but intéressé, il est juste que la quo-« tité des amendes puisse être élevée contre celui qui « spécule sur les troubles de son pays. »

« 2271. — Il résulte de la corrélation de l'art. 10 avec l'art. 9 et avec l'art. 13, L. 1822, que son application doit être limitée.

Quant aux personnes : *aux journalistes.*

Quant aux faits : *aux crimes et délits commis par la presse périodique,* et punis par les lois de 1849 et 1822. — L'art. 13 de cette dernière le donne ainsi à entendre. — V. nº 2277-2278.

2272. — La loi du 9 sept. 1835 avait étendu l'application dudit art. 10 à certaines *contraventions ;* mais cette loi a été abrogée en 1848.

2273. — *Les amendes pourront* : Au pouvoir tout facultatif que ces expressions conféraient aux juges, l'art. 14, L. 18 juillet 1828 ayant substitué *l'obligation* en ce qui concerne le *minimum* de certaines amendes,

a diminué la portée première de l'art. 10. Les juges n'ont conservé le pouvoir facultatif que sur le *maximum* des amendes prononcées par les lois antérieures à 1828 ; quant aux amendes des lois postérieures, la loi de 1828 n'a en rien dérogé à l'art. 10 de la L. du 9 juin 1819.

2274. — *Être élevées au double et au quadruple en cas de récidive.* Cette élévation au quadruple reste à *fortiori* facultative pour le cas de récidive.—V. nº 2331.

[**508**] = 2275. — *L'art. 10 est commun à toutes les dispositions du présent titre.* Il ne reste plus en vigueur des dispositions de ce titre que l'art. 1 (punissant l'outrage et la dérision envers les religions reconnues), les art. 5 et 6 (réprimant les diffamations et outrages envers certaines personnes publiques), l'art. 7 (concernant l'infidélité de certains comptes rendus) et l'art. 8 (relatif aux cris séditieux).

Les autres dispositions ont été abrogées, ou, par des modifications plutôt de forme que de fond, ont passé dans le décret du 11 août 1848, sans rien perdre de leur caractère ; comme ces modifications ont eu cependant ce résultat matériel de les détacher du titre auquel se réfère l'art. 13, L. 1822, la question peut ici s'élever de savoir si ce déplacement a soustrait les délits qu'elles prévoyaient à l'application de l'art. 10, L. 1819,?

2276. — Je ne le pense pas, aucune loi n'a abrogé ces articles 10 et 13 ; la révision purement grammaticale de quelques-uns des textes des lois de 1849 et 1822, en 1848, n'ayant en rien modifié la pénalité de leurs délits, l'aggravation pénale que leur ont infligée les art. 10 et 13, les a nécessairement suivis dans le décret du 11 août 1848, du moment où le législateur ne statuait pas au contraire ; il faudrait décider autrement si la pénalité avait été surtout élevée. — V. nº 1059.

[**509**] = 2277. — Circulaire. (*Justice.*) 27 *mars* 1852. « L'art. 14, loi 1828, n'ayant rien d'inconciliable « ni par sa nature ni par son objet, avec les disposi-« tions de la loi du 17 fév. 1852, se trouve maintenu.»

2277 *bis.*—*Les amendes autres que celles portées par la présente loi.* Ces expressions bornent l'aggravation pénale de l'art. 14 aux seules amendes des lois antérieures au 18 juillet 1828, c'est-à-dire aux amendes des lois de 1849 et 1822. V. nº 2271.

2278. — Dans quelle pensée le législateur a-t-il pu,

De la suppression, de la suspension des journaux et de l'exécution provisoire.

Cas de suppression et de suspension. — Durée.

510. — *L. 11 mai* 1868. Art. 12. Une condamnation pour crime commis par la voie de la presse, entraîne de plein droit la suppression du journal dont le gérant a été condamné.

§ 2. Cas de la récidive : Suspension de 15 jours à 2 mois la 1re fois et de 2 à 6 mois la 2e fois. — V. *infrà*, le texte art. 525.

§ 3. Elle [la suspension de 2 à 6 mois] peut l'être également par un premier jugement ou arrêt de condamnation, si la condamnation est encourue pour provocation à l'un des crimes prévus par les art. 86, 87 et 91 du C. pénal, ou pour délit prévu par l'art. 9 de la loi du 17 mai 1819 (art. 336).

§ 4. Pendant toute la durée de la suspension, le cautionnement demeurera déposé au Trésor et ne pourra recevoir une autre destination.

Mesure aggravante : — Exécution provisoire.

511. — Art. 13. L'exécution provisoire du jugement ou de l'arrêt qui prononce la suspension ou la suppression d'un journal ou écrit périodique, pourra, par une disposition spéciale, être ordonnée nonobstant opposition ou appel, en ce qui touche les suspensions ou la suppression... V. suite, art. 608.

Toutefois, l'opposition ou l'appel suspendront l'exécution s'ils sont formés dans les 24 heures de la signification des jugements ou arrêts par défaut, ou de la prononciation des jugements contradictoires... V. suite, 585.

---

en effet, vouloir que les amendes *autres que celles qu'il édictait* ne fussent jamais moindres du double du *minimum*, sinon qu'il avait jugé que les amendes portées *jusqu'alors* contre les journalistes n'étaient pas assez élevées ? son appréciation n'ayant pu à cet égard porter sur des lois qui n'existaient pas encore, il s'ensuit nécessairement que son art. 14 ne s'applique point aux délits punis par les lois postérieures. Dalloz, v° *Presse*, n° 349.

2279. — *Encourues pour délits.* Le terme *délits* exclut les *crimes* et les *contraventions;* l'art. 14 n'est applicable qu'aux *délits.*

2280. — *Par la voie d'un journal.* Les journalistes seuls sont soumis à l'application de l'art. 14, L. 1828.

2281. — *Ne seront jamais moindres du double du minimum.* Cette rédaction impérative « *ne seront jamais,* » a dérogé à la faculté qui résultait pour les juges de l'expression *pourront,* de l'art. 10, L. 9 juin 1819 (n° 2273); — l'amende la moins élevée qu'ils *devront* en conséquence prononcer contre les journalistes ne sera jamais inférieure *au double du minimum* de l'amende encourue ; lorsque, bien entendu, il n'y aura pas lieu de faire application de l'art. 463. — Il fut en effet déclaré au cours de la discussion de la loi, sur un amendement de M. Agier, que cet article ne dérogeait point à l'art. 463, C. pénal.

2282. — L'art. 13 de la loi du 11 mai 1868 a ajouté aux aggravations des lois antérieures contre la presse en autorisant les juges à ordonner l'exécution provisoire nonobstant appel ou opposition des chefs du jugement prononçant des amendes contre les gérants des journaux cautionnés. — V. art. 608 *infrà.*

[510] = 2283. Exposé des motifs. « La suppression du journal n'aura lieu que dans *un seul cas,* celui de condamnation pour *crime* commis par la voie « de la presse. Le juge ici c'est le jury... la suppression « aura lieu de plein droit et ne dépendra plus du pouvoir discrétionnaire de la Cour d'assises. »

2284. — « Les autres cas de suppression édictés par « le décret de 1852 et restreints déjà par la loi du « 2 juillet 1861, disparaissent. » Exposé des motifs, L. 1868. V. n°° 2292 et 2288.

2285. — M. E. Pinard, devenu ministre de l'intérieur, compléta devant le Corps législatif, le 30 janvier 1868, ses explications sur ce point de l'exposé des motifs de la loi dont il avait été le rédacteur.

« *La suppression ?* — On a dit très-vivement en at« taquant cette pénalité : c'est monstrueux!

« Mais remarquez, Messieurs, à quels faits nous ap« pliquons la suppression. C'est *seulement aux faits* « *qualifiés crimes.* Or il n'y a que deux crimes en ma« tière de presse : la provocation à l'assassinat et l'ex« citation à la guerre civile, quand cette provocation ou « cette excitation ont été suivies d'effets. — Mais, ne « l'oubliez pas, c'est le jury qui prononce dans ces deux « cas; et quand le jury a reconnu la culpabilité pour « des faits aussi graves, je me demande si l'on peut « trouver trop sévère la peine de suppression. » (Non, non.) *Mon.* 31 janv. 1868.

2286. — Exposé des motifs. « La suspension reste « une peine correctionnelle destinée à frapper les « feuilles dont *la violence constituerait un danger* « *public.* »

« La loi laisse au juge la faculté de l'appliquer. »

« Nulle suppression administrative ne peut plus in« tervenir à côté de cette suspension judiciaire. »

2287. — En dehors du cas de la récidive (V. art. 208.A.) il n'est plus que quatre cas où la peine de la suspension puisse être infligée à un journal en matière *de délits;* ce sont les cas de provocation à un attentat sur la personne de l'Empereur (art. 86, C. pénal); au changement de gouvernement (art. 87, C. pénal), à la guerre civile (art. 91) et le cas d'offense envers l'Empereur (art. 9, L. 1819). — V. art. 510 ci-dessus.

2288. — En matière de *contravention,* la suspension n'est édictée que pour *un cas;* c'est celui du refus, par un journal, d'une insertion officielle (art. 19, du décr. 1852, art. 113 *suprà*). Mais nonobstant les déclarations de l'exposé des motifs, la *suppression* reste maintenue pour les *contraventions* passibles des peines de l'art. 5 du décret du 17 févr. 1852.— V. n°° 705 et 2292.

[511] = 2289. — Exposé des motifs, *L.* 1868. « L'exécution provisoire est une innovation, mais une « innovation nécessaire..... Elle puise sa raison d'être « dans l'impérieuse nécessité d'imposer silence à *de* « *nouvelles attaques.* » Elle n'est donc établie que pour les cas *de délits* dont la violence réitérée pourrait constituer un danger public et non pour les *contraventions.* — V. cependant n°° 2286, 2292.

« L'exécution provisoire est laissée au pouvoir dis« crétionnaire du juge, qui n'en usera que dans *les cas* « *graves.* »

2290. — **Circulaire du 4 juin 1868.** « L'exécution « provisoire est un effort pour accélérer la solution dé« finitive; les tribunaux doivent ne pas reculer devant « ce moyen de correction, lorsque le défaut du prévenu « leur paraîtra une simple manœuvre et, en général, « quand on pourra s'attendre à des ajournements in« définis. »

2290 *bis.* — Le but de cette mesure de rigueur serait donc à la fois d'imposer silence à de nouvelles attaques et de prévenir les atermoiements systématiques

Chap. II.— Du cumul des peines.

Règle générale.

512.— *C. d'inst. crim.* Art. 365... En cas de conviction de plusieurs crimes ou délits, la peine la plus forte sera seule prononcée.

Exception.

513. — *L.* 16 *juillet* 1850. Art. 9. Les peines pécuniaires prononcées pour crimes et délits, par les lois sur la presse et autres moyens de publication, ne se confondront point entre elles et seront toutes intégralement subies lorsque les faits qui y donneront lieu seront postérieurs à la première poursuite.

———

qui enlèvent à la poursuite ce qu'elle a de meilleur, la célérité de la répression.

2291. — « **Rapport.** Il n'y aura pas d'exécution pro-
« visoire pour la peine de l'emprisonnement, dit à ce sujet
« le rapporteur de la loi. — L'opposition et l'appel dans
« les vingt-quatre heures suspendront cette exécution.

« Ce délai peut paraître court, mais il faut remarquer
« que le jugement par défaut ou contradictoire ne pou-
« vant être signifié que le lendemain, et l'opposition de
« l'appel étant recevable dans les vingt-quatre heures,
« le délai sera réellement de trois jours, il reste encore
« la citation qui sera donnée à trois jours, ce qui fait
« six jours; l'exécution provisoire étant suspendue par
« ces formalités, la juridiction compétente devra statuer
« dans les trois jours. — 3e *Rapp. supplém.*, p. 24.

2292. — ..... *L'exécution provisoire du jugement
qui prononce la suppression d'un journal.* Ces expressions indiquent bien, contrairement à la déclaration
de l'exposé des motifs, n° 2284, qu'il reste encore des
cas où la peine de la suppression *pourra être prononcée* (n° 2288 et 704); elles disent plus : comme ces
cas de suppression ne concernent que des *contraventions*, il s'ensuit, contrairement à l'opinion émise sous
le n° 2289, que la *mesure de l'exécution provisoire
est applicable aux contraventions entraînant la suppression*, bien que les faits qui réalisent ces contraventions n'aient en eux-mêmes rien de grave ni d'inquié-
tant pour l'ordre public. — N°° 444, 2719.

2293. — Voir la suite de nos annotations sur cet
art. 44, L. 1868, sous les n° 2749 et suivants, et n° 444.

[**512**]=2294.—Le terme *délit*, dans l'art. 365 du
C. d'inst. crim., comprend toutes les infractions punies
de peines correctionnelles; lorsque sa disposition fut
élaborée en 1808, la législation n'avait pas encore consacré la distinction des *délits intentionnels* et des *délits non intentionnels* que plusieurs lois sur la presse
ont plus tard qualifiés de *contraventions*.

2295.— On s'est depuis demandé si cette qualification légale n'avait pas soustrait les infractions qui l'ont
reçue à l'application de l'art. 365. Après quelques
hésitations, la jurisprudence de la Cour de cassation a
consacré cette règle originaire, que l'art. 365 devait
être appliqué sans distinction aux *contraventions correctionnelles*, à moins qu'il n'en ait été autrement ordonné par les lois qui les prévoyaient. (N°° 2328 et 439).

2296. — Au premier rang de ces dernières lois qui
imposent le cumul des peines, nous signalerons l'art.
16 de la loi du 21 octobre 1814, qui punit le défaut de
déclaration avant l'impression et le défaut de dépôt
avant la publication, « *chacun d'une amende de
1,000 fr.*, » et l'art. 4, L. 18 juillet 1828 qui, au cas
qu'il prévoit d'un journal sans gérant, ordonne que
ce journal cessera de paraître à peine de 1,000 fr.
d'amende « *pour chaque feuille publiée en contravention.* »—Cass., 17 mai 1851. D.54.4.245. V. n° 439.

2297.—L'art. 365 est applicable à toutes les infractions punies de peines correctionnelles qui n'en sont
pas exceptées, soit par des dispositions particulières
de la loi, soit par le caractère de réparations civiles
attaché aux amendes fiscales. — Cass., 13 juillet 1860.
D.60.1.467; Angers, 27 août 1866. D.66.2.481.

2298.— La disposition est encore applicable en matière de presse, et notamment aux infractions de la loi
du 16 juill. 1850 (signature des auteurs). Cass., 43 juill.
1860. B. — *Contrà*, Cass., 9 août 1851. D. 51.1.270.

2299.—Jugé que le décret du 17 février 1852 n'autorise pas le cumul des peines de l'art. 5 contre un
journal cautionné, traitant les matières politiques,
avec les peines de l'art. 20, réprimant la publication
continuée d'un journal supprimé, ni avec celles de
l'art. 22, publication non autorisée de gravures; qu'il
importe peu que ces infractions soient qualifiées contraventions; qu'étant punies de peines correctionnelles,
elles doivent être considérées comme des délits dans
le sens de l'art. 365, C. d'inst. crim., qui leur est par
suite applicable; que les infractions punies de peines
de simple police restent seules en dehors de cet article.
Paris, 25 mars 1868, G. T. 26, 27; mais V. n° 439.

2300. — *La peine la plus forte.* La limite de la pénalité, en matière de cumul, est dans le maximum de
la peine édictée contre le fait le plus grave; la règle
de l'art. 365 s'oppose à ce que le juge, procédant pour
ainsi dire par distribution, prononce une peine contre
chaque infraction, alors même que le total des peines,
ainsi divisément prononcées, n'excéderait pas le maximum de la peine la plus forte; le jugement ne doit
prononcer qu'une seule peine indivisément sur le tout.

2301. — L'obligation de prononcer la peine la plus
forte, en cas de pluralité de délits, ne saurait pas plus
faire obstacle à l'application de l'art. 463, C. pén.,
lorsqu'il est applicable, que ne lui fait obstacle la circonstance de la récidive. — Les peines des faits secon-
daires ou moins graves se trouvant, par l'effet de la confusion, absorbées par la peine supérieure de l'infraction la
plus grave, l'atténuation ne doit et ne peut porter que
sur cette dernière peine, sans considérer si les peines
ainsi absorbées, et dont il n'y a plus à tenir compte
alors, comportent ou non l'application de l'art. 463,
lorsque toutefois cet article est applicable au fait dont
la gravité et la pénalité ont effacé celles des autres
faits, — *Favores ampliandi;* — ce point ne peut plus
faire question depuis que l'art. 463 est applicable à
toutes les infractions dites de presse. — L. 1868, art. 15.

[**513**]=2302. — Cet article a reproduit en grande
partie l'art. 12 de la loi abrogée, du 9 sept. 1835.

« Il ne faut pas, disait à ce sujet le rapporteur de
« cette dernière loi, que le prévenu poursuivi simulta-
« nément pour plusieurs délits perde à l'exercice divisé
« de l'action publique; toutefois cette raison cesse quand
« les nouveaux délits sont postérieurs à la première
« poursuite. — Elle doit servir d'avertissement, et il
« ne faut pas que la certitude d'avoir mérité déjà la
« sévérité des lois laisse jusqu'au jugement le prévenu
« sans frein et la société sans garantie. »

2303. — **Circulaire** (*justice*) du 27 *mars* 1852.
« Les décrets de 1852 n'ont porté aucune atteinte à
« cette disposition. — La difficulté pourrait naître de
« ce que l'art. 9, L. 1850, est contraire à l'art. 365,
« *C. d'instr. crim.* (Code aux règles duquel le décret
« du 17 févr. 1852 est revenu quant *aux poursuites*);
« mais ce dernier article ne se trouve pas rétabli pour
« les crimes et délits de presse, par la raison qu'il ap-
« partient au *jugement* et non à la *poursuite*; il faut
« bien en effet le remarquer, l'art. 365 est placé sous
« la rubrique des *jugements* et de l'*exécution*, tandis

Chap. III. — Destruction et confiscation des objets saisis. Impression et affiche du jugement.

Affiche du jugement : 1er cas.

514. — *C. proc. civ.* Art. 10. [En cas de manquement au respect dû à la justice devant le juge de paix par les parties, le juge les y rappellera par un avertissement.]

En cas de récidive, elles pourront être condamnées à une amende qui n'excédera pas 10 fr., avec affiches du jugement, dont le nombre n'excédera pas celui des communes du canton.

Impression et affiche du jugement : 2e cas.

515. — *Même Code.* Art. 1036. Les tribunaux, suivant la gravité des circonstances, pourront, dans les causes dont ils seront saisis, prononcer, même d'office, des injonctions, supprimer des écrits, les déclarer calomnieux ET ordonner l'impression et l'affiche de leurs jugements. Comparez art. 23, L. 15 mai 1859 (art. 539, § 2).

Suppression. — Impression. — Affiche : 3e cas.

516. — *L. 26 mai 1819.* Art. 26. Tout arrêt de condamnation contre les auteurs ou complices de crimes ou délits commis par voie de publication, ordonnera la suppression ou la destruction des objets saisis ou de tous ceux qui pourront l'être ultérieurement et tout ou en partie, suivant qu'il y aura lieu pour l'effet de la condamnation.

L'impression ou l'affiche de l'arrêt pourront être ordonnées aux frais du condamné.

Ces arrêts seront rendus publics dans la même forme que les jugements portant déclaration d'absence [par leur insertion par extraits dans le journal officiel, sur l'ordre du ministre de la justice, conformément à l'art. 118 du Code Napoléon].

« que l'art. 27 du décret est limité à la *poursuite,* « dont il change les formes et délais réglés dans d'autres parties du *Code d'instr. criminelle.* »

2304. — *Les peines pécuniaires.* Ces expressions limitent le cumul aux amendes, les peines corporelles restent placées sous le principe de l'art. 365, C. I. crim.

2305. — *Seront intégralement subies lorsque les faits... seront postérieurs à la première poursuite.* Donc et *a contrario* on appliquera l'art. 365 dans tous les autres cas.

« Quel est l'esprit de cette disposition? dit à ce sujet, « lors de sa discussion, en 1850, M. Rouher, ministre « de la justice. Il faut qu'un premier avertissement soit « donné à celui contre lequel on dirige des poursuites; « quand il est averti par une première poursuite, s'il « commet un nouveau délit, alors la confusion ne s'o- « pérera pas; mais si à propos d'une première pour- « suite plusieurs articles sont incriminés, plusieurs « délits sont reconnus, il est de toute évidence que la « confusion des peines s'opérera et que le maximum de « l'amende sera seul appliqué. Pourquoi? parce qu'il « n'y aura pas eu intermédiairement un avertissement « judiciaire. »

[514] = 2306. — Les juges de paix ne peuvent appliquer les dispositions de cet article qu'aux manquements des parties pendant l'audience.

[515] = 2307. — Lorsque l'action civile, en cas de diffamation ou d'injure, est poursuivie séparément de l'action publique, les juges civils peuvent-ils ordonner l'impression ou l'affiche de leur jugement en réparation des faits reconnus de diffamation ou d'injure?

2308. — POUR L'AFFIRMATIVE on se fonde :

1° Sur la généralité des termes de l'art. 1036 du C. proc. civ., inscrit sous la rubrique : *des dispositions générales;*

2° Sur les art. 1382, 1384, C. Nap. et sur l'art. 51, C. pén., qui, en matière de réparations civiles, laissent aux juges toute latitude pour le choix du mode d'indemnité qui peut le mieux convenir à la situation. — V. n° 2544;

3° Sur l'art. 26, L. 26 mai 1849 (art. 516), enfin, qui, par son § 2, autorise l'impression et l'affiche des jugements de condamnation pour délits de publication.

2309. — La Cour de cassation s'est prononcée en faveur de cette opinion, en décidant que si l'impression et l'affiche sont des *peines,* elles perdent ce caractère lorsqu'elles sont accordées sur la demande des parties civiles, à titre de *réparation.* — Cass., 21 mars 1839;

Dalloz, v° *Affiche,* n° 373, 19 mai 1860, S.60.1.327 sic, Bourges, 29 nov. 1860. S.60.2.306. N° 2544.

2310. — POUR LA NÉGATIVE on répond :

1° Que l'art. 1036 correspond à l'art. 10, C. pr. civ. (art. 514); que sa prescription règle uniquement la police des audiences et ne concerne en rien le système ou la matière des réparations civiles; — l'expression *d'office,* qui domine sa disposition, le démontre avec la dernière évidence. Est-ce que les tribunaux pourraient accorder *d'office* des réparations civiles?

La copulative ET s'oppose d'ailleurs à ce que l'on puisse détacher son dernier membre de phrase de celui qui le précède; tout se tient dans la rédaction, « l'impression et l'affiche » dont il s'agit sont uniquement celles des jugements qui ont déclaré les écrits calomnieux;

2° L'impression et l'affiche ne sauraient d'autre part être des modes autorisés de réparations, par cette raison, d'abord, que la publicité d'un jugement ne compensant point le dommage souffert ne répare rien et ensuite qu'en dehors des cas des art. 1443 et 1444, la théorie du Code en matière de dédommagements ne permet pas aux juges de puiser dans l'arsenal des lois pénales un mode de réparation pour les intérêts privés. Où s'arrêterait-on dans une pareille voie? On y prend aujourd'hui *l'impression et l'affiche des jugements,* on y prendra demain, toujours à l'aide des mêmes considérations, *la réparation d'honneur envers l'offensé,* puis *l'éloignement de l'auteur des offenses et voies de fait* (art. 227 et 229, C. pén.); puis encore la *suspension* s'il s'agit d'un journal, sans qu'on puisse s'y opposer et répondre que ce sont là des modes de satisfaction réservés à l'action publique, pour tels et tels délits, car il en est ainsi de *l'impression et de l'affiche.* — Cass., 23 août 1840; Dalloz, v° *Compétence* n° 44; Cass., 28 juillet 1843. B.; Sourdat, *Responsabilité,* I, n° 434 et 435 (V. n°s 2324, 2536 et 2343)

3° Que le § 3 de l'art. 26, L. 1849, ci-dessus, n'est pas suffisamment détaché et indépendant de celui qui le précède, pour qu'il puisse être appliqué à d'autres cas que ceux que la disposition entière prévoit, c'est-à-dire à des jugements de condamnation à raison de délits de publication, ce qui implique l'exercice de l'action publique, cas bien différent de l'hypothèse de l'action civile intentée isolément;

4° Quant à la distinction admise par la Cour de cassation, elle ne démontre absolument rien sur le cas spécial, puisqu'il n'est pas *une peine* dont on ne puisse également dire qu'elle perd son caractère pénal lorsqu'on l'accorde à titre de réparations civiles.

2311. — L'impression ou l'affiche pourraient toutefois être accordées dans le cas réglé par la disposition de

Chap. IV.— Conséquences quasi-pénales des condamnations.

Insertion du jugement par le journal. — Perte du droit de vote.

Insertion obligée du jugement

517. — *L. 9 juin* 1819. Art. 11. Les éditeurs du journal ou écrit périodique seront tenus d'insérer dans l'une des feuilles ou livraisons qui paraîtront dans le mois du jugement ou de l'arrêt intervenu contre eux, extrait contenant les motifs et le dispositif du jugement ou arrêt.

Art. 12. La contravention à l'art. 11 [ci-dessus] de la présente loi, sera punie correctionnellement d'une amende 100 fr. à 1,000 fr.

RÉCID. : Amende de 1,000 à 2,000 fr. (art. 58, C. pén., V. n° 2329).

CIRC. ATT. : Amende de 50 à 100 fr. (art. 539).

---

l'art. 23, L. 17 mai 1819, d'un écrit injurieux ou diffamatoire produit en justice pour la défense des parties, parce qu'il y a alors dans cet excès de la défense un manquement au respect dû à la justice qui rentre dans les prévisions de l'art. 1036 du C. de proc. civ., n° 2448.

2312. — Si l'impression et l'affiche du jugement ne peuvent être, en conséquence, sur l'exercice isolé de l'action civile, accordées à titre de réparation, il en serait différemment de la *suppression* des écrits injurieux ou diffamatoires, car, à la différence de la publicité des jugements qui, loin de réparer, aggrave souvent le mal de la diffamation, la suppression des écrits qui la contiennent en arrêtera les effets préjudiciables. — V. art. 23, L. 17 mai 1819 (art. 539, §2)

[516] = 2313. — *Tout arrêt de condamnation :* La suppression d'un écrit est une peine qui ne peut être prononcée que dans le cas où cet écrit, en lui-même et par son contenu, donne lieu à une condamnation, et non dans le cas où le prévenu, acquitté du délit de publication de l'écrit, n'est condamné qu'à raison d'un fait extérieur à l'écrit, et par exemple, pour la contravention d'en avoir distribué quelques exemplaires sans autorisation.— Cass., 17 août 1860. D.60.4.422 ; 20 juin 1840. Dalloz, v° *Presse*, n° 1037.

2314.— *Contrà.* La suppression peut être ordonnée nonobstant l'acquittement du prévenu, si les écrits sont en eux-mêmes immoraux ou répréhensibles.— Poitiers, 2 juin 1860. — S.60.2.329. V. *suprà*, n° 369.

2315. — *Ordonnera la suppression ou destruction.* Cette formule impérative impose aux juges l'*obligation* de prononcer cette suppression ou destruction. — La destruction ou suppression des écrits délictueux étant destinées à retirer le délit de la circulation sont, à ce point de vue, moins des *peines répressives* que des mesures d'ordre public. — L'admission des circonstances atténuantes ne pourrait dès lors autoriser les juges à en faire la remise. — V. *par anal.*, Cass., 4 oct. 1839 ; S.40.1.549 ; D.40.1.377 et notes.

2316. — *En tout ou en partie.* — Cette alternative laisse aux juges la plus grande latitude pour déterminer l'étendue de la suppression ou destruction et leur permettre d'en borner les effets à certains passages de l'ouvrage condamné, suivant qu'il y aura lieu pour l'effet de la condamnation.

2317. — *L'impression ou l'affiche.* Le juge ne peut ordonner l'impression ET l'affiche ; il doit opter et prescrire l'une ou l'autre. — Dalloz, v° *Presse*, n° 1040 ; *Contrà*, de Grattier, I, p. 502.

2318. — Le jugement doit indiquer à quel nombre d'exemplaires le jugement sera affiché, et, s'il y a lieu, les points où les affiches seront apposées.

2319. — L'insertion du jugement dans les journaux peut même être ordonnée au lieu et place de l'impression et de l'affiche.— Bordeaux, 17 août 1826 ; Dalloz, v° *Presse*, n° 1040 ; V. *infrà*, n° 2323.

Perte du droit de vote.

518. — *L. 2 fév.* 1852. Art. 15. Ne doivent pas être inscrits sur les listes électorales :...

6° Les individus qui, par application de l'art.8, loi 17 mai 1819 et de l'art. 3, D. 11 août 1848, auront été condamnés pour outrage à la morale publique et religieuse ou aux bonnes mœurs et pour attaque contre le principe de la propriété et les droits de la famille ;

7° Les condamnés à plus de 3 mois d'emprisonnement pour délits électoraux, des art. 31 à 46 de la présente loi (art. 372 à 374, *suprà*).

Art. 16. Les condamnés à plus de 1 mois d'emprisonnement pour... outrages... envers les dépositaires de l'autorité ou de la force publique ; pour outrages publics envers un juré à raison de ses fonctions ou envers un témoin à raison de sa déposition ; pour délits prévus par la loi sur les attroupements et pour infraction à la loi sur le colportage, ne pourront être inscrits sur la liste électorale pendant 5 ans à dater de l'expiration de leur peine.

2320. — L'insertion dans les journaux est une véritable peine qui peut être prononcée par le juge d'appel sur l'appel seul du ministère public, sans qu'il y ait appel de la partie civile.— Cass., 19 mai 1860.B.

2321. — Le juge ne pourrait, toutefois, au lieu de l'impression et de l'affiche, ordonner la lecture du jugement en public ou en certains lieux déterminés.

2322. — *Pourront être ordonnées.* La loi confère ici aux juges un pouvoir discrétionnaire et tout facultatif ; il en est autrement pour la destruction ou suppression des écrits, n° 2315.

2323. — Lorsqu'il y a lieu de condamner à l'insertion du jugement dans son journal le rédacteur qui en est en même temps le gérant, le juge doit le condamner en qualité de gérant.— Cass., 23 nov. 1861 : D.62.1.53.

2324. — Lorsque, sur les réquisitions du ministère public, l'insertion du jugement dans un journal a été ordonnée, c'est au ministère public à désigner les journaux dans lesquels cette insertion doit être faite, et non à la partie civile, et il y aurait mal-jugé si le jugement avait abandonné le choix à la partie civile ; l'insertion, dans ce cas, est une aggravation de peine et non une réparation accordée à la partie lésée.—Cass., 19 mai 1860 ; D.60.4.363.

2325. — L'impression et l'affiche étant des peines, c'est aux procureurs impériaux qu'il appartient d'en assurer l'exécution. La publicité ainsi ordonnée s'applique non-seulement au dispositif, mais aussi aux motifs et aux qualités du jugement.

2325 *bis.* — Le dernier paragraphe de l'art. 26, L. 1849, se rattache-t-il à celui qui le précède en ce sens que la publicité qu'il prescrit ne doive avoir lieu que lorsque l'impression ou l'affiche a été prononcée, et comme une publicité accessoire ou supplémentaire ? Doit-il, en d'autres termes, être entendu comme s'il y avait : « *Ces arrêts sont alors rendus publics, etc.?* » On pourrait le soutenir, mais la pratique des parquets l'a entendu autrement et l'applique comme une prescription générale, comme une disposition distincte.

[517 à 518] — 2326. — Il ne faut pas confondre, avons-nous déjà fait remarquer sous cet article déjà classé — V. n°573, la publicité pénale et de répression que les juges peuvent ordonner en vertu de l'art. 26, L. 1820,

Chap. V. — De la récidive.— Aggravation pénale. — Peines accessoires.

§ 1. — De la récidive. — Élévation des peines au maximum et au quadruple.

Peines de la récidive légale.

519— *Code pénal, rédaction du 3 mai* 1863. Art. 57. Quiconque, ayant été condamné pour crime à une peine supérieure à une année d'emprisonnement, aura commis un délit ou un crime qui devra n'être puni que de peines correctionnelles, sera condamné au maximum de la peine portée par la loi, et cette peine pourra être élevée jusqu'au double.

Le condamné sera de plus mis sous la surveillance de la haute police pendant 5 ans au moins et 10 ans au plus.

(Suite.)

520.—Art. 58. Les coupables, condamnés correctionnellement à un emprisonnement de plus d'une année, seront aussi, en cas de nouveau délit ou de crime, qui devra n'être puni que de peines correctionnelles, condamnés au maximum de la peine portée par la loi, et cette peine pourra être élevée jusqu'au double.

Ils seront, de plus, mis sous la surveillance spéciale du Gouvernement pendant au moins 5 années et 10 ans au plus.

Dérogation. — Récidive des délits de presse.

521. — *L.* 17 *mai* 1819. Art. 25. En cas de récidive des crimes et délits prévus par la présente loi, il pourra y avoir lieu à l'aggravation des peines prononcées par le chapitre IV du livre Ier du Code pénal [intitulé : des peines de la récidive, art. 56 à 58].

Élévation des peines au quadruple.

522.—*L.* 9 *juin* 1819. Art. 10. En cas de condamnation, les mêmes peines leur [aux propriétaires ou éditeurs responsables d'un journal ou écrit périodique, aux auteurs ou rédacteurs d'articles imprimés dans ledit journal ou écrit, prévenus de crimes ou délits de publication. V. art. 506 et 507] seront appliquées.

Toutefois, les amendes pourront être élevées au double,

Et, en cas de récidive, au quadruple;

Sans préjudice des peines de la récidive portées au Code pénal. (Art. 519, 520).

---

et celle que la loi impose en outre et par surcroît aux gérants des journaux condamnés, comme un devoir professionnel. V. notes, sous l'art. 169.

En cas d'opposition, d'appel ou de pourvoi, c'est la notification de la décision définitive, après que le recours est vidé, qui peut seule faire courir le délai de l'art. 11 de la loi du 9 juin 1819. — L'insertion, en cas de recours, ne doit comprendre que la décision définitive, c'est-à-dire le jugement passé en force chose jugée, ou l'arrêt, s'il y a appel.

2326 *bis*. — L'incapacité électorale qu'entraînent les condamnations pour délits mentionnés en l'art. 15 du décret du 2 février 1852 est perpétuelle. — Celle qui résulte des condamnations pour délits énoncés en l'art. 16 n'est que temporaire.

[**519** à **520**] = 2327. — La révision des art. 57 et 58 du C. pénal, en 1863, n'a porté aucune atteinte aux dispositions par lesquelles la législation qui régit la presse avait antérieurement dérogé au système du Code pénal en matière de récidive.

2328. — L'aggravation des peines en cas de récidive est uniquement fondée sur ce que la rechute « annonce, comme le disait M. Treilhard dans l'exposé « des motifs du Code pénal en 1810, des habitudes « vicieuses *et un fond de perversité dangereux*. » Cette haute pensée de la loi aurait dû faire exclure de l'application des art. 57 et 58 du C. pénal les infractions qui résultent de la seule *matérialité* d'un fait, sans manifestation aucune *des habitudes vicieuses et de ce fond de perversité* qui est la raison de leurs rigoureuses dispositions; — il n'en a pas été ainsi : — Le terme *délit*, dans ces articles, comprend, par la définition qu'en donne l'art. 1er du C. pénal qui ne distingue pas, aussi bien *les délits* proprement dits que caractérisent le fait et l'intention de nuire, que les infractions par omission ou commission d'un fait matériel et *non intentionnel* qu'on désigne aujourd'hui du nom de contraventions correctionnelles. V. n° 2295.

2329. — Il s'ensuit que l'art. 25 de la loi du 17 mai 1819 n'ayant dérogé aux dispositions du Code pénal pour les *seuls crimes et délits qu'elle prévoit*, a d'autant plus laissé sous l'empire du Code pénal les *contra-ventions* en matière de presse et de publication, que, dès 1814, la législation avait accepté la distinction entre les infractions intentionnelles et les infractions non intentionnelles et qualifié ces dernières de *contraventions*, bien que punies de peines correctionnelles. — *Sic*, de Grattier, I, p. 289; Cass., 22 janv. 1824. B.14.

[**521**]=2330. — *En cas de récidive.* Il s'agit ici de la récidive légale dont la première condition est que le prévenu ait été antérieurement condamné à une peine de plus d'un an d'emprisonnement. — Chassan, I, p. 177.

2331. — L'art. 25 de la loi de 1849 déroge au Code pénal en ce sens que ces expressions : « il pourra y avoir lieu » confèrent aux juges *la faculté* d'appliquer ou de ne pas appliquer le *maximum* de la récidive, tandis que, par le verbe impératif « *sera ou seront condamnés*, » les art. 57 et 58 du C. pénal leur imposent impérativement l'obligation de les appliquer.

2332. — Seulement, la faculté que les juges tiennent de l'art. 25 doit être sévèrement restreinte aux cas spéciaux que sa disposition prévoit, c'est-à-dire aux seuls cas de la récidive par commission *d'un second délit* puni par les lois dites de *presse*, après une précédente *condamnation à plus d'un an d'emprisonnement* pour un crime ou délit de publication. L'art. 25 n'est, en conséquence, applicable qu'à la récidive par réitération de faits de même nature. Dans tous les autres cas, c'est le Code pénal, auquel il n'est pas dérogé, qui doit être appliqué. — Cass., 13 sept. 1833; J.P.; de Grattier, I, p. 294; Dalloz, v° *Presse*, n° 1023; Chassan, 1, p. 174.

2333. — *Crimes et délits prévus par la présente loi de* 1849. Nonobstant ces expressions restrictives, l'application de l'art. 25 a été étendue aux crimes et délits prévus et punis par les lois postérieures de 1822, 1828 et 1849 qui, par leur but et leur objet, ne sont qu'une suite, une extension, « le *développement*, » le mot a été dit, de la loi de 1819.—Cass., 26 févr. 1835; J.P. Chassan, I, p. 473; Dalloz, v° *Presse*, n° 1024.

Il pourra y avoir lieu. V. n° 2331 ci-dessus.

[**522**] = 2334.—Voir, sur cet article que nous ne reproduisons ici qu'à raison de l'aggravation pénale des amendes en cas de récidive de la part des journalistes, nos annotations sous l'art. 507.

§ 2. — Interdiction. — Suspension des journaux. — Exécution provisoire.

Comptes rendus infidèles. — Interdiction.

523. — *L. 25 mars* 1822. Art. 7, § 1er, V. art. 426.

§ 2. En cas de récidive [du délit de compte rendu infidèle et de mauvaise foi par un journal des séances des Chambres ou des audiences des Cours et tribunaux] les éditeurs du journal ou écrit périodique seront en outre [de l'amende de 1,000 fr. à 6,000 fr. du § 1er] condamnés à un emprisonnement de 1 mois à 1 an.

§ 3. Dans le même cas, il pourra être interdit, pour un temps limité ou pour toujours, aux propriétaires ou éditeur du journal ou écrit périodique condamné, de rendre compte des débats législatifs ou judiciaires.

Peines access.: Impression ou affiche du jugement.— Art. 516. Suspension de 15 jours à 2 mois, la 1re fois, et de 2 à 6 mois la 2e fois (art. 525).

Circ. Att.: Prison, de 1 jour à 1 mois et Amende de 50 à 1,000 fr. (art. 533).

Extension de l'art. 10, L. 1819,

524. — *Même loi.* Art. 13. L'art. 10 de la loi du 9 juin 1819 (V. art. 522) est commun à toutes les dispositions du présent titre [comprenant les art. 1 à 12] en tant qu'elles s'appliquent aux propriétaires ou éditeurs d'un journal ou écrit périodique. (V. art. 509).

Suspension des journaux. — Durée.

525. — *L. 11 mai* 1868. Art. 12, § 1er, V. art. 510.

§ 2. Pour le cas de la récidive dans les années, à partir de la première condamnation pour délit de presse autre que ceux commis contre les particuliers, les tribunaux peuvent, en réprimant un délit de même nature, prononcer la suspension du journal ou écrit périodique pour un temps qui ne sera pas moindre de 15 jours ni supérieur à 2 mois.

§ 3. Une suspension de 2 à 6 mois peut être prononcée pour une troisième condamnation dans le même délai; elle peut aussi...

[Cas de suspension, sans récidive, étranger à ce chapitre. — V. art. 510].

§ 4. Pendant toute la durée de la suspension, le cautionnement demeurera déposé au Trésor et ne pourra recevoir aucune autr destination.

Exécution provisoire.

526. — Art. 13. L'exécution provisoire du jugement ou de l'arrêt qui prononce la suspension ou la suppression d'un journal ou écrit périodique pourra, par une disposition spéciale, être ordonnée nonobstant opposition ou appel, en ce qui touche la suspension ou la suppression. (V. suite, art. 585-591).

Toutefois, l'opposition ou l'appel suspendront l'exécution, s'ils sont formés dans les 24 heures de la signification des jugements ou arrêts par défaut ou de la prononciation du jugement contradictoire. (V. suite, art. 585).

2335. — Cet art. 10, L. 9 juin 1819, est toujours en vigueur et doit être appliqué aux délits des lois postérieures qui n'y ont pas dérogé. — Cass., 20 juin 1851, B. — 6 déc. 1850, B.

2336. — *En cas de récidive.* C'est encore ici le cas de récidive légale ; cet article ne dérogeant pas, quand à ce, à l'article précédent. V. n° 2332; de Grattier, I, 26.

2337. — *Les amendes pourront être quadruplées.* — Faculté qui n'exclut pas l'application forcée des peines corporelles conformément à l'art. 58, C. pénal, ainsi que cela résulte du paragraphe final de cet article 40. — Chassan, 1, p. 176 ; Dalloz, n° 1044.

2338. — *Sans préjudice des peines de la récidive prononcées,* sous-entendu *avec impération, par le Code pénal,* et qui doivent être par suite prononcées ainsi que le prescrivent ses dispositions ; — cet article déroge ainsi par ce dernier paragraphe à l'art. 25 de la loi de 1819.

[**523**].—Voir sur cet article, précédemment classé, nos annotations sous l'art. 426.

2339. — Le délit de compte rendu infidèle et de mauvaise foi n'étant, par le § 1er de cet article qui le prévoit, puni que *d'une amende,* ne peut donner lieu à la récidive légale qui exige pour condition une condamnation à l'*emprisonnement* : le terme *récidive* ne signifie ici que réitération. — N° 1853.

2340. — Si cette réitération se produit avec ou par un compte rendu offensant ou injurieux, il y aura récidive dans les sens de l'art. 7. — Il pourra même encore y avoir dans ce cas récidive légale si le premier compte rendu ayant été aussi offensant ou injurieux avait été puni de plus d'un an d'emprisonnement. — Chassan, I, p. 184. — La peine dans ce dernier cas sera : 1° *obligatoirement* le maximum de la peine d'emprisonnement et de l'amende avec faculté de quadrupler , et la surveillance; 2° et *facultativement* l'interdiction du § 3.

[**524**] = ... V. notes sous l'art. 509.

[**525** à **526**] = 2344. — Les art. 12 et 13, L. 11 mai 1868 ayant à nouveau réglementé les condi-

tions de la peine de la suspension, ont abrogé les articles 15 des lois de 1828 et 1849 qu'avait laissées subsister le décret de 1852. — (V. notre *C. de la presse* de 1856, p. 133-134).

2342. — *Pour le cas de la récidive :* A moins qu'il ne soit appliqué à une situation qui en change la signification légale, comme dans l'art. 7, L. 1822, le terme de *récidive* doit toujours être pris et entendu dans le sens des art. 57 et 58 du C. pénal. — Il s'agit donc dans l'art. 12, L. 1868, de la récidive légale, c'est-à-dire d'un nouveau délit de presse commis après une condamnation à plus d'un an d'emprisonnement pour un délit de même nature sous la restriction résultant des termes soulignés suivants :

2343. — *Dans les deux années à partir de la première condamnation :* Dérogation au système du Code pénal qui ne fixe point de délai pour la récidive des délits.

2344. — Après l'expiration des deux années les règles de la récidive, pour les peines autres que la suspension, continueront d'être appliquées, mais le journal ne pourra pas être frappé de suspension : les juges n'auront de nouveau le droit de le suspendre que s'il est intervenu contre le journal une nouvelle condamnation à plus d'une année d'emprisonnement et s'il y a de sa part récidive dans le nouveau délai de deux années.

2345. — *Pour délits de presse autres que ceux commis contre les particuliers :* La récidive sur délits de diffamation ou d'injure envers les particuliers n'entraînera jamais la suspension.

2346. — *Les tribunaux peuvent:* Pouvoir facultatif pour les tribunaux, relativement à la suspension.

2347.—*En réprimant un nouveau délit de même*

TITRE II. — DE L'ATTÉNUATION DES PEINES. — EXCUSES. — IMMUNITÉS.

Chap. II. — Circonstances atténuantes. — Art. 463, du C. pénal.

Délits du Code pénal.

527. — *Code pénal.* Art. 463, §§ 1 à 7. — Ces §§ concernent les crimes.

§ 8. Dans tous les cas où la peine de l'emprisonnement et celle de l'amende sont prononcées par le Code pénal, si les circonstances paraissent atténuantes, les tribunaux correctionnels sont autorisés, même en cas de récidive, à réduire ces deux peines comme suit:

§ 9. Si la peine prononcée par la loi, soit à raison de la nature du délit, soit à raison de l'état de récidive du prévenu, est un emprisonnement dont le minimum ne soit pas inférieur à un an ou une amende dont le minimum ne soit pas inférieur à 500 fr., les tribunaux pourront réduire l'emprisonnement jusqu'à 6 jours et l'amende jusqu'à 16 fr.

§ 10. Dans tous les autres cas, ils pourront réduire l'emprisonnement même au-dessous de 6 jours et l'amende même au-dessous de 16 fr.

§ 11. Ils pourront aussi prononcer séparément l'une ou l'autre de ces deux peines, et même substituer l'amende à l'emprisonnement sans qu'en aucun cas elle puisse être au-dessous des peines de simple police.

Délits de presse de la loi de 1822.

528. — *L. 25 mars 1822.* Art. 14. Dans les cas de délits correctionnels, prévus par les premier, second et quatrième paragraphes de l'art. 6, par l'art. 8 et par le premier paragraphe de l'art. 9 de la présente loi, les tribunaux pourront appliquer, s'il y a lieu, l'art. 463 du Code pénal.

Délits de la loi du 10 décembre 1830 sur les afficheurs.

529. — *L. 10 déc. 1830.* Art. 8. Dans les cas prévus par la présente loi, les Cours d'assises et les tribunaux correctionnels pourront appliquer l'art. 463 du Code pénal, si les circonstances lui paraissent atténuantes *et si le préjudice causé n'excède pas 25 fr.*

Délits de la loi du 16 février 1834, sur les crieurs publics.

530. — *L. 16 fév. 1834.* Art. 2. Les tribunaux correctionnels pourront, dans tous les cas, appliquer les dispositions de l'art. 463 du Code pénal.

Délits de presse des lois de 1819 à 1848.

531. *D. 11 août 1848, modifiant les lois de 1819 et 1822.* Art. 8. L'art. 463 du Code pénal est applicable aux délits de presse.

---

nature : C'est-à-dire un délit de publication puni par les lois dites de la presse, autre toutefois qu'un délit de diffamation ou d'injure contre les particuliers.

2348. — *Une suspension de 2 à 6 mois peut être prononcée pour une troisième condamnation dans le même délai :* La succession et la filiation des idées rattachent trop intimement le § 3 à celui qui le précède pour qu'il soit possible de l'entendre en dehors du système particulier et des conditions qui dominent sa disposition. Il doit en conséquence être compris en ce sens que c'est en cas d'une troisième condamnation pour un délit de presse autre que la diffamation et l'injure envers les particuliers et commise dans les deux années à partir de la première condamnation à plus d'une année d'emprisonnement pour un délit de presse que le journal pourra être suspendu de 2 à 6 mois.

2349. — Pour ne laisser aucun doute sur le précédent judiciaire qui devait être la condition de la suspension sous l'empire de la loi du 27 juillet 1849, son art. 15 exigeait : « une *condamnation antérieure encourue par le même journal ou le même gérant.* » — L'art. 12 de la loi de 1868 se borne à exiger « *une première condamnation* » sans plus spécifier, sans dire contre qui encourue. — Mais il résulte de l'esprit général de sa disposition que le législateur a eu ici uniquement en vue *le journal.* — La condamnation prononcée contre le gérant d'un journal ne saurait en conséquence, lorsque ledit gérant est devenu gérant d'une autre feuille, être prise en considération pour l'application à cette feuille des rigueurs de l'art. 12 qui punit non la récidive des gérants, mais la récidive du journal en le suspendant.

2350. — En ce qui concerne l'aggravation de l'exécution provisoire, — V. notes sous l'art. 544. Quant à la sanction de la suppression et de la suspension, — V. l'art. 20 du décret du 17 févr. 1852, art. 209 et notes.

[527 à 552] = 2351. — Les diverses dispositions ci-dessus reproduites des lois diverses de 1822 à 1850, qui avaient autorisé l'application de l'art. 463 du C. pénal aux infractions qu'elles indiquent, étant sur certains points en opposition avec la disposition de l'art. 15 de la loi de 1868 qui en étend le bénéfice *avec une restriction* à toutes les infractions commises par la voie de la presse, me semblent être en partie abrogées par l'article final de cette loi qui prononce l'abrogation de toutes les dispositions contraires.

2352. — La contrariété qui entraîne cette abrogation n'existe entre ces dispositions et cet art. 15 que relativement « *aux infractions commises par la voie de la presse,* » puisque ce n'est que pour ces infractions que statue l'art. 15. — Il s'ensuit donc que l'abrogation qu'il impose aux lois antérieures sur ce point doit être limitée au cercle de ces infractions, à moins qu'il ne soit décidé que ces expressions « *infractions commises par la voie de la presse* » sont synonymes de celles-ci : *infractions commises par un moyen quelconque de publication.*

Dans le cas contraire, les différents articles ci-dessus rapportés devront être maintenus et appliqués à celles des infractions « *non commises par la voie de la presse* » que punissent les lois auxquelles ils appartiennent.

2353. — Il y a plus : décidât-on même que, malgré ses termes restreints, cet art. 15, L. 1868, doit être étendu à ces dernières infractions, comme il n'est pas admissible que sa disposition *atténuante* puisse entraîner jamais une *aggravation pénale,* son application devrait être encore forcément limitée aux infractions punies d'une amende dont le minimum serait supérieur à son propre minimum de 50 fr., ce qui laisserait sous l'empire plus favorable dans ce cas des articles précités des lois antérieures toutes les infractions dont le minimum pénal inférieur à 50 fr. ne pourrait qu'être élevé par l'application de l'art. 15. — Telles seraient :

1° L'injure de l'art. 19, L. 1819, minimum, 16 fr.

2° La diffamation des art. 18 et 19, minimum, 25 fr.

Délits de presse de la loi de 1849.

532. — *L. 27 juillet* 1849. Art. 23. L'article 463 du Code pénal est applicable aux délits prévus par la présente loi.

Lorsqu'en matière de délits, le jury aura déclaré l'existence des circonstances atténuantes, la peine ne s'élèvera jamais au-dessus de la moitié du maximum déterminé par la loi (n° 2354 et n° 2355).

3° Les cris séditieux. Art. 8, L. 1822, minimum, 16 fr.

4° Les contraventions à la loi du 10 déc. 1830, minimum, 25 fr.

5° Les provocations de l'art. 2, L. 1849, minimum, 25 fr.

6° Les attaques de l'art. 3, L. 1849, minimum, 30 fr.

7° Les contraventions à l'art. 6, L. 1849, minimum, 25 fr.

2354. — Au regard de ces dernières infractions pour lesquelles l'art. 23 de la loi de 1849 (art. 532) peut se trouver encore applicable, il n'est pas sans intérêt de se demander si son dernier paragraphe est ou non encore en vigueur : — Nous le croyons, quant à nous, abrogé ou du moins sans application possible par suite du changement qui a transféré du jury aux tribunaux correctionnels le jugement des délits de publication.

2355. — Ce dernier paragraphe de l'art. 23 est une disposition dont la sévérité des juges du siège dans les Cours d'assises, en opposition avec l'indulgence du jury, fut la raison ou le prétexte.

M. Valette, député, demanda, au cours de la discussion de la loi, que, sur la déclaration des circonstances atténuantes par le jury, il fût interdit à la Cour, dans l'application de la peine, de dépasser le minimum.

M. Baroche répondit qu'une disposition pareille aurait pour effet inévitable d'énerver la répression, que l'indulgence trop facile du jury en matière de presse conduirait trop souvent les poursuites à un résultat pénal véritablement dérisoire, et qu'il fallait, dans l'intérêt même de la justice, laisser entière aux magistrats de la Cour d'assises la liberté dont ils n'ont jamais abusé de proportionner la peine à la gravité des faits déclarés.

Sur la proposition que fit alors M. Demante, l'Assemblée législative accueillit la restriction qui fait l'objet du § final de l'art. 23; — cette restriction n'ayant été ainsi admise qu'en vue d'une juridiction où les décisions divisées sur la culpabilité et sur le taux des peines à appliquer pouvaient donner lieu à des oppositions regrettables, n'a plus aucune raison d'être et se trouve inapplicable pour les tribunaux correctionnels dont les juges prononcent à la fois sur la culpabilité et la peine sans conflit possible entre leur indivisible décision.

[555.] = 2356. — Cet article est dû à l'initiative de la commission du Corps législatif chargée de l'examen du projet de loi du 11 mai 1868.

2357. — Le but de sa disposition a été de mettre un terme aux controverses et aux anomalies qu'avaient fait naître les portées diverses des dispositions des lois antérieures sur la presse au sujet de l'art. 463 du C. pénal. Le terme *délit* dans telle loi excluait les *contraventions* et semblait dans une autre les comprendre. — La jurisprudence, divisée, avait sur ce point consacré des distinctions que le rapporteur de la commission déclara plus subtiles que justes.

« Nous n'avons, disait-il, aucun goût pour ces dis« tinctions, et, pour les faire cesser, nous avons résolu « de proposer l'assimilation des *contraventions* aux « *délits* de presse. — Nous avons résolu de demander « l'application de l'art. 463 à toute la matière. »

« L'art. 463 est jugé désormais; il est l'émancipa« tion rationnelle de la conscience du juge; il s'étend « aujourd'hui à toute notre législation pénale: nous

L'art. 463 devient une règle générale.

533. — *L. 11 mai* 1868. Art. 15. L'art. 463 [du Code pénal] est applicable aux crimes, délits et contraventions commis par la voie de la presse, sans que l'amende puisse être inférieure à 50 fr..... — V. n°ˢ 2355 à 2367.

Sur la question de savoir si l'art. 463 est applicable aux délits de la loi du 27 février 1858, sur la *Sûreté générale*, V. n° 1317 *bis*.

« croyons qu'il doit s'étendre aux pénalités relatives à « la presse...... »

2358. — Le Conseil d'Etat adopta ces idées sous la condition d'un minimum. — L'art. 15, successivement remanié, en arriva enfin à cette perfection dernière qui faisait dire au rapporteur dans son 3° rapport supplémentaire : « La nouvelle rédaction est très-claire « *et n'a besoin d'aucun commentaire.* »

2359. — Il est à craindre que M. le rapporteur ne se soit fait à cet égard beaucoup d'illusions et que l'unité qu'il a voulu réaliser ne soit encore retardée par la rédaction même de son article 15.

2360. — S'il fallait, en effet, ne consulter que la pensée qui l'a inspiré, on pourrait sans hésitation donner à sa disposition toute l'extension que cette pensée du rapporteur comporte; mais la lettre est formelle, et en matière pénale c'est la lettre qui fait la loi. Or, la lettre n'a ici en vue que les « *crimes, délits et contraventions commis par* LA VOIE DE LA PRESSE », ce qui exclut les infractions commises *par la parole* ou *tout autre moyen de publication*.

2361. — Quoi qu'il en soit, si la jurisprudence, qui a déjà décidé que les mots *délits par la voie de la presse*, ne comprennent point les délits *par d'autres moyens de publication*, ne se décide pas à les entendre en sens inverse (Cass., 28 avril 1854. D.54.1.243. — 15 mars 1855. D.55.1. 126 et *supra* n°ˢ 2245 à 2248), et ne sacrifie pas la lettre si *claire* de l'art. 15 de la loi de 1868 à l'esprit qui l'a inspiré, il en résultera cette anomalie choquante que le délit de fausse nouvelle, par exemple, sera plus sévèrement puni lorsqu'il sera commis par les moyens bornés et peu dangereux de la parole, que lorsqu'il aura lieu par le moyen plus redoutable et plus à redouter de la presse périodique. Mais ce ne seront pas là les seules difficultés de son application.

2362. — *Contravention par la voie de la presse.* — Ces expressions me semblent vouloir comprendre, dans tous les cas, les contraventions des imprimeurs brevetés, aux lois réglementaires de l'imprimerie et celles de tous les agents de publication, libraires ou autres, aux lois réglementaires de la vente, du colportage, de la distribution des produits de la presse périodique et non périodique. — Le mot presse doit être entendu *lato sensu* (n° 378), et s'appliquer aux professions auxiliaires qui en exploitent les produits.

2363. — *Sans que l'amende puisse être inférieure à 50 fr.* — On ne saurait admettre qu'édicté pour l'atténuation des peines, l'art. 15 pût jamais les aggraver (n° 2353); il s'ensuit que les infractions punies d'une amende d'un minimum inférieur à 50 fr. repoussent l'application de sa disposition, pour elles, *non dona ferens.*

2364. — Mais que décider en présence des infractions cumulativement punies par l'emprisonnement et par une amende d'un minimum inférieur aussi à 50 fr.? — Le bénéfice de l'art. 15 est-il indivisible? — Son application ne permet-elle d'écarter la peine de l'emprisonnement ou de la réduire à un jour qu'à la condition d'élever l'amende à 50 fr.? — Le caractère atténuant de sa disposition nous a porté à préférer une solution plus favorable pour le calcul des peines atténuées des infractions assez rares dont il s'agit.

2365. — Il est des dispositions qui, à raison de cer-

Chap. II. — Des excuses.

Règle des excuses.

534. — *Disposition déduite de l'état de la législation.* — Il n'est, par aucunes lois concernant les crimes, délits ou les contraventions commis par un moyen quelconque de publication, dérogé aux dispositions du Code pénal concernant les excuses.

Ces crimes et ces délits sont, en conséquence, excusables dans les cas et les circonstances où les crimes et les délits sont excusables.

Les contraventions qui existent par l'omission ou la commission d'un fait matériel indépendamment de toute intention délictueuse ne comportent pas le bénéfice des excuses, à moins qu'il n'en ait été autrement ordonné par une disposition formelle de la loi.

Dans tous les cas, il n'y a ni crime, ni délit, ni contravention punissables dans les faits ou omissions qui sont le résultat de la force majeure.

———

taines contraventions en matière de presse se réalis nt par des faits successifs de publication, portent que « *la publication sera punie d'une amende de 100 à 2,000 fr.* PAR CHAQUE *numéro publié en contravention.* » — La limite de 50 fr. de notre art. 15 s'appliquera-t-elle séparément à chacune de ces amendes par numéro, ainsi que le voudrait la règle du cumul en matière de contravention, ou au total additionné de toutes ces amendes ? — L'unité de contravention en elle-même (car il n'y a en réalité dans ce cas qu'une *contravention unique en plusieurs numéros*), V. n° 439) et la généreuse maxime *odiosa restringenda*, nous ont, néanmoins, décidé pour le sens le plus favorable. La jurisprudence aura à s'expliquer sur ce point. — V. n° 357.

2366. — C'est une règle aujourd'hui consacrée que l'admission des circonstances atténuantes autorise les juges à faire remise non-seulement de la peine de l'emprisonnement, mais encore des peines accessoires telles que la surveillance, l'interdiction des droits, etc., pour n'infliger qu'une peine pécuniaire dans certains cas. — Cass., 26 avril 1839, J. P.; 12 sept. 1846, J. P.; 2 janv. 1836, ch. réunies, J. P.

S'il est vrai, d'autre part, ainsi que cela a été jugé (n° 440), que la suppression des journaux, résultant des mots : « *le journal cessera de paraître* » que l'on rencontre dans quelques dispositions, soit une véritable peine, il n'est pas douteux qu'elle ne puisse être également écartée par l'application de l'art. 463 du C. P.

Cette conséquence s'impose, et on ne saurait s'y soustraire qu'en soutenant que la *suppression* du journal est moins, dans ce cas, *une peine* proprement dite qu'une *mesure d'ordre* analogue à la *confiscation* ou à la *destruction* des objets du délit que le bénéfice des circonstances atténuantes ne permet pas d'écarter. Cass., 4 oct. 1839 (n° 2315). Mais la réponse serait à cela facile : outre que la Cour de cassation n'a pas, sur ce point, dit son dernier mot, l'assimilation que l'on propose ne serait pas admissible, car à la différence de la confiscation et de la destruction qui atteignent à bon droit *un objet délictueux*, la suppression du journal frappe non point les numéros du délit, les produits *délictueux* du journal, mais ce qu'il doit produire, ses numéros à paraître qui peuvent être très-inoffensifs ; — elle frappe l'avenir de l'entreprise, son propriétaire, qu'elle privera *d'une partie* de sa fortune, de toute sa fortune peut-être, comme l'amende le prive et lui enlève *une partie* de son avoir. — Il n'est donc pas exact de dire que la suppression du journal n'est pas une peine : c'est une peine très-répressive qui atteint très-gravement le condamné *dans ses biens* ; le bénéfice des circonstances atténuantes peut donc permettre aux juges d'en faire la remise.

2366 *bis*. — Sur l'application de l'art. 463, C. pénal, *en cas de cumul de peines* (V. n° 2302).

2367. — **Observation :** — L'application de l'art. 463 n'oblige pas nécessairement les juges à réduire la peine au-dessous du minimum déterminé par la disposition directement applicable au délit. (Cass., 15 mars 1850.

B. 15 janv. 1852. S. 52.1.678.) Toutefois, pour simplifier nos annotations additionnelles et mieux mettre en relief l'effet des circonstances atténuantes, nous avons, dans le calcul de l'atténuation pénale, indiqué ce minimum de la peine comme la limite du maximum pénal en cas d'atténuation. — Cette observation a pour but de prévenir les critiques de ceux qui, dans nos indications, pourraient voir l'expression d'un système opposé à celui que la jurisprudence à bon droit a consacré.

[**534**.] = 2368. — La bonne foi rend excusable en matière de délits commis par la voie de la presse ou tout autre moyen de publication. — Cass., 18 oct. 1850. B.

2369. — Le libraire qui fait réimprimer un ouvrage délictueux peut être acquitté à raison de sa bonne foi, par suite de l'inaction du ministère public sur sa publication antérieure. — Cass., 18 janv. 1825, J. P.

2370. — La bonne foi n'excuse pas en matière de contraventions aux lois réglementaires :

De l'imprimerie. — Cass., 24 janv. 1854. B. (V. n° 2372.)

De la librairie. — Pau, 29 mars 1860. D.60.5.224.

De la police de la presse. — Cass., 11 avril 1854. D.54.1.464 ; 11 août 1860. D.60.4.420 ; 13 mars 1864 (défaut de cautionnement). D.64.1.393 ; 15 sept. 1854 (introduction de journaux étrangers). D.54.1.395 ; 28 juin 1856 (signature d'auteur). D.56.1.367 ; 26 juillet 1854 (signature de gérant). D.54.1.230.

2371. — Que cette bonne foi soit ou non le résultat d'une ignorance de droit ou de fait. (Mêmes arrêts.)

2372. — Les imprimeurs sont responsables des contraventions qui se commettent dans leur imprimerie, alors même que par suite d'une vente ou cession non encore ratifiée de leur brevet, ils seraient restés étrangers à leur imprimerie. — Montpellier, 1er fév. 1847. D.47.2.55. — Mais cette situation, qui n'excuserait pas les contraventions, serait une excuse à raison des délits.

2372 *bis*. — Les gérants de journaux cautionnés, à la différence des imprimeurs, ne sont jamais recevables à exciper de leur ignorance du contenu des articles publiés dans leurs feuilles sous la responsabilité de leur signature. — Cass., 29 nov. 1860. D.64.1.45. V. n°s 985, 989 à 992.

2373. — La bonne foi n'excuse pas davantage le fait d'exposition de dessins sans autorisation. — Cass., 28 avril 1854. B.

Ni le colportage d'imprimés sans autorisation. — Riom, 6 fév. 1850. J. P.

2374. — La force majeure fait exception à la culpabilité en toute matière, même en matière de contravention de police. — Cass., 12 oct. 1850. J. P.; 10 mars 1855. B.; 15 mars 1856. B.; 21 août 1856. B. V. n° 986.

Sur les circonstances qui constituent la force majeure et les preuves qu'elle comporte, voir le C. pénal annoté de Sirey par M. Gilbert, art. 64 et 65, et le C. pénal de M. Rolland de Villargues sous les mêmes articles.

Chap. III.— Des immunités.—Immunités politiques et judiciaires.

Sect. I.— Des immunités politiques.

1° Des discours parlementaires.

535. — *L.* 17 *mai* 1819. Art. 21. Ne donneront ouverture à aucune action, les discours tenus dans le sein de l'une des deux Chambres, ainsi que les rapports ou toutes autres pièces imprimées par ordre de l'une des deux Chambres.

2° De leur reproduction fidèle.

536. — Art. 22. Ne donnera lieu à aucune action [à raison des crimes et délits du contenu], le compte fidèle des séances publiques de la Chambre des députés, rendu de bonne foi par les journaux.

[*Indication* : Sans préjudice toutefois des peines encourues, si le compte rendu fidèle et de bonne foi n'est pas la reproduction exacte de l'un des deux comptes rendus officiels, *in extenso* ou analytique, qui seuls peuvent être publiés des séances du Corps législatif et du Sénat, aux termes de l'art. 42 de la constitution] (V. art. 483, n°s 2090 à 2093 et 2101).

3° Des opinions des députés.

537. — *D.-L.* 2 *février* 1852. Art. 9. Les députés ne pourront être recherchés, accusés, ni jugés, en aucun temps, pour les opinions qu'ils auront émises dans le sein du Corps législatif.

[**535**] = 2375. — « Chacun est responsable de ses actes. » A ce principe incontesté de la responsabilité personnelle en matière pénale, le législateur a admis deux exceptions. (V. n°s 27 et 34.)

L'une en faveur de la liberté de la tribune politique pour l'accomplissement du mandat des représentants de la nation ;

L'autre en faveur de la liberté des débats judiciaires pour la défense des parties.

2376. — Ces exceptions, que justifient les situations qui les ont rendues nécessaires, ont reçu le nom d'*immunités*.

Exceptions et priviléges, ces immunités doivent, à ce double titre, être sévèrement renfermées dans les limites des textes qui les ont établies ou consacrées.

I.— DE L'IMMUNITÉ POLITIQUE.

2377. — Art. 21, L. 17 mai 1819. — *Ne donneront lieu à aucune action,* ni civile ni publique. « Si les « discours tenus dans les Chambres, disait en 1849 « M. Royer-Collard, étaient soumis à une action exté-« rieure quelconque, la délibération des Chambres ne « serait plus indépendante .....La tribune n'est justi-« ciable que de la Chambre. » N°s 27 et 28.

2378. — *Les discours tenus.* Ces expressions excluent les opinions écrites non manifestées à la tribune et que leurs auteurs auraient fait imprimer et distribuer. — M. Laîné ayant demandé que le privilége de l'immunité s'étendît jusqu'à elles, M. Royer-Collard répondit : « La Chambre répond de ce que nous avons « dit devant elle, et c'est parce qu'elle en répond que « nous n'en répondons à personne ; mais elle ne peut « répondre de nos écrits, parce qu'elle n'est pas obligée « de nous lire, comme elle est obligée de nous en-« tendre. Le député qui peut être puni par la Chambre « s'il abuse de la parole serait affranchi de toute res-« ponsabilité en écrivant ..... Il aurait le privilége de la « diffamation, il serait inviolable. — Privilége in-« solent que nous devrions nous empresser d'abdiquer, « si nous avions le malheur d'en être revêtus. » — Cette opinion fut consacrée, et par la Chambre, qui repoussa l'amendement, et, plus tard, par la Cour de cassation, à l'occasion d'un écrit publié par M. de Kergolay, pair de France, pour justifier son refus de prêter serment. — Cass., 24 nov. 1839 ; Chassan, I, p. 63 ; Dalloz, v° *Presse*, n° 1459.

2379. L'immunité ne couvre pas la publication d'un discours prononcé, puis imprimé et distribué sans autorisation de la Chambre qui l'a entendu.— Chassan, *loc. cit.;* Dalloz, v° *Presse*, n° 1460. — Aux termes de l'art. 89 du décret du 3 févr. 1861 (art. 473), le fait matériel de cette impression et de la distribution non autorisées constituerait, d'autre part, deux contraventions à la charge de l'imprimeur et du distributeur. V. notes, sous l'art. 52.

2380. — L'immunité qui protégerait sa publication, au cas où elle aurait été autorisée, ne couvrirait pas, toutefois, les notes additionnelles et les explications dont il aurait plu à l'orateur d'accompagner son discours imprimé.

2381. — L'immunité de l'art. 21, L. 1819 ci-dessus, ne couvre point les pétitionnaires, pour les délits que contiendraient leurs pétitions lues en séance publique d'une Chambre. (Mêmes auteurs.)

Il y aurait peut-être à cet égard à distinguer, aujourd'hui, entre les pétitions lues au Sénat et les lettres ou dénonciations adressées à des députés et qui viendraient à être lues par eux à la tribune du Corps législatif.

Au Sénat.— Comme la loi exige qu'il soit fait rapport des pétitions, il y aura délit, si le pétitionnaire n'a employé ce rouage constitutionnel que comme un moyen particulier de publication. — Dans le cas contraire il n'y aura de sa part que l'exercice légitime d'un droit et peut-être l'accomplissement d'un devoir civique ; car, ainsi que cela a été reconnu au cours de la discussion de la loi de 1868 sur la presse, le recours au Sénat est un moyen très-légal de signaler les abus de pouvoir et les fautes des fonctionnaires.

Quant aux dénonciations adressées aux députés et par eux lues à la tribune, cette lecture n'étant pas de droit, le dénonciateur n'a pu d'avance compter sur la publicité donnée à son écrit ; — il ne saurait par suite être responsable d'une publication qui a été le fait volontaire et personnel de son correspondant inviolable.

[**536**] = 2382. — L'art. 22 a été, nous l'avons dit précédemment (n°s 2090 et suiv.), profondément modifié par l'art. 42 de la constitution de 1852, puisque du moment où il ne sera pas la reproduction exacte du procès-verbal officiel des séances, analytique ou *in extenso*, le compte rendu autre qui en sera publié par les journaux, constituera une contravention punissable par l'art. 14, décr. 17 fév. 1852 (art. 486), encore bien qu'il fût fidèle et de bonne foi ; mais dans ce cas si l'immunité de l'art. 22, L. 1819, ne suffit pas à le protéger contre l'art. 14, elle le protégera contre toute action civile ou publique à raison des diffamations ou injures, ou de tous autres délits que pourraient contenir les discussions parlementaires fidèlement reproduites. — C'est ce qu'indiquent les additions entre crochets dont nous avons accompagné ci-dessus le texte de l'art. 22.

[**537**] = V. note 2377 et n°s 27 et 28.

Sect. II. — Immunités judiciaires des magistrats, des témoins, des parties et des avocats.

1° Des magistrats et témoins.

538. — *C. pénal*. Art. 367, § 1er. Abrogé par l'art. 26 de la loi du 17 mai 1819 (art. 615).

§ 2. — Ces dispositions [répressives de la calomnie, de la diffamation et de l'injure] ne sont point applicables aux faits dont la loi autorise la publication, ni à ceux que l'auteur de l'imputation [magistrat, fonctionnaire ou témoin] était par la nature de ses fonctions ou de ses devoirs obligé de révéler ou de réprimer.

II. — Immunités judiciaires des magistrats, des témoins, etc.

1° Des magistrats et témoins.

[538] = 2383. — L'art. 367 du Code pénal a été formellement abrogé par l'art. 26 de la loi du 17 mai 1819; la disposition ci-dessus que nous en avons détachée me semble avoir toutefois survécu à l'abrogation par l'excellence et l'autorité permanentes du principe qu'elle manifeste. — V. ce que nous avons dit à ce sujet, n°s 33 et 34.

2384. — L'immunité qui s'en déduit pour les magistrats, les témoins et les fonctionnaires obligés par la loi à dénoncer les méfaits d'autrui, n'avait cependant pas plus besoin de ce texte pour s'imposer que du § 1er ci-dessus de l'art. 23, L. 1819, dont on a proposé d'étendre un peu trop arbitrairement la protection jusqu'à eux; — la théorie pénale et les principes du droit commun suffisaient de reste pour les couvrir; là où est le *devoir* ne peut être le *délit*, — le devoir exclut l'intention qui fait les prévenus et les coupables, et qui agit suivant la loi ne saurait être hors la loi.

2385. — De là cette double conséquence, savoir .

1° Que les dispositions de l'art. 23, L. 17 mai 1819 ci-dessus, sont exclusivement applicables aux parties, à leurs conseils ou défenseurs. — N°s 2394 et 2396.

2° Que les magistrats, les fonctionnaires et les témoins restent soumis, lorsqu'ils s'écartent de la ligne du *devoir*, à la responsabilité pénale de leurs actes sous les conditions ordinaires du droit commun. — V. en ce qui concerne la poursuite des magistrats et fonctionnaires, les art. 532 à 537 *infrà*.

2386. — Seront par suite punissables :

Les témoins qui, sans nécessité, se permettront, pendant leurs dépositions, soit des outrages envers les magistrats, les jurés ou les autres témoins, soit des diffamations ou des injures envers les tiers, les parties ou leurs défenseurs, soit tout autre délit par paroles, gestes ou menaces. — Pour la répression de ces délits d'audience, les juges pourront séance tenante les punir en procédant conformément aux art. 181 et 505 du C. d'inst. crim, ou les constater par procès-verbal. — Ils devront se borner à les constater ou à en donner acte s'il s'agit de diffamations ou d'injures dont la répression soit subordonnée à des conditions préalables de plainte ou d'autorisation, aux termes des art. 1 à 5 de la loi du 26 mai 1819;

Les magistrats du ministère public qui, abusant de leur ministère, se permettraient, dans leurs réquisitoires ou leurs conclusions, soit des délits d'attaque, d'offense, d'excitations coupables, soit des diffamations ou injures contre les tiers étrangers à la cause, les défenseurs ou les parties, sans motifs tirés du devoir, et pour la satisfaction de leurs passions individuelles;

Les juges enfin qui, par leurs jugements, leurs rapports, leurs résumés ou leurs interpellations, se rendraient coupables des mêmes délits dans les mêmes conditions.

2387. — Pour ceux de ces délits qu'entacherait le dol ou la fraude, la prise à partie des juges permettrait aux parties intéressées d'en tirer satisfaction, dans les

2° Des parties et des avocats. — Exceptions.

539. — *L.* 17 mai 1819. Art. 23, § 1er. Ne donneront lieu à aucune action en diffamation ou injure les discours prononcés ou les écrits produits devant les tribunaux.

---

cas et sous les conditions des art. 505 et suivants du C. de procéd. civile. Chassan, I, p. 112.

L'action publique ne faillirait pas, d'autre part, à la répression des autres délits, sous l'observation des formes protectrices prescrites par les lois pour la poursuite des fonctionnaires et des magistrats; — et les parties lésées pourraient alors intervenir légalement pour l'exercice de leur action civile.

2° Immunité des parties et de leurs défenseurs.

[539] = 2388. — La nécessité d'assurer la liberté de la défense judiciaire justifie la deuxième exception que la loi a admise au principe de la responsabilité; cette immunité doit, comme la première, être sévèrement restreinte dans le cercle que lui assignent les termes de l'art. 23, L. 1819. — Les exceptions sont de droit étroit.

2389. — *Ne donneront lieu à aucune action* civile, publique ou disciplinaire. Ces expressions sont générales et doivent être entendues largement sous les seules restrictions des dispositions des §§ 2, 3 et 4, qui autorisent les juges à supprimer les écrits diffamatoires avec dommages-intérêts, à réprimer par des injonctions et la suspension les écarts des avocats et officiers ministériels et à réserver les droits des intéressés et du ministère public à raison des diffamations et injures étrangères à la cause.

2390. — *En diffamation ou injure*. L'immunité est ainsi restreinte aux seuls délits de diffamation ou d'injure auxquels, dans la chaleur ou pour la nécessité de la défense, les avocats ou avoués peuvent se laisser entraîner contre les parties ou les tiers; elle ne saurait être étendue aux attaques qu'ils viendraient à se permettre soit contre l'autorité des lois, soit contre le Gouvernement, la Constitution, la morale, le Souverain, non plus qu'aux outrages envers les témoins, les jurés, les magistrats. — Cass., 7 juin 1832, J.P. (V. n° 2403); Dalloz, v° *Presse*, n° 1197. — Les tribunaux trouveraient dans les dispositions en vigueur de l'ordonnance du 20 nov. 1822 et de l'art. 181 du C. d'instr. crim., des moyens pour l'énergique et rapide répression de ces délits. — [Aux peines disciplinaires autorisées par l'ordonnance précitée, un décret du 27 mars 1852 a ajouté la privation du droit de faire partie du conseil de discipline pendant un temps qui n'excédera pas dix années]. — V. n° 2428.

2391. — *Les discours prononcés ou les écrits produits*, sous-entendu par les parties ou leurs défenseurs. Le but de l'art. 23 étant d'assurer la liberté de la défense, l'immunité de sa disposition excéderait sa raison d'être si on l'étendait au delà de ce qu'exigent de liberté les intérêts de la défense et ses organes; les parties, leurs conseils et leurs défenseurs peuvent donc seuls se prévaloir de cette immunité. — Cass., 9 juin 1859. D.60.1.450. Quant aux magistrats, V. n°s 2384, 2385 et 2396.

2392. — I. *Discours*. La partie qui, assistant aux débats, acquiesce, par son silence, aux imputations diffamatoires que son avocat articule contre la partie adverse, peut être considérée comme auteur responsable de ces imputations, s'il est établi surtout que c'est par elle que son défenseur a connu ces faits diffamatoires et que c'est sur son ordre qu'il a plaidé un pareil moyen. — Bordeaux, 7 août 1844. D.45.2.83. *Contrà*, Dalloz, v° *Presse*, n° 1208.

Exceptions. — Suppression des écrits délictueux.

§ 2. — Pourront néanmoins les juges saisis de la cause, en statuant sur le fond, prononcer la suppression des écrits injurieux ou diffama-toires, et condamner qui il appartiendra en des dommages-intérêts.

§ 3. — Les juges pourront aussi, dans les

2393. — Il en serait autrement si le défenseur simple mandataire avait, sans y être autorisé et de son propre mouvement, proféré ces imputations. — Cass., 4 avril 1861. D.66.5.389.

2394. — Des paroles injurieuses prononcées par une partie pendant la plaidoirie de son conseil et sans avoir obtenu la parole du président, ne peuvent être considérées comme faisant partie de la défense, ni jouir du bénéfice de l'art. 23.—Cass., 30 avril 1842. B.

2395. — L'immunité de l'art. 23 ne saurait protéger la partie plaidante qui pour récuser un magistrat articule contre lui, sans utilité pour sa cause, des imputations outrageantes.—Aix, 3 déc. 1864. D.65.4.407.

2396.—Cet art. 23 n'est pas applicable aux magistrats du ministère public, lorsqu'ils donnent leurs conclusions. — Les tribunaux n'ont par suite pas à réserver aux parties leur action en diffamation pour les imputations qu'il a dirigées contre elles.—Cass., 30 oct. 1835. J.P. — Cass., 11 janv. 1851. D.51.5.408.

2397. — II. *Écrits produits.* Cette expression *écrit* comprend aussi bien les écrits imprimés que les écrits à la main; —actes, mémoires, conclusions, notes.

2398. — Il n'est pas nécessaire que l'écrit soit signifié comme défense ou pièce du procès; — Agen, 23 déc. 1851. D.52.2.447;—Ni qu'il soi signé ; Chassan, 1, p. 94 :—Il suffit qu'il ait été distribué aux juges et que des fragments en aient été lus, ou qu'ils se soient trouvés dans un dossier communiqué. — Cass., 30 déc. 1851. D.52.1.154. Bordeaux, 6 janv. 1834. J.P. — Dalloz, v° *Presse*, n° 1203.

2399. — La publicité donnée en dehors des débats, même pendant le procès, à un mémoire judiciaire, peut constituer une diffamation que ne couvre pas l'immunité de l'art. 23, L. 1819. — Cass., 6 nov. 1863. D. 64.1 55; 15 déc. 1864. D.64.1.45; 9 juin 1859. B.

2400. — A plus forte raison si la publication a été effectuée avant que l'instance fût engagée ou après qu'elle a été définitivement jugée. — Cass., 24 juill. 1832. J.P.; 11 nov. 1843. B; 15 juin 1854, B.

2401. — La nécessité de la défense et les circonstances de la cause pourraient en certains cas être considérées comme exclusives de l'intention de nuire à raison d'imputations diffamatoires contenues dans un écrit produit en justice. — Cass., 4 mai 1865. D.65.1. 247 ; 4 août 1865. D.65.5.368.

2402. — En cas d'insertion dans un mémoire produit en justice de lettres confidentielles dont l'usage est interdit en justice, la suppression des passages contenant cette insertion peut être ordonnée avant le jugement du fond : ici ne s'applique pas l'art. 23, L. 1819. — Cass., 24 juill. 1862. D.62.1.524.

2403. — L'immunité de cet article ne peut être invoquée lorsque le mémoire produit en justice contient non une diffamation, mais une dénonciation calomnieuse (n° 2390), Cass., 1er mars 1860. S.60.1.768, — et moins encore lorsqu'après avoir été oralement faite à l'audience, cette dénonciation est signée et déposée sur le bureau du tribunal. — Cass., 16 fév. 1839. B.

2404.—Le tribunal correctionnel est souverain pour apprécier, d'après les circonstances de la production d'un écrit dans une instance civile, si cet écrit peut être considéré comme étant ou non, dans le sens de l'art.23, un mémoire produit en justice ou s'il n'a eu pour but que de faciliter, sous les apparences d'une légitime défense, la publication d'allégations mensongères. — Cass., 20 mai 1854. B ; 15 déc. 1854. D.54.5.290 ; 27 juill. 1863. D.63.4.377.

2405. — *Devant les tribunaux:* Ces expressions comprennent toutes les juridictions ordinaires ou extraordinaires, civiles, administratives, militaires et maritimes; — Dalloz, v° *Presse*, n° 1175; De Grattier, I, p. 232; V. *infrà*, n° 2422 :

Les tribunaux civils. — Cass., 3 juin 1825. J.P.

Les tribunaux de commerce. — Rennes, 20 juin 1840. J.P.

Les justices de paix.—Aix, 8 fév. 1866. D.66.5.374. —*Contrà*, si le juge ne siége que comme conciliateur. —Bordeaux, 16 mai 1861. J.P. 61.535.

Les conseils de préfecture et le Conseil d'État. — Cons. d'État, 30 janv. 1862. D.62.3.28.

2406. — L'immunité de l'art. 23 ne peut être invoquée que devant les juridictions contentieuses pour les écrits ou les discours produits devant elles; elle ne couvrirait pas en conséquence les écrits adressés au préfet pour obtenir la résiliation d'un marché. — Cass., 21 mars 1861. D.61.5.377.

2407. — Les expressions diffamatoires prononcées à l'audience peuvent donner lieu à des dommages-intérêts quoique les juges ne soient saisis que d'une question de compétence. — Cass., 22 août 1854. B.

2408. — Ils pourraient prononcer la suppression du mémoire diffamatoire produit devant eux, bien que par suite d'un arrêté de conflit confirmé par le conseil d'État ils aient été dessaisis de la contestation. — Paris, 20 déc. 1856. D.58.2.32.

§ 2.

2409. — *Pourront néanmoins les juges saisis:* Le juge n'est pas tenu, il n'y a pas ici obligation, mais simple faculté : *il peut;* mais pour pouvoir ainsi, il faut qu'il soit régulièrement *saisi;* un juge incompétent devrait se borner à donner acte des discours injurieux ou diffamatoires, s'il avait été pris des conclusions à cette fin.—De Grattier, 1, p. 241.

2410. — *En statuant sur le fond:* C'est-à-dire que les juges devront statuer sur les discours ou écrits diffamatoires ou injurieux et sur le fond par un seul et même jugement : « *après* le jugement, les juges seraient « *dessaisis; avant,* leur décision entraverait la dé- « fense. » — De Grattier, 1, p. 241.

2411. — Les chambres d'accusation qui ne sont appelées qu'à déclarer la compétence et à la régler d'après de simples indices de culpabilité ne sauraient être considérées comme des juridictions *saisies* et statuant sur le fond des affaires. — Cass., 25 août 1837. B.

2412. — *Prononcer la suppression des écrits injurieux ou diffamatoires :* L'art. 23 reproduit ici la disposition de l'art. 1036 C. proc. civ. en vertu de laquelle les juges peuvent d'office supprimer les écrits injurieux ou diffamatoires produits devant eux.

2413.—On ne saurait considérer comme diffamatoire l'articulation et la demande en preuve des faits mêmes du procès, quelque atteinte qu'en recevraient l'honneur et la considération de l'autre partie, s'ils sont présentés en termes mesurés. — Chassan, 1, p. 77 ; il en serait autrement si cette demande en preuve n'était qu'un moyen détourné pour arriver à l'articulation publique des faits diffamatoires.

2414. — Pour que la suppression des écrits soit fondée et qu'il y ait lieu d'accorder des dommages-intérêts, il n'est pas nécessaire que les faits qui y sont relatés soient étrangers au procès, il suffit qu'ils soient injurieux ou diffamatoires. — Cass., 14 juin 1854. S.54.1.614.

2415. — La suppression totale d'un mémoire ren-

Écarts des défenseurs et répression.

mêmes cas, faire des injonctions aux avocats et officiers ministériels, ou même les suspendre de leurs fonctions.

§ 4. — La durée de cette suspension ne pourra excéder 6 mois ; en cas de récidive, elle sera d'un an au moins et de 5 ans au plus.

V. décret du 27 mars 1852, concernant le barreau.

---

fermant des diffamations peut être ordonnée lorsque les passages qui les contiennent n'en forment point une partie distincte.—Cass., 8 juill. 1852. B.

2416. — En cas d'acquittement du prévenu de diffamation à raison de sa bonne foi, la suppression de l'écrit diffamatoire ne peut être prononcée à titre de peine, mais à titre de réparation civile, bien que l'écrit soit matériellement diffamatoire. —Cass., 2 mai 1851. D.51.1.443.

2417. — Au sujet de l'impression et de l'affiche du jugement par application de l'art. 27, L. 26 mai 1849, V. *suprà*, nos 2307 à 2312.

2418. — Nous avons dit à ce sujet que nous n'admettions pas l'opinion de ceux qui pensent que l'impression et l'affiche du jugement peuvent, sur l'exercice séparé de l'action civile devant la juridiction civile, être ordonnées par application de l'art. 1036 du C. proc. civ. ; — mais lorsque l'injure et la diffamation sont contenues dans des écrits produits en justice, les faits rentrant dans les prévisions dudit art. 1036, l'impression et l'affiche peuvent alors évidemment être ordonnées même *d'office*. — Nº 2311.

2419.—L'impression dans ce cas doit avoir lieu par la voie des journaux, lorsqu'il n'y a pas affiche. — Cass., 14 juin 1854. D.54.1.389.

2420. — La suppression que l'art. 23 autorise doit-elle être entendue comme synonyme de destruction matérielle ou d'une simple suppression des actes de la cause ? L'art. 26, L. 1819 (art. 516), qui autorise « *la suppression ou destruction* des objets saisis » semblerait faire du mot *suppression* l'équivalent du mot *destruction*; l'auteur de l'article *Presse* dans le recueil de M. Dalloz est toutefois d'avis, nº 1275, que la suppression dont il s'agit doit être entendue dans le sens d'un blâme infligé par le juge et non autrement.

2421. — La suppression ordonnée des écrits ne ferait pas d'ailleurs obstacle à l'exercice de l'action publique ni de l'action civile lorsqu'elles ont été réservées. — Dalloz, *loc. cit.*, nº 1277.

§ 3.

2422. — *Les juges pourront aussi :* Les juges dont il s'agit ici ne sont pas tous les juges saisis, mais seulement ceux devant lesquels les avocats et les avoués sont réellement dans l'exercice de leur ministère en leur qualité d'avoués et d'avocats; c'est-à-dire les *juges des tribunaux ordinaires de première instance.* — Les juges de paix, les tribunaux de commerce et tous ceux devant lesquels la loi n'admet pas le ministère des avoués et des avocats, ne pourront en conséquence prononcer contre ceux qui viendraient à leur barre, en qualité de *mandataires*, représenter une partie, les peines disciplinaires de l'injonction ou de la suspension. — De Grattier, I, p. 256 ; Chassan, I, 79, et II, p. 570 ; Dalloz, vº *Presse*, nº 1279. — V. *suprà*, nº 2405.

Quant aux tribunaux arbitraux volontaires ou forcés, la question est plus délicate de savoir s'ils peuvent faire application de l'art. 23, L. 1819. —V. Chassan, I, p. 80 à 86, nos 447; mais il me semble difficile d'étendre à la juridiction exceptionnelle des arbitres le pouvoir disciplinaire dont l'exercice exige le caractère, les habitudes et l'esprit judiciaire que seuls les magistrats peuvent avoir.

2423. — *Dans les mêmes cas*, Sous-entendu du § qui précède et « en statuant sur le fond ».

2424. — *Faire des injonctions.....ou même suspendre :* — *Injonctions.* La loi ne s'étant pas autrement expliquée, ce mot doit être pris dans le sens qui lui est attribué par les dispositions relatives à la discipline judiciaire, savoir : injonction d'être plus exact ou circonspect à l'avenir. — Dalloz, vº *Presse*, nº 1276.

2425. — Les injonctions et la suspension sont des peines disciplinaires destinées surtout à faire observer le respect dû à la justice et par conséquent indépendantes des réparations civiles ; si celles-ci ne doivent être accordées que sur la demande des parties ; les juges peuvent *d'office* prononcer les autres sans même que le ministère public les ait provoquées. — De Grattier, I, p. 256.

2426. — Les dispositions des §§ 2 et 3 de l'art. 23, L. 1849, ne sont applicables qu'aux diffamations ou injures envers les parties en cause et ne peuvent être étendues aux autres manquements envers les tribunaux, le respect dû aux lois, non plus qu'aux écarts de la parole qui constitueraient des délits; l'exercice du pouvoir disciplinaire et du droit qu'ont les tribunaux de réprimer les délits qui se commettent à leur audience, n'a d'autres limites que celles qui sont fixées par les art. 48 et 43 de l'ordonnance du 20 nov. 1822, par l'art. 3 du décret du 27 mars 1852 et par les art. 181 et 505, C. d'instr. crim. — Chassan, I, p. 87. — Cass., 25 janv. 1834. J.P. — On trouvera rangés synoptiquement et en conférence, dans les tableaux des pages 117-118-119-120-121-122 de notre *C. de la presse* de 1856, les textes ci-dessus rappelés.

2427.— L'avocat à l'égard duquel le tribunal n'aura pas usé du droit qui lui est conféré par l'art. 23, ou n'aura pas dressé procès-verbal et renvoyé devant qui de droit, ne pourra pas être traduit devant une autre juridiction à raison des diffamations et injures de sa plaidoirie que les juges par leur silence ont ainsi amnistié. — Cass., 5 oct. 1845. J.P.

2428. — Les décisions contre les avocats et officiers ministériels ne sont sujettes à appel, conformément à l'art. 103 du décret du 30 mars 1808, que tout autant que la peine appliquée a été la suspension. — Chassan, II, p. 585. — Cass., 17 mai 1828. D.28.1.248.

§ 4.

2429.— *Pourront toutefois les faits diffamatoires :* Les faits diffamatoires seulement ; quant aux injures, les juges saisis ont seuls droit de les punir, qu'elles soient ou non étrangères à la cause, soit qu'elles concernent ou non les tiers ; car la majesté du tribunal est intéressée à ce que les parties observent toujours devant la justice la modération qui est le signe du respect. — Chassan, 1, p. 97; Dalloz, vº *Presse*, nº 1234.

2430. — *Étrangers à la cause.* Il ne suffit pas que le juge réserve à la partie diffamée son action par une disposition expresse, il faut encore qu'il déclare les faits prétendus diffamatoires « *étrangers à la cause* »; autrement la partie lésée ne serait pas recevable à intenter son action. — Casss., 3 mars 1837. B.; Chassan, I, p. 96; Dalloz, vº *Presse*, nº 1231. — Cass., 4 avril 1861. D.66.5.370.

2431. — Si le juge devant lequel les écrits diffamatoires ont été produits s'est borné à réserver l'action des parties sans déclarer que ces écrits étaient étrangers à la cause, le juge correctionnel saisi de l'action civile des parties peut examiner et résoudre négativement la question négligée par le juge civil de savoir si les écrits étaient ou non étrangers à la cause, et il ne viole ainsi ni la règle de sa compétence, ni le principe

Faits étrangers à la cause.

§ 5. — Pourront, toutefois, les faits diffamatoires étrangers à la cause, donner ouverture soit à l'action publique, soit à l'action civile des parties lorsqu'elle leur aura été réservée par les tribunaux,

Et dans tous les cas à l'action civile des tiers.

———

de l'autorité de la chose jugée. — Cass., 4 mars 1865. 1.247.

2432. — Le ministère public ne peut exercer l'action publique à raison des diffamations contenues dans un écrit produit en justice que lorsque les faits prétendus diffamatoires ont été *réservés* et *déclarés étrangers* à la cause. — Cass., 3 mars 1837 ; Dalloz, v° *Presse*, n° 1225. *Contrà*, de Grattier.

2433. — Nous inclinons à penser que nonobstant cette déclaration et cette réserve, l'action publique ne pourrait être mise en mouvement que sur la plainte de la partie diffamée ou sur la réquisition ou autorisation de poursuites, exigées par les art. 2 à 5, L. 26 mai 1819, dans les cas que prévoient leurs dispositions.

2434. — Les juges sont souverains pour décider si les faits à raison desquels des réserves sont demandées sont ou non étrangers à la cause. — V. n° 2434.

2435. — *Lorsqu'elle leur aura été réservée.* Cette réserve de l'action peut être refusée, mais le tribunal ne saurait ne pas statuer sur les conclusions déposées à cet effet. — Cass., 5 juin 1828, J.P. ; Mangin, 1, p. 330 ; la réserve de l'action en diffamation n'est pas nécessaire pour le cas où les écrits diffamatoires ont été publiés en dehors de tout débat judiciaire. — Cass., 26 avril 1856. D.56.1.268 ; 4 avril 1857. D.57.1.264.

2436. — Cette action ne peut être réservée que par les juges devant lesquels ont été produits les écrits ou prononcés les discours que l'on prétend contenir des imputations diffamatoires. — Chassan, I, p. 76. — Cass., 14 déc. 1838.B.

2437. — Des réserves générales ne suffiraient pas : les faits réservés et déclarés étrangers à la cause doivent être précisés dans le jugement ou consignés dans un procès-verbal spécial dressé par le juge. — Agen, 23 déc. 1854. D.52.2.417.

2438. — Mais en réservant les faits et en les déclarant étrangers à la cause, le juge n'a pas à les apprécier ; — il n'appartient qu'au juge qui sera saisi de l'action en diffamation, de décider s'ils sont ou non diffamatoires. — Dalloz, v° *Presse*, n° 1223 ; de Grattier, I, p. 279.

§ 5.

2439. — *Et dans tous les cas à l'action civile des tiers* : Cette disposition n'autorise l'action en diffamation de la part des tiers que pour les faits étrangers à la cause : — Si les faits ne sont pas étrangers à la cause, le tiers ne peut même exercer une action civile en dommages-intérêts. — Cass., 14 déc. 1838.B. ; Chassan, I, p. 97. Les nécessités de la défense mettent obstacle à cette action.

2440. — Jugé cependant que des faits diffamatoires allégués devant un tribunal peuvent donner lieu à l'action en diffamation de la part des tiers, bien que le

Comptes rendus interdits.

539 *bis.* — *L.* 18 *juillet* 1828. Art. 17. Lorsqu'aux termes du dernier § de l'art. 23, L. 17 mai 1819, les tribunaux auront, pour les faits diffamatoires étrangers à la cause, réservé, soit l'action publique, soit l'action civile des parties, les journaux ne pourront sous les mêmes peines de l'art. 16 [art. 494] publier ces faits ni donner l'extrait des mémoires qui les contiendraient.

———

tribunal n'ait pas fait déclarer ces faits étrangers à la cause. — Cass., 6 févr. 1844.B. ; 8 juillet 1852.B.

2441. — Mais les juges saisis de l'action auront à déclarer dans leur jugement si les imputations diffamatoires qui leur sont soumises ont été ou non étrangères à la cause. (Même arrêt).

2441 *bis.* — Lorsqu'elles sont déclarées n'être pas étrangères à la cause, les imputations diffamatoires sont couvertes par l'immunité de l'art. 23, L. 1849. Dans ce cas, les tiers, s'ils n'ont ni l'action civile ni l'action pénale, ont du moins une action en suppression des écrits contenant ces imputations qu'ils pourraient exercer par voie d'intervention au procès où ces écrits ont été produits. — Cass., 2 juillet 1866. D.66.1.431 ; Paris, 20 nov. 1863 ; D.63.2.222 ; 49 juillet 1851.B.

2441 *ter.* — Lorsque les faits diffamatoires concernent des tiers, il n'est pas nécessaire que leur action ait été réservée par le jugement auquel ils sont restés étrangers pour être par eux ultérieurement exercée. — Cass., 8 mars 1861.B.

2442. — Doivent être considérés comme des tiers :

1° Le plaignant, non partie civile, sur l'instance poursuivie par le ministère public. — Cass., 5 juillet 1851. D.51.5.408.

2° Celui qui a été le conseil d'une partie et qui ne la défend pas à l'audience. — Nîmes, 20 fév. 1823, J.P.

3° Le magistrat qui, à raison d'une enquête à laquelle il est procédé, est diffamé dans des actes lus à l'audience. — Riom, 20 déc. 1826 ; Dalloz, v° *Presse*, n° 1247.

4° Des experts commis dans l'instance. — Grenoble, 28 janv. 1823, J.P. ; Dalloz, v° *Presse*, n° 1246.

2442 *bis.* — Ne sont pas des tiers :

1° L'avocat, l'avoué, l'agréé occupant dans l'instance et représentant la partie. — Chassan, I, p. 100.

2° Les témoins : — Cass., 11 août 1820 ; Chassan, I, p. 104. — V. notre *C. de la presse*, 1856, n° 522 ; *contrà*, Nancy, 9 nov. 1857. S.58.2.239.

2442 *ter.* — La loi ne fait aucune distinction entre les tiers présents et les tiers absents. — Nîmes, 20 fév. 1827 ; Chassan, I, p. 98.

2442 *quater.* — L'action civile réservée aux tiers est de la compétence, non du tribunal devant lequel le délit a eu lieu, mais du juge de paix, conformément à l'art. 5, L. 1838, lorsque la diffamation est verbale. — Cass., 9 déc. 1863. D.64.1.144. V. art. 575.

———

[**539** *bis*]. — Cet article ne figure ici à la suite de l'art. 23, L. 1849, que parce que sa disposition s'y réfère. — V. les annotations qui le concernent sous les art. 493 et 494.

LIVRE TROISIÈME

POURSUITES

ET

JUGEMENT DES CRIMES, DES DÉLITS

ET DES CONTRAVENTIONS

PAR LA VOIE DE LA PRESSE ET AUTRES MOYENS DE PUBLICATION

ACTION PUBLIQUE

COMPÉTENCE. — JURIDICTION. — PROCÉDURE. — JUGEMENT

EXÉCUTION. — PRESCRIPTION

Ce livre se divisera en cinq titres, savoir :

DE LA COMPÉTENCE. — DE LA POURSUITE ET DU JUGÉMENT.

I

Juridiction. — Lorsque la législation répressive des écarts de la presse se trouvait tout entière dans le Code pénal, les règles de la compétence et de la poursuite se trouvaient dans le Code d'instruction criminelle.

Les actes punissables étaient alors, suivant la nature *criminelle*, *correctionnelle* ou de *simple police* de la peine applicable, qualifiés, sans exception, *crimes*, *délits* ou *contraventions*, auxquels correspondaient, pour le jugement, trois juridictions :

Les Cours d'assises, — pour les crimes ;

Les tribunaux correctionnels, — pour les délits ;

Les tribunaux de simple police, — pour les contraventions.

Telle fut la règle suivie de 1810 à 1814.

2443. — La première modification que subit le droit commun, à cet égard, lui fut imposée par la loi du 21 octobre 1814, réglementaire de la police de l'imprimerie. — La théorie dut fléchir devant les nécessités d'une répression plus énergique : — Les *infractions à la police* de l'imprimerie et de la librairie, frappées de la peine des *délits*, tout en conservant la qualification de *contraventions*, furent déférées aux *tribunaux correctionnels*.

En 1815, l'art. 64 de l'acte additionnel des Cent-Jours, qui transféra au juge *des crimes*, le jury, la connaissance des *délits de la presse*, passa comme une promesse stérile à travers les constitutions de l'Empire un instant relevé (V. p. 14) ; elle ne devait être réalisée qu'en 1819.

Dans l'intervalle, la loi du 20 décembre 1815 institua ou rétablit les *Cours prévôtales* pour le jugement des cris et actes séditieux et des provocations à la révolte, qualifiés *crimes* et punis comme tels de la déportation par les art. 1, 2 et 3 de la loi du 9 nov. 1815. — Ce fut un moment de réaction, il fut court. — Cette dernière loi cessa son effet à la fin de la session de 1817.

2444. — En 1819, les idées libérales l'emportent : la censure est abolie, et la loi du 26 mai confie au *jury* le jugement des *délits de publication* qui touchent à la politique ou à la vie publique des fonctionnaires. — La plupart des *contraventions* en matière de presse furent attribuées aux tribunaux correctionnels.

Le jury répondit mal à la confiance du législateur : sa faiblesse et parfois son esprit d'opposition politique affaiblirent à ce point l'action de la justice, qu'il parut nécessaire de revenir aux règles du droit commun. La loi du 25 mars 1822 restitua aux *tribunaux correctionnels* la connaissance des *délits* commis par la voie de la presse et tous autres moyens de publication, sauf quelques exceptions qui se sont maintenues concernant certains délits par voie de *comptes rendus*. — (V. art. 572-573.)

2445. — En 1830, le journalisme revisa la constitution. L'art. 69 de la Charte imposa au règne nouveau l'obligation « de faire une loi pour l'application immédiate du jury aux délits de presse et aux délits politiques. »

La loi organique du 8 octobre 1830 fit, en conséquence, revivre purement et simplement la loi du 26 mai 1819, comme loi de procédure et de compétence, en abrogeant l'art. 17 de la loi du 25 mars 1822 qui en avait paralysé pendant huit ans l'application.

La Cour d'assises fut donc, à partir de 1830, la juridiction de droit commun pour les crimes et délits de publication.

La Charte jurée n'était un frein que pour le pouvoir. La presse abusa contre lui de sa liberté ; l'attentat de Fieschi, attribué à ses excitations anarchiques, donna aux ministres du roi assez d'empire sur les assemblées parlementaires de 1835 pour en obtenir la loi du 9 sept. 1835, contre laquelle le journalisme s'éleva avec tant de passion et d'injustice. — Cette loi s'éloigna plus encore que les précédentes de la théorie du Code pénal : — la juridiction de la Cour d'assises fut bien maintenue pour les *crimes* et les *délits de publication*, et celle des tribunaux correctionnels pour *certains délits* et toutes *les contraventions* ; mais elle s'écarta des vrais principes, en élevant arbitrairement au rang d'*attentats* certaines provocations coupables, avec faculté pour le Gouvernement de les soumettre à la juridiction extraordinaire de la *Cour des pairs*.

Un des premiers actes de la Révolution de 1848 fut d'abroger cette loi du 9 septembre 1835. — La presse se retrouva replacée de nouveau sous l'application des lois de 1819, et le jury devint plus que jamais le juge naturel et exclusif des délits de presse jusqu'en 1852.

2446. — Par un retour identique à celui que réalisa la loi du 25 mars 1822 (V. n° 2444), le décret organique du 17 février 1852 a enlevé de nouveau le jugement des *délits de publication* à la juridiction du jury, et les tribunaux correctionnels ont été réinvestis de la compétence qu'ils n'ont jamais enviée de juger les délits de presse.

La loi du 11 mai 1868 les a maintenus dans cette délicate et pénible mission.

II.

Procédure : — La législation, en matière de procédure n'est pas restée invariable.

En ce qui concerne les *crimes*, la législation de 1852 n'a modifié en rien la législation antérieure, laquelle reste par suite maintenue. — Le décret du 17 février ne vise, en effet, que les *délits* dans ses modifications de la compétence. — V. n° 2584.

Quant à la poursuite des *délits*, elle a été, par ce décret de 1852, replacée sous l'empire absolu des règles du Code d'instruction criminelle.

La loi du 11 mai 1868 a, sur ce point, imposé deux innovations qui consistent en ce que :

1° Le prévenu, lorsqu'il *aura comparu*, ne fût-ce que pour répondre au magistrat qui l'interroge sur ses noms, ne *peut plus faire défaut*. — Art. 10.

2° Les juges ont reçu ensuite, pour certains cas déterminés, le pouvoir facultatif de prononcer l'*exécution provisoire*, nonobstant appel et opposition du jugement, sous cette condition, toutefois, que le condamné pourra en arrêter les effets par voie d'opposition ou d'appel formés *dans les vingt-quatre heures*. — V. art. 13. (Art. 511-526-593.)

TITRE I. DE L'ACTION PUBLIQUE. CONDITIONS DE SON EXERCICE.

Chap. I.—Plaintes et Autorisations préalables à la poursuite de certains délits.

Indépendance de l'action publique. — Exceptions.

540. — *L.* 26 *mai* 1819. Art. 1er. La poursuite des crimes et délits commis par la voie de la presse ou par tout autre moyen de publication, aura lieu d'office et à la requête du ministère public sous les modifications suivantes.

1º Offenses envers les Chambres. — Autorisation.

541. — Art. 2. Dans les cas d'offense envers les Chambres ou l'une d'elles, par voie de publication, la poursuite n'aura lieu qu'autant que la Chambre qui se croira offensée l'aura autorisée.

[Sans préjudice de son droit de juger elle-même. [V. art. 572.]

2º Offenses envers les Souverains. — Plainte.

542. — Art. 3. Dans le cas du même délit contre la personne des souverains et celle des chefs des gouvernements étrangers, la poursuite n'aura lieu que sur la plainte ou à la requête du Souverain, ou du chef du Gouvernement qui se croira offensé. (V. art. 340.)

3º Offenses envers certains corps. — Délibération.

543. — Art. 4. Dans les cas de diffamation ou d'injure contre les Cours, tribunaux ou autres corps constitués, la poursuite n'aura lieu qu'après une délibération de ces Corps prise en assemblée générale et requérant les poursuites. (V. art. 413).

[**540.**] = 2447. — Cette disposition ne porte aucune atteinte au principe de l'indépendance de l'action publique; la poursuite des infractions est bien un devoir pour les magistrats auxquels l'exercice en est confié, sans être une nécessité absolue : ils sont juges de son opportunité. — Voici quelles ont été, en cette délicate matière, les instructions, à diverses reprises renouvelées depuis 1828, de la Chancellerie :

2448.— Circulaires *des* 30 *juillet* 1828 *et* 9 *juin* 1829 : « Il faut éviter religieusement les poursuites « hasardées; la répression doit être prompte, mais ré- « fléchie; — c'est surtout en cette matière que la ré- « pression doit suivre de près le délit. »

2449. — Circulaire, 2 *juillet* 1832 : « Liberté « entière pour la discussion des actes du Gouvernement, « mais répression rigoureuse pour les écrivains qui « prétendent trouver dans la Charte le droit de nier « la Charte elle-même et qui appellent sur le pays des « désordres sanglants. »

2450. — Circulaire, 9 *septembre* 1835 : « Toute « offense contre la personne du chef de l'Etat et son « autorité constitutionnelle doit être poursuivie; il « faut faire respecter la Charte avec la même sévérité « et surveiller les atteintes aux bonnes mœurs et aux « principes constitutifs de l'ordre social; — s'il s'agit « d'un écrit saisi ou non, l'action doit être prompte : « il ne faut recourir à une instruction que lorsqu'elle « est indispensable, soit pour reconnaître l'auteur du « crime ou du délit, soit pour découvrir plus sûrement « la vérité. — *Informer dans tous les cas immédia- « tement le ministre de la justice.* »

2451. — Circulaire, 16 *août* 1849 : « La per- « sonne du chef de l'Etat ne peut rester exposée aux « outrages et aux injures; s'il est urgent de poursuivre « avec une incessante fermeté cette polémique inju- « rieuse et les attaques systématiques qui l'offensent; « il importe de ne pas compromettre son caractère et « sa dignité par des poursuites téméraires. — La por- « tée et l'influence des écrits, l'intention de leurs au- « teurs, l'examen des chances de la poursuite, seront « les éléments de la détermination des magistrats. »

2452. — Circulaire, 28 *mars* 1852 : « Il faut gé- « néralement préférer la voie de la citation directe à « la voie de l'instruction : la saisie même d'un écrit « en flagrant délit ne doit donner lieu à d'autres for- « malités que celles des art. 36 et suivants du Code « d'inst. crim. — Lorsque les circonstances le per- « mettent, les magistrats doivent en référer au garde « des sceaux avant de poursuivre les délits de la « presse. »

2453.—Circulaire, 4 *juin* 1868 : « Les procureurs « impériaux ne doivent pas intenter de procès de presse « sans l'autorisation du procureur général..... Au cas « de contraventions matérielles où la bonne foi semble « évidente, un avertissement officieux et bienveillant « invitera le gérant du journal à rentrer dans la léga- « lité ; — si le fait est plus grave ou l'infraction persé- « vérante, le procureur général devra en référer au « garde des sceaux, lui transmettre l'écrit en lui fai- « sant connaître son appréciation motivée sur l'exis- « tence du délit et l'opportunité d'une poursuite ou « d'un simple communiqué pour rectifier des erreurs « préjudiciables......: En cas d'urgence et, par exemple, « en présence des manœuvres qui signalent parfois les « derniers moments d'une lutte électorale, le procu- « reur général pourra, sauf à en donner avis au garde « des sceaux, commencer des poursuites, lorsque sa « conviction bien arrêtée se trouvera d'accord avec « celle du préfet du département.

« Le Gouvernement ne veut pas d'une surveillance « inquiète et ombrageuse des moindres écarts de la « presse; il faut faire la part des inexpériences et des « entraînements.

« La déloyauté et la violence doivent seules appeler « une répression; il ne faut pas laisser consacrer en « principe le droit à l'insulte et à la calomnie...... « La critique et la discussion des actes politiques et « administratifs ne doivent pas subir d'entraves. — Ni « l'injustice des appréciations, ni l'irritation des admi- « nistrateurs ne sont des motifs suffisants pour saisir « les tribunaux, quand l'écrivain n'a pas eu l'intention « de dépasser les limites du droit de contrôle attribué « par nos mœurs et nos lois même à ceux qui n'ont « reçu aucune mission de leurs concitoyens. »

2454. — *La poursuite aura lieu d'office :* — Sous les conditions d'opportunité et d'autorisation hiérarchiques qu'imposent à l'indépendance de l'action publique les instructions qui précèdent, et encore

2455. — *Sous les modifications suivantes :* Ici se pose la question de savoir si les art. 2, 3, 4 et 5 de la loi de 1819 qui subordonnent la poursuite à de certaines conditions de plaintes et d'autorisation, sont ou non abrogés par l'art. 27 du décret du 17 févr. 1852, qui a ramené « *les poursuites des délits de publication aux formes du Code d'instruction criminelle* », lequel n'exige rien de pareil ?

2456. — Dans le sens de l'abrogation, — V. Limoges, 25 juin 1852. D.52.2.7; Metz, 3 avril 1856, J. p. 56.1.561 ; Paris, 8 mars 1856. D.56.2.448.

2457. — Dans le sens du maintien. — Amiens, 28 juillet 1855. D.55.2.148; Metz, 3 nov. 1856, J. p. 57. 2.557; Montpellier, 5 déc. 1855. S.56.2.177;— Cass., 31 mai 1856. B.; 21 avril 1864. D.64.1.400; 19 sept.

(*Suite*). Plaintes, autorisations nécessaires à la poursuite.

4° Diffamation envers agents et particuliers.

544. — Art. 5. Dans les cas des mêmes délits :

— Contre tout dépositaire ou agent de l'autorité publique, (V. art. 415-416.)

— Contre tout agent diplomatique étranger accrédité près du roi, (V. art. 417-419.)

— Contre tout particulier. (V. art. 418 à 419.)

La poursuite n'aura lieu que sur la plainte de la partie qui se prétendra lésée.

1856. D.56.1.419.—V. dans notre *Code de la presse* de 1856, les n°ˢ 686, 687 et le *Nota bene* de la col. 1.

Généralement résolue dans ce dernier sens, la question ne semble plus pouvoir aujourd'hui soulever des doutes.

2458. — Les motifs qui justifient les dérogations au principe de l'indépendance de l'action publique des art. 2 à 5, L. 1849, sont puisés, ainsi que l'a déclaré le rapporteur de la loi, « dans cet autre principe qui « veut que sans son consentement nul ne puisse être « engagé dans un débat où la justice et même le « triomphe ne sont pas exempts d'inconvénients. »

[**541**.]=*Dans les cas d'offense envers les Chambres :* V. sur les conditions de ce délit, n°ˢ 1174-1183.

2459. —*La poursuite n'aura lieu qu'autant que la Chambre offensée l'aura autorisée :* Le délit par compte rendu infidèle des séances parlementaires, qu'il soit ou non offensant, rentre, depuis la loi du 25 mars 1822 qui l'a ainsi décidé (art. 572.A.) sous l'application de l'art. 2, L. 1849, et ne peut dès lors être poursuivi sans l'autorisation de la Chambre qu'il concerne. — V. n°ˢ 2465, 2466 et aussi n° 1185.

2460. — Le délit d'excitation à la haine et au mépris des citoyens envers les membres du Corps législatif ou du Sénat renfermant nécessairement une offense envers ces corps, la poursuite ne pourrait, en conséquence, avoir lieu sans leur autorisation.—Cass., 13 janv. 1838. B. Chassan, I, p. 247.

2461. — Les mots : « *offenses envers les Chambres* » doivent s'entendre des Chambres existantes; — pendant l'intervalle des sessions, la Chambre n'est pas moins la Chambre; — après sa dissolution seulement, elle cesse d'exister. — V. au sujet des offenses envers les Chambres dissoutes, n° 1182 et note n° 448 de notre *Code de la presse,* de 1856.

2462. — Les Chambres ont rarement eu l'occasion d'autoriser des poursuites, et plus rarement encore ont-elles usé de leur droit de traduire devant elles pour les juger ceux qui les offensent, conformément à l'art. 15, L. 1822.

Le 3 février 1834, autorisation fut donnée de poursuivre M. Cabet.

En 1835, même autorisation contre M. de Puiraveau.

Le 13 mars 1868, le Corps législatif a autorisé des poursuites contre MM. Richard et Grenier pour offenses par la voie des journaux, le *Figaro* et la *Situation.*

[**542**.] = 2463. — Les représentants accrédités des puissances ont qualité pour porter plainte ou requérir des poursuites à raison des offenses à la personne de leurs souverains.

2464. — Dans le silence de la loi sur le point de savoir si la plainte ou requête doit ou non être rédigée et signée par le souverain offensé, on ne peut que s'en référer aux art. 34, 64 et 65 du C. d'inst. crim., qui portent que les dénonciations et les plaintes seront rédigées « *par les dénonciateurs ou plaignants ou par leurs fondés de pouvoir spécial.* » Ces derniers mots

5° Publication sur la vie privée.— Plainte.

545.—*L.* 11 *mai* 1868. Art. 11. Toute publication dans un écrit périodique relative à un fait de la vie privée constitue une contravention punie d'une amende de 500 fr. — V. p. 70 et 71.

La poursuite ne pourra être exercée que sur la plainte de la partie intéressée. (V. n° 2482.)

---

tranchent la difficulté : il est impossible, en effet, de ne pas reconnaître dans le représentant accrédité d'un souverain son fondé de pouvoir, lorsque, déclarant agir en cette qualité, il signale à l'autorité judiciaire les offenses commises envers son maître et requiert en son nom des poursuites. — Décis., 22 sept. 1858.

Mais le ministère public n'est pas obligé de poursuivre sur la plainte des souverains offensés.

[**543**.]=*Dans les cas de diffamation ou d'injure.* — Voir sur les conditions de ces délits, notes sous les art. 443 et 444.

2465. — Les expressions de diffamation et d'injures excluent l'*outrage.* Commis envers un tribunal à son audience, le délit d'outrage peut, en conséquence, être poursuivi d'office, sans délibération préalable du tribunal dans le cas où le tribunal, comme il en a le droit, n'a pas réprimé ce délit d'audience conformément aux art. 484 et 505 du C. d'inst. crim. — Cass., 27 févr. 1832. D.32.1.93.

2466.—La délibération du tribunal n'est pas davantage nécessaire pour la poursuite d'un délit d'infidélité et de mauvaise foi dans un compte rendu de ses audiences, bien que ce compte rendu soit injurieux pour le tribunal. — Orléans, 27 mai 1851. D.52.2.87 et n°ˢ 2559 et 1729.

2467.—*Contre les Cours, tribunaux…., etc.*—Sur ce que ces expressions désignent, V. notes sous l'art. 443.

2468. — *Délibération prise en assemblée générale* Cette délibération ne peut être remplacée par une plainte collective signée de tous les membres du tribunal, — Cass., 3 août 1850, J.P.: ni par un jugement; Cass., 25 juillet 1839, J.P. 39.2.489 : il faut qu'il y ait eu *délibération.*

2469. — Cette délibération prise par le tribunal ne le rend pas incompétent pour connaître des injures contre ses membres.—Limoges, 25 juin 1852. D.53.2.7

[**544-545**.] = *Dans les cas des mêmes délits :* V. pour les conditions de ces délits, notes sous les art. 445 à 419.

2470.—La plainte exigée n'est plus nécessaire lorsque la diffamation ou l'injure, commise envers un fonctionnaire ou dépositaire de l'autorité, constitue non plus une diffamation ou injure, mais un outrage. — Cass., 19 janv. 1850. D.50.1.68; Amiens, 28 juillet 1855. D.56.2.148. — V. dans ce sens une note motivée dans notre *Code de la presse* 1856, col. 1, p. 444.—Dans ce même sens encore, V. Cass., 31 mars 1856. D.56. 1.344. — Dalloz, v° *Presse,* n° 1063 : il s'agissait, dans l'espèce, d'un outrage rentrant dans les termes des art. 222, 224, C. pénal, c'est-à-dire d'un *outrage dans l'exercice des fonctions.* (V. n° 1594 *in fine.*)

2471. — Jugé cependant que la plainte est nécessaire en cas d'*outrage public contre un fonctionnaire à raison de ses fonctions,* prévu par l'art. 6, L. 1822. — Cass., 31 mai 1856. B.; Montpellier, 5 déc. 1855. D.56.2.73. — *Contrà :* Metz, 30 janv. 1856; Paris, 8 mars 1856; Dijon, 19 sept. 1856. D.58.2.122, — et note précitée de notre *Code de la presse* de 1856.

2472. — La plainte n'est pas nécessaire pour la poursuite d'un délit d'outrage envers un ministre du

Chap. II. — Poursuites contre les Ministres, les Sénateurs, les Députés et les Conseillers d'Etat.

Autorisation.— Garantie politique.

Crimes des sénateurs, députés, conseillers d'État.

546. — *Constit.* 22 *frimaire an* VIII. Art. 70. Les délits personnels emportant peine afflictive ou infamante commis par un membre soit du Sénat, soit du Corps législatif, soit du Conseil d'Etat, sont poursuivis [devant les tribunaux ordinaires] après qu'une délibération du corps auquel le prévenu appartient a autorisé cette poursuite.

Crimes des ministres. — Autorisation.

547. — Art. 71. Les ministres prévenus de délits privés emportant peine afflictive ou infamante sont considérés comme membres du Conseil d'Etat.

Sanction.

548. — *C. pénal.* Art. 121. Seront comme coupables de forfaiture, punis de la dégradation civique, tout officier de police judiciaire, tous procureurs généraux ou impériaux, tous substituts, tous juges, qui auront provoqué, donné ou signé un jugement, une ordonnance ou un mandat tendant à la poursuite personnelle ou accusation, soit d'un ministre, soit d'un membre du Sénat, du Corps législatif ou du Conseil d'Etat, sans les autorisations prescrites par les lois de l'Etat ; ou qui hors les cas de flagrant délit ou de clameur publique, auront, sans les mêmes autorisations, donné ou signé l'ordre ou le mandat de saisir ou arrêter un ou plusieurs ministres ou membres du Sénat, du Corps législatif ou du Conseil d'Etat.

Mise en accusation des ministres.

549. — *Constit.* 14 *janv.* 1852. Art. 13. Les ministres ne peuvent être mis en accusation que par le Sénat.

Délits des députés.

550. — *D. sur le Corps législatif*, 2 *fév.* 1852. Art. 11. Aucun membre du Corps législatif ne peut, pendant la durée de la session, être poursuivi ni arrêté en matière criminelle, sauf le cas de flagrant délit, qu'après que le Corps législatif a autorisé la poursuite.

Crimes, délits et contraventions des sénateurs.

551.—*Sén.-cons.* 4 *juin* 1858. *Haute Cour de justice*. Art. 6. Aucun membre du Sénat ne peut être poursuivi ni arrêté pour crime ou délit, ou pour contravention entraînant la peine de l'emprisonnement, qu'après que le Sénat a autorisé la poursuite.

En cas d'arrestation pour crime flagrant, le procès-verbal est immédiatement transmis par le ministre de la justice au Sénat, qui statue sur la demande d'autorisation de poursuite.

Cette autorisation n'est pas nécessaire, lorsqu'un Sénateur est poursuivi pour faits relatifs au service militaire.

---

culte dans l'exercice de ses fonctions ou dans l'un des cas de l'art. 6, L. 1822. — Metz, 30 janv. 1856. D.56.2.204. — *Contrà* : Cass., 25 juin 1846. D.46.1.304.

2473.—La poursuite du même délit dans les cas du même art. 6, envers un juré, peut également avoir lieu d'office. — Cass., 8 fév. 1851. D.51.1.175 ; Nancy, 9 avril 1851. D.51.5.438.

2474. — Si l'outrage présente néanmoins les caractères prédominants de la diffamation ou de l'injure, la plainte sera nécessaire pour la mise en mouvement de l'action publique. — Besançon, 27 janv. 1860. D.60.2.17 ; — Cass., 31 mai 1856 (implicit.). D.56.1.311 ; — Amiens, 28 juillet 1855. D.56.2.148.

2475. — Ont qualité pour porter plainte :

1° La personne diffamée ou injuriée : la plainte doit venir d'elle et non d'un tiers, fût-ce de son chef hiérarchique, la diffamation touchant à ses fonctions. — Besançon, 27 juin 1860. D.60.4.17 ;

2° Le chef de la personne morale d'une administration diffamée, s'il en est le représentant légal et le défenseur naturel. Cass., 3 janv. 1861. D.61.1.142 ;

3° Les héritiers représentant la personne décédée dont la mémoire a été diffamée. — Cass., 24 mai 1860. D.60.4.204 ; 25 mars 1866 ; — Ch. réunies, 1er mai 1867. D.67.1.429 ;

4° Les femmes mariées et les mineurs. — Cass., 5 févr. 1857. D.57.1.142.

2476.—La plainte n'est soumise à aucune forme.— Besançon, 27 janv. 1860. D.60.2.17 ; elle peut résulter : Du procès-verbal dressé par le magistrat diffamé.— Cass., 9 janv. 1858. B.;

D'une démarche faite au parquet pour demander qu'il soit mis fin au scandale résultant d'affiches diffamatoires.— Limoges, 25 juin 1852. D.53.2.7.

2477. — Mais il faut que cette plainte se produise sous une forme qui permette d'en constater l'existence et qui laisse à la Cour de cassation le moyen d'exercer son droit de contrôle.—Cass., 20 mai 1865. D.65.1.407.

2478. — La date n'est pas nécessaire, pourvu que l'antériorité de la plainte soit établie par le juge du fait. — Cass., 18 janv. 1861. D.61.1.186.

2479. — Il n'est pas nécessaire que la plainte soit visée dans la citation, ni même dans le jugement. — Cass., 29 nov. 1858. D.61.1.45.

2480. — La plainte même restreinte à l'un des auteurs du fait rend à l'action publique toute son indépendance, même à l'égard du coauteur. — Cass., 23 mars 1860. D.64.5.380.

2481.—Le désistement du plaignant n'arrête pas les poursuites commencées sur sa plainte.—Cass., 28 mars 1852. D.52.1.144 ; — Cass., 13 déc. 1855. B.

2482. — *Publications sur la vie privée :* — Sur les conditions de cette contravention, V. p. 70 et 71.

Plainte de la partie intéressée : — L'intérêt étant la mesure des actions, le ministère public ne serait peut-être pas suffisamment investi du droit de poursuivre la contravention à l'art. 11, L. 11 mai 1868, s'il était démontré que la personne qui a porté plainte n'a aucune espèce d'intérêt à la poursuite, à raison du peu d'importance du fait de sa vie privée qui aurait été livrée à la publicité ; la loi exige non pas seulement la plainte de la personne dont les journaux ont parlé, mais de la partie *intéressée* à la poursuite : Il est difficile de comprendre autrement la portée de cette expression ; — à ce point de vue, l'art. 11 doit être considéré comme un complément des lois protectrices de l'honneur, de la considération et du respect des personnes.

[**546-549**.]=2483.—L'autorisation de la partie lésée ou intéressée à laquelle, à raison de certains dé-

Chap. III.—Poursuites contre magistrats et hauts fonctionnaires assimilés.

Garantie de juridiction.— Exercice élevé de l'action publique.

L'action publique réservée au procureur général.

552. — *Disposition déduite de l'état de la législation.* Il n'est, par aucune loi concernant les délits de publication, dérogé aux art. 479 et 483 du C. d'instr. crim. et à l'art. 10 du décret du 20 avril 1810, qui réservent au procureur général la poursuite des personnes ci-dessous désignées, pour les délits ci-après énoncés, savoir :

I. Les juges de paix ou de police,
   Les membres des tribunaux de 1re instance,
   Les officiers du ministère public,
   Les membres de la Cour de cassation,
   Les membres de la Cour des comptes,
   Les membres des Cours impériales,
   Les grands officiers de la Légion d'honneur,
   Les généraux commandant une division ou département,
   Les évêques et archevêques,
   Les présidents de consistoire,
   Les préfets,

Pour les délits par eux commis hors de l'exercice ou dans l'exercice de leurs fonctions (n° 2391).

II. Les membres des tribunaux de commerce et les officiers de police judiciaire,

Pour les délits par eux commis dans l'exercice de leurs fonctions seulement (n° 2492).

V. ci-après, page 274, le texte des articles ci-dessus cités.—C'est la première chambre de la Cour présidée par le premier président qui est la seule juridiction compétente.

lits, la loi a subordonné l'exercice de l'action publique, n'est pas la seule que cette action rencontre comme obstacle à sa mise en mouvement.—Pour des raisons politiques faciles à comprendre, le législateur a admis cette autre dérogation à la règle de l'indépendance des poursuites que, lorsqu'elles viendraient à être dirigées contre certaines personnes que ses dispositions désignent, elles ne pourraient avoir lieu sans l'autorisation soit du Corps législatif auquel elles appartiennent, soit du Conseil d'Etat.

Cette condition qui n'a pas d'autre but que de mettre ces personnes à l'abri des attaques, presque toujours passionnées et souvent injustes, auxquelles leur situation les expose, constitue à leur égard une garantie qui, dans la pratique, a reçu le nom de *garantie politique ou administrative*, suivant le caractère administratif ou politique de ceux qu'elle protége.

2484.—La *garantie politique* protége les ministres, les sénateurs, les députés et les membres du Conseil d'Etat; elle résulte d'abord pour eux des art. 70 et 74 de la constitution de l'an viii, articles qu'aucune loi n'a jamais abrogés, que l'art. 121 du C. pénal qui les avait sanctionnés a maintenus, par la référence de son texte, contre toute abrogation implicite, et dont l'autorité s'est trouvée raffermie par le retour en 1852 au système constitutionnel de l'an viii; elle résulte ensuite des art. 13 de la constitution de 1852, 11 du décret organique du Corps législatif du 2 février et du sén.-cons. du 4 juin 1858, art. 6.

2485.— La *garantie administrative* couvre tous les agents du Gouvernement pour les faits relatifs à leurs fonctions; elle résulte pour eux de l'art. 75 de la même constitution de l'an viii dont la disposition est reproduite après l'art. 552 ci-dessus.

2486.— Aux termes de l'art. 1er du sén.-cons. du 4 juin dont l'art. 6 se rattache à notre chapitre, la haute Cour de justice est seule compétente pour connaître des crimes et délits des ministres, des grands officiers de la couronne, des grands-croix de la Légion d'honneur, des ambassadeurs, des sénateurs et des conseillers d'Etat. (V. art. 574.)

2487. — Pour les crimes et délits *commis dans l'exercice de leurs fonctions*, ou qui s'y rattachent, les ministres ne peuvent être poursuivis que sur l'autorisation du Sénat qui, seul, peut les mettre en accusation (art. 549). L'autorisation doit émaner du Conseil d'Etat, s'il s'agit de crimes ou délits *commis en dehors de leurs fonctions*, aux termes de l'art. 74 de la constitution de l'an viii toujours en vigueur.—Hélie, *Inst. crim.*, II, p. 428.

[550-551]= 2488. — *Les députés pendant la durée des sessions :* La garantie politique, aux termes de l'art. 14 du décret du 2 février 1852, ne couvre les députés que pendant la durée des sessions, à la différence de celle qui protége d'une manière permanente les ministres et les sénateurs; cette garantie ne suit pas la personne, elle n'est attachée qu'à la fonction; elle n'a qu'un but, d'assurer la liberté des députés pendant la session, de garantir l'accomplissement de leur mandat; ils peuvent donc être arrêtés et poursuivis jusqu'au jour de l'ouverture et aussitôt après la clôture de la session.—Hélie, *loc. cit.*, p. 439.

2489.— Cette garantie n'appartient, pendant la session, qu'aux députés dont l'élection a été reconnue régulière par la Chambre et qui ont prêté serment; elle ne peut être invoquée par ceux dont l'élection a été ajournée. — Cass.,] 10 avril 1847. Hélie, *loc. cit.*, p. 439.

2490. — *En matière criminelle.* Ces mots dans l'art. 14, décr. 2 fév. 1852, comprennent les délits par *à fortiori* aussi bien que les *crimes.*—Hélie, *loc. cit.*, p. 444.

2491. — L'autorisation obtenue du Corps législatif pour la poursuite d'un député inculpé de diffamation ou d'injures, n'affranchit pas l'action publique des conditions de plainte ou d'autorisation préalables qu'exigent les art. 2 à 5 de la loi de 1849.

[552] = 2492. — Les magistrats de l'ordre judiciaire, les juges consulaires et les officiers de police judiciaire jouissent d'une garantie particulière; elle consiste, pour eux, à n'être, à raison des délits dont ils se rendent coupables dans l'exercice de leurs fonctions et en ce qui concerne ces derniers seulement, à n'être justiciables que de la Cour impériale, et de ne pouvoir être traduits devant elle que sur la citation du procureur général seul à qui est ainsi réservé contre eux, pour ces délits, l'exercice de l'action publique.

2493.—Le droit exclusif que l'art. 479 du C. d'inst. crim. confère à ce magistrat remplace, à l'égard des magistrats et de leurs assimilés, la garantie qui résulte pour les fonctionnaires de l'ordre administratif de l'autorisation du Conseil d'Etat, de l'art. 75, constitution an viii.—Limoges, 25 mars 1845. S.45.2.178.

2494.—La garantie de l'art. 479 a été étendue, par le décret du 20 avril 1810, aux personnes énumérées dans la disposition ci-dessus, dont le but est uniquement de rappeler sur ce point l'état de la législation.

2495. — Le procureur général, dans les cas des art 479-483 du C. d'inst. crim., ne peut engager l'action

Chap. IV.—Poursuites contre autres fonctionnaires. Garantie administrative.

Autorisation du Conseil d'Etat.

Agents du Gouvernement.— Autorisation.

553. — *Constitution 22 frimaire an* VIII. Art. 75. Les agents du Gouvernement, autres que les ministres, ne peuvent être poursuivis pour des faits relatifs à leurs fonctions qu'en vertu d'une décision du Conseil d'Etat; en ce cas la poursuite a lieu devant les tribunaux ordinaires.

Exception pour les actes d'information.

554. — *D. 9 août* 1806. Art. 3. Les dispositions de l'art. 75 de la constitution de l'an VIII ne font point obstacle à ce que les magistrats chargés de la poursuite des délits informent et recueillent tous les renseignements relatifs aux délits commis par nos agents dans l'exercice de leurs fonctions ; mais il ne peut être en ce cas décerné aucun mandat, ni subi aucun interrogatoire juridique sans l'autorisation préalable du Gouvernement.

Sanction pénale.

555. — *C. pénal.* Art. 129. La peine sera d'une amende de 100 fr. au moins et de 500 fr. au plus contre chacun des juges qui, après une réclamation légale des parties intéressées ou de l'autorité administrative, auront, sans autorisation du Gouvernement, rendu des ordonnances ou décerné des mandats contre ses agents ou préposés, prévenus de crimes ou délits commis dans l'exercice de leurs fonctions.

La même peine sera appliquée aux officiers du ministère public ou de police qui auront requis lesdites ordonnances ou mandats.

Exceptions à l'art. 75 de la constitution de l'an VIII.

556. — *Arrêté du 9 pluviôse an X.* Art. 1er. Le directeur général de l'enregistrement et des domaines est autorisé à traduire devant les tribunaux, sans recourir à la décision du Conseil d'Etat, les agents inférieurs de son administration.

Arrêté, même date. — Même autorisation à l'administrateur des postes pour les agents qui lui sont subordonnés.

Arrêté 10 floréal an X. — Même autorisation aux préfets après avoir pris avis des sous-préfets, pour traduire devant les tribunaux les percepteurs des contributions.

Arrêté 29 thermidor an II. — Les préfets pourront autoriser la mise en jugement des préposés de l'octroi municipal.

Arrêté, même date. — Même autorisation au directeur général des douanes, à l'égard de ses préposés subordonnés.

Décret 28 février 1806. — Même autorisation aux administrateurs généraux des poudres et salpêtres, pour la mise en jugement des préposés leurs subordonnés.

Ordonn. 1er *août* 1827. Art. 29. Le directeur général, après avoir pris l'avis du conseil d'administration, pourra autoriser la mise en jugement des gardes généraux et des préposés forestiers pour faits relatifs à leurs fonctions.

Le ministre pourra autoriser la mise en jugement des inspecteurs et sous-inspecteurs des forêts.

Autre exception.

557. — *L. électorale du 15 mars* 1849. Art. 119. Si le crime ou le délit [en matière d'élection, V. art. 371] est imputé à un agent du Gouvernement, la poursuite aura lieu sans qu'il soit besoin d'une autorisation préalable (n° 1403).

poursuite.—Cass., 5 mai 1862,— 11 août 1863. Les juges ne pourraient ordonner l'envoi de la pièce au juge d'instruction pour une information. — Cass., 5 oct. 1850. B.

2500. — La qualité d'agent du Gouvernement suspend la poursuite contre la personne, mais non l'information provisoire tendant à la constatation du fait ; l'art. 3 du décr. du 9 août 1806 ci-dessus le prescrit même formellement aux magistrats ; la demande d'autorisation ne peut même être présentée au Conseil d'Etat si elle n'a été précédée d'une information préparatoire. Ord. du 2 janv. 1821.—Cass., 6 fév. 1836. J.P.

2501. — Les arrêtés qui confèrent aux directeurs de l'enregistrement, des forêts, des postes, des douanes et aux préfets, le droit d'autoriser la poursuite de certains de leurs subordonnés sans recourir au Conseil d'Etat, ne s'opposent pas à ce que le Conseil d'Etat soit saisi et accorde l'autorisation de poursuivre que ces directeurs ont refusée. — V. Conseil d'Etat, 4 juin 1855 et 17 mars 1855. D.55.3.

2502.—L'art. 75 de la constitution de l'an VIII étant une disposition exceptionnelle, exorbitante, du droit commun, doit être interprété et appliqué restrictivement.

2503.—*Les agents du Gouvernement.* Ce sont tous ceux qui, dépositaires d'une partie de l'autorité du Gouvernement, agissent en son nom, sous sa direction médiate ou immédiate et font partie de la puissance publique. — Cass., 23 juin 1831, — 3 mai 1838. J.P. Orléans, 3 mars 1856. J.P.

2504. — Les conditions nécessaires pour pouvoir invoquer le bénéfice de l'art. 75, sont :

1° Que le fonctionnaire reçoive son titre de la loi même;

---

publique que sous les conditions des art. 2 à 5 de la loi de 1819, à raison des délits qui y sont spécifiés.

[**553-556**]=2496.—Par la garantie administrative de l'art. 75, le législateur de l'an VIII a voulu protéger non les personnes, mais la fonction ; il s'ensuit qu'elle s'applique au fonctionnaire démissionnaire, à raison des faits relatifs à ses fonctions. — Metz, 30 nov. 1834. Cass., 6 fév. 1836. J.P. Il en serait différemment pour les comptables destitués. — Cass., 14 juin 1847. D. 21 déc. 1850. B.-2 fév. 1854. B.— L'indignité les exclut alors du bénéfice de l'art. 75.

2496 bis. — Sur la question de savoir si cet art. 75 est ou non encore en vigueur, — V. n° 2816 bis.

2497. — L'autorisation du Conseil d'Etat, qui doit précéder la poursuite des agents et fonctionnaires désignés en l'art. 75, est tellement de rigueur, que le tribunal ne peut pas même prononcer l'acquittement du prévenu avant cette autorisation. — Cass., 30 août 1833. B.345.

2498. — La question de la garantie administrative doit être posée avant celle de la compétence, à raison de la nature des délits, car se déclarer compétent ou incompétent dans ce cas, c'est faire acte de juridiction sur le prévenu, ce qui est interdit aux juges avant d'avoir reconnu et affirmé leur droit à le juger. — Cass., 8 février 1838, — 15 nov. 1866. B.

2499. — L'application de l'art. 75 ne doit pas entraîner la nullité de la citation, mais un sursis à statuer jusqu'à ce que le Conseil d'Etat ait autorisé la

Chap. V. — Poursuites contre les ministres du culte. — Délits, faits d'abus.

Cas où l'autorisation du Conseil d'État est nécessaire. — Cas inverses.

Cas d'abus.— Injures, diffamation, autorisation.

558. — *L. 18 germinal an X. Des Cultes. Titre I. Culte catholique.* Art. 6. Il y aura recours au Conseil d'Etat dans tous les cas d'abus de la part des supérieurs et autres personnes ecclésiastiques.

Les cas d'abus sont :

L'usurpation ou excès de pouvoir.

Les contraventions aux lois et règlements de la République.

L'infraction des règles consacrées par les canons reçus en France.

L'attentat aux libertés, franchises et coutumes de l'Eglise gallicane.

Et toute entreprise ou tout procédé qui, dans l'exercice du culte, peut compromettre l'honneur des citoyens, troubler arbitrairement leur conscience, dégénérer contre eux en oppression ou injure ou en scandale public.

Procédure du recours.— Autorisation.— Renvoi.

559. — *Même loi.* Art. 8. Le recours [au Conseil d'Etat] compétera à toute personne intéressée; à défaut de plainte particulière, il sera exercé par les préfets.

Le fonctionnaire public, l'ecclésiastique ou la personne qui voudra exercer ce recours, adressera un mémoire détaillé et signé au conseiller d'Etat chargé de toutes les affaires concernant les cultes, lequel sera tenu de prendre dans le plus bref délai tous les renseignements convenables,

—Et, sur son rapport, l'affaire sera suivie et définitivement terminée dans la forme administrative,

—Ou renvoyée, selon l'exigence des cas, aux autorités compétentes.

Quant aux évêques et archevêques, ils jouissent en outre de la garantie de juridiction comme les magistrats. Art. 552

2° Qu'il ait par son institution légale un droit d'initiative, une action personnelle, et non un simple droit de surveillance et de délibération;

3° Qu'il exerce sa fonction au nom du Gouvernement ; V. dans le Code d'inst. crim., annoté par M. Rolland de Villargues, sous l'art. 4, § 6, l'énumération complète des agents et fonctionnaires que la jurisprudence et la doctrine rangent sous la dénomination d'agents du Gouvernement dans le sens de l'art. 75, et de ceux qui ne rentrent point dans cette catégorie.

2505. — *Ne peuvent être poursuivis.* Ces expressions, par leur généralité, comprennent la poursuite de l'action publique et de l'action civile.

2506.—*Pour faits relatifs à leurs fonctions.* Ces expressions n'ont ici en vue que les faits qui constituent un abus de la fonction, un emploi illégal ou frauduleux du pouvoir délégué à l'agent, qu'ils aient eu lieu dans l'exercice ou hors de l'exercice des fonctions, s'ils se rattachent étroitement à ces fonctions.— Hélie, *inst. crim.*, II, p. 483-485.

2507.— « Le délit est relatif aux fonctions, » dit à ce sujet M. Rauter, *Droit crim.*, n° 639, lors seulement que celles-ci entraient dans l'acte de délinquer par l'abus que l'inculpé en faisait en délinquant ou pour délinquer. Il n'y a donc délit relatif aux fonctions de l'agent qu'autant que le délit se rattache directement à ses fonctions et qu'il constitue une violation du mandat légal du Gouvernement ou un abus de sa confiance officielle.

2508.—L'art. 75 n'exige pas que les faits aient lieu dans l'exercice des fonctions de l'agent, il veut seulement qu'ils soient relatifs à ses fonctions. — Cass., 7 mai 1846. — B. 2 mars 1854. B.

2509.— Cet article est applicable en cas d'outrages proférés contre un maire par un préposé d'un pont à bascule, requis par lui de procéder à un pesage. — Cass., 7 mai 1846. B.

2510.— En cas d'injures proférées par un fonctionnaire dans l'exercice de ses fonctions.

2511.— L'exception du défaut d'autorisation, exigée par l'art. 75, est une exception d'ordre public qui peut être proposée en tout état de cause devant toutes les juridictions, et même être suppléée d'office par le juge.—Cass., 18 février 1836, 11 mars 1837. J.P.

2612. — La garantie de l'autorisation préalable ne peut être invoquée en faveur des écrits que le fonctionnaire poursuivi pour abus de ses fonctions publie pour sa défense; il n'y a pas dans cette publication un fait relatif à ses fonctions.—Cass., 12 mars 1829. J.P.

[557] = 2513. — Par son art. 119, la loi du 15 mars 1849 a formellement dérogé à la règle de l'art. 75 de la constitution de l'an VIII, en ce qui concerne les délits électoraux des fonctionnaires. Les art. 106 à 118 de cette loi ont été textuellement reproduits par les art. 39 à 49 du décret organique du 2 fév. 1852 sur les élections; mais en les reproduisant, le décret omet l'art. 119 rapporté ci-dessus, et passe aux art. 120 et 121 de ladite loi du 15 mars 1849, dont il reproduit encore textuellement les dispositions; une pareille prétérition est-elle un procédé suffisant d'abrogation? Implique-t-elle dans cet art. 119, ainsi respecté ou rejeté, une contrariété telle avec le décret qui l'a passée sous silence qu'on puisse lui appliquer son art. 56 ainsi conçu : « *Les lois antérieures sont abrogées* « *en ce qu'elles ont de contraire à la présente loi.* » Nous ne l'avons point pensé, et nous nous sommes prononcé en faveur de son maintien. V. n° 1403.

[558-559]=2514. — Les ministres du culte ne sont ni des agents du Gouvernement, ni des fonctionnaires.—Montpellier, 12 juillet 1841. J.P. Cass., 3 et 15 nov., 23 déc. 1834. B.278.304.328 ;—22 fév. 1845. B.66. Hélie, *inst. crim.*, II, p. 514. (V. cependant art. 450, *suprà*, § 2).

L'art. 75 de la constitution de l'an VIII ne leur est par conséquent pas applicable.

2515. — La liberté des cultes a été proclamée en 1789 comme un principe de notre droit public; la protection de leur exercice s'est, dès ce moment, imposée comme un devoir constitutionnel dont la législation s'est nécessairement occupée d'assurer les bienfaits.

En exécution du concordat du 23 fructidor an IX, fut rendue, le 18 germinal an X, une loi dont l'art. 6 du titre I, combiné avec le dernier § de l'art. 8 ci-dessus rapporté, semble donner aux ministres de la religion catholique une garantie analogue à celle que l'art. 75 de la constitution de l'an VIII assure aux agents du Gouvernement : « *Les autorités compétentes doivent, pour statuer sur les entreprises ou procédés pouvant compromettre l'honneur des citoyens sur les injures, scandales ou oppressions* » dont les ministres du culte se rendraient coupables, et qui peuvent faire l'objet d'un appel comme d'abus, attendre que le Conseil d'Etat, « après avoir pris connaissance de l'affaire, et *sur le rapport du conseiller d'Etat qui en a été chargé, la leur ait renvoyée.* »

2516.— L'art. 10 du décret du 20 avril 1810 a ensuite étendu aux archevêques et aux évêques cette garantie particulière accordée aux magistrats, de ne pouvoir être poursuivis, pour faits délictueux, que devant la première chambre de la Cour impériale, conformément aux dispositions de l'art. 479 du C. d'inst. crim., c'est-à-dire sur la citation seule du procureur général (V. art. 567 à 570). Le but de cette exception n'a pas été d'assimiler ces ecclésiastiques aux magistrats, mais seulement de les soustraire comme eux aux persécutions dont ils pourraient être l'objet, de relever leur dignité épiscopale et de les placer, le cas échéant, en présence d'une juridiction auprès de laquelle cette dignité ne pourrait être ni un moyen d'influence, ni un motif d'impunité.

2517.— L'interprétation des articles ci-dessus transcrits de la loi du 18 germinal an x, dans leurs rapports avec les règles du droit commun sur l'exercice de l'action civile et de l'action publique, a donné lieu à trois systèmes :

Le premier conclut, dans tous les cas et pour *tous les délits* des ministres du culte, à *la subordination* de l'exercice de l'action publique et de l'action civile à l'autorisation préalable du Conseil d'Etat.

Le second proclame au contraire l'*indépendance absolue* des deux actions dans tous les cas, à raison des mêmes délits : si l'abus des fonctions se produit par un fait délictueux, le délit absorbe l'abus et soumet son auteur aux règles communes de la procédure criminelle, F. Hélie, *inst. crim.*, II, p. 535, dans le cas inverse de fait délictueux sans abus des fonctions, le droit commun s'applique *à fortiori*.

Le troisième système, qui est une transaction, distingue entre les délits dont la poursuite ne peut avoir lieu que sur la plainte des parties lésées, c'est-à-dire la diffamation et l'injure (pour les délits de publication qui doivent seuls ici nous occuper) et les délits de poursuite libre, et conclut :

A la *subordination de l'action* publique et de l'action civile à l'égard de ces seuls premiers délits, s'ils sont toutefois commis par le ministre du culte dans l'exercice de son ministère, et par abus des fonctions de ce ministère ;

Et à l'*indépendance des deux actions* dans tous les autres cas, à l'égard de tous les délits.

2518.— Ce système, auquel on doit se rallier, a pour lui le texte des art. 6 et 8 de la loi du 18 germinal, qui ne permettent de déférer au Conseil d'Etat « *que les entreprises compromettant l'honneur des citoyens ou ayant dégénéré en injures ou en scandales publics.* » — *Les autorités compétentes*, pour en connaître, doivent attendre que « *l'affaire leur ait été renvoyée* après examen, par le Conseil d'Etat. Art. 8, § final.—Cass., 10 août 1861. D.64.1.348.

Voici maintenant des espèces et les décisions de la jurisprudence sur ce point :

2519. — L'ecclésiastique inculpé d'un fait rentrant dans les cas d'abus ne peut être poursuivi à la requête d'une partie civile sans l'autorisation du Conseil d'Etat. — Cass., 26 juil. 1838.B.— Limoges, 28 janv. 1840.

2520.—L'abus ne peut s'entendre que d'un excès du pouvoir spirituel, d'un acte abusif de la fonction ou de la juridiction ecclésiastique.—Montpellier, 12 juillet 1841. J.P.

2521.—On ne saurait considérer comme cas d'abus les faits qualifiés crimes ou délits par la loi et poursuivis d'office par le ministère public ou par les parties civiles.—Cass., 25 nov. et 23 déc. 1831. B.—Montpellier, 12 juillet 1841, tels que :

1° Les attaques contre l'ordre de successibilité au trône et les droits du souverain : — la poursuite de l'inculpé n'est pas dans ce cas subordonnée à l'autorisation du Conseil d'Etat. Mêmes arrêts. *Junge* Cass., 9 sept. 1831.B.

2° Le délit de critique et de censure du Gouvernement et des actes de l'autorité publique de la part d'un ministre du culte,—(Cass., 3 nov. 1831.B.), au moyen d'une lettre rendue publique. — Cons. d'Etat, 8 août 1863. D.65.5.40.

3° Les outrages ou violences commises par un ministre du culte.—Bourges, 24 juin 1839. D.

2522.—On doit considérer comme cas d'abus, relevant de l'appréciation préalable du Conseil d'Etat :

1° Les diffamations en chaire : — Cass., 26 juillet 1838. B. Limoges, 28 janv. 1840. Agen, 27 février 1840. J.P.

2° Les outrages, par un ecclésiastique officiant dans une cérémonie publique, commis envers un fonctionnaire dans l'exercice de ses fonctions.—Cass., 12 mars 1840. B.

3° Les délits politiques par des ecclésiastiques dans l'exercice de leurs fonctions. — Poitiers , 13 janvier 1831. J.P.

2523.—Un ministre protestant qui, dans un acte de ses fonctions, se rend coupable même d'un délit commun, ne peut être poursuivi avant que le Conseil d'Etat ait préjudiciellement déclaré que le fait ne constitue pas une entreprise dans le sens de la loi du 18 germinal an x.—Orléans, 20 juillet 1857. J.P.

2524.—Il y a encore abus dans le fait d'un évêque d'avoir donné en chaire lecture d'une lettre encyclique du Pape dont la publication et l'exécution, en France, n'avaient pas été autorisées.—Cons. d'Etat, 8 février 1865. 65.3.37.

2525.—Dans le fait d'un curé qui, en chaire, adresse à l'un de ses paroissiens des paroles dégénérant en injures. — Conseil d'Etat, 14 novembre 1864. D.65. 5.106.

2526.—Dans le fait d'un ecclésiastique d'avoir, dans un discours prononcé dans l'exercice du culte, reproché à une personne d'être mariée civilement et de vivre en concubinage. — Cons. d'Etat, 13 déc. 1864. D.64.5.107.

2527. — Les actes abusifs d'un ecclésiastique dans l'exercice de ses fonctions ne peuvent être poursuivis devant les tribunaux ordinaires comme constitutifs de délits de droit commun, qu'autant que la poursuite a été autorisée par le Conseil d'Etat; il en est spécialement ainsi dans le cas d'injure par cet ecclésiastique dans l'exercice du culte.—Dijon, 16 déc. 1857. D.58. 2.66. Cons. d'Etat, 27 déc. 1858. D.59.5.44.

2528. — Toutefois le ministre d'un culte qui dans l'exercice de ses fonctions commet, par un acte distinct de l'acte de sa fonction, un délit de droit commun, peut être poursuivi sans l'autorisation du Conseil d'Etat.— Bordeaux, 27 mars 1862. D.62.5.97.

2529. — C'est au Conseil d'Etat qu'il appartient de qualifier les faits déférés à son appréciation et de décider s'ils constituent un abus ou un délit de droit commun de la compétence des tribunaux ordinaires.— Orléans, 14 juin 1840.

2530. — L'autorisation préalable du Conseil d'Etat n'est pas nécessaire pour diriger des poursuites contre les ministres d'un culte, à raison des délits par eux commis hors de l'exercice de leurs fonctions.—Conseil d'Etat, 28 mars 1831. Cass., 22 avril 1843. B.

2531. — La déclaration d'abus peut être considérée comme une réparation suffisante, de nature à faire écarter la demande d'autorisation de poursuivre devant l'autorité judiciaire, à raison des actes abusifs, constitutifs d'un délit de droit commun.—Cons. d'Etat, 10 novembre 1862. D.63.5.107.— 13 décembre 1864. D.65.5.206.

TITRE II.—DE L'ACTION CIVILE.—CONDITIONS ET RÈGLES GÉNÉRALES DE SON EXERCICE.

560. — *Disposition déduite de l'état de la législation.* Il n'est dérogé, par les lois relatives aux crimes, délits et contraventions, en matière de publication :

1° Ni aux art. 1, 2, 3, 24 et 63 du C. d'inst. criminelle, concernant l'étendue et les conditions de l'exercice de l'action civile ;

2° Ni à l'art. 160 du décret du 18 juin 1811 sur les frais de justice, qui imposent aux parties civiles, non indigentes, l'obligation de consigner au greffe ou entre les mains du receveur de l'enregistrement, avant toutes poursuites en matière de simple police ou de police correctionnelle, la somme nécessaire pour l'acquittement des frais de la procédure ;

3° Ni aux art. 191, 212 et 366 du C. d'instr. criminelle, qui prescrivent aux juges saisis du tribunal correctionnel, lorsque l'inculpé devant eux cité par la partie civile est acquitté ou absous, de statuer sur la demande en dommages-intérêts qu'il peut former contre la partie plaignante, pour l'avoir indûment traduit en justice.

En ce qui concerne la compétence pour l'exercice de l'action civile, —Voir art. 574-577.

———

[560] = 2532. — A tout méfait il faut une peine, à tout dommage un dédommagement. — De là pour les crimes, les délits et les contraventions qui portent à la fois atteinte à l'*intérêt général* et à l'*intérêt privé* une double action à l'effet d'obtenir la *répression* et la *réparation*, à savoir : l'*action publique* pour l'application des peines, et l'*action civile* pour dédommagement du préjudice éprouvé.

2533. — Les infractions punies par la législation spéciale qui régit la liberté de la parole, de l'écriture et de la presse ne font pas exception à ces règles du droit commun. — Aucune des dispositions de cette législation ne déroge en effet aux dispositions du Code d'instruction criminelle concernant l'étendue, le but et les conditions de l'exercice de l'action civile.

2534. — **Conditions de l'exercice de l'action civile :** — Cette action n'appartient d'abord qu'à ceux qui ont souffert un dommage par suite d'un fait qualifié crime, délit ou contravention et ne peut être exercée que par eux.

2535. — Point de dommage, point d'action civile : — En même temps qu'il est le principe de l'action, le préjudice souffert est la mesure du droit à la réparation : les dommages-intérêts doivent, autant que possible, avoir pour effet d'indemniser le préjudice de la lésion produite par le délit, et en représenter ou compenser le mal.

2536. — On s'écarterait des vrais principes en cette matière, si, moins préoccupés de réparer le mal souffert que d'en prévenir la continuation, les juges, parmi les modes de dédommagement qui peuvent leur être demandés, donnaient la préférence aux moyens *préventifs* sur les moyens *réparatifs* qui sont les seuls qu'ils doivent adjuger aux parties. — V. nᵒˢ 2310, 2542 et 2543.

2537.—L'action civile peut être poursuivie en même temps et devant les mêmes juges que l'action publique; elle peut l'être aussi séparément. —Art. 2, C. d'instr. crim.

2538. — Les individus diffamés ou injuriés ont le droit de citer directement les auteurs de la diffamation ou de l'injure devant le tribunal correctionnel sans l'agrément ni le concours du ministère public. — Lyon, 4 janv. 1848. D.49.2.98.

2539. — Le tiers désigné par une simple initiale dans un article de journal est recevable à exercer des poursuites à raison des diffamations qu'il contient contre lui, s'il résulte des circonstances que l'article lui est réellement applicable. — Cass., 29 avril 1858. D.58. 5.286.

2540. — Si des propos attribués à une personne et présentés par elle comme diffamatoires devant la juridiction civile sont reconnus être exempts des caractères de la diffamation, l'action en dommages et rectification peut être souverainement rejetée sans que les juges aient à s'expliquer sur la demande en rectification. — Cass., 10 février 1845. D.45.1.187 (nᵒ 2545).

2541. — Le préjudice souffert étant le fondement de l'action civile, et la preuve de ce préjudice, l'unique condition pour en obtenir la réparation, la partie civile qui exerce son action devant le tribunal civil n'a pas à établir l'intention criminelle de celui qui l'a lésée ; il lui suffit de démontrer, en matière de diffamation, que les faits qui lui ont été imputés ont porté atteinte ou sont de nature à porter atteinte à son honneur ou à sa considération. — Nᵒ 2532.

2542. — Si ces faits consistent en un propos qui lui est attribué dans un ouvrage historique, sans intention délictueuse, la partie qui peut en souffrir est-elle en droit de demander sur ce point la rectification de l'ouvrage? peut-elle exiger même la suppression entière du passage ou de son nom? ou n'a-t-elle droit qu'à des dommages-intérêts pécuniaires? — L'auteur de l'article *Presse*, dans le recueil de M. Dalloz, nᵒ 1117, incline vers l'interprétation qui permettrait aux juges d'admettre les modes de réparation qui conduiraient le plus efficacement et le plus convenablement à la réparation du préjudice, à la condition toutefois que ces modes aient été demandés et discutés par les parties, sans que ce juge puisse les prescrire d'office en dehors des conclusions des parties : — Les principes et les règles du Code Napoléon en matière de réparations civiles ne sauraient permettre une solution qui, en imposant au défendeur l'obligation de rectifier ou de supprimer, violerait le droit du *nemo potest cogi ad factum* et méconnaîtrait cette disposition de l'art. 1142 du C. Nap., qui porte que toute action de faire ou de ne pas faire se *résout en dommages-intérêts*, lesquels aux termes de l'art. 1149 du même Code ne peuvent être que la représentation ou réparation de la perte faite ou du gain manqué, la compensation du préjudice subi, jamais celle d'un préjudice à subir.

2543. — Ces mêmes principes nous conduiraient à repousser également l'opinion de ceux qui pensent que les juges civils saisis d'une action en dommages-intérêts, à raison d'une diffamation, pourraient, en reconnaissant l'existence du fait de diffamation, ordonner, à titre de réparation, l'impression ou l'affiche de leur jugement, et même l'une et l'autre, contrairement au texte de l'art. 26 de la loi du 26 mai 1819 qui n'est applicable qu'en matière correctionnelle et de répression. — V. nᵒˢ 2317 et 2307 à 2311.

2544. — Il a été toutefois décidé, contrairement à cette opinion, que la réparation du préjudice causé n'est pas limitée aux choses matérielles, mais doit s'étendre et protéger tout ce qui concerne la dignité morale des familles. — Paris, 17 avril 1858. D.60.2.109 et V. nᵒ 2550.

2545. — L'infraction à la loi du 16 juillet 1850 sur la signature des auteurs ne peut donner lieu à l'action civile d'un particulier qu'autant que l'article non signé lui a porté un préjudice susceptible d'appréciation. Le fait de l'infraction ne suffirait pas pour l'exercice de l'action civile. — Cass., 25 mars 1862. D.62.1.326. — N° 2544.

2546. — Qualité et capacité pour l'exercice de l'action : Les femmes mariées ne peuvent, sans être autorisées de leurs maris, ou de justice dans les cas où, à défaut de l'autorisation maritale, celle des juges doit être accordée, intenter une action en justice pour obtenir réparation d'un délit de diffamation ou d'injure. — (Art. 215 à 224, C. Nap.).

2547. — Il en est de même des mineurs et des interdits ; ils ne peuvent ester en justice sans l'assistance et l'autorisation de leurs tuteurs. — Hélie, II, p. 330.

2548. — Le mari a-t-il qualité pour poursuivre la réparation des injures adressées à sa femme ? — Pour l'affirmative, — Cass., 25 pluviôse an XIII. *Contrà*, Chassan, II, p. 73. — Jugé toutefois qu'un mari peut poursuivre, sans le concours de sa femme, les injures qui, adressées à cette dernière, réfléchissent contre lui. — Cass., 20 oct. 1820 ; Zachariæ, III. § 446 ; Dalloz, v° *Presse*, n° 1120. (V. *suprà*, n° 1749).

2549. — Il a été jugé que lorsque des imputations calomnieuses sont dirigées contre une fille même majeure habitant la maison paternelle, le père a qualité pour se porter partie civile par ce motif que l'honneur du père et l'honneur de la fille ne peuvent alors être séparés et que le père venge son propre honneur en poursuivant la réparation de l'outrage fait à sa fille. — Liége, 24 mai 1823. Dalloz, v° *Presse*, n° 1121. — Montpellier, 12 nov. 1855. D.56.2.141.

2550. — Les héritiers d'une personne décédée qui a été calomniée dans un ouvrage historique peuvent, à raison de ce fait, intenter une action civile en réparation du tort que leur a causé l'atteinte portée à leur nom, et ils sont fondés notamment, en cas de décès de l'auteur, à exiger de l'éditeur l'insertion de documents rectificatifs à la suite de tous les exemplaires non vendus et de toutes les éditions ultérieures du volume contenant les fausses allégations. — Paris, 17 avril 1858. D.60.2.109.

2551. — Vainement prétendrait-on que l'auteur n'a fait qu'user des immunités de l'histoire : ces immunités ne peuvent aller *jusqu'à autoriser* le mensonge et la calomnie. (Même arrêt).

2552. — La bonne foi en pareille matière, qui pourrait être utilement invoquée comme excuse devant le tribunal de répression, n'affranchirait pas de l'obligation de réparer le préjudice causé. (Même arrêt, n° 2544.)

2553. — Lorsque la personne lésée par une diffamation est une société civile, l'action en réparation ne peut être exercée que par tous ses membres agissant en leur nom personnel et non par le directeur.

Si, au contraire, la société est anonyme, le directeur a l'exercice de l'action civile, pourvu toutefois que cette société anonyme ait une existence légale et soit régulièrement constituée. — Cass., 21 juillet 1854. D.55. 1.11. — (V. n° 1750, n° 1).

2554. — L'action civile compète-t-elle aux fonctionnaires pour les outrages ou diffamation à raison de leurs fonctions ? Incontestablement lorsque l'atteinte que la fonction a reçue atteint l'homme dans son honneur et sa réputation. — F. Hélie, *Rev. de législ.*, 1846, t. II, p. 257. — La solution serait plus délicate si l'offense n'avait porté que sur la fonction. — Traiter de *régicide*, en 1815, l'exécuteur de Louis XVI, c'eût été lui reprocher d'avoir rempli un pénible devoir, mais non le diffamer ; — dire « *bourreau d'un maréchal* » à l'un des soldats qui avaient fusillé le duc de la Moskowa, ce serait encore lui rappeler un acte du devoir, mais non le diffamer. — C'est le malheur des temps de changer le point de vue des choses et de mettre quelquefois l'opinion publique qui fait la considération en opposition avec les actes légaux et approuvés du passé. — V. art. 576, n° 2639.

2555. — Consignation des frais : L'art. 160 du décr. du 18 juin 1811 impose aux parties civiles l'obligation de consigner une somme suffisante pour le paiement des frais. Cette consignation doit être effectuée aussi bien lorsque la partie intervient sur les poursuites du ministère public que lorsqu'elle poursuit directement. — Cass., 3 mai 1838.B. *Contrà*, Cass., 1860.B.

2556. — Dommages-intérêts : Lorsque le prévenu est acquitté, la jurisprudence correctionnelle est incompétente pour prononcer sur les réparations civiles, sauf à la partie lésée à faire valoir ses droits devant la juridiction civile ; — mais le prévenu a droit alors à des dommages-intérêts pour avoir été mal à propos cité en justice. — L'art. 212 du C. d'instr. crim. n'autorise dans ce cas les juges qu'à prononcer des dommages-intérêts en sa faveur. — Il en est ainsi même en matière de presse. — Cass., 2 mai 1861.B. 162.

2557. — Circulaire (*justice*) 4 *juin* 1868 : « On a « souvent regretté, dit M. le garde des sceaux dans sa « circulaire, la parcimonie avec laquelle les tribunaux « accordent les dommages-intérêts, réparation si légi- « time du préjudice causé. C'est décourager la partie « civile qui, à tous les degrés de la juridiction, a ex- « posé des dépenses toujours considérables pour la « victime d'une agression ; c'est favoriser la profession « d'insulteur public. Si les magistrats entraient réso- « lûment dans cette voie où les tribunaux anglais les « ont précédés avec un succès évident, cette simple « réforme de nos mœurs judiciaires aurait des consé- « quences morales incalculables. »

2558. — Quant aux questions sur les causes d'extinction de l'action civile, les conditions de sa réunion avec l'action publique ; — l'option entre la juridiction civile et la juridiction criminelle ; les questions préjudicielles et les causes de suspension, — V. les annotations rapportées sous les art. 1, 2 et 3 du C. d'instr. crim. annoté de MM. Sirey et Rolland de Villargues.

Sur la compétence, — V. *infrà*, art. 574-577.

TITRE III. — DES JURIDICTIONS. — COMPÉTENCE TERRITORIALE ET JURIDICTIONNELLE.

Chap. I. — De la compétence territoriale. — Règle.

La compétence territoriale déterminée par le dépôt.

561. — *L.* 26 *mai* 1819. Art. 12. Dans les cas où les formalités prescrites par les lois et règlements concernant le dépôt [des écrits périodiques ou non périodiques] auront été remplies, les poursuites à la requête du ministère public ne pourront être faites que devant les juges du lieu où le dépôt aura été opéré ou de celui de la résidence du prévenu.

En cas de contravention aux dispositions ci-dessus rappelées concernant le dépôt, les poursuites pourront être faites, soit devant le juge de la résidence du prévenu, soit dans les lieux où les écrits et autres instruments de publication auront été saisis.

Dans tous les cas, la poursuite à la requête de la partie plaignante pourra être portée devant les juges de son domicile, lorsque la publication y aura été effectuée.

Cet article est-il contraire à l'art. 12, L. 1819 ? Nou.

561.A. — *D.* 17 *févr.* 1852. Art. 27. Les poursuites auront lieu dans les formes et délais prescrits par le Code d'instruction criminelle.

Nota. — Cet article 27 n'est ici mis en regard de l'art. 12, L. 1819, que parce que c'est de sa disposition combinée avec l'art. 36 ci-près que l'on prétend déduire l'abrogation de cet art. 12.

561.A.1. — Art. 36. Sont abrogées les dispositions des lois antérieures contraires à la présente loi..

[**561-561**.A.1.] = 2559. — Cet article 12, L. 1819, détermine la *compétence territoriale*. — La *compétence juridictionnelle* est réglée par les articles du chapitre suivant.

2560. — La disposition de cet article 12 ne statue qu'à l'égard des infractions commises *au moyen de la presse*, c'est-à-dire par voie d'imprimés, périodiques ou non périodiques; le terme « *dépôt* », — la publication seule des imprimés étant soumise au *dépôt*, — le dit assez.

2561. — Quant aux délits commis au moyen de *l'écriture* ou de la *parole*, le cercle borné de leur retentissement n'ayant jamais rendu nécessaire, comme l'action multipliée des mille feuilles de la presse, une dérogation au droit commun, leur poursuite reste fixée par les art. 23, 63 et 69 du Code d'inst. crim. au lieu où ils se sont produits.

2562. — Historique : Les délits de la presse n'atteignent pas directement ce qu'ils attaquent : — c'est par l'impression qu'ils produisent sur l'opinion que s'en réalise le mal et le péril ; — mais cette impression circule avec les écrits, le délit se multiplie et se propage. Le poursuivra-t-on partout où il éclatera par sa publication ? — L'écrivain sera-t-il contraint à se transporter aux quatre coins de la France pour s'y défendre, et lui fera-t-on un grief de ne pas être à la fois partout où il pourra être poursuivi ? — C'étaient là les conséquences des règles du droit commun avant 1819, auxquelles on est revenu en 1852 ; il en résulta quelquefois des poursuites multipliées et éloignées pour un même délit, et, ce qui est plus regrettable encore, des décisions multiples et contradictoires.

Le sentiment de la justice et le bon sens public réclamèrent contre une semblable situation. — Une poursuite qui fit quelque bruit en 1848, dirigée contre le *Censeur européen*, ayant mis plus vivement en relief sur ce point les inconvénients des règles du Code d'inst. crim., le législateur dut y pourvoir : — il fut à la fois juste et logique.

2563. — Tout écrit imprimé, livre ou journal, doit être *déposé* avant d'être publié (art. 17, L. 1814, — art. 8, L. 1828). — Le dépôt est comme le signal de la publication ; c'est donc du lieu où il est effectué que le délit de son contenu part et se propage. — Au lieu du dépôt est ainsi le lieu d'origine, le foyer du délit. — L'art. 12, L. 1819, en y rattachant la poursuite, fut logique ; la loi fut, de plus, sage et juste, car c'est au lieu où le délit se produit qu'il faut surtout le saisir et le poursuivre.

2564. — Tels ont été le but et la pensée de cet article qui, tout en considérant le lieu du dépôt comme le lieu de la perpétration des délits de presse, fait cependant aux intérêts privés cette part de permettre à la partie civile de poursuivre au lieu de son propre domicile, lorsque les écrits y sont distribués et laisse, en outre, au ministère public, cette latitude de poursuivre soit *au lieu du dépôt*, soit au *lieu de la saisie* des écrits, lorsqu'il n'y aura pas eu dépôt; dans tous les cas, au lieu de la *résidence du prévenu*, car là où réside le coupable, là aussi est le foyer du délit.

2565. — A ce système rationnel de la loi de 1819, la loi du 25 mars 1822, dans un moment de crise, en substitua un autre : la connaissance des délits de presse fut enlevée au jury et attribuée aux tribunaux correctionnels, avec *retour implicite aux formes du* Code d'instruct. crim. pour *la poursuite*. Mais si loin qu'ait été dans cette voie la jurisprudence de cette époque, il ne paraît pas qu'elle ait cependant décidé que le rétablissement du droit commun en cette matière pût impliquer l'abrogation de l'art. 12, L. 1819.

2566. — La législation de 1830 restitua au jury le jugement des délits de presse; l'autorité de cet article ne fut, après cette loi, jamais contestée.

2567. — Le décret du 17 février 1852 a effectué sur ce point une conversion en tout semblable à celle de 1822 quant aux juridictions; mais en prescrivant expressément le retour encore aux formes du Code d'inst. criminelle quant à la poursuite, ce décret aurait-il, en ce qui concerne la compétence territoriale, une portée plus grande que n'avait eu la loi de 1822, dont il a remis le système en vigueur ?

2568. — Question : L'art. 12, L. 1819, est-il abrogé ?

Pour l'affirmative : La Cour de cassation s'est prononcée dans ce sens par les motifs suivants :

« Attendu qu'aux termes des art. 23, 63 et 69 « C. d'inst. crim., le tribunal du lieu du crime ou « délit est compétent pour en connaître; — que s'il est « dérogé à leurs dispositions par l'art. 12, L. 1819, le « décret du 17 février 1852 ayant fait rentrer les dé- « lits de presse quant à la juridiction, à la compétence « et aux formes de la poursuite dans les dispositions « du Code d'inst. crim., ainsi que cela résulte de ses « art. 25, 26 et 27;

« Que l'article 36 de ce décret déclare que les lois « antérieures contraires sont abrogées, que cette abro- « gation atteint dès lors l'art. 12, L. 1819, qui, déro- « geant au Code d'inst. crim., était inconciliable avec « le rétablissement du droit commun..... » — Cass.,

30 janvier 1858. D.58.1.379; 8 nov. 1864. D.62.1.385.

2569. — **Pour la négative :** L'opinion contraire peut se fonder :

1° *Sur l'absence de motifs pour abroger l'art.* 42. Sa disposition a été et est encore une amélioration de la législation sur le point spécial : — elle prévient la multiplicité des poursuites et des jugements contradictoires pour un même délit. Quel intérêt y aurait-il à y renoncer ? — a-t-il jamais donné lieu à des abus ? — produit des inconvénients ? jamais : — l'abroger serait reculer jusqu'aux abus et aux inconvénients que sa règle a fait disparaître ; les lois tendent au mieux, non au pire.

2° *Sur ce qu'il n'y a aucune incompatibilité réelle entre l'art.* 42 *et l'art.* 27 *décr.* 4852 : La Cour de cassation a donné à ce dernier article une portée que ses termes ne comportent pas : — sa solution ne s'accorde pas avec les principes en matière d'abrogation d'après lesquels on ne doit tenir pour abrogé tacitement que ce qui de la loi ancienne est non pas *théoriquement* mais *réellement* incompatible avec la loi nouvelle : où trouver en effet cette incompatibilité entre les textes en présence ? Fixons bien la pensée du législateur ; qu'a-t-il voulu et que dit-il ?

Par l'art. 42, il détermine *le lieu où* les poursuites doivent être faites ;

Par l'art. 27, *comment* elles devront y être faites.

L'un désigne le *juge* de la poursuite ;

L'autre *les formes et délais* suivant lesquels il y aura à procéder dans cette poursuite.

Or ce sont là choses fort différentes, qui ne sauraient être mises en opposition ; — entre lesquelles l'incompatibilité n'est pas possible ; elles ne se trouvent pas sur le même plan.

Il ne paraît donc pas exact de dire « que le décret « de 4852 a voulu par l'art. 27 faire rentrer les délits « de presse sous l'empire du droit commun *quant à la* « *juridiction, à la compétence et aux formes de la* « *poursuite.* » — Cela est vrai quant à *la juridiction et aux formes de la poursuite,* mais non quant à la compétence territoriale. — Ce décret ne s'en occupe en aucune façon ; et si le législateur avait entendu déroger à la législation antérieure sur un point aussi important, il aurait dû le déclarer, à moins de prétendre que les dispositions *qui règlent les formes de la poursuite* comprennent celles de la *compétence,* — c'est-à-dire que la *compétence* est une *des formes de la poursuite.*

3° Sur ce qu'alors même qu'il y aurait incompatibilité entre l'art. 27 et l'art. 42, ce dernier n'en serait pas moins maintenu à *l'égard des crimes de presse,* — des *délits de diffamation par la presse et des délits en matière de comptes rendus infidèles.* — L'article 27, se référant à l'art. 25 du décret de 4852, ainsi que cela est démontré sous le n° 2584, n'est applicable qu'aux délits énumérés en cet article, et les délits spécifiés ci-dessus, ne rentrant pas en son énumération, échappent à la portée de l'art. 27.

4° *Sur la circulaire du ministre de la justice du 28 mars* 4852. Cette circulaire est à la fois l'exposé des motifs et le commentaire officiel du décret de 4852 ; son but spécial est de faire connaître l'étendue des abrogations qu'il imposait aux lois antérieures : — Par une énumération bien significative, Son Excellence y mentionne comme abrogés les art. 6, 7, 8, 9, 40, 44 ; — 43, 20, 24, 22, 23, 24 et 25, L. 26 mai 4849 et passe sous silence *l'art.* 42 ; ce qui indique bien que dans sa pensée cet article restait maintenu.

5° *Sur ce que le mot :* FORME, employé dans la législation comme synonyme de *conformément* ou de *formalités* n'a jamais signifié *compétence,* même dans l'art. 30, L. 26 mai 4849, dans l'art. 9, L. 9 juin 4849, dans l'art. 47, L. 4822, et dans l'art. 8, L. 8 oct. 4830, — il suffit de bien se pénétrer de la pensée spéciale de ces articles pour en être convaincu.

6° *Sur l'insuffisance des motifs de la Cour de cassation reconnue par elle-même.* Si l'art. 36 du décret de 4852 abrogeait en effet tout ce qui dans les lois de 4849 déroge au droit commun, il faudrait déclarer abrogés les art. 2, 3, 4 et 5 de la loi du 26 mai 4849 qui, contrairement au C. d'instr. crim., subordonnent à des formalités de plainte ou autorisations préalables la poursuite des délits de diffamation et encore l'art. 25 de la même loi qui oblige en certains cas les juges à *surseoir* au jugement. — La Cour, en ayant décidé le contraire, a par suite infirmé elle-même la force du motif unique de l'arrêt que nous repoussons. — V. n° 2635.

2570. — *Dans le cas où le dépôt aura été fait.* L'art. 42 ne concerne que les infractions par la voie de la presse. — V. n° 2560.

2574. — *Les poursuites à la requête du ministère public :* A raison soit des *crimes* ou des *délits,* le texte est général et ne distingue pas.

2572. — *Ne pourront être faites qu'au lieu du dépôt :* Cette attribution de juridiction étant établie dans l'intérêt du prévenu ne peut être invoquée par le ministère public. — Amiens, 8 mars 4823, de Grattier, I, p. 394. — Elle ne concerne que les imprimeurs ou éditeurs et ne s'applique pas aux libraires, qui ne sont point tenus du dépôt. (Même arrêt).

2573. — Mais elle pourrait être invoquée par les gérants des journaux cautionnés, chargés par la loi d'effectuer le dépôt de leurs feuilles.

2574. — *Ou au lieu de la résidence du prévenu :* Compétence du droit commun, art. 23, C. d'instr. crim. — L'appréciation des faits constituant la résidence appartient aux tribunaux. La prison où était détenu l'auteur lorsqu'il a composé l'écrit délictueux peut être considérée comme le lieu de sa résidence. — Cass., 7 nov. 4834. J.P.

2575. — *Si le dépôt n'a pas eu lieu :* « Lorsqu'il « n'y a pas eu de dépôt, disait le rapporteur de la loi « en 4849, le ministère public peut poursuivre partout « où il y a eu publication. »

2576. — *Les poursuites pourront être faites dans le lieu de la saisie :* Il n'est pas nécessaire que cette saisie ait été faite conformément à l'art. 7, L. 26 mai 4849 ; le seul objet que la loi ait en vue, à défaut du dépôt, c'est la constatation de la publication effective et effectuée de l'écrit ; la saisie est à cet effet un moyen légal excellent, mais ce ne saurait être le seul. — Dalloz, *loc. cit.,* n° 4445.

2577. — *Instruments de publication.* Les gravures, les écrits, etc., mais non les presses ni les caractères d'imprimerie. — Chassan, II, p. 406.

Dans tous les cas... Sur ce paragraphe concernant la compétence par l'action civile, — V. art. 574-577.

Chap. II.— De la compétence juridictionnelle.

§ 1.—Juridiction ordinaire.

Compétence du jury pour les faits de publication.

562.— *L.* 26 *mai* 1819. Art. 13. Les crimes et *délits* commis par la voie de la presse ou tout autre moyen de publication, à l'exception de ceux désignés dans l'article suivant, seront renvoyés par la Chambre des mises en accusation de la Cour royale devant la Cour d'assises, pour être jugés à la prochaine session.

L'arrêt de renvoi sera de suite notifié au prévenu.

Exception. — Compétence des juges correctionnels.

563. — Art. 14. Les délits de diffamation verbale ou d'injure verbale contre toute personne, et ceux de diffamation et d'injure par une voie de publication quelconque contre des particuliers, seront jugés par les tribunaux de police correctionnelle, sauf les cas attribués aux tribunaux de simple police.

Pour la compétence des actions civiles. (V. art. 574-577).

Premier pas vers le changement de juridiction.

564.— *D.* 31 *déc.* 1851. Art. 1er. La connaissance de tous les délits prévus par les lois sur la presse et commis au moyen de la parole est déférée aux tribunaux de police correctionnelle.

———

[**562**] = 2578. — Les dispositions des articles de ce chapitre déterminent *la compétence juridictionnelle.*

2579. — L'art. 13 de la loi du 26 mai 1819 consacrait les règles de compétence juridictionnelle du droit commun quant *aux crimes*, en y dérogeant quant *aux délits*. — L'art. 25 du décret du 17 fév. 1852, en enlevant au jury la connaissance des *délits* pour les attribuer aux juges correctionnels, a eu pour effet d'effacer le mot délit du texte de l'art. 13. — C'est pourquoi il est imprimé en lettres italiques.

[**563**] = 2579 *bis.* — Cet art. 14, de ladite loi de 1819, établissait une exception au système de cette loi; l'abrogation de l'art. 13, quant aux *délits*, par l'art. 25 du décret de 1852, en a fait une disposition en *duplicata* de la règle générale du Code d'instruction criminelle en matière de compétence.

[**564**] = 2580. — Ce décret du 31 déc. 1851, précurseur du système mieux affirmé par le décret du 17 fév. 1852, n'ayant rien de contraire à ses dispositions plus générales, a été plutôt absorbé qu'abrogé; la circulaire de 1852 dit « *complété* » par ce dernier décret: — Cet art. 1er dudit décret du 31 déc. ne concerne que les délits commis par *la voie de la parole.*

[**565**] = 2581. — Circulaire (*Justice*). 28 *mars* 1852): « L'art. 25 du décret du 17 fév. 1852 « détermine la compétence et attribue aux tribunaux « de police correctionnelle la connaissance de tous les « faits punissables des peines applicables aux délits.

« Cette disposition se trouve *complétée* par les décrets des 31 déc. 1851 et 27 fév. 1852. En revenant « au droit commun pour la compétence, la loi nouvelle « n'a pas entendu déroger aux dispositions spéciales « des art. 479 et suivants, C. d'instr. crim. (*ci-après*). »

2582. — 1° *Les délits de publication attribués par les lois antérieures aux Cours d'assises:* — Cette

Changement de juridiction pour les délits de publication.

565. — *D.-L.* 10 *févr.* 1852. Art. 25. Seront poursuivis devant les tribunaux correctionnels:

1° Les délits commis par la voie de la presse ou par tout autre moyen de publication mentionné en l'art. 1er de la loi du 17 mai 1819 [noter ici la restriction suivante], qui avaient été attribués par les lois antérieures à la compétence des Cours d'assises;

2° Les contraventions sur la presse prévues par les lois antérieures;

3° Les délits et contraventions édictés par la présente loi.

Évolution achevée vers le droit commun.

566. — *D.* 27 *févr.* 1852. Art. 1er. Tous les délits dont la connaissance est actuellement attribuée aux Cours d'assises et qui ne sont pas compris dans les décrets des 31 déc. 1851 et 17 févr. 1852, seront jugés par les tribunaux correctionnels, sauf les cas pour lesquels il existe des dispositions spéciales à raison des fonctions ou de la qualité des inculpés.

(V. art. 479 et 483, Cod. d'inst. crim. et décret 1810 ci-après).

Art. 4. — Sont abrogées toutes les dispositions relatives à la compétence contraires au présent décret et notamment celles des lois du 8 octobre et 10 décembre 1830 sur les crieurs et afficheurs.

———

détermination exclut formellement les *délits* que ces lois *antérieures avaient attribuées aux tribunaux correctionnels;* l'art. 25 ne les contient pas dans ses vues, et ne statue rien à leur égard.

2583. — 2° *Les contraventions.....*; 3° *Les délits et les contraventions ..... etc.* — **Délits** et **contraventions**: Ce rapprochement exclut les **Crimes.**

Aucune disposition du décret d'ailleurs n'a les *crimes* en vue; — La circulaire précitée le reconnaît formellement.

2584. — Il résulte de la confrontation de l'art. 25 avec les lois antérieures que sa disposition reste étrangère:

I. Aux **Crimes** par voie de publication, et

II. Aux **Délits** *que les lois antérieures n'avaient pas attribués aux Cours d'assises*: tels étaient et sont:

1° *Les délits de comptes rendus infidèles des séances des Chambres et des audiences judicaires,* attribués à la juridiction des *Chambres* ou des *Cours* ou *tribunaux* dont les audiences étaient l'objet du compte rendu, par l'art. 16, L. 1822, non abrogé.

2° *Les délits de comptes rendus offensants ou injurieux, pour ces Chambres, Cours, tribunaux, pour l'un de leurs membres, pour les témoins,* attribués à la juridiction de la Chambre, de la Cour, ou du trinal ainsi offensés ou injuriés (art. 573 et n° 2641).

3° *Les délits de diffamation verbale ou d'injure verbale contre toute personne,* de la compétence des tribunaux correctionnels, aux termes de l'art. 14, L. 1819, ci-dessus, et enfin:

4° *Les délits de diffamation ou d'injure par n'importe quelle voie de publication contre les particuliers,* attribués par le même article aux mêmes tribunaux, n° 2641.

2585. — C'est aux tribunaux de simple police qu'il

§ 2. — Juridictions extraordinaires ou d'exception.

I. — Compétence de garantie de la Cour impériale pour les Magistrats. — Haute Cour.

Délits des magistrats de l'ordre judiciaire.

567. — *C. pénal.* Art. 479. Lorsqu'un juge de paix, un membre du tribunal correctionnel ou de première instance, ou un officier chargé du ministère public près l'un de ces tribunaux, sera prévenu d'avoir commis hors de ses fonctions un délit emportant une peine correctionnelle, le procureur général près la Cour impériale le fera citer devant cette Cour, qui prononcera sans qu'il puisse y avoir appel.

Les art. 478 à 482, règlent certains points de la poursuite.

(Suite).

568. — *C. pénal.* Art. 483. Lorsqu'un juge de paix ou de police, ou un juge faisant partie d'un tribunal de commerce, un officier de police judiciaire, un membre de tribunal correctionnel ou de première instance, ou un officier chargé du ministère public près l'un de ces juges ou tribunaux, sera prévenu d'avoir commis, dans l'exercice de ses fonctions, un délit emportant une peine correctionnelle, ce délit sera poursuivi et jugé comme il est dit à l'art. 479.

Les articles suivants concernent la procédure à suivre.

Hauts fonctionnaires assimilés aux magistrats.

569. — *D.* 20 *avril* 1810. Art. 10. Lorsque de grands officiers de la Légion d'honneur, des généraux commandant une division ou un département, des archevêques, des évêques, des présidents de consistoire, des membres de la Cour de cassation, de la Cour des comptes, des Cours impériales, des préfets, seront prévenus de délits de police correctionnelle, les Cours impériales en connaîtront de la manière prescrite par l'art. 479 du C. d'instr. crim.

La première chambre de la Cour seule compétente.

570. — *D.* 6 *juillet* 1810. Art. 4. Les causes correctionnelles dans les cas de l'art. 479 du C. d'instr. crim. et de l'art. 10 du décret du 20 avril 1810, seront portées à la Chambre civile de la Cour impériale présidée par le premier président.

Grands dignitaires. — Haute Cour.

571. — *Sén.-cons.* 4 *juin* 1858. Art. 1er. La Haute Cour de justice connaît des crimes et délits commis par les princes de la famille de l'Empereur, par les ministres, par les grands officiers de la Couronne, par des grands-croix de la Légion d'honneur, par des ambassadeurs, par des sénateurs et par des conseillers d'État.

---

appartient de connaître des injures simples, — Cass., 19 sept. 1856. D.56.4.449, — Des injures verbales ou écrites, mais non publiques. — Cass., 25 août 1864. D.65.1.319.

2586. — C'est à l'autorité administrative qu'il appartient d'apprécier les imputations diffamatoires contenues dans des actes administratifs, afin d'en provoquer la suppression ou rectification. — Cons. d'État, 17 août 1866. D.67.3.59. — *Contrà :* Les tribunaux correctionnels sont seuls compétents pour connaître d'une diffamation résultant d'une délibération d'un conseil municipal envers un de ses membres. — Bourges, 25 mai 1866. D.66.2.103.—Cass., 17 mai 1845. D.45.1.347.

[**567** à **571**] ═ 2587. — « Le décret de 1852, « porte la circulaire précitée, ne déroge en rien aux « art. 479 et suivants du C. d'instr. crim. »

2588. — Les dérogations aux règles générales de la poursuite et de la compétence que ces articles ont admises en faveur des magistrats de l'ordre judiciaire a pour cause la position particulière des inculpés et pour but d'assurer l'efficacité de l'action de la justice en sauvegardant la dignité de la magistrature. — Legraverend, I, p. 471.

2589. — Un double motif a déterminé le législateur : le premier, de garantir les magistrats de procédures vexatoires auxquelles ils pourraient être exposés par suite des inimitiés que leurs fonctions leur auraient attirées ; le second, de leur donner des juges que leur haute situation place au-dessus des passions ou des influences qui tendraient à entraîner l'impunité. — Cass., 20 mai 1826. S.27.1.164.

2590. — Les dispositions des art. 479 et 483, par cela qu'elles sont des exceptions, doivent être interprétées restrictivement.

2591. — L'art. 479 est applicable aux fonctionnaires, de l'ordre judiciaire qu'il désigne, mais à raison seulement des délits par eux commis *hors de leurs fonctions.*

L'art. 483 fait rentrer, pour ces mêmes fonctionnaires, les délits commis *dans l'exercice des fonctions* sous l'application de l'art. 479, de telle sorte que pour cette catégorie de magistrats, il n'y a pas à distinguer entre les faits délictueux relatifs ou étrangers aux fonctions.

2592. — Quant aux officiers de police judiciaire et aux juges consulaires qui ne figurent que dans l'art. 483, comme la disposition de cet article n'est applicable *qu'aux faits relatifs* à l'exercice des fonctions, — Cass., 24 fév. 1831. B.34, ils ne peuvent invoquer le bénéfice de l'art. 479 que pour les délits par eux commis dans l'exercice ou à l'occasion de l'exercice de leurs fonctions et pour des faits relatifs à ces fonctions.

2593. — Le terme *délit,* dans ces articles, comprend toutes les infractions punies de peines correctionnelles, et par suite celles que ne caractérise aucune intention perverse et que l'on qualifie de *contraventions correctionnelles.*

2594. — En ce qui concerne *les contraventions de police,* le bénéfice de l'art. 479 cesse de couvrir ceux que ses dispositions et celles de l'art. 483 désignent.— Cass., 26 sept. 1851.

2595. — Le décret du 20 avril 1810 a étendu l'application de l'art. 479 à d'autres fonctionnaires.

2595 *bis.* — La cessation des fonctions par suite de démission ou de révocation ne prive pas de la garantie de juridiction privilégiée quant aux délits antérieurement commis. — Cass., 13 janv. 1832. S.43.1.357; Amiens, 15 janv. 1852. S.52.2.634.

2596. — Cette juridiction s'impose encore bien que le délit soit antérieur à la nomination du magistrat.— Cass., 15 nov. 1833. S.33.4.896.

2597. — Les gardes forestiers étant à la fois officiers de police judiciaire et préposés de l'administration forestière ont droit en cette double qualité à la double garantie qui résulte pour eux de l'art. 479, C. d'instr. crim. et de l'art. 75 de la const. de l'an VIII (V. art. 553). — Cass., 8 fév. 1828. J.P.

2598. — Sont justiciables de la Cour impériale à raison des faits délictueux relatifs à leurs fonctions : Les maires. — Nancy, 20 avril 1857. J.P.

II.—Compétence spéciale de la Chambre des députés, des Cours et des Tribunaux, relativement aux offenses et aux comptes rendus des séances et audiences.

En cas d'offense, compétence de la chambre.

572. — *L.* 25 *mars* 1822. Art. 15. Dans les cas d'offense envers les Chambres ou l'une d'elles, par l'un des moyens énoncés en l'art. 1 de la loi du 17 mai 1819 [art. 309], la Chambre offensée, sur la simple réclamation d'un de ses membres, pourra, si mieux elle n'aime autoriser les poursuites par la voie ordinaire, ordonner que le prévenu sera traduit à sa barre.

Après qu'il aura été entendu ou dûment appelé, elle le condamnera, s'il y a lieu, aux peines portées par la loi.

La décision sera exécutée sur l'ordre du président de la Chambre.

Les adjoints faisant fonctions de ministère public. — Cass., 1er et 5 déc. 1850. J.P.; *Contrà*, Poitiers, 24 juin 1853. S.54.2.499.

Les gardes forestiers. — Cass., 5 mars 1846. J.P.

Les gardes champêtres. — Cass., 7 oct. 1847. J.P.

Les gardes particuliers. — Cass., 3 août 1833. J.P.

Les commissaires de police agissant dans l'exercice de leurs fonctions judiciaires.

Les juges suppléants même des juges de paix. — Cass., 2 mars 1844. S.44.1.748. — V. Dans le Code pénal annoté de M. Sirey et dans celui de M. Rolland de Villargue, l'énumération très-complète des fonctionnaires que protégent les art. 479 et 483, C. d'instr. crim., et les décisions fort nombreuses rapportées sous ces articles pour leur application.

[**572**] = 2599. — L'art. 15 de la loi du 25 mars 1822 a donné aux assemblées législatives le droit de venger leurs injures et de se constituer à cet effet en Cour de justice : grave dérogation aux règles du droit commun sur la compétence.

2600. — « Cette attribution, disait à ce sujet le rap-
« porteur de la loi, M. le garde des sceaux de Serres,
« ajoutera à l'indépendance et à la dignité des Cham-
« bres. Nous pensons d'ailleurs que c'est dans nos
« mœurs le seul moyen de répression des offenses
« envers elles; les Chambres ne soumettaient qu'avec
« répugnance leurs plaintes aux tribunaux : ces plaintes
« accueillies, l'autorité de la Chambre offensée parai-
« trait avoir jeté un trop grand poids dans la balance
« de la justice; dans le cas contraire, la dignité de la
« Chambre semblerait en souffrir et lui interdire tou-
« tes plaintes ultérieures. » *Moniteur*, 4 déc. 1821.

2601. — *Dans les cas d'offense envers les Cham-bres :* V. sur les conditions du délit d'offense, notes sous les art. 344 et 345.

2602.—*La Chambre offensée* : Cette désignation ne doit s'entendre que de la Chambre offensée qui existe et siége encore; quant aux Chambres dissoutes, leur personnalité évanouie, nous l'avons déjà dit, n° 1482, appartient à l'histoire et à la critique.

2603. — *Sur la simple réclamation d'un de ses membres :* Si c'est là une condition, elle est tellement dans la force des choses, qu'il était inutile de l'impo-ser, et si ce n'est que l'indication de ce qui se pratique nécessairement, en pareil cas, il était inutile de le rappeler.

2604.—*Pourra* : Pouvoir souverain et facultatif.

2605.— *Si mieux elle n'aime autoriser les pour-suites :* Ainsi qu'il est dit en l'art. 5 de la loi du 26 mai 1819; auquel cas la connaissance du délit d'offense sera déférée au tribunal correctionnel compétent, con-formément aux dispositions de l'art. 12, L. 1819, si l'offense a eu lieu par la voie de la presse.

2606.— *Ordonner que le prévenu sera traduit à*

Compétence en matière de comptes rendus.

573. — Art. 16. Les Chambres applique-ront elles-mêmes, conformément à l'article précédent, les dispositions de l'art. 7 relatives au compte rendu par les journaux de leurs séances (art. 427).

Les dispositions du même art. 7 relatives au compte rendu des audiences des Cours et tri-bunaux seront appliquées directement par les Cours et tribunaux qui auront tenu ces au-diences.

573.A. — *L.* 8 *oct.* 1830. Art. 3. Sont ex-ceptés de la compétence des Cours d'assises, les cas où les Chambres, Cours et tribunaux jugeraient à propos d'user des droits qui leur sont attribués par les art. 15 et 16 de la loi du 25 mars 1822.

sa barre : La loi, n'ayant point tracé de formes parti-culières pour la traduction de l'inculpé à la barre de l'assemblée, non plus que pour la citation, la signifi-cation et l'instruction de l'affaire, s'en est par là même référée aux règles du droit commun et de la législation spéciale combinées, applicables aux délits de presse.—De Grattier, II, p. 414.

2607. — Les assemblées ont rarement usé du droit qu'elles tiennent de l'art. 75 de se constituer en Cour de justice. — On trouvera dans les ouvrages de MM. Chassan et de Grattier, l'indication des formes suivies par elles en ces circonstances.

2608. — L'art. 15 est applicable au député qui au-rait commis une offense envers la Chambre des pairs ou envers la Chambre dont il fait partie. — Chassan, I, p. 69; de Grattier, II, p. 115.

2609. — *Elle condamnera s'il y a lieu.* Une fois saisie, la Chambre ne pourrait plus décider que le pré-venu serait renvoyé devant la juridiction ordinaire. — L'inculpé cité ayant droit à une décision sur le fait qui lui est imputé, la Chambre n'a plus alors qu'à pronon-cer sur l'acquittement ou la condamnation.

[**572** à **573**] = 2610. — L'art. 16 de la loi du 25 mars 1822 déroge à la fois aux règles du droit commun relativement à la *compétence territoriale* et à la compétence juridictionnelle.

2611. — En déférant à la juridiction correctionnelle les délits de publication de la compétence de la Cour d'assises avant 1832, l'art. 25 du décret du 17 février 1852 n'a pu comprendre les délits prévus par l'art. 7, L. 1822, et n'a point par conséquent dérogé à la com-pétence spéciale que l'art. 16 a créé pour ces infrac-tions.—Cass., 29 juillet 1852, B. —V. 2584, 3e et 4e.

2612. — Le droit conféré aux tribunaux par cet art. 16 est une consequence du droit qui leur appartient de connaître et de réprimer les délits qui se produiraient pendant la tenue de leurs audiences pour la protection de leur dignité et de la majesté de la justice.

2613. — Aux attaques dont cet art. 16 fut l'objet en 1821, le rapporteur de la loi, M. de Serres, répondit :
« Telle est la nature du délit résultant des comptes
« rendus infidèles ou injurieux, que son existence ne
« peut être bien constatée que par les Cours et tribu-
« naux qui auront tenu les audiences dont il aura été
« rendu compte. » *Moniteur*, 4 décembre 1821.

2614. — « Le tribunal des débats duquel il a été
« rendu compte, ajoutait M. Jacquinot-Pampelune, com-
« missaire du roi, est seul à portée d'apprécier si ce
« compte rendu a été inexact ou infidèle. » *Moniteur*,
20 mars 1822.

2615. — *Les Chambres, conformément à l'article précédent.* S'ensuit-il de ces expressions que la juridiction de la Chambre est en ce cas forcée ou reste-t-elle facultative comme dans le cas de l'art. 15, auquel se réfère cet art. 16? — Contrairement à l'opinion de M. Chassan, nous pensons, avec M. de Grattier, que l'attribution de compétence de ce dernier article n'a rien d'absolu, et que la Chambre peut se borner à autoriser les poursuites par la voie ordinaire, si mieux elle n'aime retenir l'affaire et prononcer sur le compte rendu de ses séances taxé d'infidélité. — Chassan, II, p. 683; de Grattier, II, p. 119.

2616. — *Les dispositions du même art. 7 seront appliquées directement.* L'intervention du ministère public ne semble pas être ici nécessaire pour saisir la Cour ou le tribunal. Le mot *directement* s'expliquerait peu s'il n'était pas là pour signifier que le tribunal ou la Cour, comme en matière de délits d'audience de la nature desquels participent les délits de comptes rendus infidèles, sont saisis de plein droit par le fait même du délit. — Il y a lieu, en conséquence, de décider que les poursuites peuvent être exercées sans le concours du ministère public.

2617. — « Si l'initiative, disent à ce sujet MM. Bories et Bonnassies, *Dictionn. de la presse*, p. 153, n'appartenait qu'au ministère public, les dispositions de l'art. 16 s'appliquant à tous les tribunaux, sans exception, serait comme non avenu pour les juridictions auprès desquelles ne siégent pas les magistrats du parquet, par exemple les tribunaux de commerce, les justices de paix.

2618. — En reconnaissant que ces dernières juridictions ont l'initiative des poursuites, à raison de leur composition spéciale, M. Chassan n'admet pas que les autres, qui cependant leur sont supérieures, puissent se passer de l'intervention du parquet pour l'exercice du droit exceptionnel et de faveur qu'elles tiennent de l'art. 16 pour la protection de leur dignité.

2619. — Les mots : *Les cas où les tribunaux jugeraient à propos d'user des droits de l'art.* 16, que l'on trouve dans l'art. 3 de la loi du 8 oct. 1830 (ci-dessus art. 573), nous portent à penser que l'opinion de MM. Bories et Bonnassies doit sur cette question être préférée à celle de M. Chassan, « Jugeraient à propos. » Ces expressions sont bien significatives dans ce sens.

2620. — Il a été jugé toutefois que les auteurs des comptes rendus infidèles peuvent être poursuivis par le ministère public sans provocation de la Cour ou du tribunal, sans délibération préalable, encore bien que le compte rendu fût injurieux. — Cass., 2 août 1839. B.; 11 mai 1833. B.; Orléans, 27 mai 1851. D.52.2.87.

2621. — Lorsque le tribunal agit d'office, c'est en vertu d'une délibération de ses membres qu'il est enjoint à l'huissier de citer le journaliste. — Chassan, II, p. 625.

2622. — C'est la chambre même du tribunal dont l'audience a fait l'objet du compte rendu qui seule peut connaître du délit d'infidélité et de mauvaise foi qui l'entache. — Si ce compte rendu concerne une audience civile du tribunal, son auteur ne peut être cité devant le tribunal jugeant correctionnellement; — c'est la même Chambre civile, jugeant civilement, qui seule est compétente et qui doit juger, à charge d'appel. — Le prévenu doit donc être ajourné devant elle à un jour d'audience civile. — Cass., 24 juillet 1846. D.46.4.409.

2623. — Il n'est toutefois pas nécessaire qu'elle soit composée des mêmes juges qui ont siégé pendant l'audience dont il a été infidèlement rendu compte. — Cass., 23 févr. 1837. B.

2624. — Une Cour d'assises peut connaître du délit de compte rendu infidèle concernant les audiences d'une précédente session. — Dalloz, v° *Presse*, n° 1444; Chassan, II, p. 624.

2625. — Les juges peuvent prononcer sans audition de témoins, en se fondant sur leurs souvenirs personnels, pour motiver leur jugement. — Cass., 24 déc. 1836, J.P.

2626. — Mais le tribunal doit, en statuant, constater, dans un procès-verbal distinct du jugement, les faits et les discours tels qu'ils se sont passés en leur présence, sans cependant que l'omission de ce procès-verbal entraîne nullité. — Cass., 7 déc. 1827, J. P.; Chassan, II, p. 630. — Le tribunal peut suppléer à ce procès-verbal de contrôle destiné, en cas d'appel ou de pourvoi, à apprécier l'infidélité du compte rendu incriminé, en rapportant les faits de l'audience dans le jugement même.

2627. — L'appel, s'il s'agit d'un compte rendu sur lequel a statué un tribunal civil ou de commerce, doit être jugé par l'une des Chambres civiles de la Cour. — Cass., 24 juillet 1846. B.; Chassan, II, p. 637.

2628. — Nous ferons observer, en terminant, sur ce point que l'art. 16 de la loi du 25 mars 1822 n'est point applicable aux comptes rendus interdits, soit par l'art. 14, soit par les art. 16 à 18 du décret du 17 fév. 1852, qui peuvent toujours, fussent-ils entachés d'infidélité et de mauvaise foi, être poursuivis sans autorisation devant toute juridiction correctionnelle compétente pour le fait spécial de contravention à ces articles. — V. n° 2229.

Chap. III. — Compétence pour l'action civile.

Compétence du juge du défendeur.— Condition.

574. — *L.* 26 *mai* 1819. Art. 12, §§ 1 et 2. V. art. 561.

§ 3. Dans tous les cas la poursuite à la requête de la partie plaignante [civile] pourra être portée devant les juges de son domicile, lorsque la publication y aura été effectuée.

Compétence du juge de paix pour certains délits.

575. — *L.* 25 *mai* 1838. *Justices de paix.* Art. 5. Les juges de paix connaissent sans appel jusqu'à la valeur de 100 francs et à charge d'appel à quelque valeur que la demande puisse s'élever : 1°, 2°, 3°, 4°.....

5° Des actions civiles pour diffamations verbales ou pour injures publiques ou non publiques, verbales ou par écrit autrement que par la voie de la presse; des mêmes actions pour rixes ou voies de fait, lorsque les parties ne se sont pas pourvues par la voie criminelle.

V. sur la prescription de l'action civile, art. 609, § 5.

Incompétence des tribunaux civils, pour les fonctionnaires.

576. — *D.* 22 *mars* 1848. Art. 1ᵉʳ. Les tribunaux civils sont incompétents pour connaître des diffamations, injures ou autres attaques dirigées par la voie de la presse ou par tout autre moyen de publication contre les fonctionnaires ou contre tout citoyen revêtu d'un caractère public, à raison de leurs fonctions ou de leurs qualités; ils renverront devant qui de droit toute action en dommages-intérêts fondée sur des faits de cette nature.

Inséparabilité de l'action civile et de l'action publique.

577. — Art. 2. L'action civile résultant des délits commis par la voie de la presse ou par toute autre voie de publication, contre les fonctionnaires ou contre tout citoyen revêtu d'un caractère public, ne pourra, dans aucun cas, être poursuivie séparément de l'action publique;

Elle s'éteindra de plein droit par le seul fait de l'extinction de l'action publique.

---

[574]=2629. — *Devant les juges de son domicile :* Il n'y a pas à distinguer entre la juridiction civile et la juridiction correctionnelle; la partie a le choix. — Paris, 31 mars 1834. J.P.

2630. — Il n'est pas nécessaire qu'elle se porte partie civile; il suffit qu'elle ait porté plainte; le tribunal de son domicile est compétent si la publication a été effectuée dans son ressort. — Cass., 25 mai 1838. *Contrà,* Dalloz, v° *Presse,* n° 1459.

2630 *bis.* — La publication fixe la compétence au lieu où elle est effectuée.

[575] = 2631. — L'art. 5 de la loi du 25 mai 1838, qui attribue au juge de paix la connaissance de l'action civile à raison des diffamations verbales, s'applique au cas de diffamations publiques, aussi bien qu'à celui de diffamations non publiques. — Trib. Alby, 1ᵉʳ juin 1857. D.58.3.64.

2632. — L'action civile réservée au tiers conformément à l'art. 23, L. 17 mai 1819 (art. 539) est de la compétence non du tribunal devant lequel le délit a eu lieu, mais du juge de paix, conformément à l'art. 5, L. 1838, (Cass., 9 déc. 1863. D.64.1.444), lorsqu'il s'agit d'une diffamation verbale.

[576 à 577] = 2633. — Une vive controverse s'était élevée avant 1848 sur le point de savoir si les fonctionnaires publics attaqués par la presse à raison de faits relatifs à leurs fonctions pouvaient exercer leur action civile séparément de l'action publique devant les tribunaux civils. — (V. n° 2554.)

Le décret du 22 mars 1848 mit fin à cette controverse en décidant, contrairement à la jurisprudence presque unanime des Cours et des tribunaux, que les tribunaux civils seraient à l'avenir incompétents pour statuer sur les actions civiles des fonctionnaires.

2634. — Dans le préambule en forme d'exposé de motifs qui précède ce décret de 1848, il est dit : « Que les débats entre fonctionnaires publics et citoyens touchant à des intérêts publics, ne peuvent dès lors être jugés que par le jury auquel appartenait alors le jugement des délits de presse. »

2634 *bis.* — Bien que la connaissance de ces délits ait été depuis attribuée aux tribunaux correctionnels et que ces motifs du décret aient été ainsi abrogés, il a été cependant décidé que ces dispositions étaient restées en vigueur. — Cass., 29 mai 1854. D.55.1.65; 14 janv. 1861. D.61.1.333.

2635. — Le but de ce décret n'a pas été seulement d'assurer d'une manière plus complète la compétence de la Cour d'assises sur les faits que ses dispositions concernent, mais surtout d'enlever aux fonctionnaires le bénéfice de la jurisprudence qui leur permettait d'exercer leur action civile séparément de l'action publique, conformément au droit commun; — son art. 2 déroge sous ce rapport à l'art. 3 du C. d'instr. crim. — Le retour aux règles du droit commun, que le décret du 17 février 1852 a imposé à la poursuite des délits de presse, aurait dû, à ce point de vue, entraîner l'abrogation du décret du 22 mars 1848 ; en repoussant cette conséquence, la Cour de cassation a, par suite, enlevé toute autorité aux motifs qu'elle donne pour l'abrogation des art. 12 et 29 de la loi de 1819.—V. n° 2569, 6°.

2636. — Ce décret de 1848 ne s'applique pas seulement aux délits qui, avant 1852, étaient de la compétence du jury, mais à ceux encore qui étaient de la compétence des tribunaux correctionnels. — Cass., 29 mai 1854. D.55.1.65.

2637. — Ses dispositions ne s'appliquent pas aux infractions passibles de peines de simple police. Pour ces faits, l'action civile peut être par les fonctionnaires intentée séparément. — Cass., 14 janv. 1861. D.61. 4.333.

2638. — L'art. 2 doit être entendu en ce sens, que l'action civile ne pourra être intentée séparément, qu'autant que l'action publique pourra être exercée. — La loi n'a pas voulu interdire l'action civile devant les tribunaux correctionnels sans le concours du ministère public, mais seulement l'empêcher de se séparer d'elle pendant la durée de son existence. — Chassan, supplément, p. 18.

2639. — Le décret de 1848 a tranché la question de savoir si les fonctionnaires publics avaient une action civile pour des outrages à raison de leurs fonctions. — V. n° 2554.

TITRE IV. — DE LA PROCÉDURE, DE SES FORMES ET DE SES DÉLAIS.

Chap. I.— Des citations, des réquisitoires, des saisies.

Articulation détaillée des faits dans la citation.

578. — *L.* 26 *mai* 1819. Art. 6. La partie publique dans son réquisitoire, si elle poursuit d'office, ou le plaignant dans sa plainte, seront tenus d'articuler et de qualifier les provocations, attaques, offenses, outrages, faits diffamatoires ou injures, à raison desquels la poursuite est intentée, et ce à peine de nullité de la poursuite.

Saisie des écrits.— Procès-verbal.— Notification.

579. — Art. 7. Immédiatement après avoir reçu le réquisitoire ou la plainte, le juge d'instruction pourra ordonner la saisie des écrits, imprimés, placards, dessins, gravures, peintures, emblèmes ou autres instruments de publication.

L'ordre de saisir et le procès-verbal de saisie seront notifiés dans les trois jours de ladite saisie à la personne entre les mains de laquelle la saisie aura été faite à peine de nullité.

Articulation des faits dans l'arrêt de renvoi.

580. — *Même loi.* Art. 15. Seront tenues, *la chambre du conseil*, dans le jugement de mise en prévention, et la chambre des mises en accusation de la Cour royale dans l'arrêt de renvoi devant la Cour d'assises, d'articuler et de qualifier les faits à raison desquels lesdites préventions et renvoi sont prononcés, à peine de nullité desdits jugements ou arrêts.

Pour la citation, formes du droit commun.

581. — *D.-L.* 17 *févr.* 1852. Art. 27. Les poursuites auront lieu dans les formes et délais prescrits par le Code d'instruction criminelle.

La loi du 20 mai 1863 sur les flagrants délits n'est point applicable aux délits de presse, aux termes de son art. 7.

Délai de la citation. — Comparution.

582. — *L.* 11 *mai* 1868. Art. 10. En matière de poursuite pour délits et contraventions commis par la voie de la presse, la citation directe devant le tribunal de police correctionnelle ou la Cour impériale sera donnée conformément aux dispositions de l'art. 184 du Code d'instruction criminelle.

Le prévenu qui a comparu devant le tribunal ou devant la Cour ne peut plus faire défaut.

---

[578] = 2640. — **Circulaire** (*Justice*) : 28 *mars* 1852. « Les articles 6, 7 et 15 de la loi du 26 mai 1819, « qui avaient soumis les plaintes, les réquisitions et « les arrêts de renvoi à des formes qui ne sont pas « celles du C. d'instr. crim., sont abrogés comme con- « traires à l'art. 27.—Ces dispositions exceptionnelles, « à l'inobservation desquelles était attachée la peine de « nullité, créaient pour l'exercice de l'action publique « des difficultés qui n'auront désormais pour mesure « que les droits légitimes de la défense.

« La formule des art. 6 et 15 doit toutefois être uti- « lement suivie pour l'articulation et la qualification, « quoique dépourvue de la sanction de nullité. » — V. paragraphe final, n° 2647.

2641. — Quelle que soit l'incontestable autorité de cette circulaire, nous ne saurions en adopter la solution trop absolue. — Les art. 6, 7 et 15 n'ont, pour nous, rien perdu de leur force ; ils sont restés en vigueur, tout au moins en ce qui concerne *les crimes et les délits de publication qui, avant 1852, étaient de la compétence des tribunaux correctionnels*, et ce par la raison que l'art. 27 est étranger à ces délits et à ces crimes ; — il faut prouver cette assertion.

2642. — « *Les poursuites*, porte cet article, *auront lieu.* » — Les poursuites de quoi ? — Il suffit de lire les art. 25 et 26 qui précèdent, dans le décret du 17 février, pour se convaincre, en effet, que l'art. 27 se réfère à l'art. 25 et doit s'expliquer par lui.

Après l'art. 25, qui attribue aux tribunaux correctionnels la connaissance : « 1° des délits de presse qui *étaient antérieurement de la compétence des Cours d'assises ; 2° des contraventions* de la presse aux lois antérieures ; *3° des délits et contraventions*, punis par la loi nouvelle, — vient l'art. 26, — qui attribue aux Cours impériales les appels des jugements « des délits commis par la voie de la presse ; » le mot : *les poursuites*, qui commence l'art. 26 est général et se rapporte évidemment aux poursuites, en première instance et en appel, des délits commis par la voie de la presse ; mais quels délits, quels faits, avait en ce moment en vue le législateur, sinon ceux dont il venait de donner l'énumération dans l'art. 25.

Cet art. 25 est le premier de la série qui concerne la juridiction et la poursuite ; il vient après l'art. 24 qui clôt la série des incriminations ; — cet art. 25 domine ainsi et commande les deux articles qui le suivent, l'unité de pensée et l'enchaînement des idées s'y remarquent avec une évidence incontestable.

2643. — Or, il résulte de la confrontation de cet art. 25 avec la législation antérieure :

I. — Que l'art. 27 a placé sous l'empire du Code d'instr. criminelle la poursuite des seuls délits et contraventions énoncés en l'art. 25.

II. — Qu'il a, par suite, ainsi que nous l'avons démontré sous les n°s 2582 à 2585, laissé sous l'application des règles anciennes :

1° *Les crimes*, l'art. 25 ne parle que des *délits ;*

2° Et tous les délits qui n'avaient pas été attribués à la compétence du jury par les lois antérieures, savoir :

a). Les délits d'infidélité et de mauvaise foi dans certains comptes rendus. — V. n° 2584, 1°.

b). Les mêmes délits avec circonstance aggravante d'offense ou d'injure. — N° 2584, 2°.

c). Certains délits de diffamation. — V. n° 2584, 3°.

d). Les délits de diffamation et d'injures contre les particuliers.

III. — Que l'art. 27 ne saurait par conséquent avoir eu pour effet d'abroger, en ce qui concerne les crimes et ces délits de presse, les art. 6, 7 et 15 de la loi de 1819.

2644. — L'opinion par nous émise que l'art. 27 ne devait pas se détacher de l'art. 25 et se trouvait lié à sa disposition pour la détermination de sa portée, — exposée dans un article publié, en 1863, par la *Revue de législation*, a été depuis consacrée par un arrêt de Rouen du 23 juin 1864. D.64.2.211 (V. n° 2782).

Chap. II.—Jugements par défaut et oppositions.

Défaut devant le jury. — Opposition.

583. — *L.* 26 *mai* 1819. Art. 16. Lorsque la mise en accusation aura été prononcée pour crimes par voie de publication et que l'accusé n'aura pu être saisi ou qu'il ne se présentera pas, il sera procédé contre lui ainsi qu'il est prescrit au livre II, titre IV du Code d'instruction criminelle, chapitre des contumaces.

———

Droit de faire défaut, limité en première instance.

584. — *L.* 11 *mai* 1868. Art. 10, § 1er. [V. art. 582].

§ 2. Le prévenu qui a comparu devant le tribunal ou devant la Cour ne peut plus faire défaut.

———

2645. — Il a été toutefois décidé, contrairement à notre opinion, que les articles 6, 7 et 15, L. 1819, étaient abrogés.—V. cass., 17 août 1861. D.61.1.502;—22 janv. 1863. D.63.1.54 ; Bourges, 25 mai 1866. D.66.2.103.

2646. — Lorsque le ministère public s'est borné à joindre à la procédure des numéros du journal poursuivi, sans incriminer spécialement dans la citation tels ou tels articles qui y sont insérés, chacun de ces numéros peut être considéré dans toutes ses parties comme base de la poursuite. — Cass., 1er juillet 1854. D.54. 1.289.

2647. — Circulaire (*Justice*) : 28 *mars* 1852. « Afin « de vous conformer, dit en terminant M. le garde des « sceaux, à ce qu'exige la nature des délits de presse, « qui se compliquent d'éléments très-divers et d'assurer « en même temps l'exercice très-complet de la défense, « vous ferez adopter pour règle des réquisitoires et des « citations la formule de l'articulation et de la quali- « fication qui sera naturellement reproduite dans les « jugements et arrêts. »

2648. — Les art. 6 et 15, L. 1819, n'étaient pas applicables à l'action civile exercée séparément de l'action publique devant la juridiction civile. — Cass., 5 mai 1847. D.47.1.143.

[**579**] = 2649. — Sur la question de savoir si cet article est ou non abrogé. — V. les nos 2640 à 2645.

2650. — L'exécution de la saisie des écrits a pour limite le texte du mandat qui l'ordonne et pour mesure le but de la saisie qui est, en matière de délits de *publication*, d'empêcher la *propagation des écrits;* elle ne doit en conséquence porter que sur les *écrits désignés* dans le mandat, qui se trouvent chez les *agents de publication;* elle ne saurait, sans abus, être pratiquée sur ceux et chez ceux qui, par des acquisitions sérieuses et privées, ont retiré ces écrits de la circulation et du commerce, et en ont fait leur propriété privée, si surtout ils ne sont pas désignés nommément dans le mandat.

2650 *bis.* — Circulaire (*Justice*) : 27 *mars* 1852. « Les saisies d'un journal ou écrit quelconque, en cas « de flagrant délit, ne devront donner lieu qu'aux forma- « lités des art. 36 et suivants du Code d'instr. crim. » — V. cependant no 2641.

2650 *bis.* — Sur le droit des procureurs impériaux d'ordonner des saisies d'écrits, — V. no 374.

[**580-581.**] — V. nos 2640 à 2645.

[**582**] = 2651. — Circulaire (*Justice*) : 4 *juin* 1868. « La citation, soit en première instance, soit en « appel, sera donnée dans les délais de l'art. 184 du « C. d'instr. crim.; — l'art. 10 de la loi nouvelle ne

———

Droit d'opposition à l'exécution provisoire.

585. — *Même loi.* Art. 13. L'exécution provisoire du jugement ou de l'arrêt qui prononce la suspension ou la suppression d'un journal ou écrit périodique, pourra par une disposition spéciale, être ordonnée nonobstant opposition ou appel en ce qui touche la suspension ou la suppression...

Il en sera de même de la consignation de l'amende.... (V. pour la suite l'art. 592).

Toutefois l'opposition ou l'appel suspendront l'exécution s'ils sont formés dans les 24 heures de la signification des jugements ou arrêts par défaut.... (V. la suite en l'art. 592).

L'opposition.... entraînera de plein droit citation à la plus prochaine audience.

Il sera statué dans les 3 jours (V. no 2671).

———

« contient à cet égard aucune dérogation, soit à l'art. 27 « du décret du 17 févr. 1852, soit à l'art. 7 de la loi « des flagrants délits non applicable aux délits de « presse. »

[**583**] = Cet article se borne à renvoyer au Code d'instr. criminelle en ce qui concerne les coutumaces.

[**584**] = 2652. — La faculté de faire défaut était admise par la législation antérieure à la loi du 11 mai 1868.—Cette dernière loi l'admet également, mais avec des limites plus étroites, et déroge en cela aux règles du droit commun. — Ainsi la simple comparution du prévenu à l'audience, ses réponses au président, sur ses noms, prénoms, âge et profession, qui jusqu'alors ne liaient point contradictoirement l'instance, lieront désormais l'inculpé à l'instruction publique de l'affaire.

2653. — Exposé des motifs. L. 1868. « Le prévenu « qui a comparu ne saurait faire défaut ; l'assignation « l'a touché, il est averti, il sait le délit qu'on lui im- « pute; sa comparution même en est la preuve. Il ne « peut dès lors dépendre de lui d'ajourner des débats « qui, dans l'intérêt de tous, doivent être terminés « promptement. S'il a des motifs graves pour obtenir « une remise, le juge a toujours la faculté de l'accorder; « mais s'il ne la sollicite que pour prolonger l'émotion « de la poursuite, se créer un auditoire, retarder ce « démenti judiciaire que le pouvoir ou la partie est en « droit d'exiger, sa retraite volontaire ne doit point « l'enlever à ses juges; il conservera le droit d'appeler, « il aura perdu la faculté de former opposition. »

« Il en était ainsi déjà sous la législation antérieure, « lorsque l'auteur du délit de presse comparaissait de- « vant le jury (art. 48, L. 27 juillet 1849); s'il avait « assisté au tirage, il ne pouvait plus fuir le débat, il « était jugé par la Cour d'assises sans désemparer. Il « est logique qu'une garantie semblable revive devant « les tribunaux correctionnels; on la trouvait nécessaire « lorsqu'il s'agissait de frapper un accusé en vertu d'une « décision de Cour souveraine, vis-à-vis de laquelle il « n'y avait pas d'appel possible; on ne saurait, à plus « forte raison, l'écarter lorsqu'il s'agit d'un prévenu « qui a toujours le bénéfice de deux degrés de juridic- « tion. »

2654. — *Le prévenu qui a comparu.* Ces expressions me semblent devoir être entendues dans le sens, non d'une *comparution de fait,* mais d'une comparution volontaire du prévenu, avec l'intention de répondre à la prévention; — il ne suffirait donc pas qu'il fût simplement présent à l'audience pour être lié contradictoirement aux débats, il faut de plus qu'il ait répondu à l'appel de son nom, qu'il ait comparu devant le tribunal, et répondu au président sur ses nom, prénoms, âge, profession et demeure, pour la constatation légale de sa présence et de son identité ; sa comparution est alors juridique, volontaire et constatée, les débats sont contradictoires ; dans le cas contraire, il y aura *présence* de l'inculpé, mais non comparution, et le tribunal ne pourra le juger que par défaut.

2655. — **Circulaire** (*Justice*) : 4 *juin* 1868. « Après « la comparution, même pour soutenir une exception, « le prévenu ne pourra plus faire défaut, et le jugement « réputé contradictoire ne donnera plus lieu à des op- « positions dilatoires. »

2656. — La faculté de faire défaut implique le droit de former opposition ; — l'exercice de ce droit, dans le silence de la loi spéciale est régi et réglé par la loi générale du Code d'instr. criminelle, art. 186 et suivants.

2657. — Le prévenu ne peut se faire représenter que dans les affaires qui n'entraînent pas l'emprisonnement. Cass., 25 août 1854. D.54.1.293.

[585] = 2658. — **Circulaire** (*Justice*) : 4 *juin* 1868. « A cette innovation nécessaire de l'article pré- « cédent et dont de bons esprits réclament l'extension « à toutes les procédures, l'art. 13 de la loi du 11 mai « 1868 ajoute la faculté, pour les magistrats, d'or- « donner l'*exécution provisoire* du jugement, non- « seulement en ce qui concerne la suspension, mais « encore relativement à l'amende. »

2659. — Au sujet de la mesure en elle-même de l'exécution provisoire, voir nos annotations sous l'art. 592 : l'art. 13 ne figure ici qu'à raison seulement du droit spécial d'opposition à bref délai qu'il accorde et qui ne pouvait pas ne pas trouver sa place dans le chapitre consacré au droit d'opposition aux jugements.

2660. — Dans le projet de loi du Gouvernement, la disposition de cet art. 13 n'admettait aucun tempérament, le journal supprimé ou suspendu, avec exécution provisoire, devait cesser de paraître ; il n'avait, pour reprendre le plus tôt possible sa publication, d'autre ressource que d'interjeter immédiatement appel, même du jugement rendu par défaut (cette faculté lui était à cet effet réservée), et de le faire réformer par la Cour qui, aux termes du § final, devait statuer dans les trois jours.

Cette innovation, dans ces conditions, parut rigoureuse ; deux amendements en demandèrent le rejet.

Sur les très-justes observations que présenta à ce sujet M. Riondel, dans la séance du 14 février, M. Segris ayant proposé de renverser la disposition de l'article en discussion et de lui faire dire que l'exécution provisoire aurait effet, faute par le condamné de s'être pourvu dans le délai de trois jours, le Corps législatif renvoya l'article pour être modifié dans ce sens. — Le rapporteur de la commission s'expliqua de la manière suivante, dans son troisième rapport supplémentaire au sujet de cet article modifié.

2661. — RAPPORT *de la commission.* « L'honorable « M. Segris disait, en séance publique, qu'il fallait « sauvegarder le principe qui résiste à l'exécution pro- « visoire en matière pénale (que la société ne doit pas, « avant une condamnation définitive, causer à un pré- « venu un préjudice irréparable) et le concilier avec « l'intérêt social, qui veut que les procès de presse ne « soient pas indéfiniment retardés par des combinaisons « de procédure.

« Nous croyons avoir fait cette conciliation par des « délais d'opposition et d'appel qui arrêteront l'exécu- « tion provisoire [instantanée et sans recours]. Ainsi « nous déclarons, dans la rédaction nouvelle, que l'*exé- « tion provisoire dont le but est d'éviter un ater- « moiement systématique*, pourra être prononcée pour « la suppression, la suspension et l'amende... » — V. *infrà*, n°ˢ 2720 à 2724.

« Nous déclarons ensuite que l'opposition à un juge- « ment par défaut dans les vingt-quatre heures suspen- « dra l'exécution provisoire. »

2662. — « Ce délai paraîtra court ; mais il faut re- « marquer que ce jugement par défaut ne pouvant être « signifié que le lendemain et l'opposition étant rece- « vable dans les vingt-quatre heures de la signification, « ce délai est réellement de trois jours. Il reste encore « la citation qui sera donnée à trois jours, dans les « termes de l'art. 184 du Code d'instr. crim., ce qui « fait six jours ; ainsi, quiconque voudra échapper à l'exé- « cution provisoire, le pourra par l'opposition ou l'ap- « pel..... »

« Par cette nouvelle rédaction nous arrivons à main- « tenir le principe qu'il ne faut pas d'exécution provi- « soire, lorsque la décision n'est pas définitive et nous « imprimons à la poursuite la célérité nécessaire sans « laquelle il n'y a pas de peines vraiment efficaces. »

2663. — **Circulaire** (*Justice*) du 4 juin 1868. « Il « ne s'agit pas ici d'une décision irrévocable..... l'exé- « cution provisoire sera en effet toujours suspendue par « la seule volonté du condamné s'il formule son oppo- « sition dans le délai de vingt-quatre heures. Seulement « le jugement ou l'arrêt provoqué par sa résistance, « seront alors rendus dans les trois jours. Mais s'il « préfère se soumettre à l'exécution provisoire, le con- « damné continue à jouir de tous les délais et de toutes « les voies de droit pour attaquer les décisions qui l'ont « frappé. »

2664. — Après l'expiration du délai de vingt-quatre heures sans opposition ou sans appel interjeté, le journal doit cesser de paraître sous la sanction pénale de l'art. 20 du décret du 17 févr. 1852 (art. 209), qui lui serait applicable alors même que la Cour, par suite d'un appel formé dans les dix jours conformément au droit commun, venant à réformer la décision des premiers juges, l'annulerait sur le chef de la suspension ; Mais l'application faite, dans l'intervalle, au journal, de l'art. 20, n'entraînerait pas, dans ce cas, le maintien de la suspension prononcée- avec exécution provisoire.

2665. — **Circulaire** (*suite*). « Les tribunaux devront « ne pas reculer devant ce moyen de coercition de l'exé- « cution provisoire, lorsque le défaut du prévenu cité « leur paraîtra une simple manœuvre, et en général « quand on pourra s'attendre à des ajournements in- « définis de la décision finale. » Lorsque, bien entendu, les circonstances seront suffisamment graves pour qu'il n'y ait pas lieu de craindre, en cas d'appel, que la Cour ne maintienne point la suspension, afin de ne pas exposer le journal à l'application de l'art. 20, D. 1852, comme sanction d'une peine qui ne serait pas en fin de compte maintenue. — N° 2664. V. sous les n°ˢ 702-707, les cas pour lesquels la mesure de l'exécution provisoire doit être réservée. N° 2726.

2666. — « Il arrive sans cesse, ajoute la circulaire, « que le dernier jour d'un délai d'opposition ou d'ap- « pel est férié et que les greffes sont fermés ; les avo- « cats et les justiciables n'ignorent pas que la déclara- « tion au greffe n'est pas l'unique moyen d'attaquer « une décision judiciaire et que les huissiers instru- « mentent tous les jours en matière criminelle. » — V. *infrà*, n°ˢ 2733 à 2735.

2667. — Les ordonnances de mise en prévention ne sont pas susceptibles d'opposition de la part du prévenu ; il en était autrement sous la loi de 1849. — Nîmes, 14 févr. 1853. D.53.2.217.

2668. — *L'opposition formée dans les 24 heures de la signification du jugement par défaut* : non pas de l'heure de la signification, mais du *jour*. — Sic, Rapport, n° 2662. — Déclaration de M. le garde des sceaux, le 7 mars 1868, *Monit.* du 8.

2669. — *L'opposition entraînera citation à la plus prochaine audience* : « Ces expressions, dit M. le « garde des sceaux Baroche, dans la séance du 7 mars « 1868, ne suppriment pas le délai de trois jours de

Chap. III. — De la mise en liberté provisoire.

La mise en liberté sous caution est obligatoire.

586. — *L.* 26 *mai* 1819. Art. 28. Toute personne inculpée d'un délit commis par la voie de la presse ou par tout autre moyen de publication, contre laquelle il aura été décerné un mandat de dépôt ou d'arrêt, obtiendra sa mise en liberté provisoire moyennant caution.

La caution à exiger de l'inculpé ne pourra être supérieure au double du maximum de l'amende prononcée par la loi contre le délit qui lui est imputé.

(Voir § 3 de l'art. 587 ci-contre).

Cas où elle cesse d'être obligatoire.

587. — *L.* 27 *juillet* 1849. Art. 15, §§ 1 et 2. Ces paragraphes, concernant la suspension des journaux sont abrogés par les dispositions nouvelles de la loi de 1868 sur ce point.

§ 2…. Cette suspension pourra être prononcée… lorsque la condamnation sera encourue pour provocation à l'un des crimes prévus par les art. 87 et 91 du C. pénal.

§ 3. Dans ce dernier cas, l'art. 28 de la loi du 26 mai 1819 [ci-contre] cessera d'être applicable.

« l'art. 184, C. d'instr. crim. — Il a été jugé par la « Cour de cassation, le 11 janvier 1862, que ces mots « empruntés au C. d'instr. crim. voulaient dire :

« *Citation à la plus prochaine audience avec le* « *respect des délais, même des délais de distance de* « *l'art. 184, Moniteur du 8.* »

2670. — Il a été jugé, depuis, que l'art. 13 de la loi du 11 mars 1868 ne déroge pas aux art. 184 et 185 du C. d'instr. crim. ; que le délai de trois jours entre la citation et la comparution doit être observé à peine de nullité ; les mots : *citation à la plus prochaine audience* signifient citation au jour donné par la Cour ou le tribunal, après le délai légal des trois jours de l'art. 184. — Il ne peut intervenir de condamnation valable qu'après l'expiration de ces trois jours.—Paris, 18 juill. 1868. G.T.19.

2671. — *Il sera statué dans les trois jours :* M. Picard ayant demandé dans la séance du 7 mars ce que signifiaient ces mots, si le tribunal ne pourrait accorder une remise, M. Mathieu, membre de la commission, répondit : « Les magistrats statuent dans les trois « jours ; mais ils ont la police de l'audience, et toutes les « fois que les convenances ou les nécessités l'exigeront, « ils accorderont une remise ; pas un magistrat ne « faillira à ce qu'ils considèrent tous comme un de- « voir. » *Moniteur*, 8 mai.

2672. — « Ce délai, dit ensuite M. le garde des « sceaux, est, je ne dirai pas *comminatoire*, ce mot « ne peut être employé vis-à-vis des magistrats, mais « il interpelle le juge, il le presse, il commande. Je « disais trop en qualifiant ce délai de comminatoire, je « ne me trompe pas en disant qu'il est *obligatoire*. « Quand un délai plus long sera demandé par la par- « tie, le tribunal ne jugera pas dans les trois jours. » *Moniteur* du 8 mars 1868.

[586-587] = 2673. — **Circulaire** (*Justice*), 28 mars 1852. « L'art. 28 de la loi du 26 mai 1819, « contraire aux art. 444 et suiv., C. d'instr. crim., est « abrogé, et la mise en liberté provisoire, qui n'est réel- « lement qu'un incident de la poursuite, reste fa- « cultative. »

Sur la foi de cette circulaire nous avons, dans notre *Code de la presse* de 1856, considéré cet article comme abrogé ; mais il résulte de la discussion de la loi du 12 août 1865, qui par ses modifications a fait disparaître de l'art. 444. C. d'instr. crim., la contrariété abrogative de l'art. 28 que sa disposition temporairement paralysée est remise en vigueur.

2674. — Discussion *de la loi du 12 août* 1865 : M. Martel ayant demandé si la loi nouvelle exercerait une influence sur l'art. 28 de la loi de 1849,

M. de Parieu, commissaire du Gouvernement « L'art. 443, C. d'instr. crim., débordera en divers « sens l'art. 28 de la loi de 1819 ; en ce qui concerne « les délits de presse qui ne peuvent entraîner plus de « deux ans d'emprisonnement, M. Martel se demande s « cet art. 143 une fois voté, l'art. 28 de la loi de 1849, « considéré comme plus sévère en ce sens qu'il exige « un cautionnement, sera en vigueur ; nous répondons « sans difficulté : puisque l'art. 143 ne distingue pas, « il sera applicable en matière de presse comme dans « toute autre et quand deux années d'emprisonnement « ne seront pas encourues, la liberté sera de droit et « sans caution ; ainsi, dans ce cas, la loi nouvelle sera « plus favorable que l'art. 28.

« Quant au surplus de la loi de 1849, assurant en « tous cas la liberté provisoire sous une caution dé- « terminée par un maximum, rien dans la loi nouvelle « ne contrarie cette disposition. La loi de 1849 devient « inutile et même superflue pour les délits inférieurs « à deux ans d'emprisonnement. Elle conserve tous ses « effets favorables pour les délits plus graves, et les « motifs de la loi de 1849 ne nous paraissent en rien « atténués quoi qu'on en ait pensé, par le décret de « 1852 bien compris,

M. Martel : « Pour les délits punis de plus de « deux ans d'emprisonnement en matière de presse, « l'inculpé pourra-t-il être mis en liberté sans caution ? « l'art. 443 permettant cette liberté sans caution pour « tout inculpé, il me semble que le juge d'instruction « pourra aussi mettre en liberté sans caution l'inculpé « pour délit de presse.

M. de Parieu : « Tout ce qu'il y a de favorable à « la liberté provisoire dans la loi de 1849 se concilie « avec la loi actuelle. » *Moniteur*, 30 mai 1865, p. 697.

2675. — De ces explications il semble résulter que l'art. 45 de la loi du 27 juillet 1849 n'a plus sa raison d'être, puisque le retour au C. d'instr. crim. pour les cas qu'il prévoit fera à l'inculpé une situation plus favorable que celle que lui aurait faite l'art. 28, L. 1849.

Chap. IV. — De la preuve en général. — De la preuve des faits diffamatoires. — Excuses.

De la preuve en général.

588. — *Disposition déduite de l'état de la législation.* Il n'est point dérogé par les lois concernant les crimes, délits et contraventions en matière de presse ou de publication, aux dispositions du Code d'instruction criminelle relatives à l'instruction et aux modes de preuves, lesquelles sont applicables à ces sortes d'infraction.

[588] = 2676. — Par les art. 154 et 189 du C. d'instr. crim. ainsi conçus : « *Les contraventions et les* « *délits sont prouvés soit par procès-verbaux, soit* « *par témoins à défaut de procès-verbaux,* » Le Code semble n'avoir admis que les deux seuls modes de de preuves que ses dispositions désignent.

Il a été néanmoins décidé que leurs termes n'étaient qu'énonciatifs et ne s'opposaient pas à l'application des principes généraux du droit sur les preuves. Hors les cas où la loi exige que la preuve résulte de procès-verbaux déterminés, les juges correctionnels remplissent l'office de jurés, prononcent comme jurés sur le *fait* et l'*intention* et comme magistrats pour l'application de la loi. — Cass., 13 nov. 1834. S.35.1.491.

2677. — L'aveu du prévenu suffit pour établir contre lui l'existence du fait.—Cass., 3 avril 1830. S.30.1.298.

2678. — En matière de délit de presse, comme en toute matière, les preuves de l'intention peuvent être recherchées ailleurs que dans le fait, objet de la poursuite ; le ministère public peut par exemple, pour démontrer cette intention et malgré l'opposition du prévenu, citer, analyser des articles autres que ceux incriminés. — Cass., 1er juill. 1847. D.47.1.246.

2679. — Citer même des lettres confidentielles écrites postérieurement. — Cass., 1er juin 1866. D.66.1.150.

2680. — La preuve de l'intention est à la charge du ministère public, lorsque les paroles ou l'écrit n'étant pas, par eux-mêmes, évidemment délictueux, les circonstances et l'intention peuvent seules lui donner le caractère de culpabilité. — Chassan, I, p. 24 ; (v. n° 964).

2681. — L'intention peut résulter de la forme de la publication ; les caractères employés, les mots soulignés, en lettres italiques ou en majuscules, une phrase suspendue, une ligne de points, peuvent, suivant les cas, bien qu'inoffensifs en eux-mêmes, être considérés comme manifestant l'intention délictueuse. — Chassan, I, p. 22.

2682. — Un délit de presse est suffisamment constaté alors qu'un exemplaire du numéro ou de l'écrit poursuivi est joint à la procédure, si le fait est énoncé dans le jugement avec tous les éléments qui le constituent ; on exigerait à tort dans ces cas une indication des passages qui ont motivé la condamnation. — Cass., 30 avril 1859. D.59.1.285 ; — V. cependant n° 2647.

2683. — L'omission de la signature sur l'exemplaire minute du journal est suffisamment prouvée par la déclaration du juge affirmant que l'exemplaire déposé est celui joint aux pièces, qu'il n'est pas signé et qu'il résulte des débats que l'exemplaire déposé en minute n'était pas signé.

2683 bis. — Le juge qui déclare l'existence d'un fait de distribution d'écrit non autorisé n'est pas tenu de spécifier les preuves sur lesquelles il fonde sa conviction. N° 1984.

[589 à 584.A.] = 2684. — La loi du 26 mai 1819, par ses art. 20 à 24 ci-dessus rapportés, autorisait la preuve par *témoins* et par *écrits* des faits diffamatoires, et cette preuve excusait la diffamation.

En 1822, la loi du 25 mars, par un art. 18, dont

Interdiction de la preuve des faits diffamatoires.

589. — D.-L. 17 *févr.* 1852. Art. 28 [reproduisant l'art. 18 de la loi du 25 mars 1822] : En aucun cas la preuve par témoins ne sera admise pour établir la réalité des faits injurieux ou diffamatoires.

l'art. 28 du décret de 1852 est la reproduction littérale, supprima la preuve *par témoins* ;

La loi du 8 oct. 1830, ayant abrogé cet art. 18, on s'est retrouvé sous le régime des lois de 1819 jusqu'en 1852 ;

Le décret du 17 fév. 1852, par un brusque retour au droit commun, est revenu au système de la loi de 1822 et en a reproduit sans changement l'art. 18.

Et la question s'est posée de savoir ce que cette disposition avait abrogé et laissé subsister de la loi du 26 mai 1819 relativement à la preuve des faits diffamatoires et de l'excuse y attachée.

2685. — Cette question s'était aussi posée sous l'empire de la loi de 1822 ; la Cour de cassation, par un arrêt en date du 18 juin 1824. B. n° 81, avait décidé que bien que restreinte à la *preuve par témoin*, l'interdiction de l'art. 18 portait plus loin et signifiait *qu'aucune preuve* n'était admise pour établir la réalité des faits diffamatoires. — *Sic*, Chassan, II, n° 1779.

Faut-il encore interpréter dans ce sens cette disposition pour l'art. 28 du décret de 1852 ? — Le texte à cet égard dit trop et trop peu :

Si l'on raisonne *a contrario* il faudra décider que *dans tous les cas*, même pour les diffamations *verbales* qui ne la comportaient pas sous la loi de 1819, *la preuve par écrit doit être admise*, et le décret de 1852 renchérit sur le libéralisme de la loi de 1819 : — son art. 28 alors dit trop ;

Si l'on pense, au contraire, avec la Cour de cassation de 1824, que sa disposition supprime à la fois *la preuve par témoins et par écrit* ; — son texte alors, ne dit peut-être pas assez.

2686. — La circulaire du Ministre de la justice du 28 mars 1852 s'est néanmoins prononcée dans ce dernier sens et, a décidé que les art. 20 à 24 de la loi de 1819 étaient abrogés par l'art. 28 du décret de 1852.

L'auteur du mot *Presse* dans le recueil de M. Dalloz, n° 1492, adopte l'opinion contraire et en déduit cette conséquence, que l'art. 20 de la loi de 1819 est resté en vigueur pour la preuve *par écrit* seulement des faits que sa disposition concerne.

2687. — La question doit ce me semble se placer plus haut et se résoudre par la question suivante : le bénéfice de l'excuse de la réalité des faits diffamatoires, était-il, dans le système de la loi de 1819, attaché *au délit* de diffamation ou à *la juridiction* de la Cour d'assises ?

Attaché au délit, — Ce bénéfice a incontestablement suivi le délit devant la juridiction à laquelle l'a déféré le décret de 1852.

Attaché à la juridiction, — Il l'a perdu par le changement de juridiction.

2688. — Or, ce qui prouve que ce bénéfice était attaché à la juridiction de la Cour d'assises et non au délit, c'est que la loi de 1819 l'avait refusé à tous les délits de diffamation de la compétence des tribunaux correctionnels ; — le texte de l'art. 20 déclare en effet très-formellement que ce bénéfice ne pouvait résulter que de la preuve faite « *par-devant la Cour d'assises.* » Juridiction correctionnelle et prohibition de la preuve et de l'excuse étaient ainsi conséquence l'une de l'autre.

Mode de la preuve qui, avant 1852, excusait les diffamations.

La preuve excusait vis-à-vis des fonctionnaires.

589. A. — L. 26 *mai* 1819. Art, 20, Nul ne sera admis à prouver la vérité des faits diffamatoires si ce n'est dans le cas d'imputation contre des dépositaires ou agents de l'autorité, ou contre toute personne ayant agi dans un caractère public, de faits relatifs à leurs fonctions. — Dans ce cas, *les faits pourront être prouvés par devant la Cour d'assises par toutes les voies ordinaires*, sauf la preuve contraire par les mêmes voies,

La preuve des faits imputés met l'auteur de l'imputation à l'abri de toute peine, sans préjudice des peines prononcées contre toute injure qui ne serait pas nécessairement dépendante des mêmes faits. (V. n°ˢ 2684 à 2690.)

Conditions de la preuve. — Signification. — Délais.

589. A. 1. — Art. 21. Le prévenu qui voudra être admis à prouver la vérité des faits *dans les cas prévus par le précédent article*, devra, dans les 8 jours qui suivront la notification de l'arrêt de renvoi devant la Cour d'assises ou de l'opposition à l'arrêt par défaut rendu contre lui, faire signifier ;

1° Les faits articulés et qualifiés dans cet arrêt, desquels il entend prouver la vérité.

2° La copie des pièces.....

3° Les noms des témoins.

Cette signification contiendra élection de domicile près la Cour dassises.

Le tout à peine d'être déchu de la preuve.

2689. — Il y a plus : il y a encore à se demander si l'excuse de la preuve des faits diffamatoires *était ou non indépendante des conditions et des règles qu'imposaient les art. 21 à 24 de la loi de 1819.*

Dans le système de cette loi, ce n'était pas *toute preuve en général* qui excusait, c'était la preuve faite conformément aux art. 21 à 24, et l'importance des conditions et des formalités qu'ils prescrivaient était telle que leur inobservation entraînait « *la déchéance de la preuve.* »

Or il est incontestable que le changement de juridiction et le retour aux formes du droit commun prononcés par les art. 23 à 27 du décret de 1852 ont à ce point de vue complétement abrogé les art. 21 à 24 de la loi de 1819 ; mais, s'ils sont abrogés, la preuve voulue, la *preuve qui excusait* est devenue impossible, et, si elle est impossible, l'art. 20 est abrogé. — L'abrogation *de la forme* a ici emporté *le fond* ; l'art. 20 a suivi le sort des art. 21 à 24, auxquels il était ainsi indissolublement lié.

On peut, il est vrai, à cela répondre qu'en autorisant la citation *directe* et *sans arrêt de renvoi* des prévenus à *trois jours francs* devant la Cour d'assises, les lois aujord'hui abrogées des 9 septembre 1835 et 27 juillet 1849 avaient enlevé aux art. 21 et 24 de la loi de 1819 leur caractère rigoureux et ramené la preuve a des formes correctionnelles qui pourraient encore être reprises sans inconvénients devant les tribunaux de 1ʳᵉ instance. Mais on peut à cela répliquer que l'abrogation de ces lois ayant replacé la loi de 1819 en son premier état, la difficulté est aujourd'hui la même qu'en 1822, et qu'il faut la trancher de même. (V. n° 2684).

2690. — Quoi qu'il en soit et dans le doute, s'il fallait ne se décider que d'après les avantages ou les inconvénients de l'art. 20, sa disposition n'en devrait pas moins être sacrifiée : de tous les articles de l'excellente loi de 1819, c'est le moins à regretter.

Contre-notification. — Délais.

599. A. 2. — Art. 22... *Dans les 8 jours suivants*, le plaignant sera tenu de faire signifier au prévenu, *au domicile par lui élu*, la copie des pièces et les *noms, professions*} *et demeure des témoins* par lesquels il entend faire la preuve contraire ;

Le tout également sous peine de déchéance.

Preuve de la moralité du plaignant.

589. A. 3. — Art. 23. Le plaignant en diffamation ou injure pourra faire entendre des témoins qui attesteront sa moralité, *les noms, professions et demeures de ces témoins seront notifiés au prévenu ou à son domicile un jour au moins avant l'audition.*

Le prévenu ne sera point admis à faire entendre des témoins contre la moralité du plaignant.

Élection de domicile.

589. A. 4. — Art. 24. Le plaignant sera tenu, *immédiatement après l'arrêt de renvoi*, *d'élire domicile près la Cour d'assises, et de notifier cette élection au prévenu et au ministère public*, à défaut de quoi toutes significations seront valablement faites au plaignant au *Greffe de la Cour.*

Lorsque le prévenu sera en état d'arrestation, toutes notifications, pour être valables, devront lui être faites à personne.

Il semblerait cependant que l'intérêt général n'a qu'à gagner à laisser à tous le droit de dénoncer les méfaits des fonctionnaires ; mais, à bien peser ici toute chose, il n'est pas difficile de se convaincre que le faux libéralisme qui dominait en 1819 avait surpris la bonne foi du législateur à cette époque ; — les raisons qui furent données étaient aussi peu sincères que l'art. 20 en lui-même était dangereux.

Elles furent peu sincères : les passions politiques et les haines privées pouvaient seules en effet s'accommoder de l'excuse des faits diffamatoires ; elles allaient trouver dans l'art. 20 un moyen d'aggraver leurs attaques contre les agents du pouvoir ; il faut les perdre à tout prix ; on les diffamera d'abord, puis, pour les diffamer plus encore, on tentera de prouver la vérité de la diffamation, on échouera, qu'importe, ne restera-t-il pas la ressource de dire : la preuve a été faite, mais les juges influencés ne se sont pas trouvé convaincus ? et l'on atteindra ainsi du même coup et le tribunal et la victime, double triomphe pour les haines de parti.

L'art. 20 était d'autre part dangereux en ce sens qu'en admettant qu'on eût contre un fonctionnaire la preuve écrite d'un abus, il était périlleux d'en laisser au détenteur le libre usage. Lui sera-t-il permis de rappeler chaque jour par les journaux à ce fonctionnaire la preuve écrite de son infamie ? Mais cet homme poussé à bout se portera à des violences. — N'entrevoit-on pas des duels, sinon des vengeances dans les résultats de l'art. 20 ?

L'intérêt général ne réclame pas d'ailleurs son maintien, au contraire : cet article permettait la *dénonciation publique* des fonctionnaires indignes. — Mais il est un moyen moins fécond en haine, de ne pas laisser leurs méfaits impunis, c'est d'en apporter la preuve au procureur impérial ; l'art. 30 du Code d'instr. crim. en fait *un devoir à tous les citoyens*. — Entre la *dénonciation qui diffame* et la *dénonciation civique*, l'intérêt général se prononce pour cette dernière ; elle ne retombe pas au moins en déconsidération publique sur la famille du coupable, qu'une révocation peut-être

Chap. V. — Du sursis.— En cas de poursuite ou de dénonciation.

Poursuites. — Dénonciation. — Condition du sursis.

590. — *L.* 26 *mars* 1819. Art. 25. Lorsque les faits imputés seront punissables selon la loi, et qu'il y aura des poursuites commencées à la requête du ministère public ou que l'auteur de l'imputation aura dénoncé ces faits, il sera durant l'instruction sursis à .la poursuite et au jugement du délit de diffamation.

———

punira suffisamment. — L'art. 20 est à rayer de la législation; V. un jugement du tribunal de Toulon du 5 janv. 1867. D.67.3.7, qui s'est prononcé dans le sens de son abrogation.

[**590**]. — 2694. — L'art. 25 de la loi du 26 mai 1819 n'a pas été abrogé par le décret de 1852.—Cass., 19 janv. 1855, D.55.1.48; 1er juin 1855, D.55.5.346; Orléans, 26 févr. 1855, D.55.2.292. V. notre *Code de la presse* de 1856, n° 499.

2692. — Reproduite de l'ancien art. 372 du C. pénal, sa disposition est une sorte de corollaire de l'art. 30 du C. d'instr. crim., qui fait un devoir à tous les citoyens de donner avis, en certains cas, à l'autorité des crimes et des délits qui parviennent à leur connaissance. — De Grattier, I, p. 495. — L'intérêt de la société à la répression des méfaits a été la raison de cet art. 25 : — on ne pouvait punir comme diffamateur celui qui par une dénonciation provoquait ou permettait de provoquer la répression d'un fait prévu par la loi pénale. — Chassan, II, p. 368.

2693. — La règle de cet article est générale et absolue; elle s'applique sans distinction aussi bien au cas où le plaignant est un fonctionnaire, qu'à celui où la poursuite a lieu sur la plainte d'un simple particulier. —Cass., 24 avril et 26 juillet 1821, J. P.; Chassan, II, p. 373. *Contrà*, Grellet-Dumazeau, I, p. 374.

2694. — Elle est applicable encore que la preuve des faits ne soit pas admise par la loi (mêmes arrêts).

2695. — *Lorsque les faits imputés.* Ces expressions indiquent assez qu'il s'agit d'imputations diffamatoires; le sursis n'est un moyen de défense qu'en matière de diffamation.

2696. — L'art. 25 est inapplicable si l'imputation diffamatoire s'est produite contre le fonctionnaire, non comme diffamation, mais comme outrage et avec le caractère d'outrage, soit qu'il s'agisse d'un outrage puni par les art. 222, 224 du C. pénal, soit des outrages que punit l'art. 6, L. 25 mars 1822. — Cass., 3 août 1850. D.50.5.380.

2697. — (1re condition). *Seront punissables.* La première condition pour obtenir le sursis est que les faits soient de nature à entraîner poursuites et jugement contre celui auquel ils sont imputés.—Cass., 18 sept. 1845, B.; 31 mai 1847. D.47.2.161.

2698. — Il n'y a point lieu dès lors au sursis :
Si les faits imputés et délictueux sont couverts par la prescription. — Cass., 7 mai 1845, B;
Ou effacés par l'amnistie. — Chassan, II. p. 273;

2699.—(2° condition). *Et qu'il y aura des poursuites commencées à la requête du ministère public.*
Premier cas. — On doit considérer les poursuites comme commencées lorsque le juge d'instruction est saisi; lorsque la citation directe est donnée au prévenu, et si le prévenu, agent du Gouvernement, ne peut être poursuivi qu'avec l'autorisation du Conseil d'Etat, si cette autorisation est demandée. — Cass., 24 juin 1819, J. P; Dalloz, v° *Presse*, n° 1345.

2700. — Il n'y a lieu à sursis qu'autant que la poursuite a lieu par la voie criminelle ou correctionnelle; une action civile ne suffirait pas. — Cass., 24 avril 1818, J. P.

2701. — Le sursis ne peut être accordé si le procureur général refuse de donner suite à une plainte portée contre le magistrat diffamé. — Cass., 11 novem. 1842; Dalloz, v° *Presse*, n° 1353.

2702. — **Deuxième cas** : *Ou que l'auteur de l'imputation aura dénoncé ces faits.* —Cette dénonciation doit être expresse et par écrit; une plainte verbale ne suffirait pas. — Cass., 8 déc. 1837, B.

2703. — Il n'est pas nécessaire que le dénonciateur se porte partie civile. — Bordeaux, 2 juillet 1846, J. P., 48.1.51.
Ni qu'il consigne les frais auxquels peut donner lieu la poursuite. Montpellier, 22 nov. 1841, S.42.2.460.

2704. — La dénonciation doit être faite à un officier de police judiciaire ou au procureur impérial. — Dalloz, n° 1346.

2705. — Des conclusions incidentes prises à l'audience ne sauraient suppléer la dénonciation.

2706. — Il faut qu'il y ait *identité* entre les faits dénoncés et ceux imputés au plaignant diffamé. — Cass., 24 mai 1836; 9 nov. 1839, J. P.

2707. — Que la dénonciation ait ou non précédé la plainte qui a mis l'action publique en mouvement, cela importe peu; l'art. 25 ne distingue pas, il n'exige qu'une chose, c'est qu'il y ait dénonciation au moment où le sursis est demandé.—Dalloz, v° *Presse*, n° 1349.

2709. — *Il sera sursis.* — Ce sursis peut être prononcé soit sur la demande du prévenu, soit sur les réquisitions du ministère public, soit même d'office. — Dalloz, n° 1357.

2710. — Il peut être proposé en tout état de cause et même en appel. — Chassan, II, p. 272.

2711. — Le sursis étant un moyen de défense que la loi réserve au prévenu et dont il ne peut être privé par le refus du ministère public de poursuivre, le tribunal doit ordonner le sursis si la dénonciation réunit les conditions légales. — Cass., 8 déc. 1837; 5 juillet 1844. B.

2712. — Le refus du ministère public ne peut avoir dans ce cas d'autre effet que de maintenir indéfiniment le sursis et de suspendre indéfiniment l'action en diffamation. — Chassan, II, p. 369.

2713. — Aussi le ministère public ne peut-il se refuser à suivre sur la dénonciation; ses poursuites sont obligatoires.—Montpellier, 22 nov. 1841, S.42.2.460; Bordeaux, 2 juillet 1846, J. P.; 48.1.51; Chassan, II, p. 370. *Contrà*, de Grattier, I, p. 492.

2714. — Le prévenu a d'ailleurs le droit de saisir le juge d'instruction en se portant partie civile. — Montpellier, 24 mars 1854. D. 52.2.195.

2715. — Le tribunal ne peut donc se refuser de surseoir en se fondant sur le refus du ministère public de poursuivre, ni même sur ce que les faits dénoncés sont invraisemblables. — Cass., 5 juillet 1844. B.; Dalloz, v° *Presse*, n° 1354.

2716. — Lorsque la dénonciation ne porte que sur une partie des faits diffamatoires, le sursis ne doit être prononcé et ne peut porter que sur ces faits et arrêter la poursuite à raison de ces faits. — Cass., 18 sept. 1845. B.

2717. — La condamnation qui intervient sur la dénonciation réagit sur l'action en diffamation et fait disparaître le délit. — Chassan, II, p. 374 ; Bordeaux, 14 avril 1833. *Contrà*, Montpellier, 22 nov. 1841, J.P.42.2.573. Elle ne produit qu'une cause d'atténuation en faveur du prévenu. — L'auteur du mot *Presse* dans le recueil de M. Dalloz, n° 1360, — distingue et

Chap. VI. — Jugement. — Condamnation. — Exécution provisoire.

591.—*L.* 11 *mai* 1868. Art. 12. Une condamnation pour crime commis par la voie de la presse entraîne de plein droit la suppression du journal. (V. art. 510 et 525.)

Pour le cas de la récidive... les tribunaux peuvent prononcer la suspension du journal pour un temps qui ne sera pas moindre de 15 jours... (V. la suite en l'art. 525.)

... La suspension peut être également prononcée par un premier jugement ou arrêt si la condamnation est encourue :

Pour provocations à l'un des crimes prévus par les art. 86, 87 et 91 du C. pénal ;

Ou pour délits d'offenses envers l'Empereur, prévus par l'art. 9 de la Loi du 17 mai 1819.

Cas pour lesquels l exécution provisoire est prononcée.

592.—Art. 13. § 1. L'exécution provisoire du jugement ou de l'arrêt qui prononce la suspension ou la suppression d'un journal ou écrit périodique pourra, par une disposition spéciale, être ordonnée nonobstant opposition ou appel en ce qui touche la suspension ou la suppression.

§ 2. Il en sera de même pour la consignation de l'amende [encourue par les gérants des journaux cautionnés] sans préjudice des dispositions des art. 29, 30 et 31 du décret du 17 févr. 1852 [art. 605-607].

§ 3. Toutefois l'opposition ou l'appel suspendront l'exécution s'ils sont formés dans les 24 heures de la signification des jugement ou arrêt par défaut ou de la prononciation du jugement contradictoire.

§ 4. L'opposition ou l'appel entraîneront de plein droit citation à la plus prochaine audience ;

§ 5. Il sera statué dans les 2 jours.

§ 6. Le pourvoi en cassation n'arrêtera en aucun cas les effets des jugement et arrêt ordonnant l'exécution provisoire.

En ce qui concerne les condamnations accessoires, — V. pour le doublement des amendes les art. 507-509 ; pour l'impression et l'affiche du jugement, l'art. 516 ; pour les peines de la récidive, les art. 519-522, et pour l'art. 463, les art. 527 533.

---

conclut à l'*acquittement* s'il s'agit de faits imputés à un fonctionnaire public ou à une personne publique ; — à l'*atténuation* seulement, s'il s'agit de faits imputés à un particulier.

[**591** à **592**] = 2718. — A raison des points divers que règlent leurs dispositions, les deux articles ci-dessus ont figuré dans d'autres parties de notre codification. — L'art. 13 qui se rapporte aux jugements qui terminent les poursuites devait pour ce motif être de nouveau classé dans ce chapitre concernant la clôture des poursuites, par le jugement. — L'art. 12 en abrégé devait l'accompagner parce que dans la discussion de la loi, l'art. 13 a toujours été signalé comme se rattachant à l'art. 12. — Nous reproduisons en entier l'art. 13, pour faire connaître sur son but et les conditions de son application ce que contiennent d'utile l'exposé des motifs, le rapport de la commission et la circulaire de M. le garde des sceaux.

2719. — Exposé des motifs : *L.* 1868. — « La « décision rendue *peut être* exécutée provisoirement. « Cette exécution provisoire est laissée au pouvoir « discrétionnaire du juge.

« Le juge n'en usera que dans les cas graves. Elle « ne portera que sur trois points : la suppression du « journal, sa suspension, la consignation de l'amende.

2720. — « L'exécution provisoire puise sa raison « d'être non-seulement dans un besoin de célérité, « mais dans l'impérieuse nécessité d'imposer silence à « *de nouvelles attaques*. — Tout peut convier un « journal à ces attaques nouvelles : — l'irritation qui « suit la condamnation , les blessures de l'amour-« propre vaincu dans un débat public, l'orgueil de « braver le juge après avoir bravé le pouvoir, l'attrait « du scandale, peut-être la perspective d'une émeute, « la certitude de la ruine, le besoin de vengeance pour « l'homme qui a brûlé ses vaisseaux. — N° 2289.

« Pour prévenir un pareil danger, l'exécution provi-« soire se justifie pleinement.

« S'applique-t-elle à la suspension ou à la suppres-« sion du journal, elle est une innovation, mais une « innovation nécessaire. — *Il n'y a suppression que* « *s'il y a condamnation pour crimes* et dans ce cas

« la suppression a lieu de plein droit. — (V. n° 444).

« *Il n'y a suspension que si le journal est en état* « *de récidive*, ou que s'il est condamné pour provoca-« tion à des crimes déterminés. N'est-il pas rationnel « d'autoriser alors le juge à prendre la garantie de l'exé-« cution provisoire vis-à-vis *d'un journal dont il con-* « *naît le passé et les résolutions ?*... on octroie au « magistrat cette faculté de l'exécution provisoire (art. « 135, C. proc. civ.), dans la sphère des contestations « civiles, — il serait illogique de la lui dénier *lors-* « *qu'il s'agit de sauvegarder, non plus l'intérêt* « *d'un homme*, mais l'intérêt social.

2721. — Rapport *au Corps législatif* : « La dis-« position de l'art. 13 *ne pourra avoir son effet que* « *dans les cas très-graves* où la justice peut pro-« noncer la suppression et la suspension, c'est-à-dire « *dans les cas de complicité de crimes ou dans les* « *cas de récidive prévus par l'art. 12.* »

2722. — Discussion *de la loi*. — Au cours de la discussion, M. Nogent-Saint-Laurent, rapporteur de la commission du Corps législatif précisa mieux encore de la manière suivante le cercle de l'application de l'art. 13.

« Il faut, dit-il, circonscrire d'abord cette mesure de « l'exécution provisoire *dans son cadre, ne pas la* « *laisser divaguer au dehors, et ne pas la laisser* « *sortir des limites des frontières tracées par la loi.* « C'est après la suppression, après la suspension et « par conséquent pour le cas de récidive, seule-« ment *que l'exécution provisoire peut être pro-* « *noncée.* Quel est le motif vrai, le motif sérieux ?

2723. — « La pensée de la loi, la voici, la voici tout « entière. — Il y a en matière de presse une stratégie « de procédure qui consiste à éloigner le plus possible « la répression de la perpétration du délit. » Après avoir exposé comment on pouvait arriver par « cette stratégie à retarder de 1 mois à 2 mois 1/2 le jugement des délits, » M. le rapporteur ajoute : « C'est « *contre cette stratégie des atermoiements que l'ar-* « *ticle* 13 *est fait.*

« Voilà l'exécution provisoire organisée par le pro-« jet. Envisagez-la dans son principe et dans ses con-« séquences, vous n'y verrez qu'une chose : *C'est la* « *célérité donnée à la procédure, c'est le chemin* « *raccourci vers une solution définitive.* — Séance « du 13 février 1868, *Monit.* du 14.

2724. — M. Baroche, *garde des sceaux*. — « La « suspension, qui est toujours facultative, ne peut être

Chap. VII. — Des moyens de recours. — Appels et pourvois.

§ 1. — De l'appel.

Compétence pour l'appel.

593. — *D.* 17 *févr.* 1852. Art. 26. Les appels des jugements rendus par les tribunaux correctionnels sur les délits commis par la voie de la presse seront portés directement, sans distinction de la situation locale de ces tribunaux, devant la chambre correctionnelle de la Cour d'appel.

Forme de la poursuite en appel.

594. — Art. 27. Les poursuites auront lieu dans les formes et délais prescrits par le Code d'instruction criminelle.

« prononcée que dans les cas de l'art. 13. »

«... Je suis de ceux qui attachent une grande im-
« portance à cette faculté laissée au tribunal non-seu-
« lement de prononcer la suspension, mais encore
« d'ordonner l'exécution provisoire, parce que je suis
« convaincu que la suspension d'abord et l'exécution
« provisoire ensuite ne seront prononcées que dans les
« cas d'une EXTRÊME GRAVITÉ. » Même séance du
« 13 févr. 1868, *Moniteur* du 14 févr.

2725. — Il n'est personne qui, sur ces déclarations si nettes de ceux qui ont fait et proposé la loi ne décidât que l'art. 13, se référant uniquement à l'art. 12, n'est applicable que dans les cas des *graves délits spécifiés dans cet article*, — que ce serait par suite faire « divaguer l'art. 13 hors des limites que la loi lui a tracées » que de l'appliquer à ce qu'il y a de moins grave dans le cercle des infractions, c'est-à-dire *aux contraventions*. — Mais s'il faut tenir compte des travaux préparatoires de la loi et de sa discussion, il faut tenir aussi quelque peu faire cas de son texte ; — — que dit ce texte ? — Il y est très-expressément fait mention « *des jugements qui* PRONONCENT, notez ce mot prononcent, *la suppression*. » — Il est donc des cas où les jugements *prononcent la suppression* : — Quels sont-ils ? — Ce n'est certainement pas en cas de *crime de presse*, car la suppression a lieu alors de plein droit, sans qu'il soit nécessaire de la *prononcer*, comme la surveillance de la haute police ou l'interdiction des droits pour la réclusion et les travaux forcés. (V. nºˢ 444 et 2292).

Or, il n'est plus que deux cas où cette suppression des journaux *puisse être prononcée* par un jugement, et il se peut que les législateurs n'y aient point songé : ce sont les cas des infractions auxquelles il doit être fait application de l'art. 5 du décret du 17 févr. 1852, ou de l'art. 11, loi 18 juillet 1828 (V. nº 705, *suprà*). — La généralité des termes de l'art. 13 ne permettant pas de les exclure de sa disposition, l'exécution provisoire pourra donc être prononcée à raison de ces *contraventions*. — Cela est rigoureux sans doute, mais cela est ainsi : *dura lex, sed lex.*

2726. — Il y a lieu d'espérer toutefois que les juges, faisant la part de la pensée restrictive de la loi et de sa disposition qui l'excède, réaliseront sur ce point les vœux de Son Excellence M. le ministre de la justice et ne prononceront l'exécution provisoire que dans les situations suivantes, savoir :

1º En ce qui concerne *les délits :* dans les cas seulement de l'art. 12, lorsqu'ils seront d'une *extrême gravité ;* — ou lorsque le prévenu fera défaut sur la citation qui l'aura touché. — Nº 2727.

2º Et en ce qui concerne *les contraventions :* dans le cas seulement où le prévenu régulièrement cité ferait défaut.

De l'appel relativement à l'exécution provisoire.

595. — *L.* 11 *mai* 1868. Art. 13. [§§ 1-2, V. art. 592].

§ 3.... L'appel suspendra l'exécution provisoire du jugement s'il est formé dans les 24 heures de la signification du jugement par défaut... ou du jugement contradictoire.

§ 4... L'appel entraînera [dans ce cas] de plein droit citation à la plus prochaine audience.

§ 5. Il sera statué dans les 3 jours.

V. la suite ci-contre, art. 599.'

2727. — *Circulaire* (*justice*) 4 *juin* 1868. — « L'exécution provisoire, qui ne porte jamais sur les « peines corporelles, *n'est qu'un effort pour accé-* « *lérer la solution définitive ;* si elle a quelque efficacité « pour un journal sérieux frappé de suspension, elle « n'agira d'une manière décisive, en ce qui concerne « les amendes, qu'à l'égard du prévenu hors d'état de « les consigner. Les tribunaux *ne devront donc pas* « *reculer devant ce moyen de coercition lorsque le* « *défaut du prévenu cité leur paraîtra une simple* « *manœuvre, et en général quand on pourra s'at-* « *tendre à des ajournements indéfinis.* » V. *suprà*, en ce qui concerne les moyens de suspendre les effets de cette mesure. Nºˢ 2664 à 2672.

2728. — *Il en sera de même pour la consignation de l'amende :* La consignation de l'amende n'étant imposée qu'aux *journaux cautionnés* (V. art. 202 à 207), il s'ensuit que la mesure de l'exécution provisoire ne peut être ordonnée que relativement aux amendes prononcées contre les gérants de ces journaux. — (V. nº 2753).

[**595**] = 2729. — Cet article, qui était une exception du droit commun avant la loi du 13 juin 1856 qui a fait des Cours impériales la juridiction centrale des appels dans chaque ressort, n'est plus qu'un *duplicata* de l'art. 204 du C. d'instr. crim. modifié.

[**594**] = V. nºˢ 2642 et suivants.

[**595**] = 2730. — Ces paragraphes de l'art. 13, de la loi 1868 ne concernent que le chef des jugements ayant prononcé la suspension ou la suppression du journal avec l'exécution provisoire pour la suppression ou la suspension.

2731. — Les effets pourront en être arrêtés par la voie de l'appel formé dans les vingt-quatre heures du jour de la prononciation du jugement, s'il est contradictoire, ou du jour de sa signification, s'il est par défaut.

2732. — L'art. 13 déroge, en ce qui concerne le délai de l'appel, aux règles du C. d'instr. crim. — « Nous demandons, a dit à ce sujet M. le garde des « sceaux Baroche, que le délai de dix jours que ce « Code accorde pour l'appel soit, en cas de jugement « contradictoire (relativement au cas dont il s'agit de « l'exécution provisoire), réduit à un jour, et que ce « jour parte non de la signification du jugement, « puisqu'il n'y en a pas, mais de la prononciation du « jugement.

« Ce délai sera-t-il trop court ?

« S'il faut un délai plus long quand il s'agit d'oppo- « sition, alors que la partie ne s'est pas présentée, « alors qu'elle n'a pas fait valoir ses moyens, il n'en

§ 2. — Des pourvois ou recours en cassation.

Des pourvois sur incidents.— Conditions.

596. — *L.* 27 *juillet* 1849. Art. 20. Aucun ourvoi en cassation sur les arrêts qui auront statué, soit sur les demandes en renvoi, soit sur les incidents de procédure, ne pourra être formé qu'après l'arrêt définitif, et en même temps que le pourvoi contre cet arrêt à peine de nullité.

Délais pour se pourvoir.

597. — Art. 24. Le pourvoi en cassation devra être formé dans les 24 heures au greffe de la Cour d'assises ;

Vingt-quatre heures après, les pièces seront envoyées à la Cour de cassation ;

Dans les 10 jours qui suivront l'arrivée des pièces au greffe de la Cour de cassation l'affaire sera instruite et jugée d'urgence, toutes autres affaires cessantes.

Confirmation de la loi de 1849.

598. — *D.* 28 *mars* 1852. *Sur la presse en Algérie.* Art. 14. Les poursuites auront lieu selon les formes et dans les délais prescrits par le Code d'instruction criminelle ;

Néanmoins, aucun appel ou pourvoi **en cas**sation sur les jugements ou arrêts rendus, soit sur les demandes en renvoi, soit sur la compétence, soit sur les incidents de procédure, ne pourra être formé qu'après le jugement ou l'arrêt sur le fond à peine de nullité.

En outre le pourvoi en cassation devra être formé et jugé dans les délais prescrits par l'art. 21 de la loi du 27 juillet 1849 [art. 597].

Exécution provisoire. — Pourvoi.

599. — *L.* 11 *mai* 1868. Art. 13 (V. art. 595). § 6. Le pourvoi en cassation n'arrêtera en aucun cas les effets des jugements et arrêts ordonnant l'exécution provisoire. (V. l'article entier, art. 592).

« est pas de même lorsqu'elle a pris part au débat ; au « sortir du tribunal qui l'a condamnée elle peut se « présenter devant la Cour et y exposer de nouveau « son affaire ; elle n'a pas pour cela besoin d'un long « délai, elle interjettera son appel dans les vingt-quatre « heures. » — Séance du 7 mars 1868, *Monit.* du 8.

2733. — « Le jour de la signification, avait dit « M. le garde des sceaux, ne compte pas pour le dé-« lai de l'opposition au jugement par défaut. » — On doit décider de même relativement au délai de l'appel qui court à partir « *de la prononciation du jugement.*» — C'est « du jour de la prononciation » qu'il aurait mieux valu dire : *Dies terminis non computatur in termino.*

2734. — *L'appel entraînera de plein droit citation à la plus prochaine audience* » que la Cour donnera après l'expiration des délais fixés par l'art. 184 du C. d'instr. crim., pour la régularité des comparutions, y compris les délais des distances.—Déclaration de M. le garde des sceaux, séance du 7 mars 1868, *Monit.* du 8. — V. *suprà*, n°ˢ 2669-2670.

2735. — *Il sera statué dans les trois jours.* — Cette prescription ne s'oppose pas à ce que la Cour accorde des remises. — Le président de la chambre des appels trouvera dans le droit qui lui appartient de régler la police de ses audiences et le rôle des affaires, toute liberté pour donner sur ce point satisfaction aux nécessités de la défense. — V. *suprà*, n°ˢ 2671-2672, la déclaration du garde des sceaux sur ce point.

[596-598] = 2736. — Les art. 20 et 21 de la loi du 27 juillet 1849 étaient classés dans le chap. III de cette loi, sous la rubrique : *de la poursuite.* — Sont-ils encore en vigueur ? — « Le rétablissement « du Code d'instruction criminelle, dit à ce sujet M. le « garde des sceaux dans sa circulaire du 28 mars 1852, « n'a laissé évidemment subsister aucune des dispo-« sitions du chap. III, de la loi du 27 juillet 1849. »

2737.—Nous partagerions cette opinion de la circulaire s'il n'avait été, le même jour, promulgué en France un décret qui, reproduisant pour la réglementation de la presse en Algérie la plupart des dispositions du décret du 17 fév. 1852 adoptant le même système pour la compétence et la poursuite, protesta contre l'opinion de la circulaire et réduisit à néant son argument d'incompatibilité et d'abrogation, en maintenant et en associant les dispositions que la circulaire déclarait incompatibles. — Ce décret du 28 mars 1852

a été depuis abrogé par un décret non promulgué en France; mais comme nous n'en retenons ici que l'interprétation implicite et originaire qu'il contenait, il y a là pour la France un fait acquis que rien ne peut supprimer.

2737 *bis.* — Les dispositions de l'art. 14 du décret du 28 mars 1852 doivent en conséquence être considérées sur ce point comme un commentaire officiel d'une grande autorité.

2738. — L'art. 21 de la loi de 1849 s'applique au cas où la poursuite a été introduite par citation directe, mais aussi à celui où elle a été précédée d'une instruction. — Cass., 27 avril 1850. D.50.5.366.

2739. — En matière de délits de presse le délai du pourvoi contre l'arrêt de renvoi est de trois jours. — Cass., 19 juill. 1851. B. — Il est suspensif. — Cass., 20 sept. 1844. B.

2740. — Le défaut de consignation, dans les trois jours du pourvoi, de l'amende pour délits de presse n'entraîne pas la non-recevabilité du pourvoi. — Cass., 12 juin 1855. D.58.4.228.

2741. — Le pourvoi est suspensif pour les arrêts sur la compétence ou les demandes en sursis; il ne peut être passé outre au jugement du fond. — Cass., 27 nov. 1856. B.

2742. — Il appartient à la Cour de cassation de vérifier si, en dehors de la question intentionnelle souverainement résolue par les juges du fait, l'écrit incriminé, examiné dans ses détails et son ensemble, présente les caractères délictueux. — Elle a droit de reviser la qualification et d'apprécier les faits dans leurs rapports avec la loi pénale. — Cass., 17 août 1860. D.60.1.422. : — 17 mars 1864. D.64.1.404; — 10 août 1865. D.66.1.364.

[599] = 2743. — Le § final de l'art. 13 déclare que le pourvoi ne suspendra en aucun cas les effets de l'exécution provisoire. — Cette disposition donna lieu, dans la séance du 7 mars 1868 du Corps législatif à une discussion de laquelle il est résulté que les pourvois *sont suspensifs à l'égard du ministère public*, qui ne peut alors faire exécuter le jugement ainsi attaqué, mais non *à l'égard du condamné*, qui doit, aux termes de l'art. 421, C. d'instr. crim., *se mettre en état*, c'est-à-dire se constituer prisonnier, exécuter le jugement, pour obtenir que son pourvoi soit jugé, et l'on a dit qu'à ce point de vue la disposition pénale de

Chap. VIII. — Des jugements, de leurs effets et de leur exécution.

§ 1.— Privilége sur les cautionnements.— § 2. — Consignation des amendes.

Privilége des condamnations sur le cautionnement.

600. — *L.* 9 *juin* 1819. Art. 3. Le cautionnement sera affecté par privilége :

Aux dépens,

Aux dommages-intérêts,

Aux amendes,

Auxquels les propriétaires ou éditeurs [gérants aujourd'hui] pourront être condamnés,

Le prélèvement s'opérera dans l'ordre indiqué au présent article.

En cas d'insuffisance, il y aura lieu à recours solidaires sur les biens des propriétaires ou éditeurs déclarés responsables du journal ou écrit périodique et des auteurs et rédacteurs des articles condamnés. (N° 446).

Par l'art. 11 de cette loi, les condamnations ont encore cet effet d'obliger les gérants à insérer dans leurs feuilles le jugement de condamnation (art. 169).

601. — *L.* 18 *juillet* 1828. Art. 13. Les condamnations pécuniaires prononcées soit contre les signataires responsables soit contre l'auteur ou les auteurs des passages incriminés, seront prélevées :

1° Sur la portion du cautionnement appartenant en propre aux signataires responsables ;

2° Sur le reste du cautionnement dans le cas où celle-ci serait insuffisante sans préjudice pour le surplus des règles établies par l'art. 3 [ci-dessus] de la loi du 9 juin 1819 et par l'art. 4 de la même loi [remplacé par les articles 6, 7 et 8, L. 1850 ci-contre, et les art. 29, 30 et 31, décret du 17 février 1852 à la suite].

Consignation des amendes pour crimes et délits.

602. — *L.* 16 *juillet* 1850. Art. 6. Dans les 3 jours de tout arrêt [ou jugement définitif] de condamnation pour crime ou délit de presse, le gérant du journal devra acquitter le montant des condamnations qu'il aura encourues.

En cas de pourvoi en cassation, le montant des condamnations sera consigné dans le même délai. (V. art. 202.)

Constatation, récépissé, remise au parquet.

603. Art. 7. La consignation ou le paiement prescrit par l'article précédent sera constaté par une quittance délivrée en duplicata par le receveur des domaines [de la caisse des consignations depuis 1853]. (V. art. 607.A.)

Cette quittance sera, le 4° jour au plus tard soit de l'arrêt rendu par la Cour d'assises [ou du jugement définitif du tribunal correctionnel pour les délits] soit de l'arrêt de la chambre des mises en accusation [ou de l'ordonnance de renvoi dans les cas de l'art. 201 *suprà*] remise au procureur de la République, qui en délivrera récépissé. (V. art. 203.)

Sanction pénale.

604. — Art. 8. Faute par le gérant d'avoir remis la quittance dans les délais ci-dessus fixés, le journal cessera de paraître sous les peines portées contre tout journal publié sans cautionnement. (V. art. 204.)

N. B. En 1850, date de la loi, ces peines étaient celles de l'art. 6 de la loi du 9 juin 1819, à savoir : de 1 à 6 mois d'emprisonnement et de 200 à 1200 fr. d'amende ; — l'art. 5 du décret du 17 février 1852 a depuis édicté contre cette contravention des peines plus élevées. V. art. 143 et ci-après sous l'art. 607.

---

l'art. 13 ne s'écartait point du droit commun, — l'exécution provisoire de la suspension ou de la suppression du journal n'étant pas autre chose, vis-à-vis du journal, que la condition *de la mise en état* imposée par le droit commun pour le jugement des pourvois en cassation. — V. *Moniteur* du 8 mars 1868.

[600-601] — Les articles réunis dans ce chapitre ont déjà figuré dans des chapitres précédents ; nous n'en reproduisons ici les dispositions que pour présenter dans leur ensemble toutes les lois qui régissent les effets ou l'exécution des jugements ou qui sont destinées à en assurer ou aggraver l'exécution.

Nous n'avons rien à ajouter aux annotations dont les deux art. 600-604 ont été précédemment l'objet sinon que leurs dispositions ne seront applicables que dans le cas où les gérants condamnés, n'ayant pas payé l'amende dans les délais des art. 602 et 603, seront condamnés à cesser la publication de leurs journaux ou la cesseront spontanément. — V. Notes, sous les art. 146 et 148.

[602 à 607] = **2744.** — Le titre sous lequel sont placés les art. 6, 7 et 8 ci-dessus, dans la loi du 16 juill. 1850, est intitulé : *Du cautionnement.* — Le but de leurs dispositions est uniquement d'obliger les gérants à maintenir leurs cautionnements toujours intacts et libérés des condamnations qui viennent les grever. — Ces articles ne concernent, par conséquent, que les journaux *cautionnés.* — La qualification de *gérant,* qui, dans le langage de la matière, n'est léga-

lement donnée qu'aux publicateurs légaux des journaux cautionnés, car ce sont les seuls journaux qui soient tenus d'avoir des gérants (V. n° 505),ne permet pas d'ailleurs sur ce point la moindre hésitation.

2745. — Les art. 6, 7 et 8 n'imposaient aux gérants l'acquittement à bref délai des amendes que pour les amendes encourues à raison de *crimes et délits ;* les art. 29, 30 et 31 du décret du 17 fév. 1852 ont sur ce point complété leurs dispositions en étendant l'obligation d'acquitter les amendes dans les trois jours en cas *de contravention.*

2746. — Circulaire (*Justice*), 28 mars 1852. « Les « art. 29, 30 et 31 fixent le délai d'exécution des con- « damnations pécuniaires pour *contraventions ;* les « art. 6, 7 et 8 de la loi de 1850 contiennent des « *dispositions semblables* pour *les crimes* et *délits* de « la presse. Loin d'être abrogés, ces articles sont com- « plétés par les dispositions de la loi nouvelle qui étend « aux *contraventions* les dispositions antérieures. »

2747. — Les dispositions des art. 29, 30 et 31, le terme de *gérant* le dit d'ailleurs assez, ne concernent donc également que les journaux cautionnés.

2748. — La disposition de l'art. 8 de la loi de 1850 reproduite par l'art. 31 du décret de 1852 indique d'autre part qu'il ne s'agit, en cas d'infraction, que d'un fait portant atteinte à l'intégralité des cautionnements, puisqu'il est frappé des peines « *portées contre tout journal publié sans cautionnement.* «

2749. — Le journal cessera de paraître. — Par ces mots il faut entendre, non la *suppression absolue* du

(Suite). **De l'exécution provisoire relativement à la consignation des amendes.**

Même obligation en cas de contravention.

605.—*D.* 17 *févr.* 1852. Art. 29. Dans les 3 jours de tout jugement ou arrêt définitif de contravention de presse, le gérant du journal devra acquitter le montant des condamnations qu'il aura encourues ou dont il sera responsable.

En cas de pourvoi en cassation, le montant des condamnations sera consigné dans le même délai. (V. art. 203.)

Constatation. — Récépissé. — Remise au parquet.

606. — Art. 30. La consignation ou le paiement prescrit par l'article précédent sera constaté par une quittance délivrée en duplicata par le receveur des domaines [de la caisse des consignations depuis le décret du 5 janv. 1853 ci-contre].

Cette quittance sera, le 4ᵉ jour au plus tard, remise au procureur de la République, qui en donnera récépissé. (V. art. 206.)

Sanction pénale.

607.—Art. 31. Faute par le gérant d'avoir remis la quittance dans les délais ci-dessus fixés, le journal cessera de paraître sous les peines portées en l'art. 5 de la présente loi [art. 143], contre les journaux politiques publiés sans cautionnement complété savoir :

Amende de 100 à 2000 fr. par chaque numéro publié en contravention, et un emprisonnement de 1 mois à 2 ans.

Le journal cessera de paraître. Nº 440.

Circ. att. : Amende de 50 fr. au minimum et, ou, prison, 1 jour à 1 mois (art. 533). La suppression du journal peut dans ce cas être écartée (V. nº 2306).

Réglementation des consignations des amendes.

607.A. — *D.* 5 *janv.* 1853. Art. 1ᵉʳ. Les sommes à acquitter en exécution du § 1, de l'art. 6, L. 1850 (art. 602), et de l'art. 29 du décret du 17 fév. 1852, seront versées à l'avenir dans la Caisse des consignations, elles y resteront déposées pendant trois mois avec leur affectation spéciale au profit du trésor.

Les sommes consignées en cas de pourvoi en cassation, conformément aux § 2 de ces articles, resteront également déposées pendant trois mois à partir de la date, soit du désistement, soit du rejet, soit du jugement ou de l'arrêt définitif à intervenir.

Art. 2. — A l'expiration du délai de trois mois dans les deux cas prévus en l'article précédent, si le droit de grâce n'a pas été exercé, les sommes consignées seront irrévocablement acquise à l'Etat, et elles seront versées par la Caisse des consignations au bureau du receveur de l'enregistrement chargé de la recette des amendes et frais de justice dans la ville où se publiait le journal. (V. art. 207,A,)

Exécution provisoire pour la consignation.

608. — *L.* 10 *mai* 1868. Art. 13. L'exécution provisoire du jugement ou de l'arrêt (V. art. 592) pourra, par une disposition spéciale être ordonnée nonobstant opposition ou appel en ce qui touche la suppression ou la suspension....

Il en sera de même pour la consignation de l'amende, sans préjudice des dispositions des art. 29, 30 et 31 du décret du 17 févr. 1852....

V. pour arrêter les effets de l'exécution provisoire par l'opposition ou l'appel, les art. 592 et 585.

En ce qui concerne les amendes de timbre, V. p. 40.

---

journal, mais sa suspension *momentanée* qui devra durer seulement jusqu'à ce que la libération ait été opérée. — Orléans, 19 nov. 1850. D 55.2.200. — Ces mêmes expressions ont reçu de la jurisprudence, dans l'art. 5 du décret du 17 fév. 1852, une extension plus rigoureuse, (V. nᵒˢ 440 et 699) extension que repousserait l'esprit de la loi en ce qui concerne le cas des condamnations *pour délits de presse;* ce cas étant en effet toujours régi par la loi du 16 juillet 1850, on ne saurait déduire des dispositions de cette loi une sanction que son système ne comportait pas.

Quoi qu'il en soit, il ne manquerait pas de bonnes raisons pour soutenir que les mots « *cessera de paraître* » impliquent moins ici *une peine* de suppression ou de suspension qu'une *mesure* destinée seulement à contraindre le journal condamné à régulariser sa situation, mesure qui n'a plus sa raison d'être lorsque le gérant a payé l'amende et que les seules *peines* qui sanctionnent l'obligation pour le gérant qui ne paie pas de cesser de paraître sont les *peines* proprement dites de *l'amende* et de *l'emprisonnement.* — V. sur ce point un jugement fortement motivé de Marseille, du 14 déc. 1868.

Les gérants condamnés qui ne consignent *qu'après les délais* des art. 604 et 605, l'amende prononcée contre eux peuvent être poursuivis ; — seulement, si, à raison du retard qui les constitue en contravention, ils sont alors passibles des peines pécuniaires et corporelles de l'art. 5 du décret de 1852, l'acquittement de l'amende antérieure, bien que tardif, ayant libéré le cautionnement et régularisé la situation, devra tout au moins avoir cet effet d'affranchir *le journal* de la suppression, laquelle dès lors né devra pas être prononcée. — Il en sera de même dans le cas où la situation du journal n'aura été régularisée qu'après la nouvelle poursuite, mais avant le jugement définitif, sa suppression n'aurait plus alors de raison d'être.

2750. — *Dans les trois jours de tout jugement définitif;* c'est-à-dire après l'expiration des délais d'appel. — Aux termes de l'art. 202 du C. d'instr. crim., les jugements correctionnels sont *exécutoires* après l'expiration des dix jours impartis aux condamnés pour interjeter appel. Mais ils ne sont *définitifs* qu'après l'expiration des délais d'appel réservés aux procureurs généraux par l'art. 205 du même Code, puisque ce n'est qu'alors que le *chiffre de l'amende à* payer est *définitivement fixé.* Ce ne sera donc qu'après le 64ᵉ jour qui suivra la condamnation, ou après le 34ᵉ jour, si le jugement a été notifié au procureur général par le gérant, que ce dernier se trouvera en demeure d'acquitter l'amende et en contravention s'il tarde à s'exécuter.

2756 bis. — La preuve du paiement de l'amende ne peut résulter que de la remise de la quittance et ne peut être suppléée par un équivalent. — Même arrêt d'Orléans ci-dessus cité nº 2749.

[**607.**A.] = 2751. — La quittance doit être délivrée en *duplicata* par le receveur de la caisse des consignations substitué au receveur des domaines pour la réception de ces amendes,—et ce afin que les gérants puissent justifier de leurs versements au parquet. — *Dalloz,* vᵒ *Presse,* nᵒ 1580; V. d'ailleurs notes, *supra,* sous l'art. 207.A., nᵒ 701.

[**608**] = 2752. — *Il en sera de même pour la*

TITRE V.— OBJETS D'INTÉRÊT PUBLIC.— DE LA PRESCRIPTION. DE L'ABROGATION DES LOIS.

Chap. I.— De la prescription.

§ 1. Des crimes, des délits et des contraventions de publication.

Prescription de l'action publique par six mois.

609. — *L.* 26 *mai* 1819. Art. 29. L'action publique contre les CRIMES et DÉLITS commis par la voie de la presse ou par tout autre moyen de publication se prescrira par six mois révolus, à compter du fait de publication qui donnera lieu à la poursuite.

§ 2. Pour faire courir cette prescription de 6 mois, la publication d'un écrit devra être précédée du dépôt et de la déclaration que l'éditeur entend le publier.

§ 3. Il a été fait, dans cet intervalle, un acte de poursuite ou d'instruction ; l'action publique ne se prescrira qu'après un an, à compter du dernier acte, à l'égard même des personnes qui ne seraient pas impliquées dans ces actes d'instruction ou de poursuites.

§ 4. Néanmoins, dans les cas d'offense envers les Chambres, le délai ne courra pas dans l'intervalle de leurs cessions.

Prescription de l'action civile par trois ans.

§ 5. L'action civile ne se prescrira, dans tous les cas, que par la révolution de 3 années à compter du fait de la publication.

Cet article est-il contraire à l'art. 29, L. 1819? Non.

609.A. — *D.* 17 *févr.* 1852. Art. 27. Les poursuites auront lieu dans les formes et délais prescrits par le Code d'instruction criminelle.

Cet article n'est ici en regard de l'art. 29, L. 1819, que parce que c'est de sa disposition que l'on prétend déduire l'abrogation dudit art. 29.

Les articles suivants ne maintiennent-ils pas l'art. 29?

609.A.1. — *D.* 28 *mars* 1852, *sur la presse en Algérie.* Art. 14. Les poursuites auront lieu selon les formes et dans les délais prescrits par le Code d'instr. criminelle.

Art. 19. — L'action publique contre les crimes et délits commis par la voie de la presse ou par tout autre moyen de publication, s'éteindra conformément aux règles prescrites par l'art. 29, de la loi du 26 mai 1819 (ci-contre).

Ces articles ne sont ici mis en regard de l'art. 29, L. 1819, que parce que de leurs dispositions se déduit la preuve du maintien de l'art. 29.

Prescription de l'action civile des fonctionnaires.

610. — *D.* 22 *mars* 1848. Art. 2. L'action civile [résultant des délits de publication contre personnes publiques] s'éteindra de plein droit par le seul fait de l'extinction de l'action publique. — V. art. 577, n° 2794 et notes sous l'art. 577.

---

consignation de l'amende. Cette formule indique bien qu'il s'agit d'une consignation d'amende déjà connue, déterminée, imposée déjà aux journaux et réglementée :— or, comme il n'en est pas autrement question dans la loi de 1868, il faut nécessairement admettre que son auteur avait ici incontestablement en vue la seule consignation des amendes imposées aux journaux par la législation antérieure. — La fin du paragraphe ne laisse d'ailleurs aucun doute ; en y rappelant les art. 29, 30 et 31 du décret de 1852, on ne peut en effet douter qu'il ne s'agisse de la consignation des amendes organisée par ces articles ; on peut seulement s'étonner que le législateur n'ait pas mentionné à la suite les art. 6, 7 et 8 de la loi du 16 juillet 1850 que leurs dispositions, aux termes de la circulaire citée sous le n° 2746, n'ont fait que compléter.

2753. — L'exécution provisoire de la consignation des amendes, ne pouvant par suite s'appliquer qu'à la consignation imposée par ces articles, et ces articles ne l'imposant qu'aux seuls gérants des journaux cautionnés (V. n° 2744), il s'ensuit que ce n'est que contre ces gérants qu'elle peut être prononcée. — (N° 2728).

2754. — Les art. 29, 30 et 31 imposent à ces gérants une double obligation, savoir :

1° L'acquittement des amendes, § 1, art. 29 ;

2° Leur consignation en cas de pourvoi, § 2.

Et dans tous les articles le texte distingue la *consignation* de l'*acquittement.* — S'il faut s'en tenir au texte de l'art. 13 (art. 608), l'exécution provisoire ne pourrait être prononcée que pour la *consignation en cas de pourvoi* et non pour l'*acquittement.* — Mais je crois que la pensée de la loi a voulu être plus générale et ne pas distinguer.

[609 à **609**.A.] **==** 1.— DE LA PRESCRIPTION DES CRIMES ET DÉLITS DE PUBLICATION.

I. Position de la question. — Doctrine de la Cour de cassation.— Conséquence.— Anomalie.

2755. — L'action publique contre les crimes et les délits de publication se prescrit-elle par six mois, conformément à l'art. 29 de la loi du 26 mai 1819, ou par 3 à 10 ans suivant les art. 637 et 638 du C. d'instruction criminelle ?

La question est importante et vaut qu'on l'examine :

Le décret du 17 févr. 1852 ne contient aucune disposition concernant la prescription, le mot n'y est même pas prononcé ; c'est pourtant par son art. 27, qui n'en parle pas, que la Cour de cassation a tranché la question par un arrêt, que nous ne croyons pas appelé à fixer pour toujours la jurisprudence sur ce point ; elle y déclare en effet, sans dire *en quoi, pourquoi, ni comment,* que cet art. 27 abroge l'art. 29 de la loi de 1819, et soumet les délits de publication aux règles établies pour la prescription par l'art. 638 du C. d'instr. crim.

2756. — Voici au surplus le texte même de ses considérants à ce sujet ; il est bon de les connaître :

« Sur le moyen tiré de la violation de l'art. 29, L. « 1819 :

« Attendu qu'en décidant par son art. 27 que les « délits commis par voie de publication seraient pour-« suivis et jugés dans les formes et dans les délais pres-« crits par le C. d'instr. crim., le décret du 17 févr. « 1852 a abrogé l'art. 29, L. 1819, et a soumis les dé-

« lits dont il s'agit aux règles établies pour la pres-
« cription par l'art. 638, C. d'instr. crim. » — Cass.,
du 24 févr. 1854. B.49. (V. 2635, 2569.6°.)

2757. — Les esprits qui ne se rendent qu'à l'évidence se contenteront difficilement d'une décision qui
tranche ainsi, avec plus d'intentions que de motifs une
question aussi grave ; ils voudront bien me permettre
de la discuter, la loi à la main, avec toute la liberté
que réclame la recherche de la vérité et tout le respect
que commande l'autorité de la Cour suprême.

2758. — Nous avons à cet effet rapproché ci-dessus
les uns des autres les textes qu'il s'agit de confronter,
d'interpeller et de comprendre.

2759. — La disposition de l'art. 29, L. 1849, que
justifiait et que justifie encore la gravité *éphémère* des
délits de presse, qui après six mois sont oubliés, était
la règle sans abus et sans réclamation de l'action publique lorsque parut le décret du 17 févr. 1852. — La
poursuite, jusqu'alors régie par des formes exceptionnelles, fut replacée sous l'empire du droit commun. —
Ce décret ne statue rien au sujet de la prescription ;
soit qu'on ait considéré ce bénéfice de la loi, cette exception à l'action, comme une annexe de la poursuite,
soit pour tout autre motif, on a pensé qu'elle en devait
suivre le sort et l'on a décidé que la volonté d'abroger
l'art. 29, L. 1849, se découvrait assez dans l'art. 27 du
décret de 1852.

2760. — *Les poursuites :* S'il y avait un sous-entendu à dégager dans cet article, c'était sans contredit
à la suite de ce mot, qui me paraît tout au moins comporter cette addition : *les poursuites, lorsqu'il y a lieu
à poursuites, auront lieu,* etc. — Il est vrai qu'une
pareille addition n'aurait peut-être pas permis à la
question de naître ; —il nous faut donc démontrer que
ce sous-entendu est bien plus dans la pensée de l'article 27 que l'abrogation de l'art. 29, L. 1849.

2761. — Pour bien apprécier la force abrogative de
cet article, il est indispensable de reconnaître ses te-
nants et ses aboutissants, les délits auxquels il se
rapporte, d'en vérifier, en un mot, toute la portée, au
risque de reproduire ici une démonstration déjà faite.
— (N°ˢ 2581 et suiv. et 2642).

Quels sont les faits dont la poursuite se trouve ainsi
par l'art. 27 du décret de 1852, soumise aux formes et
délais du C. d'instruction criminelle ? — Ne séparons
pas cet article du milieu qui l'explique et où le législateur l'a placé. —L'art. 25, auquel évidemment il se
réfère (V. n° 2642), les énumère comme il suit :

Art. 25. — Seront poursuivis devant les tribunaux
correctionnels :

1° Les *délits* commis par la voie de la presse ou tout
autre moyen de publication de l'art. 1ᵉʳ, L. 1849, et *qui
avaient été attribués par les lois antérieures à la
compétence des Cours d'assises;*

2° Les *contraventions* sur la presse prévues par les
lois antérieures ;

3° Les *délits et les contraventions* de la présente loi.

2762. — *Délits et contraventions;* ce rapprochement
exclut les *crimes,* sans qu'on puisse prétendre que le
mot *délit,* par extension, comprend les *crimes.* La circulaire du 28 mars 1852 distinguant entre les crimes et
les délits.

2763. — *Délits attribués aux Cours d'assises par
les lois antérieures.* Cette restriction exclut formellement les *délits que les lois antérieures avaient attribués aux autres juridictions.*

Il résulte ainsi de la confrontation de cet art. 25
avec la législation antérieure, deux points dont on ne
peut refuser de donner acte, savoir :

I. — Que l'art. 27, décret 1852, a placé seulement
sous l'empire du droit commun la poursuite des *délits
et contraventions* spécifiés en l'art. 25;

II. —Qu'il a en conséquence laissé sous l'empire des
règles anciennes de la législation spéciale :

1° Les *crimes;* — l'art. 25 ne parle que des *délits;* e

2° *Tous les délits non attribués aux Cours d'assises
par les lois antérieures;* tels sont :

a) Les *délits d'infidélité et de mauvaise foi* dans les
comptes rendus des audiences des Cours et tribunaux,
attribués à la juridiction des chambres, Cours et tribunaux qui ont tenu ces audiences; art. 46, L. 25 mars
1822:

b) Les *mêmes délits* avec la circonstance aggravante
d'*offense* ou d'*injure* (même loi);

c) Les *délits de diffamations verbales ou d'injures
verbales contre les fonctionnaires,*

d) Et ceux de *diffamation et d'injure par toute voie
de publication contre les particuliers,* attribués aux
tribunaux correctionnels par l'art. 44, L. 26 mai 1849.

2764. — Et il n'y a pas à mettre en doute le maintien de ces dispositions et la justesse de notre raisonnement, puisque la Cour de cassation les a consacrés
en décidant (implicitement il est vrai pour l'art. 14,
L. 1849, mais très-expressément pour les art. 45 et 46,
L. 1822) que l'art. 25 du décret de 1852 ne comprenait
pas les délits d'infidélité dans les comptes rendus,
art. 7, L. 1822, et n'avait point, par conséquent, dérogé à la compétence des art. 45 et 46, L. 1822, —
Cass., 29 juillet 1852.— B. V. n° 2611.

2765. — Si l'art. 27, décret 1852, ne règle les formes et délais de la poursuite que des délits et contraventions énumérés en l'art. 25;

Si cet art. 25 ne comprend pas, comme dit l'arrêt
ci-dessus, les *crimes,* et les *délits* des art. 44, L. 1849
et 46, L. 1822;

N'est-il pas de toute évidence que leur poursuite reste,
comme auparavant, régie par la loi de 1849; que l'art.
29 de cette loi, pour revenir à notre question, ne peut, au
pis aller, être abrogé que pour les infractions dont
l'art. 27, L. 1852, règle à nouveau la poursuite et qu'il
reste maintenu pour les *crimes et les délits spécifiés
plus haut ?*

2766.—L'action publique se prescrivant par six mois
à l'égard de tous les crimes de publication et de certains délits,

Et par trois ans,

Pour *d'autres délits,* moins graves et pour *toutes les
contraventions* de la presse...

Quelle étrange anomalie !

Telle serait pourtant la conséquence de la doctrine
consacrée par la Cour de cassation. J'ai tenu à la préciser ainsi, dès le début, pour justifier le dilemme suivant qui me servira de transition pour aborder la discussion principale.

Ou la Cour suprême a bien jugé, et alors l'anomalie
est le fait de la loi, il n'y a plus qu'à s'incliner, en attendant que le législateur, qui seul en a le droit, ait
sur ce point rétabli l'unité et corrigé le désaccord de ses
dispositions;

Ou la Cour *a mal jugé;* l'anomalie signalée n'étant
plus alors que le résultat de la fausse interprétation de
l'art. 27, L. 1852, ne sera pas une des moindres considérations à faire valoir pour la décider à changer sa
jurisprudence;

Ce qui nous amène à examiner si cette jurisprudence
a sainement interprété la loi et n'en a pas forcé le sens
ou excédé la pensée.

<hr>

II. Discussion. — Circulaire.— Sens du mot *délais.* Il n'y a pas
incompatibilité entre l'art. 27 et l'art. 29, puisque le législateur les a réunis dans le décret du 25 mars 1852.

2767. — C'est à la circulaire du 27 mars 1852,
émanée de la chancellerie, que revient la première interprétation doctrinale de l'art. 27, décret 1852, et voici
par quelle argumentation est déterminée sa force abrogative sur l'art. 29, L. 1849.

« Les dispositions de cet article sont entièrement
« contraires aux art. 637 et 638 du C. d'instr. crim.;
« il y a ici une cause spéciale d'abrogation qui résulte
« de cette partie du décret, portant que : *la poursuite*
« *aura lieu dans les délais prescrits* par le Code
« d'instr. criminelle; la prescription de droit commun
« se trouve ainsi rétablie et l'art. 29, L. 1819, abrogé. »

2768. — La circulaire n'a omis qu'une chose, c'est
d'établir que les *délais de la poursuite* comprennent
les *délais de la prescription*, et cela n'est pas si évident qu'elle semble le supposer : son argument profitant
d'une équivoque les confond et porte à faux.

2769. — Que doit-on en effet entendre par ces expressions de *délais prescrits pour la poursuite?* Nous
allons entreprendre ici une guerre de mots, mais il
faut vous y résoudre; c'est avec des mots que les lois
sont faites, et c'est avec des mots mal entendus, mal
compris, que l'arbitraire abuse de leurs dispositions et
fausse la justice.

« *La poursuite aura lieu dans les formes et délais
prescrits.*» Ne faut-il pas entendre par là les délais suivant lesquels doit procéder le magistrat dans sa poursuite lorsque l'action publique est exercée (délais des
citations, des significations, de la mise en état de la
procédure et de l'appel), plutôt que le délai dans lequel
l'action publique doit être ouverte et la *poursuite
engagée?*

Le premier sens me paraît seul conforme à la réalité
des choses. — Le mot *poursuite* impliquant l'idée d'action publique engagée *et en poursuite*, le terme *délai*
ne peut s'appliquer qu'à ce qui suit l'action mise en
mouvement et ne saurait concerner la prescription qui
empêche toute poursuite.

2770. — Pour intenter légalement une *poursuite*,
que faut-il? une action, et une action valide, c'est-à-
dire qui puisse être exercée. — La loi a fait l'action
publique temporaire, elle a sévèrement déterminé la
durée de son existence et décidé qu'elle serait éteinte si
elle n'était pas exercée dans tel *délai*; c'est ce qu'on
nomme la *prescription*; — une fois éteinte par la prescription, l'action n'est plus, et la *poursuite*, partant,
n'est plus possible. — Cette subordination de la poursuite à l'exercice dans les délais de l'action publique
est difficile à saisir; la transition de l'une à l'autre est
si intime qu'il est difficile de la discerner, mais on peut
cependant distinguer entre les délais de l'une et la vie
de l'autre dans cette idée extrême, c'est que le *dernier
jour* de l'*action publique* peut être le premier jour de
la *poursuite*.

2771. — En employant ces expressions, « *les poursuites auront lieu,* » la loi a certainement sous-entendu,
« *lorsque toutefois il y aura lieu à poursuites,* »
c'est-à-dire que l'*action publique ne sera pas éteinte
par la prescription;* — elle n'a pas voulu dire autre
chose par là que : la procédure légalement commencée
aura lieu..., sera poursuivie... car avant d'être en poursuite et d'avoir à observer les délais de la poursuite,
l'action publique doit *être*, et être exercée légalement;
— la loi qui règle les conditions de cette existence et
de sa mise en mouvement ne peut donc entrer en opposition avec la loi qui règle les mouvements et les
formes de procéder de l'action lancée dans la poursuite,
loi dont le but semble être uniquement d'abroger les
formes et délais de la procédure spéciale établie en matière de délits de presse, par les lois de 1819 et de 1849.

2772. — La Cour de cassation n'a-t-elle d'ailleurs pas
déclaré elle-même que, « les lois qui règlent la prescription en matière criminelle touchant AU FOND DU
DROIT, ne sont pas des lois de SIMPLE PROCÉDURE et
D'INSTRUCTION, c'est-à-dire des lois concernant la poursuite. — Cass., 8 avril 1853. D.54.5.586.

2773. — La thèse que nous soutenons peut se fortifier encore par une considération tirée de la place
qu'occupent les mots dans le texte. — Tout est loi dans
la loi, et nous ne voulons rien négliger pour faciliter la
détermination de sa véritable portée.

Formes et délais, porte l'art. 27. — Comme la première chose à examiner, avant de commencer des poursuites, est de voir si le délit n'est point couvert par la
prescription, la pensée des *délais de la prescription*
précède naturellement, dans l'ordre des idées, *celle des
formes de la poursuite.* Le législateur aurait placé, en
conséquence, le mot *délai* avant celui de *forme*, s'il
avait voulu, ainsi qu'on le suppose, donner à la première
de ces expressions la portée qu'il lui faudrait pour comprendre la prescription.

2774. — Mais il est un texte que l'on pourrait tourner contre nous et qui, au fond, nous reste favorable,
c'est celui du décret du 31 déc. 1851, ainsi conçu en
deux articles.

ART. 1er. — La connaissance de tous les délits prévus
par les lois sur la presse et commis au moyen de la
parole est déférée aux tribunaux correctionnels.

ART. 2. — Les poursuites seront dirigées selon les *formes et règles* prescrites par le Code d'instr. crim.

De quelle valeur peut être ce décret précurseur des
art. 25 et 27 du décret du 17 février 1852? le voici.

Règle est plus général que *délai;* si vous repoussez,
me dira-t-on, la prescription du mot *délai*, convenez du
moins que celui de règle peut le comprendre. — Ce
décret a, dès lors, fait sortir pour le tout les délits
qu'il énumère de l'enceinte de la loi de 1849; il indique
ainsi par avance la pensée des art. 25 et 27 qui n'ont
fait, en les étendant, que reproduire ses dispositions et
compléter la *correctionnalisation* des délits de presse.

A ce décret *d'avance interprétatif*, nous opposerons
ci-après un autre décret interprétatif aussi, mais *postérieur* à la loi qu'il faut interpréter; — quoi qu'il en
soit, même en admettant la généralité très-exagéré de
la disposition qu'on nous objecte, l'argument n'est pas
sans réplique et j'y réponds :

De deux choses l'une : où le décret du 31 décembre
1851 est encore en vigueur, ou il a été, ce qui est plus
sûr, absorbé par celui du 17 février 1852.

Dans le premier cas, le texte du décret du 31 décembre en concernant uniquement que les *délits de la
parole*, nous donne quatre catégories de délits au lieu
de trois pour chacune desquelles il faudra des règles
différentes, ce qui est plutôt un embarras qu'un argument.

Dans le deuxième cas, la substitution du mot *délai* à
celui de *règle*, dans le dernier décret, indique bien
plutôt la pensée de restreindre la portée de la disposition nouvelle aux *délais de la procédure*, que de toucher aux *règles de la prescription*, et l'objection ainsi
nous profite.

2775. — Mais il y a plus : l'argument tiré du mot
délai et de l'incompatibilité de l'art. 27 du décret de
1852, avec l'art. 29, L. 1849, qui pouvait paraître décisif le 27 mars 1852, perdait toute son autorité le lendemain. — Le décret du 28 mars 1852 contredisait formellement sur ce point, comme sur d'autres, l'interprétation de la circulaire du ministre de la justice.

2776. — Rendu dans les mêmes conditions que le
décret du 17 février dont il reproduisait littéralement
toutes les dispositions, pour la réglementation de la
presse en Algérie, ce décret du 28 mars n'est que la
copie (en quelques points, *cum commento*) (1), du décret qui l'avait précédé, à cette différence près qu'il s'explique au sujet de la *prescription;* — il doit en conséquence en être considéré sur ce point *comme son
interprétation officielle et authentique.* — C'est le même
esprit, la même volonté, le même système.

---

(1) Voir, pour s'en convaincre, les art. 7, 11, 12, 14, 16, de
ce décret et les nᵒˢ 2071, 619, 745 m, 1915, 2737 et 2214 suprà

Or, loin de reconnaître qu'il y ait, comme le prétendait la circulaire, inconciliabilité entre le *système des poursuites suivant le droit commun* et *la règle de la prescription de 6 mois* de la loi de 1849, le décret les associe : après avoir en effet reproduit, par son art. 14, l'art. 27 du décret du 17 février, il déclare formellement par son art. 19 que l'action publique s'éteindra conformément à l'art. 29 de la loi de 1849. Il me semble dès lors difficile d'admettre que le législateur ait voulu priver la métropole d'une disposition de faveur qu'il maintenait en Algérie dans une réglementation de la presse plus rigide, moins libérale.

2777. — Ce décret du 21 mars 1852 a été depuis abrogé en Algérie par un décret du 14 mars 1855, non inséré au Bulletin des lois, qui a rendu applicable à l'Algérie le décret du 17 février 1852 ; mais son texte régulièrement promulgué en France reste acquis à la France comme interprétation originaire et autoritaire de ce dernier décret.

2778. — Sur le terrain exégétique de la confrontation des textes, la question est jugée, il ne nous reste plus qu'à examiner si la *pensée* de la loi repousserait l'interprétation qui découle ainsi de sa lettre.

Quelle pensée pourrait-on ici supposer qui nous fût contraire ?

Le législateur ne touche d'ordinaire aux lois du passé que pour en corriger les imperfections, suppléer à leur insuffisance ou résoudre, par une rédaction plus complète, les difficultés que leur application avait rencontrées ou fait naître : en deux mots, pour *faire mieux*.

Quel *mieux* pourrait ici, en matière de prescription, se proposer et réaliser le décret du 17 février 1852 ? Quel abus, quelle difficulté pouvait justifier sous ce rapport l'abrogation de la loi antérieure? L'art. 29 de la loi de 1849 avait-il cessé d'être utile ? La règle qu'il imposait avait-elle jamais donné lieu à des réclamations ou fait l'objet d'une critique ? — Non. — Importait-il moins, en 1852, que les délits de la presse, dont les circonstances d'actualité font quelquefois tout le danger, fussent punis sous l'empire de ces mêmes circonstances et que la répression rapprochée de l'attaque vînt ajouter à l'exemplarité du châtiment ? — Non.

En quoi eût-il été mieux d'accorder 3 ans que six mois pour la poursuite d'un délit dont la publicité constitue et constate tout le préjudice ? Il n'y a plus qu'à le punir ; le plus tôt est toujours le mieux ; ajourner ou en réveiller le souvenir oublié après six mois eût été le pire.... quelle raison enfin y avait-il en 1852 d'abroger l'art. 29 de la loi de 1849 ? — Aucune. — Pourquoi alors supposer que le législateur ait voulu l'abroger ? — on n'abroge pas sans raisons un texte sage et plein de raison.

Considérerait-on comme un motif suffisant le très-médiocre avantage d'*unifier* sur ce point la législation ? — Mais il faudrait reconnaître alors que la rédaction de la loi répond bien mal à sa pensée, car loin de tendre à l'*unité*, ses dispositions rapprochées aboutissent à la division par cette anomalie déjà signalée, qui rend impossible l'interprétation de la Cour suprême. (n° 2766.)

Et puis, enfin, si telle eût été la pensée de la loi, pourquoi n'a-t-elle pas ajouté quatre mots à la disposition de son article final : « Sont abrogées les lois « contraires et *notamment l'art. 29 de la loi* « *de 1819* ? » — Cela terminait tout, et il ne serait pas nécessaire de tourmenter un texte qui dit tout et ne dit rien pour en dégager une abrogation que l'on s'imagine y voir et contre laquelle protestent le bon sens et la pensée du législateur lui-même, dans la rédaction du décret du 28 mars 1852.

2779. — En résumé :

Les lois qui concernent la prescription de l'action publique *touchant au fond du droit* (n° 2772), à l'existence même de l'action, sont par cela même indépendantes de celles qui en règlent *la poursuite*.

Un changement dans les *formes et délais de la poursuite* n'implique donc point par lui-même une modification des *délais de la prescription*.

Les dispositions qui fixent les uns ne se trouvant point, pour ainsi dire, sur le même plan que celles qui fixent les autres, ne sauraient en conséquence *entrer en conflit* et *être inconciliables*.

La réunion, dans le décret du 28 mars 1852, des deux dispositions que l'on oppose l'une à l'autre démontre d'ailleurs qu'il n'y a aucune inconciliabilité réelle entre le *retour au droit commun* en ce qui concerne *les poursuites*, et le *maintien de la prescription spéciale* de six mois.

2780. — L'omission, dans le décret organique du 17 février, d'une disposition analogue à celle qui, dans le décret du 28 mars, maintient formellement en vigueur l'art. 29, L. 1849, ne saurait avoir pour effet de donner à l'art. 27 de ces deux décrets une portée que cette même disposition n'a point dans le second et que ses termes ne comportent point par eux-mêmes.

Involontaire, cette omission constitue une *lacune* qui laisse subsister l'art. 29, L. 1849.

Et si elle est volontaire, il n'est pas douteux que l'intention du législateur n'ait été par là de maintenir la législation *spéciale*, comme il l'a déclaré après coup, — lorsque surtout rien dans sa disposition *générale* de l'art. 27 n'indique la pensée formelle d'une abrogation et d'une contradiction de la loi *spéciale*.... Une loi spéciale ne peut être en effet abrogée par une loi générale, même postérieure, que si cette dernière le déclare formellement ou contient des dispositions pratiquement inconciliables ensemble.

2781. — L'art. 27 du décret du 17 février porte, comme l'art. 44 du décret du 28 mars, « que les poursuites auront lieu dans les formes et *délais* du Code d'instruction criminelle. » — L'interprétation qui voudrait comprendre les *délais* de la prescription dans ces dernières expressions risquerait d'en étendre le sens au delà de leur portée naturelle et des nécessités qui ont provoqué cette disposition. — Le mot *délai* de cet article doit en conséquence être considéré comme se rapportant uniquement aux *délais de procédure* pour laquelle seule il n'est pas douteux que le législateur ait entendu revenir au droit commun.

Tels sont les motifs qui me portent à croire que l'article 29 de la loi de 1849 n'a point été abrogé par la législation de 1852.

2782. — Depuis la publication de la dissertation qui précède, en juillet 1863, par la *Revue critique de législation*, tome XXIII, — la Cour de Rouen, par un arrêt du 23 juin 1864. D.64.2.244, et le tribunal de Marseille, par un jugement du 23 janvier 1868 non réformé en appel malgré les conclusions contraires de M. l'avocat général de service, se sont prononcés dans le sens du maintien de l'art. 29 de la loi de 1849 relativement aux délits de presse qui étaient de la compétence des tribunaux correctionnels avant 1852. (n° 2763.)

On peut encore mentionner dans le sens favorable à notre système le jugement de Strasbourg du 30 mars 1863 et l'opinion de M. Faustin Hélie, *Instr. crim.*, II. 680, édition de 1867, qui considère l'art. 29 de la loi du 26 mai 1819 comme toujours en vigueur.

Dans un sens contraire, V. Montpellier, 20 avril 1863, D.63.2.345. — Cass., 17 août 1864. — S.63.4. 274. — 22 janv. 1863. S.63.4.863. — 24 nov. 1865. S.65.4.102. — Colmar, 2 mai 1865. D.63.2.78. — Dijon, 12 juillet 1855. D.63.2.224.

2783. Sous le mérite des considérations et des raisons qui nous donnent lieu de penser que l'art. 29 de la loi du 26 mai 1849 doit continuer à être observé et appliqué, nous croyons devoir rapporter les solutions et les décisions qui, avant 1852, avaient été consacrées pour son application.

2784. — Contre les *crimes et délits.* — A la différence du Code d'instr. criminelle, qui distingue entre les crimes et les délits pour la fixation des délais de la prescription, le législateur les met ici sur la même ligne et les soumet sans distinction au même délai de 6 mois pour la prescription de l'action publique. — Chassan, I, p. 524.

2785. — *Commis par voie de publication.* Mais la dérogation ci-dessus signalée aux règles du droit commun ne profite qu'aux crimes et délits commis par la voie de la presse ou tout ou autre moyen de publication, sans qu'il y ait lieu de distinguer entre la presse périodique ou non périodique, non plus qu'entre les crimes et délits prévus par la loi de 1819 et les délits punis par les lois postérieures, du moment où par leur caractère ils rentrent dans la catégorie des délits de publication.

Mais la prescription de 6 mois ne s'appliquerait pas aux délits de publication prévus par le Code pénal, suivant M. de Grattier, I, 532.

2786. — *A compter du fait de publication;* sur les circonstances qui constituent le fait de publication, V. n°ˢ 302 à 306, 335 et 847 et suiv.

2787. — *Pour faire courir cette prescription.* » La prescription commence à courir à partir du fait de la publication. — Cass., 18 sept. 1829. S. *Coll. nouv.*, 9.1.374.

2788. — *La publication doit être précédée du dépôt et de la déclaration:* Il s'agit évidemment ici d'imprimés dont la publication est soumise aux formalités du dépôt et de la déclaration.

Le bénéfice de la prescription des 6 mois étant ainsi subordonné à l'accomplissement de la double condition de la déclaration et du dépôt, il s'ensuit que son omission laisse le délit de publication par voie d'imprimés sous l'empire de la prescription ordinaire du droit commun.

Mais le délai de la prescription court du jour de la publication et non du jour du dépôt et de la déclaration.—Chassan, II, p. 70, De Grattier, I. p. 534.—Cass., 18 sept. 1829.—S. *Coll. nouv.* 9.1.374.

2789. — La prescription de 6 mois pour le fait de réimpression d'un ouvrage condamné ne court que du jour de sa réimpression ou du jour de la vente pour chaque fait particulier de vente et non du jour du dépôt ou de la condamnation de l'ouvrage. Cass., 23 avril 1830. D.30.1.234. — Chassan, II, p. 81.

2790. — Le bénéfice de la prescription acquis à une édition ne s'étend pas aux éditions subséquentes du même ouvrage ; chaque édition nouvelle est un fait nouveau pouvant donner lieu à de nouvelles poursuites. — Chassan. II, p. 74.

2791. — *S'il a été fait dans cet intervalle de 6 mois un acte de poursuite ou d'instruction :* Le § 3 de l'art. 29 règle le cas d'interruption de la prescription des 6 mois.

Acte de poursuite. Les actes de poursuites interruptifs de la prescription de 6 mois sont tous ceux qui ont pour objet soit de provoquer, soit d'exécuter les actes destinés à parvenir à l'instruction ou au jugement du procès ; tels que réquisitions et citations régulières et légalement données. De Grattier, I, 536.

Acte d'instruction. Il faut par là entendre tous actes destinés à constater le fait ou la culpabilité de son auteur, régulièrement fait, par des magistrats ou officiers de police compétents. — Chassan, II, p. 76.

2792. — Les citations nulles ne peuvent interrompre la prescription, à moins que la comparution du pré-

venu et sa défense au fond ne couvrent la nullité. (Chassan, II. p. 76.)

2793. — Les empêchements de droit qui s'opposent à la poursuite, tels que le défaut d'autorisation du Conseil d'Etat, suspendent la prescription lorsque dans le délai il a été fait une demande pour l'obtenir. De Grattier, I, p. 538.

2794. — *L'action civile ne se prescrira que par 3 années.* Sans distinction entre les écrits imprimés et ceux qui ne le sont pas. — Lorsque l'action publique est prescrite, les tribunaux civils sont seuls compétents pour statuer sur l'action civile (Chassan, II, p. 94). L'exception du § final de l'art. 2 du décret du 22 mars 1848 (V. notes sur cet article, n°ˢ 2633 à 2639) n'a pas été abrogée par la législation postérieure.

II. DE LA PRESCRIPTION DES CONTRAVENTIONS.

2795. — On a divisé les *délits de presse* en deux catégories, d'après la nature de leurs éléments constitutifs.

Dans l'une se rangent les infractions que caractérise une pensée agressive ou nuisible, par le contenu des écrits, dessins, etc., publiés volontairement : c'est là catégorie des délits de presse proprement dits.

L'autre comprend les infractions qui, indépendamment de toute intention délictueuse, consistent uniquement dans le fait tout extérieur et matériel d'une publication irrégulière par suite d'une omission de formalité ou parce qu'en publiant on a contrevenu à une interdiction portée comme simple mesure de police ; infractions qui, bien que punies de peines correctionnelles, ont été, pour cette raison, qualifiées de *contraventions correctionnelles à la police de la presse.*

2796. — Si l'application de l'art. 29 de la loi du 26 mai 1849 aux infractions de la première catégorie (1) n'a point été contestée, il n'en a pas été de même de son application à celle de la seconde. C'est là encore une question controversée sur laquelle la Cour de cassation s'est prononcée négativement le 3 septemb. 1843, B.230, en décidant que ces contraventions restaient soumises à la prescription de 3 ans du droit commun.

2797. — Cette interprétation de la Cour suprême, dont les résultats seront de faire prescrire par trois ans les *infractions* les *moins graves,* alors que les crimes et les délits seront prescriptibles PAR SIX MOIS, — n'a pas été unanimement acceptée par tous les criminalistes. — L'opinion de ceux qui l'ont repoussée me paraît devoir être préférée comme plus conforme aux intentions du législateur.

La Cour me semble en effet avoir trop subordonné en cette circonstance l'appréciation de l'art. 29 de la loi du 26 mai 1849, au *but général* de cette loi, se référant à la loi du 17.

L'objet de la loi du 26 mai 1849 a bien été de régler la poursuite et le jugement des crimes et délits prévus par la loi du 17 du même mois, mais ce serait méconnaître les idées de large prévoyance qui dirigent d'ordinaire le législateur que de borner au cercle pénal d'une loi récente les avantages d'une disposition que son utilité générale transformait *en disposition d'ordre public.*

---

(1) A l'exception, toutefois, des délits de publication prévus par le Code pénal : tels que les délits qui font l'objet des art. 201 à 205, excitations coupables par écrits pastoraux, etc... des art. 222 à 224 ; outrages envers personnes publiques ; des art. 260 et suivants : outrages envers ministres et objets d'un culte ; art. 283-286, publications, provocations ; art. 471, injures simples qui se prescrivent conformément au C. d'inst. crim —V. n° 2785, d'après M. de Grattier.

§ 2.— Prescriptions spéciales.—Délits électoraux par voie de publication.

Contraventions spéciales de presse. — Contraventions en matière de timbre.

Prescription de trois mois. — Contravention.

611. — *L. 9 juin 1819. Art. 13.* Les poursuites auxquelles pourront donner lieu les contraventions aux art. 7, 8 et 11,

7. Interdisant les comptes rendus des séances secrètes des Chambres, remplacé par l'art. 14, D. 17 fév. 1852.— V. art. 480.
8. Omission par un journal d'avoir inséré les articles officiels qui lui sont adressés par l'autorité, remplacé par l'art. 19, D. 17 fév. 1852, — V. art. 173.
11. Omission par les gérants d'avoir, dans le mois de leur condamnation, inséré un extrait du jugement. (V. art. 170).

se prescriront par le laps de 3 mois à compter de la contravention ou de l'interruption des poursuites s'il y en a de commencées en temps utile.

2798. — Par la pensée supérieure qui l'a inspirée, d'accélérer la poursuite des infractions éphémères de la presse, par la place que l'art. 29 occupe dans la loi du 26 mai à la suite et comme à l'écart des articles qui régissent la *poursuite* et la *procédure*, sa disposition se détache du *but général* de la loi du 26 mai et reproduit avec un caractère de généralité incontestable qui en fait et doit en faire dès lors comme une règle de droit commun pour toutes les infractions par la voie de la presse. — Le mot *délit* était encore assez large dans le langage pénal en 1849 pour comprendre sans effort les faits que la terminologie nouvelle a plus tard qualifiés de *contraventions*.

2799. — Dans tous les cas et alors même qu'il serait douteux que tels fussent et sa portée et son caractère dans l'intention du législateur, ce doute, eu égard à l'utilité favorable de l'art. 29, devrait encore en autoriser l'extension sous la protection de cette sage maxime qui commande d'étendre les bienfaits des lois favorables. *Favores ampliandi.*

2800. — J'incline en conséquence à penser avec MM. Chassan et Faustin Hélie que la loi du 26 mai, dont les dispositions ont été déclarées applicables à *tous les délits prévus et punis par les lois postérieures*, doit, en ce qui concerne la prescription, être également appliquée aux *contraventions* que la peine place à côté des délits devant la même juridiction, —

Prescription de 2 ans. — Contravention aux lois du timbre.

612. — *L. 16 juin 1824, sur le timbre.* Art. 24. La prescription de 2 ans établie par la loi du 22 frimaire an VII [art. 61, pour la demande des droits] s'applique tant aux amendes pour contraventions à ladite loi qu'aux amendes pour contraventions aux lois sur le timbre.

Prescription de trois mois. — Délits électoraux.

613. — *L. électorale du 2 févr. 1852.* Art. 50. L'action publique et l'action civile [à raison des délits électoraux prévus en ladite loi et parmi lesquels il en est qui rentrent dans la catégorie des délits de publication (art. 372-374)] seront prescrites après 3 mois à partir du jour de la proclamation du scrutin.

---

que ces infractions, quel qu'en soit le titre et quelle que soit la date de la loi qui les a prévues, profitent du bénéfice de l'art. 29 de ladite loi du 26 mai 1849 et sont, comme les crimes et les délits commis par la voie de la presse, prescriptibles par 6 mois, sauf toutefois les contraventions pour lesquelles l'art. 13 de la loi du 9 juin 1849 a établi une prescription spéciale de 3 mois. — V. ci-dessus art. 611.

[**611**] == 2801. — Des trois articles mentionnés dans cet art. 13, L. 1819, — les deux premiers ont été sinon abrogés, du moins absorbés par les dispositions plus générales des art. 14 et 19 du décret du 17 fév. 1852 ; — mais comme c'est toujours le même fait qui fait l'objet de ces dernières dispositions, il y aurait lieu de leur maintenir le bénéfice de la loi spéciale, que les lois générales postérieures n'ont point abrogée. — V. notre *C. de la presse* de 1856, n° 732.

Dans tous les cas, l'art. 13 reste applicable à la contravention prévue par l'art. 11, toujours en vigueur, de la loi du 9 juin 1819. — V. art. 170.

[**612** à **613**] == . . . .

Chap. II. — De l'abrogation des lois.

I. Les lois seules abrogent les lois. — De l'usage et de la désuétude.

2802. — L'abrogation des lois ne se présume pas...
— Cass., 17 floréal an x, B.175.

2803. — L'usage ne peut prévaloir contre une loi; une loi ne peut être en conséquence abrogée ni par le non-usage ou désuétude, ni par un usage contraire, en matière pénale surtout. — Aubry et Rau sur Zachariæ, 1, § 29; Demolombe, I, n° 35 et 130; Cass., 8 janv. 1864. S.64.1.247.

2804. — Les lois ne perdent pas leur force obligatoire par cela seul qu'ont cessé les abus qui les ont rendues nécessaires, ou qu'ont changé ou disparu les circonstances ou l'ordre de choses en vue desquels elles ont été faites. — Ce n'est que par une fausse application de la maxime *ratione legis cessante, cessat lex* qu'on a soutenu le contraire ; il n'est d'ailleurs donné à personne de connaître toutes les raisons d'être d'une loi, et c'est au législateur seul, en l'abrogeant, de déclarer qu'elles ont entièrement disparu et que par suite la loi se trouve être inutile. Demolombe, I, n. 129. — Aubry et Rau, I, § 29. — Cass., 5 mars 1839. S.39. 1.343.

2805. — Une loi ne peut être en conséquence abrogée que par une loi : *ejus est tollere legem cujus est condere.* — Les décrets sont par suite impuissants à abroger ou modifier les dispositions des lois.

II. Les lois abrogent diversement les lois.

2806. — L'abrogation d'une loi peut être *expresse* ou *tacite.*

L'abrogation est expresse quand une loi postérieure déclare formellement «*telle ou telle loi abrogée.*»

Elle est tacite, lorsque cette loi postérieure contient des dispositions contraires à la loi ancienne ou inconciliables avec elle : *Posteriora derogant prioribus.* — V. les auteurs ci-dessus cités.

2807. — L'abrogation tacite est quelquefois décidée par une disposition expresse portant : « *Que les lois contraires sont abrogées ou que les lois non contraires continueront à être observées ou sont maintenues.* »

2808. — La condition essentielle et *sine quâ non* de l'abrogation tacite est la contrariété de la loi ancienne avec la loi nouvelle : *Posteriores leges ad priores pertinent nisi contrariæ sint.*

2809. — De la contrariété abrogative des lois : Pour qu'elle soit abrogative, il faut que cette contrariété entre la loi ancienne et la loi nouvelle *soit formelle.* L'abrogation n'atteint que la disposition de la première loi dont l'application est réellement inconciliable avec l'application de la seconde. — Cass., 26 avril 1821. S.21.1.280. Demolombe. Aubry et Rau.

2810. — Cette contrariété peut se produire soit entre les systèmes ou principes mêmes des deux lois, soit entre quelques-unes de leurs dispositions, leurs principes ou système n'ayant rien entre eux d'inconciliable.

Dans le 1er cas, l'abrogation tacite du principe ou système de la loi ancienne entraîne l'abrogation de toutes les dispositions qui en sont la conséquence.

Dans le 2e cas, les articles seuls de la loi ancienne incompatibles avec la loi nouvelle sont abrogés, avec les sous-dispositions qui en étaient, bien entendu, les corollaires, compléments ou développements indivisibles. — Aubry et Rau, 1, § 29.

2811. — La contrariété formelle ne pouvant se produire qu'entre des lois de même but ou de même nature, l'abrogation des lois qui régissent des matières spéciales ou d'une manière toute spéciale certains points déterminés ne saurait découler d'une loi générale postérieure, à moins que le législateur n'eût for-mellement déclaré le contraire ou que ce contraire ne résultât clairement de l'objet ou de l'esprit de sa loi. *Legi speciali per generalem non derogatur.* Les lois spéciales persistent contre les lois générales postérieures et ne peuvent être par elles tacitement abrogées. Aubry et Rau sur Zachariæ 1, § 29. — Merlin, v° *Loi* § 9, n° 3. — Demolombe, 1, 127. — Cass., 8 févr. 1840. S.40.1.281. ; 14 juillet 1826. B.137.

2812. — Il s'ensuit qu'une loi nouvelle qui étend ou généralise les interdictions d'une loi ancienne ne l'abroge pas dans le sens rigoureux du mot, car il n'y a entre elles aucune contrariété réelle au fond, il y a plutôt identité ; — absorber n'est pas abroger.

III. De l'abrogation par prétérition.

2813. — Du principe que l'abrogation tacite ne résulte que d'une contrariété formelle, il suit encore : Que la prétérition d'un ou plusieurs articles d'une loi ancienne par une loi nouvelle, qui en reproduit les autres dispositions, n'entraîne pas l'abrogation tacite des articles omis, lorsque cette prétérition n'implique pas contrariété et incompatibilité réelle avec la loi nouvelle et ses principes modifiés.

« En effet, si le législateur qui ne prononce pas « l'abrogation formelle ne doit pas en général être « présumé vouloir empêcher, comme on l'a dit, *la fu-* « *sion* des deux lois, il en est autrement lorsque la loi « nouvelle crée sur la même matière un système en- « tier et complet dont l'application est incompatible « avec les dispositions de la loi ancienne laissée à « l'écart et en exclut l'application ; — on rentre alors « dans les conditions ordinaires de l'abrogation ta- « cite. »

2814. — Mais la question est plus difficile lorsque cette incompatibilité ne résultant ni du système de la loi ni de ses dispositions en elles-mêmes, on prétend la déduire du seul fait de la *prétérition.* Les principes me semblent résister sur ce point à l'abrogation. — Rien n'était plus facile au législateur que de dissiper à cet égard tous les doutes en déclarant abroger la loi ancienne, il ne l'a point fait, encore faut-il savoir pourquoi : si c'est *volontairement*, la prétérition n'a rien d'abrogatif ; — si c'est par *inadvertance* ou oubli, son silence, à cet égard, est une faute qui ne saurait préjudicier aux intérêts dont la disposition omise était la sauvegarde et la garantie ; — il faut être sans merci pour les législateurs qui laissent à moitié faite leur œuvre et s'en remettent aux tribunaux du soin de découvrir ce qu'ils ont voulu et de le dire.

2815. — Le doute doit alors, si la disposition est favorable, tourner dans tous les cas au profit de la conservation : *in dubio, meliora.*

2816. — Prenons un exemple : — sur les 20 articles d'une loi ancienne, 10 sont consacrés aux incriminations, 5 aux conditions de la mise en mouvement de l'action publique et de l'action civile, 5 autres à la procédure : — Une loi nouvelle, reprenant à nouveau la réglementation de la matière, reproduit les incriminations de l'ancienne loi et les complète, puis modifie la procédure et, reproduisant, avec d'insignifiantes additions de détail, toutes ses dispositions sur ce point, ne laisse de côté que les dispositions concernant l'action publique et l'action civile.

Peut-on dire que cette prétérition implique leur rejet ? — Pourquoi ne pas plutôt présumer leur maintien ? — Autres sont les règles de la poursuite, autres celles de la procédure. Les prescriptions qui contiennent les unes ne sont pas sur le même plan que les autres et ne peuvent dès lors se rencontrer en conflit, et s'il n'y a entre elles aucune inconciliabilité, si l'application des unes ne s'oppose pas à l'application simultanée des autres, si l'économie et l'unité de la

Dispositions abrogatives des lois dites de la presse, leur signification.

Abolition de la censure de 1814.

614. — *L.* 21 *oct.* 1814. Art. 22. Les dispositions du titre I [art. 1 à 10 qui organisaient le régime de la censure] cesseront d'avoir leur effet à la fin de la session de 1816, à moins qu'elles n'aient été renouvelées par une loi, si les circonstances le faisaient juger nécessaire.

Législation pénale spéciale, dite de la presse.

615. — *L.* 17 *mai* 1819. Art. 26. Les art. 102, 217, 367, 375, 377 du C. pénal, et la loi du 9 nov. 1815 sont abrogés. Toutes les autres dispositions du Code pénal auxquelles il n'est pas dérogé continueront d'être exécutées.

Régime exceptionnel pour la poursuite.

616. — *L.* 26 *mai* 1819. Art. 31. La loi du 28 février 1817 [sur la saisie des écrits, V. art. 134] est abrogée. Les dispositions du Code d'instruction criminelle auxquelles il n'est pas dérogé continueront d'être exécutées.

Interdiction des procès de tendance.

617. — *L.* 18 *juillet* 1828. Art. 18. La loi du 17 mars 1822 sur la police des journaux [et les procès de tendance] est abrogée.

Retour à la législation libérale de 1819.

618. — *L.* 8 *octobre* 1830. Art. 5. Les art. 12, 17 et 18 de la loi du 25 mars 1822 [qui avait suspendu la législation libérale de 1819 et placé les délits de la presse sous le régime du droit commun] sont abrogés.

Liberté des professions d'afficheurs et crieurs publics.

619. — *L.* 10 *déc.* 1830. Art. 9. La loi du 5 nivôse an V et l'art. 290 du Code pénal [concernant les crieurs et afficheurs publics] sont abrogés.

Abrogation *ab irato.* — Rancune de la presse.

620. — *D.* 6 *mars* 1848. Art. 1. La loi du 9 septembre 1835 sur les crimes, délits et contraventions de la presse et des autres moyens de publication est abrogée.

Art. 2. Jusqu'à ce qu'il ait été statué par l'Assemblée nationale constituante, les lois antérieures relatives aux délits et contraventions en matière de presse, sont exécutées dans les dispositions auxquelles il n'a pas été dérogé par les décrets du Gouvernement provisoire.

Cautionnement. — Liberté des élections.

621. — *L.* 16 *juillet* 1850. Art. 11. Les dispositions des lois du 9 juin 1819 et 18 juillet [concernant la presse périodique] qui ne sont pas contraires à la présente loi continueront à être exécutées.

Les lois des 9 août 1848 [sur les cautionnements] et 21 avril 1849 [sur la liberté pendant la période électorale] sont abrogées.

Le régime de la liberté remplacé par le régime discrétionnaire.

622. — *D.-L.* 17 *févr.* 1852. Art. 36. Sont abrogées les dispositions des lois antérieures contraires à la présente loi et notamment les art. 14 et 18 de la loi du 16 juillet 1850 [concernant le timbre des suppléments de journaux].

Propriété littéraire. — Temporanéité des droits d'auteurs.

623. — *L.* 14 *juillet* 1866. Art. 2. Toutes les dispositions des lois antérieures contraires à celles de la présente loi sont abrogées.

Abolition du régime discrétionnaire.

624. — *L.* 11 *mai* 1868. Art. 16. Sont abrogés les art. 1 et 32 [concernant l'autorisation préalable et le régime des suspension et suppression administratives] du décret du 17 février 1852 et généralement toutes les dispositions des lois antérieures contraires à la présente loi.

---

loi nouvelle ne sont pas troublées par leur coexistence, il faut conclure qu'il n'y a pas abrogation de l'une par l'autre.

2816 *bis.* — Des lois, passons aux constitutions qui sont aussi des lois : — elles se produisent toujours comme des œuvres complètes, reprenant en entier la matière constitutionnelle et formant un tout nouveau dont l'ensemble, par sa nature même, repousse plus qu'il n'admet le maintien de ce qu'il remplace : principes fondamentaux, formes du gouvernement, pensée organique, tout est, d'ordinaire, différent et en opposition avec les principes, la forme et le système du régime brisé. — S'il est des œuvres dont on puisse dire qu'elles rejettent et abrogent les dispositions du passé qu'elles n'ont ni repris ni conservé, c'est bien certainement des constitutions. — La jurisprudence a, cependant, sur ce point, consacré la règle contraire en maintenant en vigueur, sous les chartes de 1814, 1830 et la constitution de 1848, l'art. 75 de la constitution de l'an VIII (art. 553, *suprà*) dont aucune d'elles n'avait cependant reproduit la disposition exorbitante, mais non incompatible.

C'est que l'abrogation par prétérition est moins un principe qu'un des modes de l'*abrogation tacite* qui ne doit dès lors être admis que pour le cas où la loi

nouvelle est réellement *contraire* par ses termes ou son application à l'application simultanée de la disposition de la loi ancienne qu'elle a omise. L'omission dans ce cas signifie : rejet ; mais dans les autres cas elle signifie : lacune, oubli et n'abroge pas la loi ancienne.

Au point de vue de ses conséquences pratiques, relativement à trois dispositions classées dans le présent Code, l'avantage ne resterait pas au système de l'abrogation par prétérition : car en balance de l'art. 449 de la loi du 18 mars 1849 (art. 371), pour le maintien duquel lutte contre lui l'opinion contraire (n° 1403), ce système aurait ce résultat fâcheux d'entraîner l'abrogation de dispositions plus utiles que l'on ne saurait voir disparaître sans regret et notamment de l'art. 75 de la constitution de l'an VIII et la partie de l'art. 6 de la loi du 25 mars 1822 (art. 409) qui punit l'outrage envers les fonctionnaires. — Déclarer les uns et les autres abrogés, ou les maintenir en vigueur, les uns et les autres, c'est à cette option qu'aboutit dans ses conséquences pratiques la question de l'abrogation par prétérition. Nous nous sommes prononcé pour leur maintien (V. n°ˢ 1403, 1691, 2820 et art. 553) contre leur abrogation par prétérition.

2817. — Cette conséquence me semble devoir s'imposer surtout lorsque la loi nouvelle porte, par une disposition expresse, qu'elle n'entend *abroger que les lois qui lui sont contraires*, car ce sont uniquement alors celles-là que son économie repousse ; tandis que si la loi n'a pas statué à cet égard, son silence laissant le champ libre aux présomptions pourra jusqu'à un certain point donner lieu de penser que l'intention du législateur a été d'abroger non-seulement les articles contraires, mais tous ceux dont il n'a pas conservé les dispositions.

2818. — Il a été toutefois plus d'une fois jugé que les lois anciennes relatives à des matières sur lesquelles le Code civil contient un système complet, sont abrogées par cela seul que ces dispositions ne sont pas reproduites dans ce Code. — Pau, 20 mars 1822. S.22.2.223.

2819. — Sont abrogées les lois anciennes, abrogées par le Code pénal, quand même ces lois prévoiraient des cas sur lesquels ce Code est muet, mais qui se rattachent à ses matières. — Il faut toutefois que le Code présente sur ces matières, non quelques dispositions éparses, mais un système complet de législation. — Cons. d'Etat, 8 févr. 1812. S.12.2.143; Cass., 18 févr. 1848, J. P.

2820. — L'art. 6 de la loi du 25 mars 1825 a été revisé en 1848 ;—l'art. 5 du décret du 11 août 1848 a repris entièrement son premier paragraphe, et, le rédigeant à nouveau, n'a laissé qu'un seul mot à l'écart, celui de « *fonctionnaire public* ; » il ne s'ensuit pas cependant que le § 1er de cet art. 6, L. 1822, qui est ainsi remplacé par l'art. 5 dudit décret du 11 août pour les outrages envers les députés et les ministres d'un culte, soit abrogé relativement aux outrages envers les *fonctionnaires publics ;*—il est resté maintenu, et il est journellement appliqué à ces derniers délits.— V. art. 409.

2821. — Lorsque l'application d'une loi est empêchée par l'existence d'une loi postérieure contraire, l'abrogation formelle de cette dernière loi a pour effet de remettre implicitement en vigueur la loi ancienne temporairement suspendue. — Cass., 22 août 1822. S.22. 1.324 ; — 31 mai 1856. D.56.1.311.

2822. — Mais une loi formellement abrogée ne revit pas par suite de l'abrogation de la loi qui l'a abrogée. — Cass., 13 févr. 1836. S.36.1.339.

[614-624]=2923. — Les différentes dispositions ci-dessus reproduites, portant abrogation implicite ou formelle de différentes lois ou articles de lois antérieures, ont une signification particulière qu'il importe de retenir. — Ainsi l'art. 22 de la loi de 1844, en abrogeant le titre 1 de cette loi, signifie *abolition du régime censorial*. L'art. 18 de la loi de 1828 interdit implicitement *les procès de tendance*, en abrogeant l'odieuse loi du 17 mars 1822 qui les autorisait, et l'art. 16 de la loi du 11 mai 1868 a cette signification libérale de proscrire le *régime discrétionnaire administratif* de l'autorisation préalable des journaux, avec la sanction des avertissements et de la suppression, que le décret du 17 février 1852 avait imposé à la presse par ses art. 1 et 32 ; cette loi de 1868 a en effet prononcé formellement leur abrogation.

Cette signification est indiquée au-dessus de chacun des articles de cette dernière section.

2823 *bis.* — Nous avons, dans la table indicative des dispositions que contient ce Code, indiqué quels étaient les articles de chacune des lois dites de la presse, qui se trouvaient aujourd'hui abrogés, avec mention à la note des dispositions qui les abrogeaient ou les remplaçaient. — Pour ne pas nous répéter, nous nous bornons à renvoyer à cette table et aux notes qui l'accompagnent en ce qui concerne l'énumération des dispositions abrogées ou transitoires qui ont cessé d'être en vigueur.

2823 *ter.* — On ne trouvera dans cette table, non plus que dans ce Code, aucune des dispositions de la loi du 9 sept. 1835, dont la discussion souleva tant de protestations et de critiques. — Elle a été entièrement abrogée le 6 mars 1848 par le journalisme que la révolution de février 1848 avait porté au pouvoir ; mais les lois postérieures en ont successivement repris presque toutes les dispositions répressives. —Ainsi,

L'art. 1, L. 1835 (provocations à des attentats), est devenu l'art. 4 de la loi du 27 fév. 1858,—V. art. 327.

2. \
3. | Ces articles qui prévoyaient des variétés des délits d'offenses et d'attaque envers le roi et la dy-
4. | nastie des d'Orléans, sont remplacés par la dis-
5. } position généralisée de l'art. 4 de la loi du 27
6. | juillet 1849, qui punit toute attaque contre les
7. / droits et l'autorité du chef de l'Etat. (V. sous l'art. 344, notes 1144 à 1161.)

8. — (Apologie de crimes) remplacé par les art. 3 et 7, L. 1849 (art. 392).

9. — Aggravation pénale, inutile, non reprise par les lois postérieures.

10. \
11. } (Publication des noms des jurés et comptes rendus interdits) remplacés par les art. 10 et 5 de la loi de 1849 (art. 495, 462).

12. — Suspension des journaux en cas de récidive, remplacé par l'art. 12 de la loi du 11 mai 1868 (art. 525).

13. \
14. } Ces articles, concernant les cautionnements des journaux, ont été remplacés par le décret du
15. / 17 févr. 1852, qui a réglé à nouveau le régime du cautionnement.

16. — (Signature des numéros-minutes) confirmant la loi antérieure.

17. — (Réponses et rectifications) remplacé par l'art. 13, L. 1849 (art. 172).

18. — (Insertions obligées) remplacé par l'art. 19, décret 17 février 1852 (art. 473).

19. — (Incapacité des gérants condamnés) remplacé par l'art. 14, L. 1849 (art. 159).

20. — (Vente des dessins, etc., autorisation) remplacé par l'art. 22, décret 17 février 1852 (art. 411).

21. \
22. } Ces articles concernant les théâtres ont été remplacés par le décret du 31 déc. 1852 (art. 281).
23. — Transitoire.

24. \
25. | Ces articles, concernant la compétence et les formes
26. } de la poursuite, avaient été reproduits par les
27. | art. 16 à 23 de la loi de 1849, que le décret de
28. / 1852 a abrogés en ramenant aux règles du droit commun la compétence et les poursuites en matière de délits de publication.

2824. — Nous ne saurions, en terminant sur ce point, en présence des difficultés que présentent les abrogations implicites, ne pas faire des vœux pour que le législateur renonçât à cette formule banale qui dit tout et ne dit rien, et laisse tout à faire à la jurisprudence, « *les lois contraires sont abrogées*, vestiges « des temps d'ignorance, dit à ce sujet M. de Bonne- « ville de Marsangy, ou refuge de la paresse, cette « formule est une source intarissable de confusions que « l'on devrait à tout jamais bannir du style législatif. »

V. ce que nous avons dit à ce sujet dans notre préface de notre *C. de la presse* de 1856.

CIRCULAIRES IMPORTANTES

DES

MINISTRES DE LA JUSTICE ET DE L'INTÉRIEUR

CONCERNANT

LA SURVEILLANCE DE LA PRESSE PÉRIODIQUE

ET NON PÉRIODIQUE

ET L'EXÉCUTION DES LOIS DITES DE LA PRESSE

INDICATION SOMMAIRE

1° Circulaire du ministre de la justice, *du 22 septembre 1841*, concernant les attaques contre les institutions, le chef de l'État, les lois et l'ordre public.

2° — — *du 20 avril 1849*, concernant les cris et les crieurs sur la voie publique.

3° — — *du 22 juin 1849*, concernant les cris et les signes séditieux.

4° — — *du 16 août 1849*, concernant l'exécution de la loi du 27 juillet 1849 sur les délits commis par la voie de la presse.

5° — — *du 27 mars 1852*, concernant l'exécution du décret-loi organique sur la presse du 17 février 1852.

6° Circulaire du ministre de la police générale *du 30 mars 1852* sur l'exécution du même décret.

7° Circulaire du ministre de la justice *du 12 avril 1853*, concernant la publication du compte rendu de certains procès.

8° — — *du 3 mars 1854*, concernant la publication des fausses nouvelles par la télégraphie.

9° — — *du 18 février 1858*, concernant l'exécution de l'art. 26 de la loi du 26 mai 1819, et les états de condamnation pour délits de presse.

10° — — *du 6 avril 1859*, concernant les contraventions en matière d'affiches.

11° — — *du 4 juin 1868*, concernant la loi sur la presse du 11 mai 1868.

12° Circulaire du ministre de l'intérieur *du 3 juin 1868*, sur l'exécution de la même loi.

Quant aux circulaires antérieures à 1841, l'abrogation et les modifications des lois qu'elles concernaient leur ont enlevé leur importance et leur autorité; celles de leurs dispositions qui ont toutefois conservé quelque valeur, sous l'empire des lois actuelles, ont été reproduites dans nos annotations sous les articles auxquels elles se rapportent.

CIRCULAIRES IMPORTANTES

DES

MINISTRES DE LA JUSTICE ET DE L'INTÉRIEUR

CONCERNANT

LA SURVEILLANCE DE LA PRESSE
ET L'EXÉCUTION DES LOIS RELATIVES A LA PRESSE

I. — Circulaire concernant les attaques contre les institutions, le chef de l'État, les lois et l'ordre public.

Paris, 22 septembre 1844.

Monsieur le Procureur général,

Les bons citoyens s'affligent profondément de l'audace avec laquelle les factions, abusant de nos libertés les plus précieuses, attaquent publiquement nos institutions, outragent la royauté, provoquent la désobéissance aux lois, et fomentent les désordres, d'où elles espèrent faire sortir la ruine de notre monarchie constitutionnelle.

Cependant les lois protègent la personne du Prince, sa famille et son autorité constitutionnelle ; elles ne veulent pas que l'on conteste les droits qu'il tient du vœu de la nation ; elles interdisent tout acte d'adhésion à une autre forme de gouvernement que celui qui nous régit, et ne souffrent pas qu'on puisse se qualifier publiquement de républicain ou de partisan de la dynastie déchue.

Il faut que les lois soient exécutées. Quand les factions redoublent d'activité et d'audace, les magistrats doivent redoubler de fermeté et de vigilance. Veillez à l'application des lois que je viens de rappeler. Quand vous les trouverez violées par des actes ou des écrits, n'hésitez pas à poursuivre ; usez de la liberté de votre action, que j'entends vous laisser tout entière, et comptez qu'approuvant vos déterminations, le gouvernement soutiendra les efforts que vous ferez pour la défense du Prince et de la Constitution.

Ne vous laissez pas non plus détourner de poursuites, qui vous paraîtraient d'ailleurs justes et opportunes, par la crainte de ne pas obtenir en définitive une répression suffisante. A chaque pouvoir son œuvre, à chacun sa responsabilité. Faites votre devoir : l'exemple de votre fidélité éclairera les esprits et affermira les consciences. C'est un honneur dont la magistrature française s'est toujours montrée jalouse, et un succès qui lui a rarement manqué.

Recevez, Monsieur le Procureur général, l'assurance de ma considération distinguée.

Le garde des sceaux, ministre de la justice et des cultes,

N. Martin (du Nord).

II.—Circulaire concernant les crieurs sur la voie publique.

Paris, 20 avril 1849.

Monsieur le Procureur général,

Les magistrats doivent veiller à ce que la distribution des journaux, soumise à un double dépôt d'un exemplaire au parquet et à la mairie et à la permission de l'autorité municipalité, n'engendre pas d'abus, et qu'on ne se livre pas sur le pavé des rues à des prédications en faveur de l'anarchie et du socialisme.

Lors donc que les crieurs ne se bornent pas à une simple annonce du journal, par son titre, conformément à la loi du 10 décembre 1830, art. 3, et qu'ils se livrent à des commentaires séditieux et diffamatoires, la police doit dresser procès-verbal et, s'il y échet, arrêter le contrevenant.

Le garde des sceaux, ministre de la justice et des cultes,

Crémieux.

III. — Circulaire concernant les cris, signes et menées séditieuses.

Paris, 22 juin 1849.

Monsieur le Procureur général,

L'expérience est aujourd'hui faite pour tous. Nul ne peut plus se faire illusion sur les fléaux que la victoire de l'anarchie, ne fût-elle que d'un jour, appellerait sur notre société.

L'autorité est donc assurée désormais du concours actif de tous les bons citoyens qui ne veulent pas voir notre grande et belle société française se dégrader et peut-être même se dissoudre au milieu des convulsions d'une guerre sociale. D'autre part, et à aucune époque de notre histoire, l'accord entre le pouvoir législatif et le pouvoir exécutif n'a été plus complet dans le sentiment du danger commun et dans la résolution énergique d'en préserver la patrie. Certes, jamais le vrai magistrat n'hésite en face du devoir; mais aussi, et on peut le dire, jamais il n'aura été plus assuré que dans ce temps-ci de l'appui des grands pouvoirs de l'État et de celui non moins prononcé de l'opinion publique. — Qu'il n'y ait donc aucune hésitation dans l'accomplissement des devoirs de votre ministère; que les sévérités de la loi atteignent sûrement et promptement tous ces hommes qui, non satisfaits du suffrage universel et du droit de discussion et de critique le plus illimité, veulent encore recourir à la violence. Quel scrupule vous arrêterait? Ne sont-ils pas plus coupables encore envers la liberté, qu'ils compromettent si gravement, qu'envers l'ordre, qui finira toujours par triompher?

Cris séditieux. — Signes séditieux.

1. J'ai été plusieurs fois consulté sur la question de savoir si le cri de : *Vive la République sociale !* et si l'exhibition du *drapeau rouge* peuvent constituer des délits. Je répondais, avant les derniers événements, que la poursuite devait se subordonner aux circonstances. Aujourd'hui ma réponse sera beaucoup plus absolue : un cri et des couleurs qui sont devenus le signal et le symbole de la guerre civile ne sauraient désormais rester impunis.

Surveillance attentive des sourdes menées.

2. La loi sur les clubs et les réunions dangereuses vous donnera les moyens d'éteindre ces foyers où les passions allaient s'alimenter et s'exciter. Il ne faut pas permettre que ces violences, chassées des clubs, trouvent des organes plus dangereux, peut-être, dans les publications quotidiennes, ou même dans les petites brochures colportées dans nos villes et nos campagnes.

Surveillance du colportage et des agents des sociétés secrètes.

3. Je ne saurais trop appeler votre attention sur le colportage et sur les émissaires des sociétés secrètes qui, après avoir semé la haine et préparé la guerre, disparaissent, et ne laissent après eux que la ruine et le désespoir.

Des poursuites. — Les restreindre et les accélérer.

4. La loi actuelle vous arme déjà de tous les moyens propres à prévenir le danger de cette propagation du mal. Peut-être recevra-t-elle bientôt quelques modifications qui, en rendant l'action de la justice plus rapide, la rendront plus efficace. Je vous ai déjà fait sentir, à plusieurs reprises, combien il importait à l'utilité de la répression qu'elle fût immédiate, et combien l'habitude d'étendre et de compliquer inutilement les procédures criminelles nuisait à l'action de la justice. Plus que jamais vous reconnaîtrez la nécessité de déférer à mes recommandations à ce sujet.

Je ne vous parlerai pas de la mesure de l'état de siége qu'une nécessité impérieuse et de salut public a imposée au gouvernement ; elle ne concerne que quelques départements, pour lesquels des instructions spéciales seront données, et elle n'aura d'ailleurs qu'une durée limitée.

Enfin, Monsieur le Procureur général, les grandes et difficiles situations élèvent les hommes qui savent les comprendre et qui se sentent assez de courage pour y suffire. C'est assez vous dire que j'ai pleine confiance dans votre concours : la société a foi dans cette magistrature française protégée, même contre les révolutions, par le respect universel qu'elle a su conquérir : la société ne sera pas trompée dans sa confiance.

Recevez, Monsieur le Procureur général, etc.

Le garde des sceaux, ministre de la justice.

Bethmont.

IV. — Circulaire concernant l'exécution de la loi du 27 juillet 1849, sur les délits commis par la voie de la presse.

Paris, 16 août 1849.

Monsieur le Procureur général,

La loi du 27 juillet 1849 introduit dans la législation de la presse plusieurs dispositions nouvelles sur lesquelles je viens appeler toute votre attention. Ces dispositions ont pour but de pourvoir à des nécessités urgentes.

La loi du 27 juillet 1849 était nécessaire.

La législation était incomplète et insuffisante : les écarts récents auxquels la presse s'est livrée, les excès contre lesquels vous n'avez pu sévir, parce que vous étiez désarmé, les innombrables écrits que leur forme dérobait à votre surveillance et qui tendaient à propager le désordre dans les classes laborieuses, ont démontré cette insuffisance jusqu'à l'évidence. La discussion avait été remplacée par les outrages les plus grossiers envers les pouvoirs publics, par des provocations incessantes à la violence, par des appels directs à la révolte. La justice cherchait vainement dans la loi des armes assez puissantes pour contenir ces efforts et protéger la société.

Son but et sa pensée.— Elle respecte le droit de discussion par la presse.

La loi nouvelle a eu pour but de replacer la presse sur le terrain qui lui appartient, mais sans la circonscrire, sans lui tracer d'autres limites que celles-là mêmes que la constitution lui a posées. La discussion doit être entièrement libre ; tous les actes du gouvernement lui appartiennent ; elle a le droit de les apprécier avec l'indépendance la plus complète et de déverser sur eux la critique et le blâme. Mais en usant de ce droit de discussion dans toute son étendue, la presse doit en même temps rester pure de ces outrages et de ces violences qui changent son caractère et sa mission. La loi veut maintenir et protéger le droit de discussion ; elle ne veut réprimer, elle ne veut punir que les attaques, les injures ou les provocations qui déconsidèrent les pouvoirs, inquiètent la sécurité publique, et préparent les commotions sociales. Tout l'esprit de la loi est dans cette distinction que la constitution elle-même avait établie.

Art. 1er. — Des attaques contre les droits et l'autorité du Chef de l'Etat.

L'art. 1er punit les attaques contre les droits et l'autorité que le président de la République tient de la constitution, et les offenses contre sa personne. Le mot *offense* n'a point été défini par la loi, mais la discussion en a fixé le sens : il comprend dans sa généralité, suivant les termes du rapport de la Commission, toutes les attaques personnelles, mais il ne porte aucune atteinte au droit de critique et de libre discussion. Le droit d'attaquer, de critiquer, d'accuser même les actes du Président est écrit dans la constitution ; mais la personne du premier magistrat de la République ne peut demeurer exposée aux outrages et aux injures ; élu par le suffrage universel, il a droit au respect de tous les citoyens ; représentant de la nation entière, la nation doit l'honorer après l'avoir choisi. Il est donc nécessaire qu'une disposition spéciale, plus étendue que celles qui protégent les autres fonctionnaires publics, lui assure la considération qui lui est indispensable pour accomplir sa haute mission.

De la poursuite. — Fermeté et circonspection.

La poursuite est exercée *d'office*. La loi a laissé au ministère public le soin d'apprécier les cas où son intervention est nécessaire. Cette appréciation sera quelquefois délicate et exigera beaucoup de sagacité. Car, s'il est urgent, d'une part, de poursuivre, avec une incessante fermeté, cette polémique injurieuse et ces attaques systématiques qui s'adressent à la personne, lors même qu'elles semblent s'attacher aux actes, il importe en même temps de ne pas compromettre dans des poursuites téméraires, par l'excès d'un zèle irréfléchi, le caractère et la dignité du premier magistrat de la République. La portée et l'influence des écrits, l'intention de leurs auteurs, l'examen des chances des poursuites seront les éléments de votre détermination.

Des provocations à l'indiscipline militaire.— Attaques immorales, faux bruits, fausses nouvelles.

Les art. 2, 3 et 4 introduisent des incriminations nouvelles qui sont nées des circonstances que nous venons de traverser. Il est impossible de nier que les provocations à l'infraction des règles de la discipline militaire, les attaques contre le respect dû aux lois et l'apologie des faits que nos Codes ont qualifiés crimes ou délits, enfin la publication faite de mauvaise foi de nouvelles ou de pièces fausses, et de nature à inquiéter les esprits, ont puissamment contribué à fomenter les désordres qui ont agité le pays. Il était indispensable de protéger l'armée contre de coupables tentatives, de maintenir dans toute sa force l'autorité des lois et de proscrire la propagation calculée de ces faits faux qui, même démentis, exercent sur la paix publique la plus déplorable influence. Vous saurez discerner d'ailleurs le droit de critique qui peut librement s'exercer à l'égard de nos institutions et de nos lois et l'abus de ce droit lorsqu'il dégénère en violentes attaques. Vous saurez également faire une distinction entre les nouvelles fausses, données légèrement, mais sans mauvaise foi, et celles qui sont propagées avec l'intention de porter le trouble et l'alarme dans la cité. La loi s'est référée au jury pour poser à cet égard une sage limite ; mais il appartient aux magistrats de l'établir avant les jurés qui ne doivent être appelés qu'à lui donner leur sanction.

De l'autorisation préfectorale des colporteurs et distributeurs d'écrits ou imprimés.

Vous n'avez point à vous occuper des dispositions de l'art. 6, relatives aux distributeurs et colporteurs de livres et d'écrits ; l'exécution de ces dispositions concerne principalement l'administration. Je vous rappellerai seulement que cet article n'apporte aucune atteinte aux dispositions de la loi du 16 février 1834 sur les crieurs publics, qui conserve toute son autorité.

Du dépôt judiciaire des écrits politiques de moins de 10 feuilles d'impression.

Mais je dois appeler toute votre attention sur l'art. 7 qui prescrit le dépôt au parquet du procureur de la République du lieu de l'impression, de tous écrits traitant de matières politiques ou d'économie sociale et ayant moins de dix feuilles d'impression. Le but de cette disposition a été de donner à la justice les moyens de surveiller et de réprimer avec efficacité les petits écrits et les brochures. Aucun délai n'avait été fixé, entre le dépôt de ces écrits, prescrit par l'art. 14 de la loi du 21 octobre 1814 et leur publication. Ces deux faits pouvaient donc se consommer simultanément et l'écrit était distribué avant qu'il fût possible de constater le délit. Le dépôt au parquet 24 heures avant la publication, prévient ce péril. Vous aurez à donner à tous vos substituts les instructions nécessaires pour que les formalités prescrites par la loi soient scrupuleusement remplies. Il faut qu'un registre soit établi pour recevoir la déclaration de l'imprimeur et constater les différentes énonciations exigées par la loi. Quant à la surveillance des écrits eux-mêmes, je ne puis que m'en rapporter au zèle éprouvé et aux lumières des magistrats des parquets.

Cette mesure ne s'applique qu'aux écrits traitant de *matières politiques ou d'économie sociale.* La loi n'a pas défini *les matières politiques*, mais, d'après son esprit, et conformément à la jurisprudence de la Cour de cassation (arrêts des 29 décembre 1831, 3 juillet 1840 et 21 septembre 1844), ces expressions renferment toute polémique, toute discussion sur la marche générale du gouvernement et sur les divers actes de l'autorité publique. Les mots *économie sociale* s'appliquent en même temps à toutes les théories, à toutes les généralités philosophiques qui, sans se rattacher au gouvernement ou aux faits politiques, discutent les bases de la société et tendent à les modifier. Tous les écrits qui traitent de ces matières sont soumis au dépôt au parquet, sans aucune exception. Il n'y a même pas d'exception pour les écrits *relatifs aux élections.* Le législateur a craint que sous ce prétexte la loi ne fût complétement éludée.

Les députés ne peuvent être gérants de journaux

Les art. 8 et suivants sont relatifs aux journaux et écrits périodiques. Ils n'apportent aucun changement aux conditions de leur publication : les lois des 18 juillet 1828 et 9 août 1848 ont établi ces conditions et l'on doit continuer de s'y référer. L'art. 9 établit une incompatibilité entre les fonctions de gérant et celles de représentant du peuple. Il ne faut pas que le gérant, couvert par son inviolabilité parlementaire, puisse mettre un obstacle à la procédure rapide que la loi a voulu créer et

échapper, en s'abritant, sous des formes spéciales, à la responsabilité que la gérance fait peser sur lui.

De la responsabilité des gérants. — Leur signature les oblige.

Cette fonction n'admet aucune fiction ; la loi exige une responsabilité personnelle et sérieuse. C'est par ce motif que le § 1er de l'art. 8 de la loi du 18 juillet 1828 prescrit que chaque numéro de l'écrit périodique soit signé par le *propriétaire,* l'un des *gérants responsables* ou l'un des *administrateurs ;* il n'admet pas la signature des rédacteurs. C'est par le même motif que le § 3 veut que la signature soit imprimée *au bas* de tous les exemplaires, d'où il suit que la signature mise *en tête* ne remplit pas le vœu de la loi, parce qu'elle ne paraît pas assumer aussi complétement la responsabilité du journal ; d'où il suit encore que les signatures données en blanc et à l'avance sont évidemment prohibées, parce qu'elles remplacent une surveillance réelle par une surveillance fictive ; parce qu'elles ne reportent sur le gérant qu'une responsabilité de convention au lieu d'une responsabilité personnelle et résultant de sa participation directe à la rédaction du journal. L'art. 14 de la loi nouvelle n'a fait que confirmer ce principe, en ordonnant la suspension des fonctions du gérant pendant toute la durée des peines d'emprisonnement et d'interdiction des droits civiques et civils qu'il peut avoir encourues. L'exécution de ces différentes dispositions appelle de votre part la plus rigoureuse surveillance.

Des publications interdites.

Les interdictions établies par les art. 10 et 11 ont pour objet de prescrire la publication de certains actes, de certaines opérations judiciaires, dans des cas où cette publication pourrait nuire aux intérêts de la justice. Vous aurez soin de veiller à ce que ces interdictions soient scrupuleusement observées. Elles ont été introduites dans la loi pour protéger la défense des prévenus ou accusés et l'indépendance de la justice.

De la mise en liberté provisoire sous caution.

Le § 3 de l'art. 15 donne lieu à une observation importante. L'art. 114 du Code d'instruction criminelle confère à la chambre du Conseil la faculté d'accorder au prévenu de délit sa mise en liberté provisoire sous caution. Lorsque le délit est un délit de presse, l'art. 28 de la loi du 26 mai 1819 ne se borne pas à donner au juge la faculté de prononcer la mise en liberté, il lui en impose l'obligation. Le législateur a pensé que ce droit du prévenu devait cesser lorsqu'il est poursuivi pour provocation, même non suivie d'effet, à l'un des crimes prévus par les art. 87 et 91 du Code pénal. Il rentre alors dans le droit commun : la mise en liberté sous caution devient non plus obligatoire, mais simplement facultative. (V. *suprà*, n° 2675.)

De la poursuite. — Rapidité et sûreté.

Les art. 16 et suivants s'appliquent aux formes de la poursuite dont ils ont pour objet de hâter le cours. En matière de délits de presse, la répression doit nécessairement être prompte et pour ainsi dire instantanée ; car ce n'est qu'au moment même de la publication qu'il est possible d'apprécier.

soit le péril de la provocation, soit la criminalité de l'intention de l'auteur, c'est-à-dire les deux éléments du délit. La rapidité de la procédure ne nuit point d'ailleurs à la défense, car en cette matière la défense consiste tout entière dans les explications de l'auteur et le commentaire de l'article incriminé ; elle n'exige ni les investigations, ni les témoignages qui sont inhérents aux affaires ordinaires. Au surplus, en établissant cette procédure à bref délai, la loi n'en a fait qu'une mesure facultative. Vous êtes chargé d'apprécier les cas où l'intérêt de la justice et celui de la défense, qui ne sauraient être séparés l'un de l'autre, exigeraient une instruction plus longue.

Mais hors ces cas, qui seront nécessairement exceptionnels, vous devrez employer la voie nouvelle que la loi nouvelle met à votre disposition. Vous n'hésiterez pas en conséquence à provoquer, conformément à l'art. 22, la tenue d'une assise extraordinaire toutes les fois qu'au moment où vous exercerez votre action la cession sera close. Cette assise, aux termes de l'art. 84 du décret du 6 juillet 1810, sera présidée par le président de l'assise ordinaire pendant toute la durée du trimestre pour lequel il est désigné, et, en cas d'empêchement de ce magistrat, par un conseiller désigné par le premier président. (Ce paragraphe est sans objet depuis le décret du 17 février 1852.)

Distinction légale entre les délits et les contraventions.

Je dois encore appeler votre attention sur la distinction faite par la loi entre les délits et la contravention de la presse. Cette distinction, qui résulte des art. 5, 6, 7, 12, 13 et 23 de la loi, est très-importante, soit en ce qui concerne la compétence, soit en ce qui concerne la pénalité. Car d'abord les délits sont seuls portés devant le jury ; les contraventions demeurent justiciables des tribunaux correctionnels. Ensuite le bénéfice des circonstances atténuantes, tel qu'il a été réglé par l'art. 23, ne s'applique qu'aux seuls délits. La minimité des peines applicables aux contraventions explique cette restriction.

Tels sont, Monsieur le Procureur général, les points principaux de la loi nouvelle que j'ai cru devoir signaler à votre sollicitude. Cette loi vous fournit les armes qui vous étaient nécessaires pour défendre l'ordre public et la société contre les excès des partis. Conçue dans un esprit de stricte légalité, elle n'a pour but que de protéger les droits qui prennent leur source dans la constitution. Le législateur a compté, pour que cette protection soit efficace, sur votre vigilance et votre fermeté. Vous tiendrez la main à la stricte application de ces dispositions ; vous veillerez à ce qu'aucun des délits de la presse, qui portent atteinte soit à l'ordre général, soit aux pouvoirs publics, ne demeure impuni. Votre action, mesurée mais incessante, en contenant la discussion dans ses limites légitimes, est la plus sûre garantie des progrès que toutes nos institutions attendent et que l'ordre peut seul leur donner.

Je vous prie de communiquer ces instructions à vos substituts et de m'en accuser réception.

Recevez, Monsieur le Procureur général, l'assurance de ma considération très-distinguée.

Le garde des sceaux, Ministre de la justice,
président du Conseil,

Odilon Barrot.

V. — Circulaire sur l'exécution du décret sur la presse du 17 février 1852.

Paris, 27 mars 1852.

Monsieur le Procureur général,

La loi organique sur la presse, du 17 février dernier, a apporté à la législation existante de notables modifications. Quelques difficultés peuvent naître moins peut-être des dispositions nouvelles que de leur combinaison avec les dispositions des lois précédentes. De vagues incertitudes ont été exprimées à cet égard, et quelques-uns d'entre vous m'ont signalé certains points qui leur ont paru susceptibles d'être expliqués. J'ai tenu compte de ces communications qui n'étaient pas inattendues, et mes instructions ont pu recevoir ainsi tout à la fois plus de développement et de maturité. Le moment est venu de donner à l'action du ministère public une direction uniforme et motivée, en expliquant la pensée de la loi.

Il faut le reconnaître, l'inconvénient de la législation sur la presse résulte de la dissémination de lois et d'articles de lois maintenus à la suite de changements successifs. Des recherches faites avec soin sont souvent indispensables pour réunir les éléments d'une solution juridique. Aussi, la question très-complexe que l'on pose généralement est-elle de savoir quelles sont les dispositions en vigueur, quelles sont les dispositions abrogées.

Des abrogations résultant du décret du 17 février 1852.

L'abrogation qui résulte de la loi du 17 février n'est explicite qu'à l'égard de deux articles. En effet, l'art. 36 de cette loi porte : « Sont abrogées « les dispositions des lois antérieures contraires à « la présente loi, et notamment les art. 14 et 18 « de la loi du 16 juillet 1850. » Il s'agit donc d'appliquer cette règle de droit que : *Les lois nouvelles se réfèrent aux lois anciennes en tant qu'elles ne leur sont pas contraires.* Cette application aura lieu par le rapprochement de la comparaison des diverses dispositions entre elles ; elle aura lieu à l'aide de quelques textes de la dernière loi, plus précis et plus explicites à certains égards que l'art. 36. Mais, dans tous les cas, la question se simplifie en se divisant.

La loi du 17 février, composée de quatre chapitres, forme comme autant de lois distinctes par leur objet spécial, et dont l'examen doit avoir lieu séparément.

CHAPITRE Ier.

Le chapitre Ier est intitulé : *De l'autorisation préalable et du cautionnement des journaux ou écrits périodiques.*

§ 1er. — DE L'AUTORISATION PRÉALABLE.

Si des instructions peuvent être utiles pour assurer l'exécution administrative des dispositions de ce chapitre, ce n'est pas de mon département ministériel qu'elles doivent émaner.

Je n'ai pas, d'ailleurs, d'observations à faire sur les dispositions très-claires et très-précises de cette partie de la loi relative à l'autorisation préalable. Mais y a-t-il un effet quelconque d'abrogation attaché à cette condition nouvelle imposée aux journaux ?

L'art. 1er du chapitre 1er porte « qu'aucun journal paraissant dans les conditions spécifiées, ne pourra être *créé* ou *publié* sans l'autorisation du Gouvernement. D'un autre côté, la création et la publication d'un journal étaient déjà soumises à d'autres obligations, les unes préalables, les autres concomitantes, par les lois du 9 juillet 1849 (chapitre II) et 16 juillet 1850, art. 3 et 4. Ces lois ne seraient abrogées que pour les cas où elles ne pourraient se concilier avec la dernière loi. Or, les lois antérieures ne sont inconciliables ni dans leur ensemble ni dans aucune disposition particulière avec l'autorisation préalable du Gouvernement. Cette autorisation est une garantie puissante que la loi a voulu ajouter à d'autres garanties reconnues trop peu efficaces, et qu'il s'agissait non d'abandonner, mais de compléter. Comme la responsabilité de la presse est maintenue devant la justice répressive, il est évident que tout ce qui a été établi pour rendre cette responsabilité sérieuse est également maintenu. Au surplus, dans le dernier paragraphe de l'art. 1er, la nécessité de l'autorisation est imposée à raison de tous changements opérés dans le personnel des *gérants, rédacteurs en chef, propriétaires* ou *administrateurs* d'un journal. Ces énonciations confirment la législation antérieure à laquelle elles se réfèrent d'une manière qui paraît plus qu'implicite.

Ainsi sont encore en vigueur toutes les dispositions législatives qui existaient avant le 17 février relativement à la création et à la publication d'un journal, et, par conséquent, celles qui régissent les déclarations préalables à faire par les parties intéressées : la régularité et la sincérité de ces déclarations ; la capacité et la responsabilité du gé-

rant, sa signature au bas du journal ; la signature des auteurs de tout article rentrant dans les spécifications des art. 3 et 4 de la loi du 16 juillet 1850 ; le dépôt au parquet d'un exemplaire-minute. Enfin, et en dernière analyse, les diverses obligations relatives à la publication d'un journal coexistent avec la nécessité de l'autorisation, si elles sont préalables, et à plus forte raison si elles ne sont que concomitantes.

§ 2. — CAUTIONNEMENTS.

En ce qui touche le cautionnement, la loi nouvelle contient des dispositions formelles sur l'obligation, sur la sanction, sur la responsabilité ; et si la condition du versement préalable à la publication n'est pas écrite dans la loi du 17 février, elle subsiste dans toute sa force en vertu des lois antérieures qui n'ont fait, du reste, que consacrer cette règle essentielle d'où dépend l'utilité même du cautionnement. Une question particulière m'a été soumise sur le sens de l'art. 4. On m'a demandé si le journal assujetti au cautionnement à raison de la nature de ses publications, qui paraît régulièrement de deux jours l'un, doit verser le cautionnement de 50,000 francs comme paraissant plus de trois fois par semaine, et non le cautionnement de 30,000 francs déterminé pour les journaux qui ne paraissent que trois fois. L'affirmative quant au cautionnement de 50,000 francs ne me paraît pas douteuse. En effet, la périodicité semi-quotidienne entraîne nécessairement, pour une semaine sur deux, la publication de quatre numéros, lorsque, par exemple, le journal paraît le dimanche, le mardi, le jeudi et le samedi.

CHAPITRE II.

DU TIMBRE DES JOURNAUX PÉRIODIQUES.

Les dispositions édictées par la loi nouvelle, et l'abrogation formelle et spéciale, par son art. 36, des art. 14 et 18 de la loi du 27 juillet 1850, ne laissent place à aucune observation. Je me bornerai à appeler votre attention et celle de vos substituts et de leurs auxiliaires sur l'art. 10, qui confère aux officiers de police judiciaire le droit de saisir les journaux ou écrits qui seraient en contravention aux dispositions sur le timbre. Les formalités de la constatation et de la poursuite, ainsi que la compétence, sont clairement établies par les art. 10 et 12.

CHAPITRE III.

Le chapitre III est intitulé : *Délits et contraventions non prévus par les lois antérieures. Juridiction. Exécution des jugements. Droit de suspension et de suppression.*

§ 1er. — DÉLITS ET CONTRAVENTIONS.

Les art. 14 à 24 inclusivement créent ou complètent et sanctionnent diverses dispositions dont quelques-unes sont d'un intérêt d'autant plus grand qu'elles se réfèrent à la constitution elle-même.

Des comptes rendus des séances parlementaires.

L'art. 14 punit toute contravention à l'art. 42 de la constitution. Ce dernier article détermine en quoi doit consister exclusivement le compte rendu des séances du Corps législatif.

De la combinaison de ces deux articles, il résulte que le procès-verbal officiel des séances ne pourrait être impunément changé, altéré ou mutilé.... Aucune difficulté ne peut s'élever sur le sens et la portée de la constitution et de la loi qui défendent cette infraction matérielle ; mais on peut se demander si, en dehors de ce procès-verbal, il sera permis, suivant un procédé déjà employé, d'insérer dans une autre partie du journal, soit la relation, soit l'appréciation, plus ou moins hostile, plus ou moins sérieuse de l'ensemble des séances, ou même de quelque incident particulier. Il faut ici que la pensée des art. 42 de la constitution et 14 de la loi du 17 février vous soit nettement révélée afin de prévenir les erreurs, de déjouer les calculs et d'éviter les surprises. La discussion loyale des actes du pouvoir, l'examen consciencieux des matières soumises à l'élaboration publique du Corps législatif seront toujours acceptés par le Gouvernement, qui doit vouloir, et qui veut, en effet, être éclairé. Mais ni les passions politiques, ni la haine ou l'affection envers les personnes qui participent à l'action du pouvoir et à la confection des lois ne peuvent se produire sous un prétexte plus ou moins spécieux. Si le compte rendu était remplacé ou commenté par des discussions, des appréciations qui enlèveraient en tout ou en partie à une séance du Corps législatif sa véritable physionomie, si la force des raisons données était exagérée ou amoindrie, si l'impression produite était dénaturée, si on attribuait aux délégués du pouvoir ou à quelques membres de l'assemblée un langage, une attitude, des intentions témérairement supposées ou interprétées, et à plus forte raison si le mensonge ou l'injure, instruments de mauvaises passions qui nuisent à la presse elle-même lorsqu'elle s'en sert, exploitaient le terrain des séances, alors les sévérités de la justice seraient encourues. En un mot, Monsieur le Procureur général, on ne peut faire indirectement ce que l'art. 42 de la constitution empêche de faire directement. On ne peut se mettre en contradiction avec le procès-verbal officiel. La liberté de discussion et d'appréciation a pour limites l'exactitude et la loyauté à l'égard des personnes et des choses. S'il pouvait en être autrement, l'art. 42 de la constitution serait une disposition illusoire. Votre prudence vous fera connaître les circonstances dans lesquelles un intérêt légitime devra appeler l'intervention de la justice.

Vous remarquerez, au surplus, que les dispositions dont je viens de vous entretenir s'appliquent, non-seulement aux journaux, mais aussi à tout autre moyen de publication. Il en devait être ainsi pour en assurer l'efficacité. Si, outre la contravention, un compte rendu contenait quelque délit, il y aurait lieu évidemment à poursuites de ce chef.

Des comptes rendus des procès de presse, ou débats judiciaires interdits.

Les art. 16, 17 et 18 contiennent des dispositions de même nature que l'art. 14. L'art. 16 est, dans son premier paragraphe, la conséquence de l'art. 24 de la constitution relatif aux séances du Sénat. L'interdiction de rendre compte est absolue pour les séances non publiques du Conseil d'État et pour les procès de presse. Mais elle ne peut, au contraire, résulter que d'une décision spéciale de la juridiction, selon les circonstances ou la nature des procès portés à l'audience. Dans ce dernier cas, comme les jugements sont rendus publiquement, quiconque dans les journaux ou autrement contreviendrait à la loi en rendant compte de l'affaire, n'aurait aucune excuse pour échapper à la responsabilité nécessaire d'une publicité défendue. L'art. 18, qui contient des sanctions pénales, se réfère à l'art. 7 de la loi du 25 mars 1822 pour le cas où le compte rendu serait infidèle et de mauvaise foi. Il est évident que tout autre délit qui en résulterait devrait être également poursuivi.

Faux bruits. — Fausses nouvelles.

L'art. 15, sur la publication ou la reproduction de fausses nouvelles, contient des dispositions complètes qui ont abrogé l'art. 4 de la loi du 17 juillet 1849.

Droit de réponse. — Communiqués. — Insertions officielles.

L'art. 19, relatif aux insertions requises par un dépositaire de l'autorité publique, a abrogé en cette partie l'art. 13 de la loi du 27 juillet 1849, mais en laissant subsister, quant à toute autre personne nommée ou désignée dans un journal, le droit de réponse tel qu'il est réglé par cet article et par l'art. 11 de la loi du 25 mars 1822.

De l'autorisation pour la vente de dessins, médailles, etc.

Enfin l'art. 22 relatif à l'autorisation nécessaire pour la publication, exposition ou mise en vente de dessins, gravures, lithographies, médailles, estampes ou emblèmes, a abrogé le décret du 6 mars 1848. Mais l'art. 6 de la loi du 27 juillet 1849 relatif aux *distributeurs* ou *colporteurs* de livres, écrits, brochures, gravures et lithographies subsiste à côté de la nouvelle disposition de l'article 22. (V. sur ce point la circulaire suivante du ministre de la police).

De la responsabilité pénale des individus autorisés.

Il est bien entendu, et il ne peut être contesté, que l'autorisation ne dispensant pas de la responsabilité légale, il y a toujours lieu de poursuivre l'application des lois répressives qui pourraient atteindre, comme contenant des délits, les objets publiés, exposés ou mis en vente, de même que les objets distribués ou colportés, quoique les autorisations requises aient été accordées.

§ 2. — JURIDICTION.

L'art. 25 détermine la compétence et attribue aux tribunaux de police correctionnelle la connaissance de tous les faits punissables des peines applicables aux délits. Cette disposition se trouve complétée par les décrets des 31 décembre 1851 et 25 février 1852. En revenant au droit commun pour la compétence, la loi nouvelle n'a pas entendu déroger aux dispositions spéciales des articles 479 et suivants du Code d'instruction criminelle.

L'art. 26 attribue à la chambre correctionnelle de la Cour d'appel, dans chaque ressort, la connaissance des appels de tous les jugements rendus par les tribunaux correctionnels sur les délits commis *par la voie de la presse*, sans distinction de la situation locale de ces tribunaux. Cette disposition constitue une dérogation unique en cette matière à l'art. 200 du Code d'instruction criminelle. Vous avez remarqué qu'elle ne s'applique qu'à une sorte de délits, ceux de la presse, et qu'elle ne s'applique point aux contraventions. (Ce dernier paragraphe est sans objet depuis la loi du 13 juin 1856. — V. *suprà*, n° **2729**.)

§ 2 *bis*. — POURSUITES, FORMES.

La compétence détermine ordinairement, par voie de conséquence, le mode de poursuites. Mais l'article **27** de la loi du **17** février contient de plus, à cet égard, une disposition d'une grande portée ; cet article est ainsi conçu : *Les poursuites auront lieu dans les formes et délais prescrits par le Code d'instruction criminelle.*

La loi du **26** mai **1819** intitulée *Loi relative à la* POURSUITE *et au* JUGEMENT *des crimes et délits commis par la voie de la presse et par tout autre moyen de publications*, et le chapitre III de la loi du **27** juillet **1849** intitulé *de la poursuite*, formaient la législation antérieure. Les art. **17**, **18** et **19** de la première de ces lois avaient déjà été abrogés par la dernière.

L'art. **31** de la loi du **26** mai **1819** portait : « Les dispositions du Code d'instruction criminelle « auxquelles il n'est pas dérogé par la présente « loi continueront d'être exécutées. » Il y avait donc, comme l'indiquait du reste le titre de cette loi, des dispositions, quant à la poursuite, qui dérogeaient au Code d'instruction criminelle. Il y en avait d'autres qui étaient relatives au jugement. Les premières résultaient, soit, par la nature des choses, de la compétence attribuée aux Cours d'assises, soit de dispositions particulières. Or, l'art. **27** de la loi du **17** février, en rétablissant le Code d'instruction criminelle, a nécessairement abrogé tout ce que la loi du **26** mai **1819** avait établi de contraire à ce Code quant aux formes et aux délais de la poursuite : on doit donc conclure d'une manière générale que la loi du **26** mai est abrogée sous ce rapport.

Des plaintes, citations et réquisitoires. — Articulation détaillée des faits délictueux.

Ainsi, par exemple, les art. **6** et **15**, qui avaient soumis les plaintes, les réquisitions, les citations, ainsi que les ordonnances de la chambre du conseil et même les arrêts, à des formes qui ne sont pas celles du Code d'instruction criminelle. Ces dispositions exceptionnelles, à l'inobservation desquelles était attachée la peine de nullité, créaient, pour l'exercice de l'action publique, des difficultés qui n'auront désormais pour mesure que les droits légitimes de la défense.

De la saisie des écrits.

Les art. **7** et **8**, qui assujetissaient également la saisie à des formalités exceptionnelles, sont abrogés. Les art. **9** et **10**, par l'effet du changement de juridiction quant aux délits, ne pourraient rester applicables qu'aux crimes.

L'art. **11**, qui réglait le mode de statuer sur la validité de la saisie, n'était que la conséquence d'articles abrogés, et lui-même, d'ailleurs, étant pleinement contraire au Code d'instruction criminelle, est abrogé.

De la compétence relativement aux crimes de presse.

L'art. **13** ne pourrait rester applicable qu'aux crimes.

De la preuve des faits diffamatoires

Les art. **20**, **21**, **22**, **23**, **24**, **25**, sont sans objet et nécessairement abrogés, puisque l'art. **28** de la loi du **17** février n'admet, en aucun cas, la preuve par témoins pour établir la réalité des faits injurieux ou diffamatoires. (V. *suprà*, n°ˢ **2684** à **2690** et le n° **2691** en ce qui concerne l'art. **25** à tort considéré comme abrogé par la circulaire).

De la mise en liberté provisoire sous caution.

L'art. **28** de la loi du **26** mai dispose que toute personne inculpée d'un délit commis par la voie de la presse ou par tout autre moyen de publication, obtiendra sa mise en liberté provisoire moyennant caution, et que la caution à exiger de l'inculpé ne peut être supérieure au double de l'amende prononcée par la loi contre le délit qui lui est imputé. Cette disposition est contraire aux art. **114** et suivants du Code d'instruction criminelle modifiés par le décret du **23** mars **1848** : l'art. **28** de la loi du **26** mai **1819** est donc abrogé, et la mise en liberté provisoire, qui n'est d'ailleurs qu'un incident de la poursuite, reste facultative (V. *suprà*, n° **2673**.)

En ce qui touche la loi du **27** juillet **1849** (chapitre III), ses dispositions sont inapplicables par suite du changement de juridiction, et le rétablissement du Code d'instruction criminelle n'a laissé évidemment subsister aucune des dispositions de ce chapitre.

§ 2 *ter*. — POURSUITE ET DÉLAIS.

De la prescription.

L'art. **29** de la loi du **26** mai dispose que l'action publique contre les crimes et délits commis par la voie de la presse ou tout autre moyen de publication se prescrit par six mois, pourvu, quant aux écrits, que la publication ait été précédée du dépôt et de la déclaration de l'éditeur qu'il entend *le publier*. L'action civile ne se prescrit toutefois que par trois ans à compter du fait de la publication. Les dispositions relatives à la durée de l'action publique sont entièrement contraires aux art. **637** et **638** du Code d'instruction criminelle. Il y a ici une raison spéciale d'abrogation qui résulte de cette partie de l'art. **27** de la loi du **17** février, portant que la poursuite aura lieu dans les délais prescrits par le Code d'instruction criminelle ; la prescription de droit commun se trouve ainsi rétablie, et l'art. **29** de la loi du **26** mai **1819** est abrogé. (*Contrà*, V. *suprà*, n°ˢ **2735** à **2783**.)

§ 3. — EXÉCUTION DES JUGEMENTS.

Paiement des amendes dans les trois jours.

Les art. **29**, **30** et **31** de la loi du **17** février fixent le délai d'exécution des condamnations pécuniaires prononcées par tout jugement ou arrêt définitif pour *contravention* de presse.

Les art. **6**, **7** et **8** de la loi du **16** juillet **1850** contiennent des dispositions semblables pour les *crimes* et *délits* de la presse. Ces articles, loin d'être abrogés, sont complétés par les dispositions de la nouvelle loi, qui étend aux contraventions les dispositions antérieures.

Mais la solution se présente moins directe quoique également certaine pour les art. 5 et 9 de la même loi.

Du cautionnement supplétif en cas de double poursuite.

L'art. 5 ordonne des consignations qui doivent suivre les arrêts de la chambre des mises en accusation. Le changement de juridiction laisse désormais sans application des mesures en harmonie seulement avec la procédure qui aboutissait à la Cour d'assises. Cet article se trouve donc abrogé par voie de conséquence. (*Contrà*, V. *suprà*, nᵒˢ 689 à 691).

Du cumul des peines pécuniaires.

Il en est autrement de l'art. 9 : cet article ordonne d'une manière générale la cumulation des peines pécuniaires pour crimes et délits commis par la voie de la presse, indépendamment des dispositions spéciales en matière de contravention. Le changement de juridiction est sans influence sur une disposition de cette nature, puisque les peines restent les mêmes.

La difficulté pourrait naître de ce que l'art. 9 de la loi du 16 juillet 1850 est contraire à l'art. 365 du Code d'instruction criminelle. Mais ce dernier article ne se trouve pas rétabli pour les crimes et délits de la presse, par la raison qu'il appartient au *jugement* et non à la *poursuite*. Il faut bien le remarquer, en effet, l'art. 365 du Code d'instruction criminelle est placé sous la rubrique du *jugement* et de l'*exécution*, tandis que l'art. 27 de la loi du 17 février est limité à la poursuite dont il change les *formes* et les *délais* réglés dans d'autres parties du Code d'instruction criminelle.

Paiement des amendes dans les trois jours, en cas de contraventions.

Enfin les art. 29, 30 et 31 de la loi du 17 février qui s'occupent de l'exécution des jugements, conformément à une partie de la rubrique du chapitre III, et exigent que les peines pécuniaires soient acquittées dans un bref délai en matière de contravention, n'ont assurément rien d'inconciliable avec la disposition de l'art. 9 de la loi de 1850 qui ordonne la cumulation de ces mêmes peines en matière de crimes et délits.

Les art. 26 et 27 de la loi du 26 mai 1819 ordonnent la suppression ou destruction des objets saisis, la publication légale de la condamnation et l'application du maximum de la peine, en cas de réimpression, vente ou distribution d'un écrit déjà condamné. Ces dispositions d'ordre public et de répression se rapportent au *jugement* et non à la *poursuite*. Cette distinction, qui résulte de la nature des choses, se trouve explicitement consacrée par la loi du 26 mai 1819 intitulée *Loi relative à la* POURSUITE *et au* JUGEMENT *des crimes et délits commis par la voie de la presse ou par tout autre moyen de publication*. Il suit de là que l'art. 27 de la loi du 17 février, qui change la poursuite dans ses formes et dans ses délais, n'atteint pas les art. 26 et 27 de la loi du 26 mai. D'un autre côté, ces derniers articles n'ont certainement rien d'inconciliable, ni par leur nature ni par leur ob-

jet, avec les dispositions nouvelles de la loi du 17 février relative à l'exécution des jugements. Ils ne sont donc pas abrogés. Par les mêmes raisons, l'art. 14 de la loi du 18 juillet 1828, qui prescrit d'élever au double du minimum les peines d'amende lorsque les délits ont été commis par la voie de la presse périodique, se trouve maintenu ; les art. 16 et 17 de la même loi ne sont pas non plus abrogés par l'art. 17 de la loi du 17 février.

§ 4. — DROIT DE SUSPENSION ET DE SUPPRESSION.

L'art. 32 détermine les cas dans lesquels un journal est supprimé de plein droit, et ceux dans lesquels il peut être suspendu ou supprimé par mesure administrative ou gouvernementale. (*Cet art. 32 a été abrogé par l'art. 16 de la loi du 11 mai 1868.*)

Les lois du 18 juillet 1828 (art. 15) et du 27 juillet 1849 (art. 15) avaient déjà autorisé la suspension des journaux par la voie judiciaire. Non-seulement les dispositions anciennes et les dispositions nouvelles peuvent coexister, mais l'art. 32 lui-même reconnaît et proclame leur coexistence en droit, puisqu'on lit dans le § 4 : « Un journal peut être supprimé, soit après une « suspension *judiciaire* ou administrative, soit, etc.»

CHAPITRE IV.

DISPOSITIONS TRANSITOIRES.

Ces dispositions ne paraissent pas de nature à appeler l'attention de l'autorité judiciaire, si ce n'est pour veiller à ce que les nouvelles prescriptions de la loi soient exécutées aux époques fixées pour leur mise en vigueur.

Récapitulation des lois abrogées et maintenues.

Je résume les solutions principales que je viens de déduire :

1º Les lois du 9 juin 1819, 18 juillet 1828, 27 juillet 1849 (chapitre II), et les art. 3 et 4 de la loi du 16 juillet 1850, ne sont pas abrogés ;

2º Les journaux qui paraissent de deux jours l'un doivent être classés dans la catégorie des journaux qui paraissent plus de trois fois par semaine ; ils sont, en conséquence, assujettis au cautionnement de cette périodicité ;

3º Non-seulement le procès-verbal officiel des séances du Corps législatif ne peut être changé, altéré ou mutilé ; mais aucune discussion, aucune appréciation faite en dehors de ce procès-verbal ne peut le contredire ;

4º L'art. 13 de la loi du 27 juillet 1849 est abrogé en ce qui touche les insertions requises par un dépositaire de l'autorité publique ; mais cet article est maintenu avec l'art. 11 de la loi du 25 mars 1822, auquel il se réfère en ce qui touche le droit de réponse accordé à toute personne autre qu'au dépositaire de l'autorité publique ;

5º Le décret du 6 mars 1848 est abrogé ; l'article 6 de la loi du 27 juillet 1849 est maintenu ;

6º La loi du 26 mai 1829 est abrogé dans tout ce qui touche les formes et les délais de la poursuite. Toutefois la formule des art. 6 et 15 doit être utilement suivie pour l'articulation et la qualification, quoique dépourvue de la sanction de nullité ;

7° L'art. 5 de la loi du 16 juillet 1850 est abrogé, les art. 6, 7, 8 sont maintenus ;

8° Est également maintenu l'art. 9 de la même loi ;

9° Est maintenu l'art. 14 de la loi du 18 juillet 1828 ;

10° Les art. 15, 16 et 17 de la loi du 18 juillet 1848 et l'art. 15 de la loi du 27 juillet 1849 sont maintenus ;

11° L'art. 29 de la loi du 26 mai 1819 relatif à la prescription est abrogé.

Articulation détaillée des passages incriminés.

Les instructions que je pourrais vous donner résultent suffisamment des solutions qui précèdent. J'ajouterai spécialement qu'afin de vous conformer à ce qu'exige la nature des délits de presse qui se compliquent d'éléments très-divers, et d'assurer en même temps l'exercice complet du droit de défense, vous devrez avoir soin de faire adopter pour règle des réquisitoires et des citations la formule de l'articulation et de la qualification qui sera naturellement reproduite dans les jugements et arrêts. Ainsi des habitudes utiles et déjà anciennes subsisteront, mais le rétablissement du Code d'instruction criminelle, en ne les rendant pas désormais absolument obligatoires, aura du moins pour effet de faire disparaître la peine de nullité, trop sévèrement prononcée par la loi du 29 mai.

La citation directe doit être préférée à l'instruction écrite.

Dans l'intérêt d'une prompte répression, vous préférerez généralement la citation directe à la voie de l'instruction ; la saisie même d'un journal ou d'un écrit quelconque, en flagrant délit, ne devra donner lieu à d'autres formalités que celles des art. 36 et suivants du Code d'instruction criminelle. Lorsque les circonstances vous le permettront, vous m'en référerez avant de poursuivre des délits de presse ; vous serez vigilant, toutefois ; et pour vous bien pénétrer de votre mission, vous vous rappellerez que celle de la presse est de fonder, non de détruire ; d'éclairer, non de corrompre ; de discuter, non de conspirer.

Je vous prie, M. le procureur général, de m'accuser la réception de la présente circulaire, dont je vous adresse deux exemplaires pour votre parquet, et un pour chacun de vos substituts près les tribunaux de première instance de votre ressort.

Recevez, M. le procureur général, l'assurance de ma considération très-distinguée.

Le Garde des sceaux,
Ministre Secrétaire d'État au département de la justice,

ABBATUCCI.

VI. — Circulaire du Ministre de la police générale, à MM. les Préfets, sur l'exécution du décret sur la presse, du 17 février 1852.

Paris, le 30 mars 1852.

MONSIEUR LE PRÉFET,

Dans une circulaire insérée au *Moniteur* du 28 mars, le Ministre de la justice a donné ses instructions à MM. les procureurs généraux sur l'exécution du décret organique du 17 février, relatif à la presse ; M. le garde des sceaux s'est principalement attaché à développer l'esprit et la portée des dispositions de la loi qui rentrent dans les attributions de son département ; je dois aujourd'hui, pour ce qui me concerne, vous tracer la marche que vous aurez à suivre dans l'application des règles posées sur cette importante matière.

Pensée et but du décret du 17 février 1852.

La pensée du décret organique ne saurait être méconnue ; le Gouvernement, tout en réservant une liberté légitime à l'expression des opinions et aux manifestations de l'intelligence, a voulu sauvegarder la société contre les abus et les excès qui tant de fois l'avaient mise en péril. Il a fait la part du droit et celle de l'ordre ; il a considéré la mission de la presse comme une haute fonction qui ne devait s'exercer qu'au profit des intérêts sérieux, et qui, si on voulait en abuser pour soulever les passions et réveiller les mauvais instincts, devait rencontrer dans la loi des obstacles insurmontables. En agissant ainsi, le Gouvernement a donné satisfaction aux réclamations des gens honnêtes, et il n'a paru sévère qu'à ceux qui, de la presse, voulaient se faire une arme destructive des éléments de l'organisation sociale. L'opinion publique lui a su gré de n'avoir point reculé devant les difficultés de cette tâche et de s'être mis au-dessus des traditions et des préjugés du faux libéralisme.

De l'autorisation pour la création des journaux.

Désormais, aux termes du décret organique, « aucun « journal ou écrit périodique traitant de matières politiques ou d'économie sociale, et paraissant, soit régulièrement et à jour fixe, soit par livraisons et irrégulièrement, ne pourra être créé ou publié sans l'autorisation préalable du gouvernement. » (Art. 1er, § 1er.)

La même autorisation sera nécessaire à raison de tous changements opérés dans le personnel des gérants, rédacteurs en chef, propriétaires ou administrateurs d'un journal. (Art. 1er, § 3.)

Toutes les demandes d'autorisation devront être adressées au ministre de la police générale.

Le gouvernement ne veut user du droit de refus que dans l'intérêt de la société, de l'ordre et de la morale. Son intention est de refuser l'autorisation exigée par l'art. 1er du décret chaque fois que, sous prétexte de journaux, il s'agira de créer des tribunes politiques, soi-disant sociales, dans un but de mauvaise propagande. Pour prendre à cet égard une détermination équitable et juste, j'aurai besoin de recueillir des appréciations locales qui seules pourront me permettre d'agir en parfaite connaissance de cause, et c'est à vous, M. le préfet, que je demanderai d'éclairer et de préparer mes résolutions par des rapports et des documents circonstanciés, lorsqu'il s'agira d'une demande provenant de votre département. Vous aurez dès lors sur les communications qui vous seront faites, soit par les demandeurs eux-mêmes, soit par moi, à vous enquérir des antécédents et de la moralité des écrivains et des gérants responsables qui réclameront l'autorisation de faire paraître un journal. Vous vous souviendrez que l'administration trahirait les intérêts placés sous sa sauvegarde si elle usait d'une indulgence ou d'un laisser-aller qui ne sont ni dans la pensée, ni dans le but de la loi. Je crois superflu d'insister à cet égard. *(Ces §§ sont sans objet, depuis l'abrogation de l'art. 1 du décret de 1852, par l'art. 16 de la loi du 11 mai 1868.)*

De l'autorisation relativement à la presse étrangère.

C'est également au ministre de la police générale qu'il appartient de donner ou de refuser l'autorisation de laisser circuler en France les journaux politiques ou d'économie sociale publiés à l'étranger.

La loi ne fait aucune distinction entre les journaux publiés en langue française ou en langue étrangère.

Vous ferez exécuter rigoureusement les mesures qui auront pour objet d'empêcher l'introduction clandestine en France des journaux étrangers non autorisés, et vous veillerez à la stricte exécution des dispositions de l'art. 2, qui frappent d'une peine les individus reconnus coupables d'avoir introduit ou distribué un journal étranger dont l'importation ne sera pas permise. Je vous recommande particulièrement de me signaler, parmi les journaux étrangers admis en France, ceux qui, à raison de leur polémique ou de leurs attaques, devraient être l'objet d'un retrait d'autorisation.

Des cautionnements et de leur quotité.

Les art. 3 et 4 déterminent la quotité des cautionnements qui devront être réalisés par les différents journaux avant leur publication. Les cautionnements varient suivant la fréquence de la publication, suivant l'importance de la population au milieu de laquelle elle se produit. L'art. 5 indique les peines applicables en cas de contravention aux prescriptions établies dans les articles précédents. Ces dispositions sont claires, précises, et ne semblent devoir donner matière à aucune difficulté.

Des journaux non politiques. — Déclaration.

Quant aux journaux qui ne traitent pas les matières politiques, ils sont dispensés de *l'autorisation préalable* et de l'obligation du cautionnement, conformément aux dispositions de la loi du 16 juillet 1850; mais les propriétaires restent soumis, comme par le passé, à la déclaration prescrite par l'art. 6

de la loi du 18 juillet 1828, qui les oblige à faire connaître : 1° le titre du journal ou écrit périodique, et les époques auxquelles il doit paraître ; 2° le nom de tous les propriétaires autres que les commanditaires, leur demeure et leur part dans l'entreprise ; 3° l'indication de l'imprimerie dans laquelle le journal ou écrit périodique doit être imprimé.

Du timbre.

Les dispositions du chap. II établissent les droits de timbre auxquels doivent être soumis les journaux, écrits périodiques ou autres publications. Je n'ai pas à m'occuper particulièrement de l'exécution de cette partie de la loi, qui d'ailleurs doit être l'objet d'un règlement d'administration publique.

Du droit des préfets de provoquer les poursuites.

Quoique le chap. III rentre presque entier dans les attributions du ministre de la justice, cependant je dois appeler votre attention sur quelques-unes de ses dispositions, car vous devez vous préoccuper de tout ce qui peut porter atteinte à l'ordre et à la tranquillité publique, et l'art. 10 du Code d'instruction criminelle vous donne le droit de provoquer la poursuite des crimes, délits ou contraventions, et d'en livrer les auteurs aux tribunaux chargés de les punir.

Comptes rendus illicites des séances parlementaires.

L'art. 14 du décret prononce une peine contre quiconque aurait contrevenu à l'art. 42 de la Constitution, concernant la publication des comptes rendus des séances du Corps législatif. Vous tiendrez la main à ce que cette disposition ne soit point éludée, comme on pourrait le faire sous le prétexte de publier des correspondances particulières ou des articles extraits des journaux étrangers. Cette observation s'applique naturellement aux art. 16 et 17, qui interdisent de rendre compte des séances du Sénat et, en certains cas déterminés, des séances du Conseil d'Etat et des procès criminels ou correctionnels.

Publication de faux bruits — Fausses nouvelles, etc.

L'art. 15, en prononçant des peines contre ceux qui auront publié de fausses nouvelles ou des pièces mensongères, établit une distinction importante entre la reproduction simple et la reproduction de mauvaise foi, ou qui serait de nature à troubler la paix publique. Dans le premier cas, une peine doit toujours être prononcée. Cette disposition pénale a pour but de commander aux journaux la prudence, la réserve, la circonspection qui doivent être la règle essentielle des organes de la publicité ; dans le deuxième cas, la peine est plus grave et s'accroît dans la proportion des dangers qui peuvent résulter d'une publicité intentionnellement perturbatrice.

Des communiqués et insertions officielles.

L'art. 19, en permettant à l'autorité de faire insérer gratuitement en tête d'un journal les documents officiels et les rectifications utiles, offre à la société et au pouvoir l'une des garanties les plus efficaces qu'il soit possible d'invoquer contre les abus de la presse. Vous vous conformerez, pour la notification de ces insertions et documents, à la marche qui vous a été tracée par une circulaire du ministre de l'intérieur du 17 oct. 1850.

Vous exigerez que les gérants des journaux n'emploient pas, pour la publication de ces réponses ou articles officiels, un caractère d'imprimerie à peine lisible.—Le vœu de la loi est que, pour les publications requises par l'autorité, on fasse usage d'un caractère dont le journal se sert pour les articles généraux de polémique. On peut tout au moins exiger que la réponse officielle soit composée typographiquement à l'aide de caractères semblables à ceux qui ont été employés pour l'attaque. Toute contravention systématique à ces dispositions signalera à l'autorité le mauvais esprit et les tendances malveillantes du journal.

De l'autorisation pour la vente des dessins, etc.

L'art. 22 du décret interdit la publication, l'exposition ou la mise en vente, sans l'autorisation préalable du ministre de la police à Paris, ou des préfets dans les départements, de tous dessins, gravures, lithographies, etc. C'est la reproduction exacte de l'art. 20 de la loi du 9 sept. 1835. Une circulaire du ministre de l'intérieur, du 23 sept. suivant, a donné les explications qui sont nécessaires pour lever tous les doutes qui pourraient surgir sur la saine interprétation de cette disposition. Je dois, toutefois, ajouter qu'un arrêt de la Cour de cassation, du 10 mars 1837, a reconnu que l'autorisation donnée par le ministre s'appliquait à toute la France, et que celle donnée par le préfet n'a d'effet que pour son département.

J'appelle toute votre attention, M. le préfet, sur l'exercice de ce droit d'autorisation préalable. Depuis longtemps la morale publique s'est offensée de la reproduction incessante et progressive des gravures obscènes ou indécentes qui, chaque jour, sont exposées publiquement chez les marchands étalagistes. Parmi les moyens employés pour ébranler et détruire les sentiments de réserve et de moralité qu'il est si essentiel de conserver au sein d'une société bien ordonnée, la gravure est un des plus dangereux. C'est qu'en effet la plus mauvaise page d'un mauvais livre a besoin de temps pour être lue, et d'un certain degré d'intelligence pour être comprise, tandis que la gravure offre une sorte de personnification de la pensée, elle lui donne du relief, elle lui communique, en quelque façon, le mouvement et la vie, présentant ainsi spontanément, dans une traduction à la portée de tous les esprits, la plus dangereuse de toutes les séductions, celle de l'exemple.

Il faut, monsieur le préfet, faire disparaître ces provocations au vice, au désordre, à la débauche, et vous en avez le moyen dans la faculté que vous donne l'art. 22 du décret du 17 fév. Non-seulement vous pouvez exercer votre action protectrice à l'occasion de toutes les gravures qui vous seront présentées avant leur publication, mais vous pouvez encore atteindre celles qui ont été publiées antérieurement. La Cour de cassation, par un arrêt du 9 déc. 1836, a fixé la jurisprudence sur ce point, en décidant que l'art. 20 de la loi du 9 sept. 1835 était applicable aux publications antérieures à cette loi. Toutefois, cette jurisprudence ne doit pas s'appliquer aux anciens dessins et gravures qui ne présentent aucun inconvénient au triple point de vue politique, moral ou religieux.

Des annonces judiciaires.— Droits des préfets.

Quelques incertitudes se sont élevées sur l'application de l'art. 23 relatif aux annonces judiciaires ; il me suffira de vous faire connaître à cet égard :

1° Que les préfets désignent eux-mêmes, pour recevoir les annonces judiciaires d'un arrondissement, un ou plusieurs d'entre les journaux politiques qui sont publiés dans cet arrondissement ;

2° Que, indépendamment de ces feuilles politiques, ils peuvent également désigner les journaux d'annonces ou insertions judiciaires qui existeraient déjà dans les arrondissements, ou qui viendraient à y être publiés ;

3° Qu'un journal ne peut obtenir le droit de publier les annonces judiciaires de tout un département que lorsqu'il n'existe point de journaux dans les arrondissements ;

4° Que la loi, en ce qui concerne l'insertion des annonces judiciaires, comprend, sans distinction aucune, les journaux politiques et non politiques.

Du commerce de la librairie. — Sanction.

L'exercice du commerce de la librairie était depuis longtemps exposé à de nombreux abus. La loi du 21 oct. 1814 avait établi des principes destinés à les écarter, et dans son art. 11, elle avait déclaré que nul ne serait imprimeur ou libraire s'il n'était pourvu d'un brevet et assermenté. Mais cette disposition n'avait, dans la loi même, aucune sanction pénale. Le règlement du 28 fév. 1723 avait bien établi une amende de 500 fr. contre toute personne qui exercerait la librairie sans brevet, mais cette pénalité avait cessé d'être applicable après la loi du 17 mars 1791. Trois arrêts de la Cour de cassation l'avaient fait revivre après la loi du 21 oct. 1814, et cependant les abus n'en continuaient pas moins. L'art. 24 du décret du 17 fév. donne une sanction à la défense inscrite dans l'art. 14 de la loi de 1814, et permet ainsi de ramener l'ordre dans l'exercice d'une profession qui se lie essentiellement au maintien de la morale publique.

Du régime discrétionnaire. — Avertissement. — Suspension. — Suppression des journaux.

Après avoir déterminé la juridiction et les voies d'exécution des jugements prononcés contre les délits de presse, le décret attribue au Gouvernement le droit de prendre, par voie administrative, des mesures de répression contre les journaux. Ces mesures de répression dérivent du droit d'autorisation attribué au Gouvernement. Du moment, en effet, qu'un journal ne remplit pas les conditions qui lui avaient fait obtenir son autorisation ; du moment que, sans tenir compte des condamnations prononcées contre lui, il persiste dans sa polémique qui en fait un instrument de désordre et de trouble ; du moment qu'il peut compromettre la sûreté publique, le Gouvernement, qui ne l'eût pas certainement autorisé dans de telles conditions, a le droit de retirer son autorisation ; c'est la conséquence logique du principe posé dans l'art. 1ᵉʳ.

Ainsi, désormais, la suppression est de plein droit à l'égard de tout journal qui, dans la personne de son gérant, aura subi une condamnation pour crime, soit deux condamnations pour délits ou contraventions commis dans l'espace de deux années.

Quant aux journaux qui n'auront subi qu'une condamnation pour contravention ou délit de presse, le Gouvernement pourra les supprimer ou les suspendre; mais son droit à cet égard sera prescrit, s'il n'en a pas usé dans le délai de deux mois à partir du jour de la condamnation. Vous voudrez bien tenir compte de ce délai et me mettre en mesure de statuer en temps opportun.

Le droit de suspension par décision ministérielle, après deux avertissements motivés, sera l'une des garanties les plus efficaces auxquelles l'administration aura recours contre les feuilles systématiquement malveillantes. Vous en userez avec une juste fermeté lorsque les journaux, sans s'exposer précisément et d'une manière définie aux condamnations judiciaires, n'en seront pas moins, par les habitudes de leur rédaction, dangereux pour l'ordre, la religion et la morale. On a fait preuve, à l'égard de ces feuilles, d'une indulgence qui a trop longtemps favorisé leurs écarts ; il faut enfin rentrer dans une meilleure voie et donner une satisfaction légitime au sentiment public qui la réclame.

Quant à la suppression par voie de décret spécial du Président de la République, cette mesure extrême ne devra être provoquée que bien rarement et que lorsque les autres moyens d'action seront devenus impuissants. C'est surtout dans les circonstances où il y aurait péril imminent pour la sûreté publique, et danger à différer une décision, que le chef de l'État, protecteur des intérêts sociaux, se verra dans l'obligation d'user du droit considérable, mais nécessaire, que le décret organique lui réserve.

L'art. 33 du décret dispense les journaux et écrits périodiques politiques actuellement existants de l'autorisation exigée par l'art. 1er de la même loi. Cette disposition transitoire ne doit s'entendre que des journaux qui existaient de fait et qui étaient réellement publiés au moment de la promulgation du décret. Ceux qui, par ordre de l'autorité, et dans l'intérêt de la sûreté publique, avaient cessé de paraître depuis le 2 décembre, ne peuvent être publiés de nouveau sans une autorisation préalable. (*Ces §§ sont devenus sans objet depuis l'abrogation de l'art. 32 du décret de 1852, par l'art. 16 de la loi du 11 mai 1868*).

De la signature des articles par leurs auteurs.

Plusieurs de MM. les préfets m'ont demandé si la signature des articles publiés resterait obligatoire. L'affirmative ne peut être douteuse, en présence surtout des dispositions combinées des art. 26 et 31 du décret. L'art. 21, qui interdit à certains condamnés de participer à la rédaction des journaux, n'aurait pas de sens, si les rédacteurs n'étaient pas tenus de signer leurs articles ; et quant à l'art. 36, en se bornant à abroger deux dispositions de la loi du 16 juill. 1850, il a implicitement maintenu les autres.

Je vous prie, M. le préfet, de m'accuser réception de la présente circulaire. Je vous en adresse un exemplaire pour chacun de MM. les sous-préfets de votre département, ainsi qu'un modèle des autorisations à délivrer pour les dessins, gravures et emblèmes.

Agréez, Monsieur le préfet, l'assurance de ma considération distinguée.

Le Ministre de la police générale, DE MAUPAS.

VII. — Circulaire concernant la publication de compte rendu de certains procès.

Paris, le 12 avril 1853.

MONSIEUR LE PROCUREUR GÉNÉRAL,

L'art. 17, § 2, du décret sur la presse du 17 février 1852, porte que dans toutes les affaires civiles, correctionnelles ou criminelles, les Cours et les tribunaux pourront interdire le compte rendu des procès.

Cette disposition a pour but d'empêcher la publication, par la voie de la presse, d'un débat judiciaire qui serait de nature à porter atteinte à la décence publique ou bien à l'honneur et à la paix des familles. Elle est entièrement indépendante du droit conféré aux tribunaux par l'art. 81 de la constitution de 1848 et par l'art. 87 du Code de procédure civile, d'ordonner le huis clos dans les cas où la publicité de l'audience aurait des dangers pour l'ordre et les mœurs. Les magistrats ne doivent pas hésiter à user de la nouvelle faculté qui leur est accordée, je pourrais dire du nouveau devoir qui leur est imposé, toutes les fois que, dans un procès, soit civil, soit criminel, se rencontreront des détails qui, sans rendre nécessaire le huis clos de l'audience, seraient cependant susceptibles de produire au dehors de fâcheux effets ou de funestes impressions, s'ils recevaient tout à la fois par la presse une constatation durable et une publicité retentissante. La loi, pour l'appréciation de ces dangers, s'en est exclusivement rapportée à la prudence et au discernement des juges, et il serait difficile de leur tracer à cet égard des règles précises. Ils devront prendre particulièrement pour guides, soit l'intérêt de la morale lorsqu'il s'agira par exemple de juger des affaires de séparation de corps, d'adultère, d'attentats à la pudeur, etc..., soit l'intérêt de l'ordre social et du gouvernement dans les procès où certaines révélations pourraient inquiéter l'opinion ou égarer les esprits mal disposés. Il peut y avoir lieu également de recourir à l'interdiction du compte rendu lorsque le crime ou le délit aura été commis à l'aide de moyens qu'il serait dangereux de divulguer, ou bien lorsque la publication des débats aurait pour conséquence de provoquer des luttes, d'envenimer des haines, d'empêcher des réconciliations. Il suffit de ces exemples pour guider les magistrats dans leurs appréciations. Leurs décisions devront, dans tous les cas, mentionner sommairement les considérations sur lesquelles elles seront fondées. En fait comme en droit, la publicité du jugement incident prononcé à l'audience, portera l'interdiction à la connaissance des organes de la presse. Toute infraction à l'art. 17 de la loi du 17 février 1852 devra être immédiatement poursuivie et punie, conformément à l'art. 18 de la même loi.

Si j'ai appelé, Monsieur le Procureur général, votre attention sur ces dispositions, c'est que jusqu'ici, sauf de très-rares exceptions, les magistrats ont négligé d'en faire l'application. Sans vouloir dérober au public des faits qu'il peut avoir intérêt de connaître ou qui portent avec eux un enseignement utile, il importe de mettre un terme à ces publications qui n'ont d'autre résultat que de blesser la pudeur et de propager le scandale.

Je vous prie de vouloir bien recommander à vos substituts de se pénétrer de l'esprit de la loi qui a pour but de protéger la morale, l'ordre public et le repos des familles. Ils devront, comme vous, sans se départir d'une sage circonspection, provoquer à l'ouverture ou dans le cours des débats, l'interdiction du compte rendu, lorsque cette mesure, que les tribunaux peuvent toujours ordonner d'office, paraîtra réclamée par la nature ou les circonstances du procès.

Je désire être informé immédiatement des réquisitions qui pourront être prises et des décisions qui pourront intervenir dans les cas dont il s'agit.

Recevez, Monsieur le Procureur général, l'assurance de ma considération très-distinguée.

Le garde des sceaux, Ministre de la justice,

ABBATUCCI.

VIII. — Circulaire relative à la publication de fausses nouvelles par le télégraphe.

Paris, le 3 mars 1854.

MONSIEUR LE PROCUREUR GÉNÉRAL,

Le *Moniteur* du 1ᵉʳ février contient le communiqué suivant :

« Le Gouvernement a prévenu plusieurs fois le public qu'il n'acceptait en rien la responsabilité des nouvelles transmises par la correspondance télégraphique privée.

« Pour compléter ces avertissements réitérés, M. le ministre de l'intérieur fait connaître que la plus grande latitude est laissée aux transmissions télégraphiques ; mais, en même temps, le public est prévenu que des ordres sévères sont donnés pour signaler à l'autorité judiciaire toutes les dépêches qui paraîtraient fausses et de nature soit à troubler la paix publique, soit à favoriser des spéculations illicites. »

Par suite de cet avertissement, les directeurs de télégraphes ont reçu l'ordre d'adresser à l'avenir aux préfets une copie certifiée de toutes les dépêches privées parties de leur bureau, à l'exception de celles qui n'auraient et ne pourraient avoir qu'un intérêt purement privé. De leur côté, les préfets devront examiner avec soin ces dépêches et faire parvenir aussitôt aux divers chefs de parquet de leur département celles qui leur sembleraient pouvoir donner lieu à des poursuites judiciaires.

Je m'empresse, monsieur le Procureur général, de porter à votre connaissance ces dispositions prises par l'autorité administrative.

Jusqu'ici, les parquets n'avaient point eu à s'occuper spécialement des correspondances dont il s'agit, parce que les directeurs du télégraphe, usant de la faculté qui leur est accordée par l'article 3 de la loi du 29 novembre 1850, refusaient de transmettre les dépêches privées qui leur paraissaient de nature à propager de fausses nouvelles pouvant surtout influer sur le cours des fonds publics. Mais l'exercice de cette faculté entraînait d'assez graves inconvénients, car il arrivait que suivant qu'une nouvelle était acceptée ou refusée, cette nouvelle prenait aussitôt plus ou moins de consistance et donnait lieu à des jeux de bourse, en sorte que le contrôle de l'administration avait pour résultat de favoriser, contrairement à sa volonté, des opérations illicites. C'est pourquoi le Gouvernement a préféré donner une plus grande latitude aux transmissions télégraphiques et laisser aux tribunaux le soin de réprimer les abus.

C'est à vous, monsieur le Procureur général, qu'il appartient d'assurer à l'administration le concours actif qu'elle réclame de l'autorité judiciaire dans cette circonstance. Je vous prie donc de veiller à ce que toutes les dépêches télégraphiques privées qui seront renvoyées par MM. les préfets aux magistrats de votre ressort comme contenant de fausses nouvelles soient immédiatement l'objet d'un examen attentif et, s'il y a lieu, d'une poursuite judiciaire. Il conviendra de se montrer d'autant plus sévère à l'égard des dépêches ainsi dénoncées, que l'appréciation qui en aura été faite par l'autorité administrative avec les moyens d'information dont elle dispose devra peser d'un grand poids dans la balance de la justice. L'emploi du télégraphe pour propager une fausse nouvelle en augmente d'ailleurs beaucoup l'importance et le danger, et suffit pour motiver de la part des magistrats une sollicitude toute particulière.

Je vous prie d'adresser des instructions dans ce sens à tous vos substituts, en leur recommandant de vous faire un rapport et de vous consulter au besoin sur toutes les affaires qui s'engageraient dans leur arrondissement relativement à des transmissions télégraphiques. Vous voudrez bien aussi m'en rendre compte comme de celles qui se rapportent à une publication de fausses nouvelles par les voies ordinaires.

Je désire être informé des mesures que vous aurez prises pour l'exécution de la présente circulaire.

Recevez, monsieur le Procureur général, l'assurance de ma considération très-distinguée.

Le garde des sceaux,
Ministre de la justice,

Abbatucci.

IX. — Circulaire concernant l'exécution de l'art. 26 de la loi du 26 mai 1819. Etat des condamnations pour délits de presse.

Paris, le 18 février 1858.

Monsieur le Procureur général,

L'article 26 de la loi du 26 mai 1819 a prescrit que tous les arrêts de condamnation, rendus contre les auteurs ou complices des crimes et délits commis par voie de publication, fussent rendus publics dans la même forme que les jugements portant déclaration d'absence, et l'un de mes prédécesseurs, pour assurer l'exécution de cette disposition, a recommandé à MM. les Procureurs impériaux, par une circulaire du 6 décembre 1840, § 17, d'adresser au ministère de la justice un extrait de chacun de ces arrêts.

Depuis 1848, les envois de ces extraits ont cessé, à peu près généralement, d'être faits à mon département. Je désire que désormais les prescriptions précitées de la circulaire du 6 décembre 1840 soient, de nouveau, exactement observées.

Je vous prie, en conséquence, de vouloir bien me transmettre très-régulièrement, de mois en mois, un extrait de tous les jugements et arrêts, rendus dans votre ressort en matière de presse, et devenus définitifs : le premier envoi comprendra les jugements et arrêts à dater du 1er janvier 1858.

Ces extraits devront mentionner le titre de l'écrit condamné et reproduire la première et la dernière phrase de cet écrit ou des passages de cet écrit qui ont donné lieu à la poursuite.

Je vous prie, en outre, de vouloir bien m'adresser, également le premier de chaque mois, un état ou tableau de toutes les condamnations prononcées dans votre ressort, pour affiliation aux sociétés secrètes, cris séditieux, délits commis par la voie de la presse, et autres faits ayant un caractère politique : le premier état comprendra tous les jugements et arrêts rendus depuis le 1er janvier dernier.

Ce tableau devra me faire connaître, au moyen de diverses colonnes, les noms, prénoms, domicile et lieu de naissance des condamnés, leur âge, leur sexe, leurs antécédents judiciaires, la nature et la durée de la peine prononcée, la date de la condamnation et la juridiction dont elle est émanée : il devra contenir enfin une colonne d'observations où seront consignés certains renseignements particuliers que la procédure aura pu fournir.

Je désire que vous m'accusiez réception de cette circulaire, dont vous trouverez ci-joints des exemplaires en nombre suffisant pour en transmettre à tous vos substituts.

Recevez, monsieur le Procureur général, l'assurance de ma considération très-distinguée.

Le garde des sceaux,
Ministre de la justice,

E. de Royer.

X. — Circulaire concernant les contraventions au timbre en matière d'affiches, etc.

Paris, le 6 avril 1859.

Monsieur le Procureur général,

L'art. 56 de la loi du 9 vendémiaire an VI, et les articles 65, 66, 68 et 69 de celle du 28 avril 1816, assujettissent les affiches manuscrites ou imprimées sur papier à un droit de timbre de 5 à 10 centimes, suivant la dimension, et prononcent, en cas d'infraction, des amendes dont la quotité a été réduite par l'art. 10 de la loi du 16 juin 1824, notamment, à 20 francs à l'égard des auteurs des affiches non timbrées.

L'art. 31 de la loi de brumaire an VII et

l'art. 76 de la loi précitée de 1816 attribuent ensuite exclusivement aux préposés de l'enregistrement et des domaines la constatation et la poursuite de ces contraventions, ainsi que le recouvrement par voie de contrainte des droits et amendes à payer.

Ces dispositions n'ont été ni abrogées, ni modifiées par la loi budgétaire du 28 juillet 1852, dont l'art. 30 est venu combler une lacune de la législation à l'égard des affiches peintes ou inscrites sur les murs, etc., en les soumettant à un droit d'affichage destiné à tenir lieu pour elles du droit de timbre auquel sont assujetties les affiches sur papier.

Son dernier paragraphe prononce contre ceux qui feront usage des affiches peintes ou inscrites sur les murs, sans avoir acquitté le droit d'affichage et s'être conformés aux prescriptions du règlement à intervenir, la peine de 100 à 500 fr. d'amende, et, en outre, celle de un à cinq jours d'emprisonnement.

A la différence de ce qui a lieu pour les infractions en matière d'affiche sur papier, lesquelles ne peuvent être poursuivies d'office par le ministère public, le décret réglementaire du 25 août 1852, rendu en exécution de l'article 30 de la loi précitée du 28 juillet 1852, dispose que « les contraventions audit art. 30 et aux articles du règlement seront constatées par des procès-verbaux rapportés soit par les préposés de l'enregistrement et « des domaines, soit par les commissaires de police, les gendarmes, gardes champêtres et autres agents de la force publique (art. 5) et poursuivies à la requête du ministère public devant le tribunal de police correctionnelle (art. 7). »

Une rédaction aussi précise ne paraissait pas pouvoir donner lieu à une divergence d'interprétation.

M. le ministre des finances m'informe cependant que les magistrats de l'ordre judiciaire n'ont pas tous également compris la portée respective de ces différentes lois, et que certains tribunaux ont appliqué à des infractions en matière d'affiches sur papier, prévues par la loi de 1816, les peines édictées par la loi de 1852 à raison des affiches peintes ou inscrites sur les murs.

Je crois devoir appeler votre attention particulière sur ce point, et vous prie de donner aux magistrats de votre ressort les instructions nécessaires pour prévenir une semblable jurisprudence.

Vous voudrez bien m'accuser réception de cette circulaire.

Recevez, monsieur le Procureur général, l'assurance de ma considération très-distinguée.

Le garde des sceaux,
Ministre de la justice,

E. DE ROYER.

XI. — Circulaire concernant l'exécution de la loi sur la presse du 11 mai 1868.

Paris, le 4 juin 1868.

MONSIEUR LE PROCUREUR GÉNÉRAL,

Caractère et but de la loi du 11 mai 1868.

La suppression du régime administratif, sous lequel la presse périodique a joui d'une tolérance constatée par tous les hommes de bonne foi, est le caractère principal et essentiel de la loi du 11 mai 1868. Fidèle à l'esprit de réformes progressives et raisonnées dont la lettre impériale du 19 janvier 1867 a été une nouvelle manifestation, le Gouvernement de l'Empereur a pensé qu'une liberté absolue devait présider à la création et au développement des journaux politiques, pour qui le timbre n'est que l'équivalent des conditions imposées à l'exercice des autres industries, et qui ne peuvent considérer comme une entrave l'obligation de se soumettre aux lois pénales communes à tous les citoyens. De l'étude approfondie à laquelle se sont livrés les grands corps chargés de l'élaboration des lois, sont sorties des dispositions qui se rattachent au décret organique du 17 février 1852, les unes pour ajouter au caractère libéral du nouveau système, les autres pour servir de contre-poids aux abus, malheureusement inséparables du libre usage des meilleures institutions.

Abolition du régime discrétionnaire ou administratif.

Désormais l'action de l'autorité administartive se modifie. Elle cesse d'opposer au mal possible un refus d'autorisation et aux fautes comises des avertissements qui, depuis 1861, n'avaient déjà plus qu'un caractère comminatoire.

Le régime répressif lui est substitué.

La répression judiciaire reste l'unique remède en cas de violation des lois. Ce n'est pas une mission nouvelle qui est confiée à la magistrature. Jamais elle n'a abdiqué à l'égard de la presse le rôle essentiel qu'elle joue dans l'organisation sociale. La loi de 1868 ne l'investit d'aucune attribution imprévue. Aucun changement dans les juridictions ne donne à la loi un caractère d'innovation qui ait pu servir de prétexte aux attaques dont la magistrature a été l'objet. Si quelques contraventions spéciales distinguent, au point de vue pénal, la condition des journalistes de celle des autres citoyens, elle n'est pas aggravée en ce qui concerne les délits qui exigent le fait et l'intention de porter atteinte à l'ordre social. Au contraire, la marche de la justice est à leur égard plus sûre et plus rassurante que quand il s'agit des délits de la parole.

Condition privilégiée de la presse devant les tribunaux.

Au lieu d'être jugés sur les rapports des témoins dont les préventions, l'ignorance, la mémoire peuvent paraître suspectes, ils ne sont exposés à aucune chance d'erreur matérielle ; ils sont jugés sur pièces écrites : leur seul accusateur, c'est leur œuvre méditée, signée, imprimée ; ils peuvent en discuter jusqu'à la moindre nuance devant deux degrés de juridiction ; bien plus, à la différence des autres prévenus, ils puisent dans la nature spéciale du délit et de la preuve le droit de reproduire devant la Cour de cassation elle-même la lutte sur l'interprétation de l'écrit. Les garanties ordinaires de la bonne administration de la justice s'élèvent ainsi pour la presse à la hauteur d'un privilège. S'il faut s'en féliciter pour le cas où les poursuites seraient mal fondées, on doit proclamer aussi que ce n'est pas la loi, mais la multiplicité des abus et l'obstination dans la violation des règles, qui pourraient seules aggraver la tâche de la magistrature.

Réponse au reproche d'inaptitude des juges réguliers pour l'appréciation et le jugement des délits de presse.

Comment a-t-on pu affirmer que les juges habituels de l'honneur et de la fortune de chacun de nous étaient incapables de comprendre et d'appliquer, sans passion comme sans faiblesse, des lois dont le sens et la portée sont fixés par cinquante années de pratique ? Il n'a pas fallu un oubli moins extraordinaire des mœurs de notre magistrature pour la représenter comme répudiant le fardeau de ses devoirs, tremblant d'encourir des inimitiés locales, ou rendant le Gouvernement et le législateur responsables de la nécessité qui lui serait imposée de réprimer le mal aussi souvent qu'il plaira aux journalistes de transformer en instrument de désordre l'arme créée pour l'exercice des droits de tous et pour la manifestation de l'opinion publique.

Chacun, monsieur le procureur général, continuera à faire son devoir. Le Gouvernement ne demandera aux juges, comme par le passé, que des arrêts motivés, logiques et impartiaux. Les tribunaux, insensibles aux fluctuations des opinions locales, constateront la vérité et la feront ressortir dans des considérants sobres et précis dont la fermeté n'exclura pas la modération. Pour vous, chargé de diriger exclusivement l'action publique toutes les fois que des parties privées ne sont pas en cause, vous continuerez à observer les règles que l'expérience vous a rendues familières.

Pas de procès de presse sans autorisation.

Vos substituts ne doivent pas intenter de procès de presse sans votre autorisation. Au cas de contraventions matérielles où la bonne foi vous semble évidente, un avertissement officieux et bienveillant invitera le gérant du journal à rentrer dans la légalité. Si le fait est plus grave ou l'infraction persévérante, vous me ferez connaître de suite, en me communiquant l'écrit, votre appréciation motivée sur l'existence du délit et l'opportunité d'une poursuite ou d'un simple communiqué rectifiant des erreurs préjudiciables.

De l'opportunité des poursuites. — Circonstances à considérer. — Accord avec l'autorité administrative.

L'influence du journaliste, l'état de l'esprit public, les susceptibilités légitimes et les préjugés eux-mêmes doivent être pesés par vous, grâce à la connaissance que vous possédez des intérêts de votre ressort et à vos relations avec les autorités administratives. Je vous demande, non de vous en remettre passivement à ma direction, mais d'insister pour faire prévaloir l'opinion que vous aura dictée votre conscience.

En cas d'urgence et d'accord avec le préfet, commencer les poursuites sans attendre l'autorisation, en donnant avis au Ministre

En cas d'urgence et, par exemple, en présence des manœuvres qui signalent parfois les derniers moments d'une lutte électorale, vous pourriez, sauf à m'en donner avis promptement, commencer des poursuites lorsque votre conviction bien arrêtée se trouverait d'accord avec celle du préfet du département.

Pas de surveillance ombrageuse, ni poursuites tracassières. — La violence et la déloyauté doivent être seules poursuivies.

Dans tous les cas, je ne fais pas de difficulté de vous déclarer que rien ne serait plus éloigné de la pensée du Gouvernement qu'une surveillance inquiète et ombrageuse des moindres écarts de la presse. Il faut faire la part des inexpériences et des entraînements.

La déloyauté et la violence doivent seules appeler une répression ; jamais, sans doute, nous ne consentirons à laisser consacrer en principe ce droit à l'insulte et à la calomnie que l'on prétendrait vainement essentiel à la liberté de la presse.

Des droits de la discussion.

La critique et la discussion des actes politiques ou administratifs ne doivent pas, au contraire, subir d'entraves. Ni l'injustice des appréciations, ni l'irritation des administrateurs ne sont des motifs suffisants pour saisir les tribunaux quand l'écrivain n'a pas eu l'intention de dépasser les limites du droit de contrôle attribué par nos mœurs et par nos lois même à ceux qui n'ont reçu aucune mission de leurs concitoyens.

Je passe, monsieur le procureur général, aux observations particulières que me suggèrent les diverses prévisions de la loi, au point de vue exclusivement judiciaire.

CONSTITUTION ET PUBLICATION DU JOURNAL.

Il ne m'appartient pas d'insister sur la mise en pratique des six premiers articles de la loi.

Liberté de fonder les journaux. — Déclaration préalable.

La création du journal est libre désormais ; vous n'avez pas à intervenir pour recevoir les déclarations prescrites aux fondateurs, et s'il est commis des infractions aux règles du cautionnement et du timbre, vous n'avez pas l'initiative des constatations et la responsabilité des poursuites.

Il suffit donc de faire remarquer ici que, sous la sanction de l'art. 5 du décret-loi du 17 fév. 1852, la déclaration sera désormais la même pour les écrits périodiques, cautionnés ou non, mais que les art. 6, 7 et 10 de la loi du 18 juill. 1828 seront encore utilement consultés pour les difficultés de détail.

Du cautionnement. — Quotité. — Journal s'imprimant hors du vrai siége de sa publication.

Le principe du cautionnement reste placé dans l'art. 3 du décret de 1852, confirmé par l'art. 6 de la loi nouvelle, en ce qui concerne la distinction des journaux exempts de cette obligation. Dès lors, vous continuerez à observer les principes établis par la jurisprudence, pour déterminer ce qu'il faut entendre par *matière politique et d'économie sociale*. La loi du 25 juin 1856, relative au transport des journaux par la poste, repose sur la même distinction, et l'application qui en a été faite vous servira à résoudre les difficultés qui s'élèveraient sur l'exécution de l'art. 4 de la loi de 1852. Ainsi, il peut arriver que le journal s'imprime dans une ville hors de laquelle le journal aura prétendu fixer son domicile pour réaliser une économie sur le taux du cautionnement ; au nombre des faits de nature à éclairer la justice sur le véritable siége du journal, figurera la nécessité du transport par la poste, qui constitue déjà une publication du journal.

Le timbre n'est pas seulement réduit. Il devient fixe au lieu de dépendre des dimensions de la feuille politique, et l'art. 3 de la loi nouvelle consacre formellement l'abrogation du § 3 de l'art. 6, L. 1852.

En affranchissant formellement du timbre les affiches électorales des candidats, l'art. 3, § 3, confirme l'art. 10 de la loi du 16 juill. 1850, qui, pendant la période électorale, favorisait déjà la libre circulation des écrits nécessaires à la propagation des candidatures, à la condition expresse d'être émanés du candidat, et non d'un comité ou d'un tiers, électeur ou étranger.

L'exemption de l'impôt du timbre, dont jouissaient autrefois les suppléments du journal officiel, est étendue à tous les autres journaux, sous les conditions de l'art. 5 ; mais, d'un autre côté, l'art. 4 consacre la jurisprudence civile qui faisait rentrer avec raison dans la catégorie des journaux et écrits soumis à l'impôt ceux qui, sous le nom ou l'apparence de couvertures, de suppléments ou d'annexes quelconques, éditent des annonces ordinairement lucratives. L'art. 6 modère cependant, en cas de contravention, les pénalités des art. 10-11 de la loi de 1852. Le mot *annonce* n'a pas été défini par l'art. 4, mais il résulte des discussions et de la suppression même du mot *réclame*, qui y était d'abord joint, que la loi a entendu comprendre sous ce titre tout appel à la publicité dans un intérêt commercial ou professionnel, coté dans les tarifs de journaux ou de nature à l'être, et distinct des articles de fonds où une industrie peut être discutée et recommandée.

DÉPÔTS AU PARQUET.
Dépôt judiciaire des journaux.

La surveillance de vos substituts sur tous les journaux et écrits périodiques, cautionnés ou non, et sans aucune distinction de leur nature, sera désormais facilitée par l'obligation imposée à tout éditeur de remettre au parquet deux exemplaires dispensés du timbre et signés de l'un des gérants. S'il n'existe pas de tribunal dans la ville où se publie le journal, le dépôt sera fait à la mairie, mais pour le compte du parquet, à qui il devra être immédiatement transmis par le maire.

Vous prendrez des mesures afin que les journaux déposés soient classés et conservés pendant le temps nécessaire pour que la surveillance puisse être sérieuse et efficace.

Dépôt judiciaire des brochures.

Les brochures ou écrits traitant de matières politiques ou d'économie sociale et ayant moins de *dix* feuilles d'impression continueront, en vertu de l'art. 7 de la loi du 27 juill. 1849, à être déposés au parquet du tribunal, quoiqu'ils jouissent de l'exemption du timbre au-dessus de *six* feuilles, par une innovation de l'art. 3, § 4 nouveau.

CONFIRMATION DE LA LÉGISLATION PÉNALE EN VIGUEUR.
Réponse aux désirs émis au sujet de la codification des lois de la presse.

Les magistrats ont souvent regretté le défaut de codification des lois de la presse. Il s'explique par l'impossibilité d'assurer un caractère fixe et permanent à des lois qui répondent surtout à des nécessités urgentes et variables.

En effet, à côté des principes essentiels à la protection de toute société, se rencontrent des règles de procédure ou des prescriptions rendues nécessaires par une situation temporaire des institutions ou de l'opinion publique.

Si cette distinction avait été mieux comprise, nous n'aurions pas entendu des orateurs ou vu des publicistes sérieux méconnaître l'expérience de tous les temps et de tous les pays, en niant la nécessité de punir ou la possibilité de reconnaître, par exemple, l'excitation à la haine ou au mépris du gouvernement. Ce délit, loin d'être une création factice des auteurs du Code de 1810 ou des lois de 1819 ou de 1848, est puni en Angleterre, sous le même nom et avec les mêmes caractères, de peines qui étonneraient par leur rigueur les justiciables français, et, dans les Etats-Unis, il a pu former l'un des principaux chefs d'accusation contre un président inculpé d'avoir, par ses discours, méconnu le respect nécessaire dû partout à la législation et au corps représentant la puissance publique.

L'épreuve de vingt-huit jours de discussion sur toutes les questions qui se rattachent au régime de la presse a eu ses avantages. Le rejet d'amendements nombreux a donné une sanction nouvelle à bien des textes dont les avertissements administratifs avaient rendu l'application assez rare pour qu'on émît des doutes sur leur valeur actuelle.

C'est ainsi que les lois du 17 mai 1819, du 25 mars 1822, du 11 août 1848, du 27 juill. 1849 et du 17 fév. 1852 sont restées, au point de vue des prévisions pénales, les bases de notre législation.

Je trouve d'ailleurs utile de placer sous vos yeux le tableau des dispositions spéciales formellement consacrées par un nouvel examen contradictoire.

Ce sont :

L'art. 8 de la loi du 17 mai 1819, qui punit l'outrage à la morale publique et religieuse ;

Le décret tout entier du 11 août 1848, mais sur

tout les articles relatifs à l'excitation à la haine ou au mépris soit du gouvernement, soit des citoyens les uns contre les autres ;

L'art. 6 de la loi du 27 juill. 1849, qui subordonne à la police administrative la vente des journaux sur la voie publique ;

Dans le décret organique du 17 fév. 1852 :

L'art. 2, sur l'introduction des journaux étrangers ;

L'art. 5, sur la suppression du journal condamné à défaut de cautionnement ;

Les art. 14, 16 et 18, qui réglementent la publication, autorisée par l'art. 42 de la constitution, des séances du Sénat et du Corps législatif, en laissant aux tribunaux l'appréciation des caractères du compte rendu illicite ;

L'art. 15, relatif aux fausses nouvelles ;

L'art. 17, qui interdit la publication des procès de presse ;

L'art. 19, qui punit d'une suspension le refus d'insérer des documents officiels et qui est complété par l'art. 17 de la loi nouvelle, conférant au tribunal l'attribution d'abord confiée à l'administration ;

L'art. 20, qui punit la réapparition sous un autre nom du journal suspendu ou supprimé ;

L'art. 21, sur la publication d'articles politiques par un condamné à des peines infamantes ;

L'art. 23, qui maintient la compétence administrative pour la désignation des journaux où seront insérées les annonces judiciaires.

Quant aux sénatus-consultes du 17 fév. 1858, sur le serment des candidats aux élections législatives, et du 18 juill. 1866, sur la discussion de la constitution, les amendements qui tendaient à les supprimer ou à les modifier, ont été justement écartés par la question préalable.

DISPOSITIONS PÉNALES NOUVELLES.

Protection de la vie privée.

Les députés ne peuvent être gérants.

Par un emprunt à l'art. 9 de la loi du 27 juill. 1849, que le décret du 9 mars 1793 avait précédé dans cette voie, l'art. 8 nouveau refuse la qualité et les fonctions de gérant responsable au sénateur ou au député dont l'inviolabilité est de principe et s'opposerait à toute action efficace du ministère public ou des tiers.

Interdiction de publier des articles de condamnés ou des personnes bannies.

La nécessité de protéger le gouvernement et la constitution contre des attaques faciles à prévoir, ou bien l'irresponsabilité résultant du séjour forcé à l'étranger, ont conduit à prohiber par l'art. 9 nouveau la publication, dans tout journal, d'articles quelconques signés par des personnes à qui sont interdits, soit l'usage des droits civils et politiques, soit le territoire français.

Publications concernant la vie privée.

Le législateur n'a rien changé aux principes consacrés par la pratique et la jurisprudence en matière de diffamation et d'injures. Les éléments constitutifs de ces délits restent les mêmes. Mais une protection nouvelle était réclamée par la *vie privée* qu'une presse avide de scandales s'efforçait de dépouiller de son inviolabilité consacrée par les revendications éloquentes des philosophes et des législateurs. En prohibant l'envahissement du domaine de la vie privée, sans qu'il soit nécessaire d'établir l'intention criminelle, la loi a tenu à interdire toute discussion de la part de la défense sur la vérité des faits. Le remède eût été pire que le mal, si un débat avait pu s'engager sur ce terrain. Chaque disposition de l'article 11 est calculée pour prévenir cette aggravation de la *contravention* dont la constatation matérielle suffit pour entraîner la répression sur la plainte de la partie intéressée.

Mais il importe de ne pas exagérer par une application inintelligente un principe excellent en soi, quant on le limite aux nécessités dont la prévision a touché le législateur. Nos mœurs n'admettent pas la prétention d'enlever aux investigations de la publicité les actes qui relèvent de la *vie publique* ; et ce dernier mot ne doit pas être restreint à la vie officielle ou à celle du fonctionnaire. Tout homme qui appelle sur lui l'attention ou les regards du public, soit par une mission qu'il a reçue ou qu'il se donne, soit par le rôle qu'il s'attribue dans l'industrie, les arts, le théâtre, etc., ne peut plus invoquer, contre la critique ou l'exposé de sa conduite, d'autre protection que les lois qui répriment la diffamation et l'injure. Celui-là seul a droit au silence absolu qui n'a pas, expressément ou indirectement, provoqué ou autorisé l'attention, l'approbation et le blâme.

Les comptes rendus des procès concernant la vie privée restent permis.

Celui qui saisit les tribunaux de ses discussions de fortune ou de famille ne peut pas non plus interdire une publicité qu'il a sciemment envisagée, et le compte rendu d'un procès judiciaire contemporain ne sera pas un empiétement illicite sur la vie privée, s'il est loyal et sincère, à moins que les tribunaux n'aient usé du droit absolu, que leur confère l'art. 17 de la loi de 1852, d'interdire la publication des débats civils et criminels.

Les comptes rendus judiciaires, infidèles et de mauvaise foi, doivent être punis.

En général, de fâcheuses habitudes tendent à s'introduire dans les comptes rendus des affaires criminelles ou correctionnelles qu'offrent à la curiosité publique la plupart des journaux. Je pourrais citer de nombreux exemples de comptes rendus écourtés ou défigurés par une partialité ou une légèreté coupable, où les dépositions d'experts, de médecins, de fonctionnaires, les réquisitions du parquet, les paroles du président sont altérées, travesties et rendues tellement méconnaissables qu'on prête parfois à l'accusation les raisonnements de la défense. Des protestations indignées me sont plus d'une fois parvenues. Il importe à la dignité de la justice et à la vérité que vous exerciez une surveillance attentive sur les comptes rendus des débats qui se seront déroulés dans votre ressort. L'art. 7 de la loi du 25 mars 1822 vous offre un moyen efficace de protéger les magistrats, les jurés et les témoins par une poursuite d'office.

Application des peines. — Art. 463. — Suspension.

Circonstances atténuantes.

La loi nouvelle ne change rien à la nature des peines édictées par les législations antérieures. C'est toujours l'emprisonnement et l'amende gradués de façon à atteindre à la fois la personne et la fortune ; seulement l'extension de l'art. 463 à tous les délits et contraventions permet de proportionner ces peines de manière à répondre à toutes les exigences légitimes de la conscience et de la logique. L'innovation n'est pas aussi radicale que le fait supposer tout d'abord la règle « que les contraventions ne sont pas susceptibles de circonstances atténuantes. » Déjà la loi de 1849 avait admis l'application de l'art. 463 aux contraventions qu'elle réprimait. Aujourd'hui disparaît l'anomalie résultant de l'existence de deux catégories de contraventions, dont les unes repoussaient, les autres admettaient les circonstances atténuantes. L'art. 15 de la loi de 1868 étend à tous les cas le bénéfice de l'art. 463, tempéré par la fixation d'un minimum de 50 francs d'amende, au-dessous duquel la répression aurait un caractère presque dérisoire. C'est là une des dispositions les plus libérales de la nouvelle loi.

Sans doute, en cette matière, ce ne sera pas, comme pour les délits, le degré de criminalité qui déterminera les circonstances atténuantes, puisque la contravention n'exige pas l'intention coupable ; mais les circonstances extrinsèques, qui excusent, atténuent ou expliquent le fait défendu par la loi, seront prises en considération.

Des amendes et de l'emprisonnement. — Modération. — Sévérité.

La faculté attribuée au juge de choisir entre les amendes, dont le minimum est si modéré, et les emprisonnements, même de simple police, remplace la règle qui, dans le projet primitif, tendait à substituer l'amende à l'emprisonnement en matière de presse périodique. Cette proposition a été repoussée, mais il en reste une idée juste où les magistrats puiseront des renseignements utiles : si un article n'a été écrit que sous la dictée du gérant du journal, s'il a été modifié par lui, comme cela peut arriver dans la pratique, si l'écrivain, complice légal, est réellement excusable, l'emprisonnement facultatif devra lui être infligé avec une extrême modération, tandis que s'élèvera progressivement l'amende, seule peine efficace de l'être collectif, auteur principal de la publicité et par suite du délit, et personnifié dans le gérant.

Des dommages-intérêts sur l'action civile.

On a d'ailleurs souvent regretté, dans le même ordre d'idées, la parcimonie avec laquelle les tribunaux accordent les dommages-intérêts, réparation si légitime du préjudice causé. C'est décourager la partie civile qui, à tous les degrés de juridiction, a exposé des dépenses toujours trop considérables pour la victime d'une agression ; c'est favoriser la profession d'insulteur public. Si les magistrats entraient résolûment dans cette voie où les tribunaux anglais les ont précédés avec un succès évident, cette simple réforme de nos mœurs judiciaires aurait des conséquences morales incalculables.

Des suspensions des journaux. — Règle d'application.

L'art. 32 de la loi du 17 fév. 1852 a fait place à l'art. 12, par lequel les tribunaux, substitués à l'administration, disposent suivant des distinctions prudentes de la peine accessoire, mais si efficace, de la suspension,

Il est inutile d'insister sur un texte dont la clarté ne laisse rien à désirer. Cet emprisonnement du journal lui-même ne sera pas obligatoire et ne servira jamais de sanction pénale à des fautes commises contre de simples particuliers. La lésion grave ou réitérée de l'ordre public, la récidive persévérante feront un devoir aux magistrats de délibérer sur l'usage de ce moyen énergique de répression, mais ils ne devront compte qu'à leur conscience du parti auquel ils se seront arrêtés.

Procédure. — Délais. — Exécution provisoire.

Accélération des poursuites. — Délais abrégés.

La loi de 1852, en rendant au droit commun son empire, avait dégagé depuis longtemps la procédure en matière de délit et de contravention de la presse d'un formalisme exagéré, sans priver les inculpés d'aucune des garanties nécessaires. Il n'en faudrait d'autre preuve que la durée vraiment excessive de certains procès récents dans lesquels des journalistes, combinant avec habileté les défauts, les délais, les appels et les pourvois, ont parfois retardé de plus de six mois la solution définitive de l'action publique. Cette stratégie, qui défiait la répression et la rendait trop souvent impuissante, a servi au législateur d'enseignement, et quelques dispositions nouvelles viennent avertir les magistrats et les justiciables qu'en cette matière, autant et plus peut-être qu'en matière de délits communs, la promptitude de la décision est indispensable.

Délai des citations.

La citation, soit en première instance, soit en appel, sera donnée dans les délais de l'art. 184, C. d'inst. crim., et l'art. 10 nouveau ne contient, à cet égard, aucune dérogation soit à l'art. 27 de la loi de 1852, soit à l'art. 7 de la loi sur les flagrants délits.

La comparution exclut le défaut.

Mais, après la comparution, même pour soutenir une exception, le prévenu ne pourra plus faire défaut, et le jugement réputé contradictoire ne donnera plus lieu à des oppositions purement dilatoires (art. 10 nouveau).

De l'exécution provisoire. — Son but. — Cas et règle de son application.

A cette innovation nécessaire, et dont de bons esprits réclament même l'extension à toutes les procédures, l'art. 13 ajoute la faculté pour les magistrats d'ordonner l'exécution provisoire non-seulement en ce qui concerne la suspension, mais encore relativememt à l'amende.

Il importe de se rendre un compte exact de l'utilité et des conséquences de cette mesure, afin que les juges apprécient bien la réponse qu'ils seront appelés à faire à la question spéciale que le président devra toujours leur poser à cet égard dans les délibérations.

Il ne s'agit pas ici d'une décision irrévocable dont la *rigueur* serait excessive, mais plutôt d'un moyen d'accélérer la procédure analogue à ceux créés par la loi des flagrants délits. L'exécution provisoire sera, en effet, toujours suspendue par la seule volonté du condamné s'il formule son opposition ou son appel dans les vingt-quatre heures. Seulement le jugement ou l'arrêt provoqués par sa résistance seront alors rendus dans un délai de trois jours. Mais s'il préfère se soumettre à l'exécution provisoire, le condamné continue à jouir de tous les délais et de toutes les voies de droit pour attaquer les décisions qui l'ont frappé.

Il résulte de ce système que l'exécution provisoire, qui ne porte jamais sur les peines corporelles, n'est qu'un effort pour accélérer la solution définitive et que, si elle a quelque efficacité pour un journal sérieux frappé de suspension, elle n'agira d'une manière décisive, en ce qui concerne les amendes, qu'à l'égard du prévenu hors d'état de les consigner. Les tribunaux ne devront donc pas reculer devant ce moyen de coercition lorsque le défaut du prévenu cité leur paraîtra une simple manœuvre, et en général quand on pourra s'attendre à des ajournements indéfinis de la décision finale.

Des appels et oppositions.— Les jours fériés.

Votre expérience, monsieur le procureur général, vous a déjà suggéré la réponse à une objection de détail soulevée dans les discussions de la loi. Il arrive sans cesse que le dernier jour d'un délai d'opposition, d'appel ou de pourvoi est *férié* et que les greffes sont *fermés* comme ils le sont d'ailleurs *tous les jours* à heure fixe. Les avocats et les justiciables n'ignorent pas que la déclaration au greffe n'est pas l'unique moyen d'attaquer une décision judiciaire et que les huissiers instrumentent tous les jours en matière criminelle. Il suffira donc, d'après la jurisprudence, qu'un huissier constate qu'il a trouvé le greffe fermé et n'a pu, dès lors, formuler un pourvoi qui résulte de cette déclaration même.

Devoirs généraux des magistrats, de la poursuite et du jugement.

Monsieur le procureur général, pas plus que les lois qui l'ont précédée, la loi sur la presse du 11 mai 1868 n'aura l'heureuse fortune de faire cesser les attaques déraisonnables et violentes contre la morale publique et religieuse, contre l'ordre social, la constitution et le Gouvernement du pays. Il n'y a rien là qui doive vous étonner, et le Gouvernement s'y attendait lorsque, par une résolution aussi loyale que spontanée, il a renoncé à tous les moyens discrétionnaires que mettait à sa disposition la loi du 17 fév. 1852. Mais, quoique confiant dans sa force et dans son principe, il ne peut abdiquer le droit de réprimer les écarts, parce qu'il doit remplir le devoir social de rassurer les bons citoyens qui trembleraient sous le joug d'une presse sans responsabilité et sans frein. Il fera donc appel, quand l'intérêt public l'exigera, à une magistrature à qui il reconnaît, au plus haut degré, l'intelligence, le calme, le discernement, la conscience indispensables pour apprécier sans passion des écrits qui trop souvent n'ont pas besoin d'être discutés, et des intentions que ne craignent pas de proclamer les prévenus eux-mêmes.

Vous êtes ainsi dispensé de la nécessité d'élever, par l'ardeur de votre parole, les juges improvisés à la hauteur d'une mission à laquelle ne les ont pas préparés leur éducation, leurs préjugés ou l'habitude de chercher une opinion toute faite dans ce qu'ils lisent ou entendent chaque jour.

Il y a dans cette situation bien comprise les éléments les plus sûrs d'une bonne justice. La dignité, la fermeté, la modération sont partout l'honneur des magistrats; en matière de presse, ces qualités sont impérieusement exigées de ceux qui ont l'honneur de parler au nom d'un Gouvernement qui ne craint pas la discussion, qui ne se laisse jamais emporter à la colère, qui n'est inflexible que sur les questions dynastiques et constitutionnelles, et qui, en un mot, accueille toutes les critiques, comme il aspire à réaliser tous les progrès.

Je vous prie de vouloir bien m'accuser réception de la présente circulaire. Je vous adresse un certain nombre d'exemplaires suffisant pour chacun des parquets de votre ressort.

Recevez, monsieur le procureur général, l'assurance de ma considération très-distinguée.

Le garde des sceaux, ministre secrétaire d'État au département de la justice et des cultes,

J. BAROCHE.

XII. — Circulaire du Ministre de l'intérieur concernant l'exécution de la loi du 11 mai 1868.

Paris, 3 juin 1868.

Monsieur le Préfet,

Abolition du régime discrétionnaire.

En réalisant la promesse du 19 janv. 1867, la loi nouvelle sur la presse fait disparaître le pouvoir discrétionnaire de l'administration. La nécessité de l'autorisation préalable et les attributions disciplinaires du ministre s'effacent en même temps. La presse n'aura désormais que des juges, les juges de tous les citoyens; elle n'aura plus de tuteur.

Il appartient dès lors à monsieur le garde des

sceaux de donner à **MM.** les procureurs généraux des instructions détaillées sur l'exécution d'une loi qui ne maintient vis-à-vis de la presse que l'action répressive des tribunaux. Mais si le rôle de l'administration se trouve profondément modifié, il n'en reste pas moins considérable ; il se transforme et ne disparaît pas.

Des devoirs généraux de l'administration vis-à-vis de la presse.

Quel est ce rôle vis-à-vis de l'autorité judiciaire ? Quel est ce rôle vis-à-vis de l'écrivain ? Dans quelle mesure concourrez-vous, comme pouvoir administratif, à l'application de la nouvelle loi ? De brèves explications suffisent pour préciser sur ces trois points le caractère et la nature de votre intervention.

Accord de l'administration et des magistrats en ce qui concerne les poursuites.

Quand l'autorité judiciaire doit commencer une poursuite ayant un caractère politique, il est essentiellement désirable qu'elle soit d'accord avec vous. C'est à elle à résoudre seule la question de légalité. Mais vous aurez souvent à vous prononcer sur la question d'opportunité. Cette situation implique, entre vous et le ministère public, des relations fréquentes et une entente plus que jamais nécessaire. Elle exige également que vous ne signaliez aucun article au parquet sans m'en avoir préalablement référé, et que vous me teniez exactement au courant des phases comme des résultats de chaque poursuite.

Surveillance de la presse.

Vis-à-vis de l'écrivain qui ne tombe pas sous l'application des lois répressives, vous avez un double devoir à remplir : le devoir de la surveillance, le devoir des bons rapports.

Le devoir de la surveillance est indispensable pour vous mettre en mesure de rectifier les faits erronés. Plus le contrôle de la presse s'étend sur les actes et les intentions du Pouvoir, plus il importe de rétablir la vérité.

Des communiqués. — Droit de réponse de l'autorité.

Vous avez à votre disposition, soit le *communiqué*, réponse directe au journal qui a induit le public en erreur, soit l'assertion contraire insérée dans un autre journal. Ces deux modes de rectification n'ont de valeur sérieuse que quand ils se produisent immédiatement. Ils ne frappent l'esprit du lecteur que lorsqu'ils prennent une forme brève et saisissante, qu'ils évitent les ardeurs de la polémique et les longueurs de la discussion.

Ils doivent se borner à redresser le chiffre erroné ou le fait inexact. Comme par le passé, vous voudrez bien me soumettre, au préalable, tout communiqué avec l'article qui le motivera.

Être en bons rapports avec la presse.

Le devoir des bons rapports est le meilleur des moyens de défense. Il ne compromet ni la dignité du pouvoir, ni l'indépendance de l'écrivain ; vous saurez entretenir ces relations avec tous ceux qui s'adresseront loyalement à vous. Quand des questions essentielles ne vous divisent pas, ces relations peuvent amener souvent des rectifications volontaires ; elles peuvent, en rapprochant les hommes, rapprocher les idées : au moins obtenir plus de justice dans l'appréciation des intentions ;

elles peuvent éviter des blessures personnelles et enlever à la polémique ce caractère agressif qui sépare quelquefois plus profondément les hommes que la contradiction des principes.

Des devoirs spéciaux de l'administration vis-à-vis de la presse.

Vous aurez, monsieur le préfet, à concourir à l'application de la loi, en veillant à l'exécution de trois prescriptions nouvelles. Ces prescriptions sont relatives à la déclaration, au dépôt, à l'autorisation des imprimeries spéciales.

La déclaration est faite sur papier timbré. Elle doit précéder de quinze jours au moins la publication du journal, et être accompagnée des pièces justificatives qui établissent sa sincérité. L'art. 2 énonce tout ce que cette déclaration doit contenir.

Des déclarations. — Récépissés.

La déclaration ne donne le droit de publier un journal qu'à ceux qui sont à la fois Français et majeurs, et qui jouissent de leurs droits civils et politiques.

Une fois la déclaration reçue, vous délivrerez récépissé au déclarant, et vous emploierez les quinze jours qui s'écouleront entre la déclaration et l'expiration du délai fixé pour la publication à vérifier la capacité du déclarant. Vous demanderez à cet effet le bulletin n° 2 du casier judiciaire au parquet du domicile d'origine du déclarant.

Vous me communiquerez tout d'abord la déclaration, et ultérieurement, les renseignements que vous aurez recueillis sur le déclarant dans le cours de cette instruction.

Du dépôt.

Le dépôt des deux exemplaires du journal, prescrit par l'art. 7, aura lieu, à Paris, au ministère de l'intérieur. Dans les départements, il aura lieu à la préfecture, pour le chef-lieu du département ; à la sous-préfecture pour le chef-lieu d'arrondissement ; à la mairie pour les autres villes. L'un de ces deux exemplaires devra être envoyé immédiatement par le préfet, le sous-préfet ou le maire au ministère de l'intérieur (bureau de la presse départementale).

Un semblable dépôt est exigé pour le parquet par le second paragraphe de l'art. 7. Dans les villes où il n'y a pas de tribunal de première instance, ce dépôt se fait à la mairie, et le maire doit envoyer immédiatement au parquet les deux exemplaires de ce second dépôt.

Vous voudrez bien veiller à ce que ces divers dépôts aient lieu avec la plus grande régularité. Plus la liberté s'étend, plus il est nécessaire que le Gouvernement surveille.

Imprimeries spéciales permises aux gérants des journaux.

Tout gérant du journal sera autorisé, lorsqu'il le demandera, à avoir une imprimerie réservée exclusivement à l'impression de son journal. Le législateur n'a point encore tranché la question du monopole ou de la liberté de l'imprimerie et de la librairie ; mais il a voulu qu'avant cette solution définitive le journaliste fût toujours certain d'avoir un imprimeur. Il promet dès lors une autorisation, et le Gouvernement ne saurait la refuser, pas plus au gérant du journal industriel ou littéraire qu'au gérant du journal purement politique. Cette imprimerie ne saurait d'ailleurs être détournée de son but ; elle n'est créée que pour assurer la libre fondation du journal, elle ne doit imprimer que ce journal lui-même ou ce qui est un élément essentiel de sa publication, comme le prospectus, l'affiche, les bandes d'envoi, les quittances d'abonnement. Elle ne saurait aller au delà sans empiéter sur des établissements actuellement en exercice et dont le monopole est encore maintenu par des lois existantes.

Cette disposition vous révèle, monsieur le préfet, les intentions libérales qui inspirent, en cette matière, le Gouvernement de l'Empereur et le Corps législatif. Si le législateur tient à ce que le gérant d'un journal trouve toujours un imprimeur, il est logique et légitime que la création d'imprimeries et de librairies nouvelles soit favorisée partout où elle serait justifiée par des besoins sérieux. Aussi, en me faisant des propositions à ce sujet, vous aurez à tenir compte à la fois des garanties que doivent offrir les candidats et du degré d'utilité que présenterait, dans certaines localités, la délivrance de nouveaux brevets.

Je me borne, monsieur le préfet, à ces courtes explications. Il serait inutile de revenir sur les autres dispositions du décret du 17 février 1852 qui restent encore en vigueur et à l'exécution desquelles vous avez veillé jusqu'à ce jour.

Du timbre.

Si le droit de timbre disparaît dans certains cas et s'il est réduit dans d'autres, l'application de ces dispositions regarde plus spécialement M. le ministre des finances, qui donnera sur ce point des instructions à ses agents.

Du cautionnement.

Aucune modification n'est apportée, ni dans le taux du cautionnement, ni dans les règles qui accompagnent son versement. Vous aurez, comme par le passé, à mettre les déclarants en demeure de déposer à la caisse du trésorier payeur général de votre département le cautionnement auquel ils sont assujettis, et vous transmettrez le récépissé du versement à M. le ministre des finances.

Journaux étrangers.

La presse étrangère ne peut être justiciable de nos tribunaux, et, dès lors, le pouvoir discrétionnaire que nous donne vis-à-vis d'elle l'art. 2 du décret du 17 février 1852 est intégralement maintenu.

Rien n'est donc changé au régime d'admission et de circulation qui la régit sur le territoire français. Vous aurez à cet égard à vous conformer aux prescriptions de ma circulaire du 7 mars dernier.

La pratique d'une loi doit seule motiver les instructions de détail destinées à assurer sa sincère et complète application. J'attendrai donc l'expérience des faits avant de vous donner des indications ultérieures plus complètes. Je me borne, quant à présent, à préciser le caractère général des devoirs que nous trace cette législation nouvelle.

Je vous prie, monsieur le préfet, de m'accuser réception de la présente circulaire et de vouloir bien vous conformer à ses prescriptions.

Recevez, monsieur le préfet, l'assurance de ma considération très-distinguée.

Le ministre de l'intérieur,
PINARD.

TABLE ANALYTIQUE ALPHABÉTIQUE

DES MATIÈRES.

Voir une observation importante à la fin de cette Table alphabétique.

B

OBSERVATION AU SUJET DES DÉLITS D'AUDIENCE.

On ne trouvera pas dans cette Table alphabétique des matières, non plus que dans celle qui est en tête de l'ouvrage les mots DÉLITS D'AUDIENCE. — TROUBLE ET TUMULTE D'AUDIENCE. — Nous n'avons pas compris dans le classement du présent Code (nous proposant d'en faire l'objet d'une publication séparée), les lois qui concernent la répression et la poursuite de ces *délits* ; mais on en trouvera toutes les dispositions réunies et juxtaposées, pour en faciliter l'étude et la confrontation, dans notre *Code de la Presse* de 1856, p. 117 à 122, auquel nous nous bornons en conséquence à renvoyer.

ADDITIONS ET CORRECTIONS.

Il est si rare, quelque soin qu'on y apporte, d'arriver à une parfaite correction des épreuves, que l'on voudra bien excuser les fautes de l'auteur et celles qui ont échappé à l'attention des correcteurs. — Voici les plus graves :

Page 11, 2° col., ligne 17, *lisez :* est la loi, *au lieu de :* est à la.

— 15, 1re col., ligne 27, *lisez :* 1848, *au lieu de :* 1814.

— 24, 2e col., ligne 21, *lisez :* mots, *au lieu de :* motifs.

— 39, ajoutez après l'art. 87 un autre article ainsi conçu : 87.A. *a contrario de l'art.* 83 *ci-contre :* Sont exempts de timbre les journaux et écrits périodiques politiques de plus de neuf feuilles d'impression, de 25 à 32 décimètres carrés ou de plus de quatre feuilles de 50 à 72 décimètres carrés.

— 39, 2e col., art. 96, *ajoutez* à la suite de cet article : — et les écrits imprimés en France destinés à être publiés à l'étranger, art. 87.

— 42, 2e col., sous l'art. 113, note, *lisez :* art. 22, *au lieu de :* art. 20.

— 47, 2e col., placez un tiret après la 6e ligne.

— 50, dernière ligne, *lisez :* page 244, *au lieu de :* 237.

— 55, titre, placez § 3, avant propriété du cautionnement.

— 56, n° 441, *ajoutez* à la fin de ce n°, n° 2726.

— 60, n° 477, ligne 2, *lisez :* ne, *au lieu de :* en.

— 64, n° 496, ligne 9, *lisez :* que de leur *au lieu de :* que leur.

— 74, art. 196, dernière ligne, *lisez :* du, *au lieu de :* au dépôt.

— 77, n° 698, ligne 17, *lisez :* notifiées *au lieu de :* modifiées.

— 78, art. 208.A., § 4, *ajoutez :* ou la suppression après le mot la suspension.

— 82, dernière ligne, *lisez :* page 244, *au lieu de :* 237.

— 109, n° 907.4°, après ceux qui profèrent, *ajoutez :* en public.

— 118, ligne 2, *lisez :* a été, *au lieu de :* ait été.

    ligne 4, *idem*   *idem*   *idem*

    ligne 9, *idem*   *idem*   *idem*

    n° 1008, ligne 5, *lisez :* leur, *au lieu de :* ses.

    ligne 11, *lisez :* nos *au lieu de :* art.

— 121, dernière colonne, ligne 29, *lisez :* six jours à trois mois *au lieu de :* trois jours à six mois.

— 121, à la suite de la note 1020, *ajoutez :* ces cas de responsabilité pénale exceptionnellement étendue à ceux que la loi suppose avoir *sciemment* coopéré au fait de l'infraction ne sauraient sous prétexte d'analogie être en aucune façon étendus, — les dispositions pénales sont de droit étroit et les exceptions plus encore, et ici on se trouve à la fois en matière pénale et d'exception.

— 123, art. 327, ligne 16, après les mots 500 fr. (art. 533), *ajoutez :* n° 1317 *bis.*

— 133, note 1121, 6e, *au lieu de :* en faire le sujet, *lisez :* dans le fait d'en faire le sujet.

— 137, à la suite de la note 1163 *bis, ajoutez :* — « *Sera puni* » Le décret de 1848 n'ayant modifié ni la pénalité, ni les éléments du délit d'attaque qu'il a emprunté aux lois de 1819 et 1822, — les conditions antérieures d'aggravations pénales persistent sur ce délit, — l'art. 14 (art. 509), de la loi de 1828 qui en double l'amende, lorsqu'il est puni par la voie de la presse périodique, lui sera en conséquence applicable. — V. n° 2275.

— 166, 1re colonne, ligne 4, *lisez :* lois antiques, *au lieu de :* faits antiques.

— 205, art. 444, § 2, 1re ligne. *ajoutez :* sur papier, *après :* affiches privées ; — et au § 3, ligne 4, *lisez* art. 443, *au lieu de :* art. 444.

— 210, après l'art. 464, *au lieu de :* V. p. 17, *lisez :* V. p. 27.

— 210, 2e ligne, après l'art. 465, *lisez :* 2329, *au lieu de :* 2439.

— 236, n° 2215, ligne 6, *au lieu de :* aux procès de sens, *lisez :* aux procès de tous.

— 250, n° 2331, ligne 7, *au lieu de :* les appliquer, *lisez :* de l'appliquer.

— 254, n° 2366 *bis, au lieu de :* en cas de cumul des peines, V. n° 2302, *lisez :* en cas de confusion des peines, V. n° 2301.

www.ingramcontent.com/pod-product-compliance
Lightning Source LLC
Chambersburg PA
CBHW061301030726
47595CB00001B/158